同济中德法学文库之三
Schriftenreihe
Rechtswissenschaft Nr. 3

# 德国资合公司法

第3版

## Raiser

# Recht der Kapital-gesellschaften

3. Auflage

[德]托马斯·莱塞尔
[德]吕迪格·法伊尔 著
DR.THOMAS RAISER
DR.RÜDIGER VEIL
高旭军 单晓光 刘晓海 方晓敏等 译

法律出版社
LAW PRESS·CHINA

本书之翻译与出版系由
德国阿登纳基金会 (Konrad-Adenauer-Stiftung) 赞助
谨致谢忱!

感谢西门子股份有限公司(Siemens AG)和蒂森·克虏伯股份有限公司(ThyssenKrupp AG)
联合赞助本项目!

# 前 言

## 一、引 子

在德国阿登纳基金会的资助下，经过一年多的挑灯苦战，辛勤耕耘，经过多位同仁的通力合作，《德国资合公司法》一书的译稿终于定稿了。

本书作者托马斯·莱塞尔教授（Prof. Dr. jur. Thomas Raiser）在洪堡大学法律系工作，他是联邦德国的一位资深民商法专家，对公司法尤其有着精深的研究。正因为此，他在 1972 年—1979 年间曾任德国联邦政府企业法委员会成员。除此之外，莱塞尔教授对法社会学也有很深的造诣。其撰写的《法社会学》也是德国相关学者常用的一本参考书。莱塞尔教授治学严谨，论著颇丰，迄今共发表论著 200 余篇（部）。

莱塞尔教授还是一位对中国十分友好的学者。在过去的十多年间，他曾多次来中国，并分别在北京大学、中国人民大学、复旦大学、南京大学和同济大学等高校讲学，2003 年 3 月份还专程前来同济大学中德学院参加题为《公司治理结构比较研究》的第二届中德法学研讨会。

在德国留学期间，本人有幸师从莱塞尔教授研究德国公司法，攻读博士学位。能够将这样一位德高望重的学者的著作介绍给中国同仁，本人更是深感荣幸。

## 二、本 书 特 点

《德国资合公司法》是莱塞尔教授在公司法方面的代表作，也是有关德国资合公司法的最权威论著之一。根据亚马逊（Amazon）网站的述评，本书是了解和研究德国资合公司法的最基本参考书。具体分析，本书具有以下几方面的特征：

第一，系统性。本书根据资合公司法的内在法律体系的构建共分八个部分。作者在第一部分中简要介绍了德国资合公司法的法律基础和理论基础。接着在随后四部分中，分别论述了几种不同形态的资合公司及其法律问题。第二部分论述的是股份有限公司，这是一种规模巨大、在德国经济界有着举足轻重地位的资合公司形式。第三部分论及了股份两合公司法，这是德国特有的一种资合公司法律形式。在第四部分中，作者着重探讨了有限责任公司。虽然这种资合公司规模不大，但是由于其数量众多，它对德国国民经济的影响不亚于股份有限公司。在经济实践中，相当一部分投资者将股份有限公司或者有限责任公司与无限公司或者两合公司结合起来,这样就产生了资本两合公司。这也是德国资合公司的一种特殊形式。本书在第五部分中对此进行了专门论述。除了论述这些不同形式的资合公司之外,本书还涉及公司变更、康采恩、跨国公司等重要法律问题。这些也是各种资合公司都会涉及的法律问题。所以作者分别在第六部分、第七部分和第八部分中阐述和讨论了变更法、康采恩法和国际公司法。因此,通过阅读本书,读者能够对德国资合公司及其相关的法律问题有一个整体的了解。

第二,本书反映了德国在资合公司法方面的最新立法动态。如作者在第三版序言中所述,在过去十几年中,德国就资合公司前后制定和颁布了一系列新的法律条文,并对资合公司法作了相应的修改。对《变更法》更是进行了重新编纂。本书不仅对这些新发展作了详尽的介绍,而且作了批评性的论述。尤其应该强调的是,德文第三版所引用的资料仅止于2000年。为了出版中文版,作者特意参考了新的法规和案例,并据此对第三版中的相当内容作了补充和修改。

第三,本书反映了德国法学界在资合公司法方面的最新研究成果和研究动向。无论是在前期损失弥补责任方面,还是在股东直接责任或者隐性实物出资方面,在德国法学界都存在着几种不同学术流派。本书不仅详尽地介绍这些不同的流派,分析其异同,还针对不同的观点作了中肯的评论。

第四,本书反映了德国有关资合公司法方面的最新司法判决。本书引用了联邦最高法院、州高等法院有关资合公司法所作的重要判决,并对这些判决以及学术界相关评论进行了评述。

第五,实用性。本书不仅仅是一本有关资合公司法的理论性著作,而且具有很强的实用性。以股份有限公司为例,本书从章程的起草,到股份的认购、股金的收缴,到公司机构的设立等都有系统的论述,此外,本书还详细分析了在公司各个环节中应该注意的法律问题。因此,通过阅读本书,可以大致了解如何在德国设立、经营和管理一家资合公司。

## 三、对我国的借鉴意义

我国于1993年12月29日首次颁布《公司法》。1999年12月25日对《公司法》进行了修订。尽管如此,在我国公司实践中也暴露了许多重要的问题,例如:是否允许设立一人公司?是否允许适用法人人格否定理论而追究股东的直接清偿责任?是否应该减持国有股?如何减持?董事会的职权是否过大?如何更好地解决职工参与问题?与监事会相比,独立董事制度是否更适合中国国情?如何保护公司资产、中小股东的利益不受公司管理者的非法侵害?如何有效地防止内部交易问题?对于这些问题,国内法学界和经济界展开了深入而激烈的讨论。因为这些问题,第三次公司法的修订,也正在酝酿之中。莱塞尔教授的《德国资合公司法》一书不仅涉及了我国公司法学界讨论的大部分问题,而且论及了我国公司法学界目前没有关注但是以后有可能出现的问题。我国是传统的大陆法国家，研究和了解德国资合公司法的规则，对于解决我国同类的公司法律问题，具有一定的借鉴意义。另外，随着我国企业实力的增强，走出国门，从事国际投资的企业会越来越多，本书对那些有志于到德国去投资的企业家们也有一定的参考价值。

## 四、翻译团队

《德国资合公司法》是一本极有份量的著作。德文原著将近1000页。为了能够在较短的时间内完成这繁重翻译任务，我们组成了由8人参加的、以留德法学博士为主的翻译团队。参加本书翻译的学者和各自承担的翻译任务如下：

§1—22,40,41 ……… 同济大学中德学院、法律系教授　留德法学博士　高旭军
§23 ………………… 南京大学中德法学研究所、德国波恩大学法学博士　杨　阳
§24—30,35,39 ……………… 同济大学知识产权学院教授　留德博士　单晓光
§31,32,34 ……………………………………… 德国洪堡大学法学博士　赵　亮
§33,42—45 …………………… 上海电机高等专科学校德语系副教授　周卫东
§36—37 ………………………………………… 德国洪堡大学法学博士　白　江
§38,46—49 ……………… 同济大学知识产权学院教授　留德法学博士　刘晓海
§50—58 …… 南京大学中德法学研究所副教授　留德法学博士　方晓敏　女士

本书各章由各位译者独自翻译，并由高旭军教授对全部译稿进行总协调和总校对。

## 五、谢　　辞

本书的翻译工作能够在仅一年多的时间内得以完成，主要是各位译者在百忙当中千方百计挤时间、日积月累笔耕不止的结果。在此我深表谢意。

在翻译过程中，得到了本书作者洪堡大学法律系的托马斯·莱塞尔教授的悉心指导。莱塞尔教授通过电子邮件与各位译者保持着密切的联系，并随时回答各位译者在翻译过程中遇到的疑难问题。在此，我代表各位译者对莱塞尔教授提供的帮助表示诚挚的感谢。

特别要感谢的是德国阿登纳基金会上海办事处主任史迪凡·弗里德里希博士(Dr. Stefan Friedrich)。从一开始，弗里德里希博士就对本项目十分关心。正是通过他的努力和帮助，本书的翻译和出版才得到阿登纳基金会的赞助。

另外，还特别感谢本教席的两个赞助者：德国西门子股份有限公司和蒂森·克虏伯股份有限公司。正是因为这两个公司的赞助，本教席的各项工作才能够顺利展开，本书翻译和出版工作才得以顺利进行。

在本书翻译和出版过程中，得到了许多人的帮助，如法律出版社的朱宁、袁方女士、本书编辑高如华，没有他们的精诚合作，本书也不可能如此顺利的出版。此外，我的学生邵俊、龙杰也对译稿进行了部分编辑和校对工作。在此我深表感谢。

由于时间紧张，工作量大，翻译过程中难免出现错误，恳请各位读者批评指正。

高旭军博士、教授
西门子 & 蒂森·克虏伯经济私法基金教席
Siemens AG & ThyssenKrupp AG-Stiftungslehrstuhr
fuer Wirtschaftsprivatrecht
同济大学中德学院、文法学院法律系
2004 年 7 月 25 日星期日

# 序　　言

近几年来，中德两国之间的国际交流与合作日趋频繁。阿登纳基金会是德国颇具影响力的一个基金会，它一直致力于推动和促进中德两国之间的学术交流与合作。早在1992年阿登纳基金会就与中国西北大学共同建立了中德企业管理研究所。过去几年中，阿登纳基金会与北京和上海的中方合作单位举办过一系列的论坛和研讨会，并资助出版了大量的学术论文和论著。

中德两国之间正在进行着关于"法制国家的对话"，促进两国之间的法学交流与合作也是阿登纳基金会的一个工作重点。过去几年中，在阿登纳基金会的支持下，德国前联邦宪法法院院长Ernst Benda教授、德国慕尼黑大学著名民法专家Claus-Wilhelm Canaris教授等多位德国一流法学专家前来中国，提供立法咨询、参加学术会议或者讲学。

企业是社会的基本细胞。企业制度的完善与否会影响到经济的健康发展和社会的稳定。公司企业制度的改革是中国经济改革的一个重要内容，而制定完善的《公司法》是中国企业制度改革的关键。中国于1993年首次颁布了《公司法》，1999年对该法的个别条款作了修改，目前已经决定对《公司法》进行第三次修改。对如何修改公司法、应对公司法作哪些修改等问题，中国法学界正在进行热烈的讨论。从我法律界的中国和德国朋友那里了解到：从历史上看，中国属于大陆法系，中国的许多法律法规都与德国法有着很深的渊源，中国《公司法》也不例外。但是，目前由于各种原因，德国的许多法律制度并不为中国学者所熟悉。翻译一些德国公司法方面的专著，把它们介绍给中国学者，为人们提供一些新的信息、新的思维，希望能以此促进中国有关公司法立法修改的讨论。这是阿登纳基金会资助翻译托马斯·莱塞尔(Thomas Raiser)教授的《德国资合公司法》一书的初衷。

洪堡大学的托马斯·莱塞尔教授是德国德高望重的民商法学者，其《德国资合公司法》是德国最权威的研究资合公司法的论著之一。书中不仅系统地介绍了传统德国资合公司法的基本内容，而且论述了欧盟法对德国资合公司法的影响，阐述了德国资合公司法的最新发展和研究动态。

现今本书即将出版面世。《德国资合公司法》德文版将近1000页，是一部相当厚重的著作。能在不到一年半的时间内顺利完成翻译工作并出版，必须感谢各位译者的积极参与和辛勤工作。尤其要感谢本项目负责人同济大学中德学院西门子和蒂森·克虏伯经济私法基金教席负责人、同济大学法律系系主任高旭军教授，他为本项目的顺利开展和实施付出了许多心血。

我希望本书的出版可以促进中国法学界对德国公司法的了解，并能对中国有关修改公司法的讨论有所启示。

德国阿登纳基金会上海项目主管
史迪凡·弗里德里希博士（Dr. Stefan Friedrich）
2004 年 8 月

# 中文版序

在市场经济中,私法形式的经济企业是推动经济发展的源动力。因此,二战后资合公司法在联邦德国法律体系中占据着日益重要的法律地位并非偶然。现行德国《股份法》是在1965年《股份法》的基础上发展而来的。当时的《股份法》已经对相关的问题进行了详尽而具体的规定。正因如此,在初期也就根本没有必要对该法进行重大修改;相关的司法判决也相当有限。但是,在1990年后情况发生了根本变化。这是因为欧盟的影响日益加大,大型企业的国际化经营发展迅速,资本市场也得到了前所未有的重大发展。在这一背景下,为了使其《股份法》适应现代化发展的需要,德国开始对其《股份法》进行改革,并已经作了许多修改。但是这一改革并没有结束。本次改革的一个重大目标是:区别对待上市公司和非上市公司,使《股份法》具有更大的灵活性。

1892年的《有限责任公司法》依然是现行德国《有限责任公司法》的基础。该法比《股份法》简短得多,而且自1892年以来只有微小的修改。虽然,这种公司规模较小,但是在德国总共有80万中小型有限责任公司。因此从总体而言,《有限责任公司法》的经济意义并不亚于《股份法》。在这一领域存在着大量的司法判决,它们对《有限责任公司法》的发展起着重要作用。

以上背景决定了本书的目的和特征。本书旨在系统地介绍德国资合公司法。因此,本书并不是简单地介绍资合公司法的改革方向,而是对相关法律问题进行系统的论述,对一些有争议的问题进行批判性分析并提出自己的观点。但是本书并没有用太多的笔墨描述细枝末节。

许多现象表明,中华人民共和国也正在经历着一个类似的变革。中国公司法的最新发展就是其中的一个佐证。一本德国公司法著作或许对中国的立法、司法和法学研究能有一定的借鉴意义。果真这样的话,中国四位法学教授为翻译本书所付出的辛勤工作也是值得的。对作者而言,其著作能在他国知遇读者,感到十分幸运。对此,我表示诚挚的谢意。

柏林,2004年8月

托马斯·莱塞尔

# Vorwort des Verfassers

Privatrechtlich organisierte Wirtschaftsunternehmen sind in der Marktwirtschaft die maβgeblichen Leistungsträger. Daher ist es kein Zufall, dass die Bedeutung des Rechts der Kapitalgesellschaften in der Bundesrepublik Deutschland seit dem Ende des zweiten Weltkriegs auβerordentlich gewachsen ist. Das geltende Aktienrecht beruht auf dem Aktiengesetz von 1965, welches die Materie sehr ausführlich regelt. Auf diesem Grund bestand zunächst kein Anlass zu einschneidenden Gesetzesänderungen, und auch die Zahl der Gerichtsentscheidungen blieb ursprünglich gering. Dies hat sich seit etwa 1990 infolge des Einflusses der Europäischen Union, der wachsenden Internationalisierung der groβen Unternehmen und der immer stärker in den Vordergrund tretenden Bedürfnisse der Kapitalmärkte nachhaltig geändert. Die Entwicklung hat zu zahlreichen Gesetzesänderungen geführt, welche insgesamt eine Modernisierung dieses Rechtsgebiets anstreben, die noch nicht abgeschlossen ist. Ein wichtiges Ziel der Neuorientierung ist eine stärkere Flexibilität des Aktienrechts, verbunden mit einer Differenzierung zwischen Gesellschaften, deren Anteile an der Börse gehandelt werden, und der viel gröβeren Zahl der nicht börsennotierten Gesellschaften.

Das Recht der Gesellschaften mit beschränkter Haftung beruht noch immer auf dem ursprünglichen Gesetz von 1892, das viel kürzer ist als das Aktiengesetz und nur wenig geändert wurde, obwohl die wirtschaftlichen Bedeutung der GmbH als Rechtsform für ca. 800 000 kleinere und mittlere Unternehmen insgesamt der es Aktienrechts gleich kommt. Umso gröβer ist in diesem Bereich das Gewicht der sehr umfangreichen Rechtsprechung.

Die genannten Hintergründe bestimmen den Zweck und den Charakter des vorliegenden Buches. Sein Ziel ist eine systematische Darstellung dieses Rechtsgebiets, welche mehr leistet als eine oberflächliche Orientierung, vielmehr die Materie juristisch durchdringt und zu problematischen Fragen auch kritisch Stellung nimmt, ohne sich auf der anderen Seite in Einzelheiten zu verlieren.

Viele Gründe sprechen dafür, dass sich in der Volksrepublik China eine vergleichbare Entwicklung vollziehen wird. Die aktuelle Neuregelung des Gesellschaftsrechts darf wohl als ein Hinweis darauf verstanden werden. Daher mag die Hoffnung berechtigt sein, dass ein Buch zum deutschen Kapitalgesellschaftsrecht auch in diesem Land Gesetzgebung, Rechtsprechung und Wissenschaft befruchten kann. Sollte dies der Fall sein, hätte sich der ganz außerordentliche Aufwand der vier chinesischen Professorenkollegen gelohnt, welche die übersetzung besorgt haben. Für den Verfasser bedeutet es ein ungewö hnliches Glücksgefühl zu erleben, dass sein Werk auch außerhalb des eigenen Landes Interesse findet. Er kann dafür nur herzlichen Dank bekunden.

Berlin, im August 2004

Thomas Raiser

# 第三版序

十年以前,本书出版了第二版。在过去的十年中,资合公司法的发展极其迅速。期间,不仅制定和颁布了一系列新的条款,在许多地方对原有法律条文进行了相应的修改,而且重新编纂了《变更法》。此外,各级法院尤其是联邦最高法院第二民事审判庭、州高等法院也都作出一系列重要的判决,这些判决对资合公司法的发展也产生了重要的影响。

正是由于以上原因,必须对本书进行全面的修订。第三版加强了对《股份法》和《变更法》的分析和论述。在有关《变更法》的阐述中,本版首先论述了这一领域的法律基础,而后详细分析、比较了四种不同的变更形式。事实证明是很有必要的。本版§9中以较重的笔墨探讨了与公司法有着密切关系的资本市场法。当然资本市场法内容已经十分丰富,完全应该撰写一部专著,对它进行专门论述。此外,本书将资本两合公司视为资本公司的一种表现形式。专门调整资合公司的《资产负债表法》也适用于资本两合公司,这表明上述分类是十分正确的。

同时,本版也比上两版更加符合司法实践的需要。在这一版中引用了至2000年底以前的大量的司法判例和法学界的最新研究成果。这是本版内容比上版增加了1/3的原因。

但是,本版保留了上两版中系统性论述的基本结构。目的是为了清楚地介绍现行法律的固有结构,揭示其基本的经济背景,借以弄清楚这些法律规定所追求的法律政治价值和目标。本书还对许多有争议的法律问题进行了批评性论述。

吕迪格·法伊尔博士(Prof. Dr. Rüdiger Veil)给本版的修订提供了许多建议和帮助。其中,股份有限公司的财务制度(§§17—21)、有限责任公司的财务制度(§§36—40)、股份两合公司(§23),尤其是新修订的《变更法》(§§46—49)主要是由法伊尔博士独自构思和撰写的。

另外我还要感谢我的秘书李济娜·盖玲女士,她不知疲倦地帮助我整理稿件。此外,我还要感谢我的同事托必亚斯·巴格、梯罗·哈克和学生助手佛郎灿·法楞瑟、腊格娜·凯雷希曼和玛特黑阿斯·霍持,他们也在查阅和整理资料方面作了许多工作。

Berlin, Februar 2001　Thomas Raiser

柏林,2001年2月

托马斯·莱塞尔

# 总 目 录

## 第一编 概 论



## 第二编 股份有限公司

**第四章 股份有限公司的财务制度**

## 第五章 股份有限公司的终止



# 第三编 股份两合公司



# 第四编 有限责任公司

## 第一章 有限责任公司的概念和设立



## 第二章 股东的法律地位

## 第四章　有限责任公司的财务制度



## 第五章　有限责任公司的终止



# 第五编　资本两合公司

## 第六编 变 更 法

# 第七编 康采恩法

## 第八编 国际公司法



## 附 录

# 第一编　概　　论

# 本部分目录

## §1. 资合公司法的概念

1. 法律形式

无论作为法学概念还是作为经济学概念，资合公司都包括股份公司、股份两合公司和有限责任公司。资合公司是一种与人合公司相对应的法律形式。属于人合公司的主要有：民法公司、合伙企业、无限合伙企业、两合公司、隐名公司（stillen Gesellschaften）和海运公司；此外，协会、合作社、互惠保险协会也属于人合公司。立法者在相关的法律规定中使用了这一概念。这些条款主要有：《德国股份法》第100条第2款第1句第3项、德国《企业形式转换法》第3条第1款以及《决算法》（德国《商法典》第264条等款）。德国税法对资合公司和人合公司规定了不同的纳税义务：资合公司的纳税义务与协会和合作社的相同，它们都必须缴纳公司税；而人合公司则无须缴纳公司税，对于公司的利润，其股东仅须根据《个人所得税法》的规定缴纳个人所得税[1]。 1

2. 概念

从公司法的相关规定看，资合公司有一个重要特征，即所有资合公司都必须拥有一个最低资本额。这一最低资本额不仅是设立资合公司的一个前提条件，也是公司的信用基础，同时也是对公司债权人的惟一保护[2]。德国公司法对资本金的收缴作了严格的规定。根据德国公司法的规定，股东不仅必须将其认购的股金充分而有效地交给公司，公司也必须维持其所收缴的资本金。随着法律的修改和新法的出台，这些规定也日益严格。德国公司法的这些规定对维护和稳定正常的社会经济秩序起着重要作用。在资合公司中，股东不对公司债务承担个人连带责任。正因为如此，德国法规定资合公司必须拥有独立的资本金。这也是法律承认其作为一种市场经济企业形式存在的基本前提条件。公司法并没有为人合公司规定最低资本额。在这里，承担无限责任的股东不仅是设立公司的前提条件，同时又是公司信用的基础，也是对债权人的惟一保护。德国《民法典》中的协会法也没有规定协会必须拥有一定的资本数额。 2

资合公司的另一个基本特征是：购买股份是获得股东资格的前提条件。根据法律规定无论股份公司还是有限责任公司，其资本都是由股份组成（见德国《股份法》第1条第2款、德国《有限责任公司法》第3条第1款第4项和第14条）。由此 3

---

〔1〕 So für die Einkommens-bzw. Körperschaftsteuer § § 15 I Nr. 2, 16 I Nr. 2 EStG, 1 I Nr. 1 KStG; für die Steuerpflichten bei Umwandlung und Verschmelzung § § 1, 2 II, 3 ff, 14 ff, 20 ff UmwStG. Anders die Gewerbesteuer,( § 2 I, II GewStG iVm. § 2 I, 15 I Nr. 2 EStG, und die Umsatzsteuer, die an den Begriff des Unternehmers anknüpft( § § 1, 2 UStG).

〔2〕 Ebenso *Wiedemann* GesR I, 101.

可见,股份体现了一定的经济价值。也正因为这种经济价值,股东才成为企业经济上的所有者。每个股东表决权的多少也是根据其持股的数额来决定(德国《股份法》第134条,《有限责任公司法》第47条第2款)。而人合公司、协会和合作社则与之不同。在这些组织中,每个成员通常仅仅拥有一个投票表决权(德国《民法典》第32、709条,《商法典》第119条和《合作社法》第43条第3款)。在资合公司中,出资是股东承担的最重要的义务。法律并没有强制规定,股东必须参加公司的管理。但有限责任公司的股东应该根据公司合同的规定参与公司的经营和管理。而人合公司则与此不同,其成员必须亲自参加公司的管理(德国《民法典》第705条)。资合公司和人合公司的这些区别对于在公司合同中如何具体确定成员资格有着重要的法律意义和经济意义。

4 然而,从现行法律规定和公司的实践来看,资合公司和人合公司之间的区别已经不是很明显,至少,这些区别与法定的企业形式之间已经不再具有密切的联系。这主要表现在以下两个方面。首先,在资合公司中,只有股份公司还基本上具有股东参股这一资合公司的基本特征。而股份两合公司和有限责任公司则具有明显的人合特征。正因为如此,长期以来人们习惯于把它们称之为具有人合性质的资合公司〔1〕。其次,人合公司的资合性质也日益浓烈,其在成员资格上的人合性质却反而日趋淡薄。因此,人们把它称之为资本结构或者法人结构的人合公司〔2〕。最典型的例子是公众性的股份两合公司。在这种公司中,人合公司在成员资格方面的典型特征已经不再十分明显,所以它已不再是典型的人合公司。相反,这种公司也拥有自己的固定资本,这正是资合公司的基本特征。

3. 资本两合公司

5 如果人们依然坚持使用资合公司这一概念,那么资本两合公司(Kapitalgesellschaften & Co.)也应属于资合公司。所谓的资本两合公司主要是指由资合公司和无限公司(offenen Handelsgesellschaften)或者两合公司(Kommanditgesellschaften)组成的一种企业形式。在这些公司中,自然人都是仅仅承担有限责任的有限股东,而具有法人性质的公司通常是无限股东。典型的资本两合公司就是有限两合公司(GmbH & Co. KG.)。从法律上看,这种公司的交易基础和信用基础都是法律规定的基本资本金。比如在有限两合公司中,其基本资本并不是由股东个人信用构成的,而是由有限责任公司——这一无限股东的基本资本金和有限股东的出资共同组成的。

6 在成员资格方面,资本两合公司的规定和有限责任公司的相同。从德国公司法的规定看,无论是承担无限责任的有限责任公司,还是承担有限责任的股东,他

---

〔1〕 Vgl. *Immenga*, Die personalistische Kapitalgesellschaft, 1970.

〔2〕 Vgl. schon *Boesebeck*, Die kapitalistische Kommanditgesellschaft, 1938; ferner Nitschke, Die körperschaftlich strukturierte Personengesellschaft, 1970; *H. P. Westermann*, Vertragsfreiheit und Typengesetzlichkeit im Recht der Personengesellschaften, 1970.

们在公司中的法律地位都是根据其出资数额决定的（试比较两合公司，德国《商法典》第164条、第167条等）。公众公司可以按照有限责任两合公司的模式组建。这种公众公司的合同结构和内容都具有明显的资合公司的特征。与此相反，在那些股东成员固定不变的公司、家族公司和一人有限责任两合公司中，其成员资格方面的人合性就十分显著。

德国的许多司法判例也涉及资本两合公司的案子。德国《商法典》分别于1976年和1980年增加了第19条第5款、第125a条、第130a和b条、第172条第6款、第172a和177a条。此后，德国立法者也专门对此作了相应的规定。一方面，立法者把它作为一种独立的企业形式，另一方面，却规定它主要适用德国《股份法》或者《有限责任公司法》的规定。所以本书也把它作为一种资合公司。 7

## §2. 历 史 发 展

参考文献：*Bösselmann*, Die Entwicklung des deutschen Aktienwesens im 19. Jahrhundert, 1939; Nörr, Zur Entwicklung des Aktien-und Konzernrechts während der Weimarer Republik, ZHR 150(1986), 155; ders., Zwischen den Mühlsteinen. Eine Privatrechtsgeschichte der Weimarer Republik, 1988, 105 ff; *Horn/Kocka* (Hrsg.), Recht und Entwicklung der Groβunternehmen im 19. und frühen 20. Jahrhundert, 1979; *Raisch*, Unternehmensrecht, Bd. 2 1974; *Schubert/Hommelhoff*, Hundert Jahre modernes Aktienrecht. Text und Quellen zur Aktienrechtsreform 1884, ZGR-Sonderheft 4, 1985; *dies.*, Die Aktienrechtsreform am Ende der Weimarer Republik, 1987; *Schumacher*, Die Entwicklung der inneren Organisation der Aktiengesellschaft im deutschen Recht bis zum ADHGB, 1937; KölnKomm/*Zöllner* Einl. Rdn. 56 ff.

1. 18世纪和19世纪

在1892年德国颁布《有限责任公司法》以前，股份公司是当时德国资合公司的惟一形态。因此可以说，股份法的历史就是德国资合公司法的历史。现代股份公司的起源可以追溯到17世纪时期，一般认为，其最早的前身是当时的殖民地公司。1602年的荷兰东印度公司是其中的典型。在这种早期的公司中，已经蕴含了现代企业的基本思想：不同的投资者根据其出资数额分享利润、分担风险。“股份”一词是从罗马法中的“请求”这一概念发展而来的，其分享红利的意义就起源于这一时期。不能否认，当时的贸易公司并不等同于今天私法意义上的公司。因为当时的公司都是通过国家的主权行为设立的，其章程也是由国家为每个公司制定的；国家对公司经营和管理还进行严格的监督和控制；此外，国家还授予它们特定的军事权力，让它们执行特定的任务；它们甚至可以代表国家行使主权，例如，它们可以以国家的名义发动战争、缔结条约等。到17和18世纪时，这种公司形式的适用范围日益广泛，无论是海上贸易还是银行和保险都采用这种公司形式。公司给每个股东出具表明其身份的书面证明，这种书面证明是可以转让的。这样就产生了股份交易。 1

2 1807年的法国《商法典》是第一部私法性质的、专门调整公司行为的法典。这部法典也适用于当时属于法国的、现位于德国西部的莱茵联邦地区。普鲁士帝国在1838年制定了《铁路法》,然后又分别于1843年和1861年颁布了《股份法》和《德意志商法通则》。1861年的《德意志商法通则》首次对公司的设立、经营管理等等问题进行了比较详尽的规定。在该法颁布以前,任何人设立股份公司,都必须得到国家的许可(许可制度)。当然,该法规定的许可条件并不十分严格,获得许可也比较容易。因此这一许可制度并没有阻碍德国公司的发展。在这一时期,公司形式为铁路企业、采矿企业、银行和保险业广为采用。后来,工业界也逐步采用股份公司的形式。股份两合公司是作为两合公司的一种特殊形式产生的。在股份两合公司中,公司的有限资本分成等额股份。与传统的股份公司相比,股份两合公司的设立不必经过国家的许可。这是它的一个优点(试比较1861年《德意志商法通则》第173条)。

2. 成文法律体系

3 现代意义的公司法始于1870年。那年,德国颁布了《德意志商法通则》的修订本。该修订本接受了当时的自由主义思潮,取消了原来规定的国家许可制度,而采用了一个标准化规范体系:即在新的《商法通则》中规定了一些具体的客观条件,任何人只要具备了这些条件,就可设立股份公司。修正案的颁布引发了德国公司法发展史上的第一个股份公司设立浪潮;之后公司投机日益频繁,公司破产案件急遽增加。为了防止虚假的公司设立,也为了保护股东和社会公众的利益,德国于1884年再次修改其《商法通则》,对公司设立采取了严格的监督措施。由于该修正法案取消了国家许可制度,人们曾怀疑,股份两合公司是不是仍有存在的必要。经过反复讨论,德国还是保留了这种公司形式,并且先后在德国《商法典》和《股份法》中确认了这一公司形式(1897年德国《商法典》第230条等条款)。

3. 有限责任公司法

4 由于1884年《商法通则》修正案严格限制股份公司的设立,这就使得股份公司不再十分适合于规模不大的企业。另一方面,也确实需要为小企业设计一种新的、其股东不承担无限责任的公司形式。这一新的公司形式就是有限责任公司[1]。它是作为一种小型股份公司而创设的,同时,它吸收了无限公司和两合公司的许多重要特点。因此,它实质是介于两者之间的一种公司形式。有限责任公司并不是自然产生的,而是由德国立法者创设的。因此,在1892年德国《有限责任公司法》生效以后,才开始在德国出现有限责任公司。此后,其他国家纷纷仿效德国的做法。为

〔1〕 Vgl. Schubert, Das GmbH-Gesetz von 1892-Eine Zierde unserer Reichsgesetzessammlung, in *Lutter/Ulmer/Zöllner*, FS 100 Jahre GmbH-Gesetz, 1992, 1 ff.; Koberg, Die Entstehung der GmbH in Deutschland und Frankreich, 1992.

了充分利用两合公司的税收优惠待遇，大约在1910年，人们又把有限责任公司和两合公司结合起来。这样，就产生了有限两合公司这一新的公司形式。1922年的帝国法院在其判例中确认了有限两合公司。经过长期的立法争论，德国国会也于1976年正式认可了这一公司形式[1]。

4.1931年和1937年德国《股份法》的改革

5 1929年爆发了世界性的经济危机。这一危机也波及德国。在这一危机中，由于股票投机现象普遍，公司管理不善，而且管理者刚愎自用、独断专横，所以公司破产数量急剧增加。在这一背景下，德国于1931年颁布了紧急法案，对德国《股份法》进行了部分修改。1937年，德国又对《股份法》进行了全面的改革。在形式上，由于《股份法》的内容日益丰富，所以此次改革把它从《商法典》中分离出来，编制成单独的《股份法》；在内容上，此次改革大大削弱了股东大会的职权，同时强化董事会的权能，使董事会成为管理公司事务的独立管理机构。公司管理权的这一转移与第三帝国所谓的领袖原则理论没有多少关系。主要有两方面的原因促成了这一转移。首先，公司的日常管理机关必须拥有充分而有效的管理权能，这是管理好一个大型企业必须具备的前提条件。修正后的《股份法》正好确认了这种管理机制。其次，第一次世界大战后[2]，德国赋予企业以新的功能，即企业不仅承担着经济建设的任务，同时也承担着特定的社会责任："即必须为了全体人民和国家的共同利益"建设经济（1937年《股份法》第70条）。董事会是企业日常管理机构，它必须负责履行企业的这种社会义务。

5.1945—1980年

6 第二次世界大战结束以后，德国先后颁布了一系列法规，如《1951煤炭和钢铁工业职工共同决定法》、《1952雇员代表共同决定法》、《1956共同决定补充法》。此外，又对一些重要的法规作了修正，例如1956年修正了《变更法》，1959年对《股份法》作了部分修改，在1965年又对《股份法》作了全面的修改。就《股份法》的修改而言，其最重要的新增内容是第15条、第129条康采恩法的规定。由于康采恩企业在德国经济生活中地位日益重要，其作用也越来越大。德国立法者根据这一情况，针对康采恩企业的实际问题，在《股份法》增加了一些新的条款，制定了有关康采恩企业的法律制度。这是国际上首次针对大型企业的立法尝试。在当时的股东民主思潮的影响下，《股份法》修正案也加强了股东的权力。但是与康采恩法相比，这一改革显然没有康采恩法那么重要。

7 第二次世界大战后，德国也试图对《有限责任公司法》进行一次全面的修改（所

---

[1] 1. Gesetz zur Bekämpfung der Wirtschaftskriminalität vom 29. 7. 1976 (BGBl. I, 2034), durch das die § § 130 a, b, 177 a in das HGB eingefügt wurden.

[2] Vgl. *Rathenau*, Vom Aktienwesen, 1918; Geiler, Die wirtschaftlichen Strukturwandlungen und die Reform des Aktienrechts, 1927; *Haussmann*, Vom Aktienwesen und vom Aktienrecht, 1928.

谓的《有限责任公司法》大改革）。但是，这一尝试最终于1973年宣告失败[1]。直到1980年，才针对有限责任公司的一些缺陷对《有限责任公司法》进行了小规模的修正。修改后的《有限责任公司法》提高了设立有限责任公司的初始资本额，将它从10,000欧元提高到25,000欧元；严格规定了公司的设立条款；此外，还增加一些新的条款，如有关股东提供的具有替代资本性质的贷款的规定、有关股东查询权的规定（《有限责任公司法》第32a、b，51a、b等条款）。同时它扩大了1976年《商法典》规定的有关资本两合公司特别条款的适用范围（《商法典》第125a条、第129a条、第130a和b条、第172条第6款、第172a条和第177a条）。有限责任公司法和有限两合公司法远不如《股份法》那样重要，它们一直躲在《股份法》的阴影里，并且主要是通过大量的司法判例才得以进一步发展的[2]。

6. 股份法最新发展

8 1976年德国颁布的《共同决定法》是对德国《股份法》的重要修改。该法规定所有职工人数在2000人以上的企业，其监事会必须由同样人数的股东代表和职工代表组成。另外，欧盟颁布的公司法令也对德国资合公司法的发展起着重要作用。例如，1969年欧盟颁布了《规定企业公开义务的第一号公司法令》，1978年又颁布了《调整股份公司资本构成的第二号公司法令》，1982年则颁布了《有关公司合并的第三号公司法令》。德国采纳并实施了这些欧盟法令。这些法令的实施也是对德国资合公司法的重要修正和补充（详见下文§7. II. 2）。接着，为了执行欧盟《关于簿记制度的第四号法令》、《关于簿记制度的第七号法令》和《关于检查和公开制度的第八号法令》，德国又在1985年颁布了《关于执行欧盟年度决算指令的法律》。该法的实施为资合公司规定了一个全新的会计制度。1991年，德国又通过了《关于执行欧盟一人有限责任公司的第12号法令的法律》。欧盟也正在试图统一各个成员国的有关股份公司内部管理机制的法规、康采恩法（欧盟第五号公司法指令草案、欧盟第九号公司法指令草案）；另外，欧盟还试图制定《调整公司住址的跨国界迁移和公司合并的法令》（欧盟1985年第10号法令草案）和《1999年有关公司住址迁移的第14号法令建议案》。但是由于某些成员国的反对，所有这些立法努力到目前为止仍然都没有取得成功。然而欧盟在股份法方面的立法努力却取得了一定的进展。在1991年《欧盟股份法草案》的基础上，2000年12月在尼查（Nizza）会议

[1] Vgl. den 1969 vom Bundesministerium der Justiz veröffentlichten Referentenentwurf und die nicht verabschiedeten Regierungsentwürfe BT-Drucks. VI/3088 und 7/253.

[2] überblicke bei *Ulmer*, Richterliche Entwicklungen im Gesellschaftsrecht 1971—1985, 1986; Raiser, Richterrecht heute; ZRP 1985, 111; ferner die Abhandlungen von *Raiser*, *Lutter und Hommelhoff* in: 100 Bände BGHZ, ZHR 151(1987), 422, 444 und 493; zuletzt 6. ZGR-Symposium Richterliche Rechtsfortbildung im Gesellschaftsrecht, mit Referaten von *Seidl*, *Wank*, *Zöllner*, *v. Gerkan*, *Hommelhoff*, *Rümker* ZGR 1988, 294 ff.

上,欧盟各国政府首脑就职工的共同决定权问题达成共识[1]。这样,就为《欧盟股份法》的制定扫清了一个重要障碍,并且统一《欧洲公司收购法》的努力也将会取得成功(欧盟第 13 号公司法令 1996 年讨论稿和 1997 年讨论稿)(2001 年 2 月成功)[2]。

进入 20 世纪 90 年代后,德国又掀起了新一轮修改资合公司法的浪潮。1994 年 8 月 2 日,德国首先颁布了《关于小型股份公司和简化 1994 年股份法的法律》,该法改变了对上市股份公司和非上市的股份公司适用同一规定的做法,对两种不同的公司分别制定了不同的规定,并对非上市股份公司制定了较为有利的规定。接着,又对《企业合并法》、《企业分离法》和《变更法》进行了编纂,将它们统一合并为单一的《变更法》,该法已于 1994 年 10 月 28 日颁布。同年 10 月 5 日,德国政府颁布了新的《破产条例》,该法取代了老的破产法,并且已于 1999 年 1 月 1 日生效。该法颁布后,《德国股份法》、《有限责任公司法》的许多条款也作了相应的修改。另外,为执行欧盟颁布的《有关协调各国银行、有价证券监管规定的指令》,德国已于 1997 年 10 月 22 日制定和颁布了相关的法规,1998 年 3 月 22 日德国政府又颁布了《规范资本市场的第三号法令》,并于 1998 年 3 月 25 日公布了《比例股发行法》,同年 4 月 27 日,德国又制定了《企业控制透明法》。此外,德国还制定和颁布了以下法规:1998 年 6 月 9 日的《统一使用欧元法》、2001 年 1 月 18 日的《记名股和方便股东行使股东权的法律》、1998 年 4 月 27 日的《提高德国康采恩企业在资本市场上的竞争能力和方便接受股东贷款的法律》。最后,对《有限责任公司法》,德国政府也据此作了相应的修改。 9

这些法律的颁布和修改,使得德国资合公司法逐步发生了广泛而深刻的变化。

由上可知,德国主要是通过颁布一系列新的法规来对其公司法进行修改的。 10
制定和颁布新法规主要有两方面的目的:其一,是为了保证资本市场的正常运作;其二,是为了更好地保护投资者的利益,使之免受资本市场风险的损害。这里首先必须提到的是 1970 年的颁布的《投资公司法》。1998 年 1 月 14 日德国政府颁布了该法的修正案。该修正案的一个重要变化是:确认了各种不同形式的投资基金,从而为设立各种不同形式投资基金提供了法律基础。此外,该修正案还确认了投资股份公司这一特殊的基金形式。1969 年制定和公布的《有关买卖外资股份和对外资股红利进行征税的法律》也在这方面作了进一步的补充。1986 年颁布的《有关企业参股公司的法律》为股份公司、有限责任公司和股份两合公司规定了特别条款;根据这些条款,这些公司可以利用其风险资本对其他企业进行参股。当然,这种参股必须接受政府主管部门的监管。1937 年制定、1994 年修订的《有价证券购买和保

---

〔1〕 Vgl. dazu den Bericht der Sachverständigengruppe "European Systems of Worker Involvement" von 1997(sog. Davignon-Bericht) und den Entwurf einer Richtlinie über die Beteiligung der Arbeitnehmer in der europäischen Aktiengesellschaft in der Fassung vom 15. 12. 2000(Dokument 14719/00 SOC 504 SE 11).

〔2〕 Text und Quellennachweise bei Lutter, Europäisches Unternehmensrecht, 4. Aufl. 1996, 257, 299, 715.

管法》中已经规定了保护性条款,保护那些委托特定的信贷机构保管商业性有价证券或者委托它们购买商业性有价证券的投资者。《股市法》则对有价证券市场的组织机构和有价证券的交易进行了规定和调整。由于德国执行了欧盟的有关证券市场的指令,德国已经对《股市法》进行了几次修改。因此,该法是一部现代化的股市法。《招股说明书法》则规定了一条总的义务:所有公开销售的有价证券,都必须制作和公开招股说明书,并且该法还规定了招股说明书必须具备的内容。1994 年《有价证券交易法》的颁布是德国资本市场立法的一个高潮。该法为建立一个监督证券交易的联邦证券监督机构提供了法律基础;该法还明文禁止内部交易,并规定必须对内部交易进行监督;此外,该法还规定:如果上市公司的表决股的股权结构发生变化,该公司必须立即就此发布公告;最后,该法还为证券企业规定了行为准则。以上这些法规颁布后,都已经进行了几次修改。

## §3. 基本结构

### I. 资合公司和社团法人

1. 社团法人的概念

1 根据法学分类,资合公司、协会和合作社属于同一类型,即它们都是社团法人。从法学史方面考查,团体和社团法人在概念上的区别反映了两种不同类型的、重要的人类组织。这一分类起源于罗马法中 **societas** 和 **universitas** 。在德国法学史上,**共同共有团体和社团法人**是两个相对应的概念。19 世纪法学家奥托·冯·奇克系统地研究了团体和社团法人的特征,总结了两者之间的区别[1]。这样就形成了团体和社团法人法学理论。在法国法中,两个相关的概念"société"和"association"今天仍然被广为采用。在英美法体系中,与此相应的概念是合伙与公司 。而基金则是指为了特定目的而设置的、拥有自己资产的、没有成员的组织。

2 **社团法人**是数人为了实现共同利益而组成的人的联合体,其成员的变更对该联合体的存在没有任何影响;在对外关系方面,它是以一个独立的整体出现的,并且是以自己的名义行事。社团法人的内部组织机构是根据其组织章程的规定组建的。而章程并不是根据个别成员的个人意志,而是根据所有成员的共同意志规定的。法人意思是由成员大会根据多数票原则形成的。董事会是法人的执行机关

---

〔1〕 O. v. Gierke, *Das deutsche Genossenschaftsrecht*, 4 *Bde*, 1868—1913; ders. , *Genossenschaftstheorie*, 1887; *dazu* Schikorski, *Die Auseinandersetzung um den Körperschaftsbegriff in der Rechtslehre des 19. Jahrhunderts*, 1978; K. Schmidt, *Einhundert Jahre Verbandstheorie im Privatrecht*, 1987.

(外部人管理原则),也是社团法人的法定代表人,它由成员大会选举产生[1]。

3 与社团法人不同,**团体**尽管也是一个人的联合体,其成员也追求着共同的目标,但是每个成员也都借此追求和实现各自的目的。在团体中,其成员具有重要的法律地位。因此在这里,实现的是多面性原则而不是同一性原则。团体没有章程,其成员相互之间的关系是通过合同确定的。任何成员的死亡或者退出都会导致团体的解散。团体的业务由所有成员或者部分成员负责经营管理。这就是所谓的自我管理机构原则[2]。从社会学的角度看,团体和社团法人的主要区别如下:社团法人的成员数量较多,而且经常发生变动;而团体则规模较小,成员人数有限,而且基本上保持不变。

4 **基金**是一个为管理特定资产而成立、具有独立法人地位的组织,它不是人的联合体,其财产通常是为特定目的而捐献的。与社团和社团法人相比,人的因素在基金中并不起着重要的作用。捐赠人的意愿虽然对于基金的设立起着决定性的作用,但是,其作用也仅止于此。设立基金的关键是要保持其组织的客观性。基金没有成员,它只有机构和基金的使用者[3]。法学理论把基金视作由私人资产组成的一种特殊机构,这些资产必须长期用于某一特定的目的[4]。

2. 协会

5 德国《民法典》中没有社团法人这一法律概念,因而不是私法意义上的人的联合组织。正因为此,社团法人在民法中重要性已经有所降低。但是很难说这些变化会直接产生哪些法律后果。《民法典》虽然没有规定社团法人,但却规定了协会(《民法典》第 21 条等)。这是与一种民法公司(《民法典》第 705 条等)和基金(《民法典》第 80 条等)相对应的组织。在今天具有重要的现实意义的法律问题是,德国《民法典》中有关协会的规定是否可以补充适用于资合公司?如果可以,它究竟可以在多大程度上补充适用于资合公司(见下文 § § 8.1, 24.1)?

6 如果人们坚持根据法人性质对公司进行分类,那么,虽然可以将**资合公司划入社团法人这一类**,但是这一分类是**比较勉强的**。就股份有限公司而言,由于股东的决策权越来越少,因而,最多只能将它视为一种病态的社团法人。另外,公司资本独立于股东,而且只能用于规定的经营目的,董事会逐步成为一个独立的公司决策机构。这些都表明,股份有限公司也具有机构的特征[5]。尤其在一人股份有限公司

---

[1] Vgl. § § 25, 26, 31, 39 BGB; dazu *Enneccerus/Nipperdey*, Lehrbuch des Bürgerlichen Rechts Bd. 1 § 104 II; *Soergel/Hadding* Vor § 21 BGB Rdn. 15; *Staudinger/Coing* Vorbem. zu § § 21—54 BGB Rdn. 43; MünchKomm/*Reuter* § § 21, 22 BGB Rdn. 1; *Wieacker*, Zur Theorie der juristischen Person des Privatrechts, FS Huber 1973, 339 ff, 353 ff.

[2] Vgl. § § 705, 709 ff, 723 BGB; dazu *Flume*, Allgemeiner Teil I/1 § § 1, 4, 6.

[3] *Enneccerus/Nipperdey* aaO § 104 II; Larenz/Wolf Allg. Teil § 9 I; *Soergel/Neuhoff* Vor § 80 Rdn. 1 ff; Staudinger/Coing Vorbem zu § § 80—88; MünchKomm/*Reuter* Vor § 80 Rdn. 7.

[4] So die herkömmliche, auf *Otto Mayer* zurückgehende Definition der Anstalt im Verwaltungsrecht.

[5] *Wieacker*, FS Huber 339, 380 ff; ebenso schon *O. v. Gierke*, Genossenschaftsrecht Bd. I, 1012 ff.

和一人有限责任公司中,已经不具备社团法人的结构[1]。与此相反,典型的有限责任公司却具有明显的社团特征。如果仍然将它当作社团法人,那么,社团法人这一概念就含有相当水分了。再者,公司合同也使有限责任公司的社团性质更加明显。另一方面,尽管无限公司和两合公司都是民法社团,但是它们却越来越具有社团法人的特征,在组织形式上也与社团法人日益相似。

7 综上所述,在资合公司法中,有一些不同的法律概念,但是这些区别并没有很大的法律意义。它们仅仅涉及某些理想化的企业类型。即使在法律上,这些不同类型的公司也有交叉的地方,而且在现实中,相同的地方更多[2]。

## II. 资合公司和法人

8 法学理论通常把资合公司和人合公司之间的区别和法人与财产共同占有之间的差异相联系。这样,也就把它与《民法典》中的企业分类紧密联系起来。根据《民法典》的规定,法人是具有法律权利能力的协会、基金、公法上的社团法人、机构和基金(《民法典》第 21 条、第 22 条、第 80 条和第 89 条)。根据相关的法律规定,股份有限公司、股份两合公司和有限责任公司都是法人(《股份法》第 1 条、第 278 条和《有限责任公司法》第 13 条第 1 款)。但是,《民法典》并没有把团体当作是法人,而把它当作其成员之间的共同财产占有关系,《民法典》也是这样调整其债务关系(《民法典》第 705 条和第 718 条等)。由于德国《商法典》第 105 条第 2 款、第 161 条第 2 款和《有关自由职业者合伙企业法》第 6 条第 2 款的规定,德国法学界大多数学者认为,无限公司、两合公司和合伙是民法公司的特殊形式,因此,它们也属于共同共有关系。这样,资本两合公司就兼具两种企业类型的特征。

9 对法律适用而言,这种分类已经没有任何意义,因此是过时的。因为,由于《商法典》第 124 条、第 161 条第 2 款和《有关自由职业者合伙企业法》第 7 条第 2 款的规定,无限公司、两合公司和合伙也已经拥有自己足够的权利,并承担相应的义务,因而在法律权利能力方面,它们已经与法人没有任何区别。私法判例和学术界认为:除了完全的封闭性公司外,民法公司也越来越具有法人的特征[3]。再如,法国法已经确认:合伙具有法人资格。这也表明,各种经济组织形式之间的内在固有差异已经越来越少[4]。

---

〔1〕 *Wieacker* aaO 339, 379; Nobel, Anstalt und Unternehmen, 1978, 579; *Rittner*, Die werdende juristische Person, 1973, 273 ff.

〔2〕 Ähnlich *Wiedemann* GesR I, 90.

〔3〕 MünchKomm/*Ulmer* § 705 Rdn. 122 ff; *K. Schmidt* GesR § 60 I.

〔4〕 *Ferid/Sonnenberger*, Das französische Zivilrecht, Bd. 2, 2. Aufl., 1986, 340 ff.

新的法学理论认为，共同财产占有关系与法人十分相似，因为它也具有部分法 10
律权利能力或者相对的法律权利能力〔1〕。然而，也有相当多的学者依然强调不同类型公司之间的区别。但是，从目前的法律规定看，这种观点并不具有很强的说服力。另外，在德国再次展开了有关法人性质的争论：即与共同共有关系相比，法人的实质到底是什么？许多学者坚持认为，法人的实质主要涉及财产关系〔2〕。这一观点的代表人物是萨维尼（v. Savigny）。这一学派认为，法人实质上是法律授予特定的联合体或者组织与自然人同样的法律地位，目的是为了方便这些联合体或者组织参与社会经济活动。与此相反，吉尔克（Gierke）则认为，共同共有关系和法人是两种为人类共同活动创设的不同组织形式，这一理论特别强调人的因素和行为的因素。费罗曼（Flume）再次提出并发展了这一观点。费罗曼认为，共同共有关系是一个团体的法律表现形态，而法人则是一个超越个人的组织及其行为的统一体〔3〕。为了明确强调这一区别，他使用了人的联合体（Personenverband）和联合体人（Verbandsperson）。辛那费尔德（Schönfeld）也使用了这一概念〔4〕。

吉尔克和费罗曼的理论把共同共有关系和法人之间的区别与团体和社团法人 11
的区别等同起来〔5〕。同时，费罗曼采用现代社会学所使用的分类法，来界定团体和组织之间的区别〔6〕。就资合公司而言，他不顾所有不同意见，依然将资合公司归属为社团法人；此外，他把共同共有关系和法人之间的区别过分地绝对化。所以，他的观点既不符合现行法律的结构，又不符合法律事实。例如，如果像费罗曼认为的那样，典型的有限责任公司是一个团体，那么有限责任公司就不可能是法人；而另一方面，公众性的两合公司就应该具有法人资格。〔7〕毫无疑问，费罗曼对法人理论新的发展做出了重要贡献，其贡献就在于他突破了传统的资产法律关系分析法，而从社会学的角度分析企业的性质。但是其理论并没有能够让人心悦诚服〔8〕。如果法学不能坚持遵循一个固定不变的原则，那么争论就会毫无结果。当然，只要承认无限公司、两合公司、合伙在法律交往中具有独立的法律主体，就必须承认它们具有独立的法人人格。民法公司也是如此。在这场学术争论中，资合公司法并不是讨论

---

〔1〕 *Flume* aaO I/1, 90; *Fabricius*, Relativität der Rechtsfähigkeit, 1963, 117 ff.

〔2〕 *Wiedemann* GesR I, 245 f; Kübler GesR, § 4 II; je mwN.

〔3〕 *Flume* aaO I/1, 50 ff; ders. I/2, 1 ff.

〔4〕 *Schönfeld*, Festgabe zum 50jährigen Bestehen des RG Bd. II, 1929, 191, 226.

〔5〕 Vgl. zum folgenden Raiser, Gesamthand und juristische Person im Licht des neuen Umwandlungsrechts, AcP 194(1994), 495; *ders.*, Gesamthandsgesellschaft oder juristische Person, FS Zöllner 469; *ders.*, Der Begriff der juristischen Person, AcP 199(1999), 104.

〔6〕 Vgl. die Stichwörter "Gruppe" und "Organisation" im Wörterbuch der Soziologie.

〔7〕 Vgl. die Schwierigkeiten, in die *Flume* mit seiner Lehre selbst kommt, in: *Flume* I/2, 48 ff.

〔8〕 Vgl. zur Auseinandersetzung damit *Ulmer*, Die Gesamthandsgesellschaft-ein noch immer unbekanntes Wesen?, AcP 198(1998), 113; *Bälz*, Organisationsvertrag und Gesamthand-Zur Abgrenzung von Außen-und Innengesellschaften, FS Zöllner 35; *Hueck*, Drei Fragen zur Gesamthandsgesellschaft, FS Zöllner, 275; *Mülbert*, Die rechtsfähige Personengesellschaft, AcP 199(1999), 39.

的中心,争论只是稍稍涉及资合公司法而已。

### III. 资合公司和有限责任

12 最后,经常有学者声称,资合公司以其拥有的资产为限对其债权人承担清偿责任,而在人合公司中,其成员则必须对公司债务承担无限连带责任。但是这一观点仅仅适用于股份有限公司和有限责任公司,股份两合公司就不是如此,股份两合公司中的无限股东也必须承担无限的连带责任(《股份法》第278条第2款)。所以,从现行法律规定来看,这种分类是错误的。从理论上分析,这种分类也不能成立。这是因为法人的权利能力仅仅要求,法人必须能够对其违法行为独立地承担法律责任;而根据现行法律规定,任何组织只有在独立拥有财产时,才能够以自己的财产承担独立的法律责任。其他人尤其是股东的共同责任并不是资合公司或者法人的概念问题,它们更应该是有关公司信用的问题或者是有关团体形式的功能问题[1]。

## §4. 资合公司和企业

### I. 资合公司作为企业

#### 1. 企业的概念

1 在日常用语中,企业是指生产产品或者提供服务的自治组织。经济学中的企业概念与此相同。对法学而言,这一定义不太精确。许多私法和公法也使用企业这一概念。在这些法律中,相关的法规首先根据其目的对企业进行定义[2]。在资合公司法中,涉及的主要问题是资合公司和企业之间究竟存在着何种关系?或者更确切地说,是否所有的资合公司根据相关的法规都是企业。相关的法规有德国《股份法》第15条、第291条等条款,《共同决定法》第1条、第6条以及《公开法》。这些法律条款都使用了企业这一概念。《共同决定法》[3]和《公开法》对上述问题的答案是肯定的。与此相反,康采恩法对此没有统一规定,对有些规定也存在着争论(见下文 § 51. I.)。

#### 2. 理论之争

2 有关公司和企业关系的问题还有一个更深层次的问题。简单地说,就是公司本身是一个企业?还是公司有一个企业?第二次世界大战以后,德国法学界就开始

---

〔1〕 *Raiser*, Die Haftungsbeschränkung ist kein Wesensmerkmal der juristischen Person. FS Lutter 2000, 637.

〔2〕 *Raiser* Unternehmensziele und Unternehmensbegriff, ZHR 144(1980), 206, 220.

〔3〕 Vgl. *Raiser* MitbestG, 3. Aufl. 1998, § 1 Rdn. 9, § 5 Rdn. 5.

对公司性质进行争论,争论的焦点是:公司法是否是企业法的一个组成部分,并且也是作为其组成部分而不断发展的(见下文 § 6 边码 8 等)?

## II. 企业的种类

### 1. 独立企业和附属企业

法律上最重要的企业分类是将企业分成独立企业和附属企业。到目前为止,只有《股份法》进行了上述分类。如果一企业能够直接或者间接地对另一企业施加决定性的影响,则该另一企业就是附属企业(《股份法》第 17 条;见下文 § 51. I. 3)。无论是《股份法》还是《有限责任公司法》都是从独立企业出发来定义附属企业的。《股份法》第三部分有关联合企业的规定(第 291 条等)在许多地方都作了修改。对于有限责任公司,主要是有关司法判决涉及了这一问题。这些问题都是康采恩法的调整对象。本书将在第七部分专门论述康采恩法。 3

### 2. 盈利性企业、合作社企业、公益企业和倾向性企业

盈利性企业、合作社企业、公益性企业和倾向性企业各自有着不同的经济目标。这些不同的目标决定了它们之间的差异[1]。 4

(a)盈利性企业是法律规定的一种最基本的企业形式,其目的是为了获得利润。在许多资本两合公司、无限公司或者两合公司中,承担无限责任的通常是有限责任公司。而有限责任公司本身也是一种特殊的盈利性企业。它们通常负责无限公司或者两合公司的经营管理,并且是它们的法定代理人。 5

(b)合作社企业的经营目的并不是为了谋取利润,而是为了向其成员提供各类帮助,使其成员能够获得更多的利润[2]。早期,合作社企业只能采用合作社这一法律形式。目前它也可以采用资合公司的形式(见下文 § § 12 边码 39, 25. II)。但是对这种新的合作社形式,并没有制定新的法律规定。最著名的具有资合公司性质的合作社企业是汉堡的 EDEKA 中心股份有限公司。 6

(c)公益性企业的目的不是为了盈利,而是为了向公共或者社会提供服务。盈利并不是它的经营目的,至少不是其主要目的。在德国,国家投资设立了股份有限公司和有限责任公司,另外,一些规模较大的社会组织也设立了股份有限公司和有限责任公司。大多数这些国有或者社会组织拥有的股份有限公司和有限责任公司都是公益性企业。社区政府拥有的公共交通企业、公共事业企业、公益性信贷企业和房地产企业都属于公益性企业。德国《税法》对公益性企业提供了许多税收优 7

---

〔1〕 Vgl. *Duden*, über Unternehmensziele, Festgabe Kunze, 127; *Raiser*, Unternehmensziele und Unternehmensbegriff, ZHR 144(1980), 206; *Wiedemann*, Grundfragen der Unternehmensverfassung, ZGR 1975, 385.

〔2〕 Vgl. *Luther*, Die genossenschaftliche AG, 1978.

惠。但是,根据《税法》规定,公益性企业不得向其股东分派红利。只有符合这一条件,相关的企业才是公益性企业。然而,没有一位股东会主动放弃红利分配权。所以,公司章程必须对企业的公益性质作出明确的规定。然而,公司法并没有专门针对这类企业制定特别的法律规定。

8 (d)倾向性企业是指主要为政治决策、联合政治决策、宗教政策、教育政策、科学或者艺术政策直接提供咨询服务的企业,专门就上述问题撰写并提供报告和发表言论的企业也属于倾向性企业。《雇员代表共同管理法》和《共同决定法》中曾经使用了这一概念。但是有关监事会共同管理的规定并不适用于倾向性企业(1952年《雇员代表共同管理法》第81条、1972年《雇员代表共同管理法》第118条、《共同决定法》第1条第4款)。

3. 根据不同的规模进行的企业分类

9 德国法律分别为股份有限公司和有限责任公司规定了不同的最低资本额。除此之外,传统的公司法并没有对规模不同的公司制定不同的规定。然而,公司规模不同,其政治意义也不同。因而,根据公司的大小而分别制定的相应的规定,已经成为公司法最新发展中的一个不可避免的新趋势[1]。例如,《股份法》根据公司规模的不同,而在监事会的人数(《股份法》第95条)、公司的财务制度和共同管理制度方面分别作了不同的规定。这里蕴含着一种新的趋向,即逐步淡化不同企业法律形式之间的区别。《决算法》(《商法典》第267条)将资合公司分成大型企业、中型企业和小型企业三类并且对此分别进行了不同的规定。《共同决定法》则根据职工人数的多少将企业分成三种不同的等级:职工人数在500人以下的企业,职工人数在500至2000人之间的企业和2000人以上的企业(见下文§§13. III. 2)。最近颁布的《有关小型股份有限公司和简化1994年股份法的法律》也对上市公司和非上市公司作了不同的规定(《股份法》第58条第2款第2句、第121条第4款、第130条第1款、第186条第3款第4句)。

## III. 根据股东类别进行的企业分类

10 股东的构成及其相互间的关系对于企业的性质、尤其是对于企业各机构之间的合作和平衡关系起着至关重要的作用。正因为此,人们通常根据股东的不同类别而对企业作了如下的分类:

1. 公众性股份有限公司

11 在股份有限公司中,立法者最关注的是公众性股份有限公司。这种公司的股份为众多的股东所持有,它们可以在证券市场上交易。而且通常没有一个股东能

[1] Vgl. Bericht der *Unternehmensrechtskommission* Rdn. 100 ff, 504 ff.

够单独对公司拥有决定性的影响力(分散持股的股份有限公司和纯粹的投资公司)。在这种公司中,机构投资者如银行、保险公司、投资基金和资产管理公司起着十分重要的作用。由于他们拥有着上市公司的相当数量的股份,他们也可以随时出售这些股份,因此,他们对公司的影响越来越大。当然,他们参股并不是为了追求或者实现其本身的经营目标,而仅仅是为了进行资产投资。也正因为此,他们十分注重企业的管理质量,认真关注企业的经营成果。情况严重时,他们也会直接干预企业的经营和管理。

**举例**:许多著名的康采恩总公司实际上都采用纯粹的投资公司形式(如拜尔股份有限公司(Bayer AG)、德意志银行股份有限公司(Deutsche Bank AG)[1]。正因为这些著名的公司,这种企业形式才为公众所知晓。但是,如果不以企业的经济实力来衡量,而仅仅从其在公司总数中所占的比重来看,这种企业数量并不多[2]。具有相当数量的资本两合公司也属于公众性股份有限公司(见下文§ 44. Ⅲ. 2)。在这些大公司中,都有相当数量的机构投资者,拜尔股份有限公司的机构投资者为安联大众股份有限公司和荷兰磁瓦特公司(die niederländische Gevaert N. V.),前者约持有拜尔公司的5%的股份,后者则持有0.02%的股份。在宝马·克莱斯勒股份有限公司的机构投资者中,科威特诶米腊特(Emirat Kuweit)持有公司的7.4%股份。属于德意志银行的卡茹参股管理有限责任公司(KARU Beteiligungsverwaltungs GmbH)则持有德意志银行的12%股份。这两个公司的其他股份均为社会公众所持有。 12

如果仅仅一部分股份为社会公众所持有,其他股份则为一个股东或者少数几个股东或者一个股东团体所持有,那么,由于各个股东持有的股份数量的不同,他们对公司的影响也不同。如果一个股东拥有25%以上的表决股(否决少数),他就可以阻止公司作出任何须由3/4以上同意票通过的决议。在这种情况下,无论小股东的态度如何,大股东通常可以单方面决定股东大会的决议;如果一个股东持有公司75%以上股份,他甚至可以决定包括特别决议在内的所有股东大会决议的内容。以上两类股东都是企业的真正决策者。由于公司的其余股份为社会公众所持有,而且不可能所有的股东都同时出席股东大会,这些股东也不会都派遣代理人出席会议,所以,通常情况下,即使一个股东持有的股份没有达到上述比例,他也可以控制股东大会。股份两合公司也属于这一类公众股份有限公司。它实质上是由**公众股份有限公司和家族公司或者合伙人**共同组成的一种**混合企业形式**,许多大型企业都属于这一类别。 13

---

[1] Diese und die folgenden Angaben beruhen auf dem Handbuch über Beteiligungsverhältnisse in Deutschland (Hrsg.: Commerzbank AG): Wer gehört zu wem?, 20. Aufl. 2000.

[2] Nach *Wiedemann* GesR I, 122 gab es in der BRD 1980 nur noch etwa 20 reine Publikumsgesellschaften.

14　**举例**：西门子股份有限公司的6.5%的股份为西门子资产管理有限责任公司所持有，其余股份为公众所持有。法泰股份有限公司（Varta AG）的股份结构如下：两个外国股东分别持有10% 和14%的股份，一个参股公司拥有12%的股份，克妨特资产咨询公司则持有7 %的股份，其余股份为社会公众所持有。

2. 合伙人共同共有企业

15　与公众股份有限公司不同，合伙人共同共有企业的特征是，少数几个合伙人拥有企业的全部资本，他们同时也直接负责着企业的经营和管理。典型的合伙人共同共有企业是有限责任公司和资本两合公司，有关有限责任公司和资本两合公司的法律规定主要就是以这两种公司为原型而制定的。股份有限公司很少采用这种形式。

3. 家族公司

16　合伙人共同体经过二三代的发展，产生了家族公司。这种公司的股份集中在一个或者几个家族成员手中。有限责任公司和资本两合公司就是典型的家族公司，股份有限公司和股份两合公司也可能是家族公司。但是，现代最大规模的企业中几乎没有家族公司。

**举例**：h. c. 保时捷工程学博士股份有限公司（Dr. -Ing. h. c. Porsche AG）是为郸戚（Piech）家族和保时捷（Porsche）家族所拥有。根据奥尔特（Oltker）[1]的统计，1968年德国大约有2100家股份有限公司，其中的900多家是家族公司。

4. 一人公司

17　德国公司法允许设立一人公司。但是它依然是一种例外的公司形式。这种公司的所有股份为惟一的一个股东所拥有（**一人有限责任企业**）。大规模的股份有限公司很少采用这种形式。然而，很多有限责任公司和有限两合公司却是一人公司。在后一种公司中有可能出现这种情况：即惟一的股东既是无限股东——有限责任公司的经理，但他同时又是承担有限责任的有限股东。甚至可能出现公司的结构完全相同的情况，即承担有限责任的有限股东本身也是无限股东——有限责任公司的惟一股东（见下文§ 42. II. 3）。

18　**举例**：长期以来，贝塔斯曼股份有限公司（Bertelsmann AG）和阿克赛尔希布林各股份有限公司（Axel Springer AG）是一人公司（不是真正意义上的一人公司）。但是过去几年中，这两个公司的股份已经分别为几家资产管理公司所持有。贝塔斯曼股份有限公司的股份分别为约翰摩有限公司（J. Mohn GmbH）、R. 摩管理有限公司（R. Mohn Verwaltungs-GmbH）和《时代》基金所持有。阿克赛尔希布林各股份有限公司的股份则主要为一家控股公司和一家

[1] *Oltker*, Wachstumssicherung von Familienunternehmen, 1968.

番林特持股有限公司(PrintBeteiligungs GmbH)所持有,前者拥有公司的50%加一股的股份,后者拥有的股份数量略高于40%,公司的其余股份则为公众所持有。各润提西股份有限公司(Grundig AG)目前也基本上是一人公司。在马克斯各润提西过世后,该公司的99.09%的股份已经为一个控股公司所拥有。

5. 合资企业

在企业的生产经营过程中,经常会在某些领域与其他企业进行合作。这样,合作各方就会共同组建一个合资企业,两个或者几个合作者通常平均持有该企业的股份,即各方拥有该企业的同等数量的股份。他们也共同负责该企业的经营和管理。无论是股份有限公司、有限责任公司,还是有限两合公司都可能采用这种企业形式(见下文§51.III.4)。 19

**举例**:博世和西门子厨房用品有限责任公司(BSH Bosch und Siemens Hausgeräte GmbH)就是一家典型的联合企业,博世和西门子分别持有该公司一半的股份。

6. 国有企业

在相当数量的股份有限公司和有限责任公司中,都有国家的股份。具体可以将这种企业分成三类: 20

(a)国有独资公司。这种公司的所有股份全部为国家的授权机构所持有,它既可以是盈利性的,也可以是公益性的。 21

**举例**:德国铁路运输股份有限公司(Deutsche Bahn AG)就是国有独资公司,联邦政府持有这一公司的所有股份。在将部分股份私有化之前,德国邮政股份有限公司(Deutsche Post AG)和德国电报电话股份有限公司也是国有独资公司。另外,许多地方政府建立的交通企业和公共事业企业也是国有独资企业。它们在形式上可能是股份有限公司或者有限责任公司。目前,这些企业大部分都在逐步进行全部的或者部分的私有化改造。

(b)国有合资企业。即由几个不同的公法机构共同设立的企业。它们既可以是盈利性的,也可以是公益性的。 22

**举例**:在2001年对法兰克福机场股份有限公司的股份进行部分私有化改造之前,黑森州大约持有公司的45%的股份,法兰克福市则大约持有公司股份的29%,而联邦政府则持有公司的26%的股份。萨尔州采矿股份有限公司(Saarbergwerke AG)也是这样一种合资企业:其26%的股份为萨尔州(Saarland)所持有,74%的股份为联邦所持有。同样的合资公司还有上黑森州共同事业股份有限公司(Oberhessische Versorgungsbetriebe AG),该公司的股份为几个区县政府共同投资设立的地区特别协会所拥有。法兰克福移民有限责任公司(Frankfurter Siedlungsgesellschaft mbH)的情况与上述公司类似,72%的股份为联邦所持有,黑森州约持有14%,法兰克福市则控制着14%的股份。

23 (c)混合型的合资企业。国家机构持有这种公司的部分股份,另一部分股份则为私人投资者所持有。在这种公司中,由于国家投资者和私人投资者所追求的目的并不完全相同,所以可能引起管理上混乱和法律上的问题。

**举例**:大众汽车股份有限公司:下萨克森州持有18.6%的股份,公司的其余股份为众多的公众投资者所持有;汉堡电力股份有限公司的情况也是如此:汉堡市持有该公司的25%的股份,两家瑞典能源企业则分别持有该公司的约25%和22%的股份,普鲁士电力则持股15%,其余股份为社会公众所持有;德国汉莎航空股份有限公司的股份分布与此类同:国家控有约10%的股份,其他股份为社会公众所持有。

7. 康采恩企业

24 在今天的所有企业中,康采恩企业占了相当大的比重。从法律角度来看,可以把不同的康采恩企业分成以下几个类别:

25 (a)国内企业的全资子公司。在这种公司中,不存在需要保护的外部股东。

**举例**:每个康采恩总公司都建有100%控股的全资子公司。

26 (b)带有少数外部股东的子公司,康采恩法的一个重要内容就是要保护这些外部股东。

**举例**:道尼尔有限责任公司(Dornier GmbH)即为这样的公司。该公司的大部分股份为戴姆勒——奔驰宇航股份有限公司(Daimler-Benz Aerospace AG)所持有,其余股份则为道尼尔家族的几个成员所持有。

27 (c)外国企业的内国子公司,大部分这种子公司都是有限责任公司(见下文§58. IV.)。

**举例**:德国壳牌股份有限公司(Deutsche Shell AG)为荷兰皇家壳牌集团公司(Royal-Dutch-Shell-Gruppe)的全资子公司;诶速股份有限公司(Esso AG)则为美国埃克森公司(Exxon Corporation USA)的全资子公司;阿·欧宝股份有限公司(Opel AG)的所有股份则为美国通用摩托股份有限公司所持有。类似的公司还有福特汽车股份有限公司(Fordwerke AG)和IBM德国有限责任公司(IBM Deutschland GmbH)。

28 (d)平等康采恩:在企业相互之间不存在依附关系,不同的企业是通过统一的领导联合起来的(见下文§56)。

## §5. 资合公司作为企业的经济意义

1. 资合公司的总数

从经济上看,股份有限公司和有限责任公司是目前最重要的企业形式。从下表中,我们可以在一定程度上了解资合公司的数量、基本资本数额以及它们的经济潜能:[1] 1

| | 1919 | 1937 | 1960 | 1968 | 1983 | 1990 | 1998 | 2000 |
|---|---|---|---|---|---|---|---|---|
| 股份有限公司和股份两合公司[2] | | | | | | | | |
| 数量 | 5710 | 6094 | 2537 | 2328 | 2118 | 2682 | 5468 | 8809 |
| 基本资本额(10亿马克) | 20.9 | 18.7 | 31.6 | 51.8 | 103.2 | 149.1 | 238.6 | 278.7 |
| 有限责任公司 | | | | | | | | |
| 数量 | 33,975 | 30,454 | 37,901 | 67,416 | 260,774 | 433,731 | ~815,000* | |
| 基本资本额(10亿马克) | 5.9 | 4.6 | 14.2 | 36.3 | 101.2 | 195.8 | ~333* | |

注:表中*为估算。

从上表中的统计数字可以看出,股份有限公司的数量相对较少。从历史上看,魏玛共和国时期,股份有限公司的数量增长较快。第二次世界大战结束后,其数量的增长不断放慢,到1983年时,达到了最低点。此后,又开始逐步增长。在1990年和1998年间,股份有限公司的数量增加了一倍。促使这一高速增长的原因是多方面的,两德统一当然是其中的一个原因,更加重要的是因为这期间颁布了《有关小型股份有限公司和简化1994年股份法的法律》。该法不仅大大简化了小型股份有限公司的设立程序,而且改变了社会公众对股份有限公司的看法。政府用以衡量股份有限公司重要性的一个重要标准是:所有股份有限公司的资本总额。到1983年为止,这一资本总量是在不断增加的。从中可以得出结论,现有的股份有限公司 2

[1] Quelle für 1919 Passow, Die Aktiengesellschaft, 1922, 25; Stat. Jahrb. des DR 1921/22, 415; für 1937 Stat. Jahrb. des DR 1938, 437; *Fischer*, Die GmbH, 1948, 159; für die folgenden Jahre Stat. Jahrb. der BRD 1961, 196; 1969, 180; 1984, 115; 1991, 141; für 1998 *Hansen*, AG-Report 2000, R 412. Bei den GmbH handelt es sich für 1998 um Hochrechungen von *Hansen* GmbHR 1999, 26 sowie bzgl. der Stammkapitalsumme Fortschreibung der dort angegebenen Zuwachsraten.

[2] Die Zahl der KGaA ist gering und fällt wirtschaftlich nicht gesondert ins Gewicht (s. unten § 23 I 2).

规模越来越大。这一事实主要对于反不正当竞争政策的制定有着重要意义。

3　与股份有限公司不同,有限责任公司的高速发展时期主要是在20世纪70年代以后。1979年,有限责任公司的数量首次突破了200,000家。到1983年时又进一步增加到250,000多家。1989年,有限责任公司的总数已经超过了400,000家。根据最后一个官方统计数据,1993年德国的有限责任公司总数已达约600,000家[1]。在1996年时,大约有63,039家有限责任公司是有限两合公司中的无限股东[2]。1983年时,所有有限责任公司的资本总额虽然还略少于所有股份有限公司的资本总额,但是两者已经基本持平。到1990年时,有限责任公司的资本总额已经明显超过了股份有限公司:前者的资本总额为1950亿马克,而后者的资本总数则为1490亿马克。目前,有限责任公司的发展速度已经大大减慢,但是其经济地位和作用已经超过了股份有限公司。尽管公司数量增长很快,但是每个公司的资本数额是不同的,而且极不平均。具体地说,中等规模的有限责任公司比以前有所减少。

*2. 以规模为标准进行的分类*

4　资合公司的规模并不一致。下文将根据公司资本数额的多少将所有资合公司进行分类。下列表格是根据1992年底的统计数字编制的[3]。

| 基本资本数额（马克） | 数量（个） | 基本资本数额（10亿马克） |
|---|---|---|
| 50,000 | 381,215 | 18.93 |
| 50,000—100,000 | 40,211 | 2.45 |
| 100,000—1百万 | 108,051 | 22.79 |
| 1百万—1千万 | 18,220 | 47.97 |
| 1千万以上 | 5181 | 32.78 |

5　以上统计数据和以前的统计有所不同,它不是对股份有限公司和有限责任公司分别进行统计的。但是,如大家所知,资本额在100,000马克以下的公司只能是有限责任公司。1992年,资本数额为50,000马克的有限责任公司数为381,215家,占公司总数的69%。然而,这些有限责任公司所拥有的资本总额还不到190亿马克,仅占所有资合公司资本总额的0.05%。资本金在50,000到100,000马克之间的有限责任公司的数量也不少,共有40,211家,占资合公司总数的7%。然而,其拥有的资本总额远远低于上一类有限责任公司,只有24.5亿马克,仅占所有资合公司资本总额的0.07%。资本金在100,000—10,000,000马克之间的公司为中型企业。1992年时,这类资合公司共有126,271家,占资合公司总数的23%,其资本金总额为

〔1〕 Vgl. *Hansen* GmbHR 1997, 204.

〔2〕 Vgl. *Hansen* GmbHR 1999, 24.

〔3〕 Angaben für 31. 12. 1992: Statistisches Jahrbuch der Bundesrepublik 1994, 141.

707.6亿马克,占资合公司资本总额的17%。资本金在10,000,000马克以上的大型企业为数不多,只有5181家,在资合公司总数中所占的比例不足0.1%。但是它们却拥有3270亿马克的资本金,占整个资合公司资本金总额的78%。

以上统计数据表明,有限责任公司是最适合中小型企业的一种法律形式。这与立法者的初衷是一致的。从企业的经济效益来看,企业的经济作用和其规模成正比,企业的规模愈大,其经济作用就愈强。从数量上看,最大规模的企业只有少数几家,而中小型企业则数量众多,但是前者的经济潜能远远超过后者。 6

## §6. 企 业 法

参考文献:*Ballerstedt*, Unternehmen und Wirtschaftsverfassung, JZ 1951, 486; *ders.*, Was ist Unternehmensrecht?, FS Duden, 1977, 15; *Biedenkopf*, Zur Diskussion um ein neues Unternehmensrecht, FS L. Raiser 1974, 339; *Boettcher u. a.*, Unternehmensverfassung als gesellschaftspolitische Forderung, Ein Bericht, 1968(sog. Sechserbericht); *Duden*, Das Unternehmen, Menschen und Mittel, FS K. Barth, 1971, 7; *Eiselt*, Zum kaufmännischen Unternehmen im Handels- und Gesellschaftsrecht, Gedächtnisschrift E. E. Hirsch, 1986, 57; *Flume*, Um ein neues Unternehmensrecht, 1980; *ders.*, Allgemeiner Teil, Bd. I/2, 48 ff; *Groβfeld*, Transnationale Unternehmensverfassung?, ZGR 1987, 504; *Groβfeld/Ebke*, Probleme der Unternehmensverfassung in rechtshistorischer und rechtsvergleichender Sicht, AG 1977, 57, 92; *Kappler* (Hrsg.), Unternehmensstruktur und Unternehmensentwicklung, 1980; *Köhler*, Rechtsform und Unternehmensverfassung, ZgStW 115(1959), 716; *Kunze*, Die Verfassung groβer Unternehmen als gesellschaftspolitisches Problem, Festgabe von Eynern, 1967, 189; *ders.*, Bemerkungen zum Verhältnis von Arbeits-und Unternehmensrecht, FS Schilling, 1973, 333; *ders.*, Unternehmensverband und Unternehmensrecht, FS K. Duden, 1977, 201; *ders.*, Unternehmensverband und Unternehmensgröβe, FS R. Fischer, 1979, 365; *ders.*, Zum Stand der Entwicklung des Unternehmensrechts, ZHR 144 (1980), 100; *ders.*, Unternehmen und Gesellschaft, ZHR 147 (1983), 16; *Lutter*, Unternehmensverfassung und Wettbewerbsordnung, BB 1975, 613; *Lutter/Semler*(Hrsg.), Rechtsgrundlagen freiheitlicher Unternehmenswirtschaft, 1991; *Martens*, Das Unternehmen und seine Ordnung, RdA 1972, 269; *von Nell-Breuning*, Unternehmensverfassung, Festgabe Kronstein, 1967, 47; Ott, Recht und Realität der Unternehmenskorporation, 1977; *Raisch*, Unternehmensrecht, 2 Bde., 1973/4; *Th. Raiser*, Das Unternehmen als Organisation, 1969; *ders.*, Die Zukunft des Unternehmensrechts, FS R. Fischer, 1979, 561; *ders.*, Theorie und Aufgaben des Unternehmensrechts in der Marktwirtschaft, ZRP 1981, 30; *ders.*, Unternehmensziele und Unternehmensbegriff, ZHR 144 (1980), 206; ders., Unternehmensrecht als Gegenstand juristischer Grundlagenforschung, FS Potthoff, 1989, 31; *Reinhardt*, Vom Gesellschaftsrecht zum Unternehmensrecht?, FS Hartmann, 1976, 213; *Rittner*, Unternehmensverfassung und Eigentum, FS Schilling, 1973, 363; ders., Wirtschaftsrecht, 2. Aufl., 1987 §§ 7 ff; *ders.* Unternehmerfreiheit und Unternehmensrecht zwischen Kapitalismus, Sozialismus und Laborismus, 1998; *Schilling*, Rechtsform und Unternehmen, FS Duden, 1977, 537; *ders.*, Das Aktienunternehmen, ZHR 144 (1980), 136; *K.*

Schmidt, Handelsrecht, 4. Aufl., 1994 § § 4 ff; *Semler*, Vom Gesellschaftsrecht zum Unternehmensrecht. Versuch einer Orientierung, FS Raisch 1995, 291; *Steinmann*, Das Groβunternehmen im Interessenkonflikt, 1969; *Steinmann/Gerum*, Reform der Unternehmensverfassung, 1978; *Teubner*, Unternehmensinteresse-das gesellschaftliche Interesse des Unternehmens "an sich"?, ZHR 149 (1985), 470; *ders.*, Unternehmenskorporatismus KritV 1987, 61; *Ulrich*, Die Groβunternehmung als quasi-öffentliche Institution. Eine politische Theorie der Unternehmung, 1977; *Vollmer*, Die Entwicklung partnerschaftlicher Unternehmensverfassungen, 1976; *Werner*, Unternehmensverfassung in einer marktwirtschaftlichen Ordnung, WuW 1975, 179; *H. P. Westermann*, Unternehmensverfassung und Gesellschaftsrecht, FS H. Westermann, 1974, 563; *Wiedemann*, Grundfragen der Unternehmensverfassung, ZGR 1975, 385; Bericht über die Verhandlungen der *Unternehmenrechtskommission*, 1980.

1. 企业法的历史发展

1 第二次世界大战结束后,联邦德国法学界的部分学者一再要求,将公司法视为企业法,并且将它作为企业法予以进一步的发展。这一观点得到了政治界的有力支持。在1951年举行的法学家年会上,讨论的一个中心议题就是如何从经济角度和社会角度来重构企业的形式。在该次年会上设立了一个专门委员会,负责研究构建企业形式的方案〔1〕。1972年,德国联邦政府也设立了一个企业法委员会,并委托该委员会专门研究"在由公司法向企业法发展演变过程中产生的各种法律问题",并且就"如何修改公司法,制定出一部适合经济和社会发展需要的企业法提出相应的立法建议"〔2〕。1980年,该委员会公布了其研究报告。该报告虽然没有能够提出一个新的、统一的企业法立法草案,却调查研究了许多相关的问题,并且为未来企业法提出几种不同的选择模式〔3〕。企业法不仅是法学界关注的问题,它也是经济学和社会学的研究重点〔4〕。隶属于德国工会联合会的经济和社会研究所也于1981年提出了《企业法建议案》〔5〕。在现实中,许多新的私法法规也很明显是专门针对企业而制定的。这样的规定有:德国《商法典》第271条和第290条等条款、德国《股份法》第15条和第291条、《信息公开法》、《共同决定法》;此外,还有许多有关银行和资本市场方面的法律和《反限制竞争法》。通过这些新的条款和法规,立法者很明确地告诉人们,他们的目的是要制定一部具有一般适用意义的企业法。

〔1〕 Veröffentlicht als Untersuchungen zur Reform des Unternehmensrechts, Teil I 1955, Teil II 1957.

〔2〕 Bericht der Unternehmensrechtskommission, 78.

〔3〕 Vgl. dazu *Kübler* ZGR 1981, 377; *H. P. Westermann* ZGR 1981, 393; *Sonnenschein* ZGR 1981, 429; *K. Schmidt* ZGR 1981, 455; *Rittner* GmbHR 1981, 277; *Raiser*, in *Bohr* u. a. (Hrsg.), Unternehmensverfassung als Problem der Betriebswirtschaftslehre, 1981, 35 ff.

〔4〕 Vgl. nur *Chmielewicz u. a.* (Hrsg.), Unternehmensverfassung, DBW Schwerpunkt, 1981; *Bohr u. a.* (Hrsg.), Unternehmensverfassung als Problem der Betriebswirtschaftslehre, 1981.

〔5〕 *Projektgruppe im WSI*, Vorschläge zum Unternehmensrecht, 1981.

2. 发展企业法的要素

(a)在企业法学术理论中,同时存在着几种不同的发展趋势。首先,企业**不再仅仅**被当作是**投资者**获得**个人利益的机构**;企业不仅为社会公众提供生活必需品;其生产效率的高低还影响到国民生活水平的好坏。此外,作为私法上的一个权力中心,企业还对社会公共和国家的政治决策有着重要的影响力。另一方面,由于经济界、国家和社会的关系日益紧密,也由于法律和政策的限制,企业的自由决策空间日益狭小。德国政府制定了一系列经济调控法、经济政策、产业结构政策、中小型企业政策、保护环境政策、保护消费者政策以及社会救济政策。所有这些法规和政策都在一定程度上限制了企业的决策权。此外,国家和地方政府的企业行为也日益增多。当然其目的各不相同,有的是为了盈利,有的是为了公共利益。在这一发展过程中,企业形式、企业的内部管理机构都逐步成为经济法调整的对象,但是在法律上依然根据私法的模式来构建其形式和内部组织机构,即这些新的变化并不影响其固有的私法结构。实际上,新的观点主要在以下方面发生了变化:企业之间的重要区别应该根据其规模或者经济重要性的不同而不同,而不是仅仅根据企业的形式;至少在根据企业的形式对企业进行区别时,必须同时考虑企业的规模。 2

(b)在企业的内部,也发生了类似的深刻变化。这主要表现为,在大企业中,企业的经营管理权逐渐从企业所有者手中分离出来,并转移到职业管理者(经理)手中。资本所有权与这一转移没有任何关系。促使这一转移的根本原因是职业管理者所具备的经营管理能力[1]。另外,那些接受过科学培训的专家也对这一权力转移起着重要的推动作用。因为这些专家不仅能够影响企业的经营决策,而且能够影响企业的经管成果。管理者的持有的股份也不是其掌管经营管理权的合法依据,其最重要的因素是他们的智力和知识。由于管理的专业化,企业中也产生了一个**官僚的管理结构**。他们逐步剥夺企业的所有者管理权。最后,企业职工及其组织对企业经营管理也拥有越来越多的发言权。1972 的《雇员代表共同管理法》和 1976 年的《共同决定法》使职工在管理方面的影响力达到了顶峰。产生上述新理论的根本原由就是为了削弱企业的所有者的控制权,并将其部分控制权转让给经理、专家和职工;其中的主要思想是企业所有者不能独占企业的经营管理权。而大家知道,所有者拥有其企业的经管管理权,这是早期公司法的基本基础。 3

(c)产生企业法上述新理论的第三个原因是对企业形式的新认识。根据以上分析,各种不同的企业形式之间并不具备很大的差别,不同的企业形式之间也可以相互转换,在不同的企业形式之中,也有一些共同的法律结构。因为这些原因,就不难制定一些共同企业法规则。而且,这些企业法规则并不会对不同法律形式产生任何影响。只要它们仍然具有实际适用价值,就依然可以合法存在。 4

---

〔1〕 *Proß*, Manager und Aktionäre, 1965.

5 在某些领域,新的立法经验已经表明,有可能制定一个具有普遍意义的企业法。另外,许多企业法律问题有着共同的基本结构,因而可以在公司企业法通则部分予以规定和调整。这些问题有:企业的设立、成员资格、成员的权利义务、公司内部决策的形成、股东大会的错误决议的处理、共同决定权、组织机构的代表权、会计制度、信息公开义务、企业的解散、清算和破产、康采恩、分立、合并和企业形式的转换以及国际公司法[1]。

6 (d)与统一的企业法区别越来越大的是联合会法。它调整的是非企业性的组织,比如文化组织、社会组织、政治组织、运动组织和经济协会。与公司法相比,企业法理论将企业与这些组织更明显地区分开来。

3. 过渡阶段

7 目前**正处**于公司法向企业法转变的**过渡阶段**[2]。到此为止,还没有能够制定出有固定内容的、正确的企业法律制度。编纂工作遇到了许多困难。第一个难题就是:现行法律由许多不同层次的法规组成,而每个法规都反映着不同的历史发展过程。与产生于19世纪的《商法典》的许多条款相比,比较容易将康采恩法、共同决定法和会计簿记法规纳入企业法的体系。在法律政治界也有许多不同的政治观点,它们对公司法和企业法的差异也有着不同的看法。有些人主张:企业不仅应该更多地承担国家义务,而且应该拥有更多的发言权,大型企业必须采用特定的企业形式。这些人通常倾向于将企业当作实现其政治目的的辅助工具。另一方面,那些坚持保留公司法的人则认为:这样可以更好地维护德国的公司法传统。撇开上述种种政治因素不谈,也应该承认目前德国公司法已经在逐步发展成为企业法。当然,还需要相当长的时间,才能最终完成这一历史性的转变。

4. 企业法理论

8 (a)有关企业法的学术理论首先试图对**企业这一概念**进行定义。定义的目的并不是为了从立法技术上对某些法律如《股份法》第15条和第291条中使用的相关概念进行界定,相关法律部门中的特别规定如康采恩法中使用了这些概念(试比较下文§§51.I.)。进行定义的根本目的应该是为了确认一个基本概念,并将该概念作为企业法制度的一个基本原则;在涉及具体法规时,它既可以作广义的解释,也可以作狭义的解释。从这一意义出发,可以将企业定义为:“企业是由数个的成员和一定数量的资产按照法律规定设立的同一组织,它按照经济规则运作,生产商品或者提供服务;它还通过市场向社会公众提供产品,满足社会公众对产品的需

〔1〕 Vgl. die rechtsformübergreifenden Abschnitte bei *Schmidt* GesR §§ 1 bis 21 und *Kübler* GesR §§ 18 bis 35.

〔2〕 Vgl. *K. Schmidt*, Handelsrecht §§ 4 ff, Gesellschaftsrecht § 1 II 4; *Kübler* GesR § 5 IV.

求;此外,它通过获取的利润来满足投资者、职工和管理者的利益需求和其他需要"[1]。

(b)许多学者则努力界定**企业的法律性质**。目前德国学术界对此已经形成了两种完全不同的理论。一种理论十分强调企业的经济性。科勒(Köhler)就是这一理论的代表人物,他认为企业是"为不同主体创造经济价值的机构和促进国民经济发展的单位"[2]。另一种理论则认为,社会联合组织是企业的一个法律特征。具体地说,企业是一种"由多种利益主体组成的联合会"[3],它是一种组织[4]或者"一种进行社会交流和行动的机制"[5]。后一理论实际上吸收了企业经济学[6]的基础理论即社会组织理论和社会系统理论。实际上,两种理论的基本观点并不是相互排斥的,恰恰相反,它们是相互补充的。因而可以将企业经济学的理论和社会学的学术结合起来,创建一个更为广博的理论。 9

(c)有关企业法律性质的分析也给我们解答下列问题提供了一些线索(见上文§4边码2):**公司是一个企业?还是有一个企业?**主流观点认为,企业是个法律客体,必须存在一个拥有它的法律主体[7]。这一观点否认了企业的法律主体资格[8]。这与传统的看法是一致的,传统的理论即认为:企业是其所有者所拥有的客体。这一理论引用的一个依据是,人们经常将"企业"当作一个"客体概念"来使用,当人们说起出让企业或者出租企业时,就是如此。在《变更法》中,也将企业和企业所有者进行了区分。但是,从另一角度分析,企业这一组织形式的重要法律意义并不仅限于此。这也是十分明显的。法律应该将企业视作一个统一的整体,企业可以作为一个拥有自决权、行为能力的整体,独立地参加法律事务,它们可以自己参与市场竞争并且独自承担由此带来的风险。根据以上分析,正确的理论只能是:公司是一个企业。 10

---

[1] Diese Begriffsbestimmung entspricht im wesentlichen *meiner* früheren Definition in: Unternehmensziele und Unternehmensbegriff, ZHR 144(1980), 206, 231. Auf das dort noch hinzugefügte Merkmal "autonome" rechtliche Einheit wird angesichts der zahlreichen konzernabhängigen und in diesem Sinne nicht autonomen Unternehmen verzichtet. Vgl. vorher schon die ähnliche Definition von *Ballerstedt*, Was ist Unternehmensrecht?, FS Duden, 15, 22; ferner *Rittner*, Wirtschaftsrecht, 2. Aufl., 124; *Flume* I/2, 48 ff.

[2] ZgStW 115(1959), 716, 721 ff.

[3] Vgl. *Böttcher u. a.*, Unternehmensverfassung als gesellschaftspolitische Forderung, 17 ff.

[4] *Raiser*, Das Unternehmen als Organisation.

[5] Vgl. zuletzt *Teubner* ZHR 149(1985), 470; *ders.* KritV 1987, 61.

[6] Vgl. z. B. *Bleicher*, Unternehmensentwicklung und organisatorische Gestaltung, 1979; *Vanberg*, Markt und Organisation, 1982; Ulrich, Die Unternehmung als produktives soziales System, 2. Aufl., 1970; *Steinmann*, Das Großunternehmen im Interessenkonflikt, 1969.

[7] Vgl. *Brecher*, Das Unternehmen als Rechtsgegenstand, 1953; und zuletzt *K. Schmidt*, Handelsrecht, 3. Aufl., 57 ff, 81 ff, 126 ff.

[8] Vgl. *Rittner*, Wirtschaftsrecht, 2. Aufl., 124 ff; *Schmidt*, aaO, 71 ff.

11 从上述事实中,力特纳(Rittner)[1]得出结论,有广义和狭义两个不同的企业概念:他认为,广义的企业是指由"数人构成的组织",它有独立的决策机构和行动机构,它可以以自己的名义生产产品,并为人类提供产品和服务,在市场经济中,它可以与其他企业进行竞争。而狭义的企业则是指"一种具有物质性的统一体";它既是一种实业,因而它可以成为人们继承、转让和出租的对象;它也是一种法律客体,可以为商人和公司所拥有。费罗曼(Flume)持同样的观点,他认为,公司和企业同样都为法人,股份公司是"具有法人资格的企业",而个体商人和人合公司虽然也是企业,它们却依然是法律客体[2]。

12 但是,两者的理论都不具有说服力[3]。公司法对公司意思的形成及其对经济活动的参与进行了规定和调整。力特纳理论的缺陷就在于,它不能够解释,为什么公司法要对企业和企业所有者这两个不同的概念进行区分?这种区分究竟有何法律意义?费罗曼的理论也有不足。费罗曼曾经将法人和共同共有关系绝对对立起来,在这里其关于两个概念的区分也有同样的缺陷,因而并不令人信服[4]。因此,在资合公司法中,将企业和企业所有者进行区分不仅没有必要,而且很不现实。公司本身是一个企业,而不是有一个企业。然而,公司可以停止其企业活动,它既可以对其资产进行清算,也可以出让或者出租其资产。在这种情况下,公司不仅和其人员与资产相分离,而且背离了其经营目的。人们或许可以问:**其他的停业公司**或者处于休眠状态的空壳公司是否还可以被称为企业。另一方面,当人们谈及对企业资产进行清算、转让或者出租企业资产时,习惯上把它们称为对企业进行清算、转让和出租。从这一点出发,企业看起来确实像一个法律客体,因而法律也应该将它当作法律客体来进行规定和调整。但是,这些实际上是我们习惯上的简略用语。从系统上分析,这仅仅涉及一些特殊情况。它也并不影响得出以下重要结论:公司就是企业。

13 在资本两合公司中,无限公司通常负责总公司的经营和管理,是否可以把这种无限公司看作企业是值得怀疑的。经济上,无限公司和总公司联合组成一个统一的企业,在市场上它们也是以一个自治的统一体出现的。但是,从法律上分析,将它们当作两个独立的企业也是合理的。这是因为它们分别拥有各自的权利能力和行为能力,它们也拥有各自的财产,各自承担独立的会计义务和会计账簿公开义务。康采恩企业中的附属企业也是如此。

14 (d)在**企业目标**方面,德国法学界的分歧不大。最近的讨论表明了这一点。组织社会学和经济学得出结论,为投资者追求并实现最大利润并不是企业经营的惟一目标;除此之外,企业也追求其他目标,如维持企业本身的生存和发展能力、满足

---

[1] Vgl. *Rittner* aaO §7, *ders.*, Die werdende juristische Person, 281 ff. Die Ansicht hat weite Resonanz gefunden und dürfte der h. L. entsprechen.

[2] *Flume* I/2, 48 ff; ders., Um ein neues Unternehmensrecht, 1980, 17 ff.

[3] Vgl. zum Folgenden *Raiser*, Unternehmen und juristischen Person, FS 100 Jahre BGB, 2000, 487.

[4] Siehe oben § 3 II.

所有参与者的各种物质和非物质需求。在这种情况下,法学界也不再认为利润最大化是企业的基本特征,也认为必须尊重经济学的基本原则,即企业所开展的任何活动都必须考虑绩效最大化和成本最小化之间的关系,也即必须寻求利润和成本之间的最佳平衡点。[1]

(e)尽管法律界和学术界对企业的内涵依然存有争议,但是,企业法方面的一 15
个最重要的突破是“企业利益”已经成为一个广为接受和使用的概念。企业是一个独立的组织,他有着自己独立的利益。这一利益具体表现为投资者的利益、职工利益和其他参与者的利益。企业的机构在进行决策时必须考虑到各方的利益。所有这些已经得到大家的公认[2]。

5. 资合公司法作为企业法的一个组成部分

由于多数资合公司均为大型企业,它们具有特别重要的经济作用,所以,**资合** 16
**公司法**特别是《股份法》一直是有关政治讨论和学术争论的中心。上文提及的许多企业法的规定都在一定程度上与资合公司有关。因此,就这个意义上而言,本书介绍的内容也是正在形成中的企业法的一个组成部分。

## §7. 外国公司法和欧洲公司法

### I. 对主要国家公司法的比较

参考文献:*Frommel/Thompson*, Company Law in Europe, London 1975; *Jura Europae*, Gesellschaftsrecht Bd. I-IV, 2. Aufl. 24. Lieferung, Stand 1994(Loseblattausgabe); *Behrens*, Die GmbH im internationalen und europäischen Recht, 2. Aufl. 1997; *Pennington/Wooldridge*, Company Law in European Communities, 3. Aufl. 1982; **奥地利**: *Kastner/Doralt/Nowotny*, Grundriβ-desösterreichischen Gesellschaftsrechts, 5. Aufl., 1990; **瑞士**: *Boeckli*, Schweizer Aktienrecht, 2. Aufl., 1996; *Meier-Hayoz/Forstmoser*, Grundriβ des schweizerischen Gesellschaftsrechts, 1993; **意大利**: *Frignani/Elia*, Italian company law, 1992; *Hofmann*, Gesellschaftsrecht in Italien, 2. Aufl. 1997; *Sabato/Delle*, Societὰ, 5. Aufl., 1995; **法规**: *Chaput*, Droit des sociétés, 1993; *Chaussade-Klein*, Gesellschaftsrecht in Frankreich, 2. Aufl. 1998; *Cozian/Viandier*, Droit des sociétés, 1993; *Guyon*, Les Sociétés, 3. Aufl. 1997; *Jeantin*; Droit des sociétés, 3. Aufl. 1994; *Sonnenberger*, Französisches Handels-und Wirtschaftsrecht, 2. Aufl., 1991; **英国**: *Bourne*, Principals of Company law, 3. Aufl. 1998; *Cheffins*, Company Law, 1997; *Cracknell*, Company Law, 1994; *Davies/Prentice*, Gower's Principles of Modern Company Law, 6. Aufl.., 1997; *Oliver/*

---

[1] Vgl. *Duden*, über Unternehmensziele, Festgabe Kunze, 127; *Groβmann*, Unternehmensziele im Aktienrecht, 1980; *Raiser* ZHR 144(1980), 206, 214 ff m. w. N.

[2] Einzelheiten vgl. u. §§ 14 I 5, 15 VII 7.

*Marshall*, Company Law, 12 Aufl. 1994; *Wainman*, Company Structures, 1995 *Walmsley*, Butterworths Company Law Handbook, 11. Aufl. 1997; **美国**: *Bungert*, Gesellschaftrecht in den USA, 2. Aufl. 1999; *Cary/Eisenberg*, Corporations, 5. Aufl., 1980; *Eisenberg*, The Structure of the Corporation, 1989; *Hamilton*, Law of Corporation, 4. Aufl. 1996; *Jennings/Buxbaum*, Corporations, 5. Aufl., 1979; *Kutzavitch*, Basic Corporate Law and Business Organisations, 1994; *Merkt*, US-amerikanische Gesellschaftsrecht, 1991; *Vagts*, Basic Corporation Law, 3. Aufl., 1988.

1. 公司的形式

1 在所有市场经济国家中,都有资合公司。无论是在经济上,还是在组织上,这些公司都与德国的资合公司十分相似。大陆法国家采用德国的两种资合公司形式。在**奥地利和瑞士**也有股份有限公司和有限责任公司。法国把股份有限公司称之为"Société Anonyme"(SA)[1],而把有限责任公司则叫作"Société à Responsabilité Limitée(SARL)";在**意大利**,这两种公司分别被称为"Società per Azioni(SpA)"和"Società a responsabilità limitata(Srl)"。在东欧国家建立市场经济的过程中,它们也分别建立了股份有限公司和有限责任公司两种不同的公司形式[2]。

2 与大陆法不同,**在英美法体系中**原则上只有一种法人公司。这在英国叫作Company,而在美国则称为Corporation。公司主要是指公众公司。但是,由于在英美法国家中也同时存在着股东人员固定不变的私人公司或者封闭性公司,所以也必须为它们制定一些特别的规定。在欧盟统一法律推动下,1980年英国修改了其公司法,该法对公众性公司和封闭性公司作了更加明显的区分。

3 由于欧洲各国规定的公司设立条件不同,因此两种企业形式在各国的经济中的作用和地位并不一致。例如在法国和瑞士,无论是股份有限公司的绝对数量,还是其在公司总数中所占的比重,都远远高于联邦德国。在英国则存在着大量的封闭性公司,因为这种公司比较适合于小型企业。在德国这样的小企业通常采用无限公司或者两合公司的形式。

2. 公司的设立

4 在任何国家,股东设立公司时必须首先起草并制定章程,这些章程必须具备法定的内容。就章程而言,大陆法和英美法之间的规定是不同的。在大陆法国家中,公司章程也调整股东相互之间的法律关系。而在英美法国家中,则有公司章程和内部细则之分。章程在英国称Memorandum of Association,在美国则称Certificate of

---

[1] Im Jahr 1994 hat der französische Gesetzgeber mit der Société par actions simplifiée(SAS) eine neue, im Vergleich zur SA vereinfachte und flexiblere Spielart der Aktiengesellschaft eingeführt, vgl hierzu *Kandler/Seseke*, AG 1994, 447.

[2] Vgl. die übersichten bei *Becker*, Gesellschaftrecht in Russland, 1998; *Gralla*, Polnisches Gesellschaftsrecht, 1994; *Bohata*, Gesellschaftsrecht in der Tschechischen Republik und der Slowakei, 2. Aufl. 1998; *Bytonski*, Gesellschaftsrecht in Ungarn, 1999. *Kalss*, Gesellschaftsrecht in den Ländern Mittel-und Osteuropas, ZGR 2000, 819.

Incorporation,它主要调整着公司的对外关系。内部细则在英国叫作 Articles of Association,而在美国则称之为 By-Laws,它调整的主要是公司的内部关系。

5 在设立公司的**最低资本金**方面,各国的法律规定也不相同。在法国自 2002 年起,设立股份有限公司的最低资本金为37,000欧元,如为公众性股份有限公司,其最低资本金为225,000欧元,设立时,必须至少缴纳 1/4 的股金;有限责任公司的最低资本额则为 7500 欧元,所有股金必须于公司设立时全部缴清。在意大利,股份有限公司的最低资本金为1,000,000欧元,有限责任公司则为10,000欧元;设立时,必须至少缴纳 1/10 的股金。在英美法国家中,原则上没有关于最低资本额的规定。根据欧盟第二号公司法指令的规定,英国必须采用大陆法的做法。为此,英国公司法规定,设立公司的最低资本金为50,000英镑,其中的 1/4 必须于公司设立时缴纳。在有关股份有限公司设立的其他方面,欧盟第二号公司法指令也使各成员国的不同规定逐步趋同。在设立审查的范围方面,股份有限公司和有限责任公司之间有着重大区别。德国就是如此。

6 所有国家的公司法都规定,公司自通过**设立审查**、获准注册时起,获得**独立的权利能力**。但是,根据英美法的规定,公司通常仅仅在其经营目的许可的范围内,才具有权利能力(所谓的越权学说)。在实践中,这一限制的作用十分有限。因此,为了避开这一限制,企业通常规定一个十分广泛的经营范围。

3. 管理机构

7 企业的管理机制大致可以分成两类,即三元结构的监事会制度和二元结构的董事会制度。监事会本来是德国股份法的独创。意大利吸收了德国的做法,其公司法规定:所有股份有限公司都必须设立监事会;如果有限责任公司的资本在 2 亿里拉以上,则也必须设立监事会。因此,意大利的规定与德国的现行规定比较相近。法国传统上采用了美国的董事会制度。然而,1966 年法国进行公司法改革后,股东也可以选择监事会制度。但是,实践中采用这一制度的并不很多。与其他国家的规定不同,美国公司法坚持董事会制度。公司的经营管理由董事会负责,董事会成员由股东大会选任。在实践中,董事通常分成两种不同的类别:即专职董事(在英国被称为常务董事或者执行董事,而在美国则称之为全职董事)和兼职董事(又称普通董事、非执行董事或者外部董事)。这两类董事的职责是不同的。常务董事主管公司的经营和管理,它们通常拥有与德国董事相似的独立性;而兼职董事的职权基本上限于监督公司的经营管理。从这一点分析,尽管美国公司法没有规定设立专门的监督机构,但是美国的公司管理机制在实际上与德国的监事制度有一些相似之处[1]。在行使职工共同决定权过程中,英国对其董事会制度进行了深刻的讨论。英国商务部调查委员会于 1977 年就此提出了研究报告(即所谓的布洛克报告,

---

[1] Vgl. *Bleicher/Leberl/Paul*, Unternehmungsverfassung und Spitzenorganisation, 1989; *Hopt*, Gemeinsame Grundsätze der Corporate Governance in Europa? ZGR 2000, 779, 783.

Bullock-Report)。虽然在该报告中,多数委员主张保留单一的董事会制度。但是也有少数委员认为,英国的董事制度应该逐步向监事会制度过渡。

4. 职工的共同管理权

8 企业的组织结构与行使共同决定的方式和程度有着密切联系。在大陆法系国家中,只有荷兰的《共同决定法》与德国1976年的《共同决定法》相似,但是在具体条款上两者之间依然存在着差异。根据荷兰《共同决定法》,每个大型股份有限公司都必须设立监事会。股东大会、职工委员会和董事会可以推荐监事候选人,但是它们的推荐没有约束力。监事会有权决定哪些人可以聘为监事。本企业的职工、负责与企业谈判并且签订行业劳资聘用合同的工会代表不得成为监事。如果监事会没有接受股东大会、职工委员会和董事会的建议,在一些情况下,建议方可以向政府专门设置的委员会提出异议。构建这一监事会模式的指导思想是:监事不应该是企业内某一利益集团的代表,他有义务维护企业的整体利益。[1] 自1970年以来,奥地利、卢森堡和斯堪的纳维亚国家也规定,如果一个股份有限公司达到一定的规模,监事会中必须有一定数量的职工代表。当然各国规定的构成方式各有不同[2]。

9 与上述国家不同,意大利[3]和美国[4]基本上对共同管理制度持排斥态度。在法国和英国,政府专门委员会提出了企业法的改革方案,这些方案对共同管理基本上持肯定态度。但是这些方案并没有能够得以实施[5]。

5. 资本规则

10 在公司资本方面,大陆法和英美法的规定是不同的。大陆法国家都为公司规定了一个最低资本额,在英国则没有为私人公司规定一个最低资本额,而美国则完全放弃了这样的规定。当然在英美法国家中,公司合同必须规定资本数额,公司管理机关可以在章程规定的额度内发行股份,筹集资本(所谓的授权资本)。究竟在多大程度上发行授权资本,由管理机关自行决定。那部分已经收缴的资本金既是企业的营业基础,也是企业的风险基金。已经发行并且认购的、但是还没有收缴的那部分资本金也是企业的风险基金(发行资本)。尽管如此,各国公司法之间也有一些相同的规定。如为了保护债权人的利益,各国公司法都禁止公司将法定最低

---

[1] §§ 153 ff des niederländischen Zivilgesetzbuches von 1976. Dazu *Sanders* AG 1977, 173.

[2] Vgl. zu Luxemburg *Kohte* AG 1976, 35; zu Schweden Hanau in Gamillscheg u., Mitbestimmung der Arbeitnehmer, 1978, 89; *Engels* RdA 1978, 185; zu Dänemark *Carsten* AG 1976, 151; zu Norwegen *Steiniger* AG 1978, 189.

[3] Vgl. *Runggaldier* in Gamillscheg aaO 123, 148 ff.

[4] Dazu *Summers* in Gamillscheg aaO 163, 191 f; *ders.* RdA 1979, 257.

[5] Vgl. zu Frankreich den sog. Rapport *Sudreau* von 1975 und dazu *Blanc-Jouvan* in Gamillscheg aaO 33, 53 ff; *Engels* RdA 1977, 109; zu Großbritannien den 1977 vorgelegten sog. *Bullock*-Report und dazu *Davies* in Gamillscheg aaO 61, 77 ff.

资本金或者发行资本退回给股东。出于同样的原因,各国都限制公司获得自己的股份[1]。如果公司不能清偿债务,在一些特殊情况下,债权人可以直接向股东提出清偿请求,股东也必须承担直接的清偿责任(揭开或者刺穿公司面纱)。

6. 簿记、审计和公开

在簿记、审计和年终报表的公开方面,欧盟分别于1978年颁布了《关于财务决算的第四号指令》、1983年颁布《有关康采恩年终决算的第七号指令》并于1984年颁布《有关审计员资格的第八号指令》。随着成员国实施这些指令,各国在簿记、审计和公开方面的规定基本相同[2]。欧盟颁布这些指令的目的,是为了使投资者和其他相关人士能够获得有关公司资产、财务和盈利方面的信息。然而,由于这些指令中含有许多选择权,这给各个成员国的立法者提供了许多利用或者规避的机会;而且,这些指令也给予企业过多的自由裁量空间。因此,欧盟的目标并没有完全实现。正因如此,由许多国家审计师组成的国际职业组织正在努力编制《国际会计标准》,借此或许可能进一步统一各国的不同规定[3]。越来越多的跨国康采恩已经根据这一标准,编制其康采恩年度报表。 11

在美国,公司簿记制度是由资本市场法和证券市场法规定和调整的。美国证券市场监管机构(美国证券交易委员会)和美国经济审计师联合会联合制定的《年终决算条例》(《会计通则》)[4]仅仅适用于那些股票可以公开交易的公司。如果一家德国公司的股票想在纽约股票交易所上市交易,那么,该公司编制财务报表必须既符合德国的有关法律规定,同时还必须符合美国的《会计通则》的规定[5]。然而,适用于封闭性公司的法律条款为数不多。它们仅仅要求公司进行记账,编制年终决算表和资产损益表。 12

## II. 欧洲公司法

参考文献:*Behrens*, Die Europäisierung des Gesellschaftsrechts, GmbHR 1993, 129; *Deckert*, Europäisches Unternehmensrecht, EWS 1996, 265; *Ebke*, Unternehmensrecht und Binnenmarkt; e pluribus unum?, RabelsZ 62 (1998), 195; *ders.*, Unternehmensrechtsangleichung der Europäischen Union, FS Groβfeld, 1999, 189; Groβ, Deutsches Gesellschaftsrecht in Europa, EuZW 1994, 395; *Grundmann*, EG-Richtlinie und nationales Privatrecht, JZ 1996, 274; Haber-

---

[1] Vgl. *Ziebe* AG 1982, 175.

[2] Vgl. §§ 238 ff HGB.

[3] Vgl. dazu statt aller Pellens, Internationale Rechungslegung, 3. Aufl. 1999, und die zahlreichen einschlägigen Abhandlungen in der FS Kropff, 1997, sowie in ZGR 2000, 537 ff.

[4] Zum Schrifttum dazu s. vorige Fuβnote.

[5] Berühmt geworden ist die doppelte Bilanzierung der Daimler-Benz AG für das Jahr 1993 zum Zweck der Zulassung an der NYSE, bei der nach deutschen Recht ein Bilanzgewinn von 615 Mio. DM, nach GAAP ein Verlust von 1.839 Mio. DM ausgewiesen wurde.

sack, Europäisches Gesellschaftsrecht, 1999; *Herberstein*, Die GmbH in europa, 1999; *Hohloch* (Hrsg.), EU-Handbuch Gesellschaftsrecht, 1997; Hopt, Europäisches Gesellschaftsrecht; Krise und neue Anläufe, ZIP 1998, 96; *Hopt/Wymeersch* (Hrsg.), European Company and Financial Law, 2. Aufl. 1994; *Klinke*, Europäisches Unternehmensrecht und EuGH, ZGR 1996, 567, 1998, 212; Lutter, Die Auslegung angeglichenen Rechts, JZ 1992, 593; *ders.*, Europäisches Unternehmensrecht, 4. Aufl. 1996; Reher, Gesellschaftsrecht in gemeinsamen Märkten, 1997; *Schön*, Gesellschaftsrecht nach Mastricht, ZGR 1995, 1; ders., Mindestharmonisierung des europäischen Gesellschafsrechts, ZHR 160(1996), 221; *Timmermans*, Die europäische Rechtsangleichung im Gesellschaftsrecht, RabelsZ 48(1984), 1; *Wiesner*, überblick über den Stand des europäischen Unternehmensrechts, EuZW 1998, 619.

1.法律基础

13 《欧盟协定》规定了三种统一欧盟各国公司法的方式。颁布欧盟指令是其中之一,并已经被证明是最有效的方式[1]。制定欧盟**公司法指令**的法律基础是《欧盟协定》的第44条第2款,该协定已经为1997年10月2日签署的《阿姆斯特丹协定》所取代。根据上述条款的规定,欧盟理事会和欧盟委员会应该取消妨碍企业自由设立的种种限制。"为保护股东和第三者利益,各成员国都可以制定必要的规定。根据《阿姆斯特丹协定》第58条第2款的规定,各成员国有权采取这样的保护措施。为了保证这些保护措施具有同样的功效,理事会和欧盟委员会必须协调各成员国的相关规定"。根据这一授权,欧盟到2000年为止已经颁布了**9条新的公司法指令**。尽管每一指令的适用范围各不相同,但是它们对德国公司法的发展都产生了重要的影响。此外,欧盟正在准备拟定三个新的公司法指令。但是,目前基本上可以肯定,有三个公司法指令的立法尝试不可能获得成功[2]。

14 制定欧洲公司法的第二个法律依据是根据《欧盟协定》第308条(修订前第235条)的规定制定的**条例**。据此欧盟可以制定欧洲公司法,并为此创设一种新的独立的公司形式。欧盟已于1985年7月25日颁布了**《关于建立欧洲经济利益联盟的条例》**[3]。创设这一新的法律形式的目的是为了方便中小企业进行跨国合作。但是它既不能直接经营和管理企业,也不能获得利润。这就大大限制了其适用范围[4]。经过多年的不懈努力[5],欧盟终于于2001年10月成功地实现了欧盟股份有限公

[1] Sämtliche Richtlinien und Richtlinienentwürfe sind abgedruckt bei *Lutter* (Hrsg.), Europäisches Unternehmensrecht, 4. Aufl. 1996.

[2] Einzelheiten s. gleich unter 2.

[3] *Lutter* aaO 746.

[4] Ihre Zahl wird europaweit 1997 mit nur 722 angegeben (MünchKomm. BGB. Bd. 11/*Kindler* IntGesR Rdn. 38).

[5] Verordnungsvorschläge der Kommission vom 30. 6. 1970, vom 10. 4. 1975, vom 25. 8 1989 und vom 16. 5. 1991 (*Lutter* aaO 715). Obwohl der letzte Vorschlag sich auf die Harmonisierung nur weniger Strukturelemente beschränkte und eine sehr flexible Mitbestimmungsregelung vorsah, war er im Mai 2000 am Widerstand Spaniens erneut gescheitert.

司这一重大的项目。在此以前,各成员国在职工的共同管理权方面各持己见,一直没有达成共识[1]。直到2000年12月在尼查(Nizza)举行的部长级理事会上,才在这个问题上取得一致意见,从而为欧盟股份法的制定扫清了障碍。

**在《关于欧洲股份有限公司地位的条例》中**有许多一般性条款。根据这些条款,欧洲股份有限公司是一种独立的跨国公司形式,它与德国的股份有限公司类似。这些一般性条款规定了注册公司必须具备的形式条件(第15条—第37条),除此之外还专门规定了这种欧洲股份有限公司的设立事项。据此,只有根据欧盟成员国法律已经设立的、依然存在的公司才有资格充当发起人。此外,《条例》中还包括了调整公司管理机构的条款。但是这些条款是欧盟各成员国妥协和让步的产物:即欧洲公司既可以采用德国的监事会制度,也可以采用英美法的董事会制度。为了实现这一目标,《条例》规定各成员国必须允许欧洲公司采用本国法律没有规定的管理制度(第38条—第60条)。最后,《条例》对年终报表的编制、公司的解散、清算以及无清偿能力等情况也作了规定(第61条—第66条)。

与《关于欧洲股份有限公司地位的条例》同时颁布的公司法**指令**规定了职工共同管理权问题[2]。根据该指令,欧洲公司的管理机构必须首先试图和职工代表进行磋商,寻求制定一个令双方都满意的共同管理方案。如未能达成合意,而且其中的一个发起公司有义务建立共同管理制度,那么就适用欧洲公司住址所在国的共同管理法[3]。

总的来说,部长理事会在欧洲公司的管理机构方面所达成的合意是相当有限的,所以《关于欧洲股份有限公司地位的条例》及其公司法指令的规定**不很完善**。为了弥补这一缺陷,在欧盟条例许可的范围内,欧盟公司可以先后适用章程、成员国为执行条例而制定的法律和成员国的股份法(《关于欧洲股份有限公司地位的条例》第9条)。这一规定的结果是,使许多不同层次的法规共同作用于欧洲公司。这样,不仅没有产生同样形式的欧洲公司,反而产生了各种结构不同的欧洲公司法律形式,其数量和欧盟成员国的数量相一致。德国正在起草实施欧盟条例和公司法指令的法规[4]。

制定欧洲公司法的第三个法律依据是根据《欧盟协定》第293条(以前为第220 15
条)的规定签订的《有关承认外国公司、公司住址的跨国界迁移以及公司跨国界合并的国际公约》。在这一公约的基础上于1968年2月29日签订了《有关相互承认公司和法人的协定》[5]。但是,由于荷兰没有承认该协定,所以该协定最终没有生效。

---

[1] Verordnung(EG)Nr. 2157/2001 des Rates der EU, Amtsblatt. L 294.

[2] Richtlinie 2001/86/EG Amtsblatt 294/22 ff.

[3] Zu den Einzelheiten s. Art. 7 der Richtlinie.

[4] Vgl. den im Februar 2003 veröffentlichten Diskussionsentwurf des Bundesjustizministeriums, abgedruckt in Sonderbeilage zu NZG Heft 7/2003 und dazu *Neye* NZG 2003, 169.

[5] *Lutter* aaO 695.

## 2. 欧洲公司法指令

参考文献：Im Gesellschaftsrecht haben die deutschen Gerichte bisher nur wenige Fälle dem EuGH vorgelegt. a) Im Fall BGHZ 63, 261 ging es darum, ob die Eintragung nur der im Gesellschaftsvertrag für die Bestellung mehrerer Geschäftsführer einer GmbH getroffenen Vertretungsregelung in das Handelsregister den Anforderungen der ersten Richtlinie genügt, wenn der Gesellschaftsvertrag auch die Einzelvertretung zuläβt. Der BGH legte die Frage dem EuGH vor, der entschied, daβ auch die Möglichkeit der Einzelvertretung zum Handelsregister anzumelden sei.〔1〕b) In BGHZ 107, 296 hatte der BGH zu entscheiden, ob ein Verschmelzungsbericht gemäβ § 340a AktG aF (jetzt § 8 UmwG), der sich auf die Darlegung der Grundsätze beschränkte, nach denen das Umtauschverhältnis der Aktien berechnet wurde, ohne die der Berechnung zugrunde gelegten Zahlen zu nennen, der dritten Richtlinie genüge. Der 2. Zivilsenat führte dazu aus, das negative Urteil darüber sei so eindeutig, daβer eine Vorabentscheidung der EuGH nicht einzuholen brauche. c) Gleichfalls verneinte der BGH die Vorlagepflicht zu der Frage, ob die strengen deutschen Rechtsprechungsregeln zur verdeckten Sacheinlage (s. unten § 11 II, 26 IV, 28 I) mit der 2. Richtlinie vereinbar sind (BGHZ 110, 47). Er führte dazu aus, die Richtlinie enthalte keine Höchstmaβregelung und schlieβe daher strengeres nationales Recht nicht aus. d) Durch Beschluβ vom 30. 3. 2000〔2〕legte der BGH die durch das *Centros*-Urteil des EuGH〔3〕zweifelhaft gewordene Frage dem EuGH zur Vorabentscheidung von, ob die Sitztheorie des deutschen internationalen Gesellschaftsrechts mit der in Art. 43, 48 EGV (bisher Art. 52, 58) garantierten Niederlassungsfreiheit vereinbar sei. Der EuGH hat dies im *überseering*-Urteil vom 5. November 2002〔4〕verneint, soweit die Sitztheorie dazu führt, das einer ausländischen Gesellschaft mit Verwaltungssitz in Deutschland die Rechtsfähigkeit und damit die aktive Parteifähigkeit im Zivilprozess verweigert wird.〔5〕

16 到2000年底为止，已经又有9个欧盟的公司法指令生效。这些法令也已在德国实施：

17 (a)1968年3月9日，欧盟**颁布了的第一号公司法指令**（又称《公开法令》）。该法令主要调整了文件的公开和公司信笺必须载明的事项。此外，还规定了公司管理机构法定代理权的范围和公司无效等事项。它适用于所有的资合公司。德国于1969年8月15日颁布了实施该法令的法律。为了实施这一法令，德国仅需对其相关的法规稍许作些修改（比较《股份法》第80条、第274条、第275条等，《有限责

〔1〕 Urteil vom 12. 11. 1974, Rechtssache 32, 74.

〔2〕 AG 2000, 473.

〔3〕 Urteil vom 9. 3. 1999, AG 1999, 226 0 NJW 1999, 2027.

〔4〕 NZG 2002, 1164.

〔5〕 Einzelheiten s. unten § 58.

任公司法》第35a条、第75f条等)。但是英国却必须对其越权原则实施长期的严格限制(见上文边码6)。

(b)1976年12月13日欧盟颁布了**第二号公司法指令(有关公司资本的法令)**。该法令采纳了大陆法的资本原则,统一为所有的股份有限公司规定了最低资本额,并且规定股东公司必须维持这一资本额。这一法令对盎格鲁萨克逊法系国家的公司法产生了重要影响,因为这些国家的公司法根本没有对此作出任何规定(见上文边码5)。为了实施这一法令,德国必须增加一些新的规定,如有关对实物出资进行审查的规定(《股份法》第36a条、第183条第3款、第194条第4款、第205条第3款,详见本书§§ 11. II., 20. I.),对认购和获得本公司的股票进行限制的规定(《股份法》第56条、第71条等条款,比较本书§19. III.)、确认股东平等原则的规定(《股份法》第53a条,见本书§ 12. VI.)。1992年11月23日欧盟颁布了修正法令,该法令对附属企业购得其母公司的股份也进行了限制。而德国在此前就已经制定了同样的规定(《股份法》第71d条)。 18

(c)1979年10月9日的**欧盟公司法第三号指令(公司合并法令)**规定了两个公司合并时的股东保护问题。与此相适应,德国严格了对公司合并合同内容的规定,要求公司提交合并报告,实行了对合并进行审查的制度(《股份法》第340条、《变更法》第5条、第8条和第9条,见本书§§46. III.2、3,48. II.3、4)。 19

(d)欧盟于1978年7月25日颁布的**第四号法令即决算报表法令**对各国公司产生了重要的影响。颁布该法令的目的是为了让在欧盟境内注册的所有资合公司的决算报表具有可比性。1985年德国颁布**《关于执行欧盟年度决算指令的法律》**。该法的实施,使德国对其《商法典》第三部分中有关公司簿记和账目公开的法律规定作了彻底的修改(《商法典》第238—341条)。但是由于第四号法令给各国立法者保留了许多选择权,而且企业在编制财务报表时也有很大的解释空间,所以欧盟并没有完全实现其预计的目的。1990年11月8日,欧盟又颁布了所谓的《中型企业法令》和《有限两合公司法令》,对第四号法令进行了修改和补充。修改的目的是为了扩大欧盟第四号法令的适用范围,使它不仅适用于资合公司,同时也适用于有限两合公司。而在德国,许多公司不适用上述决算报表法令的规定,因而在一定程度上减轻了德国中小企业在这方面承担的义务。在德国因没有及时执行欧盟第四号法令而被告上欧盟法院后[1],德国才于2000年2月24日颁布法律,实施欧盟的上述两个修正法令(《商法典》第264a—264c条,见本书§ 45. I.)。 20

(e)1982年12月17日,欧盟颁布了**第六号法令**。该法令涉及公司的分立,它主要采用了法国的模式,即公司可以不经过解散和清算程序而分立。为了实施这一法令,德国先后颁布了两部法律:即1991年4月5日的《有关托管企业的分立的法律》和1994年10月5日的《变更法》。其中《变更法》对企业的分立问题进行了全面的规定(《变更法》第123条等,见本书§ 49)。 21

---

〔1〕 Urteil des EuGH vom 22. 4. 1999, ZIP 1999, 923.

22 (f)欧盟于1983年6月13日颁布的**第七号法令涉及**康采恩企业的合并年度报表,所以又叫**康采恩年度报表法令**,它是对欧盟第四号公司法令的一个重要补充。德国通过1985年12月19日颁布的《关于执行欧盟年度决算指令的法律》将欧盟的这一法令转化为国内法(《商法典》第290条等)。

23 (g)1984年4月10日,欧盟颁布了**关于年度报表审计资格的第八号法令**,该法令规定颁发许可的前提条件是申请者必须具备审计能力,而且还必须拥有一定的工作经验;此外,成员国还必须保证审计人员具有完全的独立性,而且他们承担一定的谨慎义务。该法令也是通过《关于执行欧盟年度决算指令的法律》的规定而成为德国国内法(《商法典》第316条等)。

24 (h)**欧盟于1989年12月22日颁布的第11号法令**涉及资料的公布问题。据此,如果某一成员国的企业在另一成员国商务注册处注册了分支机构,必须公布相应的文档和资料。德国已于1993年7月22日颁布法律,将该法令的内容纳入《商法典》第13条等条款和《股份法》第80条第4款的规定之中。

25 (i)1988年12月22日,欧盟颁布了**第12号公司法指令(一人公司法令)**,该法令已于1992年1月1日起在德国生效,为此,德国仅需对其现行法律作些简单的修改(比较《有限责任公司法》第35条第4款第2项、第40条第2款)。但是,在1994年8月2日德国颁布《关于小型股份有限公司和简化1994年股份法的法律》后,德国才允许设立一人设立股份有限公司(《股份法》第2条、第36条第2款、第42条)。

26 2000年底时,欧盟正准备起草下列公司法指令:

27 (a)欧盟部长理事会一直在拟定有关统一**企业收购要约的第13号公司法指令草案**。部长理事会曾经分别打算于1989年和1990年通过该草案,但是没有成功。此后,欧盟委员会又分别在1996年2月7日[1]和1997年11月10日[2]提出了调整企业公开收购的新方案。由于各个成员国对此的看法不同,所以到2000年底以前,依然没有能够达成共识。

28 (b)1997年4月20日,欧盟提出了**有关公司住址迁移的第14号法令草案**[3],该草案旨在统一各成员国有关公司住址的跨国界迁移的规定。根据该草案,成员国境内的公司不必经过解散,就可在另一成员国创设新公司。但是迁出国家应该出具一个有约束力的书面文件,证明该公司履行了迁出国规定的所有义务和手续。在此基础上,如果该公司也符合迁入国规定的注册条件,就应该获准在迁入国的主管注册机构登记注册,同时注销其在迁出国的注册。然而,采用注册地理论的国家不愿意放弃其审批权,如果公司的总部在其本国境内,它们就会拒绝注册(比较本书§58)。到2000年底时,该草案仍在讨论之中。

---

〔1〕 Abgedruckt AG 1996, 217.

〔2〕 Abgedruckt ZIP 1997, 2172.

〔3〕 Abgedruckt ZIP 1997, 1721 = ZGR 1999, 157.

(c)欧盟还在1987年提出**有关某些类别公司清算的草案(股份有限公司、有限责任公司和股份两合公司)**。该草案的目的旨在在公司解散和清算时为欧盟内的所有股东和债权人提供同样的法律保护。 29

到2000年底为止,有些公司法指令已经宣告失败。这些法令有: 30

(a)**有关股份有限公司结构的第五号指令**(结构法令)。欧盟首次于1972年公布该法令的草案。期间经过了多次修改,1991年又进行了一次修改。为了协调各国股份有限公司的管理结构,最后一稿建议案同时采纳了德国的监事会模式和英国的董事会模式,此外还规定了几种不同的职工共同管理模式,有关成员国以及公司可以自由决定采用哪种模式。尽管各方努力在此基础上达成共识,但到2000年底为止,该草案依然没有获得通过。 31

(b)欧盟于1984年提出**第九号法令草案**,该草案旨在协调各国的**康采恩法**。该草案主要是根据德国的康采恩法拟定的。由于其他成员国对此兴趣不大,有些国家甚至对其必要性产生怀疑。所以,该法令获得通过的可能性很小。 32

(c)1985年1月8日欧盟提出了关于股份有限公司跨国界合并的第十号公司法指令草案。在此基础上,欧盟委员会于1997年提出一个新的、更具弹性的草案,该草案还适用于有限责任公司。但是,和欧洲股份有限公司法和结构法令一样,它也面临着职工共同管理权这一难以克服的问题。因此,该法令也不可能获得成功。 33

3. 欧洲公司法的解释和适用

根据欧盟协定的规定,欧盟可以制定统一的公司法。只要欧盟制定的公司法没有超出欧盟协定规定的范围,各国立法者和法院必须遵循欧盟统一公司法的规定。根据《欧盟协定》第249条第2款的规定,欧盟颁布的公司法条例是一种国际法,对各成员国具有直接的拘束力。而公司法指令则不具备这样的效力,但是各成员国有义务制定相应的国内法,以实施这些指令。具体地说,各成员国必须实现指令规定的宗旨,但是它们可以自由选择实现宗旨的方式和途径(《欧盟协议》第249条第3款,修订前第189条第3款)。根据德国《宪法》第74条第1款第11项的规定,公司法属于联邦政府和州政府竞相制定的法律〔1〕,而且联邦政府已经制定了公司法,因此,联邦政府就必须制定实施欧盟指令的国内法。如果成员国没有在欧盟规定的期限内完成上述立法程序,根据欧盟法院的司法判例〔2〕,有关指令就直接适用于该成员国和其公民之间的法律关系〔3〕。即使在有关公司法指令成为成员国国内法以后,如果对某些条款的理解存在着争议,为了保证法律适用的统一性,还必 34

〔1〕 如果是竞相制定的法律,则联邦政府和州政府都有立法权。但是,一旦联邦行使了这一权限,州政府就不得就同样事项进行立法。

〔2〕 Seit EuGH Rechtssache 41/74. Sammlung 1974, 1337; vgl. auch EuGH NJW 1979, 1764; BVerfGE 75, 223.

〔3〕 Zweifelhaft ist die unmittelbare Geltung in diesem Fall noch im Horizontalverhältnis zwischen den Bürgern.

须根据有关指令的条款来解释相关的条款。根据《欧盟协定》第 234 条(以前第 177 条)的规定,如果正确解释是法院判决的前提条件,那么,法院可以在作出正式判决以前,将相关的判决呈送欧盟法院,请求欧盟法院予以审核;作为德国境内最后一级的主审法院,联邦最高法院在遇到上述问题时,必须将相关的判决送交欧盟法院审核。

35 **典型案例:到目前为止,**德国法院已经将一些有关公司法的判决送交欧盟法院进行审查。送交的主要案件如以下:(a)在联邦最高法院审理的一起案件中(BGHZ 63, 261),某有限责任公司的设立合同中规定公司应该聘请几位经理,为此在合同中对经理的代理权限进行了规定,合同也允许一人代理。需要澄清的问题是:在这种情况下仅仅注册有关代理权限的规定是否符合欧盟第一号公司法指令的要求? 联邦最高法院将本案提交欧盟法院,要求欧盟法院作出解答:是否也必须将一人代理的可能性进行注册登记?[1] (b)在联邦最高法院审理的另一起案件(BGHZ 107, 296)中,最高法院决定,在企业进行合并时,如果企业根据《股份法》原第 340a 条(现在《变更法》第 8 条的规定),提交合并报告,而该报告的主要内容在于说明用以计算股份交换比例的基本原则,但是没有说明计算所依据的具体数据,这种报告是否符合欧盟第三号公司法指令的规定? 联邦最高法院第二民事法庭认为,这种报告根本不符合欧盟第三号公司法指令,因而根本没有必要征求欧盟法院的意见。(c)通过许多司法判例,德国形成了有关隐性实物出资的严格的判例规则(见下文 § § 11. II., 26. IV., 28. I.)。对于这些判例规则是否符合欧盟第二号公司法指令这一问题,德国联邦最高法院持肯定态度(BGHZ 110, 47)。理由是因为欧盟公司法指令对此没有进行规定,因而并不排除国内法对此制定严格的限定。(d)由于欧盟法院在森特罗斯(Centros)[2]一案中的判决,使得人们对德国有关国际公司的住址理论的合法性产生了怀疑,即该理论是否与《欧盟协议》第 43 条和第 48 条规定设立自由原则相一致? 2000 年 3 月 30 日,联邦最高法院作出判决[3],要求欧盟法院就此作出决定[4]。欧盟法院在 2002 年 11 月 5 日审理海外公司一案(überseering)[5]中作出判决:如果根据德国住址理论,一个在德国设有管理机构的外国公司在德国没有权利能力,不能参与民事诉讼,该理论就与欧盟的法令不符[6]。

---

〔1〕 Urteil vom 12. 11. 1974, Rechtssache 32, 74.

〔2〕 Urteil vom 9. 3. 1999, AG 1999, 226 0 NJW 1999, 2027.

〔3〕 AG 2000, 473.

〔4〕 Urteil vom 9. 3. 1999, AG 1999, 226 0 NJW 1999, 2027.

〔5〕 NZG 2002, 1164.

〔6〕 Einzelheiten s. unten § 58.

# 第二编　股份有限公司

# 本部分目录

# 第一章 股份有限公司的概念和设立

## §8. 股份有限公司的概念

《股份法》第1条对股份有限公司进行了定义。据此，股份有限公司是一个具有独立法律人格的、其资本分成等额股份的、公司以其资产为限对公司债务承担责任的社会团体。根据这一定义，股份有限公司有以下五个方面的法律特征。 1

1. 社团

《股份法》虽然把股份有限公司称之为**社团**，但是这仅仅是沿用了历史上人们对这一组织的习惯称谓。它并不是《民法典》第705条所指的社团。从法律上分析，股份有限公司是一个具有浓厚机构特征的社团法人。即使为一人股份有限公司，也是法律上完全独立的组织（见本书§3.I.1等）。在法律分类方面，根据德国法学界的主流意见，股份有限公司是民法协会的一种特殊形式。然而，由于法律结构不同，也由于《股份法》有着十分丰富的规定，所以只有在少数例外的情况下，《民法典》第21条等条款才适用于股份有限公司。最常适用的法律条款是《民法典》第30条、第31条和第35条的规定。 2

2. 独立的法律人格

参考文献：*Baum*, Die Wissenszurechnung, 1999; *Grünwald*, Die deliktische Außenhaftung des GmbH-Geschäftsführers für Organisationsdefizite, 1999; *Grunewald*, Wissenszurechnung bei juristischen Personen, FS Beusch 1993, 301; *Kleindiek*, Deliktshaftung und juristische Person, 1997; *Klippel*, Der zivilrechtliche Persönlichkeitsschutz von Verbönden, JZ 1988, 631; *Medicus*, Probleme der Wissenszurechnung, Karlsruher Forum 1994, 4; *Raiser*, Das Unternehmen in der verfassungsrechtlichen Ordnung der Bundesrepublik nach dem Mitbestimmungsurteil, JZ 1979. 489; *ders.*, Das allgemeine Persönlichkeitsrecht und die Lehre von der juristischen Person, FS Traub 1994, 331, *ders.*, Der Begriff der juristischen Person. Eine Neubesinnung, AcP 199 (1999), 104; *ders.*, Kenntnis und Kennenmüssen von Unternehmen, FS Bezzenberger 2000, 561; *ders.*, Die Haftungsbeschränkung ist kein Wesensmerkmal der juristischen Person, FS Lutter 2000, 637; *Schilken*, Wissenzurechnung in Zivilrecht, 1983; *Schultz*, Die Bedeutung der Kenntnis des Vertretenen beim Vertreterhandeln für juristische Personen und Gesellschaften, NJW 1996, 391; *Taupitz*, Wissenzurechnung nach englischem und deutschem Recht. Karlsruher Forum 1994, 16.

3　股份有限公司是**法人**,它具有独立的法律人格(比较上文§ 3. II.)。它既是公司权利的拥有者,又是公司资产的所有者。股份有限公司可以以自己的名义获得权利和财产,并承担相应的义务,它还可以独立地起诉或者应诉。当然,公司权利的享有者和义务的承担者是公司本身,而不是其股东或者董事。对于公司资产实行独立的破产程序(《破产法》第 11 条)。股份有限公司也独立于其股东。购得一个股份,就在公司和股东之间建立起了法律关系。最新的公司法理论认为,除了公司和股东之间的法律关系外,在股东相互之间也存在着法律关系(见下文§ 12. V. 1.)。

4　(a)**原则上,法人具有无限的法律权利能力**。法人和自然人具有同样的法律地位,充分说明了这一点〔1〕。德国法没有像英美法那样,规定法人的权利能力受其经营目标和经营范围的限制(越权原则)。当然在德国,法人的权利能力也有一定的限制。“它们不得享有或者承担自然人所特有的权利和义务,例如性别、年龄或者亲属”。瑞士《公司法》第 53 条也是这样规定的。因此,股份有限公司不能成为遗产赠与人。但是它可以成为遗产继承人、遗产管理人和遗嘱执行人(比较《民法典》第 2163 条第 2 款、第 2210 条)。法人也不能主张初始发明权和著作权,但是却能够获得相应使用权。在遗产继承中,根据遗产继承顺序,法人也能够获得派生著作权(《著作权法》第 28 条、第 31 条等)。根据新的《破产条例》,法人也不能成为破产管理人(《破产条例》第 56 条第 1 款)。

5　(b)法人还享有**名誉权**。“如果公司的声誉受到损害,并且使其业务受到影响,法人可以诉请法律保护”〔2〕。法人是否拥有一般人格权?这是一个学术界长期以来争论不休的问题。在这期间,联邦最高法院已有保留地承认了这一点〔3〕。因此,法院有关法人不能要求得到痛苦补偿费的判决是正确的。因为只有自然人才会受到疼痛的折磨,才会因此而失去生活的乐趣。所以应该给相关的受害者提供特殊的痛苦补偿费〔4〕。

6　**典型案例**:(aa)H-有限责任公司进行恶作剧,经营一种标签,标签上画了个与宝马股份有限公司公司标记完全一样的标记,并在边上加了一句解释“再性交一次”。为此,宝马股

〔1〕 Vgl. *Raiser* AcP 199(1999), 104, 134.

〔2〕 Vgl. BGHZ 78, 24, 26; 78, 274, 278; vgl. ferner BGHZ 81, 75; 91; 117; 98, 94. Zum Ganzen vgl. *Klippel* JZ 1988, 631; *Raiser* FS Traub 331.

〔3〕 Vgl. BGHZ 78, 24; 78, 274, 278 = NJW 1981, 675; 81, 75, 78 = NJW 1981, 2402; 91, 117, 120 = NJW 1984, 1956; 98, 94, 97 ff = NJW 1986, 2951 (*BMW*); BGH NJW 1994, 1281; OLG Frankfurt NJW 1982, 648 (*Lusthansa*). Vom BVerfG wird die Frage ausdrücklich noch offengelassen, vgl. BVerfG NJW 1994, 1784. Zum Stand der Lehre zuletzt *Klippel* JZ 1988, 625; MünchKomm. BGB/*Schwerdtner* § 12 Rdn. 214 ff; *Raiser* aaO.

〔4〕 So BGHZ 78, 24, 27 zur KG; anders aber BGHZ 78, 274 zum Amtshaftungsanspruch eines kirchlichen Vereins.

份有限公司提起停止伤害之诉，并要求损害赔偿。联邦最高法院在该案中判定，宝马股份有限公司不能根据《民法典》第12条和《反不正当竞争法》第1条的规定提出上述要求。因为如果法院支持宝马公司的诉求，就意味着具有法人资格的企业享有与自然人同样的一般人格权。法人虽然享有一定的人格权，但是其外延远远窄于自然人的人格权。只有公司"作为雇主或者经济企业的基本权利受到伤害时"，它才可以主张上述权利。在本案中，公司的上述权利并未受到伤害（BGHZ 98，94）。对于这一结论，人们还可以作进一步的讨论，但是其立论的出发点是正确的。

(bb)某经济学教授在一个公开性的培训研讨会上引用了某建筑企业的年终报表，引用时没有隐去该企业的名称，并且对该公司的报表进行了批评。该公司就此提起司法诉讼，要求该教授赔礼道歉，并禁止该教授再次损害公司的声誉。被告则引用学术自由来主张其权利。联邦最高法院最终支持企业的主张（BGH NJW 1994，1281）。该判决在德国法学界引起了异常激烈的争论[1]。被告对该判决提起了宪法诉讼。但是联邦宪法法院没有受理该案[2]。 7

(c)作为法人，股份有限公司还具有**行为能力、签约能力和诉讼能力**。无论如何，公司可以以自己的名义缔结合同，提起诉讼[3]。在这方面，公司是通过其机构进行行为的，即公司机构的意思表示或者法律行为必须视作为该公司的意思表示或者行为。《民法典》**第31条**的规定也正是表现了这样一种普遍的社团思想。董事会进行意思表示或者提起司法诉讼时，其身份是**公司机构**、而不是**公司代表**。因此并不适用《民法典》第164条的规定[4]。股份有限公司也可以与其股东签订合同，进行司法诉讼。如果公司机构**违反了合同的规定**，多数学者认为，股份有限公司应该根据《民法典》第31条的规定而不是根据《民法典》的第278条的规定承担损害赔偿责任。这一观点是正确的。法学界还有另一种观点，[5]但该观点没有认清机构的特殊性质，所以只有在例外情况下才得出不同的结论[6]。 8

另一个问题是：《民法典》第31条规定的**责任范围**究竟有多大？这一问题实际上比应当适用《民法典》第31条规定还是第278条规定更加重要。清算人、破产管理人、以及按照《股份法》第147条规定的特别代理人都是公司的法定代表。另外，如果"通过公司的经营规则及其行为，某职员实际上独立负责履行法人的职权"，那么根据司法判例，"该职员也在一定程度上是法人的代表"，因而也可以适用《民法 9

[1] Vgl. statt aller dagegen *Lutter* AG 1994，347；*Mertens* AG 1994，370；*Hager* ZHR 158(1994)，675；dafür *Wagner/Sommer* AG 1995，452.

[2] 6 BVerfG NJW 1994，1784.

[3] BGHZ 38，75；94，108. Im prozessrechtlichen Schrifttum ist die unmittelbare Prozeβfähigkeit juristischer Personen noch immer umstritten，vgl. statt aller Rosenberg/*Schwab*，Zivilprozeβrecht § 44 II 2.

[4] Das schlieβt nicht aus，daβeinzelne Vorschriften der §§ 164 ff BGB entsprechend angewandt werden können.

[5] *Flume* Allg. Teil I 1 § 11 III 5；Staudinger/*Weick* § 31 BGB Rdn. 3；BGHZ 13，198，203 läβt die Frage offen. Wie hier *K. Schmidt* GesR § 10 IV 3 m. w. N.

[6] Vgl. das Beispiel bei *K. Schmidt* GesR aaO.

典》第31条的规定[1]。这样,就对《民法典》第31条规定的代表责任作了超出其本意的广义解释。然而这一解释与法人的内部职责分工是相适应的。如果因其他职工的行为而引起了损害,那么根据传统的看法,法人仅需根据《民法典》第831条的规定承担责任。这意味着如果公司能够提供相应的证据,就可以减轻其承担的赔偿责任。如果职工根据其和公司的劳动关系,代替公司履行了本来应该由公司履行的交易义务或担保人义务,而且该职工由于自身的过错违反了这些义务,那么,根据最新的观点,公司应该承担直接的赔偿责任[2]。职工通常不直接承担对外法律责任[3]。

10 (d)法人可以成为**占有者**。这一点已得到法学界的公认。公司机构和公司章程指定的特别代理人(《民法典》第30条)通常在事实上为公司行使占有权。但是它们既非占有受托人,也非占有协助人。它们的占有实际上等同于公司的直接占有[4]。下级职工是占有协助者。在司法强制执行中,股份有限公司可以是**监管人**(《民事诉讼程序法》第808条)。在刑法上,公司机构成员或者职员监管公司的实物不可能被视为法人监管。

11 **典型案例**:(BGHZ 56, 73):Y是X-股份有限公司的董事,Y代表其公司向V-有限责任公司购买了石油,并且将购得的石油与公司存余的石油混合在一起。但是根据所有权保留关系,A公司依然是上述石油的所有者。经调查确认,Y的行为是恶意的。A向X股份有限公司和Y提起损害赔偿之诉。由于V有限责任公司已交货,也由于必须将Y获得的占有权视作公司的直接占有,所以X股份有限公司成为争议石油的实际占有者。同样,Y的恶意必须被当作是公司的恶意,所以,X股份有限公司并不是一个善意购买者,它不能根据《民法典》第932条和第366条规定善意获得石油的所有权。但是通过购买石油和自有石油的混合,它成为争议石油的所有者。因此,它不仅应该根据《民法典》第951条的规定,而且应该根据《民法典》第989条和第990条的规定交还其获得的石油。与此相反,与Y之间并不存在所有者和占有者之间的关系。但是,由于Y"利用不正当的方法,使第三者失去了石油的所有权"(BGH aaO S. 77),所以它必须根据《民法典》第823条第1款的规定承担法律责任。原则上这一判决是正确的。然而,在其他情况下,除非有关的董事自己成为占有者,否则不可能追究其任何法律责任[5]。如果在此案中是由公司职员而不是由董事接受交付的石油,那么该职员便协助公司占有了石油。

12 (e)此外,法人还可以成为**债权债务关系中**的债务人。如果法人获得了**不当得**

[1] BGHZ 49, 19, 21; im konkreten Fall ging es um einen Filialleiter.

[2] *Kleindiek*, Deliktshaftung 311 ff, 393 ff.

[3] Es gilt dasselbe wie bei der Verletzung von Verkehrspflichten durch Organmitglieder; s. unten Rdn. 13f und § 14 VI.

[4] BGHZ 56, 73, 77 = NJW 1971, 1358; 57, 166 = NJW 1972, 43; ausführlich dazu K. Schmidt GesR § 10 III; *Westermann*, Sachenrecht § 20 II.

[5] Ebenso *K. Schmidt* GesR § 10 III 2.

利，它必须将其交还。根据《民法典》第819条的规定，法人机构的恶意行为必须被视作为法人的恶意行为。法人亦是《产品责任法》第1条中的**生产者**；根据《环境责任法》第1条、《责任义务法》第1—3条和《水预算法》第22条第3款的规定，法人也是其投资的**所有者**；根据《交通法》第7条的规定，法人也是其车辆的**合法持有者**。在合同谈判中，法人既是谈判的一方当事人，也是未来合同的当事人，因此谈判中承担解释义务和谨慎义务的是法人本身，而不是其谈判代表。作为社会组织，公司本身并不具备行为能力和过错能力。所以在这种情况下，代表的过错必须被视为法人自己的过错。只有在少数例外情况下，才可以考虑另外追究机构成员缔约过失责任。如果代表在谈判中言行超过其代表身份，从而引起了对方对其个人的信任，就是这种例外情形[1]。

(f)作为一个法人，股份有限公司也具有**侵权责任的能力**。特别应该提到的是公司必须履行交易注意义务、担保人义务和组织义务。违反这些义务，公司将承担《民法典》第823条第1款下的法律责任。股份有限公司也会因组织工作的不完善而承担法律责任。如果由于组织工作的缺陷，公司没有及时根据《民法典》第30条的规定指定一名机构成员或者一名特别代表执行某一任务，对由此造成的损失公司必须根据《民法典》第31条的规定承担法律责任。 13

例如德国联邦最高法院曾经判定，杂志出版社必须指定一名特别代表，专门审查将要发表的文章是否遵从了有关公众批评界限的法律规定[2]。在回答谁是《民法典》第31条中的“公司任务执行者”这一问题时，也即谁在法人内部组织机构确定的范围内行为时，联邦最高法院作了广义的解释。例如，如果咨询机构的一个部门经理故意或者以欺诈为目的而发布虚假信息，法人可能因此而承担《民法典》第31条规定的法律责任[3]。 14

公司必须通过其机构开展各种活动、履行担保人义务和组织义务。这些机构的行为、非法的不作为或者过错必须被视作为公司自己的行为、非法不作为和过错。最近的研究表明，《民法典》第31条的真实意义也正是如此[4]。同样，只有在机构成员或者职工的行为不合法时，或者只有在他们不仅违反了由其承担的交易注意义务、担保人义务和组织义务，而且还同时违反了其个人承担的这些义务时，才可能追究他们的个人责任。在这种情况下，由于他们是在执行公司任务过程中违反上述义务的，根据传统的观点，除了行为者必须承担法律责任外，公司还必须承担《民法典》第31条下的责任。 15

(g)只要公法上的权利和义务不是专为自然人设计的，法人的权利能力就包括**这些权利和义务**。作为一个法人，股份有限公司负有纳税义务，它可以参与行政程 16

---

〔1〕 Siehe unten §§ 14 VI und 32 V.

〔2〕 Vgl. BGHZ 24, 200, 213; 39, 124, 130.

〔3〕 BGHZ 49, 19; vgl. ferner BGHZ 99, 298, wo die Haftung des Geschäftsführers einer GmbH abgelehnt wurde, der nur Vorbereitungen für rechtswidriges Verhalten getroffen hatte.

〔4〕 *Kleindiek* aaO; Grünwald aaO. Siehe im einzelnen unten § 32 V.

序和行政诉讼(《行政诉讼程序法》第 11 条第 1 项、《行政法院工作条例》第 61 条第 1 项)。根据德国《宪法》第 19 条第 3 款的规定,股份有限公司也是基本权利的享有者。这意味着,如果《宪法》第 2 条、第 9 条和第 12 条以及第 14 条规定的公民基本权利可以适用于公司,它们就可以主张享有这些权利。在私法领域,一般认为股份有限公司享有相关的基本权利。但是必须在具体情况下审查公司在多大范围内可以享有这些权利。对此联邦最高法院在相关的案件中根据不同的情况做出了不同的判决[1]。由于股份有限公司享有上述基本权利,所以它有权提起宪法诉讼(《联邦宪法法院法》第 90 条)。

17 **典型案例**:在有关共同决定权的诉讼案件中,个别股东、雇主协会以及一些相关的企业联合向联邦宪法法院提起宪法诉讼,他们都声称:《共同决定法》侵犯了《宪法》第 2 条、第 9 条第 1 款、第 12 条和第 14 条赋予他们的基本权利。联邦宪法法院在判决中确定:《共同决定法》规定,每个企业必须重新组建监事会。这一规定仅仅在一定程度上限制了公司的一般行动自由权(《宪法》第 2 条第 1 款)。只有扩大的职工共同管理权使企业失去了运作能力,企业根据《宪法》第 2 条第 1 款、第 9 条第 1 款、第 12 条和第 14 条所享有的基本权利才受到损害。但是在相关的案件中,并没有出现这样的情况(BVerfGE 50, 290,见下文 B. I. 及 C. III. 1c)。

18 (h)德国刑法是以自然人的责任能力为基础的,所以法人没有接受刑法处罚的能力。但是,如果公司的机构或者其他负责人进行了违法行为或者其他违反规章的行为,而且公司也违反其承担的义务,或者从中得益,那么股份有限公司必须为这些非法行为承担法律责任,并且必须为此交付罚金(《治安处罚条例》第 30 条、《税收条例》第 377 条)。禁止强制自咎也是宪法规定的基本权利。但是这一基本权利保护的是与性格、表达方式和社会关系相关的对象,而所有这些都是自然人的特有特征,所以股份有限公司不能引用这一权利[2]。

19 (i)作为一个法人,股份有限公司代表的知识、知情或者必须知情和恶意必须当作是公司自己的知识、知情或必须知情和恶意[3]。这是一个必要的、并且得到公认的法律原则。一般认为该原则的法律基础,是《民法典》第 166 条的规定,因为这是《民法典》中惟一一条调整知情归责问题的规定。但是这一解释过于狭窄,原因有

---

[1] Vgl. statt aller zu Art. 2 I GG BVerfGE 95, 220; zu Art. 3 GG BVerfG ZIP 1999, 410, 417 (*Mannesmann*, dazu *Raiser* RdA 1999, 389); zu Art. 12 GG BVerfGE 21, 261, 266; 30, 292, 312 (*Erdölbevorratung*); 50, 290, 361 (*Mitbestimmung*). Zu Art. 14 GG BVerfGE 50, 290, 339; zu Art. 9 Abs. 1 GG BVerfGE 50, 290, 353. Einzelheiten bei *Raiser* JZ 1979, 489; Hachenburg/*Raiser* § 13 Rdn. 22 ff.

[2] BVerfGE 95, 220.

[3] Vgl. zum Folgenden zuletzt *Grunewald* FS Beusch 301; *Medicus* Karlsruher Forum 1994, 4; *Schilken*, Wissenszurechnung im Zivilrecht, 1983; *Schultz* NJW 1996, 392; *Taupitz* Karlsruher Forum 1994, 16; *Raiser* FS Bezzenberger 561. Zur weiteren Perspektive vgl. ferner die unten § 29 II dargestellten Fölle des Zurechnungsdurchgriffs.

两个方面:首先,这里涉及的是一般代理问题,而不是由代理人进行意思表示的特殊代理问题;其次,根据《民法典》第166条第2款的规定,被代理人的知识同样十分重要,因而具体的法律条款并不适合。因此,正确的法律依据应该是《民法典》第31条。这一条款表达了一个具有普遍意义的法律思想:为法人执行业务的自然人也代表着法人。联邦最高法院在其判决中也十分正确地肯定了这一看法:并不是因为机构或者信息传达者在公司中的地位才建立了知情归责制度,建立这一制度的目的是为了保护交易的安全。正是因为这一目的,法人必须在其内部建立起保证信息正常交流的机制[1]。

20 一个相关的重要问题是:如何界定知情者的范围,即哪些人的知识、知情和必须知情应该被视为法人的知识、知情和必须知情。最近一段时间内,联邦最高法院审理了许多涉及不同法人类型的案子。然而,联邦最高法院在这些判决中所传达的基本精神必须同样适用于所有法人。据此,知情归责起重要作用的情形很多,因此对此没有统一的答案。已经确定的是:在这里起关键作用的并不是机关的地位或者代理权,而是根据法人的内部分工谁对相关的事件负责,谁掌握相关的重要信息。如果有几个负责人,只要有一人知情或者由于严重失职而没有知情,就足够了。至于他是否参与具体的业务并不重要。即使知情的管理者已经辞职,只要他向其继任者介绍相关情况或者转交了相关的书面资料,这种知情也视作法人的知情。因为正像联邦最高法院十分正确地强调的那样,在这种情况下重要的是法人机构了解有关信息,而不是机构成员。如果法人没有建立完善的信息渠道,就可能由于组织不完善而承担相应的责任。

21 **典型判例**:(aa)在联邦最高法院审理的一起案件中(BGHZ 109, 327)最高法院民事庭必须决定:在某乡政府出售其拥有的屠宰场时,是否隐瞒了该屠宰场的屋顶有塌陷危险的事实,进而决定该乡镇府的镇长是否在此买卖中进行了**恶意欺诈**(《民法典》第463条)。在出售上述屠宰场的三年以前,镇长办公室邀请感兴趣的客户参观了该屠宰场。当时镇长正好在度假。所以,代理镇长主持了参观活动。他知道屠宰场的屋顶有塌陷的危险,但没有告知镇长。后来该代理镇长辞去这一职位。联邦最高法院判定,**前代理镇长的知情必须视为该乡镇的知情**。该代理镇长的离任在本案中无关紧要。这是因为这里关键的是机构的知情,而不是机构管理者的知情。尽管买卖合同是由镇长代表镇政府签订,他在本案中也没有过失,但是,镇政府在本案中依然进行了恶意欺诈。这是因为为了保护交易的安全,法律不能够给镇政府规定一个比自然人更特殊的地位;如果自然人在这种情况下对买主隐瞒了重要的缺陷,该自然人就进行了欺诈。如果本案的被告是股份有限公司,而且直接负责的董事也已离开了公司,判决结果也不会有很大的差异。

22 在另一个判决中(BGHZ 117, 104),联邦最高法院同一民事法庭判决道:如果建筑局(政府部门)没有参与某一地产的买卖,那么,该局工作人员的知情就不应该根据《民法典》第463条的规定视作为乡政府(地产局)的知情,因为,地产局习惯上并不与建筑局交换相关的信息;

[1] BGHZ 132, 30, 37; Ähnlich auch BGHZ 135, 202, 205; 135, 254, 259.

而且,也不存在这样的法律义务。

23 在联邦最高法院审理的另一起案件中(BGHZ 132, 30),法院必须判定,某有限责任公司在出售其拥有的地产时,是否故意隐瞒了下列事实:在该地产被出售以前的30年内,也即在上届经理任职期间,一直被用于掩埋有毒产品残渣。法庭在该案的判决中论述道:机构代表的知情归责不能用严格的逻辑推论来证明,而是应该通过客观理性的分析来确定。在确定过程中,是否亲自执行特定的任务并不重要,重要的是档案是否对相关的事件作了记载,并且人们是否能够查阅这些档案。一旦获得信息,就必须设法组织好信息的使用。但是,不可能让法人在这一问题上比自然人承担更多的义务,所以必须给知情归责人在范围和时间上规定一个限度。因此,首先要考虑的问题是:是否必须保存有关的信息?而这取决于另外一个问题:即相关的信息会在以后起多大的法律作用?其次必须考虑的因素是,事情表面上的重要性影响着人类的记忆能力,它也决定着人们对此能够记忆多长时间。

24 在有限两合公司中,承担无限责任的通常是有限责任公司。如果有限责任公司的经理知情或者进行了欺诈,那么,该知情或者欺诈不仅仅应该视作为有限责任公司的知情和欺诈,而且,由于在这类公司中特有的双重机构,也应该将它视作为该两合公司的知情和欺诈。联邦最高法院第八民事法庭对此另有看法,它认为在这一问题上必须区别对待法人和共同共有团体〔1〕。但这一观点缺乏说服力〔2〕。

25 (bb)根据《民法典》第**626**条的规定,如果由于重要原因而解除服务合同或者劳务合同的,解除方必须在获知解除事由起的两周内行使解除权。在这种情况下,如果聘用方或者雇主是法人,根据联邦最高法院和联邦劳动法院的判决,法人代表机构的知情并不重要,重要的是根据法人的组织机构或者根据服务合同或劳务合同决定解除合同关系的负责人是否知情。该负责人可能是拥有解除权的下级职员。如只有委员会才拥有解除权,在股份有限公司中通常是监事会(《股份有限公司法》第84条第3款),那么,委员会所有成员必须知情。因为只有这样,委员会才能作出相应的决定。然而在最近审理的案件中,联邦最高法院作出与已往判决不同的新判决:委员会成员在工作之外通过私人途径获得的信息并不足以构成法人的知情,只有他们在"以其委员会成员的身份参与集体决策过程中获得的信息",才可视作法人的信息。但如果委员会大会召集人知道解除原因后,不正当地推迟了大会的召集,那么,公司就应该承担相应的责任,并应该像及时召开了委员会大会一样(BGHZ 139, 89 zur GmbH)。

26 (cc)在另一起诉讼中(BGHZ 135, 202),某有限责任公司为原告,它向一银行提起损害赔偿之诉,因为银行在兑现18张公司的清算支票时没有认出这是该公司丢失的支票,因而负有重大过失的责任(**《支票法》第21条、《民法典》第989和990条**)。该有限责任公司的一名会计偷了以公司名称为抬头的支票,并且将支票上的资金转入其私人账户。在判定银行的行为是否是恶意时,主要取决于是否可以将有关职员的知情视为银行的知情,而这又取决于没有直接接受支票的银行职员是否知道被告曾经是原告的会计。联邦最高法院第11民事法庭在判决中强调:在知情归责问题上,对银行的要求不能严于自然人,其判断的标准是既要考虑到人类的有限记忆能力,又要考虑到业务交往中人们对此正当的期望。客观的具体情况对人的记忆能力有着很大的影响。对于并不重要的业务,不能要求银行职员有特殊的记忆能力,

---

〔1〕 BGH NJW 1995, 2159; bestätigt in BGH NJW 1996, 1205.

〔2〕 Ebenso *M. Wolf* in der Anm. zu BGH NJW 1995, 2159 LM Nr. 34 zu § 166 BGB; K. *Schmidt* GesR § 10 V 2.

原则上也不能要求他们因此而查阅档案或者数据库。对于规模较大的业务,银行必须将相关的重要信息告知每个柜台的职员,或者记入档案。因此,不仅应该将直接处理支票的职员的知情视作银行的知情,而且还必须将参与处理支票的支票部门掌握的信息视作银行的知情。所谓掌握的信息是指一个公正的组织将会记载并且保存的信息,而且在遇见重要事情时,将会查阅这些信息。

(dd)《民法典》第852条在确定侵权赔偿之诉的诉讼时效时也对损害知情和赔偿者作了规定。由于保护交易安全在这里并不重要,所以联邦最高法院对知情者的范围进行更严格的限制,在这里重要的是受托执行任务的人的知情,即接受损害赔偿诉讼权利人——承保的保险公司的委托,全权处理相关事务的人的知情(BGHZ 133, 129, 139)。因此,在有关伪造缴纳关税证明而引起的损害赔偿案中,不能将慕尼黑关税侦查局的知情当作是汉堡海关总局的知情(BGHZ 134, 343)。如果根据企业内部分工,某私人承保人负责处理一赔偿案,那么对于该承保人的赔偿请求,也适用同样的原则。 27

### 3. 有限责任

股份有限公司仅以**其资产**对公司债权人**承担清偿责任**。有限责任是股份有限公司的一个最重要的经济特征和法律特征。它使公司债权人不能直接向股东追索债权。这是公众性公司得以运作的一个必不可少的前提条件。即使在内部关系中,股东也既不承担追加出资义务,也不必承担公司的经营亏损。当然,有限责任并不像主流观点所认同的那样是法人的基本特征,它不过是立法者通过立法决定而赋予法人的一种权利[1]。因此,也有不适用有限责任的情形,例如,公司设立中的不正当行为(《股份法》第41条第1款第2句、第46条)、接受公司非法交付的财物(《股份法》第62条第2款)、非法对公司机构施加影响(《股份法》第117条第5款)、适用直接责任原则的几种特殊情况(见下文§ 29. I., III.)以及康采恩法规定的情形(《股份法》第309条第4款、第310条第4款、第317条第4款、第318条第4款和第322条[2])。 28

### 4. 资本

为了弥补股东不承担个人责任所带来的缺陷,法律为股份有限公司规定了一个基本资本额,即公司章程中必须规定一个最低的资本数额。该资本额既是公司获得信贷的基础,也是对公司债权人提供的一种清偿保障。但是不能将公司资本与公司的实有资产混为一谈。如果公司有盈利,并且没有将该盈利分配给股东,那么公司的实有资产就高于其基本资本;反之,如果公司发生了经营亏损,则实有资产就会低于其基本资本额。因此,基本资本更应该是一个"由章程确定的资产数额",其目的是为了保证公司能够收缴和维持章程规定的最低资本金[3]。实施欧元 29

〔1〕 Vgl. *Raiser* AcP 199(1999), 104, 135, *ders.* FS Lutter 637.

〔2〕 S. unten § § 53 IV, 54 IV, 55 I, III.

〔3〕 *Hüffer* AktG § 1 Rdn. 10.

后,德国再次对《股份法》第7条作了修改,即公司的最低资本额必须为50,000欧元。政治界对这一条规定依然存在着争论。从目前经济界对资本的需求来看,这一数额并不特别高,但是,小型企业显然不宜采用这一形式。因此这一规定也起着重要的政治作用。

30 《股份有限公司法欧元施行法》为将马克转换为欧元规定了一个过渡期限。2001年12月31日以前,无论是新设公司,还是公司变更,其数额依然可以用马克表示,但是必须遵守50,000欧元这一最低限额。这样,用马克表示的资本数额就不可能是整数。但是2002年1月1日后,如果公司资本是用欧元表示的,公司应该将其设立或者资本的变更向商务注册处申请注册(《股份有限公司法欧元施行法》第1条第2款第2句)。股东大会可以以到会基本资本的简单多数票通过有关转换欧元的决议;如果为了保证用欧元表示的资本额为整数,而必须进行增资或者减资,股东大会同样可以上述简单多数同意票形成有关决议(《股份有限公司法欧元施行法》第4条)。如果到2001年12月31日还没有将公司资本转换成欧元,那么自2002年1月1日起,监事会有权对公司章程进行相应的修改(《股份有限公司法欧元施行法》第4条第1款第2句)。

31 法律规定了一个具有一定数额的最低基本资本额。这是德国股份有限公司法与外国股份有限公司法的一个重大区别。有些国家公司法中根本没有这样的规定(如美国、英国和法国原来的公司法),有些国家则规定了一个很低的最低资本额。从中可以得出一个结论,在其他国家有许多比德国公司规模小得多的股份有限公司。然而,欧盟第二号公司法指令要求,股份有限公司的最低资本额为25,000欧元〔1〕。这样就统一了各国的不同规定。

5. 股份

32 股份有限公司的资本分成**等额股份**(《股份法》第1条第2款,见下文§ 9.I.)。

(＊本部分引用的法律条款,如果没有明确指明法规的名称,都是出自《股份法》)。

# §9. 股　　份

## I. 股份的概念和种类

参考资料:*Adams*, Höchststimmrechte, Mehrfachstimmrechte und sonstige wundersame Hindernisse auf dem Markt für Unternehmenskontrolle, AG 1990, 63; *Brändel*, Mehrstimmrechtsaktien-ein in Vergessenheit geratenes Instrument der Beherrschung und des Minderheitenschutzes,

〔1〕 Vgl. oben § 7 II 2.

FS Quack 1991, 175; *Bungert*, Vorzeitige Einführung der Stückaktie in der Aktiengesellschaft-Muster für einen Vorratsbeschluβ in der Hauptversammlung, NZG 1998, 172; *Coing/Kronstein*, Die nennwertlose Aktie als Rechtsproblem, 1959; *Jahr/Stützel*, Aktien ohne Nennbetrag, 1963; *Ekkenga*, Vorzüge und Nachteile der nennwertlosen Aktie, WM 1990, 1645; *Eberstadt*, Auf dem Weg zur nennwertlosen Aktie, WM 1995, 1797; *Funke*, Wert ohne Nennwert-Zum Entwurf einer gesetzlichen Regelung über die Zulassung nennwertloser Aktien, AG 1997, 385; *Habersack/Mayer*, Globalverbriefte Aktien als Gegenstand sachenrechtlicher Verfügungen? -Ein( weiteres) Plädoyer für die Ablösung der Globalurkunde durch Wertrechte, WM 2000, 1678; *Happ*. Vom Aktienbuch zum elektronischen Aktienregister, FS Bezzenberger, 2000, 111; *Heider*, Die Einführung der nennwertlosen Aktie in Deutschland; AG 1998, 1; *Huep*. Die Renaissance der Namensaktie, Möglichkeiten und Probleme im geänderten aktienrechtlichen Umfeld, WM 2000, 1623; *Kluth*, Abschaffung von Mehrstimmrechtsaktien verfassungswidrig?, ZIP 1997, 1217, Kölling, Namensaktien im Wandel der Zeit, NZG 2000; 631; *Noack*, Die Umstellung von Inhaber-auf Namensaktien, FS Bezzenberger 2000, 291; *Luttermann*, Zum Börsenkurs als gesellschaftsrechtliche Bewertungsgrundlage, ZIP 1999, 45; *Peltzer*, Die Abschaffung von Mehrstimmrechten und Stimmrechtsbeschränkungen im KonTraG-Entwurf; AG 1997, August-Sonderheft 90; v. *Rosen/Seifert*(Hrsg. ), Die Namensaktie, 2000; *Saenger*, Mehrstimmrechte bei Aktiengesellschaften; ZIP 1997, 1813; *Schröer*, Zur Einführung der unechten nennwertlosen Aktie aus Anlaβ der Europäischen Währungsunion, ZIP 1997, 221; *Schwark*, Zur Rechtsposition der Mehrstimmrechtsaktionäre, FS Semler 367; *Seibert*, Kontrolle und Transparenz im Unternehmensbereich, WM 1997; *ders.* , Der Ausschlu? des Verbriefungsanspruchs des Aktion? rs in Gesetzgebung und Praxis, DB 1999, 267; *Terbrack/Wermeckes*, Mehrstimmrechte bei Aktiengesellschaften, DZWir 1998, 186; *Zöllner/Hanau*, Die verfassungsrechtlichen Grenzen der Beseitigung von Mehrstimmrechten bei Aktiengesellschaften, AG 1997, 206.

1. 资本的组成部分

根据《股份法》第 1 条第 2 款的规定,每个股份都代表着一定份额的基本资本,该股份所代表的资本数额是将基本资本总额和发行的股份总数相除得出的。在 1998 年 3 月 25 日颁布《比例股发行法》以前,《股份法》第 8 条规定,股份的面值必须以马克表示(**面值股原则**)。因此,每股的面值必须根据基本资本总额的多少来计算。实际上,这是德国公司法用以提高透明度和可比性的辅助办法。 1

根据新修正后的《股份法》第 8 条第 1 款的规定,公司既可以发行面值股,也可以发行比例股。比例股所表示的是每个已发行的股份在公司总资本中所占的份额。正因为如此,公司章程中必须明确规定公司发行股份的总数(《股份法》第 23 条第 3 款第 4 项)。这样,就不必再用马克或者欧元来表明其票面价值。《股份法》第 8 条第 1 款还进一步规定,每一股份在公司总资本中所占的比例必须相同。由于每一股份所代表的公司资产是以公司的基本资本数额、而不是以公司的总资产数额为基数算出的,所以它并不是真正的非面值股,通常又被称为比例股。 2

3 许多国家都采用面值股原则。但是,也有一些国家如美国、比利时和列支敦士登已经发行了比例股。在1965年股份法改革以前,德国就面值股原则的优缺点进行了广泛的讨论[1]。人们对面值股原则提出了异议:大部分社会公众很难理解真正价值和票面价值之间的差异,这也是在一定程度上阻碍了公司股权分散化的一个原因。确定股息比例(例如15%)的基础是股份的面值,而不是其真正价值。这种股息政策是扭曲的,对公司政治而言也是极其不幸的 。早在法律起草过程中,这一问题就引起了激烈的争论。然而,联邦议会依然决定保留这一古老的制度。1967年4月17日颁布的《有关确定有价证券交易价格条例》已经规定:股份在证券市场上的交易价格不再是根据其面值,而是根据其个数来确定。1998年德国允许发行比例股。促使德国改变态度的重要原因是欧元的实施。因为采用比例股就不用表明每股的面值,这样就无需将马克换算成欧元,也就不会出现换算中必然出现的余额折算问题了[2]。

4 如果公司发行面值股,公司章程就必须确定股份的面值(《股份法》第23条第3款第4项)。在1994年以前,股份的最低面值不得低于50马克;1994以后,则不得低于5马克;1999年1月1日以来,不得低于1欧元。之所以规定较低的面值,是出于社会政治方面的考虑,即为了让收入较低的公民也能购买股份(**大众股份**的思想)。公司也可以发行面值较高的股份,但必须是用整数的欧元来表示(《股份法》第8条第2款)[3]。公司也可以发行面值不同的股份(《股份法》第23条第3款第4项)。如果公司发行非面值股,每一股份在公司总资本中所代表的份额不得低于1欧元(《股份法》第8条第3款)。

5 公司不得以低于其面值的价格或者低于每股所代表的资本数额的价格来发行其股份(低价发行)。因为低价发行将会严重影响公司资本的真实收缴(《股份法》第9条第1款)。但是,公司可以高于面值的价格溢价发行其股份(《股份法》第9条第2款、第182条第3款)。这种发行的结果是,公司资产从成立时就高于其基本资本额。公司在溢价发行中获得的高于其资本数额的贴水必须记入法定准备金中(《商法典》第272条第2款第1句)。是否溢价发行或者以多高的价格溢价发行,由公司根据其自身以及对资本市场的认识情况决定。在实践中,公司进行增资时,通常采用溢价发行的方式。

2. 股东权

6 股份代表着股东资格及其与此相关的股东权利和义务(试比较下文§ 12)。与其他公司形式不同,在股份有限公司中,股东不承担**共同管理权的义务**。股东既可

---

[1] *Vgl. Coing/Kronstein*, Die nennwertlose Aktie; *Jahr/Stützel*, Aktien ohne Nennbetrag; *Ekkenga* WM 1990, 1645; *Eberstadt* WM 1995, 1797.

[2] Vgl. die Begründung zum RegE ZIP 1998, 130; *Funke* AG 1997, 385; *Schröer* ZIP 1997, 221; *Heider* AG 1998, 1, *Bungert* NZG 1998, 172.

[3] Die Umstellungsvorschriften entsprechen denen über die Umstellung des Grundkapitals, vgl. §§ 3, 4 EGAktG nF. und dazu oben § 8 Rdn. 30; ferner *Seibert* WM 1997, 1610.

以仅仅将其股份当作一种资本投资,因此他每年可以获取股息(投资股东);他也可以通过参与股市投机而获利(投机股东)。但是,他也可以同时行使其股东权。如果他拥有足够的表决股,他就可以对企业的经营施加重大的影响(企业家股东)。公司的股东成分对企业的性质尤其是对企业不同机构之间的平衡关系起着决定性的影响。股东越是消极被动,公司的经营决策就越是由董事会和监事会来掌管(见上文§ 4. III.)。同样,公司的社团性质就随之而逐渐萎缩,而机构特征则日益明显(比较上文§3 边码6)。

**资合是股份有限公司的一个特征。**这一特征主要表现在:每一股份都代表了一个独立的成员权。谁同时拥有几个股份,就在法律上同时获得了几个成员身份。而且他无需将这些股份进行合并。但不得将一个股份进行拆解(《股份法》第8条第5款)。每个股份原则上只有一个表决权(《股份法》第12条第1款第1句、第134条第1款)。所以,这种表决权分配制度与人合公司(《股份法》第119条)和协会(《民法典》第32条第1款)不同。在后两者中,表决权是按照人头而不是根据其成员拥有的资本数额来分配的。根据法律规定,股份有限公司也可以发行无表决权股。但是,为了补偿股东在表决权方面的损失,公司必须给这种股份提供优先分配股息的特权(**无表决权的优先股**《股份法》第12条第1款第2句、第139条等)。发行这种股份的原因是因为有许多股东对共同管理不感兴趣,他们仅仅希望获得更多的股利(见下文§ 17. II.)。 7

**多数表决权股**是一种特殊股份。只有得到主管经济部部长的批准,公司才可发行这种股份。如果发行这种股份是为了保护大部分人的经济利益,经济部部长就有可能批准发行此种股份(《股份法》第12条第2款)[1]。通过持有这种股份,股东所实际享有的表决权多于其持股份数额,这样也可以保证该股东可以在股东大会上行使决定性的影响力。另外,公司既可以将它用以防止收购,也可以防止企业为外来势力所控制。例如可以通过这种股份,有效地防止外国人试图通过收购公司股份来控制企业。长期以来,人们对这种股份的合法性和适用性进行了激烈的争论。在资本市场日益国际化的进程中,大多数学者认为这种股份已经过时[2]。因此在1998年4月27日颁布的《有关加强企业控制和透明度的法律》中,明文规定公司不得在任何情况下发行这种多数表决权股。 8

根据《股份有限公司法欧元施行法》第5条第2款和第3款的规定,如果公司不在2003年6月1日以前以股东大会普通决议的方式取消多数表决权股,那么这种股份就自2003年6月1日起自动失去效力。每个股东都可以要求公司应将取消这种多数表决权股列入股东大会的议程。但是,股东大会也可以3/4以上的多数同意票决定继续保留这种股份。如果决定取消多数表决权股,公司应该对相关的股东提供一定的补偿。在决定补偿数额时"应当适当考虑这种股份的特殊价值"(《股份有限公司法欧元施行法》第5条第3款和第4款)。对于 9

---

〔1〕 *Brändel* FS Quack 175.

〔2〕 Vgl. *Adams* AG 1990, 63; *Saenger* ZIP 1997, 1813; *Terbrack/Wermeckes* DZWir 1998, 186.

是否可以通过宪法诉讼来决定取消多数表决权股这一问题,依然存在着不同看法[1]。

10 股份可以是**记名**的,也可以是**不记名**的(《股份法》第10条第1款,无记名股和记名股)。在股东缴清全部股金及其溢价(如为溢价发行)之前,所有股份都必须是记名的(《股份法》第10条第2款)。在其他情况下,公司章程必须规定,发行的是记名股还是无记名股(《股份法》第23条第3款第5项)。在德国,无记名股是最常见的股份。家族公司通常发行记名股。保险企业也是如此。这是因为在保险企业中,基本资本不是其生产资本,它不过是企业的储备基金,因此股东不必在企业设立时缴清全部股金。

11 最近,一些大型公众公司[2]将其无记名股转换成记名股。估计其他公司也会采取这种做法[3]。促成这一转换的主要原因是外国证券市场尤其纽约证券市场要求公司发行记名股;此外,通过这种股份,人们更容易了解公司的股东情况,这也更有利于保持公司和股东的直接联系。为此确认这一新的发展趋势,立法者颁布了**《记名股法》**[4],对《股份法》第67条和第68条进行了相应的修改。如果公司发行了记名股,它就必须根据《股份法》第67条第1款的规定到**股份登记处**去进行登记。登记时,须说明股东的姓名、出生日期和住址,此外还应当说明股东拥有股份的数额、每个股份的编码及其面值(如为面值股)。今天,股份登记处通常是通过电子信息系统进行股份登记的。正是有了这一系统,才可能为上市公众公司进行大规模的股份转换登记。如果股东将其持有的股份转让给他人,受让人可以凭借转让通知和相关的证据到股份登记处进行过户登记(《股份法》第67条第3款,见下文§ 12. VII. 2)。对于公司而言,只有那些在股份登记处登记的人,才是公司的股东(《股份法》第67条第2款)。

### 3. 股票和电子登记

12 股份也可以理解为股票,即它是一种证明持有者具有股份有限公司成员资格的书面文件(《股份法》第10条)。根据法律规定,公司不必为其股东出具股票(比较《股份法》第214条第4款)。然而,法学界的主流观点认为,每个股东有权要求公司为其出具股票[5]。制作股票的成本很高。而且随着股份管理和交易的电子化,已经越来越没有必要制作股票。因此1998年修正的《有关加强企业控制和透明度法律》第10条第5款规定,公司可以取消或者限制股东要求出具股票的权利[6]。

---

〔1〕 Vgl. *Zöllner/Hanau* AG 1997, 206, *Kluth* ZIP 1997, 1217; *Peltzer* AG 1997, August-Sonderheft 90, *Schwark* FS Semler 367.

〔2〕 *DaimlerChrysler*, *Siemens*, *Lufthansa*, Dt. *Telekom*, *Deutsche* und Dresdner Bank ua.

〔3〕 Vgl. *Huep* WM 2000, 1623; *Kölling* NZG 2000, 631; *Noack* FS Bezzenberger 291.

〔4〕 Gesetz zur Namensaktie und zur Erleichterung der Stimmrechtsausübung vom ##(NaStraG).

〔5〕 Vgl. zuletzt Groβkomm/*Brändel* § 10 Rdn. 23; *Hüffer* AktG § 10 Rdn. 3.

〔6〕 Vgl. *Seibert* DB 1999, 267, Happ FS Bezzenberger 111.

在公司实践中，许多公司经常为所有股份出具集体股份证书，或者为大部分股份出具集体股权证书。在德国，公司通常必须出具全球性股票[1]。

如果公司出具股票，则可以将股票当作一种**有价证券**。记名股票可以通过背书方式进行转让。对于这种转让适用《证券法》中有关背书的规定（见下文 §12. VII. 2）。 13

### 4.《宪法》第 14 条意义上的所有权

股份也是《宪法》第 14 条意义上的所有权[2]。但是，在这里宪法保护的并不是属于企业资产的财物和权利，而是公司成员的管理权、财产权等权利。这一定义大大扩大了基本权利的保护范围。股份作为从"公司法衍生出来的所有权"[3]，其在保护人格自由方面的个人利益并不十分显著。相反，它具有更广泛的"社会利益和社会功能"[4]。因此，"只要依然维持着现有股份所属关系及其物质内容"，股份就不属于直接的物质所有权，它更应从属于较强的社会联合关系[5]。正因如此，无论是多数票表决权原则，还是共同决定原则都不违反宪法规定。与此相反，在根据《股份法》第 305 条和第 320b 条或者根据《变更法》的规定给退出公司的股东计算补偿金的数额时，如果不考虑该公司股份的市场价格，就不符合《宪法》第 14 条的规定[6]。 14

如果股东从事经营活动，他们可以主张《宪法》第 12 条和第 2 条规定的基本权利。但是他们同样必须受《宪法》第 14 条规定的限制。联邦宪法法院没有明确判定，股东是否可以享受《宪法》第 9 条第 1 款规定的保护。 15

### 5. 股份法中的其他有价证券

在股份法中还有其他几种有价证券。其一是**临时股票**，这是在公司分配股份前，出具给股份购买者以证明其成员身份的一种临时性书面文件。它必须记名。在其他方面，临时股票与股份没有任何区别（《股份法》第 8 条第 6 款、第 10 条第 3 款和第 4 款、第 41 条第 4 款、第 67 条第 4 款、第 68 条第 5 款和第 191 条）。**分红股票**（息票）是一种表明股东每年可分得一定红利的书面证明。它既方便了股息的分 16

---

〔1〕 *Seibert* DB 1999, 267; *Hüffer* § 10 Rdn. 10, vgl. dagegen aber *Habersack/Mayer* WM 2000, 1678.

〔2〕 BVerfGE 14, 263, 276(*Feldmühle*); 25, 371, 407(*Rheinstahl*); 50, 290, 342(*Mitbestimmung*); 100, 289 = ZIP 1999, 1436(*DAT/Altana*, dazu *Luttermann* ZIP 1999, 45, 51); ZIP 1999, 532(SEN); ZIP 1999, 1798(*Wenger/Daimler-Benz*), ZIP 1999, 1801(*Scheidemantel*), ZIP 1999, 1804(*Hartmann & Braun*), AG 2000, 321; NZG 2000, 1117(*MotoMeter*).

〔3〕 BVerfGE 14, 263, 276; 25, 371, 407; 50, 290, 342.

〔4〕 BVerfGE 50, 209, 347 f.

〔5〕 BVerfGE aaO 340 f.

〔6〕 BVerfGE 100, 289.

配,又方便了息票的转让。它还是证明股东拥有优先权的书面文件(《股份法》第186条第1款第1条)。人们习惯上把它设计成一种无记名证券(《股份法》第72条第2款和第75条)。在实践中,股份有限公司通常发行一版息票,上文的每一张息票都可以用于上述目的。**新股认购券**是一种证明持有者拥有认购新股或者获得息票的书面文件(《股份法》第75条)。**分红券**表明持有者拥有分得红利的权利(见下文§ 17. III. 4)。

## II. 公司法和资本市场法对股东的保护

参考文献:*Ekkenga*, Anlegerschutz, Rechnungslegung und Kapitalmarkt. Eine rechtsvergleichende Studie zum europäischen, deutschen und britischen Bilanz-, Gesellschafts-und Kapitalmarktrecht, 1998.

### 1. 公司法对股东的保护

17 **保护小股东**和潜在股东的利益是1965年《股份法》的一个最重要的目标。小股东是指那些仅仅拥有少数表决权,因而不能对公司施加影响的股东。该法中的大量条款都是为了实现这一目标而制定的。在这些条款中,有的确定了公司的内部结构,有的规定了信息公开义务,有些则赋予单个股东或者少数股东以质询权、起诉权,有些条款还规定,股东有权要求对公司账簿进行特别审查。此外,公司法确定的资本收缴原则和资本维持原则也不仅仅是为了保护债权人的利益,同样也是为了保护股东的利益。《决算法》中的条款以及《商法典》中规定的公开义务也为了这一目的。所有上述法律措施都为股东充分地了解和监督公司的经济状况和公司的内部决策程序提供了一定的法律保障;《股份法》第20条等条款规定的通知义务也保证股东至少可以获得有关股东结构的信息[1]。

18 公司法中大部分保护股东的条款将在下列相关各章中分别进行系统的论述。在这里仅仅介绍《股份法》第23条第4款规定的强制性条款的具体情况。同时这里只能略微提到资本市场法中有关保护股东的规定。

### 2. 股份法中的强制性法律规定

参考文献:*Bendfeld*, Die Satzungsstrenge im Aktienrecht und ihre Bedeutung für die Rechtssicherheit, 1999; *Geßler*, Bedeutung und Auslegung des § 23 Abs. 5 AktG, FS Luther, 1976, 69; *Hirte*, Die aktienrechtliche Satzungsstrenge: Kapitalmarkt und sonstige Legitimation versus Gestaltungsfreiheit, ZGR-Sonderheft 13, 1998, 61; Hopt, Gestaltungsfreiheit im Gesellschaftsrecht in Europa, ebenda 123, *Luther*, § 23 Abs. 5 AktG im Spannungsfeld von Gesetz, Satzung und Einzelentscheidungen der Organe der AG, Freundesgabe Hengeler 1972, 167; *Mertens*, Satzungs-und

〔1〕 详见下文§ 52. I.。

Organisationsautonomie im Aktien-und Konzernrecht, ZGR 1994, 426; KölnKomm/*Mertens* Vorb. § 76 Rdn. 11 ff; Gro? komm/*Röhricht* § 23 AktG Rdn. 167; *Stein*, Rechtsschutz gegen gesetzwidrige Satzungsnormen bei Kapitalgesellschaften, ZGR 1994, 472.

《股份法》中的大部分条款都是强制性规定。根据《股份法》第23条第5款第1句的规定,只有在《股份法》明确许可的情况下,公司章程才可以偏离《股份法》的规定。这样严格的法律规定在社团法中极其少见。其原因有两个方面。其一,是为了**保护股东和潜在股东的利益**。通过这些规定,不同公司的股东获得了相似的权利,他们得到同样的法律保护。其二,是为了保证资本市场的透明度,进而保护公共利益。通过这些严格的统一规定,股份成为一种标准化的、十分容易进行交易的大众化商品;股份购买者不必分别了解不同公司的股东权。当然,公司内部组织机构必须具有灵活性,对某些特殊情况也必须具有适应能力。但是与股东利益和公共利益相比,这些仅仅是第二步应该考虑的因素。总的来说,《股份法》是以股份交易的需要为原则而制定的。另外,对上市公司和非上市公司,《股份法》也没有进行区别。 19

法律的最新发展已经证明,贯穿《股份法》的上述强制性的保护机制并**不是完美无缺的**。 20
一方面,法学界多数学者认为,对那些没有上市而且也不想上市的、股东人数较少的封闭性公司,必须给予更多制定章程的自由度。而《股份法》第23条第5款的规定显然缺少这种灵活性。另一方面,对于那些上市公司,以往的经验表明,现有的法律保护条款其保护作用相当有限。因此,在美国和其他国家证券法的影响下,德国已经制定了《资本市场法》,而且该法也在继续发展之中。《资本市场法》也规定了股东保护问题,它甚至排斥股份法的有些规定。无论如何,股份法在这方面的作用已经日益减小。这一发展也体现在《股份法》中,德国于1998年颁布了《有关加强企业控制和透明度的法律》。该法第3条第2款已经对上市公司和非上市公司作了不同规定。根据这一条款,非上市公司可以适用一些特别规定,而上市公司应该适用《资本市场法》的规定(试比较《股份法》第20条第8款、第21条第5款)。

另一方面,《股份法》第23条第5款的规定也有一个重要的优点。没有这一条款,就不能对法律中每一具体条款进行审查,审查它是否是强制性条款。而这种审查是必不可少的。它可以提高法律适用的安全性。因而符合普通公众的利益。出于这一原因,必须切实适用这一条款。希望在内部灵活对待上市公司和非上市公司,即将这两种公司有所区别,这种愿望是可以理解的,但是可以在其他相关的条款中予以考虑。 21

与有限责任公司和人合公司不同,根据《股份法》第23条第5款第1句的规定, 22
公司**原则上**不能按**通常章程的规定自由设计**其内部组织机构。《股份法》明确授权公司可以不按法律规定而自由规定章程内容的情况相当之少[1]。大部分《股份

---

〔1〕 Vgl. etwa § § 58 I 1, II 2, IV, 60 III, 63 I 2, 76 II 1, 77 I 2, 78 II 1, III, 95 I 2, u. a.; *Röhricht* zählt im Groβkommentar § 23 Rdn. 177 insgesamt 55 Stellen auf.

法》的规定都是强制性条款。这些条款涉及股东权利和义务、公司机构组成及其构成、机构的权限及其运作程序、公司财务制度。此外,所有有关章程修改的条款、有关公司变更、合并及分立的规定和企业合同的条款都是强制性条款。

23　**举例:**(a)章程不能规定公司不设立监事会,章程也不能仅仅根据《股份法》第95条的狭义规定和《共同决定法》来确定监事会的人员构成。但是,章程可以规定在监事会之外再设立一个顾问委员会。但是,该委员会不能分享监事会的职权〔1〕。

24　(b)不能将公司经营管理权转让给监事会。但是章程可以规定:只有经过监事会的同意,公司才可以开展某些特定的业务(《股份法》第111条第4款)。

25　(c)根据《股份法》第93条第1款第2句和第116条规定,董事和监事不能泄露其在工作中获得的机密信息和公司秘密,尤其不能泄露经营秘密和商业秘密。根据联邦最高法院的判决(BGHZ 64,325),这一条款意味着公司既不能通过章程也不能通过议事守则来减轻董事和监事所承担的这种义务;反之,公司也不可以通过上述方式规定更严格的保密义务。因此,如果公司议事守则规定,监事在其工作中获得的所有信息都是公司秘密,并对此承担保密责任,那么这一规定就是非法的。

26　根据《股份法》第23条第5款第2句的规定,如果法律对某事项的规定不够全面或者根本没有规定,**那么可以通过公司章程对此进行补充规定**。由于现有法律条款相当完善,章程中上述任何新增条款或者补充条款都必须说明特别理由。有些法律条文的字面意义也已经表明,在法律没有完全规定的情况下,可以通过章程对此进行自由规定,而且这也是一种常见的现象。但是,公司章程究竟能够在多大程度上限制法律规定的公司机构所享有的决定权?这是一个难以回答的问题。

27　**举例:**(a)根据《股份法》第76条第1款的规定,董事会独自负责公司的经营和管理。因此,如果公司章程规定,董事会除了确定企业的经营事项外,还有权给管理机构指派任务,这种条款是和公司法的上述规定相冲突。困难的是如何界定哪些事项属于公司的经营事项〔2〕。

28　(b)根据《股份法》第107条第3款的规定,监事会有权决定是否设立监事会专业委员会以及如何组成这些委员会。因此,公司章程不能对此进行规定。但是章程可以规定监事会专业委员会的工作程序。例如,可以规定,监事会主席在赞成票和反对票相等的情况下,拥有决定性的投票权(BGHZ 83,106)。

29　《股份法》第23条第5款中的两个句子包涵着完全相反的意思。因此有关这一条款的最大问题是必须确定:根据这一条款,章程条款究竟是可以偏离法律的规定呢?还是应该补充法律规定?这在实质上涉及法律解释问题。如果采用宽松的解释,公司自由确定章程内容的权利就受到了限制;如果采用严格的解释,那么就

---

〔1〕 Vgl. LG Köln AG 1976, 329 mit Anm. *Hommelhoff und Timm.*

〔2〕 Vgl. ausführlich dazu Groβkomm/*Röhricht* § 23 Rdn. 193 ff.

为公司充分利用本条第2句的规定提供了空间。学术界在根据这一条款评判具体案件时依然存在着不同的看法。其原因就在于在这里采用了不同尺度的解释方法。只有人们尽可能根据字面意义解释法律，才可能在一定程度上实现法律安全[1]。正是出于这一原因，《股份法》第23条第5款规定的禁令不能扩展到对股份法十分重要的其他法律。这一问题对《共同决定法》尤其重要。由于保护公共利益的需要，有关共同决定权的条款也是强制性规定[2]。

如果章程的条款违反《股份法》第23条第5款的规定，该条款就不能在商务注 30
册处获准登记，就**不能产生法律效力**。即使这些条款不必登记，传统的观点仍然认为，这些条款违反《股份法》第241条第3项的规定，因而没有法律效力。其理由是：这样的条款既不符合股份有限公司的性质，也不符合公共利益[3]。然而，只有对章程进行修改时，才有可能直接适用上述条款。因为只有在这种情况下，股东大会的有关决议才可能与法律相冲突。而在章程原文规定的情况下，通常仅仅考虑法律的类比适用[4]。另外，这一条款的适用也会引起下列后果：《股份法》的绝大多数条款都是为了社会公众的利益。这样，《股份法》第243条第1款规定就失去了调整的对象；根据这一条款，必须废除违反法律规定的章程条款。因此，正确的观点应该是，区别对待不符合法律规定的章程条款；如果违反的并不是根本性的法律规定，则可以**废除**相关的章程条款[5]。如果无效的章程条款已经获得了注册，就应当比照适用《股份法》第242条第2款的规定，即在获准注册的三年后，该条款就具备了完全的法律效力[6]。

### 3. 证券法对投资者的保护

参考文献：*Assmann*, Kapitalmarktrecht-Zur Formation eines Rechtsgebiets in der vierzigjährigen Rechtsentwicklung des Bundesrepublik Deutschland, FS 40 Jahre BRD, 1990, 251; *ders.*, Prospekthaftung als Haftung für die Verletzung kapitalmarktbezogener Informationsverkehrspflichten nach deutschem und amerikanischem Recht, 1985; *Claussen*, Bank-und Börsenrecht, 2. Aufl., 2000; *Hopt*, Der Kapitalanlegerschutz im Recht der Banken; 1975, *ders.*, Verantwortlichkeit der Banken bei Emissionen, 1991; *Kümpel*, Bank-und Kapitalmarktrecht, 2. Aufl., 2000; *Möllers*, Anlegerschutz durch Aktien-und Kapitalmarktrecht, ZGR 1997, 334; *Mülbert*, Aktiengesellschaft, Unternehmensgruppe und Kapitalmarkt, 1995; *Potthoff/Stuhlfauth*, Der neue Markt: Ein Handelssegment für innovative und wachstumsorientierte Unternehmen, WM 1997 Beilage 3;

〔1〕 Vgl. *Bendfeld* aaO.

〔2〕 Vgl. *Raiser* NJW 1980, 1099.

〔3〕 OLG Düsseldorf AG 1968, 19, 22; Groβkomm. AktG/*Schilling* § 241 Anm. 22; *Geβler* ZGR 1980, 427, 444; *Huber* FS Coing Bd. II, 167, 184 ff.

〔4〕 Diese wird bejaht von BGH AG 2000, 515.

〔5〕 KölnKomm/*Zöllner* § 241 Rdn. 114 ff; Geβler/Hefermehl/*Hüffer* § 241 Rdn. 49 ff.

〔6〕 BGH AG 2000, 515.

*Schneider*, Anwendungsprobleme bei den kapitalmarktrechtlichen Vorschriften zur Offenlegung von wesentlichen Beteiligungen, AG 1997, 91; *Schwark*, Anlegerschutz durch Wirtschaftsrecht, 1979; *ders.*, Börsengesetz, 2. Aufl. 1994.

31 股份有限公司的一个作用是筹资,为了股东的利益,股东必须能够随时出让其股份。这就要求有一个机构化的资本市场。有价证券交易所就是这样的市场。股票以及其他有价证券除了可以在官方市场(《证券交易法》第 36 条等)、有**规则市场**(《证券交易法》第 71 条等)、场外交易市场(《证券交易法》第 78 条)进行交易外,它们还可以在交易所进行买卖。新市场是交易所的一个新的组成部分,是 1997 年法兰克福证券交易所为具有特别风险的股份而专门开设的市场。只有符合严格的入市条件,公司才可以在新市场上发行股份[1]。

32 到 1998 年中期为止,在德国证券交易所上市的德国公司共有 883 家,另外**官方市场**有 396 家,规则市场 84 家,场外交易市场 101 家,另外还有 54 家在新市场[2]。

33 有关**准许上市**的规定以及**公开义务**的规定都有保护投资者利益的作用。发行股份的公司必须在有资格从事证券交易的金融机构或者金融服务企业的帮助下,提出发行上市申请,而且这些金融机构必须为申请者的严肃性提供保证,该申请上市公司的股份才能在官方市场上进行交易(《证券交易法》第 36 条)。金融机构的介入也应该保证股份发行者具有良好的盈利性。

34 申请者必须提交**上市说明书**。说明书中必须详细载明企业的经济状况和财务状况(《证券交易法》第 38 条、《上市许可条例》第 13 条等)。交易所设立了上市许可委员会(《证券交易法》第 37 条)。申请公司必须将相关的资料提交给该委员会审核。通过审核者,委员会向申请者颁发上市许可。通常情况下,早在提交申请以前就已经对说明书进行了多处修改,因而公司的申请总是被接受的。在获得许可后,公司必须公告其上市说明书(《证券交易法》第 38 条第 4 款)。公告的主要目的是为了保证社会公众能够获得有关上市公司的重要信息,以帮助其作出正确的投资决定。根据《证券交易法》第 45 条等条款的规定,任何一个股份购买者,如果因为上市说明书中不正确的或者不完善的说明而受到损害,发行者及其签字银行必须对该股东承担赔偿责任。此外,如果利用说明书进行欺诈,还将对相关人士追究刑事责任(《证券交易法》第 88 条)。

35 获准上市后,发行股份的公司必须**承担一定的义务**。它必须同等对待所有的股份持有者;必须指定一些股金收缴机构和股份寄存处。这些机构必须为保管股份采取所有必要的措施。此外,公司必须将企业及其股份的情况适当地告知社会公众和上市许可委员会;如果公司以后再次发行股份,也还必须以同样的方式提出申请(《证券交易法》第 44 条、《上市许可条例》第 63 条等)。根据《商法典》第 325

[1] Vgl. *Potthoff/Stuhlfauth* WM 1997 Sonderbeilage 3.

[2] Vgl. DAI Factbook 2000 S. 02-1; *Hansen* AG-Report 1998, R 391.

条的规定,股份有限公司每年必须编制并公布资产负债表,在一个财务年度中间,公司还必须至少编制并公布一次**中期报告**。通过这些公布的数据和说明,人们能够了解到与实际状况相符的企业资金状况和经营状况(《证券交易法》第44b条、《上市许可条例》第53条等)。

如果公司申请在**规则市场**上发行股份,公司就无需编制上市说明书,但需编制**企业报告**。报告的内容中必须包括必要的、能够使社会公众正确判断公司及其股份价值的信息;报告最少必须包括《招股说明书法》第7条规定的招股说明书必须包括的内容(《证券交易法》第73条)。经核准后,企业还必须公布该报告。 36

### 4. 招股说明书法对投资者的保护

参考文献:*Hüffer*, Das Wertpapier-Verkaufsprospektgesetz, 1995.

在其他任何情况下,只要公司首次在国内公开出售股份,就必须公布招股说明书。即使股份仅仅进行场外交易也不例外。说明书中必须详细介绍负责说明书编制人和编制公司的情况,尤其必须说明那些保证说明书内容真实性的人或者公司的情况;此外,还必须详细介绍将要发行的股份本身的情况以及发行公司的情况,如其资本数额、主要业务、总资产、资金和盈利状况,管理机构、监事会以及其年终财务报表的审计情况等(《招股说明书法》第7条、《招股说明书条例》第2—11条)。公司必须将招股说明书上交给联邦政府有价证券监管局。只有通过该局核准后,或者该局在十个工作日内没有作出任何决定,公司才可以公布该招股说明书(《招股说明书》第8a条)。 37

### 5. 表决股股份结构的变化及公开义务

公开义务:*Burgard*, Die Berechnung des Stimmrechtsanteils nach §§ 21—23 WpHG, BB 1995, 2069; *Cahn*, Probleme der Mitteilungs-und Veröffentlichungspflichten nach dem WpHG bei Veränderungen des Stimmrechtsanteils an börsennotierten Gesellschaften, AG 1997, 502; *Hopt*, Familien-und Aktienpools unter dem WpHG, ZGR 1997, 1; *Neye*, Harmonisierung der Mitteilungspflichten zum Beteiligungsbesitz von börsennotierten Aktiengesellschaften, ZIP 1996, 1853; *Witt*, Die Änderungen der Mitteilungs-und Veröffentlichungspflichten nach §§ 21 ff WpHG und §§ 20 ff AktG durch das Dritte Finanzmarktförderungsgesetz und das "KonTraG", WM 1998, 1153.

根据《股份法》第20条和第21条的规定,如果一个企业获得另一家在德国注册的股份有限公司25%以上的表决权股,那么它必须立即以书面方式通知该公司。如果该企业获得另一股份有限公司的多数股份,它必须承担同样的通知义务。通知必须公开刊登在公司指定的刊物上。这些条款的直接目的是为了防止公司免受 38

主要股东或者对公司管理有重大影响力的股东的进一步控制;同时也是为了间接防止企业为康采恩所收购[1]。今天看来,这些条款已经不足以保护上市公司的资本投资者的利益。正因如此,《有价证券交易法》为上市公司规定了十分广泛的信息公开义务。这些规定进一步补充了《股份法》规定的通知义务(《股份法》第20条第8款、第21条第5款)。

39 根据《有价证券交易法》第21条的规定,任何人通过购买、出让或者以任何其他方式使其持有的某一上市公司的表决权股比例高于或者低于该公司所有表决股的5%、10%、25%、50%或者75%,都负有通知义务。为了计算表决权股,必须考虑如何计算哪些为第三者所持有的股份、哪些为控制本公司的企业所持有的股份、或者哪些为本公司的附属企业所持有的股份。为此,法律规定了十分复杂的计算规则(《有价证券交易法》第22条)。这样就将《股份法》和《资本市场法》紧密联系起来。公司必须立即履行通知义务。必须最迟在7个工作日内,公司将上述通知送交有关公司和联邦政府有价证券交易监管局。同时公司必须立即公告通知的内容。如果没有履行上述通知义务,股东就不能享有相应的股东权,尤其不能行使表决权(《有价证券交易法》第28条)。这一条规定对股东的法律地位以及公司的决策都会产生深远的影响。因为股东大会的有关决议可能是错误的,因而应予撤销。

40 德国制定这一条款的依据是欧盟于1988年颁布的《提高透明度指令》[2]。通过持股比例及其变更的通知义务的有关规定,可以保证股份市场的统一性,加强人们对股份市场的信心,提高股市的调节功能。

### 6. 临时性公开义务

参考文献:*Burgard*, Ad-hoc-Publizität bei gestreckten Sachverhalten und mehrstufigen Entscheidungsprozessen, ZHR 162(1998), 51; *Cahn*, Grenzen des Markt-und Anlegerschutzes durch das WpHG, ZHR 162(1998), 1; *Fürhoff*, Aktuelle Fragen zur Ad-hoc-Publizität, WM 1997, 449; *Happ/Semler*, Ad-hoc-Publizität im Spannungsfeld von Gesellschaftsrecht und Anlegerschutz-Zum Begriff der "Tatsache" in § 15 WpHG bei mehrstufigen Entscheidungsprozessen, ZGR 1998, 117; *Hopt*, Grundsatz-und Praxisprobleme nach dem Wertpapierhandelsgesetz, ZHR 159(1995), 135; *Immenga*, Das neue Insiderrecht im Wertpapierhandelsgesetz, ZBB 1995, 197; *Kümpel*, Insiderrecht und Ad-hoc-Publizität aus Bankensicht, WM 1996, 653; *Pananis*, Zur Abgrenzung von Insidertatsache und ad-hoc-publizitätspflichtigem Sachverhalt bei mehrstufigen Entscheidungsprozessen, WM 1997, 460; *Wölk*, Ad-hoc-Publizität-Erfahrungen aus der Sicht des Bundesaufsichtamtes für den Wertpapierhandel, AG 1997, 73; *Wittich*, Erfahrungen mit der Ad-hoc-Publizität in Deutschland, AG 1997, 1.

---

[1] Einzelheiten dazu unten § 52 I.

[2] Richtlinie 28/627/EWG vom 12. 12. 1988, *Lutter* Europäisches Unternehmensrecht 589.

41 不仅表决权股的股份结构的变化会引起股市价格的波动,公司的其他情况也会对股市产生影响。因而,这些情况的公开对投资者以及资本市场有着重要意义。根据欧盟《提高透明度指令》而规定的临时公开义务就是针对这些情况而规定的。《有价证券交易法》第15条取代了几乎不起任何作用的《证券市场法》第44a条的规定。根据《有价证券交易法》第15条的规定,每个上市公司都必须立即公布下列事项:即公司在经营过程中发生的、可能对其资产状况、资金状况或者对其业务发生重大影响的、进而影响到公司股价的、依然没有公开的事件。在公布以前,公司必须首先将这些事件立即通知证券交易所以及联邦有价证券交易监管局。只有在少数例外情况下,联邦有价证券交易监管局才会免除公司的上述公告义务。如果公告会损害公司的正当利益,就是一种例外情形。除了保证投资者能够尽快获得相关的信息外,这些规定也是防止内部交易的有效措施。如果将所有新发生的、对股价有重要影响的事件公开,就大大减少了内部交易的可能性。无论是从哪个方面分析,这一条款的根本目的仅仅是保证资本市场的正常运作。因此投资者不能根据《有价证券交易法》第15条规定提起损害赔偿之诉。

42 公司承担的临时公开义务也给法律适用带来一些困难。因为首先必须对新发生的事件进行界定。而迄今为止,法律既没有规定新事件的构成要件,也没有相关的司法判例。一般认为,只要符合其他条件,公司的许多内部情事都是属于必须公开的事件,例如成功开发了新的产品、获得意外的商业机会。一旦确定公司发生了决算亏损,而且根据《股份法》第92条规定必须在这种情况下董事会立即召集临时股东会的,也属于上述必须公开的新事件。另外,董事与第三者之间进行的、已经生效的交易,如果这种交易会影响公司的股价,则它也属于必须公开的新事项。与此相反,计划、草案、预测都不是《有价证券交易法》第15条所指的事件。

43 有争议的是如何对待**需要较长时间的决策**过程。如果监事会对某一措施拥有共同决定权,或者根据《股份法》第111条第4款的规定,只有经过监事会的同意公司才能采取某一措施,这意味着,只有在监事会作出相应的决定后,才发生了必须公告的事件。因为提前公告必然会影响监事会的决策自由。因此董事会编制年终财务报表本身并不是一起必须公告的事件;只有监事会确认该报表后,公司才须履行公开义务[1]。与此相反,必须由股东大会以决议方式决定的那些结构性措施,如增资或者减资、企业内部协议的签订、进行企业合并等事项,并不一定必须等到股东大会形成决议后,才能公开。因为将有关建议提交给股东大会讨论,就必须向公众公告相关的建议(《股份法》第124条)。

44 有些事项在通常情况下不必进行公告。但是在某些特殊情况下,公司必须提前对此进行公告。例如,如果某事肯定会发生,而且社会公众已经对此作出了预测。为防止公司利益受到损失,董事会只能公告该事件。在有疑虑的情况下,公司可以

[1] Sehr str.; Vgl. *Burgard* ZHR 162(1998), 51, 84; *Happ/Semler* ZGR 1998, 116, 132; *Kümpel* WM 1996, 653.

要求联邦有价证券交易监管局解释《有价证券交易法》第15条规定的构成要件。根据该法第15条第1款第2句的规定,公司在一定条件下可以不必履行公告义务。就临时公开义务的作用而言,它对上市公司的决策程序产生了深刻的影响。

7. 禁止内部交易

参考文献:*Assmann*, Das künftige deutsche Insiderrecht, AG 1994, 196, 237; *Assmann/Schneider*, Wertpapierhandelsgesetz, 2. Aufl., 1999; *Hopt*, Europäisches und deutsches Insiderrecht, ZGR 1991, 17 ff; *ders.*, Grundsatz-und Praxisprobleme nach dem WpHG, ZHR 159 (1995), 135 ff; *Kümpel*, WpHG. Eine systematische Darstellung, 1996; *ders.*, Bank-und Kapitalmarktrecht, 1995, 1135 ff.

45 根据经验,仅仅给公司规定公开义务并不足以保护投资者的利益。如果与企业有紧密关系的人利用其优先获得的对公司股价有重要影响信息的机会,在其他人了解这些信息之前,买进或者卖出公司的股份,就会对资本市场的正常运作产生严重危害。例如,公司董事或者监事可以利用其职务之便,提前了解和掌握公司的盈利信息。在这种情况下,他们可以向那些并不知情的股东收购股份。在这些信息正式公开后,公司股价必然会上升。这样就严重损害了股份出售者的利益。如果在董事或者监事知道公司经营状况不佳的信息后,在社会公众获知相关的信息之前,出售其持有的公司股份,那么在这些信息公告后,股价必然下跌,股份购买者就会因此而受到严重的损失。为了保护股东或者社会公众的利益,为了维护资本市场的透明度,必须禁止利用这类信息进行内部交易。

46 在德国,人们早就意识到了这一问题。但是长期以来并没有认真对待它。为了避免制定繁琐的法律,德国经济部首次于1970年任命了一个证券专家委员会,该委员会拟定了**《禁止内部交易指令》**。后来,该指令经过几次修改,其规定也变得更加严格。该指令禁止股份有限公司的董事会成员、监事会成员、大股东和公司职员利用内部信息进行所有买卖本公司股份或者债券的交易。金融机构及其人员也不得进行内部交易。另外,还制定了交易员和咨询者规则。据此,**金融机构和财务顾问**不得建议其顾客购买不符合顾客利益的有价证券;他们也不得开展有损于其顾客利益的自营业务。该指令也有其缺陷,即它不是强制性法规。只有人们自愿接受其约束时,它才产生约束力。因此,该指令并没有取得良好的效果。

47 基于以上原因,欧盟于1989年颁布了所谓的《内部人指令》[1]。德国的《有价证券交易法》采纳了这一指令的内容。这样,德国才对内部交易制定了强制性的规范。根据《有价证券交易法》第14条的规定,禁止内部人利用内部信息为自己或者代理他人或者为其他人买卖内部股份;禁止内部人未经许可将内部信息透露给其

〔1〕 Richtlinie 89/592/EWG vom 13. 11. 1989, *Lutter*, Europäisches Unternehmensrecht 601.

他人或者使其他人能够获得内部信息;禁止内部人利用内部信息推荐他人买卖内部股份。如果违反这一条规定,相关人员最多将被判处5年徒刑;另外,还可能被判缴纳罚金。本禁令所指的内部证券包括股份有限公司发行的股份、债券以及上市交易或者在场外进行交易的其他证券[1]。

根据法律规定,所谓的**内部人**是指公司管理机构和监事机构的成员、上市公司中负个人连带责任的股东;发行证券公司的关联企业中承担个人连带责任的股东也是内部人。此外,所有由于其持有发行公司的股份、或者持有该发行公司的关联企业的股份、或者由于其工作关系、或者由于其执行公司任务而能获得内部信息的人,都是内部人(所谓的**直接内部人**,《有价证券交易法》第13条第1款)。内部信息是指尚未公开的、与发行企业或其股份有关的事件;而且,一旦公开这些事件,将会对公司的股价产生重大影响(《有价证券交易法》第13条第1款)。根据《有价证券交易法》第14条第2款的规定,掌握内部信息的第三者也同样受上述禁令的约束,他不得利用内部信息为自己或者他人买卖股份(所谓的**间接内部人**)。 48

联邦有价证券交易监管局负责监督内部交易禁令的执行。为了达到监管的目的,所有有价证券的交易都必须通过电子数据传输系统随时通知监管局(试比较《有价证券交易法》第9条、第16条)。由于公司必须根据《有价证券交易法》第15条的规定公告那些敏感事件,就使得监管失去了对象。 49

8. 收购要约

参考文献:*Assmann/Basaldua/Bozenhardt/Peltzer*, übernahmeangebote, ZGR-Sonderheft 9, 1990; *Habersack/Mayer*, Der neue Vorschlag 1997 einer Takeover-Richtlinie-überlegungen zur Umsetzung in das nationale Recht, ZIP 1997, 2141; Hopt, Europäisches und deutsches übernahmerecht, ZHR 161 (1997), 368; *Kallmeyer*, Die Mängel des übernahmekodex der Börsensachverständigenkommission, ZHR 161(1997), 435; *Michalski*, Abwehrmechanismen gegen unfreundliche übernahmeangebote("unfriendly takeovers") nach deutschem Aktienrecht, AG 1997, 152; *Steding*, Das Take-over und Strategien zu seiner Abwehr im Aktienrecht, Jura 1999, 181.

资本市场法中有关收购要约(报价、出价)的规定也是为了保护投资者利益。如果一个自然人或者法人向目标公司的所有股东**公开报出**一个由其确定的**收购价**,这就是收购要约。该要约中的出价通常高于该股份的实际市场价格。通过这种收购,收购者可以获得目标公司的多数股份、从而控制该目标公司。收购分为善意和敌意两种。后者是指那种没有征得目标公司董事会的同意而发出的收购要约。如果公司的管理人员自己出面收购,人们把它称之为管理层收购。 50

[1] Vgl. zu den Einzelheiten § 12 WpHG.

51 各界对收购尤其是敌意收购的评价并不相同。一方面，希望通过收购将那些管理不善、经营业绩不佳、不被股市看好的企业出让给其他人，来借此撤换原有管理人员。对于股东来说，收购也是一个以高于市场价格出售其持股的机会。另一方面，为了防止敌意收购，管理机构很可能采取一些有效的预防措施。但是从长远来看，这些措施有可能会损害公司的利益。为了能够让股东自愿出让其股份，就必须支付高额的价金；这有可能导致收购者负债累累。在完成收购后，收购者总是试图把这些债务转嫁给目标公司。尽管存在着以上危险，压制这样的企业并购市场并不是市场经济下法律制度的目的。反之，法律规定的主要目的是为了保证收购过程的透明度，并且为收购制定一个完善的收购程序。

52 与其他国家不同，到目前为止（2001年初）德国仍然没有制定统一的、调整公司收购问题的法律规定。1979年交易所专家委员会首次制定了《有关公开自由收购出价的指导原则》。1995年该委员会对上市指导原则进行了修改。1997年委员会拟定了《**收购准则**》，取代了原先的指导原则[1]。与上文的《禁止内部交易指令》一样，《收购准则》也仅仅是对收购者、目标公司和参与收购的银行提出的建议，它们不具备强制约束力。

53 《收购准则》要求，必须**平等对待所有的股东**，给所有的股东提供同样的信息（第1条、第2条）。此外，准则还规定了要约至少必须具备的内容；另外对于与收购相关的一些决定也进行了调整。并且规定：收购者不仅必须向有关股东承担公开信息的义务，而且须向目标公司、目标公司的交易所以及联邦有价证券交易监管局提供同样的信息（第5条等）。除此之外，还必须为收购要约规定一个**恰当的有效期限**，该期限最少不得少于28天，最多不得超过60天（第11条）。在这一期限内，收购者不得对出价的内容作出重大的变更；且无论是收购方还是被收购的目标公司都不能做出那些有可能引起股价急遽波动的行为（第3条和第19条）。

54 如果收购者在出价的有效期内以比初始出价更优惠的条件收购了一些股份，那么，已经接受原出价的股东有权要求收购者以**同样优惠的条件**收购其股份（第13条）。收购者可以在出价后提出更优惠的收购条件，但是他必须考虑到那些优惠条件同样适用于已经接受其出价的股东。如果许多股东都愿意出让其股份，以至于欲出让的股份数多于其计划的收购数，那么就必须**同比例地收购**每一股东的股份（第10条）。最后，在收购中最终获得目标公司控制权的股东必须向剩余的股东提供一个收购其股份的**义务出价**，以收购其股份（第16条）。

55 为了更好地实施《收购准则》的规定，《准则》设立了一个由7至15名成员组成的**收购委员会**，收购者必须向该委员会公开所有的信息。该委员会也是一个仲裁机构。如果有争议，该委员会可以进行仲裁（第20条）。

56 《收购准则》没有强制约束力，所以对它是否会长期发挥充分的保护作用这一问题，许多学者持怀疑态度。这里的问题是，出现了两个相互竞争的收购者，其中的一个遵从了准则的

---

〔1〕 Abgedruckt in AG 1995, 572 und AG 1998, 133; vgl. dazu *Assmann* AG 1995, 572; *Neye* ZIP 1995, 1464; *Diekmann* WM 1990, 897; *Thoma* ZIP 1996, 1725; *Than*, FS Claussen, 1997, 405; *Hopt* ZHR 161 (1997), 368; *Weisgerber* ZHR 161 (1997), 421; *Kallmeyer* ZHR 161 (1997), 435.

规定,而另一个则根本不按准则的规定行事。这样,后者就会取得竞争优势[1]。到目前为止,已经使大部分企业认同了准则的规定,经济界继续向企业施加压力。自1998年以来,承认准则的规定是企业进入德国股市指数(DAX)、德国新股市指数(MDAX)和进入新市场的前提条件。到2000年4月11日为止,在933家上市公司中只有540家表示愿意遵守《收购准则》的约束,其中进入德国股市指数的100家公司有79家。因此从法律政治角度看,有必要制定强制性的企业收购规则。

57 在欧洲范围内,欧盟早就致力于制定统一的企业法。欧盟委员会首次在1989年公布了**《有关收购要约的第13号公司法指令建议案》**。其后,对该建议案进行了多次修改。由于各成员国对该指令的内容有不同的考虑,各自的利益也不一致,所以该指令至今没有得到成员国的认同。争论的一个焦点是,德国《收购准则》中的下列规定:即已经获得目标公司控制权的收购者是否必须向所有其他的股东发出义务收购的要约;另一个有争议的问题是:义务要约收购的比例是否应该是多数?在这两个方面,欧盟各国都没有达成合意。1997年11月10日欧盟委员会又提出了一个新的修正案[2]。该修正案考虑了各种不同意见。所以欧盟理事会在2000年6月19日通过了一个共同立场公告。然而,到2001年初为止,欧盟议会依然没有就此形成一个最终决议。新建议案旨在创建一个"加强企业控制的欧洲市场";该市场必须为收购者、目标公司的管理者以及所有成员国的股东提供同样的成功机会。为保护股东利益,该建议案规定了一个更为严格的公开制度。

58 德国有关收购的法律规定并不如意。在欧盟努力制定统一的收购规则的影响下,联邦政府于2000年6月29日提出了**《有关调整企业收购法》讨论稿**,该法案试图对收购德国上市公司的问题进行全面的调整[3]。该法案的目的是:为收购制定一个公正而有序的收购程序,保证收购过程**充分透明**,并且**加强股东的法律地位**。联邦有价证券交易监管局是负责企业收购的监督机构,它应该保证企业必须根据强制性规范的规定进行收购。下文,就简单介绍一下该立法草案的几个要点。

59 根据《收购法》草案的规定,收购是指获得目标公司的控制权(至少获得30%的表决权)(第2条第1款和第2款)。只要收购者决定通过公开的收购出价或者股份交换报价获得目标公司的股份,收购者就必须立即公告其收购决定(所谓的**自愿收购出价**)(第11条)。收购对象必须涉及目标公司的所有股份(第22条)。公开收购的基础是报价书,收购者必须立即公告该报价书(第12条)。该报价书应至少载明有利于股东决定是否接受收购报价的基本情况;尤其必须说明下列情况:确定收购目标公司股份而支付的对价、公司是如何筹措收购款的、公司是根

---

〔1〕 Vgl. *Kirchner/Ehricke* AG 1998, 104.

〔2〕 Abgedruckt in AG 1997, 217 und in ZIP 1997, 2172; vgl. dazu *Krause* AG 1997, 207; *Habersack/Mayer* ZIP 1997, 2141; *Kallmeyer* ZIP 1997, 2147.

〔3〕 Vgl. ferner den Gesetzesvorschlag von *Baums* ZIP 1997, 1310; außerdem *Hopt* aaO.

据何种方法确定收购价金的。收购者既可以采用欧元来支付收购价金,也可以提供一定数量的表决权股来履行其支付义务(第16条第1款)。如果收购者在提出收购报价前的六个月内以支付货币方式收购了5%的股份或者表决权股,收购者就必须以支付货币的方式进行收购(第16条第2款)。法律试图通过这种方式,保证同等对待所有的股东。收购价格必须参照目标公司的股份市场交易价格来确定(第16条第3款和第4款)。目标公司的董事会必须就收购报价发表意见(第30条)。另外,董事会和监事会必须保持中立。在收购报价公告以后,他们不得进行任何有可能妨碍收购顺利进行的行为(第31条第1款)。如果目标公司发行股份而又收购这些股份,就违反了其承担的中立义务。如果公司进行有可能严重影响目标公司资产和负债状况的法律行为,这也同样违反中立义务(第16条第2款)。但是这并不表示,目标公司的管理者不能寻找一个更有竞争力的收购报价(第31条第3款第1项)。除此之外,如果股东大会同意,目标公司的管理者还可以采取反收购措施(第31条第3款第2项)。

60 在一人收购的情况下,即使没有公告收购报价,该人也可以获得具有控制地位的多数股份,例如,他从几个大股东那里逐步买进股份。对于这种情况,为了保护小股东的利益,《收购法》规定:在获得控制性多数股份时,收购者必须就此进行公告(第33条第1款);而且在其后的两周内,他必须向所有其他股东提出收购报价(所谓的义务报价,第33条第2款)。如果在获得控制性多数股份以前,已经提出了一个符合第10条规定的自愿收购报价,那么就无需再提出义务报价(第37条)。如果符合第35条第1款和第2款规定的前提条件,公司可以向联邦监管局提出申请,要求在计算表决权股的份额时,不考虑收购股份的表决权。在这种情况下,联邦监管局通常会同意这种申请。通过这一规定,家族企业的继承和康采恩企业的重组就成为可能。最后,根据第36条的规定,可以免除收购者的公告义务。这样,他就不必提出收购报价。

# §10. 股份有限公司与贸易公司和企业

## I. 股份有限公司——贸易公司

参考文献:*Bokelmann* Das Recht der Firmen und Geschäftsbezeichnungen, 4. Aufl. 1997; *König*, Doppelsitz-Gesetzliches Verbot oder zulässiges Gestaltungsmittel, AG 2000, 18; *Lutter/Welp*, Das neue Firmenrecht der Kapitalgesellschaften, ZIP 1999, 1073.

### 1. 贸易公司

1 根据《股份法》第3条的规定,即使股份有限公司经营的业务并不是贸易,它依然是贸易公司。这表明《商法典》依然毫无限制地适用于股份有限公司(《商法典》第6条第1款),因而无需对《商法典》第1条至第5条的规定进行审查。另外,股份有限公司也是《民法典》第196条第1款第1项和第2款有关诉讼时效规定意义中的商人。

2. 公司的名称[1]

自1998年《商法典》改革以来,法律仅仅规定,公司名称中必须包括股份有限公司的字样或者人人都理解的这一名称的缩写,即使公司使用其他名称经营一个企业,也必须符合上述规定(《股份法》第4条)。《股份法》的这一规定明确肯定了实践中通常使用的"股份公司(AG)"这一缩写。在此以前,只有司法判例承认这一缩写用法[2]。此外,已经修订后的一般《名称法》也同样适用此。根据修改后的《商法典》第18条的规定,公司的名称必须既能够体现公司特征,同时又能够有利于将本公司与其他公司进行区别。此外,它不得使用任何能够引起人们对其业务产生误解的字眼。与原有《名称法》相比,现有的规定已经得到了很大的简化。据此,公司可以其经营的业务命名。即使根据修订以前的《股份法》,这也是一种常用的命名方式。公司也可以发起人名字来命名。许多传统的企业都是这样命名的。另外,还可将物名和人名混合使用。即使是虚构的名称,也是合法的[3]。 2

实物名称、地名、商标、缩写或者虚构的名称都可以作为**名称的组成部分**。根据《商法典》第18条的规定,评判名称合法与否的惟一标准是:相关的名称是否具有特征、是否有别于其他公司的名称、是否具有误导性。为了简化注册法院的登记程序,减轻其在审查名称是否具有误导性方面的负担,现行法律明确规定,只有在公司的名称具有明显的误导性时,注册法院才能对名称的合法性问题进行调查。在其他情况下,有关当事人必须根据《商法典》第37条第1款规定的名称保护程序和《商法典》第37条第2款规定通过提起停止侵权行为之诉,以查清有关公司使用的名称是否合法。 3

3. 住所

每个股份有限公司都必须有一个住所,公司章程必须明确规定这一点(《股份法》第5条第1款)。在法律上,公司的住所与自然人的居住地相似 。根据《股份法》第5条第2款的规定,公司住所应当是公司的营业所在地、或者是公司管理机构所在地。《股份法》的这一条款既给公司在选择住所方面提供了**一定的自由度**,同时又防止公司选择一个与企业经营毫无关系的地点作为公司的住所。这样,如果一个公司仅仅在国外开展业务,其住所就不可能在德国境内。这一规定是否和欧盟法中有关设立自由的原则相一致,是值得怀疑的。欧洲法院在Centros案中所作的判决证明了这一点(见下文§ 58. II. 1)。公司**迁移其住所**,必须对其章程作相应的修改。章程的修改必须按照《商法典》第13h条和《股份法》第45条规定的程序 4

[1] Vgl. *Bokelmann*, Recht der Firmen und Geschäftsbezeichnungen; *Lutter/Welp* ZIP 1999, 1073, vgl. auch die Angaben zu § 25 I 2.

[2] BGHZ 62, 230 zur GmbH.

[3] BayObLG ZIP 2000, 835("Pro-Videntia" für eine Rechtsanwalts-AG).

来进行。由上可知,德国公司的住所不可能在国外[1]。

5 有意思的问题是:公司是否可以同时在德国和其他国家拥有两个住所?对此,目前尚无明确的答案。1945 年以后,许多法律和法院准许同一公司可以同时在前民主德国或柏林和联邦德国拥有住所。这是在当时特殊的政治环境下制定的特别规则。因此,绝对不可以将其当作一般原则[2]。在现代社会中还没有出现让公司同时拥有两个住所的特殊情况。如果有的话,那么这些规则将对那些从事跨国经营的企业具有特别重要的意义[3]。

6 《股份法》第 42 条(修订前)被废除后,公司可以根据一般的法律规定设立**分支机构**(《商法典》第 13 条和第 13a 条)。据此,住所在国外的企业可以在德国设立分支机构(《商法典》第 13d 条等)。

7 原则上,公司的住所所在地就是公司**管辖法院所在地**和公司注册法院的所在地(《股份法》第 14 条、第 36 条第 1 款,《民事诉讼程序法》第 17 条和第 21 条)。此外,如果公司章程没有其他规定,股东大会应该在公司的住所地举行(《股份法》第 121 条第 5 款)。除了公司实际经营管理所在地外,公司的住所地一般也是公司的纳税地,在这里,公司必须履行其承担的纳税义务(《法人税法》第 1 条第 1 款第 1 项,《税收条例》第 10 条)。

8 与上述规定不同,有关**公司国籍规定**涉及的主要是哪个国家的法律将适用于公司。这是国际私法研究的一个主要问题。根据德国学界主流观点,公司的国籍并不是仅仅根据章程中规定的住所来确定的(纯粹的设立理论)。如果一公司的营业所在地在外国,只有其管理总部或者管理中心在联邦德国境内,它同样是德国公司,因而必须按照德国法的规定来办事(住址所在地理论)。但是,这些公司在德国境内没有权利能力。否则,有些公司就可能通过将其住址迁入一个法律规定很不严格的国家,借此规避德国法的严格规定。但只要符合德国的公共利益,德国国际私法原则上承认外国股份有限公司的权利能力[4]。

---

〔1〕 BGHZ 19, 102, 105; 29, 320, 328; zur Sitzverlegung ins Ausland und aus dem Ausland vgl. unten § 58 II 2d.

〔2〕 Verneinend mit ausführlicher Begründung BayObLG DB 1985, 1280; einen Fall der Nachkriegszeit betrifft auch OLG Düsseldorf AG 1988, 50.

〔3〕 Vgl. *Hüffer* § 5 Rdn. 10; König AG 2000, 18.

〔4〕 St. Rspr.; vgl. BGHZ 97, 269 (Behandlung einer privatrechtlichen Einzelpersonenanstalt liechtensteinischen Rechts nach deutschem Recht-jedoch im Hinblick auf die Anerkennung als GmbH); Einzelheiten siehe unten § 58 I 1.

## II. 股份有限公司与企业

1. 合法的目的

《股份法》并没有明确规定股份有限公司的**经营范围**,而只是在第 3 条规定,股份有限公司可以适用于**任何合法的经营目的**。因此,股份有限公司经营的并不一定是《商法典》第 1—3 条规定的商业。《股份法》也没有限定股份有限公司的形式目的,所以即可以将它用于那些**非盈利的公益性目的**。例如,文化企业、运动企业或者社会企业都可以采用股份有限公司的形式。如果企业的经营范围必须得到工商部门或者其他国家机关的许可,那么公司必须在申请注册时提供必要的证明。如果企业计划上市,它必须采用股份有限公司或者股份两合公司的形式。 9

不能将股份有限公司用于某些自由职业,如医生。因为根据一般的法律规定,这一职业要求在医生和其病人之间建立起良好的个人信任关系[1]。然而,医院[2]、经济审计企业和税收顾问企业都可以采用股份有限公司的形式[3]。由于特殊的法律规定,建筑储蓄银行、保险企业只能以股份有限公司的形式经营,保险业互助联合会(VvaG)和抵押银行既可以采用股份有限公司的形式,又可以采用股份两合公司的形式[4]。除此之外,1998 年的第三个《资本市场促进法》又创设了一种新的公司形式:投资股份有限公司(《资本投资公司法》第 51 条等)。 10

在实践中,由于股份有限公司本身固有的特征,它不可能成为一种被广泛采用的企业形式。它是为**大型企业**设计的,为此必须建立一个复杂的管理机构,因而管理成本较高;由于法律规定得十分详尽、繁琐,而且大部分规则都具有强制性约束力(试比较《股份法》第 23 条第 5 款),对公司财务制度又规定了很高的要求,因此它的灵活性较差。所以,股份有限公司与有限责任公司不同,它基本上不适合于那些不想上市的中小型企业,也不适合于某些特定的企业。另外,经济联合会和卡特尔也不宜采用这种形式,非盈利性的股份有限公司中也不常见[5]。在实践中,股份有限公司一般为大型的、独立或者附属的生产企业、商业企业和服务企业所使用,这些企业也是典型的股份有限公司。 11

2. 企业的经营范围

根据《股份法》第 23 条第 2 款第 2 项的规定,公司**章程中必须载明**企业的**经营** 12

---

〔1〕 Zur Zulässigkeit einer Rechtsanwalts-AG vgl neuderdings BayObLG ZIP 1000, 835.

〔2〕 Ein Beispiel war die Deutsche Klinik für Diagnostik in Wiesbaden bis zu ihrer Umwandlung 1973.

〔3〕 § § 27 I WPO, 49 I StBerG.

〔4〕 § § 2 I BausparkG, 7 I VAG, 2 I HypbankenG, 1 III KAGG.

〔5〕 Z. B Hamburger Staatsoper AG; Münchener Tierpark Hellabrunn AG.

**范围**[1]。如果章程中没有这一条款,公司就不能设立(《股份法》第275条第1款)。该条款的目的是为了保证每个企业都能够有其**自己的经营特征**,同时也方便对企业进行登记和控制,最主要是为了更好地**保护股东利益**。因为,这一条款不仅限制了董事会的管理权限,同时也使得股东大会仅仅以简单多数的表决方式就能够形成有效的决议。因此,必须严格执行这一条的规定[2]。

## §11. 股份有限公司的设立

### I. 概述

参考文献:*Hopt*, Harmonisierung des europäischen Gesellschaftsrechts, ZGR 1992, 265; *Lutter/Gehling* Verdeckte Sacheinlagen, WM 1989, 1445; *Meilicke*, Die "verschleierte" Sacheinlage,-eine deutsche Fehlentwicklung, 1989, 97; *Ziegenhain/Helms*, Der rechtliche Rahmen für das Going Public mittelständischer Unternehmen; WM 1998, 1417.

1 1870年德国取消了国家特许制度。此后的经验表明,不严肃的公司设立不仅会损害公司利益,而且会损害公司债权人和社会公众的利益;只有为公司的设立程序制定详尽的规则,并且在私法上采取严厉的惩罚措施,才有可能制止虚假设立现象。《股份法》中第25—53条、第275—277条和第399条的规定就是在吸取上述经验教训后制定的。随着《欧盟公司法第二号指令》在德国的实施,德国的公司设立规则也就变得更加严格(见上文§7.II.2)。这些规则不仅应该保证所有参与企业设立的股东以及未来的股东从一开始就拥有一个健康的、没有任何瑕疵的企业;而且应该保证公司能够收缴到章程规定的基本资本数额,并且能够真实而有效地收缴已经催缴的股金,这些都是必要的保护措施。

2 德国法在股金收缴方面的规定比《欧盟第二号公司法》的规定更加严格。这在原则上并没有什么可以指责的。[3] 然而,人们对隐性实物的出资问题提出了质疑。对此,联邦最高法院经过充分论证后得出结论:欧盟指令并不是效力最高的规则。基于这一原因,联邦最高法院几次强调,应该根据《欧盟协定》第177条第3款(新的第234条)的规定将对有关问题的初步判决提交欧盟法院审查 。[4] 汉诺威州法院曾经将相关的初步判决提交给欧盟法院。[5]

---

[1] Einzelheiten s. unten § 11 II 1.

[2] Zur Abwehr von sog. faktischen Satzungsänderungen durch den Vorstand s. BGHZ 83, 122, 130(s. unten § 12 III 3).

[3] *Meilicke*, Die "verschleierte" Sacheinlage 97 ff.

[4] BGHZ 110, 47.

[5] LG Hannover AG 1991, 186.

欧盟法院首席检察官听取了不同意见,但是并未就此发表看法,而只是驳回了该初步判决。[1] 因此在这一问题上始终没有明确的结论。

《股份法》仅仅规定了发起设立这一方式,即发起人必须在公司设立时认购公司发行的所有股份。如果公司向社会公众发行股份,那么必须由一家银行作为发起人,该银行必须首先认购公司发行的所有股份,然后再向社会公众发行。由于风险较大,多数银行都不敢充当公司的发起人。1937 年《股份法》曾经规定了公开募集设立的方式,即在公司设立阶段就向社会公众发行股份,并由他们认购。新的《股份法》中没有采纳这一设立方式。 3

由于上述原因,今天基本上不可能设立公众性股份有限公司。从一般情况看,也没有这一必要。无论是在官方市场还是在新市场发行股票,企业都必须已经存续了一定年限。《上市许可条例》第 3 条第 1 款规定,在官方市场上市的企业,必须至少已经经营了三年。只有免除这一要求既符合发行者的利益又符合社会公众的利益时,许可证发放处才有可能准许例外(《上市许可条例》第 3 条第 2 款)。法兰克福证券交易所制定的《交易所条例》规定了企业在新市场的股份发行问题。据此,发行企业应该至少存续三年,而且至少已经营一年。对于在规则市场上市的企业,法律没有规定企业的最低存续年限。但是企业提交上市申请书时,必须同时提交最后一次经过审计的年终财务报告和情况报告。从这一要求中可以得出结论,发行企业必须至少已经存续一年以上。[2] 如果企业考虑将在近期内上市,《股份法》第 186 条第 5 款规定了一个比较可行的程序:由一个信贷机构收购公司的股份,同时指定由该机构负责销售公司的股份。 4

有关公司设立的法律规定也适用于企业变更。首先,公司的合并相当于公司的重新设立。但是,如果合并时,出让权利人是资合公司或者是注册合作社,法律则规定了比较简单的程序(《变更法》第 36 条第 2 款、第 73 条、第 75 条第 2 款,见下文 § 48. II. 5)。对于企业的分立,则没有规定类似的简化程序(《变更法》第 135 条第 2 款、第 144 条,见下文 § 49. II. 5),如果转化为股份有限公司,也同样如此(《变更法》第 197 条、第 220 条,见下文 § 47. II. 2)。 5

在最近几年中,新设立的股份有限公司数量增加很快,尤其是转换设立的数量更是有了大幅度的增加[3],这样,《股份法》的设立条款就显得日益重要。引起这一设立高潮的原因是多方面的,首先是允许一人设立股份有限公司;[4]其次简化了有关股份有限公司设立的法 6

---

〔1〕 EuGH AG 1992, 398.

〔2〕 *Schwark* BörsG, § 73 Rdn. 6; a. A. Schäfer/*Ledermann* BörsG, § 73 Rdn. 3 mit Hinweis auf § 14 II VerkProspVO.

〔3〕 Siehe die Statistiken oben § 5.

〔4〕 Gesetz für kleine Aktiengesellschaften und zur Deregulierung des Aktienrechts vom 2. 8. 1994, BGBl. I, 1961.

律规定。这也使得设立股份有限公司更加具有吸引力。但是《股份法》规定的设立条款数量之多,依然令人望而生畏。《有限责任公司法》规定的设立规则在内容方面并不与《股份法》的规定完全一致,但是在实质上,它们是完全相同的,本书将在下文予以介绍(见下文§ 26)。

## II. 设立过程

参考文献:*Appel*, Die Haftung der Bank für die Richtigkeit ihrer Bestätigung über die freie Verfügbarkeit eingezahlter Bareinlagen, ZHR 1993, 213; *Butzke*, Die Einzahlungsbestätigung nach § 37 Abs. 1 Satz 3 AktG als Grundlage der Bankenhaftung, ZGR 1994, 94; *Hüffer*, Wertmäßige statt gegenständlicher Unversehrtheit von Bareinlagen im Aktienrecht, ZGR 1993, 474; *Krebs/Wagner*, Der Leistungszeitpunkt von Sacheinlagen nach § 36 a Abs. 2 AktG, AG 1998, 467; *Kübler*, Bankenhaftung als Notbehelf der präventiven Kapitalaufbringungskontrolle?, ZHR 157 (1993), 196; *Lutter*, Das neue Gesetz für kleine Aktiengesellschaften und zur Deregulierung des Aktienrechts, AG 1994, 445; *Priester*, Kapitalaufbringungspflicht und Spieräume beim Agio, FS Lutter 2000, 617; *Trölitzsch*, Differenzhaftung für Sacheinlagen in Kapitalgesellschaften, 1998;

### 1. 制定章程

7 设立股份有限公司可分为九个阶段:首先必须起草章程,然后,由一人或数人**确认**该章程,确认者必须是股份的认购者并且是出资义务的承担者(《股份法》第2条)。确认后的章程必须经过公证(《股份法》第23条第1款)。在公司的设立证书上必须载明发起人的姓名和住址;此外还必须载明发行的面值股的面值;如果为比例股,还必须载明发行的股份数额、股份的发行价格;如果公司发行了几种不同的股份,那么,必须载明股份类别,以及每个发起人的持股数额。另外已经收缴的股金也必须载入设立证书中(《股份法》第23条第2款)。这一法律规定的目的是为了保证设立审计员、注册法院和有意进行投资的社会公众能够审查:公司设立行为是否严肃?公司的设立是否遵守了相应的法律规定?

8 章程必须至少包含《股份法》第23条第3款规定的内容。章程必须说明公司的商号、住址以及公司的经营范围。在经营范围方面,法律规定章程不能仅仅作一般性的描述。工业企业和商业企业的章程必须比较具体地描述所生产产品的种类或者交易商品的种类。如果是服务性企业,其章程也必须介绍个性化的服务产品。如果描述比较含糊,注册法院可以驳回注册申请(《股份法》第38条第1款)。[1]

9 **举例**:下列是比较常见的、符合法律规定的章程条款:

(1)企业的经营范围是生产、加工和经销……产品(必须特别说明具体的产品,一般性的说明如"所有类别的商品"是不够的)。

(2)公司有权开展和采取所有有助于实现企业经营目的的业务和措施,可以设立或者控

〔1〕 Zur Vorratsgründung vgl. BGHZ 117, 323, 330 und im Einzelnen unten § 26 II 7.

制其他企业，或者向其他企业参股。公司还可以将其全部或者部分企业转让给其他企业。

章程还必须载明资本的数额、发行的是面值股或者比例股、股份的数量及其面值或者比例，如果公司同时发行了几种类别不同的股份，则必须说明股份的种类以及每种股份的数量。章程中还必须规定，公司发行的是记名股还是无记名股。如果公司排除或者限制股东要求公司出具证明其股权的权利，就必须在章程中对这种排除或者限制进行明确规定（《股份法》第 10 条第 5 款）。此外，章程还必须规定董事会成员的人数以及据以确定人数的规则。最后，章程中还必须规定公司将以何种方式公布相关的事项（《股份法》第 23 条第 4 款）。法律规定的公告必须在联邦德国司法部公告上公布。但是章程也可以指定其他**刊物**或者**电子信息系统**公告有关事项（《股份法》第 25 条）。总的来看，公告的内容是一些用以了解公司的必要信息。它有助于未来股东和公司客户了解公司情况，作出正确的投资决定，所以这种公开是十分有益的。 10

除了上述必须公告的最低内容要求外，在某些特殊情况下，公司章程还必须规定一些特别条款（**合格设立**）。它们通常涉及公司与某些发起人或者其他人签订的合同。在这些合同中，很可能公司的价金与对方的出价并不相等，这样，公司或者股东就可能让对方从合同中获得了过多的好处。法律并不限制这样的合同。然而，由于章程是公开的，通过这种公开可以对这类合同进行充分的控制。这类合同大致包括以下四项内容： 11

（a）**承诺对股东或者第三者提供特别利益**（《股份法》第 26 条第 1 款）。特别利益是由于设立公司而由公司向他人提供的无偿款项，据此相关权利人获得了对公司的债权诉求。[1] 12

上述特别利益通常是一次性的资产给付，这种给付也可能是经常性的。此外，也可以将控制权当作特别利益，例如，赋予委派的监事会成员的权利（《股份法》第 101 条第 2 款）。[2] 但是，必须将这种权利与《民法典》第35 条为某些股份规定的特别权利相区分[3]。提供这种特别利益的原因可能是为了感谢某人为公司设立所作的特殊贡献，也可能是为了赢得特定的人能够加入公司，该人的加入显然符合公司的利益。在实践中，特别利益主要有优先分得股息，优先使用公司的设备和优先获得公司货物的权利。 13

（b）**公司对设立工作支付报酬**（《股份法》第 26 条第 2 款，所谓的**设立费用**）。在通常情况下，公司会支付发起人在设立中垫付的款项，并且对负责公司设立的人支付一定的报酬。这是无可非议的。但是公司付出的这笔款项必须接受检查。否则，公司很可能支付远远高于应付数目的款项。这样公司资本从一开始就虚而不 14

〔1〕 *Hüffer* § 26 Rdn. 2; KölnKomm/*Kraft* § 26 Rdn. 3 ff.

〔2〕 Str.; wie hier *Hüffer* § 26 Rdn. 3; *Kraft* aaO; Groβkomm/*Röhricht* § 26 Rdn. 17.

〔3〕 Siehe unten § § 12 II 4, 27 II.

实。通过章程的公开,这样就能对此进行比较有效的控制。

15 (c)**实物出资**。这是指股东用来支付股金的价款并不是现金,而是非现金的其他有价值的实物。实物出资的难点是如何确定实物的价值。在实物出资中很容易高估实物的价值,其结果是股东的实际出资低于其承诺的出资数额,从而违反了法律规定的出资原则。为了防止这一点,《股份法》专门对此制定了许多条款(《股份法》第27条、第31条、第32条第2款、第33条第2款、第34条、第36条第2款、第36 a条第2款、第37条、第38条第2款)。这些条款尤其是有关隐性实物出资及其补救的规定将在论述有限责任公司的同样问题时进行专门论述,因为《股份法》和《有限责任公司法》在这方面的规定尽管有区别,但是两者基本上是一致的。[1]

16 (d)**购买实物**。这是指公司与某发起人或者第三人签订交换合同。根据该合同,公司必须向该发起人或者第三人购买特定的实物。在这种情况下,存在着公司支付的价金远远高于相关实物价值的危险。这样,公司的实际资本数额就会虚而不实。如果一个发起人先以现金出资,但是同时要求公司用其支付的股价来购买其实物。这样,他就规避了公司法中有关实物出资的规定。正因如此,有关实物出资的法律规定同样适用于购买实物(《股份法》第27条第1款)。

17 除了法律规定的最低内容外,公司可以**增加章程条款**。但是,由于《股份法》的大部分规定都是强制性条款,所以公司制定或者增加条款的余地很小(《股份法》第23条第5款,见上文§9.Ⅱ.2)。

2. 股份的认购

18 设立公司的第二步是由发起人**认购公司的股份**。认购行为必须经过公证,并且载入公司设立证书(《股份法》第23条第2款第2项和第29条)。公司**不得认购**自己的股份(所谓的**储备股份**)。因为它会影响公司股金的有效收缴(《股份法》第56条第1款)。认购确立了发起人缴纳股金的义务。因此,这也是公司筹集资本金的法律基础。只有在发起人认购了公司的所有股份后,公司才得以设立(《股份法》第29条)。但这时公司还没有完全成立(《股份法》第41条第1款)。根据德国法学界的主流观点,这时已经设立的是**前公司**或者**设立中的公司**。除非《股份法》没有明确规定法律的适用必须以公司的注册为前提条件,否则,《股份法》中的规定完全适用于设立中的公司。[2]

3. 设立机构

19 发起人必须指定首届监事会成员。同时,他还必须为第一个财务年度指定决算审计人员(《股份法》第30条第1款)。监事会任命首届董事会成员(《股份法》第30条第4款)。因公司设立时还没有职工,所以首届监事会由股东代表组成(《股

---

[1] Siehe unten § 26 IV.

[2] Zu den Einzelheiten unten IV und die ausführlichere Darstellung bei der GmbH § 26 VI.

份法》第30条第2款、第31条第1款)。根据法律规定,股东大会就首届监事会在第一个财务年度内的工作作出批准决议后,首届监事会便告解散。新的监事会必须根据共同决定权的规定和公司法的一般规则设立(《股份法》第30条第3款)。

根据法律规定,如果某股东以企业作为其出资或者公司收购了一家企业,首届监事会必须根据共同决定权的规定组成,并且增加职工代表的名额(《股份法》第31条I—III款)。[1]在实践中,这样的情况属于例外。因为如果新设的股份有限公司的职工不足500人,监事会成员中就可以没有职工代表(1952年《雇员代表共同管理法》第76条第6款第1句)。 20

4. 设立报告

根据《股份法》第32条的规定,发起人必须提交一份有关公司设立经过的书面报告。设立报告中必须说明有关实物出资、获得的实物、董事会成员以及监事会成员认购的股份、因设立而给董事或者监事赠送的实物等情况。该报告是对公司设立进行审计的基础。 21

5. 资本的催缴

在公司向商务注册处申请注册之前,发起人必须按法律规定**缴纳其应交的股金**。如为现金出资,发起人必须至少缴纳其认购股份面值**1/4的股金**;如为溢价发行,还必须缴纳其认购股份的全部溢价。股金只能用法定的支付手段缴纳。发起人可以用贷方凭证将其应缴纳的股金汇记到公司的账户或者汇记到董事会在信贷机构开设的账户上,也可以汇记到董事会根据《信贷法》第53条第1款、第53a条第1款和第7款的规定开设的企业账户上。对上述账户董事会必须拥有完全的、不受限制的支配权(《股份法》第36条第2款、第36a条第1款、第54条第3款)。如果只有一位发起人,根据法律规定,该发起人除了必须按照法律规定至少缴纳其认购股份的1/4股金外,还必须对其未缴纳的股金设立担保(《股份法》第36条第2款第2句)。如为实物出资,发起人必须将相关的实物完全交给公司(《股份法》第36a条第2款)。在最特殊的重要情况下(例如将企业作为出资的实物),股东必须在五年内完成实物出资义务;该期限从公司在商务注册处完成注册时起算(《股份法》第36a条第2款第2句)。 22

如果经评估,出资实物的价值较低,则该实物出资的发起人出资的数额低于其认购的股份面值,这样,该发起人必须承担补缴出资差额的责任(**差额责任**)。德国联邦最高法院认为,提供实物出资的承诺同时也是公司获得足额资本的保证。[2]立法者已经将补缴差额责任写进了《有限责任公司法》第9条第1款。这样,就可以将该条规定类比适用于股份有限公司。 23

---

[1] Vgl. hierzu *Raiser* MitbestG § 1 Rdn. 21; *Lutter* AG 1994, 445.

[2] Vgl. zur AG BGHZ 64, 52, 62; zur GmbH BGHZ 68, 191, 195; s. unten. § 26 IV 3.

24 联邦最高法院在其判决中没有判定，差额责任是否包括溢价。引用《有限责任公司法》第9条第1款规定的字面意义来否定发起人的这一责任，是不恰当的。这种观点没有考虑到：根据法律规定，溢价发行本身就确立了股东必须缴纳这部分股金的义务，任何人都不得免除股东的这一义务（《股份法》第36a条第2款第3句、第54条和第66条）；此外，公司必须将该部分溢价资金记入公司的资本储备金（《商法典》第272条第2款第1项）。根据《股份法》第150条第3和4款的规定，公司只能将该款项用于特定的目的。[1] 所有这些都表明，差额责任必须包括溢价部分股金。

### 6. 设立审查

25 在提交设立报告后，首届董事会成员和首届监事会成员必须对公司的设立过程进行审查，尤其必须审查发起人所作的有关认购股份和出资情况的汇报。审查后，董事会和监事会必须提交书面报告（《股份法》第33条第1款、第34条第1款和第2款）。如果公司章程规定给特定的人提供特别的利益，或者规定补偿某发起人支付的设立费用，则必须接受额外的审查；同样实物出资和取得实物的情况下也必须接受额外审查（《股份法》第34条第1款、第2款，第26条和第27条）。如果上述事项涉及董事会或者监事会成员，或者有人提供了实物出资或者公司向其购买了实物，注册法院还必须亲自指定审查员，对设立过程进行额外检查（《股份法》第33条第2款和第3款）。该审查员必须将其审查报告上交给注册法院和公司董事会。任何人都可以在注册法院查阅该项报告（《股份法》第34条第3款）。在该注册公告中必须载明报告的内容和存放地（《股份法》第40条第2款）。

### 7. 向商务注册处申请注册

26 只有在设立审查结束后，公司才可以向商务注册处申请注册。所有发起人、董事会成员和监事会成员一起负责公司的注册申请（《股份法》第36条第1款）。在申请时必须提交一份声明；声明须说明公司已经收到了股金，并且提供证明，证明公司董事会对收缴的资本金拥有最终的、不受限制的自由支配权（《股份法》第37条第1款）。同时，必须提交《股份法》第37条第4款规定的文件。这些文件包括章程、设立证书、审查报告。另外还必须说明公司的代表条款（《股份法》第37条第3款）。最后董事会成员还必须保证，他们的任命是符合法律规定的，不存在《股份法》第76条第3款列举的那些不合格情况（《股份法》第37条第2款）。

### 8. 注册法官的审查

27 注册法院将对公司申请和设立的合法性问题进行审查（《股份法》第38条第1款）。它不仅从形式上审查公司的设立是否遵从了法定的设立条款，而且对章程是否符合实体法的规定进行实质性审查。如果公司的申请和设立不符合法律的规

---

[1] Str.; wie hier Groβkomm/*Röhricht*, § 37 Rdn. 195; *Trölitzsch*, Differenzhaftung 217 ff; *Priester* FS Lutter 617, je mwN.

定,法院可以拒绝注册(《股份法》第 38 条第 1 款第 2 句)。在下列情况下,注册法院可以拒绝注册:董事会和监事会的设立报告或者审查报告有明显的错误或不完整,或者这些报告不符合法律的规定(《股份法》第 38 条第 2 款第 1 句)。注册法官通常不进行经济审计,因为,他们根本没有这样的时间和能力。只有在实物出资或者购买实物,而且设立审计员声明,实物的价值和公司付出的对价之间具有明显差别的情况下,注册法院才可以拒绝注册(《股份法》第 38 条第 2 款第 2 句,见下文 § 26. III. 3, IV. 3)。

此外,《商法典改革法》[1]进一步限制了注册法院拒绝注册的权力。据此只有在下列条件下,注册法院才可以以规定不完善、缺乏规定或者规定无效为由拒绝注册:缺乏规定或者规定无效必须涉及特定的事实或者法律关系,而且根据《股份法》第 23 条第 3 款的规定或者由于其他原因,公司章程必须对这些事实和法律关系作出规定,它们也必须在商务注册处进行登记或者由注册法院进行公告(《股份法》第 38 条第 3 款第 1 项);如果章程的规定违反了专门或者主要用以保护债权人利益或者社会公共利益的条款(《股份法》第 38 条第 3 款第 2 项),或者使整个章程失去了法律效力(《股份法》第 38 条第 3 款第 3 项),注册法院也可以拒绝公司的注册申请。这些新的规定会对注册实践产生什么样的效果,还有待于实践的验证。 28

9. 注册和公告

依法可以设立的公司将在商务注册处登记注册。通过注册,它最终将获得法律权利能力(《股份法》第 39 条、第 41 条第 1 款第 1 句)。只有在公司获准注册后,才可以转让股权,发行股份或者临时股票(《股份法》第 41 条第 4 款)。因此,注册具有根本性的法律效力。公司的注册必须进行公告,公告的内容必须符合《股份法》第 40 条的规定。 29

## III. 补充设立

参考文献:*Binz/Freudenberg*, Zur Nachgründungsproblematik beim going public, DB 1992, 2281; *Bröcker*, Die aktienrechtliche Nachgründung: Wieviel Kontrolle benötigt die junge Aktiengesellschaft?, ZIP 1999, 1029; *Diekmann*, Die Nachgründung der Aktiengesellschaft, ZIP 1996, 2149; *Holzapfel/Roschmann*, Nachgründung gemäβ § 52 AktG, FS Bezzenberger, 2000, 163; *Jäger*, Die Nachgründungsproblematik aus der Sicht der Holding-AG, NZG 1998, 370; *Jürgens*, Anwendung der Nachgründungsvorschriften auf Kaufverträge der Aktiengesellschaften in den neuen Bundesländern?, DB 1992, 1226; *Knott*, Nachgründung im Anschluβan Börsengänge, BB 1999, 806; *Kohl*, Die Prüfung des Jahresabschlusses unter Berücksichtigung von aktienrechtlichen Nachgründungstatbeständen, BB 1995, 139; *Krieger*, Zur Reichweite des § 52 AktG, FS Claussen 223; *Kubis*, § 52 AktG-eine unsichere Sicherung der Kapitalaufbringung, AG 1993, 118.

[1] Handelsrechtsreformgesetz vom 22. 6. 1998, BGBl. I, 1474.

30　为了防止规避有关实物出资的规定,法律试图制止公司在商务注册处注册后使用收缴的股金来购买设备或者实物(**补充设立**《股份法》第52条等)。当然,从法律技术上看,这并不是通过适用《股份法》中有关实物出资的法律条款就能解决的。因此,法律制定了一条既独立又与实物出资条款相关的规定。据此,这类合同必须采用书面形式,而且合同必须经过股东大会的批准并在商务注册处登记后才能生效。此外,这些合同还必须经过监事会和专门为此聘请的设立审计员的审查(《股份法》第52条第1—4款)。2001年颁布的《记名股股份法》对上述条款增加了一些限制。据此,只有对公司与发起人之间的交易,或者公司和持有10%以上公司股本的股东之间的交易,才适用上述条款。这一规定的主要问题是,必须将再次设立和正常的公司业务相区分。为此,法律规定了两个区分标准。首先,上述条款仅仅适用于公司注册后最初两年内进行的此类交易,而且,约定的价金超过了公司资本金的1/10(《股份法》第52条第1款)。其次,法律规定了一个例外情形,如果获得的财物成为企业资产的组成部分,或者如果这些财物是在强制执行中获得的,或者自颁布《记名股股份法》以来通过在交易所的交易获得的,就不适用上述条款(《股份法》第52条第9款)。

31　很显然,上述界定是有问题的,而且很难对其适用进行严格控制。所以,在相当长的时间内,这一条款根本没有实际意义。而在最近一段时间内,咨询事务所经常遇到补充设立事件。[1] 其原因有两个方面:其一,大部分补充设立情况都是因为其基本资本数额较低造成的;其二,《股份法》第52条也同样适用于以实物增资[2]和企业形式变更的情形(《变更法》第197条)。即使公司通过吸收方式进行合并,也必须适用补充设立的规定(《变更法》第67条)。只有出让的股份有限公司至少已经在商务注册处注册了两年,才可以通过新设立的方式进行企业合并(《变更法》第76条第1款)。最后,不得将一个股份有限公司分立成为期两年的补充设立期(《变更法》第141条)。

32　如果补充设立的法律行为不具备《股份法》第52条规定的条件,它们**暂时没有法律效力**。即使在签订合同的几年以后,合同的一方当事人依然可以宣布解除合同,并且依据不当得利原则要求对方归还已经交付的货物或者款项。因此适用这一条款的关键是必须精确地界定**哪些交易属于补充设立交易**。目前流行的观点认为,只要相关的合同是在公司设立后的两年内签订的,而且合同的价金超过公司资本的10%,那么不管该合同是与股东还是与第三人签订的,都属于补充设立交易[3]。这一观点扩大了《股份法》第52条的适用范围,大大超过了许多当事人的预料。新规则没有采纳这一观点。它十分正确地将合同的当事人限制在发起人和

〔1〕 Vgl. *Binz/Freudenberg* DB 1992, 2281, 2282; *Krieger* FS Claussen 223, 225.

〔2〕 Str., vgl. Hüffer § 52 Rn. 8 mwN.

〔3〕 *Bröcker* ZIP 1999, 1029, 1030; *Hüffer* § 52 Rdn. 2a; MünchKomm. AG/*Pentz* 3 52 Rdn. 14; *Krieger* FS Claussen aaO.

大股东的范围内。因而比较宽松。在计算 10% 股本这一下限时,必须把关联企业持有的股份也计算在内。

通过交易所交易是补充设立的例外。这一例外的目的是为那些在设立后两年内准备上市的企业提供便利,这样,公司不必再召开股东大会,从而简化了上市程序。什么时候获得的资产成为公司资产的一个组成部分,并因此根据《股份法》第 52 条第 9 款的规定成为补充设立的一个例外,必须据《股份法》第 52 条的目的和意义来确定,其目的有两个:一方面,这样可以借此防止公司规避实物出资,进而防止公司资产过早地和不正常的流失;另一方面也是为了不妨碍公司开展正常的业务。这正是《股份法》第 52 条规定的初衷。 33

根据上述分析,公司获得固定资产应属于《股份法》第 52 条第 1 款规定的情形,而获得或者转让公司进行交易的实物则应属于《股份法》第 52 条第 9 款规定的情形。有争议的问题是:如果公司为购买原材料和经营所需的其他物资而支付的价金超过了资本数额的 10% 的话,应该如何处理这些交易?同样,在聘任董事的劳务合同方面,如果这些合同的价金在公司资本数额的 10% 以上,也存在着同样的问题。[1] 根据大多数学者的观点,在这里必须优先考虑公司的经营需要,公司不能因为补充设立而停止经营。所以对这种情况必须适用第 9 款的例外规则。这一观点是正确的。向其他企业参股是第 1 款规定的情况。有争议的是公司设立子公司并且对该子公司进行增资是否合法。[2] 如果设立的是全资子公司,那么母公司拥有子公司的全部资产,母公司自身的资产没有受到影响,所以这里没有涉及第 52 条的规定。但是如果第三者也对子公司进行了参股,那么,就必须适用第 52 条的规定。因为可能高估向子公司出资的实物,这样也会间接影响母公司的资产,从而违反《股份法》第 52 条的规定。[3] 34

在什么样的情况下,那些必须进行补充设立的合同才具有完全的法律效力? 35
如果《股份法》第 52 条第 1 款规定的**条件**由于新的情况已经不复存在,例如公司进行了增资,那么原有的有关公司资本 10% 的界线就失去了意义。这样,有关的合同是否就自动生效?对这一问题存在着不同看法,联邦最高法院对此没有作出判决。由于原有的缺陷并没有因此而消除,因此,相关的合同是不可能自动生效的。然而,在这里也不能够要求完全适用《股份法》第 52 条第 1 款、第 7 款规定的审批程序。相反,如果董事会核准第 52 条所规定的限制已经不再存在,就可以认定相关的合同已经生效。[4]

---

〔1〕 Wie hier KölnKomm/*Kraft* § 52 Rdn. 7; *Diekmann* ZIP 1996, 2149; a. A. *Hüffer* § 52 Rdn. 2 b; *Krieger* FS Claussen 223, 226 f.

〔2〕 Vgl. hierzu *Kubis* AG 1993, 118, 119 f.; *Diekmann* ZIP 1996, 2149; *Krieger* aaO 234 f; *Bröcker* ZIP 1999, 1029, 1031.

〔3〕 So namentlich *Krieger*aaO 234 f.

〔4〕 Vgl. *Krieger* aaO 236 f.

## IV. 设立中的公司

参考文献：allgemein: siehe § 26 VI; zur AG: *Weimar*, Entwicklungen im Recht der werdenden Aktiengesellschaft, DStR 1997, 1170; *Wiedenmann*, Zur Haftungsverfassung der Vor-AG: Der Gleichlauf von Gründerhaftung und Handelnden-Regress, ZIP 1997, 2029.

36 《股份法》中只有3条规定，调整着设立中的公司和注册法人之间的关系。这些相互之间没有内在联系的条款，对相关问题的调整很不完善。任何人在公司注册以前以公司的名义进行行为，必须对其行为承担个人责任；如果是几个人同时行为的，那么他们必须作为共同债务人承担连带责任（《股份法》第41条第1款第2句，**行为者责任**）。承担这一责任的前提条件是，公司已经建立；[1]一旦公司进行了注册，这一责任也归于消灭。[2] 如果公司在注册前以公司的名义承接了某债务人的合同义务，只要具备了《股份法》第41条第2款的规定，那么就不必像《民法典》第415条规定的那样征得债权人的同意。如果公司章程中明确规定公司必须向特定的人提供特别利益、支付设立报酬，或者接受实物出资和购买实物，那么公司必须接受这些义务的约束（《股份法》第41条第3款）。

37 此外，立法者主要利用判例和学术研究来解决有关设立中的股份有限公司相关的法律问题。相关的判例涉及的几乎都是**设立中的有限责任公司**。但是，通过判例而发展出来的规则也可以适用于股份有限公司。[3] 据此，必须把设立中的股份有限公司当作一个独立的组织形式。它也拥有暂时的权利能力，[4]对因其法律行为而产生的债务必须承担法律责任。除此以外，股东是否应该承担个人责任，司法界和法学界一直存在着不同的看法。在早期的判例中，联邦最高法院判定，两合公司中的无限股东必须承担个人责任。[5] 但是在此期间，联邦最高法院已经放弃上述决定，转而认为有关股东应该承担无限的个人责任，但是原则上这种个人责任是仅仅适用于公司内部，而且以弥补公司所受的损失为限。[6] 这一责任同样适用于合同债务和法律债务。

---

〔1〕 OLG Köln, WM 1996, 261.

〔2〕 H. M. zur GmbH (s. unten § 26 VI 5). Die Frage kann für die AG nicht anders entschieden werden.

〔3〕 BGHZ 117, 323.

〔4〕 BGHZ 21, 242, 246 (zur GmbH); BGHZ 117, 323, 326 f. (zur AG).

〔5〕 BGHZ 65, 378, 382.

〔6〕 BGHZ 134, 333 zur GmbH; zur AG ebenso OLG Karlsruhe AG 1999, 131; zur Kritik vgl. unten § 26 VI 6.

## V. 设立缺陷

参考文献：*Kort*, Bestandsschutz fehlerhafter Strukturänderungen in Kapitalgesellschaften, 1998; *Paschke*, Die fehlerhafte Korporation, ZHR 155(1991), 1; *Schultz*, Die Behebung einzelner Mängel von Organisationsakten in Kapitalgesellschaften, 1997.

许多保证条款和保护规则调整着股份有限公司的设立程序，这使得公司的设立过程相当复杂，在设立过程中也容易发生各种各样的错误。根据这些错误所引起的法律后果不同，可以将这些错误分成不符合注册条件的形式错误、章程内容错误和不正确汇报设立过程的错误，尤其是有关缴纳出资方面的说明错误。 38

### 1. 拒绝注册

如果公司不是依法设立或者依法提出注册申请的，注册法院必须拒绝予以注册（《股份法》第38条，见上文II. 8）。除非公司消除了相关的缺陷，否则公司不能成立。如果公司章程有明显的错误，根据公司成员所承担的忠诚义务，发起人必须同意对章程进行必要的修改。[1] 如果在公司注册后，才发现缺陷，只有在《有关自愿管辖权事项的法律》第144条第1款第1句和第144 a条规定的情况下，才可以考虑注销注册。否则，必须解散公司并对它进行清算。 39

### 2. 撤销之诉

如果在批准公司章程方面有错误，必须首先根据一般性规定来处理，在设立中的公司建立后，则必须根据有关有缺陷公司的规则来处理。[2] 一旦公司获准在商务注册处注册，法律就对已经存在的公司提供了较好的保护，因此，这时的法律状况就发生了根本变化。股东不能再根据缺乏意愿而要求撤销注册，除非缺乏意愿是解散公司的一个理由。只有在章程中既没有明确规定公司的资本数额，也没有规定公司的经营范围时，才可以根据《股份法》第275—277条的规定，提起撤销之诉。法院作出的撤销判决并不立即生效；但是判决作出后，必须解散公司。[3] 如果章程的个别条款没有法律效力，则在公司获准注册的三年后，它们可以比照《股份法》第242条第2款的规定取得效力。[4] 对于重要的公司变更设立情形，法律是这样规定的：在股份有限公司注册后，合并合同、分立合同或者变更决议中的缺陷并不影响已经进行的形式变更的法律效力（《变更法》第20条第2款、第131条第2款和第202条第2款）。 40

---

〔1〕 OLG Karlsruhe AG 1999, 131.

〔2〕 S. unten § 26 VII 1b.

〔3〕 Einzelheiten s. unten § 26 VII 1c.

〔4〕 BGH WM 2000, 1544.

3. 设立责任

41 在实践中最有效、最重要的惩罚措施是**法律规定的**、设立参与者的**个人责任**。根据《股份法》第46条第1款的规定，**发起人**首先必须对设立说明的正确性和完整性负责；此外，他还必须保证：公司收缴的股金必须存放在恰当的地点，并且保证董事会对此拥有完全的不受限制的自由支配权。如果他们违反上述义务，发起人必须作为共同债务人对公司承担损害赔偿责任，并且补缴欠缺的股金。如果一个股东不能缴纳其应交的股金，那么知道该股东清偿能力的发起人必须补缴该股东尚未缴纳部分的股金（《股份法》第46条第4款）。此外，如果发起人利用出资、购买实物和计算设立费用的机会故意或者过失地损害了公司的利益，发起人也必须承担设立责任（《股份法》第46条第2款和第3款）。除了发起人外，发起人背后的支持者以及参与不正当设立行为的其他人都必须承担设立责任（《股份法》第46条第5款、第47条第1项和第2项）。此外，如果股份发行者，即发行银行知道或者应该知道发起人的报告不正确、不全面，它也必须承担设立责任（《股份法》第47条第3项）。如果董事会成员和监事会成员在公司设立过程中违反了其承担的法定义务，他们也必须承担类似的责任（《股份法》第48条和第49条）。[1]

4. 刑法规定

42 除了上述民事责任以外，如果发起人、董事会成员、监事会成员以及股份发行者在公司注册时，或者在设立报告、审查报告或者招股说明书中作了错误陈述或者隐瞒了重要事实，将被判处最多为三年的监禁或者必须缴付罚款（《股份法》第399条）。

---

〔1〕 Vgl. BGHZ 64, 52.

# 第二章 股东的法律地位

## §12. 股东的权利和义务

### I. 成员资格

参考文献：*Flume*, Allgemeiner Teil des Bürgerlichen Rechts, Band 1, 2. Teil, Die juristische Person, 258 ff; *Habersack*, Die Mitgliedschaft-subjektives Recht und "sonstiges Recht", 1996; Hadding, Verfügungen über Mitgliedschaftsrechte, Festschrift Steindorff, 1990, 31 ff; *Lutter*, Theorie der Mitgliedschaft, AcP 180 (1980), 84; *Mülbert*, Aktiengesellschaft, Unternehmensgruppe und Kapitalmarkt, 1995, 54 ff; *Müller-Erzbach*, Das private Recht der Mitgliedschaft als Prüfstein eines kausalen Rechtsdenkens, 1948; Ott, Recht und Realität der Unternehmenskorporation, 1977, 85 f, 115 f; *Raiser*, Das Unternehmen als Organisation, 1969, 138 ff; K. Schmidt, Gesellschaftsrecht § 19 I, 21 V; U. *Schmidt*, Die Mitgliedschaft in Verbänden, 1989; *Teubner*, Organisationsdemokratie und Verbandsverfassung, 1978, 63 ff; *Wiedemann*, Die übertragung und Vererbung von Mitgliedschaftsrechten bei Handelsgesellschaften, 1965, (zit. übertragung), 23 ff.

1. 成员资格与永久权的关系以及主体权

股份代表着股份有限公司的成员资格（见§9边码6等）。它既体现着持有者与公司法人之间的一种**永久关系**，也代表着许多具体权利与义务。尽管如此，它在法律上依然是一个统一的整体。根据今天学术界的观点，它也是一种主体权。如果这种权利受到侵害，可以向公司提起损害赔偿之诉。[1] 1

**典型案例**：某协会的董事会将一成员非法开除出协会。该成员委托律师向法院起诉，要求协会恢复其成员资格，并且赔偿其支付的律师费。联邦最高法院判定，该协会必须根据《民法典》第31条的规定承担赔偿责任："每个协会成员都有权要求，董事会不得侵犯其成员资格权。如果发生了侵害事件，则应该将此视同违反合同规定，协会必须承担损害赔偿责任"（BGHZ 90, 92; vgl. ferner BGHZ 110, 323）。 2

---

〔1〕 H. M.; *Flume* I/1, 95 ff, I/2, 258 ff; *K. Schmidt* GesR § 19 I; *Wiedemann*, übertragung, 39; *Lutter* AcP 180(1980), 84, 101 f; *Habersack* aaO 62 ff; zur gleichen Rechtslage bei der GmbH Hachenburg/Raiser § 14 Rdn. 13 m. w. N.; a. A. noch *Hadding*, Festschrift Steindorff, 39 ff.

3 同时,股东资格也是**法律关系的一个客体**。它可以转让,既拥有一定的物权性,而且也是可以继承的(见下文边码62, 76)。传统观点认为,股份并不创设股东相互之间的法律关系,理由有以下几个方面:首先,公司拥有独立的法律人格,这就排除了股东之间的上述关系;[1]其次,大部分公众股东都是匿名的,而法律主要是针对这些股东制定的;再次,这些公众性股东之间也很少进行接触和往来。所以,没有必要承认股东之间的法律关系。但是这一观点已经过时。有些学者认为,有必要首先在股东成员较少、成员比较稳定的有限责任公司中,然后再在股份有限公司中承认:由于股东同为一个组织的成员,因而**股东相互之间**存在着一种**特别法律关系**,从这种关系中可以进而推导出股东相互之间必须承担特定的忠诚义务(见下文边码40等)。现代法学认为,法人是一个拥有权利能力的组织统一体和行为统一体。这种现代法人观也认同股东之间的特殊关系(见§ 3 边码9等)。联邦最高法院先后在林挪蒂案件(Linotype)和吉梅斯案件(Girmes)中(见下文边码26, 45)确认了上述观点。目前基本上没有人对此提出不同看法。

4 法律对成员权利和义务的大部分重要内容都作了具体规定。股份不仅必须具有可替代性,而且是一种大众性的有价证券。这些都要求立法者对股份进行分类设计和严格界定,这样才可能适应大企业和资本市场运作的需要。所有股东的法律地位是一致的,只有在少数情况下,才允许在股东法律地位方面有一些特定的差异。通常只有在股东大会上,股东才可以行使其股东权。这也表现了法律对股东权的限制(《股份法》第118条第1款)。大部分有关股东权利义务的规定都是强制性的(试比较§ 23. V.)。由于这些法律规定,很难考虑到具有人合性质的公司的特殊情况。只有在少数几个问题上,可能做到这一点。[2]

### 2. 对成员资格的法律保护

5 成员资格是《民法典》第823条第1款所指的**其他权**。[3] 然而,就像帝国法院描述的那样,侵权保护要求"股东自己必须获得全部或者至少部分成员权"。[4] 如果侵权行为仅仅是降低股份的价值,并由此而损害公司的利益,并不适用侵权保护的法律规定。在这种情况下,公司可以提起损害赔偿之诉,这样股东所受到的间接损失也能得到补偿。[5] 如果人们坚持上述限制,而且成员资格受到了其他股东和

---

[1] RG JW 1929, 1371; *Würdinger*, Gesellschaften, 2. Teil, 1943, 12 f; zuletzt noch *Flume* I/2, 258 ff.

[2] So vor allem bei der Treuepflicht, bei der es wesentlich auf den Realtyp, nicht auf die Gesellschaftsform ankommt, s. Rdn. 41, 47; ferner bei der Frage, ob ein Austritt aus der Gesellschaft in Betracht kommen kann, s. Rdn. 62.

[3] RGZ 100, 274, 278; 158, 248, 255; BGHZ 110, 323 zum Verein; allg. M, vgl. zuletzt ausführlich *Habersack* aaO 117 ff.

[4] RGZ 158, 248, 255.

[5] *Brandes*, Ersatz von Gesellschafts-und Gesellschafterschaden, Festschrift Fleck, 1988, 13.

管理人员的侵害,那么,还可以以此为由向该股东和管理人员提起侵权损害赔偿之诉。[1] 这样,就必须首先解决一个相当棘手的问题,即在什么条件下成员资格受到了损害?答案必须具有很强的可操作性。因为在这种情况下,也可能因为违反了诚信义务而提起损害赔偿之诉(见下文边码 53)。[2] 如果具备了《民法典》第 823 条第 2 款和第 826 条的规定的条件,可以根据上述两条法律规定,同时结合违反保护法的规定,而向有关当事人提出侵权损害赔偿之诉。

6 德国司法判例和学术界的主流观点认为,一般性责任条款如《股份法》第 93 条和第 116 条不是保护股东利益的规定,也不具有这种保护性法规的特点。[3] 一些特别的法律规定是否为保护性条款是有争议的,《股份法》第 92 条第 2 款就是如此。据此如果没有及时申请破产,公司债权人可以提起损害赔偿之诉。司法判例确认了债权人的这一权利。[4] 有关刑法构成要件的规定也同样如此(《股份法》第 399 条、第 400 条、第 401 条第 1 款第 1 句,《刑法典》第 263 条和第 266 条)。[5]

7 **典型案例:**(a)如果股票或者其他股份证书被烧毁、偷窃或者侵吞,那么股东不仅可以根据《民法典》第 823 条第 2 款和相关的刑法规定提起损害赔偿之诉,而且可以根据《民法典》第 823 条第 1 款的规定起诉。损害的数额是根据股份的价值而不是根据成员权来确定的。如果抵押债权人利用了抵押的股份,而相关的债务已经得到清偿,则抵押权已经归于消灭(《民法典》第 1252 条),这里也同样可以根据《民法典》第 823 条第 1 款的规定提起损害赔偿之诉(RGZ 100, 274, 278)。

8 (b)如果大股东或者董事有计划地滥用其在公司中的地位,损害公司利益,从中牟取私

[1] Die Frage ist sehr str.; dagegen: *Wiedemann*, übertragung, 39; MünchHdb. AG/*Wiesner* § 18 Rdn. 9; ferner das Schrifttum zur GmbH, z. B. *Scholz/Schneider* § 43 Rdn. 216; a. A. (Unmittelbare deliktische Ansprüche gegen Vorstandsmitglieder nach § 823 Abs. 1 BGB): *Mertens*, Die Geschäftsführungshaftung in der GmbH und das ITT-Urteil, Festschrift Fischer, 1979, 461, 468 ff aufgrund einer extensiven Interpretation des § 823 Abs. 1 als Vermögensschutz, die sich jedoch mit Recht nicht durchgesetzt hat; ferner *Habersack* aaO. Wie hier grundsätzlich *K. Schmidt* JZ 1991, 157 und GesR § 19 III. Der BGH hat in einem Fall, in dem der Vorsitzende eines eingetragenen Segelvereins einem Mitglied rechtswidrig die Teilnahme an einer Regatta verweigert hatte, einen Schadensersatzanspruch des Mitglieds gegen den Verein unmittelbar aufgrund Verletzung der Mitgliedschaft bejaht, gegen den Vorsitzenden jedoch nur nach § 823 Abs. 1 BGB als Eingriff in die Mitgliedschaft als absolutes Recht, und zwar mit der Begründung, daβdas "die Grundlage eines quasi-vertraglichen Schadensersatzanspruchs bildende Mitgliedschaftsverhältnis mit den aus ihm entspringenden Treue-und Förderpflichten nur zwischen dem Vereinsmitglied und dem Verein, nicht aber auch zwischen den Vereinsmitgliedern untereinander, auch nicht zwischen dem einzelnen Mitglied und den Vereinsorganen" bestehe (BGHZ 110, 323, 334). Diese Sicht ist durch die Anerkennung von Treuepflichten zwischen den Mitgliedern, deren Verletzung Schadensersatzansprüche auslösen können, überholt (s. unten Rdn. 44, 53).

[2] Vgl. BGHZ 110, 323 und dazu *K. Schmidt* JZ 1991, 157; *Habersack* aaO.

[3] RGZ 63, 324; 159, 211, 223; BGH NJW 1979, 1829.

[4] BGHZ 110, 342, 360; 126, 181 zur Parallelvorschrift § 64 I GmbH. Bejahend zum AktG *Geβler/Hefermehl* § 92 Rdn. 24; GroβkommAktG/*Schilling* § 93 Anm. 68; MünchHdb. AG/*Wiesner* § 26 Rdn. 33; verneinend z. B. *Hachenburg/Ulmer* § 64 Rdn. 2 zur Parallelvorschrift des § 64 GmbHG.

[5] Zu § 399 I Nr. 4 jetzt bejahend BGHZ 105, 121, 123; zu § 130 OWiG BGHZ 125, 366, 371.

利,小股东不能由于其股份价值的减少而根据《民法典》第823条第1款的规定提出损害赔偿的要求(RGZ 158, 248, 255)。但是小股东或许可以根据《民法典》第823条第2款的规定或者第826条的规定提起侵权赔偿之诉。提起诉讼的前提条件是大股东或者董事的行为违反了保护法的规定。如果上述情况不仅间接影响了股东持有的股份权益,而且还直接损害了其个人利益,那么,股东还可以根据《股份法》第117条的规定提起赔偿之诉(§ 117. I. 2;比较下文边码43)。同样的规定也适用于侵权损害赔偿之诉。如果股东违反其对其他股东承担的忠诚义务,就必须承担相应的赔偿责任。这一原则曾经为上文引用的帝国法院的判例所拒绝,但是现在已经得到广泛的承认。不仅如此,它已经扩展到了侵权诉求。

### 3. 公司和股东之间的第三者关系

9 除了成员资格外,公司和其股东之间还会存在着独立的债权关系或者物权关系(所谓的第三者关系)。例如如果一个股东从公司购得一件物品,或者向公司提供了专利许可证或者一笔贷款,这时,公司和其股东之间就构成了独立的第三者关系。即使章程对这些权利和义务作了规定,从这种关系中引申出来的权利和义务本身并不是成员资格的组成部分(所谓章程的形式组成部分)。因此,如果不进行特别的转让,这些权利和义务并不随着股份的转让而转让给股份的获得者。对于转让的履行或者违约的法律后果,适用的并不是《股份法》的规定,而是直接适用一般性的法律规定。然而公司与股东之间的关系也可能影响到有关合同的执行。如果通过股东根据上述合同秘密地从公司资产中获得利益,该股东必须将获得的利益归还给公司(《股份法》第62条;见本书§ 19边码3)。如果股东提供的贷款具有出资的性质,那么就必须适用司法判例发展和确定的特殊规则(见本书§ 19边码23)。

## II. 成员权

参考文献:*Fleck*, Stimmrechtsabspaltung in der GmbH?, Festschrift Fischer, 1979, 107; *Habersack*, Die Mitgliedschaft-subjektives und "sonstiges Recht", 1996, 78 ff; Herfs, Einwirkung Dritter auf den Willensbildungsprozeβder GmbH, 1994; *Schβn*, Der Nieöbrauch an Gesellschaftsanteilen, ZHR 158 (1994), 229; *Thurnher*, Die Treuhand bei Unternehmensverbindungen, DB 1994, 1709.

### 1. 管理权

10 在所有的公司中,股东的成员权可以分成管理权和资产权。[1] 就前者而言,它主要是指参与公司决策的权利和防止他人对公司的决策施加不正当影响的权利。

---

[1] Im aktienrechtlichen Schrifttum ist statt von Verwaltungsrechten auch von Herrschaftsrechten die Rede, KölnKomm/*Kraft* § 11 Rdn. 11; *Geβler/Hefermehl/Eckardt* § 11 Rdn. 17. Doch setzt sich im allgemeinen Gesellschaftsrecht der Terminus Verwaltungsrechte mehr und mehr durch und wird daher hier bevorzugt.

这方面的主要权限有：参加股东大会并在大会上发表意见权、咨询权、表决权、抗辩权(《股份法》第118条第1款、第131条、第134条、第245条第1和2项、第249条)以及《股份法》第122条和第147条规定的少数股东的权利。所有这些权利将在股东大会这一章中进行叙述。股东的诉讼权也是管理权的一种(见边码20等)。卡斯滕·施米特[1]还将管理权继续分化为股东权和保护权。前者主要是指参与管理、实现企业经营目的方面的权利。后者则主要是指维护成员自己在公司中地位的权利。但是在法律后果方面，它们之间没有任何区别。

《股份法》并没有规定，行使上述权利是股东的义务。由于股东仅仅是通过购买股份而成为公司的一个成员的，所以他们一般不可能真正地从心底认同公司，因而，也不可能强迫他们参与企业的经营和管理。从内容方面来看，股东是根据其股东资格而不是作为公司的机构来行使股东权的。因此股东可以在忠诚义务和法律允许的限度内(见边码40，46)追求其个人利益。另一方面，法定的管理权是成员权的最低内容，它是多数股东以及公司管理机构对公司进行有效控制的一种必不可少的权限。正因为如此，公司不得再通过章程的规定排除这些权利或者对此进行限制。同样也不可能随意增加管理权的内容。公司在多大范围内享有章程自由，对于这个问题目前并没有统一的答案，必须根据每一特定的权利和相应的法律状况分别进行决定。[2] 11

2. 资产权

股东的资产权是指股东要求参与利润分配的权利(股息，《股份法》第58条第4款和第60条)、增资时优先购买股份的权利(《股份法》第186条第1款和第212条)、减资时要求退回股款的权利(《股份法》第225条第2款)、参与剩余资产分配的权利(《股份法》第271条)以及在转换、合并和康采恩法中获得补偿的权利、要求转换的权利、得到赔偿的权利(试比较《股份法》第375条、第383条；《变更法》第12条和第19条)。每个股东享有的损害赔偿请求权也是属于资产权(试比较《股份法》第117条第1款第2句、第309条第4款、第310条第4款、第317条第4款和第318条第4款)。与管理权不同，公司可以对大部分资产权进行限制。当然，根据《股份法》第23条第5款(见§ 9边码24)的规定，只有在法律有明确规定的情况下，才能限制股东的资产权。例如，只有根据《股份法》第58条的规定，才可以取消股东要求分红的权利；只有在《股份法》第186条规定的条件下，才可以取消股东的优先权(见§ 20边码8)。 12

3. 禁止分离原则

与成员权相关的各个权利的一个最重要的基本特征是，这些权利是不能与成 13

[1] *K. Schmidt*, GesR § 19 III 3.

[2] Vgl. zum Stimmrecht als dem wichtigsten Fall § 16 Rdn. 62 ff#, zum Auskunftsrecht § 16 Rdn. 31#.

员资格相分离的，也就是说，这些权利既不能单独进行转让，也不能用于抵押。德国法严格规定了这一禁止分离原则（试比较《民法典》第717条）。[1] 之所以禁止将成员权转让给非股东，是因为这样势必影响公司的意思自治和管理自治。即使将上述权利转让给同一公司的其他股东，也是不行的。因为，不允许两个股东通过他们之间的交易来规避有关公司章程的法律规定。[2]

14 **典型案例**：(a)长期将表决权转让给另一位股东的结果是：出让者没有表决权，而受让者则拥有更多的表决权。这一转让根本没有遵从《股份法》第12条和第139条的规定。

15 (b)在联邦最高法院审理的一个案件中（BGH NJW 1987, 780），甲股东将其持股出售给乙股东。但是转让双方都知道，由于公司不同意他们之间的转让，乙股东根本不可能获得甲出售的股份（试比较《股份法》第68条第2款）。为了避开这一障碍，并且使乙股东最终取得像股份所有者一样的法律地位，甲以投票代理权的名义将其表决权转让给乙（试比较《股份法》第134条第3款）。联邦最高法院在该案中判定，将表决权进行这样的分离是不合法的，其结果是乙股东在股东大会上依然不享有相应的表决权。联邦最高法院在判决书中继续论述道：如果甲股东没有出让其表决权，而将其作为股份所有者所享有的权限委托乙代为行使，就像乙行使其自己的股权一样。这时的法律状况并没有不同。

16 就像上述例(b)中所表明的那样，禁止分离原则也包括所有规避行为，即一方授予另一方各种形式的不可撤销代理权，这种代理权在结果上与转让表决权没有区别。[3] 在具体案例中，很难对两者进行区分。与此相反，在所谓的**代理权转让**方面，迫于经济需要和经济利益的压力，立法者在此作了让步，允许股东授权第三人在股东大会上以其自己的名义进行投票表决。这样有关股东实际上可以匿名的方式进行投票表决（《股份法》第129条第3款，见本书§ 16边码83）。对于传统的、可撤销的并且受股东指令约束的**代理权**则不存在任何疑问。但是可以将成员资格当作一种**物权**，如用益物权和抵押权（见下文边码71）。这些并不违反禁止分离原则，这种安排的后果是用益物权人或者抵押权人行使了股东权。这种分离是法律允许的。[4] 即使在将股份作为担保物进行所有权转移时或者在其他信托关系中，人们依然认为利用信托关系分离股东资格，信托人行使成员权或者至少行使部分成员权是合法的（见下文边码75）。[5]

---

〔1〕 *Wiedemann*, GesR I, 362 ff; *Flume*, I/2, 201 ff; *K. Schmidt*, GesR § 19 III 4; *Fleck*, Festschrift Fischer, 107; BGHZ 3, 354, 357; 20, 363, 364; 43, 261, 267; BayObLG GmbH-Rdsch 1986, 87.

〔2〕 So vor allem *Flume*, I/2, 203 f; kritisch dazu *Fleck*, Festschrift Fischer, 107, 116 ff.

〔3〕 BGHZ 3, 354, 358; BGH WM 1970, 157; 1976, 1247, 1249 f; NJW 1987, 780.

〔4〕 H. M.; vgl. zuletzt *K. Schmidt*, GesR § 19 III 4, 61 (s. unten Rdn. 71 ff).

〔5〕 So BGHZ 108, 187 zu den Rechten eines Testamentsvollstreckers; vgl. ferner *Beuthien*, Treuhand an Gesellschaftsanteilen, ZGR 1974, 26, 82; *Fleck*, Festschrift Fischer, 107, 127 f; *Flume*, I/2, 207 f; BGH GmbH-Rdsch 1977, 244 = WM 1976, 1247; *Thurnher* DB 1994, 1709.

原则上,禁止分离原则也涉及**资产权**,尤其是分红请求权。[1] 但是,一旦这种资产权具体体现为某一具体的请求权,如要求在某一年度中按照一定比例进行分红,法律情况就发生了变化。从这时开始,资产权就可以与成员资格相分离,因此可以像处理其他债权关系那样处理成员的资产权。然而,这种请求权依然是联结股东与公司法律关系的纽带,它依然受忠诚义务的约束。这些都是资产权来源于成员资格的具体体现。与成员权和第三者权不同,人们把它称为债权人权利。一旦资产权体现为某一具体的资产请求权,就必须分别就具体的权利进行审查和决定。 17

**典型案例**:只有在董事会和监事会依法确定并通过了年度报告,并且该报告中已经表明公司有盈余时,才产生分红请求权。从这一时刻开始,不经股东同意,不能剥夺股东的这一权利(BGHZ 23, 150, 154; 65, 230, 235)。只有在股东大会通过盈余使用决议后,才能决定用于分配红利的数额,因为公司既可以将其盈余放入利润储备金,也可以将它列为利润(《股份法》第58条第3款)。从这时开始,红利分配请求权才独立于股东,它可以独立地进行转让或者抵押。根据有关未来转让或者有条件转让的规则,可以考虑将这种请求权提前转让。 18

4. 特别权

除了通常的成员权以外,章程还规定,给某位或者某些股东提供特别权(《股份法》第26条第1款)。这样的权利包括无表决权的优先股(《股份法》第12条第1款和第139条等)、指派监事会成员的权利(《股份法》第101条第2款)以及要求利用公司设施的权利、特别权或成员权,它随着股份的转让而转让给该股份的获得者(详见本书§ 27边码6)。 19

## III. 股东的诉讼权

参考文献:*Abeltshauser*, Leitungshaftung im Kapitalgesellschaftsrecht, 1998, 130 ff; *Becker*, Verwaltungskontrolle durch Gesellschafterrechte, 1997, 598; *Brondics*, Die Aktionärsklage, 1988; *Bühring-Uhle/Nelle*, Aktionärsklage und Konzernklage im amerikanischen Recht-ein Modell?, AG 1989, 41; *Flume*, Allgemeiner Teil des Bürgerlichen Rechts, Band 1, Teil 2, 300 f; *ders.*, Grundfragen der Aktienrechtsreform, 1960, 16 ff; *von Gerkan*, Die Gesellschafterklage, ZGR 1988, 441; *Großfeld*, Aktiengesellschaft, Unternehmenskonzentration und Kleinaktionär, 1968, 216 ff; *Knobbe-Keuk*, Das Klagerecht des Gesellschafters einer Kapitalgesellschaft wegen gesetz-und satzungswidriger Maβnahmen der Geschäftsführung, Festschrift Ballerstedt, 1975, 239 ff; *Krieger*, Aktionärsklage zur Kontrolle des Vorstands-und Aufsichtsratshandelns, ZHR 163(1999), 343; *Lutter*, Theorie der Mitgliedschaft, AcP 180(1980), 84, 132 ff; *Pflugradt*, Leistungsklagen zur Erzwingung rechtmäβigen Vorstandsverhaltens in der Aktiengesellschaft, 1990; *Raiser*, Das Recht

[1] BGHZ 3, 354, 358; 7, 263, 264; 23, 150, 154; 65, 230, 235; BGH WM 1970, 157, 158; 1976, 1247, 1249 f; NJW 1987, 780; *Schön* ZHR 158(1994), 229.

der Gesellschafterklagen, ZHR 153(1989), 1; *Schanbacher*, Actio pro socio-Zur Dogmatik der Gesellschafterklage, AG 1999, 21; *K. Schmidt*, Gesellschaftsrecht § 21 IV, V; *Schulz-Garydan*, Die sogenannte Aktionärsklage, 1991; *Sünner*, Aktionärsklage zur Kontrolle des Vorstands-und Aufsichtsratshandelns, ZHR 163(1999), 364; *Ulmer*, Die Aktionärsklage als Instrument zur Kontrolle des Vorstands-und Aufsichtsratshandelns, ZHR 169(1999), 290; *Wiedemann*, Gesellschaftsrecht I, 463 ff; *ders.*, Organverantwortung und Gesellschafterklagen in der Aktiengesellschaft, 1989; *Zöllner*, Die sogenannten Gesellschafterklagen im Kapitalgesellschaftsrecht, ZGR 1988, 392.

1. 历史背景

20　由于股东拥有管理权,他们可以参与股东大会的讨论和决策,对于违法的决议可提起撤销之诉或者废除之诉(见下文§ 16. IX.)。但是,如果股东或者管理机构的成员没有履行义务,根据传统的德国股份法的规定,股东不得对他们提起履行之诉或者损害赔偿之诉。早在19世纪时期,德国法就拒绝受理这种股东诉讼。[1] 这里有两个方面的原因:首先,无论是股东还是管理机构成员,都仅仅与公司发生法律关系,因此股东不能单独行使其股东权,他们只能在股东大会中行使其权利(《股份法》第118条第1款)。其次,德国法拒绝赋予股东以履行义务请求权和停止作为请求权,其目的是为了保护公司管理机构勇于任事、敢于承担责任的积极性,防止轻易地将他们诉上法庭,通过司法程序来审查他们的工作。相反,董事会必须行使公司的权利,制止股东和监事的非法行为。同样,监事会有义务制止董事会成员的上述行为。

21　现行的《股份法》遵从了这一传统。除了在签订控制合同和利润转移合同情况下,股东相互之间不存在请求权(《股份法》第304条和第305条)。只有在少数例外情况下,股东才可以根据《股份法》第117条第1款第2句、该条第2款、第310条结合《股份法》第309条第4款、第318条、第317条第1款第2句和第323条第1款的规定对董事会和监事会成员提起损害赔偿之诉。此外,根据《股份法》第147条的规定(修订前的条款),公司根据持有10%以上股份的少数股东的要求,可以对违反义务的董事会成员和监事会成员提起损害赔偿之诉,必要时可以由法院专门指定一名代表,实施这一少数股东的权利。但是,实践证明这一规定没有任何效果。经过长期讨论后,在1998年的《有关加强企业控制和透明度的法律》中,将上述必要的比例从10%降至5%或者500,000欧元 。但是同时修订后的《股份法》第147条又为实施股东的这一权利设置了新的难以逾越的障碍,所以人们把它称之为"立法流产"。[2] 这一称谓是恰当的。即使对不正当行为提起损害赔偿之诉,由于规定

[1] So schon *Renaud*, Das Recht der Aktiengesellschaften, 1873, 610 ff; *K. Lehmann*, Das Recht der Aktiengesellschaften, Bd. 2, 1904, 275 ff; RGZ 63, 203; 73, 30 und 392, 393; 81, 269, 271; 115, 289.

[2] *Bork* in *Hommelhoff/Röhricht* (Hrsg.), RWS-Forum 10, Gesellschaftsrecht 1997, 1998#, 68; *Ulmer* ZHR 163(1999), 290, 294.

的要求较高,成功的例子很少。〔1〕

这些法律规定对股份有限公司的内部权力分配和结构有着深远的影响,因为它使得股东不可能对董事会和监事会进行有效的监督。根据经验,只有少数监事会会决定对董事会成员提起损害赔偿之诉。总的来看,与类似的托管他人资产的受托管理人相比,法律对公司管理机构成员的监督和控制要宽松得多。 22

只有德国法才拒绝赋予股东向进行不法行为的公司机构或者其他股东提起诉讼的权利。西方主要国家都无一例外地承认股东的这一诉讼权利,并且将它发展成监督管理机构的最有效的手段。当然在其实施过程中,也产生了一些消极的影响,滥用这一权利的情况也时有发生。这表明,必须对股东的这一权利进行限制,而不能将它们毫无限制地纳入德国法。〔2〕 23

2. *承认股东的诉讼权*

自60年代中期以来,越来越多的学者认为,应该扩大股东的诉讼权。〔3〕在这种情况下,联邦最高法院在三个具有立法意义的判例中专门论述了这一问题。这三个判例是:1982年2月25日的霍尔茨米勒案(Holzmüller)〔4〕、1988年2月1日的林挪蒂案(Linotype)〔5〕和1995年3月20日的吉梅斯案(Girmes)〔6〕。这些判决是根据新的法律规定作出的。 24

**典型案例**:(a)在霍尔茨米勒案中,一个拥有8%股份的股东反对公司不经股东大会同意就决定将公司中最有价值的部分从公司中分离出去,并将它转让给一个由公司设立并控制的股份两合公司。公司是根据刚刚修改的章程规定作出上述决定的。修改后的章程规定:"公司有权决定建立或者购买其他企业、或者向其他企业参股",并且"将这些企业的全部或者部分经营和管理交由这些公司负责"。原告对章程的上述条款投了赞成票。联邦最高法院认为,联邦最高法院必须受理股东提起的停止执行之诉和确认董事会决议无效之诉。这是因为,每个股东都享有成员权;公司必须尊重其权利;除公司章程或者法律明确规定外,公司必须停止一切影响成员权的行为。在内容上,联邦最高法院作了如下判决,将公司主要的经营 25

---

〔1〕 Vgl. RGZ 115, 289; BGHZ 75, 96, 114.

〔2〕 Vgl. Art. 754 f Schweizer OR; Art. 244 ff franz. Gesetz über Handelsgesellschaften; zum englischen Recht: *Pennington's* Company Law, 5. Aufl., 736 ff; zum amerikanischen Recht: *Großfeld*, 233 ff; *Buxbaum/Schneider*, Die Fortentwicklung der Aktionärsklage und der Konzernklage im amerikanischen Recht, ZGR 1982, 199; *Bühring-Uhle/Nelle* AG 1989, 41; *Ulmer* ZHR 163, (1999), 301 sowie die im Schrifttumsverzeichnis angegebenen Bücher von *Abeltshauser* und *Becker*.

〔3〕 *Großfeld*, 216 f, 224; *Knobbe-Keuk*, Festschrift Ballerstedt, 239; *Lutter*, Zur Treuepflicht des Großaktionärs, JZ 1976, 225; *ders.* AcP 180(1980), 84, 132 ff; *Wiedemann*, GesR I, 463.

〔4〕 BGHZ 83, 122.

〔5〕 BGHZ 103, 184 = NJW 1988, 1579 mit Anm. *Timm* = JR 1988, 505 mit Anm. *Bommert* = JZ 1989, 443 mit Anm. *Wiedemann*.

〔6〕 BGHZ 129, 136 = NJW 1995, 1739 mit Anm. *Altmeppen* = JZ 1995, 1064 mit Anm. *Lutter* 1053 = AG 1995, 368 = ZIP 1995, 819 mit Anm. *Müller* 1415.

资产转让给公司的子公司，是对公司结构的一种重大调整；尽管公司章程中对董事会已经进行了授权，但是由于股东的法律地位会因此而受到严重的影响，所以，董事会不能单独作出上述决定，它必须事先征得股东大会的同意。即使在资产出让后，母公司的股东也可以像在母公司一样，以同样的方式和同样多的表决权就子公司重要事件如增资进行投票表决。

26 (b)在林挪蒂一案中，一个拥有96%公司股本的大股东(女)在股东大会上决定解散公司，以便在公司清算过程中获得企业的大部分资产。为准备这一决议，在股东大会召集以前，该大股东和公司董事会进行了详细的商讨，而提起诉讼的小股东则没有参与讨论的机会。这样，该小股东就无法争取其应该获得的企业资产份额。联邦最高法院在此案中作出如下判决：股份有限公司的内部结构可能与有限责任公司相似，因而它也具有人合公司的特征。因此在股份有限公司中，大股东也可能通过对公司管理机构施加影响，损害小股东在公司中的利益。因此必须强调大股东的忠诚义务，即他们必须考虑小股东的利益。虽然股东大会作出的解散决议形式上是合法的。但是法院认为大股东在为决议所进行的活动中违反了其应承担的忠诚义务。因此小股东有权根据《股份法》第243条第2款的规定要求撤销股东大会的决议。

27 (c)在吉梅斯一案中，联邦最高法院补充了其在林挪蒂一案中所作的判决。在该案中联邦最高法院判定：小股东对大股东也负有忠诚义务，如违反这一义务，则必须对其他股东承担损害赔偿责任(见下文边码32)。

3. 法律规定的现状

28 考虑上述几个判决，可以将与成员资格及其诉讼权相关的法律规定归纳为以下几个方面：[1]对于法律明确规定的成员权，如出席股东大会权、咨询权、分红权等，每个股东都可以提起诉讼；对于股东的确认无效之诉或者撤销之诉，也有明确的法律基础(见本书§16. IX.)，股东可以对公司提起上述之诉。

29 只有公司才有权对违反义务的董事和监事提起损害赔偿之诉。除非股东自己向公司发起人、董事会或者监事会成员的独立的刑事诉求(见上文边码5)，否则股东的诉权受《股份法》第147条有关"强制性诉讼程序"的限制。

30 根据《有关加强企业控制和透明度的法律》的要求，德国对《股份法》第147条第1款进行了修改。修改后这一条款规定：如果公司发起人、董事或者监事根据《股份法》第117条规定对公司负有责任，持有10%以上公司股份的少数股东可以要求公司对上述责任者提起损害赔偿之诉。当然这些股东必须证明，他们至少在有关股东大会就有关问题形成决议的三个月以前就已经是公司股东。为实现这一目的，少数股东还可以提出申请，请求法院为公司指定一位特别代表。任何一个或者数个股东，只要合并持有10%以上股本或者100万欧元以上股本，就可以提出以上申请(《股份法》第147条第2款)。新的规定大大降低了上述要求，如果公司的主管机构不提出上述赔偿请求，合并持有5%以上股本的小股东或者拥有50万欧元以上股本的小股东即可以请求法院指定一位特别代表，并由该代表追究董事会或者监事会成员的赔偿责任。但是，这些小股东提起上述请求还必须满足一个条件，即必须有事实证明，由于

[1] Zum folgenden *Zöllner* ZGR 1988, 392; *Raiser* ZHR 153(1989), 1.

不正当的行为或者严重违法行为而使公司遭受了严重的损失。法院指定的代表还必须审查，成功追究有关责任者的赔偿责任的可能性究竟有多大(《股份法》第147条第3款)。[1]

31 如果公司管理机构"不顾法律和章程的规定"侵害股东的成员权，那么，每个股东都可以因此向董事会或者监事会提起停止侵害和消除影响之诉。在霍尔茨米勒案中，联邦最高法院就是这样作出判决的。这种违法行为具有哪些法律构成要件，必须结合公司内部的职权分工来加以分析(见§16边码11等)。这在德国股份有限公司中原则上没有规定，股东可以通过诉讼来强迫董事会或者监事会作出一定的决定或者进行一定的行为 。因为这种诉权势必影响管理机构的独立管理权。但是，德国主流法学观点认为，在某些特殊情况下，必须赋予股东这种诉讼的权利。这些特殊的情况有：如果董事会违反《股份法》第83条的规定，没有给股东大会足够的时间和详细的资料就有关决议进行充分的讨论，或者他们没有执行股东大会的决议，或者公司管理机构没有及时编制和确定公司年终报表。[2]当然，还有必要进行审查，是否还应该在董事没有履行其义务的其他情况下赋予股东提起诉讼的权利。**例如**董事会违反《股份法》第72条的规定获得了公司自己的股份而又没有及时出让，或者违反《股份法》第179a条的规定擅自将公司资产出让而没有及时将其购回。[3]最后，学术界也有人主张：为了公司的主张应该赋予个别股东起诉的权利。如果公司违反同等待遇原则而给个别股东以特别优惠就是这种情形(见下文边码54等)。[4]

32 根据《股份法》的规定，只有在该法第117条第1款第2句和康采恩法规定的情况下，才可以**向其他股东提起损害赔偿之诉**。但是，如果符合保护股东利益的其他法律条款规定的前提条件，公司还可以根据《民法典》第823条第1款、第2款和第826条的规定向其他股东提起此类诉讼(见上文边码5)。同样，可以提起损害赔偿之诉的情形是股东违反忠诚义务，但是，法律并没有明确规定这一情形(见下文边码53)。同样的情形还适用于停止侵害之诉和消除影响之诉。另外，从忠诚义务中还可引申出，要求对方为一定行为的权利。例如如果通过"股东义务之诉"在公司股东大会中形成了相关的决议，那么，就可以要求其他股东必须同意股东大会的决议(试比较下文边码53)。

33 如果原告有合法的法律利益，他可以提起确认之诉(《诉讼程序法》第256条)。在霍尔茨米勒案中，联邦最高法院在判决中确定，如果在被告(公司)和第三者(指子公司)之间是否存在某种法律关系对于双方当事人之间的法律关系有着重要意义，《股份法》中对此没有进行详尽的规定，原告就有足够的法律理由提起诉讼，要求确认在双方之间是否存在着这种法律关系(BGHZ 83, 122, 125等)。联邦最高

---

〔1〕 Zur Kritik der Neufassung vgl. *Ulmer*, *Krieger* und *Sünner* ZHR 133(1999), 290, #.

〔2〕 *Zöllner* ZGR 1988, 392, 414 ff; *Raiser* ZHR 153(1989), 1, 32 ff.

〔3〕 Vgl. *Becker*, Verwaltungskontrolle durch Gesellschafterrechte, 613 f.

〔4〕 *Zöllner* ZGR 1988, 392, 405 f; *Raiser* ZHR 153(1989), 1, 18.

法院确认了上述起诉条件,这是因为如果原告不恰当地拖延起诉,等到再提起停止侵害之诉和消除影响之诉时,可能就为时已晚。〔1〕 如果根本不能提起损害赔偿之诉,也没有其他的防卫措施,人们不能仅仅因为承认了确认之诉而放弃对法律保护的限制。这种限制是法律本身所希望的。

34 有关上述问题的立法问题远远没有结束。由此所涉及的主要问题是监督和自主决策之间的平衡。一方面是如何保证个别股东或者少数股东能够对大股东和管理机构进行充分而有效的监督;另一方面,又必须保证大股东和管理机构拥有必要的自由决策权,例如他们必须有权对某些风险业务进行决策。对此,人们必须考虑到其他有效的监督机制,尤其是通过资本市场和人才市场的管理机制来加强对大股东和管理机构的监督。但是实践表明,上述监督机制不足以防止企业内部编制假账。因此股东诉讼仍然是一个重要的制约手段。问题的关键是必须在这两者之间寻找一个最佳的平衡点。1999 年德国对《股份法》第 147 条进行了修改。这一修改虽然很不彻底,但是此后不久,又提出了应该大大降低采用强制诉讼权的实质条件。这样股东便可以更加方便地使用这一诉讼手段。〔2〕

## IV. 出资义务

### 1. 概述

35 股东所承担的最重要的义务就是出资(《股份法》第 54 条)。股东通常必须以现金履行其出资义务。但是章程也可以规定,某些股东或者所有股东可以以实物履行这一义务(《股份法》第 27 条)。股份面值加上其溢价是股东必须交付的出资数额;如为比例股,则股东必须交付股份的最低发行价加上其溢价(《股份法》第 9 条和第 54 条第 1 款)。公司溢价发行股份的原因主要是为了支付公司已经支付的设立费用,并且在设立之初就为公司建立一定的储备金。在增资时,公司溢价发行股票的目的是为了平衡公司原有股份较低的面值和较高的市场价格之间的差价。

36 除此之外,股东不承担其他任何出资义务。章程也不能增加股东的这一义务。这是因为股份的自由转让特征是以股东在以后不再承担出资义务为前提条件的(《股份法》第 54 条第 1 款)。因此,与有限责任公司不同,在股份有限公司中没有追加缴纳股金义务。

### 2. 保证出资的缴纳

37 通常情况下,在公司设立过程或者增资过程中,公司已经催缴并且收缴所有的股金及其溢价。在这里适用公司法中有关公司设立的规定(见本书 § 11 边码 4 等,

---

〔1〕 BGHZ 83, 122, 135 f; s. dazu *Martens*, Die Entscheidungsautonomie des Vorstands und die "Basisdemokratie" in der Aktiengesellschaft, ZHR 147 (1983), 377, 402; *Sünner*, Aktionärsschutz und Aktienrecht, AG 1983, 169, 170; *Rehbinder* ZGR 1983, 92, 107; *Zöllner* ZGR 1988, 392, 432; *Hirte*, #, 209 f.

〔2〕 *Ulmer* ZHR 163 (1999), 290, 329; vgl. auch *Becker* aaO.

§26 边码 23 等）。根据《股份法》第 54 条规定，股东只能用法律规定的支付手段缴纳或者通过汇记方式将它汇记到公司或者董事会根据《信贷法》规定而在金融机构为收缴股金而设的企业账户上。〔1〕如果公司设立时仅仅只需催缴部分股金，那么就必须提供保证，保证公司将在以后确实催缴其余的股款。因此在这种情况下，**即使进行减资，也不能免除那些仍未缴清股金的股东的出资义务**。股东也不得用其对公司拥有的债权来抵销所欠的股款（《股份法》第 66 条第 1 款）。同样对用于出资的实物，股东也不能主张留置权。具体可以参照有限责任公司的法律规定（见§28边码 1）。

在形式上，法律是这样来保证股东真实履行其出资义务的：在全部股金收缴以前，公司只能发行记名股（《股份法》第 10 条第 2 款）。如果股东没有及时缴纳已经催缴的股金，那么他们必须交付相应的利息并且赔偿公司因此所受到的损失。公司也可以通过规定违约责任来保证股金的真实收缴（《股份法》第 63 条第 2 和 3 款）。如果股东到期没有缴纳股金，公司可以规定一个宽限期，并将该期限在公司指定的刊物上公告三次。如果有关股东到期仍没有缴纳拖欠的股金，公司可以宣布相应的股份及其已经收缴的股金无效（《股份法》第 64 条，宣布无效）。在此前两年内任何一位曾经持有这一股份的股东，都必须对公司承担缴清拖欠股金的法律责任（《股份法》第 65 条第 1 款和第 2 款）。在必要时，可以将该股份通过交易所或者公共拍卖机构拍卖（《股份法》第 65 条第 3 款）。《有限责任公司法》第 24 条规定，在这种情况下，其他所有股东必须承担补缴股金的义务，但是《股份法》中没有这样的规定。 38

3. 附属义务

公众性资合公司是股份有限公司的一个法律特征，而要求股东承担附属义务是不符合股份有限公司的这一特征的。因此德国公司法原则上禁止这样的附属义务。但是也有某些例外：《股份法》第 55 条规定，只有对限制转让的记名股股东才可以强加这种附属义务。惟一的一个公开的实例是一家甜菜糖业股份有限公司，根据该公司章程规定，其股东必须种植甜菜，并且必须将其产品卖给公司。这种义务使股份有限公司具有了合作社的特征。〔2〕 39

## V. 忠诚义务

参考文献：*Ballersted*, Kapital, Gewinn und Ausschüttung bei Kapitalgesellschaften, 1949; *Dreher*, Treuepflichten zwischen Aktionären und Verhaltenspflichten bei der Stimmrechtsbündelung-gesellschaftsrechtliche und zivilrechtliche Grundlagen, ZHR 157(1993)150; *ders.*, Die Schadens-

〔1〕 Einzelheiten bei *Heinsius*, Kapitalerhöhung bei der Aktiengesellschaft gegen Geldeinlagen und Gutschrift der Einlagen auf einem Konto der Gesellschaft bei der Emissionsbank, Festschrift Fleck, 1988, 89.

〔2〕 *Luther*, Die genossenschaftliche Aktiengesellschaft, 1978.

ersatzhaftung bei Verletzung der aktienrechtlichen Treuepflicht durch Stimmrechtsausübung, ZIP 1993, 332; *Fechner*, Die Treuebindungen des Aktionärs, 1942; *Fillmann*, Treuepflichten der Aktionäre, 1991; *Flume*, Die Rechtsprechung des II. Zivilsenat des BGH zur Treuepflicht des GmbH-Gesellschafters und des Aktionärs, ZIP 1996, 161; *Grundmann*, Der Treuhandvertrag, 1997; *Guntz*, Treuebindungen von Minderheitsaktionären, 1997; *Hennrichs*, Treuepflichten im Aktienrecht, AcP 195(1995), 3; *Henze*, Zur Treuepflicht unter Aktionären, Festschrift Kellermann, 1991, 141; *ders.*, Treuepflichten der Gesellschafter im Kapitalgesellschaftsrecht, ZHR 162 (1998), 186; *ders.*, Die Treuepflicht im Aktienrecht, BB 1996, 489; *Hueck*, Der Treuegedanke im modernen Privatrecht, 1947; *Hüffer*, Zur gesellschaftsrechtlichen Treupflicht als richterrechtlicher Generalklausel, Festschrift Steindorff, 1990, 59; *Jilg*, Die Treuepflicht des Aktionärs, 1996; *Lutter*, Zur Treuepflicht des Groβaktionärs, JZ 1976, 225; *ders.*, Theorie der Mitgliedschaft, AcP 180(1980), 84, 85 ff, 102 ff; *ders.*, Die Treuepflicht des Aktionärs, ZHR 153(1989), 446; *ders.*, Das Girmes-Urteil, JZ 1995, 1053; *ders.*, Treuepflichten und ihre Anwendungsprobleme, ZHR 162(1998)164; *Marsch-Barner*, Treuepflicht und Sanierung, ZIP 1996, 853; *ders.*, Treuepflichten zwischen Aktionären und Verhaltenspflichten bei der Stimmrechtsbündelung, ZHR 157 (1993), 173; *Martens*, Die Treuepflicht des Aktionärs, in: Rechtsdogmatik und Rechtspolitik, 1990, 251; *Nehls*, Die gesellschaftsrechtliche Treuepflicht im Aktienrecht, 1991; *Piepenburg*, Mitgliedschaftliche Treuepflichten der Aktionäre, 1996; *Raiser*, Das Unternehmen als Organisation, 1969, 41 ff, 141 ff; *Steindorff*, Der Wettbewerber als Minderheitsaktionär, Festschrift Rittner, 1991, 675; *Timm*, Treuepflichten im Aktienrecht, WM 1991, 481; *Weber*, Vormitgliedschaftliche Treuepflichten, 1999; *Werner*, Zur Treuepflicht des Kleinaktionärs, Festschrift Semler, 1993, 419; *Wiedemann*, Gesellschaftsrecht I, 95, 431 ff; ders., Rechtsethische Maβstäbe im Gesellschaftsrecht, ZGR 1980, 147; *ders.* , Zu den Treuepflichten im Gesellschaftsrecht, Festschrift Heinsius, 1991, 949; *Winter*, Mitgliedschaftliche Treuebindungen im GmbH-Recht, 1998; *Ziemons/Jaeger*, Treuepflichten bei der Verβuäerung einer Beteiligung an einer AG, AG 1996, 358; *Zöllner*, Die Schranken mitgliedschaftlicher Stimmrechtsmacht, 1963, 318 ff, 335 ff; *ders.*, Treuepflicht gesteuertes Aktienkonzernrecht, ZHR 162(1998), 235.

1. 有关股东忠诚义务的问题

40 除了出资义务外,股东还必须对公司以及其他股东承担一般性的忠诚义务。[1] 在人合公司和有限责任公司中,忠诚义务早就成为现行法律的一项固定内容。在股份有限公司中,它是逐步成为股东的法定义务的。反对这一义务的人认为,在股份有限公司中,股东与公司的关系比较松散,因此不能对股东提出过多的、高于诚信原则的要求;在股东之间也不存在必须承担这种忠诚义务的法律关系。[2]

41 在公司法的发展过程中,人们仅仅从公众性股份有限公司中小股东的利益出

---

[1] Da der Treuebegriff stark mit Emotionen bzw. mit moralischen Vorstellungen behaftet ist, empfehlen einige Autoren, statt dessen von Loyalitätspflicht oder von Förderpflicht zu sprechen; vgl. *Raiser*, Das Unternehmen als Organisation, 142 ff; *Lutter*, AcP 180(1980), 84, 104.

[2] *Hueck*, Der Treuegedanke, 14 ff.

发来考虑问题和得出结论是不够的。大股东和少数股东之间经常会发生冲突,而这些冲突只能采用人合公司或者有限责任公司所采用的方式,即忠诚义务来解决。在这里起着决定性作用的并不是公司的法律形式,而是其真正的类型。再者,目前法律界出现了一个新的现象,即公司法比以往任何时候更加强调法律伦理,并将此作为评判是非的一个标准,股份有限公司也不例外。因此在学术界也日益强调,应该将忠诚义务作为股份法的一个基本条款。

2. 对公司施加影响(《股份法》第 117 条)

如果使用法律规定的其他措施,就能解决有关的冲突,那么,就没有必要将忠诚义务作为《股份法》的一个基本条款。为了这一目的,1937 年的《股份法》**将责任条款**(现行《股份法》第 117 条)纳入法律规定中,为了防止股东通过**谋求特别利益而损害公司利益**,法律也规定了撤销行为的构成要件(现行《股份法》第 243 条第 2 款)。在 1965 年的《股份法》中又增加了康采恩法的责任条款(《股份法》第 309 条、第 317 条和第 323 条)。经过这些年来对这些条款的实践已经积累了一些经验和教训。但是,它们也表明这些条款还不能解决所遇到的所有难题。 42

**根据《股份法》第 117 条的规定,提起损害赔偿诉求必须符合**下列前提条件:股东或者第三者故意利用其对公司的影响指使公司管理机构的管理人员作出有害于公司或者其他股东利益的行为。这一诉权为公司所拥有。但是在少数例外的情况下,如果股东的个人利益也因此而受到了损害,股东也可行使这一权利。进行非法行为的董事会成员或者监事会成员必须作为共同债务人承担赔偿责任。但是在一些重要的情况下,这一条款却不适用。例如股东是在股东大会上通过投票表决来施加影响(《股份法》第 117 条第 7 款第 1 项),或者在合同康采恩中和在合并康采恩中行使管理权都是这种情况。从系统上分析,这在《股份法》中是一条比较陌生的条款。因为,它不仅仅针对股东,而且针对每个人,因此它不仅具有公司法的性质,而更具有刑法的特征。[1] 另外,这一条款的适用范围也十分狭窄。这主要是因为只有在公司管理机构的成员没有履行其义务,并屈服于对其施加的压力时,才能产生相应的诉讼权。尽管在司法实践中,人们经常审查是否可以引用这一条款提起诉讼,但是多数结果都是相反的。[2] 只有在一起新的判决中,联邦最高法院原则上确认可以适用这一条款,但是却以还需继续调查研究为由将该案退回给州高等法院。[3] 总而言之,到目前为止,这一条款主要还是预防性的。《股份法》第 243 条 43

---

〔1〕 Insofern knüpft die Vorschrift an die alte Konzeption des RG an. Zu der in diesem Punkt problematischen Ausdehnung des Deliktsrechts: *Mertens*, Deliktsrecht und Sonderprivatrecht-Zur Rechtsfortbildung des deliktischen Schutzes von Vermögensinteressen, AcP 178(1978), 227, 250; ferner *Lutter*, AcP 180(1980), 84, 114 f; zu den Tatbestandsmerkmalen im einzelnen *Brüggemeier* AG 1988, 93.

〔2〕 BGHZ 90, 381, 398; BGH WM 1982, 862, 866; OLG Hamm AG 1981, 53, 54; LG Düsseldorf AG 1981, 54, 55; LG Mainz AG 1987, 91, 95(*IBH*). neue Urteile nachtragen #.

〔3〕 BGHZ 94, 55.

第2款的规定以及有关康采恩法赔偿责任的诉求情况大致与此相同(见本书§16边码131、§ 53 边码27等以及 § 54边码33)。

3. 忠诚义务的承认

44 在司法实践中,帝国法院首先是根据《民法典》第826条和第242条规定来判决股东和管理人员之间的冲突。[1] 在后来的判决中,帝国法院首先承认了股东对公司负有忠诚义务。[2] 到1988年为止,联邦最高法院也仅仅承认,股东对股份有限公司负有忠诚义务。[3] 但是,在林挪蒂案和吉梅斯案中,有关对忠诚义务的认识取得了突破性进展。在这两个案件中,联邦最高法院首次判定,大股东对小股东负有忠诚义务,同样小股东对大股东也负有这样的义务。这样有关股份有限公司的规定基本上与人合公司和有限责任公司的规定相同。

**典型案例**:(a)关于林挪蒂案见上文边码26。

45 (b)在吉梅斯案中(BGHZ 129, 136),[4]公司陷入了经济困境,公司的董事会与公司债权人一起拟定了一个整顿方案,并将该方案提交股东大会讨论。根据该方案,公司债权人放弃了几百万马克的债权,公司也必须按5比2的比例进行减资。在进行表决时,同意票占总票数的57.61% ,反对票则占42.39%,没有达到要求的3/4的多数(见下文§ 28边码26等)。董事会在第二天就申请启动调解程序,并且决定将在三周后启动的破产程序中审议有关调解方案。被告认为,公司董事会提出的整顿方案歧视小股东,而且,公司仅仅以5比3的比例减资就足够了。为此他劝说小股东授权由他代理行使表决权,以便阻止公司通过该减资方案。为此,他共收集到39.17%的表决权,并且成功地推翻了董事会的整顿方案。于是,投票同意该方案的股东便向该小股东代表提起损害赔偿之诉,因为公司债权人已经不再可能减免公司的债务,而该小股东代表必须对此负完全责任。联邦最高法院认为,小股东对其他股东也负有忠诚义务,为此在小股东行使股东权时,必须考虑其他股东在公司中的利益。根据忠诚义务,任何股东不得为了其个人利益妨碍股东大会通过对公司有益的、经过各方努力而达成的整顿方案。如果几个小股东将其表决权联合起来,并且构成了否决权,那么,这种行为就严重违反了其承担的忠诚义务。《股份法》第117条第7款规定的免责条款并不与违反忠诚义务所产生的责任相冲突,因为第117条第7款仅仅适用于不能撤销股东会决议的情况。在表决权的委托行使中,小股东的责任必须视作为其代表的责任。当然,在这里也不可能向有关的小股东提起诉讼。这是因为小股东代表没有说出其委托人的姓名,而且,根据《股份法》第135条第9款第3项的规定,他有这么做的权利。因此,法院在这里比照适用《民法典》第179条第1款的规定仅仅追究代理人的个人责任。同时,法院还考虑根据《民法典》第826条的规定追究该代理人的责任。在具体的案件中,是否已经具备了违反忠诚义务的构成要件

[1] RGZ 107, 72, 76 ; 107, 202, 204; 112, 14; 119, 248, 255.

[2] RGZ 146, 71, 76 f; 146, 385, 395 ff; 158, 248, 254.

[3] BGHZ 18, 350, 365; BGH JZ 1976, 561 mit Anm. *Lutter*.

[4] Vgl. dazu *Altmeppen* NJW 1995, 1749; *Bungert* DB 1995, 1749; *Flume* ZIP 1996, 161; *Hennrichs* AcP 195(1995), 221; *Lutter* JZ 1995, 1053.

或者违反《民法典》第826条规定的条件，联邦最高法院本身无法决定。图塞尔杜夫州高等法院是审查事实的最后一个法院，在经过再次调查后，该法院得出结论在该案中不具备必要的构成要件。[1]

4. 忠诚义务的内容

既然将忠诚义务作为调整股东之间相互关系的一个基本条款，就必须研究它的适用范围。在这一问题上，主要应该根据司法判例在有限责任公司和人合公司方面所积累的经验来进行分析和分类(试比较§ 28边码26等)。为了实现股份有限公司的共同目标，股东的忠诚义务应该包括**三方面的内容**：第一，禁止损害企业利益；第二，考虑其他股东的利益；第三，在公司中严肃而负责地行使股东权及其影响力。在股份有限公司股东相互之间存在着一种特别法律关系。这种特别法律关系是产生股东忠诚义务的基础。而这一义务的起源既可能是成员之间所进行的谈判，[2]也可能是成员退出协会时对其他成员所造成的影响。忠诚义务的保护对象可分成两个部分，一部分为公司所经营的企业，另一部分为其他股东及资产。因此无论是公司还是个别股东都可以享有因违反忠诚义务而产生的诉权，当然，公司和股东也可以同时行使这一权利。股东是根据其自己的权利而不是从公司中引申出来的权利提起诉讼的。[3] 然而如果公司财产受到损失，股东可以为公司的利益而起诉。如果股东和公司都享有诉权，忠诚义务也要求股东在提起诉讼之前，应将有关信息向公司进行通报，并且与公司进行协商，以便取得一致意见。[4] 同样，公司也对其股东承担忠诚义务。根据这一义务，公司必须将股东大会部分纪要的副本寄给股东，该副本中必须包括股东自己的报告以及相应的答复。[5] 46

忠诚义务的具体要求必须根据具体案件的情况来确定。它首先要求根据比较均衡的原则来考虑相关各方的利益；同时法院又必须注意不能过分干预、限制公司的自由决策权限。确定忠诚义务内容的目的主要是要为忠诚义务确定一个最低的适用范围。股东在自益权方面所享有的权限要比其为公司行使的权限大得多。在确定适用范围时，主要须考虑到公司的结构和股东在公司中的地位。对小股东而言，以前法学界认为，他们仅仅对公司负有诚信义务。但是，每个股东必须在不违反忠诚义务的前提下行使其个人的股东权。这就要求股东必须终止那些妨碍公司利益的行为。但是忠诚义务是主要针对大股东而提出的行为规范，这种行为规范也同样适用于那些对公司管理机构能够施加重大影响的大股东集团，这些股东对外部股东也有着相当的影响力。这样，忠诚义务就成为保护小股东利益的关键，也是 47

---

[1] OLG Düsseldorf ZIP 1996, 1211 = AG 1997, 469.

[2] Vgl. *Weber*, Vormitgliedschaftliche Treuebindungen, 1999.

[3] Vgl. *Raiser* ZHR 153(1989), 120 ff; *Lutter* ZHR 162(1998), 164, 180 ff.

[4] *Raiser* und *Lutter* aaO.

[5] BGHZ 127, 107; dazu *Gehrlein* WM 1994, 1054.

产生康采恩纠纷的根源,而法律并没有对它们进行充分的调整。[1]

48 **典型案例:**(a)在一个股份有限公司中只有几个股东,而且这几个股东又都是董事会成员或者监事会成员。这种情况与有限责任公司的情况完全一致。典型的案例是联邦最高法院在林挪蒂案中所作的判决(见上文边码第26)。在联邦最高法院审理的ITT一案(BGHZ 65, 15; s. § 28 边码34)或者另一案中(BGHZ 76, 352(见§ 16 边码132)),如果所涉及的是股份有限公司,而不是有限责任公司,其判决也应该相同。[2] 如果涉及共同管理子公司的情况,也适用忠诚义务原则。

49 (b)**联邦最高法院审理的卡里和萨尔池案的判决**(Kali und Salz,BGHZ 71, 40)是具有指导意义的判决。在该判决中,联邦最高法院认为,在**增资**过程中**取消股东的优先权时**,必须陈述实质性的理由:"如果公司经过经营上的慎重考虑后决定,公司必须尽快购买某物,这样才符合公司的利益;并且公司的这种做法能够弥补股东因被排除优先认购股权而在参股和表决权方面所遭受的损失"。尽管本案的判决并不是根据增资过程中大股东对小股东负有的忠诚义务这一原则作出的,但是在实质上,联邦最高法院引以判决的理由是与忠诚义务一致的。[3] 在另一个具体的案件中,联邦最高法院认为,为了获得多数控股权而排除股东的优先认购权并不违反忠诚义务。在有关德意志银行的一起案件中(BGHZ 125, 239),联邦最高法院更加明确判定,为了使股票能够获准在纽约证券交易所上市,可以排除股东的优先认购权。同一类型的案例还有联邦最高法院审理的霍尔池案(BGHZ 83, 319 和西门子/诺尔德案(BGHZ 136, 133))。在这两个案件中,在公司进行核准增资时,取消了股东的优先认购权。在西门子/诺尔德案中,联邦最高法院再次重申了其在已往判决中所确定的合法取消股东优先认购权的几个标准,同时强调,必须将授权董事会执行业务的具体授权措施以摘要的方式通告股东大会。根据联邦最高法院在萨克森牛奶(BGHZ 138, 71, Sachsenmilch)一案中的判决,公司决定减资时不需要陈述实质性的理由,因为法律已经规定,决定减资时必须考虑和平衡公司和股东的利益。即使公司作出解散公司的决议,原则上公司也不需说明特别理由。因为人们不能违反大部分股东的意愿,强迫他们继续投资。但是在个别情况下,这种决议有可能违反忠诚义务(BGHZ 76, 352; 103, 184, 190, Linotype; 129, 136, 151 Girmes)。[4]

50 (c)忠诚义务在多大程度上适用于**股份交易**,目前还没有定论。原则上每个股东都可以自由处分其拥有的股份。即使这种处分将会对公司产生不利的影响,如将使股份有限公司成为其他公司的附属公司,或者其他公司有可能收购本公司,或者原来为股东自己拥有的康采恩被收购,所有这些都不影响股东的自由处分权(见下文§ 52. II. 3)。[5] 然而在股东成批出

---

〔1〕 Vgl. *Zöllner* ZHR 162(1998), 235.

〔2〕 Dazu *Lutter* ZGR 1981, 171; zum Fall *Linotype Timm* NJW 1988, 1582; *Bommert* JR 1988, 509; *Wiedemann* JZ 1989, 447; *Lutter* ZHR 153(1989), 446.

〔3〕 Vgl. die Urteilsbesprechungen von *Lutter* ZGR 1979, 401; *Martens*, Festschrift Fischer, 437; ferner *Wiedemann* ZGR 1980, 147, 155 ff; *Henze* ZHR 162(1998), 186; s. unten § 20 Rdn. 8 ff #.

〔4〕 Vgl. *Henze* aaO. Ähnlich OLG Stuttgart ZIP 1996, 1515(MotoMeter) mit Bespr. *Henze* 1473.

〔5〕 Etwas anderes gilt bei vinkulierten Namensaktien(vgl. Rdn. 67 ff). Unter welchen Umständen der Aktionär hier die Zustimmung zu der Veräuβerung verlangen kann, ist gleichfalls eine Frage der Treuepflicht. Zu möglichen weiteren Ausnahmen vom Grundsatz der freien Veräuβerlichkeit vgl. zuletzt *Lutter* aaO 171 ff.

**售股份**[1]时,股东必须公告其作为合同一方当事人所拥有的某些**内部信息**。[2] 值得探讨的是,在发出收购要约时,目标公司的股东是否不仅应该承担资本市场法的义务,而且应该承担公司法的义务。[3] 原则上,应该承担这两种义务。但是,只有在资本市场法对股东的这种义务进行明确规定后,人们才能确定其适用情况和适用范围。在奥迪 - NSU 一案中(Audi/NSU)[4],大众汽车股份有限公司为了获得奥迪 - NSU 公司的大部分股份,于是和该公司签订了一个控制和利润转移合同。合同规定,大众汽车股份有限公司必须以 2.5 比 1 的比例,用大众公司的股份来交换奥迪 - NSU 公司的股东持有的股份。此后不久,一位奥迪 - NSU 公司的股东就在证券市场上出售了其持有的股份,每股售价为 145 马克。同期,奥迪 - NSU 公司的一个最大的股东——以色列不列颠银行(Israel-British-Bank)——反对收购,提起了要求撤销收购的诉讼程序。在诉讼中,该股东和大众股份有限公司达成和解协议。据此,大众汽车股份有限公司必须以每股 226 马克的价格以现金收购奥迪 - NSU 公司的股份。这一收购价是原定收购价的四倍。上述已经出售股份的股东便向大众汽车股份有限公司提起赔偿之诉,要求大众公司赔偿股份最后收购价和其出售价之间的差额。但是,其起诉和上诉都被驳回。尽管如此,人们依然不得不问:在大众汽车股份有限公司和以色列不列颠银行进行谈判期间,它是不是必须申请暂时中止股份交易,或者必须至少通知奥迪 - NSU 公司的其余股东。

(d)忠诚义务要求每个股东必须谨慎行使其**股东权**。比如股东在股东大会上有发言的权 51
利,但是股东不能滥用这一权利,例如股东不得进行骚扰性演说;也不可以在股东大会上提出与议题无关的、干扰性的问题。特别是,如果股东提起撤销之诉的目的是为了让公司购买其起诉权,那么股东提起撤销之诉显然违反忠诚义务(BGHZ 107, 296, Kochs-Adler)。[5] 如果联邦最高法院依然依据个别股东滥用法律规定为由作出其判决,那么就等于说联邦最高法院还没有承认个别股东的忠诚义务。

(e)如果股东大会的决议对公司的生存或者企业以后的发展至关重要,**那么拥有否决性 52
少数股份的小股东或者股东团体**就不能够阻碍股东大会通过相应的决议(试比较 BGHZ 129, 136, Girmes)。少数股东的这一义务是对大股东义务的一种补充,它要求少数小股东在重大问题上也必须考虑大股东的利益。但是只有在具体情况下充分考虑到双方的不同利益后,才能判定有关决议是有利于大股东还是有利于小股东。原则上大股东有充分的自由裁量权。在少数例外的情况下,小股东必须在表决时弃权或者投赞成票,否则,就违反忠诚义务(试比较下文 § 28)。

5. 法律处罚

对违反忠诚义务的人采取何种处罚,主要应该看争端的性质。通常情况下,可 53
以要求履行给付、终止行为、提供信息、要求赔偿损害等。此外,还可根据《股份法》

---

[1] 将特定数量的股份捆绑在一起出售。

[2] Vgl. *Lutter* AcP 180 (1980) 84, 125 f; *ders.* ZHR 153 (1989), 446, 458 ff; *ders.* ZHR 162 (1998), 164; *Kübler* GesR, 187#; *Weber*, Vormitgliedschaftliche Treubindungen, 241 ff.

[3] Vgl. *Reul*, Die Pflicht zur Gleichbehandlung der Aktionäre bei privaten Kontrolltransaktionen, 251 ff; *Weber* aaO 377, 411.

[4] BGH JZ 1976, 561 mit Anm. *Lutter*; *Skibbe* WM 1977, 726.

[5] *Guntz*, Treubindungen von Minderheitsaktionären, 1997.

第243条第1款的规定要求撤销违反法律规定的股东大会决议(见 § 16 边码126),或者阻止股东行使自己的权利。对于是否可以根据违反忠诚义务而将有关股东开除出公司,目前还没有结论。有限责任公司的情况与此相同(见下文边码62)。

## VI. 平等原则

参考文献:*Bodenheimer*, Das Gleichheitsprinzip im Aktienrecht, 1932; *Henn*, Die Gleichbehandlung der Aktionäre in Theorie und Praxis, AG 1985, 240; *G. Hueck*, Der Grundsatz der gleichmäβigen Behandlung im Privatrecht, 1958; *Krause*, Zur Gleichbehandlung der Aktionäre bei übernahmeangeboten und Beteiligungserwerb, WM 1996, 851, 893; *Lutter/Zöllner*, in: Kölner Kommentar zum Aktiengesetz, § 53 a; *L. Raiser*, Der Gleichheitsgrundsatz im Privatrecht, ZHR 111(1946), 75; *Reul*, Die Pflicht zur Gleichbehandlung der Aktionäre bei privaten Kontrolltransaktionen, 1991; *Voges*, Zum Grundsatz der Gleichbehandlung im Aktienrecht, AG 1975, 197; *Zöllner*, Die Schranken mitgliedschaftlicher Stimmrechtsmacht bei den privatrechtlichen Personenverbänden, 1963, 287 ff.

### 1. 平等原则

54 在股东的权利和义务方面适用所有股东一律平等原则。1978年根据欧盟第二号公司法指令而制定的《股份法》第53a条明确规定了这一点:在同等条件下必须同等对待所有的股东。[1] 这一条款还具有更加重要的深层意义:公司不能武断地、没有任何正当理由区别对待公司的股东。[2] 长期以来,人们就把"平等原则"当作是协会法的一个基本原则。其理论基础是,企业应该提高自身的**凝聚力**并**让股东紧紧围绕在其周围**;对股东实行不平等待遇则不利于上述目的的实现。这是因为对一个股东提供特别优惠通常意味着对其他股东的歧视,至少它会间接影响到其他股东的利益。[3] 只有当法律或者公司章程没有对股东的权利和义务作出不同的规定时,股东才可以根据私法中公认的权利平等原则认为:所有股东的权利都是平等的。[4] 由于在公司中公司机构拥有管理权和决定权,而且又实行多数票表决制度,因此在公司管理机构及大股东一方和作为另一方的小股东之间存在着权利落差。在公司管理机构行使权利过程中,可以对股东施加影响。正因为这些情况,管

〔1〕 Der Gleichheitsgrundsatz galt als ungeschriebenes Recht nach h. A. auch schon vorher(RGZ 113, 152, 156; 118, 67, 70; 120, 177, 180; BVerfGE 14, 263, 285; BGHZ 20, 363, 369; 33, 175, 186; 70, 117, 121; 120, 141, 150). Eine sachliche Änderung war durch die Einfügung des § 53 a in das Gesetz nicht beabsichtigt und ist nicht erfolgt; *Ganske* DB 1978, 2461, 2462.

〔2〕 So deutlich BGHZ 120, 141, 150.

〔3〕 *Hueck*, Gleichbehandlung, 128 ff, 222 ff.

〔4〕 *Wiedemann*, GesR I, 427 f.

理者必须平等对待受其影响的人,这也符合一般的**社会公正原则**。〔1〕

**衡量平等原则的标准**通常是股东持有股份的数量。股东参与分红的权利、表决权的行使以及公司增资时股东享有的优先认购权都是根据其持股比例来确定的(《股份法》第60条第1款、第134条第1款、第186条第1款和第212条)。与上述权利不同,在所谓的辅助权方面,适用绝对的人人平等原则。据此,每个股东都有出席股东大会的权利和咨询权,也都拥有提起无效或者撤销之诉的权利。对于股东大会的决议的内容或者管理机构的措施,人们只能审查它们是不是武断的,并且是否歧视了小股东。在审查过程中,必须适用客观的评判标准,尤其是只能考虑与股东成员资格相关的因素。〔2〕 55

只有在例外情况下,才能区别对待不同的股东,为此,公司还必须说明正当理由。这些理由必须符合法律或者章程的规定,当然也可以根据具体情况予以说明。最重要的法律规定的例外有:公司可以发行没有表决权的优先股(《股份法》第12条第1款、第139条等)、有利于控制性企业的康采恩法方面的一些特别规定(《股份法》第308条、第311条、第323条,见 §§53边码7等,54边码28等)。对于影响股东平等权的措施,也必须说明正当的理由;而且这些措施越是侵犯股东在成员资格方面或者资产分配方面的平等权利,法律也就对它们提出更为严格的要求。〔3〕 56

**举例**:(a)必须要求每个股东履行出资义务(§§36.Ⅱ, 63.Ⅰ,试比较《有限责任公司法》§19.Ⅰ.)。如果股东的出资为隐形实物出资,这不仅违反有关资本维持原则的法律规定,而且违反平等原则(见§19边码7)。每个股东都有出席股东大会并在大会上发言的权利。限制发言的时间或者剥夺股东的发言权必须有特别的理由,例如,该股东已经在大会上进行了几次发言。只有在特定条件下,才能将股东驱逐出会议大厅:如果该股东妨碍大会的顺利召开,而且将该股东驱逐出会议厅是保证会议顺利进行的惟一办法(BGHZ 44, 245, 250 ff)。如果董事会给某些股东提供一些信息,其他股东是否可以根据平等原则在股东大会之外也得到同样的信息,是值得怀疑的。〔4〕 57

(b)在公司修改章程尤其是这种修改将影响到股东的权利如分红权或者表决权时,必须考虑股东平等原则。在一个案例中,公司不顾部分股东的反对,修改了公司章程,从而对股东可以行使最高表决权进行了限制。联邦最高法院认为这种修改并不违反法律,因为通常这一修改,公司可以"防止国内外公司收购该公司,同时还可以加强董事会的独立性,保证小股东不受集团股东的过分影响。因而它也能保护公众公司的法律性质,这也是法律规定的股份公 58

---

〔1〕 Dieser Gedanke tritt mehr und mehr in den Vordergrund: so schon L. Raiser ZHR 111(1946), 75; *Wiedemann*, GesR I, 427; *K. Schmidt*, GesR § 16 Ⅱ 4; KölnKomm/*Lutter*/*Zöllner* § 53 a Rdn. 4.

〔2〕 RGZ 68, 210, 212 f; KölnKomm/*Lutter*/*Zöllner* § 53 a Rdn. 14 f.

〔3〕 BGHZ 71, 40, 45(*Kali & Salz*).

〔4〕 Vgl. zum Diskussionsstand KölnKomm/*Lutter*/*Zöllner* § 53 a Rdn. 74 m. w. N.; *Henn* AG 1985, 240, 248. Zur Gleichbehandlung bei der Weiterveräußerung eigener Aktien nach § 71c Ⅱ vgl. OLG Oldenburg AG 1994, 415.

司的初始法律形象。"联邦最高法院还特别强调:在个别股东利益、企业利益和小股东利益之间,公司不应该仅仅保护个别股东的利益,加强其表决权。恰恰相反,公司必须更加注重保护企业和小股东利益,使它们免受不必要的影响(BGHZ 70, 117, 122 等; 见本书 § 16 边码 63 等)。

59 (c)如果公司在增资时取消了股东的优先认购权,但是在配股时又同时考虑个别股东的利益,这就违反了股东平等原则。在米尼马科斯案(Minimax, BGHZ 33, 175)中,联邦最高法院认为,取消股东的新股优先认购权是为了削弱一股东集团的影响,该股东集团试图将公司置于其控制之下,并且最终终止公司——但是这种取消必须说明特别的法律理由(BGHZ 33, 175, 186; 见本书 § 20 边码 10 等)。在不来梅银行协会(BGHZ 120, 141 ,Bremer Bankverein)一案中,联邦最高法院认为,公司可以取消一些小股东的优先分红权,这些取消是合法的。[1] 在萨克森牛奶案中(BGHZ 138, 71 ,Sachsenmilch),联邦最高法院认为,公司以 750 比 1 的比例减资,使得小股东仅仅拥有极少股份,这相当于公司给大股东提供了非法的特别利益。

60 (d)在捆绑出让股份或者在提供收购要约时,除了资本市场法方面存在有利于外部股东平等权义务的规定外,公司法是否也规定了这种义务?对于这个问题,德国法学界仍在讨论之中,目前还没有明确的结论。[2]

### 2. 法律后果

61 如果股东大会的决议违反股东平等原则,根据《股份法》第 243 条第 1 款的规定,可以**予以撤销**。但是根据德国法学界的主流意见,这并不导致股东大会相关决议的无效(《股份法》第 241 条)。然而,股东可以要求公司重新恢复原有的平等原则。[3] 如果管理机构的措施违反了平等待遇原则,股东可以提出消除不平等待遇的要求或者提出补偿要求,但其内容必须根据具体情况而定。[4] 在特定的情况下,违反平等原则的法律行为是无效的,因而公司可以根据《民法典》第 812 条等规定向得益的股东提起返还要求,必要时可以通过股东诉讼来实施上述主张(见上文边码 Rdn. 32)。如果一个股东持有限制转让的股份,而公司董事会准许该股东转让其持股(《股份法》第 68 条第 2 款),那么,其他持有同样种类股份的股东就可以要求公司同意出让其股份(主流观点)。

## VII. 成员的变更

参考文献: *Becker*, Der Ausschluβaus der Aktiengesellschaft, ZGR 1986, 383; *Beuthien*, Treuhand an Gesellschaftsanteilen, ZGR 1974, 26; *Blaurock*, Unterbeteiligung und Treuhand an Gesellschaftsanteilen, 1981; *Grunewald*, Der Ausschlu? aus Gesellschaft und Verein, 1987; *dies.*,

---

〔1〕 Vgl. *Ebenroth* BB 1993, 509.

〔2〕 Vgl. bejahend *Reul* aaO 276 ff; *Weber* aaO 239 ff, 328 ff.

〔3〕 BGH GmbH-Rdsch 1972, 224 zur GmbH.

〔4〕 Vgl. BGH GmbH-Rdsch 1972, 224, 225 f; BGH NJW 1960, 2142.

Das Recht zum Austritt aus der Aktiengesellschaft, FS Claussen 1997, 103; *Kossmann*, Der Anspruch auf Genehmigung zur übertragung vinkulierter Namensaktien, BB 1985, 1364; *Papadimopoulos*, Das Austritts-und Auflösungsrecht als Minderheitsbehelfe de lege ferenda im deutschen und griechischen Aktienrecht, 1994; *Pleyer*, Zur Verbriefung mehrerer Rechte in einer Urkunde, Festschrift Werner, 1984, 639; *Reinisch*, Der Ausschluβvon Aktionären aus der Aktiengesellschaft, 1992; *Scharff*, Der Nieβbrauch an Aktien im Zivil-und Steuerrecht, 1982; *Serick*, Die Anwendung von Regeln zu vinkulierten Geschäftsanteilen(RGZ 159 S. 272)auf vinkulierte Namensaktien, Festschrift Hefermehl, 1976, 427; *Schön*, Der Nieβbrauch am Gesellschaftsanteil, ZHR 158(1994), 229; *Schrötter*, Vinkulierte Namensaktien als Bremse der Unternehmenskonzentration, DB 1977, 2265; *Teichmann*, Der Nieβbrauch an Gesellschaftsanteilen, ZGR 1972, 1; *Than*, Wertpapierrecht ohne Wertpapiere?, Festschrift Schimansky, 1999, 821; *Thurnher*, Die Treuhand bei Unternehmensverbindungen, DB 1993, 1709; *Zöllner*, Die Zurückdrängung des Verkörperungselements bei den Wertpapieren, Festschrift L. Raiser, 1974, 249.

1. 概述

股份有限公司的股份是可以**自由转让**并且是可以**继承**的。[1] 根据法律规定股 62
份是一种有价证券,仅需花费少许一些费用就可进行股份的转让。但是法律没有规定股东(或成员)有退出公司的权利或者公司有开除固定股东(或成员)的权利。法律认为根本没有必要规定这种权利;另外这种权利与维持公司资本的法律规定也不一致。在法律中仅有个别条款对股东的退出进行了规定,如《股份法》第305条第2款第2项规定:在签订控制合同或者利润转移合同时股东可以退出公司,或者根据《变更法》第29条规定:在进行企业合并或者形式转换时,股东可以退出公司。公司只能根据《股份法》第64条的规定宣布股份无效时或者根据《股份法》第237条规定收回股份时,才可以将有关股东开除出公司。同样,如果一家股份有限公司的股份不可以转让,那么司法判例依然会认为:在股份有限公司也会出现一种与有限责任公司相似的情况;在这种情况下,即使没有明确的法律规定,但是只要有重大原因,股东依然可以退出公司或者公司将股东开除出公司(试比较本书§30)。[2]但是如果将股东开除出公司,必须像人合公司和有限责任公司开除股东那样,由**股东大会作出相应的决议**,并且必须由法院作出相应的判决,然后才能这样做。是否存在着开除或者退出的原因,是作出相应决议的重要依据;但是,同时必须考虑是否还存在着通过其他方式解决问题的可能性。

2. 转让

如果没有将成员资格转换为有价证券,那么,它们将根据**转让法**(《民法典》第 63

---

[1] Daher ist eine Satzungsbestimmung nichtig, wonach Belegschaftsaktien nach Beendigung des Arbeitsverhältnisses auf die Gesellschaft oder eine von ihr benannte Person zu übertragen sind, BayObLG AG 1989, 173.

[2] Vgl. die oben zitierten Schriften von *Becker*, *Grunewald*, *Papadimopoulos* und *Reinisch*.

398 条和第 413 条)的规定进行转让。与《有限责任公司法》第 15 条的规定不同,法律并没有规定股份有限公司股份的转让及其转让合同必须具有一定的法律形式。但是,双方转让时,应该制作转让证书。因为根据《民法典》第 410 条的规定,只有在股份获得者出具新的证书后,公司才承认其为新的股东。

64 与其他无记名有价证券一样,**无记名股**是根据《民法典》第 929—936 条规定和《商法典》第 366、367 条的规定进行转让。[1] 股票中的权利——股东资格——依附于股票。因而,股票也是所有权的证书 。是否在交付股票外,还需进行股权的转让,是值得怀疑的。[2] 限制股份的转让不符合法律规定,然而根据法律规定,股东可以仅仅转让股份的投票权。通过这种转让,第三者并没有获得成员资格,依然可以以自己的名义行使表决权(《股份法》第 129 条第 3 款)。

65 如果股东的股份由银行代管,股份的转让就不是通过交付进行,而是根据《民法典》第 930 条的规定通过转让股份退还请求权进行。如果银行是股东的购股代理人,那么根据《有价证券保管法》第 18 条第 3 款的规定,寄交购得股份的目录后,股份的所有权才得以转移。目前股份的转让更加简单。股票既不是由股东保管,也不是股东的证券保管银行保管,而是由专门的有价证券储蓄银行保管。在这种保管制度中,银行可以出具一种集体股票,该股票同时代表着许多股份(《有价证券保管法》第 9a 条第 3 款)。股东是有价证券储蓄银行所保管的同一公司所有股份的共同所有者。股东和其证券保管银行之间则存在着一种债权债务关系。证券保管银行通过该股东在有价证券储蓄银行开设的证券账户上借记或者汇记的方式帮助股东买进或者卖出股票。期间,由于采用电子数据处理技术,股份的表现形式发生了很大的改变,书面表现形式基本消失。

66 **记名股**必须根据《民法典》(第 413 和 398 条等)和《有价证券保管法》第 18 条第 3 款的规定进行转让。此外,根据《股份法》第 68 条第 1 款的规定,记名股还可以以背书的方式进行转让。对于背书转让还必须适用《汇票法》第 12 条、第 13 条和第 16 条的规定。此外,记名股的转让还可以通过空白背书的方式进行(《汇票法》第 13 条第 2 款)。这样,记名股就可以通过证券交易所进行自由转让。[3] 在记名股股份经过了一连串的连续转让后,最后一位股份持有者就是该股份的合法所有者(《汇票法》第 16 条第 1 款)。如果记名股的第一位持有者丢失了其股份,那么,经过连续背书后,根据《汇票法》第 16 条第 2 款的规定,最后一位股份持有者可以善意获得该股份。根据《股份法》第 3 条的规定,股份的出让者和购买者必须向公司登记,登记时必须出具股票,并且提交股份转让证明。公司则将股份转让记入股东名册(股票登记册)。

---

〔1〕 Zur Möglichkeit gutgläubig lastenfreien Erwerbs vgl. BGHZ 122, 196 = ZIP 1993, 667.

〔2〕 Vgl. KölnKomm/*Lutter* Anh. § 68 Rdn. 15; *Hüffer* AktG § ###; MünchKomm/*Hüffer* Vor § 793 Rdn. 14.

〔3〕 RGZ 132, 149, *Victoria-Vers. AG.*

3. 对转让的限制

67 章程可以规定,股份的转让必须得到公司的同意(《股份法》第68条第2款,限制转让的记名股)。在实践中,限制转让主要是为了防止外人收购以控制家族公司。当然,它也可以防止他人收购公司的多数股份,从而防止康采恩吞并本公司;它还可以防止敌意收购。在资本投资公司、经济审计公司、税务咨询公司和住宅建筑公司的章程中通常对股份的转让作了上述限制(《资本投资公司法》第1条第4款,《经济审计条例》第28条第5款、第130条第2款,《税务咨询法》第50条第5款,《有关建造非盈利性住房法律的实施条例》第3条第5款)。保险公司也经常对股份的转让进行限制。当然在这种公司中,股东通常没有完全缴清股份的股金。[1]

68 公司有充分的自由通过章程的规定对股份的转让进行限制。章程可以规定,哪些转让必须得到公司的同意,章程也可以列举拒绝转让的原因,也可以明确规定应该由哪个机构对转让作出批准与否的决定。但是章程限制转让的权力并不是没有限制的。如果章程规定的限制使股东根本不可能出让其股份,这种限制就是没有法律效力的。如果没有其他的规定,通常由董事会来决定是否允许转让。在公司章程规定的范围内,董事会有自由的决定权。在董事会作出决定时,也必须考虑相关股东的利益,但应该优先保护公司的利益。[2] 如果董事会在同等条件下同意了一个股东的出让要求,而拒绝了另一位股东,那么,董事会就是滥用职权。相关的股东可以要求董事会批准其转让要求(见上文边码61)。

69 **典型案例**:在联邦最高法院审理的一起案件中(BGH BB 1987, 435),原告(女)已经负债累累,并且靠社会救济为生,她打算出让其持有的被告股份有限公司的记名股股份。一个第三者愿意以350,000马克的高价购买其股份,而本公司的一个股东仅仅出价100,000马克。由于让外部人收购不符合家族的利益,公司股东大会根据章程的规定作出决定,拒绝原告将股份转让给上述第三者。联邦最高法院在该判决中判定,如果本公司的股东提供了一个合理的出价,欲出让股份的股东就可以将其持股转让给本公司的股东;在这种情况下,让股份保留在家族中的利益高于股东欲高价出售的个人利益。所以联邦最高法院指令州高等法院查清相关股份的价值。在亚琛—慕尼黑保险股份有限公司一案中,亚琛高等法院(ZIP 1992, 924)判定:为了保护企业经营的独立性,防止企业间接受到国家的影响,可以拒绝股东的出让。[3]

70 如果公司拒绝转让,那么转让本身就失去法律效力。但是相关的转让合同依

---

[1] Zur Börsenfähigkeit vinkulierter Namensaktien vgl. *Kerber* WM 1990, 789; *Degner* WM 1990, 793. Zu Problemen bei der Sammelverwahrung *Heißel/Kienle* WM 1993, 1909.

[2] BGH BB 1987, 435; KölnKomm/*Lutter* § 68 Rdn. 30; LG Aachen AG 1992, 410 = ZIP 1992 924 Aachen-Münchener VersAG; OLG Düsseldorf EWiR 1997, 145. Zur Vinkulierung von Belegschaftsaktien BayObLG AG 1989, 173, 175.

[3] Vgl. dazu *Berger* ZHR 157 (1993), 31; *Immenga* AG 1992, 105; *ders.*, BB 1992, 2446; *Lüttmann* DWiR 1992, 513; *Lutter* AG 1992, 369; *Timm* ZIP 1993, 114.

然有效。因此股东可以根据《民法典》第 440 条、第 439 条、第 434 条和第 325 条的规定向有意购买者提起损害赔偿之诉。[1] 股东不能规避有关限制股份转让的法律规定，尤其是股东不得通过仅仅转让表决权或者授予受让者拥有不可撤销的表决代理权来规避对股份转让的限制。[2]

4. 有限的物权

71 股份可以自由转让，因而具有用益权。股东可以抵押或者质押这种用益权。如果转让的股份是受到限制的记名股，那么与转让一样，抵押或者质押这些股份的用益权必须征得公司的同意。如果将这些记名股用于抵押或者质押，将会在债权人利益和公司利益之间产生冲突。如果债权人想从抵押或者质押的股份中获得清偿，通过拒绝抵押或者质押，就可以防止不受欢迎的人获得这些股份而取代现有的股东。必须通过平衡双方的利益的方法来解决上述冲突。必须考虑的因素是，有关限制的规定不能妨碍对有关股份的强制执行。因此，只要没有重要原因，使得公司根本不可能进行上述执行，则公司必须同意记名股的抵押或者质押。[3]

72 必须按照民法典规定的方式来确定用益权或者质押权。对于没有书面证明的股权必须适用转让法的规定（《民法典》第 1069 条、第 1274 条、第 413 条、第 398 条）。无记名股则是通过合意和交付或者交付替代品的方式来进行转让的（《民法典》第 1081 条、第 1293 条和第 1205 条；《有价证券保管法》第 12 条和第 17 条的规定）。对于记名股的抵押并不是根据有关转让法的规定进行的。相反它应该根据《民法典》第 1292 条的规定通过合意和交付背书后的股票来进行。除此之外，还必须在股票上进行完全背书和质押背书（《汇票法》第 19 条）。[4] 对于无记名股的质押适用《民事诉讼程序法》第 808 条和第 821 条的规定，对于记名股则适用《民事诉讼程序法》第 831 条的规定。

73 股份的**用益权**使得权利人从股份中获得特定的利益（《民法典》第 1068 条、第 1030 条和第 100 条）；该权利人有权要求参与股息分配，但是无权参与剩余资产的分配，也无权通过出售股份而获利。在增资过程中，如果股东出售其优先认购权，用益权还涉及优先认购权的价值；如果股东行使了优先认购权，那么就应该认为，用益权还包括对新股所分配的股息，其份额与优先认购权的价值和发行价格的比例相适应。[5] 对于用益权已经被转让的股份，其表决权和其他参与公司管理方面的

---

〔1〕 RGZ 132, 149, 157; KölnKomm/*Lutter* § 68 Rdn. 41 m. w. N.

〔2〕 BGH DB 1987, 424; *Lutter/Grunewald* AG 1989, 109; vgl. Rdn. 13 ff.

〔3〕 Ähnlich KölnKomm/*Lutter* § 68 Rdn. 22 m. w. N.

〔4〕 Einzelheiten bei *Scharff*, Der Nieβbrauch an Aktien im Zivil-und Steuerrecht, 10 ff; *Teichmann* ZGR 1972, 1; *Wiedemann*, übertragung, 397 ff; *Blaurock* aaO 135 ff; MünchHdb. AG/*Wiesner* § 14 Rdn. 55, 60 sowie das Schrifttum zu § 1068 BGB.

〔5〕 Vgl. OLG Bremen DB 1970, 1436 sowie das in der vorigen Fuβnote zitierte Schrifttum; ferner *Schön* ZHR 158(1994), 229; vgl. auch BGHZ 58, 316 zur KG.

权利应该由股东行使，还是由用益权人行使，或者由两人共同行使？对于这一问题目前还有争论。[1] 这些应该通过双方当事人在代理权方面的约定来解决。[2]

74 在股份被抵押后，股东依然拥有管理权。如果双方当事人就用益权抵押达成了协议，那么股息就归抵押债权人所有（《民法典》第1213条）；否则比照适用《民法典》规定的质押权。[3] 如果公司用自有资金进行增资，股东没有支付任何股金就获得股份，在这种情况下，如果股东对现有股份已经设置了抵押，那么这种抵押权也涉及该股东新获得的股份。如果公司进行正常增资，那么只有股东才可以行使优先认购权。如果抵押权的权益与优先认购权相当，那么，抵押债权人也拥有新股的抵押权。[4]

5. 信托转让

75 除了抵押以外，股份作为**担保物所有权的转移**的标的，在德国经济实践中也起着重要作用。[5] 德国并没有特别的规定调整担保信托的设立问题。它也可以通过转让进行（见边码63等）。受托管理人将成为股东并且行使股东权。在他与信托人之间的内部关系方面，必须受信托合同的约束。只要不违反股东义务，受托管理人就必须根据《民法典》第665条规定听从信托人的指令。如果受托管理人对信托人进行授权，那么信托人也可以以前者的名义行使股东权。由于信托人是所涉股份经济上的所有者，所以应该可以对成员权进行一定程度的分割，例如信托人可以保留一定的管理权，如表决权、咨询权和撤销权（见上文边码16）。

6. 继承

76 股份可以根据法律的规定转让给**继承**人。如果为记名股，必须将继承人的情况记载入股东名册。但是，不管是否已经履行了登记手续，继承人都享有其继承股份的股东权。对于尚待履行的出资义务，继承人仅仅须根据有关继承法的规定承

---

〔1〕 Vgl. zuletzt *Schön* aaO 248, nach dem die Verwaltungsrechte beiden gemeinsam zustehen. Es handelt sich um ein allgemeines gesellschaftsrechtliches Problem, das auch den Nieβbrauch an Anteilen an einer Personengesellschaft oder GmbH betrifft und auch nicht für alle Verwaltungsrechte (z. B. Auskunfts-und Stimmrechte oder das Anfechtungsrecht) einheitlich gelöst werden muβ. Vgl. daher auch die Kommentierungen zu § § 131, 134, 245 AktG sowie zu § 15 GmbHG. Zur entsprechenden Lage bei der GmbH s. auch unten § 30 Rdn. 25#.

〔2〕 Ebenso *K. Schmidt* GesR § 61 II 3.

〔3〕 *Wiedemann*, übertragung, 426.

〔4〕 Einzelheiten bei *Wiedemann*, übertragung, 428; GroβkommAktG/*Wiedemann* § 186 Anm. 9; KölnKomm/*Lutter* § 186 Rdn. 21; *Hüffer* AktG § 186 Rdn. 11#.

〔5〕 Zum folgenden *Beuthien* ZGR 1974, 26; *Blaurock*, 151 ff; *Hüffer* AktG § § 16 Rdn. 7, 118 Rdn. 15, 135 Rdn. 5, 186 Rdn. 12, 245 Rdn. 10#; *Thurnher* DB 1994, 1709; ferner die umfangreiche Literatur zur Treuhand an den Anteilen von Personengesellschaften und Gesellschaften mbH.

担出资责任。[1] 在有几个继承人的情况下，共同继承人都是股东。法律并没有为股份的继承规定一个特别的继承程序。为了维护公司的利益，《股份法》第 69 条第 1 款规定，在共同继承的情况下，几个共同继承人必须推选一名代表，并由该代表行使成员权。有关该股份的责任，由几个共同继承人共同承担（《股份法》第 69 条第 2 款、《民法典》第 2058 条）。比较困难的问题是有关限制股份自由转让的规定到底能够在多大的程度适用于继承，防止不受欢迎的继承人成为公司的股东。根据法学界的主流观点，《股份法》第 68 条第 2 款的规定仅仅适用于通过买卖获得股份的情况。据此，根据继承程序获得股份虽然不必得到公司的同意，但是，遗产的分配或者遗赠则必须得到公司的许可。[2]

[1] Str.; vgl. *Wiedemann*, übertragung, 236 ff; *Geßler/Hefermehl/Bungeroth* § 67 Rdn. 55 ff; KölnKomm/*Lutter* § 67 Rdn. 26, 34; *Hüffer* AktG § 67 Rdn. 11 je m. w. N. #.

[2] BGHZ 32, 35 (zur GmbH); *Wiedemann*, übertragung, 85; *Geßler/Hefermehl/Bungeroth* § 68 Rdn. 84; KölnKomm/*Lutter* § 68 Rdn. 4, 45 ff; *Hüffer* AktG § 68 Rdn. 11 #.

# 第三章 股份有限公司的组织机构

## §13. 概　　述

### I. 利益冲突和法规的任务

1. 利益冲突

1 股份有限公司主要适用于股东人数较多的大型企业,在这种公司中,它比任何其他形式的公司都更加容易形成各种不同的利益团体。首先法律必须区分**大股东和小股东**,前者对企业有着很大的影响力,而后者则既没有这种能力,也没有这个想法。如果将一家股份有限公司并入康采恩,占据支配地位的企业为了执行康采恩的经营目标,在利用其影响进行经营管理时,可能既不考虑股份有限公司的利益,也不考虑外部股东的利益,这时就会激化大股东和小股东之间的矛盾。其次,还必须对**投资股东**和**投机股东**进行区分。前者将其持有的股份作为一种长期投资,因而他们更注重企业资产的增加;后者则试图在短期内获得较高的股息或者通过买卖股票而获利。一旦实现了获利的目的,他们就会将其所持股票出售。除了上述两类股东外,还有**机构投资者**,如资本投资公司和保险公司,它们一方面对投资安全十分感兴趣,另一方面,它们也希望得到高额的分红,但如果它们对企业的经营成果不满,它们也会在短期内出让其持股。〔1〕机构投资者在德国资合公司中的地位日益重要。公司法和证券法中的大多数规定主要是为了保护**未来证券投资者**的利益。为了他们,必须确保资本市场的正常运作,使他们不必承担那些非同寻常的义务,同时还可以减少其投资风险。

2 除了不同种类的股东有着不同的利益外,还必须注重**职工**的利益。在职工中也存在着不同的利益团体,例如,工人、职员、高级职员,他们的利益是不同的。这些问题主要由劳动法调整和解决。就他们与企业的关系而言,所有职工都想获得较高的工资、较好的社会福利、稳定的工作和舒适的工作条件。这样,他们的利益就与股东的利益相冲突。对于后者,他们的利益主要是为了获得高额利润。工会在很大程度上代表着职工的利益。在股份有限公司中,工会也有相当的影响力。

---

〔1〕 Vgl. *Baums*, Rechtstatsachen zu "Institutionelle Investitoren und Publikumsgesellschaft, in: Feddersen/Hommelhoff/Schneider, Corporate Governance, 1996, 324.

3 **管理机构**有着自己特有的利益。董事会和监事会通常认为企业应该得到不断的加强和发展;即使这些发展将影响公司的股息分配和职工的福利,企业也不应该放弃其发展目标。他们这样做,一方面是出于经济上的考虑,另一方面是为了追求权力和名誉。就个人利益而言,董事和监事能够获得高额的薪金和稳定的职位,这同样与股东和职工利益相冲突。[1]

4 与股东利益、职工利益和管理人员利益这些特别利益或者特殊的团体利益相对应,司法判例和学术界又在最近提出了企业利益这一概念,这是指以实现企业宗旨为目的同时包括所有相关当事人的利益(见本书 § 6 边码 15 和 § 14 边码 13)。

5 法律的另外一个重要指导思想是保护**债权人**的利益。债权人包括供应商、客户、职工、贷款提供者等。由于大型企业重要的经济地位和社会地位,**社会公众和政治家**也比较关注股份有限公司,他们对股份有限公司的关注程度远远超过其他形式的公司。

2. 股份有限公司的特征

6 股份有限公司的法律关系十分复杂。这是**股份法的一个特征**。为了防止产生不必要的纠纷,立法者力图对所有的细节都进行异常详细的规定和调整。股份法中的大部分强制性规定都是为了保护现有股东或者未来股东的利益。[2] 三权分立的管理机构既是为了保证公司各方当事人能够对公司行使其影响力,又是为了保证企业管理机构能够保持必要的独立性和灵活性,更重要的是为了维持各方当事人的影响力和管理机构的独立性和灵活性之间的平衡关系。与其他公司形式相比,股份有限公司经常成为政治改革的对象。就有关公司管理机构的法律规定而言,虽然其中的大部分规则都是根据实践中行之有效的组织原则制定的,但是也有一些条款是政治影响的产物,它们反映了一定的思想意识形态对公司的要求(见上文§6)。

## II. 管理机构

参考文献:*Abeltshauser*, Leitungshaftung im Kapitalgesellschaftsrecht, 1998; Albach u. a., Deregulierung des Aktienrechts: Das Drei-Stufen-Modell, 1988; Bleicher, Der Aufsichtsrat im Wandel, 1987; *Boettcher u. a.*, Unternehmensverfassung als gesellschaftspolitische Forderung, 1968; *Conard*, Zur überwachung des Unternehmensmanagements, Ein Vergleich der Entwicklungen im Recht der EG und der Vereinigten Staaten, ZGR 1987, 180; *Endres*, Organisation der Unternehmensleitung aus der Sicht der Praxis, ZHR 163(1999), 441; *Gerum/Steinmann/Fees*, Der mitbestimmte Aufsichtsrat, 1988; *Großfeld*, Aktiengesellschaft, Unternehmenskonzentration und Kleinaktionär, 1968; *Mestmäcker*, Verwaltung, Konzerngewalt und Rechte der Aktionäre, 1958;

---

〔1〕 Vgl. dazu die satirische Schrift *Noll/Bachmann*, Der kleine Machiavelli, 5. Aufl., 1995.

〔2〕 Zur aktienrechtlichen Gesetzesstrenge s. oben § 9 Rdn 19ff.

*Ott*, Recht und Realität der Unternehmenskorporation, 1977; Raiser, Das Unternehmen als Organisation, 1969; *ders.*, Vorstand, Aufsichtsrat und Hauptversammlung in mitbestimmten Aktiengesellschaften, FS L. Raiser, 1974, 335; *Röller*, Quo vadis Aufsichtsrat? AG 1994, 333; *Semler*, Rechtsvorgabe und Realität der Organzusammenarbeit in der Aktiengesellschaft, FS Lutter, 2000, 721; *Steinmann*, Das Groβunternehmen im Interessenkonflikt, 1969; *Vogel*, Aktienrecht und Aktienwirklichkeit, 1980; Bericht über die Verhandlungen der *Unternehmensrechtskommission*, 1980; *Wiethölter*, Interessen und Organisation der Aktiengesellschaft im amerikanischen und deutschen Recht, 1961; *Windbichler*, Zur Trennung von Geschäftsführung und Kontrolle bei amerikanischen Groβgesellschaften, ZGR 1985, 50; *Wymeersch*, Unternehmensführung in Westeuropa, AG 1995, 299 ff.

1. 监事会制度

与其他公司形式相比,股份有限公司的一个最重要的特征是**其三元制的管理组织**。除了常见的股东大会和董事会之外,股份有限公司中还有一个必设的机构即监事会。 7

监事会最早产生于19世纪。当时,它是一个由公司自主设立的机构。1870年,国家取消了对股份公司设立的监督。为了弥补无人监督的空缺,监事会才成为一个必设机构。最初监事会起着多方面的作用。有时它相当于一个股东委员会,以解决股东大会专业知识不足和大会难以召集的困难与问题。有时,它又成为大股东向董事会提出其经营设想的地方。在另外一些情况下,监事会则是董事会的咨询机构,它可以与董事会成员交换经营经验,帮助他们维护与客户的关系。〔1〕1870年修正后的《股份法》将监事会定义为专门监督董事会的股东委员会。〔2〕然而,公司可以通过章程规定赋予监事会更多的权力,例如它们可以任命或者罢免董事会成员,决定企业的经营方针。这样,监事会就不再是一个专门的监督机构,它已经在事实上成为企业的管理委员会。 8

后来,德国又对《股份法》进行了几次改革。所有这些改革都削弱了股东大会的职权,强化了董事会和监事会的职权。其中重要的举措是监事会本来就设计为一个职工行使共同管理权的地方。在1965年对《股份法》改革中,在股东民主思潮的影响下,在个别方面也加强了股东的权力。但是这些微小的变化并没有对股份有限公司的运作机制起到很大的影响。 9

根据德国现行法律,董事会独立于公司股东大会和监事会,它独自负责公司的经营管理(《股份法》第76条第1款)。因此,董事会才是企业的管理机关。**股东大会**仅仅对法律规定的其职权范围内的事项拥有决定权。股东大会管辖的重要事项有:修改章程、增资或者减资、选举和任命监事会中的股东代表、批准企业合同或者企业变更合同、决定利润分配。对于公司经营管理中的问题,只有在董事会提出请 10

〔1〕 Zur Geschichte des Aufsichtsrats vgl. *Renaud*, Das Recht der Aktiengesellschaften, 2. Aufl., 1875, 625 ff.

〔2〕 *K. Lehmann*, Das Recht der Aktiengesellschaften, Bd. 2, 1904, 335 ff.

求时，股东大会才可以进行决策(《股份法》第119条第2款、第111条第4款第3项)。但是这种情况在公众公司的实践中并不多见。立法者希望通过这种规定，保证企业不受那些不具管理能力而又仅考虑自己利益的股东的影响。

11 1870年以来，**监事会**开始成为企业的管理机构。法律严格规定，董事会成员或者监事会成员**不能在对方机构中相互兼职**(《股份法》第105条)，以此来保护监事会独立的监督功能。而且监事会无权参与企业的经营和管理(《股份法》第111条第1—3款)。然而，法律规定监事会对个别重要的经营事项拥有决策权。首先它可以任命董事会成员；如果有重要的原因，它也可以提前罢免董事(《股份法》第84条)。因此监事会拥有人事决定权。其次，监事会对董事会计划的某些业务享有否决权(《股份法》第111条第4款)，而且有权参与年度报表的编制并且批准该报表(《股份法》第172条)。由此可见，监事会在公司中拥有较高的法律地位。与此不相称的是，监事会很少召集会议。以前的《股份法》第110条第3款规定，监事会会议每年一般不得超过两次。1998年颁布《有关加强企业控制和透明度的法律》以后，规定上市公司每年至少应该召开四次监事会会议。实践中，比较常见的是每年召开三次或者四次监事会。这是股份法中一个不可忽视的结构性缺陷。总的来说，通过设立监事会，法律在公司中建立了一个检查和平衡制度。法律没有给任何一个机构提供特别优势或者特别的法律权益。所以，与以前《股份法》的规定不同，在股份有限公司中，**股东大会已经不再**是公司的**最高权力机关**。这也是股份有限公司与其他形式的公司的一个区别。

2. 实践中的监事会

12 在公司实践中，监事会对公司管理机构的影响到底有多大？对于这个问题不能一概而论，在不同的公司中会得出不同的结论，因而应该视具体情况而定。[1] 如果监事会不干预董事会的业务计划，而仅仅将其工作停留在事后对董事会的监控方面，那么监事会就会成为一个几乎没有作用的绅士委员会。这样的监事会是否有必要存在是值得怀疑的。[2] 相反，如果监事会尽可能地行使其人事决定权和重要事项决定权，那么它就成为实际上的企业管理机关。在具体的公司中究竟会出现哪种监事会，首先取决于监事的人选，但是主要还是取决于股东的成分和章程中有关共同决定的规定。

13 如果公司的股份集中在一个股东手中(自然人、公法机构、居控制地位的企业)，那么该股东就可以根据共同决定的规定指派其代理人出任公司监事，如果需要，他可以选举自己为监事会成员或者监事会主席。在这种情况下，由于监事会力量很强，董事会对监事会就具有很

[1] *Vogel*, Aktienrecht und Aktienwirklichkeit; *Gerum/Steinmann/Fees*, Der mitbestimmte Aufsichtsrat; *Bleicher*, Der Aufsichtsrat im Wandel; *Semler* FS Lutter 721; ferner den Bericht "Mitbestimmung und neue Unternehmenskulturen".

[2] *Wiethölter*, Interessen und Organisation der Aktiengesellschaft 299 ff, 309.

强的依赖性。因此尽管《股份法》第76条规定,董事会必须独自负责企业的经营和管理,但是董事会实际上拥有的独立性相当有限。只有在监事会许可的范围内,董事会才拥有一定的自主经营权。它也不过是监事会控制下的一个下属执行机构。而且,由于股东是公司的惟一出资者,加上监事会拥有的广泛的保留同意事项,这些又进一步加强了董事会对监事会的依赖性。与此相反,如果公司的所有股份分散在众多的小股东手里,那么,股东大会不可能提出自己的监事人选,也不会提出自己的经营计划。在这种情况下,董事会就会向股东大会推荐其信任的人出任监事。由于缺乏其他候选人,董事会推荐的人选通常会成为监事。在这种公司中,须经监事会同意的事项很少。股东大会虽然也会作出一些决定,但是它决定的仅仅是董事会的建议。因此,它实际上成为董事会的橡皮图章委员会。如果董事会经营不善,使公司遭受严重的亏损,股东开始反对董事会的经营策略时,董事会一手遮天的情况才会有所改变。即使在这种情况下,公众性公司的股东大会也基本上不可能提出自己的经营方针,它也只能委托监事会来完成这一任务。

3. 对监事会制度的评价

尽管如此,今天人们依然把监事会当作是公司的监督机构或者决策机构。它在现实中的不同表现恰恰证明法律调整社会生活的能力是有限的,因为每个现实生活都有其合法性的一面,同时也有其灵活性的一面。当然,这绝对不是说监事会制度不好。这只是要求有关公司管理机构的法律规定必须具有适当的灵活性。与此相适应,德国最近的学术主流观点认为:三元制的管理机构是**适合**于企业经营目的的,以后也必须**保留**这一组织形式。[1] 14

监事会制度并没有得到各国的公认。它是德国《股份法》的**独特规定**。其他国家尤其是英美法国家和法国原则上只承认二元制的组织机构,它们仅仅将公司的管理机构分成成员大会(股东大会)和管理机关(董事会)。人们习惯上把它称为**董事会制度**。然而,在过去几年中,这些国家反复审查了其传统的规定,并且已经倾向于采用三元制的管理模式(见上文 § 7. I. 3)。[2] 15

## III. 职工的共同管理权

参考文献:*Badura/Rittner/Rüthers*, Mitbestimmungsgesetz 1976 und Grundgesetz, 1977; *Boettcher*, *Hax u. a.*, Unternehmensverfassung als gesellschaftspolitische Forderung(sog. Sechserbericht), 114; *Kübler/Schmidt/Simitis*, Mitbestimmung als gesetzgebungspolitische Aufgabe, 1978; *v. Nell-Breuning*, Unternehmensverfassung, Festgabe Kronstein, 1977, 47; *Ott*, Recht und

〔1〕Vgl. statt aller die Äuβerungen der *Studienkommission* des Dt. Juristentages, in: Untersuchungen zur Reform des Unternehmensrechts, Teil I, 1955, 31 f; den Bericht der *Unternehmensrechtskommission*, Rdn. 222 ff; und den Bericht der *Kommission Mitbestimmung und neue Unternehmenskulturen-Bilanz und Perspektiven*; ferner: *Mestmäcker*, Verwaltung, Konzerngewalt und Rechte der Aktionäre 95 f; *Röller* AG 1994, 333 ff; *Endres* ZHR 163(1999), 441 ff.

〔2〕*Windbichler* ZGR 1985, 50; *Conard* ZGR 1987, 180.

Realität der Unternehmenskorporation, 1977; *Raiser*, Grundgesetz und paritätische Mitbestimmung, 1975; *ders.*, Mitbestimmung im Betrieb und im Unternehmen, FS Duden 1977, 423, *ders.*, Unternehmerische Mitbestimmung auf dem Prüfstand, FS Buxbaum 1999, 415; *Scholz*, Paritätische Mitbestimmung und Grundgesetz, 1974; *Steinmann*, Das Großunternehmen im Interessenkonflikt, 1969.

1. 不同层次的共同管理

16 自19世纪以来,德国在三个不同的层次上发展了职工共同管理制度:行业劳资合同和劳资斗争制度、雇员代表参与管理制度以及职工代表参与监事会和董事会制度。今天,这些制度同时存在,它们起着相互补充的作用。[1] 由于**行业劳资合同和劳资斗争**通常并不涉及具体的企业,而仅仅涉及某些行业,[2]所以它不是本书论述的内容。与此相反,自1972年颁布《雇员代表共同管理法》以来,**职工参与企业决策**起着日益重要的作用。[3] 其最明显的表现是在德国设置了康采恩企业职工委员会总会(《雇员代表共同管理法》第47条等条款)、青年代表联合委员会(《雇员代表共同管理法》第72条等条款)和经济委员会(《雇员代表共同管理法》第106条等条款);1988年12月20日以后,还设立了高级管理人员发言人委员会。在管理权限方面,职工委员会对公司经营的事项有着很大的共同管理权限,对管理机构的自由处置权也有着很大的制约作用。

17 比如,职工委员会在决定企业社会福利机构的设立和管理方面、在决定企业计件工资、奖金和临时工用工方面(《雇员代表共同管理法》第87条)以及在制定选任规则方面(《雇员代表共同管理法》第95条),尤其在改变经营和确定社会福利计划方面,有着很大的发言权(《雇员代表共同管理法》第111条等)。监事会中的职工代表通常同时兼任职工委员会的成员,这又进一步加强了其影响力。

18 基于以上的原因,无论是从其内容方面来看,还是从体系方面看,都要求我们将雇员代表共同管理法这一部分当作企业管理机构的内容来论述。[4] 虽然在其他论著中,这通常是劳动法的内容。

19 在股份有限公司中,三元制的组织结构中的董事会和监事会为**职工参与公司**

[1] Vgl. vor allem das *Mitbestimmungs*-Urteil des BVerfG (BVerfGE 50, 290) und das Schrifttum zum Mitbestimmungsstreit; statt aller die oben zitierten Schriften von *Raiser*, *Scholz*, *Badura/Rittner/Rüthers* sowie *Kübler/Schmidt/Simitis*; ferner: Mitbestimmung im Unternehmen-Bericht der Sachverständigenkommission zur Auswertung der bisherigen Erfahrungen bei der Mitbestimmung (*Mitbestimmungskommission*), 1970, BT-Drucks. VI/334, 10 ff; Mitbestimmung und neue Unternehmenskulturen-Bilanz und Perspektiven: Bericht der *Kommission Mitbestimmung*, 1998, 15 ff und dazu Raiser FS Buxbaum 415.

[2] Ausnahmen sind die Unternehmenstarifverträge, namentlich bei VW.

[3] Vgl. Bericht der *Kommission Mitbestimmung* aaO 30 ff.

[4] *Raiser* FS Duden 423; Bericht der *Unternehmensrechtskommission* Rdn. 1178 ff.

**管理**提供了最好的解决办法。1920 年的《职工委员会法》和 1922 年的《关于派遣职工委员会成员进入监事会的法律》就已经规定了这一点。第二次世界大战结束后，工会提出的有关共同管理的要求有所转移，它主要要求监事会成员必须由同等人数的资方代表和职工代表组成，并且要求在大型企业中必须任命工人董事。现行的法律也因此逐步往这个方向发展。

从结构上看，这种管理模式并不是理所当然的。股东大会的决定也会影响职工的利益。因此学术界一直在探讨建立一个新的管理模式，即由股东代表和职工代表组成的企业大会来取代目前的股东大会。[1] 20

2. 有关共同决定的法律规定

关于职工共同决定权，目前德国共有 5 **部不同的法律予以规定**。对于为数不多的大型煤钢企业，适用 **1951 年的《煤炭和钢铁工业职工共同决定法》**。根据该法规定，监事会必须由同等人数的股东代表和职工代表共同组成，除此之外还须设立一名中立的监事；在董事会中必须由监事会中的职工代表指定一名工人董事，该董事具有与其他董事同等的权利。根据 1956 年制定的**《煤炭和钢铁工业职工共同决定补充法》**的规定，金属业康采恩必须建立共同决定权制度。该法与原有的《煤炭和钢铁工业职工共同决定法》并不相同，而且，在 1988 年又对许多方面作出了重要修改。但是该法与 1976 年的《共同决定法》则比较接近（见本书 § 15 边码 23）。1999 年，德国联邦宪法法院宣布该法的部分条款不符合宪法的规定，因而无效。[2] 从此以后，该法已经失去现实意义，因为没有一家康采恩再适用其规定。[3] 21

此外，还有 1976 年的**《共同决定法》**。该法适用于职工人数超过 2000 人的股份有限公司。根据该法规定，监事会由同等人数的股东代表和职工代表共同组成，另外还必须指定一名工人董事，但是该工人董事不一定要得到职工的认可。到 1996 年为止，共有 728 个股份有限公司适用该法律，比 1989 年增加了 200 家。[4] 而职工人数少于 2000 人的股份有限公司依然适用 **1952 年的《雇员代表共同管理法》**第 76 条的规定。根据《共同决定法》第 1 条第 4 款和《雇员代表共同管理法》第 81 条的规定，所谓的**倾向性企业**和职工人数**少于 500 人的企业**则不适用有关共同管理的 22

〔1〕 Vgl. schon die Erwägungen der *Studienkommission* des Dt. Juristentages, in: Untersuchungen zur Reform des Unternehmensrechts, Teil I, 1955, 44; ferner *Boettcher*, *Hax u. a.*, Unternehmensverfassung 114 ff; *v. Nell-Breuning* Festgabe Kronstein 47, 62 ff; *Steinmann*, Groβunternehmen 200 ff; *Ott*, Recht und Realität der Unternehmenskorporation 289 ff. Aus dem politischen Raum: Grundsatzprogramm der katholischen Arbeitnehmerbewegung Deutschland vom Juni 1972. Zum ganzen Fragenkreis eingehend: Bericht der *Unternehmensrechtskommission* Rdn. 576 ff, 1086 ff.

〔2〕 BVerfG ZIP 1999, 410 ff(*Mannesmann*) und die abschlieβende Entscheidung des OLG Düsseldorf AG 2000, 45; dazu *Raiser* RdA 1999, 394; *Oetker* ZGR 2000, 19; *Budenbender* ZIP 2000, 385.

〔3〕 Siehe *Raiser* RdA 1999, 394.

〔4〕 Vgl. Bericht der *Kommission Mitbestimmung* aaO 45.

规定(《雇员代表共同管理法》第76条第4款)。

3. 对职工共同管理制度的评价

23 通过让职工代表参与企业的管理,以此来平衡股东和职工的不同利益,这既是立法思想上的一个突破,也是德国法的特色之一。其产生的根源是20世纪时期德国的特殊历史发展。更重要的原因是与其他西方工业国家相比,由于两次世界大战的原因,德国有着很深的社会福利思想根源;另外职工、工会和其他政治组织也愿意以自己的力量承担战后企业和经济的重建工作。

24 20世纪60年代,由于联邦德国经济发展稳定,产生了共同决定的想法。在政治界开始讨论,试图通过德国的共同决定立法影响**其他国家**的企业法。但是这一设想没有实现。只有荷兰实施了一个与1976年德国《共同决定法》类似的共同管理法,但是该法与德国的规定有很大的不同(见上文§7.I.4)。欧盟其他国家和美国虽然也让职工参与企业的经营,但是这些国家主要是通过设立职工委员会以及由劳资双方的谈判来实现这一目的。因为这一点,欧盟所谓的公司结构指令草案(第5号公司法指令草案)以及欧盟股份有限公司指令草案建议的职工共同管理方案都大大的落后于德国的共同管理模式。德国的共同管理规定是否能够在以后的国际竞争中保持其特色,在目前的情况下还很难预料。[1]

## IV. 国家或者公共利益机构代表参与企业管理

25 由于大型企业在整个国民经济、社会和政治中的重要地位,因此,除了股东代表和职工代表外,似乎还应该派遣国家或者公共利益机构的代表参与企业的管理。为了实现《宪法》第15条规定的社会化目标,可以考虑采用这种办法。但是,到目前为止还没有这样的安排。这也不是目前政治上讨论的一个热门话题。与此相反,国家主要通过对企业的参股并且根据《股份法》第101条第2款规定的派遣权来保证其对企业的影响力。

26 对于一般公众的利益,整个德国法只有在《煤炭和钢铁工业职工共同决定法》中才规定从结构上考虑这一点。根据该法第4条的规定,必须任命三位中立的监事会成员,即第11位、第15位和第21位监事。这三位监事既不是股东代表,也不是工会代表,更不是雇主联合会代表。他们在企业中的身份既不是职工,也不是雇主。此外,他们还应该与企业没有任何其他利害关系。《股份法》和《共同决定法》严格地将国家的公共利益和公司利益分开。监事会中也没有供货商代表、顾客代表或者消费者代表。当然,在第二次世界大战以后所进行的**有关改革公司法的讨论中**曾经提出了许多建议。其中之一是,在企业中公共利益必须有自己的代表。但是,这些建议已经过时。相反,到20世纪90年代时,私有化思潮占据了上风,即公共任

---

〔1〕 Vgl. die nachhaltige Forderung einer flexiblen Weiterentwicklung im Bericht der *Kommission Mitbestimmung* 113 ff und dazu *Raiser* FS Buxbaum 415.

务必须私有化，必须由私营企业来履行或者完成相关的公共任务。

27 1955年，德国法学家年会企业法改革研究委员会曾经考虑，在职工人数超过1000人的企业中建立新的代表大会制度，以取代沿用的股东大会制度，大会应该按照2∶2∶1的比例分别由股东代表、职工代表和公共利益代表组成（委员会报告I，1955，22 ff，44 ff）。后来，奈尔—布朗宁（Nell-Breuning）〔1〕在其所谓的六点报告中（Sechserbericht）〔2〕也提出过类似的设想，崔·奥特（C. Ott）〔3〕甚至设想由议会来选举公共利益代表。施泰因曼（Steinmann）〔4〕则建议设立一个企业委员会，并将它作为制约董事会的一支平衡力量，在该委员会中除了有股东代表和职工代表外，还必须有三个消费者利益代表和三个国家利益代表。另外，许多政治团体也提出了不同的企业管理改革模式。一般都要求，在监事会中除了有股东代表和职工代表外，还必须有中立的第三方利益代表。1968年德国社会民主党提出了有关《企业宪法草案》，〔5〕该草案的规定与《煤炭和钢铁工业职工共同决定法》第4条的规定相似，只是要求除了股东代表和职工代表外，还必须有三个其他代表。在社会民主党于1972年提出的长期计划中，更明确地指出，在监事会中必须有代表公共利益的第三方代表。德国工会联盟、德国职员工会以及德国基督工人运动组织都提出过类似的建议。〔6〕最后，部分企业法委员会的成员也主张，在所有的股份有限公司或者在那些较大的企业中，其监事会必须设有公共利益的代表。〔7〕

## V. 公司治理结构和股东价值

参考文献：*Assmann*，Corporate Governance，AG 1995，288；*Baums*，Der Aufsichtsrat-Aufgaben und Reformfragen，ZIP 1995，11；*Bernhardt*，Aufsichtsrat-Die schönste Nebensache der Welt，ZHR 159（1995），310；*Buxbaum*，Die Leitung von Gesellschaften-Strukturelle Reformen im amerikanischen und deutschen Gesellschaftsrecht，in：Feddersen/Hommelhoff/Schneider aaO 65；*Claussen*，Corporate Governance-Grundsätze in Deutschland-Nützliche Orientierungshilfe oder regulatorisches übermaβ?，AG 2000，481；*Dreher*，Die Organisation des Aufsichtsrats，in：Feddersen/Hommelhof/Schneider aaO 33；*Endres*，Organisation der Unternehmensleitung aus der Sicht der Praxis，ZHR 163（1999），441；*Frühauf*，Geschäftsleitung in der Unternehmenspraxis，ZGR 1998，407；*Feddersen/Hommelhoff/Schneider*（Hrsg.），Corporate Governance，1996；*Götz*，Zur Diskussion gestellt：Organhaftpflichtprozesse in der Aktiengesellschaft，AG 1997，219；*Hommelhoff/Mattheus*，Corporate Governance nach dem KonTraG，AG 1998，249；*Hopt*，Europäisches Gesell-

---

〔1〕 Festgabe Kronstein 47，61 ff.

〔2〕 *Boettcher u. a.*，Unternehmensverfassung 123，130.

〔3〕 Ott，Recht und Realität der Unternehmenskorporation 289 ff.

〔4〕 *Steinmann*，Groβunternehmen 236 ff；*Steinmann/Gerum*，Reform der Unternehmensverfassung 90 ff.

〔5〕 BT-Drucks. V/3657；Nachweise bei *Schwerdtfeger*，Mitbestimmung in privaten Unternehmen，1973；*Stollreither*，Mitbestimmung，1975.

〔6〕 Nachweise bei *Schwerdtfeger* aaO und *Stollreither* aaO.

〔7〕 Bericht der *Unternehmensrechtskommission* Rdn. 128 ff，163 f，520 ff.

schaftsrecht-Krise und neue Anläufe, ZIP 1998, 96; *ders.*, Gemeinsame Grundsätze der Corporate Governance in Europa?, ZGR 2000, 779; *Hopt/Teubner*, Corporate Governance and Director's liabilities, 1985; *Hopt/Wymeersch ua* (Hrsg.), Comparative Corporate Governance, 1998; *Kraakman*, Die Professionalisierung des Board, in: Feddersen/Hommelhoff/Schneider aaO, 129; *Lutter*, Defizite für eine effiziente Aufsichtsratstätigkeit und gesetzliche Möglichkeiten der Verbesserung, ZHR 159(1995), 287; *ders.*, Eine größenabhängige und zwingende Unternehmensverfassung für Kapitalgesellschaften in Europa, AG 1997, 538; *Merkt*, Unternehmensleitung und Interessenkollision, ZHR 159(1995), 423; *Monks/Minow*, Corporate Governance, 1995; *Mülbert*, Shareholder Value aus rechtlicher Sicht, ZGR 1997. 129; *Rock*, America's fascination with German Corporate Governance, AG 1995, 291; *Schneider/Strenger*, Die "Corporate Governance Grundsätze" der Grundsatzkommission Corporate Governance, AG 2000, 106, *Seibert*, OECD Principles of Corporate Governance-Grundsätze der Unternehmensführung und-kontrolle für die Welt, AG 1999, 337; *Semler*, Rechtsvorgabe und Realität der Organzusammenarbeit in der Aktiengesellschaft, FS Lutter 2000, 721; *Scheffler*, Betriebswirtschaftliche überlegungen zur Entwicklung von Grundsätzen ordnungsmäßiger überwachung der Geschäftsführung durch den Aufsichtsrat, AG 1995, 207; *Seibert*, Kontrolle und Transparenz im Unternehmensbereich (KonTraG), WM 1997, 1; *Sünner*, Effizienz von Unternehmensorganen als Grundsatz der Corporate Governance, AG 2000, 492; *Theisen*, Grundsätze ordnungsgemößer Kontrolle und Beratung der Geschäftsführung durch den Aufsichtsrat, AG 1995, 193; *v. Werder u. a*, German Code of Corporate Governance, DB 2000, 1573; *Wilde*, Informationsrechte und Informationspflichten im Gefüge der Gesellschaftsorgane, ZGR 1998, 423; *Wymeersch*, Unternehmensführung in Westeuropa, AG 1995, 299.

28 在新一轮改革中,讨论的一个中心问题是"公司治理结构"和"股东价值"。在国际上尤其是在美国发生了一些重大的企业投机危机之后,美国首先开始了相关的讨论。德国也存在同样的问题,因此法学界也开始关注这一议题。这一讨论的中心内容就是要为大型企业(上市公司)设计一个尽可能高效的管理机构,该管理机构必须既能提高企业的价值,同时又能提高股份的价值。与此相适应必须建立有效的监督制度,并且为企业管理者制定出明确的行为准则和责任规则。

29 在国际法方面,联合国经合组织于1998年颁布了**《公司治理结构原则》**。该原则一方面可以帮助成员国政府能够客观地评估并且改进其"企业的法律环境、结构环境和政治环境,另一方面,也可以为所有试图发展良好企业管理者实践规则的人提供一些指导和建议。这些人可能包括证券交易所、投资者、企业或者其他人。"[1]该原则包括一些立法建议,如平等对待所有股东、企业中其他相关当事人的法律地位尤其是职工的地位、公开义务和透明义务以及监事会的义务。由于德国颁布了《有关加强企业控制和透明度的法律》,而经合组织的建议并没有超出德国的规定,所以《公司治理结构原则》对德国没有直接的指导意义。[2]

---

〔1〕 Deutsche übersetzung, abgedruckt AG 1999, 340, 341 mit Einführung von *Seibert* 337.

〔2〕 *Seibert* aaO 339.

经过相关的讨论,德国最终于 1998 年颁布了**《有关加强企业控制和透明度的** 30
**法律》**,该法对现行法律制度进行了一些修改,并且完善了有关董事会和监事会的规定。在下文的论述中,将会涉及这些变化。是否必须对现行法律作进一步的修改,现在还无法知晓。

为了满足制定更加完善的法规的要求,德国于 1999 年成立了一个由科学家、经济法律师 31
和企业法学者组成的"公司治理结构原则委员会",该委员会于 2000 年提交了一份"最佳实践准则"。[1] 另外,在德国还设立了一个"德国柏林公司治理结构创新小组",该小组的成员与上述委员会相类似,该小组也公布了名为"公司治理基本准则"的建议案。[2] 这些建议案采纳了现行法规的一些条款,也提出了一些立法建议。主要的建议涉及股东权利、董事会的任务、提供信息义务及其报酬。此外,还包括解决利益冲突的规则、监事会的组成、职权和任务、监事会专业委员会的组成以及监事的报酬。柏林的准则建议案还论及职工的共同决定权、封闭性公司和康采恩的特殊情况。

## §14. 董　事　会

### I. 董事会的法律地位

参考文献:*Albach*, Strategische Unternehmensplanung und Aufsichtsrat, ZGR 1997, 32; *Dose*, Die Rechtsstellung der Vorstandsmitglieder einer Aktiengesellschaft, 3. Aufl., 1975; *Braun/Uhlenbruck*, Unternehmensinsolvenz, 1997; *Brebeck/Herrmann*, Zur Forderung des KonTraG-Entwurfs nach einem Frühwarnsystem, WPg 1997, 361; *Drygala/Drygala*, Wer braucht ein Frühwarnsystem, ZIP 2000, 297; *Feddersen*, Nochmals-Die Pflicht des Vorstands zur Unternehmensplanung, ZGR 1993, 114; *Früh/Wagner*, überschuldungsprüfung bei Unternehmen, WPg 1998, 907; *Giese*, Zur Prüfung des Risikomanagementsystems einer Unternehmeung durch den Abschlußprüfer gemäβ KonTraG, WPg 1998, 451; *Götz* Die überwachung der Aktiengesellschaft im Lichte jüngerer Unternehmenskrisen, AG 1995, 337; *Heermann*, Unternehmerisches Ermessen, Organhaftung und Beweislastverteilung, ZIP 1998, 761; *Hommelhoff/Matheus*, Corporate Governance nach dem KonTraG, AG 1998, 249; *Krieger*, Personalentscheidungen des Aufsichtsrats, 1981; *Kallmeyer*, Pflichten des Vorstandes der Aktiengesellschaft zur Unternehmensplanung, ZGR 1993, 104; *Kromschröder/Lück* Grundsätze risikoorientierter Unternehmensüberwachung, DB 1998, 1573; *Kropff*, Die Unternehmensplanung im Aufsichtsrat, NZG 1998, 613; *Lück*, Der Umgang mit unternehmerischen Risiken durch ein Risikomanagementsystem und durch ein überwachungssystem, DB 1998, 1925; *Lutter*, Information und Vertraulichkeit im Aufsichtsrat, 2. Aufl. 1984; *Mertens*, Zur Berichtspflicht des Vorstands gegenüber dem Aufsichtsrat, AG 1980, 67; *Mülbert*, Shareholder

---

[1] Abgedruckt in AG 2000, 109 mit Einführung von *Schneider/Strenger* 106; vgl.

[2] *v*, *Werder* ua DB 2000, 1573.

Value aus rechtlicher Sicht, ZGR 1977, 129; *Oesterreich*, Die Betriebsüberlassung zwischen Vertragskonzern und faktischem Konzern, 1979; *Säcker*, Kompetenzstrukturen bei Bestellung und Anstellung von Mitgliedern des unternehmerischen Leitungsorgans, BB 1979, 1321; *ders.*, Informationsrechte der Betriebs-und Aufsichtsratsmitglieder, 1979; *Scharpf*, Risikomanagement-und überwachungssystem im Treasury, 1998; *Semler*, Leitung und überwachung der Aktiengesellschaft, 2. Aufl, 1996; *K. Schmidt*, Insolvenzordnung und Gesellschaftsrecht, ZGR 1998, 633; *Schmidt-Leithoff*, Die Verantwortung der Unternehmensleitung. 1989; *Sina*, Zur Berichtspflicht des Vorstandes gegenüber dem Aufsichtsrat bei drohender Verletzung der Verschwiegenheitspflicht durch einzelne Aufsichtsratsmitglieder, NJW 1990, 1016; *Theisen*, Grundsätze einer ordnungsmäßigen Informationsversorgung des Aufsichtsrats, 2. Aufl. 1996; *Veelken*, Der Betriebsführungsvertrag im deutschen und amerikanischen Recht, 1975.

1. 独立负责

1 根据《股份法》第76条第1款的规定,董事会**独自负责**公司的**经营和管理**。用公司法的其他术语来说,董事会拥有公司的管理权和代表权(《股份法》第77条第1款、第78条第1款)。但是《股份法》第76条第1款所用的是广义的"经营管理",它不仅意味着董事会可以确定企业的经营策略和经营方向,而且意味着可以采取具体的经营措施。[1] 即在公司章程规定的范围内,尤其是在章程确定的经营范围内,在业务守则和其他机构规定许可的范围内,可以**不必听从股东大会或者监事会的指令**,进行独立的经营管理(《股份法》第82条第2款)。相对于企业中的职工和经营机构,股份公司的董事会起着雇主即企业家的作用。

2. 董事会的义务

2 《股份法》十分详细地规定了董事会**作为公司机关的义务**。根据《股份法》第83条的规定,对于属于股东大会职权范围内的事务,董事会必须根据股东大会的要求做好必要的准备工作,并且履行股东大会的决议。根据《股份法》第91条第1款的规定,董事会必须设法做好会计簿记工作。《股份法》第91条第2款是根据《有关加强企业控制和透明度的法律》的规定而新增加的一个条款。据此董事会必须采取必要的措施,及早发现危及公司生存的情况,特别是应该建立一套监管系统(所谓的**早期预警机制**)。[2] 如果在编制年终决算报表或者中期决算报表过程中发现或者由于其他原因而发现公司的亏损数额已经超过公司资本的一半时,董事会必须立即召集股东大会,并就此向股东大会进行汇报(《股份法》第92条第1款)。《股份法》第92条第2款规定,在公司没有清偿能力或者负债过高时,董事会

[1] Zum Begriff der Leitung vgl. *Dose* aaO 35 ff; *Semler*, Leitung und überwachung Rdn. 7 ff; *ders.* ZGR 1983, 1; KölnKomm/*Mertens* § 76 Rdn. 4 ff.

[2] Hierzu *Brebeck/Herrmann* WPg 1997, 381; *Giese* WPg 1998, 451; *Hommelhoff/Matheus* AG 1998, 249; *Kromschröder/Lück* DB 1998, 1573; *Lück* DB 1998, 1925; *Scharpf*, Risikomanagement-und überwachungssystem; *Drygala/Drygala* ZIP 2000, 297.

必须申请启动破产程序或者和解程序。[1]《股份法》第 93 条第 3 款则规定了董事会的保证筹集资本和维持资本义务。《股份法》的许多其他条款也规定了董事会的义务(试比较《股份法》第 106 条、第 122 条、第 125 条和第 175 条等)。

董事会负有公开信息的义务。这对于公司各机构之间的顺利合作以及企业正常运作至关重要。由于公司其他机构的成员不掌握公司的内部信息,因此,只有董事会将必要的信息告知他们,他们才能正确地履行其任务。[2] 对于股东而言,董事会必须根据《股份法》第 131 条的规定对股东大会提供必要的信息(见下文 § 16. IV.)。 3

对于由董事会草拟的、由股东大会决定的重要措施,董事会必须提供详细的**书面报告**(《股份法》第 293a 条、第 319 条第 3 款第 3 项,《变更法》第 8 条、第 127 条和第 192 条)。对于其签订的某些合同,董事会还负有解释和说明义务(《股份法》第 179a 条)。此外,董事会还必须承担资本市场法规定的许多义务(比较《有价证券交易法》第 15 条)。《雇员代表共同管理法》第 74、81、90 条和第 106 条等以及《变更法》第 5 条第 3 款、第 129 条和第 194 条第 2 款则规定董事会对于职工、监事会和经济委员会所承担的信息公开义务。 4

《股份法》特别谨慎地规定了董事会对**监事会的报告义务**(《股份法》第 90 条)。为了能够让监事会有效地行使监督义务,董事会必须向监事会提供详尽的报告;通过这些报告监事会必须能够全面地了解公司的情况。因此,董事会必须公开所有的信息,[3]不论是计划实施的经营策略,还是有关业务发展的其他原则问题,都必须向监事会进行汇报(《股份法》第 90 条第 1 款第 1 项)。由上可知,法律规定的监督制度不仅包括对已经完成的业务进行事后检查,而且包括对正在进行的或者将要开展的业务进行预防性的审查,此外,监事会还可以对企业的所有经营和管理事项进行咨询。由于监事会中的职工代表也能查阅这些报告,所以,这些报告也是职工行使共同管理权的基础。 5

根据《股份法》第 90 条的规定,董事会对监事会、监事会主席和监事会的成员承担着不同的报告义务。对于监事会,董事会必须每一季度报告一次,如果业务特别重要,那么董事会必须立即进行汇报,以便监事会对此提出看法(《股份法》第 90 条第 1 款和第 2 款)。监事会也可以在任何时候要求董事会就重大的事项进行汇报(《股份法》第 90 条第 3 款)。如果有重要原因存在,董事会必须立即向监事会主席进行汇报(《股份法》第 90 条第 1 款第 2 项)。根据《股份法》第 90 条第 3 款第 2 句 6

---

〔1〕 Einzelheiten zuletzt bei *Braun/Uhlenbruck*, Unternehmensinsolvenz; *Fenske* AG 1997, 554; *Früh/Wagner* WPg 1998, 907; *Höffner* BB 1999, 198, 252; *K. Schmidt* ZGR 1998, 633.

〔2〕 Vgl. *Albach* ZGR 1997, 32; *Götz* AG 1995, 337; *Kropff* NZG 1998, 613; *Lutter*, Information und Vertraulichkeit im Aufsichtsrat; *Säcker*, Informationsrechte der Betriebs-und Aufsichtsratsmitglieder; *Mertens* AG 1980, 67; *Nagel* BB 1979, 1799; *Sina* NJW 1990, 1016; *Theisen* aaO 1996.

〔3〕 BGHZ 20, 239, 246; 47, 341, 352; BGH NJW 1978, 762; Einzelheiten bei *Semler*, Leitung und überwachung Rdn 102ff.

的规定，每个监事都有权要求董事会向其汇报有关信息；即拥有与其他人同等的信息权(《股份法》第90条第5款)。

7 除此之外，对于因其在公司中的职位而获得的机密数据、经营秘密和商业秘密，董事会成员负有保密义务(《股份法》第93条第1款第2句，详见本书 § 15. VII. 3)。

3. 法定的职权分工

8 董事会必须遵从并且维护公司章程和法律规定的其和股东大会、监事会之间的职权分工(《股份法》第82条第2款)。在董事会履行这一义务时存在着两方面的困难：

9 (a)公司章程的内容之一是确定企业的经营范围(《股份法》第23条第3款第2项，见上文 § 11. II. 1)。这就意味着，董事会所开展的经营活动不得超出章程规定的经营范围。另一方面，如果章程确定的经营范围过于狭窄，这就限制了董事会的独立管理权，这与《股份法》第76条第1款的规定相矛盾。解决这一矛盾的办法是：应该限制《股份法》第23条第3款第2项的适用范围。企业的经营范围是公司开展其经营活动的经济领域，如果不对章程的内容进行必要的修改，董事会就不得开展公司章程规定以外的经营活动；但是如果有些经营活动虽然超出章程确定的范围，但是相比较而言它们并不十分重要，那么，董事会依然可以进行这些业务。[1]

10 (b)值得怀疑的是：董事会究竟有权在多大程度上决定为实现企业经营目的而向其他企业参股或者购买其他企业，或者通过设立子公司并且将企业的部分业务转让给其子公司。一般认为，公司章程可以对董事会进行上述授权。在实践中，这样的授权也十分常见。与此相反，如果这种授权涉及章程确定的经营范围，章程也可以禁止董事会采取这样的经营策略。如果公司章程中对此没有任何规定，就可以认为，董事会有权采取上述经营措施。但是如果董事会所开展的业务与企业的规模不成比例，而且能够使人认为企业的性质已经发生了根本性的变化，那么董事会便无此权利。[2]

11 对于超越章程规定的改变企业结构的决定，在霍尔茨米勒一案中，德国联邦最高法院认为，[3]即使章程中已经就此作出了授权，但是，这依然属于股东大会的职权范围；如果董事会越权作出了决议，那么该决议在公司内部关系中是非法的。尽管该判决中有关《股份法》第119条第2款的论述并不很有说服力，对相关措施的界定也不够明确，但该判决的基本观点依然是正确的(见下文 § 16. I. 5)。

---

[1] Dies entspricht in der Tendenz den Ausführungen von KölnKomm/*Mertens* § 82 Rdn. 12 ff mit zahlreichen weiteren Einzelheiten; vgl. ferner *Wiedemann* ZGR 1975, 385; *Säcker* FS Lukes 547; *Martens* FS Kellermann 271; *Hüffer* § 82 Rdn. 9f.

[2] Sehr str.; vgl. die Nachweise bei KölnKomm/*Mertens* § 76 Rdn. 51.

[3] BGHZ 83, 122, 131.

4. 经营管理者的义务

独立负责公司的经营管理不仅是董事会的权利,也是其承担的**法律义务**。这 12
一义务是公司这一经济主体享有自决权的重要保证,因此任何人不得随意剥夺董事会的这一权利和义务。董事会不得将企业的管理权和代表权转让给监事会或者股东大会。董事会也不得放弃采取必要的辅助性措施,例如对企业的数据处理系统进行监督,以保证企业管理的独立性。[1] 如果在康采恩法之外,董事会受合同约束必须执行特定的业务策略,则这种合同约定是无效的;同样无效的还有合同中有关董事会必须改变公司组织结构的承诺。就有益于第三方的经营管理合同而言,只要这些合同规定没有影响到董事会的经营权,就符合《股份法》第 76 条第 1 款的规定。[2] 与此相反,法律对附属企业中的独立经营管理义务作了修改。如果两个企业之间没有签订控制合同,那么除了适用《股份法》第 76 条外,还适用第 311 条的规定(见下文 § 53)。[3] 在合同康采恩和合并康采恩中,企业可以根据《股份法》第 308 条和第 323 条的规定将其管理权转让给其控制企业也即母公司(《股份法》第 54 条第 3 款和第 55 条第 3 款)。

5. 自由裁量权

在公司章程和现行法律规定许可的范围内,董事会可以根据经营情况作出相 13
应的决定。确定企业的经营目标、经营策略、企业的组织机构和内部管理原则等都是董事会的义务。对于这些事项,董事会有一定的自由裁量空间。尽管如此,董事会的权限也不是没有限制的。它必须注意与其职位相关的法律责任、经济责任和社会责任。董事会的首要任务是维护和实现**企业利益**,设法使企业能够长期生存,成功地经营企业,[4]并且充分利用所有对企业有益的机会。在经营性企业中,董事会还应该保证投资于企业的资本能够分得一定的红利。然而,最大限度地实现企

---

[1] Vgl. BGHZ 106, 54(*Opel*) und dazu *Stein* ZGR 1988, 163.

[2] *Geßler* FS Hefermehl 263, 275; *Hommelhoff*, Konzernleitungspflicht 285; *Huber* ZHR 152(1988), 1, 33 ff; KölnKomm/*Koppensteiner* § 292 Rdn. 68; KölnKomm/*Mertens* § 76 Rdn. 47; *Oesterreich*, Betriebsüberlassung 142; enger(Betriebsführungsverträge außerhalb von Konzernbeziehungen grds. unzulässig) *Veelken*, Betriebsführungsvertrag 50, 210 ff.

[3] So KölnKomm/*Koppensteiner* § 311 Rdn. 106 m. w. N; zum Ganzen *Hommelhoff*, Konzernleitungspflicht 41 ff.

[4] Vgl. das oben zu § 13 V angegebene neuere Schrifttum; ferner *Brinkmann*, Unternehmensinteresse und Unternehmensrechtsstruktur, 1983; *Dlugos* FS Grochla 23; *Flume* FS Beitzke 43, 59 ff; *Jürgenmeyer*, Das Unternehmensinteresse 1984; *Junge*, FS v. Caemmerer 547; *Kunze* ZHR 144(1980), 100, 115 ff; *Laske* ZGR 1979, 173; *Mertens* ZGR 1977, 270, 275 ff; *Martens* ZGR 1979, 493, 514 ff; *Mülbert* ZGR 1997, 129; *Raisch* FS Hefermehl 347; *Raiser* FS R. Schmidt 101; *ders.* ZHR 144(1980), 206; *Schilling* ZHR 144(1980), 136; *Teubner* ZHR 149(1985), 470; *Wiedemann* ZGR 1977, 160, 165; *ders.* GesR I, 625 ff; *Zöllner*, Schranken mitgliedschaftlicher Stimmrechtsmacht, 67 ff; Bericht der *Unternehmensrechtskommission* Rdn. 201 ff; kritisch vor allem *Großmann*, Unternehmensziele im Aktienrecht, 1980.

业的利润既不是企业的最高目标,也不是企业的最重要目标。因为在社会福利市场经济中,企业的其他许多目标也同样十分重要,例如,给职工支付适当的报酬、提供较好的社会福利、培养学徒和争取让企业得到社会的承认。[1] 在公司中,股东和职工的利益并不总是一致的,它们之间也很容易发生冲突。在董事会作出决定时,它必须同时考虑并且尽量照顾到双方的利益(见本书 § 13. I. ,III. ,IV. )。在这些范围内,董事会必须将提高企业和股份的价值(**股东价值**)作为其经营目标。[2] 除此之外,董事会还必须维护社会公众的利益,即董事会必须设法保证企业生产无瑕疵的、高质量的产品或者提供无瑕疵的、高质量的服务,而且,企业的生产和经营必须符合有关环境保护的要求和社会经济的总需求。

14 1937 年《股份法》第 70 条是一条著名的"**共同富裕条款**":该条款明确规定,"董事会经营管理公司,不仅是为了企业及其员工的富裕,而且是为了提高全民族和帝国的富裕"。1965 年《股份法》第 76 条并没有重复 1937 年《股份法》的原话。因此对于共同富裕目前是否依然是企业的经营目标,德国法学界有着不同的看法。[3] 但是,无论如何,根据《宪法》规定,企业也负有**社会义务**(《宪法》第 2 条、第 12 条、第 14 条和第 20 条)。[4] 宪法的这一规定限制了董事会的决策自由。但另一方面也向股东和职工表明了其经营措施的合法性(见下文 IV. 2)。

## II. 董事会的组织和程序

参考文献: *Baums*, Spartenorganisation, "Tracking Stock" und deutsches Aktienrecht, FS Boujong, 1996, 19; *T. Bezzenberger*, Der Vorstandsvorsitzende der Aktiengesellschaft, ZGR 1996, 661; *Erle*, Das Vetorecht des Vorstandsvorsitzenden in der Aktiengesellschaft, AG 1987, 7; *Endres*, Organisation der Unternehmensleitung aus Sicht der Praxis, ZHR 163 (1999), 441; *Hoffmann-Becking*, Zur rechtlichen Organisation der Zusammenarbeit im Vorstand der AG, ZGR 1998, 497; *Martens*, Die Organisation des Konzernvorstandes, FS Heinsius, 1991, 523; *ders*. Der Grundsatz gemeinsamer Vorstandsverantwortung, FS Fleck, 1998, 191; *Priester*, Stichentscheid beim zweiköpfigen Vorstand, AG 1984, 253; *Roquette*, Fragen zur unechten Gesamtvertretung im Rahmen der gesetzlichen Vertretung von Kapitalgesellschaften, FS Oppenhoff, 1985, 335; *Schiessl*, Gesellschafts-und mitbestimmungsrechtliche Probleme der Spartenorganisation (Divisionalisierung), ZGR 1992, 64; *Schwark*, Spartenorganisation in Groβunternehmen und Unternehmensrecht, ZHR 142 (1978), 203, *Tegtmeier*, Die Vergütung von Vorstandsmitgliedern, 1998; *von Werder*, Organi-

---

[1] *Brinkmann* AG 1982, 122; *Groβmann* aaO; *Raiser* ZHR 144 (1980), 206.

[2] Vgl. *Hopt* ZGR 1993, 534, 536; *Hüffer* ZHR 161 (1997), 214, 217; *v. Werder* ZGR 1998, 69, 77; *Mülbert* ZGR 1997, 129.

[3] *Geβler/Hefermehl* § 76 Rdn. 20 mwN. ; *Raisch* FS Hefermehl 347, 352 f; verneinend *Rittner*, FS Geβler 139, 142 ff; *Ulmer*, Einfluβ des MitbestG auf die Struktur von AG und GmbH, 34 ff.

[4] BVerfGE 50, 290; KölnKomm/*Mertens* § 76 Rdn. 32 ff; *Raiser* JZ 1979, 489; *Rittner* FS Geβler 139; *ders*. JZ 1980, 113; *Wiedemann* ZGR 1980, 147, 161 ff.

sation der Unternehmensleitung und Haftung des Top-Managements, DB 1987, 2265.

1. 集体领导机构

15 董事会可以仅有**一名董事**,也可以有**多名董事**。如果公司资本超过3百万欧元,那么法律原则上规定董事会必须采用**集体领导**的原则,但是也有例外情形(《股份法》第76条第2款)。在适用《煤炭和钢铁工业职工共同决定法》第13条的规定和《共同决定法》第33条规定的公司中,董事会必须至少有两名董事,其中一名必须是职工董事,[1]如果董事会有数名成员,那么监事会可以任命其中的一位为董事会主席(《股份法》第84条第2款)。董事会主席主持召开董事会会议。在形式上,他是企业的最高负责人。[2] 在实践中还经常指定"董事会发言人",这表明董事会中的职位次序并不十分重要。

16 公司章程可以规定,除了职工董事管辖的事项外[3],对董事会内部投票表决时,如果同意票和反对票票数相同,董事长拥有最终的决定权。即使董事会仅有两名董事组成,董事长也可以拥有这一权利。因为与董事成员的平等权利相比,有必要优先保证机构的运作能力。[4]

17 此外,章程还可以规定,对董事会以多数票形成的决议,董事长拥有**否决权**。这样的规定符合集体领导的原则(《股份法》第77条第1款第2句):一人的反对意见可以阻止多数人主张的措施。[5] 但是一个人不能不顾多数人的反对而实施其个人意见。

18 除了正常的董事会成员外,公司还可以任命**代理董事**。根据《股份法》第94条的规定,代理董事是公司的真正董事,他并不是《民法典》第164条等条款意义上所指的董事代表。为了让有能力的年轻人能够得到一些锻炼和考验的机会,在公司实践中,通常任命一些代理董事。因此代理董事拥有与其他董事同样的权利和义务。但是这一职位不能在商务注册处进行登记。[6]

2. 代理权限

19 《股份法》中有关董事会**代理权限**规定(《股份法》第78条)在内容上与一般公司的规定相同(《商法典》第125条,《有限责任公司法》第35条和第37条第2

---

〔1〕 H. L.; vgl. die Kommentare zu § 33 MitbestG; a. A. *Overlack* ZHR 141(1977), 128 ff.

〔2〕 *T. Bezzenberger* ZGR 1996, 661.

〔3〕 BGHZ 89, 48, 59.

〔4〕 *K. Schmidt* GesR § 28 II 3a; *Priester* AG 1984, 253; a. A. OLG Hamburg AG 1985, 251, Groβkomm/*Meyer Landrut* § 77 Anm. 4; KölnKomm/*Mertens* § 77 Rdn. 9.

〔5〕 *Hüffer* § 77 Rdn. 12; KölnKomm/*Mertens* § 77 Rdn 11; a. A. *T. Bezzenberger* ZGR 1996, 661, 665ff; *Hoffmann-Becking* ZGR 98, 497, 518f(zulässig lediglich Regelung wonach der Widerspruch aufschiebende Wirkung hat).

〔6〕 BGH NJW 1998, 1071; BayObLGZ 1997, 107, 112.

款)。[1] 常见的有根据《股份法》第78条第3款的规定而任命的由两个董事或者由一名董事作为代表的真正的代理和非真正的代理,或者根据该条款规定指定一名全权代表。[2] 在大公司中,必须将代理权限继续分授给全权代表和特派代表。相对于董事会,监事会是股份有限公司的代表(《股份法》第112条)。在公司的对外关系中,代理权限是**没有限制的**(《股份法》第82条第1款I)。然而,监事签订的咨询合同只有得到监事会的同意才能生效;企业合同、变更合同以及转让公司资产的合同只有经过股东大会的同意,才能生效(《变更法》第114条第1款、第179a条、第293条、第13条和第125条)。[3]

20 董事的姓名、有关公司代理权的规定及任何其他的变更都必须在**商务注册处**进行登记(《股份法》第81条)。除此之外,公司的所有**商业信函**上都必须印有所有董事的姓名、监事会主席的姓名以及公司的注册号码。这样,公司的客户可以在任何时候随时确定谁是企业的负责人,他也随时可以向注册法院查询有关情况(《股份法》第80条)。

3. 机构责任

21 董事的**知情或者必须知情**必须视作是公司的知情或必须知情,而且其中一名董事的知情就足以认定为公司的知情。[4] 如果董事在履行合同过程中有过错行为,公司必须根据《民法典》第278条的规定承担**赔偿责任**。对于董事在履行职责过程中给第三者造成的损害,公司必须根据《民法典》第31条的规定承担赔偿责任。[5]

4. 董事会的议事守则

22 关于董事会的**工作方式**,法律仅作了原则性的规定,即所有董事都有权共同管理企业(《股份法》第77条第1款第1项)。然而,这一条款并不是强制性规定,而只有在小型公司中才能实施。另外,《股份法》第77条还规定,公司可以通过章程或者董事会的**议事守则**来规定董事会的工作方式。董事会的议事守则首先应当由监事会来制定。如果监事会没有制定,那么董事会可以自己行使这一权利。该议事守则既可以将管理事项分配给特定的职能部门,也可以将它们直接分配给特定的董事会成员。

---

〔1〕 Zu Einzelheiten und zum Miβbrauch der Vertretungsmacht s. unten § 32 II 1c zur GmbH.

〔2〕 *Roquette* FS Oppenhoff 335; *Viehöfer/Eser* BB 1984, 1326. Vgl. auch BGHZ 99, 76(zur GmbH); ferner BGHZ 13, 61, 64 f(zur GmbH); 26, 330, 332(zur KG); 62, 166, 170(zur GmbH).

〔3〕 Das gilt nach BGHZ 83, 122, 132 (*Holzmüller*) nicht bei Verträgen, durch die ein Teil des Gesellschaftsvermögens auf eine Tochtergesellschaft ausgegliedert wird.

〔4〕 Einzelheiten bei § 8 Rdn. 19ff.

〔5〕 Nach anderer Ansicht ist in beiden Fällen gleichfalls § 31 BGB anzuwenden(Einzelheiten bei § 8 Rdn. 13ff sowie bei *Hachenburg/Raiser* § 13 Rdn. 13, 15).

只有**职工董事**的职责是法律直接规定的。根据《煤炭和钢铁工业职工共同决定法》第13条等条款、《共同决定补充法》第13条和《共同决定法》第33条的规定，职工董事的主要职权是企业的人事工作和社会工作。职工董事的职权也反映了这一职位的意义。然而，职工董事的职权范围到底有多大，目前并没有得到彻底的澄清。[1]

5. 职能分工和部门分工

23 企业管理学的一个研究内容就是为大型企业的**最高管理层设计适当的组织形式**，也即研究由多个董事组成的董事会的工作方式。企业通常混合使用职责分工和共同管理两种不同的方式，即每个董事都负责特定的部门，同时，董事会又定期召开会议，通常每周一次，共同决定一些重大的问题。即使《股份法》没有作这样的规定，但是《共同决定法》却是在这种分工的基础上制定的，因为只有它才规定了职工董事的职权范围。

24 传统的职权分工是根据**企业的职能**来进行的，据此，由一位董事负责企业的生产，另一位负责采购，第三位则负责销售，第四位负责公司的财务等。董事长则负责所有部门的协调工作。从地区的划分方面来看，每个董事负责某一地区的业务。但是许多大企业采取了一个新的组织机构，即将企业按照生产领域进行分类，并将生产某一类产品所涉及的所有职能集中在一个管理部门。在这种情况下，每一位董事仅仅对一类生产经营及经营的成功负责（**所谓的部门组织或者领域组织**）。尽管如此，还是应该保留某些特定职能部门（核心部门）的相对独立性，例如：法律和税务部、人事管理部、研发部和资金计划部。通常人们将某一类型的经营领域注册成为一个独立的公司来经管，该公司的股份由其总公司所持有，而核心管理部门也设在总公司。这样，职能分工和部门分工就混合在一起了（混合组织）。[2]

25 如果一个混合型康采恩有许多子公司和孙子公司，共有一万多名职工，那么，其过多的部门分类就会引起协调上的困难，而且会因各分公司或子公司的推诿而造成不必要的损失。[3] 为了简化管理，实践中通常采用设立**管理控股公司的方法**，并且通过这一公司将**战略性管理和经营性管理区分**开来。那些经营性业务由独立的子公司独自负责，子公司的董事长同时又是控股公司的董事；控股公司的董事会负责整个康采恩的战略性计划；每个子公司的董事会主席则在控股公司董事会中代表和维护其本公司的利益。从法律角度看，只要有子公司监事会和控股公司监事会的批准，那么既在子公司董事会同时又在控股公司董事会中兼任董事并不是不合法的（《股份法》第88条和第100条第2款）。这种安排也并不意味着产生了

---

〔1〕 Vgl. die Kommentare zu § § 33 MitbestG, 13 MontanmitbestG und 13 MitbestErgG, je mwN.

〔2〕 Vgl. *Poensgen*, Geschäftsbereichorganisation, 1973; *Bühner/Walter* DB 1977, 1205; *Grochla*, Unternehmensorganisation, 1972; *Schwark* ZHR 152(1978), 203; Bericht der *Unternehmensrechtskommission* Rdn. 1733 ff; *Schiessl* ZGR 1992, 64.

〔3〕 *Endres* ZHR 153(1999), 441, 443.

一个真正的事实上的康采恩。[1] 然而,由于子公司的董事会独自负责子公司的经营管理,这就不可避免地会与控股公司之间产生利益冲突(《股份法》第76条第1款)。所以这种安排也是存在问题的——除非已经在两个公司间签订了直接控制协议和利润转移合同(试比较《股份法》第308条)。[2]

26 由于真正的控股公司必须严格地遵守有关资本维持原则的规定,于是就产生了所谓的**虚假控股公司**,这种公司已经日益普遍。在这种公司中,公司依然是一个整体,但是在公司的不同经营领域都设立了相应的**领域董事会**,该董事会通常由公司董事会成员和相应领域中的高级管理人员组成。[3]

27 《股份法》第77条第1款第2句规定,董事会拥有公司的所有管理权,承担所有的管理责任。这是对公司内部分工措施进行法律分析的基础。[4]《股份法》第76条第1款和第78条第1款明确规定了这一点。《股份法》第90条规定了董事会向监事会提交报告义务,第91条则规定了簿记义务,第170条规定了编制年终报表义务,第121条第2款、第111条第4款第3句和第119条第2款规定了股东大会召集义务以及其他的管理责任。所有这些都是董事会的任务而且不能将它们委托给某一个董事来执行。尤其是那些传统的管理职能如经营计划、经营协调和经营监督以及重要的经营决定都必须由董事会亲自负责制定或者执行。即使在董事之间有管理上的分工,每个董事也必须共同对经营管理负责。因此,原则上所有经营政策以及超出某一部门职权范围内的事件必须由董事会集体进行决策。从另一个方面来看,董事会对其下属的所有管理部门负有监督义务,如果某些部门所进行的事务有害于企业,董事会必须采取必要的干预措施。在董事会会议上,每个董事必须向其他董事汇报其主管部门的工作,并且就这些事务进行协商并作出决定。其他控股公司的结构是否符合上述要求,是值得怀疑的。[5]

28 在进行分工管理时,可以委托几个董事共同负责某一部门的管理。这样,就组成了所谓的**董事会专业委员会**。但是这种委托代理制度必须符合共同管理原则:设立专业委员会并由该委员会作出重要的决定;如果因此而剥夺了不属于该委员会董事的管理权和决策权,那么这种专业委员会是非法的。

---

〔1〕 LG Köln AG 1992, 238, 240; *Hüffer* § 76 Rdn. 21; KölnKomm/*Mertens* § 76 Rdn. 112; *Dreher* FS Lorenz 175, 183ff; vgl. auch unten § 53 IV.

〔2〕 Vgl. *Hoffmann-Becking* ZHR 150(1986), 570.

〔3〕 Zu recht kritisch gegenüber dem Terminus des "Bereichsvorstandes" Hoffmann-Becking ZGR 1998, 497, 510.

〔4〕 S. zum folgenden besonders *Erle* AG 1987, 7; *Frels* ZHR 122(1959), 8; *Marten*, FS Fleck 191; KölnKomm/*Mertens* § 77 Rdn. 8 ff; *Schwark* ZHR 142(1978), 203; *Semler* FS Döllerer 571; *Wendeling-Schröder*, Divisionalisierung 52 ff; *v. Werder* DB 1987, 2265; ferner aus der betriebswirtschaftlichen Literatur *Gutenberg*, Unternehmensführung, 1962; *v. Werder*, Organisationsstruktur und Rechtsnorm, 1986; *Bleicher/Leberl/Paul*, Unternehmensverfassung und Spitzenorganisation, 1989.

〔5〕 Zweifelnd im Fall der Deutschen Bank AG(virtuelle Holding) sogar das ehemalige Vorstandsmitglied *Endres* ZHR 163(1999), 441, 446.

对于那些并不属于公司董事的部门董事,他们并不享有与公司董事同样的知情权,不承担同样的信息义务,也不承担集体负责的责任。他们的权利和义务由公司董事会规定,因而,他们必须听从公司董事会的安排,他们也仅仅在聘用合同规定的范围内对公司负责。[1] 29

## III. 董事的聘任和解聘

参考文献:*Bauer*, Rechtliche und taktische Probleme bei der Beendigung von Vorstandsverhältnissen, DB 1992, 1413; Baums, Der Geschäftsleitervertrag, 1987; *ders*. Zuständigkeit für Abschluβ, Änderung und Aufhebung von Anstellungsverträgen, ZGR 1993, 141; *Eckardt*, Die Beendigung der Vorstands-und Geschäftsführerstellung in Kapitalgesellschaften, 1989; *Fleck*, Das Dienstverhältnis der Vorstandsmitglieder und Geschäftsführer in der Rechtsprechung des BGH, WM 1981, Sonderbeilage Nr. 3, WM 1985, 677 und WM 1994, 1957; *ders*., Das Organmitglied-Unternehmer oder Arbeitnehmerö, FS Hilger/Stumpf, 1983, 197; *Hoffmann-Becking*, Zum einvernehmlichen Ausscheiden von Vorstandsmitgliedern, FS Stimpel, 1985, 589; *G. Hueck*, Bemerkungen zum Anstellungsverhältnis von Organmitgliedern juristischer Personen, FS Hilger/Stumpf, 1983, 365; *Krieger*, Personalentscheidungen des Aufsichtsrats, 1981; *Martens*, Die auβerordentliche Beendigung von Organ-und Anstellungsverhältnis, FS Werner, 1984, 495; *Meier/Pech*, Bestellung und Anstellung von Vorstandsmitgliedern in Aktiengesellschaften und Geschäftsführern in einer GmbH, DStR, 1995, 1195; *Meyer-Landrut*, Zur Suspendierung eines Vorstandsmitglieds einer Aktiengesellschaft, FS Fischer, 1979, 477; Peltzer, Wider den "greed"-Betrachtungen zu § § 86 und 87 AktG, FS Lutter, 2000, 571; *Reuter*, Bestellung und Anstellung von Organmitgliedern im Körperschaftsrecht, FS Zöllner, 1998, 487; *Säcker*, Rechtsprobleme beim Widerruf der Bestellung von Organmitgliedern und Ansprüche aus fehlerhaften Anstellungsverträgen, FS G. Müller, 1981, 745; *Salfeld*, Wettbewerbsverbote im Gesellschaftsrecht, 1987; *U. Stein*, Die neue Dogmatik der Wissensverantwortung bei der auβerordentlichen Kündigung von Organmitgliedern der Kapitalgesellschaften, ZGR 1999, 264; Stein, Das faktische Organ, 1984.

### 1. 第三者管理机构

只有具有**完全行为能力的自然人**,才能成为董事。下列人员不能担任董事:由他人监护的人(《民法典》第1903条)、因为破产犯罪行为而被判刑的人或者那些被司法判决或行政命令禁止在工商企业中就职的人(《股份法》第76条第3款)。[2]《股份法》特别强调机构分离原则,法律禁止一人同时兼任几个职位(《股份法》第105条),所以只有在万不得已的情况下,才可以聘任监事为董事,而且任期通常不 30

〔1〕 *Hoffmann-Becking* ZGR 1998, 497, 511.

〔2〕 Zu Einzelheiten vgl. auch das Schrifttum zur Parallelvorschrift § 6 II GmbHG(s. unten § 32 I 4). Zu verfassungsrechtlichen Bedenken gegen die Berufsverbote nach § 76 III: *Stein* AG 1987, 165; *Voerste* AG 1987, 376; KölnKomm/*Mertens* § 76 Rdn. 106.

得超过一年。居支配地位公司的监事不得在其附属公司中担任董事;同样,两个不同公司的董事也不得在对方公司中担任董事职务(《股份法》第100条第2和3项;见下文 § 15. Ⅲ. 1)。

31 法律没有规定担任董事必须具备的其他条件,而只是规定监事会是选聘董事的机构,它有权选择适当的人士担任董事。特别值得一提的是,德国国籍不是出任董事的前提条件,同时董事也不一定是股东。这就是所谓的第三方管理机构原则。这也是股份有限公司这种大型企业在管理方面的一个重要特征:企业的经营管理权由一批独立的职业管理者掌握。这样可以避免在人合公司和有限责任公司中经常发生的那种不幸的用人情况,即仅仅通过赠送或者继承获得的股份而获得企业的经营管理权,而不是依靠其个人的管理才能。

32 正因为这一原因,公司不得通过章程的规定来限制监事会的自由选择权。如果规定企业的其他管理机构或者外部第三方有董事建议权或者同意保留权,而且这种建议或者保留对监事具有约束力,则这种规定是不合法的。但是,章程可以规定担任董事的人必须具备的个人资格或者专业条件,例如必须受过适当的专业教育或者必须是某一股东的家族成员,但是这种规定不能不恰当地限制监事会的自由选择权。然而,即使章程中的条款违反上述规定,有关董事的任命依然有效。[1]

2. 任期

33 为防止董事会权力过重,法律规定董事的任期不得超过三年(《股份法》第84条第1款第1句)。[2] 在实践中,董事的任期通常为三年。任期结束后,监事会可以自由决定是否续聘有关董事。[3] 对此决定,监事会无须说明任何理由。

34 由于监事会拥有这一人事权,所以它可以对企业管理施加重大的影响。因为任何反对监事会经营设想的董事,都面临着任期结束后不被续聘的危险。从监事的角度来看,限制董事的行为以及面临潜在失业危险都是迫使董事全心全意为企业服务的最有效的武器。再从整个经济和政治方面来看,这种限制和风险也是必要的,因为它符合当今社会公认的规章准则,即只能在特定的期限内授予社会职权。尤其在经济生活中,监事会必须拥有不说明任何理由就可作出不续聘一位毫无经营业绩的管理者的权力。

35 监事会可以自由决定**续聘**某位董事。但是最长任期为5年(《股份法》第84条第2款第2句)。为了防止规避最长期限为5年的规定,《股份法》第84条第1款第

---

〔1〕 Der Fragenkreis ist im Hinblick auf die Mitbestimmungsrechte der Arbeitnehmer stark umstritten, scheint aber nur eine geringe praktische Relevanz zu besitzen; vgl. *Krieger*, Personalentscheidungen des Aufsichtsrats 10 ff; *Lutter/Krieger*, Aufsichtsrat, § 4 Rdn. 126; *Hüffer* § 76 Rdn. 26; ferner neben dem aktienrechtlichen das mitbestimmungsrechtliche Schrifttum.

〔2〕 BGHZ 10, 187, 195; BGH WM 1957, 846, 847.

〔3〕 BGHZ 3, 90, 93. Daher ist auch ein Vertrag zwischen einem Aktionär und einem Vorstandsmitglied, in dem diesem eine Verlängerung zugesagt wird, gem. § § 134, 138 BGB nichtig.

3 和 4 句禁止提前延长董事的超出原定期限的任期。

3. 选聘

《股份法》本身并没有对董事的选聘进行具体的规定。通常由**监事会决议**即由监事会以简单多数的方式作出选聘董事的决定。对于那些适用《共同决定法》的企业,则必须适用该法的特别规定。根据《共同决定法》第 31 条第 2 款的规定,所有适用该法的企业在选举董事时,必须以所有监事的 2/3 以上赞成票通过。如果候选人没有获得规定的多数票,那么,就必须由监事委员会在一个月内提出相应的建议,该委员会由监事会主席、其代表、一名作为股东代表的监事、一名职工代表的监事组成(所谓的调解委员会)。在这期间,也可以推荐其他的候选人。在第二轮选聘中,获得简单多数的候选人就可以当选为董事(《共同决定法》第 27 条第 3 款、第 31 条第 3 款)。如果在第二轮投票中还没有获得必要的多数,那么在第三轮投票中,监事会主席就拥有两个投票权。在这种情况下,获得绝对多数的候选人,即可被聘任为董事(《共同决定法》第 31 条第 4 款)。 36

在选聘职工董事时也适用上述选聘程序。然而如果企业适用《煤炭和钢铁工业职工共同决定法》,在选举职工董事时,如果监事会中的大多数监事都反对某一候选人,那么该候选人就不得当选。也就是说,在这些公司中职工董事的聘任不仅必须获得大多数监事的支持,而且须获得监事会中大多数职工监事的信任(《煤炭和钢铁工业职工共同决定法》第 13 条)。尽管工会极力反对,但是《共同决定补充法》第 13 条中还是放弃了上述有关职工监事的否决权的规定。《共同决定法》第 33 条也没有采取这一规定。职工监事的否决权为职工提供了特权,影响了董事会的统一性。这与《股份法》的总的设计思想是相冲突的。 37

4. 应急董事会

如果董事提前辞职,或者监事会没有及时进行选聘,公司就会缺少必要的董事。在这种紧急情况下,有关当事人可以向注册法院提出申请,请求法院代为任命一位董事(应急董事会,《股份法》第 85 条)。[1] 紧急任命的原因一旦消失,该董事的任期也就结束。在进行任命时,可以对该董事的任命进行限制;甚至可以规定,该董事仅仅负责某一特定的业务。但是该董事的代理权是不受限制的。[2] 38

5. 解聘

在正式任期结束以前,如果有重大的原因,可以撤销对董事的聘任。严格地说,应该叫解聘,因为在这里并没有溯及既往的作用。根据法律规定,重大原因是指违 39

---

〔1〕 Zur Dringlichkeit s. BGH AG 1985, 53 und 54; 1986, 290; 1990, 78; BayObLG AG 1987, 210; LG Berlin AG 1986, 52. Das Bestellungsverfahren richtet sich nach § § 1—34, 145 FGG iVm. § 14 AktG.

〔2〕 BayObLG AG 1988, 301, 303 f; LG Berlin AG 1986, 52, 53.

反董事所承担的义务、没有正常的管理能力、股东大会宣布不信任(《股份法》第84条第3款第1和2项)。是否存在着解聘的重大原因,必须根据具体案件的具体情况来决定,特别是应该考虑到相关董事的具体工作。公司难以忍受某一董事继续工作,直至其任期结束,便是引起解聘的一个常见原因。[1] 即使存在着解聘的重要原因,监事会也必须首先尽心尽职地衡量解聘是否符合公司的利益,然后才能作出相应的决定。[2] 比如,如果董事会内部不团结,这就是解聘每个董事的重大原因。但是,如果监事会相信,解聘部分董事就可以保证董事会成员的成功合作,那么,他就不必解聘所有的董事,而仅需解聘其中的部分董事。

40 违法行为是导致解聘的重要原因。这些行为有:贪污、贿赂(《反不正当竞争法》第12条第2款)、不正确的记账、向监事会提供虚假的报告、违反禁令、故意损害公司利益,此外,长期生病、长期的身体上或者心理上的衰退也是引起解聘的重要原因。在董事会中缺乏合作精神或者在工作之外的不光彩的行为也会构成解聘的重要原因。[3] 但是,董事会和监事会在经营政策方面的分歧不足以构成解聘的重大理由,毕竟,董事会有独自的决策权利。[4] 大多数股东的更替[5]或者大股东的不信任并不构成提前解聘的重大理由。[6]

41 董事的过失不是提前解聘的前提条件。从法律条文上看,最大的问题是根据股东大会的不信任票而解聘董事,大股东可以借此给董事会和监事会施加压力。[7] 为了防止出现这种情况,法律规定,如果提出不信任的理由明显不能成立,不得提前解聘董事。监事会也不受这样的股东大会决议的约束。尽管法律作了这些限制,这一规定仍然与监事会的人事权和董事会独自负责进行企业管理的规定不相符合,所以以后应该取消这一不信任条款。

42 在法律上,职工及其代表的压力或者不信任票并不是解聘董事的重大理由。如果一位董事和职工关系紧张,那么,监事会就必须根据通常的原则对此进行调查。如果某董事的行为符合社会公正,而职工想通过罢工的方式来迫使监事会解聘该董事,则这种解聘是不能成立的。[8] 另一方面,如果企业中出现了比较紧张的局面,而且没有任何更有效的方法可以恢复企业中正常生产和经营,而不恢复显然

---

〔1〕 BGH BB 1970, 1460, 1461.

〔2〕 KölnKomm/*Mertens* § 84 Rdn. 93, 104; *Hüffer* § 84 Rdn. 26; *Krieger* aaO 140 f; einschränkend MünchHdb. AG/*Wiesner* § 20 Rdn. 48f.

〔3〕 BGH WM 1956, 865, 867 f.

〔4〕 MünchHdb. AG/*Wiesner* § 20 Rdn. 47 (bei unüberbrückbaren Differenzen); a. A. *Krieger* aaO 133; vgl. auch OLG München AG 1986, 234.

〔5〕 KölnKomm/*Mertens* § 84 Rdn. 109.

〔6〕 BGH WM 1962, 811; einschränkend *Säcker* FS G. Müller 745, 751.

〔7〕 Vgl. als instruktives Beispiel BGHZ 13, 188, 193; dazu *Hommelhoff* ZHR 151 (1987), 493, 497 f, ferner BGHZ 15, 71, 75; BGH BB 1962, 816; LG Darmstadt AG 1987, 318, 320.

〔8〕 BGHZ 34, 392.

会严重地损害企业的利益，则这种紧张局面足以成为解聘某董事的重要理由。〔1〕

只有全体监事会成员以**多数同意票**作出解聘决议，相关的解聘才有效。〔2〕如果是适用《职工共同决定法》的企业，解聘时就必须遵从该法第 31 条的特别规定。〔3〕根据《股份法》第 84 条第 3 款第 4 项的规定，解聘通知一旦送达被解聘者，解聘立即生效。即使当事人提起诉讼，在法院作出无效判决前，相关的解聘一直具有法律效力。如果在法院作出正式判决前，相关的解聘决定暂时没有法律效力，在这种情况下，公司是很难开展工作的。值得怀疑的是，如果有理由相信存在解聘的重要原因，但是还没有澄清这一点，在这种情况下，是否可以暂时**解除相关董事的职务**。〔4〕 43

6. 辞职

如果存在着重大原因，董事可以辞去职务。〔5〕为此，并不一定必须宣布解除聘用合同。即使没有重大原因，辞职也是合法有效的，因为不可以强迫任何人继续担任股份有限公司的董事。〔6〕但是由于违反了聘用合同的规定，相关的董事可能会承担损害赔偿责任。**集体辞职**是可能的。但是在股份有限公司中，集体辞职必须得到监事会的同意。〔7〕 44

7. 聘用合同

法律规定，聘任和解聘仅仅是一种公司法律行为，它们与聘用合同有所不同。后者调整董事和公司之间的权利和义务关系（《股份法》第 84 条第 1 款第 5 项，试比较《有限责任公司法》第 38 条第 1 款），因而它实际上是《民法典》第 611 条、第 675 条等条款意义上的一种**劳务合同和商务代理合同**。〔8〕 45

从表面上看，聘任、解聘和聘用合同都涉及同一法律关系，但是在特定的内容上，人们又把它们人为地区分开来（**所谓的分离原则**）。因此不论是司法判例还是学术界都强调："在两者之间存在着事实上和法律上的内在联系"。〔9〕实际上，这 46

---

〔1〕 KölnKomm/*Mertens* § 84 Rdn. 110; *Raiser* MitbestG § 31 Rdn. 39.

〔2〕 Vgl. BGHZ 79, 38, 41 ff; 89, 48, 52 ff.

〔3〕 Einzelheiten bei *Raiser* MitbestG § 31 Rdn. 32ff.

〔4〕 Vgl... KölnKomm/*Mertens* § 84 Rdn. 152 ff mit zahlreichen weiteren Einzelheiten; ferner *Meyer-Landrut* FS Fischer 477; KG AG 1984, 24; OLG München AG 1986, 234; *Krieger* aaO, 149 ff m. w. N.; *Lutter/Krieger*, Aufsichtsrat § 4 Rdn. 145; *Hüffer* § 84 Rdn. 35.

〔5〕 BGHZ 78, 82, 87 f; BGH NJW 1978, 1435, 1436 (zur GmbH); AG 1984, 266, BayObLG ZIP 1999, 1599 (zur GmbH).

〔6〕 Str.; wie hier KölnKomm/*Mertens* § 84 Rdn. 163 mwN.; a. A. GroβkommAktG/*Meyer-Landrut* § 84 Anm. 39; *Geßler/Hefermehl* § 84 Rdn. 103.

〔7〕 BGHZ 79, 38, 43f; OLG Karlsruhe AG 1996, 224, 227.

〔8〕 Seit BGHZ 10, 187, 191; 36, 142, 143 st. Rspr.

〔9〕 Vgl. nur BGHZ 78, 82, 84 ff; 79, 38, 41; 89, 48, 52.

是法律为了解决复杂的法律问题而规定的一个办法，据此，人们可以引用《民法典》第611条、第675条和第662条的规定。但是，必须注意不能过分强调分离原则。从理论上分析，确实可能用同一眼光来观察这一点。然后，再分析两者之间的差异。[1] 但是，这一分析方法的论据并不具有很强的说服力，因为，这样有可能必须放弃法律规定的方案。[2]

47 **有权**以公司名义签订合同的机关是监事会(《股份法》第112条)。由于《股份法》第107条并没有明文禁止，所以，监事会可以把这一权利委托给监事会的专门委员会。[3] 然而，该委员会不得抢先在监事会讨论之前作出聘用决定。[4] 和第三者尤其是与大股东或者与居支配地位的企业签订的聘用合同是没有法律效力的，因为根据法律规定的职权分配办法，只有监事会才有聘用合同签订权。[5] 聘用合同的**有效性**取决于聘用的有效性。[6] 但是，根据《民法典》第670条规定，即使合同双方还没有就合同内容取得一致意见，董事到任也会产生债法上的约束力。[7] 聘任和聘用合同之间存在着内在联系。合同于董事任期结束时终止。当然，也可以规定，如果董事的任期得以延长，则合同继续有效(《股份法》第84条第1款第5项)。如果董事已经到任，即使聘用合同有**缺陷**，也只能在以后提出。[8] 如果监事会的聘任行为本身是有效的，那么，股份有限公司就有义务，向相关的董事提供一个有效的合同，而不是一个有缺陷的合同。[9]

48 聘用合同不是**雇佣合同**，董事也不是雇员。[10] 根据明确的法律规定，许多法律条款并不适用于董事(试比较《雇员代表共同管理法》第5条第2款第1项、《劳工法庭法》第5条第1款第3项)。但是，这并不完全排除劳工法法律规定的适用。只要有关规定的保护目的与董事的利益有着密切的联系，它们依然可以类比适用。[11]

---

〔1〕 So *Baums*, Geschäftsleitervertrag 3 ff und durchgehend.

〔2〕 Ähnlich *Mertens* aaO Rdn. 2; MünchHdb. AG/*Wiesner* § 20 Rdn. 12; ferner *Fleck* WM 1981, Sonderbeilage 3, 3.

〔3〕 BGHZ 79, 38, 42.

〔4〕 BGH aaO.

〔5〕 *Wiesner* aaO § 21 Rdn. 2 ff; *Mertens* aaO Rdn. 51; offener demgegenüber *Baums* aaO 26 f; *Krieger* 186 ff; zur anderen Rechtslage bei der GmbH vgl. § 32 III 1.

〔6〕 A. A. *Reuter* FS Zöllner 487, 488f, der die Bestellung als Erfüllung des Anstellungsvertrags begreift, um so die Problemkonstellationen mit den Instituten des allgemeinen Rechts der Leistungsstörungen zu bewältigen.

〔7〕 *Baums* aaO 52 f.

〔8〕 BGHZ 41, 282, 285 ff; 65, 190, 194 f; *Säcker* FS G. Müller 745, 755 ff. Zur Behandlung von Ruhegeldzusagen in einem solchen Fall *Baums* aaO 199 f.

〔9〕 Zu den streitigen Einzelheiten s. *Baums* aaO 153 ff; *Wiesner* aaO Rdn. 26; *Säcker* aaO; *Mertens* aaO Rdn. 52 ff.

〔10〕 BGHZ 10, 187, 191; 12, 1, 8; 36, 142, 143; 49, 30, 31; 79, 291, 292; st. Rspr. und h. M.; *G. Hueck* FS Hilger/Stumpf 365; *Fleck* FS Hilger/Stumpf 197.

〔11〕 *Martens* FS Hilger/Stumpf 437; *Henze* HRR AktR Rdn. 324ff; *Fleck* WM 1994, 1964 ff.

特别要注意的是,《民法典》第 622 条和第 630 条是可以适用的。[1] 根据联邦最高法院的判决,只要破产保险公司本身并没有大量购买本公司的股份,那么,董事也是《有关改善职工退休养老金的法律》第 7 条、第 17 条第 1 款规定的破产保险的受益者。[2]

49 合同规定的董事**薪酬**通常包括一个固定的数额、一部分利润(红利)、董事费用补偿金和其他福利,如提供一辆小轿车和司机、或者一幢房子供董事使用。薪酬的数量高低不一,在小公司中,其年薪可能低于 1 万马克,而在大企业中可能高于 1 百万马克。根据《民法典》第 197 条规定,有关薪酬的诉讼时效为四年。[3] 除此之外,还有**退休金**及其家属享有的抚恤金。但是它们的数额高低有着很大的不同,其数额通常是经过双方谈判确定的。[4] 在确定董事的薪酬时,监事会必须保证,在薪酬的数量和董事的工作以及公司的状况之间维持一定的比例关系(《股份法》第 88 条第 1 款,试比较下文边码 53)。

50 给董事提供有关本公司股份的**选择权**也属于董事薪酬的一部分。为了激励企业管理者采取适当的经营政策,提高企业资产的价值,进而使企业股份升值,对此,给董事提供选择权就成为了实践中比较普遍的做法。学术界和司法界已经承认了股份选择权计划的合法性。[5] 自从颁布《有关加强企业控制和透明度的法律》以来,它也得到了立法者的承认。该法的颁布也大大方便了企业实施选择权制度。该法不仅允许企业为实施选择权制度而可以回购本公司的股份(《股份法》第 71 条第 1 款第 8 项 Nr. 8 nF),而且允许企业以简化的程序实施核准增资(《股份法》第 192 条第 2 款第 3 项,见下文 § 20. II.)。

51 不管具体的合同是如何规定的,双方当事人都必须受一般的**忠诚义务**和**照料义务**的约束。在工作中,董事必须全心全意地为公司的利益服务(见上文 I. 5)。作为雇主,公司必须承担对董事提供必要的劳动保护义务。[6] 同时,又必须注意,董事拥有较高的薪金,且通常他们在经济上是独立的。因此,那些适用于雇工的法规,不适用于董事。[7]

52 法律还规定了**竞业禁止**。[8] 根据《股份法》第 88 条的规定,董事不得经营自

---

[1] Zu § 622 BGHZ 79, 291, 292 ff; 91, 217, 219 f; zu § 630 BGHZ 49, 31 (für GmbH-Geschäftsführer).

[2] BGHZ 77, 94, 96 ff; 77, 233, 236 ff; 78, 73, 79; *Fleck* WM 1994, 1957, 1967.

[3] BGHZ 36, 142.

[4] Vgl. BGHZ 8, 348, 368; 12, 337, 345; 16, 50, 53; 22, 375, 380 f; 55, 274, 278; 61, 31, 35 f; BGH AG 1984, 150, 151 f. Zur Versagung von Ruhestandsbezügen wegen grober Pflichtverletzungen vgl. BGH WM 1997, 68.

[5] *Baums*, FS Claussen, 3; *Hüffer* ZHR 161(1997), 214; *Kohler* ZHR 161(1997), 246ff; *Lutter* ZIP 1997, 1f; *U. H. Schneider* ZIP 1996, 1769; LG Frankfurt WM 1997, 473(*Deutsche Bank*); OLG Stuttgart ZIP 1998, 1482(*Daimler-Benz*); OLG Braunschweig WM 1998, 1929(*VW*).

[6] BGHZ 12, 337, 345; 49, 30, 32; 50, 378, 383; st. Rspr.

[7] BGH WM 1955, 183, 184; 1969, 686, 688; 1973, 506; 1981, 1344, 1346 f.

[8] *Armbrüster* ZIP 1997 1269; *Kübler* FS Werner 437; *Salfeld*, Wettbewerbsverbote im Gesellschaftsrecht, 1987.

已的商业企业,而且在公司的经营范围内,董事不可从事任何经营活动,也不得为他人从事经营活动,同时也不得在其他公司中担任董事的职务。法律并不禁止董事在监事会中兼职,但是必须符合《股份法》第100条第2款的规定(见下文§15. III.1)。监事会有权解除对董事实施的竞业禁止。如果董事违反上述规定,公司可以提起损害赔偿之诉,公司对于董事经营的企业也享有优先购买权(《股份法》第88条第2款和第3款)。[1] 其他方面的竞业禁止必须在聘用合同中进行明确的规定。《商法典》第74条的规定不适用于此。[2]

53 为了防止监事会滥用确定董事薪酬的权力,法律规定了一些限制措施。[3]《股份法》第86条规定了计算红利的规则:如果双方约定红利以股息为计算基础,而且用于分配股息的资金是通过解散利润储备金而筹集的,那么,就不可以把它作为计算董事红利的基础。[4]《股份法》第87条规定,监事会有责任保证,董事的薪酬水平必须与其承担的工作和公司的经营状况保持一定的比例。[5] 如果支付董事的薪酬后,公司的经营状况严重恶化,监事会就有权适当降低董事的薪酬。但是,董事可以据此宣布解除聘用合同。《股份法》第89条则对公司向董事和其他高级职员提供贷款作了特别规定。

54 根据《商法典》第285条第9项的规定,虽然每个董事的薪酬不必分别标明在公司的年终报表和资产损益表的附件中,但是,整个董事会的薪酬总额、给离任董事支付的总薪酬以及给其家属支付的抚恤金总额必须分别在上述报表的附件中列明,此外还须列明董事提前支取的预付款和公司向董事提供的贷款。通过这一条款,人们可以计算每个企业董事的平均薪酬。[6] 这一规定既在一定程度上维护了股东、职工和社会公众的信息权,又照顾了相关董事的隐私权,因而是双方妥协的结果。

8. 合同的终止

55 董事的解聘并不一定涉及双方之间业已存在的聘用关系。实际上,解聘和聘用关系的存续更应该分属两个不同的法律关系。[7] 因此必须通过解释相关条款来弄清楚,解聘是否等同于正常的解除聘用合同或者非正常的解除合同,或者尽管解聘,但是在合同规定的任期结束以前,双方之间依然存在着正常的聘用关系。在后一情况下,董事不必再履行其职责,但是享有要求支付薪酬的权利,当然他依然受

---

〔1〕 *Meyer* AG 1988, 259.

〔2〕 BGHZ 91, 1, 3(zur GmbH); OLG Düsseldorf NZG 2000, 737; OLG Frankfurt NZG 2000, 738; OLG Köln NZG 2000, 740; *Sina* DB 1985, 902; *Hoffmann-Becking* FS Quack 273; *Jäger* DStR 1995, 724.

〔3〕 *Semler* FS Budde 599; *Peltzer* FS Lutter 571; Tegtmeier, Die Vergütung von Vorstandsmitgliedern, 1998.

〔4〕 BGH ZIP 2000, 1438 m. Anm. *Altmeppen*; OLG Düsseldorf NZG 1999, 595.

〔5〕 Die Vorschrift ist neuerdings bzgl. der Aktienoptionsprogramme für Vorstandsmitglieder besonders aktuell geworden(vgl. oben Rdn. 50); *Peltzer* FS Lutter 571.

〔6〕 Vgl. dagegen *Kempter* BB 1996, 419.

〔7〕 H. L.; a. A. *Baums* aaO 290 ff; zur Zulässigkeit einer vertraglichen Verknüpfung vgl. BGH BB 1989, 1577, 1578 f.

竞业禁止的约束。

在实践中,通常通过约定将机构中的职位和聘用合同联系在一起,这样解聘董事就意味着终止聘用合同。根据联邦最高法院的判决,这种做法既不违反分离原则,也不是非法扩大非正常解除聘用合同的原因。然而,只有在正常的解除合同期限届满后,聘用关系才告终止。[1] 56

在正常解除合同时,必须遵从《民法典》第621条第3项的条款。[2] 如果董事严重违反其承担的义务时,公司通常希望无期限的解除合同关系,但是这种解除必须严格遵守《民法典》第626条规定的前提条件。为了防止进行既伤感情又胜负难料的法律诉讼,在实践中通常经过协商,使相关的董事接受解聘,同时公司又给他提供一笔可观的补偿金。[3] 57

像签订聘用合同一样,监事会可以将解除合同的权力授权给一个监事会的专业委员会。当然,这样的授权不得影响监事会的自由决策权。(见上文边码47)。如果公司不能继续聘用董事并且支付其薪酬直至董事任期届满就是解除合同的重大理由。[4] 具体而言,违反刑法的行为、没有任何理由的风险业务、对监事会的信息不够公开、损害公司的声誉和信誉等,所有这些都可能成为解除合同的重大理由。[5] 通常,必须根据具体情况,具体地分析解除合同的原因。《民法典》第626条第1款规定的解除条件要严格按《股份法》第84条第3款第1句规定的解聘条件。[6] 正因为如此,尽管公司已经解除了董事的职务,但是依然应该支付其薪酬, 58

---

[1] Bis zum Gesetz zur Vereinheitlichung der Kündigungsfristen von 1993 galt § 622 BGB, vgl... BGH AG 1989, 437; OLG Düsseldorf DStR 1992, 1139. Vgl. auch BGH AG 1982, 18. Seitdem ist streitig, ob § 621 (so *Hümmerich* NJW 1995, 1177, 1180) oder weiterhin § 622 anzuwenden ist (*Bauer* BB 1994, 855; *Reiserer* DB 1822, 1823). Doch gilt nach dem Wortlauf der Vorschriften nunmehr § 621.

[2] BGHZ 12, 1, 9; *Krieger*, Personalentscheidungen 181 f; BGH BB 1989, 1577, 1578 f; kritisch dazu *Eckardt* AG 1989, 431.

[3] Dazu *Hoffmann-Becking* FS Stimpel 589.

[4] So die Formulierung von *Geßler/Hefermehl* § 84 Rdn. 91; ebenso *Krieger* aaO 176; KölnKomm/*Mertens* § 84 Rdn. 127.

[5] Vgl. aus der Rspr.: BGH WM 1967, 679 (Bestechlichkeit und private Geschäfte); BGH LM § 626 BGB Nr. 8 (Verdacht der Beteiligung an strafbarer Handlung); BGH WM 1956, 865 (Spekulationsgeschäfte); BGHZ 20, 239, 246 (mangelnde Offenheit gegenüber dem Aufsichtsrat); BGHZ 78, 82, 85 (unberechtigte Amtsniederlegung); BGH WM 1969, 158 (Preisgabe von Geschäftsgeheimnissen); BGH WM 1976, 77; BGH WM 1975, 176; BGH GmbHR 1988, 100 (verbotene Eigengeschäfte); BGH WM 1970, 1394 (falsche Bilanzen); BGH WM 1976, 53 (altersbedingter Leistungsschwund); BGH NJW 1984, 2689; BGH AG 1998, 519 (Verletzungen des Kollegialitätsprinzips, Verstöße gegen Grundsätze ordnungsgemäßen Wirtschaftens); nicht aber eigenmächtiges überschreiten des Urlaubs OLG Hamburg AG 1991, 242.

[6] A. A. *Reuter* FS Zöllner 487.

有时还包括养老金,直至其任期结束。这种情况在实践中为数不少。[1] 这种不同的处理方法比较客观地照顾到了企业和董事的不同利益;借此,企业可以解聘一位毫无经营业绩的董事,而相关董事的利益也得到了一定的保护。

59 根据《民法典》第626条第2款的规定,公司必须在知道引起解除合同的重要事项后的两周内解除董事的职务。这一条款与股份有限公司管理结构很不协调,这也是司法界和学术界的一个难题。[2] 上述知情是指监事会这一负责解除合同事项的公司机构的知情。监事会的知情是从相关事项在会议上公开之时开始的,而每个监事是否到会,并不重要。与此相反,监事在会议以外获得信息,不能视作是监事会的知情,因而期限也不从监事知情时开始计算。[3]

60 《民法典》第626条第2款的规定旨在保护相关的当事人,必须尽快澄清相关的事件。个别监事不得利用封锁消息或者故意推迟召集会议来规避这一点。监事会主席知悉解除的原因后必须立即召开会议;如果他没有及时召集,他就延误了解除聘用合同的机会,他的这一责任必须当作是公司的责任。[4] 法学界认为,即使其他监事了解了可以解除合同的重要事件,也必须采取必要的措施,立即召集监事会。[5] 根据《共同决定法》第31条第5款和第3款的规定,两周的期限既不能延长,也不能缩短。在适用《共同决定法》的企业中,监事会的解除合同决议必须以所有监事的2/3多数的同意票作出,如果在首次会议中没有形成有效的决议,那么,不管《共同决定法》第31条第3款有关一个月的期限的规定,必须在首次会议结束后的两周内启动调解程序,并且进行第二次和第三次投票。[6]

61 **知情**是指充分而肯定地掌握了相关的重要事实,这些事实已经足以构成决定解除合同的基础。是否还需要进行进一步的调查,例如是否需对当事人进行听证,必须根据具体情况进行具体分析。[7] 如果监事会主席在召集监事会之前,试图与相关的董事达成离职协议,并因此而延误了及时召集监事会的期限、对于这种情况,根据联邦最高法院的判决(BGH WM 1984, 1120),人们可以认为,该监事会主席没有故意延误召开讨论解除合同的监事会会议。

---

〔1〕 Vgl. BGHZ 15, 71, 74; BGH LM Nr. 5 zu § 75 AktG 1937; BB 1970, 1460; AG 1975, 242; NJW 1978, 756.

〔2〕 Vgl. zum folgenden die stark divergierenden Lösungsvorschläge von *Martens* FS Werner 495; *Wiesner* BB 1981, 1533, 1536 ff; MünchHdb. AG/Wiesner § 21 Rdn. 76; KölnKomm/*Mertens* § 84 Rdn. 142 ff und zur analogen Rechtslage bei der GmbH: *Baumbach/Hueck/Zöllner* § 35 Rdn. 118 ff; Scholz/*Schneider* § 35 Rdn. 236 ff; *Lutter/Hommelhoff* Anh. § 6 Rdn. 59 f; ferner Fleck WM 1981, Sonderbeilage Nr. 3, 13; BGH WM 1980, 1139; BGH WM 1984, 1120, 1121 f.

〔3〕 Diese neueste Rechtsprechung des BGH zur GmbH(BGHZ 139, 89) ist auf die AG zu übertragen.

〔4〕 Vgl. BGH WM 1984, 1120, 1121f(zur Genossenschaft), BGHZ 139, 89(zur GmbH).

〔5〕 *U. Stein* ZGR 1999, 265, 286.

〔6〕 A. A. *Wiesner* aaO Rdn. 79 mwN.

〔7〕 Judikatur: BGH WM 1976, 77 f; 1976, 379, 380; 1980, 1139; 1984, 1187.

## IV. 董事会及其成员的职责和责任

参考文献:*Abeltshauser*, Leitungshaftung im Kapitalgesellschaftsrecht, 1998; Baas, Leitungsmacht und Gemeinwohlbindung der AG, 1976; *Bastuck*, Enthaftung des Managements, 1986; *Baums*, Ersatz von Reflexschäden in der Kapitalgesellschaft, ZGR 1987, 554; *Brandes*, Ersatz von Gesellschafts-und Gesellschafterschaden, FS Fleck 1988, 13; *Brüggemeier*, Organisationshaftung, AcP 191(1991)33—68; *Cahn*, Vergleichsverbote im Gesellschaftsrecht, 1996; *Feddersen/Hommelhoff/U. Schneider*(Hrsg.), Corporate Governance, 1996; *Forstmoser*, Die aktienrechtliche Verantwortlichkeit, 2. Aufl., 1987(zur Schweiz); *Götz, H.*, Leitungssorgfalt und Leitungskontrolle der Aktiengesellschaft hinsichtlich abhängiger Unternehmen, ZGR 1998, 524—546; *Grossmann*, Unternehmensziele im Aktienrecht, 1980; *Hopt*, Recht und Geschäftsmoral multinationaler Unternehmen, FS zum 500jährigen Bestehen der Tübinger Juristenfakultät, 1977, 279; *Grundmann*, Der Treuhandvertrag, insbesondere die werbende Treuhand, 1997; *Heermann*, Unternehmerisches Ermessen, Organhaftung und Beweislastverteilung, ZIP 1998, 761—769; *Hopt*, Die Haftung von Vorstand und Aufsichtsrat-Zugleich ein Beitrag zur corporate governance-Debatte, FS Mestmäcker 1996, 909—931; *Hopt*, Kontrolle und Transparenz im Unternehmensbereich, FS Friedrich Kübler 1997, 435—456; *ders.*, Verhaltenspflichten des Vorstands der Zielgesellschaft bei feindlichen übernahmen, FS Lutter, 2000, 1361; *Hopt/Teubner*(Hrsg.), Corporate Governance and Directors' Liabilities, 1985; *N. Horn*, Die Haftung des Vorstands der AG nach § 93 AktG und die Pflichten des Aufsichtsrats, ZIP 1997, 1129—1143; *U. Hübner*, Managerhaftung, 1992; *Ihlas*, Organhaftung und Haftpflichtversicherung, 1997; *Kindler*, Unternehmerisches Ermessen und Pflichtenbindung, ZHR 162(1998)101—119; *Kort*, Rechte und Pflichten des Vorstands der Zielgesellschaft bei übernahmeversuchen, FS Lutter, 2000, 1421; *Kübler*, Erwerbschancen und Organpflichten, FS Werner 1984, 437; Kulitz, Unternehmerspenden an politische Parteien, 1983; *Kust*, Zur Sorgfaltspflicht und Verantwortlichkeit eines ordentlichen und gewissenhaften Geschäftsleiters, WM 1980, 758; R. *Ludewig*, Zur Abwehr räuberischer Aktionäre in: FS 40 Jahre Der Betrieb, 1988, 193—210; *A. Maier*, Wettbewerbsrechtliche Haftung geschäftsführender Organe, 1988; *Martens*, Der Grundsatz gemeinsamer Vorstandsverantwortung, FS Fleck 1988, 191; *Merkt*, Unternehmensleitung und Interessenkollision, ZHR 159(1995)423—453; *Mertens*, Zur Auslegung und zum Verhältnis von § 76 Abs. 1 und § 58 AktG im Hinblick auf uneigennützige soziale Aktivitäten der Aktiengesellschaft, FS Goerdeler 1987, 349; *ders.*, Die gesetzlichen Einschränkungen der Disposition über Ersatzansprüche der Gesellschaft durch Verzicht und Vergleich in der aktien-und konzernrechtlichen Organhaftung, FS Fleck 1988, 209; *G. Müller*, Gesellschafts-und Gesellschafterschaden, FS Kellermann 1991, 317—335; *Paefgen*, Die Geschäftsschancenlehre: Ein notwendiger Rechtsimport? AG 1993, 457—464; *Rittner*, Zur Verantwortung des Vorstands nach § 76 Abs. 1 AktG 1965, FS Geβler 1971, 139; *ders.*, Unternehmerspenden an politische Parteien, FS Knur, 1972, 205; *Säcker*, Unternehmensgegenstand und Unternehmensinteresse, FS Lukes 1989, 547; *Schmidt-Leithoff*, Die Verantwortung der Unternehmensleitung, 1989; *Schneider*, Haftungsmilderung für Vorstandsmitglieder und Geschäftsführer bei fehlerhafter Unternehmensleitung?, FS Werner

1984, 795; *Schießl*, Die Wahrnehmung von Geschäftschancen der GmbH durch ihren Geschäftsführer, GmbHR 1988, 53; *Semler*, Rechtsfragen der divisionalen Organistionsstruktur in der unabhängigen Aktiengesellschaft, FS Döllerer 1988, 571; *ders.*, Leitung und überwachung der Aktiengesellschaft, 2. Aufl., 1996; *Timm*, Wettbewerbsverbot und "Geschäftschancen"-Lehre im Recht der GmbH, GmbHR 1981, 177; *Vorderwülbecke*, Die Spendenkompetenz der Geschäftsführung, BB 1989, 505; *Weisser*, Corporate Opportunities, 1991; *Wiedemann*, Unternehmerische Verantwortlichkeit und formale Unternehmensziele, FS Barz 1974, 561.

1. 董事责任的构成要件

62 《股份法》第93条第1款和第2款规定,在董事履行其管理职责时,对公司负有一个正常的、有良知的经理那样的谨慎义务。董事违反这一义务,必须赔偿公司由此所遭受的损失;而在这期间法律规定,董事必须证明他已经尽到了法律规定的谨慎义务。根据这一条款的字面意义,它规定了机构责任的过错标准,它也符合《民法典》第276条和《商法典》第347条的规定。这些准则也涉及企业管理者的特别任务。同时,主流观点认为,它们是一个总的责任原则,规定了一般责任的构成要件。法律又在第3款列举了沉默义务(《股份法》第93条第1款第2句),在其他条款中规定特定义务。这些条款又进一步具体地规定了一般的责任构成要件(见上文边码2等),因此这一条款具有双重作用。[1] 为了解释这一点,必须首先分析那些有可能让董事承担的过失责任的法律规定。董事的义务大致包括以下五个方面:董事必须遵守法律明确规定的命令和禁令以及与企业内部组织密切相关的规定(下文a);董事必须遵从专门调整公司对外关系及其对外经营行为的法律规定(见下文b);每个董事都必须遵从集体管理的规定(见下文c);此外,董事必须谨慎地履行其职责(见下文d);对于公司和股东,董事负有忠诚义务(见下文e);如果董事享有自主经营决策权,那么,他们不得超越其界限(见下文II)。[2]

63 (a)只有在法律为董事会及其成员规定了具体义务的情况下,就像《股份法》第93条第1条第1款第2句和第3款第1—9项、第83条、第88条、第90条、第91条和第92条等规定的那样(见上文边码2等),公司法对董事责任的规定在结构上才与民法中的一般规定相同:具备了法律规定的构成要件,表明相关的行为是不符合法律规定的;同时具备了《股份法》第93条第2款第2句过失推定的条件;对于过失推定,司法界还要求违反义务和损害之间存在着内在的联系(见下文)。如果具备这些条件,董事通常必须承担责任。只有在个别例外情况下,才可以免去董事的相关责任。例如,如果董事对其行为有特别的合法理由,并提供了免责证据。

[1] H. M., vgl. zuletzt Großkomm/*Hopt* § 93 Rdn. 19; *Hüffer* § 93 Rdn. 3.

[2] Die Gruppierung der den Vorstand treffenden Pflichten wird im Schrifttum noch unterschiedlich vorgenommen. Doch ist jedenfalls die aus dem US-amerikanischen Recht stammende Unterscheidung zwischen Sorgfalts-und Loyalitätspflichten inzwischen wohl allgemein anerkannt.

**举例**:(aa)《股份法》第 93 条第 3 款第 3 项规定:如果董事非法以公司的名义购买其自己的股份,那么他们就必须对公司承担损害赔偿责任。但是,根据《股份法》第 71 条的规定,在例外情况下董事可以购买其本身的股份(见下文 § 19. III.)。 64

(bb) X 股份有限公司打算购买 Y 股份有限公司的大部分股份,为此必须进行增资。两项计划都需要得到股东大会的同意。在召开股东会议的通知公布后,被告购买了 X 股份有限公司的三个股份。在股东大会上,被告反对相关的决议。此外,他还向注册法院提出申请,要求根据《有关自愿管辖权事项的法律》第 127 条的规定撤销对有关股东大会决议的登记。由于被告的反对意见,相关的银行收回认购新股并且提前预付 8 千 8 百万马克增资股款的承诺。这样,整个交易就受到了严重的威胁。为了保证计划的顺利进行,董事会分批向被告支付了 150 万马克,而被告也随之撤回其异议,并且答应放弃行使撤销权。后来,董事会要求被告偿还这笔款项。[1] 董事会向被告支付补偿金违反了《股份法》第 57 条和第 53a 条的规定。根据《股份法》第 93 条第 3 款第 1、2 和 5 项的规定,董事会必须对公司承担损害赔偿责任;董事会也不得买通股东,诱使其放弃行使撤销权。因为通过股东大会的决议加强对董事会的制衡关系,是立法者的立法意图,如果允许董事利用金钱买通股东,那么股东监督就会成为一句空话。在本案中,被告实际上对董事会实施了敲诈,这是免除董事会赔偿责任的一个合法理由。但是,董事会必须根据《股份法》第 62 条第 2 款、《民法典》第 823 条第 1 款和第 826 条的规定尽快追回被敲诈的款项。[2] 65

除了法律规定的特别命令和禁令以外,董事会还必须遵从那些调整企业内部组织关系的法律规定。它不得超越章程规定的经营范围从事生产或者经营活动。它必须服从章程规定的和其他机构之间的职权分工并且服从其他机构在其职权范围内所作的决议;此外还必须服从章程和工作守则的规定(见上文 I. 3)。它不得执行无效的股东大会决议和无效的监事会决定。对于那些可以撤销的决议,董事会必须尽心尽职地进行评判并决定是否提起撤销之诉(试比较《股份法》第 245 条第 4 款)。除非康采恩法另有规定,它既不得屈服于个别股东的压力,也不得在居支配地位的企业前让步(《股份法》第 291 条第 3 款、第 308 条、第 311 条和第 323 条)。董事会的义务还包括,设法制定正确的共同决议规则(《股份法》第 96 条等,见下文 § 15. II. 4)。此外,它还必须遵守决算法、雇工代表共同管理法、数据保护法的规定。 66

---

[1] Fall *AachenerRück/BfG* OLG Köln AG 1988, 349; vgl. auch OLG Hamm WM 1988, 1164.

[2] Zum Ganzen *Lutter* ZGR 1978, 347; *ders.* FS 40 Jahre DER BETRIEB 193; *Schlaus* AG 1988, 113; *Martens* AG 1988, 118; *Hirte* BB 1988, 1469; KölnKomm/*Mertens* § 93 Rdn. 39; *Götz* DB 1989, 261; *Hirte* DB 1989, 267. Zum Miβbrauch der Anfechtungsbefugnis durch räuberische Aktionäre vgl. auch BGHZ 107, 296, 309 ff; BGH NJW 1990, 322; BGH WM 1990, 2073 und unten § 16 IX 9; BGHZ 69, 207, 213 (auβergewöhnlich riskante und leichtfertige finanzielle Beteiligung); BGH WM 1974, 131, 132 ff; 1978, 109, 112; BGH WM 1966, 323, 324 (Verkauf eines Grundstücks ohne Sicherung des Kaufpreises); BGH NJW 1974, 1468; WM 1980, 1190; 1985, 1293 (Kassenkontrolle); BB 1980, 1344, 1345; (Warenkontrolle); NJW 1979, 1823, 1824 ff; WM 1978, 109, 112 (überwachung von Angestellten). Zu den Vehaltenspflichten des Vorstands bei übernahmeangeboten vgl. zuletzt *Hopt* und *Kort* FS Lutter 1361, und 1421.

67 (b)在对外关系上,企业是一个独立的法律主体,董事会是这一法律主体的管理机关。因此董事会还受所有与此相关的民法、竞争法、劳动法、刑法、治安处罚条例、行政法、税法和社会福利法等法律规定的约束。董事会必须严格依照上述法律规定办事。这是董事会对公司所承担的一个重要义务。因为违反这些义务会对公司带来许多不利的后果。例如,公司可能会承担损害赔偿责任、缴纳罚款责任;公司的声誉会受到损害;还可能会失去一些商业机会。[1] 特别是董事会有责任督促公司及时缴纳到期的税款和社会保险费。[2] 那种认为违反上述规定对公司有利的观点是不能成立的。虽然在这种情况下公司确实并没有受到损害。如果对法律规定有几种不同的理解,董事会可以采用对公司最有利的一种解释,前提条件是这一观点具有一定的代表性。当然在十分重要的情况下,董事会必须征求法律顾问的意见。这是董事会的义务。[3] 对于企业职员进行的违法行为,只有董事会或者个别董事命令他们进行违法行为或者他们容忍了企业职员的违法行为时,董事会及其个别董事才对职员的行为承担法律责任。如果他们没有及时采取措施制止职员的这些行为,他们也须承担法律责任。

68 **典型案例:**(aa)如果董事会进行非法武器交易,或者违反了原子能法中的保护性条款,这本身不仅构成立即解散董事会的重要原因,而且同样是一个无限期解除聘用合同的重要理由;此外,根据《股份法》第93条第1款和第2款的规定,董事会还必须赔偿公司因此所受的损失,即必须补偿公司为此而缴纳的罚金。根据《治安处罚条例》第9条和第130条的规定,在这种情况下也可以判决个别董事缴纳罚金。

69 (bb)如果董事会违反了公司和第三者签订的合同,因此使公司赔偿了第三者所受的损失,那么董事会或者责任董事必须在内部关系上补偿公司因此所受到的损失。在这种情况下不适用有关危险性工作的原则。[4]

70 (cc)根据《刑法》第299条和第333条的规定,行贿是违反刑法的行为。尽管如此,如果德国公司在外国通过行贿签订合同,而在该外国行贿是习以为常的事,那么,联邦最高法院并不认为这种合同是违反法律或者违反善良风俗。[5]

71 (dd)如果公司将一种有害健康的产品投入市场,而董事会成员没有采取措施收回这些产品,那么,他们可能承担《刑法》第223条和第230条规定的责任,并且赔偿公司因此所受到的损失。[6]

72 (c)任何董事必须履行与其他董事会成员一起进行集体领导的义务。这一义

[1] Vgl. BGH GmbHR 1985, 143.

[2] Siehe dazu unten Rdn. 101

[3] BGH DB 1985, 1173 f.

[4] Vgl. BGH WM 1975, 467.

[5] BGHZ 94, 268, 271.

[6] Vgl. BGH NJW 1990, 2560(*Erdal*). In diesem Fall stand dann allerdings die unmittelbare Haftung der Vorstandsmitglieder gegenüber den geschädigten Dritten im Vordergrund; vgl. dazu unten VI.

务在董事会集体负责原则和在董事会成员之间进行必要的分工之间建立了一定的联系(见上文 II. 5)。这一义务要求,董事相互之间必须提供和公开所有重要的事项、并且维持合作的工作方式,分管其他领域的董事必须对与其分管领域有关的工作进行监督。[1] 此外,它还要求,所有董事必须服从以多数票形成的董事会决议,听从其他董事的合理建议。部门之间的私利和董事会内部的权力斗争都会危及集体负责制度或者企业管理的效益,因此也违反法律规定的集体领导原则。在董事会和其他企业机构尤其是监事会之间,董事会必须在法律规定的分工框架内与它们进行忠诚的合作。

**典型案例:**一家保险公司的董事 A 获悉,在某一私人建筑工程中,本公司的董事会主席和监事会主席牺牲公司的利益并从中牟取个人利益。开始,他保持沉默,后来他将此事告知了其在联邦保险监督局工作的官员。该官员要求公司提交一份报告。在随即召开的监事会会议上该董事依然保持沉默。联邦最高法院认为,该董事仅仅向监督机关而没有向监事会报告,这是违反其本身承担的义务的行为;由于其辩解涉及董事会主席和监事会主席,这让他处于十分尴尬的境地,这一理由不能成立(BGH WM 1966, 968)。[2] 73

(d)谨慎管理义务是一个一般性的条款。在实践中,它可以包括无数的且并没有完全包括的行为准则。履行职责过程中的所有马虎行为或者肤浅行为都违反这一义务。董事会成员必须对其将要进行的决定进行必要的准备,并且利用一切可以利用的手段了解决定的相关前提条件。董事必须采用一切公认的技术手段、财务手段和管理手段,保证公司簿记符合各种规则,[3]并且必须遵守通常的谨慎标准,减少经营风险。《股份法》第 91 条第 2 款规定,董事会成员要特别设立一个监控机制,对企业破产进行经常性检测(见上文边码 2)。在特别危急的情况下,董事必须采取一切可以采取的拯救措施,必要时必须履行《股份法》第 92 条第 1 款规定的通知义务;如果具备《股份法》第 92 条第 2 款规定的条件,还必须提出破产申请。董事还必须采取措施,要求第三者清偿其欠公司的债务,除非这种清偿没有任何经济意义。 74

董事必须掌握履行其职责所需的知识,并且在工作过程中及时更新这些知识。相关的董事必须正确执行董事会的决议;在执行过程中,必须注意其在经济、财务或者其他方面所产生的影响。谨慎管理义务不仅包括制定一个短期的生产计划、财务计划和人事计划,[4]而且还包括为企业设计一个企业高层管理机构及其下属的管理和执行机构。这些机构的设置既要符合法律有关职责分工规定,[5]又必须 75

---

〔1〕 BGH AG 1998, 529.

〔2〕 Vgl. ferner OLG Bremen ZIP 1999, 1671 (*Bremer Vulkan*) zur Pflicht zum Widerspruch, wenn ein anderes Vorstandsmitglied die gesellschaftlichen Verhältnisse unrichtig oder unvollständig widergibt.

〔3〕 BGH WM 1995, 1665; OLG Bremen GmbHR 1998, 538.

〔4〕 Vgl. *Semler*, Leitung und überwachung der Aktiengesellschaft Rdn. 16.

〔5〕 Vgl. dazu OLG Hamm ZIP 1995, 1263; OLG Düsseldorf ZIP 1997, 1153 (ARAG).

符合企业经营的需要,并且保证它们的正常运作。尤其是董事会不得放弃其自身的管理权。如果董事会将某一任务或者决定权委托其下属机构,那么,监事会必须十分明确地界定该任务的范围,制定严格的管理规则,并且设立一个可靠的信息反馈机构和监督机构。[1] 对于须由董事会集体决议的事项,每个董事都必须亲自全面了解相关的事项。[2] 如果董事会内部进行了职责分工,每个董事还有责任监督其他部门的工作。[3]

76 对董事会及其成员的行为究竟应该提出哪些要求?这一问题应该根据具体案件中的具体情况来进行评判。应该考虑的因素有:企业的规模及其经营范围、企业的组织管理机构、业务状况、财务和市场情况等,尤其在接受或者提供贷款时必须特别地小心谨慎。就董事的责任而言,责任的轻重根据相关事件是否属于管辖范围的不同而有所不同,对于属于其主管范围内的事件,主管董事的责任要比分管其他领域的董事的责任严重。因此同一行业中通常适用的标准和一般性行为准则只能当作一个辅助性的评判标准,而且必须灵活地采用这些标准。无论如何,必须考虑到,董事会应该拥有比较大的自由决策空间;在这一空间内董事会可以根据其知识和良知独立地负责企业的经营和管理;由于法院并不管辖企业的经营决策,所以,董事会也不必担心受到法院的监督。董事会的谨慎义务还包括它能够承担一定的、合理的经济风险。[4] 当然谨慎义务的标准应该是客观的,而且应该根据其最典型的特征来确定:它既取决于正常企业管理对相关知识和精力投入的要求,又取决于在具体情况下对相关知识和精力投入的正常要求。[5] 董事个人的特殊情况不能减轻董事的责任,即使其他董事和监事对某事件同样负有责任,但是这也不能减轻主管董事所应负的责任。[6]

77 **典型案例**:在司法实践中涉及许多案例,在公司的业务中,风险投机业务占有相当大的比

[1] Vgl. zur Kontrolle der Einhaltung von Umweltvorschriften *Ebenroth/Willburger* BB 1991, 1941; *Brüggemeier* FS Jahr 223, 247, Groβkomm/*Hopt* Rdn. 107, allgemein *Götz* AG 1995, 337.

[2] BGH DB 1987, 2265, 2270.

[3] BGH NJW 1986, 54; 1990, 2560.

[4] Das ist der Sinn der im US-amerikanischen Recht entwickelten sog. "Business Judgement Rule" vgl. dazu *Abeltshauser*, Leitungshaftung im Kapitalgesellschaftsrecht 130, *Merkt*, US-amerikanisches Gesellschaftsrecht Rdn. 682 ff. Zum deutschen Recht statt aller Bastuck, Enthaftung des Managements, 1986; *Wiedemann*, Organverantwortung und Gesellschafterklagen in der AG, 1989; *Semler*, Leitung und überwachung Rdn. 80; Hopt FS Mestmäcker 909, 919 ff, *Horn* ZIP 1997, 1129, 1133; *Henze* ZIP 1998, 761; ausführlich auch Groβkomm/*Hopt* Rdn. 81 ff.

[5] BGH WM 1971, 1548 f; NJW 1983, 1856; h. M.

[6] BGH WM 1981, 440; 1983, 725.

例,[1]而且公司没有注意或者放弃了对这些业务进行保险[2]和监督。[3] 在联邦最高法院1978年审理的案件中(BGH WM 1978, 109, 112),某股份有限公司的一董事为该公司董事会的发言人,他在董事会中具有决定性的地位。该公司给其客户提供了大量贷款,这些客户后来都陷入困境,无法偿还所借的贷款。从而导致上述股份有限公司的破产。该公司破产清算人向上述董事会发言人提起请求赔偿之诉,理由是他必须对上述贷款负责。被告辩称,负责贷款发放和监督主要是公司的两位副董事长,而他根本没有理由怀疑这两位董事的可靠性和正常的业务管理能力。联邦最高法院认为,该被告所述理由不能成立。

在康采恩中,其主导企业的董事会承担着下列义务:其管理权的行使必须既符 78
合主导企业的利益,同时又符合整个康采恩企业的利益。[4] 康采恩法的特殊规定并没有取代《股份法》第93条的规定,也没有对这一条款进行修改。在这里,谨慎义务包括主导企业的董事会必须了解其附属公司的经营状况和经营业绩。如果附属公司经营不佳或者面临亏损的危险,主导企业的董事会必须采取一定的方式进行干预,因为附属企业的亏损会间接损害主导企业的利益。另外有必要在整个康采恩的发展和战略之间进行最低限度的协调。主导企业的董事会必须或者能够在多大范围内行使其影响力,主要取决于康采恩是否打算设立一个集权的中央康采恩管理中心还是分权制的管理机构;从法律上看,它们还取决于有关的康采恩是一种事实上的依附关系(《股份法》第311条等),还是一个合同式的康采恩(《股份法》第291条和第308条),或者仅仅是一个加入式的康采恩(eine Eingliederung)(《股份法》第319条)。然而,人们一般认为,在康采恩主管机构采取措施,直接干预其子公司的管理之前,必须征求子公司董事会的意见,因为它最了解自身的情况。[5]

**典型案例**:在ARAG一案中,某康采恩主导企业的董事会主席,同时兼任该康采恩国外子 79
公司的经理,该经理违反法律义务,与一位不可靠的合伙人开展了金融交易(BGHZ 135, 244 und OLG Düsseldorf AG 1997, 231)。

(e)董事必须承担忠诚义务或者诚实义务。据此董事会成员必须将其私人利 80

---

[1] BGHZ 69, 207, 213(außergewöhnlich riskante und leichtfertige finanzielle Beteiligung); BGH WM 1974, 131, 132 ff; 1978, 109, 112; BGHZ 135, 244(*ARAG*-Vergabe nicht ausreichend gesicherter Kredite).

[2] BGH WM 1966, 323(Verkauf eines Grundstücks ohne Sicherung des Kaufpreises).

[3] BGH NJW 1974, 1468; WM 1980,1190, 1985, 1293(Kassenkontrolle); BB 1980, 1344(Warenkontrolle); NJW 1979,1823; WM 1978, 109, 112(überwachung von Angestellten).

[4] Vgl. zum folgenden *Abeltshauser* aaO 227 ff; *Götz* ZGR 1998, 524; *Hommelhoff*, Konzernleitungspflicht 65ff, 469ff; *Martens* FS Heinsius 523; *ders.* ZHR 159(1995), 567; *Scheffler* FS Goerdeler 469, 473; *Semler*, Leitung und überwachung Rdn. 269 ff, 450 ff.

[5] Zu den Interessenkonflikten bei Doppelmandaten im Vorstand des herrschenden und des abhängigen Unternehmens vgl. unten Rdn. 84; zu den besonderen Pflichten des Vorstands einer abhängigen Gesellschaft unten § § 53 III 5, 54 III 3.

益置于企业利益之后,不得利用其职权牟取私利(见上文 I.5)。[1] 这实际上表明,董事这一职位相当于托管人。[2] 法律上相应的规定是竞业禁止(见上文边码 52)。但是,其影响范围远远超过这一点。董事必须维持正常的、保证其有足够的精力完成其工作的生活方式。除了董事职责之外,董事不得担任任何其他可能花费其很多时间和精力、影响其工作的职责。[3] 在对外关系方面,董事必须避免有可能影响企业声誉和形象的争端。董事可以优先主张其合同权利和薪酬要求,但是必须同时适当考虑企业的利益。[4] 相对于股东、职工和监事会成员,董事必须保持中立。[5] 即便是不适当地增加公司的人工开支和业务开支、支付了不必要的费用,也是违反董事义务的行为。

81 忠诚义务的核心是:**公司的商业机会必须由公司利用,不得将这些机会用于个人目的**。在英美法国家中,十分强调上文所提的"公司机会"理论,[6]德国法也必须更加明确地强调这一点。在接洽公司业务过程中,收受或者要求佣金或者贿赂是不合法的[7],同样不合法的是要求向第三者如家庭成员给付特定的好处,默认这种给付行为也是非法的。[8] 董事在履行职责过程中,建立起一定的关系,获得了一定的信息,并因此获得了一个很好的与公司经营业务相关的商业机会时。必须让公司利用这一机会,公司决策机关必须至少有可能对此进行讨论和决定。[9] 董事私人直接或者为了第三者的利益而开展这一业务都是不合法的。为了这一目的,必须对公司商机这一概念进行广义的解释。像解释谨慎义务一样,在解释公司商机的概念方面,董事也没有多大的解释余地。[10] 属于违反忠诚义务的行为有非法的内部交易。《有价证券交易法》第 13 条等对内部交易作了专门的规定(《有价证券交易法》第 9 条第 7 款)。另外,如果接受了恶意的收购要约,董事就违反了中立

---

〔1〕 Vgl. zum folgenden die ausführlichen Darstellungen zuletzt in Groβkomm/*Hopt* § 93 Rdn. 144 ff sowie zur Parallelproblematik bei der GmbH Hachenburg/*Mertens* GmbHG § 43 Rdn. 35 ff; ferner exemplarisch BGH NJW 1990, 1629(*Schaffgotsch*) zum Aufsichtsrat.

〔2〕 *Grundmann*, Der Treuhandvertrag 421 ff.

〔3〕 Zum Sonderfall der übernahme eines Bundestagsmandats vgl. BGHZ 43, 384, 386.

〔4〕 BGHZ 20, 239, 246; *Hüffer*, *Kohler* und *Feddersen* in ZHR 161(1997), 214, 246, 269; *Hopt* ZGR 1993, 534, 541.

〔5〕 Groβkomm/*Hopt* § 93 Rdn. 151 m. w. N.

〔6〕 *Mestmäcker*, Verwaltung, Konzerngewalt und Rechte der Aktionäre 166 ff; *Kübler* FS Werner 437; *Weisser*, Corporate Opportunities, 1991; *Reinhardt*, Interessenkonflikte bei der privaten Wahrnehmung von Geschäftschancen im US-amerikanischen und deutschen Gesellschaftsrecht, 1994, *Abeltshauser* aaO 298 ff.

〔7〕 RGZ 96, 53; BGH WM 1962, 578; 1983, 498.

〔8〕 Vgl. OLG Düsseldorf GmbHR 1995, 22 zur GmbH; OLG Hamm ZIP 1993, 119, 123; BGH NJW-RR 1995, 669.

〔9〕 BGH GmbHR 1968, 141, 1977, 29; 1977, 43; WM 1985, 1443; WM 1989, 1216; NJW 1995, 1358; OLG Frankfurt GmbHR 1998, 376; *Hopt*, in *Hopt/Teubner*, Corporate Governance 285, 299; *Merkt* ZHR 159(1995), 423, 439; *Schiessl*, GmbHR 1988, 53.

〔10〕 *Hopt* ZGR 1993, 534, 542; *ders*. FS Mestmäcker 909, 917.

义务(见上文 § 9. VIII.)。[1]

**典型案例**:(aa)联邦最高法院判定,非盈利性住宅股份有限公司的一位董事违反了忠诚义务,因为他在委托建筑师、工程师和建筑工人维修其私有的24套老式住房的同时,委托同样的建筑师、工程师和建筑工人承建公司的建筑项目,并且暗示公司可以支付较优厚的工程费(BGH WM 1979, 1328, 1330)。 82

(bb)在1967年联邦最高法院审理的一起案件中(BGH WM 1967, 679),某有限责任公司的经理一直在为公司寻找一块建筑用地,本地区政府提供了一块价格特别优惠的地皮。有限责任公司购买了其中的约2公顷的土地,还剩余约10公顷的土地由该经理私人购得。过后不久,经理将该地块转让给建筑公司,并因此获得了相当丰厚的利润。联邦最高法院判定,即使公司不需要该片地皮,该经理也违反了忠诚义务,因为,该经理是凭借其经理这一职位才从区政府获得这一用地的,因此,地皮再转让这一商机属于公司。 83

(cc)在联邦最高法院1985年审理的一起案子中(BGH WM 1985, 1443),某有限责任公司生产某设备,工程师甲向该公司的经理介绍了一个能够大大降低成本的生产程序。该经理立即辞去经理职务,自己设立了一个新的有限责任公司,并在该公司中使用新的生产程序。联邦最高法院认为,该经理的行为从两个层面上违反了忠诚义务,首先,该经理剥夺了公司的商机,其次,该经理没有阻止在同样产品的市场上出现一个更有力的、能够生产更廉价的产品的竞争者。

同时在康采恩主导企业的董事会和附属企业的董事会中担任董事,根据德国法学界的主流观点,并不违反忠诚原则。另外,公司的董事会成员兼任其他企业的监事也是合法的,这一做法非常常见。在上述情况下,如果由于兼职而产生利益冲突,必须根据具体情况而分别予以解决(见上文边码78)。 84

2. 决策自由的界限

虽然董事会成员拥有自由的经营决策权,但是董事的这一权力不能超越一定的范围(见上文 I.5. 和 § 13. I.)。因此,所有不符合企业利益的行为,都违反董事承担的、必须在自决权的范围内进行决策的义务。在企业中股东、职工和企业债权人与社会公众的利益并不总是一致的。如果董事的行为不可能同时符合这些人的利益,或者不能够协调这些人的利益,那么他们就违反上述决策义务。就向企业员工支付社会福利而言,只要它没有影响企业的正常运作;与企业向股东支付的股息相比,这一支付也在合理的比例范围内,那么这些社会福利是无可非议的。企业可能会在其经营范围之外而给社会公共机构、科研机构或者艺术团体提供捐款。如果这些捐款提高了企业在社会公众中的知名度,改善了企业的形象,那么这些捐款也符合企业利益。这些捐款也可能符合宪法中有关社会义务的规定(见边码14)。不符合上述条件的捐款就不符合企业利益。同样的原则也适用于企业给党派和政 85

[1] Vgl. LG Düsseldorf AG 2000, 233; *Hopt* und *Kort* in FS Lutter 1361 und 1421.

治机构提供经济捐赠。[1] 且不提宪法和税法上的规定，只要给党派的捐款数额在合理的范围内而且没有影响企业的正常运作，那么这些捐款是符合公司法的规定的。无论如何，董事会必须牢记，它管理的资金是属于股东的，因此它不能不顾及股东利益而单方面进行政治投资。

86 **国家和政治机构**会对企业提出一些**要求和建议**。如果这些要求和建议不是正式的法律，董事会通常不必服从。在这方面必须严格遵守国家和公司即经济相分离的原则。如果国家认为某些规则十分必要，那么就必须将它制定成有约束力的规定。然而，并不是董事会为了公共利益而进行的所有行为都是非法的，如果董事会为了正当的公共利益，或者国家机构的愿望而采取了一些措施，虽然因此而影响了企业的盈利，这些措施也可能是合法的。同样，针对经济繁荣政策、结构政策或者环境保护而采取的措施也是合法的。如果情况不是十分明确，董事会就必须对企业利益和公共利益进行权衡和比较。

87 **举例**：1962 年联邦经济部向大众汽车股份有限公司的董事会提出要求，鉴于汽车销售价格总的发展趋势，公司必须放弃已经宣布的涨价计划。1979 年联邦政府对银行施加压力，要求银行向通用电器公司（AEG）提供大笔信贷资金，以便对该公司进行整顿。1980 年时，德国曾经讨论过这样的问题，即是否可以要求特定的企业对前苏联和伊朗进行封锁。对于这些政治压力，企业管理者通常不必屈服。但是如果他们听从了政府的建议，采取了相应的措施，这些措施并不一定就是非法的。

88 供货商、客户和消费者的利益一般与企业利益相冲突，因此除了必须遵守《反不正当竞争法》和《反限制竞争法》的规定外，董事会通常必须考虑他们的利益。保护私人合伙人和市场机制的正常运作是国家立法机构的任务，为了公共利益它们也会限制企业利益。

## V. 罚则和诉权

参考文献：*Bastuck*, Enthaftung des Managements, 1986; *Bauer*, Organklagen zwischen Vorstand und Aufsichtsrat der Aktiengesellschaft, 1986; *Bork*, Materiellrechtliche und prozeβrechtliche Probleme des Organstreits zwischen Vorstand und Aufsichtsrat einer Aktiengesellschaft, ZGR 1989, 1; *Brandes*, Ersatz von Gesellschafts-und Gesellschafterschaden, FS Fleck, 1988, 13; *Brandner*, Minderheitsnreche bei der Geltendmachung von Ersatzansprüchen aus der Geschäftsführung, FS Lutter 2000, 317; *Canaris*, Hauptversammlungsbeschlüsse und Haftung der Verwaltungsmitglieder im Vertragskonzern, ZGR

[1] *Rittner* FS Knur 205; *Baas*, Leitungsmacht und Gemeinwohlbindung der AG 181ff; *Kulitz*, Unternehmenspenden an politische Parteien, 1983; *Mertens* FS Goerdeler 349; *Dreher* ZHR 155 (1991), 349; *Vorderwülbecke*, Die Spendenkompetenz der Geschäftsführung, BB 1989, 505; *Westermann* ZIP 1990, 771, 777; vgl. auch BGHZ 23, 150,157; 69, 334, 339.

1978, 207; *Fleck*, Zur Beweislast für pflichtwidriges Organhandeln, GmbHR 1997, 237; *Goette*, Zur Verteilung der Darlegungs-und Beweislast der objektiven Pflichtwidrigkeit bei der Organhaftung, ZGR 1995, 648; *Häsemeyer*, Der interne Rechtsschutz zwischen Organen, Organmitgliedern und Mitgliedern der Kapitalgesellschaften als Problem der Prozeβführungsbefugnis, ZHR 144(1980), 265; *Heermann*, Wie weit reicht die Pflicht des Aufsichtsrats zur Geltendmachung von Schadensersatzansprüchen gegen Mitglieder des Vorstands? AG 1998, 201; *ders.*, Unternehmerisches Ermessen, Organhaftung und Beweislastverteilung, ZIP 1998, 761; *Hefermehl*, Zur Haftung der Vorstandsmitglieder bei Ausführung von Hauptversammlungsbeschlüssen, FS Schilling 1973, 159; *Henze*, Höchstrichterliche Rechtsprechung zum Aktienrecht, 3. Aufl., 1997; *Hommelhoff*, Der aktienrechtliche Organstreit, ZHR 143(1979), 288; *Hopt*, in: Groβkommentar zum AktG § 93 XI bis XVI; Ihlas, Organhaftung und Haftpflichtversicherung, 1997; *Lewerenz*, Leistungsklagen zwischen Organen und Organmitgliedern der Aktiengesellschaft, 1977; *Mertens*, Die gesetzlichen Einschränkungen der Disposition über Ersatzansprüche der Gesellschaft durch Verzicht und Vergleich in der aktien-und konzernrechtlichen Organhaftung, FS Fleck 1988, 209; *Pflugradt*, Leistungsklagen zur Erzwingung rechtmäβigen Vorstandsverhaltens in der Aktiengesellschaft, 1990; *Raiser*, Klagebefugnisse einzelner Aufsichtsratsmitglieder, ZGR 1989, 44; *ders.*, Pflicht und Ermessen von Aufsichtsratsmitgliedern, NJW 1996, 552; *Ransiek*, Strafrecht im Unternehmen und Konzern, ZGR 1999, 613; *K. Schmidt*, "Insichprozesse" durch Leistungsklagen in der Aktiengesellschaft?, ZZP 92(1979), 212; *Teichmann*, Strukturüberlegungen zum Streit zwischen Organen in der Aktiengesellschaft, FS Mühl, 1981, 663; *Zimmermann*, Vereinbarungen über die Erledigung von Ersatzansprüchen gegen Vorstandsmitglieder von Aktiengesellschaften, FS Duden, 1977, 773.

1.解聘

如果董事的行为违反法定义务,监事会可以根据《股份法》第84条第3款的规 89
定**解聘**董事;如有需要,还可以无期限地解除其董事职务(见上文编码39,58等)。如果情况并不十分严重,那么可以在董事任期届满后拒绝续聘。在实践中,董事职位的这种不确定性或者类似的措施既是惩罚违反义务董事的最重要的手段,也是防止董事不履行其义务的最重要预防措施。所以,在法律规定的措施中,解聘是首要的惩罚手段。法律还规定了刑法和罚款条款。这些条款主要针对两种情况,其一为违反报告义务,其二为严重违反沉默义务(《股份法》第399—405条)、以及欺诈(《刑法》第263条)、不忠(《刑法》第266条)和违反《刑法》规定的破产行为(《刑法》第283条)。应该把**追究刑事责任看作**有效的惩罚措施。[1]

2.损害赔偿

公司可以根据《股份法》第93条第1款和第2款的规定向董事提起**损害赔偿之** 90
**诉**。这一规定在实践中仅仅起着补充作用。从董事违反义务事件的数量来看,对董

〔1〕 Vgl. *Ransiek* ZGR 1999, 613.

事提起损害赔偿的实例是相当少的。但是这样的诉讼案件在不断增加。[1] 监事会是代表公司向董事提起诉讼的机关(《股份法》第 112 条),但是它并不总是十分清楚地了解董事的行为。如果董事很明显地违反了其义务,那么监事会就有没有履行其监督责任的嫌疑。这样监事会自己也必须承担损害赔偿责任(《股份法》第 116 条;见下文 § 15. VII. 1)。仅仅因为这一点,监事会也倾向于不揭发这些事件,而采取大事化小,小事化了的措施。更重要的原因是出于企业经营管理策略方面的考虑:如果提起诉讼,根据法院的判决,公司不必解聘董事。这样就会严重影响公司各机构之间的合作。所以企业一般也不愿提起诉讼。正因如此,通常在公司宣布破产后,由破产清算人提起诉讼,或者董事因不满工作而宣布退出董事会,然后通过司法诉讼解决其与公司间的纠纷。[2] 然而,根据联邦最高法院在 ARAG 案[3]中的判决,如果相关的诉求是可以实现的,监事会原则上有义务向董事提起损害赔偿之诉。

91 **典型案例**:在 ARAG 一案中,董事会主席在公司进行的不正当的资金交易中违反了谨慎义务,并因此给公司造成了几百万马克的损失(见上文边码 79)。监事会的大部分成员是董事会主席的家族成员。在讨论是否决定对董事会主席提起诉讼时,监事会以通过多数票的表决方式形成决议,不对董事会主席提起诉讼。尽管如此,少数监事依然提起诉讼。联邦最高法院在该案中作出原则性的判决:由于监事会负有监督责任,所以监事会有义务独立审查公司是否拥有对董事提起损害赔偿的权利。在审查时,监事会必须考虑,董事会对于经营管理所涉的事项拥有相当大的自由决策空间。如果监事会得出结论,董事会负有损害赔偿的义务,监事会还必须谨慎和客观地进行风险分析,即估计诉讼有多大的成功可能性。当然不能要求诉讼有十分的成功可能性。如果监事会认为,相关的诉求是可以实现的,监事会原则上就必须提起诉讼,只有在少数例外情况下,才可以放弃其诉权。在考虑放弃诉讼时首先应分析:放弃是否符合公司利益?放弃会对公司带来哪些好处?同时必须分析为了公司是否必须放弃诉讼,提起诉讼对公司有哪些损害。除了企业利益以外,董事自身方面的原因是不能作为例外的理由的。[4] 这一判决是完全正确的。[5] 但是如果认为这一判决主要是确认了董事会十分广泛的自由决策权的观点是不正确的。[6]

92 德国法律规定,当事人必须考虑通过诉讼实现其权利的难度。《股份法》第 93

---

〔1〕 Vgl. *Ihlas*, Organhaftung und Haftpflichtversicherung 317 ff; Groβkomm/*Hopt* § 93 Rdn. 16.

〔2〕 Ein kennzeichnendes Beispiel dafür ist der Fall BGH WM 1978, 109, 112, in dem das gekündigte Vorstandsmitglied Gehalts-und Pensionsansprüche geltend machte und die Gesellschaft dagegen Schadensersatzansprüche wegen Pflichtverletzung einwandte.

〔3〕 BGHZ 135, 244; vgl. ferner LG Stuttgart AG 2000, 237(*ASS*).

〔4〕 AaO 244 f(Leitsätze).

〔5〕 *Raiser* NJW 1996, 552; *ders*. WUB II A § 111 AktG 1.97.

〔6〕 *Boujong* DZWiR 1997, 326; *Dreher* JZ 97, 1174; *Goette* DStR 1997, 880; *Götz* NJW 1997, 3275; *Heermann* AG 1998, 201; *Henze* NJW 1998, 3309; *Horn* ZIP 1997, 1129; *Kindler* ZHR 162(1998), 101; *Priester* EWiR 1997, 677.

条第 2 款第 2 项规定的**举证责任**倒置已经超过了一般的民事法律原则。根据举证责任倒置原则,债务人必须证明他谨慎地履行了其承担的义务(试比较《民法典》第 282 条和第 285 条)。德国法院应该从广义上理解这一规则。[1] 广义的举证责任倒置原则不仅涉及狭义的过失,而且涉及客观的违反义务的行为。如果公司仅仅说明在过失行为和损害之间有可能存在因果关系的话,相反的证据还包括违法行为及其和损害之间的因果关系。[2]

93 如果董事会的行为是以股东大会的合法决议为依据的,而且根据《股份法》第 83 条第 2 款的规定执行了该决议,那么董事会就不必对此行为承担任何责任(《股份法》第 93 条第 4 款第 1 项)。但是如果股东大会的决议是非法的,那么执行非法决议并不能免除董事会的责任。同样监事会的同意也不能免除董事会的责任,因为董事会必须独自负责企业的经营管理,董事会不能因为监事会的监督义务而将相关的责任推给监事会(《股份法》第 93 条第 4 款第 2 项)。[3] 具有重要意义的是《股份法》第 93 条第 4 款第 3 句和第 4 句对放弃权和和解权的限定。查清案情是相当困难的,而且需要很长的周期。上述规定的目的既是为了防止因为这些困难不调查就通过调解结束这些案件,也是为了防止匆忙地了结相关的案件,损害公司的利益。因此,拥有公司 10% 以上股份的小股东可以对公司的决定提出异议。从另一个角度看,公司也不可能在短期内迅速而简单地解决纠纷。[4]

94 根据《股份法》第 93 条第 4 款的规定,对董事提起赔偿请求权的诉讼时效为 5 年。时效从产生损害赔偿请求权之日起即从非法行为结束和损害发生之时起计算。因违反聘用合同而产生的责任,也适用同样的时效期限。因为根据法律规定,合同中有关责任的规定是一种特殊的法律条款。[5] 在实践中,诉讼时效的起始日期是难以确定的。[6] 除了损害赔偿请求权外,还可以提起侵权赔偿请求。对于后一请求权适用《民法典》第 852 条规定时效期限。《民法典》的规定对公司比较有利。因为据此,时效从监事会知悉损害以及应该承担赔偿责任的董事之时起起算。[7]

3. 停止侵害之诉

95 监事会可以根据《股份法》第 112 条的规定对董事会的非法行为提起**停止侵害之**

---

[1] BGH NJW 1963, 46; BB 1974, 994; WM 1980, 1190; WM 1985, 1293 f; OLG Hamm AG 1995, 512; LG Bochum ZIP 1989, 1557, 1559; öOGH NZG 1998, 852.

[2] Einzelheiten bei *Goette* ZGR 1995, 648; *Fleck* GmbHR 1997, 237; *Henze*, HRR zum Aktienrecht Rdn. 432; *Heermann* ZIP 1998, 761, 768; Groβkomm/*Hopt* § 93 Rdn. 276 ff.

[3] BGHZ 33, 175, 178 f; zum Problemkreis insgesamt *Hefermehl* FS Schilling 159; *Canaris* ZGR 1978, 207, 212 f.

[4] *Zimmermann* FS Duden 773; *Mertens* FS Fleck 209; *Ihlas* aaO 181.

[5] BGH BB 1989, 1637, 1638.

[6] Vgl. BGHZ 55, 340, 341; 73, 363, 365 ff; 79, 176, 177 ff; 96, 290, 294; 100, 228, 231; 124, 27, 29; BGH WM 1971, 1548, 1549; OLG München ZIP 1998, 23, 26.

[7] BGHZ 100, 190, 200 gegen RGZ 87, 306, 309; zum Streitstand vgl. KölnKomm/*Mertens* § 93 Rdn. 156; Groβkomm/*Hopt* § 93 Rdn. 428.

**诉和消除影响之诉**。此外,监事会还可以对董事会提起履行之诉,强制董事会采取特定的措施。但是德国法学界的多数学者对这些诉权持保留态度。这些学者认为,在这方面缺少充足的法律依据;而且从法律理论角度分析,股份有限公司内部的机构纠纷是有问题的。此外,由于法律已经规定了另外的惩罚措施,所以,他们认为没有必要赋予监事会上述诉权。因为这可能影响或者干预董事会的决策自由独立负责制度。而且这些诉权与《股份法》第 76 条第 1 款和股份有限公司的基本结构并不相符。[1] 无论如何,根据现行法律这一观点并不是没有缺陷的。[2] 在联邦最高法院就霍尔茨米勒一案(Holzmüller, BGHZ 83, 122)和欧佩尔一案(Opel, BGHZ 106, 54)作出判决后,在这方面也有了新的发展。

96 针对董事的特定违法行为,监事会可以提起**停止侵害之诉和消除影响之诉**。这些行为主要有:违反资本维持原则的行为(《股份法》第 93 条第 3 款)、违反竞业禁止原则的行为(《股份法》第 88 条)和违反沉默义务的行为。[3] 对于董事会不尊重职责分工的行为,监事会可以提起停止侵害之诉或者申请采取临时保全措施,保护其公司的权益。这主要是指董事会不遵从《股份法》第 111 条第 4 款第 2 项的规定,在没有征得监事会同意,或者监事会拒绝同意而董事会又没有召集股东大会的情况下,依然实施了必须征得监事会同意的经营措施。[4]

97 除此之外,如果董事会意图进行严重违法行为,例如准备不遵从《核能法》的规定,那么无论如何都应该采取临时法律保护措施,支持监事会的诉求。[5] 然而,对于所涉问题的范围,还有必要进行进一步的讨论。其中,两点理由证明是站不住脚的。即使没有特别的法律规定,同样可以根据监事会的一般的监督义务(《股份法》第 111 条第 1 款和第 116 条)和一般的民法法律原则对董事会的非法行为提起停止侵害之诉。根据这些法律原则,只要确实需要,可将这种事后提起的损害赔偿之诉当作一种预防性保护措施。另外,现行法律承认公司中存在着机构纠纷,在这些纠纷中监事会可以以公司的名义向董事会提起诉讼(《股份法》第 112 条)。与此相反,根据法人本质或者主体法的分析,对监事会的这种诉权可以提出原则性质疑。但是这种质疑可能不是很具有说服力。[6] 具有决定意义的是必须承认确定存在着提起这些诉讼的需要。即使没有相关的经验,也不能仅仅根据抽象的论据排除提起诉讼的可能

---

〔1〕 *Lewerenz*, Leistungsklagen 1 ff; *K. Schmidt* ZZP 92(1979), 212; *Häsemeyer* ZHR 144(1980), 265; *Teichmann*, FS Mühl 663; *Bauer*, Organklagen, 1986; *Bork* ZGR 1989, 1; KölnKomm/*Mertens* Vorb. § 76 Rdn. 3 ff; Für die weitergehende Zulassung *Hommelhoff/Timm* AG 1976, 330, 332 ff; *Hommelhoff* ZHR 143 (1979), 288. Der BGH läβt die Frage einstweilen offen(BGHZ 106, 54, *Opel*).

〔2〕 Klagbar sind namentlich die Berichtspflichten nach § 90; vgl. OLG Köln AG 1987, 25; LG Düsseldorf AG 1988, 386.

〔3〕 *Raiser* ZGR 1989, 44, 55 ff mwN.

〔4〕 *Lewerenz* aaO 113f; *Häsemeyer* ZHR 144(1980), 265, 282; *Bork* ZGR 1989, 1, 19; *Raiser* ZGR 1989, 44, 60f. Grundsätzlich zustimmend auch Groβkomm/*Hopt* § 93 Rdn. 453; *Bitter*, Leistungsklagen und organisationsrechtlicher Status einzelner Aufsichtsratsmitglieder, 1995, 9.

〔5〕 Raiser ZGR 1989, 44, 64 f.

〔6〕 Anders Flume Allg. Teil I/2, 405 ff.

性。因为这样从一开始就否定了这种诉讼的合法性。另外从法政治学的角度看,也必须在董事会的决策自由、独立负责和监事会对其行为所进行的监督之间建立起恰当的平衡关系。如果不具备解聘条件或者公司并没有破产,而又允许董事会限制监事会的诉讼权,那么,监事会就无法对董事会进行有效的监督,这样就会破坏董事会和监事会之间的制衡关系。

4. 诉权

到底能在多大程度上实施《股份法》第 93 条第 2 款和第 3 款规定的损害赔偿 98
权,不仅取决于监事会,而且取决于其他当事人是否拥有诉权。根据《股份法》第 93 条第 4 款的规定,如果公司不能清偿债务,而且相关的当事人严重违反了谨慎义务,公司债权人就可以代位行使公司的损害赔偿请求权(所谓的追偿权)。[1] 诉讼请求通常是追偿债权的最有效的方法。但是如果这将之与公司基于权利而对董事获得的损害赔偿请求权相抵押。事实证明这一诉求的效果并不很好。只有在少数几种情况下,债权人可以直接向董事提起诉求。这时可以将个别条款当作是《民法典》第 823 条第 2 款规定的保护债权人利益的规定。如果符合《民法典》第 826 条规定的前提条件的起诉就是这种情况之一(见下文边码 104)。[2]

个别股东通常并不拥有向董事提起诉讼的权利。《股份法》第 93 条并不是保 99
护个别股份利益的规定。[3] 代之以股东诉讼的是《股份法》第 147 条规定的**强制诉讼**,根据修正以后的《有关加强企业控制和透明度的法律》的规定,持有 5% 以上股份的少数股东可以提起上述诉讼(见上文 § 12 边码 30)。[4] 除此之外,除了《股份法》第 117 条(见上文 § 12 边码 42)、康采恩法的规定外(《股份法》第 309 条第 4 款、第 310 条第 4 款、第 317 条第 4 款和第 318 条第 4 款)和《变更法》(第 25 条和第 205 条)规定的情形之外,只有符合《民法典》第 823 条第 1 款或第 2 款或者第 826 条规定的条件,才承认股东拥有损害赔偿请求权。《刑法》第 266 条、《股份法》第 399 条和第 400 条也都是保护股东利益的法律条款。[5] 有争议的是与《股份法》第 92 条第 1 款和第 2 款、第 401 条第 2 款、第 404 条和第 405 条规定相关的问题。[6] 根据这些规定只要存在相应的损害赔偿诉权,那么公司必须是诉讼的得益者。但

〔1〕 BGH WM 1979, 878, 879; OLG Frankfurt AG 1977, 78, 79; RGZ 74, 428, 429.

〔2〕 Einzelheiten bei KölnKomm/*Mertens* § 93 Rdn. 177 ff; MünchHdb. AG/*Wiesner* § 26 Rdn. 23 ff; Groβkomm/*Hopt* § 93 Rdn. 392 ff; *Hüffer* § 93 Rdn. 31.

〔3〕 H. M.; vgl. die Nachweise bei Groβkomm/*Hopt* § 93 Rdn. 469; *Hüffer* § 93 Rdn. 19.

〔4〕 Allerdings ist der BGH im *Holzmüller*-Urteil darüber hinaus gegangen, indem er einen Unterlassungs-(nicht Schadensersatz-) Anspruch eines Aktionärs zuläβt, wenn sich der Vorstand schwerwiegender Eingriffe in die Rechte und Interessen der Aktionäre zuschulden kommen läβt (s. oben § 12 Rdn. 31); vgl. auch *Brandner* FS Lutter 317.

〔5〕 Vgl. RGZ 157, 213, 216; BGHZ 105, 121, 124 und kritisch dazu *Hopt* aaO Rdn. 475 f, OLG Bremen ZIP 1999, 1671 (*Bremer Vulkan*) zu § 400 I Nr. 1.

〔6〕 Vgl. die unterschiedlichen Meinungen in Groβkomm/*Habersack* § 92 Rdn. 26, 71; Groβkomm/*Hopt* § 93 Rdn. 478 ff und Groβkomm/*Otto* § 401 Rdn. 5, je mwN.

是如果除了公司受到损失外,股东本人也遭受到损失,那么股东也可以从中获得补偿。

100 **个别监事**没有权利以公司的名义根据《股份法》第 93 条的规定向董事提起损害赔偿之诉。[1]

## VI. 对第三人的责任

参考文献:neben den Angaben zur Auβenhaftung der GmbH-Geschäftsführer bei § 32 V: *Altmeppen*, Haftung der Geschäftsleiter einer Kapitalgesellschaft für Verletzung von Verkehrssicherungspflichten, ZIP 1995, 881; *Brüggemeier*, Organisationshaftung-Deliktsrechtliche Aspekte innerorganisatorischer Funktionsdifferenzierung-, AcP 191, (1991), 33; *Hirte*, Anmerkung zum BGH (Urteil vom 6. 7. 1990-Lederspray-), JZ 1992, 257; *Kessler*, Die Verantwortlichkeit von Geschäftsführern einer GmbH gegenüber Dritten, GmbHR 1994, 429; *Klaka* Persönliche Haftung des gesetzlichen Vertreters für die im Geschäftsbereich der Gesellschaft begangenen Wettbewerbsverstöβe und Verletzungen von Immaterialgüterrechten; FS Döllerer, 1988, 269; *Kleindiek*, Deliktshaftung und juristische Person, zugleich zur Eigenhaftung der Unternehmensleitung, 1997; *Medicus*, Deliktische Auβenhaftung der Vorstandsmitglieder und der Geschβftsführer; ZGR 1998, 570.

101 根据一般的法律条款,董事也可能直接对公司客户承担个人赔偿责任。这种情况有:其一,合同中规定了董事对**第三人负有共同清偿债务的义务**或者承担了**担保义务**;其二,他们的行为符合了法律表象责任的构成要件;[2]其三,在董事**签订合同**时,犯有过失责任;[3]其四,董事必须承担公开信息中的**虚假陈述的**责任;[4]与上述责任相反,《股份法》第 93 条的规定不是保护第三人利益的规定,根据这一条款,第三人不能主张《民法典》第 823 条规定的诉权。[5]

102 在众多具有重要现实意义的情况下,许多法律条款规定了公司应该承担的义务。然而,这些条款主要是通过规定董事对第三者承担个人责任来保证得以遵守的。根据《税收条款》第 34 条第 1 款和第 69 条的规定,董事必须保证公司依法履行纳税义务,尤其保证公司必须缴纳所欠的税金,同时必须设法扣缴职工应该缴纳的个人所得税。如果董事由于故意或者疏忽违反了上述义务,董事必须自己交付公

---

[1] S. unten § 15 VII 9.

[2] Vgl. BGH NJW 1990, 2670; 1991, 2627(zu § 4 II GmbHG aF); BGH NJW 1981, 2569(zu Art. 8 WG); BGH WM 1990, 600.

[3] Einzelheiten hierzu siehe unten § 32 V 1 zum Parallelfall des Geschäftsführers einer GmbH.

[4] Einzelheiten bei Baumbach/*Hopt* HGB Anh. § 177a Rdn. 60 ff.

[5] H. M; vgl. BGH WM 1997, 853; WM 1979, 878 sowie zuletzt BGHZ 125, 366, 375(zu § 43 GmbHG).

司没有及时交付的税金。[1] 如果董事没有扣缴职工的社会保险金,根据司法判例,董事必须承担《刑法典》第266a条、第14条第1款第1项和《民法典》第823条第2款规定的个人责任。[2]

在**竞争法和商业保护领域**,董事也可能必须承担停止侵害责任甚至损害赔偿责任。如果董事为了企业的利益而违反了竞争法的规定,或者损害了第三者受法律保护的权益,董事就可能承担上述责任;从董事的这一责任甚至可以推导出,如果董事没有采取足够的措施,防止企业的其他同事违反上述法律规定,也同样必须承担相应的责任。[3] 103

如果董事在履行职责过程中违反了《刑法典》第246条、第263条、第266条和第283条的规定,他们必须承担刑法责任。这时他们是否还必须承担损害赔偿责任,取决于被违反的条款是不是《民法典》第823条第2款意义中的保护受害者利益的**保护性条款**。如果是,董事必须对受害者承担个人赔偿责任——上述的条款便是这样的保护性规定。此外,大量的商业法规、环境保护法和产品责任法规定了罚款措施。根据这些规定,如果董事为了公司的利益而违反了规章制度,那么他就必须根据《治安处罚条例》第9条和第130条的规定支付相应的罚金。同样,如果董事因故意或者由于疏忽没有采取必要的措施,制止企业的其他同事违反上述规章制度,责任董事必须承担支付罚金的责任。由于董事承担的上述责任中,受害者并不一定能够据此直接向董事提起损害赔偿的主张,因为《治安处罚条例》第130条是否规定了董事对受害人的个人责任,是值得怀疑的。[4] 只有在例外的情况下,董事才有可能根据《民法典》第826条的规定承担个人责任。[5] 然而,如果董事没有把公司的危急情况及时通知给公司的各位商业伙伴,只要根据当时的情况判断公司并不一定会破产,董事的行为就没有违反善良风俗。[6] 104

最后一个重要的问题是:在什么前提条件下董事必须为其违反职业义务的行为和为其同事的过失行为承担法律责任?对于这一问题还没有明确的答案。董事 105

〔1〕 Entscheidungen und Schrifttum hierzu betreffen überwiegend die Geschäftsführer einer GmbH, können jedoch auf die Vorstandsmitglieder einer AG übertragen werden, sofern man berücksichtigt, daβ diese in Groβunternehmen nur verpflichtet sein können, dafür zu sorgen, daβ die Steuern von der dafür zuständigen Abteilung im Unternehmen abgeführt werden. Vgl. die Nachweise bei Groβkomm/*Hopt* § 93 Rdn. 508 ff.

〔2〕 Auch die einschlägigen Entscheidungen hierzu beziehen sich auf Geschäftsführer einer GmbH. Vgl. BGHZ 58, 199; 133, 270; 134, 304, 307; BGH ZIP 1995, 213; 1997, 412; 1998, 31; 1998, 398; OLG Düsseldorf GmbHR 1994, 403; OLG Dresden GmbHR 1998, 889. S. auch unten § 32 V.

〔3〕 Vgl. zum UWG Baumbach/*Hefermehl*, Wettbewerbsrecht, 17. Aufl., Einl. Rdn. 329; ferner *Maier*, Wettbewerbliche Haftung geschäftsführender Organe 107; *Klaka* FS Döllerer 269. Diese Haftung ist nach neuerer Erkenntnis höchst problematisch, weil die wettbewerbsrechtlichen Pflichten zunächst die AG selbst als juristische Person treffen, die für das Verhalten der Organmitglieder ohne deren Eigenhaftung einzustehen hat.

〔4〕 S. unten § 32 V 2 b. Zum Aktienrecht statt aller Groβkomm/*Otto* Vorbem. vor § 399.

〔5〕 Vgl.. BGH GmbHR 1994, 464; OLG Celle GmbHR 1994, 467, OLG Zweibrücken WM 1992, 1604, 1608; *Gross* ZGR 1998, 551, 561.

〔6〕 BGHZ 75, 96, 114; BGH WM 1979, 853, 857; BGH ZIP 1996, 786. S. unten § 32 V 3.

仅仅是以董事会成员的身份来履行这一职责的，因此董事履行职责中的过失应该直接作为股份有限公司的过失。[1] 除了公司职责以外，只有在少数例外的情况下，董事才须承担个人的职业义务或者机构义务，而且在违反这些义务时相关的董事必须以其个人资产承担损害赔偿责任。[2] 与联邦最高法院第六民庭的一个原则性判决相反，[3]董事并不一定必须为绝对保护的法律客体而设定的公司义务承担担保责任。同样董事也不承担《民法典》第831条规定的个人责任，因为董事的同事并不是董事的私人经办人员。[4] 然而，要正确地界定哪些人是董事的私人经办人员是困难的。这是一个迄今为止也没有解决的问题。

## §15. 监 事 会

### I. 监事会的法律地位

参考文献：*Boujong*, Rechtliche Mindestanforderungen an eine ordnungsgemäβe Vorstandskontrolle und-beratung, AG 1995, 203; *Brandner*, Zur gerichtlichen Vertretung der Gesellschaft gegenüber ausgeschiedenen Vorstandsmitgliedern/Geschäftsführern, FS Quack, 1991, 201; *Dreher*, Interessenkonflikte bei Aufsichtsratsmitgliedern von Aktiengesellschaften, JZ 1990, 896; *Duden*, überwachung: Wen oder was?, FS R. Fischer, 1979, 95; *Ensch*, Institutionelle Mitbestimmung und Arbeitnehmereinfluβ, 1989; *Forster*, Zum Zusammenspiel von Aufsichtsrat und Abschluβprüfer nach dem KonTraG, AG 1999, 193; *Goerdeler*, Die überwachungsaufgabe des Aufsichtsrats, WPg 1982, 33; *Götz*, Leitungssorgfalt und Leitungskontrolle der Aktiengesellschaft hinsichtlich abhängiger Unternehmen, ZGR 1998, 524, *ders.*, Zustimmungsvorbehalte des Aufsichtsrates der Aktiengesellschaft, ZGR 1990, 663; *Hager*, Die Vertretung der Aktiengesellschaft im Prozeβ mit ihren früherern Vorstandsmitgliedern, NJW 1992, 352; *Henze*, Prüfungs-und Kontrollaufgaben des Aufsichtsrats in der Aktiengesellschaft, NJW 1998, 3309; *Hoffmann/Preu*, Der Aufsichtsrat, 2. Aufl., 1999; *Hoffmann-Becking*, Der Aufsichtsrat im Konzern, ZHR 159(1995)325; *Hommelhoff*, Grundsätze ordnungsgemäβer Kontrolle der Beteiligungsverwaltung des Konzernvorstandes durch den Konzernaufsichtsrat, AG 1995, 225; *Krieger*, Personalentscheidungen des Aufsichtsrats, 1981; *Köstler/Kittner/Zacher*, Aufsichtsratspraxis, 6. Aufl. 1998; *Kropff*, Die Un-

---

[1] S. oben § 8 2 f und unter § 32 V 2.

[2] Vgl. die Ausführungen zur Auβenhaftung der Geschäftsführer einer GmbH, bei denen dieselben Probleme in der Gerichtspraxis viel häufiger auftreten, unten § 32 V, und die dort zitierte Literatur, namentlich die Arbeiten von *Haas*, *Kleindiek*, *Grünwald und* Nölle; *ferner* Altmeppen *ZIP* 1995, 881; v. Bar *FS Kitagawa* 279, 287; Brüggemeier *AcP* 191(1991), 451, 456*ff*; Dreher *ZGR* 1992, 22, 34; Hirte *JZ* 1992, 257; Kessler *GmbHR* 1994, 429; Lutter *ZHR* 157(1993), 464; Medicus *ZGR* 1998, 570; K. Schmidt, *Karlsruher Forum* 1993, 4, 14; Westermann/Mutter *DZWiR* 1995, 184, 189.

[3] BGHZ 109, 297; entschieden enger dagegen das Urteil des 2. Zivilsenats BGHZ 125, 366, 375 f.

[4] BGHZ 109, 297, 304; 125, 366, 375; h. M.

ternehmensplanung im Aufsichtsrat, NZG 1998, 613; *Lippert*, überwachungspflicht, Informationsrecht und gesamtschuldnerische Haftung des Aufsichtsrats, 1976; *Lutter*, Zur Wirkung von Zustimmungsvorbehalten nach § 111 IV AktG auf nahestehende Gesellschaften, FS R. Fischer, 1979, 419; ders., Information und Vertraulichkeit im Aufsichtsrat, 2. Aufl., 1984; *Lutter/Krieger*, Rechte und Pflichten des Aufsichtsrats, 3. Aufl., 1993; *Matthießen*, Stimmrecht und Interessenkollision im Aufsichtsrat, 1989; *Paefgen*, Struktur und Aufsichtsratsverfassung der mitbestimmten AG, 1982; *Raiser*, Vorstand, Aufsichtsrat und Hauptversammlung in mitbestimmten Aktiengesellschaften, FS L. Raiser, 1974, 355; v. *Rechenberg*, Zustimmungsvorbehalte des Aufsichtsrats für die Unternehmensplanung, BB 1990, 1356; *Scheffler*, Betriebswirtschaftliche überlegungen zur Entwicklungen zur Entwicklung von Grundsätzen ordnungsmäβiger überwachung der Geschäftsführung durch den Aufsichtsrat, AG 1995, 207; *Semle*r, Leitung und überwachung der Aktiengesellschaft, 2. Aufl. 1996; *ders.* (Hrsg.), Arbeitshandbuch für Aufsichtsratsmitglieder, 1999; *ders.*, Stimmverbote im Zusammenhang mit § 32 MitbestG, FS Kropff, 1997, 391; *ders.*, Geschäfte einer Aktiengesellschaft mit Mitgliedern ihres Vorstandes, FS Rowedder, 1994, 441; *Steinbeck*, überwachungspflicht und Einwirkungsmöglichkeiten des Aufsichtsrats in der Aktiengesellschaft, 1992; *Theisen*, Die überwachung der Unternehmensführung, 1987, *ders.*, Grundsätze ordnungsgemäβer Kontrolle und Beratung der Geschäftsführung durch den Aufsichtsrat, AG 1995, 193;. *Ulmer*, Der Einfluβ des Mitbestimmungsgesetzes auf die Struktur von AG und GmbH, 1979; *Vogel*, Aktienrecht und Aktienwirklichkeit, 1980; *Werner*, Vertretung der Aktiengesellschaft gegenüber Vorstandsmitgliedern, ZGR 1989, 369.

### 1. 监督企业的经营管理

根据《股份法》第 111 条的规定，监事会的职责是**监督**企业的经营和管理。其监督义务首先包括监督已经开展的业务和董事会的工作。根据《股份法》第 111 条第 2 款的规定，监事会既可以亲自查阅和审查公司的簿记，也可以委托个别监事、专家尤其是审计师审查公司的簿记。特别在公司经营有明显的不正常征兆时，监事会可以行使上述审查权。然而，在实践中，也经常进行一些正常的或者定期的检查。这些检查通常由监事会的某个专业委员会负责进行（审计委员会，见下文 V.1）。[1] 如果公司利益需要，监事会可以召集股东大会（《股份法》第 111 条第 3 款）。 1

除此之外，监事会的主要职能是监督企业的经营决策，如经营计划、企业的内部协调和管理人员的任命等。[2] 在这方面，监事会的工作重点是预防性的监督。《股份法》第 90 条规定了董事会的汇报义务。由此可以看出监事会的这一职能（见上文 § 14 边码 5）。由于监事会成员本身并不参与企业的经营和管理，所以他们必须依靠董事会提供的报告来进行监督。因此，监事会必须设法保证董事会提供的 2

---

〔1〕 Vgl. zum Ganzen *Boujong* AG 1995, 203; *Henze* NJW 1998, 3309; KölnKomm/*Mertens*, Rdn. 11ff; *Kropff* NZG 1998, 613; *Lutter/Krieger* 35 ff; *Scheffler* AG 1995, 207; *Semler*, Leitung und überwachung der Aktiengesellschaft 53 ff; *Theisen*, Die überwachung der Unternehmensführung.

〔2〕 Vgl. zum folgenden *Semler* aaO 59 ff.

报告是完整的、正确无误的，他们也必须详细地审查这些报告。为此，监事会必须亲自了解企业的状况，了解董事会将要采用的经营政策，以估计成功实施计划的可能性。

3 监事会到底须在多大程度上进行监督，这没有一般性的定论，而应该根据具体情况来进行判定。在危急情况下，尤其在董事会不能履行其职责时，监事会必须采取积极主动的措施进行干预。相反如果公司运作正常，那么监事会仅需进行一般性的监督。〔1〕在大型企业和分支机构中，许多重要的决定通常并不是由董事会而是由其下属人员作出的。在这种情况下，监事会还必须审查这些人员的决定。当然监事会的质疑对象通常仅仅是董事会。这与《股份法》第90条的规定是相一致的，该条规定只能要求董事会提交相关的报告，而不能向其下属主管人员提出这样的要求。但是有一种例外，即有充分的证据可以怀疑，董事会没有全面地或者没有正确地提供相关的报告。

4 在康采恩的主导企业中，如果主导企业的董事会的管理措施对其下属企业同样有效，那么，监事会的监督事项不仅涉及康采恩本身的主管机构的管理行为，而且涉及其在附属企业中的管理行为。〔2〕合同康采恩是一个特殊情况，《股份法》第308条第3款专门对此作了规定。但是监事会的监督并不涉及所有的具体细节。而且监事会也没有这个能力（见下文§ 54. III. 1）。

5 监事会的职责还包括，就股东大会的议事日程提出相应的建议（《股份法》第124条第3款）。在其他方面，监事会还通常对董事会的报告发表评论或者就此进行咨询。监事会还可以作出正式的决议，表明同意或者不同意董事会的某一措施。但是这一决议对董事会没有约束力。如果在监事会和董事会之间出现了意见分歧，监事会原则上不能阻止董事会执行某一具体的业务措施。同样，它也不能命令董事会执行某一决议。因为监事会不是董事会的上级机关，而且它自己也**没有独立的经营管理权**（《股份法》第111条第4款第1项）。只有对监事会拥有同意保留权的事项，监事会才能够通过行使其权限否决董事会的动议（《股份法》第111条第4款第2项；见边码7）。在其他情况下，只能通过与董事会协商或者通过否决性决议来阻止董事会的措施。如果这些措施没有效果，监事会只能在其工作报告中对董事会的措施提出异议（《股份法》第171条第2款），或者根据《股份法》第93条的规定向法院提起中止行为之诉或者损害赔偿之诉（见上文§ 14. V. 2，3）；如果有重要原因，它可以提前解聘整个董事会。

2. 审查年度报表

6 监事会必须对董事会编制的由审计师审计的年终报表、状况报告以及公司盈

---

〔1〕 *Semler* aaO 131.

〔2〕 *Lutter* FS R. Fischer 419; *Semler* aaO 233; *Hoffmann-Becking* ZHR 159(1995), 325; Hommelhoff AG 1995, 225; Götz ZGR 1998, 524.

余分配方案进行**审查**,这也是监事会的监督义务。此外,监事会还必须就其审查结果以**书面形式向股东大会进行报告**(《股份法》第170条等)。在这一问题上,法律赋予了监事会相当广泛的权力。如果监事会认同了年终报表,那么,该报表就获得了通过,股东大会也就不能再改动报表中的任何数据和利润数额。股东大会只能决定利润的用途(《股份法》第172条和第174条)。公司董事会和监事会可以决定将公司的一半盈余转成公司的自由储备金。对于这部分转成储备金的公司盈余,股东大会没有支配权(《股份法》第58条第2款;见下文§ 18.I.5)。如果监事会不认同董事会编制的年终报表,或者如果董事会和监事会约定,由股东大会来最终审定年终报表,那么股东大会就有最终的决定权(《股份法》第173条)。在那些某大股东对企业拥有重大影响力的企业中,有可能采用这一程序。与此相反,在公众性股份有限公司中,人们应该会尽可能避免那种迫使董事会和监事会取得一致意见的尴尬局面,因而应该赋予监事会在年终报表的确定方面较多的决定权。

3. 同意保留权

《股份法》第111条第4款第2句还规定**同意保留**这一监督措施。这是指公司 7
章程或者监事会自己可以规定,某些特定类型的业务必须首先得到监事会的同意,然后才能展开。根据德国法学界的主流意见,监事会甚至可以决定,某一重要业务必须首先征得监事会的同意。当然这一观点与法律条文的字面意义和精神并不相符。[1] 如果通过任何其他手段都不能制止董事会的某一非法行为,监事会甚至必须行使其同意保留权。[2] 在监事会拥有同意保留权的情况下,监事会不仅必须审查有关措施或者业务的合法性,而且必须审查它们是否符合公司的经营目的、是否具有经济效益,监事会必须**根据其自身经营经验**来作出同意与否的决定。如果监事会拒绝同意,那么董事会可以召开股东大会。只有股东大会以3/4以上的绝对多数票否决监事会的反对意见后,董事会才可以开展相关的业务(《股份法》第111条第4款第3项)。如果董事会不顾监事会的反对,依然开展了相关的业务,那么该业务在对外关系中依然有效。然后,董事会必须因此承担损害赔偿责任(《股份法》第82条和第93条)。

股东大会的最终决定权实际上剥夺了监事会中职工的共同管理权,因而受到了一些法学 8
家的批评。但是由于实践中几乎没有董事会使用其召集股东大会的权力,所以这一规定并不具有很大的实际意义。[3] 如果公司章程中,既没有规定监事会对哪些事项拥有同意保留权,

〔1〕 BGHZ 124, 111, 127; *Geßler/Hefermehl* § 111 Rdn. 65; KölnKomm/*Mertens* § 111 Rdn. 65; MünchHdb. AG/*Hoffmann-Becking* § 29 Rdn. 39; *Götz* ZGR 1990, 633, 642; *Lutter/Krieger* 50; *Boujong* AG 1995, 203; wie hier einschränkend *Semler* aaO 120("in besonderen Ausnahmefällen"); *Hoffmann*, Der Aufsichtsrat Rdn. 304.

〔2〕 BGHZ 124, 11, 127.

〔3〕 Bericht der Unternehmensrechtskommission 221.

也剥夺了监事会自己确定保留事项的权力，那么这种章程条款是不合法的。它既不符合股份法中规定的监督义务，也违反共同管理法的规定。〔1〕

9 《股份法》第111条第4款第2句的规定对董事会和监事会的决定权限进行界定。这一界定主要体现在“**对某类业务必须得到监事会的认同**”这段话里。根据这一条款的规定，监事会同意保留的事项不得无限制地扩大，进而影响了董事会的独立管理权和独自决定权。公司必须具体列明属于同意保留的事项。原则性的规定并不符合法律的要求。同意保留事项和非保留事项的分界是清晰的。正因为此，法律也放弃规定一个更加具体的分界线。

10 属于同意保留的事项通常有：地产交易、建造新的建筑或者改建老的建筑、向其他企业参股或者出让其持有的股份、提供担保、决定申请贷款或者对外提供贷款、聘用高级管理人员、设立或者解散子公司和分支机构以及发行工业债券。在交通运输企业和能源供应企业中，属于监事会同意保留的事项还有企业每年的经济计划、薪金、特许协议和分界协议。〔2〕从企业政治角度来考虑，《股份法》第111条第4款第2条明确规定监事会对企业的长期发展计划拥有否决权，企业的基本机构的设置、投资和财务融资计划必须征得监事会的同意，这些都是正确的。〔3〕

11 另一个问题是，是否必须由法律作出明确规定某些企业的经营决策征得监事会的同意。〔4〕有足够的理由说明，应该保留《股份法》第111条第4款第2句原则性的条款。〔5〕当然，也应该从共同决定权这一角度来考虑这一问题。〔6〕

4. 独立的经营管理权

12 德国法律明确规定监事会在许多情况下**拥有独立经营管理权**。最重要的权限有：根据《股份法》第77条第2款的规定颁布董事会议事守则，如果章程有明确的授权（《股份法》第78条第3款），监事会还可以规定董事会的代表权，监事会还可委托审计师对公司的财务进行审计（《股份法》第111条第3款）。在某些情况下监事会可以代表公司对董事会及董事提起诉讼（《股份法》第112条）；此外在公司发行授权资本进行增资时，监事会也有共同决定权（《股份法》第202条第3款、第204

---

〔1〕 H. L.; vgl. die Schriftumsnachweise in den Kommentaren zu § 111 AktG und § 25 MitbestG.

〔2〕 Vgl. *Vogel*, Aktienrecht und Aktienwirklichkeit 212 ff.

〔3〕 Vgl. KölnKomm/*Mertens* § 111 Rdn 68; *Kropff* NZG 1998, 613; *Lutter* AG 1991, 249; A. A. v. *Rechenberg* BB 1990, 1356, 1359 ff.

〔4〕 Art. 72 des Entwurfs für ein Statut einer Europäischen AG in der Fassung vom 16. 5. 1991 (ABl. EG Nr. C 176, 1) und Art. 12 des Entwurfs einer 5. gesellschaftsrechtlichen Richtlinie der EG sehen derartige gesetzliche Zustimmungskataloge vor; ähnlich *Martens* BB 1973, 1118.

〔5〕 RaiserFS L. Raiser 355, 373 ff; Bericht der Unternehmensrechtskommission 220.

〔6〕 Bericht der Unternehmensrechtskommission 179 ff.

条第 1 款,见下文 § 20. III.)。如果一公司持有另一公司 25% 以上的股份,那么无论是母公司还是子公司都必须适用《共同决定法》或者《煤炭和钢铁工业职工共同决定法》的规定,也即根据《共同决定法》第 32 条和《煤炭和钢铁工业职工共同决定法》第 15 条规定,母公司的监事会必须决定董事会如何在本条款规定的情况下行使其参与权。在这种情况下,监事会中的股东代表拥有决策权。非常规的、非系统的条款应该防止共同决定权规定的过度适用。〔1〕

《股份法》第 112 条赋予监事会**代表**公司向董事会起诉的权利。这一规定的目的是为了能够客观公正地保护公司的利益。〔2〕根据联邦法院的一致判决,监事会还可以代表公司对已经离任的董事提出诉求。〔3〕监事会的这一代表权不仅仅涉及诉讼代理,而且还涉及非诉讼代理,特别是它们可以代表公司向非法行为的董事提起损害赔偿之诉。〔4〕从法律规定的字面意思看,这一代表权属于监事会。由于由监事会行使这一权利不是很切实可行,因此监事会通常授权某一监事(通常为监事会主席)代表监事会行使这一权利。在实践中,公司章程通常规定了这一授权。〔5〕在对内关系方面,这一代表权依然属于监事会或者专门负责这类情事的监事会专门委员会(见下文 V.1)。 13

此外,在**其他的一些情况下**,监事会也有代表公司行事的权力,例如,监事会可以为了完成其承担的任务以公司的名义开展一些辅助性业务,也可以代表公司与其聘请的专家签订合同;自从颁布《有关加强企业控制和透明度的法律》后,还可以代表公司委托审计师对公司的财务报表进行审计(《股份法》第 111 条第 2 款第 3 项)。〔6〕 14

5. 人事权

监事会在企业中的第二项基本权利是**人事权**,即监事会有权选聘董事甚至董事会主席;监事会还有权代表公司确定董事的职责范围、决定董事的薪金、与董事签订聘用合同。在特殊的情况下,它还有权提前解聘董事(《股份法》第 84 条、第 87 条)。详见董事会法律地位这一章(见 § 14. III.)。 15

---

〔1〕 Zu den Einzelheiten ist auf die Kommentare zu § 32 MitbestG zu verweisen (zuletzt *Raiser* MitbestG § 32 Rdn. 1 ff; GroβKomm. AG/*Oetker* § 32 MitbestG); ferner *Semler* FS Kropff 301.

〔2〕 Einzelheiten dazu bei *Werner* ZGR 1989, 369; *Brandner* FS Quack 201; *Hager* NJW 1992, 352; *Lim*, Die Vertretungsmacht des Aufsichtsrats einer Aktiengesellschaft, Diss. Gieβen 1986; *Semler* FS Rowedder 441.

〔3〕 Vgl. zuletzt BGH AG 1994, 35, AG 1997, 417; ferner BGHZ 130, 108, wo diese Rechtsprechung ausdrücklich auf Genossenschaften erstreckt wird; *Schmits* AG 1992, 149.

〔4〕 BGHZ 135, 244 (ARAG), s. unten Rdn. 79, 90.

〔5〕 Kölnkomm/*Mertens* § 112 Rdn 26 ff.

〔6〕 Vgl. *Forster* AG 1999, 193.

## II. 监事会的规模和构成

### 1. 规模

16 监事会的大小既取决于企业的规模，又取决于适用于企业的共同决定权的法规。[1] 根据《股份法》第 95 条第 1 款的规定，监事会由三人组成。如果企业适用 1952 年的《雇员代表共同管理法》的规定，那么监事会中必须有职工代表。在这种情况下，公司章程可以规定监事会人数可以超过三人，但是总人数应该是三的倍数。然而，法律又根据企业的规模不同而为监事会规定了不同人数。资本额不足 1500 万欧元的企业，监事会人数最多为 9 人，资本额在 1 亿欧元以下的企业，监事人数不得超过 15 人。无论资本额多少，监事人数最多不得超过 21 人。

17 对于由双方代表构成的监事会，法律规定了不同的监事数额。《职工共同决定法》第 7 条第 1 款根据职工人数的多少而规定了不同监事数额：职工人数在10,000 人以下的，监事会应该由 12 人组成；如果职工人数在10,000和20,000之间，则监事会人数应该为 16 人；如果职工人数在20,000人以上，监事人数应该为 20 人。企业可以通过章程规定增加监事人数，最多可以增加至 16 人或者 20 人。根据《煤炭和钢铁工业职工共同决定法》的规定，监事会人数通常为 11 人；如果是大型企业，可以将监事人数增加至 15 人或者 21 人。《共同决定补充法》规定的监事会的人数为 15 人至 21 人(《煤炭和钢铁工业职工共同决定法》第 4 条第 1 款和第 9 条、《共同决定补充法》第 5 条)。

18 在有关对 1998 年的《有关加强企业控制和透明度的法律》进行改革的讨论中，有人多次强调，如此众多的监事大大影响了监事会的工作效率，因而提出要减少监事会的人数。但是由于遭到工会的强烈反对，这一改革措施没有能够实现。

### 2. 监事会的构成

19 **监事会的构成**也因适用不同的共同管理权法规而不同。根据现行法律的规定，大致可以分为 5 种不同的情况(《股份法》第 96 条第 1 款)：

20 (a)1952 年《雇员代表共同管理法》第 76 条第 5 款和第 81 条、《职工共同决定法》第 1 条第 4 款的规定，在人数不足 500 人的公司中和在倾向性企业中，监事会均由股东代表构成。[2]

21 (b)如果企业不适用《煤炭和钢铁工业职工共同决定法》的规定，职工人数又少于 2000 人，而且不属于上述 a 类情况，那么根据 1952 年《雇员代表共同管理法》第 76 条第 1 款的规定，监事会的成员中应该有 2/3 的股东代表和 1/3 的职工代表

---

〔1〕 *Lüderitz* FS Steindorff, 113.

〔2〕 Wurde die Gesellschaft vor dem 10. 8. 1994 in das Handelsregister eingetragen, ist sie bei weniger als 500 Arbeitnehmern nur mitbestimmungsfrei, wenn es sich um eine Familiengesellschaft handelt.

构成。如果只能选举一个或者两个职工代表,那么,他们必须是本企业的职工。如果有两个职工代表,那么一个必须为工人,另一个必须为职员。如果职工可以选举两个以上的代表,那么至少有两个代表是本企业的职工,其中一个必须是工人,另一个必须是职员,其余的代表可以是非本企业的职工,例如,他们可以是工会职员。在康采恩中,只要在它和附属企业之间签订了控制合同或者该附属企业成为母公司的一个子公司,附属企业的职工也被当作为康采恩的职工(1952 年《雇员代表共同管理法》第 77 条 a)。

(c)根据《共同决定法》的规定,监事会必须由同等人数的股东代表和职工代表组成,各方可以分别为 6 人、8 人或者 10 人。法律规定的职工代表必须分别来自工人、职员、高级职员和工会代表。如果总共可以选举 6 个或者 8 个监事,那么必须至少有两位为工会代表;如果监事会中可以有 10 位职工代表,那么,其中至少应该有 3 位工会代表(《共同决定法》第 7 条第 2 款和第 4 款)。监事会职工代表中还必须有一位高级职员代表。监事会中的其余 3 位、5 位或者 6 位职工代表,必须根据企业中所有工人和职员在整个企业职工中的比例分别从工人和职员中选任(《共同决定法》第 15 条)。[1] 在康采恩企业中,根据《共同决定法》第 5 条的规定,附属企业的职工应该计入总公司的职工人数中。 22

(d)如果企业适用《煤炭和钢铁工业职工共同决定法》,而且监事会的人数为 11 人,那么根据该法第 4 条规定,这 11 名监事中必须分别有 4 名股东代表、4 名职工代表和 3 名其他团体的代表(公共利益的代表,见上文 § 13. IV.)。在职工代表中必须分别有 1 名工人和 1 名职员。 23

(e)如果监事会成员为 15 人,那么根据《共同决定法》的规定,在这 15 名成员中,应该由 7 名股东代表、7 名职工代表和另外一名监事组成。在 7 名职工代表中,必须至少有 5 名在本康采恩中就职,具体席位是根据康采恩中工人和职员的比例分摊的。在这种情况下,法律没有规定必须给高级职员保留一个席位。其余两个席位属于在康采恩中的工会组织。如果监事会的成员人数增加到 21 位,那么职工代表的席位是根据 7 比 3 的比例进行分配的(《共同决定补充法》第 5 条、第 6 条和第 10c 条)。 24

《共同决定法》和《煤炭和钢铁工业职工共同决定法》在共同管理方面的规定并不相同,而且两者又规定了一些相互不同的选择性条款(见下文边码 40 等)。这些既不能满足实践的需要,又缺乏系统性。立法者是出于政治方面的考虑才制定这些规定的。《共同决定法》中本来并没有规定监事会中必须设立中立监事这一席位,因为实践证明中立监事在公司中并没有取得相应的效果,[2]但是修正后的《共同决定补充法》却保留了这一席位。另外由于 1970 到 25

[1] Zu Einzelheiten vgl. das Schrifttum zum MitbestG, zuletzt *Raiser* MitbestG § 15; GroβKomrum. AG/*Oetker* § 15 MitbestG.

[2] *Mitbestimmungskommission*, BT-Drucks. VI/334, 40; *Voigt*, Die Mitbestimmung der Arbeitnehmer in den Unternehmungen aaO(Schrifttumsverz.).

1976年间的有利政治局势,高级职员成功地为自己在监事会中争取到一个席位,但是在1988年制定《共同决定补充法》时,他们却不能维护这一特权。《共同决定法》和《共同决定补充法》的规定也大大限制了工会的影响力。从企业法的角度看,需要制定一个统一的法规。此外,还必须考虑:建立共同管理制度的初衷是让企业的职工而不是让工会成为监事会的成员。因此,工会参与监事会必须有特别的理由,例如工会代表具有专门的知识。[1]

3. 更改程序

26 由于同时存在着5种不同的监事会构成方式,所以经常会发生这样的疑问:监事会的构成是否是正确的?或者由于客观情况的变化,必须对监事会的构成进行调整。

27 **典型案例**:(a)某企业的职工人数超过了2000人,因此该企业不再按照1952年《雇员代表共同管理法》第77条第1款的规定设立监事会,其设立的法律基础应该是《共同管理法》。

28 (b)某企业进行结构性调整后,不再属于煤炭和钢铁型企业,这样,对该企业就不再适用《煤炭和钢铁工业职工共同决定法》或者《共同管理补充法》的规定,而是应该适用《共同管理法》的规定。这样的情况在现实中经常发生。因此,人们对《煤炭和钢铁工业职工共同决定法》进行了修改。[2] 根据修改后的《煤炭和钢铁工业职工共同决定法》的规定,只有在一企业连续六年不具备适用该法的前提条件(《煤炭和钢铁工业职工共同决定法》第1条第3款,这就是所谓的继续适用条款)时,才不再必须适用《煤炭和钢铁工业职工共同决定法》的规定。修正后的《共同决定补充法》第16条第1款专门适用于煤钢企业。在这一条款中同样有上述继续适用的规定。在《变更法》规定企业分立和分裂的第325条中同样有类似继续适用性条款。

29 针对这种情况,《股份法》第97条至第99条规定一个确认或者调整监事会机构的正式程序。[3] 根据《股份法》第96条第2款的规定,只有按照法律规定的程序,才可以对监事会的结构进行调整。这一规定的主要目的是为了保障现有监事会的决策能力及其决议的有效性,即不论它的人员构成是否正确,都不应当影响其决策的效力(所谓的持续性原则)。

30 如果董事会认为监事会的人员结构不合理,那么董事会就必须将此事公布在公司指定的报刊上,并在企业或者康采恩的经营场所张贴公告。在公告中董事会必须指出它认为与此相关的重要条款,而且必须指出:如果不开展法庭调查程序,监事会的结构必须根据上述条款的

[1] Vgl. den Bericht der Kommission Mitbestimmung, 1998, 32, 95 ff.

[2] Gesetz zur Änderung des MontanmitbestG und des MitbestErgG v. 21. 5. 1981, BGBl. I, 441; dazu *Engels* BB 1981, 1349.

[3] *Oetker* ZHR 149(1985), 575; *Rosendahl* AG 1985, 325; *Götz* ZIP 1998, 1523; Judikatur: OLG Düsseldorf DB 1978, 1358; OLG Frankfurt AG 1986, 262; OLG Hamburg DB 1988, 1941; LG Stuttgart DB 1989, 98; OLG Stuttgart DB 1989, 1128; LAG Düsseldorf DB 1988, 503; OLG Düsseldorf AG 1996, 87.

规定进行重新调整(《股份法》第97条第1款)。《股份法》第98条第2款列举有申请调查权的人员、企业机构和工会。它们可以在一个月内对董事会的决定向主管法院提起调查要求。法院应该根据《股份法》第99条和根据《有关自愿管辖事件的法律》进行审理和裁决。如果没有向法院提出上述诉求,那么监事会人员结构就必须根据董事会的公告进行调整(《股份法》第97条第2款);否则,就根据法院的裁决进行重组(《股份法》第98条第4款)。无论在哪种情况下,章程中与此不相符的规定都将失去效力,监事这一职位也就随之消失。为了便于对章程进行修改,公司可以不必根据《股份法》第179条第2款的规定以2/3以上的多数作出修改章程条款的决议,它可以简单多数的方式通过(《股份法》第97条和第98条第4款)。如果对应当依据哪一规定组建监事会有争议或者不确定的话,那么,即使没有董事会的公告,申请者也可以根据《股份法》第98条第1款的规定直接启动上述程序。

如果选举不符合《股份法》第96条第2款、第97条第1款和第98条第4款的规定,那么根据《股份法》第250条第1款第1项的规定从股东中推选的监事就没有法律效力(见下文 § 16. IX. 3)。德国主流观点一致认为,在这种情况下应该适用有关选举职工监事的法律规定。[1] 如果审理上述争议的程序中涉及下一问题:监事会的构成是否符合法律规定?即使这样的问题是在审理其他问题的程序中出现的,那么根据《股份法》第96条第2款的规定,法院必须根据其审理案件的实际情况出发审理相关的案件并作出判决。 31

## III. 监事的聘任和解聘

参考文献:*Austmann*, Globalwahl zum Aufsichtsrat, FS Sandrock, 1995, 277; *Barz*, Listenwahl zum Aufsichtsrat, Freundesgabe Hengeler, 1972, 14; *Baums*, Stellungnahme zur Aktienrechtsreform, AG-Sonderheft: Die Aktienrechtsreform, 1997, 26; *Dreher*, Interessenkonflikte bei Aufsichtsratsmitgliedern von Aktiengesellschaften, JZ 1990, 896; *Hoffmann/Kirchhoff*; Zur Abberufung von Aufsichtsratsmitgliedern durch das Gericht nach § 103 Abs. 3 S. 1 AktG, FS Beusch, 1993, 377; *Kropff*, Zur Vinkulierung, zum Vollmachtsstimmrecht und zur Unternehmensaufsicht im deutschen Recht, ZGR Sonderheft 12, 1994, 3; *ders.*, Konzerneingangskontrolle in der qualifiziert konzerngebundenen Aktiengesellschaft, FS Goerdeler, 1987, 259; *Hopt*, Stellungnahme zur Aktienrechtsreform 1997, AG-Sonderheft, 1997, 42; *Kübler*, Aufsichtsratsmandate in konkurrierenden Unternehmen, FS Claussen, 1997, 239; *Mertens*, Aufsichtsrat und Organhaftung, AG-Sonderheft: Die Aktienrechtsreform, 1997, 70; *Lutter*, Defizite für eine effiziente Aufsichtsratstätigkeit und gesetzliche Möglichkeiten der Verbesserung, ZHR 159(1995)287; *Niewiarra/Servatius*, Die gerichtliche Ersatzbestellung im Aufsichtsrat-Betrachtungen de lege lata und de lege ferenda, FS Semler, 1993, 217; *Quack*, Zur “Globalwahl” von Aufsichtsratsmitgliedern der Anteilseigner, FS

〔1〕 Nachweise in den Kommentaren zu §§ 98 und 250 AktG sowie zu §§ 6, 22 MitbestG. Zuletzt *Raiser* MitbestG § 22 Rdn. 21; GroβKomm. AG/*Oetker* “ 22 MitbestG Rdn. 14; zuständig sind die Arbeitsgerichte nach § 2a I Nr. 3 ArbGG; vgl. BAGE 19, 78; 22, 390.

Rowedder, 1994, 387; *Raiser*, Weisungen an Aufsichtsratsmitglieder ?, ZGR 78, 391; *ders.*, FS Buxbaum, 2000, 415; *Reicher/Schlitt*, Konkurrenzverbote für Aufsichtsratsmitglieder, AG 1995, 241; *Säcker*, Behördenvertreter im Aufsichtsrat, FS Rebmann, 1989, 781; *U. H. Schneider*, Wettbewerbsverbote für Aufsichtsratsmitglieder einer Aktiengesellschaft ?, BB 1995, 365; *Singhof*, Die Amtsniederlegung durch das Aufsichtsratsmitglied einer Aktiengesellschaft, AG 1998, 318; *Ulmer*, Zur Haftung der abordnenden Körperschaft nach § 31 BGB für Sorgfaltsverstöβe des von ihr benannten Aufsichtsratsmitglieds, FS Stimpel, 1985, 705; *Wardenbach*, Interessenkonflikte und mangelnde Sachkunde als Bestellungshindernisse zum Aufsichtsrat der AG, 1996, *ders.*, Niederlegung des Aufsichtsratsmandats bei Interessenkollisionen, AG 1999, 74.

1. 一般性选聘条件

32 监事这一职务本身要求应聘的监事必须能够承担个人责任,因此只有具有完全行为能力的自然人才有可能成为监事,根据《民法典》第 1903 条规定而设定的被监护人不得成为监事(《股份法》第 100 条第 1 款)。

33 如果一个人分别在**十个必须设立监事会的贸易公司中**同时担任监事职务,那么他**不得再担任监事之职**(《股份法》第 100 条第 2 款第 1 项)。这一条款必须逐字逐句地理解。如果在不属于贸易公司的合作社中担任监事之职,就不属于上述限制之列;同样,如果在不适用共同管理法规定的两合公司和有限责任公司担任监事之职,或者在外国公司中出任监事,都不属于上述限制的范围。另外,根据《股份法》第 100 条第 2 款第 2 句的规定,如果康采恩的总公司代表机构的成员在其下属企业中出任监事,那么,其中的 2—5 个监事席位可以免于计算在内。这一规定的目的在于:借此可以让康采恩企业通过总公司管理人员在其下属企业中兼任监事职务,进而方便对整个康采恩实行统一的管理。自从颁布《有关加强企业控制和透明度的法律》以来,在计算监事会总席位时,监事会主席这一席位必须重复计算。与此相反,立法者没有接受有关采用更多限制的要求。〔1〕

34 此外,公司附属企业的法定代表人也不得出任公司的监事。因为,如果这样的话,被监督者反而成为监督者(《股份法》第 100 条第 2 款第 2 项);同样,如果一个资合公司的董事为另一公司的监事会成员,那么该资合公司的法定代表人也不得担任公司的监事(所谓的禁止交叉任职,《股份法》第 100 条第 2 款第 3 项)。法律试图通过这些规定,防止由于众多的监事席位或者人员相互交叉而在分配监事席位时滥用有关共同管理的法律规定。但是,在具体的实践中经常会对监事会的构成进行政治上的妥协。〔2〕

35 根据《股份法》第 105 条第 1 款,公司的董事是公司代理人或者全权代表,因此他不能同时兼任公司的监事。这就是所谓禁止冲突条款。这也是公司管理和监事

〔1〕 Vgl. *Baums/Hopt* und *Mertens* AG 1997, Augustsonderheft 26, 42, 70; *Lutter* ZHR 159(1995), 287, 302; *Kropff* ZGR Sonderheft 12(1994), 3, 21 f.

〔2〕 Kritisch dazu mit Vorschlägen de lege ferenda *Lutter* aaO.

严格分离的思想基础。《股份法》第105条第2款则规定了本规则的一些例外情况。在《共同决定法》的适用范围内,该法第6条第2款对禁止冲突规则的适用进行了限制:只有在全权代表直接对董事会负责,并且代表整个企业的情况下,他才不得作为职工代表入选监事会。法律规定这一例外的主要原因是因为如没有这些例外规定,那么有资格候选监事的高级职员就太少。

2. 担任职工监事的前提条件

36 法律还规定了选聘职工监事和其他监事的前提条件。这些规定的主要目的是为了保证每一职工团体都能分到相应的监事席位。根据《共同决定法》第7条第3款、第15条第2款和第24条的规定,一个职工只有在企业工作一年以上,并且符合入选职工委员会的其他条件,他才可以成为监事候选人(《雇员代表共同管理法》第8条);只有工人,才能成为监事会中的工人代表;同样只有企业的职员,才能作为职员代表入选监事会;只有高级职员,才能当作高级职员代表入选监事会。这些规定也同样适用于其他共同管理情形。[1]

37 至于股东代表,情形则完全与此相反。任何人都可以被选聘为监事,股东身份并不是当选股东监事的前提条件。即使公司职工,也可以作为股东代表入选监事会。这样,公司就可以自由扩大股东代表候选人的范围。[2] 但是公司章程也可以规定其他一些应聘条件,例如候选人的薪金必须达到一定数额,或者他必须完成一定的学业。但是章程附加的这些条件不得构成对自由选聘监事的限制(《股份法》第100条第4款)。

3. 选聘程序

38 监事会中的股东代表通常由监事会提名,并由股东大会以简单多数的表决方式决定选聘(《股份法》第101条第1款、第119条第1款第1项、第124条第3款第3句和第133条)。[3] 但是,股东投票并不受监事会提名的约束。多数票原则表明:一个大股东或者几个拥有多数票的股东可以拥有监事会中的所有股东监事的席位,因此他们可以选任自己出任监事。法律没有保证小股东或者少数股东也可以拥有一个代表席位。在立法过程中,曾经详细并反复探讨了是否必须在法规中

---

[1] Vgl. die entspr. Vorschriften in §§ 76 II BetrVG 1952, 4 II, 6 MontanmitbestG, 6 ff MitbestErgG.

[2] BGH AG 1975, 242 m. Anm. *Mertens*; *Raiser* ZGR 1976, 105.

[3] Zu Wahlvereinbarungen (Stimmbindungsverträgen) s. § 16 Rdn. VII; zum Entsendungsrecht unten Rdn. 45. Zur Bindung an Wahlvorschläge der Arbeitnehmer in der Montanindustrie s. §§ 6, 8 MontanmitbestG, in Montankonzernen § 5 III MitbestErgG i. V. m. § 6 MontanmitbestG (dazu unten Rdn. 42 f).

规定一个根据持股比例分配选举权的条款,但这一方案最终没有获得通过。[1] 这是德国法中的一个最重要的结构性决定。无论是对股份有限公司中的力量分配,还是对小股东在公司中的地位都产生着重要影响。不管适用哪类共同管理法,这些规定对所有企业都有法律约束力。[2]

39 章程可以制定一些不同的规定,例如,章程可以要求只有获得相对多数或者特定多数同意票的人员,才可以出任股东监事(《股份法》第 133 条第 2 款)。[3] 实践中经常在一次表决中对所有候选人同时进行投票表决(同时选举制),这种表决方式是有效的。尤其是当没有股东对此提出异议时,或者按照候选人名单设计的表决程序,不同的候选人完全可以获得不同的票数,更是如此。但是,在口头票决中则不可能采用同时选举制,因为在采用多数票决定制的情况下,必须确定每个监事候选人是否获得了规定的多数票。[4] 章程还可以规定比例选举法。在立法过程中提出的那些反对理由并没有充分的说服力。[5]

40 有关选聘职工代表的规定则有很大的不同而且十分的复杂。这些规定反映了这样一个事实:不仅监事会席位的分配对监事会有着重要的影响,而且选聘程序同样对它有着重要的影响。正因为此,选聘规则是共同管理法中政治斗争最激励的条款。工会希望对此进行改革。它们一般都希望简化选聘程序,以便节省开支。[6]

41 如果选聘第三方为公司监事,无论是职工委员会还是企业的 1/10 的职工或者是 100 名职工,都有权提出候选人,但是工会无此权利。根据得票比例的多少,决定当选人(《雇员代表共同管理法》第 76 条第 2 款和第 3 款)。[7]

42 根据《共同决定法》的规定,企业中的工会有权推荐出任监事的工会代表(《共同决定法》第 16 条第 2 款)。高级职员的候选人由所有高级职员的多数意见决定。同样,工人和职员可以分别通过多数意见推荐各自的候选人(《共同决定法》第 15

〔1〕 Vgl. *Kropff* 140; *Geβler* AG 1965, 343, 347 f; *Wilhelmi* AG 1965, 153, 154; *Overrath* AG 1970, 219. Der mutige Vorstoβ des OLG Hamm NJW 1987, 1030, 1031, schon de lege lata wenigstens ein Aufsichtsratsmitglied zu verlangen, das vom Mehrheitsaktionär unabhängig ist, findet daher keine ausreichende Grundlage im Gesetz; vgl. *Timm* NJW 1987, 977, 986; *Mertens* AG 1987, 40; *Kropff* FS Goerdeler, 259, 266 ff; vorsichtiger *Fleck* EWiR § 311 AktG 1/87, 113, 114.

〔2〕 § § 8 MitbestG, 5 MontanmitbestG, 5 II MitbestErgG.

〔3〕 Vgl. BGHZ 76, 191.

〔4〕 Str.; a. A. *Barz*, Freundesgabe Hengeler 14, 18 ff; MünchHdb. AG/*Hoffmann-Becking* § 30 Rdn. 16; KölnKomm/*Zöllner* § 133 Rdn. 42; *Austmann* FS Sandrock 227, 282; wie hier *Geβler/Hefermehl* § 101 Rdn. 31; GroβkommAktG/*Meyer-Landrut* § 101 Anm. 4. Differenzierend *Hüffer* § 101 Rdn 6: Die Aktionäre können Einzelwahl durchsetzen, wenn sie zunächst gegen die Liste stimmen. Sie müssen darauf hingewiesen werden. Wird die Liste daraufhin abgelehnt, ist Einzelwahl durchzuführen. Dies ist ein praktikabler Kompromiβ.

〔5〕 KölnKomm/*Zöllner* § 133 Rdn. 94; a. A. *Geβler/Hefermehl* § 101 Rdn. 29 mwN.

〔6〕 Vgl. Raiser FS Buxbaum 415ff.

〔7〕 Zu den Einzelheiten s. die WahlO i. d. F. vom 7. 2. 1962, BGBl. I, 64.

条第4款)。原则上选聘也是根据职工的类别进行的,但是法律没有对职员监事和高级职员监事的选聘进行区分(《共同决定法》第15条第3款)。然而工会代表是由所有拥有选举权的职工共同选举产生的(《共同决定法》第16条第1款),如果所有的职工一致同意,企业也可以不组织各个团体分别进行投票,而由不同的团体一起进行共同选举(《共同决定法》第15条第3款第2句、第18条)。在通常情况下适用比例选举规则(《共同决定法》第15条第1款和第5条)。在职工人数超过8000人的企业中,不进行直接选举,而是通过职工代表进行间接选举(《共同决定法》第9条和第18条)。三个不同的选择条例分别规定了监事的选任:第一个条例专门适用于仅有一个工厂的企业;第二个条例则适用于拥有几个工厂的企业;第三个条例则适用于康采恩。[1] 这一选举法过于复杂。这本身是政治妥协的结果。该法的具体内容可以参考有关的专著。[2]

煤钢企业的监事选聘规定与上述规定又不一样。这一规定已经通过1981年5 43
月27日颁布的法律作了部分修改。[3] 职工委员会必须与企业中的工会和工会的最高领导机关进行协商,推荐企业内部的职工代表。与此相反,到目前为止企业外部职工代表依然由工会的最高领导机关派遣。根据修正后的规定,工会最高领导机关也只能推荐外部职工代表,然后由职工委员会的成员选聘(《共同决定法》第6条第3款)。所有通过上述方式选举出来的代表只有经过股东大会的投票表决,才能成为监事会成员。但是股东大会必须根据相关的建议进行投票表决,即股东大会在事实上只能确认有关建议(《煤炭和钢铁工业职工共同决定法》第6条第6款)。监事会可以自己选聘第11位或者第15位或者第21位独立监事(《煤炭和钢铁工业职工共同决定法》第5—8条)。

在康采恩中,附属企业的职工被算作是母公司的职工。这就是说,这些职工包 44
括职工委员会在选聘母公司的监事时也有投票表决权(1952年《雇员代表共同管理法》第76条第4款、《共同决定法》第5条和《煤炭和钢铁工业职工共同决定法》第1条第4款)。自从1988年修改《共同决定补充法》以来,适用于煤钢康采恩选聘规定基本上与《共同决定法》的规定相一致(《共同决定补充法》第6—10条)。

4. 派遣权

在股东方面,根据《股份法》第101条第2款的规定,公司可以通过章程规定赋 45
予某些股东以派遣监事的权利,即相关的监事不是由股东大会选任的,而是某些股东派遣的,但是这样的监事最多不得超过股东监事席位的1/3。[4] 这一规定是为

---

〔1〕 BGBl. I, 1977, 861, 893, 934.

〔2〕 Vgl. die Kommentare zu § § 9 bis 24 MitbestG, ferner *Matthes*, Die Wahlordnungen zum Mitbestimmungsgesetz, 1977; *Säcker*, Die Wahlordnungen zum Mitbestimmungsgesetz, 1978; *Wienke*, Die Wahlordnungen zum Mitbestimmungsgesetz, 4. Aufl. 1992; *Fuchs/Köstler*, Handbuch zur Aufsichtsratswahl, 1994.

〔3〕 BGBl. I, 1981, 441; dazu *Engels* BB 1981, 1349, 1357.

〔4〕 *R. Fischer* AG 1982, 85.

了适应公共性企业的特别需要而制定的。通过这一规定，应该保证有关机构——企业的股东——对企业能够行使充分的影响力。但是，这些股东虽然有派遣监事的权力，但是他们无权给其派遣的监事下达指示。如果在地方政府的条例中规定了这种指示权，这种规定违反了联邦法律的规定，因而是无效的。[1] 康采恩的母公司和家族公司也可以享有派遣权。[2] 在大众汽车股东有限公司中，下萨克森州正是根据这种特别的规定可以向监事会派遣两名成员的。只要下萨克森州一直拥有大众的股份，它就拥有这一派遣权。[3]

5. 候补监事

46 监事必须亲自履行其职责(《股份法》第 111 条第 5 款)。因此，监事派遣代表是非法的(《股份法》第 101 条第 1 句)。但是，法律规定，可以选聘候补监事。如果一个监事在其任期结束之前死亡或者辞职，这些候补监事可以成为正式监事(《股份法》第 101 条第 3 款第 2 句、《共同决定法》第 17 条)。职工代表的选举程序十分复杂，因此建议使用这样的规则。如果这样的话，就不必进行补选。在由同等数额的股东代表和职工代表组成监事会时，股东也会使用这一机制，选聘候补监事，主要目的是为了防止监事中的职工代表利用某一监事的空缺，推迟投票表决。

47 选聘候补监事时必须确定其候补的对象，即他是候补哪位监事的，而且两位监事必须同时选聘(《股份法》第 103 条第 3 款第 3 句、《共同决定法》第 17 条第 1 款)。在职工代表方面，必须同时提名候补监事和代表职工的监事，获得多数票的候选人当选为候补监事(《共同决定法》第 17 条第 2 款)。[4] 在股东方面，可以为几个监事仅仅指定一个候补监事；如果其中的一个监事席位因故空缺，则由该候补监事替代。公司也可以确定一个候补监事名单，然后根据名单上排名的顺序，决定由谁顶替成为监事。联邦法院的判决认可这种做法。[5] 如果在一位监事的任期结束之前已经选定了一位继任监事，并且该监事退出后，其继任者已经成为公司的正式监事，在这种情况下，候补监事的资格并不重要。反之，如果由候补监事接替了退出监事的职位，那么，就不能简单的通过选聘一个正式的监事而将已经接任的候补监事排挤出监事会，因为根据《股份法》第 103 条第 1 款的规定，只有形成 2/3 以上的多数票，才可以解聘某一监事。必须同等地对待所有监事，这是一个法律原则。据此公司章程可以规定一个较低的解聘监事所需的票数，但是这一规定必须适用于所有监事。即使一个候补监事成为

---

〔1〕 BGHZ 36, 296, 306; *Fischer* aaO; *Raiser* ZGR 1978, 391, 401; *Säcker* FS Rebmann 781, 786 ff; zur Haftung der entsendenden Körperschaft nach § 31 BGB: *Ulmer* FS Stimpel 705.

〔2〕 *Vogel*, Aktienrecht und Aktienwirklichkeit 139 f.

〔3〕 § 101 II 5 iVm § 4 I Gesetz über die überführung der Anteilsrechte an der Volkswagenwerk GmbH in private Hand in der Fassung v. 31. 7. 1970, BGBl. I, 1149.

〔4〕 Einzelheiten bei *Damm* AG 1977, 44, 45 f; *Heinsius* ZGR 1982, 232.

〔5〕 BGHZ 99, 211, 213 ff; BGH AG 1987, 348, 349; BGH WM 1988, 377, 378 f; *Heinsius* ZGR 1982, 232; *Lehmann* DB 1983, 485, 487; *Bommert* AG 1986, 315; *Rellermeyer* ZGR 1987, 563; *Roussos* AG 1987, 239; *Neu* WM 1988, 481.

监事会成员后有效地退出了监事会，但他依然可以顶替成为正式监事，即他可以第二次顶替进入监事会。前提条件是在选定其为候补监事时就是这样规定的。〔1〕

6. 构成监事会的实际情况

在实践中，监事会中股东代表的产生主要是根据股东的构成情况决定的。在公共企业中，由于政府是主要的投资者，因而监事会中的股东代表主要由政府的议员和官员组成；在康采恩子公司的监事会中，其成员主要由母公司的董事和高级职员担任，而公众公司的监事则是由董事会和监事会选定并由股东大会聘任的。在这些公司中，银行董事长、公司的前董事、供应商和客户的董事是主要的监事会成员。为了照顾小股东的利益，通常也会给证券保护协会的代表保留一个监事席位。〔2〕如果公司有几个大股东或在和家族公司中，通常在事前就根据股东或股东团体在公司中的地位协商确定了监事会的人员结构。为了保证自己的监事席位，股东可以与其他股东达成投票协议或者组成投票同盟。这种做法并不违背法律规定（见下文§ 16. VII.）。 48

法律明确规定监事会中必须有职工代表。在1978年适用《雇员代表共同管理法》的企业中，62%企业的监事会的成员不足6人。这样，通常只有一名或者两名职工代表出任监事。专职工会干部在监事会中仅占3%的席位。在77%的公司中，职工委员会主席及其或者其代表都是监事会的成员；在许多情况下，职工委员会的其他成员也是监事会的成员。〔3〕1978年总共有457家企业适用《共同决定法》的规定。这些企业于1977—1978年进行了监事会选聘工作。期间共设有3204个席位，其中企业内部职工和职员占了1751个席位，高级职员占了457个席位，工会代表占了996个席位，其余席位为工人所拥有。〔4〕可以推测，这些公司监事会中的职工代表主要由职工委员会主席和成员来担任。75%的职工监事席位由德国工会联盟的成员担任，8%的席位则为德国职员工会代表所占有，约有2%的监事席位为其他联盟如高级职员协会所拥有，14%的席位属于其他那些非组织的候选人。上述比例根据行业的不同会有些变化。〔5〕 49

7. 任期

为了保证能够定期、正常地更换监事，法律明确规定了监事的任职期限。这与有关董事任期的规定相似。根据《股份法》第102条的规定，监事的任期不得超过自监事任职以来在第4个经营年度中为决定监事免职问题而召开的股东大会的会期；在计算监事的任期时，监事开始任职的年度不得记入其任期的年限。这一条款的表述并不十分清楚，这主要是因为经营年度通常是与日历年度一致的，而由于决 50

〔1〕 BGHZ 99, 211, 213 ff.
〔2〕 Statistische Angaben bei *Vogel* aaO 120 ff.
〔3〕 *Vogel* aaO 131 ff.
〔4〕 MitbestGespr 1978, 213.
〔5〕 MitbestGespr aaO.

定监事免职的股东大会则通常在春季或者夏季举行。这样,监事的任期最多不会超过5年,这与董事的任期是一样的。这一规定也同样适用于监事会中的职工代表(《共同决定法》第15条第1款、《雇员代表共同管理法》第76条第2款第1句、《共同决定补充法》第10c条)。

51 章程可以规定一个更短的任期,而且可以为每个监事分别规定一个不同的任期。[1] 但是如果章程规定的职工监事的任期普遍地比股东监事短,就是一种明显的歧视性规定,这种规定是不合法的。在股东大会选聘监事时,也可以决定缩短监事的任期。[2] 监事可以连选连任,对此法律没有进行任何限制 。但是,在监事的任期结束以前,公司不得决定选聘其为下届监事。[3]

8. 任职的终止

52 如果监事在任职期间不再具备法律规定的选聘条件,那么该监事的任职就随之而终止。例如,如果公司由于合并或者分立而不复存在(试比较《变更法》第20条第1款第2项、第131条第1款第2项),或者如果职工监事离开本企业,这些都是终止监事任职的原因。[4] 然而,如果仅仅涉及企业形式的转换,而且转换后的企业与转换前的企业适用同样的共同管理规定,那么老的监事会成员依然可以在其任期内担任监事(《变更法》第203条)。[5] 任职能力和出现利益冲突并不是终止任职的理由,因此,即使某监事在另一个竞争对手的企业中担任董事或者监事之职,并不导致其任期的终止。在这种情况下,最多只能考虑根据《股份法》第103条的规定解聘监事职务。[6]

53 如果一个监事在其任期结束以前退出监事会,根据一般的法律原则,该监事可以辞去其监事职务。部分学者认为,监事在辞职时必须说明原因。然而,如果监事打算辞职,人们不能强迫其继续履行监事职责。[7] 这种做法也不符合公司的利益,尤其在由同等数额的股东代表和职工代表组成的监事会中,更是如此。因此许多章程明确规定,辞职不需要具有特别的理由。[8] 然而,如果某监事的行为与其所代

---

[1] BGHZ 99, 211, 215; OLG Frankfurt WM 1986, 1437, 1438.

[2] H. M., vgl. *Hüffer* § 102 Rdn. 4, 5.

[3] RGZ 129, 180; 166, 175, 187.

[4] § 24 MitbestG; zu § 76 BetrVG 1952 str.; a. A. BGHZ 39, 116, 120; zu den Einzelfragen vgl. die Kommentare zu § 24 MitbestG und § 76 BetrVG 1952.

[5] Anders die h. L. vor Inkrafttreten des UmwG.

[6] Vgl. *Dreher* JZ 1990, 896; *Kübler* FS Claussen 239; *Schneider* BB 1995, 365; Zur Gegenansicht *Lutter* ZHR 159(1995), 287; 303; *Reichert/Schlitt* AG 1995, 241, 244, *Wardenbach*, Interessenkonflikte und mangelnde Sachkunde 70 ff; *ders.* AG 1999, 74.

[7] KölnKomm/*Mertens* § 103 Rdn. 55 m. w. N; *Geßler/Hefermehl* § 102 Rdn. 30; MünchHandb AG/*Hoffmann-Becking* § 30 Rdn 48; *Singhof* AG 1998, 318, 321 f; Wardenbach AG 1999, 74.

[8] Vgl. Ulmer, Die Anpassung der Satzungen mitbestimmter Aktiengesellschaften an das MitbestG 1976, 16, 25.

表的团体的利益并不一致,有关团体因此对该监事施加压力,迫使其辞职。这种做法是不符合法律规定的(试比较《共同决定法》第26条)。监事只能在适当的时候辞去其监事职务 。

9. 监事的解聘

如果当选的监事不再得到其选民的支持,那么在其任期届满以前就可能遭到解聘。监事的选聘机构以特定多数意见的方式决定是否解聘某监事,解聘不必具有重要理由(《股份法》第103条、《雇员代表共同管理法》第76条第5款、《共同决定法》第23条、《煤炭和钢铁工业职工共同决定法》第1条第1款和《共同决定补充法》第10条第3款)。如果某监事是根据《股份法》第101条第2款的规定派遣的,派遣者可以随时解聘该监事(《股份法》第103条第2款)。在适用《共同决定法》的企业中,很多企业章程都规定,公司可以通过简单多数同意票的方式决定解聘某一董事。这些就大大方便了监事的更换。[1] 但是这样的规定必须适用于所有的股东代表。[2] 54

除此以外,如果有重大理由存在,监事会还可以向法院提出申请,请求法院作出相应的判决解聘某监事(《股份法》第103条第3款)。提起这样申请的前提条件是监事会必须以简单多数的方式作出相应的决定。在某些情况下,拥有10%以上公司股份的股东也可以提请法院解聘某一监事(《股份法》第103条第3款第3项)。这一条款主要是为了解决以下问题设计的:即一个监事的行为十分特别,让其他监事难以接受。[3] 这一简单多数票原则并不限于监事会中同类监事内部,它同样适用于不同的监事类别中。这就意味着,如果监事会中的股东代表能够得到其他监事简单多数支持票,他们也可以把某一职工监事挤出监事会。相反,只要职工监事的同意票在监事会形成简单多数,他们也可以把某一股东代表挤出监事会。[4] 55

10. 法院指定监事

如果监事会成员减少,以至于监事会不能正常运作,也不能作出正常的决定,法院可以根据《股份法》第104条第1款的规定直接指定监事,以增加监事会的成员。[5] 根据《股份法》第104条第2款的规定,如果监事会成员人数在连续三个月以上的时间内低于法律或者章程规定的数额,法院也可以直接指定监事。在特别 56

---

〔1〕 Vgl. *Ulmer* aaO 25.

〔2〕 BGHZ 99, 211, 215 f.

〔3〕 OLG Hamburg AG 1990, 218; OLG Zweibrücken AG 1991, 70; *Hoffmann/Kirchhoff* FS Beusch 377, 384; LG Frankfurt NJW 1987, 505; AG München WM 1986, 974.

〔4〕 *Raiser* MitbestG § 6 Rdn. 38 ff.

〔5〕 Vgl. BGH AG 1990, 543; LG Hof AG 1993, 434; BayOlG ZIP 1997, 1883 (zur Auswahl des zu bestellenden Mitglieds).

紧急的情况下,上述期限可以少于三个月。如果监事会必须马上作出一个重要决定,就是一种紧急情况。[1] 在适用《共同决定法》的企业中,只要监事会成员数少于规定的总数,即属于紧急情况(《股份法》第104条第3款第2项)。只要指定监事的原因不复存在,被指定的监事的职务就告终结,即必须通过正常程序选聘相应的监事(《股份法》第104条第4款)。这些规定对于维持监事会中的均衡关系起着重要作用。

## IV. 监事会的程序

参考文献:*Axhausen*, Anfechtbarkeit aktienrechtlicher Asufsichtsratsbeschlüsse, 1986; Baums, Der fehlerhafte Aufsichtsratsbeschluβ, ZGR 1983, 300; *Behr*, Teilnahme und Mitwirkungsmöglichkeit des Aufsichtsratsmitglieds bei der Aufsichtsratssitzung, AG 1984, 28; *Bork*, Passivlegitimation und gesetzliche Vertretung bei Klagen einzelner Aufsichtsratsmitglieder, ZIP 1991, 137; *Götz*, Rechtsfolgen fehlerhafter Aufsichtsratsbeschlüsse, FS Lüke, 1997, 167; *ders.*, Die überwachung der Aktiengesellschaft im Licht jüngerer Unternehmenskrisen, AG 1995, 337; *Hoffmann-Becking*, Rechtliche Möglichkeiten und Grenzen einer Verbesserung der Arbeit des Aufsichtsrats, FS Havemann, 1995, 229; *Kindl*, Die Teilnahme an der Aufsichtsratssitzung, 1993; *ders.*, Analoge Anwendung der § § 241 ff AktG auf aktienrechtliche Aufsichtsratsbeschlüsse, AG 1993, 153; *Kindler* Unternehmerisches Ermessen und Pflichtenbindung, ZHR 162 (1998) 191; *Lemke*, Der fehlerhafte Aufsichtsratsbeschluβ, 1994; *Lutter/Krieger*, Hilfspersonen von Aufsichtsratsmitgliedern, DB 1995, 257; *Matthieβen*, Stimmrecht und Interessenkollision im Aufsichtsrat, 1989; *Meier*, Zulässigkeit geheimer Abstimmungen in GmbH-Aufsichtsräten, DStR 1996, 385; *Mertens*, Organstreit in der Aktiengesellschaft, ZHR 154 (1990), 24; *Noack*, Fehlerhafte Beschlüsse in Gesellschaften und Vereinen, 1989; Peus, Der Aufsichtsratsvorsitzende, 1983; *ders.*, Geheime Abstimmung im Aufsichtsrat und Stimmabgabe des Vorsitzenden, DStR 1996, 1656; *Raiser*, Klagebefugnis einzelner Aufsichtsratsmitglieder, ZGR 1989, 44; *Rellermeyer*, Der Aufsichtsrat-Betrachtungen zur neueren Rechtsprechung des Bundesgerichtshofs, ZGR 1993, 77; *Stodolkowitz*, Gerichtliche Durchsetzung von Organpflichten in der Aktiengesellschaft, ZHR 154 (1990),1.

### 1. 监事会主席及其代表

57 根据《股份法》第107条第1款的规定,监事会应从其成员中选定一名主席并选定一名或者数名主席代表。如果章程中没有其他规定,监事会可以以简单多数的方式决定上述选举。章程也可以规定选举须由相对多数的同意票决定。但是这种规定不得限制监事会的自由决定权。[2]

58 《共同决定法》第27条规定的情形是上述简单多数投票原则的例外。据此只

---

〔1〕 Offener *Niewarra/Servatius* FS Beusch 217, 220.

〔2〕 Zu Einzelheiten s. KölnKomm/*Mertens* § 107 Rdn. 9; *Lutter/Krieger* § 167 ff.

有在第一轮选举中获得2/3以上多数同意票的监事才能当选为监事会主席。如果没有监事获得这样的多数票,就要分别进行两个不同的选举:监事会中的股东代表负责选举监事会主席,监事会中的职工代表则负责选举主席代表。在这一轮选举中,获得多数票者当选。[1] 这一规定保证至少有一名职工代表能够进入监事会主席委员会。另一方面,这一条规定也意味着通常应该由股东代表担任监事会主席。由于同意票和反对票票数相等时,监事会主席拥有最终决定权(《共同决定法》第29条第2款和第31条第4款),所以尽管监事会是由同等数额的股东代表和职工代表组成,股东方面依然占有明显的优势。这也是在立法咨询过程中所达成的政治妥协的核心内容。[2] 在公司的信笺上必须印上监事会主席的姓名,主席代表的姓名则不必标出(《股份法》第80条第1款)。

《共同决定法》第27条第1款没有规定,监事会不可以选举更多的监事会主席代表。在大型企业中,也确实存在着这样的必要性。[3] 但是,选举时必须遵守所有监事平等原则。因此,如果公司章程规定另一个监事也必须为股东代表时,这种规定是无效的。[4] 59

监事会主席负责监事会的召集准备工作,召集和主持监事会,主持和协调监事会的其他工作。虽然法律中仅仅部分地确认了监事会主席的上述职责。但是,它们却得到了大家的公认。[5] 监事会主席必须在会议记录上签字并将监事会作出的有关决议通知给相关的当事人(试比较《股份法》第107条第2款第1句和第110条第1款)。监事会主席还必须与董事会一起将股东大会的增资决议或者减资决议向商务注册处申请登记(《股份法》第184条第1款、第188条第1款和第223条等)。根据《股份法》第90条第1款第2句的规定,董事会除了须向监事会提供定期报告外,如果有重要原因还须向监事会主席及时通报相关的情况。监事会主席应该将董事会通报的情况及时转达给监事会,他应该与董事会维持良好的联系。根据《股份法》第112条的规定,监事会主席应该定期以监事会的名义或者受监事会的委托发布一些工作声明,或者接受一些工作报告。但是,监事会主席本身并没有机构性的代表权。《股份法》第176条第1款第2句规定,监事会主席必须向股东大会提交监事会所作的有关年终报表和盈余使用建议的报告,并对此进行解释说明。但是他没有独立的、机构性的决定权。 60

---

〔1〕 Einzelheiten bei *Raiser* MitbestG § 27 Rdn. 5 ff.

〔2〕 Vgl. die Feststellungen des BVerfG im *Mitbestimmungs*-Urteil BVerfGE 50, 290, Abschn. C I 1.

〔3〕 BGHZ 83, 106; ferner *Westermann* FS R. Fischer 835; *Wank* AG 1980, 148; *Raiser* NJW 1981, 1966; *Canaris* DB 1981, Beilage 14, 11 ff.

〔4〕 BGHZ 83, 106 f.

〔5〕 Zum folgenden vor allem *Peus*, Der Aufsichtsratsvorsitzende, 1983; *Hoffmann*, Der Aufsichtsrat, Rdn. 437 ff; *Krieger* ZGR 1985, 338; MünchHdb. AG/*Hoffmann-Becking* § 31 Rdn. 15 ff; *Hoffmann-Becking* FS Havermann 229; *Götz* AG 1995, 337; *Mertens* aaO Rdn. 33.

61 公司可以通过章程规定加强监事会主席的法律地位,例如规定他有主持股东大会的权力。在适用《共同决定法》的企业中,由于该法赋予监事会主席加重表决权,他的法律地位更加有别于其他监事。在企业实践中,他经常起着连接董事会和监事会之间桥梁的作用。他比其他监事更加深入地参与到企业事务中,为此他应付出更多的时间,他也是董事会的重要交流对象。因为这些活动,他在企业中的实际地位远远超过法律规定的地位。法律充分地考虑到了监事会主席如此繁重的工作负担,因此在统计监事席位时,将主席的职位进行重复计算(《股份法》第100条第2款第3项,见上文III.1)。如果由监事会主席和一个或者几个主席代表负责这些事项,人们通常将监事会主席及其代表视为监事会主席委员会。

62 只有在监事会主席无法行使其权利履行其义务时,**其代表**才能代为行使和履行主席的职责(《股份法》第107条第1款第3项)。〔1〕根据《共同决定法》第29条第2款、第31条第4款的规定监事会主席代表根本不像主席那样享有双重投票表决权。这是因为立法者在这一问题上向共同决定制度反对者妥协的结果。

2. 程序

63 通常情况下,监事会每年**召集**三次或者四次**会议**。如果企业情况需要,监事会可以更加频繁地召开会议。根据《股份法》第110条第3款的规定,一般公司的监事会必须每半年召集一次,如为上市公司则每半年召集两次。如果说明相应的目的和理由,每个监事可以要求立即召集监事会或最迟在两周内召集监事会。董事会也有同样的权利(《股份法》第110条第1款)。如果监事会主席不准备召集监事会,两个以上的监事或者董事会可以亲自召集监事会(《股份法》第110条第2款)。在召集会议的邀请信中,必须说明会议的议程。会议是不公开的,通常只有监事会成员和董事会成员才可出席会议。〔2〕然而,董事也没有权力要求出席监事会会议。在具体问题上,可以聘请专家出席监事会(《股份法》第109条第1款)。〔3〕此外,公司还可以通过章程规定,允许因故不能出席会议的监事派遣其代表出席监事会,但是该代表必须由相关监事进行书面授权,他不享有投票表决权(《股份法》第109条第3款)。

3. 决策能力和表决

64 《股份法》第108条的规定监事会必须按照正式的表决程序进行决策。因此,监事会不得根据推论作出有关决定。〔4〕但是,如果没有监事反对,监事会也可以通过书信、电报或者电话的方式召开会议并作出决议(《股份法》第108条第4款)。

---

〔1〕 Das Gesetz sagt “behindert”, meint aber “verhindert”.

〔2〕 *Behr* AG 1984, 281; *Kindl*, Die Teilnahme an der Aufsichtsratssitzung, 1993.

〔3〕 *Lutter/Krieger* DB 1995, 257.

〔4〕 BGHZ 10, 187, 194; 41, 282, 286; 47, 341, 343 ff; BGH AG 1989, 129; AG 1991, 398; OLG Dresden ZIP 1999, 1632; *Baums* ZGR 1983, 300, 334.

如果半数以上的法律或者章程规定的监事出席会议，并且其中至少有三个监事参与了投票表决，监事会才可以作出相关的决议。[1] 缺席并不影响监事会的决策能力（《股份法》第108条第2款、《共同决定法》第28条、《煤炭和钢铁工业职工共同决定法》第10条、《共同决定补充法》第11条）。在《共同决定法》的适用范围内，这一条款是强制性规定。它保证所有的监事都拥有同样的权力。[2]

因此在适用《共同决定法》的企业中，如果企业章程规定，只有在同等数量的职工监事和股东监事参与表决的情况下，监事会才具有决定能力，这种条款是非法的。[3] 如果章程规定，在这种情况下监事会必须延迟召开会议，则这种规定也同样是违法的。最后，由于监事会由不同团体的代表组成，如果章程强制规定所有团体的监事都必须出席监事会，而一个团体的监事决定不出席监事会，那么就可能阻碍监事会的工作。正是为了防止这一点，如果章程条款不分监事会中的职工代表和股东代表而仅仅要求，必须由一半以上的法定监事参与表决，而这种章程条款也是非法无效的。[4] 65

监事会通常进行公开投票表决。如果有监事提出匿名投票的要求，监事会为了保证投票的独立性是否可以进行匿名表决，是个争论相当激烈的问题。[5] 原则上监事会以**简单多数同意票**的方式作出决议，该建议就成为一个有效的决议，弃权票和无效票不计入在内。[6] 在票数相等的情况下，有关建议没有得到通过。然而，适用《共同决定法》的企业则可实施特别规定。根据该法**第29条第2款的规定**，在票数相同的情况下，有一张票可以对同样问题再次行使一次表决权，即监事会主席拥有决定性的加重投票权。根据《共同决定法》第31条第4款和第5款的规定，在选聘或者解聘的第二轮选举中，如果还没有达到要求的多数票，监事会主席也有第二次表决权。 66

《共同决定法》没有详细规定具体的细节。主流观点认为，只有在至少有一位股东提出请 67

---

〔1〕 Die Untergrenze von drei Mitgliedern ist stets zwingend, vgl. LG Düsseldorf AG 1999, 134; LG Karlsruhe AG 1994, 87.

〔2〕 BGHZ 83, 151. Zahlreiche Autoren halten § 28 MitbestG schlechthin für zwingendes Recht; vgl. *Wiesner* AG 1979, 205; *Ulmer AG* 1979, 345; *Werner* AG 1979, 330; *Säcker* JZ 1980, 82; *Raiser* NJW 1980, 209; a. A. *Canaris* DB 1981, Beilage 14, 6 ff; *Rittner* DB 1980, 2493, 2502.

〔3〕 BGHZ 83, 151.

〔4〕 A. A. OLG Hamburg BB 1984, 1763, 1764 ff mit abl. Anm. *Oetker*; zum Diskussionsstand *Raiser* MitbestG § 28 Rdn. 3 f; MünchHdb. AG/*Hoffmann-Becking* § 31 Rdn. 52ff; Kölnkomm/*Mertens* § 108 Rdn. 56 ff; *Hüffer* § 108 Rdn. 13ff; GroβKomm. AG/*Oetker* § 28 MitbestG Rdn. 7ff.

〔5〕 Bejahend *Schneider* FS R. Fischer 727; *Hoffmann/Lehmann/Weinmann* § 25 MitbestG Rdn. 162; *Hanau/Ulmer* § 25 MitbestG Rdn. 26; *Ulmer* AG 1982, 300; *Lutter/Krieger* 243; *Hüffer* § 108 Rdn. 5; *Meier* DStR 1996, 385; *Peus* DStR 1996, 1656; a. A. KölnKomm/*Mertens* § 108 Rdn. 38 sowie *Mertens* ZGR 1983, 189, 206 ff; *Raiser* MitbestG § 25 Rdn. 21.

〔6〕 BGHZ 83, 85, 86; OLG Hamburg AG 1984, 248; h. M.

求的情况下，监事会主席才可行使其加重表决权，否则相关的决议就不能获得通过。监事会主席可以在投第一次票后立即进行第二次投票，但是，也可以在过后新召开的监事会会议上行使。但是，如果在第一次投票中计算了相关的票数后马上让监事会主席投决定性的第二票，这种做法无效。监事会主席可以自由决定是否使用这一加重表决权。即他不受监事会其他股东代表决定或者愿望的约束。从《共同决定法》第29条和第31条的规定看，公司基本上没有可能通过章程规定对复杂的监事会程序作出有利于股东的修改。这是因为《共同决定法》规定的监事会中不同团体的代表必须取得一致意见，而且这种强制一致和监事会主席的加重表决权之间的平衡关系是经过精心设计的。〔1〕

68 如果企业不适用《共同决定法》的规定，章程可以规定监事会必须以**特定多数的同意票方式**作出有效决定。赋予个别监事以否决权的规定是非法的。《共同决定法》没有就**禁止投票**进行规定。但是，根据《民法典》第34条的规定，如果监事会讨论企业是否能与某个监事开展某项业务，或者讨论的是企业是否应该对某个监事提起诉讼或者结束诉讼，则相关的监事对这些问题没有投票权。〔2〕由于有可能引起利益冲突，没有一个德国协会法确定了一般性的禁止投票原则。根据德国法学界的主流观点，在企业进行表决时，也不得对有关当事人的投票表决权进行禁止。因此，如果监事会讨论是否聘任有关监事为董事时，相关的监事拥有投票表决权，〔3〕但是在就该监事的聘用合同进行表决时，相关的监事则没有投票权。主流观点提出的方案并不是令人十分满意的，因此还有必要进行进一步的研究。

4. 信使投票

69 委托代表进行投票是不合法的(《股份法》第101条第3款第1句和第111条第5款)。但是，法律允许通过信使进行投票。如果某监事不能出席监事会，该监事可以派遣信使出席会议，并进行投票表决(《股份法》第108条第3款)。根据《共同决定法》第29条第2款和第31条第4款的规定，监事会主席可以委托信使行使其第二次表决权。任何一个监事会成员都可以代替另一位监事提交其表决书。如果委托第三者提交，那么根据《股份法》第109条第3款的规定，该第三者有资格出席监事会；仅仅向监事会主席寄交书面表决书，是不够的。然而，监事会主席通常有义务将收缴的书面票交给监事会。〔4〕

---

〔1〕 Einzelheiten bei *Raiser* MitbestG § 29 Rdn. 8. Zu den Rechtstatsachen vgl. *Ulmer*, Die Anpassung der Satzungen mitbestimmter Aktiengesellschaften an das MitbestG 1976, 31f.

〔2〕 H. M.; vgl. statt aller *Mertens* aaO Rdn 49; *Hüffer* § 108 Rdn. 9; *Matthießen*, Stimmrecht und Interessenkollision 230 ff.

〔3〕 A. A. *Ulmer* NJW 1982, 2288 und *Hanau/Ulmer* § 31 MitbestG Rdn. 18 a; *Hüffer* aaO; wie hier *Behr* AG 1984, 281, 284 ff; *Wilhelm* NJW 1983, 912; *Mertens* ZGR 1983, 189, 203 ff; KölnKomm/*Mertens* § 108 Rdn. 50.

〔4〕 Ebenso KölnKomm/*Mertens* § 108 Rdn. 28.

法律希望利用这种与书面投票相类似的方式,满足现实经济生活的客观需要。因为在监事会召开会议时,有些监事因故不能出席会议而借助信使,他们依然可以参与投票表决,而且这种做法没有违反有关监事不得委派代表的禁令。这一规定对于适用《共同决定法》的、由同等数额的劳资双方代表组成的监事会而言尤其重要,因为通常股东代表经常不能出席监事会。但是不出席监事会会议的监事必须自己对决议事项作出同意与否的决定,他不能将这一决定权委托给信使。因此他不能将一张空白的表决书直接交给信使,而必须亲自填写该表决书。为此,法律明确规定必须采用书面形式。采用这一程序的前提条件是:监事必须收到了开会通知,通知必须载明会议的议题和供决定的几种方案。一般认为监事将其决定以电话的方式通知给信使并不是书面方式。另一方面,越来越多的学者认为,监事以电报或者电传的方式通知其决定,应该属于书面形式。这一看法虽然与《民法典》第126条的规定不符,但是电报或者电传的方式却符合目的,而且与其他使用电子辅助设备的情况相适应。[1] 70

### 5. 监事会会议守则

根据《股份法》第107条第2款的规定,必须对监事会会议编制会议备忘录。在其他方面,监事会会议必须依照监事会会议守则的规定进行。该守则通常由股东大会按照章程的规定以2/3的多数票通过,或者监事会也可以自己制定其会议守则。在《共同决定法》的适用范围内,股东不得利用监事会的会议守则扩大自己的权利,但是他们可以利用守则的规定维护自己的权利。[2] 因此适用章程的限制同样适用于监事会会议守则(见边码65,67)。 71

### 6. 错误决议

《股份法》中没有为错误的监事会决议规定法律后果。长期以来,人们对此也有不同的看法。一部分学者认为:对此应该类比适用有关撤销股东大会决议及其宣布无效的规定(《股份法》第241条等条款)。[3] 联邦最高法院没有接受这一观点。相反,在其作出的原则性的判决中(BGHZ 122,342)[4]以详尽的论述反驳了上述看法。联邦最高法院在其许多判决中坚持认为:根据《民法典》第134条和第138条的规定,错误的监事会决议是无效的。[5] 然而,根据司法判决,并不是任何人在任何时候都主张这样的决议是无效的。更重要的是必须证明有关的利益是由 72

---

[1] Vgl. *Lutter*, FS Duden, 269, 280 f; *Mertens* AG 1977, 210, *Lutter/Krieger* 190; Kölnkomm/*Mertens* § 108 Rdn. 20 ff; *Hüffer* § 108 Rdn. 14; *Raiser* MitbestG § 25 Rdn. 23 ff, je m. w. Nachw.

[2] Vgl. *Mitbestimmungs*-Urteil, BVerfGE 50, 290, Abschn. C I.

[3] Vgl. *Zöllner*, Schranken mitgliedschaftlicher Stimmrechtsmacht 373 ff, 381 ff; *Baums* ZGR 1983, 300; *Axhausen*, Anfechtbarkeit aktienrechtlicher Aufsichtsratsbeschlüsse 113 ff; *Kindl* AG 1993, 153; Rellermeyer ZGR 1993, 77, 105; *K. Schmidt*, Gesellschaftsrecht § 15 II 3; *Lemke*, Der fehlerhafte Aufsichtsratsbeschluβ 94 ff.

[4] = AG 1993, 464 = DZWiR 1993, 503 mit Anm. *Raiser*, bestätigt in BGHZ 124, 111, 115; 135, 244; LG Düsseldorf AG 1995, 33; Vgl. dazu *Götz* FS Lüke 167.

[5] Vor dem Urteil BGHZ 122, 342 schon BGHZ 47, 341; 83, 144; 85, 293.

于错误决定而受到损害。[1] 此外,如果不根据《民事诉讼程序法》第 256 条的规定在考虑各种关系后尽快提出确认无效之诉的话,即使只有微小的缺陷也可能失去诉讼的权利。[2] 如果仅仅决议的部分内容,那么必须适用《民法典》第 139 条的规定:即如果认为没有无效部分内容,监事会就不可能作出这样的决议,那么整个决议就失去效力。[3] 联邦最高法院考虑:是否可以不在这一问题作出最终结论的基础上作出有关监事会决议无效的判决。[4] 如果监事会在确认企业年终报表时作出了错误性决议,则适用《股份法》第 256 条的特别规定(见下文 § 18. I. 7)。

73 司法判决的作用并没有在各个方面反映出来。[5] 如果监事会的程序不正确,根据适用于股东大会和股东决议的**重要理论**,只有在该决议影响到监事的利益,监事会会议的决议才归于无效。这一理论得到了一致的认同。为此必须具体审查,错误是否对监事会的决议产生了影响,期间还必须从另外的角度来考虑这一问题。[6] 仅仅违反了组织规定并不自然导致决议的无效。即使有一位《股份法》第 109 条的规定的、无权出席监事会的人参加了监事会并且行使了表决权,这也并不意味着监事会在该人在场时作出的决议就自然无效。[7] 但是,如果决议通过的规定涉及监事会的决议能力和表决程序,则相关的规定是无效的。如果一个程序上的缺陷能够通过后一没有缺陷的程序消除,这种缺陷并不导致相关程序的无效。[8]

74 所有内容违反法律、企业章程、违反股东大会通过的业务守则或者善良风俗的决议,都是无效的。但是如果违反的仅仅是秩序性规则,则是一种例外情形。另外,如果监事会超越其权限范围而作出了一个决议,那么该决议也没有法律效力。[9]

75 只有法律保护的利益受到损害的人,才可以提出有关决议无效的要求。这样的人通常是监事会成员或者董事会成员。[10] 特别强调的是联邦最高法院在判例中确认,如果违反了职工的共同管理权,就涉及了监事会中职工代表的必须予以保护的利益。[11] 在个别情况下也可能没有涉及受法律保护的利益,如果仅仅是为了个

---

〔1〕 BGHZ 122, 342, 351.

〔2〕 BGH aaO 352; OLG Hamm NJW-RR 1997, 989.

〔3〕 BGHZ 124, 111, 122 ff. Dort wird die Anwendbarkeit des § 139 BGB zwar auf Beschlüsse beschränkt, die sozial-oder individualrechtliche Befugnisse begründen oder aufheben. Es besteht aber kein rechtlicher Grund für eine solche Beschränkung; ebenso Mertens aaO Rdn 85.

〔4〕 BGHZ 122, 342, 350f.

〔5〕 Vgl. zu Einzelheiten *Mertens* § 108 Rdn 68 ff; *Hüffer* § 108 Rdn 17 ff.

〔6〕 Vgl. unten § 16 IX 5a.

〔7〕 BGHZ 47, 341, anders noch BGHZ 12, 327, 331.

〔8〕 Heilungsmöglichkeiten faβt auch der BGH ins Auge(vgl. BGHZ 122, 342, 352).

〔9〕 BGHZ 135, 246 = WuB II A. § 111AktG mit Anm. *Raiser*(*ARAG*). A. A. *Kindler* ZHR 162 (1998), 101, 116; *Hüffer* § 108 Rdn. 18(keine Nichtigkeit, da kein Fall des § 134 BGB).

〔10〕 BGHZ 135, 246, 350; *Mertens* aaO § 108 Rdn. 89.

〔11〕 BGHZ 83, 144, 146; 85, 293, 295; 122, 342, 351 ff.

人私利或者为了企业外部的人而提起诉讼就属于这种情况。[1] 公司自己也可能有需要保护的利益。[2] 如果涉及不是监事会成员的股东,那么就必须分别评判其受保护的利益。一般并不要求股东对监事会决议的合法性进行审查。[3] 不是属于公司成员的第三者通常不具有必须保护的利益。

必须毫不延迟地指出相关缺陷,当然必须为此规定一个适当的期限,在确定期限时必须充分地考虑到进行必要的法律审查所需的时间以及和相关当事人进行协商所需的时间。可以直接向监事会主席指出相关的缺陷,法律也没有规定它必须具有一定的形式。[4] 必须在适当的期限内提起相关的诉讼。否则将会失去诉讼权利能力,这样也就不能提起有关决议无效的要求。[5]《民法典》第 246 条规定的一个月的期限在这里不能适用。必须给提起诉讼的权利人足够的期限审查法律状况,并给他提供妥善解决问题的机会。[6] 他必须尽快提起相应的诉讼。 76

在一起案例中(BGHZ 124, 111),一位权利人在 5 个月后才提起诉讼,在另一案件中(BGHZ 122, 342),一位权利人甚至在 2 年后才提起诉讼,由于在这些案件中,当事人不断进行协商,请专家出具意见书,正因为此,联邦最高法院依然认为诉讼是及时提起的。如果缺陷特别重大,则不可以取消当事人的诉讼权。 77

诉讼是向公司提起的。[7] 如果由公司亲自提起诉讼,有关的监事或者董事是必须进行应诉的被告。在诉讼中由董事代表公司,如果董事自己被起诉,就由监事会作为公司代表。[8] 法院作出的确定或者否定监事会会议无效的判决,对任何人和任何事都有法律效力。[9] 是否在提起无效之诉的同时还可以提起积极的确认之诉,还不十分清楚。[10] 78

确认监事会决议无效的判决原则上从作出相关的决议之时生效。然而,如果 79

〔1〕 *Stodolkowitz* ZHR 154(1990), 1, 17; *Mertens* ZHR 154(1990), 24, 28 ff; vgl. ferner *Bork* ZIP 1991, 137, 146; *Raiser* ZGR 1989, 44, 66 ff.

〔2〕 BGHZ 122, 342, 352.

〔3〕 KölnKomm/Mertens § 108 Rdn. 89.

〔4〕 Vgl. BGHZ 122, 342, 352.

〔5〕 Gegen die Verwirkungslösung *Götz* FS Lüke 180, der statt dessen bei leichteren inhaltlichen Mängeln weiterhin Anfechtbarkeit statt Nichtigkeit annehmen will.

〔6〕 BGHZ 122, 342, 352.

〔7〕 BGHZ 83, 144, 146; 85, 293, 295; 122, 342, 344; vgl. dazu *Bork* ZIP 1991, 137, der ausführt, daβ auch eine Klage gegen den Aufsichtsrat als Organ in Betracht kommen kann; ferner die Ausführungen zur Klagebefugnis unten VII 9.

〔8〕 BGHZ 83, 144, 146, st. Rspr.

〔9〕 *Baums* ZGR 1983, 300, 308; *Noack*, Fehlerhafte Beschlüsse 86, *Mertens* aaO Rdn. 91; *Hachenburg/Raiser* § 52 Rdn. 82; *Götz* aaO 188; in BGHZ 122, 342, 350f noch offengelassen. A. A. *Lemke*, Der fehlerhafte Aufsichtsratsbeschluβ 176.

〔10〕 *Mertens* aaO Rdn. 92.

期间发生许多情事,使恢复原状根本不可能,或者恢复可能会引起不适当的结果,那么就必须限制判决的溯及既往的效力。同样如果监事会的决议已经获得了广泛的信任,而且不能随意取消这些信任。也应该限制判决的溯及既往的效力。[1] 据此,如果选聘监事会主席、其代表或者代表机构成员的决议有错误,但是只要这些人已经正式任职,相关选聘决议的无效并不影响这些人继续担任其现任的职务。[2]

7. 监事会中个别团体的特别决议

80 监事会中尽管有股东代表和职工代表。但是它是一个承担着同一职责的企业机构。如果监事会中的各个团体如股东代表和职工代表分别作出特别决议,那么这种做法显然与监事会承担的职责不相符。尽管如此,也并不能完全放弃这种个别决议。上文提到的根据《共同决定法》第 27 条第 2 款的规定选任监事会主席就是一个例子(见边码 58)。另外一个例子是根据《共同决定法》第 27 条第 3 款和第 31 条第 3 款的规定组成所谓的调解委员会(见上文 § 14. III. 3)。只有监事会中的股东代表才可以为股东大会提出和决定股东方面的监事人选(《股份法》第 124 条第 3 款第 4 句),也只有他们才可以作出行使参与权的决定(《共同决定法》第 32 条、《雇员代表共同管理法》第 15 条;试比较上文 I. 4)。

## V. 监事会的专业委员会

参考文献: *Altmeppen*, Arbeitnehmerbeteiligung im Personalausschuβ des Aufsichtsrats; FS Brandner, 1996, 3; *Canaris*, Mitbestimmungsgesetz und innergesellschaftliche Organisationsautonomie der AG, DB 1981, Beilage 14; *Deckert*, Effektive überwachung der AG-Geschäftsführung durch Ausschüsse des Aufsichtsrats, ZIP 1996, 1638; *Frühauf*, Geschäftsleitung in der Unternehmenspraxis, ZGR 1998, 419; *Langenbucher/Blaum*, Audit Commttees-Ein Weg zur überwindung der überwachungskrise? DB 1994, 2197; *Jaeger*, Aufsichtsratsauschüsse ohne Arbeitnehmervertreter?, ZIP 1995, 1735; *Kindl*, Die Geltendmachung von Mängeln bei aktienrechtlichen Aufsichtsratsbeschlüssen und die Besetzung von Ausschüssen in mitbestimmten Gesellschaften, DB 1993, 2065; *Krieger*, Zum Aufsichtsratspräsidium, ZGR 1985, 338; *Mertens*, Aufsichtsratsausschüsse, Mitbestimmung und Methodenlehre, AG 1981, 111; *Raiser*, Personalausschuβ des Aufsichtsrats-Zum Ausschluβ eines Arbeitnehmervertreters aus Aufsichtsratsausschüssen, DZWiR 1993, 510; *Rellermeyer*, Aufsichtsratsausschüsse, 1986; *Säcker*, Aufsichtsratsausschüsse nach dem MitbestG, 1979; *Semler*, Ausschüsse des Aufsichtsrats, AG 1988, 60; *Semler/Siebel*, Arbeitshandbuch für Aufsichtsratsmitglieder, 1999; *Vogel*, Aktienrecht und Aktienwirklichkeit, 1980; *Zöllner*, Die Besetzung von Aufsichtsratsausschlüssen nach

[1] Lehre von der beschränkten Rückwirkung faktischer Dauerrechtsverhältnisse; Einzelheiten bei KölnKomm/*Mertens* § 108 Rdn. 86.

[2] Mertens aaO.

dem MitbestG 1976, FS Zeuner, 1994, 161.

1. 概述

根据《股份法》第 107 条第 3 款的规定,监事会还可以设置一个或者几个专业委员会。这些委员会为监事会准备谈判、草拟决议案,监督决议的执行或者自己执行这些决议。法律还允许监事会设立**决策委员会**,该委员会可以在其职权范围内代表监事会。但是决策委员会无权决定《股份法》第 107 条第 2 款的列举情况,例如:它不能决定聘任或者解聘监事会主席、其代表以及董事;[1]它无权为董事会制定工作守则;它没有权力根据《股份法》第 111 条第 4 条第 2 款规定解释说明为什么决定采用同意保留;它也没有权力根据《股份法》第 171 条的规定对企业的年终报表进行审查。[2] 如果监事会中某一专业委员会专门负责董事会的人事问题,该委员会不得通过提前签订聘用合同或者提前解聘而剥夺监事会的决定权。[3] 监事会也不得将其承担的监督权委托给委员会,因为如果这样的话,它就出让了其承担的法定任务。监事会也不能出让其享有的机构自治权。这些职权包括,自己制定程序和会议守则。如果监事会将某一任务交由决策委员会完成,该委员会就必须要求董事会提供相应的咨询,监事会自身就不再承担这样的任务。董事会必须在合理的范围内向决策委员会汇报其工作,但是不必汇报工作的具体细节,也不必提交资料。监事会依然是最终负责者,因此它随时可以收回每一事件的全部处分权或者某一具体处分权。 81

为了使得监事会能够全面而高效的开展工作,设立专业委员会是适合的而且也是经常使用的措施。监事会通常设立人事委员会,它主要为选聘董事进行前期准备,寻找合适的人选、与候选人商谈聘任条件等。此外,还通常设有决算委员会、财务委员会、投资委员会、技术委员会,在银行中还有信贷委员会。另外,还会为一个长期或者暂时的任务而设立一些特别委员会。在许多情况下,主席委员会或者监事会主席团还起着特别作用:它拥有不同的职权,尤是人事委员会的人事权,监事会主席团通常是连接董事会和监事会的核心桥梁,同时它掌管着监事会的全面工作。[4] 从《共同决定法》中产生的、而且由法律调整的一个特殊情况是《共同决定法》第 27 条第 3 款规定的**调解委员会**。该委员会由监事会主席、其代表和监事会中的股东代表和职工代表分别推选两名成员组成。如果监事会在第一轮选聘中没有成功地选出董事会成员,该调解委员会就必须开始工作(《共同决定法》第 31 条第 3 款)。目前,越来越多的德国企业模仿美国的做法,在企业中设立审查企业内 82

---

〔1〕 Wohl aber für die Vorbereitung und den Abschluβ des Anstellungsvertrags, BGHZ 79, 38.

〔2〕 Weitere Fälle: Zahlung eines Abschlags auf den Bilanzgewinn( § 59 III), auβerordentliche Einberufung der Hauptversammlung( § 111 III), Prüfung des Abhängigkeitsberichts( § 314).

〔3〕 BGHZ 79, 38.

〔4〕 *Vogel* aaO, 183; dazu besonders *Krieger* ZGR 1985, 338.

部监控机制的审计委员会。[1]

2. 具体规定

83 关于监事会专门委员会的**设置、组成和程序**,法律仅仅在个别方面作了规定(试比较《股份法》第108条第3款和第4款、第109条第1—3款)。监事会有权决定是否设立专门委员会、委员会怎么组成、它有哪些职权(《股份法》第107条第3款)。股东大会既不能通过章程的规定,也不能通过一般决议对监事会的决定施加影响。[2] 决策委员会必须至少拥有三名成员。[3] 监事会也能充分自由选聘委员会的成员。但是现任监事只有在符合《股份法》第109条第1款和第3款规定的条件时,才能入选委员会。

84 随着《共同决定法》的颁布,也提出了一个具有重要现实意义的问题:即监事会的专门委员会的成员中是否可以没有职工代表?这样的做法很可能弱化职工参与共同管理的作用,甚至可以完全避开了相关的规定。立法者很清楚这一问题,但是没有对委员会的设立、组成和结构进行规定,这就意味着在形式上专门委员会中可以没有职工代表。[4] 然而,由于监事会中的所有成员都具有同等权利,因此原则上,他们都有参与委员会的权利。这样,在实际上必须遵循**禁止歧视原则**。如果监事会不是由同等人数的劳资双方代表组成的,监事会也不可以利用这一点违反《共同决定法》的意义和目的。[5] 只有在存在着区别对待的客观原因时,这种区别才是许可的。[6] 只有在少数例外的情况下,才可以把职工代表完全排除出专门委员会,例如银行的信贷委员会就是一种例外。

85 **典型案例**:(a)联邦最高法院在一起判决(BGHZ 122, 342)中判定:没有特别理由就将职工代表排除在监事会的人事委员会之外是一种不允许的歧视。因为聘任董事是监事会的重要工作,也是监事会中职工代表行使共同管理权的一个核心内容。如果不让职工代表加入人事委员会,就相当于用不恰当的方式背离了《共同决定法》的规定,违反了其目的。[7]

86 (b)**根据慕尼黑高等法院**(Nach OLG München ZIP 1995, 1753)的一个判决,至少必须有一名职工代表参与监事会的主席委员会,因为它可以行使大部分同意保留权(《股份法》第

---

[1] Vgl *Langenbucher/Blau* DB 1994, 2197; *Semler/Siebel*, Arbeitshandbuch, Abschn. G Rdn. 149.

[2] BGHZ 83, 106, 117 f(*Siemens*); h. L., vgl. statt aller *Rellermeyer*, Aufsichtsratsausschüsse, 67 ff; *Semler* AG 1988, 60, 62 f; MünchHdb. AG/*Hoffmann-Becking* § 32 Rdn. 14.

[3] BGHZ 65, 190, 192 f.

[4] BGHZ 83, 144.

[5] BGHZ 83, 144, 149; 122, 342, 357.

[6] Die Gleichheit der Rechte und Pflichten aller Aufsichtsratsmitglieder betonen BGHZ 83, 106, 112 ff und 151, 154 f sehr stark. Speziell zur Besetzung der Aufsichtsratsausschüsse vgl. *Hanau/Ulmer* § 25 MitbestG Rdn. 126 ff; *Raiser* MitbestG § 25 Rdn. 51 ff.

[7] Vgl. dazu *Kindl* DB 1993; *Raiser* DZWiR 1993, 503 und kritisch *Rittner* EWiR 1993, 810; *Zöllner* FS Zeuner 161.

111 条第 4 款第 2 项)。[1]

根据《股份法》第 108 条第 2 款第 3 句的规定,只有至少有三个成员到会时,监事会的专门委员会才可以进行决议。[2] 如果某委员会不进行任何决议,它可以由两名成员组成,委员会的决议由所投票中的多数票形成。根据《共同决定法》第 29 条第 2 款和第 31 条第 4 款的规定,委员会主席并不享有两个投票权,但是监事会会议守则可以赋予主席这一权利。[3] 87

主流观点认为,章程可以对监事会专门委员会的程序进行规定和调整,"章程不得对《股份法》第 107 条第 3 款第 1 句赋予监事会的权利进行限制,即监事会有履行其义务的自由裁量权,它可以自由决定投入哪些物力和人力完成其职责"。[4] 据此,如果监事会主席也是一个专门委员会的成员,在该委员会进行投票表决时也出现了票数相等的情况,章程也可以赋予监事会主席第二个表决权。[5] 但是这一规定并不是十分令人信服的,法律试图确定的分界线并不是十分明确,而且不很实用。[6] 尤其是章程规定的程序条款通常限制了监事会的机构自治权,而且这种限制并不符合股份法规定的分权原则。然而,公司的实践却是以此为据而展开的。[7] 88

如果监事会主席没有另作规定,不属于专门委员会的监事也可以参加委员会会议(《股份法》第 109 条第 2 款)。根据主流观点,[8]在同样的条件下,这些监事也有权要求查阅董事会向专门委员会提供的报告和专门委员会的会议记录,了解专门委员会会议上发生的情况。根据这一条款的规定,监事会主席有权决定专门委员会可以在多大程度上向非委员会的监事透露其讨论和决议的内容。尽管从所有监事承担的对公司管理进行监督的义务方面来看,上述规定的正确性是值得怀疑的,但是从《股份法》第 109 条第 2 款所确定的价值来看,人们依然必须认为这是一种正确的做法。人们不得根据《股份法》第 90 条的规定要求董事会提供相应的信息。 89

## VI. 监事的法律地位

参考文献:*Beater* Beratungsvergütung für Aufsichtsratsmitglieder(§§ 113, 114 AktG),

---

〔1〕 Siehe zum Ganzen auch *Jaeger* ZIP 1995, 1735; *Altmeppen* FS Brandner 3.

〔2〕 BGHZ 65, 190, 192; h. L.

〔3〕 BGHZ 83, 106, 117 f; 83, 144, 146 ff; h. L.

〔4〕 So die Formulierung von BGHZ 83, 106, 107.

〔5〕 BGHZ 83, 106, 117 und 144.

〔6〕 Kritisch vor allem *Säcker* Aufsichtsratsausschüsse 31 ff; *Raiser* MitbestG § 25 Rdn. 16 f.

〔7〕 Einzelheiten bei *Mertens* aaO § 107 Rdn. 122; *Raiser* MitbestG § 25 Rdn. 66.

〔8〕 *Rellermeyer* 223 ff, 264; *Semler* AG 1988, 60, 65; LG Düsseldorf AG 1988, 386.

ZHR 157,(1993),420;*Deckert* Organschaftliche und vertragliche Beratungspflichten des Aufsichtsratsmitglieds, AG 1997, 109;*D. Hoffmann*, Beratungsverträge mit Aufsichtsratsmitgliedern, FS Havermann, 1995, 201;*Jaeger*, Beraterverträge mit Aufsichtsratsmitgliedern, ZIP 1994, 1759;*Krummel/Küttner*, Dienst-und Werkverträge mit Aufsichtsratsmitgliedern nach § 114 AktG, DB 1996, 193;*Lutter/Kremer* Die Beratung der Gesellschaft durch Aufsichtsratsmitglieder, ZGR 1992, 87;*Mertens*, Beratungsverträge mit Aufsichtsratsmitgliedern, FS Steindorff, 1990, 173;*Schlaus*, Verträge mit Aufsichtsratsmitgliedern gemäβ § 114 AktG, AG 1968, 376;*Semler*, Verpflichtungen der Gesellschaft durch den Aufsichtsrat und Zahlungen der Gesellschaft an seine Mitglieder, FS Claussen, 1997, 381.

1.聘用关系

90 通过选举和接受任命,被选任的监事就获得了企业机构的法律地位,由此他也承担了法律或者章程规定的权利和义务。除此之外,与董事会成员一样,他和企业之间还存在着一种**聘用关系**。这种关系的主要内容是有偿或者无偿地照看企业的业务,对于大部分聘用关系的内容都有明确的规定(《民法典》第662条等、第675条)。但是一般认为不用专门为此签订一个聘用合同。[1] 根据《民法典》第670条的规定:对于由于参加委员会会议和提供专业咨询而支出的费用,监事可以要求公司进行补偿。

91 必须予以补偿的费用是监事在当时的情况下认为必须支付的费用,这些费用有:为出席会议而支出的费用、旅馆费、驻留费和电话费等。企业通常以总的会务费的方式将它支付给监事。如果支付的数额超过通常所需的数额,该超过部分就被当成报酬。[2] 为准备会议而支付的费用是必需的,因此也必须由企业偿还。为了与不同的监事团体进行会前讨论而支付的费用也属于此。当然,是否由企业补偿应该根据具体情况而进行决定。[3] 只有在特定情况下,付给专家的咨询费才可以由企业偿付。例如咨询的事项超过了监事正常的评判能力。[4]

2.报酬

92 除此之外,可以给监事的工作支付一定的**报酬**。但是,这不是必须的。企业既可以在章程中规定这一点,也可以由股东大会对此作出相应的决议。支付的数额必须与监事承担的工作量和公司的经营状况相适应(《股份法》第113条第1款)。监事会不能自己批准这种报酬,董事会也没有这一权力。这种报酬也不能根据《民法典》第612条第1款的规定以默示的方式约定。如果章程对监事的报酬作出了规

〔1〕 Vgl. KölnKomm/*Mertens* § 101 Rdn. 5;*Hüffer* § 101 Rdn. 2;Einzelheiten str.

〔2〕 *Mertens* § 113 Rdn. 10;*Hüffer* § 113 Rdn. 2;vgl. BGH NJW-RR 1988, 745;Semler FS Claussen 381, 388.

〔3〕 *Hanau/Ulmer* MitbestG § 25 Rdn. 27;*Lutter/Krieger* Rdn. 294.

〔4〕 BAG BB 1978, 1777 zu § 80 III BetrVG.

定,而企业想减少报酬的数额,那么股东大会可以以简单多数的决议方式,修改章程的有关规定(《股份法》第113条第1款第4句)。

报酬既可以是一个固定的数额,例如:会议出席费、补贴、保险费或者以物质待遇的方式提供(提供带司机或者不带司机的小轿车),也可以规定以年度利润的一定比例的方式支付。如采用后一方式,必须遵从《股份法》第113条第3款的计算规定。在实践中,通常既确定一个固定数额,同时又参考企业分配的股息来确定监事的报酬。原则上,所有的监事都可以要求得到同等数额的报酬,因为他们承担的权利和义务是一致的,因此给监事会中的股东代表和职工代表分别规定一个不同数额的报酬是不允许的。但是,法律允许根据对企业所作的贡献的不同而规定数额不同的报酬。因此在实践中,监事会主席获得的报酬通常是普通监事报酬的2倍,主席代表则为普通监事的1.5倍。 93

根据德国工会联合会的规定,监事会中的**工会代表**必须将其所得一部分报酬捐献给汉斯伯克勒尔基金会:如果每年的报酬在3000马克以下,必须捐献的数额为报酬总额12%;如果为6000马克以下,则比例为15%;如果超过6000马克,所有超过6000马克以上部分酬金,必须都捐献给基金会。[1] 汉斯伯克勒尔基金会利用这笔基金给职工、职工子女的学习提供奖学金,基金会也用这些资金资助政治教学和符合职工利益的科研项目。根据兼职条例的规定,如果政府官员担任公司的监事,也必须根据其职位将其一部分或者全部报酬上交国库。最后,如果总公司的管理人员担任其附属公司的监事,他们除了获得合同规定的薪金,通常不再给他们支付额外的报酬。 94

《股份法》**第114条和第115条的目的是为了防止规避股份法中有关监事报酬的规定**。根据《股份法》第114条的规定,公司与监事签订的服务合同、项目合同和咨询合同必须征得监事会的同意,监事会应该主要对公司拟支付的报酬进行审查。《股份法》第115条进一步规定,只有获得监事会的同意,公司才可以对监事会成员、其丈夫或妻子及其未成年的子女等提供贷款。 95

根据最新的司法判例,公司与某一监事签订**咨询合同**,如果合同规定的咨询内容超越了每个监事应该承担的咨询义务,这种合同便失去了法律效力,因为签订这种合同无异于给个别监事支付特别报酬。如果这一合同是在被聘任为监事之前与公司签订的,那么,在该监事的任期内,该合同没有法律效力。[2] 因此《股份法》第114条规定的咨询服务通常都是需要 96

〔1〕 Beschluβ des DGB-Bundesausschusses vom 7. 3. 1979, abgedr. bei *Köstler/Kittner/Zachert*, Aufsichtsratspraxis, 6. Aufl. 1999, 265 ff.

〔2〕 BGHZ 114, 127; OLG Köln AG 1995, 90; *Deckert* AG 1997, 109; *Hoffmann*, FS Havermann, 201; *Krummel/Küttner* DB 1996, 193; *Lutter/Kremer* ZGR 1992, 87; *Mertens*, FS Steindorff, 173; *Schlaus* AG 1968, 376.

特别技术知识、经济知识和法律知识。[1] 合同中必须充分而明确规定这一点。[2] 如果被聘任为监事时已经签订了此类合同,那么也必须根据《股份法》第113条的规定将相关的合同提交监事会,征得其同意。如果没有将合同提交监事会,或者监事会没有批准该合同,那么在该监事的任期内,相关的咨询合同便没有效力;待其任期结束后,合同才恢复效力。[3]

## VII. 监事的义务和责任

参考文献: *Bauer*, Organklagen zwischen Vorstand und Aufsichtsrat der Aktiengesellschaft, 1986; *Borgmann*, Der Organstreit in der Kapitalgesellschaft, 1996; Bork, Materiell-rechtliche und prozessrechtliche Probleme des Organstreits zwischen Vorstand und Aufsichtsrat einer Aktiengesellschaft, ZGR 1989, 1; *ders.*, Passivlegitimation und gesetzliche Vertretung der AG bei Klagen einzelner Aufsichtsratsmitglieder, ZIP 1991, 137; *Brinkmann*, Unternehmensinteresse und Unternehmensrechtsstruktur, 1983; *Brücher*, Ist der Aufsichtsrat einer Gesellschaft befugt, gegen den Vorstand oder die Geschäftsführung zu klagen?, AG 1989, 190; *Claussen*, über die Vertraulichkeit im Aufsichtsrat, AG 1981, 57; *Claussen/Korth*, Anforderungen an ein Risikomanagementsystem aus der Sicht des Aufsichtsrats, FS Lutter, 2000, 327; *Dreher*, Interessenkonflikte bei Aufsichtsratsmitgliedern von Aktiengesellschaften, JZ 1990, 896; *Ensch*, Institutionelle Mitbestimmung und Arbeitnehmereinfluβ, 1989; *R. Fischer*, Das Entsendungs-und Weisungsrecht öffentlich-rechtlicher Körperschaften beim Aufsichtsrat einer Aktiengesellschaft, AG 1982, 85; *ders.*, Die Verantwortung des Aufsichtsrats bei Interessenkollisionen: In Memoriam K. Duden, 1982, 55; *ders.*, Zur Klage eines Aufsichtsratsmitgliedes gegen einen Aufsichtsratsbeschluβ, BB 1996, 225; *Fleck*, Eigengeschäfte eines Aufsichtsratsmitglieds, FS Heinsius, 1991, 89; *Flore*, Die Verschwiegenheitspflicht der Aufsichtsratsmitglieder, BB 1993, 133; *Flume*, Unternehmen und juristische Person, FS Beitzke; 1979, 43; *ders.*, Allgemeiner Teil, I/2, 56 ff; *Goette*, Zur Verteilung der Darlegungs-und Beweislast der objektiven Pflichtwidrigkeit bei der Organhaftung, ZGR, 1995, 648; *Götz*, Die überwachung der Aktiengesellschaft im Lichte jüngerer Unternehmenskrisen, AG 1995, 337; *ders.*, Die Pflicht des Aufsichtsrats zur Haftbarmachung von Vorstandsmitgliedern, NJW 1997, 3275; *Häsemeyer*, Der interne Rechtsschutz zwischen Organen, Organmitgliedern und Mitgliedern der Kapitalgesellschaft als Problem der Prozeβführungsbefugnis, ZHR 144 (1980), 265; *Hanau*, Lösungsmöglichkeiten mitbestimmungsbedingter Interessenkonflikte, RdA 1975, 23; *ders.*, Das Verhältnis des Mitbestimmungsgesetzes zum kollektiven Arbeitsrecht, ZGR 1977, 402; *Heermann*, Wie weit reicht die Pflicht des Aufsichtsrats zur Geltendmachung von Schadensersatzansprüchen gegen Mitglieder des Vorstands, AG 1998, 201; *Henze*, Prüfungs-und Kontrollaufgaben des Aufsichtsrats der Aktiengesellschaft, NJW 1998, 3309; *Hoffmann-Becking*, Der Aufsichtsrat im Konzern, ZHR 159(1995), 325; *Hommelhoff*, Die Autarkie des Aufsichtsrats, ZGR 1983, 551; *ders.*, Der

---

〔1〕 Vgl. BGH AG 1998, 583 (anwaltliche Leistungen); OLG Köln AG 1995, 90 (Entwicklung eines umfassenden Controlling-Konzepts mit entsprechender EDV-Software); *Semler*, Leitung und überwachung, 153.

〔2〕 BGHZ 126, 340, 344 ff.

〔3〕 BGHZ 126, 340, 346 ff.

aktienrechtliche Organstreit, ZHR 143(1979)288; *ders./Timm*, Anmerkung zum Urteil des LG Köln vom 13,7,1976, AG 1976, 329; *Horn*, Die Haftung des Vorstandes der AG nach § 93 AktG und die Pflichten des Aufsichtsrats, ZIP 1997, 1129; *Hueck*, Zur Verschwiegenheitspflicht der Arbeitnehmervertreter im Aufsichtsrat, RdA 1975, 35; *Jaeger*, Grundsätze zur Ermessensausübung für den Aufsichtsrat der AG und die Gesellschafterversammlung der GmbH am Beispiel der "ARAG"-Entscheidung, WiB 1997, 10; *Junge*, Das Unternehmensinteresse, FS v. Caemmerer, 1978, 547; *Jaeger/Trölitzsch*, Unternehmerisches Ermesen des Aufsichtsrats bei der Geltendmachung von Schadensersatzansprüchen gegen Vorstandsmitglieder, ZIP 1995, 1157; *Jürgenmeyer*, Das Unternehmensinteresse, 1984; *Kindler*, Unternehmerisches Ermessen und Pflichtenbindung, ZHR 162(1998)101; *Kittner*, Unternehmensverfassung und Information-Die Schweigepflicht von Aufsichtsratsmitgliedern, ZHR 136(1972), 208; *Klein*, Noch einmal: Information und Vertraulichkeit im Aufsichtsrat, AG 1982, 7; *Klinkhammer/Rancke*, Die Verschwiegenheitspflicht der Aufsichtsratsmitglieder, 1978; *Laske*, Unternehmensinteresse und Mitbestimmung, ZGR 1979, 173; *Lewerenz*, Leistungsklagen zwischen Organen und Organmitgliedern der Aktiengesellschaft, 1977; *Lutter*, Information und Vertraulichkeit im Aufsichtsrat, 2. Aufl., 1984; *ders.*, Bankenvertreter im Aufsichtsrat, ZHR 145(1981), 224; *ders.*, Zum unternehmerischen Ermesssen des Aufsichtsrats, ZIP 1995, 441; *Matthießen*, Stimmrecht und Interessenkollision im Aufsichtsrat, 1989; *Merkt*, Unternehmensleitung und Interessenkollision, ZHR 159(1995), 423; *Mertens*, Aufsichtsratsmandat und Arbeitskampf, AG 1977, 306; *ders.*, Zuständigkeiten des mitbestimmten Aufsichtsrats, ZGR 1977, 270; *ders.*, Organstreit in der Aktiengesellschaft, ZHR 154(1990)24; *Mutter*; Unternehmerisches Entscheidungen des Aufsichtsrats der Aktiengesellschaft, 1994; *Noack*, Zur Klage bei der Abstimmung im Aufsichtsrat unterlegener Aufsichtsratsmitglieder auf Feststellung der Nichtigkeit eines Aufsichtsratsbeschlusses, DZWiR 1995, 520; *Peltzer*, Die Haftung des Aufsichtsrats bei Verletzung der überwachungspflicht, WM 1981, 346; *ders.*, Haftungsgeneigte Personalentscheidungen des Aufsichtsrats, FS Semler, 1993, 261; *Raisch*, Zum Begriff und zur Bedeutung des Unternehmensinteresses als Verhaltensmaxime von Vorstands-und Aufsichtsratsmitgliedern, FS Hefermehl, 1976, 347; *Raiser*, Weisungen an Aufsichtsratsmitglieder, ZGR 1978, 391; *ders.*, Das Unternehmensinteresse, FS R. Schmidt, 1976, 101; *ders.*, Klagebefugnisse einzelner Aufsichtsratsmitglieder, ZGR 1989,44; *ders.*, Organklagen zwischen Aufsichtsrat und Vorstand, AG 1989, 185; *ders.*, Pflicht und Ermessen von Aufsichtsratsmitgliedern, NJW 1996, 552; *Reichert/Schlitt*, Konkurrenzverbote für Aufsichtsratsmitglieder; AG 1995, 241; *Rittner*, Die Verschwiegenheitspflicht der Aufsichtsratsmitglieder, FS Hefermehl, 1976, 365; *ders.*, Zur Verantwortung der Unternehmensleitung, JZ 1980, 113; *Säcker*, Informationsrechte der Betriebs-und Aufsichtsratsmitglieder und Geheimsphäre des Unternehmens, 1979; *ders.*, Vorkehrungen zum Schutz der gesetzlichen Verschwiegenheitspflicht und gesellschaftsrechtliche Treuepflicht der Aufsichtsratsmitglieder, FS Fischer, 1979, 635; *ders.*, Unternehmensgegenstand und Unternehmensinteresse, FS Lukes, 1989, 549; *ders.*, Aktuelle Probleme der Verschwiegenheitspflicht der Aufsichtsratsmitglieder, NJW 1986, 803; *K. Schmidt*, Anfechtungsbefugnisse von Aufsichtsratsmitgliedern, FS Semler, 1993, 329; *Schwark*, Zum Haftungsmaβstab der Aufsichtsratsmitglieder einer AG, FS Werner, 1984, 841; *Schwintowski*, Gesellschaftsrechtliche Bindungen für entsandte Aufsichtsratsmitglieder in öffentlichen Unternehmen, NJW 1995, 1316; *ders.*, Verschwiegenheitspflicht für politisch legitimierte Mitglieder des Aufsichtsrats, NJW 1990,1009; *Semler*, Leitung und überwachung der Aktiengesellschaft, 1996; *ders.*, Aufgaben und Funktionen des aktienrechtlichen Aufsichtsrats in der Unternehmenskrise, AG 1983, 141; *von Stebut*, Geheimnisschutz und Verschwiegenheitspflicht im Aktienrecht, 1972; *Stein*, Konzernherrschaft durch EDV, ZGR 1988, 163; *Stodolkowitz*, Gerichtliche Durchsetzung von Organpflichten in der Aktiengesellschaft, ZHR 154(1990), 1; *Teubner*, Unternehmensinteresse-das gesellschaftliche Interesse des Unternehmens "an sich"?, ZHR 149 (1985), 470; *Thümmel*, Zu den Pflichten des Aufsichtsrats bei der Verfolgung von Haftungsansprüchen gegenüber dem Vorstand der AG, DB 1997,1117; *Ulmer*, Aufsichtsratsmandat und Interessenkollision, NJW 1980, 1603; *Werner*, Rechte und Pflichten des mitbestimmten Aufsichtsrats und seiner Mitglieder, ZGR 1977, 236; *ders.*, Aufsichtsratstätigkeit von Bankenvertretern, ZHR 145(1981), 252; *H. P. Westermann*, Rechte und Pflichten des mitbestimmten Aufsichtsrats und seiner Mitglieder, ZGR 1977, 219; *Zöllner*, Die Schranken mitgliedschaftlicher Stimmrechtsmacht bei den privatrechtlichen Personenverbänden, 1963, 165.

### 1. 谨慎义务和忠诚义务

97 根据《股份法》第116条的规定,关于监事的谨慎义务和责任参照本法第93条有关董事谨慎义务和责任的规定。据此监事必须以一个正常的、有良知的监事之标准关注公司事务。与第93条第1款的规定一样,在这里这一条款不仅仅是判断监事在履行特定法律义务时(例如《股份法》第93条第1款)有无过失的标准,它更是构成监事一般责任条款的构成要件(见上文 § 14. IV. 1)。这一责任的基础是所有企业机构的成员都必须承担谨慎义务和忠诚义务。因此监事在履行其职责过程中的行为也必须符合企业的利益。监事必须首先考虑企业利益,然后才能考虑其私人利益、其代表的团体利益和(其代表的其他)企业利益。除了上述统一的责任外,还必须注意许多监事通常是兼任的。根据法律规定兼职的监事每年必须参加几次会议。

98 如果监事违反了其承担的义务,他必须对公司承担**损害赔偿责任**(《股份法》第116条与第93条第1款和第2款)。此外,他还可能承担《股份法》第117条第2款规定的责任(见上文§ 12. V. 2);对于其所在企业的附属企业,他还可能承担《股份法》第310条、第318条和第323条规定的责任(见 §§ 53. III. 4, 54. III. 3, 55. III.);根据侵权法的规定和《股份法》第399条、第400条、第404条和第405条的规定,监事还可能承担刑事责任(见§ 14. IV. 1)。只有选聘委员会以3/4的多数票作出决议时或者另有重要的原因时,才可能考虑提前解聘监事(《股份法》第103条;见上文 III. 9)。

### 2. 决策自由和平等地位

99 由于监事会是根据《共同决定法》第1条和第7条的规定由同等数额的股东代表和职工代表组成的,因此学术界特别详细地研究了监事的特别责任。企业进行共同管理的前提条件是:监事不应把自己当作其选民的利益代表,监事首先必须是企业的机构,并以此身份开展工作,他们没有强制性的委托。然而,他们必须像议员那样自由、独立的履行其职责,并独立地承担由此产生的责任。

因此监事不受**委托**和**指令**的约束。[1] 即使某监事是由有决定权的人根据《股份法》第101条第2款的规定派遣的,他并不听命于派遣人的指令 。同样,职工、职工委员会和工会向其选任的监事发出的指示也没有约束力。职工委员会的成员必须服从该委员会的决议。但是如果某成员同时是企业的监事,那么由于该监事开展的工作,该委员的决议对他也没有约束力。监事也不受合同义务的约束,即使合同规定了监事履行其义务的方式,合同的规定对监事也没有约束力。规定监事表决的合同是无效的,监事之间也不能为了进行统一的投票而有效地成立分支机构。最后,如果合同规定在监事没有按照委托人行事时必须承担违约责任或者必须辞去监事之职,则这种合同约定是没有法律效力的。[2] 《共同决定法》第26条和1952年《雇员代表共同管理法》第76条第2款、第53条(现行1972年《雇员代表共同管理法》第78条)专门保护了职工监事的独立性。据此不得干扰、阻挠职工监事履行其职责,也不能因为其监事职位而受到歧视。[3] 100

在其他方面,不论每个监事的背景如何,所有监事都拥有**同样的权利**,承担**同样的义务**。[4] 尽管根据《共同决定法》的规定,监事会中的股东代表略微占一定的优势,但是,这并不反映在个别监事的法律地位上。[5] 因此,无论是章程规定还是监事会议事守则的条款,都不能超越《共同决定法》第25条的规定扩大股东代表和职工代表之间在权利义务上的差异。[6] 101

监事究竟应该承担哪些具体的义务,将按照论述董事会义务时的章节进行介绍(见上文 § 14. IV. 1)。因此,他们必须尊重法律特别规定的原则和禁令,遵守适用于公司经营活动的法律规定,他们还必须遵守监事会集体决策原则,并以必需的谨慎履行其职责;他们必须维护企业利益,遵守自由裁量的界限。 102

3. 个别具体的义务

由于《股份法》第116条的指引,该法第93条第3款为确保公司资产而规定的几个禁令也适用于监事;违反这些禁令可能引起监事的损害赔偿责任(见 § 14 边码63)。只要监事参与董事会所为的事项,或者同意或有意识地容忍了董事会的行 103

---

[1] So ausdrücklich § § 4 III MontanmitbestG, 5 IV MitbestErgG; zum AktG und zum MitbestG h. L.; vgl. BGHZ 36, 296, 306 f; *Raiser* ZGR 1978, 391; *Fischer* AG 1982, 85.

[2] Vgl. *Werner* ZGR 1977, 240; *H. P. Westermann* ZGR 1977, 226; zu Vertragsstrafen a. A. *U. H. Schneider* ZGR 1977, 335, 341.

[3] Einzelheiten in den Kommentaren hierzu, vgl. statt aller *Raiser* MitbestG § 26 Rdn. 2 ff.

[4] § § 4 III MontanmitbestG, 5 IV MitbestErgG; zum MitbestG h. L.

[5] BGHZ 64, 330; 83, 106; 112; 83, 151, 154 f.

[6] Vgl. schon RGZ 107, 221; jetzt vor allem BGHZ 83, 106 ff; 83, 151 ff.

为,就足以让监事承担上述责任。根据《股份法》第 117 条第 1 款的规定,如果监事不正当地对董事会施加压力,或者自己屈服于不正当的压力,并由此给公司造成损害,监事也必须承担损害赔偿责任。[1] 此外,如果监事违反《股份法》第 76 条、第 111 条第 1 款和第 4 款第 1 句规定干预公司的经营,或者对董事会下达指示,那么,该监事就违反了其承担的义务。另一方面,如果监事掩饰董事会干涉股东大会职权或者监事会职权的行为,监事的行为也是非法的。

104 **典型案例**:(a)在霍尔茨米勒一案中(Holzmüller-Fall, BGHZ 83, 122,见上文 § 12 边码 25),不仅董事会作出了违法的决定,将企业中最有价值的部分分离出去,成立了一个子公司,监事会的行为同样不符合法律规定,因为它同意了企业的上述分离。

105 (b)在欧佩尔一案中(BGHZ 106, 54, Opel),对于下列问题是有争议的:董事会是否可以为了进行合理化改革而将整个数据处理系统转让给一个独立的企业?或者董事会通过上述转让是否剥夺了自己的决策基础,因此违反了《股份法》第 76 条的规定?如果董事会的行为是违反法律规定的话,监事会的行为也不合法,因为他们同意了董事会的决议。当然,联邦最高法院对上述问题没有作出结论。[2]

106 由于共同管理权,沉默义务被证明是特别重要的问题。[3] 在这方面与董事的义务没有任何不同。所有监事都必须对因其职务而获得的业务秘密和机密性的报告承担保密义务(《股份法》第 116 条和第 93 条第 1 款第 2 句)。违反这一义务,必须承担刑事责任(《股份法》第 404 条)。[4] 有些信息必须向监事会公开,例如根据《股份法》第 90 条的规定必须向监事会提交报告。作为一个行之有效的、必要的保障措施,这就要求监事会对由此得到的信息进行严格保密(见 § 14. I. 2)。另一方面,由于监事是一个机构或者一个团体的代表,所以无论如何相关的机构或者团体都期望他向他们汇报其所从事的工作。职工监事尤其容易受到严重的压力,要求他提供相关的信息。法律仅仅肯定了一种特别信息要求。根据《股份法》第 394 条的规定,如果某监事是由某一领域内的机构选任或派遣的,该监事无须承担沉默义务;但是对获得的信息,选任或派遣该监事的机构必须保持沉默(《股份法》第 395

---

〔1〕 Vgl. BGHZ 75, 96, 105(*Herstatt*); BGH NJW 1980, 1629(*Schaffgotsch*).

〔2〕 *Stein* ZGR 1988, 163, 179; Bork ZGR 1989, 1, 35; *Raiser* ZGR 1989, 44, 64 f; *ders.* AG 1989, 185, 189.

〔3〕 Vgl. zum folgenden *Kittner* ZHR 136(1972), 208; *Hueck* RdA 1975, 35; v. Stebut, Geheimnisschutz und Verschwiegenheitspflicht im Aktienrecht; *Klinkhammer/Rancke*, Die Verschwiegenheitspflicht der Aufsichtsratsmitglieder, 1978; *Lutter*, Information und Vertraulichkeit im Aufsichtsrat 121 ff; *Säcker*, Informationsrechte der Betriebs-und Aufsichtsratsmitglieder und Geheimsphäre des Unternehmens, 1979; *ders.* FS Fischer 635; *ders.* NJW 1986, 803; *Klein* AG 1982, 7; *Schwintowski* NJW 1990, 1009; *Ensch*, Institutionelle Mitbestimmung 195; *Flore* BB 1993, 133.

〔4〕 Einzelheiten bei GroβKomm/*Otto* § 404.

条)。[1] 另外,德国的主流观点坚持认为,与第三者的信息需求相比,沉默义务享有优先保护的地位。[2] 当然,并不是监事会中的所有情事都是秘密的。监事一般可以公开他自己的投票情况。[3]

每个监事可以独自决定有关的信息是否必须保密,并须独自对其决定承担责任。董事会不能通过制定特定的规则对此进行规定。监事会主席或者监事会的多数决议也不能对此进行规定。只有法院才有权在《股份法》第116条和第93条规定的范围内进行审查,传播信息的监事是否违反了其承担的机构义务。章程中的条款并不会改变这一法律规定,监事也不会因章程更加严格的规定承担超出上述法律规定的责任。然而,根据司法判例,企业可以制定“解释性指示”和“指令”,“这些指示和指令能够比法律更好地引起每个监事的注意,他们在实践中什么时候特别容易违反法律规定的保密义务”。[4] 107

4. 监督义务

监事会的监督义务包括审查**企业管理的合法性**。[5] 与董事会一样,监事会也必须遵守一般法律的规定,这些规定调整着企业的经济行为、规定了企业和第三者之间的外部经济关系,并且规定着企业和国家机构之间的关系(见上文 § 14 边码 66 等)。在康采恩中监事会有义务督促企业遵守有关康采恩的法律规定。因此如果董事会决定进行偷税漏税、不完全地履行缴纳社会保险金义务、进行非法的武器交易或者违反环境保护规定(试比较 § 14 边码 67 等)等行为,而监事会以决议的方式同意董事会的上述行为,或者甚至要求董事会为上述行为,那么监事会的决议或者行为都是违反法律规定的。即使监事会的决议或者行为并没有直接的对外效力,它们也是违法的。投票同意上述决议的监事必须根据《股份法》第116条和第93条的规定对公司承担损害赔偿责任。 108

值得探讨的问题是,如果监事会没有采取措施干预董事会的非法行为,监事会的行为是否也是非法的? 对于这个问题,人们主要是根据董事会行为违法的严重程度而作出不同的规定:监事会不可能对董事会所有的违反法律的行为进行监督或者制止;法律也没有提出这样的要求。如果董事会的行为仅仅涉及第三者的利益或者一般社会公众的利益,要求董事会遵守法律并不是监事会的责任。相反监事会可以适当地决定,它是否应当采取措施进行干涉。如果企业将受到被处以重 109

---

〔1〕 Einzelheiten bei *Martens* AG 1984, 29; *Zöllner* AG 1984, 147 sowie KölnKomm/*Zöllner* § § 394 f; *Schmidt-Assmann/Ulmer* BB 1988, Beilage 13.

〔2〕 A. A. *Kittner* aaO; *Pfarr* MitbestGespr 1976, 51; *Schmidt/Zachert* MitbestGespr 1979, 227.

〔3〕 Die Abgrenzung im Einzelnen ist zweifelhaft, vgl. BGHZ 64, 325, 331 f; ferner *Raiser* MitbestG § 25 Rdn. 123 ff; *Säcker* NJW 1986, 803, 806 ff; enger Lutter, Information und Vertraulichkeit im Aufsichtsrat 158.

〔4〕 BGHZ 64, 325, 328; dazu *Rittner* FS Hefermehl 365.

〔5〕 Vgl. zum folgenden *Semler*, Leitung und überwachung 108; *Lutter/Krieger* 35; *Raiser* ZGR 1989, 44, 64 f; *Claussen/Korth* FS Lutter 327; zu strafrechtlichen Fragen *Tiedemann* FS Tröndle 319.

大处罚或者重大损害的危险，监事会就必须履行其审查义务，为了制止董事会的非法行为，监事会必须采用适当的惩罚措施。同样，如果企业由于董事会的非法行为而将受到其他种种不利的危险，监事会也必须采取上述措施。如果一个董事违反了其承担的义务，并由此对公司造成了损失，监事会原则上有义务，向相关的董事提起损害赔偿之诉。[1]

110 **典型案例**：在 ARAG 一案中（ARAG-Fall，BGHZ 135，244），[2]有人指责董事会主席，非法地进行了不严肃的金融交易，由此给公司造成重大损失。该公司的监事会讨论是否对董事会主席提起诉讼。由于监事会中代表利害关系人家族利益的监事和职工代表的反对，监事会以多数票作出决议，不向董事会主席提起赔偿之诉。而另外一部分监事则提起诉讼，要求法院确认监事会的上述决议没有法律效力（关于起诉权，见下文边码 133）。德国联邦法院对该案件作了一个原则性的判决。在判决中联邦最高法院对该案进行了具体的分析。法院认为，监事会有义务**独立地**审查，是否应该对董事会成员提起损害赔偿之诉。监事会在审查时必须考虑到，董事会在管理股份有限公司时必须拥有一个相当大的决策空间，没有这一点董事无法开展工作。如果监事会得出结论，董事会必须对损害承担赔偿责任，那么，监事会必须谨慎地进行进一步的分析，分析诉讼成功与否的风险，估计法院是否会判决董事赔偿公司的损失；如果董事必须承担赔偿责任的话，法院可能判决的赔偿数额。当然不可能要求监事会作出保证，诉讼有 100% 的成功把握。如果经过审查得出结论，诉求看来是可以实现的，那么原则上监事会必须提起相应的诉讼。只有在少数例外的情况下，监事会可以不理睬有关的诉讼请求。但是监事会必须有重要的原因，例如提起诉讼不符合公司的重要利益，或者主张不提起诉讼的原因比主张提起诉讼的理由更加具有说服力，或者至少两者同等重要。至于有关董事本人的看法，监事会只有在例外情况下才予考虑。

111 德国联邦最高法院在本案中确定：监事会必须在其承担的义务和其经营判断权之间保持平衡。这一案例和相关的补充判决引起了德国法学界广泛的讨论。学者试图通过讨论弄清楚德国联邦最高法院在该案中确定的上述平衡关系。[3]

### 5. 集体工作义务

112 集体工作义务对每个监事具体有什么要求？须根据监事会的规模、其人员的结构和具体的工作方式而定。在一个仅有三个成员组成的委员会里（《股份法》第 95 条），监事之间的交往要比有 20 名或者 21 名成员组成的监事会简单和谐得多。

---

[1] BGHZ 135，244.

[2] Vorinstanzen OLG Düsseldorf ZIP 1994，628；OLG Düsseldorf AG 1995，416 = ZIP 1995，1183. Vgl. ferner OLG Düsseldorf ZIP 1997，27，vgl. ferner LG Stuttgart AG 2000，237（*ASS*）.

[3] Aus der Zeit vor dem BGH-Urteil：*Goette* ZGR 1995，648；*Raiser* NJW 1996，552；*Jaeger* WiB 1997，10；*Noack* DZWiR 1994，341；*Lutter* ZIP 1995，441；*Fischer* BB 1996，225；*Jäger/Trölitzsch* ZIP 1995，1157，*Kort* DZWiR 1995，520；*Mutter*，Unternehmerische Entscheidungen und Haftung des Aufsichtsrats，1994；Besprechungen des BGH-Urteils：*Götz* NJW 1997，3275；*Heermann* ZIP 1998，761；*Henze* NJW 1998，3309；*Horn* ZIP 1997，1129；*Kindler* ZHR 162（1998），101；*Dreher* JZ 1997，1074；*Boujong* DZWiR 1997，326；*Thümmel* DB 1997，1117.

还必须考虑到监事会是由各种不同生活背景的人混合组成的，他们分别代表特定的人、特定的团体或者特定的机构；在监事会中他们一年才见几次面，否则他们之间毫无关系。这就要求所有监事必须谨慎地遵守所有的法律规定和监事会的议事规定。另外，监事会应该对有关企业利益的问题进行专业性讨论和交流；监事会不是某一团体进行政治演说的地方，同样，监事也不能通过其在监事会中的活动为其代表的团体获得好处。尤为重要的是法律规定的监事会集体负责制度，这就要求监事为了完成其所承担的任务，所有监事必须相互正确、完整地通告与此有关的重要事项。沉默义务并不适用与监事之间。[1] 另一方面，在监事会内部咨询和决议的内容必须对外部绝对保密。

6. 独自承担责任

有关监事会的谨慎履行职责的义务，适用于董事会的规则原则上也同样适用 113
于监事会（见上文 § 14 边码 74 等）。监事必须定期出席监事会会议，并为参加会议作相应的准备；监事必须通读并研究给其提供的资料；如果在阅读后依然有不清楚的地方，或者他依然不能了解企业的整体状况，他可以行使其知情权，要求向其提供进一步的信息。如果情况表明董事会或者董事进行了不正确的行为，他必须着手进行调查，如需要，可以根据《股份法》第 111 条第 2 款的规定要求对此开展特别调查。如果需要监事会对某事件进行咨询或者形成决议，那么监事必须设法召集监事会会议，并且将相关的问题纳入监事会会议的议事日程（《股份法》第 110 条）。在聘任董事时，每个监事必须自己评判候选人的性格、知识和能力。根据《股份法》第 111 条第 4 款的规定，监事会可以行使共同决定权。在监事会进行经营决策时，它必须像董事会一样使用公认的技术方法、财务方法和企业管理方式进行决定，并且十分商业谨慎地履行其职权，尽力降低风险。

谨慎义务究竟包括哪些内容？这必须视具体情况而定。在企业设立阶段或者 114
相对于新的董事，监事承担的监督任务比较繁重，企业的业务开始正常运作后，监事的监督任务相对而言就比较轻。[2] 在企业危机中，如果董事会已经不可能管理企业的话，监事可能有义务暂时接管企业的管理权。[3] 另一方面，也不能对监事提出过高的要求，尤其不能超过法律规定的要求，因为监事仅仅是一个兼任的职务，他们每年也仅仅需要参加几次会议，因此谨慎义务并不包括他们必须长期地、不间

---

〔1〕 KölnKomm/*Mertens* § 93 Rdn. 78; *Raiser* MitbestG § 25 Rdn. 133.

〔2〕 Vgl. OLG Düsseldorf AG 1984, 273.

〔3〕 *Semler* AG 1983, 141; *ders*, Leitung und überwachung 75 ff, 131 ff; *Götz* AG 1995, 337; *Claussen/Korth* FS Lutter 327; LG Düsseldorf AG 1991, 70(*Girmes*).

断地为企业工作。相关的司法判例很少,[1]一方面是因为监事违反其义务的情况不多,更重要的原因是很难证明监事违反了其义务,而且董事会也没有兴趣以公司的名义向违反谨慎义务的监事提起损害赔偿之诉。如果在公司破产清算中破产清算人对监事提起赔偿之诉,主要是指责监事对董事会进行的资金交易和发放的无担保贷款没有进行足够的审查。

115　监事必须**亲自并且独立负责**地履行其职责,他们不得将其承担的任务推诿给其他人(《股份法》第101条第3款第1项、第108条第3款和第111条第4款)。法律十分强调监事会的这一"自我管理的权力"。因为立法者吸取了魏玛共和国时期企业管理遭到外部人士干扰的教训,希望借此保证,企业的决策中心不转移到企业外部,这样也更能保护企业的秘密。[2] 但是,这并不排除监事在需要时可以聘用一些辅助人员,如为了准备参加监事会会议,监事可以请适合的人士协助分析企业的资产负债表。但是,所请人员必须承担保密义务。在个别情况下,监事还可以或者需要聘请一个专家。当然,这主要是监事会决定的事项(《股份法》第109条第1款第2句)。如果长期聘请一位专家进行咨询,而且该专家阅读所有仅供监事阅读的资料,这种做法是不符合法律规定的。所有监事会成员,特别是职工监事必须设法**自己掌握必要的知识**。

116　**典型案例**:在赫蒂一案中(Hertie-Fall,BGHZ 85, 293),监事会根据《股份法》第170条第3款作出决定,不将审计师所作的审计报告交给每个监事会成员,但是为了让监事能够了解报告的内容,仅仅决定在召开监事会年终决算会议之前将该报告张贴在监事会主席秘书办公室前。监事会中的一位职工代表提起诉讼,要求公司允许他与德国工会联盟的财务专家查阅上述审计报告,因为该专家应该在其查阅报告时提供咨询。德国联邦最高法院驳回了这一诉求,理由是"每个监事都必须拥有或者学会了解正常业务所需的知识和技能,即使没有第三者的帮助,他也必须能够对公司的业务作出客观的评价";如果在监事履行职责过程中总是需要专家的咨询,这是与其应该具备的知识和能力不相符的。因此监事"不能就每个年终报表独自委托专家,要求该专家对企业的资产负债表进行全面的、具体的书面分析"。

117　由于监事会适用的是共同负责制,而且所有监事的权利和义务都是平等的,这就要求对所有的监事适用同样的**过失标准**。毫无疑问,这是法律规定的基本原则。但是在现实生活中由于许多现实原因的存在,如果不对该原则进行一些必要的变通,就根本无法完全贯彻这一原则:在经济实践中,监事会内部的分工方式和董事会的是一致的,即将重要的任务分配给监事会中的专门委员会;这种区分在实际上

---

[1]　RGZ 156, 291(zur Genossenschaft); BGHZ 69, 207(zur Publikums-KG); BGH NJW 1978, 425(zur Publikums-KG); LG Hamburg ZIP 1981, 194; OLG Düsseldorf AG 1984, 273(zur Publikums-KG); österr. OGH AG 1983, 81; LG Düsseldorf AG 1991, 70; LG Bielefeld WM 1999, 2457(Verpflichtung Hinweise auf existenzbedrohende Geschäfte des Vorstands nachzugehen).

[2]　*Hommelhoff* ZGR 1983, 551; vgl. zum folgenden auch *Schwark* FS Werner 841, 845; *Lutter*, Information und Vertraulichkeit im Aufsichtsrat 176 ff.

意味着必须对接受委托直接处理企业重要事项的监事和其他监事提出不同的要求。而且,这种区别还在不断地扩大。因为尤其在股东方面,他们之所以选聘某人为监事,是因为该人具有专门的知识,例如银行家和经济审计师出任监事就是典型的例子。最后,还必须考虑监事会双重代表构成的结构。职工监事是作为职工的代表选入监事会的。对于他们的资格而言,适用的是其他选任标准,专门技能并不是重要的标准。在股东监事方面,也可能适用同样的原则,例如在公共企业中,政治家和官员经常被派进监事会。

像赫蒂案(Hertie-Fall,见边码 95)判决所表明的那样,联邦最高法院试图对上述问题提供一个统一的答案:首先他向所有的监事提出了统一的要求,即他们必须都具备一些最基本的知识和能力;在此基础上,可以对不同的监事提出一些不同的要求。这一建议的出发点是客观公正的,它也与现代民法中的一般性的技能概念相吻合(《民法典》第 276 条),而且,对于民法典中的这一概念,人们也应该从职业和职位角度来理解。[1] 118

因为重要的任务是弄清楚:不论监事以前是什么背景,也不论他们以前是从事什么工作,他们究竟必须具备哪些最基本的技能?对于这一问题,必须根据监事会经常承担的基本任务来分析,而不应该根据临时委托的特别任务来回答。据此,每个监事应该有能力理解董事会根据《股份法》第 90 条编制和提交的报告和审计师出具的年终审计报告。为了能够评价和判断董事会编制年终报表以及报表中的一些“弱点”,监事必须拥有足够的有关决算方面的专业知识。另外,监事还必须了解与其承担的监事工作有密切关系的法律法规。如果新当选监事还没有这方面的知识,必须责令他立即补充并且获得相关的知识。在监事任职期间,他们还必须随时丰富和更新相关的知识。 119

除了上述最低的基本知识和技能外,还必须根据监事的身份和地位来确定每个监事应该承担的谨慎义务。监事会财务专业委员会中经常有银行家或者经济审计师,还有职工代表,他之所以入选该专业委员会是因为法律中规定了不得歧视的禁令。与职工代表相比,对银行家或者经济审计师必须适用更高的谨慎义务要求(见上文边码 84)。无论如何,必须根据不同类别的监事而使用不同的分析方法。但是,监事自身的原因不能成为减轻其责任的理由。 120

7. 忠诚义务

根据**忠诚义务**,监事在履行职责过程中必须维护**企业利益**,即在其他利益与企 121

---

[1] *Schwark* FS Werner 841; *Hommelhoff* ZHR 143(1979), 288, 298; *Lutter* ZHR 145(1981), 224, 228; KölnKomm/*Mertens* § 116 Rdn. 57; *Hüffer* § 116 Rdn. 2 f.

业利益发生冲突时,必须优先维护企业利益。[1] 在这方面,与对董事的忠诚义务要求原则上没有任何区别(见上文 § 14 边码 80 等)。监事会方面的法律情况要比董事会的复杂和敏感得多。因为法律本身就规定了许多各种各样的**利益冲突**,并将它们制度化,却没有规定解决的方法。[2] 例如:将监事当作一个兼任的职位,在从事主要职务的同时附带地履行监事职责;允许一人同时担任几个企业的监事(《股份法》第 100 条第 2 款)。这就意味着立法者有意识的容许出现利益冲突;在根据《共同决定法》的规定设立的由同等数额的双方代表组成的监事会中,这种冲突尤其明显。监事会中的职工监事是职工和工会的代表。他们应该在企业的管理和决策中维护职工和工会的利益。尽管法律规定了决策自由原则,即职工监事在决策过程中不受职工或者工会指令的约束。但是受选聘程序和任期的限制,在实际上他们还是间接地受到职工和工会意见的影响。股东监事的情况与此相同。相关的法律条款是建立在以下假设基础上的:即多重的利益冲突完全能够得到解决的。首先每个监事必须认真地分析其所面临的利益冲突,然后他们还可以在监事会全体大会的咨询程序和决策程序中澄清并解决这些利益冲突。这种方式是符合立法目的的,而且对企业是有益的。

122　在股东代表方面还会发生一些结构性利益冲突。例如,一个竞争企业的董事或者监事也被选聘为本企业的监事会成员。对于这样尖锐的利益冲突,人们应该尽量避免。以下这种利益冲突虽然没有这么严重,但是却十分普遍:即本企业的监事同时兼任其他企业的监事,而且在这两个企业之间又有业务往来关系。典型的是银行代表,他通常同时兼任几个不同企业的监事,在决定是否应该给有关企业提供贷款时,他能够引用他作为监事而获得的企业内部信息,作为银行决策的依据吗?

123　在**公共企业和混合经济企业中**,企业利益还可能和政府投资者利益或者与其中主要政治力量的利益发生冲突。[3] 在康采恩内部也有一人担任多家企业监事的现象。这种现象除了会引起利益冲突,还会引发一些特别的问题(见下文 § 53 边码 12)。

124　**典型案例**:(a)在 Schaffgotsch 一案(Schaffgotsch-Fall,BGH NJW 1980, 1629)中,被告是一家股份有限公司的监事会主席,他同时又是一家私人银行中承担无限责任的股东。其担任监事会主席的股份有限公司指责被告:在其银行流动资金周转困难时,利用他在股份有限公司

---

〔1〕 BGH NJW 1980, 1629; OLG Hamburg AG 1990, 218; zum Folgenden *R. Fischer*, In Memoriam K. Duden 55; *Ulmer* NJW 1980, 1603; *Lutter* ZHR 145(1981), 224; *Werner* ZHR 145(1981), 252; *Fleck* FS Heinsius 89 ff; *Dreher* JZ 1990, 896; *Merkt* ZHR 159(1995), 423, 432; *Reichert/Schlitt* AG 1995, 241; zur Lage im Konzern *Hoffmann-Becking* ZHR 159(1995), 325 ff; ferner das mitbestimmungsrechtliche Schrifttum, Nachweise bei *Raiser* MitbestG § 25 Rdn. 109, 118 ff.

〔2〕 Vgl. *Lutter* aaO; *Werner* aaO.

〔3〕 *Schwintowski* NJW 1996, 1316.

中的影响,给该银行提供了一笔数额高达1百万马克的汇票信贷。如果被告不是监事会主席,公司的董事会就不可能给其银行提供这笔信贷。被告在整个事件中没有听取反对意见,他仅仅是作为银行的代表,并且为了履行对银行承担的义务而说服董事会成员并在会上作出上述决定。

(b)在汉堡电力股份有限公司股东要求解聘监事一案中,西泪斯维西霍尔茨希堂州的社会能源部部长炀森是德国社会民主党党员,他同时兼任汉堡电力股份有限公司的监事,但是他公开反对使用核能。该公司的少数私人股东提起诉讼,要求法院作出判决,出于重要原因解聘该部长的监事职务(《股份法》第103条第3款),因为该公司出售的87%电力是核电,而作为公开的核电反对者,该部长不可能代表企业的利益(OLG Hamburg AG 1990, 218)。 125

如果工会领导人同时在几个相互竞争的企业中或者相互之间有业务关系的企业中担任监事,在职工代表方面也能出现与股东监事类似的利益冲突。此外,在企业中还有管理层和股东以及职工之间的利益冲突(见上文§ 13.I.)。如果监事同时作为工会的谈判代表与企业进行工资谈判,或者带领职工进行罢工时,这种利益冲突就会进一步激化。[1] 126

企业通过其监事与外界建立起来的整个关系——也包括通过其董事在其他企业中担任监事而建立的关系,对企业起着积极的作用,对整个经济而言也证明是有效的。经验表明,在市场经济和资本主义的经济秩序下,这种监事制度的优点要多于其带来的风险。这是法律为什么没有对这种交叉兼职的行为进行严格界定和监督的重要原因。鉴于实施共同管理后的相互影响,也由于1976年《共同决定法》实施后所进行的劳资谈判,《雇员代表共同管理法》专门对可能出现的利益冲突进行了详细的研究,并得出以下结论:内部独立被严格地分成不同的层次,而且很容易促成,因此根本不需要其他相互竞争的机制。无论如何,法院强调,如果未来证明这种监事制度有弊端,立法者有义务对此进行修正。[2] 127

法院的上述判决可以作为一个一般准则。如果涉及的仅仅是个别情况,立法者不必采取措施进行干预,那么划定法律界线就是法院和法学界的任务。 128

不管监事原来的身份是什么,也不管他们与外界有什么样的联系,只有他们都千方百计地为了企业的利益努力工作,并且成功地完成监事会承担的任务,才能找到一个解决利益冲突的恰当的办法。他们必须为着企业的利益开展活动,为着企业的利益进行决策,他们必须把其他利益放在企业利益之后。[3] 自从20世纪70 129

〔1〕 *Hanau* ZGR 1977, 402; *Reich/Lewerenz* AuR 1976, 353, 361; *Martens* ZGR 1977, 429; *Mertens* AG 1977, 306, zu Stimmverboten in einem solchen Fall vgl. *Matthießen*, Stimmrecht und Interessenkollision im Aufsichtsrat 415 ff; *Ensch*, Institutionelle Mitbestimmung und Arbeitnehmereinfluß 178 ff.

〔2〕 BVerfGE 50, 290, Abschnitt B IV 2 d(*Mitbestimmungsurteil*).

〔3〕 *Ensch* aaO 31 ff; KölnKomm/*Mertens* § 116 Rdn. 2; *Lutter/Krieger* 234.

年代以来，司法界[1]和法学界[2]都把企业利益这一概念作为解决利益冲突的一个核心标准和基本条款。但是由于这一概念并不确定，不仅带来了许多理论问题，而且也给司法实践带来了重重困难。在许多方面，人们可以把企业利益进一步具体化。企业利益是指维持企业的生存、内部稳定，保证企业能够成功地开拓市场和占有市场。为此，必须反对所有危及上述目标的行为。因此，所有下列行为都违背企业利益：不健全的资本结构、向股东或者职工分发过高的红利或者福利、低质量的企业管理、不谨慎地或者根据非企业经营标准招聘企业管理人员、进行高风险的企业投资和高风险的融资活动、发放没有提供足够担保的贷款、泄漏机密信息或者为外部目的而利用机密信息。

130　在以上界定的框架内，企业利益是一个可变的概念，其内涵也具有很大的弹性。尽管如此，它通常在企业内部决策过程中由企业机构根据其职权和管辖标准进一步充实和具体化。只要监事会的职责并不是仅仅进行事后检查，而是也有权参与经营性的决策，那么监事会也参与了界定企业利益这一概念的过程。事实上，监事会成员在进行这一界定时有着相当大的自由判断空间，因为企业利益无非是企业中各种不同团体利益的总和，即它应该根据企业中的股东利益、职工利益、公共利益和政治机构利益来综合考虑和界定企业利益。实际上考虑照顾某些人的特别利益也符合企业利益，因为如果这些受到照顾的人士、团体和机构在将来愿意与企业进行很好的合作，这是企业经营成功的一个重要条件。[3] 从这一角度看，监事面临的通常并不是两种僵化的选择：即企业利益还是特别利益，而是必须与其他监事在监事会上一起在企业利益和特别利益间作出一些权衡。当然如果一开始就单纯为了追求第三者利益，显然与企业利益是不相符的。如果通过上述方式依然不能平衡企业利益和特殊利益之间的冲突，那么监事必须优先考虑企业利益。

131　新的法学理论在解决上述利益冲突方面更进了一步。该理论认为应该根据监事的**不同职权范围**而进行区别对待。[4] 如果监事亲自履行其职权，例如亲自参加讨论会，并且亲自进行投票表决，他们就无论如何必须优先考虑企业的利益。对于无法解决的利益冲突，必须采用禁止投票（试比较《股份法》第 136 条第 3 款、《民法典》第 34 条，见下文 § 16. VI.）、弃权方式；在特别严重的情况下，有关监事必须辞

---

〔1〕 BGHZ 62, 193, 197, 199; 64, 325, 329 ff; vgl. auch BGHZ 129, 136, 142 zur Treuepflicht der Aktionöre. BVerfGE 34, 103, 112; 50, 290, 374; 59, 114.

〔2〕 *Brinkmann*, Unternehmensinteresse und Unternehmensstruktur, 1983; *Flume* Allg. Teil I/2, 56 ff; *Jürgenmeyer*, Das Unternehmensinteresse, 1984; *Junge* FS v. Caemerer 547; *Kunze* ZHR 144 (1980), 100; *Laske* ZGR 1979, 173; *Raisch* FS Hefermehl 347; *Raiser* FS R. Schmidt 101; *ders.* MitbestG § 25 Rdn. 110 ff; *Reuter* AcP 179 (1979), 517; *Rittner* JZ 1980, 113; *Teubner* ZHR 149 (1985), 470; *Wiedemann* GesR I 625; *Zöllner*, Die Schranken mitgliedschaftlicher Stimmrechtsmacht, 1963, 17 ff; Bericht der *Unternehmensrechtskommission* 165 ff.

〔3〕 Vgl. BGHZ 135, 244.

〔4〕 *R. Fischer*, In Memoriam K. Duden 55; *Ulmer* NJW 1980, 1603.

去其监事职务。[1] 相反,如果监事在本企业以外开展业务,例如他在另外一个企业履行监事职责,对他就应该提出比较低的要求。在这里,其他企业的利益和本企业的利益同等重要,但是监事必须避免,由于其作为监事的行为而对本企业造成直接的损害。例如,如果两个企业都争取聘请同一人为其董事,而且一个银行家同是这两个企业的监事,那么,他就必须同时为这两个企业工作,而不应该仅仅协助其中的一个企业。[2] 无论如何,利益冲突并不是通过适用抽象的公式就能解决的,人们必须充分考虑、权衡了具体案件中的具体情况和各种可能性后,才找到一个比较好的解决方案。总之,监事独自负责地作出决定,法院可以对监事的决定进行法律审查。[3]

8. 酌情决定

如果监事会超出其裁量的范围而作出决定,那么监事会及其成员作出的**酌情决定**就是违法的。衡量是否超过范围的重要标准是企业利益。[4] 在这方面,第14章边码129等论述的适用于董事会的原则同样适用于监事会(见上文 § 14. I. 5, IV. 2)。并不十分清楚的是:监事会必须在什么时候对董事会的非法行为采取干预措施。应该认为,如果企业利益因董事的行为而受到严重危险,监事会应该没有权衡的余地,它必须采取措施。 132

9. 诉讼权

更加重要的问题是,**个别监事**或者几个监事,特别是监事会中的职工代表,是否可以根据《股份法》第116条规定有权对监事会的非法决议或者董事会的非法决议提起**终止行为之诉**,或者根据《股份法》的这一规定,监事是否有义务提起这样的诉讼。在欧佩尔一案(Opel-Fall)中,这成为一个十分现实的问题。[5] 无论如何,监事可以对监事会的错误决议提起确认无效之诉(见上文边码110)。从《股份法》第116条的规定中,并不能推导出,监事有义务提起这样的诉讼,因为监事会是以多数票的方式进行决议的,如果每个监事都在监事会会议上陈述了其观点,那么监事就履行了其职责;监事会作出了怎样的决定与监事无关。只有在极少数情况下,才会把没有寻求法律救助视作违反义务。[6] 在对于董事会的诉讼权利方面,德国的主流观点认为,只有为了强制行使《股份法》第90条第2款第2句规定的质询权时或 133

---

[1] Matthieβen, Stimmverbote und Interessenkollision im Aufsichtsrat 1 ff.

[2] *Lutter* ZHR 145(1981), 233, 247 f.

[3] So bezüglich der Schweigepflicht BGHZ 64, 325(*Bayer*); s. oben Rdn. 106.

[4] BGHZ 135, 244(*ARAG*), wo vom Wohl der Gesellschaft bzw. des Unternehmens die Rede ist(s. oben Rdn. 110).

[5] BGHZ 106, 54; s. oben Rdn. 105; ferner BGHZ 135, 244(*ARAG*).

[6] *Raiser* ZGR 1989, 44, 68; Nach BGHZ 135, 244 kann aber der Aufsichtsrat verpflichtet sein, Klage zu erheben.

者类似的权利，监事才可以对董事会提起诉讼。[1] 德国联邦最高法院拒绝承认，监事职务本身就赋予监事向董事会提起要求终止其违法行为的诉讼，也不承认，从监事会作为拥有法定职权的企业机构中可以推导出监事拥有上述诉权。这一主张无疑是正确的，德国法学界的主流观点都支持联邦最高法院的上述主张。在这一问题上，应该提醒监事会成员：根据《股份法》第110条规定，对董事会提起诉讼是监事会职权范围内的事项，监事会必须作出相应的决议，然后才能提起诉讼（见上文§14. V.3）。

# §16. 股东大会

## I. 股东大会的职权

参考文献：*Ahrens*, Vom Ende der Entlastungsklage des GmbH-Geschäftsführers und einem Neubeginn des BGH, ZGR 1987, 129; *Barner*, Die Entlastung als Institut des Verbandsrechts, 1990; *Beusch*, Die Aktiengesellschaft-Eine Kommanditgesellschaft in der Gestalt einer juristischen Person?, FS Werner, 1; *Ebenroth*, Konzernbildungs-und Konzernleitungskontrolle, 1987; *Geβler*, Einberufung und ungeschriebene Hauptversammlungszuständigkeiten, FS Stimpel, 1985, 771; *Götz*, Die Sicherung der Rechte der Aktionäre der Konzernobergesellschaft bei Konzernbildung und Konzernleitung, AG 1984, 85; *Groβ*, Zuständigkeit der Hauptversammlung bei Erwerb und Veräuβerung von Unternehmensbeteiligungen, AG 1994, 266; *Groβfeld*, Anmerkung zu OLG Hamburg(*Holzmüller*-Urteil), JZ 1981, 234; *Groβfeld/Brondics*, Die Aktionärsklage-nun auch im deutschen Recht, JZ 1982, 589; *Grunewald*, Rückverlagerung von Entscheidungskompetenzen der Hauptversammlung auf den Vorstand, AG 1990, 133; Heinsius, Organzuständigkeiten bei Bildung, Erweiterung und Umorganisation des Konzerns, ZGR 1984, 383; *Hirte*, Bezugsrechtsausschluβ und Konzernbildung, 1986; *Hommelhoff*, Die Konzernleitungspflicht, 1982; *Hübner*, Die Ausgliederung von Unternehmensteilen in aktien-und aufsichtsrechtlicher Sicht, FS Stimpel, 1985, 791; *Joost*, "Holzmüller 2000" vor dem Hintergrund des Umwandlungsgesetzes, ZHR 163(1999), 164; *Kropff*, über die Ausgliederung, FS Geβler, 1971, 111; *Lutter*, Teilfusionen im Gesellschaftsrecht, FS Barz, 1974, 199; *ders.*, Die Rechte der Gesellschafter beim Abschluβ fusionsähnlicher Unternehmensverbindungen, 1974 = DB 1973, Beilage Nr. 21; *ders.*, Zur Binnenstruktur des Konzerns, FS Westermann, 1974, 347; *ders.*, Organzuständigkeiten im Konzern,

---

〔1〕 BGHZ 106, 54, 60 im Anschluβan *Lewerenz*, Leistungsklagen 109 ff; *K. Schmidt* ZZP 92(1979), 212; *Häsemeyer* ZHR 144(1980), 265; *Bauer*, Organklagen 110; *Bork* ZGR 1989, 1, 12 ff, 31 ff; *Kort* AG 1987, 193. Für weitergehende Zulassung hingegen *Hommelhoff/Timm* AG 1976, 330, 333 f sowie *Hommelhoff* ZHR 143(1979), 288, 314. Zum *Opel*-Urteil BGHZ 106, 54 weiter auch *Raiser* AG 1989, 185; *Brücher* AG 1989, 190; *Stodolkowitz* ZHR 154(1990), 1; *Mertens* ZHR 154(1990), 24; *Bork* ZIP 1991, 137; *K. Schmidt* FS Semler 329, 342; OLG Celle NJW 1990, 582(*Pelikan*) = EWiR § 111 AktG 1/90 m. Anm. *Raiser*; LG Düsseldorf AG 1988, 386.

FS Stimpel, 1985, 825; *ders.*, Die entschlußschwache Hauptversammlung, FS Quack, 1991, 301; *ders.*, Blockabstimmungen im Aktien-und GmbH-Recht, FS Odersky, 1996, 845; *ders.*, Das Vorerwerbs/Bezugsrecht der Aktionäre bei Verkauf von Tochtergesellschaften über die Börse, AG 2000, 342; *Lutter/Leinekugel*, Kompetenzen der Hauptversammlung und Gesellschafterversammlung beim Verkauf von Unternehmensteilen, ZIP 1998, 225; *Martens*, Die Entscheidungsautonomie des Vorstands und die "Basisdemokratie" in der Aktiengesellschaft, ZHR 147(1983), 377; *Mecke*, Konzernstruktur und Aktionärsentscheid, 1992; *Mülbert*, Aktiengesellschaft, Unternehmensgruppe und Kapitalmarkt, 1996; *Priester*, Die klassische Ausgliederung-ein Opfer des Umwandlungsgesetzes? ZHR 163(1999), 187; *v. Rechenberg*, Die Hauptversammlung als oberstes Organ der Aktiengesellschaft, 1986; *ders.*, Holzmüller-Auslaufmodell oder Grundpfeiler der Kompetenzverteilung in der AG? FS Bezzenberger, 2000, 359; *Rehbinder*, Ausgründung und Erwerb von Tochtergesellschaften und Rechte der Aktionäre, FS Coing, Bd. II, 1982, 423; *ders.*, Zum konzernrechtlichen Schutz der Aktionäre einer Obergesellschaft, ZGR 1983, 92; *Schneider/Burgard*, Maßnahmen zur Verbesserung der Präsenz in der Hauptversammlung einer AG, FS Beusch, 1993, 783; *Semler*, Einschränkung der Verwaltungsbefugnisse in einer Aktiengesellschaft, BB 1983, 1566; *Sethe*, Die aktienrechtliche Zulässigkeit der sogenannten "Teilentlastung", ZIP 1996, 1321; *Sieger/Hasselbach*, Die Holzmüller-Entscheidung im Unterordnungskonzern, AG 1999, 241; Sünner, Aktionärsschutz und Aktienrecht, AG 1983, 169; *Tellis*, Die Rechtsnatur der gesellschaftsrechtlichen Entlastung, 1988; *Timm*, Die Aktiengesellschaft als Konzernspitze, 1980; *ders.*, Hauptversammlungskompetenzen und Aktionärsrechte in der Konzernspitze, AG 1980, 172; *Ulmer*, Ungeschriebene Mitwirkungsbefugnisse der Hauptversammlung?, AG 1975, 15; *Veil*, Aktuelle Probleme im Ausgliederungsrecht, ZIP 1998, 361; *Werner*, Zuständigkeitsverlagerungen in der Aktiengesellschaft durch Richterrecht?, ZHR 147(1983), 429; *Westermann*, Organzuständigkeit bei Bildung, Erweiterung und Umorganisation des Konzerns, ZGR 1984, 352; *ders.*, Grundfragen der Rechtsfortbildung im Aktienkonzernrecht, FS Pleyer, 1986, 421; *Wiedemann*, Die Unternehmensgruppe im Privatrecht, 1988; *ders.*, Minderheitsrechte ernst genommen; ZGR 1999, 857; *Wollburg/Gehling*, Umgestaltung des Konzerns-Wer entscheidet über die Veräußerung von Beteiligungen einer Aktiengesellschaft, FS Lieberknecht, 1997, 134.

1. 对股东大会职权的限制

股东大会是股东行使其权利的机构(《股份法》第118条第1款)。然而,法律和章程都明确规定了股东大会的权限,即股东大会的职权受到法律和章程规定的限制。对于公司的业务,只有董事会明确提出要求时,股东大会才可作出相应的决定(《股份法》第119条第2款、第111条第4款第2句),在实践中尤其在公众公司中,基本上没有出现这种情况(见上文§ 13. II.)。虽然公司章程可以扩大股东大会的职权,但是,由于法律规定多为强制性条款,而且比较严密,没有多少活动空间,所以章程只能在有限的范围内进行扩权(《股份法》第23条,试比较上文§ 9. II. 2)。尤其是公司不得通过章程规定,由股东大会决定董事的选聘或者确定年终报表 。但是,章程可以规定,股东大会可以与法律规定不同的多数票通过选聘监事或 1

者修改章程的决议;[1]此外,章程还可以规定设立股东委员会和股东咨询委员会。但是这些股东机构不得干涉监事会法定职权内的事项。[2] 鉴于董事会、监事会和股东大会之间的精妙的平衡关系,依然把股东大会当作是公司的最高权力机构是不太恰当的。[3]

2.通常管辖之事项

2 根据《股份法》第110条第1款规定的目录,股东大会有权决定以下四类公司事项:

3 (a)**选聘股东监事**。这一权利是股东大会拥有的职权中最重要的一项。但是,根据《股份法》第101条第2款的规定,由有关当事人或者机构委派的监事除外(《股份法》第119条第1款第1项,见上文 §15. III.)。

4 (b)**决定盈余的使用**(《股份法》第119条第1款第2项)。这项职权没有上一职权那么重要。股东大会进行决议的前提条件是董事会必须向股东大会提交年终报表和公司状况报告,并将该事项纳入股东大会的议事日程,但是对于年终报表和公司状况报告,股东大会没有决策权(《股份法》第175条)。由于股东大会只能根据由董事会和监事会确定的年终报表进行决议(《股份法》第172条),所以它通常对分配红利的多少没有影响力,因此它也基本上没有可能反对管理机构提出的分配建议并提出一个新的分配方案。只有在监事会没有批准董事会提交的年终报表时,或者只有在董事会和监事会一致同意由股东大会来最终确定年终报表时,股东大会才拥有实质性的决定权(《股份法》第172—174条,见下文 §18. I. 5等)。因此股东大会应该将年终报表的提交及其对此的决定权结合起来(《股份法》第120条第3款)。

5 (c)决定**免除**董事会成员和监事会成员的责任(《股份法》第119条第1款第3项)。股东大会的这一权力在实践中有着重要的作用。通过这一免除决定,股东大会批准了企业管理者的做法。从法律上看,股东大会虽然因此失去了《股份法》规定的一个重要功能,但是它并不包括放弃对违反义务的企业管理人员提起损害赔偿诉讼的权利(《股份法》第120条第2款)。[4] 法律作出这一规定的原因,是因为股东大会通常并不掌握必要的信息,而且事后很久股东大会才能发现违反义务的行为。因此,《股份法》第93条第4款第3句规定,只有在产生提起损害赔偿之诉权利的三年以后,股东大会才能放弃该项权利。尽管如此,股东大会的免责权力依然

---

〔1〕 BGHZ 76, 191; s. unten Rdn. 73.

〔2〕 LG Köln AG 1976, 329 mit Anm. *Hommelhoff/Timm* (Felten & Guilleaume), KölnKomm/*Kraft* § 23 Rdn. 85; KölnKomm/*Mertens* Vor § 76 Rdn. 28; Groβkomm. AG/*Röhricht* § 23 Rdn 190.

〔3〕 Str.; anders vor allem *v. Rechenberg*, Hauptversammlung 86; MünchHdb. AG/*Semler* § 34 Rdn. 4; wie hier *Hüffer* § 118 Rdn. 4; *K. Schmidt* GesR § 28 IV 1; Schneider/Burgard FS Beusch, 783.

〔4〕 *Barner*, Entlastung 87 ff; Groβkomm. AG/*Mülbert* § 120 Rd. 4ff;. Anders bei der GmbH, s. unten § 33 I 3.

具有一定的象征意义。相关的讨论是股东对董事或者监事表示信任或者不信任的惟一机会。如果股东大会决定拒绝给予免责待遇，那么就大大削弱了相关的管理人员在企业中的地位。如果涉及的是董事，这就是《股份法》第84条第3款规定的提前解聘其董事职务的重要原因。有些学者认为，如果免责决定的理由不充分而且不符合规定，人们可以根据《股份法》第243条第1款的规定撤销相关的决定。这一观点是正确的，[1]但是依然没有彻底澄清的问题是：是否可以部分地免除管理人员的责任？这种做法是否符合《股份法》第120条的规定？[2] 如果仅仅涉及管理人员的一部分行为，而且这些行为并不影响对该人工作的整体评价，那么部分免责是允许的。

对于董事和监事的免责，股东大会必须分别进行**投票表决**。如果股东大会以 6
一个决议的方式同时决定免除两者的责任，那么这种做法并不妥当，因为董事会和监事会的功能是不一样的。[3] 但是法律并没有规定股东大会不可以同时就两个机构的每个成员的免责问题一起表决。[4] 但是，如果股东大会对此作了明确的规定，或者拥有10%公司资本的少数股东或者拥有1百万欧元资本的股东要求，股东大会必须就董事会或者监事会的每个成员分别进行投票表决(《股份法》第120条第1款第2句)。除此之外，如果大会主持人认为合适而且下达相应的指令的话，也可以就个别免责进行决定。[5] 但是董事和监事没有要求免责的法律权利。[6]

这里也产生了这样的问题：这种免责，对通过共同管理制度而建立起来的企业结构是否 7
是公平合理的？由于企业管理机关的措施也涉及职工的利益，而且职工对管理人员的选聘或者解聘也有表决权，因此，对那些适用《共同决定法》的企业来说，其企业的职工应该也能够参与有关免责的表决程序。[7]

(d)最后，股东大会有权**选聘年终决算审计师**(《股份法》第119条第1款第4 8
项、《商法典》第318条第1款，试比较下文§18. I. 4)。

---

〔1〕 BGHZ 62, 193; BGH AG 1994, 36; OLG Köln AG 1998, 525; LG Berlin AG 1997, 183; LG Heidelberg AG 1999, 135; OLG Karlsruhe NZG 1999, 953; OLG Düsseldorf AG 2000, 365; a. A. LG Heidelberg ZIP 1994, 780 mit Anm. *Wenger*.

〔2〕 Bejahend OLG Stuttgart AG 1995, 233; *Sethe* ZIP 1996, 1321; *Hüffer* § 120 Rdn. 12, a. A. OLG Düsseldorf AG 1996, 273 und Vorinstanz LG Düsseldorf AG 1995, 237.

〔3〕 Str.; wie hier KölnKomm/*Zöllner* § 120 Rdn. 13; *Geßler/Hefermehl/Eckardt* § 120 Rdn. 17; GroβkommAktG/*Barz* § 120 Anm. 16; MünchHdb. AG/*Semler* § 34 Rdn. 23.

〔4〕 OLG München AG 1995, 381.

〔5〕 überwiegende Ansicht, vgl. *Lutter* FS Odersky 845; 8543; *Hüffer* § 120 Rdn. 10; OLG München aaO.

〔6〕 BGHZ 94, 324, 327 zur GmbH und dazu *Ahrens* ZGR 1987, 129. Kritisch *Hüffer* § 120 Rdn. 19.

〔7〕 Vgl. Bericht der *Unternehmensrechtskommission* Rdn. 184 ff, 314 ff.

3. 个别决定权

9　除上述职权以外，股东大会还拥有其他一些职权，分别规定于《股份法》的不同条款之中。这些权力有：决定监事的报酬（《股份法》第 113 条第 1 款和第 2 款）、决定解聘监事会中的股东代表（《股份法》第 103 条）、聘请特别审计师（《股份法》第 142 条）、对董事会成员进行信任投票或者不信任投票（《股份法》第 84 条第 3 款第 1 句）、决定提起或者放弃特定的损害赔偿之诉（试比较《股份法》第 50 条、第 93 条第 4 款第 3 句、第 116 条、第 117 条第 4 款和第 147 条）。

4. 有关公司结构的基本决定

10　另外，对涉及引起公司基本结构发生变化的事项，股东大会也有决定权。这些事项有：修改公司章程（《股份法》第 119 条第 1 款第 5 项）、筹资和减资措施（《股份法》第 119 条第 1 条第 6 项）、资产转移（《变更法》第 176 条）和向公司转让资产的义务（《股份法》第 179a 条）、公司合并（《变更法》第 13 条和第 65 条）、公司的分立、分离、加入式分离（《变更法》第 125 条等）。此外，股东大会还对下列事项拥有决定权：企业的转型（《变更法》第 193 条、第 233 条和第 240 条）、批准企业合同（《股份法》第 293 条等）、批准公司的加入（《股份法》第 319 条等）和公司的解散（《股份法》第 119 条第 1 款第 8 项）。在股东大会讨论上述问题时，只有相关的建议获得特定多数股东的支持，决议才具有效力。这里的特定多数是指：同意票的数额为表决时在场的所有股份数额的 3/4。股东大会的决议还必须在商务注册处进行登记，这也是相关决议生效的一个前提条件。

5. 无法律规定的股东大会职权

11　法律颁布以后不久，人们马上就发现上述列举的股东大会决议事项并没有涵盖所有可能引起公司基本结构改变的事项。另外还有许多事项同样会引起公司结构的变化，例如：获得其他企业的相当数量的股份并且又出让这些股份、将企业中的一个重要组成部分转移给企业的子公司、签订不属于《股份法》第 291 条和第 292 条管辖的但是与兼并具有同样效果的合同、子公司接受新的股东等情况。这样，为了防止架空股份有限公司的权力分布结构，也为了防止进一步缩小股东的成员权，就有必要提出要求，即将对上述情况的决定权也当作是股东大会的职权范围。〔1〕

12　在著名的霍尔茨米勒案中（Holzmüller-Urteil）〔2〕，霍尔茨米勒公司将公司的一个最重要的组成部分分离出去，出让给一个全资子公司并且为此进行了增资，联邦最高法院在本案接受上述观点，并作出了创造性的判决。根据该判决，母公司的股

---

〔1〕 So frühzeitig vor allem *Lutter* FS Barz 199; *ders.* FS Westermann 347; *ders.* DB 1973 Beilage 21; *Ulmer* AG 1975, 15; *Timm* AG 1980, 172; *ders.*, Die Aktiengesellschaft als Konzernspitze, 1980.

〔2〕 BGHZ 83, 122. Der Sachverhalt ist in § 12 Rdn. 25; wiedergegeben; vgl. auch § 14 Rdn. 11.

东大会有权对建立康采恩进行审查(见下文§52.IV.1);另外,该判决本身突破了现有的法律规定,因而也提供了许多新的解决问题的思路。在法学界,有些学者赞同这一判决;[1]但是更多学者对这一判决进行了批评,当然批评的角度各不相同。[2] 企业虽然可以将其重要的组成部分转移给其子公司,但这是一种涉及公司结构变化的基本问题,母公司的董事会不得撇开股东大会而擅自作出转让的决定,因为这样就有可能彻底改变股份有限公司中现有的制约和平衡机制。这是联邦最高法院作出上述判决的基本指导思想。这一思想目前得到了广泛的认同。在这一指导思想的基础上,有必要对这一判决中确立的新原则的适用范围和法律后果进行分析并界定。而这一任务远没有完成,而且也没有更多的最高法院的同类判决[3]。

整个争论的出发点是《股份法》中规定的分权制度:对涉及公司的基本决定或 13
者结构性的决定由股东大会作出,有关业务管理即企业管理方面的事项则由董事会负责管辖,如有需要可以在征得监事会的同意后由董事会决定。根据《股份法》第119条第2款的规定,如果董事会提出要求,股东大会对要求的事项拥有特别业务决定权。与霍尔茨米勒案判决相反,这一规定并不是扩大股东大会权限的法律基础。实际上,它们更应该是本章边码10中列举的、有关类比适用的规定。这些规定在霍尔茨米勒案判决后通过《股份法》第179a条和《变更法》的条款后有了大量的增加。从这些规定中可以推论:对涉及公司在经济和法律上进一步发展的管理措施,股东大会一般拥有决定权。[4] 这样的措施应该是:出让企业的重要组成部分并且将它转让给企业的子公司 、将特定继承人从企业中分离出去、获得相当数量的企业股份并转让获得的股份、放弃企业其他资产而被放弃的资产是公司资产的重要组成部分、公司股份上市交易或者退出股市。

但是,人们必须将上述事项**与日常事件区分开来**。后者没有涉及公司的基本 14
结构,因此它们必须由公司管理机构处理。为了避免界线过于僵化,应该采用数量特征和质量特征相结合的界定方法。根据户鲁尔和维德曼的看法(Lutter und

---

[1] *Fleck* Anm. zu BGH LM Nr. 1 zu § 118 AktG; *Geßler* FS Stimpel 771; *Hirte*, Bezugsrechtsausschluß 179 ff; *Hübner* FS Stimpel 791; *Großfeld/Brondics* JZ 1982, 589; *Lutter* FS Stimpel 825, 841; *Rehbinder* ZGR 1983, 92; *Wiedemann*, Unternehmensgruppe 50 ff, 70 ff; *Hüffer* § 119, Rdn. 8.

[2] *Beusch* FS Werner 1; *Ebenroth*, Konzernbildungs-und Konzernleitungskontrolle; *Götz* AG 1984, 85; *Heinsius* ZGR 1984, 383; *Martens* ZHR 147(1983), 377; *v. Rechenberg*, Hauptversammlung 124; *Semler* BB 1983, 1566; *Sünner* AG 1983, 169; *Werner* ZHR 147(1983), 429; *Westermann* ZGR 1984, 352; *ders.* ZHR 156(1992), 203, 214, *Mülbert*, Aktiengesellschaft 193.

[3] Vgl. statt aller *Mecke*, Konzernstruktur, *Gross* AG 1994, 266, *Lutter/Leinekugel* ZIP 1998, 225; *Hüffer* § 119 Rdn 18, KölnKomm/*Mertens* § 76, Rdn. 51; *Reichert* ZHR Beiheft 69(1999); *Mülbert*, Aktiengesellschaft 360 ff, *K. Schmidt*, GesR §§ 28 V 2, 30 V 2, *Joost*, ZHR 163(1999), 164; *Priester* ZHR 163(1999), 187; *Wollburg/Gehling* FS Lieberknecht 133.

[4] Ebenso die h. M., vgl. *Martens* ZHR 147(1983), 377, 391; *Geßler* FS Stimpel 771, 773 ff; *Wiedemann* aaO 52, 55; auch schon *Hommelhoff*, Konzernleitungspflicht 87 ff.

Wiedemann)[1],人们在进行界定时必须首先遵循一个基本原则,即只要交易的数额占公司总资产的20%至25%,那么,这无论如何都是有关公司结构变更的交易。[2]其中的关键问题是:有关措施是否涉及了企业的"核心业务"?[3]这些措施是否改变了公司"形象"和"结构"?[4]或者"从措施的本质上分析是否改变了企业的经营范围"?[5]最后,还有必要对事项的各个方面进行仔细的评估。尽管如此,两者之间的界限并不十分明显。在实践中为保险起见,在情况不清楚的情况下,人们可以首先征得股东大会的同意。

15 **典型案例**:(a)在慕尼黑高等法院审理的一起案件中(AG 1995, 232),管理公司将其拥有的全部地产转让给其子公司,这些地产是该管理公司惟一的重要资产。慕尼黑高等法院判定,资产的转让必须征得股东大会的同意。(b)在阿尔塔纳/米卢帕一案中(Fall Altana/Milupa ,LG Frankfurt ZIP 1997, 1698),米卢帕是康采恩的核心业务,其销售额占康采恩销售总额的30%,母公司阿尔塔纳欲出让米卢帕;该交易也必须经过母公司股东大会的同意。(c)在许多案件中,审理事实的法庭(Tatsachengerichte)认为霍尔茨米勒案所形成的原则不能适用。[6](d)依然没有彻底弄清楚的是:如果企业将其一个组成部分分离出去,并转让给其子公司;由于这里仅仅涉及转让个别资产,所以不适用《变更法》的规定。对这种情况是否可以适用霍尔茨米勒原则?如果分离涉及企业的重要组成部分,无疑具备了适用霍尔茨米勒原则的条件。然而即使在这种情况下,也必须像在其他情况下一样,详细的分析交易的每一个方面。[7]与法律规定的机构变化相似,股东大会的决议必须以3/4以上的多数意见作出。[8]此外,还必须类比适用《变更法》第125条和第8条的规定。据此,必须提交分离报告。然而,这样的类比适用是很难成立的。[9]

---

[1] *Lutter* FS Stimpel 825, 850; *Wiedemann* aaO 56 f; auch *Hirte*, Bezugsrechtsausschluβ 181 f.

[2] Dagegen erwägt *Geβler* FS Stimpel 771, 787 als Schwellenwert schon von 10% des Eigenkapitals auszugehen; ähnlich *Kropff* FS Geβler 111, 124: 10% des in der Bilanz ausgewiesenen Eigenvermögens. Zur Veräuβerung von Beteiligungen vgl. auch *Wollburg/Gehling* FS Lieberknecht 134.

[3] LG Düsseldorf AG 1999, 94, 95.

[4] LG Frankkfurt ZIP 1997, 1698, 1701.

[5] öOGH AG 1996, 382.

[6] Vgl. zuletzt LG Düsseldorf AG 1999, 94(Veräuβerung einer Beteiligung von weniger als 50 % der Aktiva, die nicht zum Kernbereich gehörte); LG Heidelberg AG 1999, 135(Gründung einer Tochtergesellschaft mit Drittbeteiligung), LG Stuttgart ZIP 2000, 2110(Bezugsrechtsausschluβ bei Kapitalerhöhung zwecks Begebung eines Aktienoptionsplans).

[7] Die Frage ist im LG Hamburg AG 1997, 238 offengeblieben, weil die Zustimmung der Hauptversammlung eingeholt worden war. Vgl. aber LG Stuttgart AG 1992, 236; LG Frankfurt ZIP 1993, 830; LG Karlsruhe AG 1998, 385; ferner *Joost* und *Priester* ZHR 163(1999), 164 und 187 sowie den Diskussionsbericht dazu S-103; *Veil ZIP* 1998, 361; v. Rechenberg *FS Bezzenberger* 359.

[8] *Priester* aaO 199; *Veil* aaO 368.

[9] Dafür LG Karlsruhe AG 1998, 385; *Lutter* FS Fleck 169, 176; *Groβ* AG 1996, 111; *v. Riegen* 130; dagegen LG Hamburg AG 1997, 238; *Priester* aaO 200; *Hüffer* § 124 Rdn. 11.

16 在康采恩中,还涉及这样的问题:子公司或者孙公司作出的某些改变公司结构的决定,是否也必须首先征得母公司股东大会的同意?在霍尔茨米勒案中,联邦最高法院确认子公司的增资决议必须首先征得母公司股东大会的同意,因为增资特别容易损害母公司股东的利益,他们持有的股份的价值因而会受到影响,他们的优先认购权也可能得不到保障。[1] 另一方面人们在这种情况下也很清楚,属于子公司或者孙公司股东大会决定的事项,不可能都由康采恩母公司的股东大会来决定,因为这在现实中是根本行不通的。只有母公司认为子公司或者孙公司采取的措施将会引起其结构的变化,才可能考虑由母公司的股东大会一起进行共同决定。这种措施有:有相当数量的额外资产流入子公司的账上如增资,或者第三人获得了对子公司或者孙公司的发言权。[2] 到底应该如何界定这些措施,还有待于积累更多经验。

17 **典型案例:科隆高等法院**(AG 1993, 86)认为:两个子公司进行合并,但这两个企业的资产在企业集团总资产中所占的比重不大,所以两者的合并不必得到母公司股东大会的同意。与此相反,法兰克福法院认为(AG 1998, 45):母公司的一个重要子公司出让其资产,必须征得母公司股东大会的同意。

18 如果董事会计划制定组建康采恩战略或者康采恩重组战略,但是由于计划扩大了企业的经营范围,所以实施这些战略的前提条件是必须首先修改母公司的章程,那么根据《股份法》第 179 条的规定,母公司的股东大会对此拥有决定权,股东大会必须以特定多数票通过修改章程的决议。如果章程中已经规定了康采恩条款,而且这一条款也包括了公司结构的变动,那么根据霍尔茨米勒案判决,这里可以适用《股份法》第 119 条第 1 款的规定,即股东大会可以以简单多数票形成相关的决议。如果人们不适用《股份法》第 119 条第 1 款的规定,而是类比适用《股份法》第 179 条、第 179a 条、第 182 条、第 293 条和第 320 条以及《变更法》的规定,那么股东大会相关的决议就必须以 3/4 以上的多数票通过。为了保护少数股东的利益,多数股东必须遵守并且履行其承担的忠诚义务。

19 **在对外关系上**,上述决议并不直接对子公司产生效力。它的直接作用更应该是:董事会必须执行这一决议(《股份法》第 83 条第 2 款)。如果董事会在没有征得股东大会同意的情况下实施其计划,那么在第三者关系中,董事会的决定依然有

〔1〕 BGHZ 83, 122, 142 f. Das Urteil begrenzt die Regel auf den Fall, daβdie Hauptversammlung der Ausgliederung nicht zugestimmt hat und läβt ausdrücklich offen, ob sie auch im Fall der Zustimmung mit satzungsändernder Mehrheit gilt. Daβ sie auch auf diesen Fall erstreckt werden muβ, hat dann des LG Frankfurt im Fall *Altana-Milupa*(ZIP 1997, 1698) überzeugend ausgeführt.

〔2〕 Einzelheiten bei *Lutter* FS Stimpel 825, 849, 851 f; *Wiedemann* aaO 74; *Sieger/Hasselbach* AG 1999, 24; vgl. auch OLG Frankfurt AG 1999, 378. Zum Fall der Verkaufs einer Tochtergesellschaft über die Börse vgl. Lutter AG 2000. 342.

效,这是因为董事会是公司的代表机构,根据一般的法律规定,它具有对外代表公司的权利。[1] 但是,对于董事会的决定,可以提出诉讼,并可以要求法院撤销已经进行的转让。[2] 另外,还可以根据《股份法》第 93 条对相关的董事提起损害赔偿之诉(见上文 § 14. IV.)。在实践中,人们签订这种合同时通常附带特别条件,即只有经股东大会同意,相关的合同才具有法律效力。

## II. 股东大会的召集

参考文献:*Bachmann*, Namensaktie und Stimmrechtsverweisung, WM 1999, 2100; Blanke, Private Aktiengesellschaft und Deregulierung der Aktienrechts, BB 1994, 1505, *Bungert*, Hauptversammlungen deutscher Aktiengesellschaften und Auslandbezug, AG 1995, 26, *Groβ*, Vorbereitung und Durchführung von Hauptversammlungsbeschlüssen zu Erwerb und Veräuβerung von Unternehmensbeteiligungen, AG 1996, 111; *Happ/Freitag*, Die Mitternachtstund als Nichtigkeitsgrund, AG 1998, 493; *Hüffer*, Die gesetzliche Schriftform bei Berichten des Vorstands an die Hauptversammlung, FS Claussen, 1997, 171; *Lehmann*, Die groben und die feinen Maschen des § 126 AktG, FS Quack, 1991, 287; *Lutter*, Zur Vorbereitung und Durchführung von Grundlagenbeschlüssen in Aktiengesellschaften, FS Fleck, 1988, 169; *Mertens*, Das Minderheitsrecht nach § 122 Abs. 2AktG und seine Grenzen, AG 1997, 481; *Prigge*, Ablauf der Wochenfrist des § 126 Abs. 1 AktG bei Gegenanträgen des Aktionärs, ZIP 1998, 1866, *Werner*, Bekanntmachung der Tagesordnung und bekanntmachungsfreie Anträge-Ein Beitrag zur Auslegung des § 124 AktG, FS Fleck, 1988, 401.

### 1. 概述

20 由于公众性股份有限公司的股东人数众多,组织召集股东大会相当困难。在这种情况下,很可能损害个别股东或者少数股东的利益,这些股东可能没有得到足够的行使其权力的机会。为防止这一点,《股份法》不仅规定了一个严密的程序规范,而且根据顺利召开股东大会的需要制定了特别具体细致的规则,以保护这些股东的利益。例如对召集股东大会的准备工作,法律就作出了具体的规定。在这一阶段,法律必须保证,每个股东能够及时收到出席股东大会的邀请并且能够得到充分的信息,此外,还应该保证股东有机会将其建议纳入股东大会的议事日程。完成这些任务的最大的困难是如何通知无记名股股东,公司既不知道这些股东的姓名,又不知道他们的地址。然而,1994 年《小规模股份有限公司和简化股份法》的规定在一定程度上减轻了公司的通知责任:即使公司没有按照规定的程序召集股东大会,只要所有的股东或者股东代表到会,而且没有人对此提出异议,相关的股东大会依

---

〔1〕 *Geßler* FS Stimpel 771, 788; *Rehbinder* ZGR 1983, 92, 103; *Westermann* ZGR 1984, 352, 377; *Wiedemann* aaO, 57.

〔2〕 BGHZ 83, 122, 133 f.

然可以作出有效的决议(《股份法》第121条第4款)。

2. 有关股东大会的形式

根据《股份法》第121条第1款的规定,公司应该在法律或者章程规定的情况下召开股东大会,另外还应该在公司利益需要时召开股东大会。公司每年至少召开一次股东大会,讨论决定其职权内的公司事项。这些会被称之为**股东年会**〔1〕,它通常应该在一个经营年度终结后的几个月内召开。如果企业的经营年度与历年一致,股东年会通常就会在五六月间召开。〔2〕另外还有**特别股东大会**。它又称临时股东大会。由于会议成本较高,通常只有在特殊情况下才召开这种股东大会。 21

董事会**负责召集**股东大会(《股份法》第121条第2款)。如果大会的召开符合公司利益,监事会也有此权利。这时召集大会也是监事会的义务(《股份法》第111条第3款第1句)。几个持有5%以上公司股本的小股东可以根据《股份法》第122条第1款第1句和第3款要求董事会召集股东大会。必要时,可以通过法院判决,强制召集股东大会。但是个别小股东无此权利。大会的召集期最短为一个月(《股份法》第123条第1款)。 22

根据《股份法》第121条第4款第1句的规定,如果公司章程没有相反的规定,股东大会应该在公司的住址所在地召开。但是如果为上市公司,也可以在证券交易所所在地召开(《股份法》第121条第5款第2句)。如果章程规定了另外的召开地点,联邦最高法院认为,新地点不得加大出席大会的难度。〔3〕如果公司章程仅仅规定,在股东大会召开时,决定下次股东大会的会议地点,则这种规定是不符合法律规定的。〔4〕对于在何种情况下可以在国外召开股东大会这一问题,目前依然争论不休。〔5〕但是,鉴于股份分布日益国际化和日益发达的国际交通和通讯工具,传统的反对意见很难成立。〔6〕 23

召开股东大会的书面通知以及大会的议程必须在公司报刊上**公告**(《股份法》第121条第3款、第124条第1款)。根据1994年颁布的新规则,如果公司知道所有股东的通讯地址,那么就必须以**挂号信的方式**对所有股东发出书面邀请(《股份法》第121条第4款)。在公司发行记名股而且股东人数较少时,尤其应该如此。〔7〕如果大会议事日程中有选聘监事一项,那么通知中必须说明下列问题:监事会将根据哪个法律规定组成?根据《共同决定法》的规定,股东大会投票是否受推荐候选人的限制?如果股东大会将对章程进行修改或者合同的签订进行表决,而且无论是 24

---

〔1〕 Vgl. die überschrift zum 3. Unterabschnitt vor § 175.

〔2〕 Nach § 120 I 1 muβ sie binnen acht Monaten nach Schluβ des Geschäftsjahres stattfinden.

〔3〕 BGH AG 1985, 188(zur GmbH).

〔4〕 BGH AG 1994, 177.

〔5〕 Vgl. dagegen noch OLG Hamburg AG 1993, 384.

〔6〕 Vgl. *Bungert* AG 1995, 26; MünchHdb. AG/*Semler* § 35 Rdn. 33; *Hüffer* § 121 Rdn. 14.

〔7〕 Vgl. dazu *Bachmann* WM 1999, 2100.

章程的修改还是合同的签订都必须得到股东大会的同意才能生效，那么通知中还必须公告建议修改的章程条款及其内容或者合同的主要内容（《股份法》第124条第2款）。[1] 如果股东大会将就企业合同（《股份法》第293条第1款和第2款、第295条第1款）、企业变更合同（《变更法》第13条和第60条等）或者有关转让整个资产的合同（《股份法》第179a条）进行表决时，这一条款就显得十分重要。

25 通常情况下，不必将合同的内容全部公开。[2] 但是，从发出召集通知起，公司必须将企业合同和形式转换合同展示在公司的办公室，供股东查阅。如果股东要求，还必须将合同的复印件寄交给相关的股东（《股份法》第293条、第293g条，《变更法》第63条第1款）。董事会也必须出示一份详细的书面报告，报告中必须既从法律方面又从经济方面解释说明合同，尤其必须说明合同的对价（《股份法》第293a条，《变更法》第8条、第125条和第127条等）。[3] 此外，一般认为，如果涉及必须遵从的霍尔茨米勒原则（Holzmüller-Doktrin），公司也必须公示相关的重要情况以及已经签订的合同。[4] 如果股东大会根据《股份法》第119条第2款的规定应董事会的要求对相关的合同进行表决，这一公示条款也类比适用。因为股东大会进行表决，就必须充分了解合同的内容。[5] 在学术界，越来越多的学者认为，在上述几种情况下，董事会也必须根据《股份法》第293a条和《变更法》第8条的规定，提出一份详细的书面报告。为了保护不了解内情的股东的利益，这种观点是正确的，这样的报告也确实必要，但是法律依据不够充分。[6]

3. 大会议题建议权

26 对股东大会决议的事项，董事会和监事会都有建议权，如果选聘监事和审计师，则只有监事会才有建议权。建议由合法组建的委员会的多数意见作出。[7] 在适用《共同决定法》的企业中，监事会中的股东代表决定选任监事的候选人（《股份法》第124条第3款）。所有这些公布要求主要是为了保证股东获得必要的信息，保证他们有足够的时间和机会充分了解将要决定的事项。因此，对违反公告义务行为的处罚是比较严重的：对没有依法公告的事项，股东大会不得进行决议；即使作出了决议，股东可以根据《股份法》第243条第1款的规定要求撤销相关的决议。同样，如果选任的监事不是根据《股份法》第124条第3款的规定由监事会提名而是由董事会提名决定，股东大会的相关的决议也是可以撤销的。[8] 公告的内容究

〔1〕 Vgl. BGHZ 82, 188, 195 ff.

〔2〕 BGHZ 82, 188, 195 ff; 119, 1, 11; OLG Stuttgart AG 1997, 138.

〔3〕 Zu den Formalien dieser Berichte vgl. *Hüffer* FS Claussen 171.

〔4〕 Str., vgl. OLG München AG 1996, 232; *Lutter* FS Fleck 169, 176; *Groß* AG 1996, 111, 115; LG Frankfurt ZIP 1997, 1698; OLG Frankfurt AG 1999, 378; a. A. LG Düsseldorf AG 1999, 94.

〔5〕 OLG München AG 1996, 327; OLG Frankfurt AG 1999, 842 (Altana/Milupa).

〔6〕 Vgl. zur Ausgliederung durch Einzelrechtsnachfolge oben bei Rdn. 14.

〔7〕 OLG Dresden AG 1999, 517.

〔8〕 OLG Hamm AG 1986, 260, 261.

竟应该具体到什么程度,应该根据具体情况决定,关键是看能否给股东提供足够的信息。[1] 如果决议违反《股份法》第121条第1款和第2款的规定,那么根据《股份法》第241条第1项的规定,该决议就没有法律效力。

4. 小股东的权利

27 联合持有5%以上公司股份的小股东或者持有500,000欧元股本以上的股东可以提出要求,将有关事项纳入股东大会的议事日程。无论是在召集会议的通知发出之前还是之后,他们都可以提出上述要求(《股份法》第122条第2款)。[2] 公司章程可以规定一个比法律规定更低的比例。如果他们是在通知发出以后提出上述申请的,那么,他们必须在发出通知后的10日内公开其请求(《股份法》第124条第1款)。对那些拥有的股份数额或者股金低于法律的规定的股东,法律为了保护股东大会的正常运作,没有赋予他们类似的申请权。

5. 特别通知

28 除了发布公告通知外,公司还得根据《股份法》第125条至第127条的规定向某些股东发出特别通知。如果股东将其股份交付给公司,而公司最迟应在召开大会前的两周内将该股东记入股东名册,该股东在公司发出举行股东大会公告后向公司提出要求,那么董事会必须在发出公告后的12天内将召集大会的通知、会议日程、建议即股东提出的选聘建议单独向其发出通知。董事会还可以采用电子通讯手段将这些内容传递给股东。公司还必须将同样的内容通知给在上次股东大会上代表股东行使表决权的信贷机构、股东协会;如果有新的信贷机构和股东协会提出要求,公司也必须向他们寄交这些材料,以便他们转交给其托管股东。此外,董事会还须通知监事会成员(《股份法》第125条第1—3款)。在通知中应该提示可以委托他人代为行使表决权。如果为上市公司,而且股东大会将选聘监事,那么通知中必须介绍监事候选人在其他监事会中的任职情况(《股份法》第125条第1款第2句和第3句)。如果一个股东在公司发出召开大会通知后的一周内以充分的理由向公司提出了新的决议建议案,[3] 并且通知公司他将反对董事会和监事会的建议,并试图说服其他股东投票支持他的建议(《股份法》第126条)。[4] 那么,原则上公司也必须将该**股东的新建议**通知给相关的股东和机构[5]。如果有人在监事会建议

---

[1] Einzelheiten bei *Werner* FS Fleck 401; *Lutter* FS Fleck 169, 175; vgl. auch LG Hannover WM 1991, 233.

[2] Einzelheiten bei *Mertens* AG 1997, 481.

[3] Zur Frist vgl. BGHZ 143, 339; OLG Frankfurt AG 1999, 233; *Hüffer* NZG 1998, 991.

[4] *Lehmann* FS Quack 287; Prigge ZIP 1998, 1866. Die Begründung für einen Gegenantrag braucht nach OLG Stuttgart AG 1995, 233 dann nicht mitgeteilt zu werden, wenn es sich um offensichtlich falsche und irreführende Angaben handelt.

[5] Zu Ausnahmen vgl § 126 II.

名单之外提出了新的监事和决算审计师候选人,董事会同样应将该新的建议进行公告(《股份法》第127条)。

6. 批评

29 分析上述条款就会发现:法律将管理权完全交给了董事会。立法者虽然考虑到:董事会和监事会可以提出大会议题的建议,股东也可以提出反建议。但是立法者却仅仅允许在少数例外的情况下召开特别股东会议,也仅仅要求公司管理者在少数例外的情况下将没有规定的议题增补进入大会议程。《股份法》第122条的规定大大增加了这种增补的难度。这正是公众公司中的现实情况。但是无论如何,立法者的目的是很明显的:即他们要把股东大会变成公司管理机构的一个橡皮图章。

## III. 会议程序

参考文献:*Barz*, Die groβe Hauptversammlung, AG 1962, Sonderbeilage I; *Bezzenberger*, Die Niederschrift über eine beurkundungsfreie Hauptversammlung, FS Schippel 1996, 361; *ders.* , Die Geschäftsordnung der Hauptversammlung, ZGR 1998, 352; *Dietrich*, Voraussetzungen und Inhalte einer Geschäftsordnung der Hauptversammlung, NZG 1998, 321; *Gehrlein*, Der Anspruch auf Einsicht in ein Hauptversammlungsprotokoll, WM 1994, 2054; *Grüner*; Zeitliche Einschränkung des Rede-und Fragerechts auf Hauptversammlungen, NZG 2000, 770; *Hoffmann-Becking*, Gesetz zur "kleinen AG"-unwesentliche Randkorrekturen oder grundlegende Reformä ZIP 1995, 1; *Kindler*, Die Aktiengesellschaft für den Mittelstand, NJW 1994, 3041, *Kuhnt*, Geschäftsordnungsaufträge und Geschäftsordnungsmaβnahmen bei Hauptversammlungen, FS Lieberknecht, 1997, 45; *Lehmann*, Die groben und die feinen Maschen des § 126 AktG, FS Quack 287; *Lutter*, Das neue Gesetz für kleine Aktiengesellschaften, AG 1994, 429; *Martens*, Die Leitungskompetenzen auf der Hauptversammlung einer Aktiengesellschaft, WM 1981, 1010; *Max*, Die Leitung der Hauptversammlung, AG 1991, 77; *Messer*, Der Vertreter des verhinderten Leiters der Hauptversammlung in der mitbestimmten AG, FS Kellermann, 1991, 299; *Noack*, Moderne Kommunikationsformen vor den Toren des Unternehmensrechts, ZGR 1998, 598; *Obermüller/Werner/Winden*, Die Hauptversammlung der Aktiengesellschaft, 3. Aufl., 1967; Prigge, Ablauf der Wochenfrist des § 126 Abs. 1 AktG bei Gegenanträgen des Aktionärs, ZIP 1998, 1866; *Quack*, Beschränkung der Redezeit und des Auskunftsrechts des Aktionärs, AG 1985, 145; *ders.* , Das Rederecht des Aktionärs in der Hauptversammlung, FS Brandner, 1996, 113; *Siepelt* Das Rederecht des Aktionärs und dessen Beschränkung, AG 1995, 254; *Stützle/Walgenbach*, Leitung der Hauptversammlung und Mitspracherecht der Aktionäre in Fragen der Versammlungsleitung, ZHR 155 (1991), 516; *Trouet*, Die Hauptversammlung-Organ der Aktiengesellschaft oder Forum der Aktionäre?, NJW 1986, 1302, *Ulmer*, Die Anpassung der Satzung in mitbestimmten Aktiengesellschaften an das MitbestG, 1980.

公司与公司之间的情况各不相同。在一人公司中只有一个股东,而在公众公司中股东则有几千人之众。所以基本上不可能制定出一个统一适用于所有公司的决策程序规则。为此,法律仅仅制定了一些原则性的规定,而让各个公司通过章程条款来制定其自己的程序规则,或者让各公司在实践中自己摸索解决办法。[1] 而1998年颁布的《有关加强企业控制和透明度的法律》第129条第1款第1句规定,股东大会可以自己制定,规定和调整大会的准备工作和召集大会的守则;股东大会须以3/4以上的多数意见通过该守则。[2] 30

1. 主持

股东大会的**会议主席**主持大会的召开(试比较《股份法》第129条第4款第2句和第130条第2款)。但是法律没有规定谁可以出任大会主席之职。章程中通常规定由监事会主席或其代表出任大会主席。当然也可以指定其他人担任大会主席之职,股东大会也可以自己选任一位主席。但是董事会成员或者文件公证人不得出任大会主席。在适用《共同决定法》的公司中,根据这样的章程条款,监事会中的职工代表就可以作为监事会主席的代表出任大会主席,主持股东大会(《共同决定法》第27条)。尽管这样的条款并不一定是非法的或者不符合社会习俗,但是在《共同决定法》生效后,许多公司还是修改了章程中的上述条款,避免发生此类情事。[3] 31

2. 程序

大会主席必须宣布召开股东大会。他必须确认大会的召集是符合规定的。如果章程规定登记或者交存股票是出席股东大会或者行使表决权的前提条件,大会主席还必须审查与会股东是否具备了这些条件(《股份法》第123条第2—4款)。此外,他还必须设法及时编制一个大会参与者名单,并且保证每个股东能够在第一次表决之前获得该名单。在名单中必须说明到会股东的姓名和住址、派遣代表的股东及其代表姓名和住址,并且还必须分别说明他们的持股数额以及拥有的股份面值总额。如果接受全权委托的是信贷机构或者股东协会,那么并不需要公示委托者的姓名,但是必须分别说明其所代表的股份种类、面额或者股数(《股份法》第129条第2款)。[4] 在开会期间,大会主席必须保证大会逐个并充分地讨论议事日 32

---

〔1〕 Vgl. *Barz*, Die groβe Hauptversammlung, AG 1962, Sonderbeilage I; *Obermüller/ Werner/Winden*, Die Hauptversammlung der Aktiengesellschaft; *Schaaf*, Die Praxis der Hauptversammlung.

〔2〕 Vgl dazu *Bezzenberger* ZGR 1998, 352; *Dietrich* NZG 1998, 921; *Bachmann* AG 1999, 210; *Schaaf* aaO Rdn. 119 ff; *Hüffer* § 129 Rdn. 1a ff.

〔3〕 Ulmer, Anpassung der Satzung 42; Messer FS Kellermann 299.

〔4〕 Einzelheiten bei *Hüffer* § 129 Rdn. 2ff, 11 f.

程上列举的所有议题,尤其是应该保证少数小股东也有发言的机会。[1] 如果对个别议题已经进行了充分的讨论,可以进行表决,那么他就应该组织进行表决。表决时,主席可以聘请助手或者采用电子辅助手段帮助计票,**确认**和**宣布**投票结果。在上市公司中,编写股东大会备忘录不是大会主席的任务。根据法律规定,公证人应该承担这一任务(《股份法》第130条,见下文4)。[2]

33 大会主席拥有**维持大会秩序的权力**。如果需要,这一权力包括**限制发言时间**。如果一股东进行了冗长而繁琐的发言,发言又没有任何内容,或者其发言中使用了污辱性的语言,大会主席在必要时可以剥夺其发言的权力。在特别严重的情况下,例如一股东严重影响了大会的正常秩序,主席可以命令将该股东驱赶出会场。当然,这种措施严重损害了股东的权利,所以只能将它作为最后的手段。[3]

34 有关大会程序和秩序方面的重要问题是:主席是否可以将其上述决定权转让给股东大会,并由股东大会以多数意见的方式作出决定?对于这一问题,并没有统一的看法。联邦最高法院认为,取消发言权和赶出会场是大会主席的专有权力。[4] 尽管可能会对相关的会议决议提起无效之诉,并在诉讼程序中对决议的合法性进行审查,这一看法是正确的。人们应该将上述做法适用于类似的情况。[5]

3. 非公开会议

35 股份有限公司的股东大会不是**公开性的会议**。原则上,只有股东及其代表才有资格参加股东大会(试比较《股份法》第118条第1款、第123条和第129条)。此外,董事会和监事会的所有成员包括监事会中的职工代表都应该出席股东大会(《股份法》第118条第2款)。其他人也可以作为客人被允许出席会议。这些人主要是顾问委员会或者职工委员会的成员或者股东的助手。原则上,大会主席可以决定这些人是否有权与会。[6] 这些原则也适用于公众公司。在这种公司中任何持有股份的人都可以出席股东大会,并在大会上发言。

36 原则上,**报社记者、广播和电视记者**不能出席股东大会。然而,一些大企业形成

---

[1] BGHZ 44, 245; BGH NZG 2000, 192 (*Wenger/Daimler-Benz*) und dazu *Grüner* NZG 2000, 770, Zu Einzelheiten vgl. weiter LG Hamburg AG 1996, 233; *Max* AG 1991, 77; *Stützle/Walgenbach* ZHR 155 (1991), 516; *Kuhnt* FS Lieberknecht, 51 ff.

[2] Bei nicht börsennotierten Gesellschaften reicht seit dem Gesetz über kleine Aktiengesellschaften die Unterschrift des Vorsitzenden des Aufsichtsrats aus, sofern keine Beschlüsse gefaβt werden, die eine qualifizierte Mehrheit erfordern (§ 130 I 2).

[3] BVerfG ZIP 1999, 1798; BGHZ 44, 245, 250 f; BGH NZG 2000, 192; LG Stuttgart AG 1994, 425; OLG Stuttgart AG 1995, 234; LG Frankfurt AG 1984, 192; *Quack* AG 1985, 145; *Siepelt* AG 1995, 254; *Grüner* NZG 2000, 770.

[4] BGHZ 44, 245, 248.

[5] Vgl. zum Ganzen *Martens* WM 1981, 1010; *Quack* AG 1985, 145, 149; KölnKomm/Zöllner § 119 Rdn. 82 ff; MünchHdb. AG/Semler § 36 Rdn. 49 ff.

[6] Str.; vgl. zuletzt MünchHdb. AG/*Semler* § 36 Rdn. 23.

了一些习惯,在经济报刊上刊登相关的报道,以便让没有出席股东大会的股东、社会公众也能够了解公司的情况。当然这相当于公司所作的一种自我宣传,也符合公司利益。正是出于这一原因,如果个别股东要求禁止媒体参与会议,就应该与相关的股东进行协商。无论如何,股东大会就此以多数票形成的决议是有法律约束力的、必须得到尊重。[1] 同样公司也可以将有关股东大会的报道公开在网页上。[2]

4. 记录

自从 1884 年德国股份法改革以来,德国法律规定,股东大会的决议必须经过公证人记录和公证,而且公司须将公证记录的复印件提交商务注册处备案(《股份法》第 130 条第 1 款和第 5 款)。这一条款的直接目的是,保证对公司的决策能够进行专业性记录,并且保证公司决策的公开和透明,其间接目的是为了保证股份市场能够得到正确的信息。然而聘请公证人需要支付一笔不小的费用,这笔开支并不是在任何情况下都是必需的。所以 1994 年《小股份有限公司和简化股份法的法律》规定:在非上市公司中只有那些必须以 3/4 以上多数票作出的股东大会决议才必须公证;至于其他决议,只要监事会主席在决议记录上签名,即具有法律效力(《股份法》第 130 条第 1 款第 2 句和第 5 款)。[3] 37

在记录中,必须根据《股份法》第 120 条第 1 款第 2 句、第 137 条和第 147 条第 1 款的规定说明少数股东的建议,此外还必须载明决议的地点和时间、公证人的姓名、表决的方式和结果,包括大会主席对决议的确认意见(《股份法》第 130 条第 1 款第 2 句和第 2 款)。另外还必须附上有关召集股东大会的资料和出席者名单(《股份法》第 130 条第 3 款)。如果没有进行符合规定的记录,根据《股份法》第 24 条第 1 款的规定,大会决议无效。[4] 除了这一正式的书面记录以外,在实践中还经常对大会的过程进行录像,并制成详细的录像文件。为此,大会主席必须事前征得与会股东的同意。[5] 每个股东在支付成本费后可以要求公司提供一份录像的复制品。但复制品中仅仅包括相关股东提出的问题、他的发言和答复等内容,并不包括大会的整个过程。[6] 38

## IV. 查询权

参考文献: *Barz*, Das Auskunftsrecht nach § 131/32 AktG in der Rechtsprechung, FS

〔1〕 Str.; wie hier GroβkommAktG/*Barz* § 119 Anm. 26; KölnKomm/*Zöllner* § 119 Rdn. 77; *Hüffer*, § 118 Rdn. 16; a. A. *Obermüller/Werner/Winden*, 73.

〔2〕 Vgl. *Noack* ZGR 1998, 592, 599.

〔3〕 Vgl. dazu *Bezzenberger* FS Schippel 361; *Blanke* BB 1994, 1505; *Hoffmann-Becking* ZIP 1995, 1; *Lutter* AG 1994, 490.

〔4〕 Vgl. BGH AG 1994, 466.

〔5〕 Vgl. BGHZ 127, 107; GroβKomm/*Werner* § 130 Rdn. 124; *Max* AG 1991, 77, 81.

〔6〕 BGH aaO; *Gehrlein* WM 1994, 2054.

Möhring, 1975, 153; *Decher*, Information im Konzern und Auskunftsrecht der Aktionäre gem. § 131 Abs. 4 AktG, ZHR 159(1994), 473; *Deuss*, Das Auskunftsrecht des Aktionärs, 1962; *Duden*, Gleichbehandlung bei Auskünften an Aktionäre, FS v. Caemmerer, 1978, 499; *Ebenroth*, Das Auskunftsrecht des Aktionärs und seine Durchsetzung im Prozeβ, 1970; *Groβ*, Informations- und Auskunftsrecht des Aktionärs, AG 1997, 97; *Hefermehl*, Umfang und Grenzen des Auskunftsrechts des Aktionärs in der Hauptversammlung, FS Duden, 1977, 109; *Hüffer*, Minderheitsbeteiligungen als Gegenstand aktienrechtlicher Auskunftsbegehren, ZIP 1996, 401; *ders.*, Die gesetzliche Schriftform bei Berichten des Vorstands an die Hauptversammlung, FS Claussen, 1997, 171; *Joussen*, Der Auskunftsanspruch des Aktionärs, AG 2000, 241; *Kort*, Das Informationsrecht des Gesellschafters der Konzernobergesellschaft, ZGR 1987, 46; *Kubis*, Die "formunwirksame" schriftliche Auskunftserteilung nach § 131 AktG, FS Kropff, 1997, 173; *Leuering*, Die Erteilung von Abschriften an Aktionäre, ZIP 2000, 2053; *Lüke*, Das Verhältnis von Auskunfts-, Anfechtungs-und Registerverfahren im Aktienrecht, ZGR 1990, 657; *Lutter*, Fragerecht und Informationsanspruch des Aktionärs und GmbH-Gesellschafters im Konzern, AG 1985, 117; *Meilicke/Heidel*, Das Auskunftsrecht des Aktionärs in der Hauptversammlung, DStR 1992, 72 und 113; *Nitschke/Bartsch*, über Bedeutung und Umfang des Auskunftsrechts, insbesondere im Zusammenhang mit Entlastungsbeschlüssen, AG 1969, 95; *Quack*, Beschränkungen der Redezeit und des Auskunftsrechts des Aktionärs, AG 1985, 145; *A. Reuter*, Das Auskunftsrecht des Aktionärs-neuere Rechtsprechung zu § 131 AktG, DB 1988, 2615; *K. Schmidt*, Informationsrechte in Gesellschaften und Verbänden, 1984; *U. H. Schneider*, Der Auskunftsanspruch des Aktionärs im Konzern,, FS Lutter 2000, 1193; *Simon*, Der verschwundene Aktionär, AG 1996, 540; *Spitze/Diekmann*, Verbundene Unternehmen als Gegenstand des Interesses von Aktionären, ZHR 158(1994), 447; *Trescher*, Die Auskunftspflicht des Aufsichtsrats in der Hauptversammlung, DB 1990, 515; *Trouet*, Die Hauptversammlung-Organ der Aktiengesellschaft oder Forum der Aktionäre?, NJW 1986, 1302; *Vossel*, Auskunftsrechte im Aktienkonzern, 1996; *Werner*, Anfechtungsklage und Auskunfterzwingungsverfahren, FS Barz, 1974, 293; *ders.*, Fehlentwicklungen in aktienrechtlichen Auskunftsstreitigkeiten, FS Heinsius, 1991, 911; *Wohlleben*, Informationsrechte des Gesellschafters, 1989.

1. 概述

39 只有股东充分地了解有关公司的重要情况，他们才能在股东大会上作出正确的决定。然而，股东并不参与公司的管理，他们通常只有向公司管理机构进行质询才能获得所需的信息。另一方面，为了防止股东进行令人不快的监督，也为了防止公司信息通过股东大会过度地泄漏给社会公众，管理人员通常不愿意向股东提供过多的情况。在大企业中尤其如此，因为它们是公众媒体关注的对象。这种利益冲突是《股份法》调整的冲突最激烈的内容之一。与《商法典》第 118 条和第 166 条、《有限责任公司法》第 51 a 条的规定不同，《股份法》没有赋予股东查阅公司账簿和资料的权利。这样，股东只能根据公司的年终报表、公司状况报告和中期报表来了解公司的情况。然而，根据《股份法》第 131 条的规定，在股东大会上股东可以要求董事会对公司的所有情况进行汇报,汇报的内容甚至**包括与关联企业之间的关系**。总之,董事会必须提供所有相关的资料,以便**股东能够对大会讨论事项进行正确的评判**。

但是根据这一条款,股东并不能够提任何问题。董事会承担的咨询义务也仅仅限于提供与股东大会讨论事项有实质性关系的信息。这一限制有效地防止了某些股东对查询权的滥用。根据这一限制,董事会不仅可以拒绝回答那些干扰大会进程的问题,也可以拒绝回答那些引起辩论的问题,还可以拒绝回答那些为了满足私人利益而提出的问题。即使是那些与大会决议事项有实质性关系的问题,在特殊情况下董事会也可以拒绝作答。如果董事会根据其经营经验和理智判断得出结论,回答股东的问题会给企业或者其关联企业带来不小的损害,董事会就可以**拒绝作答**(《股份法》第 131 条第 3 款第 1 项,所谓的保护性条款);如果股东提出的问题具备了《股份法》第 131 条第 3 款第 2—6 项规定的条件中的一项,董事会也可以拒绝回答。尽管有这些限制,股东的查询权还是给股东提供了一条有效的、基本上令人满意的信息渠道。实践经验已经证明了这一点。除了法律规定的原因外,董事会不得基于其他原因拒绝向股东提供相应的资料(《股份法》第 131 条第 3 款第 2 句)。但是基于董事承担的忠诚义务,也为了防止滥用查询权,董事会可以对股东的查询要求进行审查。[1] 如果股东提出的问题对于评判股东大会讨论的事项并不需要,基本上可以断定股东有滥用查询权的嫌疑,董事会就可以不必回答相关的问题。[2] 如果一个股东连续不断向董事会提问题,致使股东大会不能继续进行,这也是一种滥用行为。[3] 但公司章程不得过分限定股东的查询权(《股份法》第 23 条第 5 款)。 40

在某些情况下,法律又赋予股东**更多的查询权**。根据《股份法》第 131 条第 1 款的规定,如果公司给一个股东在股东大会之外提供了特定的信息,那么,其他所有股东都可以要求得到**同样的信息**。即使这些信息与股东大会讨论的事项没有任何联系,公司也必须履行这一义务。但是这一规定的适用范围十分有限。例如公司给相关的股东提供了有关信息的原因,并不是因为他的股东身份,而是因为他是公司监事会的成员,或者因为他是关联企业的董事或监事,上一条款就不再适用。[4] 同样不适用的情况有:公司向相关的股东提供信息的原因,是因为他是公司的客 41

---

〔1〕 OLG Frankfurt AG 1974, 25; OLG Düsseldorf AG 1987, 21; KG AG 1994, 83; *Henze* BB 1996, 489; *Hüffer* § 131 Rdn. 33. BGHZ 36, 125, 135 f ist durch die Neufassung des § 131 im AktG 1965 überholt.

〔2〕 KölnKomm/*Zöllner* § 131 Rdn. 44; *Hüffer* aaO.

〔3〕 OLG Frankfurt aaO; nach BGHZ 101, 1, 16 kann eine Auskunft, die im wesentlichen aus einer Fülle von Daten besteht, ausnahmsweise schriftlich durch Einsicht in entsprechende Listen gewährt werden. Vgl. ferner Groβ AG 1997, 97, 104; Werner FS Heinsius 911.

〔4〕 BGHZ 86, 1, 7; LG München I AG 1999, 138. Einzelheiten str., vgl. *Decher* ZHR 158(1994), 473; zur Problematik der Vorschrift und zum berechtigten Interesse der Groβaktionäre, besser als Kleinaktionäre unterrichtet zu werden, vgl. *Duden* FS v. Caemmerer 499.

户，或者是为了将相关的信息编入康采恩年终报表(《股份法》第131条第4款第3句)。在讨论签订或者修改企业内部协议或者有关加入协议时，董事会必须提供所有与此有关的资料和信息(《股份法》第293 g条第3款、第295条第1款、第319条第3款第4句、第320条第5款第3句和第326条)。在康采恩中，母公司的董事会必须汇报整个康采恩的情况，除此之外，还必须报告康采恩年终报表中所包括的所有企业的状况(《股份法》第337条第4款)。在企业进行变更时，董事会必须提供所有相关企业的重要情况(《变更法》第64条第2款、第73条、第125条和第176条)。如果股东大会就是否签订一个合同进行表决，那么董事会就必须在大会上公开该合同的重要内容(《股份法》第124条第2款，见上文边码24)。

42　除此之外，法律还规定，董事会或者审计师必须对大部分重要决议提供详尽的书面报告，根据决议签订的合同必须公开(所谓的**集体信息权**)。〔1〕这一规定比股东享有的查询权还要重要。如果股东能够从查询中、或从年终报表或上述报告中得到所需的资料，那么董事会就没有必要在股东大会上再提供这些资料了。〔2〕

2. 股东个人的查询权

43　不管公司拥有多少股东，**每个股东**都享有查询权。这是股东个人的权利，它源于其成员资格。法律赋予股东这一权利是为了每个股东的个人利益，而不是为了股东大会的利益。〔3〕即使不享有表决权的股东，也有进行查询的权利。

44　如果股东委托一个代表代为行使表决权，就应该意味着这一委托包括行使查询权。因为只有这样，其代表才能作出正确的决定。〔4〕同样的情况适用于投票权的转让。然而，根据《股份法》第132条的规定，只有权利人本人才能提起相关的诉讼申请。〔5〕如果提问题的股东在得到答复之前就离开了会场，除非另一个股东又重新提起这一问题，董事会不必再就此作答。〔6〕出席大会的其他参与者如报社代表没有这样的权利。

45　只有董事会有义务提供相关的资料。监事会不承担这一义务，即使讨论免除某些监事的责任时，它也不必提供相关的资料。通常情况下，董事会仅需提供**口头咨询**，但是也可以被要求阅读有关的文件如合同。〔7〕如果不查阅资料就不能提供

〔1〕Vgl. zum Jahresabschluβ § 175 II, III; zur Kapitalerhöhung § 186 IV 2; zum Abschluβ von Unternehmensverträgen § 293a, c, f; zur Verschmelzung § § 8, 12 UmwG; zur Spaltung § § 125, 127 UmwG; zum Formwechsel § § 192, 230, 238 UmwG. Zum Ganzen vgl. *Hüffer* FS Claussen 171. Siehe auch oben Rdn 25.

〔2〕Vgl. OLG Düsseldorf WM 1991, 2148 zum Jahresabschluβ.

〔3〕*K. Schmidt*, Informationsrechte 21 ff; a. A. namentlich KölnKomm/*Zöllner* § 131 Rdn. 3.

〔4〕Vgl. LG Köln AG 1991, 38.

〔5〕BayObLG AG 1996, 563.

〔6〕*Simon* AG 1996, 540.

〔7〕BGHZ 101, 1, 15; 122, 211, 236; OLG Düsseldorf AG 1992, 34, 36; vgl. *Kubis* FS Kropff 171.

解答,董事会就负有查阅义务。[1] 它必须准备好必要的资料和助手。由于咨询只能在股东大会上进行,而大会的时间是有限的,所以董事会承担的阅读和查阅义务也是有限的。[2] 在例外情况下,股东可以自己查阅在大会上公示的资料。尤其是相关的资料涉及无数具体的细节和数据。通过自己查阅股东能够更加迅速并可靠地了解相关的情况。[3]

### 3. 公司事务

46 《股份法》第131条第1款中使用了**"公司事务"**这一概念。对这一概念应该作广义的理解。根据法律的措词,属于"公司事务"的首先是与关联企业有关的法律关系和业务关系;此外,如果康采恩公司的业务会影响到其总公司股东大会讨论的事项,那么,康采恩公司中的业务也属于上述"公司事务"。[4]

47 一般认为,公司事务包括所有与股份有限公司及其业务有关的事项。与关联企业有关系的公司事项有:参股规模、双重代理、在康采恩内部开展的包括供货和信贷在内的业务及其计算的对价、签订企业内部协议及其内容、康采恩税的计算。[5] 属于公司事务的事项还有:子公司进行增资或者子公司和孙公司之间签订企业内部合作协议、董事或者监事因其在其他企业中兼职而获得的报酬。必须注意的是,根据《股份法》第285条第1款第9项的规定,董事和监事必须将其全部收入公开。[6] 司法判例把董事接受康采恩以外企业的委托出任监事也当作为公司事务。[7] 但是,银行向其买卖有价证券的客户提出的投票建议[8]、监事会主席个人的一些考虑和想法则不属于公司事务。[9]

### 4. 对大会讨论事项的客观评估

48 最大的难题是,何时才需要进行咨询,以便对大会讨论的事项能够进行**客观的评估**?对于这个问题,首先取决于一个具有客观判断能力的正常股东的看法,而且

---

[1] Vgl. BGHZ 32, 159; BayObLG AG 1975, 78; OLG Düsseldorf WM 1991, 2148, 2152; OLG Frankfurt AG 1999, 231; BayObLG AG 1996, 180, 183.

[2] Das OLG Hamburg (AG 1968, 190) hält eine Verlesung, die zwei Stunden dauert, für zumutbar, nicht jedoch von mehr als vier Stunden. Nach OLG Frankfurt kann eine Auskunft nicht verlangt werden, die fast 5000 Vorgänge mit etwa 25 000 Einzelangaben umfaβt (AG 1984, 25, 26).

[3] BGHZ 101, 1, 15 f.

[4] H. M; vgl. *Groβ* AG 1997, 97, 104; *Spitze/Diekmann* ZHR 158 (1994), 447, 453; *Lutter* AG 1985, 117, 119 ff; *Kort* ZGR 1987, 46; *Vossel*, Auskunftsrechte 55ff; BayObLG AG 1996, 563.

[5] OLG Hamm AG 1977, 233; AG 1987, 20; OLG Köln AG 1986, 24; OLG Düsseldorf AG 1988, 53; OLG Karlsruhe AG 1990, 82; LG München I AG 1996, 186; OLG Hamburg AG 1994, 420.

[6] LG Dortmund AG 1984, 83; LG Frankfurt AG 1993, 520; OLG Düsseldorf AG 1997, 520; *Lutter* aaO; *Kort* aaO; *Spitze/Diekmann* aaO 454; *Vossel* aaO, *Schneider* FS Lutter 1193.

[7] KG AG 1996, 131; AG 1996, 135; LG München ZIP 1993, 1630.

[8] BayObLG AG 1996, 180; KG AG 1996, 135; a. A. OLG Düsseldorf WM 1986, 1435; LG München AG 1993, 519; LG Frankfurt WM 1994, 1929.

[9] OLG Stuttgart AG 1995, 234.

该股东对公司也只有一般性的了解。[1] 其次,还必须根据具体情况进行具体分析。但是,法院会谨慎地分析这一点。而且基于这一前提,法律力求对股东的咨询权进行界定。

49 **举例:**(a)**在选聘监事时,**所有有关候选人能力的问题都是客观的。这些问题可以包括候选人接受的培训、已经担任监事的数量及其与其他企业的关系。[2]

50 (b)**在决定是否免除董事和监事责任的讨论中,**需要决定的问题是:股东是否依然可以信任某个董事或者监事?所有有助于股东作出客观判断的重要事项,不管其是否涉及企业经营管理,都可以被问及。[3] 可以询问当事人出席监事会的次数,但不可以问及监事会会议的具体情形及其过程。因为根据法律规定,这些内容属于公司机密(试比较《股份法》第 109 条)。究竟在多大程度上可以问及当事人的个人事项如疾病、处罚记录等,也必须根据具体情况而定。在决定免责时,通常并不需要问及有关个别董事和监事的薪金收入等信息。[4] 可以询问董事捐款的总额,但通常不可以要求说明捐款的收受者。[5]

51 (c)**在讨论提交的年终报表和业务报告时,**可以就股价、计算方法等问题进行质询。法律没有对有关资产负债表和损益表的分类、业务报告内容的询问设置任何界限。尽管如此,还必须以"需要"为标准确定咨询的许可范围。如果问及一些细节,但对这些细节的答复,并不会有助于对年终报表的整体评估,那么这一咨询就是不需要的。[6] 有关职工薪金的咨询也是不需要的。[7] 同样不需要的是对年终报表中某些项目的细节进行盘问 。[8] 如果地产售价在公司的资本额和盈利中占有相当大的比例,那么对该地产售价的询问就是必要的。[9]

52 (d)**柏林高等法院**[10]和**慕尼黑高等法院的判决**[11]是有问题的。根据该判决,公司向康采恩以外的企业参与少量的股份,如果这种参股达到了一定的规模,就必须向股东公开。[12] 这两个判决不符合《股份法》第 131 条的用词、字面意义和目的,因而也遭到了激烈的批

---

[1] OLG Frankfurt AG 1994, 35; KG AG 1994, 83; KG AG 1994, 469; OLG Düsseldorf WM 1991, 2148; OLG Zweibrücken AG 1990, 496.

[2] OLG Düsseldorf AG 1987, 21, 23(für den Vorstand).

[3] RGZ 167, 151, 166; BGHZ 32, 159, 164; BayObLG AG 1999, 320.

[4] Vgl. BGHZ 36, 121; LG Berlin AG 1991, 34, 36.

[5] OLG Frankfurt AG 1994, 39.

[6] So mit Recht *Hefermehl* FS Duden 128. Einzelheiten zuletzt bei *Hüffer* § 131 Rdn. 18 f. Vgl. auch OLG Frankfurt AG 1981, 232; BGHZ 32, 159, 162; 36, 121, 124 f; 86, 1, 18 ff; 101, 1, 6; BGH AG 1995, 462; OLG Frankfurt AG 1991, 206; OLG Hamburg AG 1994, 420.

[7] BayObLG AG 1996, 180; KG AG 1996, 135.

[8] OLG Stuttgart AG 1998, 529, 534; BayObLG AG 1996, 180. BVerfG ZIP 1999, 1801(keine Auskunftspflicht betr. Stille Reserven).

[9] BayObLG AG 1996, 322; AG 1999, 320; LG München I AG 1996, 89.

[10] KG AG 1994, 83; AG 1994, 469; AG 1996, 131(Allianz); AG 1996, 135(Siemens).

[11] BayObLG AG 1996, 516; AG 1996, 563.

[12] Vertreten wird ein Schwellenwert von zuletzt 5% des Grundkapitals oder ein Börsenwert der Beteiligung von mindestens 100 Mio. DM.

评。〔1〕从法政治学的角度分析,这一判决也是有一定理由的,通过这种方式能够加强股东对董事会寻求的投资和收购政策的了解。

(e)如果董事会根据《股份法》第119条第2款的规定,要求股东大会对企业经营管理中的某事项进行表决,那么它就得提供所有的相关资料。〔2〕

董事会必须根据**诚信原则进行咨询,认真提供解答**(《股份法》第131条第2款)。解答必须是全面、客观和正确的。如果董事会自己对某些内容也不确定,那么,它也必须明确告知股东这一点。 53

5. 拒绝咨询

根据《股份法》第131条第3款的规定,董事会可以拒绝向股东提供咨询。董事会的这一权利是反复平衡各方利益、谨慎讨论的结果。 54

(a)该款第1项规定了最重要的拒绝事项:如果根据一个理智商人的判断,解答股东的问题会给公司或者公司的关联企业带来**不小的损害**。对于这一规定,人们也不能进行抽象的界定。这一项规定要求,董事会根据一个理智商人的标准对相关事项作出客观的判断,其采用的判断标准必须经得起法院的全面审查。属于这一项规定的事项有:必须公开企业的研究和发展情况、〔3〕计算方法及其计算资料、〔4〕与特定客户谈定的合同价格及交易条件等。由于在股东大会咨询中所作的说明,社会公众或者企业的竞争对手也获得了相关的资料,这些将会对企业产生损害。这一规定的目的并不是在公司的保密利益和股东的信息权之间进行平衡。〔5〕因此即便公开也不会给公司造成不小的损害,董事会也可以引用这一条款,拒绝提供有关信息。例如要求公司必须公开其秘密储备金就是这种情况。〔6〕然而,董事会不得将拒绝咨询的权利用来掩盖其错误的经营政策或者其本身的非法行为。只要存在着上述情况的嫌疑,董事会必须就此作出解释。〔7〕 55

公司必须**证明**有关的信息是必须保密的。但是,对这种证明不能提出过高的要求。为了证明有关信息的保密性而公开该信息是不应该的。这样便违背了上述法律规定。因此只要 56

---

〔1〕 Vgl. zur Kritik *Hüffer* ZIP 1996, 401; *ders.* AktG § 131 Rdn. 19a; *Groß* AG 1997, 97, 106 je mwN. Ablehnend auch LG Frankfurt WM 1994, 1929; WM 1994, 1931.

〔2〕 OLG München AG 1996, 327; OLG Frankfurt AG 1999, 842.

〔3〕 LG Heilbronn AG 1967, 81.

〔4〕 LG Dortmund AG 1987, 21, 22.

〔5〕 Str.; vgl. *Geßler/Hefermehl/Eckardt* § 131 Rdn. 85 f; KölnKomm/*Zöllner* § 131 Rdn. 34; MünchHdb. AG/*Semler* § 37 Rdn. 33; *Hüffer* § 131 Rdn. 27; je mwN.

〔6〕 OLG Düsseldorf AG 1994, 228.

〔7〕 BGHZ 86, 1, 19; 101, 1, 9 f. In diesem Fall spielt die Interessenabwägung doch eine Rolle.

董事会的说明有一定的可信度,这就足够了。[1] 董事会全体可以对此进行讨论并作出决定。[2]《股份法》第 131 条第 3 款第 1 项并没有规定拒绝咨询是董事会的义务。但是根据《股份法》第 93 条第 1 款的规定,董事会必须承担这一义务。[3]

57 (b)《股份法》第 131 条第 3 款第 2 项规定的拒绝原因是在公司和股东之间必须保护税收秘密 。立法者认为,对股东而言重要的仅仅是商事决算报表。因此,如果股东能够从董事会的说明中分析出商事决算和税务决算中的区别,董事会也可拒绝作出说明。[4] 从法政治学的角度看,这一规定是值得怀疑的,因为它在实际上鼓励企业编制两个不同的决算报表。[5]

58 (c)《股份法》第 131 条第3 款第3 项和第4 项规定的拒绝事项也同样是值得怀疑的。据此董事会可以拒绝提供有关秘密储备金的情况。理由是因为秘密储备金是合法设立的。[6] 决算指令法在上述第 4 项中又加了一条附加条件:只有在人们足以从年终报表的附件中了解公司的客观经营状况时,董事会才可以拒绝说明公司的秘密储备金。这一附加条款是十分正确的。在进行企业合并时,不公开企业的秘密储备金,就不可能对两个企业的换股情况进行正确的判断。另外,如果股东大会确认了年终报表,就不再适用拒绝咨询权(《股份法》第 173 条)。

59 (d)只有在董事会提供的咨询违反了保密条款时,董事会才可行使第 5 项规定的拒绝咨询权(《股份法》第 404 条)。[7]

60 (e)如果根据《商法典》第 340 条等的规定,信贷机构和金融机构的负责人不必在年终报表和情况报告中就决算和评价的方法和计算作出说明,他就可以根据《股份法》第 131 条第 3 款第 6 项的规定拒绝提供咨询。

61 **典型案例**:(aa)在汉堡高等法院审理的一起案件中(OLG Hamburg AG 1970, 372),原告要求公司必须说明,公司是以市场价格还是较高的康采恩内部划拨价格从其母公司那里购得原油的。法院认为,这一问题对于评估公司的盈利状况和股东大会的讨论事项"年终报表"十分重要。法院不承认在这种情况下,公司可以行使《股份法》第 131 条第 2 款第 1 项规定的拒绝权(对公司有重大的损害),因为公开的并不是原油的售价,而是企业的经营决定,即企业是否必须向其母公司作出比市场价格更高的价格承诺。

---

[1] KölnKomm/*Zöllner* § 131 Rdn. 36; LG München I AG 1987, 185, 187; OLG Düsseldorf WM 1991, 2148; *Meilicke/Heidel* DStR 1992, 113, 116.

[2] BGHZ 36, 121, 127; OLG Frankfurt AG 1986, 233.

[3] BGHZ 36, 121, 131.

[4] LG München I AG 1981, 79f(Abschreibungen über das steuerlich zulässige Maβhinaus); LG Dortmund AG 1987, 190 f(Wieviel Körperschaftssteuer wäre bei Vollausschüttung erspart worden?). Vgl. zum Ganzen *Meilicke/Heidel* aaO 117.

[5] KölnKomm/*Zöllner* § 131 Rdn. 37.

[6] Zu verfassungsrechtlichen Einwänden vgl. *Ebenroth/Koos* BB 1995, Beil 8. Das BVerfG(ZIP 1999, 1801)hat die Verweigerung der Auskunft über stille Reserven für zulässig erklärt.

[7] A. A. *Hüffer* § 131 Rdn. 31.

(bb)在某酿酒公司的股东大会上,股东要求董事会回答下列问题:(1)获得许可费的数额; 62
(2)啤酒业务的亏损数额;(3)为从竞争对手那里争取酒馆、饭店而支出的费用;(4)出租和租赁收入的数额;(5)每一百升啤酒的税费。慕尼黑州法院认为:第一个问题对更好的评估年终报告若是必需的,而且没有说明将会对公司造成何种具体的损失,所以,公司不得引用其拒绝权;另外,公司还必须公布其亏损额。但是,法院认为,公司不必回答另外几个问题,因为这些回答并不足以评估公司的盈利状况,因而不具有充分的说服力(LG München I AG 1987, 185)。

(cc)在普费尔贝格股份两合公司一案中(Kupferberg & Cie KgaA, LG Mainz AG 1988, 63
169),原告是在前民主德国威士忌"约尼·瓦克"的独家代理商,原告想知道这种威士忌销售额在企业总收入中所占的份额。法院认为,企业可以根据第3款第1项的规定拒绝回答原告的问题,因为公开价格将严重影响公司在与外国生产公司和国内大企业交易中的谈判地位。

(dd)《商法典》第340 e, f, g条(以前《信贷法》第26 a条)允许银行和金融服务提供者 64
进行折旧,并对债权和有价证券的价值进行调整。在进行这项工作时,它们可以不根据《商法典》第246条第2款、第253条和第279条的规定进行结算,这样它们就可以决定设立秘密储备金,也可以解散这一储备金。利用这一条款,金融机构可以防止金融机构的盈利变化不定,也使其每年公示的经营成果有坚实的基础。这样可以不危及社会公众对银行的信任。联邦最高法院曾经在两个案件中遇到这样的问题:股东是否可以利用其查询权要求调查被上述实践掩盖了的有关盈利的真实情况。联邦最高法院认为:由于这种查询将会引发危险,而制定这一条款的目的就是要避免这种危险,所以在正常情况下,银行不必提供相关的资料。接着,法院又作了进一步的补充,有时必须对双方的利益进行权衡,而且必须优先保护股东的查询权。尤其当有充分的证据支持股东的怀疑,银行董事会采取了一个错误的信贷政策时,银行不得利用其拒绝咨询权,隐藏其违反义务的事实(BGHZ 86, 1)。第二个案子涉及企业向另一企业参股,而且参股的数额高出企业资产的25%。在这一案件中,联邦最高法院判决企业有提供信息的义务(BGHZ 101, 1, Deutsche Bank)。《股份法》第131条第3款新增加的第6项采用了联邦最高法院的这一解释。

### 6. 强制咨询程序

如果一个股东对董事会提供的咨询不满意,他可以要求将他的问题以及拒绝 65
咨询的原因记入股东大会的会议备忘录(《股份法》第131条第5款)。然后,他也可以根据《股份法》第142条的规定提起强制咨询程序,要求法院对此进行审查。

在这种自愿司法管辖程序中,法院必须审查,公司提供的咨询是否是充分的、正确的,是 66
否具备了拒绝咨询的条件。如果法院批准了股东的申请,那么公司必须补充提供相关的资料。然而,这一程序在实践中意义不大。[1] 因为对这种不充分的咨询或者拒绝咨询及其相关的股东大会决议,股东可以违反法律为由根据《股份法》第243条第1款和第4款的规定要求予以撤销(见下文IX)。根据《股份法》第132条作出的决定在撤销程序中没有法律约束力。[2] 联邦最高法院在一起判决中(BGHZ 86, 1)判定股东可以不提起强制咨询程序而提

[1] Vgl. aber OLG Stuttgart AG 1992, 459; OLG Koblenz AG 1995, 34; BayObLG AG 1996, 563.

[2] Str., vgl. *Goette* DStR 1993, 733; a. A. OLG Stuttgart AG 1992, 459.

起撤销之诉,但是股东必须说明,要求撤销的决议是在拒绝咨询的基础上作出的。[1]

67 如果股东因为公司有问题的咨询而遭受了损失,例如他以过低的价格出售了其股份,他还可以对公司董事会提起损害赔偿之诉,[2]同样的诉讼还可以向相关的董事提起。[3] 根据《股份法》第400条第1款第1项的规定,相关的责任人可以被判处3年以下的徒刑。

## V. 股东大会决议和表决权

参考文献: *Adams*, Höchststimmrechte, Mehrfachstimmrechte und sonstige wundersame Hindernisse auf dem Markt für Unternehmenskontrolle, AG 1990, 63; *Armbrüster*, Zur uneinheitlichen Stimmrechtsausübung im Gesellschaftsrecht, FS Bezzenberger, 2000, 3; *Baums*, Höchststimmrechte, AG 1990, 221; *Grunewald*, Rückverlagerung von Entscheidungskompetenzen der Hauptversammlung auf den Vorstand, AG 1990, 133; *Lutter*, Die entschluβschwache Hauptversammlung, FS Quack, 1991, 301; *Maier-Reimer*; Negative "Beschlüsse" von Gesellschafterversammlungen, FS Oppenhoff, 1985, 193; *Martens*, Stimmrechtsbeschränkung und Stimmbindungsvertrag im Aktienrecht, AG 1993, 495; *Messer*, Der Widerruf der Stimmabgabe, FS Fleck, 1988, 221; *Noack*, Der Widerspruch des Aktionärs in der Hauptversammlung, AG 1989, 78; *Priester*, Satzungsänderung und Satzungsdurchbrechung, ZHR 151 (1987), 40; *Schneider*, Gesetz eines Verbots für Stimmrechtsbeschränkungen bei der Aktiengesellschaft? AG 1990, 56; *Vogel*, Gesellschafterbeschlüsse und Gesellschafterversammlung, 2. Aufl., 1986; *Zöllner*, Die Konzentration der Abstimmungsvorgänge auf groβen Hauptversammlungen, ZGR 1974, 1; *ders.*, Beschluβ, Beschluβergebnis und Beschluβergebnisfeststellung, FS Lutter, 2000, 821; *Zöllner/Noack*, One share-one vote? AG 1991, 117; *dies.*, Zulä ssigkeitsgrenzen des gesetzgeberischen Eingriffs in Gesellschafterrechte, AG 1991, 157.

### 1. 决议

68 股东大会以决议的方式作出决定。这是一个具有多重特性的法律行为。对此《民法典》第104条的规定只能有选择地进行适用。[4] 法律没有对股东大会的**决议能力**进行规定。因此大会在任何时候都可以作出决定。然而章程可以规定一个必须到会的最低股东人数(《股份法》第133条第1款)。

---

[1] RGZ 167, 151, 165; BGHZ 36, 121, 139; 86, 1, 3; 119, 1, 13; zum Ganzen *Lüke* ZGR 1990, 657, 659 ff; *Werner* FS Heinsius 911, 915 ff.

[2] Einzelheiten zu der umstrittenen Frage bei KölnKomm/*Zöllner* § 131 Rdn. 102; *Geβler/Hefermehl/Eckardt* § 131 Rdn. 173; MünchHdb. AG/*Semler* § 37 Rdn. 65.

[3] Zweifelnd KölnKomm/*Zöllner* § 131 Rdn. 100 f; *Hüffer* § 131 Rdn. 44; bejahend MünchHdb. AG/*Semler* § 37 Rdn. 65 mwN.

[4] Zu § 139 BGB vgl. BGHZ 124, 111, 122.

在表决程序开始前，大会主席必须首先指定一名股东负责表决事项。然后由该股东主持开始**表决程序**。对于表决程序，法律仅仅作了简单的规定：如果少数股东要求，而且得到了到会的持有10%以上股本的股东支持，在选聘监事时必须首先根据《股份法》第127条的规定对股东的建议进行表决，然后再对监事会的建议进行表决（《股份法》第137条）。法律也没有规定表决的形式。根据《股份法》第134条第4款的规定，公司章程可以对此进行规定，而章程通常把这一决定权授予大会主席。举手进行**公开表决**是常见的表决方式。在大型企业中则通常以投票方式进行表决，在每张表决票上都载明每个出席者拥有的表决权数量。这样可以利用机器设备迅速统计投票结果。大会不可以进行秘密投票。这一方面是因为必须确定每个投票者投票的数量，另一方面是因为在可能发生的撤销决议诉讼中也必须对投票情况进行审查。经过计票，由**大会主席确认并宣布投票结果**。在决议符合《股份法》第130条第1款规定的条件下，由在场的公证人在股东大会备忘录中对大会决议进行公证（见上文III.4）。即使有关建议被拒绝，公证人也必须对此进行公证，拒绝本身也是一个有效的**否决**决议。[1] 如果决议涉及章程的修改（《股份法》第181条）和其他重要事项，其生效还必须符合特定的条件，即必须首先将它们**送交商务注册处登记**，然后才成为有效的决议。如果决议是有条件并且有期限的，那么它们只能在限定的范围内有效。[2] 69

2. 多数票原则

《股份法》第133条第1款规定，如果法律或者章程没有相反的规定，股东大会的决议由所投票数中的**简单多数票**作出。不得将无效票统计为同意票。根据主流意见弃权也不得统计为同意票。[3] 如果出现平票，有关的议案就没有获得通过。此外，对于**修改章程的决议**[4]和**其他的重大基本决议**[5]，股东大会必须以特定的多数即3/4以上的多数同意票作出，法律要求并不是所投票数的3/4，而是表决时同意票所代表的股份资本必须占到与会股东所代表资本的3/4。[6] 这意味着对限 70

---

〔1〕 H. M.; vgl. schon RGZ 122, 102, 107; 142, 123, 130; 146, 71. Kritisch *Maier-Reimer* FS Oppenhoff 193.

〔2〕 Vgl. LG Frankfurt WM 1990, 237; *Grunewald* AG 1990, 133, 137; *Lutter* FS Quack 301.

〔3〕 Vgl. BGHZ 83, 35 zum Vereinsrecht; BGHZ 129, 136, 153.

〔4〕 § 179 II sowie alle Beschlüsse zur Änderung des Grundkapitals.

〔5〕 Auflösung der Gesellschaft( § 262 I Nr. 2); Abschluβ und Änderung von Unternehmensverträgen (§ § 293, 295); Eingliederung beim herrschenden Unternehmen ( § 319); Verschmelzung, Spaltung, Vermögensübertragung und Formwechsel ( § § 179a AktG, 65, 125, 176, 240 UmwG); zu anderen Grundlagenbeschlüssen s. oben I 5.

〔6〕 Satzungsänderungen, die nur die Fassung betreffen, kann die Hauptversammlung dem Aufsichtsrat überlassen( § 179 I 2). Für die Anpassung der Satzung an das MitbestG genügt ausnahmsweise die einfache Mehrheit( § 37 I MitbestG), für die Umstellung des Grundkapitals und der Aktiennennbeträge auf den Euro sowie die Beseitigung von Mehrstimmrechtsaktien ausnahmsweise die einfache Mehrheit des vertretenen Grundkapitals( § § 4, 5 II EGAktG).

制表决权的情形不予考虑(见下文4)。这一条款的最重要的经济后果是:如果所有股东都到会,持有25%股份的股东就可以阻止股东大会形成任何决议。这就是所谓的**少数否决权**。根据多数学者的意见,《股份法》第133条第1款规定也要求简单多数。如果决议涉及兼并一个附属企业(《股份法》第319条和第320条,见下文§55. II.)以及企业变更(《变更法》第233条和第242条),可以要求以更多的票数或者一致同意方式作出相应的决定。

71 如果决议涉及**改变企业经营目的**,例如,决定将盈利性企业转变成公益性企业或者慈善性企业,也必须由股东大会以一致同意的方式作出决议。这依然是目前具有代表性的观点。这一观点的法律依据是《民法典》第33条第1款第2句,其实质也是为了维护股东的利益。最近,越来越多的学者提出了不同的主张,他们认为,即使在这种情况下,也没有必要违背多数票原则,小股东的利益可以通过类比适用《股份法》第304条和第305条的规定来保证。[1]

72 如果章程的修改影响了**个别股东或者某一类股东的权益**,只有征得这些股东的同意,相关的修改才能生效。《股份法》第179条第3款、第180条和第182条第2款等列举了几种这样的情况。但是,根据《民法典》第35条的规定,上述规定必须适用于所有影响股东特别权益的情形,例如决议剥夺了股东根据《股份法》第101条第2款规定享有的派遣权。如果一类股东的权益受到了影响,那么,该类股东必须以多数票的形式作出决议。决议时必须适用股东大会进行决议时同样的规则(《股份法》第179条第3款)。在相关的股东未作出同意决定之前,股东大会的决议没有法律效力。

3. 章程规定

73 除了法律规定的简单多数和特定多数外,章程可以提出**更严格的要求**,章程甚至可以规定一致同意。当然,这会严重危及股东大会的运作能力(《股份法》第133条第1款、第179条第2款)。章程也可以提出一些特别的要求,例如决议必须征得特定股东或者监事会的同意,但是不得要求征得外部第三者的同意。[2]相反,在法律规定需要特定多数的情况下,章程也可以规定一个更低的多数要求。[3]但是,如果决议涉及改变企业的经营范围(《股份法》第23条第3款第2项)、减资(《股份法》第222条第1款)、批准企业内部合作协议(《股份法》第293条第1款)和企业的变更(《变更法》第65条第1款),章程只能规定一个比法律规定更高的多数票要求。因为在这种情况下,小股东的利益必须得到特别保护(《股份法》第179条第2

---

〔1〕 Vgl. *Wiedemann* GesR I, 156; *Timm*, Die Aktiengesellschaft als Konzernspitze 31 ff; anders KölnKomm/*Zöllner* § 179 Rdn. 113; MünchHdb. AG/*Semler* § 39 Rdn. 62.

〔2〕 Vgl. KölnKomm/*Zöllner* § 179 Rdn. 169 zu Satzungsänderungen.

〔3〕 So für die Satzungsänderung § 179 II; für die Kapitalerhöhung § 182 I; für die Abberufung von Aufsichtsratsmitgliedern(BGHZ 99, 211).

款第2句)。

74 对于选举,章程既可以规定一个更严格的数额,也可以规定一个宽松的数额(《股份法》第133条第2款)。章程也可以采用相对多数或者比例选举法。[1]

75 德国《股份法》规定的多数票决定制的一个后果是:在选聘监事会成员时,大股东拥有决定性的影响力,而小股东则通常没有机会选聘自己的代表;除非大股东允许他们选派一名代表。这就大大削弱了少数小股东对公司的影响力。与德国不同,美国采用累计投票法。[2]在选聘监事会中的职工代表时,则采用比例选举法是理所当然的(《共同决定法》第15条、第16条、第18条)。因此,改革德国《股份法》的一个重要任务就是:将比例选举办法引入股东大会表决制度中。[3] 甚至可以考虑,通过立法规定保证小股东或者少数股东在特定情况下能够得到一个监事席位。在现行法律中还没有条款规定,监事会中必须有小股东代表。哈姆高等法院(OLG Hamm NJW 1987, 1030, 1031)认为,由于法律的明文规定,大股东也不承担这方面的忠诚义务。[4]

4. 表决权

76 股东根据其持有的股票种类行使表决权。如果为面值股,那么就根据其面值行使表决权。如果为比例股,则根据其持有的股票数额进行表决。只要不是没有表决权的优先股,每个股份都有一个表决权(《股份法》第12条、第134条第1款第1句和第139条等)。只有缴清所有股金的股份,才有表决权(《股份法》第134条第2款第1句)。[5] 如果股份的面值不同,那么就根据面值的比例关系来决定表决权的比例关系。[6] 与帝国法院的判决不同,[7]一个人可以持有许多不同种类的股份,他也可以行使不同的投票表决权。这种做法在实践中广为采用,而且得到了社会的公认。其中最重要的原因是因为股份信托管理。由此,一个受托管理人可以接受许多人的委托,他也必须根据这些人的指示进行投票表决。[8]

---

〔1〕 Vgl. zu einem Fall der qualifizierten Mehrheitswahl BGHZ 76, 191, 196. Die Zulässigkeit der Verhältniswahl ist streitig, doch finden sich im Gesetz keine überzeugenden Anhaltspunkte dafür, daβ sie unzulässig sein soll. Vgl. wie hier KölnKomm/*Zöllner* § 133 Rdn. 94; *Hüffer* § 133 Rdn. 33; a. A. GroβkommAktG/*Barz* § 133 Anm. 15; KölnKomm/*Mertens* § 101 Rdn. 14.

〔2〕 Vgl. dazu *Conard*, Corporations in Perspective, 1976, 323.

〔3〕 Ebenso *Overrath* AG 1970, 219; *Lutter*, Der Aktionär in der Marktwirtschaft, 38 f; *Wiethölter*, Interessen und Organisation der Aktiengesellschaft im amerikanischen und deutschen Recht, 310 ff; *C. E. Fischer* NJW 1958, 1265.

〔4〕 Kritisch auch *Timm* NJW 1987, 977, 984 ff; *Mertens* AG 1987, 40; *Kropff*, FS Goerdeler, 259, 266 ff.

〔5〕 Für den Fall der Teileinzahlung enthält § 134 II 2—6 eine Reihe von Spezialregeln.

〔6〕 Eine Aktie des Nennwerts von 1000 DM muβ daher zehnmal soviel Stimmen gewähren wie eine Aktie mit dem Nennwert 100 DM.

〔7〕 RGZ 118, 67, 69.

〔8〕 Vgl. *Armbrüster* FS Bezzenberger 3.

77 在非上市股份有限公司中,章程可以对一个股东拥有的表决权的**最高数额**进行限制或者进行等级限制(《股份法》第134条第1款第2句,《有关加强企业控制和透明度的法律》生效以后的版本)。[1] 这一条款一方面是为了限制大股东对企业的影响,另一方面是为了防止企业为第三者所收购。但是修正后的《有关加强企业控制和透明度的法律》接受了以下观点,即这种限制与开放的资本市场是不相符合的。[2]

78 根据股东平等原则,公司可以对所有股东的表决权进行同等程度的限制(《股份法》第134条第1款第5句)。根据《股份法》第134条第1款第3和4句的规定,为了限制股东的表决权,公司章程可以规定,在某些情况下第三者持有的股份和股东自己持有的股份一样,必须视作该股东自己拥有的股份。这一条款的目的是为了防止对最高投票权的限制的规避。在股东大会上行使表决权时,如果股东在投票表决时规避了章程设定的限制,那么这种行为是非法的;如果股东为了规避的目的而将其股份出让给他人,这种行为也是违法的(《股份法》第405条第3款第2、3和5项)。公司还可以通过修改章程对表决权进行限制。即使受到影响的股东对此表示反对,也不影响修改的效力。根据联邦最高法院的判决,这种修改虽然侵犯了股东的表决权,但是,如果多数的股东认为这一限制是必要的,那么它就是合法的。因此,这种限制没有侵犯《宪法》第14条第1款保护的股份权。[3]

## VI. 禁止表决

参考文献: *Duden*, Aktienrechtliche Fragen zur Organschaft mit einem Groβaktionär, BB 1957, 50; *ders.*, Die Diskussion über das Konzernrecht, BB 1957, 1234; *Matthießen*, Stimmrecht und Interessenkollision, 1989; *Schilling*, Gesellschafterbeschluβ und Insichgeschäft, FS Ballerstedt, 1975, 257; *Wilhelm*, Stimmrechtsausschluβ und Verbot des Insichgeschäfts, JZ 1976, 674; *ders.*, Rechtsform und Haftung bei der juristischen Person, 1981, 59 ff; ferner das Schrifttum zu § 33 V; *Zöllner*, Die Schranken mitgliedschaftlicher Stimmrechtsmacht bei den privatrechtlichen Personenverbänden, 1963, 146 ff.

### 1. 法定的禁止表决

79 **根据法律规定**,在某些情况下股份**没有表决权**。公司自己拥有的股份或者其附属企业拥有的股份没有表决权。同样,由第三者为公司或者附属企业持有的股份也没有表决权(《股份法》第56条第3款第3句、第71b条、第71d条第4句)。通

---

〔1〕 Zur Abschaffung von Höchststimmrechten vgl. § 5 EGAktG (s. oben § 12 Rdn. 59); zur Unzulässigkeit einer in das Ermessen des Vorstands und des Aufsichtsrats gestellten Einführung des Höchststimmrechts vgl. LG Frankfurt AG 1990, 169 (*Dresdner Bank*).

〔2〕 *Adams* AG 1990, 63; *Baums* AG 1990, 221; *Martens* AG 1993, 498; a. A. *Schneider* AG 1990, 56; *Zöllner/Noack* AG 1991, 117; *Hüffer* § 134 Rdn. 5 (Entscheidung sollte satzungsoffen sein).

〔3〕 Ebenso OLG Celle AG 1993, 178. Zur Gegenansicht vgl. *Zöllner/Noack* AG 1991, 157.

过这些规定，法律试图防止董事会直接或者间接参与股东大会的决策过程，扩大其影响力。另外，如果在获得1/4或者一半的股份资本时没有根据《股份法》第20条和第21条的规定履行通知义务，或者上市公司没有根据《有价证券交易法》第21条的规定履行通知义务，相关的股份就没有表决权（《股份法》第20条第7款、第21条的4款，《有价证券交易法》第28条，见下文§52. I. 3）。如果两个公司相互参股，那么，根据《股份法》第328条第1款的规定最多只有1/4的股份资本享有表决权（见下文§51. V.）。

2. 利益冲突

《股份法》第136条第1款规定了**由于利益冲突而禁止行使表决权**的情形。法律没有规定一般性的禁止投票的构成要件：即如果表决时企业利益和股东的个人利益相冲突，相关的股东不得进行投票表决。[1] 因为这种规定会产生许多问题：首先，几乎不可能对此进行精确的定义，因而不符合法律安全性的要求。其次，在实践中利益冲突的情况通常是隐蔽的，而且股东借助替身可以很容易规避这种禁止。最重要的是因为，这种规定通常剥夺了大股东或者多数股东的表决权，而将重要事项的决定权交给了小股东。这样就改变了公司中的权力关系。因此，《股份法》第136条第1款仅仅规定了三种禁止表决的情形： 80

（a）在决议**免除其自己的责任**时，相关的股东不得进行投票表决。最常见的情况是免除董事或者监事的责任，相关的董事和监事同时又是公司的股东（见上文边码5）。 81

（b）在决议**免除某一股东的义务时**，相关的股东也没有表决权。由于股东大会通常对此没有决定权，所以这种情况在股份法中很少。可能发生的这类情事有：决定放弃对违反义务的发起人和管理人员提起损害赔偿之诉（《股份法》第46—48条、第93条第4款、第116条），或者放弃根据《股份法》第117条的规定对非法对管理人员施加影响的股东提起的诉讼。免除的并不一定是公司法方面的义务，也可以是根据买卖合同确立的义务。关键是股东大会对此拥有决定权。 82

（c）如果股东大会决定，公司应该对相关的股东提起**司法或者非司法请求**，相关的股东没有表决权。这一法律禁令包括所有根据股东权、合同和侵权而引起的诉求（试比较《股份法》第147条并见上文§12. III.）。但是，由于股东大会的管辖权有限，这一禁止所起的实际作用不大。 83

（d）需要补充的是《股份法》142条第1款第2项规定的事项。据此，如果股东大会决定**聘请特别审计师**，董事会成员或者监事会成员没有表决权。 84

上述四种情况都是关于公司是否应该对可能进行非法行为的股东采取惩罚措施，禁止相关股东行使表决权的法律思想是：任何人不得成为评判自己行为的法官。在一人公司中，禁 85

---

〔1〕 Vgl. aber die abweichende Rechtslage nach § 47 IV GmbHG(s. unten § 33 V).

止表决实际上没有任何意义。[1] 如果所有股东都同等程度地受禁令的影响,禁止表决也没有效力。因为如果这样的话,股东大会就不可能形成任何决议。

3. 禁止规避

86 为了防止规避禁止表决的禁令,《股份法》第 136 条第 2 款第 2 句规定:不得代替他人行使表决权,也不得由他人代为投票表决。这一禁令涉及的主要是法定代表和指定代表,而且不管是代表还是被代表的人,都不得进行投票表决。即使是隐性代表和投票权的转让(《股份法》第 135 条第 4 款第 2 句、第 129 条第 3 款),也适用这一禁令 。甚至即使代表本身不是股东,他也不得进行投票。[2]

87 如果根据上述禁令,一人公司的股东或者资合公司中的大股东不得行使表决权,这就产生了一个严重的问题:即公司是否可以行使其拥有的股份的表决权。[3] 在有限责任公司中,公司可以行使这一权利(见下文 § 33. V.)。如果股东委托一个公司职员参与股东大会进行投票表决,决议的事项是免除董事的责任,而该董事恰恰是该职员的上司(见下文 VIII. 1),也同样存在问题。

4. 交易行为与禁止表决的例外

88 与《民法典》第 34 条和《有限责任公司法》第 47 条第 4 款的规定相反,在股东大会讨论决定与某个股东开展业务关系时,不适用《股份法》第 136 条第 1 款规定的禁令。根据修改以前的《商法典》第 252 条第 3 款的规定:1937 年以前对股份有限公司也曾经适用过这样的条款。但是帝国法院对此作了严格的解释,使这种禁令几乎失去了实质性内容,所以 1937 年《股份法》放弃了这样的条款。[4]《民法典》第 34 条的规定不能适用于股份有限公司。在学术界几乎无人对上述放弃提出疑问。[5] 赞同禁令的理由是:公司和股东签订合同是最典型的利益冲突。而另一方面,由于股东大会通常对合同的签订没有决定权,因此最重要的适用禁令的情况在《股份法》中就根本不存在。《股份法》第 68 条第 2 款和第 119 条第 2 款规定的情况是特例,由于很少出现,可以忽略不计。只有在与股东开展业务的行为是签订企业内部协议和变更合同时,才可以适用禁止表决的禁令。因为根据法律规定,股东大会对此有管辖权(《股份法》第 293 条、第 319 条和第 320 条,《企业变更法》第 4 条、第 126 条和第 176 条第 2 款)。由于大股东拥有企业的大部分股份,而他又是企业内部协议或者转型合同的一方当事人,所以在大多数情况下,股东大会都会作出

---

〔1〕 BGHZ 105, 324, 333 (zur GmbH); *Matthießen* aaO 90.

〔2〕 BGHZ 108, 21, 25.

〔3〕 BGHZ 36, 296; LG Köln AG 1998, 240.

〔4〕 Vgl. die Darstellung bei *Zöllner*, Schranken mitgliedschaftlicher Stimmrechtsmacht 149 ff und *Wilhelm*, Rechtsform und Haftung bei der juristischen Person 53 ff.

〔5〕 *Duden* BB 1957, 50, 1254.

肯定性决议。如果禁止大股东进行投票表决,而让少数小股东决定是否签订这些合同,虽然这时这些小股东是企业的决策者,但是这种方法的公正性是值得怀疑的。所以最好的办法是通过其他方式来保护小股东的利益,例如要求决议须由特别多数作出、《股份法》第243条第1款和第2款规定的撤销权、《股份法》第304条、第305条、第320条第5款、《变更法》第29条、第125条和第176条规定的补偿和交换要求,以及对非法行为的董事或者监事提起损害赔偿之诉。通过扩大股份法的忠诚义务的内容和股东的诉权还可以进一步强化上述保护措施(见上文 § 12. III.,V.)。

## VII. 约束表决权的合同

参考文献:*R. Fischer*, Zur Methode revisionsrichterlicher Rechtsprechung auf dem Gebiet des Gesellschaftsrechts, dargestellt anhand der Rechtsprechung zu den Stimmbindungsverträgen, FS Kunze, 1969, 95; *v. Gerkan*, Gesellschafterbeschlüsse, Ausübung des Stimmrechts und einstweiliger Rechtsschutz, ZGR 1985, 167; *Janberg/Schlaus*, Abstimmungsverträge nach neuem Aktienrecht unter Berücksichtigung des Rechts der verbundenen Unternehmen, AG 1967, 33; *dies.*, Nochmals: Abstimmungsverträge nach neuem Aktienrecht, AG 1968, 35; *Happ*, Stimmbindungsverträge und Beschluβanfechtung, ZGR 1984, 168; *Hoffmann-Becking*, Der Einfluβ schuldrechtlicher Gesellschaftervereinbarungen auf die Rechtsbeziehungen in der Kapitalgesellschaft, ZGR 1994, 442; *Lübbert*, Abstimmungsvereinbarungen in den Aktien-und GmbH-Rechten der EWG-Staaten, der Schweiz und Groβbritannien, 1971; *Martens*, Stimmrechtsbeschränkung und Stimmbindungsvertrag im Aktienrecht, AG 1993, 495; *Noack*, Gesellschaftervereinbarungen bei Kapitalgesellschaften, 1994; *Odersky*, Stimmbindungen in Pool und "Unterpool", FS Lutter, 2000, 557; *Overrath*, Die Stimmrechtsbindung, 1973; *Priester*, Drittbindung des Stimmrechts und Satzungsautonomie, FS Werner, 1984, 657; *Reuter*, Stimmrechtsvereinbarungen bei treuhänderischer Abtretung eines GmbH-Anteils, ZGR 1978, 633; *Schröder*, Stimmrechtskonsortien unter Aktionären, ZGR 1978, 578; *Zöllner*, Zu Schranken und Wirkung von Stimmbindungsverträgen, insbesondere bei der GmbH, ZHR 155(1991), 168; *Zutt*, Einstweiliger Rechtsschutz bei Stimmbindungen, ZHR 155(1991), 190; *ders.*, Stimmbindungen gegenüber Dritten-Ergebnisse einer Umfrage, ZHR 155(1991), 213.

1. 概念

约束表决权合同是一种协议。它通常规定,一个股东对其他股东或者第三者 89
保证,他将在股东大会上按照双方的约定进行投票表决。合同可以规定,股东必须根据合同他方当事人的指示进行投票,例如将他方当事人指定的人选入监事会,或者就表决权的行使达成其他协议。这类合同有联合协议、表决小组、利益保护组织等形式。在合同中约定为增加其在公司表决中的分量,几个股东应该进行统一投票。通常合同各方当事人在表决前通过多数意见决定其投票态度。这种合同的性质应该是债务合同。在形式上,大多数采用的是民法社团合同或者商务代理合同。它们对外没有法律效力。如果一个股东没有按照合同约定进行投票表决,其表决依然具有法律效力。〔1〕它既可以是一次性的协议,也可以是一种长期的债务关系。

2. 法律效力

90 **一般认为**,这种约束表决权的合同是有效的。〔2〕《股份法》第136条第2款、第405条第3款第6项和第7项也作了类似的规定。当然也有反对者。最常见的反对理由是:股东大会的决策会因此而受到外界的影响,股东也会因此而过多依赖其顾问的意见进行投票表决。在相关的争论中,合同自由和表决自由的观点占了上风。这一看法也是正确的。另外对这种合同的实际需要也说明应该允许签订这种合同。

91 这种合同的意义是十分重大的。它可以用来统一家庭成员的意见,进而保护家族公司的性质。即使在信托关系中,例如进行股份抵押或者转让抵押的股份中,也需要签订这样的合同,以保证抵押权人和提供担保的人能够掌握投票的决定权,就像他们能够亲自投票一样。〔3〕在其他情况下,各个股东也可以借此结成投票同盟,保证他们对企业可以行使决定性的影响力。另外如果股东(通常是乡政府或区政府)虽然拥有交通企业和公用事业企业的股份,但是他们必须保证将一名工会或者企业职工推荐的代表选入监事会,这时他们就可以借助这种合同实现这一目标,这样也扩大了共同管理权的适用范围。〔4〕

3. 对合同约束力的限制

92 这类合同究竟有多大约束力,首先取决于合同规定。尽管如此,法律对这种合同的使用还是进行了重大的限制。根据《股份法》第405条第3款第6和7项的规定,有偿的约束表决权合同也就是所谓的购买表决权是不符合规定的,因此《民法》第134条明确禁止这类合同。《股份法》第136条第2款则禁止了另一类合同:如果合同规定,一个股东必须按公司的指令、董事会或者监事会的指令进行表决,这类合同无效;如果合同规定,一个股东必须根据附属公司的指令、其董事会或者监事会的指令进行表决,这种合同同样无效。这一规定的主要目的是防止企业管理者对股东大会的决策施加影响。股东不得通过签订约束表决权合同,规避《股份法》第136条第1款对表决者或者其合同他方当事人规定的禁令。《民法典》第138条

---

〔1〕 RGZ 119, 386, 388; BGH DB 1987, 157.

〔2〕 RGZ 133, 90; 158, 248; BGHZ 48, 163, BGH ZIP 1983, 432, AG 1983, 249; weitere Rspr. bei *Noack* aaO 66ff. Bedenken gegen Stimmbindungsverträge mit Nichtaktionären äußert *Hüffer* § 133 Rdn. 27; dagegen *Zöllner* ZHR 155(1991), 168, 180 f.

〔3〕 Vgl. *Reuter* ZGR 1978, 633; *Zutt* ZHR 155(1991), 213.

〔4〕 Derartige Stimmbindungsverträge sind jedenfalls mit dem AktG und mit den Mitbestimmungsregeln nach § § 76 ff BetrVG 1952 vereinbar, da diese nur das Mindestmaß der Mitbestimmung regeln. Vgl. BGH NJW 1975, 1657 mit Anm. *Raiser* ZGR 1976, 105.

还规定,违反善良风俗限制股东行动自由的协议是非法的。另外,任何股东不得接受下列合同义务,即按照特定的方式进行表决,使得相关的大会决议根据《股份法》第241条和第243条的规定是无效的或者是可以撤销的。除此之外,如果合同有损于**企业的重要利益**,那么相关的合同也没有效力。这一观点是正确的。因此任何股东不承担义务,将一个他认为不适合的人士选入公司的监事会。即使最终的投票结果与股东大会估计的情况完全不一样,也可以认为股东没有根据合同的约定进行表决。

基于重要原因,可以宣布无期限地废除长期约束表决权的合同。〔1〕根据司法判例(BGHZ 48, 163)一方当事人可以提起诉讼,要求对方当事人按照合同的约定进行表决。根据《民事诉讼程序法》第894条的规定,相关的判决可以执行。〔2〕比较实用的方法是在合同中规定违约处罚措施。通过强制保全措施来保证这种合同的执行是行不通的。〔3〕 93

## VIII. 投票代理权和银行投票权

参考文献:*Assmann*, Zur Reform des Vollmachtstimmrechts der Banken nach dem Referentenentwurf des KonTraG, AG 1997, August Sonderheft, 100; *Bachmann*, Namensaktie und Stimmrechtsvertretung, WM 1999, 2100; *Baums*, Vollmachtsstimmrecht der Banken-Ja oder Nein?, AG 1996, 11; *ders. /Fraune*, Institutionelle Anleger und Publikumsgesellschaft, AG 1995, 97; *ders. /v. Randow*, Der Markt für Stimmrechtsvertreter, AG 1995, 145; *Burmeister*, Weitergabe-, Mitteilungspflichten und Stimmrechtsvollmacht für Kreditinstitute ( § § 128, 135 AktG), AG 1976, 262; *Großfeld*, Aktiengesellschaft, Unternehmenskonzentration und Kleinaktionär, 1968, 205 ff; *Hammen*, Das Vollmachtsstimmrecht der Banken in der Aktienrechtsreform, WM 1997, 1221; *Henssler*, Verhaltenspflichten bei der Ausübung von Aktienstimmrechten durch Bevollmächtigte, ZHR 157(1993), 91; *Körber*, Die Stimmrechtsvertretung durch Kreditinstitute, 1989; *Kropff*, Zur Vinkulierung, zum Vollmachtsstimmrecht und zur Unternehmensaufsicht im deutschen Recht, ZGR Sonderheft 12, 1994, 3; *Mestmäcker*, Verwaltung, Konzerngewalt und Rechte der Aktionäre, 1958, 62 ff; *Möhring*, Proxy-Stimmrecht und geltendes deutsches Aktienrecht, FS Geβler, 1971, 127; *Mülbert*, Empfehlen sich gesetzliche Regelungen zur Einschränkung des Einflusses der Kreditinstitute auf Aktiengesellschaften, Gutachten zum 61. Deutschen Juristentags, 1996, *Noack*, Die organisierte Stimmrechtsvertretung auf Hauptversammlungen, insbesondere durch die Gesellschaft, FS Lutter. 2000, 1462; *Peltzer*, Die Vertretung des Aktionäre in Hauptversammlungen von Publikumsgesellschaften, AG 1996, 26; *ders.* , Empfehlen sich gesetzliche Re-

---

〔1〕 Str. ; vgl. einerseits KölnKomm/*Zöllner* § 136 Rdn. 86; andererseits KölnKomm/*Mertens* § 101 Rdn. 19.

〔2〕 Vgl. dazu *Zöllner*, ZHR 155(1991), 168, 185, *Noack* aaO 68 ff. ; Zutt ZHR 155(1991), 190, 199; ferner OLG Koblenz NJW 1986, 1692.

〔3〕 OLG Frankfurt BB 1982, 274; a. A. *v. Gerkan* ZGR 1985, 167.

geln zur Einschränkung des Einflusses der Kreditinstitute auf Aktiengesellschaften?, JZ 1996, 842; *Püttner*, Das Depotstimmrecht der Banken, 1963; *Raiser*, Empfehlen sich gesetzliche Regelungen zur Einschränkung des Einflusses der Kreditinstitute auf Aktiengesellschaften, NJW 1996, 2257; *v. Randow*, Stimmrechtsvertretung nach Art des Hauses, ZIP 1998, 1565; *Roth*, Das Treuhandmodell des Investmentrechts, 1972, 191 ff; *Singhof*, Die Beauftragung eines "Treuhänders" durch eine AG zwecks kostenloser Stimmrechtsvertretung für einzelne Aktionäre, NZG 1998, 670; *Than*, Verhaltenspflichten bei der Ausübung von Aktienstimmrechten durch Bevollmächtigte, ZHR 157 (1993), 125; *Vallenthin*, Die Stimmrechtsvertretung durch Banken, 1966; *Wiethälter*, Interessen und Organisation der Aktiengesellschaft im amerikanischen und im deutschen Recht, 1961, 248 ff; Bericht der *Unternehmensrechtskommission* Rdn. 608 f; Bericht der *Kommission Grundsatzfragen der Kreditwirtschaft* Rdn. 927 ff.

1. 投票代理权

94 《股份法》第 134 条第 1 款规定,股东可以委托代理人代为行使表决权。由于股份的特征,股东并不一定必须亲自出席股东大会。有些小股东并不具备专业知识,其购股的主要目的是为了投资。对于他们而言,不值得定期参加股东大会。这样如果他们不委派代表出席股东会,就放弃了其拥有的表决权,那么本企业的其他股东也可以成为委托代理人。这并不是《民法典》第 181 条禁止的情况。[1] 同样,即使根据《股份法》第 136 条第 1 款规定董事会成员或者监事会成员不得行使其本人拥有的表决权,但是他也可以接受其他股东的委托代为进行表决。[2]

95 值得怀疑的是:公司是否可以指定一个托管人代替保管公司的股份,而后公司又接受托管人的委托代为行使表决权(所谓的管理表决权)。[3] 没有法律条文规定这种委托是不合法的。将《股份法》第 136 条第 2 款类比适用于这种情况,也是难以成立的。这种做法在美国比较普遍。在德国也有人支持这种做法。[4] 但是由于滥用情况相当严重,总的评价依然是负面的。它们与股份有限公司中实行的各个职能机构必须实行严格的分离制度也是不相符的。因此,公司指定一名职员或者托管人,由该人免费为股东提供表决服务,这种做法是不允许的。然而 2001 年颁布的《记名股股份法》给《股份法》第 134 条增加一个内容不甚明确的附加要求,并由此使上述情况合法化:据此只有公司证明在三年内作过委托代理的声明,由公司指定的表决权代表就是得到合法授权的代理人。这一条款仅仅经过议会的咨询,而没有经过任何科学讨论。将它变成法律是没有经过深思熟虑的,也是立法者的失策。

[1] BGH BB 1969, 1327.

[2] BGH NJW 1987, 780; s. oben § 12 II 3.

[3] Verneinend KölnKomm/*Zöllner* § 134 Rdn. 79; *Möhring* FS Geβler 127.

[4] Vgl. *Wiehölter* aaO 248 ff.

1998 年德国电信股份有限公司采取了一个动议,这又使上述情况变得具有重要的现实意义。一家经济审计公司是德国电信股份有限公司的长期客户。1998 年德国电信股份有限公司委托该经济审计公司代向其股东收集有关表决权的全权委托代理书,服务费用为 25 万马克。该公司共收集了 6 百万个表决权。在授权委托书的表格上本来有这样一句话:"此外,我指定你为托管人。除非我在本委托书的反面规定了单独的指令,你将以德国电信股份有限公司管理机构的名义代为行使表决权"。小股东利益保护组织对德国电信的这种做法提起的诉讼中确认,德国电信必须采用分别授权的方式进行上述委托。在这一前提条件下,巴登巴登州法院(ZIP 1998, 1308)和卡斯鲁尔高等法院(ZIP 1999, 750)判定,根据类比适用《股份法》第 135 条第 1 款第 2 句的规定,这种委托模式是有效的。[1]《股份法》第 135 条第 1 款第 2 句是专门适用于信用机构的一种例外规定。而本案的情况完全不同。因此在本案中类比适用难以成立。相反,本案中必须坚持职权分离原则。如果股东按指令进行表决,职权分离原则就会受到威胁。因为根据以往经验,大部分股东不会违背管理机构的建议而向托管人下达一个新的表决指令。 96

**新修订的《股份法》第 134 条第 1 款第 2 句**也没有对这类表决代理模式进行限制,因为这一条款虽然涉及保护性条款即《股份法》第 135 条第 4 款第 1—3 句的规定,但是却没有涉及《股份法》第 135 条第 1 款第 2 句的内容。这一条款也没有采纳《股份法》第 135 条第 2 款第 1 句规定的限制,即委托代理投票的最长期限为 15 个月,而且任何时候都可以撤销委托代理。《股份法》第 128 条和第 135 条中的其他条款也几乎没有类似的限制。这样,在委托公司聘请的职员进行表决代理问题上,尽管公司可以以各种方式对该代理人施加影响,但是立法者最终放弃了通过规则对这种代理制度进行规范。尽管为了保护股东利益,人们认为有必要为银行表决权制定一些特殊的规则,而且经过长期的艰苦的努力人们也发展了一些规则。显然立法者的这种做法与法学界长期的努力是不相符的。如果不采取一定的补救措施,肯定会引发许多问题。正因为此,在目前的情况下,采取措施保护股东利益首先是司法界的任务。尽管新修订的《股份法》第 134 条第 1 款第 2 句的措词,看来司法界依然可以类比适用《股份法》第 128 条和第 135 条的规定。这是因为立法者没有意识到这一个问题,因而也对此没有进行规定。引用《股份法》第 135 条第 4 款第 1—3 句的规定仅仅涉及隐蔽的表决权代理,因为它并不排除第 128 条和第 135 条的类比适用。 97

为了提高股东大会的出席率,可以规定公司必须聘请多个既相互独立又相互竞争的代表,公司必须保证这些代表有接触股东的机会。为了鼓励他们能够更多地获得股东的委托,公司可以向他们提供必要的信息,支付报酬或者补偿其为此而付出的开支。如果这些独立的专业代理人既能开展有效的竞争,又有机会了解到相关的信息,那么,由公司的职员接受股东的委托,代为行使表决权也未尝不可。 98

股东必须在股东大会召开之前就进行**授权委托**(《股份法》第 180 条)。法律规定,授权委托必须采用书面形式。这样在召开股东大会时,代理人可以出示相应证明。然而,新修订的《记名股股份法》第 134 条第 3 款第 2 项简化了授权方式,即股 99

---

[1] Ebenso *v. Randow* ZIP 1998, 1564; *Singhof* NZG 1998, 670; *Hüffer* § 134 Rdn. 25; wie das LG Baden-Baden dagegen Dreher EWiR 1998, 675. Vgl. ferner Noack FS Lutter 1463.

东也可以通过**电子通信手段**进行委托授权。如果为商务代理，由商务注册处出具一份代理授权书的公证件就足够了。如果出席股东大会的代表不能证明其代理得到了合法的授权，大会主席可以将其请出会议场所。[1]

2. 投票权的转让

100 根据《股份法》第 129 条第 3 款的规定，股东也可以转让其表决权。这就是说，由股东委托的**第三者可以以自己的名义进行投票**。这一规定的目的是让真正的股东免于暴露其身份。但是，法律禁止信贷机构和其他机构性代表采用这种方式行使其他股东的表决权，却允许他们为相关的股东行使表决权（《股份法》第 134 条第 3 款第 2 句、第 135 条第 1 款、第 4 款和第 9 款）。这一做法在实践中已经失去了意义。有效转让投票权的前提条件是，首先必须根据《民法典》第 185 条进行授权，其次有必要根据有价证券法的规定转让相关的股份。受让者必须在出席股东大会的名单上分别填写股份的面值或者股数以及股份类别，但是不必填写其出让者的姓名（《股份法》第 129 条第 3 款）。

3. 银行表决权

101 在德国公众性股份有限公司中，相当数量的股东对公司的经营管理不感兴趣，也不参加投票表决。德国的信贷机构充分利用这一点，为他们保管股份（所谓的银行表决权或者银行代管股份表决权）。通过银行的帮助，至少又发挥了一部分表决权的作用，也让股东大会的出席率得到了一定程度的提高。

102 德国曾经对 24 个股份十分分散的大型企业进行调查后发现：在 1992 年，所有这些企业的 84.09% 的表决权都是由信贷机构代为行使的，其中的 60.59% 是股东委托信贷机构行使的，13.02% 的表决权是银行自己拥有的，10.11% 的表决权属于附属银行的投资基金。仅仅德意志银行就拥有这些企业的 13.95% 的表决权，德雷斯德纳银行甚至拥有 14.93%。股东协会仅仅占 0.28%，股东个人行使的投票权也只占 1.74%。其余的表决权则是由其他的机构投资者行使的。股东大会的平均到会率为 37% 至 74.5%。[2]

103 在这种情况下，银行代管股份表决权就成为人们抨击的焦点，就显得毫不奇怪。人们指责银行，它将自己作为股东的利益、贷款提供者或者企业客户的利益与其代表的小股东的利益混合起来。通过这种代管股份表决权，银行在大多数股东大会上获得了多数表决权，由此它也获得了不受制约的经济决策权。这样，银行就可以让企业从事风险业务。加上监事通过接受委托代理而获得的表决权，银行对企业的影响力就更大。银行和企业管理机构的合作通常十分紧密，它通常支持管理机构的大股东的建议，加强其在企业中的地位，这样小股东的利

---

〔1〕 Str. ist, ob er dazu auch verpflichtet ist, so KölnKomm/*Zöllner* § 134 Rdn. 90; anders die h. L. im Anschlußan RGZ 106, 258; vgl. OLG Düsseldorf AG 1991, 444; *Hüffer* § 134 Rdn. 24.

〔2〕 *Baums/Fraune* AG 1995, 102, 105.

益就得不到保护。[1]

这种表决权的支持者反驳上述批评。他们特别指出了银行的义务，即代表和维护委托者的利益。而且根据所有的经验，银行能够很专业、成功地履行其表决权。更加重要的一个论据是：目前并没有更好的选择；如果把代管股份表决权的弊端和完全放弃小股东的参与相比，前者的弊端更少。 104

1965年，立法者采纳了这一观点。在制定《股份法》时，立法者既没有取消这种代管股东表决权制度，也没有对这一制度进行限制。恰恰相反，他通过《股份法》第125—128条的规定，对它进行了详尽的规定。这些条款的根本目的是为了解除人们对银行的怀疑，即银行并不仅仅是为了自己的利益进行投票表决，同时这些条款也将企业管理机构更加严密地置于股东的监督之外。[2] 105

这些规定基本上经过了时间的考验。银行很明显地滥用代管的职工表决权的情况并没有出现。与此相反，银行通过其对企业界的影响对德国经济的稳定和繁荣作出了重要贡献。[3] 无论是反垄断委员会（Monopolkommisson, Hauptgutachten II, 1976/77 边码608等），还是研究委员会提出的《信贷经济的原则性问题》（Bericht 边码361等）或者是企业法委员会（Bericht 边码605等）都仅仅只对这种银行代管股份表决权制度提出了一些完善建议，他们都没有提出要对此进行根本性的改革。 106

然而，这样肯定会产生一些结构性问题。银行通常会决定增加企业的储备金，并给股东分配较少红利。这样，银行代为行使表决权的一个直接结果是股份分红下降，间接结果是弱化了股份市场。从竞争角度看，银行集中控制着经济。通过这种代管表决制度，银行对经济的控制又得到了进一步加强。这种现象是令人深思的。为了防止这一点，反垄断委员会早在1977年就已经提出了建议报告，该报告中虽然没有提及代管股份的表决权，但却建议银行对非银行企业的持股不得超过该企业股份的5%。[4] 107

在1998年《有关加强企业控制和透明度的法律》对《股份法》进行改革以前，德国法学界又为此而发生了激烈的争论。[5] 立法者最终采取一定的限制措施：如果 108

---

〔1〕 Vgl. statt aller die Zusammenstellung im Bericht der *Kommission "Grundsatzfragen der Kreditwirtschaft"* Rdn. 369 ff; ferner *Wiethälter* aaO 295 ff; *Püttner*, Depotstimmrecht; *Vallenthin*, Stimmrechtsvertretung; *Roth*, Treuhandmodell 191 ff; *Körber*, Stimmrechtsvertretung 52 ff.

〔2〕 So die Begründung zum Regierungsentwurf, vgl. *Kropff* 194.

〔3〕 *Assmann* AG 1997, August-Sonderheft 100, 107; *Peltzer* AG 1996, 26; kritischer *Baums* AG 1996, 11, 21 ff; *Baums/v. Randow* AG 1995, 145.

〔4〕 Hauptgutachten I, Rdn. 568; Hauptgutachten II, Rdn. 599 ff.

〔5〕 Vgl. *Assmann* AG 1997, August-Sonderheft, 105; *Mülbert*, Gutachten zum 61. Dt. Juristentag; *Köhler*, *Kübler und Semler*, Referate zum 61. Dt. Juristentag 1996; *Baums* AG 1996, 11, *Raiser* NJW 1996, 2257; *Hammen* WM 1997, 1221; Stellungnahme des DAV ZIP 1997, 163, ferner die Beschlüsse der Abteilung Wirtschaftsrecht des 61. Dt. Juristentags 1996.

某信贷机构拥有一个公司的5%以上的股份,那么它就必须在股东大会召开前决定,或者放弃自己拥有的表决权,或者不得接受股东的表决代理权,除非股东就股东大会决议的事项作出了明确的指示(《股份法》第135条第1条第3款)。这一规定是法律对银行参股的一个微小的限制。[1] 这种措施能否达到社会政策和竞争政策的目的,还有待于时间的验证。

4. 程序

109 根据新的规定,信贷机构依然可以行使代理权。但是,这一规定的**核心思想**是,禁止股东只能委托代管其股份的银行进行表决,同时,应该给股东足够的考虑时间,即他们可以指示其委托银行,告诉银行应该怎样投票。《股份法》第125—128条是通过下列具体规定来保证这一目标的实现的:

110 (a)**根据《股份法》**第135条第1款的规定,银行只有得到股东的委托授权时,才能代为行使其代管股份的表决权。自从《记名股股份法》颁布以来,授权已经不需要书面形式,股东也可以采用电子通讯手段进行上述授权。授权时不必说明股东的姓名,而可以相关人的名义出具授权书。出示相应的股份或由公证人或由价证券保管银行出具股份保管证明,就足以证明该表决代理的存在(《股份法》第135条第4款)。实际上,在这种代理制度中采用了与表决权转让制同样的匿名方式。如果信贷机构是股东名册上的股东,他们当然也可以进行投票表决。在这种情况下,这种关系是代理而不是授权[2](§§67. II.,135. VII.)。

111 (b)具有重要意义的是**法律对这种代表权或者授权所进行的限制**。这种授予信贷机构的代理权或者授权最长不得超过15个月。因此,在实践中就必须每年进行新的代理授权。在期限届满以前,任何时候都可以撤销授权,信贷机构必须明确说明这一点。法律还要求出具一个特别完整的授权代理声明,而且该声明只能包括在有关行使表决权的声明中(《股份法》第135条第2款和第7款)。这一条款禁止了空白代理。其目的主要是为了防止通过格式合同进行委托代理。另外,信贷机构还必须说明可以采用其他种类的代理形式(《股份法》第135条第2款第1句)。为了保证股东的控制权,法律仅仅允许在极其个别的情况下进行二次代理(《股份法》第135条第3款),而且通常只有信贷机构自己的职员才可以接受这种二重代理。从另一方面看,只要银行自愿向股东作出这种表示,而且信贷机构为股东保管股份或者以该股东的名义在公司的股东名册上进行了登记,它原则上就必须以股东的名义进行投票表决。只有在信贷机构在股东大会的举行地点没有分支机构,股东不可能委托第三者行使代理权时,才可以不适用上述条款(《股份法》第135条第10款)。

---

[1] *Seibert* AG 1997, August-Sonderheft 65, *Raiser* aaO, 2261 f.

[2] 授权的原文"Ermächtigung",它与"Vollmacht"代理的区别是被授权者可以以自己的名义行使表决权。

(c)为了保证股东能够得到适当的信息,在股东大会召开前,董事会发出会议公告后的12天内(《股份法》第124条第1款),应该立即通知在上次股东大会上行使代管股份表决权的所有信贷机构,并要求它们将召开会议的日期、会议议程、属于《股份法》第126条和第127条项下的、由股东提出的不同建议和新的候选人进行公告(《股份法》第125条第1款,见上文II.5)。信贷机构必须**立即将上述信息通知**给委托其代管股份的股东、或者为此而记入股东名册的股东(《股份法》第128条第1款)。[1] 如果信贷机构准备替股东行使表决权,那么它们必须就股东大会表决决议的每一个事项提出**自己的建议**。这些建议必须与管理机构提出的方案完全相同,但是银行必须进行认真的审查。如果代管的是记名股,为此银行不必将自己记入股东名册,但必须让股东能够了解其建议。只有在它们的建议与银行建议不同时,银行才有义务通知相关的股东。在信贷机构的日常业务中,它只考虑其自己的利益,而且应该采取一些机构性措施,保证在其他义务范围内也能够实现其利益。此外,信贷机构还应该指定一位管理人员,专门负责监督信贷机构是否履行了上述义务,是否按照规定行使了表决权,监督相关的记录是否正确完善(通过《有关加强企业控制和透明度的法律》和《记名股股份法》修正后的《股份法》第128条第2款第2句)。这一规定实际上意味着信贷机构不能考虑自己的利益,相反,它应该关注企业的利益。[2] 112

另外,信贷机构还必须请求股东下达指令,告知它应该怎样**投票表决**,并且告知股东,如果股东不及时下达指令,信贷机构将根据自己的意志进行表决。股东可以填写一份书面表格或者电子表格下达上述指令。

如果信贷机构的一个董事会成员或者职员属于该公司的监事会成员,那么,也必须将上述情况进行公告;如果该公司的一个董事为某信贷机构的监事,也同样必须将此进行披露(《股份法》第128条第2款第6句)。最后,如果信贷机构持有该公司的股份,而根据《有价证券交易法》第21条的规定,信贷机构必须对该持股进行登记,那么,公司也必须将此持股进行公告。[3] 同样的情况有:如该信贷机构是某公司股份承销银团的成员,而且在过去5年内承接了该公司上一次股票的发行(《股份法》第128条第2款第7项)。如果信贷机构代替记名股的股东保管股份,而该机构并没有记入股东名册,那么,公司必须就此进行公告。根据司法部颁布的《公告条例》第128条第4款规定,公司必须承担相关的通知费用。[4] 113

(d)**如果股东向信贷机构下达了表决指令**,信贷机构就必须按照指令进行表 114

---

〔1〕 Die Weitergabe durch das Kreditinstitut kann entfallen, wenn der Vorstand die Aktionäre bei Ausgabe von Namensaktien nach § 121 IV bereits selbst geladen und ihnen die Mitteilungen gemacht hat, vgl. *Bachmann* WM 1999, 2100.

〔2〕 So mit Recht KölnKomm/*Zöllner* § 128 Rdn. 15.

〔3〕 Die Meldepflicht nach § 21 WpHG bezieht sich auf börsennotierte Gesellschaften und beginnt bei einem Beteiligungsbesitz von 5 %.

〔4〕 Es gilt die VO vom 18. 6. 1968, BGBl. I 720 idF vom 17.11.1987, BGBl. IS. 2386.

决。但是,在实践中,几乎没有股东会下达这样的指令。如果股东没有下达指令,那么信贷机构就必须按照其告知股东的建议投票。然而,上述两种情况都有一些例外:如果银行在分析了相关的客观情况后认为,股东在了解实情后会同意改变原定的投票建议,那么,银行可以不按照股东的指示或者公告的建议进行投票(《股份法》第135条第4款)。[1] 如果股东赖以下达表决指令的依据不是法律规定,而是他和信贷机构签订的商务代理合同,银行又没有按照股东的指令进行投票,那么银行必须在事后立即将其投票的决定及原因告知股东(《股份法》第135条第8款)。

115 (e)《股份法》第135条第1款第2句对银行**在其自己的股东大会**上行使股东托管股份的表决权进行了更加严格的限制:银行进行表决时必须有股东的授权,而且股东必须就大会决议的每一事项下达明确的投票指示。

116 (f)同样的规则也适用于《股份法》第125条第1款、第4款,第128条第5款和第7款,第135条第9款和第12款规定的行使表决权的情况。这些情况包括股东协会根据股东指示出席股东大会并代为进行投票表决,或者代为行使表决权的其他合法代理人,或者根据《信贷法》第53条、第53b条的规定与信贷机构相似的其他金融机构。

5. 处罚

117 违反上述法规通常涉及信贷机构和股东之间的商务代理关系,如相关的代理人或者机构违反了其承担的义务,它们就必须承担损害赔偿责任。多数人认为《股份法》第135条第2款的目的是保护股东利益,它就是《民法典》第823条意义上的保护性条款。[2] 根据《股份法》第128条第4款、第135条第11款的规定,不得事前排除或者限制这种损害赔偿责任。但是,只有在代理权或者授权不符合规定的情况下(《股份法》第135条第1款第1句、第4款),或者违反了5%的条款(《股份法》第135条第1款第1句),非法行使的表决权才没有法律效力。任何其他种类的违法行为并不影响投票的效力(《股份法》第135条第6款)。只有在大多数表决票都无效的情况下,才可能撤销根据无效票通过的大会决议(见下文边码154)。仅仅违反《股份法》第128条规定,并不能适用《股份法》第243条第3款的规定,撤销相关股东大会决议。

## IX. 股份大会决议的无效和撤销

参考文献:*Adams*, Reform des Kostenersatzrechts bei Aktionärsklagen mit Drittwirkung, AG 2000, 396; *Baums*, Der unwirksame Hauptversammlungsbeschluβ, ZHR 142(1978), 582; *ders.*, Eintragung und Löschung von Gesellschafterbeschlüssen, 1981; Bayer, Die Kontrollfunktion der

[1] Vgl. LG Düsseldorf AG 1991, 409; OLG Düsseldorf AG 1994, 421; *Henssler* ZHR 157(1993), 91, 103.

[2] *Hüffer* § 135 Rdn. 36 mwN.

aktienrechtlichen Anfechtungsklage, VGR 1999, 36; *Berg*, Schwebend unwirksame Beschlüsse privatrechtlicher Verbände, 1993; *Brandner/Bergmann*, Anfechtungsklage und Registersperre, FS Bezzenberger, 2000, 59; *Casper*, Die Heilung nichtiger Beschlüsse im Kapitalgesellschaftsrecht, 1998; *Eickhoff*, Die Gesellschafterklage im GmbH-Recht, 1988; *Emde*, Der Angriff eines Mitgesellschafters gegen die Beschlußfeststellungsklage, ZIP 1998, 1475; *ders.*, Restitutionsansprüche nach Heilung gemäß § 242 Abs. 2 AktGβ, ZIP 2000, 1753, *Geßler*, Zur Anfechtung wegen Strebens nach Sondervorteilen( § 243 Abs. 2 AktG), FS Barz, 1974, 97; *ders.*, Nichtigkeit von Hauptversammlungsbeschlüssen und Satzungsbestimmungen, ZGR 1980, 427; *Happ*, Stimmbindungsverträge und Beschlußanfechtung, ZGR 1984, 168; *Henze*, Auflösung einer Aktiengesellschaft und Erwerb ihres Vermögens durch den Mehrheitsgesellschafter; ZIP 1995, 1473; *Hoffmann*, Zur Nichtigkeit eines Hauptversammlungsbeschlusses nach § 241 Nr. 3 3. Alternative AktG, AG 1980, 141; *Hoffmann-Becking*, Der Einfluß schuldrechtlicher Gesellschaftervereinbarungen auf die Rechtsbeziehungen in der Kapitalgesellschaft, ZGR 1994, 442; *Hommelhoff*, Zum vorläufigen Bestand fehlerhafter Strukturänderungen in Kapitalgesellschaften, ZHR 158 (1994), 11; *Huber*, Entstehungsgeschichte und aktuelle Auslegungsprobleme des § 241 Nr. 3 AktG, FS Coing, Bd. II, 1982, 167; *ders.* , Die Abfindung der neuen Aktionäre bei Nichtigkeit der Kapitalerhöhung, FS Claussen, 1997, 147; Hueck, Anfechtbarkeit und Nichtigkeit von Generalversammlungsbeschlüssen, 1924; *Hüffer*, Anfechtungsbefugnis und Mindesatanteilbesitz-Vorschläge und überlegungen zu einer gesetzlichen Neuorientierung, FS Brandner, 1996, 57; *ders.*, Die Ausgleichsklausel des § 243 Nr. 2 S. 2 AktG-mißlungene Privilegierung der Mehrheitsherrschaft oder Grundlage für bloßen Vermögensschutz des Kapitalanlegers? FS Kropff, 1997, 127; *Kort*, Aktien aus vernichteten Kapitalerhöhungen, ZGR 1994, 291; *ders.* , Bestandsschutz fehlerhafter Strukturänderungen im Kapitalgesellschaftsrecht, 1998; *Krieger*, Fehlerhafte Satzungsänderungen. Fallgruppen und Bestandskraft, ZHR 158(1994), 35; *Lutter*, Der Streit um die Gültigkeit eines Jahresabschlusses einer Aktiengesellschaft, FS Helmrich, 1994, 685; *Martens*, Die Bewertung eines Beteiligungserwerbs nach § 255 II AktG-Unternehmenswert kontra Börsenkurs, FS Bezzenberger, 2000, 267; *Messer*, Die Kausalität von Mängeln des Verschmelzungsberichts als Voraussetzung für die Anfechtbarkeit des Verschmelzungsbeschlusses, FS Quack, 1991, 321; *Noack*, Fehlerhafte Beschlüsse in Gesellschaften und Vereinen, 1989; *ders.* , Der Widerspruch des Aktionärs in der Hauptversammlung, AG 1989, 78; *ders.*, Gesellschaftervereinbarungen bei Kapitalgesellschaften, 1994; *Schiessl*, Die Kontrollfunktion der aktienrechtlichen Anfechtungsklage, VGR 1999, 57; *K. Schmidt*, Fehlerhafte Beschlüsse in Gesellschaften und Vereinen, AG 1977, 205, 243; *ders.*, Geklärte und offenen Fragen der positiven "Beschlußfeststellungsklage", AG 1980, 169; *ders.* Anfechtungsbefugnis von Aufsichtsratsmitgliedern, FS Semler, 1993, 329; *ders.* Heilung kartellrechtswidriger Satzungsänderungen, ZGR 1994, 472; *Schröder*, Schiedsgerichtliche Konfliktbeilegung bei aktienrechtlichen Beschlußmängelklagen, 1999; *Schulte*, Rechtsnatur und Wirkungen des Anfechtungs-und Nichtigkeitsurteils nach den § § 246, 248 AktG, AG 1988, 67; *Sosnitza*, Nichtigkeits-und Anfechtungsklage im Schnittfeld von Aktien-und Zivilprozeßrecht, NZG 1998, 335; *Stein*, Rechtsschutz gegen gesetzeswidrige Satzungsänderungen, ZGR 1994, 472; *Ulmer*, Verletzung schuldrechtlicher

Nebenareden als Anfechtungsgrund im GmbH-Recht?, NJW1987, 1849; *Winter*, Organisationsrechtliche Sanktionen bei Verletzung schuldrechtlicher Gesellschaftervereinbarungen, ZHR 154 (1990), 259; *Zöllner*, Die Schranken mitgliedschaftsrechtlicher Stimmrechtsmacht, 1963, 357 ff; *ders.*, Zur positiven Beschlußfeststellungsklage im Aktienrecht, ZGR 1982, 623; *ders.*, Folgen der Nichtigerklärung durchgeführter Kapitalerhöhungsbeschlüsse, AG 1993, 68.

1. 概述

118 在何种情况下股东大会的决议没有法律效力，这也是有关《股份法》的司法实践中的一个最重要的问题。在法律上，它涉及两种相互冲突的利益需求。一方面，为了召集股东会，公司付出了大量的人力和物力，而且已经作出的决议也产生了一定的影响。这些都要求维持大会决议的法律效力；另一方面，只有在股东大会的决议是在遵守保护股东和社会公众利益的法律规定的前提下作出的，相关的规定才能实现其保护目的。更重要的是，对股东大会决议采用相应的法律措施，是防止大股东滥用其影响力、保护小股东利益的重要手段。《股份法》的相关条款是第241条至第257条。这些条款试图在上述不同的利益需要中寻求平衡。与民法中的一般原则一样，《股份法》也把大会决议区别成有重大瑕疵的**无效的决议和可以撤销的决议**。[1] 无效决议从形成时刻起就没有法律效力。只有在《股份法》第242条规定的特殊情况下，才可能对它采取弥补措施并使它成为有效的决议。至于可撤销的决议，可以首先采取必要的补救措施，努力恢复其效力；但是如果股东提起撤销之诉，而且法院也作出了相应的判决，那么该决议就从形成时刻起没有法律效力。当然，只有符合特定的条件，才可以提起撤销之诉(见下文IV.)。

119 **对于暂时无效的判决**，法律没有作出规定。只有经过特定的人或者特定的团体或者政府部门的批准，这种决议才具有法律效力。[2] 例如，股东大会的决议决定取消或者限制优先股股东的权利(《股份法》第141条第1款)，大会作出相应的修改章程的决议。显然这将改变现有各类股份的比例结构，其中一类的股份权益将因此而受到影响(《股份法》第179条第3款、第138条、第180条第1款、第182条第2款、第222条第2款等)。除此之外，还有一种**非股东大会决议或者表象股东大会决议**，如果股东大会是由无召集权的人召集的，该大会作出的决议就属于这一类。[3] 在最近的讨论中，人们已经取得共识：如果这种决议具备了构成股东大会决议的构成要件，那么就可以适用有关无效决议的规定进行处理，这样就没有必要专门设立表象决议这一类。[4]

---

〔1〕 Zur Relativität der Unterscheidung *K. Schmidt* AG 1977, 205, 243.

〔2〕 Vgl. RGZ 148, 175, 186; BGHZ 15, 177, 181, BGHZ 48, 141; OLG Stuttgart AG 1993, 94, *Berg*, Schwebend unwirksame Beschlüsse, 1993.

〔3〕 Vgl. BGHZ 11, 231, 236; OLG Frankfurt GmbHR 1997, 171.

〔4〕 BGHZ 87, 1, 3; KölnKomm/*Zöllner* § 241 Rdn. 49 ff; *Baums* ZHR 142(1978), 582; *Geßler/Hefermehl/Hüffer* § 241 Rdn. 10 ff; *Noack*, Fehlerhafte Beschlüsse 3; *Casper*, Heilung nichtiger Beschlüsse 39; *Hachenburg/Raiser* Anh. § 47 Rdn. 25 ff.

与上述决议的无效或者撤销不同的是个**别表决权的无效或者撤销**。对于这种表决权,应根据《民法典》有关意思表示的规定进行处理。如果由于这种无效表决权,使股东大会的决议没有得到足够的多数票支持,它们才会影响大会决议的效力(见边码 154)。 120

2. 无效的概念

根据法律规定,如果具备了法律规定的无效决议的构成要件,该决议就没有**法律效力**。人们可以对这种决议提起无效确认之诉,而且没有诉讼时效限制;也可以在涉及另一争议的诉讼程序中,请求法院首先作出确认无效的判决。注册法官不得将这种决议记入商务注册簿。[1] 如果瑕疵不涉及决议的全部,而仅仅涉及其中的一个部分,也可以判决决议的一部分是无效的。[2] 董事会和监事会不得执行无效的决议。确认这种决议的效力是不可能的。如果股东坚持这样的决议,必须通过股东大会形成同样的决议;在作出决议时不得存在任何瑕疵。只有在极少数情况下,才能对无效的决议进行补救。这种情况有:如果相关的决议已经不恰当地在商务注册处获准登记注册,而且没有人在《股份法》第 242 条、第 253 条第 1 款和第 256 条第 6 款规定的期限内对此提起异议(见下文边码 138)。 121

另外,股东还可以根据《股份法》第 249 条的规定提起诉讼,要求确认相关的大会决议没有法律效力(**无效之诉**)。如果不具有《股份法》第 249 条规定的起诉条件,还可以根据《民事诉讼法》第 256 条的规定提起无效确认之诉(《股份法》第 249 条第 1 款第 2 句;见下文边码 171 等)。 122

3. 无效的原因

**法律规定的无效原因**可以**分成三类**:违反形式规则和程序规则、违反原则性法律规定和违反《股份法》第 241 条第 3 款、第 4 款和第 6 款规定的一般性条款。此外,如果在撤销之诉中大会决议被法院判定没有效力,那么该决议从形成时刻起就没有法律效力(见边码 176)。 123

(a)**第一类原因:**

(aa)《股份法》第 121 条第 2 款、第 3 款或者第 4 款规定了**股东大会召集方面的缺陷**(《股份法》第 241 条第 1 项、第 250 条第 1 款、第 256 条第 3 款)。据此,如果由无召集权的人召集了股东大会(见上文 II.),或者公司没有按照规定发出召集通知,该股东大会作出的决议就没有法律效力。但是也有一种例外情况,即如果所有的股东或者亲自或者派遣代表出席了会议,那么相关的决议依然有效(《股份法》第 124

[1] Vgl. *Baums*, Eintragung und Löschung von Gesellschafterbeschlüssen 51 ff.

[2] BGHZ 11, 231, 246; BGH AG 1988, 139, vgl. auch, zu Unrecht einschränkend, BGHZ 124, 111, 122.

121 条第 6 款)。[1] 大会召集方面的其他瑕疵只能构成撤销决议的原因(《股份法》第 243 条第 1 款)。

125 (bb)《股份法》第 130 条第 1 款、第 2 款和第 4 款规定了**决议书缺陷**。这种情况主要有:《股份法》第 130 条第 2 款规定的签字不全或者有错误[2],或者公证人没有签字(《股份法》第 241 条第 2 款、第 250 条第 1 款、第 256 条第 3 款第 2 项)。

126 (cc)**延误了**《股份法》第 217 条第 2 款、第 228 条第 2 款、第 234 条第 3 款和第 235 条第 2 款(《股份法》第 241 条第 1 款、第 256 条第 1 款)规定的登记期限。但是在这种情况下,可以根据《股份法》第 242 条第 3 款和第 256 条第 6 款的规定进行补救。

127 (dd)《股份法》第 192 条第 4 款与第 241 条第 1 款规定的与核准增资相矛盾的股东大会决议。

(b)**第二类原因:**

128 (aa)在利用公司资金进行增资时**违反了有关分配的规定**(《股份法》第 212 条与第 241 条第 1 款;见下文 § 20. IV.)。

129 (bb)除了《股份法》第 241 条第 1 款、第 2 款和第 5 款规定的情况外,根据《股份法》第 250 条第 1 款的规定,有关选聘监事的下列决议无效:其一,监事会的构成是错误的;其二,在适用煤钢共同决定法的企业中,股东大会没有根据职工的建议选聘监事会成员;其三,监事会的人数超过了《股份法》第 95 条规定的最高限额;其四,选聘者不具备《股份法》第 100 条第 1 款和第 2 款规定的选聘条件(见上文 § 15. II. ,III. 1. )。尽管《股份法》第 250 条没有提及第 105 条的规定,但是可以认为如果没有注意到董事会和监事会的协调性,那么有关的选聘决议也是没有法律效力的。[3] 对于职工监事的选任,没有相应的规定。但是主流观点认为,《股份法》第 250 条第 1 款可以比照适用。[4]

130 (cc)有关确定**年终报表和利润分配的决议**,适用一些特别规定。《股份法》第 256 条包括确认年终报表无效的规则,即使报表不是由股东大会而是由董事会和监事会确认的,这一规定也同样适用。这种做法相当普遍(《股份法》第 256 条第 1—3 款)。此外,本条款还独立地规定了无效原因。根据《股份法》第 241 条的规定,导致无效的原因主要有:**审计本身有严重的缺陷**(《商法典》第 256 条第 1 款第 2 项、第 3 项,第 316 条第 1 款、第 3 款和第 319 条第 1 款);**违反了有关储备金条款的规定**(《股份法》第 256 条第 1 款第 4 项)、**严重违反了分类规则和资产评估条例**(《股

---

〔1〕 Vgl. BGHZ 11, 231, 236; 87, 1, 3 zur GmbH; BGHZ 18, 334 zur Gen; OLG Dresden ZIP 1999, 1632 (Einberufung durch unterbesetzten Vorstand); BayObLG ZIP 1999, 1597 (Einberufung durch Unbefugten).

〔2〕 Vgl. BGH AG 1994, 466.

〔3〕 KölnKomm/*Zöllner* § 250 Rdn. 37; *Geßler/Hefermehl/Hüffer* § 250 Rdn. 27.

〔4〕 Vgl. statt aller *Raiser* MitbestG § 22 Rdn. 20 f; *Fitting/Wlotzke/Wissmann* MitbestG, § 22 Rdn. 5 ff; *Hanau/Ulmer* MitbestG § 22 Rdn. 26.

份法》第256条第4款和第5款)。在某些情况下,股东大会有权审核年终报表。如董事会和监事会委托股东大会确定年终报表,或者由于监事会没有批准年终报表因而委托股东大会进行审核(《股份法》第173条第1款)。如果股东大会确认了年终报表,但是对审计师审查过的议案进行了修改,那么就必须对该议案进行重新审核和确定(《股份法》第173条第3款第2句)。如果根据这些规定,有关年终报表的确认就是无效的,那么根据该报表作出的使用利润的决议也是无效的(《股份法》第253条)。本书§18.I.7中将会具体论述这一问题。

(c)一系列**一般性条款**规定了**第三类原因**。根据这些条款的规定,无效的股东 131
大会决议有:决议与股份有限公司的本质相违背、决议的内容违反了法律规定、决议完全或者主要保护了公司债权人利益的法律规定或者违反了应予保护的公共利益的规定(《股份法》第241条第3项)、决议的内容违反了善良风俗(《股份法》第241条第4项)或者违反了强制性法律规范 。为了维护公共利益,必须取消这些决议,因而也必须废除在商务注册处所做的相关登记(《有关自愿管辖权事项的法律》第241条第6款与第144条第2款)。对这些规定进行解释是相当困难的,《股份法》第243条第1款规定,如果决议违反法律规定,通常只能撤销该决议。通过与这一条款的比较,可以推导出一个一般性的适用原则;只有在少数例外情况下,才能判定股东大会决议是无效的。司法判例还将《股份法》第241条第3款或者第4款适用于下列情况:股东大会决议损害了一些人的利益,而这些人无权要求撤销相关的决议。[1] 另外,对那些不适用于上述情况的条款,还需作进一步的研究。[2]

(aa)法学界一致认为,违反**明确保护债权人利益的规定**属于《股份法》第241 132
条第3项规定的情形。这样的规定主要有:在公司决定减资时(《股份法》第225条和第233条)、终止控制合同或者利润划拨合同时(《股份法》第303条)、接纳吸收新的企业时(《股份法》第321条)和进行企业变更时(《企业形式转换法》第22条、第133条以及第204条等),必须给公司债权人提供担保。另外,有关**资本维持的规定**(《股份法》第57条,第58条第4款、第5款和第71条等)以及由此引申出来的禁止返回股金和禁止进行隐性利润分配的规定(见下文§19.II.、III.)都属于主要保护债权人利益的条款。[3]

(bb)如果章程的修改违反**《共同决定法》的规定**,那么根据《股份法》第241条 133
的规定,相关的修改是无效的。因为该条款是为了维护社会公共利益而制定的。[4] 另外,如果修改章程的决议**违反刑法或者行政法**的规定,相关的决议也可能因此无效;尤其是违法情节特别严重时,必须判定决议无效,这样才能维护法律的尊严。如

---

〔1〕 RGZ 161, 144; BGHZ 15, 382; 83, 106, 109 f; 83, 151, 89, 48, 50.

〔2〕 Vgl. *Huber* FS Coing Bd. II, 167.

〔3〕 Vgl. dazu besonders *Geßler* ZGR 1980, 427, 434.

〔4〕 BGHZ 83, 106, 109 f; 83, 151, 153 ff; 89, 48, 50; im Anschluβ an die h. L.; vgl. *Säcker* JZ 1980, 82; *Raiser* NJW 1981, 2166 sowie die Kommentare zum MitbestG; statt aller *Hanau/Ulmer* § 25 MitbestG Rdn. 11; *Raiser*, MitbestG § 25 Rdn. 14ff.

果股东大会决议违反《反限制竞争法》第1条和《欧共体条约》第82条规定的卡特尔禁令，根据《股份法》第241条规定，相关的决议也没有法律效力。[1]

134 (cc)与此相反，下列问题引起了激烈的争论：是否所有超出**法律规定的自决范围**的修改章程的决议(《股份法》第23条第5款，见上文 § 9. II. 2)，根据《股份法》第241条第3项的规定都是无效的 。当然这样的决议通常违反强制性法律规定。至今，联邦最高法院依然没有就此作出答复。[2] 这也确实是一个难以决断的问题。一方面，就像胡贝尔(Huber)先生[3]令人十分信服地论证的那样，根据《股份法》第241条第3项的本意，应该认为所有这样的决议都是无效的。但是另一方面策尔纳(Zöllner)先生和许伟(Hüffe)先生的观点[4]也不是没有道理。他们认为，法律中的所有条款不可能都是事关股份有限公司本质的规定，或者是为了保护公共利益而制定的；如果这样的话，法律关于无效和撤销之间的不同规定就毫无意义。[5] 因此许多原因表明，如果违反的并不是原则性的规定，应该认为可以撤销相关的决议。至少在没有积累足够的经验之前，不能作出最终结论。无论如何，**如果股东大会的决议超逾了其权限**，例如就公司的业务作出了决议，相关的决议应该是无效的。因为《股份法》中有关职权的规定涉及股份有限公司的结构，它们主要是为了维护社会公共利益。[6]

135 (dd)**与股份有限公司的本质不符**，是导致股东决议无效的另一个原因。但是，它在司法实践和法学理论中依然没有取得独立的地位。它是适用于所有无效决议的一般性构成要件，如果不能适用其他规则，就利用它来判定有关决议的有效性。[7] 目前，人们将违反股份有限公司的结构性原则认作是违反公共利益。这样是否还需要这一措施就很值得怀疑了。

136 (ee)如果股东大会的决议不符合正当的商业道德准则，该决议就违反了**善良风俗**。与《股份法》第243条的规定相比，"决议的内容"这一措词实际上隐含了对适用本原则的一种限制。[8] 因此，滥用职权、违反忠诚义务或者不平等待遇等本身并不足以构成违反善良风俗。到目前为止的司法实践中，违反善良风俗原则只有

---

〔1〕 *K. Schmidt*, FS R. Fischer, 693; *ders.* AG 1996, 385.

〔2〕 BGHZ 99, 211, 217; BGH NJW 1988, 260; 1988, 1214.

〔3〕 *Huber* FS Coing Bd. II, 167, 184 ff; ebenso *Würdinger*, Aktienrecht § 30 II 3 c; im Ergebnis auch *Geβler* ZGR 1980, 427, 440 ff; ferner OLG Düsseldorf AG 1968, 19; GroβkommAktG/*Schilling* § 241 Anm. 22; MünchHdb. AG/*Semler* § 41 Rdn. 15.

〔4〕 KölnKomm/*Zöllner* § 241 Rdn. 116, 261; Geβler/Hefermehl/*Hüffer* § 241 Rdn. 50.

〔5〕 Geβler/Hefermehl/*Hüffer* § 241 Rdn. 52 m. w. N., str.

〔6〕 Ebenso KölnKomm/*Zöllner* § 241 Rdn. 26, 117; *Geβler/Hefermehl/Hüffer* § 241 Rdn. 52; *Geβler* ZGR 1980, 427, 444; *Baums* ZHR 142(1978), 582, 583 ff; *Hüffer* § 241 Rdn. 20; a. A. Geβler/Hefermehl/*Eckardt* § 119 Rdn. 26.

〔7〕 Vgl. *Huber* aaO, 185; GroβKomm/*Schmidt* § 241 Rdn. 53; *Hüffer* § 241 Rdn. 21. Nach BGHZ 132, 84, 92ff verletzt die Versagung rechtlichen Gehörs beim Ausschluβ eines Genossen nicht das Wesen der Genossenschaft, sondern berechtigt nur zur Anfechtung.

〔8〕 Geβler/Hefermehl/*Hüffer* § 241 Rdn. 55 m. w. N.

在故意损害债权人的利益的案件中，才起到了一定的作用。[1]

(ff)如果根据《有关自愿管辖权事项的法律》第144条第2项的规定作出有效判决注销已经登记的股东大会决议，根据《股份法》第241条第6项的该决议就没有法律效力。根据上述条款，如果决议的"内容违反强制性法律规定，而且废除该项决议符合社会公众的利益"，那么就可以将已经在商务注册处登记的决议注销。注册法院可以自行审查并决定是否符合上述注销条件。[2] 这样的决议不仅涉及那些必须进行登记的决议，而且涉及所有已经登记的决议，[3]此外，还包括那些法律要求的登记，例如，增资(《股份法》第189条)、吸收接纳企业(《股份法》第319条第7款)。[4] 根据《股份法》第242条第2款第3句的规定，即使过了补救期限，也可以注销有些决议的注册。这样的决议有：违反保护债权人利益法律规定的决议[5]或者违反卡塔尔法的决议。[6] 与此相反，如果决议仅仅违反程序性规则，还不足以注销该决议的登记，也不完全排除注销注册。如果在登记程序上有瑕疵，可以根据《有关自愿管辖权事项的法律》第142条注销该决议。[7] 137

(d)尽管法律对无效决议作出了明确的规定，然而为了维护业务的安全，《股份法》仍然在第242条、第253条第1款和第256条第6款规定，可以对这种无效决议进行**补救**。根据《股份法》第242条第1款的规定，如果书面决议的形式有缺陷，只要它已经获准注册，就不得对该决议因形式缺陷提起诉讼。由于决议的内容没有问题，也不能根据《有关自愿管辖权事项的法律》第144条第2款的规定注销该项登记。大会召集方面的错误(《股份法》第121条第2—4款、第241条第1项)和内容方面的瑕疵(《股份法》第241条第3和4项)也是可以补救的。前提条件是相关的决议必须已经获准注册而且自注册之日起已经过了三年。如果提起了无效之诉，那么上述期限必须延长至诉讼程序结束之日(《股份法》第242条第2款第1和2项)。如果根据《股份法》第121条的规定以挂号信的方式通知股东出席股东大会，而挂号信没有送达或者忘记给某股东发出挂号信，也可以在例外的情况下对相关的大会决议进行补救。前提条件是有关的股东认同了该项决议(《股份法》第242条第2款第4句)。根据对这一条款的正确解释，这一条款并不仅仅适用于必须登记的决议或者错误登记的决议。[8] 如果决议中的某一条款是无效的，它也同样适 138

〔1〕 RGZ 131, 141, 145; 161, 129, 144 f; BGHZ 15, 382, 385; 24, 119; 101, 113, 116; LG Hamburg AG 1996, 233; OLG München NZG 1999, 1173.

〔2〕 *Caspar*, Heilung nichtiger Beschlüsse 239ff.

〔3〕 *Hüffer* § 241 Rdn. 29; Hachenburg/*Raiser* GmbHG Anh § 47 Rdn. 56; *Casper* aaO 97ff.

〔4〕 BayOLGZ 1956, 303, 310; OLG Hamm AG 1980, 79; AG 1994, 376; OLG Karlsruhe AG 1986, 167.

〔5〕 OLG Karlsruhe aaO.

〔6〕 *K. Schmidt* AG 1996, 385.

〔7〕 Einzelheiten str.; vgl. die Nachweise bei *Hüffer* und *Raiser* aaO; a. A. *Casper* aaO 234.

〔8〕 *Casper* aaO 239 ff.

用。[1] 根据《股份法》第 243 条第 3 款的规定，补救条款也可以扩大适用于下列情况：资本的变化必须在一定的期限内进行登记 。如果将无效的决议进行了错误的登记，上述规定也同样适用于此。[2]

139 《股份法》第 242 条的小标题为无效之补救，但是其条文本身却规定，不可以再主张相关的决议是无效的。且不管该条文的措词如何，主流观点认为本条的目的是为了**从根本上消除违法决议**。[3] 因此，在这种情况下董事会必须执行股东大会的决议。但是董事会的谨慎义务要求它必须提起无效之诉，或者注销在商务注册处的登记。如果它在无效之诉期限届满以前没有履行上述业务，它就必须承担损害赔偿责任。可以根据第 2 款第 3 句的规定注销已经注册的股东大会决议。这可以理解为通过私法性质的管理行为确定决议的无效性。然而，只有在极少数情况下，人们才认为符合社会公共利益的要件。[4]

4. 撤销概念

140 与无效决议不同，**可撤销的决议**在撤销以前是暂时有效的。只有在法律明确规定的情况，才可以撤销相关的决议。根据这些规定，只有少数特定的股东才可以**提起撤销之诉**。而且这些股东必须在一个月内提起相关的诉讼(《股份法》第 245 条和第 246 条)。如果没有在规定的期限内及时提起诉讼，即使决议是违法的，它仍然可以成为有效的决议。在例外情况下，引证已经不可撤销的股东大会决议也可能成为滥用法律的情形。[5] 如果法院确认了撤销之诉，那么从决议形成时刻起有关的决议就是无效的(《股份法》第 241 条第 5 款)。

141 根据《股份法》第 245 条规定，**董事会**通常有权要求撤销股东大会决议。此外，董事和监事也可以提起撤销之诉。如果他们执行了这些决议，就会使自己违反法律或者可能承担损害赔偿责任。至于个别股东的撤销权，应该区别下列几种不同的情况：如果撤销违反法律或者章程规定的股东大会决议，那么每个出席大会的股东都有此权利。根据现行法律规定，只要股东在大会召开前获得股份，就可以提起撤销之诉。[6] 然而《股份法》第 245 条第 1 项为此规定了一个前提条件：该股东必

[1] BGH AG 2000, 515; *Emde* ZIP 2000, 1753; s. oben § 9 Rdn. 13.

[2] OLG Hamburg AG 1970, 230; vgl. ausführlich *Casper* aaO 268 ff.

[3] Vgl. die ausführliche Begründung bei *Caper* aaO 268 ff; ferner Groβkomm/*Schmidt* § 242 Rdn. 8, 13; *Hüffer* § 242 Rdn. 7. Der BGH hat die Frage bisher nicht entschieden, doch deuten seine Formulierungen in BGHZ 80, 212, 216, BGHZ 99, 211, 216, BGH AG 1984, 149 und BGH AG 1996, 176 darauf hin, daβ auch er von einer materiellrechtlichen Wirkung der Heilung ausgeht. Vgl. demgegenüber aber die abweichende und differenzierende Deutung von *Stein*, ZGR 1994, 472, 486.

[4] *Casper* aaO 239 ff.

[5] BGHZ 101, 113, 121.

[6] Zu Erwägungen de lege ferenda, insoweit bestimmte Beschränkungen einzuführen, vgl *Hüffer* FS Brandner 57, ferner das Gutachten von *Baums*, das Referat von *K. Schmidt* und die Beschlüsse des 63. Deutschen Juristentags 2000.

须在大会上对会议备忘录提出异议。在实践中提出这种异议的目的就是为了获得提起撤销之诉的机会。如果股东派遣了一个代表出席了会议,那么只要该代表提出异议就足够了。然而,有权提起撤销之诉的仅仅是股东本人。没有到会的股东也享有这一权利,前提条件是他没有收到通知或者不合理地被剥夺了其出席大会的权利(《股份法》第245条第2款)。在实践中,这一条款大大限制了股东提起诉讼的权利。因为大部分股东并不参加股东大会,而代理行使表决权的银行通常不提出异议。〔1〕在《股份法》第243条第2款规定的情况下,所有股东都有提起撤销决议的权利。如果监事的选聘有错误,根据《股份法》第251条第2款的规定,职工代表也可以提起撤销之诉。在《股份法》第254条规定的情况下,撤销之诉必须得到至少持有5%以上公司股本或者持有500,000万欧元股金股东的支持。

**诉权**的关键是**作出决议的时间**。如果涉及诉权的转让,根据大多数人的观点,必须将有关股份的全部权利转让给受让人,这一观点是正确的。〔2〕如果股份是在诉讼期间出让的,根据《民事诉讼程序法》第256条规定该股份的诉权并不因此而丧失。〔3〕如果诉权为几个人共有,那么根据《股份法》第69条第1款的规定,他们应该派遣一位共同代理人提起诉讼。〔4〕如果将股份当作抵押物进行转让,就必须根据抵押转让的法律规定来确定诉讼权利人,即享有诉权的是**受托管理人**而不是委托人。〔5〕如果转让的仅仅是用益权或者是抵押权,那么股东仍然是诉权拥有者。〔6〕有疑问的是间接代理和根据《股份法》第129条第3款的规定所进行的表决权转让。在这种情况下谁可以行使诉权?主流观点认为,在正常情况下股东所进行的授权应该包括这种诉权。〔7〕 142

异议必须在股东大会上提出,而且必须记入会议备忘录。然而,如果股东通过其他方式提出异议,而且在诉讼中能够证明这一点,这也是有效的异议〔8〕。提出异议时,通常不需要说明理由。除非股东大会没有明显地违反有关规定。〔9〕如果一个股东提前离开股东大会而没有提出异议,那么他就不可以在事后再提出异议。这是因为他已经有了这样的异议机会。如果一位股东被赶出会议大厅,那么,就应该把他当作一位没有出席大会的股东。他是否拥有异议权,主要取决于这种"赶出"是否是合法的,评判的依据是《股份法》第245条第2款的 143

---

〔1〕 Kritisch dazu *Wiedemann* GesR I, 467.

〔2〕 Sehr str., wie im Text schon RGZ 33, 91; 66, 134; OLG Celle AG 1984, 266; OLG Düseldorf NJW-RR 1994, 868; *Hüffer* § 245 Rdn. 7. A. A.: (übergang der Anfechtungsbefugnis auch bei rechtsgeschäftlicher Veräuβerung der Aktie) KölnKomm/*Zöllner* § 245 Rdn. 18; GroβKomm/*Schmidt* § 245 Rdn. 17.

〔3〕 BGHZ 43, 261, 266(zur GmbH).

〔4〕 Demgegenüber hat der BGH entschieden, daβ bei einer Erbengemeinschaft jeder Miterbe gemäβ § 2038 I 2 BGB klagen kann, wenn die Anfechtungsklage eine notwendige Maβnahme darstellt(BGHZ 108, 21, 31).

〔5〕 BGHZ 24, 199; h. M.

〔6〕 Sehr str., vgl. oben § 12 VII 4. Wie im Text Groβkomm/Schmidt § 245 Rdn. 66.

〔7〕 RGZ 30, 50. Weitere Nachweise bei Groβkomm/*Schmidt* aaO Rdn. 15.

〔8〕 *Hüffer* § 245 Rdn 14; *Noack* AG 1989, 78 ff.

〔9〕 *Hüffer* aaO Rdn. 16 mwN.

规定。[1]

144 《股份法》第246条规定的**撤销期限**是一个**实质性截止期限**。[2] 该期限从大会作出相关的决议那天开始起计算。起诉状必须在规定的期限及时送达法院(《民事诉讼程序法》第270条第3款)。传统的观点认为,仅仅提出诉讼费用救济申请,并不足以证明已经提起了诉讼。但是在最近进行的有关有限责任公司这一问题的讨论中,人们接受了与上述看法相反的观点,并且认为这一观点也应该适用于股份有限公司。[3] 但是仅仅提起诉讼是不够的,重要的是还必须在规定的期限内说明提出撤销决议的最基本的原因。法院不考虑事后补充说明的撤销理由。[4]

145 在撤销期限到期之前或者法院判决生效以前,产生了一种独特的股东大会决议的**有效性不确定状态**。在形式上,有关决议是有效的。但是董事会必须承认它是可以撤销的。因此必须等到撤销期过后,或者判决生效后,才能执行相关的决议。除非企业将因此而遭受严重损失,而且这一损失比事后因撤销履行决议的行为所引起的损失更大,董事会才可执行相关的决议。如果董事会深信,撤销申请是不能成立的,那么,它必须根据《股份法》第83条第2款的规定执行决议。如果符合《民事诉讼法》第935条和第940条的规定,撤销权利人可以申请临时保全措施,阻止决议的执行或者登记。[5] 董事会必须审查他是否自己提起撤销诉讼。如果提起诉讼不仅符合企业利益,而且如果不提起诉讼,它将承担《股份法》第93条规定的损害责任,它就必须提起撤销之诉(试比较§ 14. IV. 1,2)。如果将大会决议提交给商务注册处申请登记,那么注册法院也必须独立审查决议的合法性。[6] 只要撤销期限已经起算,而且已对相关的决议提出了异议,那么根据《有关自愿管辖权事项的法律》第127条的规定,通常应该中止该决议的注册。如果已经提起了撤销之诉,注册法院就必须尽职地审查并决定,是否应该中止注册。[7] 然而,根据联邦最高法院的判决,即使在这种情况下,如果撤销之诉明显没有成功的希望,注册法院也可以作出准予注册的决定。[8] 联邦最高法院希望借此防止滥用撤销之诉的行为(见下文IX.9)。

146 另外,《变更法》第16条第3款规定了**无疑问程序**(同样的规定有《股份法》有关吸收的

---

〔1〕 *Hüffer* aaO Rdn 17, Einzelheiten str.

〔2〕 RGZ 125, 143, 155; 158, 137, 140; BGH NJW 1952, 98.

〔3〕 Ebenso GroβKomm/*Schmidt* § 246 Rdn. 20; *Hüffer* § 246 Rdn. 25, zur GmbH Hachenburg/*Raiser* Anh. § 47 Rdn, 183, je m. w. N.

〔4〕 Ständige Rspr., vgl. zuletzt BGHZ 120, 141, 157, BGH AG 1995, 83.

〔5〕 Vgl. OLG Koblenz NJW-RR 1986, 1039; OLG Nürnberg GmbHR 1992, 588 (beide zur GmbH). *Schmidt-Diemitz*, Einstweiliger Rechtsschutz gegen rechtswidrige Gesellschafterbeschlüsse, Diss. Tübingen 1993; *Damm* ZHR 154(1990), 413; *Heinze* ZGR 1979, 293.

〔6〕 Vgl. BGHZ 84, 285, 287.

〔7〕 H. A.; vgl. KölnKomm/*Zöllner* § 243 Rdn. 41 ff; Geβler/Hefermehl/*Hüffer* § 243 Rdn. 134.

〔8〕 BGHZ 112, 9, *Brandner/Bergmann* FS Bezzenberger 59.

第319条第6款和第320条第1款)。据此,经过公司提出请求,主管法院可以作出决定,起诉并不妨碍登记。在下列情况下,法院可以作出上述决定:起诉不合法,或者明显不能成立,或者法院在充分比较和考虑了违法行为和即将生效的企业变更后,认为变更更符合企业及其股东的利益(见下文§ 46. IV. 4)。《变更法》只能适用于该法规定的情形。[1] 是否可以适用于其他情形,有待于联邦最高法院的司法实践。

如果撤销期过后依然没有提起撤销之诉,而注册法院坚持认为大会决议是非法的因而必须撤销,那么根据商法学界和公司法学界的主流观点必须区分下列两种不同的情况:如果非法决议损害了债权人、潜在股东或者股份市场的公共秩序,法院必须拒绝登记;但是如果它仅仅涉及现有股东的利益,法院必须准许登记。[2] 147

股东大会可以根据《股份法》第244条规定采取补救措施,使相关的决议成为有效的决议。具体办法是股东大会可以在撤销期限内通过一个新的决议以确认原有决议的效力,当然在该新决议中应该没有任何可以导致撤销的瑕疵 。与法律明文规定的那样,确认的效力始于原决议通过之时。[3] 如果已经对相关的决议提起撤销之诉,那么应该根据《民事诉讼法》第91a条的规定,必须宣布终结撤销之诉,除非股东也要求撤销股东大会作出的确认决议。如果股东有正当的法律理由要求确认:可撤销决议自其通过之时起至通过确认决议之时没有法律效力,例如在涉及利润使用的决议时就可能发生这种情况,股东可以就此继续其撤销之诉(《股份法》第244条第2款)。 148

5. 撤销原因

如果股东大会的决议违反了**法律或者章程**的规定,就可以提起撤销之诉(《股份法》第243条第1款、第251条)。决议违反的既可能是程序性规定,也可能是实质性条款 。 149

(a)违反《股份法》第121条和第129条等规定的召集程序和议程规则都属于**程序性违法**。它们都是导致撤销决议的法律原因,除非这种违法已经引起相关决议的无效。 150

**举例**:没有遵守规定的股东大会的召集期限、没有及时公告并且完全公告大会的议程 151

---

[1] LG Hanau ZIP 1995, 1820.

[2] *Geßler/Hefermehl/Hüffer* § 243 Rdn. 131; KölmKomm/*Zöllner* § 243 Rdn. 38; *Hüffer* § 243 Rdn 56, *Noack*, Fehlerhafte Beschlüsse 12; anders die Kommentare zum § 127 FGG; vgl. *Jansen* FGG § 127 Rdn. 7.

[3] Str.; wie im Text KölnKomm/*Zöllner* § 244 Rdn. 8; *Geßler/Hefermehl/Hüffer* § 244 Rdn. 15; wohl auch BGH NJW 1972, 1320; a. A. z. B.. BayObLG NJW 1978, 387. Zur Anfechtung auch des Bestätigungsbeschlusses OLG Dresden ZIP 1999, 1632.

(《股份法》第124条)、不正当地拒绝股东出席股东大会或者不正当地剥夺股东的表决权、[1]大会主席错误计算了表决权或者错误地确认了表决结果。[2] 这些也属于程序性违法。另外,像《股份法》第243条第4款规定的那样,拒绝股东根据第131条规定提出的咨询请求也是一种程序性违法。据此可以要求撤销相关的决议(见上文IV.6)。属于程序性违法还有:向股东大会提交的、与大会决议草案有关的报告是错误的或者不完整的。[3] 但是,如果信贷机构和股东协会向股东传达的信息有误,股东不得据此提起撤销要求,因为这并不是公司的过错,而是中间机构所犯的错误(《股份法》第243条第3款)。在《股份法》第23条第5款规定的范围内,章程也可以规定大会的程序规则。如果不遵守这些规定,相关的决议也可以被撤销。[4]

152 因程序性错误而提起撤销请求的前提条件是:在错误和结果之间存在着因果关系。传统的学术和司法判例[5]都持这一观点 。但是,对此并不要求提供存在着因果关系的证据。只要能够说明程序性错误影响了决定,这就足够了。在新的学术研究中人们发现,潜在的因果关系并不是界定哪些决议可因程序性错误而要求撤销的惟一标准。除此之外,还必须考查另一个因素,即**错误对股东的影响程度**。[6] 这必须对不同的情况进行具体分析:

153 (aa)如果在股东大会召集方面和邀请股东方面存在着错误,尽管这些错误并不导致相关决议的无效(见上文边码124),但是它们可以引起决议的撤销之诉。在这里,并不要求在程序性错误和决议之间存在有因果关系,因为通常情况下根本不可能确定存在着这种关系。但是如果所有股东都出席了股东大会,而且都同意大会的决议,上述错误就变得无关紧要。[7]

154 (bb)**在错误地确定了表决结果的情况下,如果**即使不考虑那些错误计算的表决权,相关的决议也能通过,那么决议是不可撤销的。如果票数计算有误,或者将无效票也计作有效票,或者反而没有将有效票统计在内,也适用同样的规则。[8]

---

[1] Vgl. BGHZ 44, 245, 250 ff; BGH AG 1995, 234; BGH GmbHRdsch 1998, 136; OLG Hamburg DB 1981, 80; OLG Düsseldorf DB 1991, 1826.

[2] BGHZ 14, 264, 267 f; 76, 191; 104, 66, 68 f.

[3] BGHZ 62, 193, 194 betr. Abhängigkeitsbericht nach § 312; BGHZ 82, 188, 199 f betr. Vertragsinhalt bei Vermögensübertragung nach § 361 aF; vgl. ferner die Nachweise bei Rdn. 24.

[4] BGHZ 76, 191, 193 ff.

[5] Vgl. neben zahlreichen Entscheidungen des RG BGHZ 14, 264, 267 f; 36, 121, 139; 49, 209, 211; LG Frankfurt AG 1984, 192, 194 f.

[6] So vor allem KölnKomm/*Zβllner* § 243 Rdn. 81 ff. Ihm folgend Geβler/Hefermehl/*Hüffer* § 243 Rdn. 23 ff; Groβkomm/*Schmidt* § 243 Rdn 24 ff; *Hüffer* § 243 Rdn 12 ff; Scholz/*Schmidt* § 45 Rdn. 100 ff; Hachenburg/*Raiser* Anh § 47 Rdn 103 ff sowie das überwiegende neuere Schrifttum zum GmbH-Recht; zuletzt BGH ZIP 1998, 22; OLG Frankfurt AG 1989, 330.

[7] Vgl. auführlich GroβKomm/*Schmidt* § 243 Rdn. 29; Hachenburg/*Raiser* GmbHG Anh § 47 Rdn 104 ff.

[8] RGZ 65, 241, 242; 108, 322, 325 f; BGHZ 14, 264, 267 f; 49, 209, 211; 104, 66, 73 f.

155 (cc)如果在股东大会召集期间内,要求提供信息遭到**无理拒绝**,那么必须首先适用《股份法》第243条第4款的规定:公司不得以下述理由为借口阻挠提起撤销之诉,即股东大会或者大部分股东宣称,拒绝提供的信息对他们的表决没有影响。从这一条款中可以推论:在这种情况下因果关系并不重要,撤销之诉通常是能够成立的。[1] 然而最近的司法判例和学术都对上述规则进行了限制,如果一个具有客观判断能力的股东认为,与拒绝咨询对有关股东的重要性相比,撤销决议的处理显得太过分,那么这种撤销便是不恰当的。[2]

156 (dd)在**违反其他信息义务**的情况下,也适用同样的规则。这些情况有:违反《股份法》第186条第4款第2句、第203条,违反《变更法》第8条、第12条、第127条和第192条的规定。在这些情况下,法院并不审查两者之间的因果关系,而仅仅审查在违反行为和决议之间是否存在事实上的联系。[3]

157 (ee)至于其他方面的错误,必须做进一步的区分。如果**违反了保护小股东利益的程序性规定**,例如股东大会出席权,这绝对是提起撤销之诉的重要理由,而且足以说明撤销是公正的。因为,对于专门针对少数小股东而采取的各种操纵手段,小股东根本无能为力,没有任何防范或者补救措施。[4] 如果仅仅违反了无关紧要的形式性规则,例如没有说明大会举行地点的全部名称,则可以忽略不计。同样,无资格出席股东大会的第三者参加了股东大会,也并不是据以撤销大会决议的一个正当理由。

158 (b)如果决议的内容与《股份法》的实质性规定相冲突,而这种冲突并不一定使决议无效。在这种情况下,可以考虑采用撤销方式废除该项决议。如果违反其他法律和章程中的实质性规定,可以采用同样的处理方法。

159 **典型案例**:在维巴/格尔森贝格一案(VEBA/Gelsenberg, BGHZ 69, 334)中涉及的是根据《股份法》第15条、第17条和第320条第5款第3句提起的撤销诉讼,主要审理的问题是:联

---

〔1〕 So zutreffend KölnKomm/*Zöllner* § 131 Rdn. 94 f. Demgegenüber läβt der BGH den Nachweis zu, daβ ein "objektiv urteilender Aktionär nicht anders abgestimmt hätte, wenn ihm die Auskunft erteilt worden wäre (BGHZ 36, 121, 140; 86, 1, 3; 103, 184, 186; BGH AG 1987, 344, 347; in BGHZ 101, 1 insoweit nicht abgedruckt).

〔2〕 Vgl. BGHZ 36, 121, 140; 86, 1,3; 103, 184, 186; 119, 1, 18; 122 211, 238; BGH AG 1987, 344, 437, AG 1995, 462; BGH NJW 1995, 3115; OLG München AG 1996, 327.

〔3〕 BGHZ 62, 193, 194(zur Notwendigkeit eines Abhängigkeitsberichts, § 312); 82, 188, 200(zur Vorlage eines Vertrags(-entwurfs) bei Vermögensübertragung § 361 II aF, jetzt § § 176 iVm 4 UmwG.); 103, 184, 186(zum Inhalt des Geschäftsberichts und Auskunft dazu); vgl. auch BGHZ 83, 319, 325 f;(zum Bericht über die Kapitalerhöhung, § 186 IV)107, 296, 306 ff(zum Verschmelzungsbericht § 340a aF, jetzt § 8 UmwG); BGH AG 1990, 259, 262; AG 1991, 102, 103 f(zum Verschmelzungsbericht); 119, 1, 15(zur Änderung eines Beherrschungsvertrages) OLG Hamm AG 1989, 31, 33; OLG Köln AG 1989, 101, 102 f(beide zum Verschmelzungsbericht); LG Frankfurt AG 1989, 331 f(zu § 293 IV); OLG München WM 1991, 539(zu § 186 IV 2). A. A. *Messer* FS Quack 321.

〔4〕 BGHZ 44, 245, 250; *Quack* AG 1985, 147, GroβKomm/*Schmidt* § 243 Rdn. 33.

邦政府是否有可能成为《股份法》第 15 条、第 17 条和第 320 条第 5 款第 3 句意义上的控制性企业(试比较 § 51. I. 2)。Seitz 一案(Seitz-Fall, BGHZ 62, 193)涉及要求撤销免责决议的诉讼。在该案中联邦最高法院必须根据《股份法》第 120 条决定,是否在一个企业和两个企业之间也会存在着《股份法》第 120 条规定的依附关系,这两个企业以同等比例持有另一企业的股份,他们一起拥有该另一企业的多数股份并且对它施加着决定性的影响力(试比较下文 § 51. III. 4)。在卡尔斯鲁尔高等法院所审理的一起案子中(OLG Karlsruhe AG 1996, 227)涉及的是禁止经济审计公司参与年终决算的问题。在该案中禁止股份有限公司聘请一家经济审计公司担任年终报表审计师,因为它已经参与了年终报表的编制(《商法典》第 319 条第 2 款第 5 项)。

160 此外,《股份法》第 251 条、第 254 条、第 255 条规定的**特别构成要件**也属于这一类。根据第 251 条第 1 款的规定,除了**监事的选聘**违反法律和章程的规定,因而可以撤销相关的决议外,如果股东大会只能选聘推荐的监事或者推荐本身就是非法的,则相关的决议也是可以撤销的。这一条件仅仅对适用《煤炭和钢铁工业职工共同决定法》的企业具有积极意义(《股份法》第 101 条第 1 款第 2 句、《煤炭和钢铁工业职工共同决定法》第 6 条和第 8 条、《共同决定补充法》第 5 条第 3 款)。《股份法》第 254 条规定了特别撤销权:如果股东大会**通过盈余使用决议**,并决定设立储备金;但是根据理智的商业判断可以得出结论,即使为了维持企业未来的稳定,企业也根本没有必要设立这一储备金,而且由于储备金的设立使股息的分配低于 4%,那么这样的决议是可以撤销的。这一条款的主要目的是为了保证股东能够分得最低的股息。但是,它所起的保护作用却十分有限,因为即使在公司处于危机的情况下,公司的股份价值通常也比较高,而法定的分配比例是公司资本的 4%。这是一个十分僵化的、很低的分配标准。在实际上它并没有能够保证股东得到一个合理的分红机会。〔1〕《股份法》第 255 条第 2 款规定,如果在增资时以不适当的低价发行股份而同时又**排除了优先股股东的认购权**,这种股东大会的决议也是可以撤销的。这一条款为的是保护股东利益,防止公司通过上述手段降低股东持股的价值。这一条款同样适用于实物出资和核准增资。〔2〕

161 除此之外,《股份法》第 243 条第 1 款则为撤销下列股东大会决议提供了法律依据:**违反平等待遇原则**(《股份法》第 53 a 条)和违反股东的忠诚义务。具体可以见上文第 § 12. V. 和 VI. 中论述的案例。其中的一个撤销原因是不平等地分配股息〔3〕和增资时不平等地分配新股认购权。〔4〕

162 法院必须**对股东大会决议的内容进行审查**。联邦最高法院认为,如果大会决议违反忠诚义务,那么为了保护小股东利益,可以撤销相关决议。在曼讷斯曼一案

---

〔1〕 Vgl. *Martens* FS Bezzenberger 267.

〔2〕 BGHZ 71, 40, 50; 83, 319, 321; h. M.

〔3〕 Vgl. LG Köln AG 1981, 81.

〔4〕 RGZ 118, 72; BGHZ 21, 354; 33, 175; 120 141, 150.

(Mannesmann)[1]中,联邦最高法院曾经拒绝给小股东提供特别保护[2]。但是在Kali & Salz[3]一案中,联邦最高法院首次判决,如果"没有充分的原因证明股东大会决议是符合公司利益的话",它就违反《股份法》第243条第1款的规定。在排除股东优先认购权而进行的实物出资案中,联邦最高法院又进一步具体而精确地界定了这一标准:"一个理智商人考虑后也会得出结论,公司必须尽快获得该项实物,但是可以期望,公司由此而获得的利益可以适当地弥补股东因失去优先认购权而在持股比例和表决权方面所遭受的损失"。[4] 根据同样的观点,联邦最高法院第二民事法庭在审理一起有关排除股东优先认购权的核准增资决议时,对该决议的内容进行了审查并得出结论:[5]这种股东大会的决议能建立事实上的附属关系,但是该庭明确地驳回解散决议,因为根据该决议将使大股东承担一种远远超过法律规定的维持资本的责任。[6]

尽管司法判例中采用的具体评判标准有很大差异,但是联邦最高法院的判决得到了学术界的广泛认同。[7] 从法政治学的角度看,这本身是大股东和小股东之间存在的忠诚义务的结果,这表明仅仅适用多数票原则还是不够的。然而这也引起了一些十分难以界定的问题。首先,必须提出的问题是,哪些决议必须接受法院的内容审查。其次,还必须将评价标准进一步具体化。对此在学术界存在着各种不同的理论。[8] 联邦最高法院自己还没有彻底弄清楚这些问题。但是可以认为,所有削弱小股东在公司中地位和影响的决议、所有减少小股东分红机会的决议都必须接受法院的审查。[9] 这样就排除了单纯的业务性决议。 163

---

〔1〕 BGHZ 70, 117.

〔2〕 Ebenso OLG Celle AG 1993, 178.

〔3〕 BGHZ 71, 40, 46 s. § 12 Rdn 52.

〔4〕 AaO Leitsatz a). Den Ansatz bei einer Inhaltskontrolle hat der BGH auch in seiner neueren, modifizierten Judikatur zum Ausschluβ des Bezugsrechts nicht aufgegeben(vgl. BGHZ 120 141, 145; 125, 239; 136, 133; BGHZ AG 1995, 227).

〔5〕 BGHZ 83, 317(*Holzmann*); 136, 133(*Siemens/Nold*).

〔6〕 BGHZ 76, 352, 353 f; 103, 184, 189 f(*Linotype*, s. § 12 Rdn. 26); ferner OLG Stuttgart 1994, 411; AG 1997, 136; Vgl. dazu *Henze* ZIP 1995, 1473. Aus den gleichen Gründen lehnt der BGH(BGHZ 138, 71, *Sachsenmilch*) bei einer Kapitalherabsetzung und das OLG Düsseldorf AG 1994, 228 bei Änderung des Unternehmensgegenstandes eine Inhaltskontrolle ab; vgl. ferner öOGH AG 1999, 142 zu einem Umwandlungsbeschluβ; vgl. auch *Baums*, Rechtstatsachen zu Beschluβkontrolle, ZIP 2000, 2000, 1649.

〔7〕 *Lutter* ZGR 1979, 401; *ders.* ZGR 1981, 171; *Martens* FS Fischer 437; *Wiedemann* ZGR 1980, 147, 156 ff; *ders.* GesR I, 172 ff; *Martens* ZGR 1979, 493, 495 ff; *ders.* GmbHR 1984, 265; *Timm* JZ 1980, 665; *ders.* ZGR 1987, 403; *ders.* WM 1991, 481; *Hirte*, Bezugsrechtsausschluβ und Konzernbildung 20 ff, 129 ff; *Raiser* ZHR 151(1987), 422, 429 ff; *Mülbert*, Aktiengesellschaft 306 ff; Groβkomm/*Schmidt* § 243 Rdn. 45; *Hüffer* § 243 Rdn. 22 ff.

〔8〕 Vgl. zusammenfassend *Hirte* aaO 129 ff; *Timm* ZGR 1987, 403.

〔9〕 Vgl. die Darstellung der verschiedenen Auffassungen bei *Timm* ZGR 1987, 403, 410 ff; Geβler/Hefermehl/*Hüffer* § 243 Rdn. 55 je mwN.; *Hachenburg/Raiser* GmbHG Anh. § 47 Rdn. 126 ff.

164 **典型案例**：股东大会可以3/4多数意见形成**改变公司结构的决议**。在这种决议中经常会存在着一些问题。对其中几种最重要涉及补偿或者对价合理性的情况，立法者对此已经选择了一种较好的解决方案。这种情况有：签订控制合同或者利润划拨合同（《股份法》第304条第3款）、企业的接受和吸收（《股份法》第320b条第2款）、合并（《变更法》第14条第2款和第15条）、分立和分离（《变更法》第125条）、企业形式的变更（《变更法》第195条第2款、第196条）。〔1〕为了实现由法院对决议进行审查的目的而撤销股东大会决议是不可能的了。在这些争议中，不可能允许当事人通过提起撤销之诉而故意推迟决议的生效时间。相反，对价是否适合必须在另外一个诉讼程序中单独审理（试比较下文§§46. III. 5, 54. V. 6.）。联邦最高法院决定将解散决议排除在外。这一决定是十分正确的，因为不能强迫大多数股东继续经营其公司。〔2〕但是，如果股东大会决定先**将资产转让给一位大股东**（《股份法》第179a条）然后解散公司，这样的决议自然另当别论。对此，一些法院拒绝进行内容审查〔3〕。但是法学界认为这种做法的目的是规避《变更法》的规定，因而坚持要求对这些决议的内容进行司法审查。〔4〕在此期间，联邦宪法法院也强调，在这种情况下必须有效地保护小股东的利益，但是它并没有确定应该通过撤销诉讼程序对决议的内容进行审查，还是通过目前法律还没有为这类案件规定的单独程序进行审查。〔5〕只要不能肯定是否可以采用行政裁定程序，那么就应该可以对相关的股东大会决议提起撤销之诉并且审查其内容。

165 在内容要求方面，实质原因的评判标准要比善良风俗标准（《股份法》第241条第4项）、滥用法律标准和《股份法》第243条第2款规定因谋取特别利益而应予撤销的标准要宽松。它在实质上是一种根据一般意义上的适度原则而进行的**程度审查**。据此，股东大会的决议不仅必须有利于维护大股东的利益，而且必须有利于企业利益；它不得过分损害小股东的法律地位。适用这一原则时，必须在具体情况下对各方的利益进行综合权衡。〔6〕

### 6. 违反章程规定和债法附加约定下的撤销

166 《股份法》第243条第1款规定，如果决议违反章程规定，可以撤销相关的大会决议。这种情况主要发生在有限责任公司中（见下文§33. VII. 1）。如果仅仅违反债法上的附加协议条款，并不符合《股份法》第243条第1款规定的撤销构成要件。然而，联邦最高法院在相关的第二判决中判定：如果所有的股东相互承担特定的义

---

〔1〕 Str., vgl. unten §46 III 5a.

〔2〕 Ebenso OLG Stuttgart AG 1994, 411 (*Moto Meter*); vgl dazu *Henze* ZIP 1995, 1477; *ders.*, FS Boujong 233; kritisch *Lutter/Drygala* FS Kropff 191; BayObLG AG 1999, 185 (Magna Media), *Lutter/Leinekugel* ZIP 1999, 261, *Wiedemann* ZGR 1999, 857.

〔3〕 OLG Stuttgart aaO; BayObLG aaO.

〔4〕 *Lutter/Drygala* aaO; *Lutter/Leinekugel* aaO.

〔5〕 BVerfG AG 2000, 321 = NZG 2000, 1117 (*Moto Meter*).

〔6〕 Vgl. *Timm* ZGR 1987, 403, 410 ff; *Martens* GmbHR 1984, 265, 269 f; zur Beweislastverteilung s. *Hüffer* FS Fleck 151; zusammenfassend *Timm* NJW 1988, 1582.

务，大会决议必须予以撤销。[1] 其主要原因是为了节约诉讼开支：没有任何理由让股东采取复杂繁琐的救济方法，首先让股东起诉要求强制履行约定，然后又要求撤销非法决议。但是这种观点是难以令人信服的，因为它实际上是在没有要求登记公开的情况下，将债法上的附加协议等同于公司章程。[2] 如果根本没有必要进行这样的法院造法，就应该放弃这种努力。[3]

7. 追求特别利益（《股份法》第 243 条第 2 款）

如果一个股东通过投票表决促使公司形成决议，**损害公司和其他股东的利益，以牟取个人特别利益**，根据法律规定就可以撤销这种决议。[4] 这一条款规定了一个不适用违反善良习俗规定的撤销权，它是根据股份法中特别的利害关系而规定的。它最早是由帝国法院在其判例中从《民法典》第 826 条发展而来的，1937 年成为《股份法》[5]的一个条款，这一条款的主要目的是防止大股东利用其控股权获得个人利益，而损害公司和其他股东的利益，但是其实际作用不大。法院在司法判例中虽然经常引用第 243 条第 2 款，[6]但是到目前为止，法院还没有在一起案例中判定已经具备该条规定的构成要件。由于可以根据《股份法》第 243 条第 1 款撤销违反忠诚义务和平等待遇原则的大会决议，所以《股份法》第 243 条第 2 款是多余的。 167

**典型案例**：在法兰克福高等法院审理的一个案子中（OLG Frankfurt AG 1973, 136），一个大股东在股东大会中批准了公司与其自己签订的租赁合同。如果承租人为与公司没有关系的第三者的话，必须向公司支付高得多的租金。[7] 在一起由两个股东组成的有限责任公司中，联邦最高法院认为公司向一个小股东提供过高的利益符合上述条款规定的条件（BGHZ 168

[1] Im ersten Fall (BGH NJW 1983, 1910) wurde eine mit Mehrheit beschlossene Beteiligung an einem Konkurrenzunternehmen mit der Begründung angefochten, sie verstoβe gegen eine Abrede zwischen den Gesellschaftern, den Erwerb zu unterlassen. Im zweiten Verfahren griff ein Gesellschafter einer GmbH einen Mehrheitsbeschluβan, durch den er von seinem Posten als Geschäftsführer abberufen wurde, mit der Begründung, alle Gesellschafter seien darüber einig gewesen, daβ er nur mit seiner Zustimmung abberufen werden könne.

[2] *Ulmer* NJW 1987, 1049; *Winter* ZHR 154 (1990), 259, 268 ff; *Hoffmann-Becking* ZGR 1994, 442, 450; *Hüffer* § 243 Rdn. 10. Dem BGH folgend aber Groβkomm/*Schmidt* § 243 Rdn. 19f; *Happ* ZGR 1984, 168; *Noack*, Gesellschaftervereinbarungen bei Kapitalgesellschaften 162 ff.

[3] Einige Autoren versuchen demgegenüber die Urteile mit verschiedenen Begründungen zu "retten", so mit der Vorstellung einer "gesellschaftsbezogenen Konsortialbeteiligung" (Schmidt aaO), mit Hilfe der Durchgriffslehre (*Happ* aaO, *Winter* aaO) oder mit dem Miβbrauchgedanken (*Ulmer* und *Hüffer* aaO).

[4] Vgl. zum folgenden besonders *Geβler* FS Barz 97; *Schilling*, Freundesgabe Hengeler 226; *Hüffer* FS Kropff 127 sowie die ausführliche Darstellung von KölnKomm/*Zöllner* § 243 Rdn. 206 ff; Geβler/Hefermehl/*Hüffer* § 243 Rdn. 65 ff und Groβkomm/*Schmidt* § 243 Rdn. 51 ff.

[5] § 197 II AktG 1937.

[6] Vgl. als besonders bezeichnendes Beispiel BGHZ 71, 40, 50 (*Kali & Salz*), wo § 243 II am Schluβ in wenigen Sätzen abgehandelt wird.

[7] Kritisch dazu *Martens* AG 1974, 9; *Rasch* BB 1973, 865.

76，352，357)。在利诺图般一案中(Linotype BGHZ 103，184，193；见上文§12边码26)，联邦最高法院认为这也是一起适用第243条第2款的案例。在该案中大股东利用其控股地位，迫使股东大会通过解散决议，其目的是为了获得企业的大部分资产。而且大股东事前就此与董事会进行了协商。[1]

169　这一条款使用率并不高。主要原因有以下几个方面，首先是因为其自身规定的条件太高，其次是因为对特别利益、公司或者其他股东利益的损害以及弥补损失等概念，没有明确一致的解释。另外，这一条款的适用范围有限。一方面，股东大会对公司事务的管辖权十分有限；另一方面，对股东大会拥有决策权的结构性决议，如企业内部协议的签订、吸收、合并、分立和变更等事项，法院并不能在审查过程中引用《股份法》第243条第2款审查补偿的合理性(见上文边码164)。最后，第243条第2款第2句规定的补偿条款也妨碍了这一条款的效力。因为获利的股东向其他股东支付一定的补偿，并不能说明其获得特别利益是合理的。[2] 从法政治学的角度看，希望可以通过第243条第1款规定的违反忠诚义务提起的撤销之诉，可以加强对股东大会决议的审查，防止大股东滥用其影响的行为。并不是因为第243条第2款第1句或者第2句的法律规定，即使不能适用这一条款。[3]

8. 特别的诉讼程序

170　撤销之诉和无效之诉都有一些**特别的程序问题**。

171　(a)一般认为，**撤销之诉**是一种改变法律关系的诉讼，而**无效之诉**是一种确认之诉[4]。尽管如此，两者的目的是相同的：**即要消除有关股东决议的法律效力**。[5] 由于争议的内容相同，所以如果在形式上提起的是撤销之诉，法院也必须审查决议中是否存在着可能会引起决议无效的原因；反之亦然。究竟适用《股份法》第248条规定还是适用第249条规定，这是一个上诉法院能够决定的法律问题。[6] 如果几个拥有撤销权的人同时根据《股份法》第245条和第249条提起诉讼，就形成了一个《民事诉讼程序法》第63条第1种情况规定的起诉共同体。[7] 如果起诉人没有撤销权，诉讼将被驳回。[8] 然而，如果股东不是《股份法》第245条和第249条下的起诉权利人，那么在第241条规定的情况下，他可以根据《民事诉讼法》第256条的

---

[1] Vgl. ferner OLG München ZIP 1997, 1965.

[2] *Hüffer* FS Kropff 127.

[3] H. M.; vgl. statt aller *Hüffer* aaO 131, 141; a. A. *Mülbert* aaO 348.

[4] Abweichend *K. Schmidt*, der auch die Nichtigkeitsklage als Gestaltungsklage begreift, vgl. Groβkomm/*Schmidt* § 249 Rdn. 4; ferner *Sosnitza* NZG 1998, 335.

[5] So jetzt eindeutig BGHZ 134, 364; BGH NJW 1999, 1638 unter Aufgabe der früheren Judikatur in BGHZ 32, 318, 322; OLG Stuttgart AG 1998, 529; h. M.

[6] BGHZ 134, 364, 367.

[7] BGHZ 122, 211; h. M.

[8] OLG Karlsruhe WM 1987, 533; h. M.

规定提起**确认无效之诉**。

(b)起诉必须**向公司提起**。与《股份法》第78条的规定不同,在这里董事会和监事会共同代表公司应诉(《股份法》第246条第2款和第249条第1款)。如果起诉人是董事会或者一个董事,那么就由监事会作为公司代表,或者相反。由公司住址所在地法院负责审理。这样,几个平行的程序常常会由一个法院集中审理,这正是法院所希望的。为了达到统一审理和统一判决的目的,可以将几个不同的撤销程序统一起来(《股份法》第246条第3款第3句和第249条第2款)。起诉和确定的口头审理日期必须立即刊登在公报上。这样其他不知情的股东也可能参与诉讼(《股份法》第246条第4款和第249条第1款)。无论是在原告方面,还是公司方面,任何拥有撤销权的人都可以附带参与诉讼。[1] 172

(c)股份法中有关**争议金额**的规定在实践中起着重要作用。如果仅仅以公司利益来确定争议金额,由于起诉风险较高,许多小股东就会望而却步。另一方面,如果争议金额是以某一股东所持股份的票面价值或者比例价值来确定的,那么诉讼风险就比较小,股东就会很容易提起诉讼。《股份法》第247条和第249条第1款试图在两者中寻求一个平衡点。 173

根据《股份法》第247条第1款的规定,法院必须考虑相关案件中的许多因素,尤其必须考虑到争议事项对双方当事人的重要性,然后**按照公正标准**确定争议的金额。但是,它无论如何不得超过法律规定的最高限额。[2] 如果诉讼的一方当事人——通常是股东——能够证明,由其负担的诉讼费将严重危及其经济状况时,法院会根据其程序决定,按照一个较低的争议金额来计算其承担的律师费和法庭费,计算的基础是该股东的经济状况。但是,依然可以给股东提供诉讼费用救济。 174

(d)股东大会的决议涉及许多当事人,因此如果在撤销之诉或者无效之诉中所作的判决仅仅对诉讼的当事人产生法律效力,是不公正的。因此《股份法》第248条第1款、第249条第1款和第252条规定,不论股东、董事或者监事是否参与了诉讼,判定股东大会决议无效的判决对所有**股东**、董事和监事均有约束力。如果法院根据《股份法》第250条规定作出判定,有关监事的选聘是无效的,那么这一判决对职工及其代表也同样有约束力(《股份法》第252条)。正因为此,主流观点十分正确地认为,对这一条款的解释既不能仅仅限于字面意义,也不能考虑判决的法律性质。这样的判决必须对**所有的人**都有约束力。[3] 同样因为这一原因,判定决议的 175

---

〔1〕 Zu Einzelheiten vgl. *Austmann* ZHR 158(1994), 495; *Gehrlein* AG 1994, 103.

〔2〕 Einzelheiten in BGH AG 1982, 19; OLG Frankfurt AG 1984, 154; AG 1985, 55; *Happ/Pfeifer* ZGR 1991, 103; *Baums*, Die Prozeβkosten der aktienrechtlichen Anfechtungsklage, FS Lutter 283; Zur Reform des Kostenersatzrechts vgl. *Adams* AG 2000, 396.

〔3〕 Vgl. statt aller KölnKomm/*Zöllner* § § 248 Rdn. 13, 249 Rdn. 41; ferner *K. Schmidt* AG 1977, 205, 207 f.

无效也不是诉讼双方当事人通过和解就可以解决的事项。〔1〕它也不能通过仲裁解决。〔2〕但是,由于股东大会决议也可能因为其他原因而无效;这样的话,相关的判决就不具备上述普遍性的约束力,它应该仅仅适用于双方当事人。根据《民事诉讼法》第256条规定而提起的无效之诉也仅仅对双方当事人有效。

176 (e)判决**立即**生效,有关的股东大会决议从其形成时起就没有法律效力。但是在很多情况下,这会产生许多实际困难。例如如果利润使用决议无效,那么只能在《股份法》第62条第1款规定的范围内收回已经分配的利润。即使个别监事的选聘是无效的,也不能将该监事参与作出的所有监事会决议都视作没有法律效力。然而,如果没有该监事的同意票,监事会就不能通过相关的决议的话,才可以考虑废除该决议的效力(见上文§ 15. IV. 6)。如果整个监事会的聘任都是无效的,那么该监事会作出的决议也是无效的。如果有关决议在对外关系方面已经发生了作用,必要时应该根据法律表象规则给予第三者相应的救济。在董事会所拥有的代理权限之内,董事会根据无效决议而开展并执行的业务具有法律效力(《股份法》第82条第1款)。

177 如果事后被确定无效的股东大会决议涉及公司**结构的变更**,而且该决议已经在商务注册处获准注册,那么就不能简单地撤销该项决议,好像根本没有该决议一样。〔3〕鉴于这种情况《变更法》规定:必须承认登记会产生结构性法律效力,有缺陷的决议并不能消除登记的效力(《变更法》第20条第2款、第125条、第176条和第202条第2款,见下文§ 46. IV. 2)。即使股东大会决议是通过一个不可思议的简易程序获准登记的,试图撤销该决议的原告也只能提起损害赔偿之诉(《股份法》第16条第3款第6句,见下文§ 46. IV. 4)。

178 对于有缺陷的**企业内部协议**,司法判例〔4〕适用有关有缺陷的公司的规定,其结果是可能类比适用《股份法》第297条的规定处理这类协议(见下文§ 54. II. 5)。如果**增资决议**是无效的,联邦最高法院最近一次证实,由于没有产生有效的股东权,所以新股的认购无效。〔5〕然而,在法学界策尔纳先生(Zöllner)〔6〕提出了不同的观点:如果公司已经进行了增资,就必须适用有关有缺陷公司的规则。因为人们不能简单地忽视增资的结果,将通过增资所筹集的

---

〔1〕 Vgl. *Feltkamp*, Anfechtungsklage und Vergleich; *Brändel* FS Vieregge 69.

〔2〕 BGHZ 132, 278. Daran hat auch das neue Schiedsverfahrensrecht nichts geändert, weil es das Problem der parteiübergreifenden Urteilswirkung nicht aufgreift. De lege ferenda wäre die Anerkennung der Schiedsfähigkeit jedenfalls bei Gesellschaften mit geschlossenem Gesellschafterkreis durchaus wünschenswert. Vg. zum Ganzen *Bender* DB 1998, 1900; *Bork* ZHR 160(1996), 374; *Ebbing* NZG 1998, 281; *Lüke/Blenske* ZGR 1998, 253; *K. Schmidt* AG 1995, 551; *ders.* ZHR 162(1998), 265; *Hüffer* § 246 Rdn. 19, *Schröder* ZHR 164(2000), 342.

〔3〕 Vgl. Zum folgenden *Hommelhoff* ZHR 158(1994), 11; *Krieger* ZHR 158(1994), 35; *Kort*, Bestandsschutz fehlerhafter Strukturänderungen, 1998.

〔4〕 BGHZ 103, 1, 5; 105, 324; 116, 37, 39.

〔5〕 BGHZ 139, 225, 231.

〔6〕 *Zöllner* AG 1993, 68.

资金退回给投资者是不可能的,这样的结果也是无法想像的。这一观点得到了学术界的认同。〔1〕同样的规则也必须适用于减资。〔2〕许多具体的问题还有待于作进一步的研究。

(f)无效之诉和撤销之诉只能废除有关的大会决议。但是,这一结果并不令人十分满意。如果大会主席错误地拒绝了一项议案,而如果没有这一错误,该议案有可能成为股东大会的决议。在这种情况下,就不仅需要废除大会的决议,而且需要由法院确认被拒绝的议案在股东大会上获得通过。在这一问题上,联邦最高法院认同策尔纳先生的观点,〔3〕法院可以考虑受理确认之诉。〔4〕 179

**典型案例**:在联邦最高法院审理的一起案例中(BGHZ 76, 191),大会主席在统计了有效票的数目后宣布,由于未达到章程规定的 2/3 多数票,申请修改章程的议案被拒绝。在审理中,联邦最高法院作出判决,章程仅仅要求以简单多数通过修改章程的决议,因此宣布股东大会的决议无效,同时确定修改章程的议案是一个有效的决议。在联邦最高法院审理的另一起案子中(BGHZ 88, 320),由于一个股东非法行使了表决权,使得股东大会拒绝了一个议案。在相关的撤销之诉和确认之诉之中,法院作出判决,议案获得了通过。在另一起案件中(BGHZ 97, 28),由于大会主席将一位无投票权股东所投的票数记成有效票,所以提起的确认之诉得到了联邦最高法院的支持。 180

确认之诉与撤销之诉是紧密相连的,两种都是改变法律关系的诉讼。同样,根据《股份法》第 246 条第 1 款的规定,这一诉讼必须在决议通过后的一个月之内提起。判决对所有股东都有约束力。〔5〕根据法律规定的审理原则,这种审理结果离不开一个前提条件:即必须让相关的股东有机会参与诉讼。为了这一目的,必须让股东知道这一诉讼,需要的话,法院还必须设法让他们直接参与诉讼。〔6〕如果起诉的理由是股东违反忠诚原则和滥用法律规定投票反对有关议案,那么必须将该股东作为附带被告,要求他投赞成票,除非他本来就是诉讼的一方当事人。〔7〕 181

9. 滥用撤销权

根据一般法律原则,因**滥用法律规定**而提起的撤销之诉(《民事诉讼法》第 242 182

---

〔1〕 Vgl. *Kort* ZGR 1994, 291; *ders.* aaO 193 ff; *Huber* FS Claussen 147; *Krieger* aaO 47; *Hommelhoff* aaO.

〔2〕 *Kort* aaO 234 ff; *Krieger* aaO 52.

〔3〕 KölnKomm/*Zöllner* § 248 Rdn. 25; *ders.* ZGR 1982, 623.

〔4〕 BGHZ 76, 154, 157(zur GmbH); 76, 191, 197 ff(zur AG); 88, 320, 329; 97, 28, 30(beide zur GmbH), BGH AG 1996, 126; Aus dem Schrifttum: *K. Schmidt* AG 1980, 169; *ders.* NJW 1986, 2018, 2020 f, *Maier-Reimer* FS Oppenhoff 193, 200 ff; *Lindacher* ZGR 1987, 121; *Eickhoff*, Gesellschafterklage 128 ff.

〔5〕 BGHZ 76, 191, 199.

〔6〕 BGHZ 97, 28, 31.

〔7〕 So im Anschlußan BGHZ 88, 320 namentlich *K. Schmidt* NJW 1986, 2018, 2020 f; *Hachenburg/Raiser* GmbHG Anh. § 47 Rdn. 247; *Emde* ZIP 1998, 1475.

条)是不能成立的。但是法律规定了很高的滥用标准。由于撤销权是股东享有的一种自益权,所以原则上起诉股东不必在起诉书中阐述其受到损害的利益。即使起诉的股东仅仅拥有一个股份或者撤销决议将给公司造成很大的损失,也不能简单以滥用法律为由驳回股东的起诉。但是,滥用撤销权可以有效地防止那种职业撤销决议者、爱挑衅的股东或者类似股东利用其撤销权来敲诈公司。

183 所以,早在帝国法院时期,帝国法院就确认了这样的案例:如果股东利用其撤销权,"敲诈公司,迫使公司改变其经营目的,就属于滥用撤销权"。〔1〕在最近连续发生类似的案件后,学术界对此进行了专门的研究。〔2〕根据这些研究,联邦最高法院在一系列案件中具体规定了滥用撤销之诉或者无效之诉的构成条件〔3〕。

滥用撤销的构成要件还必须结合具体的案件进行具体分析,公司承担相应的举证责任。如果很明显表明在支付给一个小股东较高数额的款项后,该股东就会放弃起诉或者撤销诉讼,这通常就是滥用法律;如果他是召开会议前不久才购得股份,便更是如此。〔4〕然而,滥用情况并不是仅此一种。如果一个律师帮助提起这种滥用撤销之诉,该律师可能因此承担损害赔偿责任。〔5〕谁滥用诉权,谁就会失去撤销权,相关的起诉不能成立,将被驳回 。〔6〕

184 **典型案例**:在第一起相关的案件中,原告要求撤销股东大会作出的有关公司合并的决议,

---

〔1〕 RGZ 146, 385, 395.

〔2〕 *Lutter* ZGR 1978, 347; *ders.*, FS 40 Jahre Der Betrieb 193; *Schlaus* AG 1988, 113; *Martens* AG 1988, 118; *Götz* DB 1989, 261; *Hirte* BB 1988, 1469; *ders.* DB 1989, 267.

〔3〕 BGHZ 107, 296, 308 ff(*Kochs-Adler*); 112, 9(*Hypothekenbank*) BGH AG 1990, 259(*DAT/Altanta I*); BGH AG 1991, 102(*SEN*); AG 1990, 259(*DAT/Altana II*); AG 1992, 86(*Deutsche Bank*); AG 1992, 317; AG 1992, 448; BVerfG WM 1990, vgl. auch schon BGHZ 33, 175, 188 ff; 36, 121, 136 ff. Aus den Instanzgerichten OLG Hamburg ZIP 1990, 1071; OLG Frankfurt WM 1990, 596; LG Kassel ZIP 1989, 306; LG Landshut WM 1990, 931; AG Köln ZIP 1990, 1404; OLG Frankfurt AG 1991, 206; AG 1991, 208 (betr. Miβbrauch der Nichtigkeitsklage); OLG Frankfurt AG 1992, 273, AG 1996 135; OLG Düsseldorf AG 1994, 228; OLG Karlsruhe ZIP 1991, 925; AG 1992, 273; LG Frankfurt AG 1999, 473.

〔4〕 Schrifttum zu der neuen Rechtsprechung *Heuer* WM 1989, 1401; *Claussen* AG 1990, 156; *ders.* AG 1991, 10; *Heckschen* BB 1990, 671; *ders.* WM 1990, 377; *Hirte* DB 1989, 267; *Hommelhoff* ZGR 1990, 447; *Keil* ZIP 1989, 1500; *Kort* ZIP 1990, 294; *Lutter* ZHR 153(1989), 446; *Mertens* AG 1990, 49; *Timm* ZIP 1990, 411; *Timm/Schick* DB 1990, 1221; *Diekgräf*, Sonderzahlungen an opponierende Kleinaktionäre im Rahmen von Anfechtungs-und Spruchstellenverfahren, 1990; *ders.* WM 1991, 613; *Wardenbach* BB 1991, 485; *ders.* ZGR 1992, 563; *Timm*(Hrsg.), Miβbräuchliches Aktionärsverhalten, 1990(mit Beiträgen von *Windbichler*, *Lehmann*, *Martens*, *Baums* und *Keil*); *Boujong* FS Kellermann 1; *Künzel* FS Heinsius 425, 432 ff; *Slabsch*, Die sog. Miβbräuchliche Anfechtungsklage, 1997; *Wallenhorst*, Schranken der Anfechtungsbefugnis von Aktionären, 1996; *Zöllner*, ZGR 1994, August-Sonderheft 147; *Henze*, Höchstrichterliche Rechtsprechung zum Aktienrecht Rdn. 1012.

〔5〕 BGH AG 1992, 317.

〔6〕 BGH AG 1992, 448.

理由是合并报告的内容不全面(当时的《股份法》第340a条,现在的《变更法》第8条)。联邦最高法院判定:该股东提出的指控是成立的。但同时,联邦最高法院撤销了上诉法院作出的无效判决,因为提起诉讼的股东有滥用诉权的嫌疑。主要证据是:该股东仅仅拥有几个股份;在他提起诉讼后,曾经与公司代表谈判;谈判过程中曾经提起过"利益补偿",而且暗示在好几起案子中,公司支付了一笔6至7位数的款项,然后,就成功的了结相关的争议。在另外的一些诉讼中,联邦最高法院也确认,原告有同样的动机(BGHZ 107, 296)。

## §17　自有资本与借贷资本

[illegible]

[illegible]

# 第四章 股份有限公司的财务制度

## §17. 自有资本与借贷资本

参考文献:*Adler/Düring/Schmaltz*, Rechnungslegung und Prüfung der Unternehmen, 6. Aufl. 1995 ff; *Albach*, Welche Maβnahmen empfehlen sich, um die Eigenkapitalausstattung der Unternehmen langfristig zu verbessern?, in: Verhandlungen des 55. Deutschen Juristentags, 1984, Bd. II; *Baums*, Vorzugsaktien, Ausgliederung und Konzernfinanzierung, AG 1994, 1; *G. Bezzenberger*, Zum Bezugsrecht stimmrechtsloser Vorzugsaktionäre, Festschrift Quack 1991, 153; *T. Bezzenberger*, Vorzugsaktien ohne Stimmrecht, 1991; *Frey/Hirte*, Vorzugsaktionäre und Kapitalerhöhung, DB 1989, 2465; *Hennerkes/May*, überlegungen zur Rechtsformwahl im Familienunternehmen(II), DB 1988, 537; *Hirte*, Genuβscheine mit Eigenkapitalcharakter in der Aktiengesellschaft, ZIP 1988, 477; *Kallmeyer*, Das neue Umwandlungsgesetz-Verschmelzung, Spaltung und Formwechsel von Handelsgesellschaften, ZIP 1994, 1746; *Kiem*, Die Stellung der Vorzugsaktionäre bei Umwandlungsmaβnahmen, ZIP 1997, 1627; *Luttermann*, Unternehmen, Kapital und Genuβrechte, 1998; *Möschel*, Eigenkapitalbegriff und KWG-Novelle von 1984, ZHR 149(1985), 206; *Perlitz/Küpper/Löbler*, Vergleich der Eigenkapitalausstattung deutscher, US-amerikanischer und britischer Unternehmen, ZGR 1985, 16; *Priester*, Sind eigenkapitalersetzende Gesellschafterdarlehen Eigenkapitel?, DB 1991, 1917; *Reckinger*, Vorzugsaktien in der Bundesrepublik, AG 1983, 216; Reuter, Verhandlungen des 55. Deutschen Juristentags, 1984, Bd. I; *Rümker*, WM-Festgabe Hellner, 73; *Scheifele*, Zur Praxis des gekreuzten Bezugsrechtsausschlusses, BB 1990, 497; *K. Schmidt*, Die Eigenkapitalausstattung der Unternehmen als rechtspolitisches Problem, JZ 1984, 771; *Veil*, Umwandlung einer Aktiengesellschaft in eine GmbH, 1996, 28 ff.; ferner die Kommentierungen zu § § 266, 272 HGB;.

### I. 概述

1 股份有限公司具有很强的筹资功能。对于大型企业而言,它不仅是一种筹资方式,而且是一种企业法律形式。这就要求股份有限公司具有一种能够满足各种不同需求的机制。需要区分的是自有资本和外来资本。它们在经济学和法学上有着根本的区别。然而,在两者的交叉领域这些区别不仅是令人怀疑的,而且依然是有争议的。为了制定《商法典》和《公司法》,人们依然在法律中(《商法典》第266条第3款、第272条)对两者的区别进行了定义。根据此条款,**自有资本属于公司的**基本资本。——为了与国际上统一使用的术语相一致,《商法典》现在也将之称为

“认购资本”。属于基本资本的还有资本储备金、盈利储备金、盈利结转账目和年末体现出来的年度盈余。

根据《商法典》第272条第2款的规定，公司必须将下列款项当作资本储备金，并必须予以单独标明：发行新股和优先认购权时（试比较上文§9.II.）取得的溢价、或者高于面额发行可兑换债券和选择权债券时获得的溢价（《商法典》第221条；并见下文边码15）以及股东在履行出资义务之外而缴付的其他款项。只有在本营业年度或上一营业年度经营所得中提留的储备金才可以标明为**盈余储备金**（《商法典》第272条第3款）。这里指的主要是法定储备金。根据《股份法》第150条规定，股份有限公司应将年度盈余的5%划入**法定储备金**，其数额最高可达资本金的10%或者达到比章程规定的更高的比例数额。此外，根据第58条第1款至第3款规定设立的自由储备金也可以在资产负债中表明为盈余储备金（《商法典》第272条第3款第2句）。如果资本储备金和法定储备金未超过基本资本金的10%或者章程规定的比例，那么只有在符合《股份法》第150条规定的严格条件下才可以解散这些储备金；如果已达到了上述最低限额，解散的条件就比较宽松，但决不是毫无限制。尤其是公司不能将它们再作为利润体现在账目上（第150条第4款）。 2

**外来资本**则是企业的外部债权人所提供的所有货物和信贷。它主要包括供货商、客户和银行向公司提供的实物和贷款，也包括通过发行债券（工业债券）而筹集的资金。法律没有规定隐名参股、以资替贷的股东贷款（见下文§19.IV.）和特惠债券资本（见下文II.4）应该属于外来资本还是自有资本，因而其性质依然不甚明确。主流意见认为，它们的性质应该取决于具体的合同规定。[1] 3

从经营的角度讲，外来资本所承担的风险比自有资本更小，因为只有在公司清偿了债务或者给债权人提供担保后，才能向股东分配利润和清算时的剩余资产。因而亏损首先会减少公司的自有资本。正因为此，与外来资本相比，公司拥有的自有资本比例越高，这个公司的安全度和信用度就越高。从这个背景来看，我们就不难理解为什么德国企业的自有资本比例是否太小是长期以来大家一直讨论的一个话题。[2] 4

## II. 自有资本

在企业设立或者进行增资时，可以通过发行股票筹集自有资本。常见的方式是发行享有无限管理权和财产权的**普通股**。 5

此外，企业还可发行无表决权的股份。但是只有当这种股份享有盈利分配优先权时，法律才准予发行（**无表决权的优先股**，《股份法》第12条第2款第1句和第 6

---

〔1〕 *Adler/Düring/Schmaltz* § 266 HGB Rdn. 188 ff; vgl. zu eigenkapitalersetzenden Gesellschafterdarlehen *Priester* DB 1991, 1917; BGH AG 1994, 225; zu Genuβrechten *Luttermann* aaO 187, 528 ff.

〔2〕 *Albach* aaO Teil K 9; *Perlitz/Küpper/Löbler* aaO, 16; *Reuter* aaO Teil B.

139 条等)。发行优先股的目的是为了通过优先权吸引那些对公司管理不感兴趣的小投资者。

7 股东享有优先权,并不是指股东可以要求分得更多的红利——当然也可以增加这种权利,它通常是指即使公司的利润不足以支付普通股股东的利息时,优先股股东依然可以请求支付事前规定的股息。如果在某一年度中没有支付或者没有完全支付优先股的股息,企业必须在下一年度中**补齐拖欠的股息**[1]。如果在这一年度中依然不能付清拖欠的股息,那么在付清拖欠的股息之前,优先股股东就必须享有表决权。在此情况下,优先股股东在股东大会上享有与普通股股东同样的权利(《股份法》第 140 条第 2 款)。为防止表决权过多地集中到少数几个普通股东手中,法律规定公司发行的优先股总数不得超过整个基本资本总额的一半(《股份法》第 139 条第 2 款)。只有通过特别程序才能通过任何取消、限制和影响优先股股东权利的决议,即该决议必须获得修改章程时所要求的多数票的同意,此外还需由优先股股东以 3/4 以上的多数通过一个特别决议(《股份法》第 138 条、第 141 条、第 179 条第 3 款、第 204 条第 2 款)。

8 除不享有表决权外,优先股股东享有**普通股股东的各项权利**(《股份法》第 140 条第 1 款)。他们可以不受限制地参加股东大会,享有《股份法》第 131 条规定的查询权,还可以请求撤销股东大会的有关决议。他们也享有优先认购权,如果公司增资时仅仅发行普通股,他们也有优先认购这一股份的权利。为了维持现有的表决权分布状况,建议按照现有的股份比例发行新的普通股和优先股,而且对股东的优先认购权进行特定的限制,即股东只能购买其目前持有的股份种类[2]。由于这种新股的发行并没有影响优先股的利益,所以即使没有优先股股东的特别决议,公司也可以发行这样的新股。如果新发行的优先股比以前的优先股还要优先或处于同等地位,那么就需要由优先股股东以 3/4 以上的多数同意票做出一个特别决议,除非公司事前就保留了发行新的优先股的权利,并且没有排除优先股股东的优先认购权(《股份法》第 141 条第 2 款和第 3 款)。[3]《股份法》第 261 条第 1 款规定:在公司以其自有资金进行增资时,公司可以降低优先股的分红优先权,但是新老优先股股份所享有的权利必须相同。与此相反,股东大会通过的将全部结算盈余划入盈余储备金的利润使用决议或者公司签订的利润划拨合同,仅仅间接地影响优先股的权利。学术界的主流观点认为,这种情形并不是《股份法》第 141 条第 1 款规定的情况,优先股股东不必做出相应的特别决议。[4]只要减资[5]或者公司

---

[1] Einzelheiten bei *T. Bezzenberger* aaO 43 ff. Vgl. auch OLG Stuttgart AG 1995, 283.

[2] *Scheifele* aaO; *G. Bezzenberger* FS Quack 153.

[3] *T. Bezzenberger* aaO 115 ff.

[4] *T. Bezzenberger* aaO 124; *Hüffer* § 141 Rdn. 6; teilweise abweichend *Kiem* ZIP 1997, 1627.

[5] LG Frankfurt AG 1991, 405; *Hüffer* aaO Rdn. 8; a. A. *Frey/Hirte* DB 1989, 2465; *Bezzenberger* aaO 171.

的变更[1]给优先股股东提供了同样的权利(见《企业形式转换法》第23条),上述条款也同样适用于这两种情形(试比较《企业形式转换法》第23条)。

在实践中,无表决权的优先股起着非常重要的作用。特别对于家族公司,通过发行优先股既可以让公司股票上市,又能保证家族对公司的控制权。[2] 优先股可以是职工股,尤其是职工的参股应该不会改变公司的现有表决权结构(见下文§ 20. V.)。 9

## III. 借贷资本

参考文献:*Köhler*, Kapitalerhöhung und vertragliche Gewinnbeteiligung, AG 1984, 197; *Koppensteiner*, Ordentliche Kapitalerhöhungen und dividendenabhängige Ansprüche Dritter, ZHR 139 (1975), 191; *Zöllner*, Die Anpassung dividendensatzbezogener Verpflichtungen von Kapitalgesellschaften bei effektiver Kapitalerhöhung, ZGR 1986, 288.

### 1. 工业债券

吸收外来资本一般并不改变公司的内部结构。在法律上它通常接受债法、物权法和有价证券法的管辖。在股份法方面,吸收外来资本属于**董事会职权范围内的经营事项**。根据《股份法》第111条第4款第2句的规定,借贷数额较大的贷款和发行债券需要得到监事会的同意,但是这并不属于股东大会管辖范围。 10

**工业债券**是《民法典》第793条意义上的无记名债券和可转让债券。这类债券一般通过银行发行,然后通过证券交易所进行交易。交易所每天在日报上发表交易报告,公告重要的债券行情。相关细节可以查阅有关有价证券法的文献。 11

### 2. 盈利性债券

**盈利性债券**是一种与股票相类似的债券。持有者除了可获得固定利率收益外,还可以得到一个与红利挂钩的不固定的分红收益,例如4%的利息再加上向普通股民分配的20%的红利。原则上是根据发行债券公司的红利来确定这种债券的利息的。但是法律亦允许将利息与另一公司如母公司分配的红利挂钩。如果分配利息的数额是根据年度盈余或者结算盈余确定的,那么就必须适用《股份法》第221条的规定。[3] 12

盈利性债券会影响到普通股股东的红利,它与无表决权的优先股非常相似。 13

---

[1] Str.; wie hier *Kiem* ZIP 1997, 1627, 1628; *Veil* aaO 32—46; zur Ausgliederung auch *Baums*, AG 1994 1; nach a. A. erfaβt § 23 UmwG nicht die Inhaber von Vorzugsaktien; vgl. *Rümker* aaO 76; *Kallmeyer* ZIP 1994, 1746, 1757.

[2] Vgl. *Hennerkes/May* aaO 538. Nach *Angele* Wirtschaft und Statistik 1991, 41, 45 wurden Ende 1990 Vorzugsaktien von 103 Gesellschaften an der Börse gehandelt.

[3] KölnKomm/*Lutter* § 221 Rdn. 446; *Hüffer* § 221 Rdn. 8.

因而,它与一般的外来资本不同,决定发行这种债券不是董事会的职权,而是股东大会的权限。与增资决议一样,发行这类债券的决议必须由3/4以上的多数票通过。股东大会的决议可以规定董事会必须发行这类债券,也可以授权董事会发行此类债券。股东也有购买这类债券的优先权,公司只有在《股份法》第186条限定的条件下才可以排除股东的优先认购权(《股份法》第221条第4款)。在现实生活中,这种债券并不重要。

3. 可兑换债券

参考文献:*Busch*, Bezugsrecht und Bezugsrechtsausschluβbei Wandel-und Optionsanleihen, AG 1999, 58; *Groβ*, Isolierte Anfechtung der Ermächtigung zum Bezugsrechtsausschluβbei der Begebung von Optionsanleihen, AG 1991, 201; *Hirte*, Bezugsrechtsfragen bei Optionsanleihen, WM 1994, 321; *Jäger*, Aktienoptionen und Optionsschein, 1990; *Kallrath*, Die Inhaberkontrolle der Wertpapierbedingungen von Wandel-und Optionsanleihen, Gewinnschuldverschreibungen und Genuβscheinen, 1994; Kjer, Optionsanleihen, 1981; *Knoll*, Der Wert von Bezugsrechten und die materielle Rechtfertigung des Bezugsrechtsausschlusses bei Wandelschuldverschreibungen, ZIP 1998, 413; Martens, Die rechtliche Behandlung von Options-und Wandelanleihen anläβlich der Eingliederung der verpflichteten Gesellschaft, AG 1992, 209; *Schumann*, Optionsanleihen, 1990.

14 **可兑换债券**的概念是从美国引入的。这种债券的持有人有权在一定期限内如5年内,或者将这种债券换成股票(狭义的可转换债券或可兑现债券),或者购买公司额外发行的股票(所谓的优先认购债券或选择权债券)。从经济上看,如果公司经营良好,股票行情看涨,这种债券的持有人可以行使兑换权或认购权,而普通债券持有人则无此权利。不管经营状况如何,他们只能持有利息固定的债券。1980年以来,德国发行这种债券尤其是选择权债券非常盛行。由于这种债券具有很强的投机性,公司可以降低这种债券的利率;实践中其利息通常比普通债券的利率要低得多,所以这种债券对公司非常有利。20世纪90年代中期以后,公司为了鼓励董事会提高经营绩效,经常给董事会成员或其他的高层管理人员发行可兑换债券作为一种额外的业绩报酬。[1] 自从《有关加强企业控制和透明度的法律》颁布以来,公司可以直接采用股票期权激励机制(《股份法》第192条第3款,见下文§20. II.),发行债券鼓励管理人员这种方法已经显得多余。

15 按照《股份法》第221条的规定,公司发行可兑换债券,必须首先由股东大会以3/4以上的多数票通过相应的决议,决议中必须说明债券的种类、发行债券总面额、发行债券的主要条件以及其行使兑换权和优先认购权的主要条件。另外股东大会还可以对董事会进行授权,由董事会决定发行可兑换债券(《股份法》第221条第2

---

〔1〕 Vgl. LG Frankfurt ZIP 1997, 1030(*Wenger/Deutsche Bank*), LG Stuttgart ZIP 1998, 422(*Wenger/Daimler-Benz*); OLG Braunschweig AG 1999, 84(*Volkswagen-AG*); *Knoll* ZIP 1998, 413; *Busch* AG 1999, 58.

款第1句)。此条款表明,为了满足债券持有人的兑换需求,公司必须发行新股,这自然会改变现有的股权结构。如果发行可选择债券只是为了向董事提供一种额外的报酬,那么,董事会就不能自己决定自己的报酬(试比较《股份法》第86条、第87条),[1]这就必须保证监事会对此有独立的决定权。公司通常是通过核准增资来实现这一目的,即公司发行新股的数量不得超过满足兑换需求和行使优先权的需求所必须发行的股份数量(《股份法》第192条第2款)。

根据《股份法》第221条第4款的规定,股东对可兑换债券和期权债券也有优先**认购权**,但是如果符合《股份法》第186条规定的条件,公司可以排除股东的这种权利。在大多数情况下,这种排除是必要的。为此董事会必须提交一份报告,其中必须说明排除的理由、发行新股的金额或者兑换的数额。股东大会必须以3/4以上的多数通过相应的决议(《股份法》第186条第3款和第4款)。此外,在对股东大会的决议进行司法审查过程中,必须有充分的客观理由支持股东大会的决议(见上文§16.IX.5b)。如果这种债券是作为向董事和高级管理人员提供的一种与公司业绩挂钩的额外报酬,那么,国际上的通常做法就是一种客观理由;通过《股份法》第192条第2款第3句的规定,德国立法者也承认这一点。但是,这也必须符合下列条件:即发行这种债券与股东因排除认购权而受到的损失相比,仍在一定的合理的范围内。[2] 但是,如果发行债权数额不超过公司资本的10%,并且发行价并不比该公司的股市价低很多,是否可以普遍地排除所有股东的优先认购权?对于这一问题,目前还没有明确的答案。这里的难点是在证券交易所中没有一个与可兑换债券和期权债券对应的交易价格。当然,借助于经济学方法可以计算出这类债券的虚拟市场价值。因此,适用这一条款原则上也是有可能的[3]。 16

为防止公司通过未来的增资或者发行新的可兑换债券**损害现有债券持有人的权益**,需要对债券持有人予以特别的法律保护。因为不给予相应的补偿,就会减少优先认购权的价值。法律仅仅对公司以其自有资金进行增资规定了保护措施:进行这种增资时,不得损害现有权利人的利益。因此在以1:1的比例发行新股时,一个认购新股的优先选择权就可以认购两张股份(《股份法》第216条第3款)。这一条款所包涵的法律思想也可以相应地适用于其他形式的增资,同样也可以适用于可兑换债券和选择权债券的发行。这种适用离不开一个前提条件:新股及其认购权以低于其价值的价格发行,并且在债券的发行条款里没有规定防止债券价值缩水的保护措施。[4] 17

---

[1] Vgl. die Ausführungen dazu in den in der vorigen Fuβnote zitierten Urteilen.

[2] Inzwischen wohl allg. Meinung; vgl. die oben zitierten Urteile.

[3] Vgl. OLG Braunschweig aaO; *Busch* aaO.

[4] Die Ansicht setzt sich im Schrifttum neuerdings gegen eine früher h. M. zu Recht durch. Vgl. *Koppensteiner* ZHR 139(1975), 191; *Köhler* AG 1984, 197, 199; *Zöllner* ZGR 1986, 288; KölnKomm/*Lutter* § 221 Rdn. 124; MünchHdb. AG/Krieger § 63 Rdn. 19; Groβkomm/*Karollus* § 221 Rdn. 176; *Kallrath* aaO 164 ff. Ferner das Schrifttum zum entsprechenden Problem beim Genuβschein, s. unten Fuβn. 35.

### 4. 特惠债券

参考文献:*Bauer*, Partizipationsscheine im Schweizer Aktienrecht, 1976; *ders.*, Partizipationsscheine im Schweizer Aktienrecht, 1976; *Berger*, Genuβscheine als Haftkapital, ZfgK 1984, 505; *Busch*, Schadensersatzansprüche von Genuβrechtsinhabern als Eigenkapitalgebernβ AG 1993, 163 *ders.* Aktienrechtliche Prtobleme der Begebung von Genuβrechten zwecks Eigenkapitalverbesserung. AG 1993, 93; *Claussen*, Der Genuβschein und seine Einsatzmöglichkeiten, FS Werner, 1984, 81; *Emde*, Die Auswirkungen von Veränderungen des Unternehmenskapitals auf Bestand und Inhalt von Genuβrechten, DB 1989, 209; *Feddersen/Knauth*, Eigenkapitalbildung durch Genuβscheine, 2. Aufl. 1992; *Frantzen*, Genuβscheine, 1993; *Gast/Wissmann*, Mitarbeiterbeteiligung durch Genuβrechte, BB 1987, Beilage 17; *Gehling*, Obligationsähnliche Genuβrechte-. Genuβrechte oder Obligationen? WM 1992, 1093; *Habersack*, Genuβrechte und sorgfaltswidrige Geschäftsführung, ZHR 155(1991), 378; *Hammen*, Offene Fragen beim Recht der Genuβscheine, BB 1990, 1917; *Hederich/Stedeler*, Die Renaissance des Genuβrechtskapitals, ZfgK 1987, 192; *Hirte*, Genuβscheine mit Eigenkapitalcharakter in der Aktiengesellschaft, ZIP 1988, 477; *ders.*, Genuβschein und Kapitalherabsetzung, ZIP 1001, 1461; *ders.* Genüsse zum Versüβen einfacher Kapitalherabsetzungen, FS Claussen, 1997, 115; *Kallrath*, Die Inhaltskontrolle der Wertpapierbedingungen, 1994; *van Look*, Zum Anlegerschutz bei Genuβrechten, in: Recht und Praxis der Genuβscheine, 1987, 35; *Lutter*, Genuβrechtsfragen, ZGR 1993, 291; *Luttermann*, Unternehmen, Kapital und Genuβrechte, 1998; *Nobel*, Unternehmensfinanzierung und gesetzliches Garantiekapital in der Schweiz, AG 1998, 354; *Oettmeier*, Ausgestaltung von Genuβrechten und Genuβscheinen, Diss. Bayreuth 1989; *Pougin*, Genuβrechte, 1987; *Reusch*, Zur Einordnung der Genuβrechte zwischen Vorzugsaktie und Gewinnschuldverschreibung, in: Recht und Praxis der Genuβscheine, 1987, 21; *Reuter*, Welche Maβnahmen empfehlen sich insbesondere im Gesellschafts-und Kapitalmarktrecht, um die Eigenkapitalausstattung; Unternehmen langfristig zu verbessernβ, Gutachten B zum 55. Deutschen Juristentag 1984; *ders.*, Verbesserung der Risikokapitalausstattung der Unternehmen durch Mitarbeiterbeteiligung?, NJW 1984, 1849; *ders.*, Genuβohne Reue?, AG 1985, 104; *ders.*, Der Partizipationsschein als Form der Mitarbeiterbeteiligung, FS Fischer, 1979, 605; *U. H. Schneider*, Genuβrechte an Konzernunternehmen, FS Goerdeler, 1987, 511; *Sethe*, Genuβrechte: Rechtliche Rahmenbedingungen und Anlegerschutz, Teil 1 AG 1993, 293, Teil 2 AG 1993, 351; *Thielemann*, Das Genuβrecht als Mittel der Kapitalbeschaffung und der Anlegerschutz, 1988; *Vollmer*, Der Genuβschein-Ein Instrument für mittelständische Unternehmen zur Eigenkapitalbeschaffung an der Börse, ZGR 1983, 445; *Vollmer/Lorch*, Der Schutz des aktienähnlichen Genuβkapitals bei Kapitalveränderung, ZBB 1992, 44; *Werner*, Schwerpunkte der Novellierung des Kreditwesengesetzes, ZHR, 149 (1985), 236; *Ziebe*, Kapitalbeschaffung durch Genuβscheine, BB 1988, 225; *ders.*, Der Genuβschein als kapitalmarktpolitisches Instrument zur Verbesserung der Eigenkapitalausstattung von Unternehmen, BB 1984, 2210; *Zöllner*, Die Anpassung dividendensatzbezogener Verpflichtungen von Kapitalgesellschaften bei effektiver Kapitalerhöhung, ZGR 1986, 288.

根据《股份法》第221条第2款的规定，只有股东大会以修改公司章程所需的多数形成相应的决议，才可以发行特惠债券。它通常是一种可以上市交易的有价证券，其持有者对公司享有一定的**债权性请求权**，如要求参与企业的分红或者使用企业的设施。从其产生的历史看，这种特惠债券主要是为了补偿股东失去的某一特权而设立的，但目前它在德国法里已不具备这一功能。[1] 近来，企业通常把它作为通过资本市场筹措类似于自有资本的资金的手段，同时它也是职工参股的重要途径，因此特惠债券又获得了重要的法律地位。[2] 其优点是不影响公司现有股东的股权结构，在税法上它又可以列为公司开支。就此而言，它与盈利性债券相类似。 18

德国重新流行特惠债券的主要原因是因为德国对此缺乏相应法律规定，因而企业对发行此类债券具有很大的灵活性。特惠债券的权利和义务的内容取决于**发行合同的内容**；发行合同的重要内容一般都由发行条款予以具体确定，[3]因而不同特惠债券，其权利和义务也有着很大的不同。[4] 一般情况下，特惠债券每年享有一次分红权，每年的数额是不定的，它由一个与利润无关的固定的基本利率和一个与红利挂钩的浮动利率组成。通常特惠债券还必须承担企业的亏损；同时它受下列规定的约束：如果企业进行减资，与企业基本资本一样，特惠债券资本也必须进行相应的减少。[5] 特惠债券持有人通常不参加企业清算；然而，在公司解散或者破产时，他们拥有要求企业退回本金的权利；其清偿序列排在债权人之后股东之前。这种证券可以有期限的，也可以是无期限的。在后一种情况下，可以事先约定解约权。根据有关长期债务关系的一般性规定，不能禁止一方当事人由于重要原因而行使解除权。[6] 另外，也可以将特惠债券与优先认购本公司和其他企业的股份或者兑换这些股份的权利结合起来，这样就必须适用有关可兑换债券和选择权债券的法律规定。 19

与此相反，特惠债券不享有**参与企业管理的权利**，即持有者没有在股东大会上进行表决的权利，他们也不享有撤销权。这是因为这些权利是股东享有而不是债权人所享有的权利。[7] 但是部分学者比较大度地认为，持有者应该享有出席股东大会的权利和询问权。这一观点是正确的。特惠债券合同也可以对这些权利进行 20

---

〔1〕 Das bekannteste Beispiel sind die Genuβrechte, die den früheren NSU-Aktionären bei der Verschmelung von Audi und NSU an den Lizenzgebühren für den Wankelmotor gewährt wurden. Anders aber im Schweizer Recht, vgl. *Bauer* aaO; *Nobel* AG 1998, 354.

〔2〕 1997 wurden 257 Emissionen von 103 Unternehmen im Gesamtvolumen von rund 30 Mrd. DM an deutschen Börsen gehandelt. Die Zahl nicht börslich notierter Genuβscheine wird auf ca. 775 Emissionen mit einem Gesamtvolumen von rd. 4,1 Mrd. DM geschätzt(*Luttermann* aaO 77).

〔3〕 Vgl. BGH AG 1995, 83; OLG München AG 1994, 372.

〔4〕 Reiches Material dazu bei *Frantzen* aaO 295 ff.

〔5〕 Vgl. BGHZ 119, 305(*Klöckner*); 120, 141(*Bremer Bankverein*).

〔6〕 *Thielemann* aaO 191.

〔7〕 BGHZ 119, 305, 309, h. M.

规定。[1] 特惠债券的书面证明形式是**特惠凭证**。特惠凭证可以是记名证券，也可以是无记名证券，或者它们仅仅是一种证明文件。

21 由于法律定义不很严格，使得人们难以界定**特惠债券与单纯债券之间的区别**。在下列情况下，这种界定变得十分关键：特惠债券本来享有固定利息，如果企业发生亏损或发行特惠债券将导致企业的亏损，在这种情况下，应该取消特惠中所享有的固定利率。[2] 联邦最高法院十分正确地判定[3]：特惠债券必须享有固定利息，而且必须与公司的盈利相挂钩。大部分学者支持联邦最高法院的判决。[4] 其结果是发行特惠债券必须遵循《股份法》第221条的规定。因为在这种情况下，发行条件中规定的高利率和特惠债券持有人享有的其他权利也可能影响股东的权利。因而，筹集特惠债券资本也需要得到股东的同意。

22 依然没有解决的问题是：如何对待所谓的**股份式特惠债券**？这里债券的持有人享有与无表决权的优先股股东同样的权利。许多学者认为这种特惠债券规避了《股份法》第139条等的规定，因而是非法的。[5] 然而，越来越多的学者认为第139条并没有规定这样的禁止。[6] 联邦最高法院在其审理的金钟电器开关公司[7]一案中并没有正面回答这一问题，然而却又判定：无论如何，可以宣布解除的、清算中先于股东得到清偿的特惠债券不可能与股份完全相同。但是在下列极端情况下，这个问题可能变得非常重要：如果特惠债券是不可解除的，它也不享有基本的固定利率，可以无限制地分担企业的亏损、参与企业的减资，而且在清算过程中不享有先于普通股股东得到清偿的权利。即使在这种情况下，也很难说《股份法》第139条这一标准公司法条款应该包含着《民法典》第134条所规定的法律禁令，据此股份公司不得与特惠债券持有人签订纯债权性质的合同。

23 根据**《格式合同法》第9条**或《民法典》第138条的规定，应该对**合同内容进行审查和修改**。特惠债券条款是事前由股份有限公司单方面拟定的标准化格式合同，因而它应该适用**《格式合同法》**的规定。这一点得到了一致的认同。虽然不能对特惠债券的主要内容进行审查，但是必须对实施特惠权的具体方式进行审查。[8]

---

〔1〕 Dagegen aber KölnKomm/*Lutter* § 221 Rdn. 376, Groβkomm/*Karollus* § 221 Rdn. 322, je m. w. N.

〔2〕 Namentlich *Lutter* aaO Rdn. 217f sowie ZGR 1993, 291, 302 sowie *Gehling* WM 1992, 1093 nehmen an, daβ in einem solchen Fall eine nicht unter § 221 fallende Schuldverschreibung vorliegt.

〔3〕 BGHZ 120, 141.

〔4〕 Vgl. statt aller Groβkomm/*Karollus* § 221 Rdn. 297, *Hüffer* § 221 Rdn. 25a, je m. w. N.

〔5〕 *Reuter* aaO 24ff; *ders.* AG 1985, 104; *Werner* ZHR 149(1985), 236, 239; *Hirte* ZIP 1988, 477; *Habersack* ZHR 155(1991), 378, 385; im Prinzip auch *Lutter* aaO Rdn. 225; MünchHdb. AG/*Krieger* § 63 Rdn. 53; auch Voraufl. § 18 Rdn. 20.

〔6〕 Vgl. *Claussen* AG 1985, 83, 89; *Thielemann* aaO 81; *Karollus* aaO Rdn. 333; *Sethe* AG 1993, 293, 307; *Vollmer/Lorch* ZBB 1992, 44; *Hüffer* § 221 Rdn. 34.

〔7〕 BGHZ 119, 305, 310.

〔8〕 BGHZ 119, 305, 313 ff; *Luttermann* aaO 495ff.

按照《股份法》第221条第4款的规定，在公司发行特惠债券时，股东享有《股份法》第186条第3款和第4款所规定的**优先认购权**。但是股东大会决定发行特惠债券时，可以通过决议来排除股东的优先认购权。与公司进行增资时一样，如果公司计划排除优先认购权，必须根据《股份法》第124条的规定，将“排除条款”写进通知股东出席大会的书面邀请书；另外董事会须提交一份书面报告，其中必须说明排除原因、发行特惠债券的数额以及特惠债券的主要特点。[1] 此外，联邦最高法院对股东大会的相关决议还可以进行**实质性审查**。由于特惠债券持有人的权利有很大的不同，基本上不可能为所有特惠债券指定一个普遍适用的规则。尤其是通过发行特惠债券，股东的表决权并没有受到影响，有可能受到损失的仅仅是股份的价值。所以，它与可兑换债券和选择权债券的情况不同。正因为这样，有必要对特定的特惠债券影响股份价值的可能性进行具体分析，同时还必须分析企业以特定条件发行这类特惠债券的理由。然后，以企业利益为标准对两者进行权衡。[2] 如果只允许特定的股东认购特惠债券，那么还必须审查其发行是否符合股东平等原则(《股份法》第53a条)。[3] 就此而言，联邦最高法院在“不来梅银行协会”案中作出了正确的判决：如果公司发行的特惠债券不损害股东在公司中的经济法律地位，法院进行的内容审查就不得影响企业发行特惠债券。在这里，联邦最高法院并没有禁止法院对股东大会决议的内容进行审查，它仅仅在考虑分析了具体情况后确认：排除股东的优先认购权并不违反法律规定。[4] 24

企业进行增资时，特惠债券持有者的权益与可兑换债券持有者和选择权债券持有者的利益应该得到同样的保护(见边码17)，应**防止其利益因此而受到损害**。其法律依据是《股份法》第216条第3款的规定，该条款也包括对特惠债券的保护；从这一条款中还可以引申出一种具有普遍意义的法律思想，该思想具有类比适用的效力。[5] 如果公司因合并或者分立而消失，后续公司必须保证这些证券的持有者享有与公司变更以前同等的权益(《改组法》第23条、第125条、第133条第2款，见下文§§ 46.V.3, 49.III.)。这些规则也同样适用于企业的变更(《变更法》第204条)。此外，主要应该通过合同条款和《格式合同法》所规定的审查来保护特惠债券持有者的利益；如果合同中没有相关的条款，可以通过对合同进行补充性解释来弥补这一缺陷[6]。特惠债券持有者可以对公司提出要求，要求公司的政策必须顾及他们的利益。如果公司违反了这一义务，他们可以以公司消极违反合同义务为由而要求公司承担损害赔偿责任。 25

---

[1] *Kallrath* aaO.

[2] BGHZ 119, 305; 120, 141; OLG München AG 1994, 372.

[3] BGHZ 120, 141, 149.

[4] *Karollus* aaO Rdn. 49.

[5] Str.; vgl. *Zöllner* ZGR 1986, 288, 291; *Vollmer* ZGR 1983, 445, 465; *Hirte* ZIP 1988, 477, 486; *Thielemann* aaO 178ff; *Emde* DB 1989, 209; *Karollus* aaO Rdn. 407; *Lutter* aaO Rdn. 390.

[6] *Hüffer* aaO Rdn. 67.

26 **典型案例**:在金钟电器开关公司案(BGHZ 119, 305)中,被告公司发行了1.35亿马克面值的特惠债券凭证,其发行条件为:如果为了弥补亏损而进行减资,特惠债券资本也必须按同样的比例和同样的条件进行削减。1988年,公司的石油投机生意失败,遭受了巨额亏损。因此股东大会决定减资,削减资本2.7亿马克,特惠债券资本则被全部削减,公司因此宣布特惠债券已经全部消灭。事后证明公司所受到实际损失低于公司的估算,公司因而向特惠债券持有者提供一次性补偿费。原告认为:在这种情况下特惠债券并没有消亡,相反它又得以恢复,并可以用以后的盈利来补偿。但是,联邦最高法院对合同条款进行了补充性解释,并得出结论:原告仅能按照其持有的特惠债券资本份额请求给每个特惠债券支付相应的收益;此外法院还判定,公司有义务按照特惠债券合同维持和保护特惠债券持有人的利益;虽然这种义务并不限制董事会独自负责地经营和管理公司,经营风险业务,但是,如果董事会开展的经营活动超过了章程规定的范围,或者其经营行为从商人的角度看来是“极不认真和负责的”,董事会就违反了其对特惠债券持有者承担的上述义务。在这种情况下,根据《民法典》第31条的规定,公司必须承担因违反合同义务而使特惠债券遭受的损失。〔1〕

# §18. 账目公布和利润的使用

## I. 年终报表的编制和审定

参考文献:*Adler/Düring/Schmaltz*, Rechnungslegung und Prüfung der Unternehmen, 6. Aufl., 1995 ff; *Baetge*, Bilanzen, 4. Aufl. 1996; *Baumbach/Hopt*, HGB, 30. Aufl. 2000; *Clemm*, Abschluβprüfer und Aufsichtsrat, ZGR 1980, 455; *Forster*, Fragen der Prüfung des Jahresabschlusses durch den Aufsichtsrat, Festschrift Kropff, 1997, 71; *ders.*, Zur Teilnahme des Abschluβprüfers an der Bilanzsitzung des Aufsichtsrats und zur Berichterstattung in der Sitzung, Festschrift Sieben, 1998, 375; *ders.*, Zum Zusammenspiel von Aufsichtsrat und Abschluβprüfer nach dem KonTraG, AG 1999, 193; *Geist*, Die Pflicht zur Berichtigung unrichtiger Jahresabschlüsse bei Kapitalgesellschaften, DStR 1996, 306; *Gelhausen*, Externe Rechnungslegung und Prüfung durch den Wirtschaftsprüfer, AG 1997, August-Sonderheft 73; *Groβfeld*, Bilanzrecht, 3. Aufl. 1997; *Hense*, Rechtsfolge nichtiger Jahresabschlüsse und Konsequenzen für Folgeabschlüsse, WPg 1993, 716; *Hommelhoff*, Die neue Position des Abschluβprüfers im Kraftfeld der aktienrechtlichen Organisationsverfassung, BB 1998, 2525, 2567; *Knobbe-Keuk*, Bilanz- und Unternehmenssteuerrecht, 9. Aufl., 1993; *Kowalski*, Der nichtige Jahresabschluβ-was nun?, AG 1993, 502; *Kropff*, Die Beschlüsse des Aufsichtsrats zum Jahresabschluβ und zum Abhängigkeitsbericht, ZGR 1994, 628; *ders.*, Auswirkungen der Nichtigkeit eines Jahresabschlusses auf die Folgeabschlüsse, Festschrift Budde, 1995, 341; *Küting/Weber*, Handbuch der Rechnungslegung, Kommentar zur Bilanzierung und Prüfung, Bd. Ia, 4. Aufl. 1995, Bd. II, 2. Aufl. 1998; *Lutter*, Der Streit um die Gültigkeit des Jahresabschlusses einer Aktiengesellschaft,

〔1〕 Vgl. dazu *Lutter* ZGR 1993; 291, *Sethe* AG 1993, 351; *Busch* AG 1994, 163.

Festschrift Helmrich, 1994, 685; *Mattheus*, Die gewandelte Rolle des Wirtschaftsprüfers als Partner des Aufsichtsrats nach dem KonTraG, ZGR 1999, 682; *Moxter*, Bilanzlehre, Bd. II, Einführung in das neue Bilanzrecht, 3. Aufl. 1986; ders., Bilanzrechtsprechung, 4. Aufl. 1996; *Priester*, Aufstellung und Feststellung des Jahresabschlusses bei unterbesetztem Vorstand, Festschrift Kropff, 1997, 591; Rürup, Prüfung des Jahresabschlusses und des Lageberichts durch Aufsichtsrat und Abschlußprüfer, Festschrift Budde, 1995, 543; *Russ*, Der Anhang als dritter Teil des Jahresabschlusses, 2. Aufl. 1986. *Söllner*, Informationsprozesse zwischen Abschlußprüfer und Aufsichtsrat in deutschen Aktiengesellschaften-eine empirische Untersuchung, 1988; *Strieder/Graf*, Zusammenarbeit zwischen Abschlußprüfer und Aufsichtsrat, BB 1997, 1943; *Weilinger*, Die Aufstellung und Feststellung des Jahresabschlusses im Handels-und Gesellschaftsrecht, 1997; *Wilde*, Informationsrechte und Informationspflichten im Gefüge der Gesellschaftsorgane, ZGR 1998, 423.

1. 簿记

1985 年 12 月 19 日颁布的《实施欧盟决算指令法》将《股份法》中有关公布账目的特别规定(《股份法》第 150 条、第 152 条、第 158 条和第 160 条)从该法中分离出来,并把它纳入《商法典》。因此,它是有关**簿记的最基本的法律规定**(《商法典》第 238—339 条)。对此本书不作详细的介绍。[1] 对于股份有限公司的簿记,必须首先适用有关商人的规定(《商法典》第 238—263 条),此外还适用针对股份有限公司而制定的一些补充规定(《商法典》第 264—289 条)。这些规定也同样适用于有限责任公司和股份两合公司 。如果公司是康采恩的成员,还必须适用有关康采恩年终决算的规定(《商法典》第 290—315 条)。《商法典》第 316—324 条规定了簿记的审计,在第 325—329 条则规定了簿记的公开。《商法典》第 331—335 条规定了具体的处罚条款。如果违反簿记和决算义务,有可能受到刑法的处罚或者被处以罚款。 1

2. 年终决算

根据《商法典》第 264 条等条款的规定,资合公司的年终决算由资产负债表、损益表和附表组成(狭义的年终决算)。编制资产负债表时必须遵守《商法典》第 265 条、第 266 条等条款中确定的一般性分类规则,此外还必须遵守《股份法》第 152 条的特别规定。据此,如果公司发行了不同种类的股份,那么就必须分别列明每一类股份在公司资本中所占的份额;必须标明公司的核准资本。如果公司发行了拥有多数表决权的股份,那么还必须分别说明这类股份和其他种类股份的总数。此外,年终决算的编制还必须遵守有关资本储备金和盈余储备金分类目录的特别规定(《股份法》第 152 条)。[2] 股份法关于**损益表**的特别规定主要涉及资本以及储备金的增加或者减少项目的分类(《股份法》第 158 条)。《实施欧盟决算指令法》规 2

〔1〕 Vgl. neben dem eingangs angegebenen Schrifttum die ausführliche Kommentierung in KölnKomm/*Claussen/Korth* § § 238ff HGB; ferner Baumbach/*Hopt* HGB § § 238ff.

〔2〕 Zur gesetzlichen Rücklage nach § 150 s. oben § 17 Rdn. 2.

定，企业的年终决算中还必须包括附件，该附件主要起解释资产负债表和损益表的作用。股份有限公司的附表除了必须包括《商法典》第284—288条规定的说明外，还必须包括《股份法》第160条规定的说明，即必须提供下列数据：企业持有本公司股份的情况、股东的持股情况、核准资本的数额、优先股数额、可兑换债券、选择权债券、特惠债券、与其他企业相互持股的情况以及根据《股份法》必须通告的持股情况（见下文 § 52. I.）。[1] 这些情况的公开符合股东和社会公众的利益。只有公开这些数据，才能够监督公司是否遵守了相关的法律规定。年终决算中的**状况报告**类似于以前的经营报告，它必须介绍公司的"真实情况"（《商法典》第289条）。报告中还应当介绍经营年度结束后开展或者将要开展的重要事项、公司未来的发展、研究和发展的领域以及现有的分支机构（《商法典》第289条第2款）。

3 根据《欧盟决算法指令》的规定，《商法典》第267条将资合公司分成小、中、大三类，并分别对这三类提出不同审查和公开要求。凡是至少符合下列两个标准的就是**小公司**：资产负债总额为672万马克、销售额1344万马克，职工人数不超过50人。至少符合下列两个标准的则为中型企业：资产负债总额为2689万马克、销售额5378万马克、职工人数为250人。根据《商法典》第267条第3款第2句的规定，如果公司发行的股份或者其他有价证券在证券交易所交易，或者公司提出申请允许其股份或者有价证券进入官方市场或者有规则市场进行交易，那么该公司就是大公司。对于中小型公司，无论在资产负债表中的分类方面（《股份法》第266条第1款），还是在损益表（《股份法》第276条）以及附表中的解释义务方面（《股份法》第288条），法律的规定都比较宽松（有关审计和公布，见边码5和14）。

3. 年终报表的编制

4 **董事会**负责年终报表和状况报告的**编制**。董事会应在经营年度结束以后的三个月内完成上述任务（《商法典》第242条和第264条第1款）。董事会还有责任保证公司按照规定进行记账（《股份法》第91条第1款）。它必须保证公司的财务遵守决算法的规定，违反这些规定董事会必须承担赔偿责任，如果符合《股份法》第400条规定的条件，还可能被追究刑事责任。另一方面，它也可以利用法律允许的自由裁量权，决定设立或者解散秘密储备金。

4. 审计

5 然后，必须委托**决算审计师**对公司的年终报表、簿记和状况报告进行审计（《商法典》第316条和第317条第1款第1句）。小型公司的报表不必接受审查（《商法典》第316条第1款第1句）。审计师的主要任务是：必须确定公司在编制报表过程中是否遵守了法律和章程的规定，状况报告是否会引起人们对公司状况的错误判

---

[1] Folgerichtig müβten auch Angaben über Beteiligungen einbezogen werden, die nach § 21 WpHG mitgeteilt wurden.

断(《商法典》第317条第1款)。审计师必须恪尽职守地进行审查,必须发现那些会对了解公司的真实资产状况、财务状况和盈利状况产生严重影响的错误和违法做法;审计师必须像一个有良知的审计师那样认真进行审计,并发现上述问题(《商法典》第317第1款第3句)。自1998年《有关加强企业控制和透明度的法律》颁布以来,对于那些股份进入流通渠道的公司,审计师还面临着另一审计任务,即他必须判断董事会是否已经建立了一个恰当(《股份法》第317条第4款)的早期预警机制(《股份法》第91条第2款)。[1]《有关加强企业控制和透明度的法律》扩大了审计师的审计范围,并赋予他提交报告的权力。这也使得审计师的法律地位有了很大的提高。[2] 但是,所有这些审计仅仅审查报表的**合法性**,审计师无权检查某些估价是否符合目的。在这一框架内,审计师应该根据合法簿记的原则凭良心并且中立地对账簿进行审计,而且必须承担保密义务(《商法典》第323条)。为了使他们能够顺利地完成审计任务,法律规定审计师享有广泛的信息权和查阅权(《商法典》第320条)。

决算审计师由股东大会选聘(《商法典》第318条)。选聘后,随即由监事会下 6
发委托书(《商法典》第318条第1款第4项,《股份法》第111条第2款第3句)。只有独立于公司的经济审计师和经济审计公司才能应聘进行审计工作。如为中型公司,应聘者必须为宣誓审计师和审计公司(《商法典》第319条)。如果对选任的审计师存有疑虑,尤其是担心审计师会有偏见,董事会、监事会或者少数小股东可以请求法院另外指定审计师(《商法典》第318条第3款)。

审计师必须就审计结果提交一份**书面审计报告**(《商法典》第321条)。报告中 7
必须首先评估董事会所作的有关企业或者康采恩状况的判断,尤其必须客观分析董事会对企业生存和发展的判断。此外,还必须说明,在审计过程中是否发现了可能严重危及企业生存或者发展的错误或者违反法律规定的行为或者事实,或者是否发现董事或者职工的严重违反法律或者章程的行为(《股份法》第321条第1款)。审计报告最重要的内容应该说明,簿记是否与审查的财务资料相符,年终报表和状况报告是否符合法律或者章程的规定;董事会是否提交了所要求的声明或者证明;最后还必须说明年终报表是否在遵循合法记账的原则下真实而客观地反映了公司资产状况、财务状况和盈利状况(《股份法》第321条第3款)。

如果审计师对年终报表没有异议,他就必须按照《商法典》第322条规定的内 8
容和措辞出具一份**确认书**。确认书中必须特别说明那些有可能危及企业生存的风险(《商法典》第322条第2款第2句)。如果对年终报表有异议,那么审计师就可以仅出具有限的确认书或者拒绝出具确认书(《商法典》第322条第4款)。如果审计师和公司在解释年终报表中的某些内容方面存在着不一致的看法,可以根据《商法典》第324条的规定通过自由司法管辖程序来解决。

---

〔1〕 S. oben § 14 Rdn. 2.

〔2〕 Vgl. *Forster* AG 1999, 193, 194 ff.; *Mattheus* ZGR 1999, 682, 690 ff.

5. 监事会和年终决算的批准

9 董事会编制完年终报表后,必须立即将年终报表和状况报告提交监事会(《股份法》第170条第1款)。同时董事会必须向监事会提交年终盈余使用建议方案,该方案必须分成以下几个栏目:拟向股东分配的利润、划入盈余储备金的利润、盈余结转账和决算利润(《股份法》第170条第2款)。1998年颁布的新规则规定:审计师必须将其审计报告直接提交给监事会。但是,在提交之前,董事会可以就此发表看法(《商法典》第321条第5款第2句)。审计师必须参加监事会或者监事会的专业委员会专门就此讨论,并向与会者报告重要事项(《股份法》第171条第1款第2句);每个监事都有了解审计报告和相关资料的权利;必须向每个监事提交这些资料,如果监事会设立了专门委员会,那么必须向该委员会的每个成员提交分发相应的资料(《股份法》第170条第3款)。

10 监事会必须审查这些资料,并将审计结果形成书面报告向股东大会汇报;此外监事会还必须决定是否批准年终决算(《股份法》第171条)。与审计师不同,监事会不仅审查年终决算的合法性,而且审查它是否符合规定的目的。然而,由于监事会仅仅拥有监督权,所以它既不能修改年终决算的内容,也无权要求董事会对此进行修改。如果它和董事会不能取得一致意见,它只能拒绝批准年终决算。如果董事会接受监事会的意见对年终决算进行了修改,那么审计师必须再次对修改部分进行审计(《商法典》第316条第3款)。

6. 确定

11 除非董事会和监事会约定由股东大会来决定是否批准相关的年终决算(《股份法》第172条),否则监事会的决定权对以后的程序起着至关重要的作用。因为如果监事会作出了肯定的决定,年终决算就最终**确定**了。但是从公司实践看,尤其在公众公司中应该尽量避免由股东大会确定年终报表的情况。如果监事会确认了年终决算,该决算就对股东大会产生了约束力(《股份法》第174条第1款)。股东大会既不能对个别项目或者列出盈余数额表示质疑,也不能对此进行修改 。根据法律规定,董事会和监事会还可以决定将**年终利润的一半划入盈余储备金**。这样,法律就进一步限制了股东大会的权限(《股份法》第58条第2款)。此外,董事会和监事会还有权决定,将因公司资产增值而积累的自有资本以及在为计税目的而对公司利润进行计算时形成的债务项目划入盈余储备金(《股份法》第58条第2a款)。公司章程可以授权董事会和监事会建立盈余储备金。在上市公司中,只要现有的盈余储备金数额没有超过公司资本总额的一半,董事会和监事会就有权决定设立一个规模较大的储备金;在其他类型的公司中,它们可以决定设立一个规模较小的盈余储备金(《股份法》第58条第2款第2和3句)。反之,公司不能够通过章程的规定限制管理机关的上述职权(《股份法》第58条第1款)而只能将扣除上述款项后存余的利润分配给股东(《股份法》第174条)。然而,章程可以规定公司应该将更多的利润划入盈余储备金或者将更多的利润转入下一年度，或者将利润用于公益目的。当然只有在章程中有这样的规定时，董事会和监事会才可以将盈利用作上述目的(《股份法》第58条第3款)。根据《股份法》第58条第4款的规定，如果公司有可供分配的利润，股东就可以要求分红。这意味着股东可以根据其成员权而提起一般性分红请求。根据该条第3款规定，股东大会对此有决定权。如果股东大会通过的利润使用协议已经生效，那么股东可以要求公司支付特定数额的股金，并且可以就此提起强制支付之诉。[1]

在立法过程中，《股份法》第58条第2款是很有争议的。其成为股份法的一个条款的重要理由是：企业管理机构必须设法为企业争取一个坚实的资金基础。为此，它必须尽可能反对股东过高的分红请求。立法者把这一分配原则称之为"企业对股东而言是透明的但是又是锁住的口袋"。从法政治学的角度看，这一条款具有多重意义。一方面它使企业具有较大的自筹资金功能；另一方面将盈余分配给股东，让股东和资本市场决定投资的去向。这不仅有利于股东，而且有利于整个国民经济(分配—筹集—程序)。[2] 自1977年改革以来，法人税法已经充分考虑到了这一立法思想，税法中对用以分配的利润和保留的利润规定了不同的税率和不同抵扣程序(§§23，27 ff KStG，36 II Nr. 3 EStG)。 12

如果监事会没有批准年终决算，或者将年终决算提交股东大会讨论决定，那么股东大会就有权在法律规定的范围内对个别栏目进行修改。在这种情况下，股东大会有权决定企业的财务资金问题。当然，审计师必须对修改部分再次进行审计(《股份法》第173条)。 13

在股东大会收到年终决算报表和监事会提交的报告后，必须立即召集股东大会。它必须在每一经营年度的前8个月内召开(《股份法》第175条第1款)。无论是年终决算报表、状况报告，还是监事会报告和利润使用建议，都必须在公司里予以展示，供股东查阅。如果股东提出要求，必须给每一股东提供复印件。在股东大会上，必须对报表或者报告的内容进行讨论(《股份法》第176条第1款)。审计师有出席股东大会的义务，但是不必向每个股东提供咨询(《股份法》第176条第2款)。在通常情况下通过银行的中介，企业会把年终决算报表和状况报告或者上述报表和报告的内容摘要寄给股东。在提交给股东大会之后，企业必须立即将年终决算报表、确认书、状况报告、监事会报告、利润使用决议等立即提交商务注册处登记，最迟必须在经营年度结束后的9个月内进行(《商法典》第325条第1款)上述登记。此外，年终报表还必须刊登在公司指定的报刊上。如果是小型公司，仅需提交资产负债表和附表(《商法典》第326条)。而中型公司可以仅仅公开简化的资产负债表(《商法典》第327条)。在联邦商报上，必须刊登商务注册处的名称、资料的 14

---

〔1〕 BGHZ 7, 263, 264; 23, 150, 154; 65, 230, 235; 124, 27, 31. S. auch unten §36 II Rdn. 16 zur GmbH.

〔2〕 Vgl. Geβler/Hefermehl/*Bungeroth* §58 Rdn. 4 ff m. w. N.

号码,以便每个有兴趣的人士可以查阅(《商法典》第 325 条第 1 款第 2 句)。只有大型公司必须将其相应的资料在联邦商报上公布。这类公司必须先将有关资料进行公告,然后再提交商务注册处进行登记(《商法典》第 325 条第 2 款)。

7. 对股东的法律救济

15 个别股东对整个程序的影响力可能是十分有限的,但是这并不是毫无意义。如果存在《股份法》第 254 条规定的理由,股东可以根据《股份法》第 243 条等规定要求撤销股东大会的决议(见上文 § 16 边码 160)。如果在《股份法》第 173 条规定的情况下股东大会通过了年终决算报表,那么《股份法》第 257 条的规定就限制了股东的撤销权:即他们不得以年终决算报表违反法律和章程规定为由要求撤销大会的决议。但是,他们可以引用《股份法》第 256 条的特别条款,要求撤销相关的决议,这一条款与《股份法》第 241 条规定的一般性条款不同,即使董事会和监事会确定了年终决算报表,该条也依然适用。这一条款一一列举了可能导致**年终决算报表无效的原因**。只要具备其中的一个原因,整个决议包括董事会的报告、监事会的确认书、审计师的审计报告等都会失去法律效力。[1] 据此作出的利润使用决议也同样无效。股东也不能据此提出分红要求(《股份法》第 253 条)。

16 除了《股份法》第 173 条第 3 款、第 234 条第 3 款和第 235 条第 2 款(见下文 §21 边码 14)规定的特别原因外,程序性错误是首先值得考虑的无效原因:年终决算报表没有经过审计,或者虽经审计,但审计师没有审计权(《股份法》第 256 条第 1 款第 2 和 3 项)。如果董事会或者监事会在年终决算报表编制和确认方面的工作不符合法律规定,那么,即使决算报表已经获得了董事会和监事会的通过,它也是无效的(《股份法》第 256 条第 2 款)。如果股东大会已经通过了年终决算报表,《股份法》第 241 条列举的大会召集方面和表决方面的缺陷都可能是导致其无效的原因,另外因股东提起撤销之诉而作出的无效判决也能使相关的决算报表失去法律效力(《股份法》第 256 条第 3 款,见上文 § 16. IX. 3)。

17 在实践中最重要的情况是报表因**违反有关资产负债表的法律规定**而无效。首先是违反法律或者章程中有关增加或者减少资本储备金或者盈余储备金的规定(《股份法》第 256 条第 1 款第 4 项、第 58 条、第 150 条、第 173 条第 2 款、第 230—232 条、第 237 条第 5 款、第 300 条、第 301 条,《商法典》第 272 条第 4 款)。另外,如果没有遵守有关分类的法律规定(试比较《商法典》第 265 条、第 266 条、第 268 条和第 277 条与《股份法》第 152 条、第 158 条)或者没有遵守特定的格式,而且由此大大影响了报表的清晰度和透明度,年终决算也无法律效力(《股份法》第 256 条第 4 款)。如将特定的项目设在错误的地方或者进行了错误的结算就属于这一情况。[2] 第三,违反《商法典》中的评估条款。如果过高地估价了某一项目(《商法典》第

〔1〕 BGHZ 124, 111, 116; h. M.

〔2〕 Vgl. BGHZ 86, 1, 7; LG Stuttgart AG 1994, 437.

253—256 条、第 279—283 条),相关的决算自然没有法律效力,因为这样实际上美化了企业的财务状况;而如果低估了某些项目,那么只有在故意错误地统计或者故意恶化公司的资产状况和盈利状况时,相关的报表才没有法律效力(《股份法》第 256 条第 5 款)。如果年终决算报告的内容违反了主要用于保护债权人利益的法律规定,那么该决算报表就与《股份法》第 256 条第 1 款第 1 项规定的一般条款不符,根据《股份法》第 241 条第 3 项规定,该年终决算就没有法律效力。违反按章记账的原则就属于这种情况。[1]

**典型案例:**在一起案例中(BGHZ 124, 111),在母公司的指使下,一子公司采取不利于自己利益的经营措施,由此给该子公司造成了损失。母公司又没有及时根据《股份法》第 311 条规定补偿其子公司的损失。子公司也没有将其根据《股份法》第 317 条规定拥有的损害赔偿请求权列入资产。联邦最高法院认为,应该列资而没有列资等同于《股份法》第 256 条第 5 款第 1 句第 2 和 3 项规定意义上的低估资产项目。如果是为了将公司利润集中于康采恩的其他公司中,而没有将这种请求权列入子公司的资产项目,那么就是故意错误地编制或者恶化资产和盈利状况。[2] 在通贝格(Tomberger, BGHZ 137, 378)一案中,联邦最高法院判定,如果在母公司完成审计其年终决算报表以前就确定了子公司的年终决算报表,而且其股东大会已经决定了其盈余的使用,那么母公司就必须在同一经营年度的损益表中标明其在全资子公司中获得的并且用于分配的利润。这一判决的重要论据是:在这种情况下母公司已经拥有十分明确和具体的利润分配请求,因此它可以"同时"列入母公司的资产项下。这种做法显然违反《股份法》第 256 条第 5 款第 2 项的规定,这与联邦最高法院审理的另一起案件相同(BGHZ 124, 111)。然而,联邦最高法院认为在这一案件中,并不具备故意伪造或者恶化的构成要件。[3] 18

根据《股份法》第 242 条的规定,时间可以弥补年终决算报告的无效缺陷,并让它恢复效力。通常公告年终决算的 6 个月后就能弥补上述缺陷;在少数情况下必须等到公告 3 年后。根据《商法典》第 325 条第 1 款第 1 句或者第 2 款第 1 句的规定,上述期限从公告之日起计算(《股份法》第 256 条第 6 款)。可以根据《股份法》第 249 条规定提起的宣告无效之诉废除决算报告效力(《股份法》第 256 条第 7 款)。如果审计师很清楚地认识到决算是无效的,那么他就必须拒绝出具证明书。如果 19

---

[1] BGHZ 124, 111, 117.

[2] BGH aaO, 119f. Vgl. dazu *Kropff* ZGR 1994, 628; *Lutter* FS Helmrich, 685; *Greiffenhagen* FS Ludewig, 303, 317; *Henze* HRR zum Aktienrecht Rdn. 1033.

[3] Dem Urteil ging ein Vorlagebeschlußdes BGH an den EuGH zur Prüfung der Vereinbarkeit mit der Bilanzrichtlinie der EU(AG 1994, 467)und ein Urteil des EuGH dazu voraus(AG 1996, 417 und Berichtigung ZIP 1997, 1374). Vgl. zum ganzen Verfahren *Forster* AG 1996, 419; *Kropff* ZGR 1997, 115; *Schulze-Osterloh* ZIP 1996, 1453; zum Urteil des BGH *Groh* DStR 1998, 813; *Herzig/Rieck* IStR 1998, 309; *Watermeyer* GmbHR 1998, 1061.

他不是十分肯定,那么他就必须将其怀疑写入报告。[1] 如果公司不能等到上述期限结束后,就必须重新编制、审计和确定年终决算。[2] 但是如果新编制的年终决算报表存在着同样的缺陷,它也同样无效。但是另一种观点认为,必须保持资产负债表形式上的连续性(《商法典》第252条第1款第1项),因而相关的缺陷并不导致重新编制的年终报表是无效的,它仅仅使报表暂时没有法律效力,通过修改相关的年终决算可以恢复其法律效力。[3]

8. 特别审计

20 《股份法》第258—261条规定了特别审计程序。这是法律规定的又一监督手段。在下列情况下,可以委托审计师进行特别审计:有足够的理由认为严重低估了某些项目的价值(《股份法》第256条第5款第3句,见上文边码17)、董事会和监事会试图不恰当地设置金额过大的秘密储备金、附表中没有或者没有完整地提供《商法典》第284条规定的说明 ,而且在股东大会中也得不到缺少的资料。只有经济审计师才可以受聘进行特别审计(《股份法》第258条第4款)。但是特别审计师最终由法院指定。持有5%以上股份资本的股东或者拥有50万欧元以上股本的股东可以提起相关的申请(《股份法》第258条第2款)。特别审计师必须就其审计结果提交详细的书面报告(《股份法》第259条)。《股份法》第258条规定的特别审计与第142条规定的特别审计相辅相成,但是后续审计仅仅涉及公司设立过程中的设立行为或者经营过程中的经营行为。[4]

## II. 社会福利资产负债表

参考文献:Bericht der *Unternehmensrechtskommission*, 940 ff; *Dierkes*, Die Sozialbilanz, 1974; *Hemmer*, Sozialbilanzen-Konzepte und Realität, 1979; *Wysocki*, Sozialbilanzen-Formen und Aussagemöglichkeiten, in Bohr u. a. (Hrsg.), Unternehmensverfassung als Problem der Betriebswirtschaftslehre, 1981; *Zapf*, Sozialberichterstattung, Möglichkeiten und Probleme, 1976.

21 商法中有关年终决算的规定仅仅涉及了企业的财务和经济状况。其主要目的是为了帮助计算公司的盈利。这些规定没有考虑企业在社会福利和环境方面的支

---

〔1〕 Vgl. *Kropff* FS Havermann 337 ff; Institut der Wirtschaftsprüfer WPg 1989, 27 unter C IV; a. A. KölnKomm/*Claussen/Korth* § 322 HGB Rdn. 23.

〔2〕 Vgl. *Lutter* aaO 685; *Kowalski* AG 1993, 502; *Kropff* FS Budde 341, 356; a. A. *Geist* DStR 1996, 306.

〔3〕 Einzelheiten str.; vgl. *Kropff* FS Budde 341; KölnKomm/*Zöllner* § 256 Rdn. 106; Geβler/Hefermehl/*Hüffer* § 256 Rdn. 109.

〔4〕 Vgl. zum folgenden *Claussen* FS Barz, 317; *Gail*, Stille Reserven, Unterbewertung und Sonderprüfung, 2. Aufl. 1978; *Kruse*, Die Sonderprüfung wegen unzulässiger Unterbewertung, 1972; *Schedebauer*, Sonderprüfungen, 1984.

出和投入。长期以来人们提出要求,希望公司在公布账目时也应该同时公布相关的报告(**社会福利资产负债表、社会福利报告**)。法国早在1977年就通过相关立法。据此公司必须提交社会福利资产负债表。[1] 在联邦德国,越来越多的大公司自愿编制这样的报告或者在企业状况报告中加上企业在社会福利关系支出和投入方面的说明。这种倾向是值得欢迎的,因为只有这样,才能全面了解企业的状况和活动。遗憾的是在联邦政府为实施《资产负债表法指令》而制定的政府草案中,依然没有规定企业的这一义务(《商法典》第272条第1款第7项草案)。

**社会福利报告的内容**通常是:职工情况说明(人数、收入状况、人员开支和社会 22
福利开支)、职工的经营建议、职业教学和职业培训、劳动保护、养老保障以及企业的业余活动实施等。此外还应该包括研究机构、技术进步、环境污染和采取的环境保护措施以及参与公共基础设施建设的情况。但是在这方面并不存在着得到广泛认可的规则,在学术界和各协会中,对报告应该包括哪些内容也有争议。

## §19. 资本的维持

### I. 股份法有关资本维持的规定

参考文献:*Ballerstedt*, Kapital, Gewinn und Ausschüttungen bei Kapitalgesellschaften, 1949; *Fabritius*, Vermögensbindung in AG und GmbH-tiefgreifender Unterschied oder grundlegende Identität, ZHR 144(1980), 628; *Joost*, Grundlagen und Rechtsfolgen der Kapitalerhaltungsregeln im Aktienrecht, ZHR 149(1985), 419; *Lutter*, Kapital, Sicherung der Kapitalaufbringung und Kapitalerhaltung in den Aktien-und GmbH-Rechten der EWG, 1964; *Michalski*, Ungeklärte Fragen bei der Einlagenrückgewähr im Aktienrecht, AG 1980, 261; *Siebelt/Gebauer*, Interimsdividende; AG 1999, 385; *Wilhelm*, Die Vermögensbindung bei der AG und der GmbH und das Problem der Unterkapitalisierung, FS Flume Bd. 2, 1978, 337.

资合公司的股东仅仅承担有限责任。这对债权人而言是一种潜在的巨大风 1
险。为了保护债权人的利益,也需要制定必要的保护公司资产的条款,防止公司将股金退回给股东。因此,《股份法》第57条第1款禁止公司将股金退回给股东。公司既不能向股东许诺支付利息,更不能实际支付利息(《股份法》第57条第2款)。同样被禁止的还有股价保证或者红利保证。另外,根据第57条第3款的规定,只有

[1] Text mit deutscher übersetzung in ZGR 1979, 381; vgl. dazu *Martens* 387; ferner *Frisch* RdA 1978, 120.

在资产负债表中标明的利润,才可以作为红利分配。长期以来,主流观点[1]认为,这是**维持公司资本的条款**。与《有限责任公司法》第30条第1款(见下文§37)的规定不同,这些条款维持的不仅仅是公司资本,更是整个公司资产。在章程有明确规定并在符合《股份法》第59条规定的前提条件下,[2]公司可以将合法确定的利润按股东持有的股份分配给股东或者向股东支付利润预付金。除此之外,公司不得向股东支付任何形式的资产。从以上分析来看,这些规定保证了公司资产和股东私人资产的分离,即使公司只有一个股东,其私人资产也必须与公司资产相分离。这些规定不仅是为了保护公司及其债权人的利益,而且也是为了保护股东自己的利益。这些规定禁止向个别股东支付特别利益,因而维护了股东平等原则(见上文§12. VI.)。这些都是那些属于构建股份有限公司本质的条款(试比较§241 Nr. 3)。所有这些都是强制性条款。人们既不能通过章程排除它,也不能通过章程对此进行限制。这些也是原则上禁止将股东开除出公司或者股东退出公司的法律基础,即使公司用其资产向股东提供了一定的补偿也是如此。[3]

2 当然,资本维持原则也有一些例外。比如,《股份法》第26条允许向股东支付特别利益,公司也可以用其资产清偿设立费用。同样,公司也可以进行正式的减资,即将富余的公司资本金退回给股东(《股份法》第222条等,见下文§21)。但是,根据《股份法》第57条第1款的规定,企业有偿购得自己的股份也可能属于非法向股东退回股金,相互购得对方的持股也属于此。但是,也不能完全放弃这种回购情形,所以《股份法》通过第71条对这一问题进行了特别规定(见下文III)。《变更法》中也有许多规定,据此小股东有权退出公司,并可以要求公司提供一定的补偿(《变更法》第29条、第125条、第176条和第207条,见下文§46. III. 5b)。但是,为了能够使康采恩实行资金统筹,法律没有在康采恩法中就控制合同、利润划拨合同、加入和吸收规定资本维持原则(《股份法》第291条第3款、第323条第2款,见下文§§54. I., 55. III. 2)。

## II. 禁止退回资产

参考文献:*Bommert*, Verdeckte Vermögensverlagerungen im Aktienrecht, 1989; *Cahn*, Kapitalerhaltung im Konzern, 1998; *Canaris*, Die Rückgewähr von Gesellschaftereinlagen durch Zuwendungen an Dritte, FS Fischer, 1979, 31; *Diekgräf*, Sonderzahlungen an opponierende Kleinaktionäre im Rahmen von Anfechtungs-und Spruchstellenverfahren, 1990; *Ebenroth*, Die verdeckten Vermögenszuwendungen bei transnationalen Unternehmen; 1979; *Fiedler*, Verdeckte

---

[1] BGHZ 90, 381, 386(*BuM*); OLG Frankfurt AG 1996, 324; KG NZG 1999, 161; aus dem Schrifttum statt aller *Flume* Allg. Teil I/2, 285; *K. Schmidt* GesR § 29 II 2 a; KölnKomm/*Lutter* § 57 Rdn. 2 ff, Groβkomm. AG/*Henze* § 57 Rdn. 8 ff.

[2] Vgl. dazu *Siebelt/Gebauer* AG 1999, 385.

[3] Zur Notwendigkeit einer Ausnahme bei der personenbezogenen AG s. oben § 12 VII 1.

Vermögensverlagerungen bei Kapitalgesellschaften, 1994; *Flume*, Der Gesellschafter und das Vermögen der Kapitalgesellschaft und die Problematik der verdeckten Gewinnausschüttung, ZHR 144(1980), 18; *Gebauer*, Börsenprospekthaftung und Kapitalerhaltungsgrundsatz in der Aktiengesellschaft, 1999; *Geßler*, Zur handelsrechtlichen verdeckten Gewinnausschüttung, FS Fischer, 1979, 131; *Habersack*, Rückerwerbbare Aktien auch für deutsche Gesellschaften, FS Lutter, 2000, 1329; *Holtermann*, Verbotene Kapitalrückzahlung und verdeckte Gewinnausschüttung durch Dritte im Recht der AG; BB 1988, 1538; *Joost*, Grundlagen und Rechtsfolgen der Kapitalerhaltungsregeln im Aktienrecht, ZHR 149(1985), 419; *Klein*, Erwerb eigener Aktien bei der kleinen AG, ZIP 2000, 209; *Lutter*, Verdeckte Leistungen im Recht der Kapitalgesellschaften, FS Stiefel, 1987, 505; *Schön*, Kreditbesicherung durch abhängige Kapitalgesellschaften, ZHR 159(1995), 351; *Schwark*, Prospekthaftung und Kapitalbindung in der Aktiengesellschaft, FS Raisch, 1995, 269; *Sonnenhol/Groß*, Besicherung von Krediten Dritter an Konzernunternehmen, ZHR 159(1995), 388.

1. 公开的资产捐赠和隐性的资产捐赠

《股份法》第57条第1款和第3款规定,公司除了可以根据第59条、第60条和第174条规定向股东分配红利外,不得向所有股东或者个别股东公开捐赠资产。这些捐赠包括津贴、红利或者根据无效年终决算、无效利润使用决议而分配的股息。这种情况并不多见。相反,**隐性的资产捐赠**在实践中起着重要的作用。隐性的资产捐赠与公开的资产捐赠有着同样的效果,所以也为法律所禁止。常见的实例有:给股东提供无息贷款或者特别有利的贷款、为股东清偿债务或者提供借贷担保、[1]免除股东欠公司的债务、以特别有利的条件向股东提供许可证或者选择权、[2]支付过高的报酬、红利或者咨询费 。购买股东的撤销权也是一种很重要的隐性资产捐赠(见上文§§14.IV.1a,16.IX.9)。[3] 如果公司和股东的交易对公司不利,这种业务必须予以禁止。司法实践中采用的评判标准是:一个有良知的、根据商人原则经营业务的负责人在同等情况和条件下是否也会跟一个非股东的第三者进行这样的交易。[4] 如果买卖的标的有市场价格,而公司和股东之间的交易也是根据这一价格进行的,那么就符合了上述条件。如果没有市场价格,那么就必须审核交易的标的及其所支付对价是否合理。在这一方面,必须给相关的当事人一定的评估余地。总的来说,税法方面的经验和司法判例表明,对这样的问题通常会适用有关隐性利润分配的规定。[5] 3

---

〔1〕 BGH AG 1981, 227; OLG Koblenz AG 1977, 231 f; OLG München AG 1980, 272 f; OLG Düsseldorf AG 1980; 273; OLG Hamburg AG 1980, 275; *Schön* ZHR 159(1995), 351.

〔2〕 Vgl. OLG Frankfurt AG 1996, 324; KG AG 1999, 319.

〔3〕 *Diekgräf*, Sonderzahlungen 14 ff.

〔4〕 Vgl. BGH AG 1987, 205, NJW 1996, 589(zur GmbH).

〔5〕 *Döllerer*, Verdeckte Gewinnausschüttungen und verdeckte Einlagen bei Kapitalgesellschaften, 2. Aufl., 1990; *Knobbe-Keuk*, Bilanz-und Unternehmensrecht, 8. Aufl., 1991, 533 ff; *Bommert*, Verdeckte Vermögensverlagerungen 15 ff.

4 如果股东根据法律规定而向公司提起损害赔偿之诉,公司为此而**支付的赔偿金**并不违反《股份法》第75条的规定。值得怀疑并且依然有争议的问题是:如果股东因上市公告书、招股说明书的虚假陈述而认购了公司的股份,股东是否可以要求撤销相关的股份交易或者要求公司赔偿其损失(试比较《证券交易法》第45条等,《招股说明书法》第13条)与禁止退回公司资产原则相比,新近的司法判例〔1〕和学术观点〔2〕倾向于优先维护股东根据资本市场法律规定而提起的**招股说明书责任请求权**。这一观点应该得到肯定。〔3〕

5 当事人是否知道隐性资产转移的非法性并不是法院判决的前提条件。重要的是资产转移不符合法律规定的客观要件。因为如果不这样,法律为保护公司及其债权人利益而制定的保护公司资产的规定就不能得到有效的实施。〔4〕

2. 通过第三者退回股东缴纳的股金

6 如果公司通过第三者间接对股东进行资产捐赠,并且这种赠与是基于公司股东关系而进行的,则这种向非股东的**第三者作出的赠与**也为《股份法》第57条第3款所禁止。〔5〕在实践过程中,实施这一原则的最大困难是如何对相关的捐赠进行界定。到目前为止依然没有解决这一问题的良方。如果股东让公司支付一定的资金给其失业的妻子或者未成年的小孩,可以将此解释成股东是为了履行其承担的扶养义务和赠送义务;而从公司的角度来分析,这就增加了该股东的私人资产。〔6〕向名义股东支付的款项,即使该名义股东是打着股东的旗号进行活动,也是同样被禁止的。〔7〕如果向股东控制的附属企业支付特定的款项,而且在该股东及其附属企业之间又签订有控制合同或者利润划拨合同,那么这种支付对该股东大有益处。即使向全资子公司捐赠的款项也是对该子公司股东的一种间接捐赠。因为这种捐赠增加了该股东拥有股份的价值。如果收受者是其他与股东有密切关系的人或者

〔1〕 Vgl. LG Frankfurt ZIP 1998, 641 mit Anm. *Huber*.

〔2〕 Vgl. *Schwark* FS Raisch 269; *Gebauer*, Börsenprospekthaftung, je mit Nachweisen des differenzierten Meinungsstands.

〔3〕 Die Neufassung der § § 45ff BörsG in der Reform von 1998 hat das Problem, soweit es um falsche Angaben in Börsenprospekten geht, dahin gelöst, daβdiejenigen, welche die Verantwortung für den Prospekt übernommen haben oder von denen der Erlaβdes Prospekts ausgeht, als Gesamtschuldner haften. Daher wird die AG, wenn sie den Aktionär befriedigt, regelmäβig einen Regreβanspruch gemäβ § 426 BGB gegen die unmittelbar Verantwortlichen haben, so daβ, Validität vorausgesetzt, im Ergebnis kein Vermögensnachteil bei der Gesellschaft eintritt; vgl. *Gebauer* aaO 193ff.

〔4〕 Str.; wie hier BGH AG 1987, 205; BGH NJW 1996, 589(zur GmbH); KölnKomm/*Lutter* § 57 Rdn. 23 ff mit Darstellung des Diskussionsstandes; MünchHdb. AG/*Wiesner* § 16 Rdn. 42; *Hüffer* § 57 Rdn. 11; *Bommert* 110 f.

〔5〕 Dazu besonders *Canaris* FS Fischer 31; *Geßler* FS Fischer 131, 144 ff; *Lutter* FS Stiefel 505, 530 ff; *Bommert* 106 ff.

〔6〕 Vgl. BGHZ 81, 365, 368; BGH AG 1987, 205(zur GmbH); KG AG 1999, 319; *Canaris* aaO 31, 38; *Bommert* aaO 107 f.

〔7〕 BGHZ 31, 258, 266(zur GmbH); BGHZ 107, 7, 12.

是与股东有关系的公司,那么就必须在具体的情况下进行分析调查:相关的捐赠是否属于间接向股东退还股金的行为。[1]

如果款项的支付是根据以前存在的或者未来存在的股东身份进行的,也适用《股份法》第 57 条第 1 款的规定。例如在签订债务合同时,受益者还是公司的股东,但是在履行合同时,受益者已经出让了其持有的股份就属于这种情况。[2] 如何确定其中的时间限度,必须根据具体情况进行具体分析。[3] 7

同样,**第三者向股东支付的款项**也可能存在问题,因此必须根据类似的规定进行审查。如果第三者是根据公司的指示或者为公司进行上述支付的,也违反了《股份法》第 57 条第 1 款和第 3 款的规定。如果款项是由股东的附属公司支付的,那么,必须根据康采恩的内部结构来分析,是否应该将它当作是总公司支付的。[4] 8

3. 法律后果

违反资本维持原则的法律后果是公司可以根据《股份法》第 62 条的规定提起退回收受款项的要求,立法者在 1965 年《股份法》中加入了这一新诉权。这一权利属于公司,由董事会行使,股东没有提起这一诉讼的权利。然而法学界有一种新的观点,即如果同时违反股东平等原则,那么股东应该可以提起上述请求权。根据《股份法》第 62 条的规定,如果公司不能清偿债权人的债务,债权人可以行使这一诉权。当然通常只有在因资产不足而拒绝破产或者开始破产程序后,才会具备上述条件。在破产程序中,破产清算人可以提起这一诉讼(《股份法》第 62 条第 2 款第 2 句)。一般认为,根据第 241 条第 3 款的规定违反《股份法》第 57 条第 1 款和第 3 款的股东大会决议,没有法律效力(见上文 § 16. IX. 3,例外:《股份法》第 291 条第 3 款和第 292 条第 3 款)。根据《股份法》第 93 条第 1—5 款的规定,违法支付款项的董事必须承担损害赔偿责任(见上文 § 14. I. 2)。 9

从实践情况来看,上述惩罚制度**效果有限**。这样显然令人怀疑整个资本维持法律规则的有效性。原因之一是董事会通常参与了上述款项的非法支付。在这种情况下,根据《股份法》第 93 条第 3 款的规定,董事会自己也应该承担损害赔偿责任,所以董事会一般不会提起退回支付款项的要求。原因之二是公司也很难证明董事会进行了非法的资产转移。因此,人们是否应该考虑采取更有效的保护措施。 10

---

〔1〕 Ausführlich dazu *Bommert* 41 f, 108 ff; ferner Geβler/Hefermehl/*Bungeroth* § 57 Rdn. 29 f; KölnKomm/*Lutter* § 57 Rdn. 39 ff; Groβkomm. AG/*Henze* § 57 Rdn. 72ff.

〔2〕 Vgl. OLG Frankfurt AG 1996, 324.

〔3〕 Wie im Text *Hüffer* § 57 Rdn. 14; für eine feste Grenze von sechs Monaten KölnKomm/*Lutter* § 57 Rdn 40.

〔4〕 OLG Hamburg AG 1980, 275, 278; Geβler/Hefermehl/*Bungeroth* § 57 Rdn. 31; KölnKomm/*Lutter* § 57 Rdn. 37 f; *Bommert* 78 ff, 110.

11 迄今为止，人们还没有完全弄清楚退还诉讼请求权的**法律性质和适用范围**。从《股份法》第 57 条第 1 款和第 3 款的意义看，它应该属于《民法典》第 134 条意义中的法律禁令 。[1] 据此，相关的义务性合同应该没有法律效力。根据《民法典》第 812 条第 1 款的规定，这种合同将引起民法一般意义上的偿还请求。除此之外，对履行行为是否也没有法律效力进而也可以提起偿还之诉，也是有争议的。[2] 只有在负有退回义务的股东已经破产，从而有关不当得利的诉讼请求权只能登记在破产债权人清单上时，这一问题才起作用。无论如何，退还诉讼请求的核心是公司资产账面上的平衡，而不是退回某一特定的物品。从《股份法》的体系看，第 62 条规定了**特别的公司法请求权**，它替代了民法上的诉讼请求法律依据。[3] 然而，由于其与民法规则在法理上的内在联系，在解释具体的问题时，还必须引用这些民法规则。[4]

12 这种方案主要有利于解决下列问题：可以在多大程度上**向第三者**提起退回请求之诉？根据偿还法的规定，只有在股东自己是支付的受益者时，才承担退回责任。假定支付的对象是第三者，但股东是实质上的受益人，那么，可以将这种支付当作是向股东进行的支付，股东依然必须承担退还责任。[5] 只有在股东为第三者作替身，为他收受支付时，才可以将该第三者视为支付收受者。[6] 在《股份法》第 311 条和第 317 条规定的康采恩情况下，可以考虑直接追究责任公司的退还责任。[7]

## III. 获得本公司自己的股份

参考文献：*v. Aerssen*, Erwerb eigener Aktien und WpHG WM 2000, 391; *Bosse*, Handel in eigenen Aktien durch die Aktiengesellschaft, WM 2000, 806; *Butzke*, Gesetzliche Neuregelungen beim Erwerb eigener Aktien, WM 1995, 1389; *Fleischer*, Finanzielle Unterstützung des Aktienerwerbs und Leveraged Buyout, AG 1996, 494; *Huber*, Rückkauf eigener Aktien, FS Kropff, 1997, 23; *Kellerhals/Rausch* Die Liberalisierung von Aktienrückkäufen, AG 2000, 222; *Kleindiek*, Stock Options und Erwerb eigener Aktien, RWS-Forum 10, 1997, 23; *Klingberg*, Der Aktienrückkauf nach dem KonTraG aus bilanzieller und steuerlicher Sicht, BB 1998, 1575; *Kopp*, Erwerb eigener Aktien, 1996; *Kraft/Altvater*, Die zivilrechtliche, bilanzielle und steuerliche Behandlung des

[1] H. A.; vgl. schon RGZ 77, 71, 72; BGH WM 1957, 61; OLG Düsseldorf AG 1980, 273, 274; *Joost* ZHR 149(1985), 419, 421 mwN.; *Bommert* 83 ff, 111 ff mwN.

[2] Nachweise bei Geβler/Hefermehl/*Bungeroth* § 57 Rdn. 71 ff; KölnKomm/*Lutter* § 57 Rdn. 63 ff; *Hüffer* § 57 Rdn. 23; Groβkomm. AG/*Henze* § 57 Rdn. 226; s. auch unten § 37 III.

[3] H. A.; vgl. KölnKomm/*Lutter* § 62 Rdn. 4 mwN.

[4] Die folgenden Ausführungen stützen sich auf *Bommert* 93ff, 103ff, dessen Sicht wesentlich über den bisherigen Diskussionsstand hinausführt.

[5] *Bommert* 113f.

[6] *Bommert* 115.

[7] *Bommert* 153ff.

Rückkaufs eigener Aktien, NZG 1998, 448; *Mestmäcker*, Verwaltung, Konzerngewalt und Rechte der Aktionäre, 1998; *Martens*, Der Erwerb eigener Aktien zum Umtausch im Verschmelzungsverfahren, FS Boujong, 1996, 335; *ders.*, Eigene Aktien und Stock-Options in der Reform, AG 1997, August Sonderheft, 83; *Paefgen*, Eigenkapitalderivate bei Aktienrückkäufen und Managementbeteiligungsmodellen, AG 1999, 67; *Saria*, Schranken beim Erwerb eigener Aktien nach § 71 I Nr. 8 AktG, NZG 2000, 458; *Wiese*, Erwerb eigener Aktien und Handel in eigenen Aktien, DB 1998, 609; *Winter*, Die wechselseitige Beteiligung von Aktiengesellschaften, 1960.

1. 禁止获得自己股份的法律原则

企业有偿获得其自己的股份也属于《股份法》第57条第1款禁止的退还出资或者退还公司部分资产的行为。这种回购也是有问题的。原因是如果没有特别的规定,董事会就可以行使这些股份的表决权,从而大大加强董事会的法律地位,或者董事会还可以把这些股份出让给其信任的人,从而影响股东结构。根据这些分析,法律似乎应该绝对禁止企业获得自己的股份。但是,实践中并不能够绝对放弃这种获得,当然公司在哪些情况可以获得其股份是很有争议的。《股份法》第71—71 e条对此进行了特别规定。第71条是一条基本规则。由于德国执行了1978年的欧盟第2号公司法指令,[1]并进一步严格了这一规定,在这一条中加入了第71 a—e条以及第150 a条(目前《商法典》第272条第4款)规定的附加条款和禁止规避条款。尽管在欧盟内部长期以来对这些规定的内容一直存在着十分激烈的争论,但这么多的规定本身就说明了立法者对企业获得其股份这一问题十分重视。理论上来说这种获得对公司、股东以及债权人都隐含着潜在的危险,但是在实践中对这种情况的处理通常比较宽松。1994年的第2号《资本市场促进法》第71条第7款和1998年的《有关加强企业控制和透明度的法律》第71条第8款进一步扩大了例外的范围。 13

2. 构成例外的要件

《股份法》第71条第1款规定,**原则上禁止**企业获得其股份,但同时又规定了8类例外情形。通常情况下,还必须符合第71条第2和3款规定的条件,企业才可以获得自己的股份。即使具备了这些条件,也不能动用公司的资本和法定储备金来购买本公司的股份;此外,公司还必须为这种购股以股份面值为限设立一个特别储备金(《股份法》第71条第2款第2句、《商法典》第272条第4款)。企业购回的股份必须是缴清了股金的股份(《股份法》第71条第2款第3句)。再有,企业拥有自己股份的总面值不得超过其基本资本的10%(《股份法》第71条第2款第1句)。最后,董事会还必须向下届股东大会汇报企业回购股份的原因、目的、回购的数量和面值、占企业资本的比例和当时的价值(《股份法》第71条第3款)。如果回购的价格与股份的价值不符,就构成《股份法》第57条第1款和第58条第5款规定的非法分配。 14

[1] Durchführungsgesetz vom 13. 12. 1978, BGBl. I, 1959.

根据《股份法》第71条第1款的规定,下列回购是合法的:

15 (a)如果为了防止**将要发生的损害公司利益的事件**,公司可以回购自己的股份(《股份法》第71条第1款第1项)。如果公司不回购自己的股份就不能收回其债权,就是一种情形。但是,如果仅仅是股份的股市价格变化不定,尚不足以构成企业回购其股份的理由。董事会不得试图通过回购股份维持股份的价格,即使股价发生异常的大幅度下跌;除非出现其他危及公司生存的情况,企业不得回购其股份。依然有争议的是为防止"外人控制"和"敌意收购"而进行的回购,即相当数量的股份将为不受欢迎的人如外国人或者竞争企业所收购。然而,公司的董事会并不能决定谁可以成为公司的股东,这不是其管辖的事项。因此,有些学者认为,即使在这种情况下,企业也不得获得自己的股份。这一观点无疑是正确的。但如果竞争对手试图将企业排挤出市场,这或者可以作为一种例外情况。[1]

16 (b)如果是为了让本公司的职工或者管理企业的职工或者企业的**退休人员**购买本企业的股份,公司可以回购自己的或者其关联企业的股份(《股份法》第71条第1款第2项)。这一规定是1965年有关维持企业资本的社会政治化决定的一个组成部分,其目的是鼓励向员工发行股份。它已经成为法律的一个条款(见下文§ 20. V.)。即使在这种情况下,也必须遵守《股份法》第71条第2款第2句的规定:即回购的股份必须在一年内出让给职工。这一条款并不包括向管理机构的成员发行股份。

17 (c)如果为了在签订企业内部协议(《股份法》第305条第2款,见下文§ 54. V.4),或者加入或合并(《股份法》第320 b条,见下文 § 55. II.2),或者企业合并、分立和变更(《变更法》第29条第1款、第125条和第207条第1款,见下文§ 46. III.5)后给职工提供**补偿**,企业可以回购其股份(《股份法》第71条第1款第3项)。有关回购数额不得超过其基本资本的10%;有关必须为回购股份设立特殊储备金的限制也适用于此。这种回购并不限于回购完全缴清股金的股份(《股份法》第71条第2款)。

18 (d)如果企业的回购是**无偿的**,或者一个信贷机构设立了**收购委员会**并由该委员会进行回购(《股份法》第71条第1款第4项)。属于无偿回购的有:为整顿公司的目的而接受的股份赠送或者遗赠。从资本维持的角度来看这是毫无问题的;然而如果从管理方面分析则并非如此,因为收购委员会仅仅为公司执行收购任务。法律没有提及收购委员会,因为它只能授权银行根据《民法典》第185条出售股份,而不能授权其收购自己的股份。银行只有在符合《商法典》第400条第1项规定的条件下,才能以自己的名义回购股份。

19 (e)**共同继承**(《股份法》第71条第1款第5项)。这是指继承和合并中的收购

---

〔1〕 Ebenso *Mestmäcker*, Verwaltung, Konzerngewalt und Rechte der Aktionäre 144 f; KölnKomm/*Lutter* § 71 Rdn. 24; Geβler/Hefermehl/*Bungeroth* § 71 Rdn. 56 ff; *Hüffer* § 71 Rdn. 9; grundsätzlich auch BFH AG 1977, 231; groβzügiger namentlich GroβkommAktG/*Barz* § 71 Anm. 7; MünchHdb. AG/*Wiesner* § 17 Rdn. 11; BGHZ 33, 175, 186.

(试比较《企业重组法》第 20 条第 1 款第 1 项、第 73 条),它还包括根据《商法典》第 140 条第 1 款第 2 句的规定收购无限公司和两合公司的部分业务等情况。在某些部分继承或者企业分立的情况下,也适用这一条款的规定(试比较《企业重组法》第 131 条、第 137 条)。

(f)为了**减资**的目的可以回购自己的股份(《股份法》第 71 条第 1 款第 6 项,见下文 § 21 边码 14)。 20

(g)如果股份有限公司是信贷机构、金融服务机构或者金融机构,那么为了**自营的目的**,它们可以回购自己的股份(《股份法》第 71 条第 1 款第 7 项)。这种自营必须得到股东大会的授权,授权中必须规定回购的最低价格和最高价格。交易的股份总额不得超过资本总额的 5%。1994 年的第 2 号《资本市场促进法》首先规定了这一条款。 21

(h)最后,德国颁布《有关加强企业控制和透明度的法律》后,在《股份法》中增加了第 71 条第 8 项。该条规定授权董事会在**没有说明法律原因时也可以回购自己的股份**,前提条件是股东大会必须对董事会进行明确授权。这一条款仅仅排除了公司为自营目的而进行的回购。股东大会授权的期限不得超过 18 个月,而且必须规定回购的最低价格和最高价格以及可以回购的最高股份数额。授权中还可以规定特定的回购目的。如果这样,董事会必须遵从这些规定。当然授权也可以对回购不加任何限制。回购的股份不得超过股份资本的 10%。同时,还必须遵守《股份法》第 71 条第 2 款第 1 句为自有股份规定的 10% 的总量限制。[1] 在这种回购情况下,公司也只能回购已经缴足股款的股份;回购同样不得动用公司的基本资本金、法定或者章程规定的储备金;此外公司还必须根据《商法典》第 272 条第 4 款的规定为回购股份设置特别储备金(《股份法》第 71 条第 2 款第 2 句)。 22

在实践中有一种重要的回购目的即"为了暂时减资"。[2] 这是指用当时不需要的秘密储备金来回购本公司的股份。这种回购会减少企业的流通股份的数额,从而稳定或者提高股份的市场价格。[3] 如果企业另外需要资金,则可以再次出让回收的股份。利用这一条规定,企业可以向管理人员发行选择权股份,同时企业可不必进行有条件增资(试比较《股份法》第 193 条第 2 款第 4 项,见下文 § 20. II.)。为了根据《股份法》第 237 条第 1 款第 1 句第 2 种情况的规定准备没收股份,可以适用第 71 条第 8 项的规定。[4] 在这种情况下股东大会可以对董事会进行如下授权:董事会可以不经过股东大会的决议,直接回收股份(《股份法》第 71 条第 2 款第 8 项第 6 句)。 23

无论是回购还是再次出让企业的股份都必须**遵守平等原则**(《股份法》第 53a 条),尤其 24

---

〔1〕 Vgl. *Martens* AG 1996, 337, 338 f; *Hüffer* § 71 Rdn. 19e.

〔2〕 *Huber* FS Kropff 101, 109.

〔3〕 Vgl. RegBegr BT-Drucks 13/9712 S 13.

〔4〕 *Hüffer* § 71 Rdn. 19g; s unten § 21 4.

必须遵守第 71 条第 1 款第 8 项第 3 句的规定。如果是通过股市回收股份,那就充分考虑了这一原则。如果股东大会决定采取出让回购股份的方式,这种出让就受有关排除优先认购权规定的约束(《股份法》第 71 条第 1 款第 8 项与第 186 条第 3 款、第 4 款,第 193 条第 2 款第 4 项)。如果不符合这些条件,那么企业就必须按比例向所有股东再次出让获得的股份。

25 如果董事会根据《股份法》第 71 条第 8 项的规定回购了股份,它就必须在下次股东大会上汇报回购的目的和原因、回购的数目及其总的面值、其在基本资本中所占的份额以及回购的价格。董事会还必须立即向联邦证券交易监督局汇报该项回购(《股份法》第 71 条第 3 款)。

3. 防止规避

26 《股份法》第 71 a 条和第 71 d 条的目的是为了**防止规避行为**。根据这些条款,如果公司向第三者提供了预付款、贷款或者担保业务,第三者因此可能购买公司的股份或者大大方便了这种购买,上述行为就没有法律效力(《股份法》第 71 a 条第 1 款)。[1] 同样,如果公司与第三者签订合同,而且该合同授权第三者以公司的名义购买本公司的股份,或者该合同使第三者承担这样的义务,那么该合同同样没有效力(《股份法》第 71 a 条第 2 款)。此外,第三者尽管以自己的名义购买股份,但是他实质上是为公司而购买的。只有在与此相同的条件下,上述第三者和附属企业才能获得公司的股份(《股份法》第 71 d 条)。第 71 e 条还适用于第 71 条规定的企业抵押其股份的情况。

4. 违法的法律后果

27 如果违反《股份法》第 71 条规定,回购股份的行为也就违反了《股份法》第 57 条第 1 款和第 58 条第 5 款规定的资本维持原则,因而也违反了《民法典》第 134 条规定而导致这一债法上的购买关系无效。《股份法》第 71 条第 5 款第 2 句确认了这一点。公司可以根据《股份法》第 62 条提起退还诉求。而出让者则可以根据《民法典》第 812 条提起偿还请求。然而,根据《股份法》第 71 条第 4 款第 1 句的规定,有关债权履行行为是有效的。根据《股份法》第 71 c 条的规定,公司必须在一年内重新出让这些股份,不管获得是合法还是非法的。公司不享有其**自己股份的表决权和分红请求权等权利**(《股份法》第 71 b 条)。

5. 相互参股时资本的维持

28 原则上,在公司相互参股时会产生与获得自己股份同样的风险。如果 A 股份有限公司购买 B 股份有限公司的股份,而该 B 股份有限公司的全部资产是其拥有的 A 公司的股份,那么,就必须根据 A 公司的自有资产来判定其获得的 B 公司的股份的价值。立法者并没有全面地规范这种现象。他仅仅禁止一种相互参股:即如果 B 股份有限公司拥有 A 公司的大多数股份,或者因此成为一个控制性企业,则不得

[1] Vgl. dazu *Fleischer* AG 1996, 494.

再进行相互参股(《股份法》第71 d条)。与此相反,完全彻底地执行资本维持也要求:相互参股基本上必须遵守法律为公司获得自己的股份所制定的同样的条件。[1]在这里法律保护存在着一个明显的漏洞(试比较下文§51.V.)。

## IV. 代替资本的股东贷款

参考文献:*Claussen*, Kapitalersatz und Aktiengesellschaft, AG 1985, 173; *Farrenkopf*, "Kapitalersetzende" Gesellschafterdarlehen bei der Aktiengesellschaft, Diss. Frankfurt 1984; *Habersack*, Eigenkapitalersatz im Gesellschaftsrecht, ZHR 162(1998), 201, 215; *Hommelhoff*, Eigenkapital-Ersatz im Konzern und in Beteiligungsverhältnissen, WM 1984, 1105; *Immenga*, Kapitalersetzende Aktionärsdarlehen als Haftkapital?, ZIP 1983, 1405; *Ketzer*, Eigenkapitalersetzende Aktionärsdarlehen, 1988; Junker, Das eigenkapitalersetzende Aktionärsdarlehen, ZHR 156(1992), 394; *Mühlhoff*, Kapitalersatzrecht und Kompetenzordnung der Aktiengesellschaft, Diss. Münster 1989; *Andreas Müller*, Regeln für eigenkapitalersetzende Gesellschafterdarlehen bei der GmbH und ihre übertragbarkeit auf die AG, 1987; *Rümker*, Formen kapitalersetzender Gesellschafterdarlehen in der Bankpraxis, FS Stimpel, 1985, 673; *K. Schmidt*, Kapitalersetzende Bankenkredite?, ZHR 147(1983), 165; *ders.*, Kapitalersetzende Gesellschafterdarlehen: ein Rechtsproblem nur der GmbH und der GmbH & Co., AG 1984, 12; *Veil*, Eigenkapitalersetzende Aktionärsdarlehen-Ein Beitrag zum institutionellen Verständnis des Eigenkapitalersatzrechtes, ZGR 2000, 223 *Westermann*, Zur Rückführung eines überziehungskredits eines am Schuldnerunternehmen als Aktionär beteiligten Kreditinstituts, ZIP 1983, 1281.

### 1. 原则

29 与有限责任公司一样(见下文§38),在股份有限公司中,股东原则上也可能向公司提供贷款,而不注入新的资本。这样可以规避资本维持原则。尤其是那些拥有公司多数股份的大股东出于强烈追求个人利益的动机采取这种融资方式,以便帮助公司解决财务危机。这就提出一个问题:尽管没有法律依据,是否必须对此也强制适用有关保护资本的法律规定,或者是否必须规定,在这里禁止归还代替资本的股东贷款。经过长期的学术讨论,[2]联邦最高法院在其判决中(BGHZ 90, 381, BuM)原则上作出了肯定的答复。

30 **典型案例:在1974年至1979年间,西德州立银行一直持有混凝土和牟妮建筑有限公司的股份**,期间持股数量高低不一,最高达到总资本的20.5%。同时,它又是该公司最重要的开户银行和贷款银行。自1974以来,该公司陷入财务困境,其清偿能力受到极大的影响。经过几次整顿努力后,公司于1979年宣布破产。在此期间西德州立银行几次给该公司提供贷款。

---

[1] Vgl. zu dem Themenkreis KölnKomm/*Lutter* §§ 56 Rdn. 13 ff, 71 d Rdn. 6 ff; *Winter*, Wechselseitige Beteiligung 39 ff.

[2] Vgl. die Schrifttumsangaben, soweit sie vor März 1984 publiziert wurden.

在1977年时贷款总额曾经达到1200万马克,1977年底时,贷款数额降至约200万马克。破产清算人要求银行退还约700万马克的贷款,理由是这些贷款具有替代资本的性质,因而必须充作破产资产。

31 根据联邦最高法院的判决,无论是保护资本的法律规定,还是为了保护债权人,都要求防止通过提供替代资本的贷款来规避保护资本的法律规定。尽管股份有限公司的结构与有限责任公司有些不同,但这些规则都是不容规避的。即使法律中已经有了严格的维持资本的规定,而且制定了公开规则,这种对债权人的保护依然是不可缺少的。然而,这种规则不可能涉及所有的小股东,尤其是那些仅仅追求投资收益的小股东,他们既无足够的信息,也没有影响公司财务的权力。但是,如果股东持股的数额很高,从中可以看出该股东已经具有了**"企业主"**的法律地位,同时他也能共同决定企业的融资,那么其贷款就受替代资本的股东贷款的约束。如果一个股东拥有公司25%以上的股份,就符合了这些条件。如果股东的参股没有达到上述比例,但是由于其他因素,该股东依然对企业管理机构拥有足够的影响力,而且他也对企业经营拥有十分的兴趣,那么即使持有一个较低的持股比例,也视作符合上述条件。[1]

32 如果判决并没有在《股份法》、《人合公司法》和《有限责任公司法》之间引起很大的价值冲突,则该判决还是具有说服力的。问题是如何界定投资性股东和经营性股东的区别,对于前者并不适用上述规则,联邦最高法院对此仅仅作了原则性描述,但是并不十分清楚。[2] 如果一位股东的持股达到或者超过25%,那么法院的观点是正确的。因为在这种情况下,该股东通常负责着公司的财务融资。人们可以认定,该股东十分清楚公司所面临的危机,股东也是帮助公司克服危机而提供贷款的。但是股东是否可以对管理机构施加影响,或者是否拥有否决性少数股份,与这一问题并没有多大的关系。评判的关键更应该是:股东是否有足够多的了解公司财务状况的信息渠道,并且在他决定向公司提供替代资本性质的贷款时是否使用了这些信息。[3] 这就意味着在非上市的、股东人数较少的封闭性股份有限公司中,这种股份有限公司在形式上与有限责任公司十分相似,规定一个持股比例,也就足够了。至于最低持有股份数的限额,由于情况与《有限责任公司法》第32a第3款第2句规定的相类似,因而可以参照该条款的规定,即最低须持有10%的股份(见下文 § 38. I. 3)。但是如果相关的股东同时又是公司的董事,持有比例可以更低。[4]

---

〔1〕 Vgl. auch OLG Düsseldorf AG 1987, 181; AG 1991, 401.

〔2〕 *Claussen* AG 1985, 173, 178 ff; *Schwark* JZ 1984, 1036, 1037.

〔3〕 *Habersack* ZHR 162(1998), 218; *Veil* ZGR 2000, 223, 228 ff.

〔4〕 *Veil* aaO.

2. 构成要件和法律后果

就鉴定贷款是否具有替代资本性质的**条件**而言,由于股份有限公司与有限责任公司中的同类行为具有同等法律地位,所以两者的评判条件也应该相同。[1] 所以在这里可以参照《有限责任公司法》第32 a 条的规定(见下文 § 38. II.)。根据联邦最高法院的判决,这些贷款的**法律后果**应该类比适用《股份法》第57 条和第62 条、《有限责任公司法》第30 条和第31 条的规定确定。但是在这里不可能像《股份法》第57 条规定的那样,股份有限公司的所有资产都受到法律的保护。如果这样,就永远不可能退还替代资本性质的贷款。所以,在这里应该适用《有限责任公司法》第30 条的规定,保护的仅仅是基本资本额。[2] 如果退还贷款导致了公司的亏损,公司可以根据《股份法》第62 条规定要求股东提起退还之诉。在这里是否还应该类比适用《有限责任公司法》第32a、b 条有关破产的规定,依然没有定论。修改后的《破产条例》第135 条和《废约法》第6 条与以前的《破产条例》第32a 条和《废约法》第3b 条不同,它们并不是为特定的公司形式而制定的。这说明可以将破产法的规定适用于代替资本性质的股东贷款。[3] 33

## § 20. 增 资

### I. 正常增资

参考文献: *Bayer*, Kapitalerhöhung mit Bezugsrechtsausschluβ und Vermögensschutz der Aktionäre nach § 255 AktG, ZHR 163(1999), 505; *Bezzenberger*, Zum Bezugsrecht stimmrechtsloser Vorzugsaktionäre, FS Quack, 1991, 153; *Ekkenga*, Kapitalmarktrechtliche Aspekte des Bezugsrechts und Bezugsrechtsausschlusses, AG 1994, 59; Hein, Rechtliche Fragen des Bookbuildings nach deutschem Recht, WM 1996, 1; *Heinsius*, Kapitalerhöhung bei der Aktiengesellschaft gegen Geldeinlagen und Gutschrift der Einlagen auf einem Konto der Gesellschaft bei der Emissionsbank, FS Fleck, 1988, 89; *Hirte*, Bezugsrechtsausschluβ und Konzernbildung, 1986; *Hofmeister*, Der Ausschluβdes aktiengesetzlichen Bezugsrechts bei börsennotierten AG, NZG 2000, 713; *Hommelhoff/*

---

〔1〕 Vgl. auch das Urteil des OLG Düsseldorf AG 1987, 181 im zweiten Verfahren zwischen *BuM* und *Westdeutscher Landesbank*, in dem es um die Beurteilung einer "Werthaltigkeitsgarantie" als eigenkapitalersetzendes Aktionärsdarlehen geht.

〔2〕 Der BGH hat die Frage nicht entschieden. Im Schrifttum herrscht weitgehend Einigkeit, daβein Schutz des ganzen Vermögens nicht in Betracht kommt(a. A. *Westermann* ZIP 1992, 387); geteilt sind die Meinungen, ob nur das Grundkapital(so *Immenga* ZIP 1983, 1411, *Ketzer* aaO(Schriftumsverz.)107 ff, *Veil* aaO 249)oder zusätzlich die gesetzlichen Rücklagen geschützt sind(so KölnKomm/*Lutter* § 57 Rdn. 94; *Schwark* JZ 1984, 1036; *Hüffer* § 57 Rdn. 19).

〔3〕 Vgl. *Veil* aaO 251 ff.

Kleindiek, Schuldrechtliche Verwendungspflichten und "freie Verfügung" bei der Barkapitalerhöhung, ZIP 1987, 477; *Huber*, Die Abfindung der neuen Aktionäre bei Nichtigkeit der Kapitalerhöhung, FS Claussen, 1997, 147; *Hüffer*, § 216 Abs. 3 AktG. Sondernorm oder allgemeiner Rechtsgedankke?, FS Bezzenberger, 2000, 191; *Kindler*, Die sachliche Rechtfertigung des aktienrechtlichen Bezugsrechtsausschlusses im Lichte der Zweiten Gesellschaftsrechtlichen Richtlinie der Europäischen Gemeinschaft, ZHR 158 (1994), 339; *Köhler*, Kapitalerhöhung und vertragliche Gewinnbeteiligung, AG 1984, 197; *Kübler*, Aktie, Unternehmensfinanzierung und Kapitalmarkt, 1989; *Lutter*, Materielle und förmliche Erfordernisse eines Bezugsrechtsausschlusses, ZGR 1979, 401 *Lutter/Hommelhoff/Timm*, Finanzierungsmaβnahmen zur Krisenabwehr in der Aktiengesellschaft, BB 1980, 737; *Lutter/Leinekugel*, Fehlerhaft angemeldete Kapitalerhöhungen, ZIP 2000, 1225; *Marsch-Barner*, Die Erleichterung des Bezugsrechtsausschlusses nach § 186 Abs. 3 Satz 4 AktG, AG 1994, 532; *Martens*, Der Ausschluβ des Bezugsrechts: BGHZ 33, 175, FS Fischer, 1979, 437; *ders.*, Richterliche und gesetzliche Konkretisierungen des Bezugsrechtsausschlusses, ZIP 1994, 669; *ders.*, Die mit Optionsrechten gekoppelte Aktienemission, AG 1989, 69; *ders.*, Bezugsrechtsausschluβ anläβlich eines ausländischen Beteiligungserwerbs, FS Steindorff, 1990, 151; *Priester*, Kapitalaufbringung bei mittelbarem Bezugsrecht, FS Brandner, 1996, 97; *Schippel*, Die Leistung der Bareinlage bei der Erhöhung des Kapitals von Aktiengesellschaften, FS Steindorff, 1990, 249; *K. Schmidt*, Die sanierende Kapitalerhöhung im Recht der Aktiengesellschaft, GmbH und Personengesellschaft, ZGR 1982, 519; *Schockenhoff*, Gesellschaftsinteresse und Gleichbehandlung beim Bezugsrechtsausschluβ, 1988; *Schneider/Verhoeven*, Vorfinanzierung einer Barkapitalerhöhung?, ZIP 1982, 644; *Schwark*, Der vereinfachte Bezugsrechtsausschluβ-Zur Auslegung des § 186 Abs. 3 Satz 4 AktG, FS Claussen, 1997, 357; *Timm*, Die Aktiengesellschaft als Konzernspitze, 1980; *ders.*, Zur Sachkontrolle von Mehrheitsentscheidungen im Kapitalgesellschaftsrecht, ZGR 1987, 403; *Trapp*, Erleichterter Bezugsrechtsausschluβ nach § 186 Abs. 3 Satz 4 AktG und Greenshoe, AG 1997, 115; *Wiedemann*, Rechtsethische Maβstäbe im Unternehmens-und Gesellschaftsrecht, ZGR 1980, 147; *Zöllner/Lutter*, Ausschüttungs-Rückholverfahren und Sachkapitalerhöhung, ZGR 1996, 164; *Zöllner/Winter*, Folgen der Nichtigerklärung durchgeführter Kapitalerhöhungsbeschlüsse, ZHR 158(1994), 50.

1. 增资程序

1 如果股份有限公司不再具备充足的资金,公司可以通过发行新股以增加自有资本的总额。目前,增资的意义远远超过了设立新的股份有限公司。成功的公众性公司可以在比较短的时间内进行增资。为了进行企业合并或者分立,兼并企业通常必须进行增资(试比较《变更法》第69条、第125条和第142条,见下文§48. III. 3)。在进行企业整顿时,可以将减资和增资结合起来(《股份法》第228条、第235条)。[1] 1990年,德国共进行了501起增资,共增加资本116,000,000马克。[2]

---

〔1〕 Vgl. unten § 21 Rdn. 3.

〔2〕 Statistisches Jahrbuch der Bundesrepublik 1991, 141.

最常见的增资方式是**通过接受认购者缴纳的股金而进行增资**（《股份法》第182—191条）。为此，股东大会必须首先作出增资决议，决议应该规定新增的资本数额、新股的面值和发行价格（《股份法》第182条）。如果公司发行的是比例股，则仅需公布说明新股的发行数额。它必须以与基本资本相同的比例增加（《股份法》第182条第1款第5句）。 2

股东大会可以通过决议的方式同时规定增资的最低数额和最高数额，也可以仅仅规定一个最低数额。在这种情况下，股东大会的决议中必须规定董事会可以在什么条件下作出增资的最终决定。[1] 根据《股份法》第182条第1款第2和3句的规定，公司可以在章程中规定：股东大会可以另确定一个多数票通过增资决议，但是该多数票不得低于资本和表决权股东的简单多数。[2] 章程还可以增加一些附加条件，例如，增资必须经过某些股东的同意（《股份法》第184条第1款第2句）；章程还可以规定增资的其他细节，如何时缴纳股款，何时给新股分配股息等。如果公司有几种不同的股份类别，那么除了无表决权的优先股以外，每一类股份的股东都必须作出相应的**特别决议**。只有在增资涉及优先股的利益，特别是当企业发行新的优先股，而且新的优先股的权利与原有的优先股相同，或者比它更优先时，才须考虑优先股股东的利益（《股份法》第182条第2款、第141条第2款和第3款，见上文§17. II.）。如果普通股股东没有优先股认购权，而只有现有优先股股东才享有优先认购权，那么还必须由普通股股东作出相应的决议（《股份法》第186条第4款）。[3] 如果康采恩的子公司进行增资，那么根据联邦法院在霍尔茨米勒案中作出的判决，子公司的总公司也必须召开相应的股东大会，并作出相应的增资决议。[4] 3

股东大会的决议必须提交商务注册处登记（《股份法》第184条）。然后，公司必须发行**认购书**。在该书上必须载明认购者的义务，即认购者必须承担购买其认购的股份和缴纳股金的义务（《股份法》第185条）。[5] 在今天的筹资实践中，基本上都是由银行组成发行集团，并统一认购公司发行的全部新股，然后再向社会公众出售其认购的股份。这样银行就承担了发行股份的风险，从而避免了完全让股东或者资本市场来决定股份命运的情况。《股份法》第186条第5款确认了这种发行程序（见下文I.4）。根据这一规定，发行股份的股份有限公司和承销企业之间实际上签订了一个有益于未来股东的包销合同。[6] 4

---

〔1〕 RGZ 55, 65; LG Hamburg AG 1995, 92; h. M.

〔2〕 H. M, vgl. KölnKomm/*Lutter* § 182 Rdn. 5; Groβkomm/*Wiedemann* § 182 Rdn. 40.

〔3〕 Ebenso MünchHdb. AG/*Krieger* § 56 Rdn. 20 und KölnKomm/*Lutter* § 60 Rdn. 17. Dagegen verlangen Geβler/Hefermehl/*Bungeroth* § 60 Rdn. 26 die Zustimmung aller vom Bezugsrecht auf die neuen Vorzugsaktien ausgeschlossenen Stammaktionäre.

〔4〕 BGHZ 83, 122, 136; s §§ 16 I 5; 52 IV 1.

〔5〕 Dagegen begründet die Zeichnung noch keinen Erfüllungsanspruch des Zeichners auf Verschaffung der Mitgliedschaft. Diese entsteht vielmehr erst mit der Eintragung der Durchführung der Kapitalerhöhung in das Handelsregister(BGHZ 140, 258 zur GmbH). Vgl. dazu *Lutter/Leinekugel* ZIP 2000, 1225.

〔6〕 BGHZ 114, 203, 208; 118, 83, 96; 122, 180, 186.

5 新股可以以极低的价格发行(《股份法》第9条第1款),也可以以较高的市场价格销售(《股份法》第182条第3款)。其发行价主要取决于公司的状况,即公司现有资产的价值与其基本资本之间的比例。当然,也取决于资本市场的接受能力。为了避免股价发生不可预测的波动,也为了吸引社会公众购买股份,发行公司通常以十分优惠的价格发行其新股。这样,增资实际上就意味着用公司资产对购买者提供免税捐赠。这一捐赠有其自身的价值。股东大会可以决定由董事会来确定新股的发行价,董事会必须尽心尽责地分析并确定这一价格。在这种情况下,股东大会必须首先确定新股的最低发行价(《股份法》第182条第3款)。为了登记客户的定购要约,也为了确定股份的发行价,实践中常常采用所谓的认购登记程序。[1]

6 在认购股份后,公司即可以开始**增资**。增资必须遵守公司法中有关公司设立的规定(《股份法》第188条第2款)。股东必须按其认购的股份向公司缴纳相应的股金,并保证公司对该股金拥有完全的、不受限制的支配权(《股份法》第188条第2款第1句、第37条第1款第2句和第54条第3款)。如果认购者将股金交给了公司的债权人,即使这种做法得到了董事会的同意,也等于没有履行其承担的出资义务。[2] 与设立公司时不同,增资时不能将所筹的款项缴入董事会账户(《股份法》第188条第2款第2句)。增资的关键是在进行增资登记时,公司必须依然拥有增资所筹的资金(《股份法》第188条)。如果在增资以前,董事会已经使用了所筹的资金,那么它必须证明,在登记时公司依然拥有与增资金额相等的资产。银行出具的出资证明并不能证明这一点。[3]

7 如果增资时股东出资的是**实物**,就必须适用《股份法》第183条的规定,该条款与公司设立时有关实物出资的规定相同:即必须在公司增资决议中说明出资的实物、增发股份的面值和股份的数额;此外还必须对出资的实物进行审计(《股份法》第183条第1款和第3款)。如果在增资决议中没有作出有关实物出资的说明,那么认购者必须以现金缴纳其全部出资;即使他已经向公司交付了相关的实物,也是如此。增资还必须遵守有关补充设立的规定[4]和司法判例中发展而成的有关隐性实物出资的规定。[5] 如果出资的实物远远低于发行价格或者低于与此相应的股份

---

〔1〕 Vgl. *Hein* WM 1996, 1.

〔2〕 Vgl. BGHZ 96, 231, 239 ff; 119, 177; OLG Koblenz AG 1987, 88, 89; OLG Frankfurt AG 1999, 231; *Hommelhoff/Kleindiek* ZIP 1987, 477; OLG Düsseldorf WM 1991, 998.

〔3〕 BGHZ 119, 177; *Hüffer* ZGR 1993, 474; *Priester* ZIP 1994, 599 (auch zur Verantwortlichkeit des Kreditinstitus nach § 37 I 4).

〔4〕 H. M.; a. A. nur Geβler/Hefermehl/*Bungeroth*; § 183 Rdn. 51; *Bork/Stangier* AG 1984, 320. Zu Einzelheiten s. § 11 III.

〔5〕 Einzelheiten s. bei § § 11 II, 26 IV 5.

的价值，出资者必须承担以现金补缴差额的责任（上文 § 11. II. 5）。〔1〕

依然没有完全澄清的问题是：在公司进行增资前，股东就向公司提供了一笔资金，公司是否可以把这笔资金当作现金出资？联邦最高法院认为，如果在公司就增资提出登记申请和获准在商务注册处注册之前公司依然拥有该款项的支配权，就可以将它当作现金出资，相关的股东就履行了出资义务。〔2〕如果公司已经用掉了该笔款项，则原则上不能将它当作股东的现金出资。但是也有少数例外情况。如果提供该笔款项的目的是为了进行公司整顿，而且是相关的款项在增资前不久已经交付给了公司，由于增资程序本身过于漫长，尽管已经采取了必要的措施加快增资的进度，增资依然不能及时完成。这就是一种例外情况。〔3〕 8

如果增资中所筹的股金是由股东以其分得的股息交付的，或者将尚未分配的股息通过账目转换记成股东的出资（分别——收回——程序），根据联邦最高法院以前的判决，只要在增资决议中没有明确规定这种增资程序，就应当将此视为股东没有缴纳其出资。在 1996 年审理的一起案例中（BGHZ 135, 381），联邦最高法院十分正确地采纳了卢特尔和策尔纳的观点〔4〕，即在这种情况下，也可以适用公司法有关用公司资金进行增资的条款。〔5〕据此，必须在增资决议中表明公司可能会用分配股息的资金进行增资，并且必须在增资登记中表明这一点。〔6〕 9

在所有的新股认购完毕后，认购者必须缴纳规定的最低股金（《股份法》第 188 条第 2 款与第 36 条第 2 款和第 36a 条）。此后，董事会和监事会主席必须向商务注册处申请增资登记（《股份法》第 188 条）。注册法院应该根据《股份法》第 38 条的规定，对增资进行审核。如果增资决议是无效的（《股份法》第 241 条），注册法院可以拒绝登记。如果股东大会的增资决议已经被撤销（《股份法》第 243 条），那么注册法官应该尽责地进行审查，并自行决定是否依然允许进行增资登记。〔7〕只有在获准登记后，相关的增资才具有法律效力，新股的认购者才获得相应的股东权（《股 10

〔1〕 BGHZ 64, 52, 62; 68, 191, 195 f; vgl. § § 9, 56 II GmbHG. Zur rechtlichen Beurteilung verdeckter Sacheinlagen vgl. BGHZ 110, 47(*IBH*); OLG Koblenz AG 1987, 88, 89; OLG Düsseldorf AG 1991, 149(*BuM*); LG Hannover WM 1991, 407; *Henze* ZHR 154(1990), 105; *Mülbert* ZHR 154(1990), 145; *Ulmer* ZHR 154(1990), 128; *Priester* DStR 1990, 770; *ders.* DB 1990, 1753; *Meilicke* DB 1990, 1173; *Joost* EWiR 1991, 105.

〔2〕 BGHZ 51, 157; BGH ZIP 1996, 1466(beide zur GmbH, bei der die Rechtslage jedoch gleich ist); BGH ZIP 2000, 2021.

〔3〕 gl. BGHZ 118, 83; BGH AG 1995, 133; ferner grundlegend *Lutter/Hommelhoff/Timm* BB 1980, 737, 745; *Henze* ZHR 154(1990), 105, 125; *Hüffer* § 188 Rdn. 7; *Krieger* aaO § 56 Rdn. 109 sowie Judikatur und Schrifttum zu § 56a GmbHG.

〔4〕 *Lutter/Zöllner* ZGR 1996, 164.

〔5〕 Auch dieses Urteil ist zur GmbH ergangen, muβaber auf die AG entsprechend angewandt werden. Vgl. zum Ganzen *Zöllner/Lutter* ZGR 1996, 164; *Hirte* JZ 1998, 301.

〔6〕 MünchHdb. AG/*Krieger* § 56 Rdn. 51 mwN.

〔7〕 S. oben § 16 IX 8.

份法》第 189 条)。[1] 然后,公司应该给新股东颁发股票(《股份法》第 191 条)。如果没有获准登记或者没有及时申请登记,新股认购者并不可以因此提起诉讼,要求成为股份有限公司的成员,因为认购合同并不于签字之时生效,只有在增资合法生效后,认购合同才能成为有效的合同。[2]

2. 优先认购权

11 现有股东应该可以根据其持股比例优先认购增发的新股(法定优先**认购权**《股份法》第 186 条)。公司没有优先认购其自身股份的权利(《股份法》第 71b 条)。如果增资将原有的资本总额增加了 10%,则每 10 股就应该拥有优先认购 1 股的权利。如果股东拥有的股份总数不是 10 的除数,他可以出售其多余的优先认购权,也可以购买不足部门的优先认购权。只有在优先满足股东优先认购权的条件下,才能考虑第三者的认购需求(《股份法》第 187 条第 1 款)。

12 优先认购权是股东的一个最基本的权利。该权利保证股东能够以较低的价格认购新股;另外,它也保证本公司的股东首先认购新发行的股份。最后,它还能够防止公司通过增资而改变现有股东的持股比例和表决权比例。因此,有关增资的法律规定是强制性的。但是**优先认购并不是股东的义务**。因为这种义务显然违反有关禁止事后提高出资义务的禁令。如果某股东不愿行使这一权利,他可以出售其优先认购权;股东也可以通过股市转让这一权利。给股东提供新股优先认购权的目的,无疑是使股东有机会维持其在公司中原有的地位。出让优先认购权自然会影响股东在公司中的影响力。

13 只有在增资决议获准注册后,股东才可以提出**优先认购股份的要求**。此外,行使优先认购权还离不开下列前提条件,即公司必须切切实实地进行增资。从进行增资之时起,股东可以行使优先认购权。该权利可以继承、抵押或者典当。股东可以通过向公司发出单方面的意思表示,来行使其优先认购权。股东一旦作出相应的意思表示,就在股东和公司之间按照增资协议规定的条件签订了认购合同;据此股东享有一定的权利,同时承担了相应的义务。公司应该规定股东进行上述意思表示的期限,该期限不得少于两周(《股份法》第 186 条第 1 款第 2 句)。

3. 优先认购权的排除

14 优先认购权虽然十分重要,《股份法》第 196 条还是允许**全部或者部分地取消股东的这一权利**。这当然是对股东权的一种严重侵犯。但是,如果增资是为了特定的目的,或者是为了特定目的而发行新股的,就有必要对股东的优先认购权进行限制。法律仅仅列举了几种情况:增资是为了获得实物,如企业(《股份法》第 183

[1] Vgl. LG Düsseldorf AG 1999, 238.

[2] BGHZ 139, 225, 231 bei erfolgreicher Anfechtungsklage; BGHZ 140, 258(zur GmbH), wenn der Eintragungsantrag nicht mehr gestellt wird. Ist ein nichtiger Kapitalerhöhungsbeschlußdurchgeführt, sind die Regeln zu Behandlung fehlerhafter Gesellschaften entsprechend anzuwenden(s. oben § 16 Rdn. 168).

条),或者为了满足优先股股东的优先认购权或者可转换债券以及可兑换债券的优先认购权,或者为了准备企业合并而发行的新股(《股份法》第 192 条第 1—3 款)。[1] 还有其他几种情况。

15 如果公司设置一些事实上的障碍妨碍优先认购权的行使,例如不恰当地提高股份的发行价格,或者规定了苛刻的附加条件(**优先认购权的事实排除**),这种行为在实质上等于排除股东的优先认购权。[2] 在这种情况下,必须对这些限制措施进行实质的审查。

16 法律对排除优先认购权的行为进行严格的控制。法律主要是通过**程序性的规定**来实现这一目的的。例如,排除股东优先认购权的申请必须订入股东大会的议事日程;董事会必须就此提交**书面报告**,报告中必须详细说明公司排除优先认购权的原因,并且提供相应的可以证明的信息(《股份法》第 186 条第 4 款);董事会的报告必须特别说明以下问题:排除目的是什么?为什么排除优先认购权符合公司的利益?为什么排除优先认购权是恰当的手段?为什么它是实现其目的所必须的?它对现有股东会产生哪些影响?为什么在具体情况下股东利益应该让位于公司利益?此外,还必须解释确定新股发行价格的理由。[3]

17 排除优先认购权的决议可以与增资决议同时作出,决议须由代表到会股份资本的 2/3 以上的多数同意票通过;即使公司章程规定增资决议可以以更低的多数票作出,也是如此(《股份法》第 186 条第 3 款)。

18 如果某一股东试图通过排除优先认购权而谋求个人特别利益,或者新股以不适当的低价发行时,必须对相关的股东大会决议进行实质性的法律审查。首先可以根据《股份法》第 243 条第 2 款和第 255 条的规定审查是否应该撤销相关的决议。[4] 其次,必须审查是否符合**股东平等原则**(《股份法》第 53 a 条);如果违反这一原则,可以根据第 243 条第 1 款的规定撤销股东大会的决议。[5] 虽然可以排除股东的优先认购权,但是这种排除不能仅仅有利于个别股东。在增资实践中,不必同时具备以上几个要件。联邦最高法院在 Kali & Salz 一案中(BGHZ 71, 40)决定:应该在《股份法》第 186 条第 3 款增加一个构成要件。据此,只有在"一个理智的商人经过慎重考虑后也认为:为了公司的利益必须排除优先认购权,而且公司的利益

---

〔1〕 S. unten Rdn. 33.

〔2〕 Vgl. KölnKomm/*Lutter* § 186 Rdn. 87; MünchHdb. AG/*Krieger* § 56 Rdn. 85; LG Düsseldorf AG 1999, 134(*Nordhäuser Tabakfabriken AG/AHAG*).

〔3〕 Zu Einzelheiten vgl. BGHZ 83, 319, 325(*Philipp Holzmann*); BGHZ 120, 141, 155; OLG Hamm AG 1989, 31; OLG München AG 1991, 210; AG 1993, 283; OLG Frankfurt AG 1992, 271; *Sethe* AG 1994, 342.

〔4〕 Vgl. *Mülbert*, Aktiengesellschaft, Unternehmensgruppe und Kapitalmarkt 262, *Paefgen* AG 1999, 67; *Bayer* ZHR 163(1999), 505.

〔5〕 *Schockenhoff*, Gesellschaftsinteresse und Gleichbehandlung beim Bezugsrechtsausschluβ; LG Kassel AG 1989, 218, 219. S. oben § 12 VI.

与由此而给股东带来的在参股和表决权方面的损失相比,前者更加重要”。联邦最高法院的这一判决是在司法制度方面的一个重大突破。据此,必须对股东大会的排除股东优先认购权的决议进行实质性审查,审查的标准是股东平等原则、企业利益原则和适当原则。[1] 这一判决得到了学术界的广泛认同。[2]

19 **举例**:仅仅为了确定公司控股关系或者引起公司股权结构发生变化的增资,是非法增资。因为这种增资不仅违反股东平等原则,而且也不符合股东利益。如果增资时必须以缴纳现金的方式履行出资义务,那么只有在少数例外情况下,才可排除股东的优先认购权,例如,为了满足可转换债券和可选择权债券的持有者的兑换和选择要求而进行增资。[3] 如果所有新股为现有股东所认购,那么上市也不是一个增资的充足理由。然而,如果公司急需新的资本,而且增资是获得资金的惟一办法,那么它就符合企业的利益。[4] 而且即使新增的股份是在外国股市上发行,许多国外的私人和机构成为公司的股东,也是如此。[5] 目前依然有很大争议的是联邦最高法院在米尼马科斯一案中的判决(BGHZ 33, 175, 185 等)。根据这一判决,董事会可以为了防止某些股东控制企业而排除这些股东的优先认购权,而仅仅让与其有密切合作关系的股东认购新增的资本。[6] 因为在通常情况下,决定或者影响公司股东结构并不是董事会的任务。如果排除股东的优先认购权是为了购买企业,董事会也必须证明这样符合企业的利益。另外还必须审查是否可以采取其他的、更加维护股东权的方式来购买该企业。值得研究的主要问题是:究竟在多大范围内可以通过排除优先认购权来实现企业兼并的目的。根据联邦最高法院的判决(BGHZ 71, 40),必须在小股东利益和公司利益之间进行权衡;必须强调,比较的是公司利益,而不是大股东的利益。如果必须对公司进行整顿,而且通过排除股东优先认购权可以实现整顿,那么这种排除就是正当的。[7] 即使排除优先认购权是正当的,但是,如果公司以低于股份价值的价格或者以低于市场价格的价格发行新股,增资也是非法的。

20 如果排除优先认购权是为了增资后依然维持现有的股份种类的比例,那么可以排除一类

---

[1] Im aktienrechtlichen Schrifttum war eine solche materielle Inhaltskontrolle des Kapitalerhöhungsbeschlusses seit langem gefordert worden; vgl. statt aller *Mestmäcker*, Verwaltung, Konzerngewalt und Rechte der Aktionäre 139 ff; *Wiethölter*, Interessen und Organisation der Aktiengesellschaft 122 ff; *Zöllner*, Schranken mitgliedschaftlicher Stimmrechtsmacht 342 f; *Füchsel* BB 1972, 1533. Zur Vereinbarkeit der Inhaltskontrolle mit der EG-Kapitalrichtlinie vgl. EuGH ZIP 1996, 2015; *Tesauro* ZIP 1996, 2017; *Lutter* ZIP 1995, 648. Allgemein zur Inhaltskontrolle s. oben § 16 Rdn. 162.

[2] *Martens*, FS Fischer 437, 443 ff; *ders.*, FS Steindorff, 151, 156; *Lutter* ZGR 1979, 401; *Hirte*, Bezugsrechtsausschluβ und Konzernbildung 16 ff; *Timm*, Die Aktiengesellschaft als Konzernspitze, 74; *ders.* ZGR 1987, 403; *Wiedemann* ZGR 1980, 147, 156; *Quack* ZGR 1983, 257, 258; *K. Schmidt*, GesR § 29 III 2 d; *Schockenhoff* aaO 12.

[3] So BGHZ 83, 319, 323; OLG Frankfurt WM 1986, 615; *Hirte* aaO 58 ff; zum Bezugsrechtsausschluβ bei Wandelschuldschreibungen OLG München WM 1991, 1763; OLG Braunschweig AG 1999, 84; bei Optionsanleihen OLG München AG 1991, 210. *Busch* AG 1999, 58; s. auch § 17 III 3.

[4] Hirte aaO 58ff, 67.

[5] BGHZ 125, 239 (*Deutsche Bank*).

[6] Vgl. die zusammenfassende Darstellung bei *Hirte* aaO 43 ff.

[7] Vgl. LG Heidelberg ZIP 1988, 1257; LG München I ZIP 1995, 1013.

股东优先认购他类股份的权利(**交叉排除优先认购权**)。[1]

根据《股份法》**第186条第3款第4句的特别规定**,如果以现金出资进行增资,而且增资的数额并没有超过基本资本的10%,发行价格并没有明显低于股份的市场价格,那么,**即使没有特别说明,排除优先认购权也是可行的**。但是,公司必须以发行前几天的股份的平均价作为确定新股发行价的基础。然而,法律并没有具体规定新股可以以低于股市的多少价格发行,低于3%至5%是正常的发行价格。[2] 1994年通过的《关于小型股份公司和简化1994年股份法的法律》的规定在德国法学界引起了很大的争议;该法在立法技术上也不是很成功。[3] 该条款的主要目的是为了方便企业通过吸纳自有资本进行企业融资。立法者认为,在这种情况下,由于股东随时可以在同等条件下通过股市获得股份,而且这样既不影响股东在公司中的地位,也不影响股东享有的股东权,所以不必给股东予以相应的保护。[4] 因此这一条款也仅仅适用于上市公司。在这类公司中,企业在融资方面的灵活性要高于股东利益。[5] 21

如果排除优先认购权决议违反了有关实质审查的规定,就可以根据《股份法》第243条第1款的规定撤销相关的决议。受歧视的股东还可以以公司没有赋予其优先认购权为由或者根据《民法典》第823条第2款的规定向公司**提起损害赔偿之诉**,因为《股份法》第186条是专门保护股东利益的条款。 22

4. 间接优先认购权[6]

(a)公众公司经常借助**发行银行**或者**发行集团**来进行增资。这些机构通常认购了公司增发的全部股份,同时它们承担了必须随即让股东根据其现有的持股比例和按照与公司事前商定的价格**优先**认购这些股份的**义务**(股东的间接优先认购权)。发行银行必须向公司交付确定的价金,但是它可以获得一定的佣金。[7] 这一程序的优点是公司不仅省去了统计优先认购权的麻烦,而且避免了不能及时和全部收缴股金的风险。借助信贷机构进行股份发行的法律思想是:由于公众银行的 23

---

〔1〕 LG München I AG 1993, 195; MünchHdb. AG/*Krieger* § 56 Rdn. 72; KölnKomm/*Lutter* § 186 Rdn. 68; *Münch* DB 1993, 769, 773.

〔2〕 *Schwark* FS Claussen 357, 372; *Hüffer* § 186 Rdn 39 d; KölnKomm/*Lutter* Nachtrag zu § 186 Rdn. 15(3%); *Seibert/Köster/Kiem* Rdn. 230(maximal 5%); *Hofmeister* NZG 2000, 713.

〔3〕 Vgl. *Hüffer* § 186 Rdn. 39; *Ekkenga* AG 1994, 59.

〔4〕 Vgl. BegrRegE, BT-Drucks. 12/6721, 10f; ferner *Kübler*, Aktie, Unternehmensfinanzierung und Kapitalmarkt 64ff; *ders.* WM 1994, 1970; *Martens* ZIP 1994, 669; *Schockenhoff* AG 1994, 45.

〔5〕 Eingehend dazu *Groß* DB 1994, 2431; *Hoffmann-Becking* ZIP 1995, 1, 8ff; MünchHdb. AG/*Krieger* § 56 Rdn. 75ff; *Lutter* AG 1994, 429, 440ff; KölnKomm/*Lutter*, aaO Rdn. 3ff; *Marsch-Barner* AG 1994, 532; *Martens* ZIP 1994, 669; *Schwark* FS Claussen 357; *Trapp* AG 1997, 115; GroβkommAktG/*Wiedemann* § 186 Rdn. 148; *Zöllner* AG 1994, 336, 340.

〔6〕 Vgl. zum folgenden *Assmann/Sethe* ZHR 158(1994), 646; Hopt FS Kellermann 181; *Immenga* FS Beusch 413; *Priester* FS Brandner 97.

〔7〕 S. oben Rdn. 3.

监督，间接地给股东提供优先认购权同样十分保险，就像股东直接享有优先认购权一样。[1]

24 如果新股为一个或者同时为几个信贷机构所认购，而且某第三者基于合同而享有优先认购权，这在实际上排除了股东优先认购股份的权利。但是根据**《股份法》第186条第5款第1句的**规定，不应该将这种情况视作排除股东的优先认购权。为了适用这种通过银行发行股份的程序，法律为第186条第3款和第4款规定了一些例外情形。

25 但是在采用这种增资程序时，股东大会的增资决议必须规定，所有股份将由信贷机构认购。为此必须授权董事会与信贷机构签订相关的认购合同，合同中相关的信贷机构必须承担保证让所有股东按照其现有持股比例认购新股的义务。[2]在信贷机构认购了所有新股后，股东便从信贷机构那里获得了优先认购股份的要约（《民法典》第328条）。[3]董事会必须在公司指定的报刊上公告信贷机构的认购要约、认购价格以及认购期限（《股份法》第186条第5款第2句）。

26 如果认购新股的**不是《信贷法》第1条第1款意义中的信贷机构**，而是一个第三者，而且该第三者也承担保证股东享有优先认购权的义务，那么，就不适用《股份法》第186条第5款第1句的规定。在这种情况下，公司必须遵守排除优先认购权的形式条件和实质性条件（《股份法》第186条第3款和第4款）。根据第186条第5款第2句的规定，董事会必须将该第三者提供的优先认购要约在公司指定的报刊上公告。

27 (b)尽管在上述增资程序中，信贷机构或者第三者暂时成为了公司的股东，但是从经济角度分析，它们不过是为了方便现有股东而承担了发行任务，所以更应该将它当作信托性的结算机构。司法判例认为，原则上**有效地缴纳股金**仅仅是获得间接优先认购权的股东的义务，而不是信贷机构的义务。

28 **典型案例：**（aa）如果公司根据与信贷机构的约定将信贷机构收缴的增资股金用于清偿其欠该信贷机构的债务，原则上这并不属于隐性实物出资（BGHZ 118，83，97）。因此，只要信贷机构交付了这些资金，就在实质上免除了股东的出资义务。（bb）如果根据事前的约定，信贷机构交付的资金最终又回到了认购股份的股东手里，这种出资是有问题的，在法律上这种出资视同股东从来没有履行出资义务。承担补缴股款责任的是股东，而不是信贷机构。在这里根本不可能出现《民法典》第932条和第936条规定的善意获得股份的情况，即不履行出资义务，股东就不可能获得股份（BGHZ 122，180，185等，196等）。

---

〔1〕 Vgl. LG Düsseldorf AG 1999, 134.

〔2〕 BGHZ 114, 203, 208; MünchHdb. AG/*Krieger* § 56 Rdn. 91; KölnKomm/*Lutter* § 186 Rdn. 106.

〔3〕 *Krieger* aaO; *Lutter* aaO.

但是只有在信贷机构确实履行了信托人职责的基础上,才适用上述原则。 29

典型案例:如果“在认购股份时,公司的股份可以很快上市”,而个别股东没有行使间接优先认购权,而且信贷机构根据其与公司达成的约定,暂时为公司利用这些未认购的股份,那么信贷机构依然是股份的托管人(BGHZ 118, 83, 98)。但是如果在这期间信贷公司自己行使了这些股份的权利,那么信贷机构本身就是这些股份的认购者。如果公司用筹集的股金清偿其欠该信贷机构的债务,该信贷机构的作用就是判定相关的出资是否为隐性实物出资的重要因素(BGH aaO 99)。[1] 30

5. 分配储备股份

在上市公司进行增资时,如果认购股份的股东为了在短期内获得盈利而马上出售其认购的股份,就可能会引起股市价格的剧烈波动。为了防止这一点,同时也为了满足广泛的认购需要,发行银团通常会设立所谓的分配储备股份,该储备股份占发行股份总量的15%。[2] 这样,增资时,银团可供出让的股份就远远高于增资实际发行的股份数额。为了能够获得这些用于储备的股份,发行银团可以与一些股东约定,他们可以在特定的时期内以固定的优惠价格获得上述股份。 31

即使在企业自己进行的增资时,企业也可以借助核准资本建立股份储备。如果公司首次进行核准增资时,没有满足资金的需要,企业可以在第二步增资中发行这些储备股份。然而,在这种情况下,也必须排除股东的优先认购权,但是这种排除必须符合《股份法》第186条第3款第4句规定的前提条件,即包括股份储备在内的增资总数不超过基本资本的10%。如果在发行首批股份后,该股份的市场价格马上上升,这里的问题是以哪个时间为增资结束的时刻:究竟以增资的全部股份发行完后,还是等储备股份发行结束后?主流观点认为,以上述第一个时间为准,[3]因为这是增资全部措施的有效组成部分,而且在管理机关决定发行数量时必须确定一个固定的发行价格。然而,同时应该规定一个尽可能短的认购期。[4] 32

## II. 有条件增资

参考文献:*Baums*, Aktienoptionen für Vorstandsmitglieder, FS Claussen, 1997, 3; Fuchs, Aktienoptionen für Führungskräfte und bedingte Kapitalerhöhung, DB 1997, 661; *Hüffer*, Aktienbezugsrechte als Bestandteil der Vergütung von Vorstandsmitgliedern und Mitarbeitern-gesellschaftsrechtliche Analyse, ZHR 161 (1997), 214; *Kallmeyer*, Aktienoptionspläne für

〔1〕 BGH ZIP 1995, 1157; vgl. im übrigen *Lutter/Gehling* WM 1989, 1445, 1447; KölnKomm/*Lutter* § 183 Rdn. 72.

〔2〕 Vgl. *Hein* WM 1996, 1, 6; *Hoffmann-Becking* FS Lieberknecht 25; *Oltmanns* DB 1996, 2319; *Trapp* AG 1997, 115, 120ff.

〔3〕 *Hoffmann-Becking* aaO 42; Hein aaO; *Seibert/Köster/Kiem*, Die kleine AG Rdn. 222.

〔4〕 Vgl. *Hoffmann-Becking* aaO 42 (vier bis sechs Wochen); Hein aaO (ca. vier Wochen).

Führungskräfte im Konzern, AG 1999, 97; *Knoll/Möller*, Die Entscheidung der Aktionäre über Aktienoptionspläne: Notwendigkeit der Vermittlung relevanter Informationen, ZBB 1999, 69; *Kohler*, Stock Options für Führungskräfte aus der Sicht der Praxis, ZHR 161(1997), 246; *Lutter*, Aktienoptionen für Führungskräfte-de lege lata und de lege ferenda, ZIP 1997, 1; *Martens*, Die mit Optionsrechten gekoppelte Aktienemission, AG 1989, 69; *Maul*, Zur Unzulässigkeit der Festsetzung lediglich eines Mindestausgabebetrags im Rahmen des § 192 II Nr. 3 AktG, NZG 2000, 679; *Seibert*, Stock Options für Führungskräfte-Zur Regelung im Kontrolle-und Transparenzgesetz (KonTraG), in: Pellens (Hrsg.) Unternehmenswertorientierte Entlohnungssysteme, 1998, 31; *Weiβ*, Aktienoptionsprogramme nach dem KonTraG, WM 1999, 353.

33 有条件增资是一种特殊的增资形式(《股份法》第192—201条)。如果增资的数额取决于第三者是否行使兑换权或者选择权,因而在最初无法明确规定增资的具体数额时,才适用这一方式。然而,企业只能在有关权利人行使兑换权的范围内进行增资。《股份法》第192条第2款列举了允许进行有条件增资的几种情况:其一,为了满足**可兑换债券和选择权债券**持有人行使优先认购权的需要[1](第1项);其二,在**企业合并时尤其在企业之间签订控制合同和利润转移合同**时,为了弥补某一方的损失的需要(《股份法》第305条和第320 b条);同样在进行企业收购时,如果收购者必须提供自己的股份作为收购的对价(第2项);其三,为了向本企业的**职工和管理人员**或者**关联企业的职工和管理人员**发行股份(股份期权)。从法律规定看,企业不可以向其监事会成员发行股份。

34 除此之外,还有一些类比适用的情况。例如为满足**可兑换债券和选择权债券**持有人行使的优先认购权可以采用上述增资方式,对于这一点没有任何异议。[2] 有争议的是那些享有选择权的股份(所谓的滚动式发行)以及《股份法》第192条第3项列举的那些"纯粹的选择权"[3]是否可以采用这种融资方式?《股份法》第192条对此没有规定,因而即使对该条款作广义的解释也不能解决这一问题。但是《股份法》第187条和第221条对此进行了规定。[4] 如果允许,也可以在有条件的增资中使用这一方式。[5] 此外,从《股份法》第192条的字面意义分析,该条款的列举并不全面,但是主流观点认为该条第2款的列举是穷尽而彻底的。这一看法是十分正确的。

---

[1] Entgegen dem Wortlaut geht es nicht um die Gewährung von Bezugsrechten, sondern um deren Bedienung, da der Gläubiger bereits mit Begebung der Wandel-oder Optionsanleihe ein Umtausch-bzw. Bezugsrecht auf Aktien erhält(§ 221 I 1; s. oben § 17 III 3). Vgl. *Hüffer* § 192 Rdn. 9.

[2] *Werner* ZHR 149(1985), 236, 245; MünchHdb. AG/*Krieger* § 57 Rdn. 4.

[3] Vgl. die Schrifttumsnachweise bei *Hüffer* § 221 Rdn. 75; *Krieger* aaO; ferner *Martens* AG 1989, 69.

[4] Siehe oben § 17 Rdn. 15 ff.

[5] Ebenso *Hüffer* aaO; *Krieger* aaO.

35 《有关加强企业控制和透明度的法律》对《股份法》第192条第2款第3项作了很大的修改。在修改以前,该条款仅仅适用于发行职工股的情形,而且只有在职工以到期债权作为出资,公司允许职工分享企业的经营利润时,才可以适用这一条款。这实际上涉及的是一种实物出资(试比较《股份法》第194条第3款)。与此相反,修改后的这一条款结合《股份法》第193条第2款第4项的规定,仅仅将**优先认购权**当作根据企业的经营业绩而给职工提供的一种特别的报酬,从而为此规定了简单而可靠的法律基础。〔1〕此外,这一条款现在还适用于为了奖励董事而给董事提供的优先认购权以及为此而进行的有条件增资。这样,企业就不必首先根据《股份法》第192条第1项与第221条规定发行可兑换债券或者可选择债券,从而简化了增资的程序。〔2〕除此之外,新条款还明确规定,如果向关联企业的职工和管理人员提供优先认购权,同样适用本规定。〔3〕

36 增资的最高数额由**股东大会**决定,决定必须至少由代表到会股份资本的3/4以上的同意票作出(《股份法》第193条第1款)。如果根据《股份法》第192条第2款第3项的规定通过给有关权利人提供优先认购权进行增资,那么增资的数额不得超过现有资本的10%,这样现有股东的参股比例就不会受到太多的影响(《股份法》第192条第3款)。股东大会的增资决议必须说明进行有条件增资的目的,确定可以优先认购股份的人的范围以及股份的发行价格,或者至少应当说明确定发行价格的计算基础。〔4〕如果仅仅企业职工和管理人员享有优先认购权,股东大会的相关决议还必须分别确定职工和管理人员优先认购的数额、企业必须达到的经营目标、行使优先认购权的期限以及首次行使这一认购权的时间。行使优先认购权的期限至少应该为2年(《股份法》第193条第2款)。这些规定实质上确定了股东大会的职权范围。据此股东大会有权决定重要的发行条件,例如在什么情况下应该给董事提供优先认购权,再如不能给董事提供过多的利益。根据《股份法》第241条第3项的规定,只要股东大会的决议中没有规定上述事项中的任何一项,该决议就没有法律效力。

37 如果有关权利人提供的是实物出资,那么必须首先遵守有关的特别规定。但是对此法律规定了两个例外:其一,以债券交换股份的优先认购权不属于实物出资;其二,如果公司答应职工可以参与企业利润的分配,并因此对职工负有债务,如果职工以这种到期债权作为其出资,那么仅仅部分适用有关实物出资的规定(《股份法》第194条第2款和第3款)。原则上,这种决议应该接受《股份法》第243条第

---

〔1〕 Dazu *Hüffer* ZHR 161(1997), 214, 239; *Martens* AG 1996, 337, 346.

〔2〕 Die Konstruktion über § 192 II Nr. 1 wurde für notwendig erachtet, weil die Ausgabe reiner Optionen überwiegend als unzulässig betrachtet wurde; vgl. LG Stuttgart 1997, 2421, 2423; KölnKomm/*Lutter* § 221 Rdn. 185 und § 192 Rdn. 9; a. A. *Steiner* WM 1990, 1776; *Wohlfahrt/Brause* WM 1997, 397, 398; *Fuchs* AG 1995, 433, 451; S. oben § 17 Rdn. 15 ff.

〔3〕 Vgl. zur Neuregelung vgl. OLG Stuttgart ZIP 1998, 1482(*Wenger/Daimler-Benz*); LG Stuttgart ZIP 2000, 2110(*DaimlerChrysler*).

〔4〕 Zur Unzulässigkeit der Festsetzung lediglich eines Mindestausgabebetrags vgl. Maul NZG 2000, 679.

1 款规定的**实质性审查**。[1] 然而，如果股东大会根据《股份法》第 221 条第 4 款的规定决定发行可兑换债券或者向职工或者管理人员提供优先认购权，兑现这些权利无论如何都符合企业的利益。[2] 因此，只有在企业签订联合协议和收购协议并答应以提供优先认购权的方式提供补偿时，才对相关的股东大会决议进行实质性审查。在这种情况下，股东不享有优先认购权，只有特定的受益者享有兑换权或者优先认购权（《股份法》第 192 条第 5 款、第 198 条等）。此外，在这里还适用有关出资的法律规定，这些规定因为增资的特殊情况而稍许做了修改。

38 权利人可以通过签署书面声明来行使其优先权。该书面声明必须包括特定的内容（《股份法》第 198 条第 1 款、第 2 款和第 4 款）。签署的书面声明具有法律拘束力（《股份法》第 198 条第 2 款）。在实质上，它是向公司发出的、愿与公司签订认购合同的要约。为了保证有条件的增资只能适用于第 192 条列举的这种情况，法律还进一步规定，只有为了股东大会决议规定的目的，董事会才可以发行优先股，在缴足股金之前，不得发行优先股；如果在向兑换债券持有者发行股份时产生了不足一股的情形，那么必须用公司的盈余储备金支付，或者由该受益者支付该股的股金（《股份法》第 199 条）。

## III. 核准资本

参考文献：*Bungert*, Die Liberalisierung des Bezugsrechtsausschlusses im Aktienrecht, NJW 1998, 488; *Cahn*, Pflichten des Vorstandes beim genehmigten Kapital mit Bezugsrechtsausschluβ, ZHR 169(1999), 554; *ders.*, Ansprüche und Klagemöglichkeiten der Aktionäre wegen Pflichtverletzungen der Verwaltung beim genehmigten Kapitals. ZHR 164 (2000), 113; *Harrer*, Zum Bezugsrechtsausschluβdurch Hauptversammlungsbeschluβüber mehrere Kapitalerhöhungstranchen, DStR 1997, 255; *Heinsius*, Bezugsrechtsausschluβbei der Schaffung von genehmigtem Kapital, FS Kellermann, 1991, 115; *Ihrig*, Genehmigtes Kapital und Bezugsrechtsausschluβ, WiB 1997, 1181; *Kindler*, Bezugsrechtsausschluβund unternehmerisches Ermessen nach deutschem und europäischem Recht, ZGR 1998, 35; *Lutter*, Gesellschaftsrecht und Kapitalmarktrecht, FS Zöllner, 1998, 363; *ders.*, Zum Bezugsrechtsausschluβbei der Kapitalerhähung im Rahmen des genehmigten Kapitals, JZ 1998, 50; *Quack*, Die Schaffung genehmigten Kapitals unter Ausschluβdes Bezugsrechts der Aktionäre, ZGR 1983, 257; *Rottnauer*, Geltungsdauer der Ermöchtigungsbefugnis bei genehmigtem Kapital: Dispositionsspielraum des Vorstandsβ, BB 1999, 330; *Timm*, Der Bezugsrechtsausschluβ beim genehmigten Kapital, DB 1982, 211; *Volhard*, "Siemens/Nold": Die Quittung, AG 1998, 397.

---

[1] Str., vgl. zur bedingten Kapitalerhöhung nach altem Recht vgl. *Lutter* ZGR 1979, 401, 411 ff; *Timm* ZGR 1987, 403; *Hirte* 129 ff; differenzierend MünchHdb. AG/*Krieger* § 57 Rdn. 9. Speziell zu Beschlüssen nach § 192 II Nr. 3 nF vgl. einerseits zustimmend *Zeidler* NZG 1998, 789, 794; ablehnend hingegen *Weiβ*WM 1999, 353, 359; *Hüffer* § 192 Rdn. 18; vgl. ferner *Jäger* DStR 1999, 28; *Kallmeyer* AG 1999, 97. S. unten § 16 Rdn. 162, ferner oben Rdn. 18.

[2] Vgl. OLG Stuttgart AG 1998, 529; OLG Braunschweig AG 1999, 84; LG Frankfurt AG 1997, 185.

如果企业并不立即进行增资，而只是在企业确实需要额外的资金时或者时机比较有利时才进行增资，章程可以对**董事会**进行特定的**授权**，即在特定的数额内，董事会可以通过发行新股进行增资。股东大会也可以通过修改章程的规定对董事会进行上述授权(核准增资，《股份法》第202—206条)。[1] 由于召集股东大会比较困难，而且两次股东大会之间有很长的休会期，所以对董事会进行上述授权很有必要。另一方面，这种授权扩大了董事会的决定权限。正因为这一原因，许多公司都广泛采用这种增资方式。人们甚至可以这么说，“在今天，每个企业管理机构都会要求这一权利，就好像这是董事会的基本职权似的”。[2] 39

为了寻求平衡，法律又通过一系列的**限制措施**规定了一个理智的增资程序(《股份法》第202条第1款和第2款)。[3] 这类限制措施有：核准增资的数额不得超过现有资本的一半(《股份法》第202条第3款)。如果以前核准的资本没有增加，那么该拟增加的核准资本数额必须计入新决定的核准增资数额。[4] 只有得到监事会的许可，董事会才可以发行新股(《股份法》第202条第3款第2句)。如果企业获得的出资是实物，如一个企业，就必须遵守有关实物出资的规定(《股份法》第205条)。股东大会还可以规定其他的限制措施，但是可以让董事会享有广泛的决定权。在这种情况下，在征得监事会同意后(《股份法》第204条)，董事会可以根据其谨慎的判断决定新股的内容及其发行条件，尤其是可以决定发行的数量、时间和价格。 40

在企业进行核准增资时，股东原则上也享有**优先认购权**。与普通增资一样，股东大会也可以排除股东的这一权利(《股份法》第203条第1款、第186条第3款和第4款)。股东大会也可以授权，**董事会**可以在征得**监事会**的同意后自由决定是否排除股东的优先认购权(《股份法》第203条第2款和第204条第1款第2句)。无论何种情况，董事会都必须将相关的措施公布在会议议程中，并且向股东大会提交相应的**书面报告**，报告中须说明排除优先认购权的原因(《股份法》第203条第1款第1句和第2款、第186条第4款)。法院也可以对股东大会的**决议内容进行审查**，即企业必须从企业利益和适当原则方面来论述排除优先认购权的理由。[5] 根据《股份法》第186条第3款第4句和第203条第1款的规定，只有符合下列条件的上市公司才可以免于上述审查，这些条件有：其一，增资时股东缴纳的是现金，其二，增资的数额没有超过基本资本的10%。 41

---

〔1〕 Sind mehrere Aktiengattungen vorhanden, sind auch hier Sonderbeschlüsse der Aktionäre jeder Gattung erforderlich, (§§ 202 II 4 iVm. 182 II).

〔2〕 *Lutter*, Der Aktionär in der Marktwirtschaft 14.

〔3〕 Die Dauer der Frist muβfestgelegt werden; die allgemeine Bestimmung “auf höchstens fünf Jahre” genügt nicht; OLG Celle 1962, 347.

〔4〕 *Hüffer* § 202 Rdn. 13; MünchHdb. AG/*Krieger* § 58 Rdn. 7.

〔5〕 S. oben Rdn. 18.

42 由于在股东大会决定排除优先权或者授予董事会这一权利时,还无法确定排除优先认购权的目的,只有当董事会进行相应的核准增资时,才能最终确定这一点。因此,在核准增资时,论述排除优先认购权理由或者说明授予董事会排除这一权利的理由要比普通增资时**困难得多**。股东大会进行上述授权的目的,就是为了董事会能在短期内灵活地作出增资的决定。如果根据联邦最高法院以前的判决,董事会"必须根据公司的状况以及未来的发展计划来排除股东的优先认购权,从董事会所享有的期限来看,这种排除是必要的,而且从股东利益受到影响的角度看,也是可以接受的。"〔1〕

43 但是,这些严格限制措施也严重地影响了企业在增资方面的灵活性。企业难以借助核准资本对市场变化迅速作出反映,进行增资。因此这些规定在实际上起了严重的阻碍作用。为此,联邦最高法院在其于 1997 年 6 月 23 日审理的案子中〔2〕作出了新的判决,据此董事会仅需在其向股东大会提交的报告中对排除优先认购权的计划作一般性的、抽象的介绍,从中可以看出,股东大会是为了公司的利益而排除优先认购权或者对董事会进行相应的授权。在具体的核准增资中,如果董事会说明,"发行核准资本是为了让公司有可能在适当的情况下通过发行股份获得其他人的参股",这就够了。〔3〕为了对董事会的权限有所限制,最高法院又强调:董事会只能在"具体的增资情形与抽象的描述相符时,才可以使用股东大会的授权,排除股东的优先认购权,进行增资;此外,在行使这种授权时,排除优先认购权还必须符合公司的利益"。〔4〕

44 联邦最高法院的这一判决意味着:法律对核准增资所规定的要求要低于普通增资。在普通增资时必须根据适当原则对公司利益和股东利益进行权衡,然后才能决定是否排除股东的优先认购权;而在核准增资时,仅需抽象的、一般性地说明排除优先认购权或者对董事会进行这样的授权符合公司利益,就够了。从整体上分析《股份法》的规定可以看出,这种差异是难以成立的。另外,董事会有关行使其授权的决定也是法院的审查对象。〔5〕

45 根据上述判决,法院仅仅对股东大会的授权决议进行有限度的审查。这样或许可以防止滥用撤销之诉的行为。〔6〕但是,另一方面,在保护股东利益方面却比现有规定后退了一步,并且给予董事会和监事会更多的融资自由权。从法政治学角

---

〔1〕 Vgl. BGHZ 83, 319, 323(*Philipp Holzmann*); BGHZ 125, 239; zuletzt BGH AG 1995, 227.

〔2〕 BGHZ 136, 133(*Siemens/Nold*); dem Urteil ging ein Vorlagebeschlußdes BGH an den EuGH wegen Vereinbarkeit der Judikatur zur Inhaltskontrolle von Kapitalerhöhungsbeschlüssen mit der Kapitalrichtlinie der EG(BGH AG 1995, 227)und ein bejahendes Urteil der EuGH voraus(EuGH AG 1997, 36); vgl. auch *Kindler* ZHR 158(1994), 338.

〔3〕 AaO 134.

〔4〕 AaO Leitsatz 2.

〔5〕 Vgl. *Cahn* ZHR 163(1999), 554, *ders.* ZHR 164(2000), 113.

〔6〕 *Volhard* AG 1998, 397.

度分析，这种对公司管理机构的信任是值得怀疑的。[1] 正因为此，学术界要求至少必须区别适用《股份法》第203条第2款第2句和第186条第4款的规定，要求董事会在使用这种授权之前提交一份**补充报告**。[2]

另外**从程序上分析**，联邦最高法院的上述判决也**增加了保护股东利益的难度**。由于董事会仅需作模糊的说明，股东几乎不能成功地根据《股份法》第243条的规定撤销股东大会的授权决议。因此，联邦最高法院正在考虑，如果董事会超越其职权作出决议，并且由此损害了股东的利益，股东可以提起停止侵害行为之诉和确认之诉，以加强对董事会和监事会相关决议和行为的监督审查。自从霍尔茨米勒案以来，联邦最高法院原则上已经承认股东拥有这种诉权。[3] 但是股东行使上述诉权的前提条件是，股东必须及时并且充分地了解相关的措施。除非根据《有价证券交易法》第15条的规定发出了通知，否则，这一点是难以保证的。管理机构是否依职权履行了其义务，同样是值得怀疑的。还有，董事会能够对有关越权的职责进行恰当地辩护。通常可以考虑根据《股份法》第93条和第116条规定对董事会提起损害赔偿之诉。但是，在公众性公司中，提起这一诉讼必须首先符合《股份法》第147条规定的前提条件，所以股东很难据此实施其诉权。《股份法》第186条和第203条、《民法典》第823条第2款或者第826条规定的损害赔偿权也不能有效地保护股东的利益，因为只有在公司和股东都受到损害的情况下，才能适用这些条款。 46

## IV. 利用公司资金进行增资

参考文献：*Brönner*, Kapitalerhähung aus Gesellschaftsmitteln, 1960; *Than*, Rechtliche und praktische Fragen der Kapitalerhähung aus Gesellschaftsmitteln bei einer Aktiengesellschaft, WM 1991, Sonderheft FS Heinsius, 54; *Zintzen/Halft*, Kapitalerhähung aus Gesellschaftsmitteln, 1960.

所谓**名义增资**或者利用公司资金进行增资在经济上完全属于另一种增资形式（《股份法》第207—220条）。采用这种增资形式，可以将现有的公司资产或者盈余储备金转化为基本资本金。如果公司资产远远高于其基本资本金时，是可以采用这种方式进行增资的。由于公司的资本受到更加严格的保护，通过这种转化可以提高企业的信贷能力。在这种增资中，股东**无偿获得公司的股份**——从经济上看，这种获得是没有理由的。由于这些股份所包含的价值本来就为股东所拥有，所以股东无需为此纳税。随着这种增资，企业的股份价格会有所下降，这样就有利于小 47

---

〔1〕 Vgl. die entschiedene Kritik von *Lutter* JZ 1998, 50; *ders.* FS Zöllner 363, 372f, der mit Recht ausführt, daβdie Entscheidung für börsennotierte Gesellschaften zu rechtfertigen ist, bei geschlossenen Gesellschaften die Minderheitsaktionäre jedoch weitgehend schutzlos läβt. Siehe zur Beurteilung auch *Kindler* ZGR 1998, 35; *Volhard* AG 1998, 307; *Bungert* NZG 1998, 448; *Hüffer* § 203 Rdn. 11a.

〔2〕 So schon zur Rechtslage nach dem *Holzmann*-Urteil KölnKomm/*Lutter* § 203 Rdn. 15; *Timm*, Die AG als Konzernspitze, 80. Zur neuen Rechtslage *Lutter* JZ 1998, 50; *Hüffer* § 203 Rdn. 11; a. A. MünchHdb. AG/*Krieger* § 58 Rd. 44 (nur nachträgliche Auskunft im Rahmen des § 131).

〔3〕 BGHZ 83, 122; s. oben § 16 I 5.

投资者购买股份，进而方便企业在将来进行更加有效的增资。所以，有些企业故意采用低息分红的政策，然后，定期进行名义增资。在1990年，共进行了69起利用企业资金进行增资的行为，共筹资847,000,000马克。[1]

48 这种增资**程序**与其他增资程序大致相同，即须由股东大会以到会股本的3/4以上的多数票作出相应的决议。发行比例股的公司可以放弃这种增资方式（《股份法》第207条第2款）。只有在确认上一经营年度的年终决算报表后，股东大会才可以作出相应的增资决议（《股份法》第207条第3款）。公司必须编制符合《股份法》第209条规定的资产负债表（《股份法》第207条第4款）。该表是股东大会进行决议的基础。法律还通过其他条款规定，只有在公司资产超过现有基本资本数额和法定储备金时，才可以进行名义增资（《股份法》第208条等）。出于这一原因，在转化资产负债表中必须将用于转化的资金标明为“资本储备金”或者“盈余储备金”，或者必须在上次作出的利润分配决议中，将这部分资金划入储备金，也必须将为此而设立的秘密储备金划入资本储备金中（《股份法》第208条第1款）。任何股东不享有优先认购权。所有新股根据每个股东的持股比例分配给每个股东。股东可以取得这些股份（《股份法》第212条和第214条）。

49 如果不发行股票，则由公司将股份直接分配给股东（《股份法》第214条第4款）。公司也可以将其持有的本公司的股份用于增资（《股份法》第215条第1款）。进行名义增资时，公司既不得将股份分配给第三者，也不能将股份分配给职工。如果股东大会的相关决议中有这样的规定，那么，该决议就没有法律效力（《股份法》第212条）。这一规定表明，在进行名义增资时，不能采用普通增资中通常使用的新股优先认购权来分配股份。

50 增资不能改变现有的股权结构（《股份法》第216条第1款第1句）。因此，如果一股东在增资前拥有多数表决权股，那么增资后，即使没有政府部门的许可，该股东也可以获得同样多数的表决权股（《股份法》第216条第1款第2句）。[2] 对于无表决权的优先股的股东，公司必须向其发行优先股。在增资后，优先股对普通股股东权益的影响不能超过现有优先股对普通股股东的影响。因此，必须按照下列原则同时对现有优先权进行重新调整：即必须赋予老的优先股和新的优先股同样的优先权。例如，如果现有优先股的总面值为10万马克，股息率为面值的5%；通过利用企业自有资金进行增资后，企业的基本资本增加了25%，那么，优先股的总面值就为12.5万马克。由于不能超过上述的10万马克的5%的股息率，增资后，优先股的股息率只能降为4%。

---

〔1〕 Statistisches Jahrbuch der Bundesrepublik 1991, 141; vgl. auch die Angaben bei Groβkomm/*Hirte* § 207 Rdn. 82; *Gebhardt/Entrup/Heiden* ZBB 1994, 308, 329.

〔2〕 Die Vorschrift ist nur noch während der übergangszeit bis zum 1. 6. 2003 relevant, da zu diesem Zeitpunkt noch bestehende Mehrstimmrechte erlöschen( § 5 I EGAktG).

如果一个股东拥有的股份不足以使其认购一个新股,那么,该股东就仅仅享有**认购部分新股的权利**。与普通增资中的部分认购权相同,在名义增资中,这种部分认购权既可以转让,也可以继承。但是,这种部分认购权的持有者不享有表决权,也不享有股息分配权(《股份法》第213条)。立法者试图通过这种规定,促使股东能够收购到足够认购一个新股的部分认购权。 51

## V.职工股

参考文献:*Knapper*, Die Belegschaftsaktie in Theorie und Praxis, ZGR 1985, 419, *Schwark*, Vermögensbeteiligung der Arbeitnehmer am Unternehmen, Betriebsverfassung in Recht und Praxis 1998, 377.

### 1.原则

1965年对《股份法》进行改革的一个目标就是通过发行职工股让职工拥有企业的资产。由于职工没有在公司设立时购买股份,因此通常只能在设立后向职工发行股份才能实现上述目的。为了做到这一点,公司既可以采用让职工无偿参与利润分配的方式,也可以采用让职工交付一定的出资购买公司股份的方式;在大多数情况下,股东的全部或者部分出资是由企业自己交付的。无论哪种情况,它们都大大影响了股东的分红机会,剥夺了股东的优先认购权。法律明确规定,公司可以折扣发行职工股,借此限制股东的权利。这些表明股份有限公司已经不再是仅仅有利于股东的一种企业形式。 52

### 2.发行职工股的几种情形

企业可以采用三种方式发行职工股: 53

(a)公司可以为此目的而**回购其自己的股份**(《股份法》第71条第1款第2项)。[1] 回购和向职工发行股份是企业的管理行为,是属于董事会职权范围内的事项,如需要也可根据《股份法》第111条第4款的规定征得监事会的同意。公司回购的股份总额最多可以达到基本资本的10%(《股份法》第71条第2款)。公司可以将这些股份无偿或者有偿地分配给职工。即使无偿发行,也不属于低价发行,而是公司提供的一种特别福利。因此,只有在董事会向职工无偿发行股份,而一个理智管理者在分析公司的经济状况时不可能进行上述发行时,董事会才违反其承担的义务。如果仅仅因此而影响了股东的分红机会,董事会并没有违反其义务。根据《股份法》第71条第2款的规定,职工参股还享有税收优惠。 54

(b)其二,职工可以通过**出资而参与企业的增资**,以此获得企业的股份。如上文所述,在这种情况下,可以排除股东的优先认购权。有条件的增资就是一种合适 55

---

〔1〕 S. oben § 19 III 2.

的方式(见上文 II)。如果职工因为其他原因如分红权而享有分享利润的权利,那么企业也可以发行新股来承兑股东的权利(试比较《股份法》第 194 条第 3 款)。职工则将其拥有的分红请求权作为其出资交付给公司。在这种情况下,由股东大会决定职工参股的条件,即职工股发行价格。

56 (c)在公司进行**核准增资**时,经股东大会的授权,董事会可以排除股东的优先认购权而向职工发行新股(《股份法》第 202 条第 4 款)。在这种情况下,董事会可以决定新股的发行条件,但其决定必须征得监事会的同意(《股份法》第 204 条第 1 款)。如果董事会以比较优惠的条件向职工发行新股,这也符合法律规定的社会政治目的,因而并不违反其承担的谨慎义务。《股份法》第 204 条第 3 款甚至允许董事会无偿向职工发行股份。无偿发行的前提条件是公司必须用其部分年终利润冲抵职工的出资,而且董事会和监事会必须根据《股份法》第 58 条第 2 款的规定能够动用秘密储备金中的款项(见上文 § 18. I. 6)。由此推论,人们也可以认为,公司也可以通过解散既存的秘密储备金,并以此冲抵职工的出资。因此在股东大会的授权范围内,董事会和监事会有权决定发行职工股。

## § 21. 减　资

参考文献:*Geißler*, Rechtliche und unternehmenspolitische Aspekte der vereinfachten Kapitalherabsetzung bei der AG, NZG 2000, 719; *Gotthardt*, Sicherheitsleistung für Forderungen pensionsberechtigter Arbeitnehmer bei Kapitalherabsetzung, BB 1990, 2419; *Grunewald*, Der Ausschlußaus Gesellschaft und Verein, 1987, *Hirte*, Genußschein und Kapitalherabsetzung, ZIP 1991, 1461; *Krieger*, Sicherheitsleistung für Versorgungsrechte, FS Nirk 1992, 551; *Reinisch*, Der Ausschlußvon Aktionären aus der Aktiengesellschaft, 1992; *Rittner*, Die Sicherheitsleistung bei der ordentlichen Kapitalherabsetzung, FS Oppenhoff 1985, 317; *Schroer*, Sicherheitsleistung für Ansprüche aus Dauerschuldverhältnissen, BB 1999, 317; *Vollmer/Lorch*, Der Schutz des aktienähnlichen Genußkapitals bei Kapitalveränderungen, ZBB 1992, 44; *Wirth*, Vereinfachte Kapitalherabsetzung zur Unternehmenssanierung, DB 1996, 867.

### I. 真实减资和名义减资

1 (a)与增资相反的是资本的减少(《股份法》第 222—240 条)。减资可以分成**真实减资和名义减资**两种。前者是指:将多余的资本单列出来,使之不受资本维持原则的约束,如果需要,公司可以将该部分资本退回给股东(《股份法》第 222 条第 3 款和第 237 条);后者是指:以公司的亏损数额为限,相应地减少公司的基本资本数额;即在这种减资中,股东没有分得任何公司资产(试比较《股份法》第 230 条)。在公司实践中,真实减资很少发生。但是,名义减资在对亏损企业的整顿中起着十分重要的作用。因为如果一个企业长期亏损,它经常会连续几年不能分配股息,也不能筹措到新的资本。而从股东方面看,由于股东持有的股份数额没有变化,它依然拥有与进行减资前同等比例的公司资产，所以股东并没有因名义减资而受到损失。[1]

**举例**：某股份有限公司拥有1000万马克的基本资本，而亏损已达500万马克。进行名义减资时，公司将该资本减至500万。如果不进行减资，只有在公司获得盈利时，并且盈利数额必须超过公司的基本资本额和法定储备金数额时，公司才可以进行分红。如果将资本减至500万，那么只要公司的盈余超过这一资本数额及其相应的法定储备金数额，公司就可以分配股息。如果公司不进行减资，反而进行增资，增资的数额为100万马克，则新股至少必须以股份的面值发行。假定每股的面值为100马克，则每股所代表的实际价值仅仅为面值的6/11，即54.40马克。这是因为增资后，公司所有基本资本数额虽然增至1100万马克，但是公司实际可以支配的资本仅仅为600万马克。没人愿意购买这种股份。只有将基本资本降至500万马克后，新股的发行价才可能反映其股份的实际价值。 2

在整顿企业的实践中，有些企业经常同时使用名义**减资**和**增资**。《股份法》第228条和第235条确认了这种程序。[2] 企业甚至可以将其基本资本减至零，然后再进行增资。但是采用这种方式时，必须具备一个前提条件，即同时进行的增资必须达到法定的最低资本数额即5万欧元。[3] 在这种情况下，大股东还必须履行其忠诚义务，即根据法律有关最低面值和发行价的规定来确定新股的面值或者新股的发行价格，防止股份的面值定得过高；同时应该根据股东平等原则让尽可能多的股东保留其股东资格。[4] 3

(b)出于立法技术的考虑，法律对减资作了另外的分类，即除了正常减资外，还有简化减资（《股份法》第229—236条）和回收减资（《股份法》第237条等）。**简化减资**只能用于企业整顿。在企业整顿中也通常选用这一减资方式。它至少在两个方面方便了减资：其一，在这种减资中，企业无需为债权人提供担保；其二，可以不受《商法典》第252条第3项的约束，公司可以根据上一年度年终决算报表同时进行减资和增资。这样，就可以避免在本年度的年终决算报表中标出公司的亏损（《股份法》第234条和第235条）。在上述两种减资中，所有股东的股份必须同等地减少。与上述两种减资形式不同，**回收减资**仅仅涉及个别股份。例如，回收的可能是公司自己拥有的股份，或者是为了减资的目的而由股东无偿提供给公司回收的股份。但是，只有在章程从一开始就明确规定了强制性回收的情况下，或者在公司获得相关的股份之前，公司章程就作了如上规定，才可能采用这一减资方式。如果公司自己获得这些股份，也可以采用这一方式（《股份法》第237—239条）。 4

根据《股份法》第240条的规定，必须将通过减资而获得的资金记入**损益表**中 5

---

〔1〕 BGHZ 138, 71, 75.

〔2〕 BGHZ 119, 305(*Klöckner*); 129, 136(*Girmes*); 138, 71(*Sachsenmilch*).

〔3〕 BGHZ 119, 305; BGHZ 142,167.

〔4〕 BGHZ 142,167.

的“盈余储备金”项下，并特别注明“减资所得”。在简化减资中，公司可以将减资所得存入资本储备金中（《股份法》第229条第1款、第232条）。另外，还必须在附表中说明，是否将减资后的富余资金用于补偿价值的损失，是否可用于弥补其他亏损，是否将它存入资本储备金；如果有的话，还应该说明企业将多少资金用于上述目的（《股份法》第240条第1款第2句）。

## II. 正常减资

6 进行正常减资的途径有四个：第一，**减少每股的面值**（《股份法》第222条第4款第1项第1句）；第二，如为比例股，则仅需**减少公司的基本资本数额**；第三，**合并股份**；第四，**回收股份**（见下文3）。合并股份仅仅是一种辅助性的减资方式。即只有在减资后，每股的最低面值不足一欧元时，才可采用这一方式（《股份法》第8条、第222条第4款第2句）。

7 例如，如果将公司的基本资本减掉1/3，那么，面值为10欧元的股份就必须减为6欧元，因为根据《股份法》第8条第3款第3句的规定，股份的面值必须为欧元的整数。只有减资后的余数即0.66欧元的股份才可以进行合并。这意味着对每30个上述余数，必须发行20股面值为10欧元的股份。如果股东拥有的股份数额不是3的除数，那么他或者必须购买必要的股份数额，或者必须丧失其部分成员资格。〔1〕如果股份以较高的面值发行，根据忠诚义务，大股东就必须降低股份的面值，以避免产生过多的余额，同时保证让尽可能多的股东能够保留其成员资格。〔2〕根据《股份法》第226条的规定，股份的合并必须遵守特别程序。〔3〕

8 与增资一样，减资也必须由股东大会**以修改章程所需的多数票**作出相应的决议。决议中必须说明减资的数额和目的，尤其必须说明是否应该在减资时将部分资本退回给股东，以何种方式进行减资（《股份法》第222条第3款和第4款）。公司也可以在破产时作出减资决定。由于这种减资并不会对债权人的利益造成特别损害，所以即使不同时进行使公司免于破产的增资，公司也可以作出上述决议。〔4〕由于相关的法律规定已经同时考虑到了公司利益和股东利益，所以对这种减资决议并不需要进行实质性的论证。〔5〕董事会也不必比照《股份法》第186条第4款的规定，提交书面报告。〔6〕董事会和监事会主席必须将减资决议提交商务注册处进行登记（《股份法》第223条）。获准登记后，该决议即产生法律效力：资本减少，股

〔1〕 Vgl. BGHZ 138, 71, 76.

〔2〕 Vgl. BGHZ 142,167.

〔3〕 Vgl. BGH WM 1991, 1880, 1882 f.

〔4〕 BGHZ 138, 71, 79.

〔5〕 So mit Recht BGHZ aaO 74 ff.

〔6〕 MünchHdb. AG/*Krieger* § 60 Rdn. 11.

东权也随之相应地减少(《股份法》第224条)。然而,有些学者认为,在进行股份合并之前,股东依然可以行使那些不足一股的股份余数中的股东权。[1]

**第三者**在公司中也会享有一些分享红利的**权益**,如分红息票、可兑换债券和选择权债券、分享红利的承诺和分红权。与增资会增加这些权益的水分一样,减资也会增加这些权益的价值。是否必须根据《股份法》第216条第3款的规定同比例地减少第三者的上述权益,主要应该通过分析相关的合同条款来决定。在没有明确规定的情况下,可以比照适用上述规定。[2] 9

与增资不同,减资时尤其需要**保护债权人**的利益。在进行真实减资时,必须保证公司不得将用于清偿债务所需的资金退回给股东。因此,如果在公司进行实际减资以前,债权人就已经拥有债权,而且在公司破产时,该债权人并不享有优先清偿权,那么,只要该债权人在公告减资决议后的6个月内向公司登记了其债权,公司就必须对该债权人的尚未到期的债权**提供担保**(《股份法》第225条第1款)。同样的担保要求还适用于长期债权。然而,对于这样的长期债务,必须比照适用《商法典》第160条的规定,最长期限为5年。[3] 只有在清偿债权人的债务或者给债权人提供担保后,或者在6个月的公告期结束后,公司才能将股金退回给股东(《股份法》第225条第2款)。 10

执行减资是董事会主管的事项。董事会必须负责提交相关的报告,交换面值有误的股份。如果必要,还需负责股份合并和宣布股份无效。最后,董事会还必须向商务注册处申请减资登记(《股份法》第227条)。 11

## III. 简化减资

只有在公司用掉了其全部盈余后公司才可以进行简化减资。如果减资后公司盈余准备金、法定准备金、资本准备金的总和超过资本总额的10%,公司还必须解散这些资金(《股份法》第229条第2款)。但是公司不必解散准备金和秘密准备金,也不必废除公司拥有的自己的股份。[4] 与此相反,如果公司有亏损,但是估计马上可以弥补,那么就根本没有必要进行减资。[5] 根据这一标准,公司可以为了防止将要发生的亏损而设立准备金。[6] 12

原则上,公司必须按照与正常减资时同样的法律规定进行简化减资(《股份法》 13

---

〔1〕 OLG Hamburg AG 1991, 205; vgl. auch BGH AG 1992, 27; str. bzgl. des Stimmrechts, vgl. KölnKomm/*Lutter* § 224 Rdn. 12; wie im Text *Hüffer* § 224 Rd. 6; *Krieger* aaO Rdn. 30.

〔2〕 BGHZ 119, 305, 324 ff; *Lutter* aaO Rdn. 19, *Krieger* aaO Rdn. 31; *Hüffer* aaO Rdn. 10 ff, der Analogie zu § 226 III jedoch für unzulässig hält, je mit weiteren Nachweisen.

〔3〕 *Hüffer* aaO Rdn. 4; *Krieger* aaO Rdn. 36. Der BGH(AG 1996, 312) hat bei einem 30jährigen Mietvertrag eine Sicherheitsleistung nur in Höhe der dreifachen Jahresmiete bejaht.

〔4〕 *Hüffer* § 229 Rdn. 11; *Krieger* aaO § 61 Rdn 10.

〔5〕 OLG Frankfurt AG 1989, 207, 208.

〔6〕 BGHZ 119, 305, 321.

第 221 条第 3 款)。然而,法律却没有规定公司必须为保护债权人的利益而提供担保(根据《股份法》第 229 条第 3 款的规定,简化减资不适用第 225 条的规定)。但是为了保护债权人的利益,**法律禁止公司**将由于**解散准备金和减资而高于资本总额的资金退回给股东**,也禁止将这些资金用于抵交尚未缴纳的股金。相反,公司必须将这些资金划入资本准备金,或者用于减资规定的目的(《股份法》第 230 条等)。如果事后证明,公司的亏损数额低于事前的估计,那么,必须将没有用掉的资金重新划入资本准备金(《股份法》第 232 条)。[1] 只有在法定准备金和资本准备金的总额超过基本资本总额的 10% 以后,公司才可以分配盈余。另外,只有在进行减资的三年后,公司分配的股息率才可以高于 4%。如果公司给债权人提供了清偿担保,则不受上述期限的限制(详见《股份法》第 233 条)。

14 根据《股份法》第 234 条和第 235 条的规定,可以承认减资和与此同时进行的增资有溯及既往的效力。但是它必须符合一个前提条件,即必须根据《股份法》第 173 条规定由股东大会来确定公司的年终决算。股东大会在就有关年终决算进行表决时,必须同时就减资进行表决并作出相关的决议(《股份法》第 234 条第 2 款);此外,只有在所有新股被认购后,且公司没有接受任何实物出资,每个股东根据《股份法》第 188 条第 2 款和第 36 条的规定缴纳了其认购股份的最低出资额后,才可以进行增资(《股份法》第 235 条第 1 款)。在技术上,法律按照下列方式实现溯及既往的效力:即在上一年度的年终报表中就已经确定了减资的数额,并已经对准备金作了相应的变更。如果已经确定了本年底的年终决算,那么就不可能产生溯及既往的效力。[2] 另外,法律规定,公司必须尽快实施相关的减资和增资程序,如果公司不在作出决议后的三个月内在商务注册处进行登记,这些决议就不具备法律效力(《股份法》第 234 条第 3 款、第 235 条第 2 款)。

## IV. 通过回收股份而进行的减资

15 与正常减资不同,以回收股份方式减资是指公司通过消灭其拥有的自己的股份,进而减少资本数额。与其他减资方式一样,可以将它用于减少过剩的资本金,也可以将它用于企业整顿。例如,公司可以消灭其拥有的本公司的股份,或者为了实现这一目的而消灭交由本公司支配的股份。通过这种减资方式,股东可以自由退出公司,在严格限定的条件下,公司还可以开除某一股东的成员资格并消灭其股份;在多数情况下,被消灭的都是没有表决权的优先股。在股东人员相对固定的公司中,尤其是在那些家族公司中,这是一种在实践中常用的控制方式。与有限责任公司消灭其股份不同(《有限责任公司法》第 34 条,见下文第 30 条第 3 款),在股份有限公司中,消灭股份必须与减资结合起来。正因为此,只有同时进行增资,而且增资后的资本额达到 50,000 欧元的最低资本数额时,才可以将资本数额减至 50,000

---

〔1〕 BGHZ 119, 305, 322.

〔2〕 *Krieger* aaO Rdn. 37.

欧元以下。

法律规定了强制回收和通过公司收购回收两种不同的方式(《股份法》第 237 条第 1 款)。法律为这两种方式既规定了正常的回收程序,又规定了简化的回收程序(《股份法》第 237 条第 3—6 款)。 16

如果公司并不拥有其股份,那么为了减资目的,公司只能进行强制回收。但是,在公司进行回收以前,公司章程必须就此已经作出了相应的规定,公司才可以进行股份回收(《股份法》第 237 条第 1 款第 2 句)。只有这样,才可以强制解除股东的成员资格。然而,今天的主流观点认为,如果公司是通过修改章程作出上述决议的,而且有关股东也对该决议投了同意票,公司才可以以这种方式进行减资。[1] 如果决定采取强制回收,那么,章程中必须详细规定回收的前提条件、回收的范围以及回收的价格,以保证在进行回收时,公司没有自由裁量的空间。在这种情况下,董事会无需征求股东大会的意见,而可直接执行减资决议。无论如何,如果公司按照有关正常减资的法律规定进行减资时,可以对董事会进行如此的授权(《股份法》第 237 条第 6 款)。 17

如果公司章程仅仅**允许回收**股份,而没有进一步的规定,那么就须由股东大会作出相应的决定。股东大会的决议中必须规定回收的条件、回收的执行和补偿等具体问题。由于这一决议涉及了相关股东的成员权,因此必须接受法院的审查,即公司必须根据适当原则对其决议进行论证(见上文 § 16. IX. 5)。[2] 同时必须遵从平等原则(《股份法》第 53a 条)。只有在特殊情况下,才可以开除股东的成员资格。 18

即使章程中没有授权,公司也可以回收其拥有的**本公司的股份**(《股份法》第 37 条第 1 款)。如果公司违反《股份法》第 71 条的规定而获得了相关的股份,而又没有重新出售这些股份,那么,根据《股份法》第 71c 条第 3 款的规定,公司必须回收这些股份。《股份法》第 71 条第 1 款第 6 项规定,如果股东大会对此作了相应的决议,公司可以为了回收而获得股份。公司还可以根据新增加的第 71 条第 1 款第 8 项的规定,为了回收目的而获得股份(见上文 § 19. III. 2)。然而,公司必须根据股份的实际价值支付购买的价金,否则就可能成为退还出资,而这是为法律所禁止的。 19

**回收程序**必须遵守并适用与正常减资同样的法律规定。即回收时必须根据《股份法》第 237 条第 2 款第 1 句和第 225 条的规定向债权人提供担保;《股份法》第 225 条第 2 款规定的禁止付息的禁令也同样适用于这一程序。由此可以得出结论:只有在回收股份的 6 个月以后,或者清偿全部债务和给债权人提供担保后,才可以在强制回收时向有关股东支付补偿金,才可以在回收自己的股份时向有关股东支付价金(《股份法》第 237 条第 2 款第 2 句)。然而,如果采用**简化回收程序**,就可以避免这些障碍。只要回收的股份是缴足股金的股份,而且公司可以无偿支配这 20

---

〔1〕 KölnKomm/*Lutter* § 237 Rdn. 29, *Hüffer* § 237 Rdn. 8; *Krieger* aaO § 62 Rdn. 6.

〔2〕 H; M.; vgl. *Hüffer* aaO Rdn. 16; *Krieger* aaO Rdn. 11; differenzierend *Lutter* aaO Rdn. 47. Vgl auch *Grunewald*, Ausschluβ 232; *Reinisch* Ausschluβ 23.

些股份,那么就可以采用简化回收程序;或者尽管公司是有偿获得这些股份的,但公司是用其利润或者用盈余准备金支付的(《股份法》第237条第3款),也可以适用简化回收程序。在进行简化回收减资时,也必须由股东大会作出相应的减资决议,该决议可以以简单多数的同意票作出(《股份法》第237条第4款)。另外,还必须将与回收股份面值相等的资金划入资本准备金。不论是减资决议还是回收的实施,都必须在商务注册处进行登记(《股份法》第238条和第239条)。[1] 在相关的决议获准登记后,或者在确实实施回收后,相关的股份随之消灭,基本资本也随之降低(《股份法》第238条)。

[1] Im Fall des § 237 VI genügt die Anmeldung der Durchführung; str., wie im Text KölnKomm/*Lutter* § 237 Rdn 116, *Krieger* aaO Rdn. 24; *Hüffer* § 237 Rdn. 41

# 第五章 股份有限公司的终止

## §22. 解散和终止

参考文献：*Griwotz*, Die Liquidation von Kapitalgesellschaften, Genossenschaften und Vereinen, DStR 1992, 1404, 1813; *Hönn*, Die konstitutive Wirkung der Löschung von Kapitalgesellschaften, ZHR 138 (1974), 50; *Hüffer*, Das Ende der Rechtspersönlichkeit von Kapitalgesellschaften, Gedächtnisschrift Schultz 1986, 99; *Lindacher*, Die Nachgesellschaft-Prozessuale Fragen bei gelöschten Kapitalgesellschaften, FS Henckel 1995, 509; *Sethe*, Die Satzungsautonomie in bezug auf die Liquidation einer AG, ZIP 1998, 770.

### I. 概述

1. 终止的程序

作为法人和企业，股份有限公司的存续没有时间上的限制，即原则上它是永存的。当然公司设立时，也可以规定一个存续期限(《股份法》第 262 条第 1 款第 1 项)。但是只有在少数例外情况下，公司章程才会作此规定。在多数情况下，规定一个公司的终止日期既无意义，也无必要。然而，针对企业的终止，必须制定相应规则，以便保证企业的终止能够合法进行。法律为企业终止规定了三个步骤。首先，必须根据股东大会的决议或者行政决定或者司法判决**解散**企业。法律既规定了解散公司的原因，也规定了解散程序(见下文 II)。必须将解散决定在商务注册处进行登记(《股份法》第 263 条)。解散并没有消灭股份有限公司。解散后，公司依然是法人和贸易公司。但是解散改变了企业的目的，即解散后，企业的目的不再是经营生产，而是进行终止。由于解散更改了企业的目的，因此，如果是由股东大会决定解散的，那么大会必须以修改章程所需的多数同意票作出相应的决定(《股份法》第 262 条第 1 款第 2 项)。其次，在公司决定解散后，即开始**清算程序**。清算的目的是了结尚未结束的业务、终止劳动关系、清偿债务，此外还包括出让个别企业资产、甚至部分企业，所以必须经过一个正式的清算程序。最后，将剩余资产分配给股东。这一程序通常需要相当长的时间。与人合公司不同，由于股份有限公司仅仅以公司资产为限对外承担清偿责任(见下文 III)。清算程序结束后，即在商务注册处**注销登记**。 1

从何时开始公司在**法律上不复存在**？法律对此没有明文规定(试比较《股份法》第 273 条)，学术界也很有争议。值得考虑的时间是注销登记或者结束清算，即 2

在公司没有资产之时起。但是注销和没有资产也可能是两个不同的时间。例如,注销前,公司可能已经没有资产,或者尽管公司还有资产,但是错误地注销了公司。在后一情况下,必须对已经注销的公司进行补充清算,《股份法》第273条第4款明确规定了这一点。最近法学界提出了一个新的观点,即应该以注销时间作为公司在法律上的消亡时间。理由是在商务处的登记有赋予企业法人资格的效力(试比较《股份法》第41条第1款第1句)。[1] 但是,司法判例更倾向于公司没有资产这一时刻。[2] 如果认为注销是一个决定性的时刻,就必须承认可能在公司注销后暂时出现一个具有部分权利能力的组织,如果注销后,公司依然拥有资产,还必须对此进行清算,就会发生这种情形。这种情形与公司在注册前的法律地位相类似(试比较《有限责任公司法》第26条第6款)。[3] 这一安排虽然符合机构建设的需要,但是显然不是一个直接的办法。如果人们抛开正统的法人理论,那么就应该要求同时满足两个构成要件,即只有在注销登记并且分配了所有的剩余资产以后,才可以认为公司已经终止。这种观点是正确的。[4]

### 2. 其他终止形式

3 解散和清算仅仅是一种终止形式。其他形式有合并(《变更法》第1条、第20条第1款第2项)和分立(《变更法》第131条第1款第2项)。这是实践中经常采用的终止形式。无论是合并还是分立,都会使公司作为一个独立的法律主体归于消灭。在这两种形式中,虽然不进行清算,但是根据全部继承原则,新的法律主体接受了被消灭主体的所有资产(《股份法》第20条第1款第1项、第131条第1款第1项)。法律通过其他方式来保护公司职工、债权人和外部股东的利益。对此,本书将在 §§46 等章节中进行详细论述。

4 如果公司**已经资不抵债,没有清偿能力**,就必须申请破产(《股份法》第92条第2款、第268条第2款)。如果启动了破产程序,那么就应该根据《破产条例》来进行清算,而不是根据《股份法》第264条等规定。对此,本书不作进一步的论述。[5]

## II. 解散原因和程序

5 可以将《股份法》第262条第1款列举的解散原因归纳为三类:

---

〔1〕 So *Hönn* ZHR 138 (1974), 50; *Hüffer*, Gedächtnisschrift Schultz 99; *ders.*, AktG § 262 Rdn. 23; *Lindacher* FS Henckel 549, 554; zur GmbH *Hachenburg/Ulmer* Anh § 60 Rdn. 35.

〔2〕 Vgl. RGZ 149, 293, 296; 155, 42, 45; BGHZ 53, 264, 266; 94, 105, 108; 105, 259, 262.

〔3〕 Vgl. KölnKomm/*Kraft* § 273 Rdn. 38 ff.

〔4〕 So vor allem *K. Schmidt* GesR § 11 V 3; *Scholz/Schmidt* § 74 Rdn. 14; ferner BayObLG ZIP 1998, 421; OLG Stuttgart AG 1999, 280; BAG NJW 1988, 2637.

〔5〕 Vgl. aber die Angaben zur GmbH unten § 41 IV, die für die AG weitgehend ebenfalls gelten.

1. 股东大会决议

除了到期解散以外(《股份法》第 262 条第 1 款第 1 项),根据《股份法》第 262 条第 1 款第 2 项的规定,股份有限公司可以根据股东大会作出的决议而解散,决议必须由到会股份的 3/4 以上的同意票作出。这一条款与公司设立自由原则相对应,是公司法立法思想——私法自治原则的具体体现。法律并没有规定,公司必须为其决议终止说明理由。与此相适应,司法判例也拒绝对解散决议进行实质性审查。即使公司依然具有生存能力,司法判例并不认为大股东必须对小股东承担忠诚义务,继续经营公司业务。但是,如果大股东有计划地试图解散公司,并希望借此机会将小股东排挤出公司,并且在清算中以比较优惠的价格购得企业,或者股东非法谋取特别利益(《股份法》第 243 条第 2 款),这就违反了其承担的忠诚义务。[1] 与德国的共同管理制度相一致,职工无权参与股东大会就解散事项进行的表决。[2] 然而,董事会必须及时并且充分地向监事会汇报相关的决议,并与监事会就解散计划进行咨询(《雇员代表共同管理法》第 111 条)。如果劳动关系也因此终止,还必须制订一个相应的社会福利计划(《雇员代表共同管理法》第 112 条)。 6

如果公司决定将公司住址迁往国外,德国法学界的主流观点认为,这是一种解散公司的决议,因而也必须对公司的资产进行清算。这是因为从此以后该企业将不适用德国法,也不接受德国法院的管辖(见下文 § 58. II.)。 7

2. 司法解散和行政解散

第二类解散包括由外部机构出于公共利益的考虑而解散股份有限公司的行为。属于这类解散的主要有: 8

(a)由于启动**破产程序**而进行的清算,或者**由于资产不足拒绝破产**而开始的清算(《股份法》第 262 条第 1 款第 3 项和第 4 项)。 9

(b)如果股份有限公司的管理机构进行了非法的危及公共利益的行为,而监事会或者股东大会没有设法罢免有关的管理人员,则州政府的主管机关可以根据《股份法》第 396 条的规定提出解散公司的申请,法院可以作出**解散的判决**。这实际上是一条与《民法典》第 43 条相应的警察法的规定。在迄今为止的实践中,它没有任何实际意义。 10

(c)由注册法院根据税务机关根据《有关自愿管辖权事项的法律》第 141 a 条 11

---

〔1〕 BGHZ 76, 352, 354; 103, 184, 190 ff(*Linotype*), OLG Stuttgart AG 1994, 411(Moto Meter I); OLG Stuttgart ZIP 1997, 363(Moto Meter II); OLG Frankfurt AG 1991, 208, BayObLG AG 1999, 185; *Henze* ZIP 1995, 1473; *Friedrich* BB 1994, 89; *Lutter/Drygala* FS Kropff 190, 221 f; dazu schon oben § § 12 Rdn. 26, 45, 16 Rdn. 162.

〔2〕 Vgl. dazu die Interessenanalyse und die rechtspolitischen Erwägungen im Bericht der *Unternehmensrechtskommission* Rdn. 305 ff, 804 ff.

的规定而提出的申请,注销**毫无资产**的公司的登记。[1] 这一条款的法律意义在于,消除已经没有资产的公司,不仅可以减轻商务注册处的负担,而且可以防止这些形式上依然存在的空壳公司损害第三者的利益。根据司法判例,解散这类公司的关键在于公司已经没有任何资产,因而不具备生存能力。[2] 在这种情况下,通常无需进行清算。但是也有例外,即如果在注销后发现公司依然拥有可以分配的资产,也必须进行清算。

12 (d)公司禁令,即禁止公司的行为违反宪法保护的秩序或者违反国民的共同思想,禁止公司的目的或者行为违反维护国家利益的刑法条款(《协会法》第3条和第17条)。如果发生这种情况,通常在发出的禁令中包括了解散公司的决定。

13 (e)对于信贷机构,如果联邦信贷监管局根据《信贷法》第38条的规定撤销有关机构经营许可,该局就可以命令解散该信贷机构,并对此进行清算。根据《保险监督法》第87条第5款的规定,联邦保险业监管局对保险公司也拥有同样的权利。

3. 章程的缺陷

14 最后,如果股份有限公司的章程中含有重大缺陷,这些缺陷符合《有关自愿管辖权事项的法律》第144 a条的规定,而且在法院规定的期限里,公司又没有对此进行修正,就必须解散公司(《股份法》第262条第1款第5项)。这一规定是注册法院的一项重要手段,借此可以迫使股份有限公司制定一个正确的章程。

4. 穷尽的规定

15 法律对解散原因的规定是全面而穷尽的。仅仅停止经营并不是解散公司的原因。在这种情况下,股份有限公司依然可以作为空壳公司或者控股公司存在。《股份法》并不承认公司可以通过股东或者债权人的**废除声明**而解散,同样《股份法》中也没有与《有限责任公司法》第61条相类似的规定,据此规定,股东基于重要原因可以提起解散之诉。因此公司章程也不能授权股东或者债权人废除公司的权限。[3] 无论如何应该研究一下,在股东成员比较稳定、具有人合特征的股份有限公司中是否可以参照有限责任公司的做法允许股东基于重要原因可以提起解散之诉。

---

〔1〕 § 141a FGG ersetzt den früheren § 2 des Gesetzes über die Auflösung und Löschung von Gesellschaften und Genossenschaften.

〔2〕 BayObLG ZIP 1984, 175; ZIP 1985, 33; DB 1995, 90; OLG Düsseldorf ZIP 1997, 201; OLG Frankfurt ZIP 1983, 309.

〔3〕 Str.; wie hier KölnKomm/Kraft § 262 Rdn. 16 ff; *Geßler/Hefermehl/Hüffer* § 262 Rdn. 12 f; *Hüffer*, AktG § 262 Rdn. 7; a. A. z. B. *Baumbach/Hueck* § 262 Anm. 9; GroβkommAktG/*Wiedemann* § 262 Anm. 39; *Würdinger*, Aktienrecht § 45 I 8.

## III. 清算

### 1. 清算人

除了适用破产程序，在解散公司后通常必须根据《股份法》第264—274条的规定对公司进行清算。在公司的名称中以及公司的信函上必须加上表明公司清算的字眼（通常必须加上“在清算中”或者其缩写“清算”（《股份法》第268条第4款和第269条第6款））。在清算初期，公司的组织机构包括职工委员会的工作并没有发生任何变化（《股份法》第264条第3款和第268条第2款）。如果章程没有其他规定，公司董事通常是清算人，负责公司的清算事项（《股份法》第265条）。然而，股东大会也可以指定其他人为清算人，但是与《股份法》第84条规定相反，不得指定监事会为清算人。由于许多解散是由于管理上的缺陷引起的，所以上述限制是完全可以理解的（《股份法》第265条第2款）。法人也可以充当清算人（《股份法》第265条第2款第3句）。基于同样原因，法律还对小股东提供了特别保护。如果存在着重要原因，拥有或者合并拥有5%以上公司股本的小股东可以要求，由法院指定或者解聘清算人。拥有100万欧元以上股本的股东也拥有同样的权利（《股份法》第265条第3款）。除非是法院指定的清算人，否则股东大会有权在任何时候解聘清算人（《股份法》第265条第5款）。原则上，这一规定同样适用于职工董事。但是适用《煤炭和钢铁工业职工共同决定法》的企业例外。在这些企业中，只要监事会中的职工代表没有解聘其选任的职工董事，该职工董事就一直是清算人（《煤炭和钢铁工业职工共同决定法》第265条第6款、第13条）。 16

### 2. 程序

**清算人的任务**限于了结尚未完成的业务、收缴债款、清理资产、清偿债务。如果需要，他们也可以开展新的业务（《股份法》第268条第1款）。清算人必须首先编制一份初期资产负债表，同时提交一份报告；在清算中，确认上述报表和报告的机构不再是监事会，而是股东大会（《股份法》第270条第1款）。根据通过《资产负债表指令法》修正的《股份法》第20条第2款第2句的规定，对于这一报表必须适用有关年终决算的一般性规定，也就是说，无需因为清算而对公司资产进行重新估价。如果在短期内打算出售公司的固定资产，或者不准备将它用于企业的经营，那么就应该与出售流动资产一样，也必须将固定资产根据转让价格出售。必须在公司报刊中先后三次刊登公告，要求债权人登记其债权（《股份法》第267条）。为了维护职工利益，应该试图与职工委员会达成一个补偿协议或者制订一个社会福利计划（《雇员代表共同管理法》第112条）。据此，公司必须清偿所有的债务包括社会福利计划中的承诺，也必须对债权人提供担保（《股份法》第272条）。剩余资产可以根据股东的持股比例分配给股东。然而，只有在经过**一年的禁止期**以后，才可以进行上述分配（《股份法》第271条、第272条）。最后应该编制一份清算结束报 17

告，并在清算结束后，将该报告送交商务注册处登记。由此，公司从商务注册处的登记中注销（《股份法》第273条）。如果公司是由股东大会的决定解散的，那么只要公司还没有开始将公司资产分配给股东，股东大会还可以以修改章程所需的多数票作出继续开展经营的决议（《股份法》第274条）。

# 第三编　股份两合公司

# 本部分目录

# §23. 股份两合公司

参考文献：*Ammenwerth*, Die Kommanditgesellschaft auf Aktien (KGaA)-eine Rechtsformalternative für personenbezogene Unternehmenä, 1997; *Baumann/Kusch*, Die Kapitalgesellschaft & Co. KG auf Aktien-Faktizität und Recht, FS Boujong, 1996; *Elschenbroich*, Die Kommanditgesellschaft auf Aktien, 1959; *Graf*, Die Kapitalgesellschaft und Co. auf Aktien, 1993; *Grafmüller*, Die Kommanditgesellschaft auf Aktien als geeignete Rechtsform für börsenwillige Familienunternehmen, 1994; *Habel/Striederer*, Ist die Kommanditgesellschaft auf Aktien eine geeignete Rechtsform für einen Börsengang von Vereinen der Fuβball-Bundesliga, NZG 1998, 929; *Herfs*, Die Satzung der börsennotierten GmbH & Co. KGaA-Gestaltungsfreiheit und Grenzen, VGR Bd. 1, 1999, 23; Lorz, Die GmbH & Co. KGaA und ihr Weg an die Börse, VGR Bd. 1(1999), 57; *Mertens*, Zur Existenzberechtigung der Kommanditgesellschaft auf Aktien, FS Barz, 1974, 253; *Sethe*, Die personalistische Kapitalgesellschaft mit Börsenzugang, 1996, *Schrick*, überlegungen zur Gründung einer kapitalistischen KGaA aus dem Blickwinkel der Unternehmerfamilie, NZG 2000, 409; *ders.*, Die GmbH & Co. KGaA in Form der Einheitsgesellschaft als börsenwilliges Unternehmen? NZG 2000, 675; *Wiesner*, Die Enthaftung ausgeschiedener persönlich haftender Gesellschafter einer Kommanditgesellschaft auf Aktien, ZHR 148(1994), 56.

## I. 股份两合公司的概念

### 1. 法律性质

1 根据《股份法》第 278 条的定义，股份两合公司是具有独立法人资格的公司形式。它的股东分为两种类型，一是以其个人信用承担责任的**无限股东**，二是持有公司股份的承担有限责任的股东。前者如同两合公司中的无限股东，以自己的个人财产为公司债务承担无限责任；后者如同股份有限公司里的股东，以自己的出资承担责任，不承担个人责任。立法者的基本思路是，通过股份两合公司把无限股东的个人信用和企业经营方面的热忱——这也正是人合公司的特征和优势所在——同股份有限公司资本聚积和作为公众公司的优势结合起来。

2 股份两合公司的内部组织架构和管理模式同股份有限公司有很大的区别。无限股东取代了董事会成为公司的代表和执行机关。他们的法律地位主要由《商法典》第 109 条及其后、第 124 条以及第 161 条等来确定，同时适用股份法中的一些重要规定。同两合公司中的有限股东不同，股份两合公司中的**负有限责任的股份持有者被视为一个整体**，他们的法律地位由《股份法》确定，由股东大会作为他们的代表机关行使职权（《股份法》第 278 条第 3 款、第 285 条等）。股份两合公司还需要设立**监事会**。监事会只是一个监督机关，没有人事上的决定权和对特定业务的批准权。[1] 但同时，与股份有限公司的监事会不同，法律规定股份两合公司的监事会具有下列的职权，即执行股东大会的决议和在诉讼中代表全体有限股东（《股份法》第287条）。同股份有限公司相比，股份两合公司在内部组织架构上的根本区别在于，由人合公司的**组织架构自由**取代了股份法中的严格规定。（适用《商法典》第109条、第163条，而不是《股份法》第23条第5款）。

3 从法律性质上讲，股份两合公司是两合公司和股份有限公司的混合或中间形式。从历史沿革上看，它由两合公司演变而来（见《一般德国商法典》）。《商法典》制定以后，立法者把股份两合公司视为股份有限公司的特殊形式，将它归到股份有限公司里（1897年《商法典》第320条及其后）。[2] 尽管股份两合公司在体系上被划到股份有限公司里，仍有许多法律规定没有涉及的问题无法得到解决。股份两合公司兼有人合公司和资合公司的法律特征，不免造成法律调整上的冲突和困难。另一方面，既然法律规定了股份两合公司这一公司形态，就应当尽可能实现其所承载的实际功用；同时企业法和资本市场法也应当与时俱进，符合实际的需求。考虑到以上两点，必须用一个独立的解决方案对股份两合公司进行法律调整。[3]

2. 经济价值

4 当今，股份两合公司的实际法律价值已然不大。1895年到1910年间，登记成立的股份两合公司多达100—150家，二战后又登记成立了约200家股份两合公司，而1950年以后，这个数字锐减到20—30家。[4] 原先（1870年），设立股份有限公司必须先获得批准，取消了这种限制以后，股份两合公司面对来自股份有限公司的压力，逐步萎缩；其后，由于来自有限责任公司和1945年以后来自形式更加灵活的公众——两合公司的压力，使得股份两合公司的生存空间更加狭小。缺乏详尽的、全面的法律规定也是造成这种局面的原因之一，法律尽管指出应将两合公司和股份有限公司的规定结合起来调整股份两合公司，但这种结合是困难的，而法律却未对此作出详尽的规定。但是，股份两合公司这种公司形态又有很高的实际价值，现实中经常存在这样的企业。一方面企业主的人格魅力和经营管理方面的才能对企业具有至关重要的影响；另一方面，企业对资本的需求必须通过公众投资来解决，股份两合公司就兼顾了企业的这两种需要。同时，股份两合公司也可以作为一家两合公司或有限责任公司向股份有限公司发展的中间形态。无论怎样，在1992年统计的30家股份两合公司里，还是可以找到许多著名公司的名称，如汉高股份两合公司（Henkel KgaA）、施泰根贝格尔酒店股份两合公司（die Steigenberger Hotel KgaA）、库

---

〔1〕 见下文 IV 1。

〔2〕 关于股份两合公司发展历史的详细情况见 *Sethe* 见前引 11ff。

〔3〕 见 BGHZ 134，392，398；Groβkomm/*Barz* § 278 Anm. 3；Geβler/Hefermehl/*Semler* Vorb. § 278 Rdn. 23；主张股份两合公司是股份有限公司的一个变种，见 *K. Schmidt* GesR § 32 I；*Wiesner* ZHR 148（1984），56，64 ff.；留白未议，见 KölnKomm/*Mertens* Vorb. § 278 Rdn. 2。

〔4〕 见 *Sethe* 561，564 中给出的数据。

普费尔贝格香槟酒股份两合公司(Kupferberg Sektkellerei KgaA)以及相当多的私人银行。[1] 股份两合公司未来是否能发挥更大的价值,令人怀疑。至少从目前的情况看,尽管德国联邦最高法院承认了一家股份有限公司或有限责任公司可以作为股份两合公司的无限股东[2],但股份两合公司并没有取得像预料中那样大的发展。[3]

## II. 股份两合公司的设立

参考文献:außer zu I: *Binz/Sorg*, Die GmbH & Co. KGaA, BB 1988, 2041, 2045 ff; *Hennerkes/May*, Noch einmal: die GmbH & Co. KGaA, DB 1988, 537; *Hesselmann*, GmbH & Co. KGaA, GmbHR 1988, 472; *Claussen*, Perspektiven für die Kommanditgesellschaft auf Aktien, FS Heinsius 61, 69ff; *Priester* ZHR 160 (1996), 250K. *Schmidt*, Deregulierung des Aktienrechts durch Denaturierung der Kommanditgesellschaft auf Aktien? ZHR 160(1996)265; *Wichert*, Die Finanzen der Kommanditgesellschaft auf Aktien, 1999.

1. 制定章程

股份两合公司在设立原则上适用《股份法》的规定,[4]考虑到股份两合公司中 5
的无限股东,《股份法》也作出了一些特别规定(《股份法》第 278 条第 3 款、第 279 条至第 282 条)。所有承担个人责任的股东和通过投资获得股份的负有限责任的股票持有人必须共同参与制定章程。他们是公司的发起人(《股份法》第 280 条第 2 款和第 3 款)。法律规定发起人至少为 5 人(第 280 条第 1 款)。[5] 除了《股份法》第 23 条第 3 款和第 4 款中规定的事项外,章程还应载明以下事项:承担个人责任股东的全名、住所和出资与出资额(《股份法》第 281 条第 1 款和第 2 款)。公司的名称当中必须包含"股份两合公司"的字样或者其通用的、能为一般人理解的缩写(《股份法》第 279 条第 1 款)。如果公司没有承担无限责任的自然人股东,必须在公司的名称中作特别标注,实务中通常使用 AG& Co. KGaA 或者 GmbH & Co. kGaA 的字样(《股份法》第 279 条第 2 款,见《商法典》第 19 条第 2 款)。

---

[1] 见 *Sethe* 561。

[2] BGHZ 134, 392; s. unten II 2.

[3] 见 *Herfs* VGR Bd. 1(1999), 23; *Schrick* NZG 2000, 409. 值得一提的是 *Merck KGaA* 和 der *eff-eff-Fritz Fuβ KGaA* 的上市。此外,一些德甲俱乐部想把它们的职业队分割出来,准备日后单独上市,在这种安排中,股份两合公司也是一种可供选择的模式。(见 *Habel/Striederer* NZG 1998, 929)。

[4] 见上文 § 11。

[5] 至少五个发起人的数量要求源于原《德国股份法》中第 2 条的规定。随着《小型股份公司法》的施行和 1994 年为了方便"一人公司的设立"对《德国股份法》所做的"取消管制"的修订,德国立法者早已放弃了对发起人数量的限制。下文中将谈到,股份两合公司也应当允许一人设立(见下文边码 9)。看上去,德国立法者似乎只是忘了对第 280 条第 1 款第 1 句作出修改以适应法律的发展。(*Hüffer* § 280 Rdn. 2).

2. 法人的无限股东资格

6 对于法人能否担任股份两合公司中承担个人责任的股东,曾争议了很长时间。反对者认为,股份两合公司这种公司形态正是建立在无限股东的个人信用上,如果允许一个只承担有限责任的法人担任无限股东,就改变了股份两合公司存在的基础。〔1〕但是另一方面,来自实务界的压力越来越大,要求像承认有限两合公司〔2〕一样承认有限股份两合公司的呼声越来越高(GmbH & Co. kGaA)。这种公司形态一方面具有人合公司的灵活性,另一方面又可以帮助中等规模的企业进入资本市场。〔3〕在德国联邦最高法院1997年2月24日作出的裁定中,法官们作出了让步,承认了一家有限责任公司〔4〕**担任股份两合公司无限股东的资格。**

7 德国联邦最高法院从以下几个方面阐述了自己作出这一裁判的理由:首先,在《股份法》中找不到禁止承担有限责任的法人担任无限股东的规定。《股份法》第76条第1款第3句尽管规定:股份有限公司的董事必须由自然人担任。但是,这一规定不应类推适用于股份两合公司的无限股东。同股份有限责任的董事不同,股份两合公司中承担个人责任的股东是公司天然的领导机关。尽管按照法律规定的理想蓝图,应当由一个自然人担负股份两合公司的经营管理之责,但是由于股份两合公司具有人合公司的法律性质,对于它应当适用人合公司在组织架构上的私法自治原则,而不是股份法中带有强行法性质的严格的机关组成要求。对公司债权人进行保护,并非意味着一定要在这一方面限制公司成员自由制定章程的权利。股份两合公司对外承担责任的基础首先是由负有限责任的股份持有人出资形成的初始资本,而这个初始资本是受到股份法中资本维持原则的严格保护的。除此之外,如果需要对公司中负有限责任的股份持有人进行保护,也可以通过承担无限责任的法人股东的"忠诚义务"来实现。同时还可以考虑作这样的规定:如果一家股份两合公司中的无限股东是法人而不是自然人,那么对法人股东制定章程以限制负有限责任的股份持有人权利的自由就要作相对于后者更加严格的限制。〔5〕

8 之后,德国《1998年商事法律改革法》的立法者也遵循这一思路,在新增加的

〔1〕 持反对"资本化的股份两合公司"的观点,并且基本成为当时学界的主流观点:*Elschenbroich* 130; *Würdinger* Aktienrecht § 56 I 2 a; Groβkomm/*Barz* § 278 Anm. 9; *K. Schmidt* GesR § 32 III 2; *ders.* ZHR 160(1996)265; *Binz/Sorg* BB 1988, 2041, 2045 ff; ferner auch Vorauflage Rdn. 4;一种温和的观点是:一家资合公司可以担任股份两合公司的无限责任股东,代价是它没有对后者的经营管理权和代表权。见 KölnKomm/*Mertens* 3 278 Rdn. 11, Geβler/Hefermehl/*Semler* § 278 Rdn. 34。

〔2〕 GmbH & Co. KG 由有限责任公司担任无限股东的两合公司。

〔3〕 Vgl. *Hennerkes/May* DB 1988, 537; *Hesselmann* GmbHR 1988, 472; *Claussen* FS Heinsius 61, 69ff; *Priester* ZHR 160(1996), 250.

〔4〕 学界从这一裁判中引申出一个一般性的原则,据此,除了有限责任公司外,一家股份有限公司、一家有限股份两合公司(担任股份两合公司无限责任股东的是有限责任公司或股份有限公司)都可以成为一家股份两合公司的无限责任股东。

〔5〕 Vgl. BGHZ 134, 392, 393 ff, 399.

《股份法》第279条第2款中作出了同《商法典》第19条第2款第1项的规定：如果股份两合公司中没有承担个人责任的自然人股东，那么就必须在公司的名称中对这种责任的限制作出明确标注。这样一来，立法者就间接地承认了法人担任无限股东的资格，承认了股份两合公司的这种架构模式。[1] 立法者以"实然法"支持了联邦最高法院的裁判，此后再就此问题对联邦最高法院进行批评就没有了依据。联邦最高法院就此问题所作的裁判从内容上讲可以接受，实际上，它不可避免地延续了帝国法院在20世纪20年代承认有限两合公司的思路。但是，考虑到立法者已经为实务界设计了不同的公司类型以供选择，考虑到整个公司类型体系的清晰和内部的逻辑关系，考虑到法律关系的透明度，如果法院当时放弃作出这样的裁判，以避免各种公司形态之间已经存在的混淆情况进一步加剧，恐怕会更妥当一些。即使相关的经济部门存在一种正当的利益诉求，可如果这种诉求只能通过混淆法律形态得到满足，那么，就不应当屈服于来自经济界的压力。

3. 缴纳初始资本和商事登记

9 在有限股东认购公司股份、召开第一次监事会并指定公司第一个经营年度的决算审计员(《股份法》第30条第1款)后，公司的发起人必须履行自己的出资义务。有限股东必须以货币或实物的方式履行自己的出资义务。无限股东也可以认购公司或者受让公司股份，从而同时取得有限股东的法律地位(《股份法》第281条第1款)。因此，有可能出现**一人股份两合公司**。它并未为法律所禁止。[2]

10 相反，法律并没有规定，**无限股东**是否必须以**财产出资**的方式履行自己的出资义务。根据《股份法》第278条第2款的规定，此类问题应当适用两合公司的相关法律规定，也就是说适用"章程自由"的原则。[3] 同时，不是根据《股份法》第27条，而是根据《商法典》第161条、第105条以及《民法典》第706条判断，哪些给付可以满足出资的要求。这样一来，提供劳务也可以作为出资的方式，但由于无法对其价值作足够准确的评估，因此在根据出资额确定无限股东所占股份份额的时候，不应当将劳务出资考虑进去。[4] 如果在章程中规定了无限股东的财产出资义务，那么如无其他约定，出资义务必须立刻履行(《民法典》第271条)。但是，无限股东的财产出资并不作为初始资本的组成部分，因此也不被登记到商事登记簿中。[5] 有些公司的章程中只是确定一个大致的范围，由无限股东在这个范围内自己决定出资的多少，并由此确定其在公司的地位。[6] 如果一个无限股东以实物的方式出资，那么，如同股份有限公司和有限责任公司的情况一样(《股份法》第27条第1

〔1〕 Ebenso § 18 Nr. 3 BörsZulVO.

〔2〕 H. M., vgl. *Hüffer* § 278 Rdn. 5; Geβler/Hefermehl/*Semler* § 278 Rdn. 22.

〔3〕 Geβler/Hefermehl/*Semler* § 281 Rn. 7; *Wichert* 89.

〔4〕 H. M., vgl. *Hüffer* § 281 Rdn. 1; *Sethe* DB 1998, 1044, 1046.

〔5〕 Allgemeine Meinung, Vgl. Geβler/Hefermehl/*Semler* § 281 Rdn. 7.

〔6〕 Vgl. KölnKomm/*Mertens* § 281 Rdn. 14; *Semler* aaO § 281 Rdn. 10; *Wichert* 90.

款、《有限责任公司法》第5条第4款),法律也规定该股份两合公司的章程当中必须记载此项实物出资的类型和数额(第281条第2款)。如果章程中规定了支付现金的出资义务,无限股东不得通过提供实物的方式履行自己的出资义务。[1]

11 对于无限股东而言,仅提供财产出资或者既提供财产出资又认购股份与单纯的认购股份相比,首先能给他们带来——有时候相当可观的——继承税和赠与税方面的优惠。[2] 因为,如果一个无限股东通过提供财产的方式出资,那么在纳税时,他就被视为人合公司股东而不是资合公司股东,从而他可以享受相应的优惠。而负有限责任的股份持有人则必须作为资合公司股东纳税。即使股份两合公司的无限股东是一个有限两合公司,他仍然能够享受这种税收优惠。实际上,许多股份两合公司中,由无限股东提供的财产出资额都高于有限股东认购出资形成的初始资本额。[3]

12 发起人应当制作书面**设立报告**(《股份法》第32条)。因为无限股东也是公司的发起人,所以还必须进行**设立审查**(《股份法》第283条第2项、第33条第2款第1项),设立审查包括对作为出资的实物评估作价。[4] 如果评估作价的结果表明实物的实际价值小于该无限股东向公司承诺的财产出资额,他就如同负有限责任的股份持有人和有限责任公司股东一样,根据"差额责任"的一般原则,有义务通过现金支付的方式补足出资。[5]

13 设立审查结束后,就可以进行公司的商事登记。股份两合公司没有董事会,取而代之,须在商事登记簿中明确无限股东的姓名及其代理权限(《股份法》第282条)。商事登记使股份两合公司获得完全的权利能力。[6] 此时,公司可以发行股票和临时股票(《股份法》第42条第4款)。

## III. 无限股东的法律地位

参考文献:*Binz/Sorg*, Die GmbH Co. Kommanditgesellschaft auf Aktien, BB 1988, 2041; *Claussen*, Perspektiven für die Kommanditgesellschaft auf Aktien, FS Heinsius, 1991, 61; *Dirksen/Möhrle*, Die kapitalistische Kommanditgesellschaft auf Aktien, ZIP 1998, 1377; *Dreisow*, Zu den Stimmverboten für die Komplementäre einer Kommanditgesellschaft auf Aktien, DB 1977, 851;

---

[1] Vgl. oben § 11 II 1c und zur GmbH unten § 26 IV.

[2] Vgl. hierzu *Binz/Sorg* DB 1997, 313; *Grafmüller* 198; *Schürmann/Groh* BB 1995, 684; *Sethe* 189 ff.; *Lorz* VGR Bd. 1(1999), 57, 67 ff.

[3] Vgl. die Nachweise bei *Wichert* S. 79 ff.; *Herfs* VGR Bd. 1(1999), 23, 34 berichtet, daβ in einer KGaA das Komplementärkapital das Grundkapital um das dreifache übersteigt.

[4] Vgl. Groβkomm/*Barz* § 281 Anm. 5; *Hüffer* § 286 Rdn. 2; *Mertens* aaO § 281 Rdn. 12; *Sethe* 186f. A. A *Semler* aaO § 278 Rdn. 46; *Wichert* 113.

[5] Vgl. *Wichert* 110 f im Anschluβ an BGHZ 64, 52 und 68, 191 zur AG und § 9 GmbHG.

[6] 关于设立中公司的权利能力见§§ 11 IV 和 26 VI。

*Gonella/Mikic*, Die Kapitalgesellschaft & Co. KGaA als "Einheitsgesellschaft", AG 1998, 508; *Hennerkes/May*, überlegungen zur Rechtsformwahl in Familienunternehmen, DB 1988, 537; *dies.*, Noch einmal: Die GmbH & Co. KGaA als Rechtsform für börsenwillige Familienunternehmen?, BB 1988, 2393; *Hennerkes/Lorz*, Roma locuta causa finita: Die GmbH & Co. KGaA ist zulässig, DB 1997, 1388; *Hesselmann*, GmbH & Co. KGaA, GmbHR 1988, 472; *ders.*, Die kapitalistische Kommanditgesellschaft auf Aktien, BB 1989, 2344; *Pflug*, Der persönlich haftende Gesellschafter in der Kommanditgesellschaft auf Aktien, NJW 1971, 345; *Priester*, Die Kommanditgesellschaft auf Aktien ohne natürlichen Komplementär, ZHR 160(1996), 250; *K. Schmidt*, Deregulierung des Aktienrechts durch Denaturierung der Kommanditgesellschaft auf Aktienä, ZHR 160(1996), 265; *Veil*, Die Kündigung der KGaA durch persönlich haftende Gesellschafter und Kommanditaktionäre, NZG 2000, 72; *Wichert* Satzungsänderungen in der KGaA, AG 1999, 362; *Wiesner*, Die Enthaftung ausgeschiedener persönlich haftender Gesellschafter einer KGaA, ZHR 148(1984), 56.

1.聘任和解聘

14 根据《股份法》第278条第2款和《商法典》第161条、第105条的规定,对无限股东的任命必须记载在章程中。根据法律规定,任命一个新的无限股东需要对章程进行修改,也就是说,需要在代表有限股东的股东大会中获得有效多数的同意票,并由股东大会作出决议,而且,还需要获得所有现有无限股东的同意(《股份法》第285条第1款、第2款)。但是,这里同样适用人合公司的"章程自由"原则。也就是说,章程当中可以具体规定担任无限股东必须具备哪些素质和技能。譬如,章程当中可以规定,不允许一个法人公司担任无限股东。当然,章程当中也可以放松对任命无限股东的限制,譬如允许股东大会以简单多数通过决议,不要求现有无限股东的同意,或者将任命无限股东的权利赋予另外一个机关。[1]

15 根据《股份法》第289条第1款、第4款和《商法典》第161条、第140条的规定,如果存在法定的重大事由,法庭可以应公司其余股东要求对某一无限股东提起诉讼,剥夺后者的股东身份。诉讼必须由其他无限股东和由监事会(《股份法》第287条第2款)代表的全体有限股东共同提起。监事会按照《股份法》第289条中规定的有效多数,决定是否提起诉讼。从此处股份法对人合公司法的援引中似乎应得出以下的结论:有限股东作为一个整体参加诉讼,并且与提起诉讼的无限股东共同构成诉讼一方当事人。[2] 但是,对这个问题的正确认识应当是:同股份有限公司和有限责任公司一样,股份两合公司才是真正的诉讼一方当事人,由提起诉讼的无限股东和代表有限股东的监事会代表公司参加诉讼。[3]

---

〔1〕 Vgl. *Wichert* AG 1999, 362; *Sethe* 127ff; Geβler/Hefermehl/*Semler* § 278 Rdn. 60; MünchHdb. AG/*Herfs* § 76 Rdn. 5ff.

〔2〕 这是对于股份两合公司(机关争议)的传统观点, vgl. RGZ 74, 297; 82, 360; GroβKomm/*Barz* § 287 Anm. 2, § 289 Anm. 22; unscharf *Semler* aaO § 287; Rdn. 43。

〔3〕 亦见 *Hüffer* § 287 Rdn. 2; *Wichert* aaO 51。

16 **章程**当中也可以降低提起诉讼的要求,譬如允许股东大会以简单多数作出决议,不要求其他无限股东的同意。至于所谓的“重大事由”,联邦最高法院曾经作出过裁判,允许在不存在“重大事由”的情况下剥夺一个无限责任公司或股份两合公司股东的股东身份〔1〕;但是,能否对于股份两合公司中的无限股东适用这一原则,值得怀疑。〔2〕

17 此外,在《股份法》第289条第5款中规定,只有在章程许可的条件下,一个承担个人责任的股东才能够**退出**公司。不过,理解这条规定应当联系旧《商法典》中的第131条第6项、第132条和第138条。根据这些条款的规定,任何一个股东退出公司都会导致公司的解散,除非章程当中有另外的约定。《1998年商事法律改革法》实施后,修订后的《商法典》第131条对此作出了不同的规定,根据新法,一个股东要求退出公司(提前解除“设立公司的合同”)的法律后果不再是公司的解散,而是他个人的退出(新修订《商法典》第131条第3款第3项)。如果按照字面的意义理解和适用《股份法》第289条第5款的规定,如果章程中没有对“股东退出情形”的约定,一个无限股东根本无法从公司中抽身而出。鉴于无限股东对公司承担的个人的无限责任,这样的结果并不公平。根据《商法典》第131条第3款第3项的规定,应当给予无限股东退出公司的权利。〔3〕这里,立法者因为疏忽没有对《股份法》第289条第5款进行必要的修改。根据《股份法》第289条第1款和《商法典》第132条的规定,股东要求退出公司的,必须至少提前六个月提出解约,退出公司的时间为一年的年末(也就是说,如果想在本年度退出公司,必须在上半年作出表示,方得于本年年末退出公司;否则就得等到第二年年末)。另一方面,股东的忠诚义务,要求在赋予无限股东“退出权”的同时,必须保护有限股东的利益。因此,无限股东退出公司时必须说明理由,排除了“无由解约权”。

18 **章程**当中可以降低或者加重无限股东的退出条件,譬如只在存在重大事由的情况下允许无限股东退出。同时,章程当中也可以规定,无限股东只有在完成他的任期,并且未获再次任命的情况下,才可以退出公司。这样一来,无限股东的法律地位就类似于股份有限公司中的董事。〔4〕如果公司成立后才想到进行此类约束,或者修改原先的规定,就要对章程进行修改,需要获得股东大会有效多数的赞成票以及所有无限股东的同意(《股份法》第285条、第278条第3款和第179条)。

2. 资本份额

19 一个无限股东向公司作出财产出资后,根据法律术语,他就取得一个所谓的

---

〔1〕 Vg. BGHZ 68, 212; 81, 263; 84, 11; 104, 50; 105, 213; 107, 351,以及学界对《德国商法典》第140条众说纷纭的注解。

〔2〕 根据 *Semler* aaO § 289 Rdn. 99 必须存在“重大事由”,同样的观点见 *Sethe* aaO 142; *Herfs* aaO § 76 Rdn. 35。

〔3〕 Vgl. *Veil* NZG 1999, 72, 74 ff.

〔4〕 章程当中可以对此作出各种规定,对此见 *Semler* aaO § 289 Rdn. 70ff; Mertens aaO § 278 Rdn. 21。

“资本份额”(《股份法》第 286 条、第 288 条以及《商法典》第 120 至 122 条、第 167 至 169 条)。这个概念的原义是会计报表上的一个项目,它反映出无限股东所作投资的现状,具体数额根据商事会计和结算的方法和原则进行。实际中以它为参照进行利润分配和亏损分摊(《股份法》第 278 条第 2 款以及《商法典》第 167 条、第 120 条),决定无限股东的提款权范围(第 288 条)以及无限股东投资在公司财产中所占的比例(《股份法》第 290 条、第 278 条第 2 款以及《商法典》第 155 条第 1 款)。法律中规定的“资本份额”是一个变量,随着利润的分配而增加;随着提款权的行使和亏损的分摊而减少(见《股份法》第 286 条第 2 款)。根据《股份法》第 286 条第 2 款第 1 句的规定,在一个公司的年终会计报表上,每一个承担个人责任的无限股东在公司财产中所占的“资本份额”被列在“认购资本”项目之后。后者体现公司的注册资本,也就是说,“资本份额”必须与“认购资本”区别开来,单独在会计报表中列明。

这项规定无法充分地适应实际需要,缺乏可操作性。一个变动的“资本份额” 20
容易导致资本关系的混乱。这种计算方法对资本实力较强的股东有利,他们一般不需要行使提款权,“资本份额”也就不会因此降低。因此,实务中通常至少设立两个账户。用一个固定的资本账户说明承担个人责任的股东所作出的财产出资额度,并在这个额度的基础上进行损益分摊以及其他的权利义务分配。另外再设立一个可变账户,用它来体现具体的损益分摊数额、提款数额等会计活动。而且,还可以通过进一步的账户分立进行账户管理。当我们在法律上使用“资本账户”这个词的时候,实际上指的是所有的这些账户。[1]

**举例**:1. 承担个人责任的股东……所作出投资用欧元计算…… 21
2. 公司为承担个人责任的股东设立以下账户:

(a)一个固定的资本账户,将根据第 1 款缴纳的出资划到该账户上。该账户不计算利息,除非股东修改章程增加出资否则账户不变。

(b)一个结算账户,将可提取的分配利润、额外的现金支付、利息、债务以及其他的公司和股东间的支付活动记录在此账户中。结算账户中列明借项和贷项,对各项按照 5% 的等级利率计算利息。承担个人责任的股东需提取账户内的结存款项,须提前两周通知。如果结算账户中结存款项为负值,则不得进行提款。

(c)一个准备金账户,将利润中不得被行使提款权的部分和其他应划为准备金的款项划入准备金账户。

(d)一个亏损结转账户,按照比例将公司亏损划入承担个人责任股东的该账户中。该账户不计算利息。如果该账户中存在历史遗留下来的亏损,应将所获利润先划入该账户中冲销亏损。余下的利润依照有关利润使用的决议,按比例提取并划入准备金账户后,如勿须提取

---

〔1〕 关于此方面的具体情况见对《德国商法典》第 120 条及其后的评述文章。此外,可见 *Huber* ZGR 1988, 1; *Adler/Düring/Schmaltz*, Rechnungslegung und Prüfung der Unternehmen § 286 AktG Rdn. 28 ff; *Wichert* 97。

准备金或提取准备金后尚有节余，将其划入结算账户。

22 如果允许承担个人责任的股东**提高其财产出资额**，譬如：公司因为有限股东行使配股权或者通过公司自己的增资行为提高注册资本，使得承担个人责任的股东也有权作相应的补充出资。补充出资应划入"固定的资本账户"，使得股东资本账户实现增值。

3. 经营权和代理权

23 个人责任股东的经营权限根据两合公司法的有关规定确定（《股份法》第278条第2款以及《商法典》第114至118条）。据此，如果章程中未作另外规定，则**所有无限股东个人**都拥有**经营权**（《商法典》第115条第1款）。经营权的内容根据法律规定包括维持公司运作所要求的通常的经营措施。特别是无限股东要负责处理商事登记有关事务（《股份法》第283条第1项）；如同股份有限公司的董事会一样向监事会就有关情况进行通报（《股份法》第283条第4项及第90条）；召开股东大会（《股份法》第283条第6项、第121条、第175条和第92条第1款）；制作并提交年终结算（并非确定年终结算）以及提出结算利润使用的建议（《股份法》第283条第9项、第286条）。

24 如果涉及**特殊的业务**，则不仅需要获得所有无限股东的一致同意（《商法典》第116条第1款），还需要获得股东大会的同意（第278条第2款以及《商法典》第164条）。对于一家公众公司而言，这样的规定明显脱离实际，需要章程中作出另外的规定具体调整公司各机关间的职权分配。这里的"机关"不仅指无限股东和代表有限股东的股东大会，还包括监事会和其他可能发挥影响的公司内部的各委员会。至于章程可以在多大程度上限制股东大会对公司业务的表决权，是一个公司法中的基本问题，譬如这个问题对有限责任公司也有很大的意义。由于股份两合公司是一个资合公司，对投资人的保护就显得尤为重要，如果这个问题解决的不好，会对公司造成极大的伤害（见下文边码50）。

25 同样，根据《股份法》第278条第2款以及《商法典》第161条第2款和第125条的规定，每一个无限股东个人都有权**代表**公司。如同所有的贸易公司一样，这种代理权的范围不得受到限制（《商法典》第126条第2款）。根据《股份法》第278条第3款的规定，当公司和无限股东同时作为某一法律关系一方当事人时，应适用《股份法》第112条的规定，即由监事会代表公司同另一方的无限股东处理有关事务。在这种情况下，承认其余的、未被涉及的无限股东有代理权是缺乏依据的。[1] 此外，根据《股份法》第287条第2款中的特殊规定，当全体有限股东和无限股东发生法

〔1〕 此为通说；见 Geβler/Hefermehl/*Semler* § 278 Rdn. 159， § 287 Rdn. 40 ff *Ihrig/Schlitt* ZHR Beiheft 67，33，54 f.；*Sethe* AG 1996，289，298f.；a. A. KölnKomm/*Mertens* § 287 Rdn. 11 f。不同的观点对照 OLG München AG 1996，86，尽管法庭认为应第112条，但仍然——自相矛盾地——认为：被排除到公司经营之外、不得代表公司的无限责任股东也可以被赋予一种对公司的代理权。

律争议时，由监事会代表前者处理相关事宜。

如果存在重大事由，可以通过法庭判决**剥夺**一个无限股东对公司的**经营权和代理权**（《股份法》第278条第2款以及《商法典》第117条、第127条）。提起该剥夺权利之诉的前提是其余的无限股东作出相关决议以及有限股东按照有效多数的表决原则作出的决议。根据新的、也是正确的观点，提起诉讼的原告为公司，由参与诉讼的其他无限股东和代表有限股东的监事会（《股份法》第287条）共同代表公司参加诉讼。[1] 26

根据德国联邦最高法院的司法实践，如果一个两合公司**只有一名无限股东**，那么他可以被剥夺对公司业务的经营权，却不能被剥夺代表公司的权利。[2] 但决定这一裁判的考量却并不适用于股份两合公司。在同样的情况下，股份两合公司可以比照《民法典》第29条设立一个紧急董事会。 27

4. 责任

股份两合公司的无限股东对公司的债权人承担**直接的、不受限制的和个人的责任**（《股份法》第278条第1款、《商法典》第161条第2款和第128条）。他们还要对在他们加入公司之前产生的公司债务承担责任（《商法典》第130条第1款），这种责任一直延续到他们退出公司时产生的所有公司债务（《商法典》第160条）。至于他们是否要为在他们退出公司后产生的公司债务承担责任，学界存在争议，因为债权人可以通过有限股东缴纳的股本形成的公司注册资本获得担保，没有理由再获得特殊的保护。[3] 相反的观点认为，无限股东在公司中的资本份额同有限股东的股本不同，较少受到资本维持原则的限制。在无限股东退出公司时，可以取回其相应的资本份额，因此应当将其也作为公司债权人的债权担保。考虑到实际中无限股东出资形成的资本份额往往高于有限股东出资形成的公司注册资本，要求无限股东承担"退出后的责任"从法律政策的考量上讲是有依据的。无限股东在承担责任后可依据《商法典》第110条行使以公司财产为对象的索回权。 28

5. 成员权利和成员义务

无限股东作为股份两合公司的经营和代表机关，其法律上对公司负有的**谨慎和忠诚义务**如同股份有限公司的董事会成员一样。[4] 他们必须守规矩和负责任地经营公司，特别是保守公司商业秘密和遵守资本维持原则（《股份法》第283条第3项、第93条第1款和第3款）。[5] 如果他们违背了这些义务，将根据《股份法》第 29

〔1〕 见上文边码15。
〔2〕 BGHZ 51, 198, 200 f.
〔3〕 *Wiesner* ZHR 148(1984), 56, 67ff.
〔4〕 *Vgl. OLG München AG* 2000, 426.
〔5〕 具体见上文 § 14 I, IV。

93条的规定向公司承担损害赔偿责任。与人合公司法中仅要求股东对公司业务尽到在自己业务中的谨慎义务不同,股份两合公司的无限股东不享有这一减轻责任的优待。[1]

30 除了谨慎义务之外,股份两合公司的无限股东还对公司负有公司法上的**忠诚义务**。但是,只要他们不另外持有公司的股票,就不享有股份法上的成员权和小股东保护权。当然,由于他们在公司中的特殊地位,他们实际上也不需要这些保护。譬如,即使不依靠《股份法》第131条中规定的"获取有关信息的权利",他们也能了解相关情况,以便行使其表决权。

31 与之相对应的一个问题是,无限股东是否有权对股东大会的决议提起**撤销之诉或宣告无效之诉**。根据《股份法》第283条第13项的规定应对此问题适用股份有限公司法中有关董事会的规定。学界[2]将该条仅理解为对《股份法》第245条第4项和第5项的援引,据此,只有在决议执行的后果会使某一无限股东承担刑事责任或损害赔偿义务时,才赋予他撤销权。通常情况下,股东大会的决议需要获得所有无限股东的同意才能通过,这就没有必要再为无限股东设置一个撤销权。[3]只要当章程中排除了一个无限股东参与公司经营的权利(《商法典》第114条第2款)或者章程中约定无限股东间以多数表决的方式作出决定时,才有必要赋予那个没有表决权的或者在表决中失败了的无限股东以《股份法》第245条第1项中的撤销权。

### 6. 竞业禁止

32 根据《股份法》第284条的规定,承担个人责任的无限股东受到一项内容广泛的竞业禁止的约束。在未获其他无限股东和公司监事会明示同意的情况下,他既不得在公司的经营范围内为自己或为他人开展业务,也不得担任其他同业公司的董事会成员、经理人或个人责任股东。监事会和其他无限股东只能就特定的业务类型或贸易公司作出前述同意表示(《股份法》第284条第1款)。如果某一无限股东违背了竞业禁止原则,公司可向其索取损害赔偿。此外,公司还可依据《商法典》第112条的规定要求他将为自己所做的业务视为为公司所做。也就是说,公司可以要求股东退还他从交易中获得的对价或将索取报酬的请求权让予公司(《股份法》第284条第2款)。但根据正确的观点[4],这条规定为任意性规定,因为这条规定调整的是无限股东之间以及他们与有限股东全体之间的关系,对此应适用人合公司法中的合同自由原则(《股份法》第278条第2款)。如果要想使无限股东免受该任意性规定的约束,需要股东大会作出修改章程的决议,并获得全体无限股东的同意(《股份法》第285条第2款)。如果公司因此丧失独立性,根据素森(Süssen)判

---

〔1〕 BGHZ 134, 392, 394.

〔2〕 Vgl. Geβler/Hefermehl/*Semler* § 283 Rdn. 19.

〔3〕 见下文边码40。

〔4〕 *Hüffer* § 284 Rdn. 1; *Semler* aaO § 284 Rdn. 15; *Mertens* aaO § 284 Rdn. 3.

决的精神，除了上文列举的条件外，还要求此种改变必须符合公司的利益。[1]

## IV. 监事会

参考文献：*Assmann/Sethe*, Der Beirat der KGaA, FS Lutter, 2000, 251; *Dirksen/Möhrle*, Die kapitalistische Kommanditgesellschaft auf Aktien, ZIP 1998, 1377; *Joost*, Mitbestimmung in der kapitalistischen Kommanditgesellschaft auf Aktien, ZGR 1998, 334; *Kallmeyer*, Rechte und Pflichten des Aufsichtsrats in der Kommanditgesellschaft auf Aktien, ZGR 1983, 57; *Martens*, Der Beirat in der Kommanditgesellschaft auf Aktien, AG 1982, 113; *Sethe*, Aufsichtsratsreform mit Lücken, AG 1996, 289; *Steindorff*, Kommanditgesellschaft auf Aktien und Mitbestimmung, FS Ballerstedt, 1975, 127.

### 1. 任务

监事会是股份两合公司的一个必需设立的机关，它的组成、成员的选举方式以 33
及它的工作方式都依照股份法的有关规定（《股份法》第278条第3款、第287条以及第95条等）。但它的职权受到很大的限制，主要在于对个人责任股东进行监督（《股份法》第278条第3款以及第111条第1款至第3款）。因此，个人责任股东不得成为监事会成员（《股份法》第287条第3款）。监事会也没有任命和罢免无限股东的权力。因为监事会没有经营公司的权限，因此它也没有权利为经营公司的无限股东确定经营方针（比较《股份法》第77条第2款）；或者要求从事特定的业务必须得到它的批准（《股份法》第111条第4款）。同样，监事会也不参加企业年终报告的确认（《股份法》第286条第1款）。[2] 与之相对，监事会执行有限股东的决议并代表其与无限股东解决双方的法律纠纷，除非股东大会为此特别指定了一个代理人（第287条第1款和第2款）。法律的如此设计使得股份两合公司的监事会实际承载了作为公司机关和有限股东机关的双重职能，股份有限公司的监事会也有这种双重职能，但股份两合公司监事会的这种双重职能更为明显，更像一个有限责任公司自愿设立的监事会。[3] 基于章程自由原则，公司可以在其章程中对监事会的职权作进一步定位。在监事会之外还可以设立一个顾问委员会。[4]

### 2. 共同决定权

关于职工在股份两合公司监事会中的共同决定权，原则上适用股份有限公司 34
法中的有关规定。但是，由于股份两合公司的监事会本身缺乏人事上的决定权，自然也使得职工的共同决定权受到影响。即使监事会是按照《共同决定法》的有关要

[1] BGHZ 80, 69, 74; *Hüffer* § 284 Rdn. 2; s. unten § 52 II.

[2] 见下文边码54及其后。

[3] Vgl. § 52 GmbHG und dazu unten § 34.

[4] Vgl. *Assmann/Sethe* FS Lutter 251.

求设立的，它也不能像股份有限公司的监事会那样决定企业经营机关的人选（《共同决定法》第 31 条第 1 款第 2 句）。因此，在股份两合公司里，没有一个所谓的"劳动主管"（《共同决定法》第 33 条第 1 款第 2 句）。鉴于监事会在股份两合公司中的职能受到限制，仅限于对无限股东进行监督，所以公司职工通过它行使的共同决定权也就大打折扣，对企业的经营决定无法发挥实质性的影响。

35 如果**一个资合公司**是一家股份两合公司**惟一的无限股东**，上面对监事会和职工共同决定权的设计就会陷入价值评判上的矛盾。立法者之所以在股份两合公司中降低对职工共同决定权的要求，是因为考虑到作为无限股东的自然人要以自己的全部个人财产担保公司的债务。这样的制度设计自然会使得一部分人将股份有限公司转化为股份两合公司来避免股份有限公司法中严格的共同决定权的约束。在联邦最高法院认可了这种制度设计的需要后就成了一个法律上必须接受的事实[1]，需要探讨的问题是，作为无限股东的公司是否应当受到《共同决定法》的约束。首要需要考虑的是应否类推适用《共同决定法》第 4 条。根据第 4 条的规定，在一家股份有限公司或有限责任公司作为无限股东的两合公司中，两合公司的员工应被视为该股份有限公司或有限责任公司的员工，这样一来，在制定企业职工共同决定的规章制度时，就要把两个企业（两合公司和作为无限股东的公司）所有的员工考虑在内。[2] 支持将第 4 条的规定类推适用于股份两合公司的意见认为，一个股份有限公司或有限责任公司作为无限股东的股份两合公司与同样存在此种情形的两合公司在内部的利益对比中并无大的区别，法律在此方面明显存在一个调整的漏洞。[3] 按照《共同决定法》第 4 条的规定，只有当有限股东的多数同时也拥有作为无限股东的公司（以下称股东公司）的多数资本或者占其多数表决权时，才可以将股份两合公司的员工视为股东公司的员工。出于获得纳税优惠的考虑，实际中人们往往选择通过股东公司向股份两合公司进行出资，而不是认购股份直接出资，因此上文的前提条件往往难以满足。除了第 4 条的规定外，还可以依据《共同决定法》第 5 条的规定，也就是"企业集团共同决定法"的规定将股份两合公司的员工视为股东公司的员工。[4] 但这种途径也面临着许多考量，首先《共同决定法》第 4 条是否具有特别法的性质而根本排除了第 5 条对股份两合公司的适用？[5] 对于这个问题，正确的回答是两个法条可以并列适用。其后还要判断，第 5 条中的构成要件是否得到满足，也就是说：股份两合公司是否依附于其股东公司？要回答这个问题，得在个案中考察章程是如何规定的，特别要注意章程是否排除了《商法典》第 164 条为有限股东规定的批准权。

## V. 有限股东

参考文献：*Durchlaub*, Mitwirkung der Hauptversammlung und des Aufsichtsrats bei

---

[1] 亦见 *Reuter/König* ZHR 140(1976), 518; *Binz/Sorg* BB 1988, 2050。

[2] 详见 *Raiser* MitbestG § 4。

[3] *Hanau/Ulmer* MitbestG § 1 Rdn. 40; *Raiser* MitbestG § 31 Rdn. 43; *Joost* ZGR 1998, 334, 344 f.; a. A. *Hoffmann/Lehmann/Weinmann* MitbestG § 33 Rdn. 47.

[4] Vgl. *Bayer* ZGR 1977, 193; *Hanau/Ulmer* MitbestG § 1 Rdn. 40; *Sethe* 173; a. A. *Reuter/König* ZHR 140(1976), 517; *Hennerkes/May* BB 1988, 2399; *Joost* ZGR 1998, 334, 346ff.

[5] Vgl. die Nachweise bei *Raiser* MitbestG § 5 Rdn. 21.

Geschäftsführungsmaβnahmen in der Kommanditgesellschaft auf Aktien, BB 1977, 1581; *Wichert*, Satzungsänderungen in der Kommanditgesellschaft auf Aktien, AG 1999, 362.

1. 成员权利和成员义务

关于有限股东在股份两合公司中的法律地位,按《股份法》第278条第3款的援引,应依据**股份法中相关规定的精神**确定。也就是说,他们拥有同股份有限公司股东**一样的权利和义务**。[1] 有限股东依据《股份法》第58条第4款和第60条索取红利。他们根据《股份法》第122条、第142条、第147条和第258条的规定享有以下权利:出席股东大会、发表自己的意见并行使表决权以及小股东保护方面的权利。在获取有关公司事务的信息方面(《股份法》第131条),他们比股份有限公司的股东享有更广泛的权利。因为股东大会负责确认公司的年终报告,因此董事会不得拒绝提供有关秘密储备金和资产负债表以及评估报告选择权(《股份法》第131条第3款第3项和第4项)方面的信息。[2] 同时,在章程没有作出规定和年终报告没有作出说明的情况下,有限股东还可以要求知悉无限股东分得的公司经营利润和计算方法。[3] 此外,股份两合公司的有限股东还可以对股东大会的决议提起撤销或宣告无效之诉,提起诉讼的前提条件如同股份有限公司的股东一样。在行使权利的时候,有限股东如同股份有限公司股东一样,受到**忠诚义务**的约束。[4] 36

同股份有限公司一样,法律没有规定有限股东**退出公司**的权利。但他们可以出售自己持有的股份。如果公司发行的是限制转让的记名股票,出售股份的行为须获得公司的批准(《股份法》第68条第2款),该批准由公司的无限股东从企业的利益角度进行考量后作出。[5]《商法改革法》对无限股东退出公司的条件[6]进行了修改,却没有改动有限责任股份持有人退出公司的条件。根据《商法典》旧版第131条的规定,公司股东可以在作出解散公司宣告的条件下退出公司,而根据《股份法》第289条第1款的规定,这里的“公司股东”也包括有限股东。在新法中,这条规定被删除了,取而代之的是《商法典》的第131条第3款第3项,法律为无限公司和两合公司的股东规定了一个退出公司权(并不导致公司的解散)。因为股份两合公司的有限股东的法律地位等同于股份有限公司的股东,因此他们不享有第131条第3款第3项中的退出权。[7] 但是,股份两合公司的章程中可以承认有限股东也 37

---

〔1〕 Vgl. oben § 12 I.

〔2〕 此为通说;vgl. BayObLG AG 2000, 131; KölnKomm/*Mertens* § 278 Rdn. 48; Geβler/Hefermehl/*Semler* § 278 Rdn. 82。

〔3〕 OLG Hamm AG 1969 295; MünchHdb. AG/*Herfs* §76 Rdn. 45.

〔4〕 见上文§ 12 V。

〔5〕 见上文§ 12 VII 3。

〔6〕 见上文边码17。

〔7〕 *Hüffer* § 289 Rdn. 6; *Veil* NZG 2000, 72, 76 ff zum Recht der Kommanditaktionäre, nach Art 41 EGHGB eine Anwendung der § § 131ff. HGB a. F. zu verlangen.

享有这种退出权。[1]

2. 股东大会

38 如同股份有限公司的股东一样，股份两合公司的股份持有人原则上通过股东大会行使他们的成员权（《股份法》第278条第3款、第118条等）。股东大会的职权由《股份法》第119条及股份法中其他的相关规定确定。[2] 股东大会也可以作出决议，决定是否免除一个个人责任股东的责任（《股份法》第119条第1款第3项）。此外，与《股份法》第172条的规定不同，股份两合公司的股东大会负责确认企业的年终报告（《股份法》第286条第1款）。如果法律或公司章程中没有另外的规定，股东大会以参加表决票数的简单多数作出决议，在修改章程时需要有效多数（《股份法》第133条第1款、第179条第2款）。如果章程修改涉及应适用两合公司法的内容，诸如增加一个无限股东的资本份额或者改变公司盈利在无限股东和有限股东之间的分配，也需要股东大会以有效多数表决的方式作出决议。[3]

39 尽管对于股份两合公司的股东大会适用股份有限公司法的相关规定，但是，与股份有限公司的股东大会不同，股份两合公司的股东大会不是全体股东的代表机关，而只是**有限股东的机关**。无限股东只有当其同时持有公司股份时，才能在股东大会中行使表决权。而且这种表决权受到严格的限制，当需表决的事项涉及无限股东与公司的关系时，即使他拥有公司股份，也不得在股东大会中参加表决。特别是对于选举和罢免监事会成员、选任年终审计人员、免除无限股东责任或监事会成员责任的股东大会表决，无限股东不得参加（《股份法》第285条第1款）。

40 相反，股东大会的决议通常需要**无限股东的同意**。特别是确认企业年终报告（《股份法》第286条第1款第2句）、修改公司章程以及所有关乎公司基础的决议，对此可用两合公司法中的规定作为参照的标准，凡是两合公司中需要无限股东同意的决议在股份两合公司中也有同样的要求（《股份法》第285条第2款）。[4] 章程中可以规定，无限股东不必一致同意，以多数表决的方式作出同意的决议即可。存在争议的问题是，如果股东大会对无限股东在公司经营中的一个非同寻常的举措作出了决议（《商法典》第116条第2款、第164条），此决议是否需要无限股东的同意。[5] 回答应是否定的，因为在这种情况下，无限股东可以行使《商法典》第115条第1款第2句赋予他们的异议权来充分维护自己的利益。如果在这种情况下还

---

[1] *Veil* aaO.

[2] *Hüffer* § 278 Rdn. 17.

[3] Groβkomm/*Barz* § 278 Anm. 29; KölnKomm/*Mertens* § 278 Rdn. 93; *Semler* aaO § 281 Rdn. 38f.; a. A. *Wichert* AG 1999, 362, 365 ff.，这些文献中主张简单多数的表决方式，要求给予公司更大的自我制度设计的空间，只要这种“自由”受到确定性原则的限制即可。

[4] 譬如对企业合作合同的同意（第291条及其后）、对企业转型的同意（企业合并，《企业转型法》第78条第3句；企业分立，《企业转型法》第125条、第78条第3句，改变企业类型，《企业转型法》第240条第三款）。

[5] 如*Hüffer* § 285 Rdn. 2; *Semler* § 285 Rdn. 28。

把股东大会决议的效力和无限股东的同意挂钩,就为股东大会决议的成立设置了一个不必要的障碍。〔1〕

3. 全体有限股东

41 尽管法律规定股东大会是有限股东的意思形成机关,法律仍在两个地方提到:"全体有限股东"可以在一个法律关系中作为相对于个人责任股东的另一方并同其进行诉讼(《股份法》第287条第2款)。这种表述从一开始就导致理解上的分歧。较早一些的文献从中得出结论:"全体有限股东"尽管不是一个法人,但具有积极和消极的诉讼能力。〔2〕特别是在下列法律争议中不是由股份两合公司而是由全体有限股东作为诉讼一方当事人:确定公司资产负债表的争议、净利润分配的争议、无限股东提款权行使的争议以及要求无限股东批准股东大会决议的诉讼。其他的一些学者对此持反对意见,他们指出:不能将股份两合公司仅理解为人合公司的一个变种,要看到它的法人地位。〔3〕而且,如果采取旧的观点,监事会的双重身份就会陷入一个自相矛盾的境地,它一方面是公司的监督机关,一方面又是全体有限股东的代表机关,扮演这两个角色的时候必然会出现利益的冲突。正确的观点是,将《股份法》第287条理解为一个赋权性规定,全体有限股东被赋予的诉讼权必须通过他们的代理机关监事会行使,而此时的监事会是在执行股东大会的决议,并代表公司参加诉讼,尽管决议是由公司股东的一部分,即有限股东作出的。〔4〕

42 产生这些问题的原因在于股份两合公司内部的特殊结构,与人合公司相比,它的股东结构要复杂的多。在人合公司中,原则上股东个人是诉讼权利和义务的承载者,尽管公司也可以承受权利,可以起诉和被诉(《商法典》第161条、第124条),有时也需要理清公司权利、公司义务和股东权利、股东义务之间的关系,但总的来说,民事和诉讼关系体系上的问题要比股份两合公司少的多。而股份两合公司在此方面又多了许多新的问题:并不是每一个有限股东都可以单独主张他们由章程获得的权利,如果允许每一个有限股东都像两合公司中的有限股东一样拥有诉权,那么无论对于公司治理结构还是对于法律政策的稳定都会产生难以承受的后果。股份两合公司的有限股东拥有哪些个人的和小股东保护方面的权利,更多的还是依据《股份法》的规定(见上文边码36)。

43 尽管股份两合公司与两合公司存在上文所说的差异,但有一点在两种公司形态中是共同的:无限股东与有限股东间总是会产生利益上的冲突,这种利益冲突可

---

〔1〕见 KölnKomm/*Mertens* § 285 Rdn. 19; Groβkomm/*Barz* § 285 Anm. 7。

〔2〕Vgl. RGZ 74, 303; Groβkomm/*Barz* § 287 Anm. 8; *Baumbach/Hueck* § 287 Rdn. 3; *Godin/Wilhelmi* § 287 Anm. 5.

〔3〕Vgl. KölnKomm/*Mertens* § 278 Rdn. 37, 在那里作者写到:当股份两合公司的法人地位还未被承认时,这个问题还有研究的意义,一旦股份两合公司的法人地位确立了,问题的答案应是自然而然的;此外见, FS Barz, 255f.; *Würdinger*, Aktien-und Konzernrecht, 227; *Wichert* 42ff。

〔4〕*Mertens*aaO; ferner*Hüffer* § 287 Rdn. 1.

能导致的法律纠纷也必然要求一个合理的解决途径。在两合公司中，每一个有限股东个人参加诉讼，而在股份两合公司中，有限股东以他们的集体代表参加诉讼。对于他们的代表机关——股东大会——的性质有两种理解：如果把两合公司作为股份两合公司的原型，股东大会应被视为有限股东形成意思的机构，在法律地位上等同于两合公司中的一个有限股东，具有独立的权利能力；如果把股份有限公司作为股份两合公司的原型，股东大会只应被视作公司的一个机关。在法律最终把股份两合公司划为股份有限公司的一种特殊形态后（见上文边码3），第二种理解显得更加符合法律的规定。因此，全体有限股东在法律上不再有自己独立的地位，而当监事会执行股东大会的决议，"代表他们"与无限股东解决法律争议时，实际上是作为公司的一个机关，以公司的名义行事。

## VI. 资合性股份两合公司[1]中的投资人保护

参考文献：*Dirksen/Möhrle*, Die kapitalistische Kommanditgesellschaft auf Aktien, ZIP 1998, 1377; *Heermann*, Unentziehbare Mitwirkungsrechte der Minderheitsaktionäre bei auβergew? hnlichen Geschäften in der GmbH & Co KGaA, ZGR 2000, 61 *Herfs*, Die Satzung der börsennotierten GmbH & Co. KGaA-Gestaltungsfreiheit und Grenzen, VGR Bd. 1(1999), 23; *Hommelhoff*, Anlegerschutz in der GmbH & Co. KGaA, ZHR Beiheft 67, 9; *Ihrig/Schlitt*, Die KGaA nach dem Beschluβ des BGH vom 24. 2. 1997, ZHR Beiheft 67, 33; *Overlack*, in: RWS Forum Gesellschaftsrecht 1997, hrsg. von Hommelhoff/Röhricht, 1998, 237; *Wichert*, Die GmbH & Co. KGaA nach dem Beschluβ BGHZ 134, 392, AG 2000, 268.

1. 进行补充性投资人保护的必要性

44 在一个按照法律的范本建立起来的股份两合公司中，有限股东相对于无限股东的强势地位，从三个方面受到保护。他们可以对公司的人事决定施加影响，公司的人事决定体现在章程中或者需要修改章程，这些都需要有限股东的参与。在情况严重时，股东大会还可以剥夺无限股东经营公司和代表公司的权利，甚至把他们完全排除在公司经营之外。[2] 无限股东对公司债务承担个人责任，这一点保证他们会认真负责地经营公司，努力给公司带来盈利，至少会尽量避免亏损的发生。有限股东根据《商法典》第278条第2款、第164条[3]有权对公司的特殊业务发表意见，这也保证他们可以对公司的管理施加实时的影响。但是，在一个资合公司作为无限股东（以下称股东公司）的股份两合公司中，这种权利和义务的平衡就不复存在了：股东公司的经理人由股东公司的股东任命和罢免，股份两合公司的有限股东对此没有发言权；不再有一个承担无限责任的自然人股东担保股份两合公司的债

[1] 资合公司作为股份两合公司中的无限股东。
[2] 见上文边码26、15。
[3] 上文边码24。

务,股东公司只以它有限的资产为股份两合公司的债务提供担保;通常情况下,章程当中排除了有限股东参与决定公司所有特殊业务的权利,因为有限股东往往人数众多,特别是当股份两合公司是一家上市公司的时候,这种让所有股份持有人参与决定所有的公司特殊业务的做法根本不现实。在这种情况下,如同对于“公众两合公司”[1]一样,也产生了如何给予股份两合公司投资人补充保护的问题。

关于一个有限责任公司能否担任股份两合公司无限股东的问题,联邦最高法院在它的裁定中指出:这有可能导致一个“不被法律允许的少数人统治”。作为无限股东的有限责任公司因为对股份两合公司负有公司法上的忠诚义务,在任命它自己的经理人时必须顾及股份两合公司有限股东的态度。此外,如果股东公司要在股份两合公司的章程中作出不利于有限股东的规定,相对于一般的股份两合公司而言,必须受到更加严格的限制。也就是说,法庭把对公众两合公司引申出的一般性原则运用到股份两合公司身上。[2] 法庭的意见在学界引发了一场热烈的讨论,即是否有必要为带有资合公司性质的股份两合公司制定所谓特别法?这种特别法的内容是什么?外延在哪里?资合公司作为无限股东的两合公司也面临同样的问题。 45

联邦最高法院首先要求通过公示公司的责任结构对投资人进行保护,现在这一要求被固化在《股份法》第 279 条第 2 款中,根据这一条款的规定,存在此种情况的股份两合公司必须在其企业名称(商号)中说明无限股东承担的是一个有限责任。与之相应,《上市许可条例》也在第 18 条第 3 项中作出了新的规定,要求公司必须在招股说明书中说明公司无限股东的组成结构以及章程中与法律规定不符的条文。[3] 除此之外,招股说明书中最好列明股份两合公司和个人责任股东(公司)的有关规章制度。[4] 但是,仅仅这些公示规定是无法提供一个令人满意的投资保护的。 46

2. 对经营管理的监督

更有效的手段是一个建立在公司法基础上的、对公司经营管理的有效监督。这种监督首先包括使得那些掌握公司经营管理权的人有义务接受投资人的质询,并在存在重大事由的情况下得被罢免。联邦最高法院仅要求股东公司在进行自己人事任免时考虑到作为股份两合公司投资人的有限股东的态度,这是远远不够的。能够实现有效监督的做法是,将司法实践对于公众两合公司[5]发展出的一个原则适用于股份两合公司,即把股东公司聘任经理人的合同视为一个**为了主公司(股份两合公司)利益订立的合同**,这样一来,如果经理人的行为违背了其所负义务,给主 47

---

[1] 比较下文 § 44 III。

[2] 比较 BGHZ 134, 392, 399 f. 联邦最高法院引用了 Priester 的表述, *Priester*ZHR 160(1996), 250, 261 f。

[3] 1998 年 3 月 6 日的《第三次金融市场促进法》对它进行了修改。

[4] Vgl. *Hommelhoff*ZHR Beiheft 67, 9, 11.

[5] BGHZ 75, 321; 76, 326; s. unten § 44 II.

公司带来损失,主公司就可以直接依据该聘任合同要求经理人支付损害赔偿。在一个股份两合公司中,由股东大会根据第 278 条第 2 款的规定决定是否向经理人要求损害赔偿,根据第 287 条的规定,由股东大会特别指定的一个代理人或监事会负责向经理人主张该项损害赔偿请求权。

48 如同对于一个有限责任公司担任无限股东的两合公司一样,对于资合公司担任无限股东的股份两合公司而言,一个尚未阐明的问题是,有限股东能否乃至如何**罢免股东公司的经理人**。尽管可以在法律上为股东公司规定一个忠诚义务,要求它在自己的经理人丧失有限股东信任的情况下罢免前者,但是这一义务往往无法落到实处。如果股东公司不这么做,有限股东也很难在股份两合公司内部排除作为无限股东的股东公司的经营权和代表权。因此,通过司法实践进行法律发展——譬如上文提到的承认股东公司与其经理人订立的聘任合同具有为主公司利益订立的特点——的必要性就显得尤为紧迫。一种可能的途径是:赋予股份两合公司罢免股东公司经理人的权利,只要存在重大事由,股份两合公司的股东大会就可以作出决议罢免股东公司的经理人,由股份两合公司的监事会负责执行。这种设计的依据在于,股东公司的经理人由于特殊的公司结构实际参与了主公司的经营管理。〔1〕如果认为这种手段过度地侵犯了股东公司的社团自治,那么一种较为温和的方法是,赋予股份两合公司剥夺股东公司经营权和代表权的权利。这种剥夺权一方面不应受到《商法典》第 117 条、第 127 条中通过诉讼行使的限制,另一方面,应被设计为一种附延缓生效条件的权利,只有当股东公司未在确定的期限内罢免其经理人,才得被剥夺其对主公司的经营和代表权。〔2〕

3. 对章程的内容审查

49 如果公司章程为了个人责任股东的利益,限制了有限股东的权利,构成了对章程自由原则的滥用,就需要探讨,是否应当赋予有限股东诉权,通过由法官进行的内容审查对章程进行修正。鉴于典型的有限股东只是持有公司股份,如同股份有限公司的普通股东一样,很难对公司章程的制定施加影响,采取这种做法很有必要。〔3〕关于内容审查的具体方式,可以采取股份有限公司法中通过股东大会决议进行审查的方式〔4〕,也可以采取由司法实践发展出来的针对公众公司的合同审查

---

〔1〕 支持的意见 *Sethe*170 f.; *Overlack*237, 254 f., 276; 亦见 *Hennerkes/Lorz*DB 1997, 1388, 1391; 目前学界的各种观点见 *Ihrig/Schlitt*ZHR Beiheft 67, 33, 53 f.; *Dirksen/Möhrle*ZIP 1998, 1377, 1384。

〔2〕 Vgl. auch*Ihrig/Schlitt*ZHR Beiheft 67, 33, 54, 但该处认为剥夺权应通过诉讼行使。Vgl. auch*Dirksen/Möhrle*ZIP 1998, 1377, 1384, 该处认为剥夺权应由公司章程规定。

〔3〕 对此问题存在不同观点:*Ihring/Schlitt*ZHR Beiheft 67, 33, 60; *Heermann*ZGR 2000, 61; *Wichert*AG 2000, 268; a. A. *Graf*79; *Herfs*WiB 1997, 688, 694。

〔4〕 见上文 § 16 I。

方式[1],无论采取何种方式,都不能照搬照抄。[2] 学界探讨的更多的是一种司法审查的方法。[3]

(a)谈到对章程的内容审查,首先要澄清的问题是,章程中可以在何种程度上**限制股东大会对公司特殊业务的同意权**(比较《股份法》第278条第2款以及《商法典》第163条、第164条的规定)。[4] 对于有限责任公司担任无限股东的两合公司,学界在这个问题上的看法基本一致,即只有当章程把同意权转交监事会行使时,才能限制或剥夺有限股东对特殊业务的同意权。[5] 但同样的问题在于股份两合公司有它自己的特殊性,股份两合公司的股东大会缺乏经营公司的权限,而且由于组成人员众多,运作起来比较笨拙。即使公司的无限股东不是资合公司,而是自然人,这些股东大会自身存在的问题也不容回避。因此,对于股份两合公司更应当适用股份法的有关规定:不必要求股东大会对于《商法典》第116条第2款、第164条中规定每一个所谓的特殊业务行使同意权,譬如土地买卖、借贷、投资其他公司这些业务完全可以无须股东大会的同意。监事会也没有必要参与决定这些业务,除非它在章程中获得了明确授权。股东大会需要在哪些事项上保留自己的同意权更应当由霍尔茨米勒(Holzmüller)法则[6]确定:只有那些关系到公司基础的经营决定,即严重影响到有限股东成员权利的决定,才必须获得股东大会的同意。[7] 50

(b)在这之后的一个问题是,章程是否可以在第285条第2款的规定之外为**个人责任股东**设立一个**否决权**,其对象恰恰是法律规定专属股东大会管辖的事务。最典型的例子是股东大会对企业年终利润的分配(《股份法》第278条第3款、第174条)。因为在股东大会对年终利润进行分配前,先要根据章程的规定把利润在无限股东和有限股东之间进行分配(《股份法》第278条第2款以及《商法典》第168条、第121条),也就是说,股东大会分配的只是应属有限股东的一部分利润,因此没有理由允许无限股东在法律规定之外对股东大会的决议横加干涉。[8] 51

(c)第三个问题是,应该在何种程度上**提高**股东大会作出修改章程或其他基础性**决议的表决权要求**。提出这个问题的背景是,鉴于无限股东也可以拥有公司股份,如果股东大会作出决议的要求是一致同意或过高的赞成比例的话,实际上就使得无限股东可以行使否决权。但是,如果禁止被决议涉及的无限股东参加投票,提 52

---

〔1〕 见下文 § 44 III。

〔2〕 正确的观点应为 *Heermann*ZGR 2000, 61, 77, 他认为"此处采取归纳论证的方法可能导致臃肿和笨拙"。

〔3〕 对于其他的相关问题见 *Heermann*und*Ihring/Schlitt*,后者还论及程序法上的问题。

〔4〕 对此见 *Hommelhoff*ZHR Beiheft 67, 9, 16; *Overlack*237, 258-260; *Siebold/Wichert*SpuRt 1998, 138, 141; *Heermann*ZGR 2000, 61, 76 ff. Dagegen*Ihrig/Schlitt*ZHR Beiheft 67, 33, 64—68; *Dirksen/Möhrle*ZIP 1998, 1377, 1385 f.; *Habel/Strieder*BB 1997, 1375, 1377; vgl. auch*Wichert*AG 2000, 268。

〔5〕 见 *Ihring/Schlitt*ZHR Beiheft 67, 33, 66。

〔6〕 见上文 § 16 I 5。

〔7〕 亦见 *Heermann*ZGR 2000 61, 82 f。

〔8〕 亦见 *Ihrig/Schlitt*ZHR Beiheft 67, 33, 69。

高表决权的要求就不会产生问题了。当然,章程当中不得允许未被剥夺表决权的无限股东代为阻止股东大会决议的成立,譬如当决议的内容涉及剥夺一无限股东的经营权、向无限股东要求损害赔偿或将另一无限股东排除出公司的时候。〔1〕

53 (d)最后,对于公司章程中那些可能**损及有限股东财产**的规定,也要进行内容审查。原则上讲,如果个人责任股东在公司章程中规定:他们亲自经营公司并为公司债务承担个人责任,因此可以获得适当的劳务报酬和风险红利,这无可厚非。〔2〕同样,如果章程中规定,当公司提高注册资本的时候,无限股东也可以无须股东大会的同意增加自己的出资,这也合情合理。但是,如果章程中允许个人责任股东毫不考虑公司注册资本的变动情况,任意和随时地增加自己在公司中的资本份额,这样的规定就缺乏依据而不被允许。〔3〕

## VII. 股份两合公司的财务制度

参考文献:*Biener*, Die Rechnungslegung der Aktiengesellschaften und Kommanditgesellschaften auf Aktien nach der Bilanzrichtlinie der EG, AG 1978, 251; *Sethe*, Die Besonderheiten der Rechnungslegung bei der KGaA, DB 1998, 1044; *Wichert*, Die Finanzen der Kommanditgesellschaft auf Aktien, 1999.

### 1. 公布账目报告和盈利使用情况

54 在股份两合公司中,亦由无限股东负责**提交企业年终报告**(《股份法》第283条第9项以及《商法典》第242条、第264条第1款)。年报的结构依据股份法的有关规定确定。当然,由于股份有限公司的自身特点,法律也作出了一些特别的规定:个人责任股东所做的财产出资必须在"认购资本"项目后单独列出(《股份法》第286条第2款)。分摊到无限股东个人的公司年终亏损应从其所占公司资本份额中扣除。如果分摊的亏损超过了个人所占的资本份额,即无限股东向公司负有支付义务,必须把无限股东对公司所欠款项在公司资产负债表的正项下债权一栏中列明,列为"个人责任股东对公司所负出资义务"。如果个人责任股东不负出资义务,必须将该笔款项作为"无法被财产出资填补的个人责任股东亏损份额"在财务报表中列明。〔4〕公司取得的盈利也应被分摊后加入无限股东在公司中所占的资本份额。最后,如果公司在满足特定的条件后向无限股东本人、其配偶、其未成年子女或其间接代理人发放贷款,这笔款项作为公司的债权必须在资产负债表的正项下相应栏目中列明(《股份法》第286条第2款第4句)。在计算亏损和盈利的时候可以不必说明亏损和盈利的具体原因(《股份法》第286条第3款)。

---

〔1〕 见 *Ihrig/Schlitt*ZHR Beiheft 67, 33, 71。

〔2〕 具体问题比较 *Ihrig/Schlitt*ZHR Beiheft 67, 33, 72 f。

〔3〕 见 *Ihrig/Schlitt*ZHR Beiheft 67, 33, 74 f。

〔4〕 关于如何具体运用这些规定见边码21。

55 **其他**的制作企业年报、库存报告以及其他必要的财务报告的要求基本依据股份法的规定。在股份两合公司中,由无限股东而不是股份有限公司中的董事会提出利润使用的预案(《股份法》第283条第9项、第170条)。与股份有限公司不同,股份两合公司的企业年报由股东大会在获得无限股东的同意后最终**确认**(《股份法》第286条第1款第2句)。

56 通常按照章程中确定的比例在无限股东和有限股东之间**分配**公司的**利润**。如果章程当中对此没有规定,则按照第278条第2款和《商法典》第121条、第168条中的原则进行分配。按照法律规定,每一个无限股东将首先获得他所占公司资本份额的4%。此外,法律未就利润分配做进一步的细化规定,只是说:"按照情况以适当的比例进行分配"。如果公司经营产生亏损,在章程中未作特别规定的情况下,也应当按照适当的比例分摊到每一个无限股东头上(《商法典》第168第2款)。如无其他规定,4%以上的利润和亏损在无限股东间应按人头分配(《商法典》第121条第3款)。预先分配给有限股东的利润如何分配由股东大会按照第58条第1款、第3款的规定决定。无限股东对此没有批准权。[1] 每一个有限股东根据《股份法》第60条都有权获得与其出资相应的份额。

57 股东大会对企业年报的最终确认权会产生一些问题,即它可能顽固的**拒绝批准**由无限股东提交并经监事会审查的企业年报。随之而来的问题是,是否允许后者通过诉讼,由法庭强制股东大会对企业年报予以批准。如果允许这种诉讼,提起诉讼需要满足什么样的条件。有限责任公司也存在类似的问题,而一致的意见是拒绝承认这种诉权。[2] 如果有限责任公司遇到这样的问题,那么公司就面临解散。这种解决方式也许对有限责任公司有效,至少它可以"强迫"公司各机关采取合作的态度,就年报达成一致。但是,对于股份两合公司而言,特别是一家股份上市的股份两合公司而言,这种做法就不可取了。取而代之的解决方式应该是在公司忠诚义务的基础上,要求无限股东和有限股东都从公司的利益角度出发,尽可能达成一致。实际上,无限股东提交的年报是否能够得到股东大会的批准,很大程度上取决于他们是否选择了合理的方案,是否充分考虑到公司的整体利益。[3]

2. 公司注册资本的维持

58 由有限股东出资形成的公司注册资本如同股份有限公司的注册资本一样,同样受到严格的资本维持原则的约束(《股份法》第278条第3款)。[4] 章程当中不得作出有违资本维持原则的规定。与之相对,个人责任股东所做的财产出资则适用无限公司法的规定,即没有相应的资本约束原则。但是,《股份法》第288条仍然

---

〔1〕 此为通说;见 Geβler/Hefermehl/*Semler* § 286 Rdn. 44; Köln/Komm/*Mertens* § 286 Rdn. 6。

〔2〕 Vgl. RGZ 49, 141, 145 f.; Hachenburg/*Hüffer* § 46 Rdn. 17; Scholz/*K. Schmidt* § 46 Rdn. 21; für die KGaA ebenso*Hüffer* § 286 Rdn. 1.

〔3〕 一些细节问题尚无终局观点,需进一步讨论; 见 *Wichert*134 ff. 详述。

〔4〕 见上文 § 19。

对无限股东的提款权进行了限制。只要分摊到无限股东头上的亏损超过了其所占公司资本份额,他就不得行使提款权(《股份法》第288条第1款第1句)。此外,如果公司结算亏损、一无限股东向公司所负的出资义务、他分摊到的公司经营亏损和公司向他本人和家庭成员提供的借贷的总额超过了公司结余利润、资本和盈利准备金以及他所占公司资本份额的总额,他也不得从自己分配到的公司盈利和其他资本份额中提取款项(《股份法》第288条第1款第2句)。而且在这种情况下,公司也不得向该无限股东提供贷款(《股份法》第288条第2款)。基于这些规定,法律实际上将无限股东的财产出资也置于资本维持原则的约束之下。当然,只有当资本份额为负、或者提款会损及公司资本基础的情况下,才禁止无限股东行使提款权。如果无限股东违反了这些规定提款,公司有权向其索回所提款项。[1] 如果无限股东获得的劳务报酬不与公司的盈利挂钩,则不受上述限制。也就是说,即使公司陷于经济上的窘境,无限股东仍然可以从公司领取应属于他的工资,但是,薪水的数额可能会依据《股份法》第87条第2款第1句的规定适当的减少(《股份法》第288条第3款)。

59 到目前为止,探讨的比较少的一个问题是:**替代个人出资借贷(指股东从公司获得贷款)**的原则是否也适用于股份两合公司的有限股东和无限股东。实际上,在此问题上股份两合公司的情况和股份有限公司并无区别。对于股份有限公司,联邦最高法院认为:只要股东参与公司经营,替代个人出资的借贷就受到资本维持原则的约束,应被禁止。联邦最高法院提出两个判断股东是否参与公司经营的标准:当股东所持公司股份超过公司注册资本的25%时,原则上认为他参与公司的经营。如果股东所持股份低于这一比例,但亦比较可观,也可以成立股东参与公司经营的情况。[2] 如果股份两合公司中的无限股东或有限股东满足了上文的条件,也应被视为参与公司经营而受到"替代个人出资借贷原则"的约束。而且,对于无限股东而言,他持有多少公司股份或者他的资本份额与公司注册资本的关系不应是决定性的因素,[3]因为他们作为公司领导机关的成员,负有经营公司的权限,有条件接触公司经营信息,也应该完全了解公司对外提供贷款的后果和风险。

3.资本措施

60 股份两合公司**提高和降低注册资本**适用股份法的相关规定。[4] 公司也可以附条件地提高注册资本或者授权无限股东发行被预先批准的股份。所有这些资本措施都必须经过股东大会有效多数的表决和获得个人责任股东的同意(《股份法》第278条第2款、第3款以及第119条第1款第6项、第182条第1款、第285条第2款第1句)。**提高一个无限股东的资本份额**只有通过修改章程才能实现。[5] 至于无

---

〔1〕 Geβler/Hefermehl/*Semler* § 288 Rdn. 17 f.

〔2〕 Vgl. BGHZ 90, 381. Siehe hierzu § 19 IV und § 38.

〔3〕 见 *Wichert*218 f。

〔4〕 见上文§§20, 21。

〔5〕 Geβler/Hefermehl/*Semler* § 281 Rdn. 12.

限股东能否在章程中规定,他们可以无须股东大会的同意单方面增加自己的财产出资,这个问题尚无定论。这个问题的难点在于,一个无限股东增加出资会导致其他无限股东和有限股东所获公司盈利的稀释。[1] 可能的途径是由股东大会预先作出决议,批给无限股东定额的"**被批准了的无限股东资本额度**",无限股东在这个额度内增加出资无须股东大会的再次批准。[2] 在无限股东增加出资的时候,有限股东不得行使所谓配股权。如果一个无限股东想把自己所持的公司股份转化为财产出资,必须相应的降低公司出资资本,这里要遵守公平待遇原则(保证注册资本降低后有限股东在利润分配上不受影响)。[3] 反之,如果无限股东想将其资本份额转为公司股份,实际上是向公司进行了实物出资,应当相应地提高公司注册资本。同样,这种转化也可以通过类推适用《股份法》第 192 条第 2 款第 1 项[4],采取附条件的提高注册资本的形式实现。[5]

## VIII. 股份两合公司的终止

参考文献:*Sethe*, Die Satzungsautonomie in Bezug auf die Liquidation einer KGaA, ZIP 1998, 1138; *Veil*, Die Kündigung der KGaA durch Komplementär und Kommanditaktionäre, NZG 2000, 72.

1. 解散事由和解散程序

股份两合公司的解散事由由两合公司法的有关规定确定(《股份法》第 289 条第 1 款)。据此,公司有如下的解散事由:经营期限届满、公司股东的决议、法庭的裁判以及对公司财产启动破产程序(《商法典》第 131 条第 1 款第 1 至 4 项)。法律在《股份法》第 289 条第 2 款中还规定了其他一些解散事由,它们来自股份法的相关规定(《股份法》第 262 条第 1 款第 4 至 6 项)。公司股东作出解散决议时需要表决时占公司注册资本至少 3/4 的表决权票以及个人责任股东的同意(《股份法》第 285 条第 2 款第 1 句、第 289 条第 4 款第 3 句)。 61

在《商法改革法》生效前,一个个人责任股东或有限股东退出公司的宣告也会导致公司的解散。根据《商法典》现在的规定,一个股东的退出只会导致他个人退出公司(《商法典》第 131 条第 3 款),所谓的**解散公司的退出宣告**对于股份两合公司而言也**不复存在**了。但是,章程当中仍然可以规定股东退出会导致公司解散的后果。[6] 在此种情况下需要注意《股份法》第 289 条第 4 款中规定的前提条件:有 62

---

[1] Vgl. Geβler/Hefermehl/*Semler* § 281 Rdn. 8, 12; *Wichert*AG 1999, 362, 368 f.

[2] *Wichert*aaO, 369.

[3] MünchHdb. AG/*Herfs* § 78 Rdn. 14.

[4] Vgl. oben § 20 II.

[5] *Herfs*aaO Rdn. 13.

[6] Vgl. Veil NZG 2000, 72.

限股东的退出需要股东大会通过有效多数表决的方式作出决议。无限股东对此无批准权。[1]

2. 清算

63 如果章程中没有另外的规定,由所有无限股东和由股东大会选任的一个或多个代表共同对公司进行清算(《股份法》第 290 条第 1 款)。清算人的义务由《股份法》第 268 条规定。对清算的其余问题也适用股份法的有关规定。但是,公司剩余财产在无限股东和有限股东之间进行分配则适用两合公司法的有关规定(《股份法》第 278 条第 2 款以及《商法典》第 161 条、第 155 条)。原则上按照他们对公司资产所占的比例进行分配[2],但是章程中也可以规定另外的分配方式,譬如赋予一个无限股东接手公司的权利。[3]《股份法》第 272 条第 1 款规定的一年后方可分割公司财产的规定在《商法典》中无法找到对应的条文,但是,如果资合公司担任股份两合公司无限股东的话,应受此条款约束。[4]

---

〔1〕 此为通说;vgl. Geβler/Hefermehl/*Semler* § 289 Rdn. 38; *Grafmüller*184。

〔2〕 Vgl. KölnKomm/*Mertens* § 290 Rdn. 2; *Hüffer* § 290 Rdn. 1; Groβkomm/*Barz* § 290 Anm. 1, § 289 Anm. 23; *Sethe*ZIP 1998, 1142ff. Geβler/Hefermehl/*Semler* § 290 Rdn. 2ff.

〔3〕 *Sethe*ZIP 1998, 1138, 1143.

〔4〕 此处尚存争议;见 KölnKomm/*Mertens* § 290 Rdn. 2; Groβkomm/*Barz* § 290 Anm. 7; *Sethe*1138, 1139; a. A. Geβler/Hefermehl/*Semler* § 290 Rdn. 5 und vor allem dieältere Literatur, vgl. *Godin/Wilhelmi* § 290 Anm. 3; *Baumbach/Hueck* § 290 Rdn. 2。

# 第四编　有限责任公司[1]

[1] Paragraphen ohne Gesetzesangabe in diesem Teil beziehen sich auf das Gesetz betreffend die Gesellschaft mit beschränkter Haftung (GmbHG). 本部分没有指明法规的法律条款就是指有限责任公司法（GmbHG）。

# 本部分目录

# 第一章 有限责任公司的概念和设立

## § 24. 有限责任公司的概念

参考文献：*Heidinger*, Die Umstellung der GmbH auf Euro durch Aufstockung der Geschäftsanteile, GmbHR 2000, 414; *Raiser* Gesamthandsgesellschaft oder juristische Person - Eine Geschichte ohne Ende?, FS Zöllner 1999, 469; *ders.*, Der Begriff der juristischen Person. Eine Neubesinnung. AcP 199 (1999), 104; *Ries*, Der Euro und die GmbH - Probleme aus der Sicht der handelsregisterrechtlichen Praxis, GmbHR 2000, 264; *Semler*, Verhandlungen des 55. Deutschen Juristentags 1984, Band II, K 38, 50.

I. 法律特征

虽然《有限责任公司法》没有像《股份法》第 1 条那样对有限责任公司进行定义，但根据《有限责任公司法》的第 1 条、第 5 条和第 13 条的规定，有限责任公司具有与股份有限公司同样的法律特征。有限责任公司也是由一人或多人组成的具有自身**法律人格**的公司，公司也仅以**公司资产**承担对债权人的责任。但是有限责任公司却有着不同于股份有限公司的专门术语：由**出资**（股份）所构成的**初始资本**。 1

有限责任公司和股份有限公司有着同样的法律特征（见上文 § 8. I.）。在这里，对于公司这个概念也不能单纯从技术角度去理解。如果从社会学的角度来分析，有限责任公司显然是人合公司，但在法律体系上，它与股份有限公司属于同一类别，它们都是法人社团，（而一人有限责任公司也是一个法律上完全独立的组织）。同时在民法上它又是协会的一种特殊形式。也正因为如此，如果《有限责任公司法》没有特别的规定，就应适用《民法典》第 21 条等条款的规定。不过在这种情况下，都必须首先审查这些条款的适用性。尤其具有重要实践意义的是《民法典》第 31 条的规定对于有限责任公司的类推适用，这已得到了普遍的认同（见上文 § 8 边码 8）。 2

在《有限责任公司法》第 13 条第 1 款中并没有明确地规定有限责任公司有**自身的法律人格**，而是以另外的一种形式规定的：它是通过“如此的”附加的名称与《商法典》第 124 条相区别。《商法典》中的这一条款规定了无限公司和两合公司在权利能力方面的典型特征。事实上，很久以来就一直承认有限责任公司是法人[1]。如果 3

---

〔1〕 Zur Rechtsnatur von OHG und KG vgl. *Raiser* FS Zöllner 469.

系统地分析《有限责任公司法》的其他规定,人们也可以得出这一结论。尤其是有关许可设立一人公司的条款和公司可以购买其自身股份的第33条,更明确地规定了这一点。有限责任公司的权利能力包括法人依其本质可得到的所有私法和公法规定的权利,因此,就这点而言,有限责任公司的法律特征与股份有限公司是一样的(见上文§8边码3等)[1]。

2. 有限责任

4 **有限责任**表示,公司股东对公司的债权并不承担个人责任。之所以选择这一法律形式和经济交易方式,是因为有限责任公司与人合公司有着不同的本质特征,即有限责任公司的股东所承担的经营风险只限于其出资的总额。因此,有限责任就成了人们偏爱有限责任公司的一个理由;不过,它同时也构成有限责任公司一个特殊缺陷:它只有有限的信用。在著名的口号"受有限尊敬的公司"中明确地表达了这一点。但就人们在现代经济生活中对有限责任公司的接受而言,这一观点似乎已不再起什么重要的作用了。在法律上,有限责任完全确定了法律调整的特征,尤其是法律有关筹集资本和维护资本的严格规定。尽管如此,并没有完全彻底地实施有限责任这一原则,在设立中的公司(见§26. VI. 4)、直接责任情况(见§29. III.)以及在康采恩法中,有限责任就被突破了(见§§53. IV. 4, 54. IV. 3)。在内部关系中,根据《有限责任公司法》的第9条、9a条、24条和30条等条款的规定,有限责任公司还规定了额外的补缴股金的义务。这是《股份法》所没有规定的。与《股份法》第54条第1款的规定相反,有限责任公司的合同还可以规定股东负有有限和无限的追加出资义务(《有限责任公司法》第26—28条)。

3. 初始资本

5 **初始资本**相当于作为股份有限公司中的基本资本,是公司章程(《有限责任公司法》第3条第1款第3句)中所注明的公司最低注册资本额。最低基本资本是对于债权人的信用和责任基础,《有限责任公司法》的许多规定都是为了确保最低基本资本的筹集和维护。1980年新修改的《有限责任公司法》将初始资本的**最低数额**由20,000马克提高到50,000马克,如果考虑到欧元的引入而对第5条的规定进行的必要修改,最低额则应该就是25,000欧元,而其中的至少12,500欧元是公司申请在商业登记簿进行登记之前就必须要缴付的。

6 是否应该提高初始资本的最低额,是1980年有限责任公司改革中激烈争论的问题之一。主张提高最低额的一个目的是为了能够比以前更好地保护债权人的利益,特别是能够有效地对抗公司的虚假设立;此外,还有社会秩序方面的原因,即与个体商人、人合公司和其他独立职业相比,有限责任公司享有的责任特权要求投入相当数额的资本金,这可以当作是严肃投

---

[1] Raiser *AcP* 199 (1999), 104.

资的“信用标志”。但是,这些观点却并不为所有人所接受,因为小公司不需要如此高的初始资本[1]。

与股份有限公司相比,提高后的有限责任公司的最低初始资本也只是股份有限公司基本股本数额的一半。这就表明,一如既往,**有限责任公司是为中小企业所考虑的法律形式**。25,000欧元的数额是现代所有经济关系下设立一个企业所需的最低数额。只要有限责任公司仅仅履行企业的部分功能,或者是为经济协会而创设的法律形式(见下文 § 25. II. 2),那么这一数额作为入门的门槛,在维护社会秩序的安定方面是必要的。 7

根据《欧元引入法》,马克形式的初始资本必须转换成欧元,对此,《有限责任公司法》的 8
第 86 条则包含了不同的规定[2]。根据该条款,所有在 1999 年 1 月 1 日之前申请的,而最晚至 2001 年 12 月 31 日登记注册的有限责任公司可以继续以马克来标明其资本面值(《有限责任公司法》第 86 条第 1、2 款)。但是,2001 年 12 月 31 日之后,原则上惟有从马克转换成欧元之后的初始资本方可进行登记(《有限责任公司法》第 86 条第 1 款第 4 句)。对于在过渡期(1999 年 1 月 1 日至 2001 年 12 月 31 日)新成立的公司,虽然还允许以马克表明其初始资本和出资,但这些马克的数额应转换成欧元。1999 年 1 月 1 日起法律上确定了欧元数值(《有限责任公司法》第 86 条第 2 款)。所有 2001 年 12 月 31 日之后才在商业注册处进行登记的公司,其初始资本、股份和出资都必须用欧元表明。对于将初始资本和股份转换成欧元的决议,可以例外地采用简单多数票原则通过(《有限责任公司法》第 86 条第 3 款第 1 句)。如果转换的同时,公司还采取了改变初始资本的措施,则必须没有限制地适用所有相关的规则(《有限责任公司法》第 86 条第 3 款第 3 项)。

4. 出资和股份

(a) **出资**是每一个股东用于参与设立公司的金额,是股东所必须缴付给公司资 9
产的款项。公司合同中必须明确规定这一点(《有限责任公司法》第 3 条第 1 款第 4 项)。同时,如同股份有限公司的股票一样,出资也是初始资本的一部分,因为出资的总额必须是与初始资本相一致(《有限责任公司法》第 5 条第 3 款第 3 句)。但与股份有限公司中的基本资本不同的是,有限责任公司的初始资本并不分解成大量的、面额相等的出资份额。有限责任公司的出资份额通常与其股东数相等。每一股东只能拥有一份出资(《有限责任公司法》第 5 条第 2 款)。这里所适用的是成员一致原则。但这一原则不排除股东以后可以再购买第二份股份。在这种情况中并不会出现公司股份的合并(《有限责任公司法》第 15 条第 2 款、第 55 条第 3 款)。因

---

〔1〕 Vgl. die Begründung zur Novelle, Ausschuβbericht, BT-Drucks. 8/3908, 68 f.

〔2〕 Vgl. dazu die Kommentierung bei *Lutter/Hommelhoff* GmbHG § 86; Baumbach/Hueck/*Schulze-Osterloh* § 86; ferner Ries, Der Euro und die GmbH - Probleme aus der Sicht der handelsregisterrechtlichen Praxis, GmbHR 2000, 264.

此,股东所持股份的面值通常是不等的(《有限责任公司法》第5条第3款第1句),有限责任公司法并不认可相当于单股股票[1]的无面值的股份。出资的**最低面值**必
10 须是100欧元(《有限责任公司法》第5条第1款),高于最低面值的票面值则必须是以整50欧元为单位来计数的(《有限责任公司法》第5条 第3款第2句)。有限责任公司申请在商业注册处登记之前,公司必须至少收缴了12,500欧元的最低资本金。除此之外,每个股东必须至少缴纳其股份面值的1/4的股金(《有限责任公司法》第7条第2款第1句)。

11 (b)为了描述有限责任公司的成员,除了出资概念之外,《有限责任公司法》还使用了股份这一概念(《有限责任公司法》第14条等条款 )。这两个概念表明了同一法律关系的不同方面,《有限责任公司法》的第14条的规定说明了二者之间的关系。根据这一条款,每一个股东的股份都是以出资金额来计算的。但现代看法却认为分离这两个术语是多余之举,这就是为什么没有通过的《有限责任公司法》新草案仅仅使用了股份这一术语的原因[2]。与有限责任公司的资本主义特征相适应的是,公司大会中的分红权和投票权都是按出资的金额来分配的(《有限责任公司法》第29条第3款和第47条第2款)。在这同一法律关系中股份的价值不同于出资金额,就犹如公司资产的价值不同于公司的初始资本一样。

12 有限责任公司的股份可以以股票的形式进行记载,但却很少有公司这样做。与股份有限公司的股票不同的是,这里的股票并不是易于转让的有价证券,而只不过是股份的凭证。有限责任公司的股份不能在,也不能通过公司章程的规定在证券交易所进行挂牌交易。旨在对此进行改革的新建议[3]已经要求对整个有限责任公司法进行改造,但却一直未能得以实现。

## § 25. 作为贸易公司和企业的有限责任公司

### I. 作为贸易公司的有限责任公司

参考文献: *Bokelmann*, Die Neuregelungen im Firmenrecht nach dem Regierungsentwurf des Handelsrechtsreformgesetz, GmbHR 1998, 57; *Gustavus*, Die Neuregelungen im Gesellschaftsrecht nach dem Regierungsentwurf eines Handelsrechtsreformgesetz, GmbHR 1998, 17; *Jung*, Firmen von Personenhandelsgesellschaften nach neuem Recht, ZIP 1998, 681; *Kβgel*, Neues Firmenrecht und alte Zöpfe - Die Auswirkungen der HGB-Reform, BB 1998, 1645; *König*, Doppelsitz - Gesetzliches Verbot oder zulässiges Gestaltungsmittel AG 2000, 18; *Kruse*, Sitzverlegung von Kapitalgesellschaften innerhalb der EG, 1997; *Lutter/Welp*, Das neue

[1] Vgl. oben § 9 I.
[2] Siehe BT-Drucks. VI/3088.
[3] *Semler*, Verhandlungen des 55. Deutschen Juristentags 1984, Band II, K 38, 50.

Firmenrecht der Kapitalgesellschaften, ZIP 1999, 1073; *Müther*, überlegungen zum neuen Firmenbildungsrecht der GmbH, GmbHR 1998, 1058; *Roth*, Zum Firmenrecht der juristischen Personen, FS Lutter, 2000, 651; *Schaefer*, Das Handelsrechtsreformgesetz nach dem Abschluβ des parlamentarischen Verfahrens, DB 1998, 1269, *K. Schmidt*, HGB-Reform im Regierungsentwurf, ZIP 1997, 909; *ders.*, Das Handelsrechtsreformgesetz, NJW 1998, 2161.

1. 贸易公司

如同股份有限公司一样,**根据其法律形式**,有限责任公司也是**贸易公司**。因此, 1
无需考虑企业的经营范围和规模,有限责任公司完全可以适用《商法典》的第一、三和第四部分的规定(见《有限责任公司法》第13条第3款、《商法典》第6条)。同样,根据现在普遍的看法,在《民法典》第196条第1款第1项和第2款所规定的情况中,诉讼时效也是4年。[1]

2. 商号

(a)直至1998年的商法改革,有限责任公司的商号必须说明企业的经营范围 2
(**以经营商品命名的公司**),或是包含有公司股东姓名或至少一个股东的姓名和说明与公司关系的附加部分(**以个人命名的公司**)。而新的《有限责任公司法》第4条则放弃了这一限制,现在它只是规定商号必须包含"有限责任公司"这一**法律形式的附加部分**或一般都能明白的有限责任公司的缩写。由此可见,《有限责任公司法》明显地肯定了司法实践中早已得到认可的通常使用的有限责任公司缩写。[2] 但如果不附加"有限责任公司"这几个词,则根据法律表象原则,就可能要承担无限个人责任。[3]

此外,这里还适用经过1998年改革之后的《商法典》第17条等有关商号的一般 3
规定。1998年改革的目的是为了促进**商号法的自由化**,自此以后,人造的字(Computec－有限责任公司)、字母和数字的组合(Pro7)、与公司业务无关的名字(歌德-有限责任公司、奥德赛-有限责任公司)和纯想象出来的符号(Orbis-有限责任公司)也获得了法律的允许。此外,还有外语符号,只要它能被德国公众理解为名称,也比以前得到了更为广泛的认可。[4]但这里的前提条件是,这些符号要能适合于实现**名称的功能**。比如,纯图画符号、表形文字或只能得到商标保护的实物符号就不具备这样的前提条件。之所以要有这样的前提条件,这是因为关于商号的规定应有助于标明公司的个性以及其所经营的企业。

---

〔1〕 BGHZ 66, 48.

〔2〕 BGHZ 62, 230. Zur Rechtsscheinshaftung bei fehlendem Firmenzusatz vgl. BGH BB 1990, 653.

〔3〕 BGHZ 62, 216, 222; 64, 11, 17 f; 71, 354, 357 f; BGH NJW 1990, 2678; 1991, 2627 mit Anm. *Canaris*.

〔4〕 Vgl. LG Flensburg, GmbHR 1999, 483 "Printware Supplies". Einzelheiten bei *Lutter/Welp* ZIP 1999, 1975.

4 如果公司通过如实物出资、收购企业或租赁合同等方式继受了一家现存的商业企业，那么，只要被继受商号的权利人同意，该公司就可以不经过任何更改继续使用被继受企业的商号，也可以添加一些称谓使用该商号（《商法典》第 22 条，**商号的继受**）。这一规则还可适用于在企业兼并企业对于被兼并企业的继受（《变更法》第 18 条），同样还适用于企业的法律形式发生改变时对原有商号的保留（《变更法》第 20 条）。在这些情况，必须在可能的条件下只对商号中附加的公司法律形式部分进行改变（《商法典》第 19 条、《有限责任公司法》第 4 条）。原则上是可以不对所继受的商号进行改动，然而，在司法实践当中也曾要求或允许过对所继受的商号进行一定的修改，在例外的情况下还曾要求或允许过有实质上的更改。〔1〕司法实践还允许对迄今为止一直都在使用的商号与被继受的商号进行合适的组合。〔2〕但是，根据**"商号的单一性基本原则"**，公司却不能将继受和被继受的商号进行并列使用，只能从中选择一个。〔3〕

5 在公司登记之后，在任何时候都可以对商号进行**修改**。不过，根据《有限责任公司法》的第 53 条和第 54 条的规定，这需要对公司的章程进行修改。

6 （b）除了上文的规则之外，在商号法的自由化之后，还需要注意的就只有**《商法典》第 18 条所规定的一般性限制了。**

7 首先要注意的是《商法典》第 18 条第 1 款关于**标识**和**区别效力**的规定。这一规定要求，商号必须要能够足够地将公司个性化，并能将其与其他企业区别开来。根据这一要求，比如以经营的商品来命名的商号，像"混凝土运输有限责任公司"〔4〕这样的商号就是不合适的。因此，对于这种情况就必须还要添加具有个性化的附加部分（比如地点标记）。这些规则也同样适用于纯地理标记（如柏林有限责任公司）、常用名称（如米勒有限责任公司）以及没有内容的字母和数字组合（如 ABC 有限责任公司；123 有限责任公司）。与此相反的是，一些来源于神话或历史中的著名名字（如奥德赛旅游企业、歌德书店）倒是有可能具有较强的标识效力。在这里划分有无标识和区别性效力界限的难点，还是法律技术上的细节，对此，新的商号法还迟迟没有在所有的方面解释清楚。〔5〕

8 根据《商法典》第 30 条的规定，**商号的可区别性**须能防止相似的本地商号标识在法律事务的交往中产生混淆。因此，商号应必须能与本镇或本县所有其他商号**清晰地**相区别，在必要的时候还必须要有个性化的附加部分。还有，如果在商号中所列股东的姓完全一样，则可以通过，比如附加名字的方法而确保商号的可区别性。

9 此外，同样需要注意的是《商法典》第 18 条第 2 款所规定的一般的**禁止欺骗**。

---

〔1〕 RGZ 113, 306, 309; BGHZ 30, 288; 44, 116; zu Einzelheiten wird auf die Kommentare zu § 4 GmbHG und zu § 22 HGB verwiesen.

〔2〕 RGZ 152, 365; 159, 211, 220; OLG Frankfurt OLGZ 1971, 50, 52 f. *Lutter/Hommelhoff* § 4 Rdn. 34; Baumbach/Hueck/*Fastrich* § 4 Rdn. 38; a. A. MünchHdb. GmbH/*Heinrich* § 19 Rdn. 13.

〔3〕 Vgl. BGHZ 67, 166; OLG Stuttgart BB 1983, 1688.

〔4〕 Vgl. OLG Hamm, NJW 1961, 2018.

〔5〕 Vgl. die Kommentare zu § 18 HGB und 4 GmbHG und das dort nachgewiesene Schrifttum.

这是新修改的条文。根据该条的字面意义，商号中不应“包含对与其有关的交易范围内的重要商业关系造成误解的内容”。使人误解的内容既可能是商号的核心内容，也可能会是其附加的部分。比如一个与其经营范围没有任何关系的以经营商品命名的商号（物名商号），也被看作是使人误解的商号。〔1〕

10 另外，进行**个案形式的评估**也是必要的。在这种个案的评估中，要考虑当时与公司有关的商务伙伴。在欧盟推动〔2〕下，不正当竞争法有了新的发展。根据这些新发展（《反不正当竞争法》第13条和第13a条），在这种个案的评估中，不再看参与交易者中少数人的理解水平，而是取决于有理解力及有经验的一般市民的看法。〔3〕因此，像“鞋屋”或“家具中心”这些标识对于地方性的“一般性交易”来说，已不再被看作是使人误解的符号〔4〕。使用名字和想象性符号只在特别的情况下才是使人误解的，比如，公司使用在与其有关的交易范围内享有特殊声望和信誉的公众人物的名字作为商号。〔5〕

11 由于根据新的《商法典》第18条第2款第2项的规定，只有当商号**明显会造成误解**的时候，也就是说，并不需要进行广泛的调查和举证，就能够确定商号会造成误解，登记法院才可以拒绝对其进行登记。由此，进一步地取消了对禁止欺骗的**国家控制**。〔6〕此外，只能依据《商法典》第37条第2款或《反不正当竞争法》第3条规定的民法上的停止侵权之诉对商号是否引起误解进行审查。

12 最后，在考虑商号的构成时，公序良俗的一般界限也是需要遵守的。因此，有伤害宗教感情（如“耶稣”、“弥赛亚（Messias）”、“麦加（Mekka）”）或诱发性本能（如“短裤风暴”）的标识就是不允许的。

3．公司所在地

13 公司所在地就是**公司合同**中所规定的地点（《有限责任公司法》第3条1款第1项、第4a条第1款），它对于确定负责登记的法院以及公司在民事诉讼中的地域管辖（《民事诉讼法》第17条），尤其是对于确定德国实体法的适用性，都具有决定性的作用。根据“地点理论”，即使公司在联邦德国没有其注册地址，但有管理中心所在地在德国，对该公司也同样可以适用德国法。〔7〕

---

〔1〕 *Bokelmann*, GmbHR 1998, 59, *Jung* ZIP 1998, 682; *Kögel* BB 1998, 1646; *Lutter/Hommelhoff* § 4 Rdn. 28.

〔2〕 Richtlinie 97/55 über irreführende Werbung

〔3〕 Begr RegE BT. Drucks. 13/8444, 53.

〔4〕 Begr RegE aaO 36.

〔5〕 *Müther* GmbHR 1998, 1060; *Jung* ZIP 1998, 681, 684; *Kögel* BB 1998, 1647; *Lutter/Hommelhoff* § 4 Rdn. 27.

〔6〕 Begr RegE, aaO, 53 f; vgl. dazu *K. Schmidt*, NJW 1998, 2167; *Bokelmann* aaO 62; *Jung* aaO 678

〔7〕 Zu Einzelheiten s. unten § 58.

14　如同迄今为止的《股份有限公司法》第5条第2款所规定的一样，新的《有限责任公司法》第4a条第2款也规定，公司所在地一般就是所选定的进行**业务领导**或**管理**的公司**经营**地点。这一新的规则是对目前一直都实施自由选择公司所在地做法的一种限制，从而防止了对公司所在地的滥用。〔1〕《有限责任公司法》还规定了允许将公司所在地设在其他地方的可能性，但直到现在，这一规定却并没有获得什么实际的意义。〔2〕然而，根据《有限责任公司法》的规定，一个只在国外进行业务活动的企业不能在德国拥有公司的所在地。至于这一规定是否符合欧洲法中规定的设立自由原则？根据欧共体法院对森特罗斯（Centros）一案的判决，倒是令人怀疑的。〔3〕

15　如果公司在初期还没有经营场所，那么可以将开始设立公司的地点作为公司所在地。但如果随后公司的经营活动是在其他地方进行的，则也许有必要**更改公司的**所在地。〔4〕而这还需要修改公司的章程，并根据《商法典》第13h条的规定进行登记。〔5〕

16　如同股份有限公司〔6〕一样，有限责任公司只在非常特殊的情况下才可以拥有**双重公司所在地**。与此相反的是，有限责任公司却可以根据简化程序中一般的规定，在国内设立**分支机构**（《商法典》第13—13c条）。

## II. 作为企业的有限责任公司

参考文献：*Ahlers*, Die GmbH als Zusammenschluβ Angehöriger freier Berufe zur gemeinsamen Berufsausübung. FS Rowedder 1994, 1; *Brandner*, Geschäftsführungsbefugnis, Unternehmensgegenstand und Unternehmenszweck, FS Rowedder 1994, 41; *Damm*, Gesellschaftsrecht der freien Berufe im Wandel, FS Brandner 1996, 31; *Hömmerlein*, öffentliche Unternehmen in der Rechtsform der GmbH, GmbHR 1970, 274; *Kornblum*, Rechtstatsachen zur GmbH, GmbHR 1994, 505; *Limbach*, Theorie und Wirklichkeit der GmbH, 1966; *Loidl*, Die GmbH ohne erwerbswirtschaftliche Zielsetzung, 1969; Priester, Nonprofit-GmbH, Satzungsgestaltung und Satzungsvollzug, GmbHR 1999, 149; Raiser, Unternehmensziele und Unternehmensbegriff, ZHR 144 (1980), 206; *Stehle*, Die GmbH - Unternehmensform für mittelständische Betriebe, 9. Aufl. 1995; *Taupitz*, Zur Zulässigkeit von Freiberufler-GmbHs, JZ 1994, 1100; *Tieves*, Der Unternehmensgegenstand der Kapitalgesellschaft, 1998; *Wallner*, Der Unternehmensgegenstand der GmbH als Ausdruck der Unternehmensfreiheit, JZ 1986, 721; *H.*

---

〔1〕 Begr RegE aaO 75.

〔2〕 Vgl. zur gleichlautenden Vorschrift des § 4 AktG *Hüffer*, AktG § 5 Rdn. 8.

〔3〕 EuGH ZIP 1999, 438. Siehe unten § 58 Rdn. 12.

〔4〕 *Lutter/Hommelhoff*, § 4a Rdn. 9.

〔5〕 Zur Sitzverlegung von und ins Ausland s. unten 58 II 2d.

〔6〕 S. oben § 10 Rdn. 5 und dazu *König* AG 2000, 18.

*P. Westermann*, Die GmbH ohne erwerbswirtschaftliche Zielsetzung, GmbHR 1970, 313; *ders.*, Die GmbH - ein "Allzweckinstrument"?, in: Pro GmbH, 1980, 23; *Winkler*, Nichtgewerbliche, ideale, insbesondere politische Zielsetzungen als Inhalt von Gesellschaftsverträgen und Satzungen, NJW 1970, 449.

1. 经营范围

可以为法律所允许的任何目的设立有限责任公司(《有限责任公司法》第1条),《有限责任公司法》既没有限制其活动范围(实质目标),也没有约束其目的(形式目标)。[1]因此,也就可以以非经济的、社交的、体育的、文化的、社会的、政治的和宗教的目的设立有限责任公司。[2]有限责任公司是地地道道的"**多功能工具**"[3],只是一些特别法规定了一些有限责任公司不能经营的企业类型。 17

不能以有限责任公司形式经营的有地产抵押银行、船舶抵押银行、建筑储蓄银行以及人寿、火灾、责任、事故和冰雹损害保险企业。[4]近年来,有趋势显示,自由职业也可以以有限责任公司的法律形式进行共同从业。法律上明确允许可以以有限责任公司形式进行共同从业的自由职业有税务顾问、[5]注册会计师、[6]普通律师和专利律师。[7]但是,对于这些情况,专门的职业法对一般有限责任公司法在某些方面的规定也进行了一些修正。然而对于建筑师和工程师而言,则无需特别法的规定,他们始终是被允许采用有限责任公司形式的。[8] 参照未实现的《宪法》第12条规定的法律保留,联邦最高法院认为牙医也可以有限责任公司形式从业。[9] 这同样也适用于医生,但法律明确规定,药剂师[10]和公证人员不得采用有限责任公司形式从业。除了欧共体国家的企业之外,其他**外国企业**要在德国设立有限责任公司需要获得工商许可。[11] 18

不允许的,即不能进行登记的,是有**被禁止或违反良好习俗目的**的公司(《民法典》第134条和第138条)。例如,根据《民法典》第134条的规定,主要是不允许工商法上禁止的公司(如《工商管理条例》第34b条、第56条),而根据《民法典》第138条的规定,不允许以偷税或有组织的交换金融证券为目的而设立公司。[12] 19

---

〔1〕 *Tieves* aaO 11 ff.

〔2〕 Vgl. *Loidl*, GmbH ohne erwerbswirtschaftliche Zielsetzung; *Priester*, GmbHR 1999, 149.

〔3〕 *H. P. Westermann*, Die GmbH - ein "Allzweck-Instrument"?, in: Pro GmbH 23.

〔4〕 §§ 2 I HypBankenG, 2 I SchiffspfandbriefbankenG, 2 I BausparkassenG, 7 II 15 VAG.

〔5〕 §§ 49 ff StbG.

〔6〕 §§ 27 ff WPO.

〔7〕 §§ 59c ff BRAO, §§ 52c ff PatAnwO.

〔8〕 Vgl. *Scholz/Emmerich* § 1 Rdn. 13; *Lutter/Hommelhoff* § 1 Rdn. 8.

〔9〕 BGH GmbHR 1994, 325.

〔10〕 § 8 ApG.

〔11〕 §§ 12, 12a GewO.

〔12〕 BGHZ 27, 172, 176.

20 此外,有限责任公司的法律特征也限制了其应用性。由于有限责任公司有法律所规定的初始资本,因此,如果不需要或只需要较少的资本,有限责任公司就没有什么吸引力。公布账目的义务又使得没有这一必要的社团不愿选择有限责任公司这一法律形式。封闭的成员数和公司股份的非流通性则使得有限责任公司又不适合于公众股份公司以及成员人数众多的开放性社团。

2. *表现形式*

21 有限责任公司的**基本类型**有**生产、贸易、服务企业**。有限责任公司也可以适用于非商业性的企业,例如,农业经济、林业经济、水果种植和园艺企业,甚至可以有限责任公司的形式经营地产和经纪人公司。有限责任公司还是**公共事业**所优先选择的企业形式,借助于有限责任公司,国家和地方政府机关就可以参与经济贸易事务。比如许多以有限责任公司形式组织的交通、公用事业企业和住房建设企业,其股份就是属于地方政府的。

22 在对企业进行法律上的分类和分立过程中,作为对**企业的一个组成部分**或**企业部分功能**的组织形式,有限责任公司经常被采用。康采恩中的从属性企业也可能采用有限责任公司的法律形式,但是,它们在经济上常常不再被视作为法律上的独立企业部分。所谓的具有部分企业功能主要是指有限两合公司中的无限股东,还有仅限于对子公司进行管理的康采恩控股公司、企业分裂时组成的资产和经营公司,特别常见的是救援和福利机构,比如企业自身的职工退休、健康保险和救济基金。使企业的一部分或企业的部分功能成为一个独立的法律实体,有着不同的组织机构上、责任上和税法上的理由。

23 还有,有限责任公司也适用于企业的合作与协调,即可以作为**经济协会**和**卡特尔**的法律形式。最后,有限责任公司也经常用于非营利性目的,即如果其中的经济成分显示出既有最低初始资本,又有依据商法原则的记账内容,就可以适用有限责任公司的形式。例如,有限责任公司形式的剧院和博物馆,此外,教堂、党派、工会和各类协会常常将有限责任公司用作其下属有经济色彩的辅助机构的法律形式。比如对于教堂的慈善机构、公共救济协会的休养所、体育运动协会的地产和饭店等,就可以将对其经济上的管理转让给这些协会自身的有限责任公司。

3. *公司合同的确定*

24 根据《有限责任公司法》的第3条第1款第2项的规定,**经营的范围**是需要在公司合同中予以规定的,否则公司就是无效的(《有限责任公司法》第75条)。[1]这一规定首先将有助于登记法官审查登记的公司和商号是否为法律所允许;其次,它将确保在商业交易中企业经营的个性化;这一规定最主要的作用还是保护股东,保护那些本来是为了特定的目的参与公司的股东,人们不能期待让他们事后从事其他

〔1〕 S. unten § 26 VII 1c.

事务。因此,公司经理的经营权限就受到了企业经营范围的限制(《有限责任公司法》第37条第1款)。[1]如果事后要对企业经营范围进行变动,其前提条件是要修改公司的章程。

准确地确定企业经营范围是困难的。根据《股份法》的第23条第3款第2项的 25
规定,工业和贸易企业必须详细说明其生产或所交易的商品和产品的种类,而《有限责任公司法》却并没有与此相应的规定。不过,《有限责任公司法》第3条第1款的目的却要求在内容上说明公司活动范围的重要方面。因此,"经营商业事务"或"生产所有类型的商品"这类一般的说法就不符合这一要求。相反,按照流行的实践做法对经营范围所做的说明,比如"经营饭店"或"从事高层建筑及其相关的工作"却是符合这一要求的[2]。在经营范围中附加一些成分,尤其是附加这样的形式:"以及相近事务"和"包括吸收投资"是比较常见的,也是允许的[3]。司法判决认为,对于有限两合公司中的无限责任公司来说,只是说明两合公司的经营管理层及其代理者的计划是不够的,还须同时说明两合公司的经营范围。[4]

## § 26. 有限责任公司的设立

### I. 概述

在德国每年都会设立大量的有限责任公司。这表明《有限责任公司法》有关 1
公司设立的规定具有重要的意义。如同《股份法》对于股份有限公司一样,《有限责任公司法》的这些规定旨在设法维护法律的明确性,尽可能地阻止那些不严肃的公司设立行为,确保初始资本的缴付,并且在公司于商务注册处登记之前就给予债权人提供充分的保护。最初的《有限责任公司法》的相关规定还不能充分地实现这一目标。因此,完善与公司设立的相关规定也就成为1980年的立法改革的重点,通过改革大大加强了这些规定。尽管如此,改革后的《有限责任公司法》第2至12条规定的有关设立有限责任公司的法律要求以及与此相关的费用依然远远低于《股份法》的相关规定。[5]下文将首先介绍有关公司合同的规定(II)。《有限责任公司法》首先规定了正常的公司设立情况,即至少有两个发起人以现金缴纳其出资(**以现金作为出资的设立**,III)。《有限责任公司法》还规定了实物出

[1] *Tieves* aaO 267 ff.

[2] OLG Köln OLGZ 1981, 429.

[3] OLG Frankfurt DB 1987, 38.

[4] BayObLG NJW 1976, 1694; OLG Hamburg BB 1968, 267; Scholz/*Emmerich* § 3 Rdn. 16; a. A. aber *Hachenburg/Ulmer* § 3 Rdn. 24; Baumbach/*Hueck* § 3 Rdn. 11; *Lutter/Hommelhoff* § 3 Rdn. 6; *Rowedder/Rittner* § 3 Rdn. 14 je mwN.

[5] S. oben § 11.

资(**以实物出资的设立**,IV)和1980年改革之后才允许的**一人设立**(V)。对于在商务注册处登记之前的所谓设立中的公司的法律性质和法律关系,《有限责任公司法》在第11条中只是略有提示,主要的一些基本规则还是由司法判决和学术界确定的(VI)。与此相反的是,法律特别关注**公司设立的瑕疵**及其处罚,尤其是**公司发起人的责任**(VII)。

2　下文将要阐述的公司设立规则还可以适用于在**公司变更**中设立的新有限责任公司,特别是将两个以上的权利承担者合并而进行的公司设立(《变更法》第36条第2款第1项)以及将一个权利人分立而进行的公司设立(《变更法》第135条第2款第1项)。[1]相反,当其他法律形式的公司在形式上转换成有限责任公司时,就不是新的公司设立,而且与该公司此前是何种法律形式没有关系(《变更法》第191条第1款、第214条、第226条、第258条、第272条和第301条)。尽管如此,基于对债权人的保护,只要《变更法》没有其他的规定,在这里还是可以适用有关公司设立的规定(《变更法》第197条)。[2]如果将个体商业企业转换成有限责任公司,法律将它视作为将部分资产从企业中分离出来的新设立,应适用《有限责任公司法》关于公司设立的规定,《有限责任公司法》中的有关公司设立的规定也适用于此(《变更法》第152条等条款)。

## II. 公司合同

参考文献:*Bärwaldt/Schabacker*, Keine Angst vor Mantel- und Vorratsgesellschaften, GmbHR 1998, 1005; *Ballerstedt*, Zur Rechtsstellung des Auftraggebers eines Strohmanns nach GmbH-Recht, JZ 1960, 513; *Banerjea*, Die rechtliche Behandlung des Mantelkaufs, GmbHR 1998, 814; *Baumann/Reiβ*, Satzungsergänzende Vereinbarungen - Nebenverträge im Gesellschaftsrecht, ZGR 1989, 157; Berger, Nebenverträge im GmbH-Recht, 1995; *Beuthien*, Treuhand an Gesellschaftsanteilen, ZGR 1974, 26; *Blaurock*, Unterbeteiligung und Treuhand an Gesellschaftsanteilen, 1982, 151; *Bommert*, GmbH-Mantelkauf und Gründungsrecht, GmbHR 1983, 209; *Flume*, Die werdende juristische Person, FS Geβler, 1971, 3; *ders.*, Gesamthand und juristische Person, FS L. Raiser, 1974, 27; *ders.*, Die Gründung der Einmann-GmbH nach der Novelle zum GmbH-Gesetz, DB 1980, 1781; *Goette*, Auslandsbeurkundungen im Kapitalgesellschaftsrecht, FS Boujong, 1996, 131; *Göz/Gehlich*, Die Haftung des Gesellschafters und Geschäftsführers bei Verwendung eines GmbH-Mantels, ZIP 1999, 1653; *Heerma*, Mantelverwendung und Kapitalaufbringungspflicht, 1997; *Hoffmann-Becking*, Der Einfluβ schuldrechtlicher Gesellschaftervereinbarungen auf die Rechtsbeziehungen in der Kapitalgesellschaft, ZGR 1994, 442; *Hüffer*, Zuordnungsprobleme und Sicherung der Kapitalaufbringung bei der Einmanngründung der GmbH, ZHR 145 (1981), 521; *Kantak*, Mantelgründung und Mantelverwendung bei der GmbH, 1989; Koch, Die Beteiligung einer

[1] S. unten §§ 48 II 5, 49 II 5.
[2] S. unten § 47 II 5.

Gesellschaft bürgerlichen Rechts an einer GmbH-Gründung, ZHR 146 (1982), 118 ff.; *Kröll*, Beurkundung gesellschaftsrechtlicher Vorgänge durch einen ausländischen Notar, ZGR 2000, 111; *O. Kuhn*, Strohmanngründung bei Kapitalgesellschaften, 1964; *Lerch*, Beurkundung durch ausländischen Notar?, DB 1992, 670; *Meyer*, Neue und alte Mäntel im Kapitalgesellschaftsrecht, ZIP 1994, 1661; *Meller-Hannich* Verwendung von Vorrats- und Mantelgesellschaften und Prüfung durch das Registergericht ZIP 2000, 345; *F. Müller*, Die Haftung des Hintermanns bei der Strohmann-GmbH, 1972; *Noack*, Gesellschaftervereinbarungen bei Kapitalgesellschaften, 1994; *Peters*, Der GmbH-Mantel als gesellschaftsrechtliches Problem, 1989; *Ostheim*, Zur Auslegung des Gesellschaftsvertrags bei der Gesellschaft mit beschränkter Haftung, FS Demelius, 1973, 381; *Priester*, Nichtkorporative Satzungsbestimmungen bei Kapitalgesellschaften, DB 1979, 681; *ders.*, Mantelverwendung und Mantelgründung bei der GmbH, DB 1983, 2291; *ders.*, Rechtskontrolle und Registerpublizität als Schranken satzungsgleicher Gesellschaftervereinbarungen bei der GmbH?, FS Claussen, 1997, 319; *Raiser*, Die neuen Gründungs- und Kapitalerhöhungsvorschriften für die GmbH, in: Das neue GmbH-Recht in der Diskussion, 1981, 21, 37 ff; *Schervier*, Beurkundung GmbH-rechtlicher Vorgänge im Ausland, NJW 1992, 593; *Schick*, GmbH-Mantelkauf und verdeckte Sacheinlage, GmbHR 1997, 982; *K. Schmidt* Grundzüge der GmbH-Novelle, NJW 1980, 1769, 1774 f; *ders.*, Einmanngründung und Einmannvorgesellschaft, ZHR 145 (1981), 540; *ders.*, Rechtsgrundlagen der Mitunternehmerschaft im Vorgründungsstadium der GmbH, GmbHR 1982, 6; *Schönle*, Die Einmann- und Strohmanngesellschaft, 1957; *Schultz*, Die Behebung einzelner Mängel von Organisationsakten in Kapitalgesellschaften, 1997; *Stein*, Die Dolly-GmbH, FS Lutter, 2000, 749; *Ulmer* Die Einmanngründung der GmbH- ein Danaergeschenk?, BB 1980, 1001; *ders.*, Die wirtschaftliche Neugründung einer GmbH unter Verwendung eines GmbH-Mantels, BB 1983, 1123; *ders.*, Begründung von Rechten für Dritte in der Satzung einer GmbH?, FS Werner, 1984, 911; *ders.*, Verletzung schuldrechtlicher Nebenabreden als Anfechtungsgrund im GmbH-Recht?, NJW 1987, 1849; *ders.*, Treuhand an GmbH-Anteilen: Haftung des Treugebers für Einlageansprüche der GmbH?, ZHR 156 (1992), 377; *Wiedemann*, Die übertragung und Vererbung von Mitgliedschaftsrechten; *ders.*, Die Auslegung von Satzungen und Gesellschaftsverträgen, DNotZ 1977, Sonderheft, 99; *Winkler*, Materielle und formelle Bestandteile in Gesellschaftsverträgen und Satzungen und ihre verschiedenen Auswirkungen, DNotZ 1971, 394; *ders.*, Die Genehmigung des Vormundschaftsgerichts zu gesellschaftsrechtlichen Akten bei Beteiligung Minderjähriger, ZGR 1973, 177; *H. Winter*, Gründungs- und Satzungsprobleme bei der Einmanngesellschaft nach der GmbH-Novelle, in: Pro GmbH, 1980, 191; *M. Winter*, Organisationsrechtliche Sanktionen bei Verletzung schuldrechtlicher Gesellschaftervereinbarungen, ZHR 154 (1990), 259; *Wolany*, Rechte und Pflichten des Gesellschafters einer GmbH; *Zutt*, Einstweiliger Rechtsschutz bei Stimmbindungen, ZHR 155 (1991), 190; *Zöllner*, Inhaltsfreiheit von Gesellschaftsverträgen, FS 100 Jahre GmbHG 1992, 85; *Zwissler*, Umgründung statt Neugründung. überlegungen zum Einsatz von Vorratsgesellschaften, GmbHR 1999, 856.

1. 公司合同的签订

3　法律调整的设立过程是从订立公司合同开始的。合同的签订需要进行公证(《有限责任公司法》第2条第1款)。因此,必须在公证人面前进行相关的谈判,以便让公证人弄清相关当事人的意思,查明客观事实情况;同时公证人还应向当事人说明公司业务的范围(《公证法》第17条第1款)。此外,公证人还负有咨询和告诫义务。[1]但是,公证人是否履行这一义务不影响公司合同的法律效力。[2]对于由外国公证人所作的公证,如果根据该公证人在法律事务中具有的专业知识、职位以及公证程序来判断,与德国公证人具有同等的效力,[3]那么由**外国公证人**所做的公证就是足以满足德国法律要求的。在瑞士和奥地利所做的公证就是如此。[4]此外,在国外由德国官员负责进行公证。[5]

4　在**实践**中,公证人一般给公司合同施加实质性影响,并对合同文本内容承担责任。在很多情况下人们是依照合同范本来拟订公司合同的,但必须根据参与者的特殊需求对这些范本合同进行区分和变动。[6]公证人必须制作一份有关参与者意思表示的记录,这份记录或者已经包括了合同的文本,或者指引了合同文本的内容(《公证法》第9条、第17条第1款第1项)。

5　公司合同应由**全体股东签字**(《有限责任公司法》第2条第1款第2项)。这一规定要求全体股东一起签订公司合同,并承担与此相关的义务(《有限责任公司法》第2条第1款第2项)。因此,这也就排除了分阶段逐步设立公司的可能性,即只有一部分股东签订合同,而其他人则首先认购公开保留的股份,然后再加入公司合同。[7]不过,没有必要全体参与者同时到达同一公证人面前。相反,不同的参与者

〔1〕 Vgl. zu den Voraussetzungen einer Haftung wegen Verletzung der Prüfungs- und Belehrungspflicht sowie wegen der Amtspflichten bei Abwicklung des Urkundsgesch? fts BGH ZIP 2000, 35.

〔2〕 Vgl. zu den Voraussetzungen einer Haftung wegen Verletzung der Prüfungs- und Belehrungspflicht sowie wegen der Amtspflichten bei Abwicklung des Urkundsgesch? fts BGH ZIP 2000, 35.

〔3〕 BGHZ 80, 76, 78; h. M.; vgl. *Roth/Altmeppen* § 2 Rdn. 20 mwN.

〔4〕 Vgl. zu den Niederlanden OLG Düsseldorf GmbHR 1990, 169; zu Baseler Notariaten LG Nürnberg-Fürth WM 1992, 950; OLG München GmbH-StB 1998, 12. Kritisch zum Züricher Notariat *Bredthauer* BB 1986, 1864. Dagegen äuβert *Goette* Bedenken, ob die mit dem Beurkundungserfordernis verfolgte materielle Richtigkeitsgewähr bei einer Auslandsbeurkundung von Gesellschaftsverträgen und Satzungsänderungen gewahrt sei; FS Boujong 131; *ders* MittRhNotK 1997, 1; ferner Groβkomm AktG/*Röhricht* § 23 Rdn. 54. Die Zweifel sind im Schrifttum schon als Hinweis aufgefaβt worden, der BGH werde seine bisherige Rechtsprechung ändern. Dagegen zutreffend *Kröll* ZGR 2000, 111, 129 ff zur Beurkundung von Satzungsänderungen sowie 150 f. zur Beurkundung von Gesellschaftsgründungen, Umwandlung und Geschäftsanteilsübertragungen.

〔5〕 § 10 KonsularG v. 11.9. 1974, BGBl. I, 2317.

〔6〕 Vgl. die Vertragsbeispiele bei *Eder/Heuser/Tillmann/Gaul*, Handbuch der GmbH, V. Teil, Muster 4 ff; *Heidenhain/Meister* (Hrsg.), Münchener Vertragshandbuch Bd. 1, Gesellschaftsrecht, 4. Aufl. 1996.

〔7〕 RGZ 83, 256

也可以在不同的公证人面前进行意思表示，并分别制作成相关的纪录。[1]

法律是允许**代理的**。但与《民法典》第 167 条第 2 款的规定不同，《有限责任公司法》要求代理必须经过公证或认证的授权委托（《有限责任公司法》第 2 条第 2 款）。只要外国公证人符合德国法律要求，其所做的认证就与德国人的认证具有同样的效力。对于法定代理人和机构代表，他们可以通过出示任命书或摘录公司的登记内容来证明自己的身份。普遍认为，如果公司经理提供商务注册处出具的登记内容，也足可以证明自己的身份，这是因为法律规定的经理权限（《商法典》第 49 条）已经包含了设立事项。[2] 6

在设立一人公司时，**代理权的瑕疵**会导致该公司合同的无效（《民法典》第 180 条）。[3]但在设立多人公司时，代理权方面的瑕疵仅仅导致公司合同的暂时无效（《民法典》第 177 条等条款），因为在这里被代理人可以追认相关的代理行为（《民法典》第 177 条第 1 款、第 182 条第 1 款）。但对这一追认的意思表示需要进行认证或制作公证书；而不能适用《民法典》第 182 条第 2 款的规定。[4]如果没有得到被代理人的有效追认，注册法院必须拒绝将公司在商务注册处进行登记（《有限责任公司法》第 9c 条第 1 款第 1 项）。如果在没有得到被代理人追认的情况下，公司还是获准登记，虽然普遍的观点认为，在这种情况下代理权形式上的缺陷已经得到了补救，但代理权实质上的瑕疵却依然存在。因此，未授权的代理人——除非根据《民法典》第 177 条和第 182 条第 1 款的规定得到追认——就没有成为真正的股东。 7

2. 公司股东

所有**具有行为能力的自然人**都可以成为公司的股东。但根据《商法典》第 107 条的规定，未成年人成为股东必须获得其合法代理人的同意。如果是未成年人自己成为公司股东，或是成为其他股东的代表，根据《民法典》第 181 条、第 795 条第 2 款、第 1629 条第 2 款、第 1909 条的规定，还必须为其指定补充监护人。 8

此外，如果有限责任公司是以营利为目的，那么还需要得到监护法院的批准（《民法典》第 1643 条、第 1822 条第 3 项）。[5]如果不是以营利为目的，比如公司所追求的是精神上的目的，那么考虑到《民法典》第 1822 条第 10 项和《有限责任公司法》第 24 条所规定的责任，也可 9

---

〔1〕 H. A.; vgl. Hachenburg/*Ulmer* § 2 Rdn. 12; Scholz/*Emmerich* § 2 Rdn. 14 f.

〔2〕 KGJ A 49, 272, 273

〔3〕 Vgl. LG Berlin GmbHR 1996, 123.

〔4〕 Vgl. OLG Düsseldorf NJW-RR 1996, 550; OLG K? ln WM 1996, 207, 208.

〔5〕 H. A.; vgl. RGZ 51, 33, 35; KG NJW 1976, 1946; Hachenburg/*Ulmer* § 2 Rdn. 73; Scholz/*Emmerich* § 2 Rdn. 43; je mwN.; *Beitzke*, Familienrecht § 37 III 5 c; *Wiedemann* 252; a. A. *Lutter/Hommelhoff* § 2 Rdn. 4 (§ 1822 Nr. 3 sei nur bei Gründung einer Einpersonen-GmbH anwendbar); gänzlich ablehnend *Winkler* ZGR 1973, 177, 182.

能会有需要批准的义务。但在这种情况下,只有当股本出资在设立公司登记之前还没有完全交付的时候,才能请求监护法院的同意。〔1〕如果监护法院规定了同意保留,而且被监护者参与(《民法典》第1896条)公司的设立,则还需要得到监护者的同意(《民法典》第1903条、第1908第1款)。

10 按照公司法的规定,**法人和人合贸易公司拥有**不受限制的参与设立有限责任公司的权利。〔2〕根据联邦最高法院的判决(BGHZ 80, 129),即使是设立中的有限责任公司,也拥有设立资格(见下文VI.3)。**民法中的合伙**是否可以参与设立有限责任公司?这是一个长期以来颇有争议的问题。根据联邦最高法院的判决,合伙人可以进行共同出资,而所获股份则是合伙人的共同资产。合伙人是作为共同债务人承担出资义务的,而且数额不以合伙资产为限。〔3〕

11 上述的规则也同样适用于**共同继承人**和未注册协会参与设立有限责任公司的情形。〔4〕至于**遗嘱执行人**是否可以用遗产参与设立公司,这依然是一个备受争议的问题。〔5〕根据《民法典》第2206条的规定,遗嘱执行人只能让遗产承担责任,而不是遗产继承人本身承担义务。这显然不符合强制性的筹资基本原则,并与由《有限责任公司法》第9条、第9a条和第24条规定的责任以及前期负担的责任相矛盾。因此,只有在申请登记时所有的出资都已足额缴付,而且根据其他情况也能排除发起人的个人责任时,遗嘱执行人参与设立公司才是可以考虑的。〔6〕

### 3. 公司合同的法律性质

12 确定公司合同的法律性质始终是学术界的一道难题。这是因为公司合同既确

---

〔1〕 H. M.; OLG Stuttgart GmbHR 1980, 102; Hachenburg/*Ulmer* § 2 Rdn. 74. Weitergehend Scholz/*Emmerich* aaO; *Lutter/Hommelhoff* aaO und Baumbach/*Hueck/Fastrich* § 2 Rdn. 23; das Genehmigungserfordernis ergebe sich bereits aus der potentiellen Haftung gem. § 24.

〔2〕 Bei ausländischen juristischen Personen und Gesellschaften richtet sich die Beteiligungsfähigkeit nach internationalem Gesellschaftsrecht; vgl. BGHZ 53, 181 (s. unten § 58 II, III). Vgl. zur möglichen Nichtigkeit eines Gesellschaftsvertrags, an der ein Ausländer beteiligt ist *Wachter* ZIP 1999, 1577. Bei den juristischen Personen desöffentlichen Rechts, namentlich den Gebietskörperschaften, kann die Beteiligungsfähigkeit durch Vorschriften desöffentlichen Rechts beschränkt sein; vgl. BGHZ 20, 119.

〔3〕 BGHZ 78, 311; OLG Hamm BB 1975, 292; OLG Zweibrücken OLGZ 1982, 155; OLG Hamm GmbHR 1996, 363; vgl. auch *Flume* FS L. Raiser 27, 37; *Koch* ZHR 146 (1982), 118; *K. Schmidt* BB 1983, 1697. Vgl. zur Beteiligungsfähigkeit einer GbR an einer Genossenschaft BGH WM 1992, 12.

〔4〕 OLG Hamm BB 1975, 292; Hachenburg/*Ulmer* § 2 Rdn. 81; Scholz/*Emmerich* § 2 Rdn. 51; Baumbach/*Hueck/Fastrich* § 1 Rdn. 35; früher sehr str.

〔5〕 Für generell unzulässig halten die Beteiligung Scholz/*Emmerich* § 2 Rdn. 47; Soergel/*Damrau* § 2205 Rdn. 51; für generell zulässig, mit Hinweis auf die Möglichkeit einer Beschränkung der Haftung auf den Nachlaβ *Lutter/Hommelhoff* § 2 Rdn. 7; MünchKomm/*Brandner* § 2206 BGB Rdn. 14; *Koch* ZHR 146 (1982), 118, 124.

〔6〕 So die im Vordringen befindliche vermittelnde Ansicht, BayObLG NJW 1976, 1692, 1693; Hachenburg/*Ulmer* § 2 Rdn. 35; Baumbach/*Hueck/Fastrich* § 1 Rdn. 46; Staudinger/*Reimann* § 2205 BGB Rdn. 89; *Haegele/Winkler*, Der Testamentsvollstrecker, 15. Aufl. Rdn. 406.

定了股东内部之间的个人法律关系,又为制定有限责任公司这一法人的规范性文件(章程)提供了基础。所有通过签订合同而成立的私法法人都面临着同样的问题。

13 在过去,契约学说与规范学说是相互对立的。前者认为章程只是债法意义上公司合同(《民法典》第705条)的变种。相反,依据主要是由奥托·福·吉尔克(Otto v. Gierke)所提出的规范学说,公司合同不是合同,而是单方面的社会立宪行为。这种行为在个体法中并没有先例可循,因此也不应是法律行为这一概念所涵盖的内容。[1]

14 根据现在流行的、经过修正之后的规范理论,公司合同是一种**组织合同**,即一种特殊的合同类型,该合同既建立了参与设立公司的股东之间的权利与义务关系,又构建了规范股东创建组织的法律框架。而在一人公司的设立中,公司合同则是发起人的**单方组织行为**。这些情况也表现在,对此《有限责任公司法》一律都称之为公司合同,而实践中绝大多数情况下则采用章程,章程的修改等说法。

15 因此就内容而言,公司合同既可以包含调整合同当事人之间关系的债法性条款,也可以包括调整团体意思构成及其活动并对未来成员也有约束力的合作性规范。在这里,人们对**非真正的**、形式上的章程内容和**真正的**、(实质性的)**章程内容**进行了区分。至于哪些合同条款到底属于上述两种成分中的哪一种,倒可能会是一个很难说清楚的问题。[2]

16 公司合同的双重作用主要表现在对**合同的解释上**。对于公司合同的解释,人们既不能完全按照法律的规则进行,也不能都根据合同的解释规定进行(《民法典》第133条和第157条)。相反应该根据具体情况区别地对待。[3]对于涉及公司组织的章程部分内容,它们适用于未来的股东或第三者,比如债权人。因此,它们具有普遍适用的效力。因此应像对法律规范一样客观地进行解释。根据《民事诉讼法》第549条第1款的规定,对这部分条款的解释可以在上诉庭审中不受限制地进行审查。对这部分章程的修改应按照有关章程修改的规定进行,一般必须得到3/4以上多数的同意票,并要制作公证书和在商务注册处进行登记(《有限责任公司法》第53条)。相反,那些具有债法性质的合同条款仅仅在发起人之间有效;未来的股东必须通过签订合同的方式表示接受。对于这部分章程条款,可以根据一般合同法的规定进行修改,并且没有形式上的限制,但必须得到全体合同当事人的同意。根据《民事诉讼法》第549条第1款的规定,只有当合同当事人的住址分散在州高等法院所管辖的区域之外时,上诉法院才对这种条款拥有审查权。[4]

---

〔1〕 *Otto v. Gierke* Genossenschaftstheorie 133.

〔2〕 Siehe unten II 6.

〔3〕 H. M., bei Unterschieden in den Einzelheiten, vgl. *Wiedemann* DNotZ 1977 Sonderheft 99; *ders.* GesR I, 165 ff; *Flume* Allg. Teil I/1, 32 ff; *Ostheim* FS Demelius, 381; *K. Schmidt* GesR § 5 I 4.

〔4〕 Vgl. BGHZ 21, 370.

4. 初步合同

17 在实践中,大多数公司的设立都是逐步进行的。在弄清所有问题之前,参与者就应该订立一个**初步合同**。如果要使初步合同能够对设立行为产生约束力,就必须通过合同对设立行为进行规定,合同尤其应该对公司的基本资本和出资等事项予以明确的规定。这样,合同当事人就能够提起诉讼要求签订公司合同,并根据《民事诉讼法》第894条的规定强制履行相关的义务。[1]此外,根据《有限责任公司法》第2条的规定,初步合同需要公证。[2]

18 通过签订初步合同,就产生筹备公司,其形式为无限公司;或者,如果它没有从事工商业务或只是纯粹地进行资产管理,它便是民法公司。[3]因此,所有参与者都要对债权人承担直接的、个人清偿责任。筹备公司并不随着公司合同的签订和设立中的公司之产生而终止。它终止于实现其目的之时(《民法典》第726条)。只有经过特别的法律行为,筹备公司的权利和义务才可以转让给设立中的公司。[4]即使这样,发起人的责任也没有因此而终止。[5]相反,按照新的司法判决,不会根据《有限责任公司法》第11条第2款的规定[6]追究行为人的责任。[7]

5. 设立一人公司和假象设立

19 在1980年进行《有限责任公司法》改革以前,必须至少需要两人才能设立有限责任公司。因为当时的主流观点和司法判决[8]都认为,签订合同的前提条件是必须有两个以上的当事人。因此,如果人们一开始就打算设立一人公司,就可以使用**受托人**的办法来设立公司。在这里,受托人首先以自己的名义参与设立行为,但他必须按照委托人的指示签订合同;但委托人承担相关的法律责任;紧接着受托人必须将他的股份转让给委托人(即所谓的虚拟设立)。新修改的《有限责任公司法》明显地允许设立一人公司,从而就使得这种借助受托人的做法成了多余之举(见下文V.)。

---

〔1〕 RGZ 66, 116, 121; 156, 129, 138; BGH WM 1976, 180; OLG München GmbHR 1958, 195; OLG Karlsruhe NJW-RR 1996, 578.

〔2〕 H. A.; vgl. RGZ 156, 129, 138; BGH BB 1988, 159; a. A. *Flume* FS Geβler 3, 18f.

〔3〕 BGH NJW 1983, 2822; BGHZ 91, 148, 151; BGH ZIP 1998, 646.

〔4〕 BGHZ 22, 240; 91, 148, 151.

〔5〕 BGHZ 91, 148, 151; BGH NJW 1983, 2822; BGH WM 1984, 1507; 1985, 479; OLG Düsseldorf BB 1987, 1624.

〔6〕 Siehe hierzu Rdn. 114ff.

〔7〕 BGHZ 91, 148; BGH WM 1985, 479; OLG Hamburg GmbHR 1987, 477.

〔8〕 BGHZ 21, 378, 383

但**假象设立**仍然还是允许的,[1]而且,由于一人公司的发起人必须为未缴纳的出资提供担保(《有限责任公司法》第7条第2款第3项),所以也是合适的。当参与者打算真正设立公司时,假象设立并不等同于虚假行为,也不会因为规避法律而无效。甚至真正的出资者推出两个名义代理人,自己却不愿以股东身份参与公司设立时,假象设立也是允许和可行的。[2]受托代理人可以根据公司合同中规定的条件将其股份转让给委托人,即在公司获准注册时进行股份转让。[3]受托人从公司登记之时起就获得了完整的股东地位,并承担《有限责任公司法》第9a条、第19条和第24条等条款规定的责任。也就是说,这种安排对受托人也是有风险的。因为根据信托合同的规定,受托人在合同终止时必须将公司股份转让给委托人(《民法典》第667条),所以,签订信托合同一般需要进行公证(《有限责任公司法》第15条第4款)。 20

上述规则也适用于在公司设立阶段所订立的信托协议。[4]与此相反的是,对于在签订经过公证的公司合同之前所订立的信托合同,法律没有强制性的形式要求。这是因为这个时候既不存在公司股份,也还没有开始发行股份。公司股份只有在公司注册后才得以产生。[5] 21

**委托人不享有**成员权。相对于受托人而言,他近几年拥有债法上的权利。但委托人必须对因其行为而给债权人造成的损害承担法律责任。根据《有限责任公司法》第9a条第4款的规定,委托人必须与受托人同等的承担公司设立责任。[6]如果委托人在公司登记后的三年之内获得了公司的全部股份,根据《有限责任公司法》第19条第4款的规定,委托人就必须像一人公司的发起人一样缴付全部出资或者对公司就未缴付的款项提供担保。此外,联邦最高法院还将《有限责任公司法》第24条规定的补缴出资责任、退还禁止交给股东款项的请求权(《有限责任公司法》第30条和第31条)、有关替代自有资本的股东借贷的规则(《有限责任公司法》第32a和32b条)以及禁止减免或禁止允许延期缴付出资的规定(《有限责任公司法》第19条第2款)延伸适用于委托人。[7] 22

---

〔1〕 Die Empfehlung von *Ulmer* BB 1980, 1001, die Einmanngründung zu vermeiden und statt dessen bei der Strohmanngründung zu bleiben, überzeugt freilich nicht; ähnlich *Hüffer* ZHR 142 (1978), 486. Dagegen *Raiser* in: Das neue GmbH-Recht in der Diskussion, 1981, 21, 37 ff; *K. Schmidt* NJW 1980, 1769, 1774 f; *Flume* DB 1980, 1781; *Winter* in Pro GmbH, 1980, 191; vgl. auch *Hüffer* ZHR 145 (1981), 521; *K. Schmidt* ZHR 145 (1981), 540.

〔2〕 BGHZ 21, 378, 383; 31, 258, 263.

〔3〕 Soll die übertragung vor der Eintragung wirksam werden, ist anzunehmen, daβeine Einmanngründung gewollt ist.

〔4〕 BGHZ 141, 207, 211 f.

〔5〕 BGHZ 19, 69, 70; 141, 207, 213.

〔6〕 Siehe unten VII 3.

〔7〕 BGHZ 31, 258; BGH GmbHR 1963, 208; BGH WM 1977, 73, 75; BGHZ 75, 334, 335 f.; BGHZ 95, 188, 193; BGHZ 107, 7 ff.; BGHZ 118, 107; OLG Hamburg BB 1984, 1253.

23 上述判决突破了信托和间接代理的一般规则，因此受到学术界的批评是正常的事。〔1〕该判决是基于这样一种考虑：法律必须首先保证公司能够确实筹集到规定的资本金并保证法定股本完好无损。〔2〕因此，如果非法向委托人退回资本金时，就必须将委托人视为公司股东，因此适用《有限责任公司法》第30条、第31条第1款以及第32a、32b条的规定是有道理的（见《有限责任公司法》第32a条第2款第1项）。〔3〕但是，这种情况是否也适用于《有限责任公司法》第19条和第24条关于筹集初始资本的规则，这是令人怀疑的。由于公司或受损害的债权人可以以受托人针对其委托人的请求权为抵押，所以他们得到了充分的保证。〔4〕此外，他们还有提起损害赔偿的权利。〔5〕

### 6. 实质性的章程内容和债法性附加协议

24 根据《有限责任公司法》的规定，公司合同必须包括法律规定的最少**内容**，如商号、公司所在地、经营范围、初始资本的数额、股东和每一股东的出资数额（《有限责任公司法》第3条第1款，**强制性章程内容**）。由于这部分章程内容是公司的法律基础，因此，还应该订立一些对于公司很重要的协议（**任意性公司章程内容**）。

25 这类协议主要有：限定企业存续时间的协议或增加股东从属义务的协议（《有限责任公司法》第3条第2款），此外还有有关实物出资的协议（《有限责任公司法》第5条第1款第1项），限制股份转让的协议（《有限责任公司法》第15条第5款），允许批准将部分股份转让给其他股东的协议，以及在继承人之间分割已死亡股东股份的协议（《有限责任公司法》第17条第3款），说明追加出资义务的协议（《有限责任公司法》第26条等条款）以及收回股份的协议（《有限责任公司法》第34条第1款）。

26 与《股份法》相反，大部分《有限责任公司法》的规定**都是任意性条款**。因此，公司合同的内容一般会远远超过《有限责任公司法》所强制性规定的内容。例如，常见的公司合同内容有：有关公司经理人数、经理的任命和解聘（见《有限责任公司

---

〔1〕 Vgl. *Ballerstedt* JZ 1960, 513; *O. Kuhn* 96 ff; *Wolany* 41 ff; *F. Müller* 183; Hachenburg/*Ulmer* § 2 Rdn. 62 ff; Scholz/*Emmerich* § 2 Rdn. 59 a.

〔2〕 So zuletzt BGHZ 118, 107 in Auseinandersetzung mit den im Schrifttum vorgebrachten dogmatischen Einwänden.

〔3〕 Siehe unten §§ 37 II 3, 38 Rdn. 29.

〔4〕 Einzelheiten bei Hachenburg/*Ulmer* aaO; wie im Text ferner auch Baumbach/*Hueck*/*Fastrich* § 1 Rdn. 43; Rowedder/*Rittner*/*Schmidt-Leithoff* § 2 Rdn. 26 f.

〔5〕 Vgl. zur Haftung eines Hintermanns wegen angemaβter Eigengeschäftsführung (§ 687 II BGB) und aus § 43 II GmbHG analog BGHZ 119, 257. Diese Entscheidung, in welcher der BGH die Haftung verneinte, ist vor dem Hintergrund zu würdigen, daβder Treugeber wirtschaftlich Alleingesellschafter war. Bei einer mehrgliedrigen Gesellschaft könnte eine Haftung nicht mit der Erwägung abgelehnt werden, die Interessen des wirtschaflichen Alleininhabers seien mit denen der Gesellschaft identisch. Zur Haftung des als GmbH-Geschäftsführer eingesetzten Strohmanns wegen Verletzung von Kontroll- und Aufsichtspflichten gegenüber dem tatsächlichen Geschäftsführer vgl. OLG Köln BB 1993, 747.

法》第 6 条和第 38 条）、公司经理与股东大会的职责分工（《有限责任公司法》第 37 条和第 45 条等条款）、股东大会的程序（《有限责任公司法》第 47 条等条款）、盈利的计算与分配办法（《有限责任公司法》第 29 条）、监事会或监察会的指定（《有限责任公司法》第 52 条）以及股东退出和除名等规定。

此外，这些规定对公司的组织以及股东与公司之间的法律关系也是很重要的。人们把它称之为**实体性**或**社团性章程规定**。根据主流学说，公司合同应理解为**组织合同**，[1]而社团性章程规定则表现为客观法，其效力超过了债法性协议。特别是，它也适用于股份购买者。在公司注册以前，必须经过全体股东的一致同意。而在公司登记之后，则只能按照修改章程的规则（《有限责任公司法》第 53 条第 2 款），亦即只有在 3/4 的多数票的时候才能对其进行修改。 27

章程条款常常并不具备这种社团性特征（**形式上的章程条款**）。除此之外，可以在章程中制定有关**公司经营管理的规则**，比如，有关公司经理任命的规定。只有通过这些规定创建了一项特别权利时（《民法典》第 35 条），它才成为章程的实质性组成部分。至于是否确立了特别权利，则必须通过对合同的解释来查明，但这一般并不为司法判决所认可。[2]因此，这种任命可以根据《有限责任公司法》第 38 条、第 46 条第 5 项、第 47 条第 1 款的规定通过简单的决议予以撤销。[3] 28

此外，即使公司合同中附加的股东**协议**也可能并不具备社团性质，例如有关优先购买权、竞业禁止或统一表决权的约定。这些约定只具有**债法性质**。如何划定这里的界限常常难以确切的加以解释。[4]但这在实践中是很重要的。因为股东之间债权协议通常受合同法调整，因此，如果公司合同没有相反的规定，而且得到协议的各方当事人同意，就可以不受限制地对其进行修改和撤销。而对于那些股东之间在公司合同之外所订立的债权协议性质的规定，由于它成为公司合同的组成部分，这也间接表明：它具有社团特点。对它的修改，就必须由加重多数票数作出决议，并进行公证。必要时，还需要得到利害关系人的同意（《有限责任公司法》第 53 条第 2 款）。[5] 29

与上述协议相对应，实践中股东还会在章程之外签订协议，规定股东权的行使和股东之间的相互关系。这是一种比较常见的现象。这是一种具有**债权性质的附属协议**，由于它们的公开性，一般不包括在公司合同之中。由于这种协议的公开特征，多数合资企业和家族企业的股东通常对此没有兴趣，特别是当这些协议的目的是为了确保某些股东的影响力时，更是如此。典型的协议有关于统一投票权协议（**表决约束协议**和**投票共同体**）、关于任命监事会或咨询委员会的协议以及关于公 30

---

〔1〕 Zur Rechtsnatur des Gesellschaftsvertrags siehe oben II 3.

〔2〕 Vgl. RGZ 44, 98; BGH NJW 1961, 507; DB 1968, 2166; Hachenburg/*Ulmer* § 3 Rdn. 55.

〔3〕 Siehe unten § III 3.

〔4〕 Einzelheiten siehe unten § 33 IV 5.

〔5〕 Vgl. hierzu Scholz/*Priester* § 53 Rdn. 12 ff.; *ders.* DB 1979, 68, 682 ff.; *Winkler* DNotZ 1971, 394, 413; Hachenburg/*Hüffer* § 47 Rdn. 67 ff. zu Stimmbindungsabreden.

司股份优先购买权的协议。这些协议在实践中有着重要意义。[1]

31 有限责任公司中的债权性附属协议**原则上是合法的**,股东在私法上享有充分的自主拟定协议的权利,这一权利仅仅受具有强制性的有限责任公司的组织法的限制。不同于公司合同,这种协议原则上不需要有特别的形式。与公司章程不同(见《有限责任公司法》第53条第2款),如果没有其他约定,只要协议的各方当事人一致同意,就可撤销这些协议或者对此进行修改。但是,这里的一个难题是这些附属协议是如何起作用的。如果购股者没有依据《民法典》第414条和第415条的规定表示承担债务,则他不受这些附属协议的约束。[2]但有争议的是,股东协议是否可以例外地反过来对公司的关系产生作用。联邦最高法院在两个判决中肯定了股东大会决议的可撤销性,其理由是这些协议违反了股东之间达成的关于行使投票权的协议。[3]当然,联邦最高法院由此也受到了强烈的批评。[4]批评认为,这样的观点在没有任何理由的情况下将章程等同于债权协议。值得怀疑的是,允许股东协议可以在例外情况下基于诉讼成本上的考虑而对协会章程,特别是对成员的权利和义务产生作用。[5]

7. 储备设立和购买空壳公司

32 (a) 在实践中,不少公司在其成立后的初期并不开展经营活动,设立公司的目的是为了以后的需要做准备(**储备设立或空壳设立**)。设立此类公司经济上的理由是为了避免耗时的登记程序,同时也可以防止在公司登记之前从事经营活动,并由此承担责任的风险。但设立这种公司是否为法律所允许,却是很成问题的。如果所规定的经营范围与实际所从事的活动不符,便产生了虚假的交易。根据《民法典》第117条的规定这种行为就是无效的,这样的公司就不能进行登记。长期以来有争议的是,是否可以仅仅一般性规定,公司的经营范围为"管理自身资产",而就此有效储备设立一家有限责任公司。一部分学者认为,这些公司并不打算从事积极活动,因此,设立是无效的。[6]根据联邦最高法院的一个典型判决(BGHZ 117, 323,针对股份有限公司),人们逐步接受了允许设立此类公司的观点。[7]只要遵守了

---

〔1〕 Vgl. zu den Erscheinungsformen schuldrechtlicher Gesellschaftervereinbarungen *Noack* Gesellschaftervereinbarungen, 40.

〔2〕 Hachenburg/*Ulmer* § 3 Rdn. 119.

〔3〕 BGH NJW 1983, 1910, 1911; NJW 1987, 1890, 1891.

〔4〕 Vgl. Hachenburg/*Raiser* Anh. § 47 Rdn. 142 ff; ferner, allerdings unter Durchgriffsgesichtspunkten Ausnahmen zulassend *Ulmer* NJW 1987, 1849, 1855; Hachenburg/*Hüffer* § 47 Rdn. 84; *Winter* ZHR 154 (1990), 259, 278; *Hoffmann-Becking* ZGR 1994, 442, 450; großzügiger dagegen Scholz/*K. Schmidt* § 45 Rdn. 116 u. § 47 Rdn. 53 sowie Baumbach/Hueck/*Zöllner* § 47 Rdn. 79. Vgl. zuletzt umfassend Noack aaO 162 ff.

〔5〕 So aber *Baumann/Reiß* ZGR 1989, 157, 214 f.; Baumbach/Hueck/*Zöllner* § 47 Rdn. 79.

〔6〕 OLG Hamburg BB 1983, 1116; Scholz/*Emmerich* § 3 Rdn. 19 f.

〔7〕 Vgl. zur GmbH: BayObLG GmbHR 1999, 607, 608; OLG Brandenburg ZIP 1998, 2095; Hachenburg/Ulmer § 3 Rdn. 32 f; Baumbach/*Hueck/Fastrich* § 3 Rdn. 13; *Lutter/Hommelhoff* § 3 Rdn. 7; Rowedder/*Rittner/Schmidt-Leithoff* § 3 Rdn. 16.

《有限责任公司法》有关筹集初始资本的规定，而且又不损害债权人的利益，这一观点是正确的。[1]

如果**以后使用了该公司的外壳**，债权人就不能要求再次遵从有关公司设立的规定，尤其不能要求再一次筹集初始资本，就像公司在此期间已经开始经营活动一样，债权人同样无此权利。因此，不能通过重复适用有关设立公司的规定来处理相关的滥用行为。但是对此，可以适用一般的法律救济措施，在紧急情况下则可以适用严格责任原则或《民法典》第826条的规定。[2] 33

（b）如果一个发起人购买一个原来曾经活跃的、但后来停止了——也许已经没有资产的——公司的股份，并且试图将其用于自己所筹建的新企业时，也会出现上述同样的问题（**空壳购买**）。与设立储备公司相比，这里法律问题更大。一方面是因为这里的发起人没有参与过空壳公司的设立，故也没有履行过相关的义务。另一方面，收购通常并不以公司仍然有与初始资本相等的资产额为前提条件。 34

依然具有很大争论的是：在进行"经济上的新设立"时，如何有效地对付规避公司设立规定的危险。一部分人主张，这些问题可以用适用严格责任原则来予以解决。[3]而普遍的观点则认为，应该类推适用有关最低资本和最低出资（《有限责任公司法》第5条第1款，第7条第2款、第3款）以及有关实物出资（《有限责任公司法》第8条第1款第5项、第2款，第9条，第9a条，第9c条）的规定。[4]这一观点是值得赞同的，因为这一观点充分考虑到了一个失去了资产的有限责任公司再次从事经营活动的潜在危险。 35

收购一个空壳公司时通常需要**修改公司章程**，在章程中重新拟定商号和经营范围，可能的话还要提高初始资本。而且通常也有必要更换公司的经理。在申请将这些修改在商务注册处进行登记时，公司经理必须保证，公司有可供其有效支配的《有限责任公司法》第5条和第7条所规定的必要最低数额资本。而且注册法院还 36

---

〔1〕 *Heerma* Mantelverwendung 108ff; *Kantak*, Mantelgründung 145ff; *Göz/Gehlich* ZIP 1999, 1653; *Stein* FS Lutter749; *Banerjea* NZG 1999, 817; *Meller-Hannich* ZIP 2000, 345; vorsichtiger *Zwissler* GmbHR 1999, 657. Vgl. auch LH Dresden GmbHR 2000, 1151; Zu einem Fall der Umgehung der Gründungsvorschriften vgl. OLG Schleswig GmbHR 2000, 1047 m. Anm. *Bormann/Halaczynski* 1022.

〔2〕 So vor allem *Bommert* GmbHR 1983, 209, gegen *Ulmer* BB 1983, 1123 und *Priester* DB 1983, 2291. Zur Unzulässigkeit einer doppelten Verwendung der Vorratsgesellschaft vgl. *Stein* FS Lutter 749.

〔3〕 Vgl. *Heerma*, Mantelverwendung 111 f.; zustimmend *Banerjea* GmbHR 1998, 814, 816 f. Vgl. ferner *Lutter/Hommelhoff* § 3 Rdn. 11: der Erwerber eines Mantels ist nur einer Unterbilanzhaftung unterworfen, maßgeblicher Stichtag sei die Anmeldung der Satzungsänderung bzw. die Aufnahme der neuen Tätigkeit.

〔4〕 *Ulmer* BB 1983, 1123, 1125; Hachenburg/*Ulmer* § 3 Rdn. 39 ff; Baumbach/*Hueck/Fastrich* § 3 Rdn. 15; *Priester* DB 1983, 2291, 2295; *K. Schmidt* GesR § 4 III3d; *Ihrig* BB 1988, 1197, 1202; AG Erfurt GmbHR 1997, 74.

必须审查,初始资本是否依然完好的存在。[1]此外,在这里还可能会产生行为人责任和预先承担责任。[2]

37　适用有关公司设立的规定是否就能够有效地防范将会出现的危险?为回答这一问题,必须首先弄清下列问题:如何界定空壳收购和企业重组的区别,并在登记程序中证明这一点,即后一方式是合法的;注册法院是否可以对所有过程进行审查。[3]如果对章程的修改不想申请登记,因为对任命新经理的登记只是有着纯粹的公告意义,那么,注册法院就不会知悉经济上的新成立。这样,就只能依然适用一般的滥用规定,即追究股东的资本实质过低的责任。[4]

## III. 现金设立

参考文献:*Braasch*, Gründungsprobleme bei der GmbH, 1975; *Hommelhoff/Kleindiek*, Schuldrechtliche Verwendungspflichten und "freie Verfügung" bei der Barkapitalerhöhung, ZIP 1987, 477; *Hüffer*, Wertmäβige statt gegenständlicher Unversehrtheit von Bareinlagen im Aktienrecht, ZGR 1993, 474; *Lutter*, Das überholte Thesaurierungsgebot bei Eintragung einer Kapitalgesellschaft im Handelsregister, NJW 1989, 2649; *Mülbert*, Das "Magische Dreieck der Barkapitalaufbringung", ZHR 154 (1990), 145; Priester, Kapitalaufbringung bei korrespondierenden Zahlungsvorgängen, ZIP 1991, 345; *Raiser*, Die neuen Gründungs- und Kapitalerhöhungsvorschriften für die GmbH, in: Das neue GmbH-Recht in der Diskussion, 1981, 21, 27 f; *K. Schmidt*, Barkapitalaufbringung und "freie Verfügung" bei der Aktiengesellschaft und der GmbH, AG 1986, 106.

### 1. 最低应缴纳的出资数额

38　如果在公司合同中没有指定公司经理,那么执行公司合同的第一步就是要任命第一个**公司经理**。[5] 该经理的主要任务首先是收缴股款,申请将公司在商务注册处进行登记(《有限责任公司法》第7条第1款、第78条)。

39　只有当**法律规定的最低出资额收缴**后,才可以申请公司登记。股东必须至少缴纳1/4的出资(《有限责任公司法》第7条第2款第1项)。自1980年《有限责任

---

[1] Vgl. OLG Frankfurt/Main GmbHR 1999, 32, 33; OLG Hamburg GmbHR 1987, 477; AG Erfurt, AG 1997, 74; Scholz/*Emmerich* § 3 Rdn. 22; *Priester* aaO 296; *Ulmer* aaO 1126. Gegen eine registergerichtliche Kontrolle BayOblG GmbHR 1999, 607, 608 f.; OLG Frankfurt/Main GmbHR 1992, 456; *Lutter/Hommelhoff* § 3 Rdn. 8; *Heerma* aaO 113 ff.; *Bommert* aaO; *Banerjea* GmbHR 1998, 814, 815 ff.; *Bärwaldt/Schabacker* GmbHR 1998, 1005, 1008 ff.

[2] Vgl. hierzu Hachenburg/*Ulmer* § 3 Rdn. 40.

[3] Kritisch in dieser Richtung namentlich *Bommert* aaO 212 f; *Meyer-Landrut* § 3 Rdn. 17; Scholz/*Emmerich* § 3 Rdn. 22; vgl. auch BayOblG GmbHGR 1999, 607, 608. Zur entsprechenden Anwendung des § 11 II beim Handels unter dem Mantel einer vermögenslosen GmbH vgl. OLG Stuttgart GmbHR 1999, 610.

[4] Siehe hierzu unten § 29 III 3.

[5] Siehe § 32 III 1.

公司法》改革以及为实施《欧元施行法》而对公司法修改以来,股东总共至少应缴付12,500 欧元的股金(《有限责任公司法》第5条第1款)。这笔款项必须完全处在经理自由支配下(《有限责任公司法》第8条第2款),这样,根据资本筹资的基本原则,这笔款项就可以作为公司存在的基本基础和对债权人利益的基本保证。

现金出资的支付方式有:交付现金、将款项无条件的划汇于设立中的公司的账户上〔1〕或者划汇入经理或第三者为公司开设的信托账户,比如律师或公证人的账户。在收缴股款时,如果这些账户仍然处在负债的情况下,通常也没有关系。因为在偿还完相应的数额之后,公司又可获得贷款的额度。〔2〕但当银行宣布解除贷款合同,而且将已缴付股金充抵没有清偿的贷款时,必须对此另行评判。〔3〕类推适用的《股份法》第54条第3款的规定,缴付由德意志银行所确认的支票也视作现金出资。相反,如提交其他支票和汇票,则只有在兑现之后才是有效的。 40

如果将发起人承担的最低出资义务与其对公司拥有的债权〔4〕相抵销,或者用以充抵公司对于第三者的债务,那么就**不是有效的出资**。特别是在由有限责任公司担任无限股东的两合公司中,这种出资方式不具有免除股东出资义务的效力。〔5〕在这种情况中,可以适用有关实物出资的规定(见下文IV.)。相反,如果缴付时附加了债法性质的使用约定,比如应该将款项用于购买地产或收购某一企业,这不影响股东履行其出资义务。〔6〕但如果约定将缴纳的款项退回给股东本人的话,那么,这可能就是隐性实物出资(见下文IV.5)。在这种情况下,这笔款项也没有根据《有限责任公司法》第7条第3款和第8条第2款规定交由经理自由支配。〔7〕此外,如果银行冻结了公司的账户,那么已缴付的款项也不能最终由公司经理自由支配。〔8〕 41

如果设立中的公司为了设立活动而动用了收缴的股金,这是可以的。这是因 42

---

〔1〕 Die Vorgesellschaft ist bereits kontofähig, BGHZ 45, 338, 347; BGH GmbHR 1962, 233; vgl. § 54 III AktG.

〔2〕 *Priester* DB 1987, 1473; BGH NJW 1991, 226; NJW 1991, 1294; BayOblG GmbHR 1998, 736. Zur Kapitalaufbringung bei korrespondierenden Zahlungen *Priester* ZIP 1991, 345.

〔3〕 BGH WM 1990, 1822; OLG Stuttgart ZIP 1995, 1595, OLG Dresden GmbHR 1999, 1035.

〔4〕 H. A.; RG LZ 1907, 826; BGHZ 113, 335, 346 ff; OLG Hamburg GmbHR 1986, 230, 232.

〔5〕 BGH BB 1986, 214; OLG Stuttgart DB 1986, 1514.

〔6〕 So mit Recht *K. Schmidt* AG 1986, 106, 111 und *Hommelhoff/Kleindiek* ZIP 1987, 477, 485; gegen dieältere Judikatur, vgl. BGHZ 28, 314, 319; OLG Hamburg GmbHR 1986, 230; OLG Koblenz ZIP 1986, 1559, 1561; LG Mainz ZIP 1986, 1323, 1326. Wie hier nun auch BGHZ 113, 335, 347; BGH ZIP 1990, 1400; GmbHR 1992, 601.

〔7〕 BGHZ 113, 335, 346 ff.

〔8〕 Vgl. BGH GmbHR 1962, 233; vgl. auch BGHZ 51, 157. Zur Haftung der Bank bei unrichtiger Bestätigung der Einzahlung OLG München GmbHR 1990, 508; BGH WM 1991, 671.

为资本筹集原则的目的并**不是为了对募集的股金进行储藏**。[1]不过,主导的观点却要求,在公司注册时公司依然拥有与出资额相等的资产,因此,公司只能开支中立性业务活动。[2]但无法令人认同。保护债权人利益的是公司法规定的前期亏损责任,而不是有关筹集初始资本的规定。[3] 因此,即使在股东缴纳股金已经有一段时间,而且在此期间公司已经出现了损失时,公司经理在申请登记时也必须根据《有限责任公司法》第 8 条第 2 款的规定保证:他能够自由支配收缴的股金。

43 如果股东在公司设立阶段就缴付了高于法定最低出资额的股金,就会产生这样的问题:股东是否由此而履行了其承担的出资义务。过去的司法判决根据不同的情况而作了不同的判决:如果公司合同中规定了较高出资额,则股东就履行了其出资义务;[4]如果属股东自愿多交,那么,只有在公司登记时公司依然没有使用该项股金时,才免除股东的出资义务。[5]但是,在取消禁止前期亏损责任之后(见下文 VI.),这一判决不再适合于设立中的公司股东责任的新概念。因此,联邦最高法院十分正确地撤销了这一判决,并认为这种缴付具有免除股东出资义务的效力。[6]不过,主流观点却认为:因为前期亏损责任所带来的风险,只有全体股东都同意上述这种额外的缴付,才具有免除出资义务的效力。这一观点是正确的。[7]

2. 申请登记

44 法定最低出资额收缴后,经理就可以向商务注册处申请进行国内公司登记。根据《有限责任公司法》第 8 条的规定,申请登记时必须提交下列材料:一份公司合同(《公证法》第 47 条)或经过公证的合同副本,如果公司合同是由代理人签订的,必须提交相应的授权证书;此外,还需要提交有关任命经理的**材料**(如《有限责任公司法》第 45 条第 5 项规定的股东会会议记录)、一份清楚说明股东姓名、状况以及住址的股东名单;最后,如果公司经营的范围还需得到国家批准的话,那么还需提交批准证书(《有限责任公司法》第 8 条第 1 款, 第 1—3、6 项)。[8]

45 必须要**由所有经理一起提交申请登记**(《有限责任公司法》第 78 条)。申请时,还必须说明经理的代理权限(《有限责任公司法》第 8 条第 4 款)。在申请中还必须**担保**已收缴了法定

---

〔1〕 *Lutter* NJW 1989, 2649; *Lutter/Hommelhoff* § 7 Rdn. 15; zur Kapitalerhöhung auch BGHZ 119, 177, 187 f. ; ferner *Hüffer* ZGR 1993, 474, 481. Anders noch OLG Hamburg GmbHR 1982, 157; BayObLG WM 1988, 622; OLG Köln DB 1988, 955; OLG Köln ZIP 1989, 238.

〔2〕 Vgl. OLG Frankfurt/Main WM 1992, 138; Hachenburg/*Ulmer* § 7 Rdn. 49; BGHZ 119, 177.

〔3〕 Wie hier Lutter/*Hommelhoff* § 7 Rdn. 15; Baumbach/Hueck/*Fastrich* § 7 Rdn. 5 a.

〔4〕 RGZ 83, 370, 374 ff; 149, 293, 302 ff; BGHZ 15, 66, 68.

〔5〕 BGHZ 37, 75, 77 f; 51, 157, 159 ff; 80, 129, 137.

〔6〕 BGHZ 105, 300.

〔7〕 Baumbach/*Hueck/Fastrich* § 7 Rdn. 4; *Lutter/Hommelhoff* § 7 Rdn. 8; Hachenburg/*Ulmer* § 7 Rdn. 42 f.

〔8〕 Zur Eintragung in die Handwerksrolle als Genehmigungsvoraussetzung und zur teilweisen Genehmigungsbedürftigkeit s. BGHZ 102, 209.

最低股金，并且保证该股金已处于经理的最终自由支配之下(《有限责任公司法》第8条第2款第1项)。担保还应涉及：有多少收缴的股金已经用于清偿公司的债务。[1]此外，经理还必须保证没有出现妨碍其担任经理的情况(《有限责任公司法》第8条第3款；见下文§32.III.1)。《有限责任公司法》规定了进行虚假陈述或不完全说明的设立责任(《有限责任公司法》第9a条第1款；见下文VII.3)，由此确保遵守上述公开义务。如果银行就自由支配权问题出具了虚假证明，也可以相应地适用《股份法》第37条第1款第4项的规定，对公司承担责任。[2]如果股东和经理为了公司登记作了虚假说明，则可能根据《有限责任公司法》第82条第1款第1项和第4项的规定被判处3年以下的有期徒刑或罚款处罚。[3]

3. 审查

46 (a) 根据所递交的材料，**注册法院必须**审查公司是否按规定设立和提出申请登记(《有限责任公司法》第9c条第1款)。法院首先审查登记申请是否具备了登记的行使要件，比如公司合同是否包含了《有限责任公司法》第3条所规定的必备内容、是否得到了全体股东的签署以及是否进行了公证；材料是否齐全；股本出资的数额是否已达到了初始资本总额等。

47 形式审查之后，就要对申请的合法性与内容的正确性进行**实质审查**。但迄今为止，《有限责任公司法》没有对审查范围作出具体规定。在实践中很多人抱怨，由于法律规定不明确，使登记程序不恰当地拖延。正是基于这些原因，立法者在1998年的商法改革中大大地缩小了实质审查的范围。并规定只允许在下述情况下，法院才可以**拒绝登记**：如果一合同条款有缺陷或无效：(aa) 而根据该条款涉及的事实或法律关系，并且根据《有限责任公司法》第3条第1款或其他强制性法律的规定该条款是必须在合同中予以规定的，或者必须在商务注册处中进行登记的，或必须是由法院予以公告的(《有限责任公司法》第3条第2款第1项)；(bb) 该条款违反了完全或主要是用以维护公司债权人或其他公共利益的法律规定(《有限责任公司法》第9c条第2款第2项)；(cc) 或所违反的规定导致了公司合同的无效(《有限责任公司法》第9c条第2款第3项)。

48 这些规定极大地限制了审查的范围，原则上法院不再对公司合同中保护个人和少数股东权利的条款进行实质性审查。[4]通常法院仅仅审查下列内容：公司合同中是否包含了《有限责任公司法》第3条第1款规定的必须包含的内容、这些条款是否符合法律的规定，尤其是是否清楚地说明了公司的经营范围和公司所用的商号是否符合法律的规定。这一规定也**不是**

〔1〕 BGHZ 80, 129, 143.

〔2〕 BGHZ 113, 335, 351 ff.

〔3〕 Vgl. zur Strafbarkeit des Gründungsgesellschafters BayObIG DStR 1994, 1202.

〔4〕 Vgl. *Lutter/Hommelhoff* § 9c Rdn. 13.

**没有问题的**。因为如果因为其他原因某些章程条款是非法的条款,法院则不能拒绝登记。[1]相反,注册法院依然必须审查:是否已经收缴了最低出资额、这些出资在登记时是否还依然为公司经理自由支配[2]。

49 在现金出资时,必须审查相应的支付证明和公司账户的账单。在实物出资时,则应根据《有限责任公司法》第 9 条第 1 款第 2 项的规定审查是否高估了用以出资的实物的价格。而且,因为既然联邦最高法院已经取消了有关前期亏损的禁止,注册法院就必须核实,在登记时有多少初始资本已用于公司的债务。[3]

50 无论是依据过去的[4],还是根据现在的法律规定,登记法官都**无权审查**公司合同的个别条款是否适合公司的目的,也无权审查新设立公司经营成功的**可能性**。此外,所约定的初始资本是否足以支撑所要从事的经营范围,亦即公司是否配备了足够的资本,也不是登记法官审查的内容。当然,如果公司资本明显地严重不足,且已达到了滥用法律的程度,则注册法院可以拒绝登记。[5]

51 (b) **审查的对象**首先是根据《有限责任公司法》第 8 条规定所提交的材料和担保。法官必须弄清公司的设立和登记申请是否符合法律规定。当然,不能过度增加法院的审查责任,否则就会造成法院负担过重,从而严重地拖延登记程序。如果没有理由怀疑所报材料的正确性,就应对公司进行登记,这是公司参与者的法定权利。相反,如果对此还有疑问,法官就要进一步查清这一疑问。如果这样,法官的审查并不一定局限于所呈交的材料,而可以进行一些必要的调查,举行适当的取证(《有关自愿管辖权事项的法律》第 12 条)。如果无法确认是否高估了用以出资的实物,或者初始资本是否在登记之前已为债务所约束,还可以聘请独立专家进行设立审查。[6]

52 如果不符合公司登记的前提条件,法院就必须**拒绝登记**(《有限责任公司法》第

〔1〕 Der Gesetzgeber hat dies bewuβt hingenommen; vgl. BegrRegE BT-Drucks 13/8444, 76 ff. Inkonsequent ist es aber, die Prüfungskompetenz des Registergerichts nur bei Gründung, nicht aber bei der Satzungsänderung zu beschränken.

〔2〕 BayObLG DB 1988, 850; OLG Käln DB 1988, 955.

〔3〕 BGHZ 80, 129, 143; 80, 182, 184 f; dazu *K. Schmidt* NJW 1981, 1345; *Ulmer* ZGR 1981, 593, 604.

〔4〕 Vgl. BayObLG BB 1983, 83; WM 1985, 572.

〔5〕 Wie hier, allerdings noch zur alten Rechtslage Hachenburg/*Ulmer* § 9 c Rdn. 9, 31; *Koch* ZHR 146 (1982), 118, 136 f. Restriktiver dagegen Baumbach/*Hueck/Fastrich* § 9 c Rdn. 4; Rowedder/*Rittner/Schmidt-Leithoff* § 9 c Rdn. 19; *Meyer-Landrut* § 9 c Rdn. 8.

〔6〕 Vgl. Begründung zur Gesetzesvorlage, BT-Drucks. 8/3908, 72; *Raiser*, in: Das neue GmbH-Recht in der Diskussion, 21, 27 f. Vgl. zur Anordnung einer Sachverständigenprüfung OLG Düsseldorf GmbHR 1995, 592; BayOblG DB 1995, 35.

9c 条第 1 款)。[1]如果股东对拒绝登记的判决不服,可以根据《有关自愿管辖权事项的法律》第 19 条和第 27 条的规定提起申诉和再申诉。[2]如果仅仅缺少个别的、能够补充满足的登记条件,法院可以颁布一个临时裁决令,在该临时裁决令里,法院应该规定股东补交登记条件的期限。

4. 注册

审查结束,公司获准在**商务注册处注册**,公司也由此而获得权利能力。根据《有限责任公司法》的规定,就从设立中的公司转变成法人。必须登记的是《有限责任公司法》在第 10 条第 1 款和第 2 款中所列举的条款。登记时提交的材料由注册法院作为登记文件存档,任何人都可以查阅这些文件(《商法典》第 9 条)。随着注册法院按照《有限责任公司法》第 10 条第 3 款以及《商法典》第 10 条和第 11 条的规定将注册在联邦司法部公报和注册法院公告进行公告,登记程序即告结束。 53

## IV. 实物设立

参考文献:*Barz*, Know-how als Einbringungsgegenstand, FS W. Schmidt, 1959, 157; *Banerjea*, Die Zinspflicht trotz Heilung verdeckter Sacheinlagen, AG 1998, 498; *Battes*, Die überbewertung von Sacheinlagen im in- und ausländischen GmbH-Recht, 1967; *Bayer*, Neue und neueste Entwicklungen zur verdeckten GmbH-Sacheinlage, ZIP 1998, 1985; *Bergmann*, Die verschleierte Sacheinlage bei AG und GmbH, AG 1987, 57; *Brandner*, Verdeckte Sacheinlage - eine Aufgabe für den Gesetzgeberö, FS Boujong, 1996, 37; *Delmas*, Die Bewertung von Sa2cheinlagen in der Handelsbilanz von AG und GmbH, 1997; *Döllerer*, Das Kapitalnutzungsrecht als Gegenstand der Sacheinlage bei Kapitalgesellschaften, FS Fleck, 1988, 35; *Einsele*, Möglichkeit der Heilung verdeckter Sacheinlagen, NJW 1997, 562; *Fabritius*, Die überlassung von Anlagevermögen an die GmbH durch Gesellschafter, 1987; *Frey*, Einlagen in Kapitalgesellschaften, 1990; *von Gerkan*, Verdeckte Sacheinlagen in der GmbH, GmbHR 1992, 433; *Götting*, Die Einlagefähigkeit von Lizenzen an Immaterialgüterrechten, AG 1999, 1; *Groh*, Nutzungseinlagen im Handels- und Steuerrecht, BB 1982, 133; *Groβ*, Die Lehre von der verdeckten Sacheinlage, AG 1991, 217; *ders.*, Heilung verdeckter Sacheinlagen in der GmbH durch Umwidmungsbeschluβ der Gesellschafter, GmbHR 1996, 721; *Grunewald*, Rechtsfolgen verdeckter Sacheinlagen, FS Rowedder, 1994, 111; *Haas*, Gesellschaftsrechtliche Kriterien zur Sacheinlagefähigkeit von obligatorischen Nutzungsrechten, FS Döllerer, 1988, 169; *Helms*, Heilung verdeckter Sacheinlage und Saldotheorie, GmbHR 2000, 1079; *Henze*, Zur Problematik der "verdeckten (verschleierten) Sacheinlage" im Aktien und GmbH-Recht, ZHR 154 (1990), 105; *Hoffmann-Becking*, Der Einbringungsvertrag zur Sacheinlage eines Unternehmens oder Unternehmensteils in die Kapitalgesellschaft, FS Lutter, 2000, 453; *Joost*, Verdeckte

---

[1] BayObLG DB 1988, 850; OLG Köln DB 1988, 955.

[2] BayObLG DB 1987, 215; 2194; BB 1987, 1627; OLG Köln GmbHR 1987, 60.

Sacheinlagen, ZIP 1990, 549; *Knobbe-Keuk*, Obligatorische Nutzungsrechte als Sacheinlagen in Kapitalgesellschaften?, ZGR 1980, 214; *Krieger*, Zur Heilung verdeckter Sacheinlagen in der GmbH, ZGR 1996, 674; *Langenfeld*, Verschleierte Sacheinlagen bei der GmbH, GmbHR 1981, 53; *Lutter*, Verdeckte Leistungen und Kapitalschutz, FS Stiefel, 1987, 505; *ders.*, Zur "Heilung" von verdeckten Sacheinlagen bei Gründung oder Kapitalerhöhung einer GmbH, JZ 1996, 912; *Lutter/Gehling*, Verdeckte Sacheinlagen, WM 1989, 1445; *Meilicke*, Die "verschleierte" Sacheinlage - eine deutsche Fehlentwicklung, 1989; *ders.*, Bareinlage, Sacheinlage und ihre "Verschleierung" im Recht der GmbH, GmbHR 1989, 411; *Mildner*, Bareinlage, Sacheinlage und ihre "Verschleierung" im Recht der GmbH, 1989; *Möhring*, Erbringung von Stammeinlagen bei einer GmbH durch Aufrechnung, FS R. Schmidt, 1976, 85; *Mülbert*, Das "Magische Dreieck der Barkapitalaufbringung", ZHR 154 (1990), 145; *Niemann*, Zu dem Aufrechnungsverbot nach § 19 Abs. 5 GmbHG und zu dem Problem der verdeckten Sacheinlage, DB 1988, 1531; *Priester*, Die Festsetzungen im GmbH-Vertrag bei Einbringung von Unternehmen, BB 1980, 19; *ders.*, Gläubigerbefriedigung - Bar- oder Sacheinlage?, BB 1987, 208; *ders.*, Die Erhöhung des Stammkapitals mit kapitalersetzenden Gesellschafterdarlehen, FS Döllerer, 1988, 475; *ders.*, Kapitalaufbringung bei korrespondierenden Zahlungsvorgängen, ZIP 1991, 345; ders., Heilung verdeckter Sacheinlagen bei der GmbH, ZIP 1996, 1025; *ders.*, Zur Wirksamkeit des Verkehrsgeschäfts bei verdeckter Sacheinlage im Recht der GmbH, FS Bezzenberger, 2000, 309; *Raiser*, Die neuen Gründungs- und Kapitalerhöhungsvorschriften für die GmbH, in: Das neue GmbH-Recht in der Diskussion, 1981, 21, 31; *Richter/Schick*, Neueste Rechtsprechung des BGH zur verdeckten Sacheinlage - Tatbestandskorrektur auf der Rechtsfolgenseite?, GmbHR 1999, 97; *Schiessl/Rosengarten*, Heilung einer verdeckten Sacheinlage im GmbH-Recht, GmbHR 1997, 772; *Skibbe*, Dienstleistungen als Sacheinlage bei der GmbH, GmbHR 1980, 73; *Sudhoff/Sudhoff*, Die Sacheinlage bei Gründung einer GmbH, NJW 1982, 129; *Trölitzsch*, Differenzhaftung für Sacheinlagen in Kapitalgesellschaften, 1998; *Ulmer*, Verdeckte Sacheinlagen im Aktien- und GmbH-Recht, ZHR 154 (1990), 128; *Volhard*, Zur Heilung verdeckter Sacheinlagen, ZGR 1995, 286; *Wegmann*, Verdeckte Sacheinlagen bei der GmbH, BB 1991, 1006; *Wiedemann*, Sacheinlagen bei der GmbH, FS Hirsch, 1968, 257; *ders.*, Die Erfüllung der Geldeinlagepflicht bei Kapitalerhöhungen im Aktienrecht, ZIP 1991, 1257; *Wilhelm*, Kapitalaufbringung und Handlungsfreiheit der Gesellschaft nach Aktien- und GmbH-Recht, ZHR 152 (1988), 333.

1. 实物出资

54 如果至少有一个股东不是以现金出资,而是以实物履行其全部或部分出资义务(实物出资)出资的,这就是实物设立。由于实物设立可以使企业从一开始就具备必要的实物,所以这是一种常见的设立有限责任公司的方式。这里必须区分的是两种不同的实物出资:一种是**狭义上的实物出资**,即股东直接以实物来履行其出资义务;与此相对的是**接受实物**,即如果公司通过与股东进行债权性质的交易获得实物，而股东用由此获得的价款冲抵其所欠的现金出资义务。立法者明确表示，[1]这也是实物出资的一种形式，因此，必须完全遵从有关实物出资的规定。此外还有**混合实物出资**。这是指用以出资的实物的价值超过了股东应该出资的数额，这样，公司就应该将该超出部分偿还给股东。除非可以将股东交付的实物进行分离，[2]否则必须同样地适用有关实物出资的法律规定。而**混合出资**只是指：股东交付的实物只满足了其承担的一部分出资义务，因此，股东还必须交付一定的现金，履行其其他部分出资义务。

2. 标的物

55 任何能够有效**转让给公司的实物**，只要它有**可以确定的经济价值**，都可以成为出资的实物（见《股份法》第27条第2款）。[3]在这里的关键是要从功能上考虑到《有限责任公司法》的立法目的，即要确保有效地收缴到公司的初始资本。重要的是必须保证：在公司根据《有限责任公司法》第7条第3款和第8条第2款的规定向商务注册处提出申请登记之前，出资标的物必须处于经理的自由支配之下。但是，根据现在流行的观点，没有必要要求出资的实物必须具有《商法典》第242条规定意义上的列资能力。[4]

56 可以作为出资标的物的有：地产和物权、[5]机器、商品、股东的权利、有价证券、著作权[6]和其他工业产权[7]，前提条件是它们必须具有资产价值。另外，股东还可以将长期出租或租赁给公司某些标的物作为出资的标的物。[8]**股东对第三者拥有的债权**，只要该债权是可以转让的，也可以作为出资的标的物。[9]

57 如果对能否交付出资的标的物有疑问，就必须考虑对此进行评估。如果以债权作为出资，而到期时不能实现债权，那么出资人就要承担《有限责任公司法》第9条规定的差额责任

〔1〕 Vgl. die Begründung zur Neufassung des § 5 IV im Zuge der Novelle von 1980, Ausschuβbericht BT-Drucks. 8/3908, 69.

〔2〕 RGZ 159, 321, 326; OLG Stuttgart GmbHR 1982, 109; OLG Zweibrücken GmbHR 1981, 214.

〔3〕 Die Formulierungen schwanken im Schrifttum, ohne daβsich daraus wesentliche Unterschiede ergeben; vgl. Hachenburg/*Ulmer* § 5 Rdn. 30 ff, 34 f.

〔4〕 *Knobbe-Keuk* ZGR 1980, 214, 216; *Döllerer* FS Fleck, 35, 37, 45 f; vgl. BGHZ 29, 300, 304.

〔5〕 Vgl. den Fall einer beschränkten persönlichen Dienstbarkeit, BGHZ 45, 338.

〔6〕 Im Fall BGHZ 29, 300 gründete ein Komponist mit einem zweiten Gesellschafter einen Musikverlag und brachte eine von ihm komponierte, noch nicht aufgeführte Operette in die Gesellschaft ein, die mit DM 10,000 bewertet wurde.

〔7〕 Zur Sacheinlagefähigkeit eines obligatorischen Nutzungsrechts betreffend die Verwertung des namens und des Logos eines Sportvereins vgl. BGH ZIP 2000, 1162 mit Anm. *Boehme* GmbHR 2000, 841 (*adidas*).

〔8〕 Dies ist heute überwiegend anerkannt, vgl. neben der Kommentarliteratur *Groh* BB 1982, 133; *Döllerer* FS Fleck 35, 38; a. A. *Knobbe-Keuk* ZGR 1980, 214; *Fabritius* aaO.

〔9〕 H. M.; vgl. Baumbach/*Hueck*/*Fastrich* § 5 Rdn. 27; Hachenburg/*Ulmer* § 5 Rdn. 41; *Lutter*/*Hommelhoff* § 5 Rdn. 16; *Roth*/Altmeppen § 5 Rdn. 39.

(见下文边码65)。对于未来的和有条件的债权,比如未来的索要工资的权利,则根据《有限责任公司法》第7条第3款的规定,只有在最晚于提出登记申请时已最终和无条件地产生了相关的债权,才是可以考虑将其作为出资标的物的。对于要求第三者提供服务的权利,根据源于《股份法》第27条第3款规定的主流观点,不能当作实物出资标的物,这一方面是因为无法确保其实现,另一方面也无法对其进行客观和充分的估价。〔1〕

58 股东**对公司拥有的债权**可以作为出资的实物。〔2〕这种方式在增资过程中十分常见,当股东用其以前提供给公司的贷款作为其缴纳的股金时,就是如此(《有限责任公司法》第56条;见下文§ 39. II. 5)。但如果是具有替代自有资本性质的贷款,那么,只要该贷款受《有限责任公司法》第32a条、32b条或第30、31条规定的约束,它就不具有免除股东出资义务的效果(见下文§28边码12)。此外,这种债权还必须是到期的、可以流通的和足值的(见下文§ 28边码7)。在同样的前提下,股东还可以以为公司清偿欠第三者特别是银行债务的方式来进行实物出资。〔3〕相反,提供一个无利息的资本使用权〔4〕或设定一个有利于公司的债权请求权都不足以成为实物出资,要求提供服务的权利更是如此。因为这些出资方式不能保证公司能够筹集到足够的资本金。〔5〕

59 引人注目的是用**企业或企业的某些部分当作出资的**实物。为避免以后产生纠纷,公司合同中必须详细而明确地规定转让的范围和时间,即自何时起转让的企业将在有限责任公司的名下继续经营。只有当公司合同所有当事人同意承担出让企业的债务(《民法典》第414条和第415条)或当满足了《商法典》第25条规定的前提条件时,企业才承担出让前企业的债务。根据《商法典》第22条的规定,只有征得转让者的同意,才能将商号进行转让。

60 公司合同应该确定实物出资的义务,因此这一义务并不是根据特殊法律行为而设立的。〔6〕但是,完全可以在附属的缴付合同中对其进行具体规定(见《股份法》第27条第3款、第183条第2款)。〔7〕然而,必须根据有关权利转让的法律规定**履行**相应的义务。如果企业是出资标的物,就必须转让属于企业的每一个物品。

---

〔1〕 Wie hier Hachenburg/*Ulmer* § 5 Rdn. 48; Baumbach/*Hueck*/*Fastrich* § 5 Rdn. 24, 27; *Lutter*/*Hommelhoff* § 5 Rdn. 17. A. A. *Skibbe* GmbHR 1980, 73; *Sudhoff*/*Sudhoff* NJW 1982, 129, 130; Rowedder/*Rittner*/*Schmidt-Leithoff* § 5 Rdn. 28.

〔2〕 BGHZ 15, 52, 60; BGH WM 1959, 1113, 1114; NJW 1970, 469, 471; OLG Hamburg GmbHR 1982, 157, 158; OLG Düsseldorf AG 1991, 149; *Priester* BB 1987, 208, 209; *ders.* FS Döllerer 475.

〔3〕 Einzelheiten bei Priester BB 1987, 208.

〔4〕 A. A. *Döllerer* FS Fleck 35, 44 ff; Hachenburg/*Ulmer* § 5 Rdn. 40.

〔5〕 H. L.; a. A. *Skibbe* GmbHR 1980, 73 ff; *Langenfeld* GmbHR 1981, 53, 55.

〔6〕 BGHZ 45, 338, 342.

〔7〕 Dessen rechtliches Verhältnis zum Gesellschaftsvertrag ist zweifelhaft; vgl. *Hoffmann-Becking* FS Lutter 453.

61 也可以不将企业当作出资的标的物，而是将企业分立并让渡给一个已存的或新设的权利人。通过整体继受的方式，将出让企业的所有资产与负债转移给受让企业是可以的。如果出让企业原来是人合公司，那么就可以通过形式转换的方式将它转化成有限责任公司，因此，就没有必要制作转让文件。

3. 估价

62 实物出资的特别之处就在于**难以**对实物进行**估价**。如果过高估计了实物的价格，就没有足额的出资价值流入公司资产。为了避免这种情况，《有限责任公司法》对此进行了特别规定，1980年修改的《有限责任公司法》还特别明确地强化了这些规定：**公司合同**中必须明确规定可以用以出资的实物以及与此相应的股金数额（《有限责任公司法》第5条第4款）。此外，合同中还应规定提供实物出资的股东、提交的实物、股份资本的数额；如果实物的价值高于股东应交的股金数额（混合实物出资，见边码53），也必须在合同中予以详细说明，以防止对此产生疑问。如果用于出资的实物是在公司合同中没有约定的，那么就不能免除股东出资义务（《有限责任公司法》第19条第5款；见 § 28. I. 4）。

63 股东还必须编制一份有关**实物设立的报告**。在这份报告中应该说明进行合理估价的重要情况。如果用以出资的是企业，则必须说明该企业上两个经营年度的经营业绩（《有限责任公司法》第5条第4款第2句）。此外，《有限责任公司法》没有对有关实物出资的设立报告作出具体规定，但可以参照《股份法》第32条第2款的规定。如果报告说明不充分，注册法院则可以根据《有限责任公司法》第9c条第1款的规定拒绝登记。实物设立报告无需采用公证形式，但这一报告必须经由申请时公司的所有股东的亲自签署。

64 在**申请设立公司**之前，任何实物出资都必须**全部到位**，从而能最终为公司经理所自由支配（《有限责任公司法》第7条第3款）。如将地产作为出资，必须办理让渡手续。[1]出资的实物不得受抵销或留置权的影响（《有限责任公司法》第19条第2款；见下文 § 28. I. 2）。

65 在办理公司登记手续时，除了提交设立报告外，还必须提交与实物出资有关的其他材料，如有关实物出资或实物承受估价的合同以及其他的材料。从这些材料中必须能够说明实物的价值达到了所承诺的出资额（《有限责任公司法》第8条第1款第1句第4、5项）。注册法院必须审查是否高估了实物的价值（《有限责任公司法》第9c条第1款第2句；见上文边码48）。

66 最后，提供实物的股东还必须交付现金，以补缴实物价值低于其承担的出资金额之间的差额（《有限责任公司法》第9条，所谓的**差额责任**）。确定差额的关键是

〔1〕 Daraus folgt, daβdie Vorgesellschaft bereits grundbuchfähig ist, vgl. BGHZ 45, 338, 348.

公司申请登记时相关实物的实际价值。[1]承担差额责任就是恢复现金出资义务,因此也就可以相应地适用《有限责任公司法》第 19 条第 2、3 款及第 20—24 条的规定。相关的请求权一旦生效,即可以在公司登记之前就主张补缴差额的请求权[2]。这一权利诉讼时效为 5 年,从公司获准注册后起算(《有限责任公司法》第 9 条第 2 款)。

67 在 1980 年新《有限责任公司法》的政府草案中,对实物出资设立曾有过更加严格的规定,尤其是规定了强制性的设立审查。[3]但这一规定却受到了经济界的强硬抵制。事实上,强制性实物设立审查将会大大增加费用的开支,但未必带来相应比例的安全度,反而,它却拖延了公司的设立。因此,联邦议院放弃了这一规定。[4]

4. 缴付障碍

68 如果在履行实物出资承诺时出现了**缴付障碍**,就应该适用债法的规定,只要这些规定与实物出资的实质是一致的。[5]不过,这些规定需要进行一些修改:因为交付障碍虽然可以免除债权人缴付特定实物的义务,却不能免除其出资义务。如果股东因为不能、权利瑕疵、解约或撤销无法交付承诺的实物,那么,就必须用现金履行其出资义务。在确定实物的实际价值时,不考虑公司提出的减少实物价值的请求。

5. 实物承受和隐性实物设立

69 法律对实物设立进行了严格的规定。这就使得在实践中进行实物设立十分麻烦。由此就产生了规避办法(**隐性实物设立**)。这是很容易做到的。股东可以将实物出资分解成两个部分:现金出资和同时与公司进行的货物交易,但是这种交易行为不适用公司法的规定。其中,公司用收到的股金向股东支付相当于出资额的货款。在这里,还有许多的变种类型。这种转让交易既可以在公司设立之前、也可以在公司设立时、或者在签订公司合同与申请登记或登记之间进行,还可以在登记之后进行。这种交易是否与公司的设立或资本的增加(见下文 § 39. II. 5)有明显的联系,或者现金出资和交易行为之间仅仅存在着实质上和时间上的联系,并不重要。重要的是,公司最终获得的无论如何应该是实物,而不是现金;而且公司没有必要遵守有关实物出资的法律规定。

70 (a) 如果一开始就接受实物及其对价与冲抵的出资额达成了协议(**实物承**

---

[1] Vgl. OLG Düsseldorf WM 1991, 1669, 1671; OLG München GmbHR 1994, 465.

[2] Baumbach/*Hueck/Fastrich* § 9 Rdn. 8; *Lutter/Hommelhoff* § 9 Rdn. 5; a. A. Hachenburg/*Ulmer* § 9 Rdn. 7, der Entstehen und Fälligkeit des Anspruchs erst ab Eintragung der Gesellschaft annimmt.

[3] § 5 d RegE, BT-Drucks. 8/1347.

[4] Ausschuβbericht BT-Drucks. 8/3908, 66 ff; ferner *Raiser* in: Das neue GmbH-Recht 34 f.

[5] BGHZ 45, 338, 345.

受），那么，根据普遍的一致同意的观点，必须对此适用有关实物设立的规定。公司合同中必须对承受的标的物、对价以及冲抵出资的数额予以明确（《有限责任公司法》第5条第4款）规定，必须出具一份有关实物出资的设立报告，必须在申请登记之前将有关实物交付给公司，这些都是注册法院审查的内容。[1]如果不具备这些前提条件，或者出资的实物及其对价不相等，注册法院必须拒绝登记。如果即使如此，公司已经获准注册，那么相关的结算协议无效（《有限责任公司法》第19条第5款）。因此，股东还要继续履行现金出资义务，债权性的转让行为同样没有法律效力。[2]

根据物权上抽象原则，转让文件是有效的。因此，按照不当得利原则，必须对这里的隐蔽性交易行为恢复原状，对给付及其对价进行结算。[3]如果公司因支付不能而陷入破产，那么股东不能或者不能完全实现其返回请求权。[4] 71

（b）与此相反，在法律上依然有争议的问题是，《有限责任公司法》的严格规定的适用范围究竟有多大，换句话说，这些法律规定究竟在多大程度上可以扩大适用于或类推适用于那些没有结算协议的**规避情况**。通常有两种规避方式：其一，采用双重支付来代替结算，即股东首先以现金交付股金，之后又将该股金作为其向公司出售实物的对价从公司中收回（所谓的**付来付去方式**）。其二，在公司在商务注册处获准登记后，再进行相应的实物转让（所谓的后继设立，见《股份法》第52条和上文§11.Ⅲ.）。 72

**典型案例：**（aa）在联邦最高法院审理的一起案件中（BGHZ 113，336），股东决定将已分配的股利以**分配—取回程序收回，并用作**向公司提供的有息贷款。不仅决定股东进行增资，并规定股东必须以下列方式缴纳出资："应该先将股东应得到的贷款利息和红利数额汇付给股东，然后再将该款项用以增资并将它们转付入公司账户"。联邦最高法院对此判决道：只有在遵守实物出资法律规定的前提下，才可能通过这种方式进行出资，但是那些已经向股东支付的、但为了提供贷款而又重新付回的款项并没有处于公司经理的最终自由支配之下（《有限责任公司法》第8条第2款），因此，股东还没有缴纳增加的股金。联邦最高法院甚至类推适用了《股份法》第37条第1款第4句的规定，判决银行也要为未收回的出资承担责任，因为该银行明知这种情况还对注册法院提供了缴纳证明。不过，在联邦最高法院（BGHZ 135，335）所审理的另一个案件中，缓和了这一严厉的观点。在该案中，联邦最高法院认为：只要公司向 73

---

〔1〕 Manche Einzelheiten sind umstritten; vgl. Hachenburg/*Ulmer* § 5 Rdn. 97 ff mwN.

〔2〕 BGHZ 45, 338, 343; BGH ZIP 1998, 780; Hachenburg/*Ulmer* § 19 Rdn. 112 f.; für Wirksamkeit auch des schuldrechtlichen Vertragts dagegen *Priester* FS Bezzenberger 309; vgl. auch OLG Köln GmbHR 1998, 143 zur mangelnden Schiedsfähigkeit des Anspruchs auf Erfüllung der Bareinlage nach einer verdeckten Sacheinlage.

〔3〕 Vgl. hierzu BGH ZIP 1998, 925.

〔4〕 Vgl. Lutter/Gehling WM 1989, 1445, 1446.

注册法院公开说明,它是利用分配的红利进行增资的,而且这一增资是按照名义增资的程序进行的,这一方式就是合法的,而且不必考虑有关实物出资的规定。[1]

74 (bb) IBH-股份有限公司陷入了支付困境,该公司向一个供货商声明:如果该供货商用其赊销给公司的商品价金参与增资,那么,公司就用增资所得款项支付其所欠该供货商的货款。后来,该公司也确实是用供货商缴纳的股金结清了所欠的货款。对此,联邦最高法院判断,股东并没有履行其出资行为,而且法院还以没有及时缴纳出资为由,判定当事人必须承担损害赔偿责任( BGHZ 110, 47, IBH-Lemmerz; vereinfacht)。

75 (cc) 在另一起案件中(BGHZ 28, 314),一个股东有偿向其公司转让其拥有的专利独占使用权,几天之后该股东再将其所欠的剩余股金转付到了公司账户上。不久,公司又将该款项作为专利许可费而退还给了股东。在另一起案件里(BGH ZIP 1998, 781),一个有限责任公司的股东向公司提供了使用商标、生产和低价销售的特别许可,并将公司为此支付的特许费作为其向公司缴纳的出资。相关的特许合同是在公司合同签署之后,但在公司于商务注册处登记之前订立的。在另一起案件中(BGHZ 132, 133),一个股东同时向两个有限责任公司参股,但对该两个公司都没有交足其出资额。该股东将其拥有的第一个公司的股份转让给了第二个公司,第二家公司由此必须缴清原股东欠第一家公司的剩余股金。为此,该第二家公司就用该股东已经交付的最低出资额清偿了其欠第一家公司的出资额。联邦最高法院认为,上述3个案例都是隐性实物出资。

76 由于法律规定不完善,使得解决这些问题十分困难。最近开始的争论也表明了这一点,争论的一方倾向于严格地按照法律条文的字面意义解释其内容,他们认为这些法律规定并不涉及上述规避情形;[2]而争论的另一方则主张对法律规定按照逻辑关系进行系统的、符合目的的解释,他们认为法律规定的首要目的是保护公司资本。后一关系是正确的。[3]司法判决则明显地倾向于支持后一主张。[4]

77 这一观点是正确的。将法律规定扩大适用于所有规避案件是基于这样一个观点:由于各种隐性实物出资的形式是可以相互转换的,而且在实践中蕴含着极大的发明的潜力,所以采用不同的方法处理同样的案件是难以想像的。严格的资本保

[1] Vgl. dazu schon oben § 20 Rdn. 8.

[2] *Bergmann* AG 1987, 57; Loos AG 1989, 381; *ders.* BB 1989, 2147; *Meilicke* aaO 6 ff; *ders.* GmbHR 1989, 411; *Mildner* aaO; *Wilhelm* ZHR 152 (1988), 333; *Roth* NJW 1991, 1913.

[3] Hachenburg/*Ulmer* § 5 Rdn. 145 ff; Scholz/*Winter* § 5 Rdn. 76 ff; Baumbach/*Hueck*/*Fastrich* § 19 Rdn. 30 ff; *Lutter/Hommelhoff* § 5 Rdn. 37 ff; *Lutter* FS Stiefel, 505, 507 ff; *Lutter/Gehling* WM 1989, 1445; *Henze* ZHR 154 (1990), 105; *Mülbert* ZHR 154 (1990), 145, 170 ff; *Ulmer* ZHR 154 (1990), 128; *Priester* ZIP 1991, 345, 347 ff; *Groß* AG 1991, 217.

[4] BGHZ 15, 52, 60; 28, 314, 319 f; 96, 231, 240 f; 110, 47, 52 ff; 113, 335, 339 ff; 125, 141; 132, 133; 132, 141; 135, 381; BGH WM 1975, 177, 178; NJW 1982, 2444, 2446; OLG Köln GmbHR 1999, 663; GmbHR 1985, 57; OLG Hamburg GmbHR 1988, 219; OLG Koblenz AG 1987, 88 (zur AG); GmbHR 1988, 49; LG Mainz AG 1987, 91; AG 1987, 221; AG 1989, 176; LG Krefeld GmbHR 1987, 310; OLG Karlsruhe WM 1991, 323. Die Frage der Vereinbarkeit dieser Rechtsprechung mit der 2. gesellschaftsrechtlichen Richtlinie der EG stellt sich bei der GmbH nicht, da sich die Richtlinie nur auf die AG bezieht (s. oben § 11 Rdn. 2).

护还有预防功能和教育作用:可以要求股东有效地缴纳设立有限责任公司所需的——从经济上考虑——不多的股金,并努力确保公司的真实筹资。满足有关实物出资的设立条件,并不是不合适的要求。如果公司股东避开了这些前提条件,就必须承担因公司没有足够资金所产生的全部风险。这也是合适的。

78 因此,股东向公司给付实物,绝不能免除其出资债务,除非公司合同中已经就此作了明确的规定(《有限责任公司法》第19条第5款)。第三者替股东交付实物时,亦是如此。[1]资本保护规则所涉及的主要是虚拟设立中的真正出资者、关联企业、可能还有家庭成员。[2]

79 (c)困难是如何**准确地对法律规避进行界定**。界定必须依照客观标准进行。关键是看是否在出资与交易之间存在着**实质上和时间上的联系**,从而使实物出资与用股金支付的交易看来就像一个可替换的过程。如果在缴纳现金出资时,就已经可以进行实物给付了,就是这种情况。[3]界定法律规避的界限时,必须考虑所有相关的情况,重要的标志是现金出资的数额与实物的价款[4]相等,公司也没有与第三者进行交易的特别动机。

80 如果相关的交易是在公司登记之前或是登记后立即进行的,那么无论如何都存在着时间上的内在关联。虽然不能规定一个固定的期限,但最晚至进行公司登记的一年之后,一般会出现规避有关资本筹集的法律规定。[5]联邦最高法院曾经认为6个月之后就不再具有时间上的内在联系,[6]当然,总的看来,联邦最高法院的这一判决几乎不具有普遍适用的意义。

81 依然有争论的问题是,是否仅仅只看相关的客观因素,还是必须要考虑一些主观性要件。对此,起初联邦最高法院并没有明确的态度。[7]但后来在一起案件中,联邦最高法院改变了看法。在该案中,在现金出资和交易行为之间不再存在时间的内在联系,联邦最高法院则要求:在相关当事人之间必须存在"一个约定——即使它是无效的"。联邦最高法院还补充道,如果出资的缴付与交易行为之间存在一种较为紧密的时间上和实质上的联系,就可由此推定

---

[1] Vgl. *Lutter/Hommelhoff* § 5 Rdn. 45.

[2] Vgl. BGHZ 105, 176 f.; 110, 67; OLG Hamm NJW-RR 1999, 1413.

[3] Wie im Text OLG Düsseldorf DB 1995, 135; *Lutter/Hommelhoff* § 5 Rdn. 40; Hachenburg/*Ulmer* § 5 Rdn. 147a; *ders.* ZHR 1990, 142; enger *Priester* ZIP 1991, 350.

[4] Vgl. OLG Düsseldorf GmbHR 1996, 855.

[5] Strikter *Lutter/Hommelhoff* § 5 Rdn. 41, die den "Planungszeitraum" auf längstens ein Jahr begrenzen wollen.

[6] Vgl. BGHZ 132, 133, 138; zuvor schon OLG Hamburg ZIP 1988, 372, 373; ferner Hachenburg/*Ulmer* § 5 Rdn. 147a.

[7] BGHZ 110, 47; 113, 335; ZIP 1994, 701.

当事人之间存在着这样的约定。[1]但联邦最高法院的这种说法是不能令人信服的。因为“约定”和“事实上的假定”并不是重要的法律概念。而且协议的意思要件是不可能仅仅从两个外部行为之间的实质上与时间上的联系中就能推导出来的。具备法律规避的客观构成要件应该是足够了。也只有通过这种方式才能保证股金的有效筹集。[2]只要当不再存在实质上和时间上内在联系时,有关公司和股东之间达成的以实物交易取得现金出资的约定的证据就已经足够了——联邦最高法院的这一判决才是正确的。[3]

82 (d) 长期以来有争议的是:是否可以补救隐性实物出资的效力？以及在什么条件下可以进行补救？联邦最高法院在其审理的一起案件中(BGHZ 132, 141),听从了学术界的建议,[4]认为可以由股东大会通过决议修改公司章程,同意将现金出资转换成实物出资,这样可以补救隐性实物出资的效力。但是在该决议中必须说明相关的股东以及其实物出资的内容。此外,所有经理和为章程修改所影响的股东还必须出具一份有关转换出资的报告。在申请将决议提交商务注册处登记之前,必须由注册会计师出具资产负债表,证明用以出资的实物具有充分的价值。在申请登记时,必须递交这些材料和相关的实物出资合同。[5]公司经理必须要确保实物价值的含金量和接受了相关的实物。随着决议的登记,便产生了不溯及既往的补救效力。

83 上述判决是有道理的,因为它为股东避免隐性实物出资的危险提供了必要的、足够的活动空间。[6]《有限责任公司法》也没有禁止公司通过修改章程的方式将现金出资转换成实物出资。更加重要的是,它可以有效地保证公司资本的充分筹集。对于补救增资时出现的隐性实物出资,联邦最高法院认为:由特定多数的股东通过相应的决议,就足够了。相反,为了保护少数股东的利益,如果将现金设立转化为实

〔1〕 BGHZ 132, 133; vgl. aus der Literatur Hachenburg/*Ulmer* § 5 Rdn. 146; *Priester* ZIP 1991, 351; *ders.* ZHR 154 (1990), 128, 131 ff., 139 f.; Scholz/*Winter* § 5 Rdn. 77, 80; *Mülbert* ZHR 154 (1990), 143, 187 ff.

〔2〕 Wie im Text OLG Hamburg ZIP 1988, 372; OLG Köln NZG 2000, 489; *Lutter/Hommelhoff* § 5 Rdn. 44; ferner, allerdings mit unzutreffendem Hinweis auf die Rechtsprechung des BGH, OLG Brandenburg GmbHR 1998, 1033; 1034.

〔3〕 In BGHZ 132, 133 war eine Gesellschaft mit dem Ziel gegründet worden, die Beteiligungen an einer anderen GmbH einzubringen.

〔4〕 Vgl. etwa - in den Einzelheiten differenzierend - Scholz/*Priester* § 56 Rdn. 38 f.; *Priester* DB 1990, 1753, 1758 ff; Hachenburg/*Ulmer* § 19 Rdn. 117; *Lutter/Gehling* WM 1989, 1453, 1455; *Roth* NJW 1991, 1913, 1918; Volhard ZGR 1995, 286.

〔5〕 In der Entscheidung stellte die Einbringung von Gewinnausschüttungsforderungen die Sacheinlage dar. Die Heilung dieser verdeckten Einlage erfordere, so der BGH, die Vorlage der entsprechenden Abtretungsverträge.

〔6〕 Vgl. zu den noch offenen Detailfragen aus dem der Entscheidung nachfolgenden Schrifttum *Krieger* ZGR 1996, 674; *Lutter* JZ 1996, 912; *Priester* ZIP 1996, 1025; *Reuter* BB 1998. 217; *Banerjea* AG 1998, 498; *Schiessl/Rosengarten* GmbHR 1997, 772; *Einsele* NJW 1997, 562; *Groß* GmbHR 1996, 721, Helms GmbHR 2000, 1079.

物设立，则必须得到所有股东的一致同意。[1] 根据股东承担的忠诚义务，无论是相关的股东，还是其余的股东，都必须同意公司采取的补救措施。[2]

## V. 一人公司的设立

参考文献：*Albach*, Die Einmanngründung der GmbH, Diss. Bonn 1986; *Brinkmann*, Begrenzte Haftung der Einmann-GmbH in Gründungö, GmbHR 1982, 269; *Fezer*, Die Einmanngründung der GmbH, JZ 1981, 608; *Flume*, Die Gründung der Einmann-GmbH nach der Novelle zum GmbH-Gesetz, DB 1980, 1781; *ders.*, Die GmbH-Einmanngründung, ZHR 146 (1982), 205; *Hüffer*, Vorgesellschaft, Kapitalaufbringung und Drittbeziehungen bei der Einmanngründung, ZHR 142 (1978), 486; *ders.*, Zuordnungsprobleme und Sicherung der Kapitalaufbringung bei der Einmanngründung der GmbH, ZHR 145 (1981), 521; *John*, Zur Problematik der Vor-GmbH, insbes. bei der Einmann-Gründung, BB 1982, 505; *ders.*, Die doppelstöckige Einmann-GmbH-Gründung, BB 1985, 626; *ders.*, Die Gründung der Einmann-GmbH, 1986; *Kleberger*, Die rechtliche Behandlung von Sicherungen bei der Gründung der Einmann-GmbH, 1986; *Kusserow*, Die Einmann-GmbH in Gründung, 1986; *Raiser*, Die neuen Gründungs- und Kapitalerhöhungsvorschriften für die GmbH, in: Das neue GmbH-Recht in der Diskussion, 1981, 21, 35 ff; *K. Schmidt*, Einmanngründung und Einmann-Vorgesellschaft, ZHR 145 (1981), 540; *Schröder*, Die Einmann-Vorgesellschaft, 1990; *Stöber*, Sicherung der Aufbringung des Stammkapitals einer nachträglich entstandenen Einmann-GmbH, ZIP 1981, 357; *Ulmer*, Die Einmanngründung der GmbH - Ein Danaer-Geschenk?, BB 1980, 1001; *Ulmer/Ihrig*, Die Rechtsnatur der Einmann-Gründungsorganisation, GmbHR 1988, 373; *Winter*, Gründungs- und Satzungsprobleme bei der Einmanngesellschaft nach der GmbH-Novelle, in: Pro GmbH, 1980, 191.

### 1. 担保的提供

与实物设立一样，在设立一人公司时，不能有效筹集股本的危险也加大了。这 84
是对债权人极其不利的。这主要是因为在设立一人公司时，公司只有一位股东，这样就失去了两个或两个以上股东特有的相互制约机制。如果股东不缴纳股金，不诚实设立人就更加有机会模糊公司资产和其个人资产的界限，而且在这里无需承担《有限责任公司法》第 24 条规定的连带补缴责任（见上文 § 28. I. 5）。为了避免这种危险，《有限责任公司法》要求一人股东在提交登记申请之前，就必须为其未缴纳的股金或实物提供**担保**（《有限责任公司法》第 7 条第 2 款第 3 句）。在申请登记时，必须保证已经设立了这些担保（《有限责任公司法》第 8 条第 2 款第 2 句）。这样，虚假的保证就不仅要承担《有限责任公司法》第 9a 条规定的设立责任，而且根据第 82 条第 1 款第 1 项所规定，还可以追究刑事责任。

---

〔1〕 Vgl. Hachenburg/*Ulmer* § 19 Rdn. 117.

〔2〕 Vgl. hierzu *Krieger* ZGR 1996, 674, 686.

85 作为担保首先应考虑《民法典》第 232 条所规定的措施，主要有抵押挂牌交易的有价证券、设定土地质权和保证。〔1〕立法者并不严格采用《民法典》第 232 条规定的“担保”概念，相反它还允许采用其他经济上具有同等意义的保证措施，〔2〕比如，抵押没有挂牌交易的有价证券或者转移动产担保物所有权。〔3〕

86 根据设定担保的目的，当股东交付了足额的股金时以及当股东将一部分股份转让给了第二个股东时，**就可免除担保**。

2. 法律性质

87 对于一人设立中的公司的**法律性质**依然存在着激烈的争论。《有限责任公司法》认为，发起人是向设立中的公司缴纳约定的股金，其具有免除其出资义务的作用，可以将设立中的公司作为独立的权利承担者记入土地登记簿中。可以为它任命公司经理，因此，它是一个权利主体，可以向发起人催缴股金，或根据机构关系或者聘用合同对经理提出要求。

88 Hüffer 的理论〔4〕却与此不同。他认为公司的发起人在法律上仍然还是公司财产的权利人(Träger)。共同共有的理论是不合适的，因为根据迄今为止没有任何争议的观点，这一理论的基础是至少有两个股东。〔5〕此外，公司发起人的特殊财产〔6〕理论也是难以令人信服的，因为这里不仅仅存在着财产的分离，还有着权利主体的分离。

89 因此，通过其机构和已经收缴的股金，可以认为一个正处在设立中的法人具有**暂时的权利能力**。〔7〕只有人们绝对地认为，在商务注册处登记是取得权利能力或法律人格的前提条件，〔8〕法人理论才是与上述假定相对立的。但根据法律检验以及有关法律教条的新认识，这一法人理论已经过时。〔9〕如果设立组织的登记最终被拒绝，承认暂时权利能力的基础就不存在了。但已任命的公司经理却并不失去其法律地位，他必须负责进行清算。这说明，即使在这种情况下，设立中的组织也持续

〔1〕 OLG Celle OLGZ 1984, 318.

〔2〕 Vgl. die Begründung zu § 7 a I RegE, BT-Drucks. 8/1347, 32.

〔3〕 Einzelheiten bei *John*, Die Gründung der Einmann-GmbH; *Kleberger* 41 ff.

〔4〕 *Hüffer* ZHR 142 (1978), 486; *ders.* 145 (1981), 521; vgl. auch *Ulmer* BB 1980, 1001.

〔5〕 Anders vor allem *K. Schmidt* ZHR 145 (1981), 540; wie im Text aber *ders.* GesR § 11 IV 3.

〔6〕 *Flume* DB 1980, 1781; *Fezer* JZ 1981, 608; *Ulmer/Ihrig* GmbHR 1988, 373 und *Hachenburg/Ulmer* § 11 Rdn. 17.

〔7〕 *Raiser* in: Das neue GmbH-Recht in der Diskussion, 21, 35 ff; *K. Schmidt* ZHR 145 (1981), 540; *ders.* GmbHR 1988, 89; *Scholz/K. Schmidt* § 11 Rdn. 147; *John* 11, 35 ff; *Schröder* 84 ff.

〔8〕 So vor allem *Ulmer/Ihrig* GmbHR 1988, 373, 375 f.

〔9〕 Vgl. näher *Raiser* AcP 199 (1999), 104, 140 ff.

到了清算或者持续到了一人公司股东决定以独自商人的形式继续经营企业时为止。[1]

3. 嗣后的股份集中

出于法律结果的考虑，也为了防止法律规避，《有限责任公司法》必须将上述情况视为：一位股东在设立后迅速获得了公司的**全部股份**。如果在公司登记之后的三年之内，公司股份全部集中到了一个股东手中或同时为股东及其公司所拥有，根据《有限责任公司法》第 19 条第 4 款的规定该股东必须缴足剩余的所有股金，提供担保或再将公司的部分股份再转让出去。为确保安全，经理必须毫不迟疑地将股份集中情况通报商务注册处进行登记。注册法院应该根据《有关自愿管辖权事项的法律》第 144b 条的规定审查股东是否履行了其义务。如果股东没有履行义务，法院将判定，股东没有遵守法律的规定，并作出有效的处分，依法解散公司。[2] 90

4. 变更设立

《变更法》第 152 条第 1 款规定了设立一人公司的第二种形式。据此，可以将**独资商人企业**或其组成**分立**成一家有限责任公司。分立的基础是独资商人必须制定一份分立计划（《变更法》第 136 条），计划中应详细说明将转让给将要设立的有限责任公司的实际资产和负债（《变更法》第 136 条及第 126 条）。此外，计划中必须还必须包括将要设立的有限责任公司的章程（《有限责任公司法》第 125 条和第 37 条），公司合同必须包括《有限责任公司法》第 3 条规定的内容。相反，独资商人并不需要提供分立报告（《变更法》第 153 条）。如果独资商人的债务超过了其资产（《变更法》第 152 条第 1 句）即企业的负债过重，则不允许分立。 91

在对分立计划进行公证之后，就设立了有限责任公司。独资商人必须任命公司经理。此外，还必须适用《有限责任公司法》关于实物出资的规定，即必须制作一份有关实物出资的设立报告（《变更法》第 135 条第 2 款）。但报告的内容却超出了实物出资的设立要求，因为报告中还必须说明独资商人的营业状况（《变更法》第 159 条第 1 款及第 58 条第 1 款）。这里不进行设立审查。但是必须将分立行为和有限责任公司向商务注册处申请注册（见《变更法》第 160 条第 1 款、第 137 条第 1 款）。[3]登记程序十分复杂，因为只有在分立有效的条件下，有限责任公司才能成立。负责有限责任公司登记的注册法院首先要通知负责分立登记的注册法院：已将有限责任公司进行了登记。但在分立获准在独资商人登记簿中注册时，有关有限责任公司的注册才具有法律效力。而当负责有限责任公司登记的注册法院得到有关分立 92

---

〔1〕 A. A. LG Berlin GmbHR 1988, 71 sowie BayObLG GmbHR 1987, 393, die Rückfall des GmbH-Vermögens an den Gründer annehmen. Ebenso *K. Schmidt* GmbHR 1988, 89.

〔2〕 Einzelheiten s. § § 144 a, b FGG, 60 I Nr. 6 GmbHG; zum Ganzen *Stöber* ZIP 1981, 357; BayObLG DB 1984, 1241; BB 1986, 1806.

〔3〕 Hierzu ist es nicht erforderlich, eine auf einen mindestens acht Monate vor der Anmeldung liegenden Stichtag aufgestellte Schlußbilanz des Einzelkaufmanns vorzulegen; BayObLG GmbHR 1999, 295.

注册的通知时,才允许对分立进行登记,同时就分立的时间进行注册,这样有限责任公司才有效地成立。

93 从实体法上来看,实物设立与分立的新设立之间主要有以下实质差别:前者是用以出资的个别实物的移转,而后者则是企业的全部继受(《变更法》第131条第1款第1项)。它不仅包括资产的转移,而且包括分立计划中所列负债的转移,即不仅是债务,而且还有合同关系。与进行个别移转不同,全部继受无需取得债权人的同意。正因为如此,通过分立进行新设立,比一人设立更为合适。但需要注意的是,独资商人并不能通过债务的移转而免除其责任(《变更法》第156条),不过,根据《变更法》第157条的规定这种责任是有时间限制的。

## VI. 设立中的公司的法律性质和法律关系

参考文献:*Beuthien*, Die Vorgesellschaft im Privatrechtssystem, ZIP 1996, 305 (Teil I), 360 (Teil II); *Büttner*, Identität und Kontinuität bei der Gründung juristischer Personen, 1967; *Flume*, Die werdende juristische Person, FS Geβler, 1971, 3; *ders.*, Die Haftung der Vorgesellschaft bei Gründung einer Kapitalgesellschaft, FS v. Caemmerer, 1978, 517; *ders.*, Allgemeiner Teil des Bürgerlichen Rechts, Band I/2, 1983, 148; *John*, Die organisierte Rechtsperson, 1977, 307; MünchKomm. BGB/*Reuter* § § 21, 22 Rdn. 62 ff; *Rittner*, Die werdende juristische Person, 1973; *K. Schmidt*, Zum Vorbelastungsverbot im Gründungsrecht der Kapitalgesellschaften, NJW 1973, 1595; *Wiedemann*, Das Rätsel der Vorgesellschaft, JurA 1970, 439; zur GmbH: *Altmeppen*, Das unvermeidliche Scheitern des Innenhaftungskonzepts in der Vor-GmbH, NJW 1997, 1509; Binz, Haftungsverhältnisse im Gründungsstadium der GmbH & Co. KG, 1976; *Brinkmann*, Begrenzte Haftung der Einmann-GmbH in Gründung?, GmbHR 1982, 269; *Dauner-Lieb*, Haftung und Risikoverteilung in der Vor-GmbH, GmbHR 1996, 82; *Derwisch-Ottenberg*, Die Haftungsverhältnisse der Vor-GmbH, 1988; *R. Fischer*, Die GmbH in der Rechtsprechung des Bundesgerichtshofs, in: Pro GmbH, 1980, 137, 160; *Fleck*, Neueste Entwicklungen in der Rechtsprechung zur Vor-GmbH, GmbHR 1983, 5; *Flume*, Zur Enträtselung der Vorgesellschaft, NJW 1981, 1753; *Huber*, Haftungsprobleme der GmbH & Co. KG im Gründungsstadium, FS Hefermehl, 1976, 127; *Jäger*, Die persönliche Gesellschafterhaftung in der werdenden GmbH, 1994; *Kleindiek*, Zur Gründerhaftung in der Vor-GmbH, ZGR 1997, 427; *Kuhn*, Zur werdenden GmbH & Co. KG, FS Hefermehl, 1976, 159; *Lieb*, Meilenstein oder Sackgasse? - Bemerkungen zum Stand der Rechtsprechung und Lehre zur Vorgesellschaft, FS Stimpel, 1985, 399; *ders.*, Zum Spannungsverhältnis zwischen Vorbelastungshaftung und Differenzhaftung - Versuch einer Harmonisierung, FS Zöllner, 1998, 347 ff.; *Lieb*, Die Haftung für Altschulden einer in eine neu gegründete GmbH eingebrachten Vor-GmbH JZ 2000, 1010; *ders.*, Zum Spannungsverh? ltnis zwischen Vorbelastungshaftung und Differenzhaftung - Versuch einer Harmonisierung, FS Zöllner, 1998, 347; *Meister*, Zur Vorbelastungsproblematik und zur Haftungsverfassung der Vorgesellschaft bei der GmbH, FS

Werner, 1984, 521; *Priester*, Satzungsänderungen bei der Vor-GmbH, ZIP 1987, 280; *Raiser/Veil*, *Die Haftung der Gesellschafter einer Gründungs-GmbH*, *BB* 1996, 1344; *Roth*, Die Gründerhaftung im Recht der Vor-GmbH, ZGR 1984, 597; *Schäfer-Gölz*, Die Lehre vom Vorbelastungsverbot und die Differenzhaftung der Gründer, 1983; *H. Schmidt*, Der Regreβanspruch des Fremdgeschäftsführers gegen die Gesellschafter der Vor-GmbH, GmbHR 1988, 129; *K. Schmidt*, Die Vor-GmbH als Unternehmerin und als Komplementärin, NJW 1981, 1345; *ders.*, Theorie und Praxis der Vorgesellschaft nach gegenwärtigem Stand, GmbHR 1987, 77; *ders.*, Unterbilanzhaftung - Vorbelastungshaftung - Gesellschafterhaftung, ZHR 156 (1992), 93; *ders.*, Auβenhaftung und Innenhaftung bei der Vor-GmbH, ZIP 1996, 353; M. Scholz, Die Haftung im Gründungsstadium der GmbH, 1979; *Schütz*, Das Modell der Verlustausgleichspflicht im Haftungssystem der Vor-GmbH, 1995; *Schulze-Osterloh*, Die Vorbelastungsbilanz der GmbH auf den Eintragungszeitpunkt und der Ausweis des Anspruchs aus der Vorbelastungshaftung im Jahresabschluβ, FS Goerdeler, 1987, 531; *Theobald*, Vor-GmbH und Gründerhaftung, 1984; *Ulmer*, Das Vorbelastungsverbot im Recht der GmbH-Vorgesellschaft-notwendiges oder überholtes Dogma?, FS Ballerstedt, 1975, 279; *ders.*, Abschied vom Vorbelastungsverbot im Gründungsstadium der GmbH, ZGR 1981, 593; *ders.*, Zur Haftungsverfassung in der Vor-GmbH, ZIP 1996, 733; *Weimar*, Abschied von der Gesellschafter- und Handelnden-Haftung im GmbH-Recht?, GmbHR 1988, 289.

1.基础

由于在公司合同的订立与获准在商务注册处的注册之间,还存在着法律上的 94
分离和时间上的间隔,从而出现一个将要产生,但还没有最终成立的**设立中的公司**这一中间阶段的现象。设立中的公司一般会持续三至六个月,有时会长达一年。[1]而且,如果登记失败,设立中的公司就必须予以解散。只要是经过国家登记或许可才能获得权利能力的社团,都会有这样的设立中的公司,因此它也就是**一般公司法的调整对象**。但设立中的公司在有限责任公司中尤其具有重要的实际意义。《有限责任公司法》并没有对设立中的公司的**法律性质**和法律关系进行规定。立法者试图阻止设立中的公司参与法律交往,因此在《有限责任公司法》第11条第1款中规定,在登记之前公司是不存在的。尽管如此,立法者却对以公司名义进行的并且已经生效的责任规定行为者必须承担个人责任。这是一种处罚性的规定。[2]

但时间证明,这一观点是站不住脚的。因为法律规定:设立中的公司必须接受 95
法定最低资本金。这意味着法律本身就要求设立中的公司从事一定的法律行为。

〔1〕 Vgl. die Feststellungen zur Dauer des Eintragungsverfahrens bei *v. Bismarck*, Rechtsnatur und Haftungsverhältnisse der Gründungs-GmbH, Diss. Kiel 1963 und *Braasch*, Gründungsprobleme bei der GmbH, Eine Untersuchung über die Prüfungspraxis beim Registergericht Hamburg, Diss. Hamburg 1975.

〔2〕 Vgl. auch die entsprechenden Vorschriften § 41 I 2 AktG und § 54 S. 2 BGB. Zur Entstehungsgeschichte namentlich *Rittner* 111 ff; zum Strafcharakter des § 11 II auch RGZ 47, 1, 2 f; 55, 302, 304; aufgegeben seit RGZ 159, 33, 43.

如果用以出资的实物是一个企业,那么在登记之前就必须经营该企业。即使在现金设立中,也会因为紧迫的经济原因,而在登记之前就要进行交易,比如购买地产、[1]从第三人处收购并继续经营一个企业、[2]继续实施建筑计划[3]或作为无限责任股东加入两合公司等。[4]而通过这些行为所产生的债务很容易减少公司的初始资本。但这却与资本筹集基本原则所规定的禁止动用初始资本的禁令相矛盾,即禁止在登记之前对公司财产设定负担(**预设负担禁止**)。由此就产生了理论上的困难。这里的问题是,尚未具有权利能力的发起人组织有着什么样的法律性质?可以怎样从法律上"设计"其参加法律交往的模式?以及这种尚无权利能力的发起人组织与以后的法人公司之间有着什么样的法律关系?

96 经济需求与法律前提的相互对立也产生了很大的困难。同时也使得设立中的公司长期以来成为一个学术争论的焦点。随着争论的进行,这些观点发生了**根本性的改变**。法律上的拒绝态度和经济界的限制逐步地得到了消除,行为人的补充责任也同样逐步地失去了意义。联邦最高法院的一个判决(BGHZ 80, 129)[5]使得这种发展到达了一个高峰。该判决取消了预设负担禁令,取而代之的是引入了股东的有限个人责任。作为专业术语,这一责任刚开始是被称之为差额责任的,在新的文献中,**前期负担责任**的说法则得到了普遍的认可。[6]自从联邦最高法院作出上述判决以来(BGHZ 80, 129),司法界在许多的案件中进一步发展了这一新的概念,并根据不同的案情作了不同的判决。在联邦最高法院审理的另一起案件中(BGHZ 134, 333),这一发展有了一个最终的——或者是暂时的?——结论。在该判决中,联邦最高法院部分地确认了前期负担责任的概念,并作了部分的修改。联邦最高法院认为:在公司获准注册之前,并且在公司内部关系中股东必须承担无限的个人**损失弥补责任**;如果在公司登记之时已经资不抵债,则在登记之后该无限责任还将转变成前期负担责任。其他联邦上级法院都认同这一判决。[7]这在实质上反映了现在施行的法官法,并且放弃先前学术界讨论的不同意见。这是有道理的。

97 实质上这涉及4个相关的法律关系:设立中的公司的内部法、该公司的对外关系和由此产生的责任、设立中的公司的权利与义务向获得权利能力的有限责任公司的移转以及《有限责任公司法》第11条第2款所规定的行为人责任的意义和有效范围。

98 根据设立中的公司的**法律性质**就可以推断出解决办法。以前,一部分学者把

---

〔1〕 BGHZ 53, 210.

〔2〕 BGHZ 65, 378.

〔3〕 BGHZ 72, 45.

〔4〕 BGHZ 80, 129.

〔5〕 Dazu *K. Schmidt* NJW 1981, 1345; *Ulmer* ZGR 1981, 593; *Fleck* GmbHR 1983, 5.

〔6〕 Auch die Bezeichnung Unterbilanzhaftung wird verwendet, die allerdings um der Einheitlichkeit der Terminologie willen wieder aufgegeben werden sollte.

〔7〕 BAG ZIP 1996, 1548; BAG GmbHR 2000, 1041; BSG ZIP 1996, 1548; BSG GmbHR 2000, 425, BFH GmbHR 1998, 854.

设立中之有限责任公司当作是民法公司，一部分则认为它是无限责任公司，也有人把他看作为无权利能力的社团。但在联邦最高法院于 1993 年在一起案件中作出判决（BGHZ 21, 242）后，大家一致认为，应将设立中的公司当作**独立组织**形式，可按照《有限责任公司法》和公司合同的规定对其进行调整，但是适用这些法律规定必须具备以下条件，即它们并不是专门适用于具有权利能力的组织的。〔1〕这种看法是一个巨大的进步，它意味着正式承认设立中的公司是一种重要的法律实体，对此不必适用那些不合适的强制性规定。这样法官也就可以创造一些专门适用于这种公司的规定。当然这一判决还没有解决具体的法律问题，因为哪些规定能适用具有权利能力的组织，并不十分清楚。因此还需要根据具体的情况进行判决。

如果只要股东打算进行公司登记并认真争取登记，就可以适用有关设立中的公司的特 99
别法。相反，虽然在形式上签订了有限责任公司的合同，但并没有努力申请登记，那么根据公司法的一般原则，它便是无限公司或民法公司，因为仅仅以有限责任公司的形式出现，并不能改变公司的客观法律特征（所谓**非真实的设立中的公司**）。对于非真实的一人公司设立，发起人个人必须承担因开展经营活动而承担的法律后果。〔2〕此外，如果收回了登记申请或者放弃了登记申请，或者申请登记最终被拒绝，但还是继续开展其业务，则也是由发起人承担这些经营活动的法律后果。在这种情况中，股东的意思可能只能是将业务当作非有限责任的限制来继续经营。

2. 内部关系

在**内部关系**中，首先必须根据公司合同的规定以及争取取得权利能力的目的 100
来确定设立中的公司中股东的权利和义务。为此，股东必须履行一定的行为，例如如果公司合同中没有规定经理，则应该任命经理；缴纳法定最低出资数额以及履行《有限责任公司法》和公司章程所规定的设立公司所必需的行为。如果是以企业作为出资的实物，那么股东和经理必须至少采取必要的措施，以便能够维持该企业。如果公司必须设立共同决定机构，那么应该根据有关共同决定法的规定设立监事会。〔3〕

根据《有限责任公司法》第 47 条第 1 款的规定，只要**股东决议**涉及正常的业务 101
活动，就可以以简单多数予以通过。〔4〕只要公司合同没有其他规定，任命公司经理

〔1〕 Vgl. BGHZ 45, 338, 347; 51, 30, 32; 117, 323, 326; BGH NJW 1993, 459; ferner auch z. B. BAG NJW 1963, 680; BayObLG NJW 1965, 2254, st. Rspr.

〔2〕 A. A. OLG Bremen ZIP 2000, 2201 (auch in diesem Fall nur Innenhaftung).

〔3〕 Str., a. A. zum Beisp. *Hachenburg/Ulmer* § 6 Rdn. 23. Zweifelhaft ist vor allem auch, ob in einem solchen Fall der Aufsichtsrat nach § 31 MitbestG auch bereits die ersten Geschäftsführer zu bestellen hat.

〔4〕 Baumbach/*Hueck/Fastrich* § 11 Rdn. 9; Hachenburg/*Ulmer* § 11 Rdn. 33; Scholz/*K. Schmidt* § 11 Rdn. 46; a. A. *Lutter/Hommelhoff* § 11 Rdn. 6, die wegen der Vorbelastungshaftung Einstimmigkeit verlangen.

的决议也仅需简单多数的同意票,[1]经理必须根据《有限责任公司法》第 43 条的规定承担责任。[2]相反,公司合同的修改、接纳新的股东,则需要全体股东的一致同意,还要根据《有限责任公司法》第 2 条的规定制作公证书。[3]这是因为《有限责任公司法》第 53 条的规定是以权利能力为前提条件的,因此,不能适用于设立中的公司。事实上,这一规定的目的是迫使股东不必在公司登记之前修改公司合同。

102 此外,必须确定,由于任何交易行为都会引起相应的法律责任(见下文 108 及以后的边码),开展任何超出设立目的的**经营活动**,都必须得到全体股东的一致同意。[4]经理的权力是根据公司的设立目的、公司合同的规定以及股东决议所决定的(《有限责任公司法》第 37 条第 2 款)。如果股东没有同意提前开展经营活动,公司经理就无权从事这样的活动。

103 由接受出资或交易所取得的财产是暂时获得权利能力的设立中之有限责任公司的**财产**。[5]与此相反,主流观点却认为这是共同共有财产。[6]但是,如果肯定了设立中的公司具有暂时的权利能力,这就产生了矛盾,它也会使一人公司的设立陷入困境。从法政治学的角度讲,不应该用为其他目的所规定的、不再合时宜的共同共有的法律概念来给设立中之有限责任公司造成麻烦,而是应集中考虑即将成立的法人特征。[7]

104 在《有限责任公司法》第 60 条等条款所规定的前提条件下,尤其是当公司的登记被最终拒绝或当一个公司的股东基于重大事由而解约时(《有限责任公司法》第 61 条第 1 款),可以**解散**设立中的公司。在这种情况下,是否适用法院解散程序是有争论的。[8]对于清算,联邦最高法院[9]并没有适用《有限责任公司法》第 66 条等条款的规定,而是适用了人合公司法的规定(《民法典》第 730 条等条款、《商法典》第 145 条等条款)。其结果是,除了公司经理之外,全体股东都应对清算负责,并承担清算的个人责任。但是,这一判决并不能令人信服,因此,遭到了许多学者的强烈反对。[10]

---

〔1〕 BGHZ 80, 212.

〔2〕 BGH WM 1986, 789

〔3〕 H. M.; BGHZ 21, 242, 246; 29, 300, 303; BGH WM 1983, 230; Hachenburg/*Ulmer* § 11 Rdn. 34; differenzierend Scholz/*K. Schmidt* § 11 Rdn. 47.

〔4〕 Vgl. BGHZ 65, 378, 382; 72, 45, 48 ff; 80, 129, 139; 86, 122, 126; OLG Hamm WM 1985, 658.

〔5〕 Vgl. *Rittner* 322 ff; *K. Schmidt*, GesR § § 11 IV 2, 34 III 3.

〔6〕 BGHZ 80, 129, 135; *Hachenburg/Ulmer* § 11 Rdn. 30 mwN.

〔7〕 Vgl. *Raiser* AcP 199 (1999), 104, 141 f.

〔8〕 Vgl. einerseits Hachenburg/*Ulmer* § 11 Rdn. 39 andererseits Scholz/*K. Schmidt* § 11 Rdn. 55. Bejahend OLG Hamm GmbHR 1994, 706.

〔9〕 GmbHR 1963, 107, 108 f; BGHZ 51, 30, 34; 86, 122, 127; OLG Düsseldorf GmbHR 1994, 78.

〔10〕 Vgl. Hachenburg/*Ulmer* § 11 Rdn. 42 mwN.; Scholz/*K. Schmidt* § 11 Rdn. 56.

3. 外部关系

105 在**外部关系**中，设立中的公司享有暂时的**权利能力**。它可以开设收取股金的账户，载入土地登记簿。[1]此外，设立中的公司也可以无限股东的身份加入一家有限两合公司，[2]并在商务注册处进行登记。[3]从逻辑上讲，设立中的公司还具有积极的[4]和消极的[5]当事人能力以及破产能力。[6]

106 相反，迄今为止一部分人依然否定设立中的公司**的票据和支票提款能力**。[7]但是在发展过程中，人们逐步取消了这种限制设立中的公司参与业务的做法，并得到了联邦最高法院的判例的肯定(BGHZ 80，129)。[8]

107 设立中的公司是由公司经理代表的，但根据司法判决，其**代表权**是限制在设立目的之内的。《有限责任公司法》第37条第2款的规定不能适用于设立中的公司。在现金出资的设立中，这一代表权只限于对于促成公司登记必要的法律行为；而对于实物出资的设立，该代表权就包含着对于维护已出资财产的必要法律行为。此外，只有得到全体股东的同意，公司才负有进行提前业务活动的义务。[9]否则，根据《有限责任公司法》第11条第2款的规定，则只能由公司经理承担个人责任。不过，该判决遭到了广泛地批评，因此，不必仿效(见下文边码121)。

4. 公司和股东的责任

108 最大的困难是由谁来承担以公司名义所负的债务。争论的焦点是是否应该由股东来承担这一责任。联邦劳动法院[10]和联邦社会法院[11]曾经就此作出了完全相反的判决。这使得1996年两个法院将案件提交到联邦最高法院的共同法庭。[12]但共同法庭却不必对争议的法律问题作出判决，因为联邦劳动法院和联邦社会法

---

〔1〕 BGHZ 45, 338, 347 f; 117, 323, 326; BayObLG DB 1986, 106 f; 1987, 215, 216.

〔2〕 BGHZ 80, 129, 132 unter Aufgabe des gegenteiligen Standpunktes BGHZ 63, 45, 47.

〔3〕 BayOblG NJW 1965, 2257.

〔4〕 BGH ZIP 1998, 109; BayObLG BB 1978, 1685; Hachenburg/*Ulmer* § 11 Rdn. 50; Scholz/*K. Schmidt* § 11 Rdn. 34; a. A. *Flume* aaO.

〔5〕 Vgl. BGHZ 79, 239, 241; OLG Hamm WM 1985, 658 f; *Flume* I/2 162.

〔6〕 BayObLG AG 1966, 132, 135 f; OLG Nürnberg AG 1967, 362, 363 zur AG.

〔7〕 Vgl. BGH NJW 1962, 1008.

〔8〕 Vgl. Scholz/*K. Schmidt* § 11 Rdn. 31; Hachenburg/*Ulmer* § 11 Rdn. 49; vgl. auch BGHZ 117, 323, 326.

〔9〕 BGHZ 65, 378, 381 ff; 72, 45, 48 ff; 80, 129, 139 f; 86, 122, 125.

〔10〕 BGHZ 80, 129; 86, 122; 91, 148, ebenso BAG ZIP 1995, 1892.

〔11〕 BSG 1986, 645, ebenso OLG Saarbrücken GmbHR 1992, 307; OLG Frankfurt GmbHG 1994, 708.

〔12〕 Vgl. BAG ZIP 1995, 1892; BGH ZIP 1996, 590.

院都表示，它们将接受联邦最高法院专门负责公司法的法庭的判决。[1]根据联邦最高法院对此所作出的指导性判决（BGHZ 134, 333），现在的法律状况是：

109 （a）以有限责任公司名义从事活动，**设立中的公司必须享受由此带来的权利并承担相应的责任**，[2]责任由设立中的公司拥有的财产承担。在这里，合同当事人是否知道公司还没有进行登记，并不重要。只要能假定该当事人并不以公司已经注册作为签订合同的前提条件，就足够了。此外，也不能根据这一理由来主张《民法典》第119条第2款规定的撤销权。[3]只有在获准注册的条件下由未来的有限责任公司享有相应的权利、承担其义务，虽然是可能的，但一般并不符合各方当事人的意思和利益，因此，通常并不为人们所接受。设立中的有限责任公司还要承担法定的债务，尤其根据《民法典》第31条规定的类推适用，承担由侵权行为所产生的诉权。

110 （b）此外，**公司股东**也要为设立中的公司的债务承担**无限个人**责任，[4]但仅仅在公司内部关系中对公司根据其持股**比例承担这一责任**。[5]联邦最高法院将这种责任称之为**亏损弥补责任**。为了能够对股东提起诉讼，债权人必须通过转让方式获得并扣押公司拥有的亏损弥补请求权。如果相关的股东无法清偿其所受的损失，则由其他股东再按出资比例承担差额责任。亏损弥补请求权一般产生在登记失败之后，并随着破产程序的开始或公司的清算而到期。最后，亏损弥补请求权还仅仅是辅助性的。[6]联邦最高法院允许在三种例外情况下许可债权人可以**直接追索股东的财产**：设立中的有限责任公司没有资产、已经没有经理或者已经没有其他债权人。[7]最后，除了亏损弥补责任之外，根据《有限责任公司法》第11条第2款的规定公司经理还要承担责任（见下文5）。

111 （c）根据《有限责任公司法》的规定，**随着公司的登记**，通过一个预设负担禁止，设立中的公司的**权利与义务**就完整和不受限制地移转给了**已登记的有限责任公司**。[8]设立中的公司和已登记的公司是同一权利主体。公司股东个人承担的亏

---

〔1〕 Vgl. BAG ZIP 1996, 1548; BSG ZIP 1996, 1548.

〔2〕 BGHZ 65, 378, 381 f; 72, 45, 47 f.

〔3〕 BGH BB 1990, 86.

〔4〕 BGHZ 134, 333; damit hat der BGH seine frühere Rechtsprechung modifiziert, wonach die Gesellschafter ähnlich einem Kommanditisten beschränkt auf ihre Einlage haften und die Haftung ausgeschlossen ist, soweit sie die Einlage geleistet haben (BGHZ 80, 129; 144; 91, 148, 152).

〔5〕 Insoweit ist der BGH von seiner bisherigen Rechtsprechung vollständig abgerückt, wonach die Gesellschafter unmittelbar gegenüber den Gläubigern haften (BGHZ 65, 378, 383; 72, 45, 50).

〔6〕 BGHZ 134, 333, 341; insoweit a. A. *Ulmer* als maßgeblicher Verfechter des Innenhaftungskonzepts, ZIP 1996, 733, 738; kritisch *Kleindiek* ZGR 1997, 427, 443.

〔7〕 BGHZ 134, 333, 341. Vgl. dazu auch BAG GmbHR 2000, 1041, BSG GmbHR 2000, 425.

〔8〕 BGHZ 80, 129, 137 ff; 91, 148, 151; BGH NJW 1982, 932; NJW 1985, 736.

损弥补义务也随之消灭,[1]取而代之的是**前期负担责任**。[2]前期负担责任是为了确保公司在商务注册处登记时初始资本的完整性,因此,如果由于先前所进行的行为和由此而产生的损失,使得初始资本资不抵债,前期负担责任就显得非常重要。这样,公司股东就要按照其持股比例补偿在登记前所产生的全部损失,原则上这一责任仅仅适用于公司内部 。[3]如果公司章程中规定了设立费用,那么只有法律上必需的设立成本才能用初始资本进行抵偿。如果其中一个股东无力承担责任,其他股东应该根据《有限责任公司法》第 24 条的规定承担资本填补责任。[4]这一责任的时效为 5 年,从公司获准注册时起算。相反,对于此后产生的新债务,清偿基础仅仅是公司资产和没有收缴的剩余股金。

联邦最高法院设立亏损弥补责任和前期负担责任是有其原因的:首先是为了完成预设负担禁止的任务,其次是因为在民法和商法中规定,单独或与他人共同从事经营活动的个人必须承担个人责任,相反,承担有限责任必须有特别的理由。《有限责任公司法》第 13 条第 2 款中所规定的有限责任,正如《有限责任公司法》第 11 条所表明的,是为已登记的公司所规定的,并不能扩大适用至设立中的公司。此外,联邦最高法院还认为,如果仅仅将设立中的公司的资产,而不是将负债毫无限制地移转给已登记的有限责任公司,也是与"交易保护和公平完全"的要求不一致的。[5]最后,公司内部责任也要求,对于登记前后的股东,不应区别对待,因此,就需要"一个统一的发起人责任,即一个持续至公司登记之时的亏损弥补责任和一个与登记相连的预设负担——(亏损)——责任"。 112

(d) 与设立中的公司的负担不同的是,在公司合同或预约协议签订之前就存在**以未来的设立中有限责任公司或有限责任公司名义而承担的义务**。[6] 只有合同或者协议中没有明确规定附加生效条件,那么在有疑问时,合同的一方当事人就是发起人,即发起人才是这种合同权利的享有者和义务的承担者。由此而产生的债务,不是根据《有限责任公司法》、而是根据《民法典》第 414 条和第 415 条规定的债务或契约承受的前提条件移转至设立中的公司或已登记的公司。[7] 不能从下列假设中推定合同对方当事人会同意这一移转:他相信他是与一个已存在的有限责任公司进行交易的。[8] 113

---

[1] So im Ansatz bereits BGHZ 69, 95, 103 f; 70, 132, 139 ff; 76, 320, 323; endgültig in diesem Sinne nunmehr BGHZ 80, 129, 144 f; 80, 182, 183 ff.

[2] Der BGH spricht auch von Unterbilanzhaftung, doch sollte dieser Begriff um der Klarheit und Einheitlichkeit der Terminologie willen wieder aufgegeben werden.

[3] So ausdrücklich BGH GmbHR 1982, 235. Zum Verhältnis von Differenzhaftung und Vorbelastungshaftung im Fall, daβeine Sacheinlage nachträglich an Wert verliert, vgl. Lieb FS Zöllner 347.

[4] BGHZ 80, 129, 141.

[5] BGHZ 80, 129, 137 f.

[6] Siehe oben II 4.

[7] Vgl. BGHZ 91, 148, 151; BGH ZIP 1998, 696.

[8] BGH ZIP 1998, 696.

5. 行为人的责任

114 (a) 随着设立中的公司的责任的确立,以及将其债务移转至具有权利能力的有限责任公司的确认,《有限责任公司法》第 11 条第 2 款所规定的**行为人责任**究竟有何意义就成为一个问题。在最初的刑事惩罚理论被否决后,主流的理论一致认为,这一规定的目的是为下列情况创设一个债务人:即假定有限责任公司没有获得权利能力,或者因为前期负担禁令有限责任公司不能承担责任。[1]但随着承认设立中的公司具有承担义务和责任的能力,并且随着承认前期负担禁令的任务,这一观点也因此失去了存在的价值。因为在公司登记之前没有进行设立审查,也没有实现信息公开,因此也不能对设立中的公司适用有关保护资本的规定。《有限责任公司法》第11 条第 2 款规定就在于弥补上述规定的空缺。这一条款的意义就在于此。[2]这一有限的适用范围严重影响了对这一条款的解释,联邦最高法院自其在一起案例中作出判决后(BGHZ 47, 25),就一直严格地解释这一规定。与以前的司法判决不同,现在的司法实践主要将它作为发起人责任的基础。

115 (b) 根据司法判例,《有限责任公司法》第 11 条第 2 款规定意义上所指定行为人是指**设立中的有限责任公司的经理**、或者没有被任命为经理的但却起着经理作用的股东或者第三者。因此,虽然有些股东同意了公司的业务、但却没有在对外部关系中发挥作用,他们就不是上述意义上的行为者。[3]此外,有限责任公司的代理和其他法定代理人也不是上述意义上的行为者。[4]另外,《有限责任公司法》第 11 条第 2 款规定并不要求行为者直接签订合同。因此,如果经理委托一个职员进行某一交易活动,该经理也是行为人。[5]在共同代理情况下,根据《有限责任公司法》第11 条第 2 款的规定,两个经理都要承担责任,即使只是其中一个经理征得另一个经理同意之后进行交易的。[6]单独代理则相反,只有从事交易活动的经理才承担责任。[7]

116 (c) 以公司名义开展的行为是指**与第三者的交易**。由《有限责任公司法》第 11 条第 2 款规定的保护功能可以得出,由经理所进行的与法律交易相似的行为,而且这种行为能够引起不当得利请求权,也可能引起行为人责任。[8]与此相反,与股东

[1] So auch BGHZ 47, 25, 29 f; 53, 210, 214; 65, 378, 380 f; 66, 359 f; 69, 95, 103.

[2] So ausdrücklich BGHZ 80, 182, 184; vgl. auch BGHZ 91, 148, 149.

[3] BGHZ 47, 25, 29; 51, 30, 35 f; 53, 206, 208 f; 65, 378; 72, 45, 46; OLG Hamburg DB 1985, 2554.

[4] BGHZ 66, 359, 360 f.; OLG Oldenburg NZG 1999, 729.

[5] BGHZ 51, 30, 36; 53, 206, 208; 53, 210, 212; BGH WM 1983, 230; OLG Düsseldorf DB 1987, 1413; OLG Hamm GmbHR 1997, 602.

[6] BGH GmbHR 1974, 153, 154.

[7] Bedenklich insoweit BGHZ 51, 30, 36.

[8] OLG Karlsruhe GmbHR 1998, 239.

之间的合同则还不足以构成行为人责任。[1]从内容上来看,《有限责任公司法》第11条第2款的规定设定了清偿已负债务的法定义务。行为人履行的义务却不能超出拥有权利能力的有限责任公司所承担义务的范围。[2]因此,责任人有权提出有限责任公司可以主张的抗辩。其消灭时效期限与有限责任公司的消灭时效一样。[3]从《有限责任公司法》第11条的特点中还可以进一步得出结论,当公司获准登记并由此产生设立中的公司的权利与义务时,行为者的责任就归于消灭,就像发起人个人**责任**一样。[4]如果由于行为者缺乏代理权,而有限责任公司不承担责任,则适用其他规定。这时候就可以将《有限责任公司法》第11条第2款视作《民法典》第177条、第199条的特别法。[5]实际上如上所述,《有限责任公司法》第11条第2款仅仅在下列情况下起作用:即在登记失败时或行为人以有限责任公司名义滥用代理权。

(d) 如果经理根据《有限责任公司法》第11条第2款的规定承担赔偿责任,该经理可以将其支付的责任金作为费用,并依据公司合同或他的任用合同向公司**追偿**(见《民法典》第670、675、713条)。未获授权的行为人则可以适用关于无因管理的规定。这一追索权所针对的是公司的财产,但必须承认,在正当管理的情况下,股东也应该对第三人承担责任。[6] 117

### 6. 评价和批评

联邦最高法院在总结学术研究成果[7]的基础上创设了设立中的公司的**理论**,这无论是在经验方面和法政治学方面都是值得**欢迎**的。该理论从经验中得出结论,由于经济界的客观需求,用法律手段阻止设立中的公司参与业务往来或者对此设置障碍是没有意义的。正确的做法给公司股东规定一种责任风险,该责任在公司通过注册法院的审查设立并且获准注册后即自行消灭。不过,这一学说提出了一些困难的理论和实践问题。 118

(a) 通过类推《有限责任公司法》第9条规定的差额责任来说明**前期负担责任的必要性**,是不能令人信服的。因为高估实物出资的价值完全是另外一回事。实质上这是一种法官造法行为。[8] 它还涉及**法人学说**的基础。如果设立中的公司自身 119

[1] BGHZ 15, 204, 206; 53, 210, 214; 65, 378, 380; 76, 320, 325.

[2] BGHZ 53, 210, 214; 69, 95, 104.

[3] BGHZ 69, 95, 104.

[4] So andeutungsweise schon BGHZ 69, 95, 103 f; 70, 132, 139 ff; 76, 320, 323; endgültig und eindeutig nunmehr BGHZ 80, 182, 183 ff. Bei Dauerschuldverhältnissen muβdaher folgerichtig auch die Haftung für die auf die Zeit vor der Eintragung entfallenden Verbindlichkeiten erlöschen. Anders aber wohl noch BGHZ 70, 132, 141 f.

[5] Scholz/*K. Schmidt* § 11 Rdn. 61; der Sache nach ebenso Hachenburg/*Ulmer* § 11 Rdn. 101.

[6] BGHZ 86, 122.

[7] Vgl. namentlich *Ulmer* FS Ballerstedt, 279; *Binz* Haftungsverhältnisse im Gründungsstadium der GmbH & Co. KG, 46 ff.

[8] Ebenso *K. Schmidt* NJW 1981, 1345, 1346; Hachenburg/*Ulmer* § 11 Rdn. 72.

已是义务与权利的承担者,那么它就享有暂时权利能力,且这一权利能力并不取决于国家登记行为。相反它是由公司合同创设的、通过其机关而具有行为能力的、并通过参与对外业务往来中显现出来的组织。[1]公司登记既没有改变其法律同一性,也没有进行形式上的权利与义务的移转,但它由此具有了权利能力。有一种观点认为存在着两种不同的法律主体,即首先是共同共有关系,在登记后则是法人。[2]这种观点在一人设立中遇到了很大的困难(见上文边码 102),此外,它完全成为一种空洞的教条。登记对于法人的产生有着规则性和确认的作用(**同一性理论**)。[3]登记的主要意义是:在注册法院法官进行设立审查后,就允许股东享有有限责任。如果法官拒绝登记,权利主体依然暂时保留其资格,直至公司清算结束。

120 (b)实践中首先出现的问题是有关必须缴足初始资本并且不能给已收资本施加任何负担的时间方面的差异。就《有限责任公司法》第 8 条规定的声明和注册审查而言,提交申请的时间是最关键的。而联邦最高法院却把获准注册的时间作为确定前期负担责任的关键。如果人们坚持将获准注册作为公司成立的标志(《有限责任公司法》第 11 条第 1 款)和初始资本必须完好无损存在的标准时间,那么,自然会得出这一结论。这不应该会产生特别的困难,因为在第一种情况下的法律后果是不予登记,而在第二种情况下则产生了有限责任公司的请求权。因此,没有理由放弃注册法院的设立的审查。[4]

121 (c)**前期负担责任的部分细节**已经得到了解释。这一责任的核心,是要确保登记时公司具有完好无损的初始资本。也就是说这一责任是为了补偿开办的损失。为了确认这一责任的数额,还须制作一份**预设负担资产表**,编制报表的原则采用与评估实物出资同样的原则。[5]应按照继续经营的基本原则对财产的实际价值进行估价。[6]如果在登记之前就已成立了一个可以视为企业的组织,且该企业除了拥有其固定的财产价值外还代表资金财产价值,那么就应使用收益估价法。[7]只有在适

---

〔1〕 Vgl. *Raiser* AcP 199 (1999), 104, 140 f.

〔2〕 So wohl auch der BGH selbst, vgl. BGHZ 80, 129, 135; BGH NJW 1982, 932; vgl. ferner Hachenburg/*Ulmer* § 11 Rdn. 73; Baumbach/*Hueck/Fastrich* § 11 Rdn. 51.

〔3〕 Für eine klare Identitätstheorie *Reinhard/Schultz*, Gesellschaftsrecht Rdn. 830; *Scholz/K. Schmidt* § 11 Rdn. 25, 132 ff; *Flume*, I/2, 167; *Weimar* GmbHR 1988, 289; s. auch *Büttner*, Identität und Kontinuität bei der Gründung juristischer Personen 130 ff; *Rittner*, Die werdende juristische Person 329 f.

〔4〕 So aber *Ulmer* ZGR 1981, 593, 604 ff; Hachenburg/*Ulmer* § 11 Rdn. 91; LG Bonn GmbHR 1988, 193; *K. Schmidt* AG 1986, 106, 114 f; Baumbach/*Hueck/Fastrich* § 8 Rdn. 13 a. *Ulmer* ist allerdings zuzugeben, daβdie registerrichterliche Prüfung nur sehr oberflächlich sein kann, weil sie sich im wesentlichen auf die Angaben der Geschäftsführer bei der Anmeldung stützen muβ und den kritischen Zeitraum zwischen Anmeldung und Eintragung nicht abdeckt.

〔5〕 Einzelheiten bei *Meister* FS Werner 521, 541 f; *Schulze-Osterloh* FS Goerdeler 531, 537 ff; Baumbach/Hueck/*Schulze-Osterloh* § 41 Rdn. 44; Scholz/*K. Schmidt* § 11 Rdn. 129.

〔6〕 Vgl. BGHZ 124, 282; 140, 35; der BGH geht mit der h. A. im Schrifttum davon aus, daβes sich um eine Vermögensbilanz handelt.

〔7〕 BGHZ 140, 35.

用消极继续经营预测的情况下，才必须根据转让价值来对资产进行估价。[1]具有替代资本性质的股东贷款作为公司的债务，应当列入公司负债项下。[2]无需考虑的是必要的设立费用，只要这一费用根据《有限责任公司法》或章程规定是由有限责任公司支付的，并在章程中规定了具体的数额，即可。[3]哪些支出可以作为设立费用，必须予以最终的澄清。因改组投入企业所产生的损失不是设立费用。值得怀疑的是那些不是因提前开展的经营活动所造成的损失是否也不应该当作设立费用，如果股东将其拥有的有价证券当作出资，期间该证券的交易价格下跌，就是如此。[4]

(d) 在承认设立中的公司具有权利能力，并可以参与一般的交易活动之后，联邦最高法院继续坚持《有限责任公司法》第 37 条第 2 款的规定还是不能适用于设立中的公司，相反却认为公司经理的**代理权仅限**于为完成设立目的而进行的行为。这就不再符合公司和企业法的一般学说了。是否允许将《有限责任公司法》第 37 条第 2 款的规定适用于设立中的公司是一个公司内部关系问题。在这里，人们应该尽可能地避免让公司债权人来承担不诚实公司经理所带来的风险，这种风险承担者更应该是公司股东。[5]因此，联邦最高法院至少不再要求：授权开展经营业务时，无需根据《有限责任公司法》第 2 条的规定制作公证书。[6] 122

(e) 关于**股东责任**的新概念，即股东对产生的损失应该在公司内部关系中按照其持股比例承担无限责任的看法，仅仅得到部分学者有保留的肯定。联邦最高法院在学术的批评[7]下，放弃了以出资额为限的与两合公司中有限股东的责任相类似的股东责任；并十分正确的主张，作为个人或与他人共同从事经营活动的人应按照民法和商法的基本原则对由此而产生的债务承担无限责任，只在法律规定的情况下，才允许享有免责特权。联邦最高法院的这种观点是值得欢迎的。 123

发起人原则上只对设立中的公司承担**内部责任**。这一规定是**有问题**的，其结果也是不能令人信服的。[8]这种解决问题的办法虽然来源于一种学说，据此应尽可 124

---

[1] BGH ZIP 1997, 2008; Scholz/*K. Schmidt* § 11 Rdn. 129.

[2] BGH ZIP 1997, 2008; str. ist, ob etwas anderes bei einer Rangrücktrittsvereinbarung anzunehmen ist; so *Lutter/Hommelhoff* § 11 Rdn. 20; a. A. Scholz/*K. Schmidt* § 11 Rdn. 129.

[3] Vgl. BGHZ 107, 1; BGH ZIP 1997, 2008.

[4] Vgl. *Schulze-Osterloh* FS Goerdeler 531, 543; Hachenburg/*Ulmer* § 11 Rdn. 88; Scholz/K. Schmidt § 11 Rdn. 129.

[5] Binz 134 ff; *K. Schmidt*, GesR § 34 III 3 b; Scholz/*Schmidt* § 11 Rdn. 63 f; *Theobald*, Vor-GmbH, 27 ff; *Roth* ZGR 1984, 597, 609; *Weimar* GmbHR 1988, 289, 291 f; wie der BGH aber Hachenburg/*Ulmer* § 11 Rdn. 54; Baumbach/*Hueck/Fastrich* § 11 Rdn. 18; *Lutter/Hommelhoff* § 11 Rdn. 8; Rowedder/*Rittner/Schmidt-Leithoff* § 11 Rdn. 83; *Fleck* GmbHR 1983, 5, 8.

[6] BGHZ 80, 129, 139.

[7] Vor allem *Flume* NJW 1981, 1753, 1755; *Roth* ZGR 1984, 597, 622 ff; *Theobald* 126 ff, 132 ff.

[8] Vgl. BGHZ 134, 333, 339 ff. Der BGH ist insoweit der vor allem von *Stimpel* und *Ulmer* vertretenen Sichtweise gefolgt, vgl. *Meister* FS Werner 521, 549; *Lieb* FS Stimpel 399, 401 f, 414; *Stimpel* FS Fleck 345, 358 ff; Hachenburg/*Ulmer* § 11 Rdn. 65 ff; *Weimar* GmbHR 1988, 289, 294 ff; dem BGH zustimmend *Lutter/Hommelhoff* § 11 Rdn. 9; *Schütz* GmbHR 1996, 727; *Ulmer* ZIP 1996, 733.

能地像对待已成立的有限责任公司一样来对待设立中的有限责任公司,尤其是不应该让与有限责任公司有业务关系的债权人产生这样的想法,即与其交易的股东不承担无限责任。然而,上述解决问题的方案却没有任何令人信服的理由放弃了普遍规则,即享有有限责任的特权是以公司获准注册和通过注册法院的设立审查为前提条件的。[1]此外,它也与公司经理所承担的行为人的无限责任相矛盾。公司经理一般是不会自己愿意提前开展进行活动的,而是因为其职位迫使他为他人的利益而独自作出决定。如果是债权人要求经理清偿债务,经理将被迫要求设立中的公司补偿其损失。这样,就变成了一个内部关系的问题。

125 就解决办法的合理性提出指责的理由还有:联邦最高法院还必须将无资产的设立中的公司、一人设立中的公司、驳回登记申请的情况作为例外来对待,[2]这又使人们对这一办法的出发点产生了怀疑。这一办法尤其不适当地影响了债权人的利益,因为它为债权人追究最有偿付能力的债务人制造了巨大的困难。如果从设立中的公司本身和经理那里得不到清偿,那么放弃外部责任就会长期影响债权人的地位。这是因为他只能通过抵押公司请求权的办法实现亏损弥补责任;而且发起人仅按比例承担赔偿责任,这样就把发起人所承担的亏损空缺风险转嫁到了债权人身上。

126 不过从整体上来看,如果公司获准注册,那么由于从申请登记到获准注册之间的时间间隔并不长,外部责任在这里没有重要意义。相反,如果登记被拒绝,就没有理由让债权人通过非常复杂繁琐的内部责任来补救其损失;在非严肃设立情况下,更是如此。在设立中之有限责任公司破产的情况下,可相应地根据《破产法》第93条的规定由破产资产管理者来追究发起人在破产程序中的个人责任。相反,如果没有进入破产程序,那么就没有什么可对债权人的诉求进行抗辩的了,就像在其他所有可对比的情况中一样。

127 最后是关于**法政治学方面的决策**的问题,即公司设立规则是否要朝着有利债权人或有利于公司股东的方向发展。1980年修改的《有限责任公司法》很明显加强了对债权人的保护,并反对给股东提供特权。[3]因此,应该保留股东的无限个人外部责任。

128 (e) 最后,如果**登记失败,公司股东仍然继续经营该企业**,则这时的责任需要进

---

[1] Bemerkenswert ist die instanzgerichtliche Rechtsprechung, die entgegen dem BGH eine unbeschränkte Auβenhaftung annimmt: LSG Baden-Württemberg ZIP 1997, 1651; LSG Stuttgart GmbHR 1997, 893; LAG Stuttgart ZIP 1997, 1291; LAG Köln GmbHR 1997, 1148; vgl. aus dem Schrifttum *Beuthien* ZIP 1996, 305, 360; *Flume* DB 1998, 45; *Raiser/Veil* BB 1996, 1344; *K. Schmidt* ZIP 1996, 353; *ders.* ZIP 1997, 671; Scholz/*K. Schmidt* § 11 Rdn. 82. Vgl. aus demälteren Schrifttum *Flume* aaO I/2, 164; *Theobald* 75 ff, 94 ff, 121 ff; *John* BB 1982, 505, 511; *Brinkmann* GmbHR 1982, 269 ff; *Derwisch-Otterberg* aaO 40.

[2] Dem folgt die neuere Rechtsprechung; vgl. BAG ZIP 1997, 2199; BAG ZIP 1997, 1544; aA *Lutter/Hommelhoff* § 11 Rdn. 9, die auch in diesen Fällen ausschlieβlich eine Innenhaftung anerkennen wollen.

[3] Vgl. *Raiser/Veil* BB 1996, 1344, 1348 f.

行批评性地审查。根据迄今为止的司法判决，在作出继续经营决定的同时，就产生了无限公司或民法公司。因此，依据《商法典》第128条的规定，股东必须对债权人承担无限的直接责任。[1]相反，联邦最高法院在其提交的一个决议中表明，即使在这种情况下也还可以保留一个作为内部责任而设定的亏损弥补请求权。[2]联邦最高法院是这样陈述理由的：不然，就要转变成亏损弥补责任方案，但这种转变又依赖于与责任问题没有内部关联的客观事实。[3]即使人们愿意采用联邦最高法院所主张的内部亏损弥补模式，放弃这种情况下的外部责任也不符合整个法律体系的精神。如果在股东不再寻求登记或登记被驳回的情况下，股东还继续经营活动，那么由联邦最高法院对内部责任所提出的考虑，就失去了适用的效力。就其他企业活动而言，法律并没有提供在结构上不同于无限外部责任原则的法律形式。最后，联邦最高法院对此并没有下定论。这就再一次表明，并不是无限的外部责任，而是内部的比例的亏损弥补责任与法律体系相矛盾。[4]

## VII. 设立的瑕疵和发起人的责任

参考文献：*Lowin*, Die Gründungshaftung bei der GmbH nach § 9 a GmbHG, 1987; *Paschke*, Die fehlerhafte Korporation, ZHR 155 (1991), 1; *Raiser*, Die neuen Gründungs- und Kapitalerhöhungsvorschriften bei der GmbH, in: Das neue GmbH-Recht in der Diskussion, 1981, 21, 28 ff.

129 在设立程序的任何阶段都有可能出现与法律相关的瑕疵。从体系上可以将这些瑕疵区分为订立公司合同的瑕疵，缺少形式上登记前提的瑕疵和对注册法院的虚假说明。

### 1. 设立的瑕疵

130 鉴于不同的法律后果，**可将设立公司合同的瑕疵**划分为三个阶段：

131 (a)如果公司既没有登记，又没有在运营(in Vollzug gesetzt ist)，就适用合同法的一般规定。[5]如果公司合同违背了法定的形式规定(《有限责任公司法》第2

---

[1] BGHZ 80, 129, 142.

[2] BGH ZIP 1996, 590, 592.

[3] BGHZ 134, 333, 341. Im späteren Urteil in dieser Rechtsstreitigkeit hat der BGH die Rechtsfrage ausdrücklich offen gelassen.

[4] *Raiser/Veil* BB 1996, 1344, 1348; *Kleindiek* ZGR 1997, 427, 447; Veil EWiR 1996, 1083; so auch die der BGH-Entscheidung nachfolgende Judikatur; vgl. 5. ZS des BGH, ZIP 1998, 109; BAG ZIP 1997, 2199, das darauf hinweist, diese Auffassung des BGH sei nicht bindend; OLG Thüringen/Jena GmbHR 1999, 372; OLG Celle GmbHR 1996, 688 (bloβe Verzögerung der Liquidation nach Rücknahme des Eintragungsantrags begründe noch keine Fortführung der werbenden Tätigkeit).

[5] RGZ 82, 375, 378 ff; 127, 186, 191.

条),违背了法定的禁令或善良风俗(《民法典》第125条、第134条和第138条),那么合同则没有法律效力,就可以根据《民法典》第119条和第123条的规定撤销这些合同。如果股东作出了加入声明,但是因为签字人没有行为能力而无效或成功地得以撤销,那么整个合同就是无效的。这是因为在这种情况下公司不能收到规定的初始资本金,而且减少初始资本就必须修改公司合同。如果登记法官确认了公司合同的缺陷,他必须**拒绝登记**(《有限责任公司法》第9c条第1款)。

132 如果瑕疵是可消除的,则可以对股东进行**中间处分,要求他在**一个排除期限内消除瑕疵。股东如果对公司合同的有效性有争议,就可以根据《有关自愿管辖权事项的法律》第127条的规定,在争议结束期间,中止登记。必要时股东还可以通过在诉讼程序中获得的临时保全措施来阻止登记(《商法典》第16条第2款)。[1]

133 (b)只要公司还没有运营,就应该适用上述规则;之后就应适用由人合公司法发展而来的有关**瑕疵**公司的规定。因此,只能对设立中的有限责任公司,即它没有向商务注册处申请登记或登记失败,进行不溯及既往的解散。[2]根据主流学说,在交付首批出资金额以后,公司就开始运行了。如果主持法官确认了瑕疵,他必须拒绝登记。

134 (c)在获准注册后,法律状况发生了根本性的变化。这时,只能按照《有限责任公司法》第75条的规定提起**无效之诉**,才能主张公司的无效。这种情况是很少见的,但如果公司合同中没有有关初始资本金额的规定,或没说明企业的经营范围,或者有关经营范围的规定是无效的,就属于这些少数情况之一。[3]立法者给已登记的公司提供了非常好的生存保护;在公司生存面前,法律行为的无效和撤销理由、以及由此保护的合同当事人的利益都退居次要地位。因此,如果不具备规定的前提条件,法律行为的无效要件就只能导致股东的退股或除名、或者公司的解散(见下文§30. IV., § 41)。如果存在着无效之诉的前提条件,那么除无效之诉之外,也可以考虑根据《有关自愿管辖权事项的法律》第144条第1款的规定,依职权注销登记。

135 (d)但是,法律对已登记公司的生存保护也不能补救有关股东**加入表示方面的瑕疵**。加入表示的保护享有更优先的地位。因此,没有得到授权或者批准的**无行为能力人或限制行为能力人**,并不能随着公司的注册而成为公司的股东。[4]违背《民法典》第1365条规定的配偶,也同样如此。[5]此外,任何人都不能通过没有代理

---

[1] LG Heilbronn AG 1971, 372.

[2] RGZ 166, 51, 58 f; BGHZ 13, 320, 323; Einzelheiten im Schrifttum zu § 105 HGB.

[3] BGHZ 21, 378, 381 f.

[4] Vgl. RGZ 147, 257, 271 (zur Genossenschaft); BGHZ 17, 160, 166 (zur KG).

[5] So *Scholz/Emmerich* § 2 Rdn. 66.

权的代理人所作的声明而通过公司的注册加入公司。[1]当然,在这些情况中,个别加入表示的无效,并不能导致整个公司合同的无效,公司还会因为有其余的股东而继续存在。

这些**法律后果**带来了一些困难:所谓的股东不承担出资义务和其股份也不存在,已经收缴的股金必须退回。在这里不适用《有限责任公司法》第30条的规定。因为《有限责任公司法》第24条规定的出资填补责任也是与这种情况无关的,所以其他股东也没有义务对短缺额承担责任。公司股东可以吸收一个其他的股东来代替无效股东加入公司,或者根据《有限责任公司法》第58条的规定而减少资本。此外,在公司财产达到了初始资本总额以前,都适用《有限责任公司法》第30条规定的禁止利润分配的禁令。[2] 136

2. 拒绝登记

如果**没有满足形式上的登记要件**,比如,章程中没有包含《有限责任公司法》第3条规定的必要内容,取了错误的商号,或者《有限责任公司法》第8条规定的必备材料不完整,那么登记法官必须首先给相关当事人提供在合适的期限内排除瑕疵的机会。如果没有消除这一瑕疵,公司就不是按照规定提交申请的,根据《有限责任公司法》第9c条第1款的规定,就必须拒绝对其进行登记。 137

如果登记法官忽略了瑕疵,而仍然准予登记。这时,除非存在着《有限责任公司法》第75条规定的无效理由,公司就已经有效成立了。如果已经登记的公司合同中**没有说明**商号、公司所在地或每一股东股本出资的数额,或者其中的一项规定或关于初始资本数额的规定是无效的,那么注册法官就必须根据《有限责任公司法》第75条规定要求公司予以更正;如果没有更正,就确定该公司的章程是有瑕疵的。确认瑕疵之后,就必须依法解散公司(《有关自愿管辖权事项的法律》第144a条第4款与《有限责任公司法》第3条第1款第1、3、4句)。 138

3. 设立责任

对于其他一些违反公司设立规定的行为,《有限责任公司法》则规定了设立的责任、第82**条的处罚规定以及前期负担责任**(见上文边码110)。 139

与修改前的《有限责任公司法》第9条、结合《股份法》第46—51条而规定的设立责任相比,1980年《有限责任公司法》大大扩大了**公司设立责任的范围**(第9a、9b条)。构成这一责任的主要事实要件是(《有限责任公司法》第9a条第1款)为了成立公司,也即为了设立和成立作为法人的公司而进行的**虚假说明**。如果说明是不正确的或不完整的、或者非法地隐瞒了某些事实,[3]就是这种情形。因此,如果没 140

[1] Vgl. RGZ 147, 257, 272, betr. Genossenschaft.

[2] Einzelheiten bei Hachenburg/*Ulmer* § 2 Rdn. 103 ff.

[3] So der Ausschuβbericht BT-Drucks. 8/3908, 71; vgl. dazu *Raiser* in: Das neue GmbH-Recht in der Diskussion, 21, 28; *Lowin*, Gründungshaftung 13 ff.

有公开和发起人达成的有关将已收缴的股金用于购买发起人或其近亲属的物品的结算约定,也是虚假说明。[1]

141　与《股份法》第46条第1款的规定不一样,一般的《有限责任公司法》包括了任何类型的说明,而不仅仅是关于收缴初始资本的说明,比如关于(隐性)实物出资、减少初始资本的实物承受以及预设负担的说明。此外,有关公司经理能力(见《有限责任公司法》第6条第2款)的说明也是《有限责任公司法》第9a条所规定的内容。[2]说明可以包含在登记申请、公司合同、有关实物出资的设立报告、《有限责任公司法》第8条第2、3款规定的保险或其他凭证之中。口头陈述也可以当作说明。说明是由谁作出的,无关紧要;第三者所作的说明也可以考虑,比如制作凭证、证明最低初始资本金已交付到公司账户的人。同样,说明是向谁作出的,也是无关紧要的。说明可以是对法院的,也可以是对其他股东[3]或第三者(比如鉴定人)作出的。关键是是否达到了规定的目的,它通常是不能达到的,或者通过有疑问的注册行为是可以达到的。

142　承担责任的是**股东、经理**以及以其名义股东认购资本的,亦即虚拟设立中的幕后股东(《有限责任公司法》第9a条第4款)。承担责任的前提是过错,即知道所做的说明是虚假的,或因过失而不知道作出了虚假的说明。当然,在这里适用过错推定原则(《有限责任公司法》第9a条第3款、第4款第2句)。《有限责任公司法》还要求任何知道虚假说明的股东和公司经理对此进行干预和改正。与主流观点不同,这并不是一种侵权行为责任,它们是一种由公司关系中或经理地位中发展而来的对公司必须承担的义务。[4]通过相应地适用《股份法》第37条第1款第4句的规定,联邦最高法院认为,如果银行在登记过程中出具了出资已最终归公司自由支配的虚假证明,那么该**银行**也要承担责任。[5]

143　(a)这一责任的目的是旨在赔偿由此给公司造成的损失。在《有限责任公司法》第9条第1款的规定中特别提到了两种损失情形:必须补缴未缴纳的初始资本;补偿减少初始资本的支出,只要这种支出没有在公司合同中规定,而且也必须接受注册法院的审查即可。[6]

144　(b)除了上述第1款的规定外,《有限责任公司法》第9a条第2款也规定了附加构成要件问题。这一条款与《股份法》第46条第2款的规定相当。但在其适用范围方面,其规定的**附加构成要件并不十分清楚**。据此,如果股东由于缴纳出资或支付设立费用,或者由于故意或严重过失的行为给公司造成了损失,那么全体股东就要作为连带债务人承担赔偿责任。该请求权迄今为止并没有实际意义,因为由

[1] OLG Köln GmbHR 1999, 663; LG Heilbronn DB 1993, 1359, OLG Celle NZG 2000, 1178.

[2] BayObLG BB 1982, 200.

[3] *Lutter/Hommelhoff* § 9 a Rdn. 3; a. A. Hachenburg/Ulmer § 9 a Rdn. 13.

[4] Ebenso Hachenburg/*Ulmer* § 9 a Rdn. 11.

[5] BGHZ 113, 335, 351 ff

[6] Vgl. dazu BGHZ 107, 1.

实物出资所造成的损失,一般已可以归咎为发起人的虚假说明。

(c) 人们根据设立责任的前提条件而为此设定了广泛的构成要件,但法律对此进行了限制,即只有**公司本身才享有这一责任的请求权**。根据主流观点,这里的公司是指已经获准注册的公司。[1]但是人们既然承认设立中的公司拥有暂时性权利能力,那就没有理由拒绝给予它这一责任的请求权。例如因为虚假设立而被拒绝登记,但事先已造成了损失,就是这样的情形。 145

根据《有限责任公司法》第 46 条第 8 项的规定,只能在股东决议的基础上,公司才能对经理提起损害赔偿请求。同样经理必须根据股东大会的指示对公司股东提出赔偿请求(《有限责任公司法》第 35 条第 1 款、第 37 条第 1 款)。在这样的情况下,如果有几位股东和经理一起卷入了虚假设立案,则很难实现这一责任。如果要给公司提供有效的保护,就只能寻求股东之诉的方式(见下文 § 27. IV. )。此外,在公司破产程序中,这一责任是能够实现的,这是因为破产管理者有权主张这一请求权。 146

**债权人**不能自己主张这一请求权。但如果债权人因为欺骗性设立而蒙受了损失,他就有权根据《民法典》第 823 条第 2 款和《有限责任公司法》第 82 条第 1 款第 1 句规定提起侵权行为赔偿请求。这一条款被认为是保护性规定。[2]遭受损失的其他股东则可以根据《民法典》第 823 条第 2 款以及《有限责任公司法》第 82 条的规定提起损害赔偿之诉。[3] 还可以根据《刑法典》第 263 条、第 266 条的规定以及《民法典》第 823 条第 2 款或第 826 条提出其他请求权。 147

(d) 为了保护债权人,**《有限责任公司法》第 9b 条第 1 款取消了**公司处分请求权的其他权力。因此,如果赔偿损失是清偿债权人债务所必需的,则**放弃**或**和解**是无效的。因此,只要免责中包含了放弃赔偿请求,免责也是无效的。但是也有一些例外情形,例如责任者无力承担赔偿义务,或者为了避免破产责任者与债权人进行和解,或者赔偿义务将在破产方案中规定。[4]赔偿请求权的时效是 5 年,从公司在商务注册处登记之时开始计算,或者如果负有赔偿义务的行为是在注册后才进行的,那么,就从进行这种行为时起算(《有限责任公司法》第 9b 条第 2 款)。

---

[1] Hachenburg/*Ulmer* § 9 a Rdn. 9; Scholz/*Winter* § 9 a Rdn. 4; Baumbach/*Hueck/Fastrich* § 9 a Rdn. 13; *Lutter/Hommelhoff* § 9 a Rdn. 1; *Roth*/Altmeppen § 9a Rdn. 10.

[2] Scholz/*Tiedemann* § 82 Rdn. 7; Baumbach/Hueck/*Schulze-Osterloh* § 82 Rdn. 9; *Lutter/Hommelhoff* § 82 Rdn. 27.

[3] Scholz/*Tiedemann* § 82 Rdn. 10 f.

[4] BGH ZIP 1987, 1050.

# 第二章 股东的法律地位

## § 27. 股东的权利

### I. 概述

#### 1. 法定权利和合同权利

1 就像股份有限公司中的股票一样，有限责任公司的股份也体现了作为法人的成员资格。成员资格是一种复杂的，集多个权利与义务于一体的主体权利（见上文 § 12. I.）。而股份有限公司中成员的权利和义务受到严格的限制，而且被系统地纳入了有关企业的规范秩序之中，所以它很少体现个体的法律地位。与此相反，由于有限责任公司的人合结构以其所蕴含的契约自由，这就产生了多种多样的成员权利与义务，它们有的源于法律规定，有的来自法官法，有的则产生于公司合同。〔1〕

2 需要强调的**法定权利**有：召集和参加股东大会的权利、表决权（下文 § 33. II—IV.）、查询权（下文 III.）、年度利润分配请求权（下文 § 36. II.）、转让和继承股份的权利（下文 § 30. I.，II.）、提起解散之诉的权利以及参与分配剩余资产的请求权（下文 § 41. II.，III.）。法定的义务主要有：出资义务（下文 § 28. I.）和忠诚义务（下文 § 28. IV.），此外还有担保初始资本的责任（下文 § § 28. I. 5、37. II. 4）。在法律规定之外，**法官法**确认：个别股东有借助无效或撤销之诉要求撤销股东大会决议的权限（下文 § 33. VII.）；此外，股东还有提起股东之诉（下文 IV.）和因重大事由而终止某些股东资格的权利（ § 30. IV.）。由法官法发展而来的股东的义务主要有：承担预设负担责任和直接责任的义务（ § § 26. VI.，29.）。只要不违背强制性规定，**公司合同**可以扩大、限制或排除股东或个别股东的这些权利和义务。在公司合同中还可以设立其他股东权利，比如，要求公司给付的权利，以及在特别优惠条件下使用公司设施的权利。同样，公司合同也可以给股东规定更多的义务。

---

〔1〕 Vgl. die Vertragsmuster bei *Eder/Heuser/Tillmann/Gaul*, Handbuch der GmbH, Teil V, Muster 4 ff; ferner die Checkliste bei *Rotthege*, Mandatspraxis Beratung der GmbH, 1999, 51 ff.

2. 债法性请求权和义务

与股东的权利、义务不同外,股东对于公司还拥有债法性请求权和义务。产生这些权利和义务的基础是公司合同之外的构成给付义务的行为。不过,它们也可以作为**非真正的章程内容**而规定于公司合同之中(即所谓的**第三权利和义务**,见上文 § 26. II. 3)。对于它们仅仅适用债法。但由于它们可能与股东资格有着法律上的关联,因此,股东资格又会以一定的方式对它们产生影响。所以,存在公司关系可能是建立有效债法关系的条件和基础。此外,股东的这些权利和义务还可能受到忠诚义务和平等待遇原则的制约。《有限责任公司法》第 32a 条和第 32b 条对取代自有资本的股东贷款进行了规定,从而将它也纳入了公司法的内容(见下文 § 38)。[1] 3

股东还对公司拥有**债权人性质的权利**。**这种权利**介于股东资格权利和债法性请求权之间,主要包括:股利分配请求权以及剩余资产分配请求权。但在这一情况下,只有已经确定每一股东可以主张的数额,股东才可以行使这一权利。这些权利的特点在于它们来源于公司关系,亦即,它们首先是股东资格的不可分割的部分,并受到公司法的调控,尤其是与负有忠诚义务紧密相连。但是,当这些权利一旦得以产生,则每年的红利分配请求权就与股东资格相脱离,从而可以对其进行独立的转让、设定质权和扣押。 4

3. 自由拟定章程的界限

有关**管理权**或者**管理义务**与**财产权**或者**财产义务**的区别以及有关**分离禁止**的内容,可以参阅《股份法》的相关阐述(见上文 § 12. II.)。有限责任公司的公司合同具有很大的可塑性,这会对不同的有限责任公司产生不同的影响。一个或多个具有支配权的股东所面对的是毫无权力的其他股东。这种情况并不少见。在订立公司合同时充分确保其自身的法律地位,原则上是股东自己的任务,但这也是咨询律师和公证人的一项重要工作。与《股份法》不同,这里签署的是个体合同,所以股东也有能力保护其自己的利益。但是,有限责任公司法中的**契约自由**也**不是没有限制的**。设置必要的法律界限是公司法的一项艰难任务,在下文我们会看到这一问题还将不断出现。解决这一问题应当注意遵循《有限责任公司法》中的一些基本原则,主要包括资本筹集原则和维持原则。此外还包括保护企业、少数股东和个别股东的原则。 5

## II. 股东的一般权利和特别权利

参考文献:*Flume*, Allgemeiner Teil Band I/2, 271 f; *Rücker*, Die Entziehung von

---

〔1〕 Einzelheiten bei Hachenburg/*Raiser* § 14 Rdn. 30.

Sonderrechten eines GmbH-Gesellschafters wegen miβbräuchlicher Rechtsausübung, 1969; K. Schmidt, Gesellschaftsrecht, § 19 III 3; *Ullrich*, Formzwang und Gestaltungsgrenzen bei Sonderrechten und Nebenleistungspflichten in der GmbH, ZGR 1985, 235; *Waldenberger*, Sonderrechte der Gesellschafter einer GmbH - ihre Arten und ihre rechtliche Behandlung, GmbHR 1997, 49 ff; *Wiedemann*, Gesellschaftsrecht, Bd. I, 357 ff, 380 ff; *Wolany*, Rechte und Pflichten des Gesellschafters einer GmbH, 1964, 180 ff; ferner das Schrifttum zu § 35 BGB.

6 在所有股东都拥有的一般权利和特别权利之间存在着法律上的本质区别。特别权利给一个或个别股东提供了一项相对于其他股东的**优先权**(《民法典》第35条)。[1]在资产权方面,这种权利主要有优先分得红利的请求权或者对分得更多剩余资产的请求权;此外,还包括以优惠的形式购买公司所生产的商品、所提供的服务以及使用公司设施的权利。还可以包括是否同意其他股东转让其股份的权利(《有限责任公司法》第15条第5款; 见下文 § 30. I. 3),在一定的情况下认购其他股东股份的权利,以及在增加资本时认购新股的权利。[2]在共同管理权方面,特别权通常是指拥有更多的表决权,对股东决议拥有同意权或否决权;[3]此外,还有对公司经理的指示权,以及可以在监事会或由公司所设立的咨询委员会中占有位置并进行投票的权利。常见的特别权利是担任公司经理或任命公司经理。[4]

7 只能在公司合同中规定特别权利。如果想事后授予某些股东特别权,不仅需要修改章程,而且必须得到全体不享有优先权的股东的一致同意。因为通过授权其他股东特别权利,使他们处于更不利的法律地位(《有限责任公司法》第53条第3款; 见下文 § 33. IV. 4)。此外,特别权利还不能违背关于职权的强制性规定。[5]

8 一旦获得了特别权利,那么法律就能对它提供很好的**保护**。因为任何有关废除或改变特别权利的建议,不仅首先需要修改章程,而且必须得到权利人的同意(《民法典》第35条)。但是,在最近的文献中人们还是接受了这样的观点:如果出现了对于其他股东无法承受的重大事由,就必须有可能不顾权利人的意见限制或**剥夺权利人的特别权利**。[6]这是因为公司合同为全体股东规定了义务,所以必须考虑股东相互之间的关系以及所有股东的共同目标。[7]至于任命公司经理的特别

---

〔1〕 So die jetzt herrschende Definition des Sonderrechts, vgl. statt aller Hachenburg/*Raiser* § 14 Rdn. 17 f mwN.

〔2〕 RGZ 159, 272, 280.

〔3〕 RGZ 169, 65, 81.

〔4〕 RGZ 44, 95, 99; 170, 358, 366 ff; BGH GmbHR 1962, 212, 213; NJW 1969, 131; GmbHR 1973, 279; 1982, 129, 130; 1988, 334, 336; WM 1989, 250, 252.

〔5〕 Vgl. *Waldenberger* GmbHR 1997, 49, 52.

〔6〕 H. M.; vgl. *Wolany* 180; *Rücker* 90; Hachenburg/*Raiser* § 14 Rdn. 24; Scholz/*Winter* § 14 Rdn. 27; je mwN.

〔7〕 Vgl. OLG Düsseldorf WM 1990, 265; *Waldenberger* aaO 54.

权利，可从《有限责任公司法》第 38 条第 2 款的规定中引申出来（见下文 § 32. III. 3）。

如果没有重大事由，股东决议不得侵犯股东的特别权利。否则这样的股东决议也是**无效的**。申请撤销相关的决议是没有必要的，股东完全可以根据《民事诉讼法》第 256 条的规定提起确认无效的诉讼。[1]特别权利是股东资格的组成部分，它可以通过股份的出让而转让给股份的受让人。当然，也可以将特别权利与特定的权利人捆绑在一起。这样，随着股份的转让，特别权利也就随之消灭。但这是否适用于经营管理权等特别权利，是令人怀疑的。 9

## III. 查询权和查阅权

参考文献：*v. Bitter*, Das Informationsrecht der GmbH-Gesellschafter in § § 51 a, 51 b GmbHG, ZIP 1981, 825; *Bopp*, Die Informationsrechte des GmbH-Gesellschafters, 1991; *Decher*, Information im Konzern und Auskunftsrecht der Aktionäre gemäβ § 131 Abs. 4 AktG, ZHR 158 (1994), 473; *Goerdeler*, Die Zuziehung von Sachverständigen bei der Einsicht der Bücher, FS Stimpel, 1985, 125; *Götze*, Auskunftserteilung des GmbH-Gesch? ftsführers im Rahmen der due diligence bei Beteiligungserwerb, ZGR 1999, 202; *Groβfeld/Möhlenkamp*, Zum Auskunftsrecht des Aktionärs, ZIP 1994, 1425; *Grunewald*, Einsichts- und Auskunftsrecht des GmbH-Gesellschafters nach neuem Recht, ZHR 146 (1982), 211; *Hirte*, Die Ausübung der Informationsrechte der Gesellschafter durch Sachverständige, BB 1985, 2208; *Ivens*, Informationsverweigerung gemäβ § 51 a Abs. 2 GmbHG gegenüber Konkurrentgesellschaftern, GmbHR 1989, 273; *Karl*, Das Auskunfts- und Einsichtsrecht des GmbH-Gesellschafters nach § 51a GmbHG, DStR 1995, 940ff; *Kort*, Das Informationsrecht des Gesellschafters der Konzernobergesellschaft, ZGR 1987, 46; *Kretzschmar*, Zur Konkretisierung des Auskunftsrechts nach § 51 a GmbHG, AG 1987, 121; *Lutter*, Zum Informationsrecht der Gesellschafter nach neuem GmbH-Recht, ZGR 1982, 1; *ders.*, Due diligence des Erwerbers beim Kauf einer Beteiligung, ZIP 1997, 613; *Meilicke/Hollands*, Schutz der GmbH vor nachträglichem Miβbrauch der nach § 51a GmbHG erlangten Informationen, GmbHR 2000, 676; *Mertens*, § 51 a Abs. 1 GmbHG und die kapitalistisch strukturierte GmbH, FS Werner, 1984, 557; *Müller*, Schranken des Informationsrechts nach § 51 a GmbHG, GmbHR 1987, 87; *A. Reuter*, § 51 a GmbHG - quo vadis?, BB 1986, 1653; *K. Schmidt*, Informationsrechte in Gesellschaften und Verbänden, 1984; *ders.*, Das neue Auskunfts- und Einsichtsrecht des GmbH-Gesellschafters, in: Das neue GmbH-Recht in der Diskussion, 1981, 87; *ders.*, Die Dogmatik des Informationsrechts als Grundlage der Konkretisierung des § 51 a GmbHG, FS Kellermann, 1991, 389; *ders.*, Die Information des Gesellschafters, FS 100 Jahre GmbH-Gesetz, 1992, 559; *Spitze/Diekmann*, Verbundene Unternehmen als Gegenstand des Interesses von Aktionären, ZHR 158 (1994), 447; *Stimpel/Ulmer*, Einsichtsrecht der Gesellschafter einer mitbestimmten GmbH

---

〔1〕 BGHZ 15, 177, 181; BGH GmbHR 1962, 212, 213.

in die Protokolle des Aufsichtsrats, FS Zöllner 1998, 581; *Tietze*, Die Informationsrechte des GmbH-Gesellschafters, 1985; *Wohlleben*, Informationsrechte des Gesellschafters, 1989; *Witte*, Zum Informationsrecht des Gesellschafters einer mitbestimmten GmbH, ZGR 1998, 151.

1. 查询权

10 查询信息的权利是成员权的基本内容。司法判例和学术界首先承认了股东的这一权利,1980年修改《有限责任公司法》时正式把它纳入法律规定。任何股东都可以根据《有限责任公司法》第51a条、第51b条的规定要求公司经理**报告公司的所有事务**以及**查阅公司的账簿和文件**。有限责任公司股东的这一权利相当于股份有限公司股东的查询权(《股份法》第131条),但却远远超过了股份有限公司股东查询权的内容:它并不局限于正确评判股东大会议题所必需的内容,而是包括股东的所有可查询的利益。股东可以在任何时候提出上述请求,公司经理则必须及时给予回答。如果经理需要做些准备和调查,那么也要立即完成。

11 《股份法》中根本没有与**查阅权相应的概念**。因此,从内容上和范围上来看,有限责任公司法规定信息权更像股份法中监事会享有的查询权和查阅权(《股份法》第90条、第111第2款;见上文 § 14. I. 2)。立法者认为,在有限责任公司中股东是企业的主人,因此,股东必须有不受限制地了解企业的权利,在股东和代表公司的经理之间不能有秘密。〔1〕根据《有限责任公司法》第51a条第2款的规定,只在例外的情况下才可以考虑拒绝股东的查询和查阅的请求。如果担心股东将查询和查阅的内容用于公司之外的目的,并由此给公司带来巨大的损失,就是一种可以拒绝的情形。即使如此,必须通过股东大会作出相应的决议。

12 查询权是一种源于其股东资格的**个体权利**。股东可以为其自身利益而行使这一权利。〔2〕因此,一个股东由于其股份被公司收回将要退出但还没有退出公司,也有查询权。〔3〕相反,如果退出已经生效,该退出股东就不能再主张这一请求权。〔4〕如果该股东还享有一次性给付补偿请求权或盈余分配请求权,则可以考虑适用《民法典》第810条的规定。〔5〕

13 在解释法律的时候,需要认真考虑立法者的意图。与此相反,学术界对此权利进行了宽泛理解,但却又很快引发了对此进行限制解释的趋势。

14 卡·施密特(K. Schmidt)主张,股东应说明哪些信息需求是合法的。〔6〕默顿斯(Mertens)则根据有限责任公司的资合结构在功能上的差异提出应该对股东的这一信息权设

---

〔1〕 *Lutter* ZGR 1982, 1, 5 ff.

〔2〕 *Lutter* aaO; *Grunewald* ZHR 146 (1982), 211, 216 f; *Wohlleben*, Informationsrechte 46 ff.

〔3〕 BayObLG ZIP 2000, 18.

〔4〕 BGH BB 1988, 1927; OLG Frankfurt GmbHR 1995, 901.

〔5〕 OLG Frankfurt aaO.

〔6〕 *K. Schmidt*, Informationsrechte 57 ff; *ders.* FS Kellermann 389; Scholz/*Schmidt* § 51 a Rdn. 7 ff; ihm folgend auch Baumbach/Hueck/*Zöllner* § 51 a Rdn. 20; ferner auch BayObLG BB 1993, 1547.

置比人合公司更为严格的限制。[1]虽然这些观点反映了法政治学方面的另一种基本理念,但它却没有根据具体的情况说明对这一权利进行限制的必要性。[2]因此,它们与《有限责任公司法》是不一致的。

必须予以承认的是忠诚义务原则及其包含的适当原则(见下文 § 28. IV.)和禁止滥用法律原则所包括的对使用查询权所设定的一般性限制。[3]如果股东要求提供信息和查阅的重要性与由此而导致的必要耗费不成比例,或者只是为了从中作梗,就不允许股东用听取报告请求权和查阅权纠缠公司的经营管理层。根据这种观点,公司经理还可以建立一个规范有序的信息系统,股东可以通过这一系统定期地得到信息。如果股东在两个公开信息的日期之间有查阅信息的要求,股东必须能清楚地说明他需要立即得到相关的信息,否则经理可以予以拒绝。[4] 15

2. 查询权的范围

公司经理必须报告**所有公司事务**。它主要包括确定利润和税收资产负债表的主要资料和与此有关的数据资料、经理和高级职员的个人关系和薪水、[5]规划、成本预算、许可合同、企业咨询专家的鉴定等。《有限责任公司法》第 51a 条没有规定公司可以以个人税收的数额或税收估价为由而拒绝提供信息;《股份法》第 131 条第 3 款规定的可以资产负债表的编制方法和估价方法为由而拒绝进行查询,但《有限责任公司法》没有规定这一拒绝权。股东的信息权还可以扩展到企业的规划、研究、开发,企业的组织、盈利和清偿能力,市场情况和未来的经营政策(见《股份法》第 90 条第 1 款)。公司经理与第三者所签订的合同也属于报告的内容。即使该合同中规定有保密条款,也是如此。因为如果不是这样,经理就很容易以此对抗股东查询权。相反,在有限责任公司面前,公司经理必须承担规定的保密义务。[6]在有限两合公司中,有限责任公司是其无限股东,那么两合公司的事务也就是该有限责任公司的事务(见下文 § 44 边码 20)。[7]而对于受《共同决定法》约束的有限责任 16

---

〔1〕 *Mertens* FS Werner 557, 568 ff; ähnlich *Kretzschmar* AG 1987, 121 ff; *Kort* ZGR 1987, 46, 54.

〔2〕 Kritisch dazu auch *Lutter* ZGR 1982, 1, 4; *Grunewald* ZHR 146 (1982), 211, 222; *Tietze*, 17; *Müller* GmbHR 1987, 87, 89; Hachenburg/*Hüffer* § 51 a Rdn. 21 f; Rowedder/*Koppensteiner* § 51 a Rdn. 11; *Roth/Altmeppen* § 51a Rdn. 6; OLG Stuttgart BB 1983, 677; KG ZIP 1988, 714, 715.

〔3〕 BGHZ 135, 48, 50; OLG Köln GmbHR 1986, 385, 386; KG ZIP 1988, 714, 715; BayObLG GmbHR 1989, 201, 203; BayObLG ZIP 2000, 18.

〔4〕 *Lutter*ZGR 1982, 1; *Grunewald* ZHR 146 (1982) 211, 225.

〔5〕 OLG Köln WM 1986, 36, 39.

〔6〕 Vgl. *Grunewald* ZHR 146 (1982), 211, 231; *Lutter/Hommelhoff* § 51a Rdn. 7; offener Scholz/*Schmidt* § 51a Rdn. 35.

〔7〕 OLG Hamburg GmbHR 1985, 120; OLG Hamm GmbHR 1986, 384; KG GmbHR 1988, 221, 223; OLG Karlsruhe GmbHR 1998, 691.

公司来说，报告义务还涉及公司监事会的会议纪录。[1]

17 在多大的范围内应该把**关联企业**和其他参股公司的**事务**作为公司的事务来进行报告，则是一个很难确定的问题。[2]在大多数情况下，公司事务都牵涉关联企业和其他参股公司的事务。鉴于法律采用的宽泛的理解，在这里进行广义的解释也是合适的。《有限责任公司法》并没有像《股份法》第 131 条第 1 款那样规定："只需报告与关联企业所进行的法律上和经营上的关系"。但这里的界限却是：公司经理并不知道或不可能知道在其支配企业或子公司里所发生的一切。另一方面，也决不能以一个康采恩内企业的存在差别为理由，从而对股东进行全面的信息封锁。因此，司法判例在这一点上做了进一步的阐述。常为人们所采用的说法是：所有与公司的经济状况有关的关联企业的情况都是公司的事务。[3]这一定义也有其不确定性。

18 **典型案例**：科隆州高等法院在 1985 年的一起案件中（GmbHR 1985，358）作出判决，由子公司支付给既为母公司同时又为子公司工作的经理薪水和红利是需要报告的母公司的事务；杜塞尔多夫州高等法院在 1988 年也作出判决（GmbHR 1988，221，针对《股份法》第 131 条）则认为，如果董事会同时在康采恩子公司中担任监事和监察委员会成员，则必须公布董事会的全部收入。根据哈姆（Hamm）州高等法院在 1986 年所作的判决（GmbHR 1986，384），母公司的股东甚至还可以要求查阅子公司股东的决议、资产负债表、盈利和亏损账目。

19 要求查询的权利，**是所有股东享有的不可剥夺的权利之一**，即使股东没有表决权或没有股利分配请求权，他们也拥有这一权利。原则上可以通过代理人来行使查询权，股东也可以聘请专家来进行查询。[4]经理的报告必须符合认真可靠的基本原则。《股份法》第 131 条第 2 款所规定的原则，基本上也适用于这种情况（见上文 § 16 边码 53）。经理必须及时提供信息。法律并没有规定报告必须采用书面形式。报告必须详细到何种程度，要视情况而定，这主要取决于查询股东所要达到的目的。至于什么是过分的要求，则可以通过适当原则、禁止滥用原则和相互忠实原则来进行界定（见上文边码 15）。

3. 查阅权

20 除了查询权外，任何股东都可以要求**查阅**公司的**账簿**和**文件**，**以便了解**企业的

〔1〕 BGHZ 135, 48 = GmbHR 1997, 1052 und dazu kritisch *Stimpel/Ulmer* FS Zöllner 589 ff; *Witte* ZGR 1998, 151.

〔2〕 Vgl. zum folgenden *Tietze* 47 ff; *A. Reuter* BB 1986, 1653; *Großfeld/Möhlenkamp* ZIP 1994, 1425; *Spitze/Diekmann* ZHR 158 (1994), 447, 452; Decher ZHR 158 (1994), 473, 491 und speziell Kort ZGR 1987, 46, der aber zu eng abgrenzt.

〔3〕 Vgl. OLG Köln GmbHR 1985, 358: "von objektiver Wichtigkeit"; weiter OLG Hamm GmbHR 1986, 384, 385: "Angelegenheiten, die in Bezug zum herrschenden Unternehmen stehen"; KG BB 1993, 2036; OLG Hamburg DStR 1994, 547; BayObLG ZIP 1996, 1743.

〔4〕 Einzelheiten bei *Goerdeler* FS Stimpel 125; *Hirte* BB 1985, 2208; *v. Bitter* ZIP 1981, 825.

状况。根据法律规定,查阅权并不是当股东对查询结果不满意时而采取的一种补救性的措施,它是不受任何前提条件约束的独立权利。[1]但是,查阅给公司造成的负担一般要大于查询。因此,如果查询完全满足了股东的要求,那么就可以根据适当原则拒绝查阅。[2]查阅权并不包括查阅关联企业的账簿和文件。对于这些企业只能行使查询权。查阅权还包括制作副本和复制件的权力。[3]如果由股东所聘请的专家负有职业上的保密义务,那么公司一般就不能拒绝专家的查阅。[4]

4. 拒绝查询和查阅

21 只有当担心被查询和查阅的内容被**用于公司经营以外的目的**,并由此会给公司和关联企业造成明显的损失时,才允许拒绝股东的查询和查阅要求(《有限责任公司法》第51a条第2款)。如果股东还经营着竞争性企业或者股东没有保守秘密,就是这样的典型情况。当然,可以聘请负有职业保密义务的专家来进行查阅,这样就可以避免查阅请求被拒绝。[5]在这里,股东是否有泄漏商业秘密甚至损害公司的意图,是不需要证明的,只要存在这种担心,而且根据具体情况表明这一担心是合理的,就足够了。[6]此外,从一般道理中还可以得出结论:如果公司经理不拒绝查询就会受到刑事处罚,那么,公司经理就可以行使拒绝权(见《股份法》第131条第3款第5项)。

22 是否出现了上述情况,就不是由公司经理本人可以作出决定了,而必须要由**股东大会以决议方式**来判定(《有限责任公司法》第51a条第2款第2句)。在这里,有利害关系的股东没有表决权,因为这是基于重大事由而对他采取的措施(见下文§33边码51)。[7]相反,如果拒绝提供信息,根据《有限责任公司法》第51b条和《股份法》第132条的规定,股东就有权提起强制查询的诉讼(见上文§16. IV. 6)。[8]此外,如果股东的决议决定不提供信息,则还可以考虑撤销股东决议(见§16边码155,§33. VII. 1)。[9]

〔1〕 OLG Hamm GmbHR 1986, 384, 385.

〔2〕 überwiegende Ansicht; Baumbach/Hueck/*Zöllner* § 51 a Rdn. 22; Rowedder/*Koppensteiner* § 51 a Rdn. 10; *Lutter/Hommelhoff* § 51 a Rdn. 4 je mwN.; zurückhaltend Hachenburg/*Hüffer* § 51 a Rdn. 37; *Roth/Altmeppen* § 51a Rdn. 33; *Meyer-Landrut* § 51a Rdn. 4.

〔3〕 OLG Köln GmbHR 1985, 358, 360.

〔4〕 *Tietze* 19; *Hirte* BB 1985, 2208, 2209; *Goerdeler* FS Stimpel 125; *v. Bitter* ZIP 1981, 825, 828; BayObLG GmbHR 1989, 201, 203.

〔5〕 OLG Frankfurt BB 1995, 1867.

〔6〕 OLG Stuttgart BB 1983, 677, 678; OLG Karlsruhe GmbHR 1985, 362, 363; OLG Düsseldorf GmbHR 1991, 18; *Müller* GmbHR 1987, 87, 89; *Reuter* BB 1986, 1653, 1657; *Ivens* GmbHR 1989, 273.

〔7〕 H. A.; s. schon Ausschuβbericht, BT-Drucks. 8/3908, 76; ferner Scholz/*Schmidt* § 51 a Rdn. 42; Baumbach/Hueck/*Zöllner* § 51 a Rdn. 27; a. A. Rowedder/*Koppensteiner* § 51 a Rdn. 21; *Grunewald* ZHR 146 (1982), 211, 232.

〔8〕 Zur Vollstreckung des Auskunftsrechts OLG Frankfurt WM 1991, 1555.

〔9〕 Zur Schiedsfähigkeit vgl. OLG Hamm GmbHR 2000, 676.

5. 强制性规定

23 《有限责任公司法》中的规定是**强制性**的(《有限责任公司法》第51a条第3款)。此外,《有限责任公司法》第51a条第2款第2句所规定的必需的股东决议也是公司章程所不能忽略的。尽管该规定对于拥有多名股东的公司来说是不太合适的,亦是如此。[1]在章程中规定纯粹程序性规则是允许的。[2]根据《有限责任公司法》第51a条的规定而了解了企业内部事务的股东,必须基于其应遵守的忠诚义务对相关的信息承担**保密义务**。与股份有限公司不同,在有限责任公司中,任何人都无需考虑和容忍空壳企业事务。[3]

## IV. 股东之诉

参考文献:*Becker*, Verwaltungskontrolle durch Gesellschafterrechte, 1998; *Berger*, Die actio pro socio im GmbH-Recht, ZHR 149 (1985), 599; *Binge*, Gesellschafterklagen gegen Maβnahmen der Geschäftsführer in der GmbH, 1994; *Eickhoff*, Die Gesellschafterklage im GmbH-Recht, 1988; *Flume*, Allgemeiner Teil, Band I/1, 142 ff; *Gehrlein*, Die Gesellschafterklage und § 46 Nr. 8 GmbHG - ein ungelöstes Problemä ZIP 1993, 1525 ff; v. Gerkan, Die Gesellschafterklage, ZGR 1988, 441; *Grunewald*, Die Gesellschafterklage in der Personengesellschaft und der GmbH, 1990; *Häsemeyer*, Der interne Rechtsschutz zwischen Organen, Organmitgliedern und Mitgliedern der Kapitalgesellschaft als Problem der Geschäftsführungsbefugnis, ZHR 144 (1980), 265; *Hadding*, Actio pro socio, 1966; *Hoffmann*, Die actio pro socio und ihre Anwendung in der GmbH, 1962; *Immenga*, Die personalistische Kapitalgesellschaft, 1970, 286 ff; *Jestaedt*, Die actio pro socio als Notbehelf bei Informationsverweigerung in Zwei-Personen-GmbH, GmbHR 1994, 442; *Knobbe-Keuk*, Das Klagerecht des Gesellschafters einer Kapitalgesellschaft wegen gesetz- und satzungswidriger Maβnahmen der Geschäftsführung, FS Ballerstedt, 1975, 239; *Kowalski*, Die Gesellschafterklage und § 46 Nr. 8 GmbHG - kein ungelöstes Problem, ZIP 1995, 1315 ff; *Landgrebe*, Der Rechtsgedanke der actio pro socio im Recht der GmbH, 1966; *Lutter*, Theorie der Mitgliedschaft, AcP 180 (1980), 84, 134 ff; *ders.*, Treuepflichten und ihre Anwendungsprobleme, ZHR 162 (1998), 164, 180; *Maatz*, Geltendmachung von Gesellschaftsansprüchen durch Mitgesellschafter einer GmbH im eigenen Namen, GmbHR 1974, 124; *Mertens*, Mehrheits- und Konzernherrschaft in der personalistischen GmbH, 1970; *Raiser*, Das Recht der Gesellschafterklagen, ZHR 153 (1989), 1; *Schanbacher*, Actio pro socio - Zur Dogmatik der Gesellschafterklage, AG 1999, 21 ff; *Wellkamp*, Die Gesellschafterklage im

---

〔1〕 Baumbach/Hueck/*Zöllner* § 51 a Rdn. 2, der insoweit aufgrund restriktiver Interpretation eine abweichende Satzungsvorschrift zulassen will.

〔2〕 BayObLG GmbHR 1989, 201, 202.

〔3〕 Vgl. *Lutter* ZIP 1997, 613.

Spannungsfeld von Unternehmensführung und Mitgliedsrechten, DZWir 1994, 221 ff; *Wiedemann*, *Gesellschaftsrecht*, *Bd. I*, 459 ff; *Wilhelm*, Rechtsform und Haftung bei der juristischen Person, 1981, 158; *Winter*, Mitgliedschaftliche Treuebindungen im GmbH-Recht, 1988, 366 ff; *Zöllner*, Die sogenannten Gesellschafterklagen im Kapitalgesellschaftsrecht, ZGR 1988, 392.

1. 原则

任何股东都可以对其他股东以违反成员义务为由或对经理违反组织义务的行为而提起诉讼。这也是成员权的基本内容。只要法学界将公司的法人性质绝对化，并且拒绝承认股东之间存在着直接的法律关系，那么，它们也必须否认有限责任公司中股东之诉的合法性。今天，学术界原则上已认可了股东在出资和损害赔偿方面的诉讼请求权。但对于提起诉讼请求的法律根据、前提条件和法律后果，都还存在着争论。[1]联邦最高法院在ITT一案的判决中承认了两人有限责任公司中的股东的诉权，但并没有对上述有争议的问题作出解释。[2]此外，在霍尔茨米勒(Holzmüller)一案的判决中，[3]联邦最高法院还确认：股份有限公司中任何股东都享有防卫诉讼权；据此，股东可以对抗董事会干涉股东大会职权事项的违法行为。联邦最高法院的这一判决迫使人们不得不回答这样的一个问题：在有限责任公司中是否也可以考虑这种诉讼。 24

1971年的政府有限公司法草案第90条的规定曾经要求，至少在少数情况下应通过法律规定确认股东的诉讼权利。但是，在对有限责任公司法进行的小规模的改革中，没有涉及这一问题。与此相反，无论是英美法，还是法国法，都将股东诉讼发展成为进行公司内部控制的一种重要的手段。[4] 25

2. 个体权利

股东诉讼可以理解为个别股东拥有的对多数股东或管理机构进行监督的权利，因此，它在有限责任公司法中占有重要的地位。[5]它是一种源于股东资格的个 26

---

〔1〕 Scholz/*Emmerich* § 13 Rdn. 44; Baumbach/Hueck/*Fastrich* § 13 Rdn. 32 ff; *Lutter/Hommelhoff* § 13 Rdn. 17; *Rowedder* § 13 Rdn. 18; *Meyer-Landrut* § 14 Rdn. 32; *Roth/Altmeppen* § 13 Rdn. 35; *K. Schmidt* GesR § 21 IV 6; *Wiedemann* GesR I, 272; *Flume* Allg. Teil I/2, 300 ff; *Eickhoff* aaO 16 ff; *Winter* aaO 312; *Zöllner* ZGR 1988, 392; *v. Gerkan* ZGR 1988, 441; *Grunewald* Gesellschafterklage 66 ff.

〔2〕 BGHZ 65, 15, 21; vgl. dazu die Besprechungen von *Brezing* AG 1976, 5; *E. Rehbinder* ZGR 1976, 386; *Schilling* BB 1975, 1451; *Ulmer* NJW 1976, 192; *H. P. Westermann* GmbHR 1976, 77; *Wiedemann* JZ 1976, 392; ferner BGHZ 98, 276 = NJW 1987, 189; BGH NJW 1985, 1901.

〔3〕 BGHZ 83, 122; s. oben § 12 Rdn. 25.

〔4〕 Vgl. *Buxbaum/Schneider* ZGR 1982, 199. Zum französischen Recht *Sonnenberger*, Französisches Handels- und Wirtschaftsrecht, 2. Aufl. 1991, Rdn. III 97.

〔5〕 Vgl. zum folgenden *Raiser* ZHR 153 (1989), 1. Die hier dargestellte Konzeption weicht erheblich von der noch herrschenden Lehre ab.

**体权利**。它不是从公司权利中引申出来的协助或业务紧急执行权。如为后者,只有在用尽了企业内部所有其他的办法之后,才能行使这些权力。[1]因此,公司合同不能排除股东的这一权利。但是,股东也不能借此简单地、彻底改变有限责任公司中的职权秩序。因此,如果可能的话,应首先设法让公司自身来主张这一请求权。如果股东自己提起诉讼,他必须首先说明他所做过的、并且是毫无希望的努力。当多数股东不同意提起诉讼,不诉讼更符合公司的重要利益,那么股东承担的忠诚义务就要求股东放弃诉讼。此外,股东必须自己决定,是否提起诉讼。如果给股东所造成的损失能够通过公司财产得到补偿,股东就只能提起责任者向公司履行给付义务的诉讼。提起诉讼的股东要自己承担诉讼费用的风险。这也是法律政策上所希望的,从而可以保护公司和其他股东免于一部分股东的恶意诉讼。在这里,诉讼的对象并不是违法的行为,而只是对正确的经营政策的不同意见。只有在无因管理的前提下,才可以用公司的财产进行偿还。

27 从诉讼法上来看,这里涉及的并**不是**诉讼地位,公司和股东的诉权更应该是同时存在而又相互独立。[2]对股东作出的判决对公司是没有法律效力的,反过来亦是如此。股东不能在给公司造成不利负担的情况下,放弃诉讼请求或就此进行和解。同样,公司放弃诉讼与达成的和解对股东也没有影响。

3. 诉讼的标的

28 股东诉讼的标的首先是对其他股东所主张的**给付请求权**。但是,法律认为追缴拖欠的股金和增加出资的义务首先是企业管理机构的行为,它只能由企业的组织机构行使,而不能由单个成员来提起要求。如果违反了股东平等原则,则属于例外情形。[3]相反,任何股东都可以根据《有限责任公司法》第 31 条第 3 款的规定提起**偿还之诉**。[4]这种诉讼主要涉及因其他股东违反股东义务而提起的**损害赔偿之诉**和**偿还之诉**。如果股东违反了《有限责任公司法》第 9 条和第 9a 条的规定,或者违背了忠诚义务或竞争禁止,都可能承担上述赔偿责任。根据法律规定,这些诉权属于公司,只能由公司经理提起。但《有限责任公司法》第 48 条第 8 项却要求,经理行使这一诉权时必须首先由股东大会作出相应的决议,这是提起诉权的前提条件。尽管如此,主流观点也认可在这种情况下的股东诉讼( die actio pro socio),但

〔1〕 So jetzt auch *Lutter* ZHR 162 (1998), 180; *Lutter/Hommelhoff* § 13 Rdn. 19; *Gehrlein*ZIP 1993, 1525, 1530; *Wellkamp* DZWiR 1994, 221.

〔2〕 Anders die h. L.; Baumbach/*Hueck/Fastrich* § § 13 Rdn. 34 a, Baumbach/Hueck/*Zöllner* § 46 Rdn. 38ff; *Wiedemann*, GesR I, 174; *K. Schmidt*, GesR § 21 IV 4 und 6; *Eickhoff* 40 ff; *Winter* 312 ff; *Zöllner* ZGR 1988, 392, 408; *v. Gerkan* ZGR 1988, 441, 449; wie hier tendenziell aber Scholz/*Emmerich* § 13 Rdn. 47; *Flume* I/2, 304; *Berger* ZHR 149 (1985), 599, 607; zu den sehr schwierigen prozeβrechtlichen Einzelfragen vgl. vor allem *Hadding* 101 ff; *Hoffmann* 59 ff; *Häsemeyer* ZHR 144 (1980), 265 ff.

〔3〕 *Zöllner* ZGR 1988, 392, 402, 405; *Raiser* ZHR 153 (1989), 1, 17 f.

〔4〕 *Zöllner* ZGR 1988, 392, 405; *Raiser* ZHR 153 (1989), 1, 18 f.

对此需要的前提条件却看法不一。[1]司法判决也是摇摆不定,原则上强调了《有限责任公司法》第46条第8项的优先地位,[2]但也规定了许多的例外。[3]根据这里采用的观点《有限责任公司法》第46条第8项的规定没有排除股东诉权,它只是规定了经营管理机构和股东大会之间的职权关系。它并没有限制派生于股东资格的权利。[4]相反的是,多数学者都反对股东享有对公司经理提起损害赔偿请求的权利。这是因为经理仅仅与公司存在着直接的法律关系,而不是与个别股东。[5]但如果考虑到联邦最高法院在霍尔茨米勒(Holzmüller)一案中的判决,这一限制也应该取消。[6]

如果经理或者股东违反了特别的法律禁令,任何股东都有提起**停止侵害行为诉讼的权利**。违反竞业禁止原则或用公司资产进行支付的禁令,就是如此。[7]与此相反,原则上是不能对企业决策提起停止侵害之诉的。如果决策是由股东大会作出的,则可以提起无效和撤销之诉。股东可以将经理的违法经营行为列入股东大会议程,然后,股东大会对此发出指示。只有在公司合同废除了指示权时,才在有限责任公司中需要进行相应于股份有限公司股东的诉讼。[8]最后,股东也不能通过提起执行之诉,强迫经理进行某一经营行为。[9] 29

## § 28. 股东的义务

### I. 出资义务

参考文献: *Bayer*, Abtretung und Pfändung der GmbH-Stammeinlageforderung, ZIP 1989, 8; *Berger*, Das "Vollwertigkeitsprinzip" als Voraussetzung der Pfändung von Einlageforderungen

---

〔1〕 Scholz/*Schmidt* § 46 Rdn. 161; Baumbach/Hueck/*Zöllner* § 46 Rdn. 41; *Lutter/Hommelhoff* § 46 Rdn. 23; *Roth/Altmeppen* § 46 Rdn. 53; *Meyer-Landrut* § 46 Rdn. 45; *Flume* I/2, 306 ff; *K. Schmidt*, GesR § 21 IV 6; *Berger* ZHR 149 (1985), 599; *Eickhoff* 39, 44; *Zöllner* ZGR 1988, 392, 407 ff.

〔2〕 Vgl. BGH ZIP 1991, 582; BGH ZIP 1998, 780; OLG Köln GmbHR 1993, 816; OLG Düsseldorf GmbHR 1994, 172.

〔3〕 So bei zweigliedrigen Gesellschaften BGH und OLG Düsseldorf aaO; im Konzern (BGHZ 65, 15 - ITT) oder auch generell, wenn von der Mehrheit und von den Gesch? ftsführern die Verfolgung des Anspruchs nicht erwartet werden kann (BGH ZIP 1991, 780; BGH GmbHR 1990, 343; BGH ZIP 1998, 780).

〔4〕 Einzelheiten bei *Raiser* aaO 20; *Lutter/Hommelhoff* § 13 Rdn. 20; *Gehrlein* aaO; *Becker*, Verwaltungskontrolle 573 ff; zögernd Scholz/*Emmerich* § 13 Rdn. 53.

〔5〕 Vgl. *Hachenburg/Mertens*, 7. Aufl., § 43 Rdn. 103 ff; *Scholz/Schneider* § 43 Rdn. 211, 216; s. auch unter § 32 Rdn. 68.

〔6〕 *Raiser* aaO 11 f, 24 ff.

〔7〕 *K. Schmidt*, GesR § 21 V; *Hommelhoff*, Konzernleitungspflicht 455 ff; *Raiser* aaO 27.

〔8〕 *Zöllner* ZGR 1988, 392, 420 ff; *Raiser* aaO 31; a. A. OLG Koblenz AG 1991, 363.

〔9〕 *Zöllner* aaO 414 ff; *Raiser* aaO 32.

bei Kapitalgesellschaften, ZZP 107 (1994), 29; *Butzke*, Die Bedeutung anderweitiger Auffüllung des Stammkapitals für Einlage- und Erstattungsansprüche der GmbH gegen ihre Gesellschafter, ZHR 154 (1990), 357; *Crezelius*, Zivilrechtliche Aspekte des Schütt-aus-Hol-zurück-Verfahrens, ZIP 1991, 499; *Dreβel*, Kapitalaufbringung und -erhaltung in der GmbH, 1988; Frey, Einlagen in Kapitalgesellschaften, 1990; *Geβler*, Die Umwandlung von Krediten in haftendes Kapital, Festschrift Möhring, 1975, 173; *Goette*, Der Stand der höchstrichterlichen Rechtsprechung zur Kapitalaufbringung im GmbH-Recht, GmbHR 1997, 924, *Kutzer*, Die Tilgung der Bareinlageschuld durch den GmbH-Gesellschafter, GmbHR 1987, 297; *Langenfeld*, Verschleierte Sacheinlagen bei der GmbH, GmbHR 1981, 53; *Lutter*, Verdeckte Leistungen und Kapitalschutz, Festschrift Stiefel, 1987, 505; *Möhring*, Erbringung von Stammeinlagen bei einer GmbH durch Aufrechnung, Festschrift R. Schmidt, 1976, 85; *Mülbert*, Das "magische Dreieck der Barkapitalaufbringung", ZHR 154 (1990), 145; *K. Müller*, Zur Abtretung der Einlageforderung der GmbH, GmbHR 1970, 57; *Priester*, Gläubigerbefriedigung - Bar- oder Sacheinlage?, BB 1987, 208; *ders.*, Die Erhöhung des Stammkapitals mit kapitalersetzenden Gesellschafterdarlehen, Festschrift Döllerer, 1988, 475; 2*ders.*, Kapitalaufbringung bei korrespondierenden Zahlungsvorgängen, ZIP 1991, 345; *ders.* Kapitalaufbringung, FS 100 Jahre GmbHGesetz, 1992, 159; *Reuter*, Das Problem der Vollwertigkeit von Gesellschafterforderungen im Zusammenhang mit deren Verwendung zur Kapitalerhöhung bei der GmbH, BB 1978, 1195; *Roth*, "Schütt-aus-hol-zurück" als verdeckte Sacheinlage, NJW 1991, 1913, *Schick*, Probleme der Einstellung der Einlageforderung einer GmbH in ein Kontokorrent im Hinblick auf das Gebot der Leistung zur freien Verfügbarkeit, GmbHR 1997, 1048, *K. Schmidt*, Summenmäβige Grenzen der Haftung von Mitgesellschaftern aus rückständigen Einlagen (§ 24 GmbHG) und verbotenen Ausschüttungen (§ 31 Abs. 3 GmbHG), BB 1985, 154; *ders.*, Die übertragung, Pfändung und Verwertung von Einlageforderungen, ZHR 157 (1993), 291; *Thöni*, Die Haftung des GmbH-Gesellschafters in Geschäftsführungsangelegenheiten, GmbHR 1989, 187, *Volmer*, Die Pfändbarkeit der Stammeinlageforderung eines GmbH-Gesellschafters, GmbHR 1998, 579; *Wimmer*, Gefahren bei der Einzahlung von Leistungen auf Stammeinlagen bei der GmbH, GmbHR 1997, 827.

1. 缴付出资

1　在所有的资合公司中,股东的最重要义务都是**缴付出资**。缴付出资的义务不仅是履行公司合同,更是为了筹集初始资本,也是为了对债权人和交易实行保护。因此,法律对此进行了特别详细的规定。在就新设公司或新增资本进行登记时,实物出资必须全部到位,在现金出资时必须至少缴付了 1/4 的股金(《有限责任公司法》第 7 条第 2 款、第 56a 条)。在上文论述的有关公司设立的规定中(见上文 § 26. III. —V.),已经阐述了《有限责任公司法》第 5 条等规定的关于筹集资本的规则。剩余的资本究竟应该何时缴纳,可以在公司合同中进行规定。在多数情况下,公司章程一般由股东大会(见《有限责任公司法》第 46 条第 2 项)或者公司经理根据企业发展及其对资本的需要情况来做决定的。因此,在公司登记时,公司还有了一种——可作为资产列示的——出资债权。但是,对有效实现该债权的保护却并不低于公司设立阶段对收缴首批股金的保护。对此,《有限责任公司法》专门制定了十分复杂的第19条至第25条,对它的收缴进行了集中的规定。

股东是未缴纳股金的**债务人**。在假象设立的情况下,幕后出资者为债务人。[1] 2
对于拖欠出资可由公司经理催缴,并在必要情况下可诉诸于法院。如果经理不积极催缴,则其他股东可以以股东之诉的方式行使这一权利(见§ 27边码25)。债权人可以通过抵押和划汇向股东催缴股金(见边码13)。根据《民法典》第195条和第198条的规定,有关出资的诉讼时效为30年,从必须缴纳之时起算。[2]

根据《有限责任公司法》第19条第1款的规定,催缴出资应适用**平等原则**,也即所有股东必须同时[3]并依出资比例缴纳出资额。当然也可以采用其他方法,但必须取得利害关系人的同意。[4]股东可以查询:其他股东是怎样缴付出资的;在得到答复之前,可以拒绝缴付。[5]

只有当出资的金额**有效地注入**了公司的时候,股东才有效地履行了出资义务。3
否则就不符合筹资的基本原则。法院在对此进行评判时,采用了经济上的思考方法,并对该问题进行严格地判断。[6]在这里,原则上适用与公司设立时同样的规则,主要需注意有关隐性实物出资和实物继受的司法判例(见上文§ 26. IV. 5)。所收缴的出资必须要为公司经理所自由支配;因此有保留的、有条件的或者承诺退还的缴付都不是有效的缴付。[7]如果缴付不是为了履行出资债务而是为了其他的目的,也没有履行出资义务;[8]如果所缴付的资金来源于公司的资金,公司是通过贷款或其他的方式提供给股东的,那么这也不是有效的缴付。[9] 股东必须就资金负责举证,说明他按规定履行了出资义务。[10]

如果股东为了履行出资义务从第三者处获得贷款,而且公司为此承担共同清 4
偿责任或者提供担保,就没有有效地增加公司资产。[11]通过公司进行的融资必须与通过控制该公司的企业所进行的融资、或通过受该公司控股的企业所进行的融资一样对待。[12]

**向第三者履行的缴付**,通常并没有履行出资义务。但是,如果股东将出资汇付 5

---

〔1〕 BGHZ 31, 258; 118, 207.

〔2〕 BGH NJW 1987, 779.

〔3〕 RGZ 132, 392, 396.

〔4〕 RGZ 149, 300; h. M.

〔5〕 RGZ 65, 435.

〔6〕 Vgl. BGHZ 28, 77 und 314.

〔7〕 BGHZ 113, 335; OLG Hamm GmbHR 1992, 750.

〔8〕 BGHZ 132, 390, 392; ; OLG Hamburg ZIP 1994, 948.

〔9〕 RGZ 47, 180, 185; 98, 276, 277; BGHZ 28, 77; OLG Köln WM 1984, 740; h. M.

〔10〕 BGH ZIP 1992, 1303; OLG Köln ZIP 1989, 176.

〔11〕 OLG Köln ZIP 1984, 176; LG Mönchengladbach ZIP 1986, 308.

〔12〕 Scholz/*Schneider* § 19 Rdn. 43.

到公司的普通转账户上,应该是足够了。因为这是一种通常的支付方式。而且,即使该账户暂时处于负债状态,也没有关系。前提条件是银行必须同意公司使用这些资金。〔1〕与此相反,将股金汇入公司为了借贷目的而设立的账户,是不够的。〔2〕在有限两合公司中,如果股东向两合公司缴付股金,也没有履行其出资义务。〔3〕

6 如果将**股金交给公司的债权人**,那么根据司法判决的规定,只有当这些债权是"已到期的、可以转让的并且是足值的时",〔4〕才视为履行了出资义务。因为只有在这一条件下,公司的资产才得到了有效的增长。此外,债权人和公司还必须对欠债的原因和数额没有异议,而且公司必须能够用其自由支配的资产清偿该债务。在这里,股东必须负举证责任,证明他已经履行了其承担的出资义务。〔5〕

7 **典型案例**:在联邦最高法院审理的一起案件中(BGH NJW 1986, 989),被告是一个有限责任公司的惟一股东,该有限责任公司还作为无限股东经营着一家两合公司的业务。有限责任公司初始资本为20,000马克,公司仅仅收缴了其中的1/4股金。为了缴纳剩余的股金,被告首先交付了一张转账支票,该支票按规定进行了兑现并贷记到了两合公司的账户之上。后来,被告又向两合公司转付了一笔款项。在该有限责任公司破产后,破产管理人认为被告并没有有效地交付剩余股金。联邦最高法院认为,向两合公司支付的款项只有在下述条件下才有着免除股东出资的义务:股东是根据《民法典》第362条第2款的规定并在公司的要求下交付的,而且该两合公司对于有限责任公司拥有同样数额的到期的、足值的和能支付的债权。通过股金的交付也间接地清偿了两合公司对有限责任公司拥有的债权。此外,根据《商法典》第128条的规定,联邦最高法院还要求,如果两合公司的资产不足以清偿上述请求权,则有限责任公司所余下的资产不仅必须能够充分地满足有限责任公司自身债权人的清偿要求,而且还必须同时满足两合公司的债权人的要求。〔6〕

2. 保证收缴出资金额

8 《有限责任公司法》第19条第2款、第3款、第4款和第5款规定必须防止通过股东和公司之间的**法律行为而减少公司的**初始资本,以确保初始资本的筹集。这些规定是《有限责任公司法》最重要的部分。

9 (a) **不能免除**股东的出资义务(《有限责任公司法》第19条第2款第1项)。

---

〔1〕 BGHZ 113, 335, 347; BGH ZIP 1990, 1400; 1991, 445; 1992, 1303; OLG Düsseldorf GmbHR 1992, 292; BayObLG GmbHR 1998, 736; OLG Hamm GmbHR 1992, 751; *Lutter/Hommelhoff* § 19 Rdn. 4.

〔2〕 Vgl. einerseits OLG Frankfurt ZIP 1984, 836; andererseits OLG Hamburg GmbHR 1982, 157; BGH ZIP 1990, 1400; 1991, 445; dazu *Priester* DB 1987, 1473; s. auch § 26 Rdn. 25. #

〔3〕 BGH NJW 1986, 989; OLG Stuttgart DB 1985, 1985; DB 1986, 1514; vgl. auch OLG Hamm, ZIP 2000, 358.

〔4〕 BGH NJW 1986, 989; OLG Hamburg GmbHR 1982, 157; OLG Köln WM 1984, 742; WM 1987, 537; dazu *Priester* BB 1987, 208.

〔5〕 OLG Hamm GmbHR 1984, 317; OLG Stuttgart NJW 1987, 1032; KG BB 1990, 1805.

〔6〕 Vorinstanz OLG Stuttgart DB 1985, 1985 m. Anm. *K. Schmidt*; ferner zum BGH-Urteil *Priester* BB 1987, 208. Zum Problem auch schon BGHZ 51, 157.

对这一规定应当进行广义的理解。它包括所有确保资本筹集的责任,即差额责任、设立责任、前期负担责任和出资填补责任(《有限责任公司法》第9条、第9a条、第24条);此外还包括在不当履行出资义务时提供担保。相反,公司合同规定的或债务性附属义务并不属于这里的内容,因为它们和确保初始资本的筹集没有任何联系。[1]实质上,任何减少初始资本的法律行为都受《有限责任公司法》第19条第2款第1项规定的调整,如减免、与减免具有同样功能的法律行为[2]以及并非暂时性的延期缴纳都是上一条款调整的内容。[3]此外,为澄清是否存在债务关系的怀疑,可以达成的和解;但不能因为股东缺乏支付能力而与他达成和解。[4]在《有限责任公司法》第58条规定的减资情况下,最多只能以减少的资本数额为限免除股东的出资义务(第3款)。

(b) 此外,股东也**不**允许用其自己的债权来**抵销**出资债务,如由提供货物而产生的债权或对公司的薪水债权(《有限责任公司法》第19条第2款第2项)。[5]这种抵销是无效的。[6]同样无效的是来回支付的情况,即股东用公司为清偿其债权而向股东支付的资金,再交付给公司,以履行其出资义务;或者反过来,公司用股东所缴纳的股金迅速清偿其欠股东的债务。但是,如果公司合同对这种情况进行了明确的规定,而且用于出资的债权是严格按照实物出资或实物承受的规定进行缴付的,则属于上述规定的例外情形(见《有限责任公司法》第26条第4款)。[7] 10

但是法律并没有排除**抵销出资债务**。不过,抵销可能会危害到股本的筹集。因此,根据司法判例和主流观点,只有在股东的债权(边码2)是"已到期的、可转让的和足值的"时,即在经济上抵销债权与有效地支付股金相等时,才可以进行抵销。[8]此外,如果债务人的经济状况很糟糕,不抵销反而会使公司遭受损失,也允许公司在这种情况下进行抵销。[9]根据这些规定,不能用要求偿还具有替代自有资本性质的股东贷款的请求权来进行抵销,这是因为该贷款的清偿次序较后,所以该请求权的价值并不充分。[10] 11

(c) 如果实物出资的标的与债权没有直接的关系,则不能对该标的物**设置留置** 12

---

[1] RGZ 79, 271, 273; 87, 179.

[2] BGHZ 28, 77.

[3] FG Düsseldorf GmbHR 1979, 165; h. A.; Begr. zum RegE der Novelle 1980, BT-Drucks. 8/1347, 38.

[4] RGZ 79, 271 und denähnlichen Fall BGHZ 65, 147, 151 zu § 1 GWB; BayObLG DB 1985, 107; Einzelheiten str.; vgl. statt aller Scholz/*Schneider* § 19 Rdn. 50; Hachenburg/*Ulmer* § 19 Rdn. 45 f.

[5] BGH BB 1978, 1635; vgl., auch BGHZ 37, 75, 79; *Möhring*, FS R. Schmidt, 1976, 85.

[6] RGZ 93, 330.

[7] BGHZ 125, 141; OLG Braunschweig NZG 1999, 308.

[8] BGHZ 15, 52; 42, 89, 93; 89, 93; 90, 370, 373; 125, 141; OLG Karlsruhe BB 1971, 146; OLG Köln ZIP 1986, 569; OLG Düsseldorf GmbHR 1993, 293; OLG Hamm GmbHR 1994, 399; h. A. Vgl. neben den Kommentaren *Priester* DB 1976, 1801, 1803; *Müller* ZGR 1995, 326.

[9] BGHZ 15, 52, 57 ff; OLG Hamm DB 1993, 1763.

[10] BGHZ 90, 370; BGH BB 1984, 1067; OLG Köln ZIP 1986, 571.

**权**(《有限责任公司法》第19条第2款第3项)。但可以根据《民法典》第1000条和第273条第2款规定的添附物偿还请求权与损害赔偿请求权而对实物出资的标的物行使留置权。在现金出资的情况下,禁止抵销就已经意味着不允许设立留置权。[1]

13 (d)《有限责任公司法》第19条第4款包含着一条特别规定,据此在一人公司中,股东必须缴纳其全部股金,或者为未缴纳的股金设置担保;如果在公司获准注册后的三年之内,公司的所有股份都集中到了一个股东手中,或者同时集中在股东和公司手中,也是如此。该规定的目的是要防止借助假象设立而规避《有限责任公司法》第7条第2款第3项的规定,并以此弥补缺少的《有限责任公司法》第24条规定的出资填补责任。[2]由此可见,如果股东将其一部分股份又转让给了第三人,那么他就可以避免承担这些法律后果。

14 (e)最后,根据**《有限责任公司法》第19条第5款**的规定,只有作为实物出资所缴付的标的物和款项已经在**公司合同**(《有限责任公司法》第5条第4款)或在增资决议(《有限责任公司法》第56条第2款)**中作了明确规定,**交付实物才免除相关的出资义务。同样,如果公司将因股东出让实物给公司而应该支付给该股东的款项来结算股东出资义务,也适用同样的规定。这一复杂的规则是为了防止规避有关实物出资的规定(《有限责任公司法》第5条第4款、第56条第1款;见§26边码36等)。该规则是由几个部分组成的。[3]如果公司合同或增资决议规定了实物出资的给付物和金额,且实物的价值达到了股东出资的金额,那么该实物给付就能免除股东的出资义务(《有限责任公司法》第9条)。这里的理由是对出资的审查是注册法官的责任。从严格的意义上来说,在申请登记之前就必须缴付所有的实物出资(《有限责任公司法》第7条第3款),因此,《有限责任公司法》第19条第5款仅仅涉及**实物承受,**即在公司设立后或进行增资之后公司以有偿方式从股东处购买实物。在这种情况下,可以用公司的出资债权与股东的报酬请求权进行抵销,它也免除股东的出资债务。与《有限责任公司法》第19条第2款规定的禁止抵销相对应,第5款就是一条特别规定。[4]

15 如果公司合同或增资决议中没有规定实物出资,股东就必须以现金履行其出资义务。《有限责任公司法》第19条第5款首先表明,用实物给付来**替代现金出资义务是不允许的,**这样也不能免除股东的出资义务。否则的话,就很容易规避有关有效筹集资本的基本原则。提供可以实现的出资证券特别是缴付支票或者汇票是

---

[1] RGZ 83, 266, 268; Hachenburg/*Ulmer* § 19 Rdn. 74.

[2] OLG Frankfurt DB 1983, 1249.

[3] Zum folgenden namentlich Hachenburg/*Ulmer* § 19 Rdn. 76 ff; *Geßler* FS Möhring 173; *Möhring* FS R. Schmidt 85; *Priester* DB 1976, 1801; *Goerdeler* FS W. Schmidt 150; *Langenfeld* GmbHR 1981, 53.

[4] Ausnahmsweise läßt die Rechtsprechung die Aufrechnung auch ohne Festsetzung der Sachübernahme im Gesellschaftsvertrag zu, wenn andernfalls der Gesellschaft ein Schaden entstehen würde, weil die Einlageforderung uneinbringlich ist (BGHZ 15, 59; st. Rspr.).

可以的。在这些票据兑现之后,公司的债权就归于消灭。

16 此外,《有限责任公司法》第19条第5款还规定,用股东向公司出让财产的报酬请求权进行**抵销**是无效的。这一条款扩大了第2款所规定的禁止抵销的适用范围:即使报酬债权是可以支付的和足值的,公司也不能用其进行抵销。它包括在公司登记前后公司与股东之间所进行的所有类型的交易行为以及从这些交易中产生的股东偿付请求权,而且并没有时间上的限制,只要在股东交清其全部出资数额之前,这一条款就能适用。[1]用未来的盈利或薪水请求权来抵销出资债权,也同样是无效的。[2]第5款的规定极大地限制了在交清所有的出资额之前股东与公司之间的法律交易。为了保证有效地筹集资本,立法者有意识地容忍了这种限制。因此也就没有必要通过限制性的解释来限定该条规定的适用范围,并将通常的销售行为作为上述条款的例外。[3]根据这一条款的意义,下文的安排同样是无效的:公司没有进行抵销,股东缴纳了股金,但是公司却立即将该笔款项用于清偿股东的贷款,从而将所收的股款又退还给了股东。[4]

17 **典型案例**:(a) 在联邦最高法院审理的一起案件中(BGH NJW 1979, 216),公司的破产管理人要求被告股东履行其出资义务。但该股东提出抗辩,他已通过交付工具和材料交清了一部分股金,至于另一部分股金,他用对公司拥有的工资请求权进行了抵销。因为该实物出资没有在公司合同中进行规定,所以根据《有限责任公司法》第19条第5款的规定,不考虑这种实物出资;而用工资请求权的抵销则违背了第19条第2款第2句的规定。即使在签订公司合同时就已约定用工资请求权抵销出资义务,也不能免除股东的出资义务,因为根据第19条第5款的规定,这样的协议必须包括在公司合同中。

(b) 在联邦最高法院审理的另一个案例中(BGHZ 28, 314),股东将其所欠的出资汇划到了公司账户上。而在几天之前,该股东以公司的名义并作为公司的经理与自己签订了一份合同;根据该合同,股东向公司出让由其申请的专利的独占许可。因此,公司将股东所汇划的款项又作为许可费迅速退还了股东。联邦最高告法院认为,这是规避《有限责任公司法》第19条第5款规定的禁止抵销的行为,因而股东并没有履行其出资义务。

18 根据其字面意义,**股东的贷款**并不直接受《有限责任公司法》第19条第5款规定的调整,因为偿还请求权不是报酬。但是对股东贷款的处理必须按照第5款的规定来进行。据此,如果股东在公司设立登记前或增资登记之前向公司提供贷款,则股东不能用这种贷款的返还请求权抵销其出资义务;除非公司合同或者增资决议

---

〔1〕 BGHZ 113, 335; 125, 141, 149 (vgl. dazu schon oben § 26 Rdn. 55 ff, 58).

〔2〕 BGHZ 132, 141 zu einer nach einer Kapitalerhöhung entstandenen Forderung auf Auszahlung von Gewinn, deren Verrechnung mit der Einlageforderung vorher abgesprochen war. Zur Heilung in diesem Fall vgl. oben § 26 Rdn. 65.

〔3〕 A. A. Hachenburg/*Ulmer* § 19 Rdn. 93 und ihm folgend Baumbach/*Hueck* § 19 Rdn. 30; *Roth* § 19 Rdn. #; wie hier Scholz/*Schneider* § 19 Rdn. 129; *Lutter/Hommelhoff* § 19 Rdn. 34.

〔4〕 BGHZ 28, 314, 319; 113, 335; 125, 141.

中已经对以债权作为实物出资作了规定。[1]相反,如果贷款是在登记之后提供的,并是以现金的形式注入了有限责任公司,那么就没有理由禁止它抵销股东的出资义务。但是,该贷款的返还请求权必须是足值。[2]

3. 股金债权的转让

19 法律中没有对股金债权的**转让、设定质权和抵押进行规定**[3]。但是,在实践中它们在公司陷入困境时却起着一定的作用。司法判例和主流观点根据《有限责任公司法》第 19 条的规定认为,如果有限责任公司能够为其出资债权获得足值的对价,而且,公司已经处于清算阶段,公司就可以出让其拥有的股金债权;同样如果不存在保护初始资本,使之免受债权人的处理的理由,公司也可以出让其股金债权。[4] 在抵押时,只有公司能够完全满足强制执行的债权人的债务时,有关债权才是足值的。因此,在公司陷入困境时,就不能抵押股金债权。受让人或质权人的法律地位相当于公司的法律地位,特别是出让或设定质权并没有使股份债权到期 。由于《有限责任公司法》第 19 条第 2 款第 2 句的规定,股东不能用其对公司拥有的债权进行抵销;与此相反,股东却可以直接面对受让人用属于他的债权进行抵销。[5]《有限责任公司法》第 19 条第 2 款第 1 句的规定,受让人可以自由决定是否进行延期和减免股金债权,因为它们并不涉及资本的筹集。[6]面对抵押,股东则不得引用下列理由进行反对,即公司还没有催缴股金,也没有要求其他股东缴纳股金。[7]

4. 制裁

20 如果股东没有缴纳或没有及时缴纳股金,法律对此规定了许多的制裁措施。如果股东没有及时缴纳股金,他必须缴纳 4%[8]的**迟延利息**,并赔偿公司因此所受的损失。[9]在公司章程中还经常对违约进行规定。此外,在需要时,公司还可以开除迟延缴付股金的股东(见 § 30 边码 56 等)或决定解散公司(《有限责任公司法》

---

[1] BGHZ 15, 52, 58; OLG Frankfurt DB 1983, 1249; OLG Köln BB 1984, 1636; OLG Köln GmbHR 1986, 310; Hachenburg/*Ulmer* § 19 Rdn. 106 ff; Scholz/*Schneider* § 19 Rdn. 97 f.

[2] H. A.; Hachenburg/*Ulmer* § 19 Rdn. 60; Scholz/*Schneider* § 19 Rdn. 99; *Lutter/Hommelhoff* § 19 Rdn. 34; *R. Fischer*, Anm. zu BGH LM Nr. 1 zu § 19 GmbHG.

[3] Vgl. *Bayer* ZIP 1989, 8; *K. Schmidt* ZHR 157 (1993), 291 und speziell zur Pfändung *Berger* ZZP 107 (1994), 19; *Volmer* GmbHR 1998, 579.

[4] Vgl. RGZ 149, 293, 298; 156, 23, 27 ff; BGHZ 53, 71; 69, 274, 282; BGH LM Nr. 4 zu § 19 GmbHG; BGH GmbHR 1976, 205; NJW 1980, 2253; 1985, 1768; bzgl Vollwertigkeit a. A. *Müller* GmbHR 1970, 57, 62; *K. Schmidt* ZHR 157 (1993), 291, 304).

[5] BGHZ 53, 71, 76; *Lutter/Hommelhoff* § 19 Rdn. 27.

[6] Vgl. *K. Schmidt* ZHR 157 (1993), 291, 312.

[7] BGH NJW 1980, 2253; WM 1985, 730.

[8] § 20 i. V. m. § § 288 BGB, § 352 HGB ist nicht anwendbar.

[9] § § 284 ff BGB, deren Anwendung § 20 nicht ausschließt.

第60条第2项)。此外,《有限责任公司法》还在第21条规定了**声明股份无效程序**。该程序既可以导致股东丧失其成员资格,也可以导致其失去已缴付的股金。[1]不过由于这一程序太复杂,因此并不常使用。[2]

首先应当给迟延缴付的股东发出一封挂号信。在信中应该包括不按规定缴纳股金将开除其股东资格的威胁,并给该股东规定了一个不少于一个月的缴纳股金宽限期。[3]如果在宽限期到期之后股东仍未缴付股金,必须再给该股东发出一封挂号信,宣布公司收回其股份,该股东已经缴付的股金为公司所有(《有限责任公司法》第21条第1款和第2款)。如果被除名的股东是从一个该股份的前所有者处购得股份的,那么股东的原持有者也必须承担缴纳拖欠股金的义务,并且可以通过缴付股金获得该股份(《有限责任公司法》第22条)。否则,公司就可以公开拍卖该股份,或者在被除名者同意的前提下通过其他方式变现该股份(《有限责任公司法》第23条)。被除名的股东还必须承担补缴差额的责任;当相关的股份没有售出时(《有限责任公司法》第21条第3款),更是如此。[4] 21

### 5. 出资填补责任

参考文献:*Robrecht*, Haftung der Gesellschafter für nicht eingezahlte Stammeinlagen im Konkurs der GmbH. GmbHR 1995, 809; *Gaiser*, die Freistellung geringfügig beteiligter Gesellschafter von der Ausfallhaftung nach § 24 GmbHG bei der Kapitalerhöhung, GmbHR 1999, 210; *Gätsch*, Ausfallhaftung von Mitgesellschaftern für und verbotswidrige Ausschüttungen- summenmäβige Beschränkung?. BB 1999, 701, *Köhl*, Die Ausfallhaftung von Hintermännern bz. Treugebern für nicht geleistete Stammeinlagezahlungen, GmbHR 1998, 119.

如果拖欠的金额既不能从被开除的股东或其前持有者手中收取,又不能通过出卖该股份而获得,那么,**其他股东就必须按其持股比例承担补缴缺少股金份额的责任**。[5]只要应该缴纳股金时仍为公司股东的人,都必须承担这一责任,即使他们随即就出让了其股份,亦是如此。只有在具备特定的条件下,即具备《有限责任公 22

[1] Einzelheiten bei *Hörstel* NJW 1994, 965; *Melber*, Die Kaduzierung in der GmbH, 1993; *ders.* GmbHR 1991, 563; *Michalski/Schuldenburg* NZG 1999, 431.

[2] Neuere Beispiele BGH NZG 1999, 444 und 552; OLG München GmbHR 1985, 56; OLG Hamm GmbHR 1988, 266; OLG Hamm GmbHR 1993, 360; OLG Hamburg ZIP 1993, 1380; OLG Celle GmbHR 1994, 80; OLG Celle GmbHR 1997, 748; OLG Zweibrücken GmbHR 1996, 122.

[3] Einzelheiten dazu bei OLG München GmbHR 1985, 56.

[4] Vgl. zum ganzen Verfahren BGHZ 42, 89; zur Ausfallhaftung des ausgeschlossenen Gesellschafters OLG Köln GmbHR 1988, 266.

[5] Bei einer Strohmanngründung haften darüber hinaus auch die Hintermänner, BGHZ 31, 258; 118, 107.

司法》第21至23条规定的条件时,才产生要求支付剩余股金的请求权。[1]如果一个股东为信托人信托持有其股份,那么后者也要承担责任。[2]在增资时,即使股东没有同意进行增资,也没有认购新股,但是他也必须承担责任。然而,该股东可以及时声明退出公司,这样可以免于承担上述责任。[3]反之,新的购股者也必须为先前的出资短缺承担责任。[4]如果某个股东不能缴纳其应该补缴的份额,那么,该缺额部分就由其他股份按其持股比例分摊(《有限责任公司法》第24条)。在极端情况下,这种**出资填补责任**可能会导致一个有支付能力的股东必须缴纳所有初始资本金。[5] 出资填补责任还包括:《有限责任公司法》第9条规定的高估实物出资时[6]的补缴差额的责任,在没有实物时以现金履行其出资义务的责任,以及由于注册前开展公司业务而产生的前期负担责任。[7]由此可见,参与有限责任公司的风险,不仅仅限于股东本人的缴纳股金的义务,而且包括缴纳全部股份资本以及差额责任。尽管这些责任在实践中并没有太大的作用,但它还是具有重要的预防作用;此外从法律体制上看,它也有着不小的意义。

23　立法草案希望放松追究出资填补责任的条件,1971年的政府草案也作了相应的规定。此外,还应说明的是,如果所缺的金额是清偿债权人的债权所必需的,是否实施声明股份无效程序、是否主张出资填补责任,并不取决于公司经理与股东大会的喜好。[8]

## II. 附属义务和特别义务

24　与股份有限公司不同,有限责任公司的股东除了必须履行缴纳出资义务外,[9]也可以通过公司合同的规定让股东承担任何其他义务,对此没有任何限制(《有限责任公司法》第3条第2款)。这种类型的附属义务非常常见,它们反映了有限责任公司的人合特点,即股东与公司之间的法律关系常常并不局限于资本的参与。这种附属义务也反映了有限责任公司的多种多样的目的。

25　附属义务既可能涉及全体股东,也可能仅仅牵涉到其中的个别股东,后者则被人们称之为特别义务。这些义务既可能是有偿的,也可能是无偿的。停止作为义务

---

〔1〕 BGHZ 132, 390; vgl. § 16 III.

〔2〕 BGHZ 118, 107; *Köhl* GmbHR 1998, 119.

〔3〕 RGZ 93, 251; LG Mönchengladbach GmbHR 1986, 312; heute h. A., früher str.; zum Meinungsstand vgl. Hachenburg/*Müller* § 24 Rdn. 19 ff; Scholz/*Emmerich* § 24 Rdn. 16; vgl. auch *K. Schmidt* BB 1985, 154.

〔4〕 RGZ 82, 116; 132, 392.

〔5〕 Vgl. das drastische Beispiel LG Mönchengladbach GmbHR 1986, 312 betr. Kapitalerhöhung.

〔6〕 *Raiser* in: Das neue GmbH-Recht in der Diskussion, 21, 34.

〔7〕 BGHZ 80, 129, 141; s. o. § 26 Rdn. 75.

〔8〕 Vgl. RGZ 86, 419, 421.

〔9〕 § 55 AktG; s. o. § 12 Rdn. 29.

也是很常见的。首先要考虑的是**融资义务**,比如,给公司提供贷款的义务(见下文§ 38)、不分配应得利润的义务、承担公司债务或者补偿公司损失的义务。可以列举的附属义务还有:**供货义务**或**购买义务**以及允许公司以有偿或无偿的方式使用特定物的义务(地产、机器、专利和工业产权)。特别常见的是与特别权利相当的义务:担任**公司经理**。在停止作为义务中,**竞业禁止**占有重要的地位(见边码 8 等)。由于允许规定附属义务,有限责任公司也具有了作为卡特尔法律形式的资格。不过,在这里需要注意的是《反限制竞争法》的限制。[1]

公司合同的附属义务必须在公司章程中予以规定。[2]这种义务是与股份联系在一起的,因此,可以转让给受让人,只要它们不是某个股东的专属义务即可,比如进行经营管理的义务就是不能转让的。如果事后需要改变这些义务,可以通过修改公司章程的办法进行;但如果要增加这种义务,则必须得到所有相关股东的同意(《有限责任公司法》第 53 条第 2 款)。[3] 26

如果在公司合同之外,股东还许诺给公司一定的支付,这只是**债法性义务**。这种义务是不能转让给股份购买者的。即使在公司合同中规定了附属义务,通过解释也可能得出结论它们仅仅是债法性的义务(非真正的章程内容)。相反,如果为了履行这些义务还订立了补充合同(比如借贷契约、聘用公司经理的合同),这也没有涉及成员资格性质。 27

## III. 追缴出资义务

附属义务的一个特例是在股份法中所不允许的追缴出资义务(《有限责任公司法》第 26 条至第 28 条)。在公司合同中可以规定,股东有权决定,向公司支付规定出资额之外的股金(《有限责任公司法》第 26 条第 1 款)。[4]可以限定增缴股金的数额(《有限责任公司法》第 26 条第 3 款、第 28 条),也可以对此不作任何限制(《有限责任公司法》第 27 条)。 28

这种追缴出资将有助于公司在需要时获得额外的自有资本,也可提高公司的融资的灵活性,而又不受有关保护资本法律规定的制约。但在最新的发展中,追缴出资这一方式受到具有替代自由资本性质的股东贷款的强烈竞争,其所起的作用已微不足道。[5]迄今为止,联邦最高法院还没有作出相关的判决。 29

---

〔1〕 Vgl. z. B. BGHZ 65, 30; 104, 246; ferner zur kartellrechtlichen Zulässigkeit von Wettbewerbsverboten BGHZ 38, 306; 70, 331, die auf Geschäftsführer einer GmbH entsprechend anzuwenden sind, nicht jedoch ohne weiteres auf von der Geschäftsführung ausgeschlossene Gesellschafter.

〔2〕 Vgl. OLG Frankfurt GmbHR 1992, 665.

〔3〕 Zur Auslegung von Nebenpflichten vgl. *Stein* ZGR 1990, 357.

〔4〕 Vgl. OLG Frankfurt GmbHR 1992, 665; OLG Schleswig GmbHR 1994, 250.

〔5〕 Rechtstatsachen bei *Winter* GmbHR 1969, 145, 146 f.

30 如果追缴的股金不是用于扣除公司的负债,那么就必须将它记在资产负债表的负债项下,而且还要将它记为资本储备金(《商法典》第 272 条第 2 款第 4 项)。已经决定追缴的、但还没有支付的股金必须根据《有限责任公司法》第 42 条第 2 款规定的条件列在资产方。原则上,可以将不再需要的追缴股金退还给股东(《有限责任公司法》第 46 条第 3 项)。但有一种例外情形,即在必要时,可以用追缴的股金补偿初始资本的损失(《有限责任公司法》第 30 条第 2 款)。在这方面,法律将它作为一种法定储备金。

31 催缴追缴股金时,适用平等原则(《有限责任公司法》第 26 条第 2 款)。股东不能逃避承担有限的追缴出资的义务。如果股东没有及时履行缴付义务,就会宣布其拥有的股份作废(《有限责任公司法》第 28 条与第 21 至 23 条)。相反,对于无限的追缴股款义务,根据法律规定股东在特定条件下可以拒绝承担缴纳义务。前提条件是股东必须将其股份交由公司支配(《有限责任公司法》第 27 条第 1 款,**背弃权 、放弃**)。然后应该对股东所放弃的股份进行拍卖,或者按该股东同意的方式进行出卖。拍卖或出卖股份所得盈余归该股东所有。如果出售股份的所得的款项没有达到应该追缴的股金数额,则股份归公司所有。其他股东无需承担《有限责任公司法》第 24 条所规定的出资填补责任(《有限责任公司法》第 27 条第 2 款、第 3 款)。这些规则也适用于所谓的混合追缴出资义务,只要所要求缴付的款项超出了在公司合同中所规定的数目(《有限责任公司法》第 27 条第 4 款)。

## IV. 忠诚义务

参考文献:neben den Angaben zu § 12 V: *Baumgärtner*, Rechtsformübergreifende Aspekte der gesellschaftsrechtlichen Treuepflicht, 1990; *Flume*, Die Rechtsprechung des BGH zur Treuepflicht des GmbH-Gesellschafters und des Aktionärs, ZIP 1996, 161; *Häsemeyer*, Obstruktion von Sanierungen und gesellschaftsrechtliche Treuepflichten, ZHR 160 (1996), 109; *Henze*, Treuepflichten im Kapitalgesellschaftsrecht, ZHR 162 (1998), 186, *A. Hueck*, Der Treuegedanke im modernen Privatrecht, 1947; *Hüffer*, Zur gesellschaftsrechtlichen Treuepflicht als richterrechtlicher Generalklausel, Festschrift Steindorff, 1990, 59; *Immenga*, Die personalistische Kapitalgesellschaft, 1970, 261 ff; *ders.*, Bindung von Rechtsmacht durch Treuepflichten, Festschrift 100 Jahre GmbH-G, 1992, 189; *Koppensteiner*, Treuwidrige Stimmabgaben bei Kapitalgesellschaften, ZIP 1994, 1325; *Korehnke*, Treuwidrige Stimmen im Personengesellschafts- und GmbH-Recht, 1997; *Lutter*, Theorie der Mitgliedschaft, AcP 180 (1980), 84; *ders.*, Treuepflichten und ihre Anwendungsprobleme, ZHR 162 (1998), 164; *Marsch-Barner*, Treuepflicht und Sanierung, ZIP 1996, 853; *Martens*, Mehrheits- und Konzernherrschaft in der personalistischen GmbH, 1970; *ders.*, Die GmbH und der Minderheitenschutz, GmbHR 1984, 265; *Priester*, Die eigene GmbH als fremder Dritter. Eigensphäre der Gesellschaft und Verhaltenspflichten ihrer Gesellschafter, ZGR 1993, 512; *Raiser*, Das Unternehmen als Organisation, 1969; *ders.*, Die Treuepflichten im GmbH-Recht als Beispiel der Rechtsfortbildung, ZHR 151 (1987), 422; *Rehbinder*, Treuepflichten im GmbH-

Konzern, ZGR 1976, 386; *ders.*, Die Behandlung treuwidriger Stimmen in der Gesellschafterversammlung und im Prozeβ, GmbHR 1992, 9; *Roitzsch*, Der Minderheitenschutz im Verbandsrecht, 1981; *Vorwerk/Winners*, Treuebindung des Mehrheitsgesellschafters, GmbHR 1998, 717; *Wiedemann*, Zu den Treuepflichten im Gesellschaftsrecht, Festschrift Heinsius, 1991, 949; *Winter*, Mitgliedschaftliche Treuebindungen im GmbH-Recht, 1988; *ders.*, Eigeninteresse und Treupflicht bei der Einmann-GmbH in der neueren BGH-Rechtsprechung, ZGR 1994, 570; *Wolany*, Rechte und Pflichten des Gesellschafters einer GmbH, 1964; *Ziemons*, Die Haftung der Gesellschafter für Einfluβnahmen auf die Geschäftsführung der GmbH, 1996; *Zöllner*, Die Schranken mitgliedschaftlicher Stimmrechtsmacht bei den privatrechtlichen Personenverbänden, 1963, 335 ff, 366 ff.

1. 基本原则

除了法律和公司合同所规定的股东义务外,股东一般还要承担忠诚义务。忠诚义务的一般表述是:**忠实地对待**公司,**积极促进公司目标的实现,**并**避免**给公司造成**损失**。〔1〕为了避免将忠诚义务错误地混同于诚实信用和道德上的忠实概念,部分学者还建议,最好使用忠诚义务〔2〕或促进者义务〔3〕的概念。 32

忠诚义务是公司法上的**原则性规定,**它有助于解决那些法律或者公司合同中没有规定的公司冲突。由于股东之间的关系并不仅仅限于财产交换关系,他们是建立在长期合作的基础上的,所以,法律对股东提出了更高的诚实信用要求。由于典型的有限责任公司有着人合的特征,所以,与股份有限公司相反(见 § 12. V.),从来没有人怀疑应该承认有限责任公司的忠诚义务。如果股东以信托的方式为其他人持有股份,那么该委托人也得承担忠诚义务。〔4〕将忠诚义务的适用范围仅仅限制于以人合方式所组成的公司,是不正确的。因为在资合公司中,也有可能对公司、对由公司所经营的企业以及对与成员资格有关的股东成员的利益产生影响。〔5〕此外,**公司**本身也对其股东承担忠诚义务。〔6〕 33

股东的忠诚义务所**针对的**不仅是作为法人的**有限责任公司,**而且还**针对其他的股东**。〔7〕尽管有限责任公司拥有独立的法律人格,但是人们还是依然承认股东之 34

〔1〕 *Hueck*, Der Treuegedanke 18; *Lutter* AcP 180 (1980), 84, 102 ff. Vgl. auch die Darstellung bei der AG § 12 V.

〔2〕 *Raiser*, Das Unternehmen als Organisation 142 ff; *Wiedemann*GesR I, 432.

〔3〕 *Lutter* AcP 180 (1980), 84, 104.

〔4〕 *Lutter/Hommelhoff* § 14 Rdn. 25.

〔5〕 So aber noch BGHZ 98, 276; anders aber BGHZ 129, 136 (zur AG); dagegen auch *Wiedemann* GesR I, 431 ff; *K. Schmidt* GesR § 20 IV 2; *Raiser* ZHR 151 (1987), 422, 432. Auch schon das RG faβte eine allgemeine Treupflicht ins Auge: RGZ 128, 1, 16; 142, 212, 215 f; 146, 71, 76; 146, 385 u. a.

〔6〕 BGH NJW 1992, 368.

〔7〕 So jetzt ausdrücklich BGHZ 65, 15, 18 f (*ITT*). Seitdem h. M. Zur Begründung zuletzt *Winter*, Mitgliedschaftliche Treuebindungen 67 ff; grundsätzlich a. A. nur noch *Flume*, I/2, 268 ff; *ders.* ZIP 1996, 161.

间具有直接法律关系。这样,就更没有什么教条的东西可以阻挡股东之间的忠诚义务。但是,二者之间究竟是什么关系,还没有完全弄清楚。一种很有代表性的观点认为,如果公司没有起诉或者因为缺乏自身保护的需求而不能起诉,股东才能对其他股东提起履行忠诚义务的请求,而且只能将它作为一种辅助方式。[1]与此相反是本书中采用的观点:即对公司的忠实请求权与对其他股东的忠实请求权是相互独立的(见 § 27. IV.),联邦最高法院在 ITT 一案的判决中的态度与此相同[2]。如果公司的财产损失,股东必须为公司提起给付之诉。[3]**单一股东**的忠诚义务也有问题。在这里,不可能存在对其他股东的忠诚义务。而且,联邦最高法院还否认了单一股东对公司的忠诚义务,因为联邦最高法院认可在这种情况下没有独立于股东利益的公司利益。[4]

35 迄今为止,几乎无人提及的问题是,**企业雇员是否也应该承担忠诚义务**。但需要指出的是,有限责任公司的股东在许多情况下是自己经营公司业务(见 § 31),并同时履行雇主的职责。因此,股东也受劳动法上的基本原则的约束。这些原则有:照顾义务、与企业委员会(§§ 2. I, 74. I BetrVG)充分信任地合作的义务。因此,即使不在内容上,但在结构上研究出同类的基本原则也是很有意义的。

2. 内容和范围

36 (a) 忠诚义务的**内容和范围**是依具体情况而定的。主要考虑的不是公司的法律形式,而是公司的真正结构。因此,可以考虑适用有关人合公司的判决,而且只要没有公众公司[5]的特征,也可以适用有关股份有限公司的判决。[6]对于仅仅只由两人组成的有限责任公司的股东而言,必须对他们在相互合作和考虑他人利益方面比由多个成员所组成的公司的股东提出更高的要求。管理公司业务的股东所承担的忠诚义务,也要大于不管理公司业务的股东。[7]与此相适应,多数股东和少数股东所应承担的忠诚义务也是不同的。一方面,在占支配地位的股东根据其所拥有的多数票数进行决策时,必须考虑到少数股东的利益;另一方面,少数股东也不

---

〔1〕 *Zöllner*, Schranken mitgliedschaftlicher Stimmrechtsmacht 349 ff; Baumbach/Hueck-*Zöllner* Anh. § 47 Rdn. 50 ff; *Immenga*, Personalistische Kapitalgesellschaft 264 f, 270 ff; *Winter* aaO 88 ff.

〔2〕 BGHZ 65, 15.

〔3〕 H. M. Vgl. BGH NJW 1987, 1077; NJW 1992, 368. Ist der Schaden bei einem Konzernunternehmen eingetreten, ist er dort auszugleichen, BGHZ 65, 15 (*ITT*).

〔4〕 BGHZ 119, 257, 282; 122, 236; BGH ZIP 1999, 1352; *Lutter* ZIP 1985, 1428; *Winter* ZGR 1994, 593; differenzierend *Ulmer* ZHR 148 (1984), 1418; die Treuepflicht im Interesse der Gläubigerschutzes bejahend *Priester* ZGR 1993, 512.

〔5〕 Vgl. die übersichten bei *Ulmer*, GroβKomm. HGB § 105 Rdn. 246; *ders.*, MünchKomm. BGB § 705 Rdn. 181 ff.

〔6〕 S. oben § 12 V.

〔7〕 Vgl. zuletzt *Lutter* AcP 180 (1980), 84, 102 ff; *Winter* aaO 75 ff, 185 ff.

能没有充分的理由,就阻拦由多数票数所作出的决定。此外,还应该对股东或起诉股东的**利益**与相关股东的**利益之间**进行**权衡**。只要负有忠诚义务的股东是为他人行使职权如经营权,他就只能追求企业利益。但在他行使自益权时,比如请求支付部分盈利或请求退出公司,股东却无须总是把公司利益置于其自身利益之上。但是,在这里也适用适当原则:股东必须使用最适当的手段,不能够加重公司的负担,并使这种负担远远超出其获得的利益。[1]

在对各种利益进行权衡时,还需着重考虑相关的利益冲突是涉及公司企业,还是股东之间的关系。[2]如果冲突涉及公司企业,那么就要优先考虑公司企业的利益。在冲突与企业的日常经营管理有关时,如果股东损害了企业的现有结构,那么他就违背了忠诚义务。相反,一个(多数)股东原则上却无须引用忠诚义务就可以改变企业的结构。如果以"与未来企业收益能力和竞争能力有关的重大理由"要求进行此类修改,那么少数股东只能例外地容忍这些修改。[3] 37

(b) **案件类型**:除了审理了许多不具备普遍意义的个别案例之外,[4]司法判决根据忠诚义务主要判定了四种冲突情况: 38

(aa) **行使投票权**。可以要求股东承担这样的义务:如果股东的同意例外地符合公司或多数股东的利益,或者为了适应已变化了的新情况并且能够理智地继续实现公司经营目的所必须,而且人们也期待着他的同意票,该股东就必须在股东大会上同意相应的决议案,甚至同意修改章程。不过,司法判决对这种情况的限制是非常严格的。[5] 如果股东行使其否决权的目的是为了阻止股东剥夺少数股东的权利,这就不是违背忠诚义务。[6] 39

---

〔1〕 BGHZ 14, 25, 38; 71, 40, 46; 80, 69, 74 f; 83, 319, 321; h. L.; zuletzt ausführlich *Winter* aaO 95 ff, 121 ff; Hachenburg/*Raiser* § 14 Rdn. 55.

〔2〕 *Raiser* ZHR 151 (1987), 422, 439 ff; *Timm* ZGR 1987, 403.

〔3〕 So die Formulierungen in BGHZ 80, 69, 74 f.

〔4〕 Vgl. u. a. RGZ 162, 388, 394; BGHZ 30, 195, 201; BGH NJW 1989, 166; OLG Koblenz WM 1984, 1051 (Verzicht auf Zinsen für ein Gesellschafterdarlehen in der Unternehmenskrise); OLG Hamm GmbHR 1992, 612 (keine Zustimmungspflicht zum Abschluβ eines Lizenzvertrags); OLG Hamburg BB 1993, 1030 (Auskunft über eine verdeckte Treuhand an einem Gesellschaftsanteil bei Vinkulierung); BGH GmbHR 1999, 186 (Versto? gegen Gesellschafterbeschlu? durch Gesellschafter-Geschäftsführer).

〔5〕 BGHZ 44, 40 (Erhöhung einer gesellschaftsvertraglich zugesagten Tätigkeitsvergütung); 64, 253 (Zustimmung zu einer Ausschluβklage); BGH NJW 1961, 724; 1974, 1656; 1985, 974; 1987, 952; WM 1975, 662; BGHZ 98, 276 (Zustimmung zur Erhöhung des Stammkapitals auf den infolge der Novelle von 1980 erhöhten Mindestbetrag); BGHZ 129, 136 (*Girmes*, Zustimmung zu einem Sanierungsplan bei einer AG); BGH WM 1987, 841; vgl. auch BGH NJW 1991, 846. Zu den Voraussetzungen einer Zustimmungspflicht bei Grundlagenentscheidungen allgemein vgl. auch *Henze* ZHR 162 (1998), 186; zu Problemfällen *Lutter* ZHR 162 (1998), 164. Bitte bei Fn. 80 und 81 die nicht inhaltlich gekennzeichneten Urteile nachprüfen.

〔6〕 BGHZ 14, 25, 38.

40 (bb) **多数决定原则和康采恩领导权**的行使。在 ITT 一案中[1]联邦最高法院认为:如果占主导地位的股东促使公司管理机关向康采恩缴纳分摊的康采恩款项,而康采恩并没有支付等价的对价,该股东就违背了忠诚义务。[2]有关本案的细节将在下文 § 53. IV. 中进行详细地阐述。

41 (cc) **竞业禁止**(见下文 V.)。

42 (dd) **除名之诉和解散之诉**[3](见下文 §§ 30. IV. 3,41. II.)。

3. 制裁

43 如果违反忠诚义务,可以视情况而提起独立**行为之诉,停止侵权之诉**[4];在过失违反这一义务的情况下,可主张**损害赔偿请求权**。[5]如果给公司的财产造成了损失,那么,提起违反忠诚义务之诉的股东还必须要求相关的股东赔偿公司的损失。[6]如果除了直接损失之外股东自身也遭受了损失,该股东还可以提起赔偿自己损失的诉讼。这一损害赔偿请求权的时效是 30 年,即使它是与《有限责任公司法》第 43 条所规定的赔偿请求权是相互竞争的,也是如此。[7]此外,还可以考虑根据《有限责任公司法》第 61 条第 1 款规定提起**解散之诉**[8],或者基于重大事由而对违背忠诚义务的股东提起**除名之诉**。[9]但是,最为常见的情形是在股东大会上不忠实地行使或不行使表决权。如果一个股东负有投票义务,而该股东的不忠诚行为将会给公司或其他股东造成特别严重的影响,那么必要时,公司可以采取临时保全措施,拒绝该股东进行表决,或命令他同意有关议案,但需要注意的是该命令应该是最轻微的干预方式。违背忠诚义务的投票是无效的,[10]在特定情况下它还可以导致**撤销**相关的决议。[11]

## V. 竞业禁止

参考文献:*Armbrüster*, Wettbewerbsverbote im Kapitalgesellschaftsrecht, ZIP 1997, 1269;

[1] BGHZ 65, 15; dazu die Besprechungen von *Brezing* AG 1976, 5; *Emmerich* JuS 1976, 54; *Rehbinder* ZGR 1976, 386; *Schilling* BB 1975, 1451; *Ulmer* NJW 1976, 192; *H. P. Westermann* GmbHR 1976, 77; *Wiedemann* JZ 1976, 392.

[2] Vgl. ferner BGHZ 95, 330, 340; zur AG BGHZ 71, 40 (*Kali und Salz*); 33, 175 (*Minimax*). Diese Urteile sind auf die GmbH zu übertragen (s. § 12 Rdn. 37); *Raiser* ZHR 151 (1987), 422, 432 f.

[3] BGHZ 9, 157; 16, 317; 76, 352; 80, 346; BGH NJW 1985, 1901.

[4] BGH GmbHR 1977, 129; ZIP 1989, 986.

[5] BGHZ 65,15.

[6] BGHZ 65, 15.

[7] BGH ZIP 1999, 240.

[8] RGZ 164, 257; s. u. § 41 Rdn. 2 ff.

[9] BGHZ 9, 157, 163; 16, 317, 322; 80, 346; s. u. § 30 Rdn. 49 ff.

[10] BGH ZIP 1988, 22; GmbHR 1991, 62; 1993, 579.

[11] BGHZ 76, 352; 80, 69; 103, 185. s. unten. § 33 Rdn. 60 ff#.

*Claussen/Korth*, Das Wettbewerbsverbot des Geschäftsführers/Gesellschafters einer GmbH, FS Beusch, 1993, 111; *Geiger*, Wettbewerbsverbote im Konzernrecht, 1996; Hey, Wettbewerbsverbot des GmbH-Alleingesellschafters, BB 1993, 1162; *Ivens*, Das satzungsmäβige Konkurrenzverbot des GmbH-Gesellschafters, 1987; *Lawall*, Das ungeschriebene Wettbewerbsverbot des GmbH-Gesellschafters, 1996; *Merkt*, Unternehmensleitung und Interessenkollision, ZHR 159 (1995), 423; *Mertens/Cahn*, Wettbewerbsverbot und verdeckte Gewinnausschüttung im GmbH-Konzern, FS Heinsius, 1991, 545; *Lutter*, Theorie der Mitgliedschaft, AcP 180 (1980), 84, 116; *v. d. Osten*, Das Wettbewerbsverbot von Gesellschaftern und Gesellschafter-Geschäftsführern in der GmbH, GmbHR 1989, 450; *Polley*, Wettbewerbsverbot und Geschäftschancenlehre, 1993; *Raiser*, Wettbewerbsverbote als Mittel des konzernrechtlichen Präventivschutzes, FS Stimpel, 1985, 855; *Röhricht*, Das Wettbewerbsverbot des Gesellschafters und des Geschäftsführers, WPg 1992, 766; *Salfeld*, Wettbewerbsverbote im Gesellschaftsrecht, 1987; *Timm*, Wettbewerbsverbot und "Geschäftschancen"-Lehre im Recht der GmbH, GmbHR 1981, 177; *Wassermeyer*, Das Wettbewerbsverbot des Gesellschafters und des Gesellschafter-Geschäftsführers einer GmbH, GmbHR 1993, 329 und 639; *Wichmann*, Das Wettbewerbsverbot des Gesellschafters und des Gesellschafter-Geschäftsführers einer GmbH, GmbHR 1993, 635; *Wiedemann/Hirte*, Die Konkretisierung der Pflichten des herrschenden Unternehmens, ZGR 1986, 163; *Winter*, Mitgliedschaftliche Treuebindungen im GmbH-Recht, 1988, 239 ff.

44 《有限责任公司法》并没有与《商法典》第 112 条或《股份法》第 88 条相应的规定,因此,有限责任公司的股东**不受一般竞业禁止法律规定**的约束。[1]通常可以**通过合同约定**竞业禁止,但这种约定必须遵守《民法典》第 138 条的规定。[2]根据《民法典》的这一规定,司法判例主要规定在股东退出公司之后的一定时间内设置竞业禁止。[3]竞业禁止还可能因为《反限制竞争法》第 1 条有关卡特尔禁令的规定而不能适用。如果没有对竞争产生明显的影响,[4]或者为了防止"企业资产遭受蚕食甚至毁灭"[5]有必要采取竞业禁止时,竞业禁止才是与卡特尔禁令不矛盾。后者是指一个对企业政策有决定性影响的多数股东,即使他不是公司经理亦是如此。但纯粹的投资股东不属于这种情况。[6]

45 如果在章程中有相应的规定,可以通过多数同意形成的决议**免除**合同中规定

[1] H. M.; *Lutter* AcP 180 (1980), 84, 116; *Winter*, Mitgliedschaftliche Treuebindungen 239 ff; *K. Schmidt*, GesR § 20 V 1; Scholz/*Winter* § 14 Rdn. 59.

[2] BGH WM 1986, 1282; OLG Karlsruhe GmbHR 1987, 309.

[3] BGH GmbHR 1991, 15, OLG Hamm GmbHR 1993, 655; OLG Düsseldorf GmbHR 1998, 180. Vgl. auch BGHZ 91, 1.

[4] BGHZ 68, 6, 10 f; BGH NJW 1982, 938.

[5] BGHZ 70, 331, 336; 104, 246; weiter schon BGHZ 38, 306, 311; BGHZ 82, 332, mit Gründen in BGHSt 30, 270; vgl. zum ganzen Problemkreis *Beuthien* ZHR (1978), 259, 281 ff; *Ivens* DB 1988, 215.

[6] Vgl. BGHZ 104, 246; 38, 306, 311.

的竞业禁止义务。如果有限责任公司因此而变成了从属企业,而且免除又不符合公司利益,那么,该多数股东就投票违反了忠诚义务(见下文 § 52. II.)。[1]

46 可以从**忠诚义务引申出专门**适用于承担管理任务的股东的**竞业禁止**原则,这一禁止与《商法典》第 112 条的规定相对应(见下文 § 32. IV.)。这是应该肯定的。对于没有经管公司业务的股东,他们也承担忠诚义务。据此他们不得为了个人利益利用属于公司的商业机会,或不得为开展因为其股东地位才获得的商业活动。[2]也即如果在股东自身利益与企业利益之间发生冲突,股东必须优先考虑企业利益。此外,占支配地位的股东还受到一般性竞业禁止的制约。据此如果没有征得少数股东的同意,他不得推动企业加入一个康采恩(见下文 § 52. II.)。[3]单一股东不受竞业禁止的约束。[4]

47 如果一个股东违背了竞业禁止,则可以考虑适用所有违反忠诚义务的**法律后果**(见边码 37),还可以类推适用《商法典》第 113 条的规定,授予公司优先购买权。[5]

48 **典型案例:**(a)股东 A 和 B 在战争结束前成立一家有限责任公司,生产和出租娱乐性电影。战争结束之后,股东 A 由于政治上的原因不能再从事经营活动。股东 B 则放着该企业不管,而是成立了几个一人有限责任公司。在这些新成立的一人公司经营活动中,使用了上述有限责任公司的资本和影片库存。联邦最高法院就此作出判决:即使合同中没有约定竞业禁止,但由于有忠诚义务,该股东也不得"通过损害其合资有限责任公司的利益而肆无忌惮地追求其个人益"(BGH WM 1978, 1205)。

49 (b)在联邦最高法院审理的另一起案件中(BGH GmbHR 1977, 129),X 有限责任公司获得了一个很好的商业机会,即从城市 A 以每平方米 5 马克的价格购买15,000平方米工业用地。但是,该公司的股东 B——公司常务经理却设法使 Y 有限责任公司获得了这些用地,而 Y 有限责任公司是由他和他的两个兄弟姐妹单独入股投资的。Y 有限责任公司首先在该地面上修建了企业用房,然后,又将该房屋作为生产车间以很高的价格出租给了 X 有限责任公司。联邦最高法院认为这是违反了谨慎经营管理的义务(《有限责任公司法》第 43 条)。如果 B 不是公司的经理,而只是很有影响力的股东,也可能会得到同样的判决结果(见 BGH GmbHR 1989, 460)。

---

〔1〕 BGHZ 80, 69 (*Süssen*) und dazu *Timm* GmbHR 1981, 177; *Raiser* FS Stimpel 855; *Wiedemann/Hirte* ZGR 1986, 163.

〔2〕 BGH WM 1957, 1128; 1978, 1205; NJW 1971, 802; 1972, 1860; GmbHR 1977, 43; 1977, 129; ZIP 1989, 986. Zu der damit angesprochenen Lehre von den "corporate opportunities" besonders *Timm* GmbHR 1981, 177; *Lutter* AcP 180 (1980), 84, 116; *Immenga* JZ 1984, 576, 579; *Winter*aaO 241 ff.

〔3〕 BGHZ 89, 162; dazu *Immenga* JZ 1984, 576; *Wiedemann/Hirte* ZGR 1986, 163; Raiser FS Stimpel 855; *Brandes* Anm. zu BGH LM Nr. 4 zu § 112 HGB; *Winter* aaO 245; *Salfeld* Wettbewerbsverbote 206 ff; Baumbach/Hueck/*Zöllner* Anh. Konzernrecht Rdn. 21; *Lutter/Timm* NJW 1982, 411.

〔4〕 BGH ZIP 1992, 1734, BFH ZIP 1995, 1890 unter Aufgabe seiner früheren Rechtsprechung.

〔5〕 BGHZ 89, 162; *Lawall* aaO (Schrifttumsverz.) 213.

## VI. 股东平等原则

参考文献：*G. Hueck*, Der Grundsatz der gleichmäβigen Behandlung im Privatrecht, 1958; *L. Raiser*, Der Gleichheitsgrundsatz im Privatrecht, ZHR 111 (1946), 75; *Wolany*, Rechte und Pflichten des Gesellschafters einer GmbH, 1964; *Zöllner*, Die Schranken mitgliedschaftlicher Stimmrechtsmacht bei den privatrechtlichen Personenverbänden, 1963, 287 ff; ferner die Angaben zum aktienrechtlichen Gleichheitsgrundsatz oben § 12 IV.

1. 内容

尽管《有限责任公司法》中并没有与《股份法》第53a条相应的法律规定，但在 50
有限责任公司中也适用股东平等原则。而且，只要公司合同的约定不违背强制性的法律规定，就可以通过公司合同随意确定股东平等原则的权利与义务。一旦公司得以成立，只要没有实质性的理由就不允许不公平地对待不同的股东。有关公司法股东平等原则的基本内容，可以参照本书在股份有限公司中的论述。[1]

在《有限责任公司法》中，平等对待原则体现在众多的条款之中（见第19条第2 51
款、第24条、第26条第2款和第3款、第29条第3款、第31条第3款、第47条第2款、第72条）。此外，司法判决也在实践中运用了股东平等原则。[2]与公司的资合型基本结构相适应，在这里尤其是在公司向股东分发经济上的支付时，一般适用的是**按比例的平等的标准**，即根据股东的出资额度和按股份面值确定每个股东应得的比例。与此相反，对于不可剥夺的股东权，则适用按人数统计的**绝对平等原则**：任一股东都有权参加股东大会、听取报告权（《有限责任公司法》第51a条；见上文§27. III.）；每个股东都有权撤销股东决议或主张其无效（见上文§33. VII.）；此外，每个股东还有权基于重大事由退出公司（见上文§30. IV.）。而在多数决议中，平等原则仅仅起着**禁止歧视**的作用：虽然每一股东都可以要求平等地参与决策程序，平等地发表其意见，但只要多数股东不是专横地、而是根据企业的实际利益为基础作出决策，也符合平等原则。如果决议对少数股东成员权益和财产利益的侵犯越严重，那么，就更需要有实质性合理理由来支持其决议。[3]

**典型案例**：司法判例主要采用股东平等原则来审理有关公司向股东公开的或者隐蔽支付 52

---

〔1〕 Oben § 12 VI; ferner Hachenburg/*Raiser* § 14 Rdn. 67 ff.

〔2〕 Vgl. zuletzt BGHZ 111, 224; 116, 359; 120, 141; BGH ZIP 1990, 98; BGH LM § 29 Nr. 2; OLG Hamm GmbHR 1996, 768; OLG München GmbHR 1997, 1103; OLG Köln NZG 1999, 1112.

〔3〕 Vgl. BGHZ 80, 69, 73 und ferner die aktienrechtlichen Entscheidungen BGHZ 33, 175, 186; 70, 117, 120 ff; 71, 40, 44 (oben § 12 Rdn. 57 f#); ferner *Wiedemann* GesR I, 429 f; *K. Schmidt* GesR § 16 II 4.

红利和分配资产案件（见下文§§ 36. II.，37. II.）。[1]此外，还包括为了能够自愿向公司交付“款项”或者进行其他交付，而向股东提供的某些**特权**或特别**利益**。[2] 如同在股份有限公司中一样，[3]在增资时也必须根据股东平等原则来衡量排除新股的优先认购权；如果否认股东的法定优先认购权时，更是如此(见§ 39. II.)。关于进一步的具体案例，可以见相关的法律评注。[4]

2. 法律后果

53 违背股东平等原则的**法律后果**，就如同侵犯忠诚义务一样(见边码 37)，**是视情况而定的**。如果一个股东从公司的财产中获得了比其他股东较少的给付，那么，要么受益的股东退还其利益，要么受损的股东可以要求获得同样的给付。在这里，股东有选择权。但行使这种选择权的基础却是忠诚义务，这就要考虑公司所拥有的解决办法和公司的利益。[5]反之，如果在违背平等原则情况下要求一个股东支付未缴付的出资，则该股东可以拒绝支付。如果股东的决议违背了平等原则，根据《股份法》第 243 条第 1 款的规定，可撤销该决议。[6]

## § 29. 公司法律独立性的界限(法人穿透说)

参考文献：*Banerjea*, Haftungsfragen in Fällen materieller Unterkapitalisierung, ZIP 1999, 1153; *Benne*, bei der GmbH, insbesondere im Fall der Unterkapitalisierung, 1978; *Blaurock*, Einfluβim Unternehmen und die gesellschaftsrechtliche Haftungsstruktur, FS Stimpel, 1985, 553; *Bork*, Zurechnung im Konzern, ZGR 1994, 237; *Boujong*, Das Trennungsprinzip des § 13 Abs. 2 GmbHG und seine Grenzen in der neueren Judikatur des Bundesgerichtshofs, FS Odersky, 1996, 739, *Coing*, Zum Problem des sogenannten Durchgriffs bei juristischen Personen, NJW 1977, 1793; *Davies/Prentice*, Gower' s principles of modern company law, 6. Aufl. 1997, 147 ff; *Drax*, Durchgriff-und Konzernhaftung der GmbH-Gesellschafter - Ein Vergleich, 1992; *Drexl*, Wissenszurechung im Konzern, ZHR 161 (1997), 491; *Drobnig*, Haftungsdurchgriff bei

---

[1] RGZ 170, 358, 377; BGHZ 65, 15 (*ITT*), wo der Schadensersatzanspruch allerdings nicht auf die Verletzung des Gleichbehandlungsgebots, sondern der Treuepflicht gestützt wird. BGHZ 111, 204 (unzulässige verdeckte Gewinnausschüttung); BGHZ 116, 359 (ungleiche Abfindung); OLG Hamm GmbHR 1996, 768 (Gehaltskürzung eines Gesellschafter-Geschäftsführers).

[2] RGZ 41, 97, 99; 52, 287, 293; 76, 155, 159; 80, 81, 86; OLG München GmbHR 1997, 1103; OLG Köln NZG 1999, 1112 (Sondervorteil durch vorzeitige Gewinnausschüttung).

[3] RGZ 112, 14, 18; 118, 67, 71; BGHZ 21, 354; 33, 175, 186; 71, 40, 44 (*Kali und Salz*); s. unten § 12 Rdn. 49#.

[4] Scholz/*Winter* § 14 Rdn. 42 ff; Hachenburg/*Raiser* § 14 Rdn. 75.

[5] Str.; wie hier Scholz/*Winter* § 14 Rdn. 48; *Roth/Altmeppen* § 13 Rdn. 84; MünchHdb. GmbH/*Schiessl* § 31 Rdn. 20; a. A. *Lutter* ZGR 1978, 347, 366 ff; vgl. zum Problem auch *Winter* ZHR 148 (1984), 579, 597 ff; BGH NJW 1960, 2142; BGH LM § 29 Nr. 2.

[6] RGZ 118, 67, 72 f; BGHZ 111, 224, 227; 116, 359, 373; 120, 141, 149; h. M.

Kapitalgesellschaften, 1959; *Ehricke*, Zur Begründbarkeit der Durchgriffshaftung, AcP 199 (1999), 257; *ders.*, Zur Teilnehmerhaftung von Gesellschaftern bei Verletzung von Organpflichten mit Auβenwirkung durch den Geschöftsführer einer GmbH ZGR 2000, 351; *Fleischer/Empt*, Gesellschaftsrechtliche Durchgriffs-und Konzernhaftung undöffentlich-rechtliche Altlastenverantwortlichkeit, ZIP 2000, 905; *Franzmann*, Die sogenannten Durchgriffstatbestände im Privatrecht als Problem einer interessengerechten Risikoverteilung, 1984; *Haberlandt*, Zur Problematik der Durchgriffshaftung, Identität und durchgriff, BB 1980, 847; *Henssler*, Die Betriebsaufspaltung - Konzernrechtliche Durchgriffshaftung im Gleichordnungskonzern, ZGR 2000, 479; *Hübner, U.*, Der Durchgriff bei juristischen Personen im europäischen Gesellschafts- und Unternehmensrecht, JZ 1978, 703; *Immenga*, Die personalistische Kapitalgesellschaft, 1970, 400 ff; *Kahler*, Die Haftung des Gesellschafters im Falle der Unterkapitalisierung einer GmbH, BB 1985, 1429; *Kuhn, G.*, Haften die Gesellschafter für Gesellschaftsschulden?, FS R. Fischer, 1979, 351; *Lutter*, Die zivilrechtliche Haftung in der Unternehmensgruppe, ZGR 1982, 244; *Lutter/Hommelhoff*, Nachrangiges Haftkapital und Unterkapitalisierung in der GmbH, ZGR 1979, 31, 57 ff; *Müller-Freienfels*, Zur Lehre vom sogenannten "Durchgriff" bei juristischen Personen im Privatrecht, AcP 156 (1957), 522; *Mummenhoff*, Zur Alleinhaftung juristischer Personen, FS Hyung-Bae Kim, 1995, 155; *Nirk*, Zur Rechtsfolgenseite der Durchgriffshaftung, FS Stimpel, 1985, 443; *Raiser*, Konzernhaftung und Unterkapitalisierungshaftung, ZGR 1995, 156; *ders.*, Die Haftungsbeschränkung ist kein Wesensmerkmal der juristischen Person, FS Lutter 2000, 637; *Rehbinder*, Konzernauβenrecht und allgemeines Privatrecht, 1969, 85; *ders.*, Zehn Jahre Rechtsprechung zum Durchgriff im Gesellschaftsrecht, FS R. Fischer, 1979, 579; *ders.*, Neues zum Durchgriff unter besonderer Berücksichtigung der höchstrichterlichen Rechtsprechung, FS Kübler 1997, 493; *Rittner*, Die werdende juristische Person, 1973, 267 ff; *Roth*, Unterkapitalisierung und persönliche Haftung, ZGR 1993, 170; *Schanze*, Einmanngesellschaft und Durchgriffshaftung, 1975; *ders.*, Durchgriff, Normanwendung oder Organhaftung?, AG 1982, 42; *K. Schmidt*, Zum Haftungsdur chgriff wegen Sphärenvermischung und zur Haftungsverfassung im GmbH-Konzern, BB 1985, 2074; *ders.*, Konzernhaftung oder mitgliedschaftliche Haftung des privaten GmbH-Gesellschafters?, ZIP 1986, 146; *ders.*, Zur Durchgriffsfestigkeit der GmbH, ZIP 1994, 837; *Serick*, Rechtsform und Realität juristischer Personen, 2. Aufl. 1980; *Stimpel*, "Durchgriffshaftung" bei der GmbH: Tatbestände, Verlustausgleich, Ausfallhaftung, FS Goerdeler, 1987, 601; *Teubner*, Die "Politik des Gesetzes" im Recht der Konzernhaftung - Plädoyer für einen sektoralen Konzerndurchgriff, FS Steindorff, 1990, 261, *ders.*, Unitas Multiplex, ZGR 1991, 189, 207 ff; *Ulmer*, Gesellschafterdarlehen und Unterkapitalisierung bei GmbH und GmbH & Co. KG, Festschrift Duden, 1977, 661; *ders.*, Die GmbH und der Gläubigerschutz, GmbHR 1984, 256; *ders.*, Der Gläubigerschutz im faktischen GmbH-Konzern beim Fehlen von Minderheitsgesellschaftern, ZHR 148 (1984), 391; *Weitbrecht*, Haftung der Gesellschafter bei materieller Unterkapitalisierung der GmbH, 1990; *Wiedemann*, Gesellschaftsrecht Bd. I, 1980, § 4 III; *ders.*, Die Unternehmensgruppe im Privatrecht, 1988; *Wilhelm*, Rechtsform und Haftung bei der juristischen Person, 1981; *ders.*, Die Vermögensbindung bei der Aktiengesellschaft und der GmbH und das

Problem der Unterkapitalisierung, FS Flume Bd. II, 1978, 337; *Wüst*, Das Problem des Wirtschaftens mit beschränkter Haftung, JZ 1992, 710; *ders.*, Die unzureichende Kapitalausstattung bei Beschränkthaftern, JZ 1995, 990.

## I. 基础

### 1. 归责穿透和责任穿透

1 由于有限责任公司是作为法人而独立存在的，其有限责任又是以公司的财产为基础的，所以，股东一般不会出现在公司的对外关系中。但是，这一基本原则也并不是毫无限制的，因为在有的情况下，可以忽视公司与股东这两个权利主体之间的分离。对于这一问题，国内外使用**穿透**“法人的面纱”这一概念进行了许多讨论。穿透这一概念虽然便于使用，但意义太狭窄，并容易使人误解。[1]这一关键词涉及社团法人中的一般问题，但在有限责任公司中和一人公司中，它却有着巨大的实际意义。准确地说，它涉及许多不同的问题。从广义上来说，人们也可以将下列行为视作穿透行为：即股东根据一般民事法律的规定为公司承担债务，尤其基于参与承担债务、担保、保证、庇护声明和缔约的过失，虚假权利或者根据由《民法典》第823条第1款和第2款，以及第826条（见下文边码20）规定的侵权行为责任。如果仅仅以公司法的特别规定为连接点，即严格教条意义上的穿透，那么将其区分为两种不同的情况，证明是十分有益的。[2]一方面需要弄清的是，是否应该将股东的某些特性、知识、声明或者行为方式视作为是公司的行为？或者在什么条件下应该将股东的某些特性、知识、声明或者行为方式视作为是公司的行为？反之也存在着同样的问题（**归责穿透**）；另一方面，这是为了突破《有限责任公司法》第13条第2款规定的有限责任，让股东直接在对外关系中承担有限的或无限的个人清偿责任，或者是在内部关系中承担弥补损失义务（**责任穿透**）。

### 2. 司法判例

2 在理论界，对法人穿透学说依然存在着争论。在**司法实践界，人们**或者满足于对此作出一般性质的阐述，而解决不了任何问题；或者仅仅进行个案判决，却造成了很大的法律不安全性。帝国法院和其后的联邦最高法院都对此作了这样的描

[1] Der Ausdruck ist eine übersetzung der englischen und amerikanischen Formel “lifting (or piercing) the corporate veil.”. Vgl. zum Recht der USA *Conrad*, Corporations in Perspective, 1976, 424 ff; zu Groβbritannien *Gower*, Principles of Modern Company Law, 6. Aufl., 1997, 147 ff; *Bauschke*, Grenzen der Rechtspersönlichkeit juristischer Personen im englischen Gesellschaftsrecht, 1975; zu österreich *Harrer*, Haftungsprobleme bei der GmbH, 1990; rechtsvergleichend *Hübner*, Der Durchgriff bei juristischen Personen im europäischen Gesellschafts- und Unternehmensrecht, JZ 1978, 703; *Unger*, Unterkapitalisierung in Frankreich und Belgien, 1988.

[2] Wiedemann *GesR I*, 217 *ff*; ders., *Unternehmensgruppe* 18, 21; Hueck *GesR* § § 35 *IV* 2 *c*, 36 *II* 5; Stimpel *FS Goerdeler* 601, 604; *Hachenburg*/Mertens *Anh.* § 13 *Rdn.* 32 *ff*, 46 *ff*.

述:“如果现实生活、经济上的需求和事实的力量要求法官忽视有限责任公司及其惟一股东各自在人身权和财产权上的独立性,那么法院就必须将法人及其股东视作一个整体”。[1]另一方面,联邦最高法院还认为,如果适用法人这一概念“与法律制度的目的相矛盾,就不应该尊重法人这一法律实体”。不过,法院对此却进行了多方面的限制性补充,“不允许随意地和无限制地忽略法人这一法律实体”。[2]在法律体系上,司法实践是采用违背忠诚义务、滥用权利或违背诚实信用原则来支持和论证穿透理论的。[3]

3. 法人穿透说

在文献中,主要存在着三种相互对立的理论。一是塞立克(Serick)[4]所主张 3
的**滥用理论**。这种理论认为仅仅在极少的例外情况下,即如果故意地滥用法人实体并且将它用于法律所没有规定的目的,才允许穿透法人。与此相对应的是**规范适用理论**。该理论由米勒—费赖菲尔(Müller-Freienfels)提出[5],E. 雷宾德(Rehbinder)[6]对此做了进一步的发展。该理论认为,法人是由法律制度创造的一种实体,人们一开始就仅仅需要在现行法律规定的、允许法人活动的范围内尊重法人。由于仅需对适用的相关法律规定进行解释,就能说明穿透理论的合法性,所以该学术比滥用理论更容易允许实施穿透。尤其是该理论并不需要以主观滥用意图为前提条件。最后,威廉(Wilhelm)[7]主张要坚决地回归到法人的法律独立性上(**分离理论**)。他认为:法人穿透说的出发点是错误的;相反,他提出,如果股东对公司的经营管理施加了决定性的影响,即使他不是公司的经理,股东也应该根据《有限责任公司法》第43条的规定承担机构性的谨慎义务,并承担相应的法律责任,以取代穿透责任。[8]

在法人穿透说中,混合着法人理论、衡平观点以及有关在市场经济中有限责任 4
作用的法政治学方面的考虑。因此,只能将其理解为是一些启发式的准则,而不是精确的、方便可用的法律规范。对于归责穿透而言,实质上也有着与法人穿透说同样的论据与结论。在这方面存在着许多很有价值的、而且经过深思熟虑后作出的判决。在这些判决中融入了许多不同的观点。[9]但其中的任何观点都无法解决有

---

[1] RGZ 99, 232, 234; 129, 50, 53 f; BGHZ 22, 226, 230; 29, 385, 392; 54, 222, 224.

[2] BGHZ 20, 4, 11; 26, 31, 37; 54, 222, 224; 78, 318, 333.

[3] Vgl. BGHZ 20, 4, 13; 22, 226, 230; 54, 222, 224; 68, 312, 315; 102, 98, 103.

[4] Rechtsform und Realität juristischer Personen 203.

[5] AcP 156 (1957), 522.

[6] Konzernauβenrecht und allgemeines Privatrecht 103 ff; kritisch dazu *Wiedemann*, Unternehmensgruppe 20.

[7] Rechtsform und Haftung bei der juristischen Person 285 ff; *ders.* DB 1986, 2113; vgl. auch *Flume* Allg. Teil I/2, 63 ff.

[8] Die Lehre orientiert sich an §§ 117, 311, 317 AktG. Kritisch dazu *Schanze* AG 1982, 42.

[9] S. die Ausarbeitung der Fallgruppen bei Hachenburg/*Mertens* Anh. § 13 Rdn. 5 ff.

关责任穿透中所有争论的问题。主要有**四种类型的情况**可以考虑适用穿透理论：如果公司财产与股东的私人财产**相互混合**，可以适用穿透理论，这一点得到了一致的认可；对公司**资本过低**时，是否可以适用穿透理论一直还存在着激烈的争论；自1985年的吊车案（Autokran）判决[1]以来，联邦最高法院根据学术界的研究工作认可了在所谓的**合格事实康采恩**中应该追究穿透责任（见下文§53. IV.）。但在2001年的“不来梅佛尔康”（Bremer Vulkan）一案中[2]，为了能够确定有关**“毁灭生存”**（公司的生存）的一般性穿透构成要件，联邦最高法院又放弃了穿透责任。此外，司法判例和学术界却仍继续引用一般性的滥用事实构成要件。这也是上述几种穿透情况的理论背景。[3]但是，在将上述构成要件具体化后，加上《民法典》第826条规定的补充，是否还需要一般性滥用事实要件是值得怀疑的。[4]

## II. 归责穿透

### 1. 法律所规定的情况

5 法律中有将公司和其股东视作为一体的情况，成文法对关联企业的规定就是如此。[5]比如，《股份法》第71d条（见上文§19. III. 3）就规定，通过从属企业获得股份，就如同自己获得股份一样。在《股份法》中还有一些其他的相应规定（比如《股份法》第56条第2款、第136条第3款、第151条）。《股份法》第89条规定，公司只有在特别的前提条件下才能够向其董事会成员、其支配企业或从属企业的法定代表提供贷款。而根据《共同决定法》的规定，两合公司的职工应该视作为承担无限责任的有限责任公司的职工，附属康采恩企业的职工应该算作是支配企业的职工（《共同决定法》第4条、第5条，1952年《雇员代表共同管理法》第76条第4款）。与此相类似，税法也将所谓机构公司的收入或营业额视作是机构主体的收入或营业额（比如《法人税法》第14条、《销售税法》第2条第2款）。

### 2. 司法判例

6 司法判决和学术界对最重要的具有私法性质的归责情况作了归类，主要有：

7 (a) 股东不得通过设立一个有限责任公司，并让该公司从事所禁止的竞争业务，以此规避合同所约定的**竞业禁止**。**与此**相仿，一个重要的股东可能必须承担义务，保证涉及公司的竞业禁止得以遵守。[6]这里的难题在于如何界定以下情况：如

---

[1] BGHZ 95, 330; s unten § 53. IV.

[2] BGHZ 149, 10; s unten III.

[3] BSG ZIP 1994, 1944; 1996, 1134; BAG ZIP 1999, 24, 27; *Lutter/Hommelhoff* § 13 Rdn. 12.

[4] Vgl. *Raiser* FS Lutter 650.

[5] Allgemein zur Zurechnung in Konzernverh? ltnissen vgl. *Bork* ZGR 1994, 237, Drexl ZHR 161 (1997), 491.

[6] Vgl. BGHZ 59, 64, 67 f; 89, 162, 165; *Rehbinder* aaO 161 ff; *Wilhelm* aaO 204 ff.

果一个股东仅仅拥有少量股份，就不可能追究其归责责任。此外，还必须通过对公司合同的解释来弄清合同约定的竞业禁止的范围（见《有限责任公司法》第28条）。

（b）上述规则也同样适用于**质询权和查阅权**。两合公司的有限责任股东可以根据《商法典》第166条的规定，要求查阅这些账簿，即使这些账簿是由作为无限股东的有限责任公司负责记载的，或者是由上述公司的子公司负责记载的，该子公司的形式为有限责任公司，但在经济上它仅仅是两合公司的一个关联企业。[1] 8

（c）如果有限责任公司的一个合同当事人对某些关键性特征产生了误解，例如主要股东的可靠程度，那么该当事人可以依据《民法典》第119条第2款的规定**撤销**相关的合同。[2]如果公司的主要股东在订立合同时欺骗了合同的他方当事人，那么，就不应该将该股东视为《民法典》第123条第2款意义上的第三者。[3]如果公司是按照主要股东指示订立合同的，那么，根据《民法典》第166条第2款的规定必须将该股东对于合同情况的知情或者过失无知视作为公司的知情或过失无知。[4] 9

（d）如果公司的主要股东引发了**保险事故**（比较《民法典》第162条、《保险合同法》第61条），那么有限责任公司就无权要求保险赔偿金。[5] 10

（e）如果一个**经纪人**为一家公司介绍了一个合同，而他自己是该公司的主要股东，那么该经纪人不仅失去了独立性，而且根据《民法典》第654条的规定他也失去了报酬请求权。[6] 11

（f）根据普遍的观点，**善意取得**实物和有价证券的前提条件是，必须在无处分权的出让人和受让人之间进行正常的**交易**。[7]公司与其单一股东之间的转让行为不属于这种情况。如果公司有多个股东，那么在公司与支配股东之间的交易也不属于这一类。[8] 12

（g）有争论的问题是，如果建筑用地不属于公司，而属于公司的主要股东或其单一股东，公司委托一建筑商在该土地上建造房子，该建筑商是否可按照《民法典》第648条的规定要求提供**抵押担保**。[9]对《民法典》第648条中的委托人概念进行 13

---

〔1〕 BGHZ 25, 115.

〔2〕 RGZ 143, 429; Hachenburg/*Mertens* Anh. § 13 Rdn. 68 mwN.

〔3〕 H. A.; vgl. Hachenburg/*Mertens* aaO Rdn. 69 mwN.

〔4〕 H. A.; anders aber RG Das Recht 1929, 263 Nr. 1025.

〔5〕 Hachenburg/*Mertens* Anh. § 13 Rdn. 73.

〔6〕 BGH NJW 1971, 1839; 1973, 1649; 1974, 1130; WM 1975, 542, 543; 1976, 1228; 1978, 708, 710; NJW 1985, 2473.

〔7〕 Vgl. statt aller *Baur*, Sachenrecht § 23 III 3 d.

〔8〕 Vgl. zu § 892 BGB RGZ 119, 126; 126, 46, 48; 130, 340, 341; 130, 390, 392; 143, 202; zu Art. 16, 17 WG OLG Hamm JZ 1965, 416 und AG 1977, 268; OLG Stuttgart JZ 1965, 415; Der letztere Fall ist sehr str., namentlich *Mertens* will die Vorschriften über den gutgläubigen Erwerb anwenden, sobald mehrere Gesellschafter vorhanden sind und es sich dabei nicht nur um Strohmänner handelt; Hachenburg/*Mertens* Anh. § 13 Rdn. 66 f. mwN.

〔9〕 *Rehbinder* FS Fischer 579, 589 f; *Wilhelm*, Rechtsform und Haftung 369 ff sowie die Kommentare zu § 648 BGB.

广义的解释,并不是解决这一问题的正确途径。[1]但是,如果股东自身由于承担债务或者穿透责任的原因还要替公司支付建筑工程款,则完全可以考虑提起上述请求权。[2]

14 (h) **收购**一家有限责任公司的全部股份或者几乎全部的股份,将被视为企业收购。它会引起实物出资方面的瑕疵责任(见下文 § 30. I .5)。

15 (i) 如果一个股东被**禁止进行投票表决**,这种禁止还可以扩及为该股东所控制的公司;反之,如果该公司受投票禁止的约束,该公司中居支配地位的股东也不能行使其股份所含有的表决权(见下文 § 33. V.)。

16 (j) 公司向受一个股东支配的企业履行的给付,或者向一个支配着该股东的企业而履行的给付,可以被视为是向该股东履行的给付。这种给付行为违背《有限责任公司法》第 5 条、第 19 条、第 30 条、第 32a、b 条确定的保护公司资本的规则。[3]反之,股东向一个受公司支配的企业或者向一个支配公司的企业履行的给付,也可以看成是向公司自身履行的支付。

17 (k) 如果公司与第三者签订了一个合同,那么控制该公司的企业的**违约行为**或者被公司控制的企业的违约行为,可以被视为公司自身的违约行为。[4]

(l) 如果谁非法支付了**贿赂款**,就不能以下列理由对抗返还请求权:即贿赂金不是付给公司,而是付给与该公司有密切关系的企业的,或者不是付给股东,而是付给受该股东支配的公司的。[5]

(m) 在破产中(《破产条例》第 133 条)或者《撤销法》第 3 条规定的**故意撤销**意义上,公司可被视为股东的近亲属或者股东近亲属的近亲属。[6]反之,股东或者他的近亲属也可以当作公司的近亲属来对待。[7]

18 在上述所有的情形中,无需存在应该进行谴责的对法人的**主管滥用**。规范适用学说对此有着正确的解释。这种归责更多的是基于这样的情况:公司并不具有与自然人类似的独立本质,它是股东实现其目的的工具;另外它也来源于:鉴于有限责任公司与其股东之间的法律关系,对规范公司外部关系的合同和法律规定所进行的目的性解释(即《商法典》第 166 条、第 119 条第 2 款;《保险合同法》第 61 条;《民法典》第 654、892、459 条以下条款;《有限责任公司法》第 47 条第 4 款、第 31 条以下条款等。)。鉴于**外部关系的法律性质**十分重要,必须清楚,如果股东不是将公司而是将其近亲属、其夫人或者其他替身推到台前,那么他也不能规避本应由其本人承担的责任。另一方面,股东和公司之间的法律关系也起着一定的作用:一般

[1] So aber BGHZ 102, 95.

[2] Scholz/*Emmerich* § 13 Rdn. 69.

[3] S. oben § § 26 IV 5; 28 I sowie unten § 37 II 3.

[4] Vgl. OLG Karlsruhe GmbHR 1990, 303.

[5] RG DR 1940, 580.

[6] BGHZ 96, 352, 358.

[7] BGHZ 58, 20, 24.

只有在**股东是公司的重要股东或者对公司有着重要影响**的情况下，才考虑这种归责。在这方面，滥用理论、规范适用理论和分离理论只是强调了这一复杂问题的不同方面。只有将它们综合在一起，才能论证说明归责穿透。

## III. 责任穿透

### 1. 股东根据一般民法规定而承担的责任

长期以来，司法界和学术界都认为在某些情况下公司债权人可以要求公司的所有股东或部分股东以其私人财产清偿债务。但是，对于股东承担个人责任的前提条件和内容还是没有最终的答案。因为这一概念仅仅是描述性的，它本身并不能解决问题。因此，必须从其他规范的解释和法政治学的观点中寻求解决问题的根据，而且也无需以同样的理论适用于所有的情况。 19

首先可以从**合同中或者准合同性质的义务规定中推导出**，个别股东或所有股东必须对公司债务承担个人责任。属于这种义务的有：由承担债务、分担债务、[1]担保、保证[2]和庇护声明所产生的义务。[3] 如果股东利用客户对其本人的信任或者股东在所签订的合同中有着自己的经济利益，则可以考虑追究股东的**缔约过失责任**。但是，根据联邦最高法院有关的判决，如果股东只是积极地介入公司业务，则还不足以要求股东承担这一责任。[4]如果一个商人将其企业改组成了一个有限责任公司，但却没有将此变更通知其客户，则在已经长期存在商业关系的框架内会产生**虚假现象责任**。[5] 20

侵权行为责任主要根据《民法典》第823条第1款和第2款的规定结合某些刑事法律行为而产生。《刑法》第266条规定的违背信义就是这样一个条款。另外根据《民法典》第826条的规定也会产生侵权责任。[6]司法实践尤其喜欢适用《民法典》第826条规定，并把它当作得到民法承认的、也符合公司法原则的穿透责任的一般性构成要件。如果具备了适用这些条款的前提条件，这种穿透责任在事实上就是多余的。因此这里的核心问题是：构成善良风俗应该具备哪些具体条件？是否会存在这样的情况：有必要追究股东的个人责任以保护债权人的利益，而同时又无 21

---

〔1〕 BGH NJW 1986, 580.

〔2〕 BGH GmbHR 1978, 171.

〔3〕 LG Frankfurt AG 1977, 321.

〔4〕 BGH NJW 1986, 586, 587 f; 1988, 2234 f; anders aber noch BGHZ 87, 27, 33 f; BGH NJW 1983, 676, 677; zum Ganzen *Grunewald* ZGR 1986, 580, 602; *Brandner* FS Werner 53, 64; *Ulmer* NJW 1983, 1577; *ders.* GmbHR 1984, 256, 264; *Wiedemann* NJW 1984, 2286; weitergehend Nirk FS Stimpel 443, 450; *Roth* GmbHR 1985, 137.

〔5〕 BGH NJW 1972, 1418; WM 1977, 1405, 1406 f; zur Rechtsscheinhaftung ferner auch BGHZ 62, 216, 224 ff; 64, 11, 17.

〔6〕 Vgl. BGHZ 90, 381, 399; NJW 1979, 2104 sowie NJW RR 1988, 1181.

需证明已经具备了《民法典》第826条规定的前提条件(故意损害、违背善良风俗)。[1]学术界对此提出了不同的看法:这种构成要件的标准太高,太一般化,不可能十分适当地概括公司的特殊法律关系。

22 此外,如果公司经理是在股东的指使下违反了机构义务的,而且在与第三人的对外关系中该经理也承担这一义务,[2]则还可以考虑根据《民法典》第830条的规定追究股东作为同谋或者教唆者的责任。

2. 公司法上的穿透责任

23 公司法上论证的穿透责任超过了合同法和侵权行为法的规定。目前,主要讨论以下四种穿透责任的情形,当然它们之间也有交叉重叠部分:[3]

(a) 资产混淆

24 如果公司的资产(主要是一人公司的资产)与其股东的个人财产没有或没有足够认真地进行分离,那么股东就须以其个人财产来承担责任。仅仅不能确定个别资产的归属,或者股东仅仅挪用了可以确定的个别的公司资产,都并不足以构成资产混合。它更应该是指:由于簿记不清,已经根本无法清楚地判定公司财产和个人财产之间的界限,因此不可能再审查公司是否遵守了有关维持资本原则的规定。[4]正因为此,已经不可能根据《有限责任公司法》第30条和第31条的规定要求股东提供个别补偿。在这种情况下,那些因为其在公司中的地位而对资产混合负有责任的股东,或者直接从中获益的股东,必须承担个人责任。[5]过错不是追究这种责任的前提条件。[6]小股东只有在例外情况下才承担这一责任,例如由于特别的事实上的或者法律上的原因,他能够决定公司的命运,就是这种例外情形。[7]值得怀疑的是,在责任股东破产的情况下是否可以类比适用《有限责任公司法》第24条和第31条第3款的规定追究其他股东的补充清偿责任。[8]

25 上述情况毫无疑问地得到了一致认可。这一责任的法律思想基础是:一个人的行为不能与其以前的行为相矛盾。这一思想也论证了穿透责任的合法性。谁想享有法人的有限责任,就必须遵守财产分离原则。这是享有有限责任特权的前提条件。

(b) 资本过低

---

[1] Vgl. OLG Oldenburg NZG 2000, 555.

[2] Vgl. *Ehricke* ZGR 2000, 351, der dies am Beispiel der Weisung an die Geschäftsführer zur Insolvenzverschleppung (§ 64 II) exemplifiziert. S. unten § 32 V 2b.

[3] Vgl. *Wiedemann* GesR I, 224 ff; *Lutter* ZGR 1982, 244, 248 ff. *Nirk* FS Stimpel 443; *Stimpel* FS Goerdeler 601, 606 ff; Hachenburg/*Mertens* Anh. § 13 Rdn. 46 ff.

[4] BGHZ 95, 330, 333 f (*Autokran*); 125, 366; vorher BGH ZIP 1985, 29.

[5] Einzelheiten bei *Gao*. Vermögensvermischung 76ff.

[6] *Boujong* aaO; aA. *K. Schmidt* ZIP 1994, 837, 843.

[7] So die Formulierungen in BGHZ 125, 366, 368 f.

[8] *Gao* aaO 83ff, 92ff.

26 对于**资本过低**目前进行了许多讨论。根据目前法律发展状况,这一问题依然没有得到最终解决。资本过低具体是指:与企业的营业规模相比,股本太少。然而,人们必须区别名义资本过低和实质资本过低。前者是指:虽然基本资本金不能满足企业对资金的需要,但是缺少的资本额可以由股东通过提供贷款解决。对于这种情况可以适用有关替代资本的股东贷款的法律规定予以解决(见下文§38)。**实质资本过低**是指:公司中除了基本资本,股东根本没有根据企业经营原则投入与其经营规模相适应的、必要的资金。

27 联邦最高法院第8民庭破例在有关一个协会的诉讼案中承认了其成员的个人责任。该协会承租了一块土地,而后分成许多小花园再廉价分租给其成员。但该协会却没有足够的资本额,根本无法支付约定的租金。[1]但是,自从标准房一案后[2],联邦最高法院常常否定这一责任。

28 **典型案例**:(a)在**标准房一案**中,到1973年为止一家建筑有限责任公司一直自己建造标准房。然而在1973年,该公司设立了一家基本资本金为20,000马克的全资子公司。此后,该建筑公司让其子公司负责房屋的建造,自己负责房屋的销售。但是该公司在保留所有权的条件下向其子公司出售了其经营所需的资产,同时向其子公司提供了260,000马克的贷款,以便让子公司能够支付购买经营资产所需的货款。子公司的办公室和建筑材料堆放场就设在母公司的地产上。母公司还负责子公司的簿记。1974年当子公司陷入财务困难时,母公司向子公司收回了部分提供的物品。由于子公司缺乏资产而被拒绝启动破产程序。这时,一个向子公司供应玻璃的公司要求母公司还债。在公司法上,这种要求是不能成立的。联邦最高法院第8民庭拒绝了这种责任。这一判决理所当然地遭到了批评。[3]根据目前的法律状况,原告可以借助有关具有资本性质的股东贷款的法律规定(《有限责任公司法》第32a、b条,见下文§38)提起诉讼。但是当时还没有这一规定。不过可以考虑因为子公司资本过低而追究母公司的穿透责任。

29 (b)负责公司法案件的联邦最高法院第2民庭对此没有作出决议。但却给了许多的理由使人可以猜测联邦最高法院将在所谓合格资本过低的严重案件中承认这种责任。[4]另外一方面,联邦最高法院在卜姆/西德州立银行(BuM/Westdeutsche Landesbank)一案的判决中却认为,股东虽然有责任保证公司进行合法融资,但是这一责任并不意味着股东在公司危机时有补缴不足资本的义务。[5]

30 (c)在最近的判决中,联邦最高法院明确拒绝资本过低这一责任要件,而根据通常的《民法典》第826条的规定来评判相关的案件。在过去的判例中,联邦社会法院承认基本资本真

[1] BGHZ 54, 222.

[2] BGHZ 68, 312.

[3] BGHZ 68, 312; *K. Schmidt* NJW 1977, 1451.

[4] BGH NJW 1977, 1683, 1686; BGH AG 1994 mit *meiner* Besprechung ZGR 1995, 156; dagegen aber *Boujong* FS Odersky 739; vgl. auch BGH NJW 1979, 2104; OLG Karlsruhe BB 1978, 1332.

[5] BGHZ 90, 381, 388 f.

正过低时的穿透责任。然而期间又开始重新引用《民法典》第 826 条的规定。[1]联邦劳动法院也是如此。[2]

31 (d) 自吊车案判决以来,[3]联邦最高法院第 2 民庭没有判定:在子公司没有资产的情况下,其母公司应该承担资本过低的穿透责任;相反它却判定:应该根据"合格事实有限责任公司康采恩"理论追究母公司的穿透责任。这种理论至少可以适用其中的一部分案件的情况。然而,在最近的发展中联邦最高法院已经放弃了这一理论,转而采取了一种一般性的"毁灭生存责任"构成要件(见下文)。

32 学术界一再强烈要求:在典型的情况(**合格的真正的资本过低**)下,必须以没有给企业提供足够的资本金为由而追究股东的穿透责任。[4]但是依然有学者提出反对意见,他们根据《有限责任公司法》第 12 条第 2 款规定的有限责任而拒绝上述观点。[5]

33 《有限责任公司法》并没有规定,有限责任公司必须要投入与其经营规模相适应的、超过最低金额 25,000 欧元的股本。因此很难对《有限责任公司法》第 13 条第 2 款进行限制性解释。但却不能由此得出结论:现行法律中没有这样的规定。无论是从职业方面还是从经济方面看,个人在经营活动中承担无限的个人责任,在整个民法中都是很正常的。与此相对应,资合公司中的有限责任则被视为是一种特权。[6] 要享有这样的特权,就必须投入适当的资本。[7]如果用企业经济学的理论可以可靠地确定与企业规模相适应的股本数额,大概就没有人会怀疑,应该根据这一资本数额在法律上给债权人提供保护。因此,主要的困难还在于对客观事实的理解和证明。

---

〔1〕 BSGE 56, 76 = ZIP 1984, 1217, ZIP 1994, 1944; ZIP 1996, 1134; ähnlich BAG ZIP 1999, 24 ("zumindest, wenn weitere Aspekte hinzukommen"), ähnlich BAG ZIP 1999, 878.

〔2〕 BAG ZIP 1999, 24; 1999, 878; *Banerjea* ZIP 1999,1153.

〔3〕 BGHZ 95, 330; dazu die Besprechungen von *Rehbinder* AG 1986, 85, 92; *Ulmer* AG 1986, 123; *Wiedemann* ZGR 1986, 656; *Assmann* JZ 1986, 928, 932; *Emmerich* GmbHR 1987, 213; *Lutter* und *Stimpel* in Hommelhoff (Hrsg.), Entwicklungen im GmbH-Konzernrecht, 192, 39; *Fleck* WM 1986, 1205, 1212; *Heinsius* AG 1986, 99; *Lehmann* ZGR 1986, 345; *Lutter* ZIP 1985, 1425; *Roth* ZGR 1986, 371; *Wilhelm* DB 1986, 2113; *Kübler* FS Heinsius 397.

〔4〕 Vgl. statt aller Hachenburg/*Ulmer*, Anh. nach § 30 Rdn. 50 ff; *ders.* GmbHR 1984, 256, 261 f; *Wiedemann* GesR I 565 ff; *Kübler* GesR 254 f; *Lutter/Hommelhoff* ZGR 1979, 31, 57 ff; *Lutter/Hommelhoff* § 13 Rdn. 6 ff; *Kuhn* FS R. Fischer 351, 357; *Rehbinder* FS R. Fischer 579, 584 ff; *ders.* FS Kübler 502; *Lutter* ZGR 1982, 244, 249 f; *Blaurock* FS Stimpel 553, 559 ff; *Stimpel* FS Goerdeler 601, 607 ff; *Wüst* JZ 1995, 990; *Banerjea* ZIP 1999, 1153; *Roth* ZGR 1993, 170; *Roth/Altmeppen* § 13 Rdn. 24; zurückhaltender Scholz/*Emmerich* § 13 Rdn. 81 ff, 93 ff; Baumbach/*Hueck/Fastrich* § 5 Rdn. 6; *K. Schmidt* GesR § 9 IV 4.

〔5〕 So vor allem *Flume* Allg. Teil I/2, 79 ff; *Wilhelm*, Rechtsform und Haftung 308 ff; *Ehricke* AcP 199 (1999), 257.

〔6〕 So jetzt auch BGHZ 151, 181 zur "Exitenzvernichtungshaftung".

〔7〕 Vgl. *Raiser* ZGR 1995, 156, 162; *ders.* FS Lutter 647.

但是这并不排除总结出以下明确而典型的情况，即在公司的自有资本金十分明显地低于其所需资本数额时应该追究股东的个人责任。[1]基于这样的考虑，司法判决以及立法者在1980年的《有限责任公司法》（第32a、b条）修正案中作出了新的规定，应当像对待责任股本金一样来对待具有代替资本性质的股东贷款（见下文§ 38）。这样，法律就成功地对最常见的和最明显的资本过低情况进行了规范。在这里，股东以其他方式给企业提供了其所必需的资本。从这一观点看，如果股东不止一次这样地提供资本，那么法律规定就要求：人们不能在一开始时就作出另外的决定。在这些情况中，仅仅以《民法典》第826条为根据是不够的。因为该条款的构成要件并不十分明确，也不能用它们来确定主要从公司法律关系中引申出来的判断标准。如果原则上承认：应该追究资本过低责任，那么就需要进一步研究在什么前提下可以主张这一责任，它的范围到底有多大。[2] 34

(c) 康采恩关系

如果谁借助于其支配地位利用公司为自己谋取利益，并使公司宣布破产从而对债权人造成了损失，那么他就要赔偿这一损失。近年来司法判决[3]和学术界[4]都对这种情况给予了极大的关注，并且类比适用《股份法》第302条和第303条规定得出结论：在存在"合格事实康采恩"的情况下居支配地位的股东必须直接对其公司的债权人承担清偿责任。[5] 35

对于联邦最高法院的这一判决，尽管在许多细节上还存在着激烈的争论，但是基本上已在相当长的时期内得到了广泛的认同。因此在有限责任公司法中可以把它作为追究股东补充赔偿责任的法律基础，如果公司没有资产，还可以追究控制企业的穿透责任（见下文§ § 53. IV.，54. IV.）。然而在这期间，联邦最高法院在"不来梅佛尔康"案的判决中又放弃了这一看法，并转而根据"毁灭生存"[6]理论追究股东的一般责任。因此，在这里不必继续对此进行更加详细的论述。 36

(d) 毁灭生存

由于公司行为对股东意愿有着很强的依附关系，而且法律仅仅保护与基本资本数额相当的公司资产，这就使得有限责任公司不仅是一种最容易破产的企业形式，而且股东被告知：他们可以"侵吞"公司用以清偿债权人债务的资产。这就是为什么世界各地的法院都愿意在某些情况下突破法律规定的有限责任原则而作出有 37

---

〔1〕 Vgl. den von Hachenburg/*Ulmer* Anh. nach § 30 Rdn. 55 ff herausgearbeiteten Tatbestand der qualifizierten Unterkapitalisierung.

〔2〕 Eine Durchgriffshaftung wegen Unterkapitalisierung hat der Gesetzgeber bzgl. öffentlich-rechtlicher Altlastenverantwortlichkeit nach dem Bundes BodenschutzG ins Auge gefaβt（§ 4 III 4 Nr. 1 BodSchG）. Kritisch dazu *Fleischer/Empt* ZIP 2000, 905.

〔3〕 BGHZ 68, 312; 95, 330; 103, 1.

〔4〕 Vgl. *Wiedemann*GesR I, 226 f; *Emmerich/Sonnenschein*, Konzernrecht 381 f; Baumbach/Hueck/*Zöllner*, Anh. Konzernrecht Rdn. 73ff je mwN.

〔5〕 Zu Einzelheiten vgl. die Darstellung unter § 53 IV.

〔6〕 BGHU 149, 10.

利于债权人的判决。像上文中提到的一样,《有限责任公司法》第13条第2款规定了股东的有限责任,这实际上是为了给公司享有更多的经济自由权,也是为了鼓励公司进行风险投资,从而给其股东提供的一种特权。但是法律授予这种特权是有前提条件的,即股东不得以此损害公司债权人的利益。根据规范适用理论,股东更应该将此用于法律规定的目的;或者根据滥用理论,股东不得滥用这一特权。因此,根据以上分析,《有限责任公司法》第13条第2款所规定的并不是对股东提供的绝对保护,人们只能对它进行有限制的严格解释。

38 人们试图借助资产混合标准、资本过低标准和康采恩关系标准严格具体地界定上述限制,但是结果并不令人满意。此后,司法判例和学术界又提出"毁灭生存"理论,并试图以此来解释论证责任穿透问题。这是有关责任穿透理论的最新发展。这一理论的核心内容是:股东不得通过挪用公司资产使公司陷入破产,并使债权人的债权没有或者没有得到全部清偿。如果公司因经营不善而破产,无需特别保护债权人的利益。但是,如果破产是股东侵吞公司资产造成的,那么债权人不必承受因此所遭受的损失。

39 **典型案例**:"不来梅佛尔康"判决是联邦最高法院根据生存危险理论而判定穿透责任的第一个案例。[1] 该判决是这样论证其观点的:"保护附属的有限责任公司,使其不受其一人股东的侵吞……主要必须维持公司的基本资本,同时必须保证公司的生存不受危险。这就要求必须适当地关注公司本身的利益。如果因为该惟一股东的干预,公司不能清偿其债务,股东就没有履行上述关注义务。"该案的基本案情是:母公司设立了一个全资子公司,由于母公司对该子公司的现金收入和财务账目实行全面管理,该子公司最终破产。联邦最高法院在其审理的第2个案子中(BGHZ 150. 61)将承担这种责任的股东范围扩大到同一公司的其他股东,前提条件是"虽然这些股东自己没有挪用公司资产,但是他们同意了其他股东的挪用,因而对公司的破产也负有责任。"在联邦最高法院审理的第三个案例(BGHZ 151, 181, KBV)中,又作了进一步的补充,股东必须"特别严重"地违反了其承担的关注义务。此外还明确表明:如果公司不能清偿股东的债务,公司债权人可以在破产程序之外直接向干预或者参与干预的股东提起清偿之诉。由此可见,这实际上是一种穿透责任。

40 只有将以上三个判决联系起来分析,因毁灭生存而追究责任穿透的理论才显现出十分清楚的轮廓。究其构成要件而言,其首要条件是:公司不能清偿其欠债权人的债务,也即公司已经破产。其次,破产必须是由公司惟一的股东或者几个股东的侵吞行为引起的,期间他或他们不恰当地忽视了公司的清偿能力。在这里,股东不必表现为康采恩法意义上的企业。股东"侵吞"不仅是指直接挪用公司资产,而且也包括放弃履行公司拥有的债权。依然存在怀疑的是:剥夺公司的商业机会、或者在公司加入康采恩过程中对公司进行结构性改组是否也是侵吞行为。什么情况下侵吞行为才是不适当和特别严重,必须在个案中根据具体情况具体决定。股东

[1] BGHZ 149,10.

为了日常业务而采取的经营措施显然不符合这一概念的要求。除此之外，根据联邦最高法院的判决它还必须具备另一个构成要件，即不能够借助《有限责任公司法》第31条的规定提起补充请求，也不能根据有关保护资本的法律规定弥补债权人的损失。但是它并不能取代第31条规定的请求权，而仅仅使它得到补充。这种责任的法律后果是：类比适用《商法典》第128条规定，追究相关股东的无限个人责任。在破产程序中，破产管理人可以行使这一诉权。

3. 滥用法人机制

《民法典》第242条的规定包含着这样一个得到一致公认的法律原则：即使利用法律机制的形式是无可挑剔的，亦不得将现行法律机制用于与现行法律所规定的秩序原则相违背的（机制式法律滥用）目的或者用于与诚信原则要求不符的目的（个别法律滥用），从而逃避根据这些原则和要求本应承担的义务，规避属于它的责任。即使在穿透法人的面纱追究穿透责任的情况下，联邦最高法院也引用滥用禁令论证其判决。〔1〕在联邦最高法院将穿透责任具体确定到上述四种情况之后，加上《民法典》第826条规定的构成要件，人们可以怀疑：现行法律规定或者诚信要求中是否还存在说明必须采用穿透责任制度规则的原则。〔2〕与此相反，许多理由表明：在穿透学说中已经不再需要滥用禁令这一一般性的要件了。〔3〕 41

## IV. 有利于股东的归责穿透

一个很难的特殊问题是，**有利于股东的归责穿透**是否属于下列情况：一个股东根据其拥有的损害赔偿请求权，是否可以要求公司赔偿其财产所造成的损失。在下述两个案例中，这已成为一个十分现实的问题： 42

**举例**：（a）一个律师由于失职未能及时阻止他的当事人被错误地登记到了债务人名册（《民事诉讼法》第915条）。该当事人经营着一家一人有限责任公司。由于上述登记，银行收回了向该公司提供的贷款，结果给该公司造成了重大的损失。〔4〕 43

（b）一个股份有限公司的惟一股东在一次滑雪事故中受了伤，因此他没有能力签订能够 44

〔1〕 Vgl zuletzt BGHZ 151, 181 (*KBV*).

〔2〕 *Lutter* ZGR 1982, 244, 248; *Wiedemann* ZGR 1986, 656; *Ehlke* DB 1986, 523, 526; *Stimpel* FS Goerdeler 601, 610 f; *Raiser* FS Lutter 650.

〔3〕 Genannt werden noch Fälle einer "GmbH-Staffette", in denen der Geschäftsbetrieb einer GmbH bei Insolvenz von einer anderen GmbH mit den gleichen Gesellschaftern und bei deren Insolvenz von einer dritten fortgeführt wird (vgl. BSG ZIP 1984, 1217, 1221). Solche Fälle dürften sich aber mit den Regeln über die Unterkapitalisierung oder doch über § 826 BGB lösen lassen., vgl. *Stimpel* aaO 611; Hachenburg/*Mertens* Anh. nach § 13 Rdn. 53.

〔4〕 BGHZ 61, 380.

给公司带来盈利的交易。[1]

45 在第一个案例中,联邦最高法院允许本案当事人根据穿透理论将公司的损失当作他自己的损失,这是因为:在责任赔偿法上,有限责任公司只不过是股东用以管理其部分私人资产的一种特殊形式。学术界完全否定了该判决所主张的理由,有的甚至还否决了该判决的结论。[2] 而在第二种情况中,联邦最高法院利用损害计算的论据来支持其判决,却得到了同样的结论。[3]

46 相反,在学术界有人提出建议,应该赔偿公司的一个股东所受到损失,但是其赔偿的范围仅限于该股东因公司财产损失而导致其股份价值的减少所遭受的损失。[4]但这一设想也有缺陷,因为补偿只在公司财产的范围内进行。这实质上涉及的是清偿第三人的损失。然而,民法的一般规则迄今仍未承认这一点。这是由公司法上的关系而产生的典型的损失转移情况,所以应该相应地扩大穿透目录所包括的范围。但是补偿只能仅限于一人公司的股东。[5]

## § 30. 股东的变更

### I. 股份的转让

参考文献:*Armbrüster*, Abtretung künftiger gesellschaftsrechtlicher Vermögensansprüche bei anschlieβendem Verlust der Gesellschafterstellung, NJW 1991, 606; *Beuthien*, Treuhand an Geschäftsanteilen ZGR 1974, 26; *Blaurock*, Unterbeteiligung und Treuhand an Gesellschaftsanteilen, 1981; *Blaurock/Berninger*, Unterbeteiligung an einem GmbH-Anteil in zivilrechtlicher und steuerrechtlicher Sicht, GmbHR 1990, 11; *Fette*, Mehrheitserfordernis bei der nachtröglichen Vinkulierung von GmbH-Geschäftsanteilen, GmbHR 1986, 73; *Hilger*, Zur Anwendbarkeit statutarischer Vinkulierungsklauseln bei der übertragung von GmbH-Geschäftsanteilen in Ausführung letztwilliger Verfügungen, FS Steindorff 1990, 259; *Knobbe-Keuk*, Inanspruchnahme des arglistig getäuschten Erwerbers eines noch nicht eingezahlten GmbH-Geschäftsanteils, ZIP 1983, 274; *Kowalski*, Vinkulierte Geschäftsanteile - übertragungen und

---

[1] BGH NJW 1977, 1283; zu einem dritten Fall s. BGH AG 1989, 170.

[2] Vgl. *Mann/Roll* NJW 1974, 492; *Berg* NJW 1974, 933; *Frank* NJW 1974, 2313; *Bauschke* BB 1974, 429; *Reinelt* BB 1974, 1145; *K. Schmidt* GmbHR 1974, 178; *Hüffer* JuS 1976, 83; *Ganβmüller* GmbHR 1975, 193; Hachenburg/*Mertens* Anh. § 13 Rdn. 27; *Lieb* FS R. Fischer 385; *Rehnder* FS R. Fischer 579, 592; *Wiedemann* GesR I, 238 ff; *Flume* I/2, 77 f; *Wilhelm*, Rechtsform und Haftung 380 ff; *Kowalski*, Der Ersatz von Gesellschafts- und Gesellschafterschaden, 1990.

[3] Vgl. dazu die Anm. von *Hüffer* NJW 1977, 1285; ferner *Mann* NJW 1977, 2160; *Ganβmüller* GmbHR 1977, 265, 266 f.

[4] So vor allem *Lieb* FS R. Fischer 385, 387; *Wilhelm* 383.

[5] So richtig jetzt Hachenburg/*Mertens* Anh. § 13 Rdn. 27; ferner schon *Hüffer* NJW 1977, 1285.

Umgehungen, GmbHR 1992, 347; *Lutter*, Due diligeance des Erwerbers beim Kauf einer Beteiligung, ZIP 1997, 613; *Mössle*, Leistungsstörungen beim Unternehmenskauf - neue Tendenzen, BB 1983, 2146; *K. J. Müller*, Beseitigung der Anmeldung nach § 16 Abs. 1 GmbHG bei fehlerhafter Anteilsübertragung, GmbHR 1996, 641: *ders.*, Haftung der Erwerbers von GmbH-Geschäftsanteilen nach Anfechtung der Abtretung, GmbHR 1996, 881; *ders.*, Anmeldung des Erwerbs von GmbH-Anteilen, DStR 1998, 296; *Reichert*, Das Zustimmungserfordernis zur Abtretung von Gesellschaftsanteilen in der GmbH, 1984; *ders.*, Zulässigkeit der nachträglichen Einführung oder Aufhebung von Vinkulierungsklauseln in der Satzung der GmbH, BB 1985, 1496; *Roth/Thöni*, Treuhand und Unterbeteiligung, FS 100 Jahre GmbHG, 1992, 245; *K. Schmidt*, Die fehlerhafte Anteilsübertragung, BB 1988, 1053; *Traumann*, Probleme der Vollmacht zum Abschluβvon Geschäftsanteils-Veräuβerungsverträgen, GmbHR 1985, 78; *Ulmer*, Die Sicherung der GmbH gegen das überfremdungsrisiko in der Insolvenz eines Gesellschafters, ZHR 149 (1985), 28; *ders.*, Die Treuhand an GmbH-Anteilen - Haftung des Treugebers für Einlageansprüche der GmbH?, ZHR 156 (1992), 377; *ders.*, Zur Treuhand an GmbH-Anteilen - Notwendige Differenzierung zwischen einfacher (verdeckter) und qualifizierter (offener) Treuhand, FS Odersky, 1996, 873. *Volhard/Weber*, Gesellschaftsvertragliche Verschwiegenheits- und Offenbarungspflichten bei der Veräuβerung von GmbH-Geschäftsanteilen, FS Semler 1993, 387; *Westermann/Klingberg*, Vorkaufsrechte im Gesellschaftsrecht, Fs Quack, 1991, 545; *Wiedemann*, Die übertragung und Vererbung von Mitgliedschaftsrechten bei Handelsgesellschaften, 1965; *Wiesner*, Beurkundungspflicht und Heilungswirkung bei Gründung von Personengesellschaften und Unternehmensveräuβerungen, NJW 1984, 95; *Winkler*, Die Genehmigung des Vormundschaftsgerichts zu gesellschaftsrechtlichen Akten bei Beteiligung Minderjähriger, ZGR 1973, 177; *Zutt*, Rechtsfragen der Anmeldung gemäβ § 16 GmbHG, FS Oppenhoff, 1985, 553.

1. 概述

有限责任公司作为一种资合公司,其**股份是可以自由转让的**(《有限责任公司法》第15条第1款),这是与有限责任公司的基本特征相一致的。但法律规定,有限责任公司的股份转让和股份转让合同必须采用**公证形式**(《有限责任公司法》第15条第3款和第4款)。这样,有限责任公司的股份就既不能参与上市交易,也不能用于投机交易。这就使得股份的任何转让都成了手续繁琐的个人行为,因为,在转让股份前必须首先找到一个受让人。有限责任公司的股份显然不是随时可以处理的投资。此外,公司合同还可以对股份转让规定一些其他前提条件,尤其是可以规定转让股份得需要公司的同意(**转让受到限制的股份**,《有限责任公司法》第15条第5款),公司章程也可以完全禁止股份的转让。但在这种情况下,如果股东继续留在公司已成为不合理的强求的时候,则股东有退出公司的权利。[1] 另外一方面,在某些情况下,公司章程可以为公司、其他股东或第三者的利益规定出让义务 1

[1] RGZ 80, 175, 179; BayObLG WM 1989, 142; h. M.; s. unten Rdn. 51 ff#.

与或提供义务、优先购买权或类似购买优先权。[1] 在实践中，上述种种限制措施经常被用于控制公司股东的范围。

2 如果仅仅转让部分股份，可以对一份股份进行**分割**。但必须首先得到公司就此分割而作出的书面同意（《有限责任公司法》第 17 条第 1 款第 2 项、第 6 款）。《有限责任公司法》的目的是为了阻止无限制地扩大公司的股东人数，以免公司股东之间的紧密联系受到影响。[2]所以，只有当股东的部分股份是转让给公司的其他股东时，或者是在该股东的遗产继承人之间分配时，公司合同放弃同意要求（《有限责任公司法》第 17 条第 3 款）。[3]即使如此，分割后的每一股份的面值不得少于 100 欧元，并且必须是 50 欧元的除数（《有限责任公司法》第 17 条第 4 款以及第 5 条第 1 款和第 3 款）。根据《有限责任公司法》第 17 条第 5 款的规定，一个股东可以将其不同的股份同时转让给同一个收购人。[4]

3 **转让未来的股份**也是允许的，这些股份产生后，必须首先在商务注册处获准登记，然后才具有法律效力。[5] 这种情况主要出现在公司的设立阶段和实行增资之前。对于设立中的公司，则必须通过调查解释清楚：是否同意在公司设立过程中将股份转让给未来的公司，或者是否允许股东的变更（见 § 26 边码 76）。

4 如一个股东获得了**第二股股份**，则两股股份都保持其各自的独立性（《有限责任公司法》第 15 条第 2 款）。在这里，《有限责任公司法》放弃了同一原则（《有限责任公司法》第 5 条第 2 款；见 § 24 边码 8）。这是因为，如果该股份的出让人的出资仍未完全到位，或者还未履行其增缴股款的义务，那么就还必须保留追究其责任的可能性（试比较 § 22 和 § 28）。所以，只有在不存在这类障碍的情况下，股份才可以合并。[6] 股份的合并必须由股东形成决议并经过相关股东的同意。[7]

5 公司股份的**信托转让**在实践中得到了相当广泛的应用，比如，以**担保转让**的形式进行转让，就是如此。[8]对此，也可以适用《有限责任公司法》第 15 条第 3 款至第 5 款所规定的限制。在这里，受托人成了承担全部权利和义务的股东，因而他拥有

---

[1] RGZ 113, 147; *G. Hueck* FS Larenz, 1973, 749, 756, *Westermann/Klingberg* FS Quack 545; *Kowalski* GmbHR 1992, 347.

[2] BGHZ 14, 25, 34.

[3] Vgl. BGHZ 32, 35.

[4] Zur Interpretation dieser Vorschrift s. BGHZ 11, 124, 126 f.

[5] BGHZ 21, 245 und 383; 29, 303; BGH ZIP 1999, 925.

[6] RGZ 142, 36; BGHZ 42, 89, 91 ff; 63, 116, 118; h. M.

[7] RGZ 142, 36, 39; KG GmbHR 1997, 603; Baumbach/*Hueck* § 15 Rdn. 18; Scholz/*Winter* § 15 Rdn. 105; *Lutter/Hommelhoff* § 15 Rdn. 7; *Roth/Altmeppen* § 15 Rdn. 31; Hachenburg/*Zutt* § 15 Rdn. 142. Dagegen soll nach *Meyer-Landrut* § 15 Rdn. 24 ein Gesellschafterbeschluß genügen, nach *Priester* GmbHR 1976, 130, 132 und Hachenburg/*Ulmer* § 53 Rdn. 106 die Erklärung des betroffenen Gesellschafters.

[8] Vgl. GmbHR 1966, 243; *Beuthien* ZGR 1974, 26; *Blaurock*, Unterbeteiligung und Treuhand an Gesellschaftsanteilen, 1981, 152 f; *Serick*, GmbHR 1967, 133; *Müller*, Die Sicherungsübertragung von GmbH-Anteilen, 1969; *Roth/Thöni* FS 100 Jahre GmbHG, 266; *Ulmer* WPg 1963, 120; *ders.* ZHR 156 (1992), 377; *ders.*, FS Odersky 873; *Eden*, Treuhandschaft an Unternehmen und Unternehmensanteilen, 1981.

了投票权和盈利分配权(见下文§ 33.IV.6.b)。受托人在多大程度上受到信托人的制约,则取决于信托合同的约定。尽管信托合同一般规定了返还转让的义务,然而对于信托合同并没形式上的要求。[1] 但是信托合同在公司法上有着一定的对外效力,因此,在《有限责任公司法》第15条第5款所规定的情况中,无论是受托人,还是信托人,在他们转让其法律地位时,都需要得到同意。[2] 然而,不仅有关信托转让的义务,而且信托转让本身都必须具有《有限责任公司法》第15条第3款和第4款所规定的形式。[3]相反,如果将信托从一个受托人转给另一个受托人,信托人转让其拥有的返还转让请求权,对这种转让,没有特定的形式。[4]适用于信托人的投票禁止,同时也适用于受托人。[5]此外,设立责任、前期费用责任、填补出资责任、在接受了不得支付的公司财产时所承担的退还义务、(《有限责任公司法》第9a条第4款、第24条、第30条、第31条第1款)以及忠诚义务也同样适用于信托人。[6]

2. 形式

6 首先需要公证的是确定股份转让义务的协议,即**义务性的要因行为**。然而,只要转让本身有效,也可以弥补转让协议形式上的缺陷(《有限责任公司法》第15条第4款)。[7]《有限责任公司法》第15条第4款适用于所有类型的转让合同,比如,将股份交还给公司、[8]此外还有,确定优先购买权、选择权以及收购公司股份的义务。这是因为,如果行使了这一权利,它就相应地确立了转让股份的义务。[9]相反,根据法律规定的字面意义,上述规定不适用于单方的法律行为,比如根据遗嘱决定而为的赠与。与《有限责任公司法》第2条第2款的规定相反,有关签订转让合同的授权无需特定的形式(《民法典》第167条第2款)。除非,授权的目的是为了规避《有限责任公司法》第15条第4款的规定,并且是为了能够进行非要式的股份交易。[10]《有限责任公司法》第15条第4款也没有包括有关转让股份的约定。间接地隐含转让义务的约定,尤其是购买股份的委托,也无需特定形式。[11]与德国公证

〔1〕 BGH GmbHR 1999, 707; OLG Frankfurt GmbHR 1992, 368; OLG Hamburg GmbHR 1993, 507; aA Roth/Thöni FS 100 Jahre GmbHG 266.

〔2〕 RGZ 159, 272; BGH NJW 1965, 1376; BayObLG GmbHR 1991, 572.

〔3〕 BGH GmbHR 1999, 707.

〔4〕 BGHZ 19, 71; 75, 352.

〔5〕 S. unten § 33 Rdn. 53#.

〔6〕 Bei der Gründerhaftung steht dies seit der Novelle von 1980 ( § 9 a IV) im Gesetz; zur Ausfallhaftung und zur Rückzahlungspflicht bei verbotenen Ausschüttungen vgl. BGHZ 31, 258, 266; 118, 107; (s. oben § § 28 Rdn. 16#, unten § 37 Rdn. 12#), zur Treuepflicht oben § 28 IV.

〔7〕 BGHZ 127, 129; 138, 195.

〔8〕 BGH DStR 1995, 1395.

〔9〕 RGZ 149, 385, 397, st. Rspr; h. M.; vgl. auch BGH NJW 1986, 2642; OLG München GmbHR 1995, 239 及 1996, 607.

〔10〕 BGHZ 13, 49, 51 ff; 19, 69, 72; BGH GmbHR 1996, 919.

〔11〕 RGZ 124, 372, 376; BGHZ 19, 69, 70; BGH WM 1971, 307.

员具有同等地位的外国公证员也可以制作有效的公证书。根据司法判决，荷兰、瑞士和奥地利的公证员无论如何具备这一条件。[1]

7 此外，股份转让本身是一种**物权性的履行行为**(《有限责任公司法》第15条第3款)，它要求有以公证形式签订合同，还有有关转让公司股份的请求权也是如此。[2]仅仅单方面对出让意思进行公证，是不够的。[3]即使规定转让义务的不是有公证形式要求的合同，而是法律或单方面的法律行为如遗嘱，公证形式的要求依然有效。与之相反的是，转让来源于股东资格的个别权利，如转让盈余分配请求权或者补充余额请求权，则不受该上述规定的约束。鉴于《民法典》第167条第2款的规定，有关转让的授权委托，如同附给付义务的行为一样，无需特定形式，与此类似的还包括事后对转让的准许(《民法典》第182条第2款和第185条第2款)。根据《民法典》第125条的规定，如果不具备所要求的形式，则转让就是**无效**的。这里的瑕疵是不能补救的(见边码19)。

### 3. 转让限制

8 如果根据《有限责任公司法》第15条第5款在公司章程中规定，股份转让需要得到**公司的同意**[4]，那么公司就有权进行监督：股份是否能转让，谁将成为新的股东。公司章程可以规定，同意保留仅仅适用于某些特定的情况，[5]也还可以规定具体的选择标准，此外还可以规定一些无需同意保留的情况，比如，将股份转让给公司的其他股东或者将股份在几个继承人之间进行分割。也可以考虑区别对待几个股东，只要这些股东同意，就不存在违反股东平等原则问题。如果打算在事后**加入有关**同意保留权的规定，不仅要对公司章程进行修改，而且还必须得到所有有关股东的同意。因为这种事后修改将会限制股东的处分权限。[6]但是，如果征得同意符合公司的利益，那么，忠诚义务也要求这种修改必须得到股东的同意。与此相对应的是，一定的少数学者认为，由于这里并不涉及确定章程的特别权利，所以，由多数股东通过修改章程的决议，就足可以了。[7]但是这里却忽视了，没有所有股东的同意，大股东不得干涉或者侵犯成员权的核心内容。[8]如果取消这种同意保留条款，

[1] BGHZ 80, 76; BGH ZIP 1989, 1054; OLG München GmbHR 1998, 46; *Reuter* BB 1998, 116.

[2] BGHZ 75 352, BGH GmbHR 1999, 707.

[3] BGHZ 21, 247.

[4] Der im Gesetzestext verwendete Begriff "Genehmigung", der auf die Zeit vor Inkrafttreten des BGB zurückgeht, ist im Sinn von Zustimmung gemäβ § § 182 ff BGB zu verstehen (BGHZ 13, 184).

[5] RGZ 101, 246.

[6] RGZ 68, 211; h. M; vgl. statt aller MünchHdb. GmbH/*Jasper* § 24 Rdn. 187.

[7] *Lutter/Hommelhoff* § 15 Rdn. 25; *Lutter/Timm* NJW 1982, 409, 416; *Fette* GmbHR 1986, 73; *Meyer-Landrut* § 15 Rdn. 12.

[8] Wie hier Hachenburg/*Zutt* § 15 Rdn. 101; Hachenburg/*Ulmer* § 53 Rdn. 124; Scholz/*Winter* § 15 Rdn. 81; *Scholz/Priester* § 53 Rdn. 127; *Baumbach/Hueck* § 15 Rdn. 39; Rowedder/*Zimmermann* § 53 Rdn. 26; *Reichert* BB 1985, 1496, 1499.

则一般仅需对公司章程进行修改。当然，对股份转让进行限制，也可能是有利于个别股东或所有股东的特别权利。如果是这样，那么根据《民法典》第35条的规定，取消限制也必须得到相关股东的同意。[1]

**负责此事**的是经理。但在内部关系中，公司经理通常必须服从股东大会的决议。然而根据《有限责任公司法》第37条第2款的规定，股东大会的否决决议原则上没有对外效力。[2]或许可以考虑适用有关滥用代表权的规定。[3] 如果股东大会必须就是否同意进行表决，只要公司章程中没有其他规定，可以简单多数的方式通过决议。司法判决认为这是一种法人行为，无论是转让人还是受让人都可以参与决定。[4] 9

是否同意取决于公司的**裁量**。在以前，大多数人认为，只要不是滥用法律和违反股东平等原则，对裁量就没有任何限制。[5]但是鉴于目前越来越强调公司与股东之间的忠诚义务，因此现在一般认为，公司的裁量必须是与其承担的义务相符。公司经理或者多数股东必须在限制股份转让、保护公司利益与转让股份以满足股东利益之间作出权衡，当然，原则上必须首先考虑公司利益。[6]如果拒绝转让违反了约束裁量的规定，或者违反了股东平等原则，则股东有权提起诉讼，要求公司同意转让其股份。[7] 10

**同意**是一种必须收受的意思表示，它没有形式要求，因此也可以通过一定的行为表示。[8]如果最终**拒绝**转让，则转让无效。[9] 这时也不可能履行出让义务。这里并没有对善意人的保护。从法律体系分析，《有限责任公司法》第15条第5款的规定是《民法典》第137条规定的禁令的一个例外，该民法条款禁止对法律行为上的支配权进行限制。[10]由于相关的转让合同并不就当然地无效，所以这种限制可能引起《民法典》第440条和第325条规定的损害赔偿请求权。[11]由于同意权保留的目的通常是为了排除不为公司所希望的影响，还可以拒绝**规避行为**，这样的行为有 11

---

〔1〕 OLG Stuttgart NJW 1974, 1566; h. L.

〔2〕 RGZ 104, 413; 160, 225, 231; BGHZ 14, 25, 31 zum entsprechenden Fall des § 17; BGH NJW 1988, 2241; h. M.

〔3〕 So mit Recht BGH NJW 1988, 2241, 2243; Baumbach/*Hueck* § 15 Rdn. 41.

〔4〕 BGHZ 48, 163, 167; h. M.; a. A. *Zöllner* GmbHR 1968, 177; vgl. § 33 Rdn. 50 ff#.

〔5〕 RGZ 88, 319, 325; *Scholz/Winter* § 15 Rdn. 94; *Baumbach/Hueck* § 15 Rdn. 45, je m. w. Nachw.

〔6〕 Als Leitlinie kann das zur AG ergangene Urteil des BGH BB 1987, 435 = ZIP 1987, 291 dienen (s. § 12 Rdn. 69); vgl. weiter OLG Düsseldorf ZIP 1987, 231; OLG Koblenz ZIP 1989, 301; LG Aachen ZIP 1992, 924.

〔7〕 OLG Koblenz aaO; *Reichert*, Das Zustimmungserfordernis zur Abtretung von Geschäftsanteilen in der GmbH, 1984, 108 f; Hachenburg/*Zutt* § 15 Rdn. 116.

〔8〕 RGZ 104, 413, 415; 160, 225, 234; BGHZ 15, 324, 328 f; BGH BB 1968, 1053.

〔9〕 BGHZ 13, 179, 187; 48, 163, 166.

〔10〕 *Timm*JZ 1989, 13.

〔11〕 RGZ 132, 149, 157.

统一投票合同、投票代理合同或者信托合同。[1]禁止的上述适用范围究竟有多大，必须通过解释来确定。[2]

12 在很多情况下，股份转让是否有效取决于一些**其他前提条件**，比如，股东或者股东大会的同意、[3]监事会或顾问委员会的同意，[4]甚至个别股东或第三者的同意。另外，股份转让也可能取决于受让人的某些特征，或者以受让人承担某些义务为先决条件。也可以规定公司或者其他股东有优先购买权，或者规定出让者有报价义务[5]。在家族公司中，常常规定：只能在家族内部进行股份转让。如果规定股份转让必须得到股东的同意，则必须通过解释来确定，股东是指所有股东还是多数股东。[6]在这一点上，建议在公司合同中进行明确的规定。如果需要得到股东大会或者其他公司机关的同意，则这个机构可以自己对申请人表示同意或拒绝，无需公司经理的介入。[7]

4. 转让登记

13 除了限制股份转让的情况外，通常在公司不知情下，股份就进行了转让。但是公司必须弄清谁是公司的股东。一般的转让规则(《民法典》第404条等条款)不能适用于此。根据《有限责任公司法》第16条的特别条款，必须向公司申请转让登记，并对此予以证明。[8]但**登记**并非是进行有效转让的前提条件，而只是向**公司表明进行合法性转让的根据**。[9]在进行登记之前，只有原股东才是公司的合法股东。通过其他途径而了解有关股份的转让，还不足以说明其合法性(《有限责任公司法》第16条第1款)。受让人还必须承认出让人与公司在登记之前的法律行为的效力(《有限责任公司法》第16条第2款)。因此，出让人仍然具有表决权、撤销权和盈利分配请求权。[10]但是他还要承担在此期间新产生的义务，比如《有限责任公司法》第24条和第31条第3款所规定的义务。如果公司在此期间向受让人分配了红利，而转让人与受让人在事后才约定盈利分配权的转让，则公司必须承担相关的风险。

---

〔1〕 BGH ZIP 1987, 166; *Lutter/Grunewald* AG 1989, 109, 409; *Kowalski* GmbHR 1992, 347.

〔2〕 OLG Köln GmbHR 1993, 108.

〔3〕 RGZ 160, 225; BGHZ 15, 324.

〔4〕 BGHZ 22, 101.

〔5〕 BGHZ 48, 141, 145; BayObLG AC 1989, 173, 175.

〔6〕 RGZ 159, 272, 278; BGH ZIP 1981, 399.

〔7〕 Sehr str.; wie im Text OLG Koblenz GmbHR 1990, 39; BayObLG GmbHR 1991, 572; Hachenburg/*Zutt* § 15 Rdn. 113; Scholz/*Winter* § 15 Rdn. 97; Baumbach/*Hueck* § 15 Rdn. 42; *Reichert*, 69 f; a. A. RGZ 104, 413, 414; 160, 225, 231; *Lutter/Hommelhoff* § 15 Rdn. 20; *Rowedder* § 15 Rdn. 102.

〔8〕 Einzelheiten bei *Müller* DStR 1998, 296.

〔9〕 RGZ 127, 236, 240; BGH LM Nr. 1 zu § 16; BGHZ 112, 103, 113; h. M.

〔10〕 BGHZ 15, 324, 331; BGH NJW 1969, 133; BayObLG DB 1990, 167; OLG Hamm GmbHR 1993, 660.

从登记之时起,**受让人**成为股东权利和义务的合法所有人。对此后公司提出的债权,他必须承担清偿责任。对此前已经到期的债务,出让人仍然是债务人,但根据《有限责任公司法》第16条第3款的规定,受让人对此承担连带清偿责任。[1]即使他在登记后撤销了股份的收购,也不能免除其承担的上述责任。[2]究竟是转让人还是受让人必须清偿这些债务,取决于他们之间的协议,必要时应通过对协议的解释来确定。 14

相关的当事人必须向公司提交登记申请。申请是一种**无形式要求**的声明。[3]如果在公司章程中没有不同的规定,无论是出让人还是受让人都可以提出申请。[4]它无需公司的接受,公司也不得拒绝。一般认为,申请并不是一种意思表示,而是一种必须收受的通知,对此,可相应地适用有关无效和撤销的法律规定。[5]此外,还可以进行推定登记申请,《有限责任公司法》第5条规定的核准申请就是其中的一种。必要时可通过解释来确定,是否已进行了申请登记。[6]如果事后确认转让是无效的,那么在需要消除申请所产生的影响时,就必须撤销申请。[7]申请时需要附上**转移证明**。《有限责任公司法》对证明形式没有特殊的要求。只要能够向经理证明进行了转让,所有形式都可以。习惯上一般使用出让证书。[8] 15

5. 转让合同

对于其他与股份转让有关的问题,《有限责任公司法》没有进行规定,原则上可适用《民法典》第413条和第398条等规定。 16

(a)在什么情况下一个未成年人所进行的股份转让和受让必须得到**监护法院的批准**,这是一个始终没有澄清的问题。即使只有一个股东依然没有缴清其出资,考虑到《有限责任公司法》第16条第3款和第24条的规定,在受让股份时应该适用《民法典》第1822条第10项的规定。但是,联邦最高法院对此进行了限制性的解释:因为第1822条第10项规定的目的仅仅在于防止出现下列情形:承担具有风险很大的债务,而这些债务并不属于那些受让人必须依法承担的债务,又不能要求转 17

---

[1] BGHZ 68, 191, 196.

[2] BGHZ 84, 47.

[3] BayObLG BB 1990, 85.

[4] RGZ 127, 240; OLG Hamm GmbHR 1995, 663.

[5] RGZ 127, 236, 240; h. M.; a. A. *Lutter/Hommelhoff* § 16 Rdn. 1, 5 (Willenserklärung).

[6] Vgl. OLG Hamm GmbHR 1985, 22; früher schon RGZ 127, 236, 241; 131, 146, 148; 157, 52, 59.

[7] RGZ 157, 52, 59 f; vgl. auch BGHZ 84, 47, 51 (wo die Frage allerdings offengelassen wurde); BGH WM 1991, 996, 998; h. M.; vgl. *Zutt*, FS Oppenhoff, 558, 563 ff; *Müller* GmbHR 1996, 641 und 881.

[8] Zu den Anforderungen im einzelnen vgl. RGZ 127, 236, 240; BGHZ 112, 103, 114 (Anmeldungserfordernis auch, wenn Einmanngesellschaft entsteht); BGH NJW 1960, 628; WM 1967, 24; GmbHR 1991, 311; 1995, 119; 1997, 165; BayObLG GmbHR 1991, 372; OLG Koblenz GmbHR 1995, 586, OLG Düsseldorf GmbHR 1996, 443; OLG Dresden GmbHR 1999, 709.

让人或者其他股东提供补偿。[1]因此,如果从股份转让价中扣除尚欠的出资,在催缴这些出资时,受让人补缴相应的金额,那么就无需监护批准;如果受让人在收购股份时已经根据《有限责任公司法》第24条规定按比例为出让人承担了补缴差额补偿责任,那么同样无需监护批准。[2] 此外,如果没有具体的根据表明:《有限责任公司法》第24条和第31条第3款所规定的责任、差额责任、承担前期支出的费用负担责任将成为事实,也无需监护性的批准。仅仅是抽象的可能性还不足以说明问题。[3]由此可见,只是在极少的例外情况下才适用《民法典》第1822条第10项的规定。

18 此外,仅仅根据《民法典》第1822条第3项的规定才需要得到批准。但是,这项条款的前半部分要求,必须签订有偿收购或者出让经营业务的合同。如果股份是赠送给受让人的,则不具备上述前提条件。[4] 即使是有偿的股份转让,也只有在转让会对企业产生重大影响时,才是营业的转让。其法律状况与下述的有关实物瑕疵责任的法律状况相似(见边码21)。因此,一部分学者认为,只要是股份转让就须得到批准。[5] 另一部分人则认为,如果从经济角度来看参股已超出了单纯的资本投资,就必须得到批准。[6]后一种观点过于极端,因为,根据这一观点有必要必须对每次股份转让进行考察,而这是与监护法规定的形式界定的要求相矛盾的。另一种方面,90%或95%的参股只能被视作为**一人参股**。[7]司法判决并没有对此进行过确切的界定,可考虑的界限可以是参股75%以上。不过,如果未成年人成为共同继承关系中的继承人,而且该一人的股份由几个继承人共同继承,这是不够的。[8] 在这里,《民法典》第1822条第3项中的第二种选择是不能适用的,因为转让或收购股份与签订公司合同是不能同等对待的。[9]

19 (b)如何对待**错误**和**意思瑕疵**还没有最终的定论。首先要注意的是,根据《有限责任公司法》第16条的规定,强制性转让行为、转让和向公司申请登记是相互独立的法律行为。根据抽象化原则,转让合同的瑕疵,原则上对转让并没有直接的影

---

[1] BGHZ 60, 385, 388 ff; BGH NJW 1983, 1780; BGHZ 107, 23; im Schrifttum entspricht dies der wohl überwiegenden Meinung. Manche Autoren halten § 1822 Nr. 10 BGB demgegenüber für generell unanwendbar (*Wiedemann*, Die übertragung und Vererbung von Mitgliedschaftsrechten 248; *Winkler* ZGR 1973, 177, 188) oder umgekehrt im Hinblick auf § § 24, 26 für stets anwendbar (Palandt/*Diederichsen* § 1822 BGB Rdn. 25).

[2] BGHZ 107, 23.

[3] BGH aaO.

[4] BGH NJW 1989, 1926.

[5] Scholz/*Winter* § 15 Rdn. 204; Baumbach/*Hueck* § 15 Rdn. 4 je mit zahlreichen Nachweisen; *Winkler* ZGR 1973, 177, 186; *Lutter/Hommelhoff* § 15 Rdn. 35.

[6] OLG Hamm BB 1984, 1702 im Anschluβ an KG NJW 1976, 1946; Hachenburg/*Zutt* § 15 Rdn. 130 für den Fall der Veräuβerung; kritisch dazu *Damrau* Rpfleger 1985, 62.

[7] Ähnlich *Rowedder* § 15 Rdn. 59.

[8] *Damrau* aaO gegen OLG Hamm BB 1984, 1702.

[9] BGHZ 107, 23, 29.

响。但根据一般的规则，这里的转让本身却是无效的或者是可撤销的，尤其是当它没有按照《有限责任公司法》第15条第3款的规定进行公证，就更是如此。另外，联邦最高法院曾暂时将有关瑕疵公司的理论适用于其审理的案件中。[1]但在其后接受了学术界的十分中肯的批评后，联邦最高法院已不再适用该理论。[2] 就与公司的关系和《有限责任公司法》第16条第3款所规定的责任而言，它们仅仅取决于登记申请的有效性，登记申请有效性与转让的效力没有关系。因此，即使受让人事后因为恶意欺骗对收购提出了异议，也不能免除其因拖欠出资所要承担的责任。[3] 鉴于《有限责任公司法》第16条的保护目的，登记的无效或者可撤销性只对将来起作用。[4]

(c) 在转让人出售股份的时候，他要承担**权利瑕疵担保责任**(《民法典》第434条等条款和第323条等条款)。[5] 因此，他必须保证公司股份的存在并对此承担责任，比如，当公司进行没收程序、清算或破产程序时，股份的存在就受到了威胁。[6] 此外，如果根据《有限责任公司法》第15条第5款的规定股份转让需得到公司的同意，而转让人又未得到其同意时，也会出现权利的瑕疵。但是如果转让人在签订转让合同时已作了相应保留，或者所转让的股份没有表决权和盈利分配请求权，则不受上款的约束。[7]与此相反，转让人无需对所转让公司股份的价值或者公司所经营企业的质量承担责任。即使公司资不抵债，并且必须申请破产程序，转让人也无需承担责任。[8]当然，如果转让人提供虚假情况，则他要承担缔约过失责任。另外必须在合同中对此予以明确规定。[9] 20

与此相反，只有下列情况下，才会承认在企业瑕疵中存在**实物的瑕疵担保责任**：即在出售了公司的所有股份后，并且受让人由此而取得了支配性的地位，因此， 21

---

〔1〕 BGH BB 1975, 758; BGH NJW 1988, 1324 (针对 KG)。

〔2〕 BGH ZIP 1990, 371; ZIP 1995, 1085; Scholz/*Winter* § 15 Rdn. 109; Baumbach/*Hueck* § 15 Rdn. 28; *Lutter/Hommelhoff* § 15 Rdn. 31; *Knobbe-Keuk* ZIP 1983, 274; *K. Schmidt* AcP 186 (1986), 421, 439; *ders.* BB 1988, 1053; *Grunewald* ZGR 1991, 452.

〔3〕 So jetzt ausdrücklich BGHZ 84, 47; das Urteil stützt sich auf eine "sinngemäße Anwendung des § 16".

〔4〕 RGZ 157, 52, 58 ff und dazu Scholz/*Winter* § 16 Rdn. 24 ff.

〔5〕 BGHZ 65, 246, 251 f; BGH GmbHR 1980, 204; vgl. zum Problemkreis ferner *Wiedemann*, FS Nipperdey Bd. I, 1965, 815; ders. JZ 1977, 132; *Huber* ZGR 1972, 395; *Hommelhoff* ZHR 140 (1976), 271, 285 ff; ders. ZGR 1982, 366; *G. Müller* BB 1980, 1393; J. Baur BB 1979, 381; *Westermann* ZGR 1982, 45; *Canaris* ZGR 1982, 395; *Hiddemann* ZGR 1982, 435; ferner *Mössle* BB 1983, 2146.

〔6〕 Hachenburg/*Zutt* Anh. § 15 Rdn. 19; Scholz/*Winter* § 15 Rdn. 112; Baumbach/*Hueck* § 15 Rdn. 6.

〔7〕 Hachenburg/*Zutt* aaO; Scholz/*Winter* aaO.

〔8〕 BGH NJW 1980, 2408; OLG Naumburg GmbHR 1995, 378; OLG München GmbHR 1998, 934. (die beiden fettgedruckten Urteile halten 3/4 der Anteile für ausreichend).

〔9〕 BGH NJW 1980, 2408, zu den schwierigen Fragen der Informationspflichten in solchen Fällen vgl. *Volhard* FS Semler 387; *Lutter* ZIP 1007, 613.

股份的转让实际上成为企业的转让。收购50%或60%的股份还不足以被视为出售企业股份。其界定的界限究竟是90%或75%,联邦最高法院对此至今还没有定论。〔1〕对此,学术界也存在着激烈的争论。〔2〕如果股份的出售被认定为出售企业,则在交付企业的时候,才发生风险的移转。〔3〕

6. 有限的物权

参考文献：*Brandi/Mühlmeier*, übertragung von Gesellschaftsanteilen im Weg vorweggenommener Erbfolge und Vorbehaltsnieβbrauch, GmbHR 1997, 734; *Dreher*, Pfandrechtsgläubiger von Geschäftsanteilen als gesellschafterähnliche Dritte im Sinne von § 32 a III GmbHG, ZGR 1994, 144; *Heidenhain*, Umfang der Beurkundungspflicht bei der Verpfändung von GmbH-Geschäftsanteilen, GmbHR 1996, 275; *Hoyer*, Der Nieβbrauch an einem Gesellschaftsante8il, BB 1978, 1459; *Mertens*, Typische Probleme bei der Verpfändung von GmbH-Anteilen, ZIP 1998, 1787; *Mühl* in Hadding/Schneider, Gesellschaftsanteile als Kreditsicherheit, 1979, 155; Müller, Die Verpfändung von GmbH-Anteilen, GmbHR 1969, 4, 34, 57; *Petzoldt*, Nieβbrauch an Kommanditanteilen und GmbH-Geschäftsanteilen, GmbHR 1987, 381, 433; *Schön*, Der Nieβbrauch am Geschäftsanteil, ZHR 158 (1994), 229; *Reichert/Schlitt/Düll*, Die gesellschafts- und steuerrechtliche Gestaltung des Nieβbrauchs an GmbH-Anteilen, GmbHR 1998, 565; *Rodewald*, überlegungen im Zusammenhang mit der VerpfÄndung von GmbH-Anteilen, GmbHR 1995, 418; *K. Schmidt*, Stimmrecht beim Anteilsnieβbrauch; ZGR 1999, 601; *Sieger/Hasselbach*; Praktische Probleme bei der Verpfändung von GmbH-Geschäftsanteilen, GmbHR 1999, 633; *Sudhoff*, Der Nieβbrauch am Geschäftsanteil, NJW 1974, 2295; Teichmann, Der Nieβbrauch an Geschäftsanteilen, ZGR 1972, 1, 24; *Wiedemann*, Die übertragung und Vererbung von Mitgliedschaftsrechten bei Handelsgesellschaften, 1965; 421 ff.

22 对丁在股份上有限物权的设定,《有限责任公司法》没有进行规定。

23 (a) 在实践中,抵押起着一定的作用。可以根据《民法典》第1273条等条款的规定进行抵押。进行抵押的前提条件与允许转让的前提条件相同,〔4〕所以根据《有限责任公司法》第15条第3款和第4款的规定,设定抵押也需要有公证证明。根据《有限责任公司法》第15条第5款的规定,在公司的章程中既可以对抵押进行限制,也可以完全排除抵押。〔5〕根据《有限责任公司法》第16条的规定,只有将抵押

〔1〕 BGHZ 65, 246, 250; 138, 195, 204; BGH NJW 1969, 184; DB 1970, 1313; WM 1978, 59; NJW 1980, 2408; st. Rspr.

〔2〕 Vgl. das in Fn. 70 zitierte Schrifttum.

〔3〕 BGHZ 138, 195.

〔4〕 H. M., vgl. RGZ 100, 274; 157, 52; BGHZ 119, 191.

〔5〕 Baumbach/*Hueck* § 15 Rdn. 48; *Lutter/Hommelhoff* § 15 Rdn. 48.

权向公司进行登记,才对公司产生效力。[1] 在抵押权人处分抵押的股份之前,抵押人仍然拥有管理权,即投票权。[2]由于禁止分割(见 § 33. IV. 6),管理权也不能转让给抵押权人。[3]授权抵押权人行使其表决权是可以的。在内部关系中,股东完全可以按照债权人的意愿或指令行事,所以债权人可以像股东一样决定公司事务。在这种情况下,债权人就像信托人一样,必须遵守有关资本筹集和资本维持的规定,承担忠诚义务。[4]

盈利分配权究竟是属于抵押权人,还是归抵押人,取决于双方当事人就此达成的约定(见《民法典》第1213条第1款)。[5]根据《民法典》第1277条、第1235条和第1245条的规定,可以通过强制执行或自由出让的方式清偿债权人的债务。[6] 24

(b) 基于税收上的原因,公司还经常会为其股份设定**用益权**。[7] 对此统一适用有关股份转让的前提条件(《民法典》第1068条、第1069条与《有限责任公司法》第15条)。[8]就这一点而言,可见上文对抵押设定的论述。用益权人享有盈利分配请求权(《民法典》第1030条和第100条),但没有投票权和其他方面的股东管理权。[9]是否可以将投票权转让给用益权人,还有很多的争议。[10]在公司增资时,由股东行使优先认购权。但在名义增资中,用益权还扩大到了增加的新股,而在普通增资中,用益权则涉及为弥补现有股份的价值损失而发行的那部分新股份。因为这关系到对用益权所包括的股份价值的重组。[11] 25

7. 隐性参股

参考文献:*Blaurock*, Unterbeteiligung und Treuhand an Gesellschaftsanteilen, 1981; *Blaurock/Berninger*, Unterbeteiligung an GmbH-Anteilen, GmbHR 1990, 11, 87; *Henn*, Die

---

[1] Str.; Scholz/*Winter* § 15 Rdn. 155; Baumbach/*Hueck* § 15 Rdn. 48; *Lutter/Hommelhoff* § 15 Rdn. 48; a. A. Hachenburg/*Zutt* § 16 Rdn. 54; *Müller* GmbHR 1969, 4, 6.

[2] BGHZ 119, 191, 195; LG Mannheim WM 1990, 762.

[3] RGZ 139, 224, 227; 157, 52, 55 f; h. A.

[4] BGHZ 119, 191 zur Erhaltung des Stammkapitals.

[5] Str.; a. A. *Wiedemann* aaO 426 (Analogie zu § 1289 BGB).

[6] Vgl. RGZ 100, 274; 164, 170; OLG Hamburg NJW 1960, 870.

[7] *Teichmann* ZGR 1972, 1; ders. ZGR 1973, 24; *Sudhoff* GmbHR 1971, 53; *ders.* NJW 1974, 2205; *Petzoldt* GmbHR 1987, 387, 433.

[8] Vgl. OLG Koblenz GmbHR 1992, 464.

[9] H. M.; BGH ZIP 1999, 68 mit Anm. *K. Schmidt* ZGR 1999, 601; Hachenburg/*Zutt* Anh. § 15 Rdn. 61; Scholz/*Winter* § 15 Rdn. 192, jeweils m. w. Nachw.; a. A. (Nieβbraucher erhält volle Gesellschafterposition oder zumindest Stimmrecht): *Sudhoff* NJW 1974, 2205, 2207; MünchKomm. BGB/*Petzoldt* § 1068 Rdn. 36.

[10] Vgl. bejahend *K. Schmidt* aaO; *Lutter/Hommelhoff* § 15 Rdn. 50, a. A. die h. M., BGH ZIP 1987, 166. vgl. OLG Koblenz aaO.

[11] H. M.; vgl. BGHZ 58, 316, 319 zur KG; ferner Hachenburg/*Zutt* Anh. § 15 Rdn. 63.

Unterbeteiligung in der GmbH, 1996; *Roth/Thöni*, Treuhand und Unterbeteiligung, FS 100 Jahre GmbHG, 1992, 245; *Schulze zur Wiesche*, Unterbeteiligung an einem GmbH-Anteil, GmbHR 1986, 236; Zapp, Unterbeteiligung an mittelständischen Unternehmen, 1990.

26 与转让不同的第三者的隐性参股。[1] 这是指股东仅仅让第三者有权参与公司利润的分配,而不让该第三者直接建立任何关系。从法律上讲,这是民法上的内部公司,在某些情况下,对此还可以适用有关隐名合伙的规定。[2]因此,《有限责任公司法》第15条和第16条的规定与此无关。但假如通过隐性持股确立了一种信托关系,则应适用有关股份信托的规定。[3]

8. 强制执行

参考文献:*Happ*, Die GmbH im Prozeβ, 1997; *Heuer*, Der GmbH-Anteil in der Zwangsvollstreckung, ZIP 1998, 405; *Kalbfleisch*, Die Zwangsvollstreckung in den Geschäftsanteil an einer GmbH, 1990; *Marotzke*, Zwangsvollstreckung in Geschäftsanteile und Abspaltung der Vermögensansprüche, ZIP 1988, 1509; *Michalski*, Die Zwangseinziehung eines GmbH-Anteils im Fall der Anteilspföndung, ZIP 1991, 147.

27 对公司股份的强制执行具有实际的意义。根据《民事诉讼法》第857条第1款和第829条的规定,强制执行是通过向公司股东和公司送达抵押裁定来进行的。[4] 对此,按照《有限责任公司法》第16条的规定,无需进行另外的通知。设定的股份质权不仅涉及公司股份本身,而且也包括该股份对以后利润的盈利分配请求权以及替代权,即在公司股东除名、退股和股份收回时,该股份享有的补偿请求权,此外,还包括参与剩余资产分配的权利。[5] 与此相反,在设置抵押之前某股份的盈利分配请求权已经形成,如果该请求权已经为债权人所拥有(见§27边码4),那么它就是 个完全独立的权利,不再包含在抵押的范围内;对它可以单独设定抵押,也可以单独抵押给其他债权人。如果一个债权人首先拥有股份的抵押权,而另一个债权人通过抵押拥有该股的未来的盈利分配请求权,那么,必须首先实现有关该股份的抵押权,因为从利润分配请求权产生之时起,就因为设定了抵押而无法实施。[6]

---

[1] BGHZ 50, 316, 320 (zur OHG); OLG Frankfurt GmbHR 1987, 57; 1992, 668; im einzelnen *Blaurock* GmbHR 1990, 11, 87.

[2] BGHZ 50, 316, 320, 324; OLG Frankfurt GmbHR 1987, 57.

[3] Vgl. BGH ZIP 1994, 1180, OLG Frankfurt GmbHR 1992, 668.

[4] Heute wohl h. L.; vgl. Scholz/*Winter* § 15 Rdn. 172; Baumbach/*Hueck* § 15 Rdn. 59; *Lutter/Hommelhoff* § 15 Rdn. 51; *Kalbfleisch*, Die Zwangsvollstreckung in den Geschäftsanteil an einer GmbH 17 ff; je m. w. Nachw.

[5] Einzelheiten bei *Kalbfleisch* aaO 45 ff; vgl. auch BGHZ 104, 351; *Armbrüster* NJW 1991, 606.

[6] BGHZ 104, 351.

28 公司章程不能排除股份抵押,公司也不能根据《有限责任公司法》第15条第5款规定(《民事诉讼法》第857条、第851条第2款)的限制条款来禁止股份的抵押。[1]尽管如此,公司还是可以通过其他手段来阻止那些不受欢迎的人通过强制执行而成为公司的股东。公司章程可以规定:在这种情况下,该股东必须向公司或其他股东转让他的股份。这样公司就获得了被抵押的股份,同时清偿债权人的债务(《民法典》第268条、第1273条第2款、第1223条第2款)。[2]此外,还可以按照《有限责任公司法》第34条规定,如果抵押股份,公司就回收相关的股份。只要向股东支付了与股份价值相等的补偿金,而这是可以作为抵押标的的,公司就可以规定这类限制。即使不支付该股份的全部价金,也可以回收。这种回收必须符合下列前提条件:由于重大事由而开除股东时,也必须根据同样条件收回股份。这是因为对抵押债权人的保护不得超过对股东提供的保护。[3]

29 在抵押期间,管理权归债务人。但债务人不能对股份进行可能损害抵押权的处分,比如不放弃其盈利分配请求权,除非债权人对此没有异议。[4]如果债权人享有参与公司决策的权利,则他就有质询请求权,同时,他必须遵守忠诚义务。可以根据《民事诉讼法》第857条第5款和第844条的规定,变现抵押的股份。它既可以通过转让进行,还可以考虑根据《民事诉讼法》第835条第1款第1项规定的回收、实际支付(《民事诉讼法》第844条)以及强制管理来实现。[5]

## II. 股份继承

参考文献:*Däubler*, Die Vererbung des Geschäftsanteils bei der GmbH, 1965; *Finger*, Einziehung des Geschäftsanteils beim Tode eines Gesellschafters und Nachfolgeregelung, GmbHR 1975, 97; *Fleck*, Die Beeinträchtigung erbrechtlicher Anwartschaften aufgrund von Gesellschafterbeschlüssen einer GmbH, FS Stimpel, 1985, 353; *Groβ*, Stimmrecht und Stimmrechtsausschluβ bei der Testamentsvollstreckung am GmbH-Anteil, GmbHR 1994, 596; *Habersack*, Die unentgeltliche Einziehung des Geschäftsanteils beim Tod des GmbH-Gesellschafters, ZIP 1990, 625; *Haegele*, Rechtsbeziehungen und Wechselwirkungen zwischen GmbH-Satzung und Gesellschaftertestament, GmbHR 1972, 219; *Hilger*, Die Anwendbarkeit statutarischer Vinkulierungsklauseln bei der übertragung von GmbH-Geschäftsanteilen in

[1] BGHZ 32, 151; 65, 22, 24; h. A.

[2] Str.; *Ulmer* ZHR 149 (1985), 28, 37 f m. w. Nachw.; *Kalbfleisch* aaO 165 ff; a. A. z. B. Hachenburg/*Zutt* Anh. § 15 Rdn. 88.

[3] BGHZ 32, 151, 156; 65, 22; 116, 359; OLG Hamburg ZIP 1982, 1327; ZIP 1996, 962; OLG Celle ZIP 1985, 1392; dazu *Priester* GmbHR 1976, 5; *Heuer* aaO 412; s. unten III.

[4] Im Ansatz h. L., Einzelheiten sehr str., vgl. Scholz/*Winter* aaO Rdn. 174; *Kalbfleisch* aaO 64.

[5] So jetzt *Kalbfleisch* aaO 115 ff. Die h. L. verneint demgegenüber sowohl die Verwertung durch überweisung wie durch Zwangsverwaltung, vgl. Hachenburg/*Zutt* Anh. § 15 Rdn. 82; Scholz/*Winter* § 15 Rdn. 176, je m. w. Nachw.; vgl. auch OLG Frankfurt BB 1976, 1147.

Ausführung letztwilliger Verfügungen, FS Quack, 1991, 259; *Käppler*, Die Steuerung der Gesellschaftererbfolge in der Satzung einer GmbH, ZGR 1978, 542; *Leßmann*, Vinkulierungsklauseln bei der Vererbung von GmbH-Geschäftsanteilen, GmbHR 1986, 409; *Priester*, Nachfolgeklauseln im GmbH-Vertrag, GmbHR 1981, 206; *ders.*, Testamentsvollstreckung am GmbH-Anteil, FS Stimpel, 1985, 463; *ders.*, Der vermeintliche Erbe als GmbH-Gesellschafter, GmbHR 1984, 193; *Petzold*, Gesellschaftsvertrag und Erbrecht bei der GmbH und der GmbH & Co., KG, GmbHR 1977, 25; *Promberger*, Auslegung unvollständiger Nachfolgeklauseln in der Satzung einer GmbH, ZHR 150 (1986), 585; *Schilling*, Die Regelung der Gesellschafternachfolge in der Satzung der GmbH, GmbHR 1962, 205; *Schulze zur Wiesche*, Erbauseinandersetzung eines GmbH-Anteils, GmbHR 1980, 211; *H. P. Westermann*, Zum Anwendungsbereich von Vinkulierungsklauseln bei der Vererbung von GmbH-Geschäftsanteilen, ZIP 1985, 1249; *Wiedemann*, Die übertragung und Vererbung von Mitgliedschaftsrechten bei Handelsgesellschaften, 1965; *ders.*, GmbH-Anteile in der Erbengemeinschaft, GmbHR 1969, 247; *K. Winter*, die Vererbung von GmbH_Anteile im Zivil- und Steuerrecht, 1997.

1. 可继承性

30 根据《有限责任公司法》第 15 条第 1 款的规定，公司股份是可以继承的。根据《有限责任公司法》第 17 条第 1 款和第 2 款的规定，如果公司章程中没有对股份分割进行规定，那么继承股份时对股份的分割必须获得其他股东的同意。在公司章程中也可以禁止对公司股份进行分割(《有限责任公司法》第 17 条第 4 款)。《有限责任公司法》这一条款的目的是为了防止：因为继承而无限制地增加股东人数。《有限责任公司法》第 18 条第 1 款和第 2 款的规定显然不仅仅针对共同继承关系。据此，如果一个股份为几个继承人共同继承，他们必须共同行使该股份的权利。对该股份所欠的支付责任，所有继承者必须承担连带责任。

31 这些**准则是不完备的**。它为有限责任公司规定了一个不同于人合公司法规定的法律基础。据此，某股东去世之后，其他股东可以继续经营公司业务，而且公司章程中需对股份继承作特别规定。[1] 尽管如此，它并未最终解决介于遗产法和公司法之间的所有法律和操作问题，即它并没有规定如何解决继承遗产时产生的利益冲突，而是通过法律解释和公司章程的规定来解决这一问题。就此，在法学理论中形成了一个根本上不同于人合公司法的基本理念。它的出发点是：不能根据《有限责任公司法》的规定排除**遗产法有关继承顺序的规则**或对其进行变动，公司章程同样**不能进行上述排除或者变动**。因此，如果章程规定股份不得继承或规定继承须得公司许可，这种规定是无效的。同样，如果章程规定在出现遗产继承时公司自动收回相关的股份或通过特别继承程序将股份交由其中的一位继承人继承或第三者

〔1〕 §§ 727, 736 BGB, 131 Nr. 4, 138, 139 HGB, anders aber bezüglich des Kommanditisten nach § 177 HGB.

继承,这种条款也是不允许和无效的。[1] 但是,章程可以规定当一个股东过世后,必须解散公司(《有限责任公司法》第 60 条第 2 款)。所以,除非继承人或者共同继承人行使其保留权,拒绝接受遗产(《民法典》第 1942 条等),否则,股东死亡后,继承人或者共同继承人都将成为公司的新股东。公司有权利阻止不受欢迎的人成为股东。但是只能通过事后**修改章程条款来**考虑公司的这一利益,即章程可以规定遗产继承者有义务将其股份转让给他人或公司可以根据《有限责任公司法》第 34 条的规定收回继承的股份(见边码 41)。可见《有限责任公司法》确定的基本原则与人合公司法不同。这一原则是否一定具有先于人合公司法确定的原则的效力,是值得怀疑的。许多学者就此提出了不同的看法。[2] 目前这一不同的看法已经成为主流观点,而且,看来它也能适用于实践。因此,论述时,没有必要再引证其他观点。所以,下文的论述将以主流观点为依据。

2. 向继承人转让

无论是有法定继承顺序还是有任意指定的遗产继承顺序,公司股东去世后, 32
其股份依法转让给遗产继承者;若有多个继承人,则股份归他们共同继承;可以根据《有限责任公司法》第 15 条和第 17 条的规定对股份进行分割。分割时必须遵守《有限责任公司法》第 5 条第 1 款和第 3 款有关最低名义面值的规定和第 15 条第 3 款关于公证形式的规定。只要公司章程没有规定,股份的分割必须征得公司的同意(《有限责任公司法》第 17 条第 1 款、第 3 款)。[3] 公司章程亦可完全禁止分割股份(《有限责任公司法》第 17 条第 6 款)。公司章程中任何引起其他直接法律后果的规定,都没有法律效力。[4] **继承者**对继承股份所欠的债务承担无条件的**清偿责任**,这些债务包括尚未缴纳的股金、追加出资、差额责任或遗留补缴责任或《有限责任公司法》第 24 条和第 31 条第 3 款规定的责任。从遗产法的角度看,可以对这种责任进行限制。但如果遗产继承者成了公司的长期股东,则不可能回避上述责任。当然,如他很快退出公司,或者根据公司章程有关回收

---

〔1〕 H. L.; vgl. statt aller Hachenburg/*Zutt* § 15 Rdn. 5; Scholz/*Winter* § 15 Rdn. 21; Baumbach/*Hueck* § 15 Rdn. 12, je m. w. Nachw. Der BGH hat die Frage bisher nicht klar entschieden, vgl. BGH GmbHR 1977, 81; 1985, 150.

〔2〕 *Feine*, Ehrenbergs Handbuch des gesamten Handelsrechts, Bd. III 3, 1929, 378; *Däubler*, Die Vererbung des Geschäftsanteils bei der GmbH, 115 ff; *Finger* GmbHR 1975, 98; ferner noch die 6. Auflage von Hachenburg/*Schilling* § 15 Anm. 3.

〔3〕 H. M.; vgl. BGHZ 32, 35; OLG Düsseldorf GmbHR 1987, 475; a. A. OLG Düsseldorf GmbHR 1990, 504; *Lutter/Hommelhoff* § 15 Rdn. 3. Dagegen fällt die Verfügung über den Erbteil als Ganzes (§ 2033 BGB) nicht unter § 15 (BGHZ 92, 386, 393). Zur Auslegung gesellschaftsvertraglicher Auseinandersetzungsklauseln vgl. *Leßmann* GmbHR 1986, 409; *Westermann* ZIP 1985, 1249.

〔4〕 S. die in Fn. 104 zitierten Nachweise.

股份或转让股份的规定[1]他必须放弃其继承的股份,则又另当别论。

33 如果公司股份被**遗赠**给某一继承人或第三者,则受赠者可以根据一般的法律规定向其他遗产继承者提出转让要求。要求须符合《有限责任公司法》第15条第3款规定的形式要件。如果公司章程根据《有限责任公司法》第15条第5款的规定对转让作了限制,则还必须满足有关转让的其他前提条件。如果无论是遗产继承者和还是受赠者都不能做到这一点,比如因为公司拒绝同意转让,则遗赠可能无法实现。[2]

3. 对公司的保护

34 (a)阻止不受欢迎的遗产继承者成为公司股东是许多公司的愿望。为此,公司可以在其章程中规定:股东去世后,由公司回收其股份。《有限责公司法》第15条没有排除这种**条款的效力**,公司还可以在**事后作出补充规定**。[3] 章程可以对继承进行限制,比如股份不得由股东的家庭成员继承,或者不得转让给其家庭成员(有关转让条款见边码41)。公司章程可以规定一个较低的补偿价格,如以低于市价的价格进行转让(见边码42)。公司可以对遗产继承者发出无需特殊形式的通知进行回收。公司也必须在适当的期限内行使其回收权。[4]

35 从公司法角度看,公司可以**无偿回收其股份**。因为公司章程从一开始就可以对股份的继承进行限制。在遗产法上,这是有问题的。应该探讨的问题是:无偿回收或仅支付有限补偿金的股份回收是否构成了《民法典》第2301条意义中的有利于公司或其股东的赠送?近来学术界对这一问题有着不同的答案。这反映了对《民法典》第2301条解释的不确定性;同时也反映了一种趋势,即应保证在处理这个关键问题上公司法优先于遗产法的原则(见边码31)。[5] 如果章程规定了有限补偿,而且规定的补偿金没有过分低于股份的市价,则可以以此价格回收股份。这不属于馈赠,而是一种法律规则,其目的是为了防止公司资本的外流而给公司造成经济损失,同时可以简化利益冲突。相反,如果完全排除了补偿的可能性,或者对补

---

[1] Einzelheiten sehr streitig; vgl. *Wiedemann*, übertragung und Vererbung von Mitgliedschaftsrechten 229 ff. Nach überwiegender Meinung kann jeder Miterbe bis zur Nachlaβteilung die Einrede der beschränkten Erbenhaftung gemäβ § 2059 I 2 BGB erheben. Vgl. . Scholz/*Winter* § 18 Rdn. 27; Baumbach/*Hueck* § 15 Rdn. 10; *Lutter/Hommelhoff* § 18 Rdn. 4; *Rowedder* § 15 Rdn. 66; Hachenburg/*Zutt* Anh. § 15 Rdn. 103; § 18 Rdn. 26; *Roth/Altmeppen* § 18 Rdn. 13.

[2] BGHZ 32, 35, 40 f. Zur Nacherbfolge vgl. *Fleck* FS Stimpel 353.

[3] Zum folgenden neben den Kommentaren insbes. BGH GmbHR 1977, 81; OLG München ZIP 1984, 1349; *Priester* GmbHR 1981, 206, 209; *Fleck* FS Stimpel 353; *Käppler* ZGR 1978, 542, 551; *Däubler* (Fn. 105), 94; *Heckelmann*, Abfindungsklauseln in Gesellschaftsverträgen, 87 ff; *Niemeier*, Rechtstatsachen und Rechtsfragen der Einziehung von GmbH-Anteilen, 1982.

[4] BGH GmbHR 1977, 81; OLG München ZIP 1984, 1349.

[5] Vgl. neben den Kommentaren *Däubler* aaO 94; *Finger* GmbHR 1975, 97, 99 f; *Fleck*, FS Stimpel, 353, 368 ff; *Habersack* ZIP 1990, 625, 628; *Heckelmann* aaO 249; *Niemeier* aaO 105; *Priester* GmbHR 1981, 206, 212 f; Wank ZGR 1979, 223, 247 ff; *Wiedemann* aaO 96, 188; a. A. *Käppler* ZGR 1978, 551, 557 ff.

偿的限制超出保护公司利益的需要,那么,人们就不能说这不是馈赠。如果人们认真遵守《民法典》第 2301 条的规定,则仅仅通过公司章程对上述事宜作出规定,并不意味着执行了这些规定。其有效性还取决于下列条件:公司章程是否对遗嘱的形式作了规定(《民法典》第 2301 条第 1 款、第 2276 条)。

(b)在公司章程中也可以对股份回收不作规定,相反却规定股东或第三者的加入权利(**加入条款**),或者规定股份继承者必须将其继承的股份转让给某个确定或尚待确定的人(**转让条款**)。据此,公司和相关的权利人(《民法典》第 328 条)拥有债法上的权利,要求股份继承人出让其继承的股份。公司必须根据《有限责任公司法》第 15 条第 3 款规定的形式提出要求。对于补偿,可以适用有关股份回收的规定。无论如何,如果公司支付的转让补偿金低于给其他股东或第三者支付的数额,则应该属于《民法典》第 2301 条项下的馈赠。[1] 如果公司向一个遗产共同继承人支付补贴,可以将此视作为一种分割安排,其他共同继承人可以据此提出补偿要求(《民法典》第 2048 条)。 36

4. 遗嘱的执行

如果遗赠者的遗嘱安排涉及其所有遗产,那么这种安排也同样涉及其持有的股份。[2] 但是遗嘱的执行可只局限于公司的股份。遗嘱执行者所享有的权利和必须承担的义务必须以《民法典》第 2205 条以及遗嘱的规定为准。[3] 公司法并不反对遗嘱执行者行使股东权,如参加股东大会、行使其查询权和投票权,因为这不是对股东权的分割,而是行使其作为执行者的职权(见下文 § 33. IV. 6)。但是,公司章程也可以作出规定,禁止一个遗嘱执行者行使股东的管理权。[4] 37

## III. 股份的回收

参考文献:*Balz*, Die Beendigung der Mitgliedschaft in der GmbH, 1984; *Bischoff*, Zur pfändungs- und konkursbedingten Einziehung von Geschäftsanteilen, GmbHR 1984, 61; *Bokelmann*, Die Einziehung von GmbH-Anteilen in Fällen der Pfändung und des Konkurses, BB 1970, 1235; *Finger*, Einziehung des Geschäftsanteils beim Tode eines Gesellschafters und Nachfolgeregelung, GmbHR 1975, 97; *Fingerhut/Schröder*, Die Einziehung eines GmbH-Anteils und Probleme in der Praxis, BB 1997, 1805; *Habersack*, Die unentgeltliche Einziehung des Geschäftsanteils bei Tod des GmbH-Gesellschafters, ZIP 1990, 625; *Harst*, Die Zwangseinziehung von Geschäftsanteilen, GmbHR 1987, 183; *Heckelmann*, Abfindungsklauseln

[1] Hachenburg/Zutt Anh. § 15 Rdn. 111; a. A. Scholz/*Winter* § 15 Rdn. 27, je m. w. Nachw.

[2] Zum folgenden BGH NJW 1959, 1820; BayObLG NJW 1976, 1692; *Däubler* (Fn. 105), 39 ff; *Priester* FS Stimpel 463; *v. Burchard* GmbHR 1954, 150.

[3] 见 OLG Düsseldorf GmbHR 1990, 504。

[4] H. M.; *Däubler* aaO 42; *Petzoldt* GmbHR 1977, 25, 28; *Priester* aaO 463, 471; a. A. *Wiedemann* (Fn. 108), 338.

in Gesellschaftsverträgen, 1973; *Kesselmeier*, Ausschließungs- und Nachfolgeregelungen in der GmbH-Satzung, 1989; *Lorenz*, Zivilprozessuale Probleme der Zwangseinziehung von GmbH-Anteilen, DStR 1996, 1774; *Lutz*, Rechtswirkung des Gesellschafterbeschlusses bei Zwangseinziehung des GmbH-Geschäftsanteils, DStR 1999, 1858; *Michalski*, Zwangseinziehung eines GmbH-Anteils im Falle der Anteilspfändung, ZIP 1991, 147; *Niemeier*, Rechtstatsachen und Rechtsfragen der Einziehung von GmbH-Anteilen, 1982; *ders.*, Die Willensbildung über die Einziehung von Geschäftsanteilen, GmbHR 1983, 161; *ders.*, Rechtsschutz und Bestandsschutz bei fehlerhafter Einziehung von GmbH-Anteilen, ZGR 1990, 314; *Paulick*, Die Einziehungsklausel in der Satzung der GmbH, GmbHR 1978, 121; *Priester*, Grundsatzregelung, Wertmaßstäbe und Zahlungsmodalitäten des Einziehungsentgelts für GmbH-Anteile bei Pfändung und Konkurs, GmbHR 1976, 5; *ders.*, Anteilsnennwert und Anteilsneubildung nach Einziehung von Geschäftsanteilen, FS Kellermann, 1991, 337; *Roth*, Einziehung des Geschäftsanteils und Dauer der Gewinnbeteiligung - Besprechung der Entscheidung BGHZ 139, 299, ZGR 1999, 715; *Sieger/Mertens*, Die Rechtsfolgen der Einziehung von Geschäftsanteilen einer GmbH, ZIP 1996, 1493; *Ulmer*, Die Sicherung der GmbH gegen das überfremdungsrisiko in der Insolvenz eines Gesellschafters, ZHR 149 (1985), 28; *ders.*, Abfindungsklauseln in Personengesellschafts- und GmbH-Verträgen - Plädoyer für die Ertragswertklausel, Festschrift Quack, 1991, 477; *ders.*, Zwangseinziehung von Geschäftsanteilen und Ausschließung von GmbH-Gesellschaftern aus wichtigem Grund - Wirksamkeit schon vor Abfindung des betroffenen Gesellschafters? -, Festschrift Rittner, 1991, 735; *van Venrooy*, Einziehung im Gesellschafterkonkurs und Treuepflicht, GmbHR 1995, 339; *Westermann*, Einziehung und Abfindung in FS 100 Jahre GmbH-G 1992, 447; *Wolff*, Das Schicksal eingezogener GmbH-Geschäftsanteile , GmbHR 1999, 958.

1. 基本原则

38 由于有限责任公司的股份仅仅具有有限的可转让性,所以必须采取其他法律措施对股东的开除进行规定。然而,法律对这些问题的规定是不完全的,它仅仅涉及公司可以征得或者不征得当事人同意**回收**股份(**分期回收**)。但是这种回收前提条件是公司章程必须对此有明确的授权(《有限责任公司法》第34条)。此外,只有在公司收缴全部股金后,才能回收相关的股份。否则等于放弃催缴拖欠股金的权利。这是不容许的(《有限责任公司法》第19条第2款)。[1] 如果公司支付的回收补偿金会减少公司基本资本,则不能进行回收(《有限责任公司法》第34条第3款,见边码46)。由于回收将终止公司和股东成员之间的法律关系,所以它是将不受欢迎的股东开除出公司或其防止不受欢迎的人成为股东的最主要手段。[2] 正因为如

〔1〕 Vgl. BGHZ 9, 157, 168; über Möglichkeiten, nicht voll eingezahlte Anteile der Einziehung zugänglich zu machen s. Scholz/*Westermann* § 34 Rdn. 49 f.

〔2〕 Rechtstatsachen bei *Niemeier*, Rechtstatsachen 26 ff; *Harst* GmbHR 1987, 183 ff; zur Einziehung nach dem Tod eines Gesellschafters s. schon Rdn. 34.

此，必须在公司章程中对回收进行严密的规范，在出现争议时要进行法律监督。

2. 公司章程中的授权

根据法律规定必须对征得当事人同意的回收和没有征得当事人同意的回收 39
(强制性的)进行区分。如果**必须征得股东的同意**方能回收股份，则可以采用一个一般性的合同条款进行授权，如"回收公司股份是允许的"。无论如何，必须加入这一条款，因为股份回收不仅会影响到剩余股东的力量对比，而且会影响到他们对公司承担的义务(见边码48)。如果事后增加这一条款，必须对公司章程作相应的修改。多数观点认为，只要不增加剩余股东对公司承担的义务，章程的修改不必经过股东的一致同意。[1] 而且由于回收得到了有关股东的同意，其自身利益也得到了保证。

在实践中，**强制性回收十分重要**。因此必须在公司章程中详细规定具体的回 40
收条件。否则，如果一个股东持有将要被没收的股份，公司中的多数股东就掌握了其命运，可以任意处置其持有的股份(《有限责任公司法》第46条第4项)。如果在章程中事后加入授权条款或严格回收条件，例如对补偿金的数额加以限制，必须得到所有股东的同意。[2] 如果出于某种原因需要开除一个股东，而公司章程中并没有明确规定这种原因，只有通过法院判决，才可以将相关的股东开除出公司。[3]

首先，在条款中要说明**回收的理由**。精确地界定这些理由是控制公司股东结 41
构的一个最重要的手段。[4] 最常见的回收理由是股份的抵押或股东的破产。[5] 另外，任何其他股东退出公司的情况，尤其是退出时隐含着让不受欢迎的购股者进入公司的危险，在转让股份时，尤其是向不受欢迎的人转让公司股份时，或在某股东去世时，都会发生上述情况(见前边码34)。[6] 此外，还包括退出公司或被开除出公司(见下文边码49)或执行合同规定的协作任务。[7] 当然也可能有其他各种不同的规定，比如在家庭公司中可以规定：在离婚时或向家族外的人出售股份时，或由外人继承股份时，公司可以回收股份。章程中还可以作些原则性的规定。例如

---

〔1〕 So mit Recht Hachenburg/*Ulmer* § 34 Rdn. 34, 18; Scholz/*Westermann* § 34 Rdn. 10; Baumbach/*Hueck* § 34 Rdn. 5 *Roth/Altmeppen* § 34 Rdn. 8; MünchHdb. GmbH/*Kort* § 28 Rdn5; a. A. BGHZ 9, 157, 160; BGH WM 1976, 206; BayObLG GmbHR 1978, 269; *Rowedder* § 34 Rdn. 7; *Paulick* GmbHR 1978, 121, 123 f; *Lutter/Hommelhoff* § 34 Rdn. 7.

〔2〕 BGHZ 9, 157, 160; 116, 359; h. M.

〔3〕 BGH ZIP 1999, 1843.

〔4〕 S. die Satzungsbeispiele bei *Heidenhain/Meister*, (Hrsg.), Münchener Vertragshandbuch, Bd. 1, Gesellschaftsrecht, 2. Aufl., Teil IV, Muster 22, 23.

〔5〕 BGHZ 65, 22; OLG Frankfurt BB 1976, 1147; *Michalski* ZIP 1991, 146; *v. Venrooy* GmbHR 1995, 339; s. oben Rdn. 28.

〔6〕 BGH GmbHR 1977, 81.

〔7〕 BGH GmbHR 1984, 74; nicht jedoch schon Meinungsverschiedenheiten über Geschäftsführungsaufgaben, OLG Dresden GmbHR 1999, 234.

如果有**重要原因**必须开除某一股东,而如不开除该股东,其他股东难以继续维持该公司,公司就可以作出回收该股东股份的决定。如果公司行使了这一回收权,就无需向法院提起诉讼。〔1〕假定被开除的股东对此有异议,可向法院起诉。法院应该核实开除的原因是否确凿。〔2〕如果回收条款规定多数股东或者甚至一个股东可以自由决定是否回收某个股东的股份(所谓**开除条款**),而对此又没有特殊的例外理由,则这样的条款是无效的。〔3〕

42 其次,还必须确定**回收的条件**如回收的价格和支付形式。根据法律规定,退出公司者有权对公司提起全额支付股份价格的要求。〔4〕若公司章程中无其他规定,公司应按此规定提供补偿金。当然,与其他补偿规则一样,章程也可以就此规定一个较低的补偿额,比如按账面价值、按股份的面值或相应的资产税的数额。〔5〕法律之所以允许这类限制,是为了维护公司利益,防止公司经营资产的外流。只要能够贯彻执行平等原则,章程也可以针对不同的回收情况,制定不同的补偿规定。当然这种不同的规定必须有切实的实际原因。〔6〕章程也可以规定,根据仲裁人的意见决定补偿的金额。从本质上讲,限制补偿也会影响到股东的债权人的利益。因为就像章程规定的那样,股份也可以用以清偿债权人。但是不能够因为保护债权人的利益,而对因抵押或破产而引起回收股份规定比其他回收更严格的条件。〔7〕

43 再次,如果对补偿的限制违反善良风俗,也这种限制无效(**《民法典》第138条**)。就像联邦最高法院描述的那样,"如果限制股份出让的规定完全超出了维护公司剩余股东利益、保证公司继续存在和经营的需要",并且这种限制性规定具有很大的任意性,〔8〕那么它们就违反善良风俗。如果从一开始已存在这种不适当的限制关系,则章程中的补偿条款规定无效。股东有权要求按股份的市值全额支付其补偿金。〔9〕如果这种关系是随着公司资产逐步增值而出现,那么,相关条款的无

---

〔1〕 BGH NJW 1977, 2316.

〔2〕 BGH ZIP 1995, 835; OLG Nürnberg GmbHR 1994, 52; OLG München BB 1994, 320; GmbHR 1998, 332; OLG Dresden GmbHR 1999, 234; OLG Dresden NZG 1999, 1221; LG Hamburg GmbHR 1998, 739.

〔3〕 BGHZ 112, 103 im Anschluβan die entsprechende Judikatur zu den Personengesellschaften in BGHZ 68, 212, 81, 263.

〔4〕 BGHZ 116, 359.

〔5〕 BGHZ 116, 359; *Ulmer* FS Quack 277, 285; *Goette* DStR 1997, 328.

〔6〕 Zulässig ist z. B. eine Differenzierung nach der Dauer der Gesellschaftszugehörigkeit, und dem Anteil am Aufbau des Unternehmens, BGHZ 116, 359; BGH NJW 1993, 2101.

〔7〕 见 BGHZ 65, 22, 26; OLG Celle WM 1986, 161, 162; OLG Hamburg ZIP 1982, 1327; OLG München BB 1987, 2392; *Bischoff* GmbHR 1984, 61; *Harst* GmbHR 1987, 183; *Ulmer* FS Quack 477。

〔8〕 BGHZ 116, 359.123, 281; 126, 226; OLG München GmbHR 1997, 67; OLG Hamm DB 1997, 1612. Dagegen stellt der BGH seit BGHZ 123, 281 nicht mehr darauf ab, ob sich das Miβverhältnis zwischen Abfindungssumme und wahrem Wert des Anteils als verdeckte Kündigungssperre darstellt.

〔9〕 BGHZ 116, 359, 375 f.

效性不具溯及既往的效力。在这种情况下,公司应该按诚信原则(《民法典》第242条)不得过分引用有关限制补偿的条款。相反,应根据变化后的情况支付补偿金。按联邦法院的判决,在此要充分顾及具体情况,同时考虑公司和股东的利益,相关各方签订的合同中规定的评估准则是平衡双方利益的重要依据。〔1〕

联邦最高法院有关以对公司章程的补充解释为依据的论述,在很长时间内遭到了学术界的批评。〔2〕这种批评是很合理的,因为调整不能取决于合同中是否有漏洞。即使根据联邦最高法院的要求,全面平衡双方当事人的利益,在个案中也不一定符合平等原则,也不一定具有法律的安全性要求,这样自然也很难符合公正性要求。更关键的问题应该是:各方当事人是否对新情况下的股份回收约定了同样的补偿条款,以及根据上述标准该条款在当时是否符合《民法典》第138条的规定。〔3〕相反,是否能根据退出股东是否对退出公司负有责任(如有,则应该支付股份市价50%的补偿金,如否,则只能支付市价的30%)而作区别对待,看来是值得怀疑的。〔4〕 44

根据同样的规则,合同自由不仅可以确定违反善良风俗的界限(《民法典》第138条),而且可以确定股份的**无补偿回收**。只要股东同意,原则上对他就没有什么不公正。但是,今天这一规则也不能无限制地适用,因为为了维持大股东和小股东之间原有的控股比例关系,必须根据《民法典》第138条的规定,对合同自由和股东之间的关系进行法律审查。〔5〕据此,只有在特殊情况下,才可能无偿回收股份。这样的情况有:将股份进行无偿赠送或继承时,〔6〕或公司的目的是非盈利性时。〔7〕但是,如果仅仅针对股份的抵押和破产情形而规定无偿回收股份,这种规定是无效的。〔8〕 45

原则上公司亦可**回收其自有股份**。〔9〕对此回收,不必由经理以公司名义作出同意的决定,也不必提供补偿。但是,如果回收会导致公司发生亏损,则不得进行回收。 46

---

〔1〕 BGHZ 123, 281 und 126, 226; BGH NJW 1993, 2101.

〔2〕 Vgl. statt aller *Dauer-Lieb* ZHR 158 (1994), 271; *Rasner* ZHR 158 (1994), 292; *Ulmer/Schäfer* ZGR 1995, 134 sowie die Nachweise bei *Lutter/Hommelhoff* § 34 Rdn. 49.

〔3〕 So mit Recht *Ulmer /Schäfer* aaO und ihnen folgend *Lutter/Hommelhoff* § 34 Rdn. 50.

〔4〕 *Ulmer/Schäfer* aaO 152.

〔5〕 Zum folgenden neben der in Fn. 89 wiedergegebenen Judikatur und Literatur ausführlich namentlich *Scholz/Westermann* § 34 Rdn. 24 ff.

〔6〕 S. oben Rdn. 35.

〔7〕 BGH ZIP 1997, 1453.

〔8〕 BGHZ 65, 22, 27.

〔9〕 H. A.; Hachenburg/*Ulmer* § 34 Rdn. 25; Scholz/*Westermann* § 34 Rdn. 36, 51; *Niemeier* aaO 182 f.

3. 实施

47 若公司章程没有相反的规定,则由股东的多数意见决定回收股份(《有限责任公司法》第46条第4项)。[1] 当然,股东的决定必须符合平等原则和诚信原则。[2] 根据《有限责任公司法》第47条第4款的规定,在实施强制性回收时相关的股东没有投票权,但是必须给他提供就此陈述观点的机会。[3] 根据目前的主流观点,仅仅根据章程规定而实行股份的自动回收是不允许的,因为这种做法缺乏法律安全性。[4] 是否可以通过章程的规定将这一决定权委托给某一公司机构,还值得怀疑。[5] 公司经理须将回收决定通知给相关的股东,对通知没有形式上的规定。如果回收取决于股东同意,则还要附上股东和公司就此达成的约定。法律对这种约定也没有形式要求。约定中必须规定回收的具体细节如补偿金问题。若回收的股份已经被抵押或第三者对此拥有用益权,那么只要抵押或者用益权已经根据《有限责任公司法》第16条做了登记,就应该适用《民法典》第1071条、第1276条和《民事诉讼条例》第829条第1款第1句的规定,即回收须征得该第三者的同意。[6] 而不必在商务注册处进行回收注册。

48 如果回收决定违反法律或公司章程,则类比适用《股份法》第243条第1款的规定向法院提起**诉讼**,要求撤销相关的决定(见下文§ 33. VII.)。回收行为本身因此而暂时无效或最终失去法律效力。若要求判定其无效性,可根据《民事诉讼条例》第256条的规定向法院提起确认无效之诉。

4. 回收的资金筹措

49 如果为无偿回收,那么只要回收符合形式要件,就立即生效。如果公司必须支付补偿金,则必须遵守《有限责任公司法》第34条第3款和第30条的规定:如果回收所需的补偿金是用维持基本资产所需的资产支付的,即回收将导致公司发生亏损,则不能实施回收(见下文§ 37. II. 2)。若作出回收决定时已经可以肯定会发生这种后果,则决定无效。[7] 公司可拒绝支付补偿金。如果公司已经支付了补偿金,

---

[1] Dieser muβnicht auch schon Angaben über die Höhe der Abfindung und die Art der Tilgung enthalten, BGH GmbHR 1995, 377.

[2] BGH GmbHR 1995, 296, 1995, 377; OLG Celle GmbHR 1998, 140; OLG Celle NZG 1999, 167 m. Anm. *Ebbing*; OLG Frankfurt ZIP 1998, 1107; *Niemeier* aaO 264; *Eckardt* NZG 1998, 597; *Scholz/Westermann* § 34 Rdn. 41.

[3] OLG München GmbHR 1998, 332.

[4] Die Rechtsprechung hat die Frage bisher offengelassen, vgl. BGH BB 1977, 563; OLG Oldenburg BB 1952, 560; zum Diskussionsstand die eingehende Darstellung bei *Niemeier*, aaO, 334 ff.

[5] Hachenburg/*Ulmer* § 34 Rdn. 110; Scholz/*Westermann* §34 Rdn. 39.

[6] H. A.; *Hachenburg/Ulmer* § 34 Rdn. 23; *Scholz/Westermann* § 34 Rdn. 31, 59, je m. w. Nachw.

[7] RGZ 142, 286, 290; BGHZ 9, 157, 173 f; Scholz/*Westermann* § 34 Rdn. 52; h. A.

那么,可以根据《有限责任公司法》第 31 条追回这笔资金。在这种情况下,只有首先进行减资,以此防止发生亏损,才可以进行股份回收。

其次,在判断公司的基本资本是否因回收而减少时,主要是看公司付清全部补偿金时公司拥有的资本金的数额,因为在此以前,回收不具法律效力。[1] 因此,在付清全部补偿金之前会产生一种不确定的状态,比较困难的是如何从法律上处理这种状态。在双方当事人约定了支付期限或就补偿数额发生法律纠纷时,这种状态可能会拖得更长。根据司法判例,回收的效力取决于它是否符合法律规定的条件:即回收并没有减少公司的基本资本。[2] 这一规定也蕴含着一个潜在的危险,即股东失去了其拥有的股份,却没有得到补偿金。在回收生效之前,相关的股东依然可行使其管理权。当然,根据诚信原则,他不得阻挠公司通过与其利益无关的公司决议案。[3] 与此相反,学术界有人认为应该取消股东的管理权。据此,如果相关的股东不能对公司的计划或者行为形成一致意见时,应该剥夺该股东的管理权。[4] 如果因为《有限责任公司法》第 30 条的规定,最终不能实施回收,那么应该回收相关股东的所有权利;该股东也同时承担《有限责任公司法》第 31 条第 3 款下的责任。 50

5. 法律后果

如果回收合法有效,那么相关的股份就归于**消灭**。[5] 退出的股东既不享有权利也不承担义务。如果股东大会还没有确定上一年度的年终结算和盈利使用方案,那么该退出公司的股东亦无权要求参与该年度的利润分配。[6] 第三者对该股份的权利也随之而消失。当然可以根据《民法典》第 1075 条和第 1287 条的规定通 51

---

〔1〕 OLG Frankfurt ZIP 1997, 644; OLG Zweibrücken GmbHR 1997, 939; OLG Celle GmbHR 1998, 140.

〔2〕 RGZ 142, 286, 290; BGHZ 9, 157, 169; 16, 317, 322; BGH GmbHR 1978, 131; OLG Frankfurt ZIP 1997, 644; OLG Zweibrücken GmbHR 1997, 939; OLG Celle GmbHR 1998, 140. Die Satzung kann allerdings auch die Wirkung der Einziehung von der Abfindung abkoppeln (BGH NJW 1983, 2881; OLG Hamm GmbHR 1993, 746). Die Einziehung kann auch ohne Satzungsgrundlage im Urteil unbedingt ausgesprochen werden, sofern der Beklagte nicht das in seinen Kräften Stehende getan hat, damit der Wert des Anteils ermittelt werden kann (BGHZ 16, 317, 318).

〔3〕 BGHZ 88, 320, 325 ff; BGH WM 1983, 1355.

〔4〕 Die Fragen sind stark umstritten und es werden im einzelnen eine Vielzahl von Lösungen angeboten, vgl. statt aller Hachenburg/*Ulmer* § 34 Rdn. 61; *Ulmer* FS Rittner 735; *Scholz/*Westermann § 34 Rdn. 52 ff. *Lutter/Hommelhoff* § 34 Rdn 10 b; Roth/Altmeppen § 34 Rdn 10; *Sieger/Mertens* ZIP 1996, 1495; *Fingerhut/Schröder* BB 1997, 1805; *Tschering* GmbHR 1999, 694; *Lutz* DStR 1999, 1858; Problematisch ist der Vorschlag von Grunewald GmbHR 1991, 185, 186 und *Niemeie* aaO 329 ff, dem Gesellschafter ein Recht zur Auflösung der Gesellschaft zuzubilligen, wenn die Gesellschaft die Abfindung nicht zahlen kann, denn dies geht über die gesetzlichen Auflösungsgründe (§ 61) weit hinaus.

〔5〕 BGHZ 139, 299mit Bespr. *Goette* DStR 1998, 1690; *Roth* ZGR 1999 715.

〔6〕 BGHZ 139, 299.

过给第三者支付补偿金的方式保护其权益。[1] 尽管支付补偿金,公司其余股份的价值会有所上升,其余股东也会享有更多的分红请求权。同样其承担的《有限责任公司法》第24条和第31条第3款下的责任也会加重。与此相反,除了公司根据《有限责任公司法》第58条的规定进行减资外,其基本资本的数额没有因此而发生变动。因为根据主流观点,[2]不调整股份的面值,公司的基本资本金数额就和股份的总面值不符。这与《有限责任公司法》第5条第3款第3句并不一致。但可以通过修改章程对股份的面值作相应改动。[3] 如果回收股份的同时形成了一个新股,则必须进行增资。[4]

## IV. 公司股东的退出和开除

参考文献: *Balz*, Die Beendigung der Mitgliedschaft in der GmbH, 1984; *Becker*, Der Austritt aus der GmbH, 1986; *Bösert*, Gesetzliches Sonderaustrittsrecht des GmbH-Gesellschafters, GmbHR 1994, 93; *Damrau-Schröter*, Der Ausschluβ eines (miβliebigen) GmbH-Gesellschafters, NJW 1991, 1927; *Dreiss/Eitel-Dreiss*, Unfreiwilliges Ausscheiden aus Gesellschaften, insbesondere GmbH, 1971; *Fichtner*, Austritt und Kündigung bei der GmbH, BB 1967, 17; *Grunewald*, Der Ausschluβaus Gesellschaft und Verein, 1987; *Gehrlein*, Ausschluβ und Abfindung von GmbH-Gesellschaftern, 1997; *Immenga*, Die personalistische Kapitalgesellschaft, 1970, 303 ff; *Kesselmeier*, Ausschlieβungs- und Nachfolgeregelung in der GmbH-Satzung, 1989, *Kulka*, Die gleichzeitige Ausschlieβung mehrerer Gesellschafter aus Personengesellschaften und GmbH, 1983; *Müller*, Das Austrittsrecht des GmbH-Gesellschafters, 1996; *Raiser*, 100 Bände BGHZ: GmbH-Recht, ZHR 151 (1987), 422; *Reuter*, Das Kündigungsrecht des GmbH-Gesellschafters, GmbHR 1977, 77; *Röhricht*, Zum Austritt des Gesellschafters aus der GmbH, FS Kellermann, 1991, 361; *Scholz*, Ausschlieβung und Austritt aus der GmbH, 3. Aufl., 1950; *Schröer*, Der wichtige Grund für den Ausschluβ eines Gesellschafters aus der GmbH, 1995; *Schwerdtner*, Das Kündigungsrecht des GmbH-Gesellschafters, GmbHR 1976, 101; *Soufleros*, Ausschlieβung und Abfindung eines GmbH-

---

[1] BGHZ 139, 299; BGH JZ 1989, 253.

[2] BayObLG GmbHR 1992, 42; Scholz/*Westermann* § 34 Rdn. 63; Baumbach/*Hueck* § 34 Rdn. 16; *Tschering* GmbHR 1999, 695, *Wolff* GmbHR 1999, 959; a. A. (automatische Anpassung auch der Nennwerte) *Lutter/Hommelhoff* § 34 Rdn 2.

[3] Vgl. ausführlich auch *Niemeier* 350 ff. In NJW 1989, 168 erwägt der BGH demgegenüber, ob sich der Vorgang nicht auch auβerhalb der Satzung vollziehen kann, nimmt dazu aber nicht abschlieβend Stellung. Jedenfalls handelt es sich um eine Satzungsänderung nur in formellem Sinn, die lediglich deklaratorische Wirkung hat; ebenso *Priester* FS Kellermann 337, 349 ff.

[4] KG DR 1943, 1230; Scholz/*Westermann* § 34 Rdn. 66; Hachenburg/*Ulmer* § 34 Rdn. 66; dagegen verlangen Baumbach/*Hueck* § 34 Rdn. 16 Einstimmigkeit und die Autoren, welche eine automatische Erhöhung des Nennwerts befürworten, folgerichtig eine Teilabtretung von seiten aller Gesellschafter und Zusammenlegung der Teile; vgl. *Priester* aaO 337, 353; *Lutter/Hommelhoff* § 34 Rdn. 4.

Gesellschafters, 1983; *Spitze*, Der Ausschluβ eines GmbH-Gesellschafters aus wichtigem Grund bei Schweigen der Satzung, 1985; *v. Stetten*, Die Ausschlieβung von Mehrheitsgesellschaftern durch Minderheitsgesellschafter, GmbHR 1982, 105; *Teichmann*, Gestaltungsfreiheit in Gesellschaftsverträgen, 1970, 245 ff; *Topf-Schleuning*, Einfache Kündigungsklauseln in GmbH-Satzungen, 1993, *Tschernig*, Der Ausschluβ eines GmbH-Gesellschafters durch Gesellschafterbeschluβ, GmbHR 1999, 691; *Ulmer*, Zwangseinziehung von Geschäftsanteilen und Ausschlieβung von GmbH-Gesellschaftern aus wichtigem Grund, FS Rittner, 1991, 735; *H. P. Westermann/Pöllath*, Abberufung und Ausschlieβung von Gesellschaftern/Geschäftsführern in Personengesellschaften und GmbH, 4. Aufl., 1988; *Wiedemann*, Die übertragung und Vererbung von Mitgliedschaftsrechten bei Handelsgesellschaften, 1965, 90 ff; *Wolf*, Abberufung und Ausschluβ in der Zweimann-GmbH, ZGR 1998, 92.

1. 基本原则

出让或者回收股份并不总是让股东离开公司的最后途径。如果公司已经不可 52
能再进行内部的合作,那么即使不具备《有限责任公司法》第15条和第34条规定的前提条件,也可以允许股东退出公司或者开除股东(见《民法典》第737条、《商法典》第140条)。这一点与人合公司相似。帝国法院在其司法判例中通过司法造法已考虑到了这种客观需求。现在相关人士普遍地认为:普通私法原则确保了股东的退出权和公司的开除权;如果相关的当事人在生活范围内存在着密切的**持续法律关系,只要存在着重要原因,就可以解除这种关系**。[1] 若除了通过解散公司,没有更好的办法来解决当事人之间的利益冲突,而又不希望解散公司,因为其余股东还想继续经营公司的业务,那么退出或者开除可以看成是解决问题的最后手段。[2]

**从立法设计的可能性而言,它也对**法院审判工作提出了一个新任务,它经常会 53
触及法官造法的极限。首先,必须保护所有当事人的利益,开除决定和开除程序往往是两个股东或大股东与小股东之间进行权利斗争的表现。[3] 其次,资本维持原则也限制了法官造法的空间。出于两方面的原因,一些细节在法庭判决中尚未有定论,在文献中亦有争议。

2. 退出

如果存在着重要的理由,而没有更好的解决冲突的办法,每个股东都有权退出 54
公司并要求公司支付相应的补偿金。有些学者提出了更低的条件,还有些学者甚

〔1〕 So zum Austrittsrecht grundlegend RGZ 128, 1, 16; zum Ausschluβ BGHZ 9, 157, 161 ff. Das Recht zum Ausschluβ wird dort auch auf die gesellschaftliche Treuepflicht gestützt, die verlangt, daβein Gesellschafter nicht die Verbundenheit mit der Gesellschaft und den Mitgesellschaftern zerstört.

〔2〕 RGZ 169, 330, 334; BGHZ 16, 317, 322 f; 80, 346; BGH GmbHR 1987, 302, 303.

〔3〕 Dies zeigen besonders drastisch die Fälle BGHZ 16, 317 und 32, 17.

至认为股东享有《民法典》第 723 条和《商法典》第 132 条规定的一般解约权。[1] 但这不符合有限责任公司法的规定。该法仅仅规定了股份的可转让性,而没有规定可以解除成员关系。所以只能将退出当作一种**应急措施**。[2] 另一方面,如果总是根据《有限责任公司法》第 15 条第 5 款的规定排除或者加大退出公司的难度,这种做法也不妥当。因为,如果不可能出售公司股份,比如相关的股份上附带着其他义务,使得没有人愿意购买这种股份。这让相关的股东继续留在公司,可能更加不利公司的发展。[3] 比较正确的应该是:每个股东必须自己承担风险,为其股份寻找买主并通过出售股份获得相应的收益。因而,这种困难并不能证明股东必须享有退出公司的权力。[4]

55 公司可以通过章程规定减轻退出公司的难度,例如可以列举可退出公司的理由或赋予股东一般解约权。[5] 如果所有股东都同意,即使没有重要原因,股东也可退出公司。[6]

56 值得研究的重要法律问题是:在什么情况下才存在着可以退出公司的**重要原因**。一般认为,如果已经不能想像相关的股东还可以留在公司,则就符合上述条件。造成这种状况的原因可能在公司方面,也可能是因为股东本人。对此无需有过错。结合最后措施的考虑,这里实质上提供了行使退出权的门槛。

57 **典型案例**:帝国法院首先判定卡特尔—有限责任公司的成员享有退出权,[7]其中竞争法方面的原因起着至关重要的作用。在今天只要具备重要理由,任何一个卡特尔成员都可根据《反限制竞争法》第 13 条第 1 款的规定无期限地解除卡特尔合同。这种重要理由有:卡特尔严重限制了其成员的经营自由,或者与其他卡特尔成员相比对其中的一个存在着歧视。此后,帝国法院又确认:如果一个股东根据章程的规定承担额外的义务,而且长期承担这种义务将会损害该股东的经济利益,则该股东拥有退出权。[8] 此外,股东本身的原因也会成为退出的理由,如移居他国或离婚(如夫妻双方皆为公司股东)。最值得注意的是保护少数股东案例。因此,如果多数股东推行的经营政策无视少数股东的利益,而且这些政策严重地侵害少数股东的利益,比如不分配红利或者改变企业的经营范围及其结构,也构成股东退出公司的

---

〔1〕 *Wiedemann*, Die übertragung und Vererbung von Mitgliedschaftsrechten 91; *Reuter*, Privatrechtliche Schranken der Perpetuierung von Unternehmen 390 ff; *Teichmann*, Gestaltungsfreiheit in Gesellschaftsverträgen 246.

〔2〕 H. L.; vgl. zuletzt BGH ZIP 1995, 113, OLG München GmbHR 1990, 221; OLG Hamm GmbHR 1993, 657. gegen *Reuter* vor allem *Schwerdtner* GmbHR 1976, 101, 104.

〔3〕 RGZ 128, 17.

〔4〕 OLG Hamm GmbHR 1993, 657; Hachenburg/*Ulmer* Anh. § 34 Rdn. 53; 又见 OLG Karlsruhe GmbHR 1985, 362。

〔5〕 Scholz/*Winter* § 15 Rdn. 128; *Lutter/Hommelhoff* § 34 Rdn. 37.

〔6〕 OLG Köln GmbHR 1996, 609.

〔7〕 RGZ 114, 212, 218; 125, 114, 118, unter Berufung auf § 8 KartVO 1923.

〔8〕 RGZ 128, 1, 15 f.

重要原因。[1] 正因为此,1971 年的政府草案第 211 条第 1 款曾经提出要在法律中增加一个构成要件。据此,如果公司采取的措施会引发公司在法律方面和经济方面的重要变化,而这种变化将使股东无法忍受,那么,采取这种措施可看作构成退出公司的重要理由。这一表述依然适用于现行法律规定。根据《股份法》第 61 条提起解散之诉,并不排除股东的退出权。因为即使在这种情况下,其他股东可能有能力且愿意继续经营公司。[2]

必须首先向公司提出退出声明,然后才能退出公司。声明**无需特定的形式**。和开除股东不同,这里不必提起解除契约之诉。[3] 在公司收到声明后,退出股东有权要求公司支付相应的**补偿金**。**如果**公司章程没有相反的规定,应该以股份的市值确定补偿金的数额。公司章程通常可以对支付补偿金的数额进行限定,例如:按账面值、股份面值或财产价值。当然,补偿金的数额不得过分偏离股份的价值,由此明显损害相关股东的利益。出于这一原因,剥夺补偿请求权的章程条款通常是无效的。[4] 如果公司的某一股份不为某一股东所拥有,公司可以回收该股份,而且这种回收无需章程的授权。此外,公司也可以要求退股者将其股份出让给另一股东、某第三者或公司本身。[5] 58

当然,所有这些仅仅适用于下列情况:即所有的**股金已全部付清**,而且没有动用公司的基本资本金支付补偿金(理由见《有限责任公司法》第 19 条第 2 款、第 30 条第 1 款、第 34 条第 3 款)。否则,必须对公司进行减资。如果支付补偿金使得公司资产低于基本资本数额,而且可以根据《有限责任公司法》第 31 条第 1 款的规定提出退还要求,从而可以将相关的退股视为无效。在就此作出彻底澄清以前,出现了一种悬而未决的状态。在此期间,退出的股东只能有限地行使其权力。其法律状态和股份回收相类似(见边码 46)。 59

3. 开除

当某股东本身存在着**重要原因**,因此公司难以继续容忍该股东的存在,而又没有更好的解决问题的办法,那么公司可开除该股东。如果公司章程中没有说明究竟在什么情况下股东是难以容忍的,或由于章程中没有明确规定强制回收股份因而不能根据《有限责任公司法》第 34 条第 2 款的规定强制回收该股东的股份,那么 60

---

〔1〕 Eine nach Meinung des Klägers unzureichende Gewinnausschüttung ist nach OLG München GmbHR 1991, 221 kein Austrittsgrund, ebensowenig eine aus tatsächlichen Gründen gescheiterte Veräuβerung des Geschäftsanteils oder eine fehlerhafte Rechnungslegung (OLG Hamm GmbHR 1993, 657). Nachprüfen BGH ZIP 1995, 113; OLG Köln GmbHR 1996, 610.

〔2〕 H. A.; vgl. BGHZ 80, 346 und *Grunewald* aaO 83 ff; zum Verhältnis von Ausschluβ- und Auflösungsklage, s. unten Rdn. 58 f#.

〔3〕 RGZ 128, 1, 17; Hachenburg/*Ulmer* Anh. § 34 Rdn. 55.

〔4〕 Es gelten die gleichen Regeln wie bei der Einziehung, vgl. oben Rdn. #.

〔5〕 H. A.; vgl. BGHZ 88, 320, 322; OLG Köln GmbHR 1998, 610; 1998, 641; Scholz/*Winter* § 15 Rdn. 123.

开除就成为最后的手段。[1] 法律上的开除原因是股东违反其对公司承担的诚信义务。[2]

61 为了保护当事人的利益,必须对开除股东提出比退出更严格的要求。开除只能是消除不良状态**最极端和最后的手段**。[3] 为此,必须对所有情况综合评价。[4] 仅仅一个原因本身或者并不足以开除某一股东,但是几个原因结合在一起或许就可能起着决定性的作用。与参股方面的原因相比,股东性格方面的原因更能够解释开除的合理性。过错虽然不是必要的前提条件,但也是人们考虑开除的一个重要因素。[5] 一种可以考虑的、比较缓和的处理方式是解除股东的经营管理权或将其股份转交给一个托管者。在信托持股的情况下,如果信托人将会对公司关系施加影响,那么还应该考虑该信托人自身的因素。[6]

62 可列举的理由有:财产关系不明和不正常的资金往来、[7]有挥霍浪费的嗜好、长期重病、失去了合同中规定成为股东的前提条件、[8]拒绝履行章程规定的合作义务、[9]严重违反义务尤其违反诚信义务、[10]购股时欺骗公司的行为、犯罪行为、[11]损害公司经营和违反竞争规则的行为、不正当的损害其他股东名誉的言论[12]等。此外,如果股东之间已经不具备基本的信任关系,而且相互之间的关系已经糟糕到不可调解的程度,也是开除股东的一个重要理由。[13] 相反,对公司提出合理要求或保护自身合法利益通常并不足以构成开除的理由;[14] 当然,在少数例外情况,基于对公司的诚信义务,一个股东必须放弃一项要求。

63 根据平等处理原则,首先要兼顾的是**其他股东的行为**。在只有两个股东的公司中,如果两人都对公司内部的紧张状况负有责任,那么仅仅将一方开除出公司,而让另一方独自继续经营公司,是不允许的。在这种情况下,惟一的可能性是解散

---

[1] RGZ 169, 330; BGHZ 9, 157; 16, 317, 322 f; 32, 17, 30 ff; 80, 349; BGH NJW 1977, 2316; GmbHR 1987, 302; GmbHR 1999, 94; hierzu grundsätzlich *Grunewald* aaO 29 ff; *Damrau-Schräter* NJW 1991, 1927, 1932 ff.

[2] BGH aaO; h. L.

[3] BGHZ 16, 317; umfassend *Grunewald* aaO 60 ff.

[4] BGH GmbHR 1991, 362; GmbHR 1995, 296; OLG Frankfurt GmbHR 1993, 659; OLG Hamm GmbHR 1993, 662; OLG Düsseldorf GmbHR 1999, 543; *Schröer* aaO 64 ff.

[5] BGHZ 32, 17, 35. Zum beiderseitigen Verschulden vgl. BGHZ 80, 346.

[6] BGHZ 32, 35; OLG München GmbHR 1997, 451.

[7] BGHZ 16, 317; 32, 17; OLG München GmbHR 1997, 451.

[8] BGHZ 9, 159.

[9] OLG Hamm GmbHR 1998, 1081.

[10] OLG Müncher DB 1994, 321.

[11] BGH GmbHR 1987, 302; OLG Düsseldorf GmbHR 1999, 543.

[12] OLG Hamm GmbHR 1993, 743.

[13] BGHZ 32, 17, 35; 9, 157, 164.

[14] OLG Hamm GmbHR 1993, 656; OLG Frankfurt GmbHR 1993, 660; OLG Celle GmbHR 1998, 140.

公司。[1] 但是,如果一方当事人对此负有过失责任,则另一方可以开除责任方。[2] 如果几个股东对此负有责任,但是其中的一个负有主要的过错责任,那么应该开除该股东;如果由于其他重要原因使得公司不能对其他人采取措施,则也同样只能开除其中的一位股东。[3] 如果几个人共同拥有一个股份,而其中的一位对公司的困境负有责任,而其他共有人又不能自行消除这一重要原因,那么,这也足以构成开除的理由。[4]

**典型案例**:在联邦最高法院审理的一起案件中(BGHZ 80, 346),兄弟三人甲、乙和丙共同继承了父亲遗留下来的筑路公司。该公司为有限责任公司,兄弟三人拥有同样的股份,并都以经理身份共同管理着公司。后来甲与公司的一女雇员结婚。而乙和丙要求甲的妻子退出公司。甲方和乙丙一方在以后多年逐渐反目,结下不可调解的矛盾。于是乙根据《有限责任公司法》第 61 条第 1 款的规定提起诉讼要求解散公司。而甲要求开除乙丙两个股东,理由是他们非法挪用公司资金,并通过公司为私人业务进行融资。联邦最高法院作出如下判决:如果已经对原告提起了开除之诉,而且诉讼看来是正当的,那么应该驳回解散公司的诉求。联邦最高法院要求州高级法院严格核实:乙对公司的不正常状况负有多大责任,是否足于构成了开除他的理由。 64

**必须由股东大会作出相应的决议**,然后才能启动开除程序。根据联邦最高法院的判决,和解散决定(《有限责任公司法》第 60 条第 1 款第 2 项)一样,有关开除股东的决议必须以修改章程所需的特定多数意见通过。[5] 对这一判决,人们存在着很大的争议。要求得到股东会的授权是不无道理的。因为这里既不能类比适用《有限责任公司法》第 60 条第 1 款第 2 项的规定,也没有充分的理由说明必须由特定多数的股东形成相应的决议。[6] 如果是两人公司,可以免去股东决议。[7] 如果涉及到开除多个股东,通常必须分别作出决议。[8] 根据《有限责任公司法》第 47 条第 4 款的规定,相关的股东没有表决权。其结果是少数股东可能开除大股东。但是,相关的股东必须有机会说明态度。[9] 65

---

〔1〕 BGHZ 16, 317, 322 f; 32, 17, 31; BGH GmbHR 1990, 162.

〔2〕 BGHZ 80, 346; BGH GmbHR 1995, 296; BGH BB 1997, 2339.

〔3〕 BGHZ 80, 346, 351 f; *Scholz/Winter* § 15 Rdn. 135.

〔4〕 BGHZ 78, 311, 314 f; *Kulka*, Die gleichzeitige Ausschließung, 152 ff, 156 ff.

〔5〕 BGHZ 9, 157, 177; OLG Frankfurt DB 1979, 2127; ebenso Hachenburg/*Ulmer* Anh. § 34 Rdn. 20 ff; *Lutter/Hommelhoff* § 34 Rdn. 28; *Rowedder* § 34 Rdn. 51; *Immenga*, Die personalistische Kapitalgesellschaft, 308; *Roth/Altmeppen* § 60 Rdn 48; im Ergebnis auch *Grunewald* aaO 110.

〔6〕 LG Köln GmbHR 2000, 141; Scholz/*Winter* § 15 Rdn. 140; Baumbach/*Hueck* Anh. § 34 Rdn. 9; *Balz* aaO 38 ff; *Soufleros* aaO 59; MünchHdb. GmbH/*Kort* § 29 Rdn. 43.

〔7〕 Hachenburg/*Ulmer* Anh. § 34 Rdn 26 *Lutter/Hommelhoff* § 34 Rdn. 28; Wolf ZGR 1998, 104; a. A. BGHZ 9, 177; 16, 322.

〔8〕 *Kulka* aaO 192 ff.

〔9〕 OLG Dresden GmbHR 1997, 946; OLG München GmbHR 1998, 332.

66 由于开除将会产生决定性的影响，联邦最高法院不仅要求股东大会作出开除决议，要求向股东宣布决议，而且要求类比适用《有限责任公司法》第 61 条、《商法典》第 117 条、第 127 条、第 133 条和第 140 条的规定，提起**开除之诉**。这样，就由法庭审查开除的理由，并通过法院判决来确认开除决议。[1] 应由公司经理代表公司提出诉讼。在两人公司中，从合法角度看，一方股东也有起诉权。[2] 公司章程也可以不规定起诉权。[3] 如果所涉股东反对开除决议，则必须提出撤销决议之诉。

67 被开除者可以提出**补偿要求**。只要公司章程没有规定其他补偿计算方式，则根据起诉时股份的价值确定补偿数额。在这里，有关章程自由的界线与上文有关回收和退出的论述相同（见边码 42，54）。仅仅限制开除情况下补偿金的数额是不允许的。[4] 除非被开除者本身没有及时评估其股份的价值，否则必须在判决中确定补偿数额、支付期限等支付条件。[5] 如果在宣判前已交存了补偿额，那么法院可以作出无条件的判决。否则，判决仅仅在**特定的条件下**生效，即被开除者应在规定期限内得到补偿金。[6] 即使在这种情况下，也必须优先适用资本维持原则。因此，如果作出判决时也能肯定，必须动用公司的基本资本金支付补偿金，则必须驳回起诉。在这种情况下，只能考虑解散公司并对此进行清算。对在特定条件下生效的判决，有关适用于股份回收的规则也同样适用于此（见边码 47）。当然，联邦最高法院不完全坚持上述前提条件。即，如果被告不说明其股份的价值，并试图以此拖延审判程序，则根据联邦最高法院的判决（BGHZ 16，317，325）法院可以暂时估计补偿金额，并告知被告可以提起另外的诉讼。

68 在法院规定期限内**支付补偿金**是公司的事务。只要不动用基本资本金，公司可以自行决定购买股份、出售股份、回收股份或通过其他手段利用股份。此时的法律状况与回收股份类似（见边码 42）。自动回收股份不符合公司法的体系，所以不应被认可。[7] 在支付补偿金之前，被开除者名义上仍是公司股东。[8] 但自法院判决生效起，他只能有限地行使权利，承担义务（见边码 47）。

69 有些开除判决仅仅在特定条件下生效。这是一个非同寻常的设置。在学术界它受到了广泛的批评。因为它把对开除争议以及补偿金的争议联系在一起，从而拖延了开除的

---

〔1〕 BGHZ 9，157，164；16，317，322；80，346，349；BGH GmbHR 1987，302；ZIP 1999，1843.

〔2〕 H. L.；a. A. OLG Nürnberg BB 1970，1371；weitergehend auch bei mehrgliedriger Gesellschaft *Joost* ZGR 1984，71，100.

〔3〕 BGHZ 32，17，22；BGH GmbHR 1991，362；BayObLG BB 1993，1547.

〔4〕 A. A. *Grunewald* aaO 157 f.

〔5〕 BGHZ 9，157，176；16，317，323 ff；OLG Hamm BB 1992，2311；OLG Düsseldorf GmbHR 1999，543，547.

〔6〕 BGHZ 9，157.

〔7〕 A. A. BGHZ 9，157，178.

〔8〕 BGHZ 9，157；173；OLG Frankfurt ZIP 1997，644.

进行。[1] 1971年的《政府议案》第208条等规定：法院可以在开除判决中临时确定一个补偿数额。该数额应该根据公司的全部经营资产来确定，并且要在六个月以内付清。自支付补偿金之时起，开除产生效力。对过高的补偿要求，可以单独提起诉讼。这种解决方法应更具有可操作性。[2] 由于所有的规则都是建立在法官造法的基础上，所以联邦最高法院也不能在没有法律条款规定的情况下完全接受采用这些规则。

---

〔1〕 *A. Hueck* DB 1953, 776; *R. Fischer* FS W. Schmidt, 1959, 117, 129; Hachenburg/*Ulmer* Anh. nach § 34 Rdn. 29 ff.

〔2〕 *Rowedder* § 34 Rdn. 61; *Soufleros* aaO 78 f; *Ulmer* tritt neuerdings dafür ein, von einem auflösend bedingten Ausschlußurteil auszugehen, s. *Ulmer*, FS Rittner 735; Hachenburg/*Ulmer* aaO.

# 第三章　有限责任公司的组织结构

## §31. 概　　述

1. 法定管理机构

1　有限责任公司的管理机构与股份有限公司不同，由于立法者希望赋予有限责任公司更多的灵活性，因此在实践中，它的形式就更加多种多样。法律仅仅规定了**两种机构**，即经理（《有限责任公司法》第6条、第35条以下）和股东会（《有限责任公司法》第45条、第48条）。与股份有限公司相比，这两种机构常常会在人员上全部或部分地存在着同一性。法律规定监事会为可选择设立的机构。如果公司设置了监事会，可以通过公司合同规定其组成、职权和相关程序。但是也可以辅助性地适用股份法的规定（《有限责任公司法》第52条第1款）。与设置监事会相比，更为普遍的是设置股东委员会、管理委员会或咨询委员会。它们主要作为顾问机构行使其职能，也可被赋予重要的决策职权。雇员仅仅在企业组织法规定的共同决定权的框架之下参与企业领导。

2　**经理**对外代表公司。与股份有限公司的董事会不同，他们不是独立地管理企业，而是根据公司合同或股东决议的规定管理公司业务（《有限责任公司法》第37条第1款、第45条）。因此对企业制度和经营管理的重要决策权掌握在股东手中。在章程规定的框架下，股东确定内部职权分配，可将所有决策权收归己有，并有权对经理发布指示。**股东会**是企业最高机构和决策中心。根据有关职权的法律规定，它主要掌管着公司的财务权和人事权（《有限责任公司法》第46条）。

2. 章程自由

3　**公司合同**对于有限责任公司的法定管理模式几乎可在所有方面予以变更。一方面它可削减经理的权利，使其成为一个附属的、类似于雇员的职位。不可更改的仅仅是经理的代表权（《有限责任公司法》第37条第2款）以及经理须独自负责地履行保护债权人和公众的义务（见下文§32边码1）。在这方面与所有的贸易公司相同。相反，章程也可将股东的大部分权利转移给经理或监事会、管理委员会，或者限制一般股东的权利以确保个别股东的特别权利（见上文§27边码6）。不允许通过章程进行变更的仅仅是对章程修改的权利和少数股东的法定权限。当然，在这些情况下，作为企业最高机构的股东会拥有最终的监督权，尤其是当企业的组织结构出现问题时。[1]

4 在法律实践中,由章程自治所提供的自由空间在很大程度上削弱了机构之间的平衡和相互监督。极端情况为一人公司,其中股东同时被聘为惟一的经理。这里人事上的重合实际上排除了组织法上的机构分离;企业完全掌握在“业主”手中。在其他情况下,经理如同股份有限公司的董事会独立领导企业。这通常表现在这样的一些公司身上:一位或数位股东被同时聘为经理,他或者他们对公司拥有决定性的影响力,而其他股东则在很大程度上只能依赖不可剥夺的少数股东的法定权利。在经理同时并不是股东的企业里,股东需要考虑的是将重大的经营决策权保留在自己手中。

3. 负有共同决定义务的企业

5 在那些适用**共同决定法**的企业中,情况则有所不同。[2] 由于共同决定是通过监事会实现的,所以这些企业必须设置监事会。对监事会的组成和职权基本上适用股份法的强制性规定。在适用《煤炭和钢铁工业职工共同决定法》和《共同决定法》的企业中,还须聘任一名职工经理。[3] 不同的职权架构导致经理的独立性增强。详细情况将在§35予以阐述。

## §32. 经　理

### I. 经理的法律地位

参考文献: *Gustavus*, Probleme mit der GmbH ohne Geschäftsführer, GmbHR 1992, 15; *Hohlfeld*, Der Notgeschäftsführer der GmbH, GmbHR 1986, 181; *Konzen*, Geschäftsführung, Weisungsrecht und Verantwortlichkeit in der GmbH und GmbH & Co. KG, NJW 1989, 2977; *Schiedermair*, Der ausländische Geschäftsführer einer GmbH, FS Bezzenberger, 2000, 393; *U. H. Schneider*, Die Geschäftsordnung der GmbH-Geschäftsführer, FS Mühl, 1981, 633; *Stein/Voerste*, § 6 II 2 GmbHG, 76 III 2 AktG: Verfassungswidrige Berufsverbote, AG 1987, 165; 376; *Wachter*, Ausländer als GmbH-Gesellschafter und -Geschäftsführer, ZIP 1999, 1577; *Westermann*, Der Notgeschäftsführer der GmbH - Der Mann zwischen den Fronten, FS Kropff, 1997, 681.

1. 经营管理机构和代理机构

1 经理为公司的经营管理机构和代理机构,公司通过经理参与法律活动(第35

---

〔1〕 BGHZ 12, 337.

〔2〕 §§ 77 BetrVG 1952, 1 II, 3 II MontanmitbestG, 1, 3 MitbestErgG, 1, 6, 7, 25 MitbestG.

〔3〕 §§ 13 MontanmitbestG, 13 MitbestErgG, 33 MitbestG.

条第1款)。与股份有限公司的董事会(《股份法》第76条)相比,经理只是在少数情况下拥有独立的领导权,也即根据法律规定,他们必须单独承担法定义务的情况。他们应按照规定进行簿记和编制资产负债表(《有限责任公司法》第41、42条)。他们不得将维持股本所必需的公司财产返还给股东,只能有限制收购公司自身股份(《有限责任公司法》第30条第1款、第33条;见下文§37.I.、III.)。此外他们须负责向商务注册处履行必要的登记手续(《有限责任公司法》第78条)。如果公司支付不能或资不抵债,他们须申请破产和和解程序(《有限责任公司法》第64条)。如果公司的亏损额达到初始资本的一半,他必须通知股东并召集股东会(《有限责任公司法》第49条第3款、第84条第1款第1项)。经理尤其负有以公司名义报税的义务(《税收条例》第34条)。

2 此外,经理只在公司合同和股东决议授权的范围内进行经营管理和领导企业。在内部关系上,他们**受股东指示约束**(《有限责任公司法》第37条第1款、第45条)。[1] 即使在适用《共同决定法》的企业中法律规定了职工经理的最低法定权限,[2]但是公司合同或股东决议依然可以确定经理之间的职权分配,并可以为他们制定**业务规章**。[3] 由于公司享有极大的章程自由,经理的职权及其实际作用,在他和股东会的关系、特别是与多数股东和单一股东的关系方面变化很大。在大企业里,经理委员会被设置得如同股份有限公司的董事会,并在可能情况下被赋予类似的独立性。而且在很多情况下,也聘任总经理,其地位与股份有限公司中的董事长相似。[4] 而在家族企业或其他股东掌握大权的情况下,经理只是一个事务上的和人事上的从属的职位,相当于高级雇员,对于他们则相应地适用劳动法上的保护性规定。[5]

3 在所有情况下都应在章程和**聘用合同**中明确任务和职权。如果没有相应的章程规定,则权限划分适用《有限责任公司法》第37条第1款、第45、46条的规定。根据法律设计的方案,只要股东多数决议不予反对,则由经理承担企业经营管理和领导企业的角色。

4 作为企业机构成员,经理不是《商法典》第1条意义上的商人。[6]

### 2. 名额

5 法律没有规定经理的**名额**。即使一名,也可。只有当必须聘任职工经理时,公司才须至少拥有两名经理,因为《共同决定法》要求职工经理为公司代理机构中一

---

〔1〕 BGHZ 31, 258, 278; OLG Düsseldorf ZIP 1984, 1476, 1478; h. M.; vgl. *Konzen* NJW 1989, 2977; Einzelheiten s. unten IV 2.

〔2〕 Vgl. §§ 13 MontanmitbestG, 33 MitbestG.

〔3〕 OLG Stuttgart GmbHR 1992, 48; *U. H. Schneider* FS Mühl 1981, 633.

〔4〕 S. oben § 14 II.

〔5〕 Man spricht in solchen Fällen etwas provokativ von "Zölibatsklauseln"; s. unten III 2.

〔6〕 OLG Frankfurt BB 1970, 1507.

名享有同等权利的成员。[1] 相反,如果没有经理,公司就不能存在。即使将经理的全部权限转移至第三人,比如一名代理人,也不允许。[2] 没有经理的有限责任公司不能在商务注册处进行登记。如果在商业登记处登记以后所有经理离去或由于法律上或事实上的原因经理无法进行经营管理,在可能情况下须由法院指定一名**应急经理**(《民法典》第29条)。[3] 如果此项聘任长时间无法得以实现,则构成一个重要的公司解散事由(《有限责任公司法》第61条)。

应急经理只有在紧急情况下才予以指定,其任期终止于障碍排除时。[4] 当没有经理时,或由于法律上或事实上的原因经理无法行使其职权,并且公司机构无法在适当时间内进行补救,则有必要聘任应急经理。[5] 如果章程要求公司至少有两名经理代表,而若只有一名时,也有必要聘任应急经理。除股东有权提出申请外,还有债权人、[6]管理机关;当需要第二位经理或对解任的有效性表示怀疑时,经理也可以提出请求。[7] 申请人可建议适当人选,但登记注册法院并不受其约束。[8] 6

3. 自我管理机制和第三者管理机制

经理可由股东和第三人担任(《有限责任公司法》第6条第3款)。法律既允许采用**自我管理机制**也允许采用**第三者管理机制**,因此使得灵活性得以最大程度地实现。实际上股东经理和非股东经理常常在地位和影响上有着很大的区别,尤其是当合同赋予股东进行经营管理的特别权利时。因此无论是股东还是第三人被聘为经理时,都应在公司合同和聘用合同中特别谨慎地确定权利和义务。 7

4. 任职条件

经理只能由具有**完全行为能力的自然人**担任(《有限责任公司法》第6条第2款)。即使征得法定代理人同意或按照《民法典》第112、113条的规定,也不得聘任限制行为能力人。[9] 如果被聘任的经理丧失行为能力,其职务随即终止。[10] 此 8

〔1〕 H. L. sowohl zu § 13 MontanmitbestG wie zu § 33 MitbestG; vgl. *Raiser*, MitbestG § 33 Rdn. 6 mwN.

〔2〕 BGHZ 13, 61, 65; 34, 27, 31; 64, 72, 76.

〔3〕 Vgl. *Hohlfeld* GmbHR 1986, 181; *Gustavus* GmbHR 1992, 15; *Westermann* FS Kropff 682.

〔4〕 BayObLG NJW 1981, 955; OLG Frankfurt GmbHR 1986, 432; BayObLG GmbHR 1995, 896; GmbHR 1998, 1123, 1125; GmbHR 1999, 1292.

〔5〕 BayObLG GmbHR 1997, 1002.

〔6〕 Vgl. OLG Hamm GmbHR 1996, 210 (Antragsberechtigung der Gläubiger zur Anfechtung bei Ablehnung einer Bestellung).

〔7〕 BayObLG GmbHR 1998, 1123, 1125.

〔8〕 BayObLG NJW 1981, 995, 996; OLG Hamm aaO.

〔9〕 OLG Hamm GmbHR 1992, 671.

〔10〕 BGHZ 115, 78; OLG Düsseldorf GmbHR 1994, 114; *Goette* DStR 1998, 939.

外,自从1980年《有限责任公司法修正案》颁布以来,法律禁止因破产犯罪行为(《刑法典》第283—283d条)而被判处刑罚的人员在其判刑后的五年内从事企业管理。[1] 被处罚不得从事某职业和行业的人员在禁令期限内不得担任经理(《有限责任公司法》第6条第2款第2、3句)。[2] 以上都是法律规定的不得出任经理的原因,它们使聘任无效。为了保证这些禁止性规定得以遵守,《联邦中央登记法》第51条第2款规定,经理对注册法院负有无限**告知义务**。法院或公证人必须将此义务告知经理。在申请中,经理应保证他们已被告知并且不存在妨碍他们出任经理的情况(《有限责任公司法》第8条第3款)。[3] 如做虚假陈述,他们将承担损害赔偿责任并受刑事处罚(《有限责任公司法》第9a条、第82条第1款第4项;见上文§26边码139)。

9 法律没有规定其他资格条件。因此外籍人士可担任经理,这通常发生在外国企业在德国的子公司里。德语水平和境内住所并不构成任职的前提条件。不过司法判例要求该外籍人士事实上有能力和随时履行经理的法定义务,尤其是簿记义务。[4] 为此仅仅具备通讯地址、电话和电子邮箱是不够的。[5] 对于欧盟内的非德国公民,由于他享有迁徙自由的权利,所以不存在法律障碍。[6] 其他国家人员如果没有居留许可,则其行使职务可能受到妨碍。[7]

10 **公司合同**可任意规定其他任职条件,比如最低年龄或某家族成员或某股东团体成员。也可以规定由一独立专家或咨询委员会确定一定条件,出任经理的人必须受此约束。[8]

5. 经理代理

11 根据《有限责任公司法》第44条的规定,可以聘任经理代理。其在公司内部的法律地位取决于其被赋予的经营管理权限;法律没有限定其只在经理受阻的情况下代理经理。根据法律规定其享有的代理权和承担的责任与经理相同。[9] 因此经理代理的情况不必在商务注册处进行登记。[10]

---

〔1〕 Vgl. LG Köln NJW RR 1995, 553.

〔2〕 Verfassungsrechtliche Bedenken gegen die Vorschrift äuβern *Stein* AG 1987, 165 und *Voerste* AG 1987, 376; zur Reichweite BayObLG GmbHR 1987, 20; OLG Frankfurt GmbHR 1994, 802.

〔3〕 Vgl. dazu BayObLG DB 1982, 273; 1983, 2408.

〔4〕 BGH NJW 1981, 2125, 2126; OLG Hamm ZIP 1999, 1919.

〔5〕 OLG Köln GmbHR 1999, 182; und dazu *Mankowski* EWiR 1999, 261; OLG Hamm ZIP 1999, 1919; *Wachter* ZIP 1999, 1577; *Schiedermair* FS Bezzenberger 393.

〔6〕 Vgl. EuGH NZG 1998, 809.

〔7〕 OLG Köln aaO.

〔8〕 S. unten § 34 II. 如果按照共同决定法第31条经理由监事会聘任,则此类资格条件不可对选择的自由性予以限制。就此点而言适用与股份有限公司相应的规定。(s. oben § 14 III 1).

〔9〕 Ebenso § 94 AktG; s. oben § 14 II 1.

〔10〕 BGH GmbHR 1998, 181.

6．商事通讯地址的公开

基于1969年的欧共体第1号公司法指令，原本适用于股份有限公司(《股份法》第80条)的有关商事通讯地址的公开要求也扩及至有限责任公司(《有限责任公司法》第35a条)。据此，在所有**向确定的收件人发出的商业信函**上须注明公司法律形式和住所、主管登记法院和登记号码、经理姓名，在可能情况下，需要注明监事会主席姓名。如果对有关公司资本的事项作了说明，就须注明股本及尚未缴纳的出资总额，即必须说明供债权人支配的责任资本。 12

**如果违反**该规定，该信函所包含的意思表示并不因此无效，因此它不涉及《民法典》第125条意义上的法定形式的规定。不过，它们可被撤销或构成缔约上过失责任或法律表象责任。[1]《有限责任公司法》第35a条也是《民法典》第823条第2款意义上的有利于商业伙伴的保护性规定。[2]此外，为了保证这一规定得以遵守，登记法院可根据第79条第1款判处罚金。 13

## II. 经理的代理权

参考文献：*Altmeppen*, Gestattung zum Selbstkontrahieren in der GmbH, NJW 1995. 1182; *Bachmann*, Zum Verbot von Insichgeschäften im GmbH-Konzern, ZIP 199, 85; *Baum*,. Die Wissenszurechnung, 1999; *Baums*, ZGR 1993, 363; *Beuthien*, Zur theorie der Stellvertretung im Gesellschaftsrecht, FS Z? llner, 1998, 87, *ders.*, Gibt es eine organschaftliche Stellvertretung?, NJW 1999, 1142; *Ekkenga*, Insichgeschäfte geschäftsführender Organe im Aktien- und GmbH-Recht unter besonderer Berücksichtigung der Einmann-Gesellschaft, AG 1985, 40; *R. Fischer*, Der Miβbrauch der Vertretungsmacht auch unter Berücksichtigung der Handelsgesellschaften; FS Schilling 3; *ders.*, Zur Anwendung von § 181 BGB im Gesellschaftsrecht, FS Hauβ, 1978; 61; *Gach/Pfüller*, Die Vertretung der GmbH gegenüber ihrem Geschäftsführer, GmbHR 1998, 64; *Geβler*, Zum Miβbrauch organschaftlicher Vertretungsmacht, FS v. Caemmerer, 1978, 531; *Goette*, Das Organverhältnis des GmbH-Geschäftsführers in der Rechtsprechung des Bundesgerichtshofs, DStR 1998, 938; *Grunewald*, Wissenszurechnung bei juristischen Personen; FS Beusch, 1993, 301; *Hoffmann/Liebs*, Der GmbH-Geschäftsführer, 1995; *John*, Der Miβbrauch organschaftlicher Vetretungsmacht, FS Mühl, 1981; 349; *ders.* GmbHR 1983, 90; *Jüngst*, Der Miβbrauch organschaftlicher Vertretungsmacht, 1981; *Klamroth*, Vertretung der Gesellschaft bei Verträgen mit einem geschäftsführenden Gesellschafter, BB 1975, 851; *Koller*, Wissenszurchnung, Kosten und Risiken, JZ 1998, 75; *Konzen*, Geschäftsführung, Weisungsrecht und Verantwortlichkeit in der GmbH und GmbH & Co. KG, NJW 1989, 2977;

[1] LG Heidelberg GmbHR 1997, 446, 447.

[2] Zutreffend LG Detmold GmbHR 1991, 23.

*Medicus*, Probleme der Wissenszurechnung, Karlsruher Forum 1994, 4; Michalski, Miβbrauch der Vertretungsmacht bei überschreiten der Geschäftsführungsbefugnis, GmbHR 1991, 349; *Plander* Rechstgeschäfte zwischen Gesamtvertretern, DB 1975, 1493; *Raiser*, Kenntnis und Kennenmüssen von Unternehmen, FS Bezzenberger, 2000, 561; *Roth*, Miβbrauch der Vertretungsmacht durch den GmbH-Geschäftsführer, ZGR 1985, 286; *Timm*, Mehrfachvertretung im Konzern, AcP 193 (1993), 449; *Waltermann*, Zur Wissenszurechnung - am Beispiel der juristischen Personen des privaten und des öffentlichen Rechts, AcP 92 (1992), 181; *Zitzmann*, Die Vorlagepflichten des GmbH-Geschäftsführers, 1990.

1. 代理权范围

14 (a)如同对所有贸易公司而言,经理是有限责任公司的**代表机构,其代理权涉及所有**因有限责任公司参与法律交往而带来诉讼的和非诉讼的业务。[1] 在对外关系上,它**不受限制,也无法受到限制**(《有限责任公司法》第36条、第37条第2款)。公司合同的修改和公司内部意志的形成不是代理权内容。除经理外,还可聘任商事代理和总代理。但他们拥有的法律上的代理权不得妨碍经理独立行使份内职权。

15 属于经理的职权还有指定**商事代理**和**总代理**、**撤销**代理权或授权,但是从内部关系来看,为此必须由股东形成相应的决议来决定(《有限责任公司法》第46条第7项)。在不考虑有关滥用规则的情况下,该决议不具有对外效力。[2] 位于对内和对外关系之间的是对**经理**的**聘任**和**解聘**。执行这种机构职权的是股东自己(《有限责任公司法》第46条第5项),或可以设立一个监事会或咨询委员会,并通过章程规定,将这些职权授予监事会或者咨询委员会。[3] 根据到目前为止的司法判例和学说,它们的权限还包括订立、修改和解除聘用合同。[4] 这里的法律情形与股份有限公司的董事会成员的相似。《共同决定法》强制规定必须由监事会来代理公司对抗经理。[5] 此外,根据《有限责任公司法》第46条第8项的规定,股东必须代理公司**对经理提出损害赔偿的请求**,并在针对经理的诉讼中代理公司。

16 **对离任的经理**则由现任经理代表。与个别经理开展的**第三者交易**也属于对外关系,但是如果聘用合同对这种交易作了规定,则不属于上述情况。

---

[1] Kritisch zum Begriff der organschaftlichen Vertretungsmacht *Beuthien* FS Zöllner 87; *ders.* NJW 1999, 1142.

[2] BGHZ 62, 166; zum Miβbrauch s. unten Rdn. 22.

[3] BGHZ 12, 337, 340.

[4] Vgl. BGH GmbHR 1991, 363; GmbHR 1995, 373, BGH DStR 1997, 2036 mit Anm. *Goette*; DStR 1998, 459, 460; OLG Düsseldorf ZIP 1993, 1547, 1550; OLG Nürnberg NZG 1999, 124; angedeutet auch schon in BGHZ 89, 48, 54. Vgl. auch *Baums* ZGR 1993, 148; *Goette*, DSt 1998, 1137; *Gach/Pfüller* GmbHR 1998, 64.

[5] § 25 MitbestG i. V. m. § 112 AktG; s. unten § 35 III 2.

**就公司和个别股东之间的交易而言**也存在着类似的界定问题。[1] 根据主流观点，属于经理职权范围内的对外业务有：同意出让受限制转让的股份（《有限责任公司法》第 15 条第 5 款；见上文 § 30 边码 9）、根据《有限责任公司法》第 17 条第 1 款的规定同意分割股份（上文 § 30 边码 2）、回收公司自己的股份（《有限责任公司法》第 34 条；上文 § 30. III.）及获得并且出让公司自己股份（《有限责任公司法》第 33 条；下文 § 37. III.）。[2] 不过，人们不能从相关概念的考虑中寻求解决这些问题的办法。在公司内部关系中，到底是由股东还是由经理负责，首先应通过解释公司合同来解决。如果章程中缺乏相关职权规则，那么，从《有限责任公司法》第 46 条第 4 项的规定中可以得出结论：股东应该负责股份的分割和回收。如果存在疑虑，人们可以基于相反的决定、同时也出于切实可行和交易安全的原因认为：《有限责任公司法》第 15 条第 5 款、第 33 条规定的情况属于经理的职权范围。如须股东会作出决定，单个股东不能以经理的职权来对抗股东会的决议。这里不适用《有限责任公司法》第 37 条第 2 款的规定，因为该规定的目的是为了保护商业交易中的对方当事人，公司内部事务不属于商业交易。[3] 17

法律明确规定，如果缺少必要的股东决议，签订的变更合同无效（《变更法》第 13 条及其他条款；见下文 § 46 边码 47）。按照《股份法》中有关康采恩的规定，同意的原则还适用于康采恩合同：在签订企业内部合同时，公司的股东会必须作出决议，而在签订支配合同和盈余移转合同时，则受益公司的股东会必须作出相应的决议（《股份法》第 293 条第 1、2 款）。该规定类推地适用于有限责任公司康采恩法。[4] 18

（b）在**内部关系**上，可以通过各种方式对经理的经营管理权进行限制，无论是公司合同、股东决议和指示，还是聘用合同或为经理而指定的业务规章都可以规定相关的限制措施。可以考虑的限制有：禁止经理签订所有的土地交易合同、规定特定的交易需要得到股东或监事会的批准、规定股东对某一特定业务拥有的指示权[5]、将经理的职权限定在经理负责领导企业的职权范围内。限制在公司内部关系中具有强制的效力，即使没有正式规定，经理也不能无视股东明显的或可推测的意愿。若有疑问，经理在采取所有不寻常的措施时，须取得股东的同意，因为公司政策由他们决定。[6] 19

---

〔1〕 Vgl. zum folgenden die zu den Personengesellschaften ergangene Urteile RGZ 73, 343, 345; BGHZ 38, 26, 32; BGH BB 1974, 996; BB 1976, 527, die sinngemäβ auf die GmbH übertragen werden können, und dazu Baumbach/Hueck/*Zöllner* § 35 Rdn. 49; Scholz/*Schneider* § 35 Rdn. 25 ff.

〔2〕 A. A. namentlich Baumbach/Hueck/*Zöllner* § 35 Rdn. 49.

〔3〕 BGH ZIP 1997, 1419; BAG ZIP 1994. 1290, 1292.

〔4〕 BGHZ 105, 324; (s. unten § 54 II 1).

〔5〕 OLG Düsseldorf ZIP 1984, 1476, 1478; OLG Frankfurt GmbHR 1997, 346, 348; vgl. *Konzen* NJW 1989, 2977. Zur Weisungsfreiheit in der Anwalts-GmbH nach § 59 f IV BRAO *Römermann* GmbHR 1999, 529.

〔6〕 BGH GmbHR 1991, 197; OLG Düsseldorf ZIP 1984, 1479; OLG Frankfurt GmbHR 1989, 255; OLG Koblenz ZIP 1990, 1572; *Zitzmann* Vorlagepflichten; *Goette* DStR 1998, 938, 942.

20　**典型案例**:B 和 R 各以 50% 的股份设立了 X 有限责任公司,并被分别聘为有单独代理权的经理,二人之间发生争执。B 在 R 不知情的情况下向其税务顾问转账 600,000 马克,后者将此款项转给一家银行。此款项用于为该银行对公司与第三方企业之间签订的一份合同所作保证进行担保,根据该合同,第三方企业应为公司制造新的产品设备。联邦最高法院认为,这一举措无论从其金额还是重要度来看都超越了迄今为止的公司经营,因此按照《有限责任公司法》第 49 条第 2 款的规定须提交股东会。B 一定预料到,R 不会同意这笔交易,因而不可能获得多数决议。B 不可违背 R 可能的意愿来行使自己作为经理的代理权(BGHNJW1984,1461)。

21　经理必须遵守此类限制。如果违反这些限制,就必须承担损害赔偿责任(《有限责任公司法》第 37 条第 1 款、第 43 条)。但是,如果违反股东的非法决议和指示,特别是那些违反资本维持规定和公法规定的义务的决议和指示,则属于例外情形。[1] 如果股东决议是可以撤销的,这可不是简单撤销了经理的服从义务。但是在可能情况下经理可以自己撤销相关的决议。[2] 根据《有限责任公司法》第 37 条第 2 款的规定,经理没有遵从限制而签订的交易行为通常为有效。

22　(c)在**滥用代理权**的情况下,尽管有《有限责任公司法》第 37 条第 2 款的规定,已缔结的合同依然无效。[3] 这是指经理和公司的客户故意以损害公司利益为目的而进行交易,或二者故意以损害公司利益为目的而进行行为,即使双方之间没有达成可以证明的约定(所谓的准共谋)。在其他情况下,这一界定是有争议的。最近一种相对严格的观点得到了普遍的认同,它将对交易的保护放在首要位置,公司则必须承担经理不诚实行为的风险。这一看法是正确的。

23　必须对滥用机构代理权提出比对滥用法律行为代理权如商事代理更高的要求。[4] 因为不能指望公司的客户在代理权没有法律限制的情况下,仍然要求公司机构向其出示有关内部职权限制的证明,或就此向股东查询。[5] 为了保护公司客户的利益,只要经理的行为具备了越权的客观要件,即经理的行为超越其经营管理的权限。无需证明故意或过失。通过无意识的行为而给公司造成了损害,更是如此。只有当公司客户知道(经理)越权经营时或按照所谓的"显著理论""不得不认

〔1〕 BGHZ 31, 258, 278; BGH NJW 1974, 1088, 1089.

〔2〕 Vgl BGHZ 76, 159.

〔3〕 Schrifttum: *R. Fischer* FS Schilling 3; *Geβler* FS v. Caemmerer 531; *Heckelmann* JZ 1970, 62; *John* FS Mühl 349; *ders.* GmbHR 1983, 90; *Jüngst*, Miβbrauch organschaftlicher Vertretungsmacht; *Michalski* GmbHR 1991, 349; *Roth* ZGR 1985, 265; *K. Schmidt*, GesR § 10 II 2; *Flume*, I/2, 369 ff; *Wiedemann*, GesR I, 527 ff.

〔4〕 Dazu BGHZ 50, 112; BGH BB 1976, 852; WM 1980, 1453; DB 1981, 840.

〔5〕 Baumbach/Hueck/*Zöllner* § 37 Rdn. 28.

为经理滥用代理权并给公司造成损害”时,他才不得主张行为的有效性。[1]

**典型案例**:在边码20介绍的案例里,联邦最高法院确定,税务顾问了解两位股东之间的紧张关系并清楚B向R隐瞒该交易的意图。该税收顾问必然了解R的同意是必要的,但恐怕不易获得。因此他不得主张他根据B的委托将B交付的款项转给银行是为履行一项形式上有效的委托,他必须承担将此款项返还给公司的责任,就像经理没有经过授权的作为一样。[2] 24

代理权的滥用会导致合同**暂时无效**。公司可根据《民法典》第177条的规定确认这些合同的效力。按照《民法典》第138条的规定交易双方串通的行为是无效的;此外如果从其他情况看,相关的行为违背善良风俗,也没有法律效力。在有效情况下,可能要按照《民法典》第242条的规定对合同进行调整。[3] 25

(d)在**劳动法上**,经理以公司名义承担雇主和企业主(《雇员代理共同管理法》第106条、第111条以下)的作用。在**诉讼**中,经理代理公司。他只能作为一方当事人而不是证人(《民事诉讼法》第455条第1款)。[4] 在针对经理的诉讼中,如果设有监事会,公司由监事会代表(《有限责任公司法》第52条)。否则须根据《有限责任公司法》第46条第8项的规定指定一名特别代表(见下文§33边码4)。 26

2. 共同代理

如果章程没有作出其他规定,必须由所有的经理**共同代理**公司(《有限责任公司法》第35条第2款第2句)。但是,公司合同也可比照《商法典》第125条、《股份法》第78条的规定指定单独代表,或规定由两位股东共同代理;还可以规定由一名经理和一名商事代理构成的非真正的共同代理。[5] 公司合同也可规定由股东会、监事会或咨询委员会来规定公司的代理关系。[6] 是否能由经理自行确定,是有争议的。[7] 反对意见认为,共同代理是经理相互监督的工具,因此不应通过经理的决 27

---

〔1〕 So die Formulierung in BGH NJW 1984, 1462; ferner BGHZ 113, 315; BGH GmbHR 1996, 113; OLG Hamm GmbHR 1997, 1000, 1001; in der Tendenz übereinstimmend *John* GmbHR 1983, 90; Baumbach/Hueck/*Zöllner* aaO; *Lutter/Hommelhoff* § 35 Rdn. 14; Roth/*Altmeppen* § 37 Rdn. 36; vgl. auch BGH WM 1988, 704; Rowedder/*Koppensteiner* § 37 Rdn. 53.

〔2〕 BGH NJW 1984, 1461. S. ferner BGHZ 113, 315(zu § 164 BGB).

〔3〕 Str., vgl. Scholz/*Schneider* § 35 Rdn. 139; Roth/*Altmeppen* § 37 Rdn. 38f.

〔4〕 Zur Abgabe eidesstattlicher Versicherungen s. OLG Hamm DB 1984, 1927; DB 1985, 105.

〔5〕 Vgl. BGHZ 13, 61, 64; 62, 166; 99, 76. 在非真正共同代表的情况下,代表权不超越商法典第49条以下商事代理的权限。

〔6〕 RGZ 164, 177; BGH GmbHR 1975, 201; OLG Düsseldorf GmbHR 1991, 20.

〔7〕 Dafür Hachenburg/*Mertens* § 35 Rdn. 78, Scholz/*Schneider* § 35 Rdn. 67; Rowedder/*Koppensteiner* § 35 Rdn. 43; dagegen Baumbach/Hueck/*Zöllner* § 35 Rdn. 54; *Lutter/Hommelhoff* § 35 Rdn. 33.

定权而排除这种监督。[1]

28 也可以赋予一名经理单独代理权，其他经理只赋予真正的或非真正的共同代理权。比照《商法典》第125条和《股份法》第78条的规定，共同代理的行使可有多种形式。如果两个代理共同发出意思表示，或者分别发出事前约定的意思表示，那么，只有在两个部分意思表示有效的情况下整个意思表示才有效。[2] 此外一外一内的共同代理模式，也是允许的，即其中的一名共同代理负责对外交易，另一名代理则负责审核批准该交易（《民法典》第182条以下）。如果没有事先同意的话，意思表示的效力取决于事后的批准。最后，经理可将由其决定的个别交易或特定种类的交易进行授权（《商法典》第125条第2款、《股份法》第78条第2款）。[3] 相反，代理权的移转，即将无限制的授权或总的代理权转让给另一位享有共同代理权的经理是不允许的，因为它与共同代理的性质不符。[4]

29 如果只聘任一名经理，则必须授予其**单独代理权**，因为必须有人能代理公司。如果两名经理中的一名离开公司，则共同代理权变为单独代理权。相反，一旦聘任一名新经理，则又恢复共同代理。[5] 如果仅仅是一名**共同代理受阻**不能履行其职责，另一名并不由此即获得单独代理权。万一短期内无法找到其他解决办法，公司必须聘任应急经理。[6] 在**非真正共同代理**的情况下，要始终注意保持经理代理的可能性，因为公司不能普遍地将其意愿与一名非机构性的、仅为法律行为代理的商事代理发生联系。[7]

30 有关代理权的规定及任何变更须在**商务注册处注册**，而且注册的内容必须对商业伙伴而言十分清楚明确（第39条）。[8] 如章程中没有明确的规定，则必须进行另外的注册。

### 3. 消极代理和知情代理

31 如果意思表示仅仅是向经理送达的，那么不管法律或者合同是对代理如何规定，意思表示对公司总是有效的（《有限责任公司法》第35条第2款第3句、《民事诉讼法》第171条第3款）。即使法律后果是以**知情**和其他类似主观要件为前提，一位经理的知情就足够了。通常情况下，一名在此期间以及离任的前任经理知情，也足够了。不过，最新的司法判例通过与自然人的比较修改了这一原则，即公司不

---

〔1〕 Vgl. BGHZ 64, 72, 76; BGH ZIP 370, 371（"机构意思形成和意思表示的权限不得转让"）。

〔2〕 BGHZ 53, 210, 215; BGH NJW 1959, 1183.

〔3〕 BGH WM 1986, 315.

〔4〕 BGHZ 34, 27; BGH GmbHR 1979, 272; WM 1986, 315.

〔5〕 Bauambach/Hueck/*Zöllner* § 35 Rdn. 52; *Lutter/Hommelhoff* § 35 Rdn. 25.

〔6〕 BGH aaO.

〔7〕 H. L.; vgl. *Hachenburg/Mertens* § 35 Rdn. 253.

〔8〕 BGHZ 3, 261, 264.

会丢失曾经拥有的信息。因此如果前任经理没有把其知道的信息转告他人、没有备案或没有变成数据并予以保持,公司可以"忘记"信息。另一方面,公司必须认识到通常必须通过上述方式记录信息。因此,经理必须采取措施建立适当的公司内部信息存储和交流系统,防止丢失有用的信息或无法调取存储的信息。〔1〕

**典型案例:**仅仅一名经理的知情或必须知情就足以排除公司的善意取得。〔2〕如果经理知道收到了一封确认信件,则视为公司的知情;如果经理知道没有签订有效的聘用合同就聘用了一位员工,也是如此。〔3〕经理的恶意行为也视为是公司的行为。〔4〕相反,公司可主张参与缔结合同的经理犯有错误。〔5〕 32

4. 自我代理行为

经理的代理权是有限制的。根据《民法典》第181条的规定,经理既不得自行签约,也不得进行双方代理。因此经理不能以公司的名义与自己签订合同,或自己同时作为第三方代理与公司签订合约。但是,如果签订这种合同仅仅为了履行已经存在的债务或仅仅给公司带来法律上的利益,则不受上述限制的制约。〔6〕这一禁令通常在典型的有限两合公司中尤为重要。在这种公司中,有限股东通常会与承担无限责任的有限责任公司之间签订合同从事交易,或者在两合公司修改合同时,经理同时为有限责任股东。此外,在康采恩的不同企业里通常存在着复合机构代理,这也使得上述禁令十分重要。〔7〕根据新近的司法判例,该项禁令不适用于团体意思形成行为,即股东会的投票表决。〔8〕违反禁令的意思表示暂时无效。根据《民法典》第181条的规定,它须经过非相关经理的批准,而且这些经理必须符合有效代理的人数要求。在内部关系中,必须由聘任机构形成一个决议。〔9〕此外,为了保证交易的有效进行,相关的交易行为必须以为外界知晓的方式进行。在通常情 33

---

〔1〕 Vgl. BGHZ 109, 327; 117, 104; 132, 30; 133, 129; 134, 343; (auch zur Zurechnung des Wissens von Arbeitnehmern der Gesellschaft und sonstiger Hilfspersonen), Einzelheiten bei *Medicus* Karlsruher Forum 1994, 4; *Taupitz* ebenda 37; *Waltermann* AcP 192 (1992), 181; *Grunewald* FS Beusch 1993, 301; *Hagen* DRiZ 1997, 157; *Scheuch* FS Brandner 121; *Flume* AcP 197 (1997), 441; *Koller* JZ 1998, 75; *Baum*, Wissenszurechnung, 1999; *Raiser* FS Bezzenberger 561.

〔2〕 Vgl. zum Verlust des guten Glaubens gemäβ § 819 I BGB BGHZ 83, 293; gemäβ § § 989/990 BGB BGHZ 135, 202.

〔3〕 Vgl. BGHZ 20, 149; 41, 282, 287; vgl. aber auch BGH WM 1988, 216 betr. Duldungsvollmacht.

〔4〕 RGZ 81, 433; BGH WM 1955, 830; BGHZ 109, 327; 117, 104; 132, 30.

〔5〕 RGZ 78, 347, 354.

〔6〕 BGHZ 59, 236.

〔7〕 Vgl. BGH BB 1968, 481; GmbHR 1976, 242; GmbHR 1979, 252; *Timm* AcP 193 (1993), 449; *Bachmann* ZIP 1999, 85.

〔8〕 BGHZ 52, 316; BayObLG BB 1984, 1117.

〔9〕 Hachenburg/*Mertens* § 35 Rdn. 230.

况下,必须签订书面合同。[1]

34 在**共同代理**的情况下,每位代理人都受该禁令约束。如果两位经理有权共同代理公司,但其中的一人意与公司签订合同。在这种情况下,联邦最高法院允许该经理授权另一人单独代表公司。不过,这个决定受到了学术界的合理批评。因为这样就使得共同代理不能实现其设计目的,即不能保证有效对以公司名义出现的经理进行相互监督。[2] 根据联邦最高法院的司法判例,转授权不能规避上述禁令。[3]

35 可以解除《民法典》第181条对经理的约束。通常聘任机构[4]如股东会拥有这一解除权。有争议的是:是否应该在章程中对此进行明确规定或者章程中是否至少应规定授权的依据?[5] 但是并不存在强制性的原因,要求在每一情况下都必须有章程依据。[6] 如果普遍性地解除经理的上述义务,那么必须在公司合同中予以明确规定,而且必须在商务注册处登记。[7]

36 在一人公司中,**负责经营管理的股东的自我代理行为**会引发特别重要的问题。对于这种情况,联邦最高法院起先也借助《民法典》第181条的规定,并作出判决:股东只能通过修改章程允许其进行自我交易。[8] 1971年4月19日联邦最高法院又对此作出了一个原则性判决。[9] 在这一判决中,它修正了以前的判例,理由是一人公司的股东不需要保护,而且《民法典》第181条并不适合于保护债权人和法律交易的安全;相反,最高法院仅仅强调:必须对交易进行书面记录或至少按照规定进行簿记。[10] 这一判决在学术界引起了热烈的讨论。[11] 1977年的政府草案曾准备将联邦最高法院的司法判例纳入法律之中。但立法者出于法律安全的原因决定重新适用《民法典》第181条(即现在的第35条第4款)。据此,如果负责经营管理

〔1〕 BGHZ 75, 358, 363; BGH NJW 1991, 1730, OLG Düsseldorf GmbHR 1993, 583.

〔2〕 BGHZ 64, 72; kritisch dazu *Klamroth* BB 1975, 851; *Plander* DB 1975, 1493; *Reinicke* NJW 1975, 1185; Hachenburg/*Mertens* § 35 Rdn. 228; Baumbach/Hueck/*Zöllner* § 35 Rdn. 76; *Lutter/Hommelhoff* § 35 Rdn. 18; dem BGH folgend dagegen Scholz/*Schneider* § 35 Rdn. 94; Roth/*Altmeppen* § 35 Rdn. 63.

〔3〕 BGHZ 64, 72, 76; 91, 334, 336.

〔4〕 BGHZ 33, 189, 192.

〔5〕 Nach BGHZ 33, 189 nicht erforderlich; a. A. BayObLG DB 1984, 1517; *Ekkenga* AG 1985, 40, 47.

〔6〕 Vgl. *Altmeppen* NJW 1995, 1182.

〔7〕 BGHZ 87, 59, 61; 114, 167, 170; BayObLG DB 1984, 1517; OLG Stuttgart OLGZ 1985, 37. Eine statutarische Befreiungsermächtigung ist nach OLG Hamm BB 1996, 2270, und OLG Frankfurt GmbHR 1994, 118 nicht eintragungsfähig.

〔8〕 BGHZ 33, 189.

〔9〕 BGHZ 56, 97.

〔10〕 BGHZ 75, 358.

〔11〕 Vgl. *Plander*, Rechtsgeschäfte des Gesellschaftergeschäftsführers der Einmann-GmbH mit sich selbst; *Blomeyer* AcP 172 (1972); 4; *R. Fischer* FS Hauβ 1978, 61.

的单一股东欲与公司签订合同,则必须在章程中规定其对于《民法典》第 181 条禁令的豁免权或至少规定了有关豁免的授权[1]。[2] 章程的规定必须在商务注册处登记。[3] 每项交易须予以记录(第 35 条第 4 款第 2 句)。

如果公司事后变为一人公司,原章程中赋予的豁免继续有效。[4] 没有豁免的,必须首先通过章程的修订赋予其豁免权或使这种豁免成为可能,然而股东可以逐个批准相关的交易。[5] 37

5. 机构责任

如果经理在行使其职务时对第三人负有损害赔偿义务,公司必须按照《民法典》第 31 条承担责任。[6] 如果经理实施了犯罪行为或违反治安条例行为,并且符合《社会治安法》第 29 条等规定的前提条件,可以判处公司缴纳罚金。这与股份有限公司的情况相同(见上文 § 14 边码 21)。 38

## III. 经理的聘任和解聘

参考文献: *Arteaga*, Endlich Konkurssicherheit für Unternehmerpensionszusagen, ZIP 1998, 276; *Bauer/Diller*, Koppelung von Abberufung und Kündigung bei Organmitgliedern, GmbHR 1998, 809; *Bauer/Gragert*, Der GmbH-Geschäftsführer zwischen Himmel und Hölle, ZIP 1997, 2177; *Baums*, Der Geschäftsleitervertrag, 1987; *Damm*, Einstweiliger Rechtsschutz im Gesellschaftsrecht, ZHR 154 (1990) 419; *Eckardt*, Die Beendigung der Vorstands- und Geschäftsführerstellung bei Kapitalgesellschaften, 1989; *ders.*, Einstweiliger Rechtsschutz bei Abberufungskonflikten bezügl. GmbH-Gesch? ftsführern NZG 1999, 215; *Fleck*, Das Organmitglied - Unternehmer oder Arbeitnehmer?, FS Hilger/Stumpf, 1983, 197; *ders.*, Die Drittanstellung des GmbH-Geschäftsführers, ZHR 149 (1985, 387); *ders.*, Schuldrechtliche Verpflichtungen einer GmbH im Entscheidungsbereich der Gesellschafter; ZGR 1988, 105; *Gaul*, Der leitende Angestellte in Doppelfunktion als Organmitglied, GmbHR 1989, 357; *Gehrlein*, Die Entlassung eines GmbH-Geschäftsführers, BB 1996, 2257; *Giesen*, Das neue Kündigungsschutzrecht in der Insolvenz., ZIP 1998, 46; *Gissel*, Arbeitnehmerschutz für den GmbH-Gesch? ftsführer, 1987; *Goette*, Das Organverhältnis des GmbH-Geschäftsführers in der Rechtsprechung des Bundesgerichtshofs, DStR 1998, 938; *ders.*, Das Anstellungsverhältnis des GmbH-Geschäftsführers in der Rechtsprechung des Bundesgerichtshofs, DStR 1998, 1137; ders.,

---

[1] OLG Hamm GmbHR 1998, 683; a. A. Baumbach/Hueck/*Zöllner* § 35 Rdn. 79.

[2] BGHZ 87, 60; OLG Köln GmbHR 1993, 37. Vgl. dazu die differenzierende Ausführungen von *Timm* AcP 193 (1993), 423 und *Bachmann* ZIP 1999, 85.

[3] BGHZ 33, 189; 87, 60; BayObLG BB 1980, 597; h. M.

[4] BGHZ 114, 171.

[5] BayObLG BB 1981, 869, GmbHR 1985, 116; OLG Köln GmbHR 1993, 37.

[6] BGHZ 98, 148; 99, 298; Einzelheiten bei Hachenburg/Raiser § 13 Rdn. 13, 15.

Der Geschäftsführerdienstvertrag zwischen Gesellschafts- und Arbeitsrecht in der Rechtsprechung des Bundesgerichtshofs, FS Wiedemann, 2002, 873; Groβ, Das Anstellungsverhältnis des GmbH-Geschäftsführers im Zivil-, Arbeits-, Sozialversicherungs- und Steuerrecht, 1987; *Heyll*, Die Anwendung von Arbeitsrecht auf Organmitglieder, 1994; *Henssler*, Das Anstellungsverhältnis der Organmitglieder, RdA 1992, 289; *Heubeck/Schmauck*, Die Altersversorgung der Geschäftsführer bei GmbH und GmbH & Co., 4. Aufl. 1998; *Hoffmann-Becking*, Nachvertragliche Wettbewerbsverbote für Vorstandsmitglieder und Geschäftsführer, FS Quack, 1991, 273; *Hohlfeld*; Der GmbH-Geschäftsführer im Spannungsverhältnis zwischen Arbeitgeberfunktion und Arbeitnehmereigenschaft, GmbHR 1987, 255; *Hueck*, Bemerkungen zum Anstellungsverhältnis von Organmitgliedern juristischer Personen, FS Hilger/Stumpf 1983, 365; *ders.*, Zur arbeitsrechtlichen Stellung des GmbH-Geschäftsführers, ZfA, 1985, 25; *Jaeger*, Der Anstellungsvertrag des GmbH-Geschäftsführers, 3. Aufl. 1994, *Lakies*, Zu den seit 01. 10. 1996 geltenden arbeitsrechtlichen Vorschrift der Insolvenzordnung, RdA 1997, 145; *Lieb/Eckardt*, Der GmbH-Geschäftsführer in der Grauzone zwischen Arbeits- und Gesellschaftsrecht, 1988, *Lunk*, Rechtliche und taktische Erwägungen bei Kündigung und Abberufung des GmbH-Geschäftsführers, ZIP 1999, 1777; *Martens*, Vertretungsorgan und Arbeitnehmerstatus in konzernabhängigen Gesellschaften, FS Hilger/Stumpf 1983, 437; *Nordhues*, Arbeitsrechtliche Anordnung von Organmitgliedern, 1992; *Reinfeld*, Das nachvertragliche Wettbewerbsverbot im Arbeits- und Wirtschaftsrecht, 1993; *Reiserer*, Der GmbH-Geschäftsführer im Arbeits- und Sozialversicherungsrecht, 1995; *Reuter*, Bestellung und Anstellung von Organmitgliedern im Körperschaftsrecht, FS Zöllner, 1998, 487; *U. H. Schneider*, Der Anstellungsvertrag des Geschäftsführers einer GmbH im Konzern; GmbHR 1993, 10; *ders.*, Gibt es einen Anspruch des Gesellschafters-Geschäftsführers einer GmbH auf Gehaltserhöhung?, FS Semler, 1993, 347; *Sudhoff*, Rechte und Pflichten des Geschäftsführers einer GmbH, 14. Aufl. 1994; *Tänzer*, Aktuelle Geschäftsführevergütungen in kleinen GmbH, GmbHR 1997, 1085; Thüsing, Nachorganschaftliche Wettbewerbsverbote bei Vorständen und Geschäftsführern, NZG 2004, 9; *Tillmann/Mohr*, GmbH-Geschäftsführer-Praktikum, 7. Aufl. 1999; *Trölitzsch*, Die Amtsniederlegung von Geschäftsführern in der Krise der GmbH, GmbHR 1995, 849; *Wehrmeyer*, Die arbeitsrechtliche Einordnung der Organe juristischer Personen, 1988. Vgl. ferner das Schrifttum zur Bestellung und Abberufung von Vorstandsmitgliedern einer AG, oben bei § 14 III.

1. 聘任

39 与股份有限公司的情况(见上文§14 边码45)相同,法律将聘任经理的团体法人行为和与此相关的债法性聘用合同作了区分(第38条第1款)。在不受共同决定约束的企业里,原则上通过公司合同的规定或者通过股东多数决议**聘任经理**(第6条第3款、第46条第5项)。在根据1952年《雇员代表共同管理法》第77条的规定以1/3的名额实行共同管理的企业中,也适用同样的规则。一人公司中的单一股东可聘任自己为公司经理。如果公司拥有多名成员,并且仅仅授予其中的一人为公司代表,则要适用《民法典》第181条。[1] 如果章程中没有其他规定,经理的**任期是没有**期限限制的。如果是根据章程的规定进行聘任时,还要区分是否由此授予被聘任人一种特别权,并且应该将有关聘任的条款视为章程的真正的组成部分还是非真正的组成部分。[2] 当然公司合同也可规定另外的聘任程序。

40 实践中,经常通过签订合同聘任一个股东或从股东家族中聘任一位经理,并授予其特别权利,或者由股东会提出有约束力的建议;[3]另外,还可将聘任权授予监事会或咨询委员会(见下文§34)。但是不允许将聘任权移交给现任经理,因为如果这样,就彻底改变了有限责任公司的两重组织结构。

41 与此相对,在适用《**共同决定法**》和《煤炭和钢铁工业职工共同决定法》的企业里,由监事会负责聘任。如同股份有限公司的经理一样,任职期限为5年(《共同决定法》第31条、《煤炭和钢铁工业职工共同决定法》第12条、《共同决定补充法》第13条及《股份法》第84条;见下文§35. III.)。如果一家企业事后转而适用《共同决定法》,而此前企业已经长期聘任了一位经理,那么,在根据《共同决定法》的规定组建监事会的5年后,监事会可以随时解聘该经理。撤销聘用合同必须由所投票数的多数意见作出决议,或者必须得到监事会中所有股东监事或所有职工监事的同意(《共同决定法》第37条第3款)。

42 聘任需经被聘任人**同意**。默示同意即可,履任或缔结聘用合同都是同意的表示方式。根据《有限责任公司法》第39条的规定,经理的聘任须在商务注册处进行登记。如果被聘任人不具备规定的条件,如无行为能力,则聘任无效。[4] 如果被聘任人尽管如此仍作为经理从事工作,只能有限地主张在援引瑕疵的期间内聘任是无效的。[5] 如果缺少章程规定的经理,则须在需要时聘任应急经理(见上文边码4)。

2. 聘用合同

43 (a)经理的**聘用合同**通常为劳务合同和商务代理合同(《民法典》第611条、第

〔1〕 BGHZ 112, 339.

〔2〕 S. oben §§ 26 II 4, 27 II.

〔3〕 Vgl. RGZ 165, 68; 170, 358; BGH BB 1962, 196; GmbHR 1982, 129; WM 1989, 250.

〔4〕 Zu einer nachträglich eintretenden Geschäftsunfähigkeit vgl. BGHZ 115, 78.

〔5〕 Einzelheiten bei *Stein*, Das faktische Organ, 1984; *Jarzembowski*, Fehlerhafte Organakte, 1984; vgl. auch BGHZ 115, 78.

675 条)。按照主流观点它不是劳动合同,因为经理具有雇主的作用。[1] 根据法律规定,重要的劳动法条款不适用于经理(《不当解雇保护法》第 14 条第 1 款第 1 项、第 17 条第 5 款第 1 项、《劳动时间法》第 18 条第 1 款第 1 项、《雇员代表共同管理法》第 5 条第 2 款第 3 句、《劳工法院法》第 22 条第 2 款第 2 项)。不过,已经证明有必要考虑被聘任的非股东经理和不独立的股东经理在经济上的附属性。

44 司法判例和文献区分非股东经理、不独立的股东经理和控制型的股东经理。对企业没有决定性影响的非股东经理和股东经理必须投保医疗险、养老险、交通事故险和失业保险(《雇员代表共同管理法》第 17 条第 1 款第 2 句)。[2] 对其相应地适用**《职工退休养老金法》**。[3] 非股东经理有要求提供**证书**的权利。[4] 在例外情况下,可由**劳工法院**负责经理和有限责任公司之间的争议。[5] 如果经理的地位与雇员相似,其薪水享受《民事诉讼法》第 850 条规定的免于扣押保护。[6] 他们可以就此根据《社会保障法典》第 3 编第 183 条的规定要求破产清算。[7] 解约期限也有所不同(见下文第 69 段)。与此相反,下列法律规定不适用于经理,例如《雇员发明法》的规定、[8]企业转让时有关劳务关系移转的规定(《民法典》第 613a 条)、[9]对严重残疾人的特殊解约保护[10]以及因危险性质的工作而减轻责任的原则[11]。

45 在实践中,区分非独立股东经理和作为企业主的股东经理是非常困难的。如果股东经理的持股低于 50%,联邦最高法院已经判断可以对他适用《职工退休养老金法》;但若数名股东经理共同拥有一定多数的股份,而且低于上述比例,就不得适用该法。[12] 根本上,质的标准

---

[1] BGHZ 49, 30, 31; 79, 291, 292; 91, 1, 3; 91, 217, 219; BAG GmbHR 1986, 263, 264; BAG NZA 1986, 68; aus dem Schrifttum *Gissel* aaO 7 ff; *Hohlfeld* GmbHR 1987, 255, 256; *Eckhardt* ZfA 1987, 467, 469; *Fleck*, FS Hilger/Stumpf 197; *Hueck* ZfA 1985, 25; *Groβ*, Das Anstellungsverhältnis; *Henssler* RdA 1992, 289; *Reuter* FS Zöllner 487; *Bauer/Gragert* ZIP 1997, 2177.

[2] BSG GmbHR 1974, 38; 1975, 36; 1975, 133; 1977, 131; 1987, 351, 352; *Figge* GmbHR 1987, 338, Hachenburg/*Stein* § 35 Rdn. 172.

[3] Vgl dazu Hachenburg/*Stein* § 35 Rdn. 264. Anders bei Gesellschafter-Geschäftsführern, die als "Unternehmer im eigenen Unternehmen" anzusehen sind, BGH BB 1981, 1154; GmbHR 1997, 843, 844; BAG GmbHR 1998, 84, 86.

[4] BGHZ 49, 30.

[5] BAG GmbHR 1981, 113 m. Anm. *Bauer* 109; BAG DB 1986, 1474; DB 1987, 2659; BAG GmbHR 1999, 816.

[6] BGH AG 1978, 162 zu Vorstandsmitgliedern einer AG. 根据主流观点,同时也是正确的观点,扣押保护扩及于企业主式的经理, vgl. Hachenburg/Mertens § 35 Rdn. 124; Scholz/*Schneider* § 35 Rdn. 198。

[7] Scholz/*Schneider* § 35 Rdn. 164.

[8] BGH WM 1990, 350.

[9] OLG Hamm GmbHR 1991, 466.

[10] BAG AP Nr. 1 zu § 38 GmbHG.

[11] BGH WM 1975, 467, 469; *Schneider* FS Werner 795, 804; *Hueck* ZfA 1985, 25, 33; *Pullen* BB 1984, 989 f; *Gissel* aaO 139; 这里的作者按行为类别区分。

[12] BGHZ 77, 94; 77, 233; BGH GmbHR 1981, 213; 1981, 239; 1981, 241; NJW 1990, 49; vgl. auch BAG GmbHR 1991, 458.

起决定作用。经理受指示约束，经济上不独立，即如果相对股东而言他不享有自己的得到法律保障的决策空间，而且其收入来自雇佣关系，又不能阻止解聘，那么则可适用劳动法上的保护性规定。[1] 这些特征通常在非股东经理那里得到体现；如果小股东出任经理时，也具有这些特征。但是如果在章程里或通过其他约定特别保证了其法律地位，则属于例外情形。[2]

46 聘用合同的**另一方当事人**为有限责任公司。只要章程和《共同决定法》没有规定另一代表机构（见下文§34，§35），则通常由股东代表公司来担任（《有限责任公司法》第46条第5项）。[3] 在实践中常见的情况是，经股东同意，[4]由第三人与经理订立聘用合同，如康采恩的母公司、公司背后的公共组织或有限两合公司中的两合公司。[5] 在这些情况下，有限责任公司是否根据《民法典》第328条的规定获得相关的权利，须通过解释予以判断。无论如何，从聘任行为中，公司已经拥有了机构性的职权。对聘用合同的形式没有法律规定。如果经理已行使其职权，则主张合同瑕疵的诉求没有溯及既往的效力。[6]

47 （b）经理必须**履行**聘用合同中规定的与其职务相关的**义务**。公司合同、股东决议或聘用合同都可以对经理的职责进行具体规定。[7] 公司合同是公司组织的法律基础。因此它享有优先效力。聘用合同须遵守公司合同确定的框架。因此，如果聘用合同中的承诺违反了公司合同的规定，从组织法的角度看，这种承诺没有效力。但它们可构成债法性的损害赔偿请求权的依据。[8] 如果事后修改公司合同，从而影响聘用合同中规定的经理权益，经理有权辞职，并以有重大事由为由解除聘用合同。

48 （c）**报酬**和退休金是经理的主要权益。对于报酬，法律没有规定。因此是否支付报酬以及报酬的高低，完全可由合同规定。它通常由一个固定数额和根据年度利润或营业额计算的红利组成，还可能包括费用补偿金、保险补偿金、奖金贴补金和其他附加补偿金。[9]

49 大多数经理的收入在125,000马克和250,000马克之间。这一数额包括上述各种红利。

---

〔1〕 So *Gissel* aaO 55 ff, 158.

〔2〕 *Gissel* aaO 89 ff, 158 f.

〔3〕 BGH ZIP 2000, 1442.

〔4〕 Str.; a. A. Scholz/*Schneider* § 35 Rdn. 170.

〔5〕 Baums, Der Geschäftsleitervertrag 58ff; *Martens* FS Hilger/Stumpf 437, 446 ff; *Hueck* ZfA 1985, 25, 36 f; *Fleck* ZHR 149 (1985), 387; Gaul GmbHR 1989, 357; *Henssler* RdA 1992, 302; *Schneider* GmbHR 1993, 10.

〔6〕 BGHZ 41, 282, 286; 65, 190, 194 (beide zur AG).

〔7〕 Zu Wettbewerbsverboten s. unter IV 2.

〔8〕 BGH LM Nr. 3 zu § 46 GmbHG; OLG Frankfurt GmbHR 1993, 288; *Fleck* GmbHR 1970, 221; *Reuter* FS Zöllner 487.

〔9〕 Vgl. *Tillmann/Mohr*, GmbH-Geschäftsführer-Praktikum 76 ff; *Evers/Grätz/Näser*, Die Gehaltsfestsetzung bei GmbH-Geschäftsführern, 4. Aufl. 1997.

1997 年经理的平均收入为229,000 马克,大约12% 的经理收入超过350,000 马克,8%左右的经理收入少于100,000 马克。[1]

50 《股份法》第87 条第1 款规定,经理的总收入应与其职责和公司的经营状况相协调。《有限责任公司法》中没有类似的规定。不过不允许通过对经理支付过高的报酬对股东进行隐性利润分配。[2] 在公司状况严重恶化时,经理应该根据《股份法》第87 条第2 款的规定同意适当**降低其报酬**。[3] 另一方面,如果在签订聘用合同后公司利润以事先不可预料的方式大幅度提高或者只有增加经理的报酬才能恢复建立公司合同规定的股东之间的平衡关系时,司法判例也根据忠诚义务例外地承认了经理的**提高报酬**的请求权。[4]

51 为了弥补通货膨胀的损失,通常可以制定一些**适应性条款**。如调整的幅度以生活费用指数为基准,需得到联邦银行的批准,联邦银行也通常会予以批准。[5] 更为普遍的是所谓的张力条款,即将经理的报酬与特定类似的职业群体的薪水挂钩。这种条款无需批准。

52 只有当聘用合同作出规定时,才须支付**退休金**和**遗属抚恤金**。[6] 其条件和金额也由合同确定。是否或在多大程度上提供这些保障,由公司自由决定。[7] 如果允诺退休金,其性质为对已提供的服务的报酬,而不是救济照顾。[8]

53 在经理职务结束时,可以不支付退休金,而可以重新约定支付**解雇补偿金**或提供私人防老性服务。如果经理的地位与雇员相似,根据《职工老年退休金法》第7 条、第16 条、第17 条第1 款第2 句的规定,通常可以根据通货膨胀损失而调整其请求的退休金数额;即使公司破产,他的这一请求权也受到保障。在其他情况下,司法判例确认有必要对经理的上述请求权进行调整。[9] 如果事后公司经济状况恶化,危及到公司的生存,卸任的经理有义务降低其薪

---

〔1〕 Zahlen nach *Tänzer* GmbHR 1997, 1085; vgl. ferner *ders.* GmbHR 2000, 596 sowie GmbHR 1999 R 353.

〔2〕 BGH GmbHR 1990, 345; s. unten § 37 II.

〔3〕 BGH GmbHR 1992, 605, 607, *Goette* DStR 1998, 1138.

〔4〕 Vgl. BGH GmbHR 1978, 12; dazu U. H. *Schneider* FS Semler 347, 360, *Henssler* RdA 1992, 289; OLG Nürnberg NZG 1999, 125.

〔5〕 § 3 Währungsgesetz und die Grundsätze der Bundesbank dazu.

〔6〕 Vgl. *Heubeck/Schmauck*, Die Altersversorgung der Geschäftsführer; *Brandes* WM 1998, 11; Scholz/*Schneider* § 35 Rdn. 199.

〔7〕 在67% 的小型有限责任公司和80%—90% 的大中型有限责任公司里,经理享有企业养老保险。*Tänzer* GmbHR 1997, 1085, 1087.

〔8〕 BGHZ 55, 274.

〔9〕 BGHZ 77, 94; 77, 233; BGH GmbHR 1981, 241; 1997, 844; BAG GmbHR 1998, 86.

酬。[1] 如果卸任经理的行为给公司造成严重损害,(公司)可以单方面撤销约定。[2]

3. 解聘

即使在经理终止其职务时,也必须注意组织法上的撤职和解除聘用合同的区别。根据《有限责任公司法》第38条第1款的规定,**撤职**——更准确地说应该称为解任。因为撤职只对将来产生法律效果,而且不受期限限制,可以在任何时候不必说明原因撤销经理职务。但是,必须由股东根据多数意见作出相应的决议(《有限责任公司法》第46条第5款)。在这方面与股份有限公司的董事有着根本的不同:[3]经理完全没有法律保护。法律将公司的利益置于经理的需要保护的利益之上。理由是如果经理已经得不到多数股东的信任,公司就可以立即解聘他。当然如果经理同时也是股东,他对此也有表决权,因此他可以利用其影响力阻止公司通过相关的决议。[4] 54

如果濒临危险,单个小股东不可能自己解聘经理。不过,在股东会作出决定之前,他可以根据《民事诉讼法》第916条、第940条的规定申请临时法律保护,以便暂时禁止经理履行其职责。[5] 此外在必要时,他可以忠诚义务为由要求其他股东同意撤销经理的职务。[6] 55

如果股东经理被赋予**经营管理的特殊权利**,那么只有经过该经理的同意,解任方为有效,除非存在重大事由(见上文§27. II.)。相反,非股东经理无法以同样方式保护自己,因为股东的多数意见可以修改章程中保护经理地位的条款,而经理却对此无能为力。能够保护经理的是债法性约定。当然,违背这种承诺不影响组织行为的效力。[7] 对于适用《**共同决定法**》和《煤钢工业职工共同决定法》的企业则不适用上述所有规定,而适用《股份法》第84条第3款的规定(见上文§14边码39)。 56

原则上,经理可随时辞职,没有期限限制,也无需有重大事由。[8] 但是,如果在不适当的时候辞职,或者辞职将使公司置于困境,则辞职属于滥用职权,因而没有 57

---

[1] BGH WM 1978, 1402.

[2] BGHZ 55, 274; BGH WM 1979, 1328; BGH ZIP 1984, 307, 308; OLG Stuttgart GmbHR 1998, 1034, 1036.

[3] § 84 III AktG; vgl. oben § 14 III 5.

[4] BGHZ 18, 210; BGH NJW 1969, 1483; OLG Düsseldorf ZIP 1989, 1554. 按照普遍的观点,只有在因重大事由而解任时他才根据第47条第4款不得参与表决(s. unten Rdn. 60)。

[5] OLG Frankfurt GmbHR 1998, 1126, *Eckardt* NZG 1999, 215, *Damm* ZHR 154 (1990), 419ff.

[6] Vgl. BGH GmbHR 1990, 76; OLG Düsseldorf WM 1990, 265 268.

[7] OLG Stuttgart GmbHR 1995, 230 betr. eine Klausel im Anstellungsvertrag, wonach der Geschäftsführer nur aus wichtigem Grund abberufen werden kann. Baumbach/Hueck/*Zöllner* § 38 Rdn. 10 f; *Lutter/Hommelhoff* § 38 Rdn. 13; Fleck ZGR 1988, 104, 123 f.

[8] BGHZ 78, 92; 121, 257; *Khatib/Shatüdi/Bögner* BB 1997, 1161; *Goette* DStR 1998, 941; *Kießling/Eichele* GmbHR 1999, 1165. Vgl. auch die Ausführungen zum Vorstand der AG (s. oben § 14 VI).

法律效力。[1]

58　**章程**可对**解聘**另行规定，特别是可将解聘权委托给监事会或咨询委员会。有争议时，享有聘任权限的机构有权解聘。[2] 章程既可以逐一列举特定的解聘原因，也可以一般性地规定：当出现业务上的或重大的原因时，可以解除经理的职务。章程中也可能包括着对解任权的限制，如规定将被聘为终身经理或任职至某一特定年龄，就是对解聘权的一种限制。在这种情况下，需通过解释来判定相应章程的含义。根据《有限责任公司法》第38条第2款的规定，出于重大事由可撤销经理的职务。这是强制性法律规定。因此不可随意变更。既不可以通过章程条款将重大事由的范围规定得比一般法律规定确定的更加狭小。也不能规定：必须以《有限责任公司法》第38条第2款、第46条第5项所要求的简单多数更高的多数意见，才能通过相关的撤销决议。[3]

59　如果出现**重大事由**，就可以合法解聘经理。经营管理的特别权利也不得与之对抗（见上文§27边码8）。有关重大事由的概念可参阅《股份法》中的相关论述（见上文§14边码39等）。[4] 在适用《股份法》第84条第3款规定的范围内，失去股东大会的信任也构成重大事由，除非失去信任是明显没有重要的实质性理由的。但这对《有限责任公司法》第38条第2款规定的撤职并不适用。否则任何多数的股东决议均可撤除经理的职务。这样，有关重大事由的限制就变得毫无意义。[5]

60　对出于重大事由而解任的**程序**，法律并没有详细规定。因此几乎在所有细节上都存有争议。根据《有限责任公司法》第38条第2款、第46条第5项的规定，撤销经理的职责必须由股东以简单多数的一致意见作出决议。根据《有限责任公司法》第47条第4款的扩张解释，相关的股东不得参加投票表决，因为股东大会出于重大事由而作出针对某股东的决议时，相关的股东不得参与表决。[6] 如果他依然参与了表决，并使得股东大会没有通过撤销其职务的决议，则大会存在程序性的错误。因此，失利的股东有权撤销决议（见下文§33. VII.）。相反，如果章程规定的经理被无理拒绝参加撤销其职务的表决，那么他有权撤销相关的股东决议，因为这里根本不存在重大事由。这种情况下既可以比照根据《股份法》第243条规定的程序

---

[1] BayObLG GmbHR 1992, 671, 672; 1999, 980; OLG Koblenz GmbHR 1995, 731; *Trölitzsch* GmbHR 1995, 857. Die Einzelheiten sind umstritten.

[2] OLG Düsseldorf WM 1990, 265, 267; vgl. auch BGHZ 12, 340.

[3] RGZ 124, 371, 379; 170, 358, 368; BGH NJW 1969, 1483; BGHZ 86, 177, 179. Zur Abberufung eines von einem Gesellschafterstamm präsentierten Geschäftsführers OLG Düsseldorf WM 1990, 265.

[4] Fälle: BGH ZIP 1992, 761; OLG Düsseldorf GmbHR 1994, 884 885; OLG Naumburg GmbHR 1996, 934, 937; LG Karlsruhe GmbHR 1998, 684, 685 (unheilbares Zerwürfnis zwischen zwei Geschäftsführern); OLG Hamm GmbHR 1985, 119 (Fälschung von Belegen); OLG Düsseldorf WM 1992, 14 (Bilanzmanipulationen); OLG Stuttgart GmbHR 1995, 229, 230 (Tötlichkeiten).

[5] BGH NJW 1960, 628; DB 1968, 2271; OLG Köln GmbHR 1989, 76 79.

[6] RGZ 124, 371, 380; 138, 98, 103 f; BGH NJW 1969, 1483; BGHZ 86, 177, 178 f; 97, 28, 33; s. unten § 33 V 2.

性错误,又可以以违反章程为由提起撤销决议的诉求。

非股东经理是否能够反对不合理的解聘保护自己的利益?以及如何对抗?这是不确定的。根据一般的规定,他并不享有撤销权,因为《股份法》第245条并不包括这种情况,而且这里又存在侵犯股东资格的情况。 61

**学术界的**一个新观点得出结论,认为经理不得不毫无抵抗地接受解聘。〔1〕这一观点是不正确的。因为这不仅与经理的机构地位和保护需求不相适应,而且使经理成为股东专制的对象。股东可以以重大事由为理由将解除其职务,而他却对此却无能为力。其实上,在**联邦最高法院**早期作出的判决中曾经提供了一条出路,经理虽然不能对抗撤职决议,却可以对基于撤职决议而向其作出的撤职意思表示提出无效之诉。如果无效之诉成立,撤职决议虽然有效,但却由于法律上的原因无法得以实施。〔2〕这一方法虽具有明显的人为特征,但通过这一迂回的方式,也能达到必要的目的。但是,新近的司法判例却认为:形式确定的撤销决议具有暂时的实质性的效力,而且只有通过撤销才能排除其效力。也正因为如此,这一方法也变得问题重重(见第64段)。 62

比较恰当的**解决方法**也许是:在具有造法意义的司法判例中赋予经理撤销权。实际上这也是公正合理的。因为在股份有限公司中的每一位董事会成员都可以根据《股份法》第84条第3款的规定针对解聘决议提起撤销之诉,而有限责任公司的经理却不享有任何法律救济办法,这将导致无法克服的价值取向矛盾。与股份有限公司相比,撤销之诉也是适当的诉讼形式,因为它是针对股东决议提起的。从这个角度上看,《股份法》第245条有关限制诉讼权人范围的规定不适合于有限责任公司,这就排除了类推适用的可能性。从法理角度看,在《有限责任公司法》第38条第2款规定的适用范围内,多数股东对机构地位的干预等同于其对成员资格的干预,这是一个经理享有撤销权的法律基础。 63

如果股东大会主席**正式确认了解聘**决议,那么根据目前得到广泛认同的观点〔3〕,不论是否对此提起撤销之诉,决议首先**具有法律效力**。涉及的经理将失去经营管理权和代理权。根据《有限责任公司法》第39条的规定,必须将决议送交商务注册处登记。此后如果经理继续以公司名义发出意思表示,必须根据《商法典》第15条和《民法典》第177条等的规定来判断这些意思表示的法律效力。应公司的申请,可以对被解任的经理采取临时保全措施,禁止他以公司名义开展活动,并且禁 64

---

〔1〕 Baumbach/Hueck/*Zöllner* § 38 Rdn. 26; *Lutter/Hommelhoff* § 38 Rdn. 27; Rowedder/*Koppensteiner* § 38 Rdn. 20; Scholz/*Schneider* § 35 Rdn. 58b; *Fleck* GmbHR 1993, 555.

〔2〕 BGH WM 1962, 811; 1966, 614; 1968, 1350, 1351; *Fleck* GmbHR 1970, 221, 222; Scholz/*Schneider* § 38 Rdn. 63; Meyer-Landrut/*Miller* § § 35-38 Rdn. 111.

〔3〕 BGHZ 51, 209, 212; 76, 154, 156; 104, 66, 69; Schrifttumsnachweise bei Scholz/*Schmidt* § 48 Rdn. 58; Baumbach/Hueck/*Zöllner* Anh. § 47 Rdn. 64.

止他进入公司办公区域。[1] 公司也可提起确认之诉,以确认被诉人不再是其经理。[2] 只有当决议因撤销而被最终宣布无效时,才重新恢复到最初的法律状态下。[3]

65 如果所涉及的经理能证明撤职决议没有理由,而且其提起的撤销之诉很可能获得成功,那么他可通过申请临时保全措施,以通过一项保留其经营管理权和代理权的规定。[4] 相反,如果在股东会讨论解聘决议时,相关的股东经理参与了表决,而且由于他的投票相关的决议案被拒绝,并且被正式确定,则该经理依然享有经营管理权和代理权。对此,提出解聘议案的股东必须提起撤销之诉和撤销决议确认之诉;在诉讼中,他们必须证明:因存在重大事由,考虑相关股东的表决权是正当的。他们也可以申请采取临时保全措施,以便在法院对撤销之诉作出最终判决以前就暂时剥夺经理的职权。

66 如果**没有正式确认**解聘决议,那么,在作出决议后至撤销期限届满或有关撤销判决生效之前这段时间里,该决议就暂时没有生效,为此必须寻求另外的解决办法。《商法典》第 117 条、第 127 条规定的诉讼的延迟作用是不适合的,因为人合贸易公司和有限责任公司的结构不同,因而不允许类推适用。[5] 另一方面,《股份法》第 84 条第 3 款第 4 句规定的"暂时有效性"也不能予以采纳,因为适用该条款必须具有明确的法律基础,而在决议没有得到确认时则不具备这一条件。因此根据联邦最高法院的司法判例,因重大事由而解聘的有效性主要取决于实际的法律状态,即是否存在重大事由。[6] 学术界也赞同联邦最高法院的上述观点。对判决生效以前的那种不确定状态,可以通过临时保全措施予以解决。如果一个公司只有两名股东,而且两名股东互相以重大事由为由撤销对方的经营管理权,并就此发生诉讼,这样就会出现上文所说的这种情况。

67 **典型案例**:在联邦最高法院审理的一起案件(BGHZ 86, 177)中,[7]A 和 B 各持有原告有限责任公司一半的股份。A 同时为公司的一位经理。B 根据《有限责任公司法》第 38 条第 2 款撤销了 A 的经营管理权限,理由是 A 因事不能行使其表决权,因此他只能单独作出决定(如果 B 为经理,A 也可采取同样的步骤)。A 不承认 B 的"决议"的效力,继续经营管理公司业务。期间 A 解除了一份公司出租写字楼的租赁合同,并将其另行出租。承租人认为 A 没

---

〔1〕 BGHZ 86, 177, 183; OLG Karlsruhe GmbHR 1993, 154; OLG Hamm GmbHR 1993, 743; OLG Zweibrücken GmbHR 1998, 373, 375.

〔2〕 BGH GmbHR 1999, 477. 与撤销之诉不同,此诉不设期限,但如果长期不予行使, 则可能丧失诉权。

〔3〕 Einzelheiten s. bei § 16 IX 4.

〔4〕 OLG Köln BB 1977, 464; OLG Hamm DB 1977, 765; OLG Braunschweig GmbHR 1977, 61; OLG Frankfurt BB 1979, 1630; einschränkend OLG Düsseldorf NJW 1989, 172.

〔5〕 BGHZ 86, 177, 180; OLG Stuttgart GmbHR 1995, 229; OLG Köln GmbHR 1995, 299.

〔6〕 BGH aaO 182.

〔7〕 Dazu *Schneider* ZGR 1983, 535.

有代理权，所以合同的解除无效，所以拒绝搬出。公司因此提出诉讼，要求租户搬出公司的房屋和赔偿公司损失。该案的关键是：对经理A的解聘是否有效？这是在有限责任公司和第三者的诉讼中必须先予判决的问题。联邦最高法院强调，不存在有关这种不确定状态的一般性规定。这里不能类推适用《商法典》第117条、第127条的规定，如果适用这一条款，那么，在法院作出判决以前，该解聘决议就没有法律效力；在这里也不能类推适用《股份法》第84条第3款第4句的规定；根据这一条款，在法院作出判决之前，解聘决议应该具有法律效力。在实际上，这里仅仅取决于是否存在解聘A的重大事由。

4. 聘用合同的终止

有关聘用合同的终止适用**《民法典》第620条等规定**。如果合同规定了期限，则合同于到期时终止（《民法典》第620条）；如果合同规定了终止条件，则于具备这些条件时，合同终止。解聘和辞职[1]本身都并不终止聘用合同；根据法律规定，它们最多只能构成解约合同的一般原因或特殊原因。当然合同双方可以约定：解聘和辞职将解除聘用合同的效力，或者应将这些行为视为可以无期限或有期限终止合同的重要原因。[2] 启动破产程序，并不终止合同。但是经理和破产管理人可以据此解除合同（《破产法》第113条）。[3] 68

从法律体系方面看，**普通解约**归属于《民法典》第621条规定的事项。[4] 但联邦最高法院却适用《民法典》第622条第1款。因为经理的保护需求与职员的保护需求相似。惟一的例外是经理同时为大股东。在这种情况下，不可能违背该股东意志而解除其职务。[5] 根据上款规定，双方解除合同的期限为4周，分别至每月15日或至月底。根据《民法典》第622条第2款的规定，解约期限按工作年限而延长。双方也只能按照《民法典》第622条第5款规定的标准约定更短的解约期。如果合同规定终身聘任或聘任期限超过5年，那么经理有权在5年后提前6个月解除合同，公司则无此权利（《民法典》第624条）。 69

**特殊解约**的前提条件是必须存在《民法典》第626条第1款意义上的重大事由。该条规定提出了比《有限责任公司法》第38条第2款更高的要求。这样，就与《股份法》第84条第3款规定的条款一样，并不是每项重大事由都能成为特殊解约的正当理由。[6] 70

---

[1] BGHZ 78, 82.

[2] BGH GmbHR 1990, 345; 1995, 653; ZIP 1999, 1669; Einzelheiten bei *Bauer/Diller* GmbHR 1998, 810.

[3] BGHZ 75, 209 zur früheren KO. Einzelheiten zur Rechtslage nach der InsO bei *Giesen* ZIP 1998, 46, *Lackies* RdA 1997, 145; *Warrikoff* BB 1994, 2338.

[4] OLG Düsseldorf BB 1976, 901; *Säcker* BB 1979, 1321, 1324; Baumbach/Hueck/*Zöllner* § 35 Rdn. 127.

[5] BGHZ 79, 291; 91, 217, 220 f; BGH ZIP 1987, 707, 708; OLG München WM 1984, 896, 897.

[6] S. oben § 14 Rdn 58.

71 为司法判例承认的重大解约事由有:犯罪行为或有犯罪行为重大嫌疑、[1]经理的自益交易[2]或变更长期的经营政策、[3]经营失误和公司经济状况恶化、[4]收受贿金[5]。关键的是必须根据《民法典》第 626 条所列举的要求总体性评价有关事实。[6]

72 按照《民法典》第 626 条第 2 款的规定,只能在获知重大事由的两周内解除合同。这一限制带来了许多实际困难,特别是导致解约的重大事由是经理和股东关系长期恶化的结果,也正是这种长期的过程彻底消除了他们之间的信任关系。如果根据经理的要求给经理一段思考的时间,以考虑是否协商一致终止这种聘用关系时,也会存在这样的情况。在这些情况下,期限自问题十分严重时起算,或者根据联邦最高法院新近的司法判例,则自该情况提交股东会讨论时起算。[7]

73 **有权解约**的是公司中负责缔结聘用合同的机构,根据法律规定即为股东会,股东会以简单多数作出决定,但根据《有限责任公司法》第 47 条第 4 款的规定,相关的股东经理不得参与投票。[8] 进行事先警告、召集相关的经理进行听证或者告知原因等,都不是生效的前提条件。[9]

74 聘任关系终止以后,经理应转交财务报表和商业文件(《民法典》第 666、675、259 条)。此外,他依然必须承担**忠诚义务**,特别是禁止将公司的商业机会为己所用。[10] 只有在聘用合同中对离职后的竞业禁止作出规定,并且公司给予离任经理提供了适当的补偿后,**竞业禁止**才对离任后的经理具有约束力。尽管如此,竞业禁

---

[1] Vgl. BGH WM 1956, 867; LAG Berlin GmbHR 1997, 839, 841.

[2] BGH GmbHR 1995, 296, 297, mwN.

[3] BGH BB 1967, 731; WM 1975, 176; BGH NJW 1991, 1681, 1682.

[4] BGH WM 1975, 761; WM 1976, 379.

[5] BAG AP § 626 Nr. 65.

[6] Weitere Fälle: Unfähigkeit zur Amtsführung oder Weigerung, das Amt zu führen (BGHZ 78, 82, 85; BGH WM 1976, 379, 380; OLG Celle GmbHR 1995, 728, 729); dauernder Widerstand gegen die von den Gesellschaftern beschlossene Geschäftspolitik (OLG Frankfurt GmbHR 1997, 346, 349); Spannungen zwischen den Geschäftsführern (OLG Koblenz ZIP 1986, 1120); Unregelmäβigkeiten bei der Buchführung (OLG Hamm GmbHR 1985, 119) und bei der Verwendung von Gesellschaftsmitteln (BGH GmbHR 1997, 998; OLG Hamm GmbHR 1995, 732, 733; OLG Köln DB 1994, 471; OLG Köln GmbHR 1996, 290); schwere Loyalitätsverletzung (KG NZG 1999, 764).

[7] BGHZ 139, 89. 细节可见关于股份有限公司董事会成员无期限限制解约时的相关情况的论述(s. oben § 14 Rdn. 58ff)。

[8] BGH NJW 1991, 1680; OLG Köln GmbHR 1991, 156.

[9] BGH ZIP 1995, 311; WM 1998, 1779; ZIP 2000, 667.

[10] BGH GmbHR 1978, 107; ZIP 1989, 986 (zur KG); GmbHR 1977, 43, 44; ZIP 1985, 1484; *Gaul* GmbHR 1991, 144.

止不得不适当地限制前任经理的未来职业生涯。[1] 经理是否拥有退休金请求权，视合同规定而定。

## IV. 经理的职责和责任

参考文献：s. die Angaben zur Verantwortlichkeit von Vorstandsmitgliedern einer AG bei § 14 IV，V und VI；ferner *Altmeppen*，Die Auswirkungen des KonTraG auf die GmbH，ZGR 1999，291；*Armbrüster*，Wettbewerbsverbote im Kapitalgesellschaftsrecht，ZIP 1997，1269；*Bastuck*，Enthaftung des Managements，1986；*Binge*，Gesellschafterklagen gegen Geschäftsführer in der GmbH，1994；*Brandner*，Haftung des Gesellschafter-Geschäftsführers einer GmbH aus culpa in contrahendo?，FS Werner 1984，53；Cahn，Vergleichsverbote im Gesellschaftsrecht，1996；*ders.*，Die Haftung des GmbH-Geschäftsführers für die Zahlung von Arbeitnehmerbeiträgen zur Sozialversicherung，ZGR 1998，367；*Ebenroth/Lange*，Sorgfaltspflichten und Haftung des Geschäftsführers einer GmbH nach § 43 GmbHG，GmbHR 1992，69；*Fleck*，Zur Haftung des GmbH-Geschäftsführers，GmbHR 1974，224；*ders.*，Zur Beweislast führt pflichtwidriges Organhandeln，GmbHR 1997，237；*Gehrlein*，Beweislast für Sorgfaltspflichtverletzungen von Geschäftsleitern，NJW 1997，1905；*v. Gerkan*，Die Beweislastverteilung beim Schadensersatzanspruch der GmbH gegen ihren Geschäftsführer，ZHR 154（1990），39；*Goette*，Die Haftung des GmbH-Geschäftsführers in der Rechtsprechung des BGH，DStR 1998，1308；*ders.*，Zur Verteilung der Darlegungs- und Beweislast der objektiven Pflichtwidrigkeit bei der Organhaftung，ZGR 1995，648；*Gross*，Deliktische Außenhaftung des GmbH-Geschäftsführers，ZGR 1998，551；*Grunewald*，Die unbeschränkte Haftung beschränkt haftender Gesellschafter für die Verletzung von Aufklärungspflichten im vorvertraglichen Bereich，ZGR 1986，580；*ders.*，Die Haftung von Organmitgliedern nach Deliktsrecht，ZHR 157（1993）451；*Heermann*，Unternehmerisches Ermessen，Organhaftung und Beweislastverteilung，ZIP 1998，761；*Höhn*，Die Geschäftsleitung der GmbH，1987；*Hübner*，Managerhaftung，1992；*Krieger*，Geltendmachung von Schadensersatzansprüchen gegen GmbH-Geschäftsführer，VGR 1999，111；*Lutter*，Zur persönlichen Haftung des Geschäftsführers aus deliktischen Schäden im Unternehmen，ZHR 157（1993）464；*ders.*，Due diligence des Erwerbers beim Kauf einer Beteiligung，ZIP 1997，613；*ders.*，Haftung und Haftungsfreiräume des GmbH-Geschäftsführers，GmbHR 2000，301；*Manger*，Das nachvertragliche Wettbewerbsverbot des GmbH-Geschäftsführers，GmbHR 2001，89；*Medicus*，Zur Eigenhaftung des GmbH-Geschäftsführers aus Verschulden bei Vertragsverhandlungen，FS Steindorff 1990，725；*ders.*，Die Außenhaftung des GmbH-Geschäftsführers，GmbHR 1993，533；*ders.*，Deliktische Außenhaftung der Vorstandsmitglieder und Geschäftsführer，ZGR 1998，570；*Pfeiffer*，Verletzung der Geheimhaltungspflichten nach §

---

〔1〕 BGHZ 91，1；OLG Düsseldorf GmbHR 1993，581；1996，931，933；1998，180，181；1999，120，121；OLG Frankfurt GmbHR 1998，376，378；OLG Oldenburg NZG 2000，1038；*Hoffmann-Becking* FS Quack 273；*Reinfeld*，Das nachvertragliche Wettbewerbsverbot；*Bauer/Diller* BB 1995，1136；*dies.*，GmbHR 1999，885；*Manger* GmbHR 2001，89.

85 GmbHG, FS Raisch 1995, 255; *Raiser*, Wettbewerbsverbote als Mittel des konzernrechtlichen Präventivschutzes, FS Stimpel 1985, 855; *Ransiek*, Zur deliktischen Eigenhaftung des GmbH-Geschäftsführers aus strafrechtlicher Sicht, ZGR 1992, 203; *ders.*, Strafrecht im Unternehmen und Konzern, ZGR 1999, 613; *Röhricht*, Das Wettbewerbsverbot des Gesellschafters und des Geschäftsführers, WPg 1992, 766; *Rowedder*, Zur Auβenhaftung des GmbH-Geschäftsführers - Versuch einer Systematisierung, FS Semler 1993, 311; *Scharpf*, Die Sorgfaltspflichten des Geschäftsführers einer GmbH - Pflicht zur Einrichtung eines Risikomanagement- und überwachungssystems, DB 1997, 737; *Semler*, Fehlerhafte Geschäftsführung in der Einmann-GmbH, FS Goerdeler 1987, 551; *Sudhoff*, Rechte und Pflichten des Geschäftsführers einer GmbH, 14. Aufl., 1994; *Thümmel*, Die persönliche Haftung von Managern und Aufsichtsräten, 1998; *Ulmer*, Die GmbH und der Gläubigerschutz, GmbHR 1984, 256; *ders.*, Schutz der GmbH vor Schädigung durch ihre Gesellschafter? - Zur Relevanz der Rechtsprechung zu § 266 StGB für das Gesellschaftsrecht, FS Pfeiffer 1988, 853; *Volhard/Weber*, Gesellschaftsvertragliche Verschwiegenheits- und Offenbarungspflichten bei der Veräuβerung von GmbH-Geschäftsanteilen, FS Semler 1993, 387; *Weimar*, Umweltrechtliche Verantwortung des GmbH-Geschäftsführers, GmbHR 1994, 82.

1. 谨慎义务

75 就经理的责任而言,会产生与股份有限公司的董事的责任同样的问题(见上文§14. IV. -VI.),《有限责任公司法》第43条也对此进行了类似的规定。除去法律中、公司合同中或聘用合同中规定的各项具体义务外,《有限责任公司法》第43条第1款和第2款规定了违反谨慎义务的**一般构成要件**:通常商人都必须承担这一义务。如同《股份法》第93条第1款一样,该条款起到了行为准则和原则性条款的作用。据此,经理必须在整个任职过程中为企业利益而开展各项活动(见上文§14边码62)。

76 《有限责任公司法》**第43条第3款**规定了几项保护初始资本的特别行为义务,从而对上述原则性条款作了补充。如果必须动用公司的初始资本,经理不得让公司支付款项或购买公司自己的股份。根据《有限责任公司法》第43a条的规定,他们不得用维持初始资本所必需的财产向其他经理、商事代理和总代理提供贷款。

77 《有限责任公司法》中的第43条第3款是《股份法》中第93条第3款的平行性条款,但更为简化(见§14边码6)。比照《股份法》第92条,《有限责任公司法》第49条第3款、第64条第1、2款规定了经理的义务:即初始资本损失一半时,经理必须召集股东会,在支付不能和资不抵债时,经理必须申请破产,以及在出现支付不能和资不抵债以后,经理不得再进行支付(见下文边码10)。《有限责任公司法》第9a条第1款、第31条第6款、第41条、第42a条及第57条第4款规定了其他特殊的经理责任的构成要件。[1]

〔1〕 S. oben § 26 VII 3 und unten § § 36 I, 37 III 5; 39 II 5.

违反聘用合同而产生的责任与**机构责任相同**。[1] 如果聘用合同尚未订立，或者合同因存在的瑕疵已终止，只要相关的经理在事实上确实履行了其职责，它就是有效力的。[2] 在商务注册处进行登记，对此没有影响。[3] 在因侵权而产生公司请求权的情况下存在请求权的竞合。[4] 78

具体而言，如同股份有限公司董事会成员的义务一样，可将**经理义务**分成五类： 79

(a) 经理须遵守上文中列举的、法律明文规定的**特别命令和禁令**及关于企业内部组织的**职权规则**（详见 §14 边码 66）。 80

遵守**维持资本规定**的义务，《有限责任公司法》第 43 条第 3 款特别规定了这一点。它同样适用于**资本替代法**。如果经理使用了受《有限责任公司法》第 32a 条约束的资金清偿公司债权人，或者允许债权人通过变现股东在公司危机时向公司提供的担保以满足其债权时，经理并不违反其机构义务。这是因为债权人并不受《有限责任公司法》第 30、32a 条约束。但是，如果在清偿债权人的债务的同时，公司获得了针对股东的偿还请求权，经理须及时向该股东提出清偿要求。否则经理必须承担《有限责任公司法》第 42 条第 2、3 款规定的责任。[5] **按规定进行簿记**不仅是具有公法性质的义务，而且面对公司，经理也负有这一义务。[6] 81

此外，经理应遵守章程、由股东决定的业务规章或聘用合同规定的**职权限制**。特别是经理必须将其活动限于章程确定的公司经营范围之内，尊重股东保留的批准权，听从股东的指示。[7] 82

(b) 经理应履行**一般**法律规定的公司**义务**，特别是为公司缴纳税金和社会保险费用，[8] 遵守刑事、劳动、工商和环保等方面的法律规定和[9] 卡特尔禁令等（见 §14 边码 67 等）。只要是公司承担的义务，经理就必须承担履行责任；如果公司没有履行而遭受损失时，经理必须承担损害赔偿责任。 83

---

〔1〕 BGH NJW 1989, 2697, wonach auch die Haftung nach § 687 II BGB konsumiert wird, BGH GmbHR 1997, 163, 164.

〔2〕 So mit Recht BGHZ 41, 282, 287; 47, 341, 343; 104, 44; 129, 30, 32; BGH GmbHR 1995, 128; zur vorläufigen Aufnahme der Geschäftsführertätigkeit nach § 16 II 2 TreuhandG; BGH NJW RR 1986, 1293; LG Weimar GmbHR 1997, 478.

〔3〕 BGH GmbHR 1995, 128.

〔4〕 BGH NJW 1989, 2697; BGH GmbHR 1992, 303. Zur deliktischen Auβenhaftung der Geschäftsführer s. unten V.

〔5〕 *Goette* DStR 1998, 1308.

〔6〕 BGH GmbHR 1991, 101; *Goette* ZGR 1995, 648.

〔7〕 Vgl. *Lutter* GmbHR 2000, 301, 303. Vgl. auch oben § 14 Rdn. 8 zur AG.

〔8〕 OLG Hamburg GmbHR 2000, 185; *Cahn* ZGR 1998, 367; *Jestaedt* GmbHR 1998, 672; *Medicus* GmbHR 2000, 7.

〔9〕 Vgl zum Strafrecht *Ransiek* ZGR 1992, 203; *ders.* ZGR 1999, 613, zum Umweltrecht *Weimar* GmbHR 1994, 82.

84 (c)经理还承担与其他经理和股东进行**友好合作的义务**,并且必须遵从公司合同或股东会决议规定的权限分工和业务分工。据此经理尤其必须进行充分的、相互的信息交流,并进行相互监督(见§14边码72)。

85 (d)**谨慎领导企业的义务**。该义务与股份有限公司董事会成员的义务类似(见§14边码74等)。该义务主要包括:按规定组织公司的运作并对其进行监督、定期监控公司的财务状况和资金状况、〔1〕对所有重要决策进行认真准备、避免过高的风险、领导和监督下属和同事。〔2〕只有在其自身行为存在过错时,经理才承担违反上述义务的责任。〔3〕如果企业陷入经济危机,应及时采取重整措施。应特别注意企业清偿能力的变化,确认资不抵债状况并编制相应的报表,以便危急情况下能够及时根据《有限责任公司法》第64条第1款规定提出破产申请。〔4〕只要经理拥有根据其自身判决自由经营决策的空间,则应按照公认的企业经济原则经营企业,维护企业利益(见§14边码13和边码76等)。

86 法律没有规定,必须像《股份法》第91条第2款规定的那样在有限责任公司中也建立相应的监督机制。在哪些情况下可以从一般谨慎义务中引申出经理的这一义务?依然是个悬而未决的问题。〔5〕

87 (e)**法律**对有限责任公司经理在**忠诚义务方面**的要求原则上与对股份有限公司董事会成员的要求相同(见§14边码80等)。如果股东对公司的经营管理也施加影响,它也承担同样的忠诚义务(见§28. IV.)。〔6〕根据忠诚义务的要求,经理必须对公司机密事项和公司秘密**承担保密义务**。《股份法》在第93条第1款第2句中对此作了明确的规定。但是《有限责任公司法》没有规定这一点。但《有限责任公司法》第85条比照《股份法》第404条规定,采取了刑法保护措施。〔7〕

88 忠诚义务还包括与《商法典》第112条、《股份法》第88条规定相适应的**竞业禁止**。〔8〕据此,经理自己不得从事与公司经营领域相同的业务,或在同类行业的公司中担任类似于经理的职务。除了狭义的竞业禁止以外,忠诚义务禁止经理自己,如

---

〔1〕 BGH GmbHR 1995, 299.

〔2〕 *Lutter* aaO 304 ff; vgl. auch BGHZ 109, 297; OLG Koblenz NZG 1998, 953, 954.

〔3〕 BGHZ 127, 336, 347; OLG Koblenz GmbHR 1991, 417.

〔4〕 BGH GmbHR 1995, 299.

〔5〕 Vgl. *Altmeppen* ZGR 1999, 291, 300; *Scharpf* DB 1997, 738, *Lutter/Hommelhoff* § 43 Rdn. 11

〔6〕 BGHZ 49, 30, 31; BGH GmbHR 1968, 141, 142; 1977, 43; BGH BB 1989, 1637, 1639.

〔7〕 Vgl. OLG Koblenz WM 1987, 480, 481. Zu den schwierigen Abgrenzungsfragen vgl. *v. Venrooy* GmbHR 1993, 609; *Pfeiffer* FS Raisch 260; *Volhard/Weber* FS Semler 387; *Lutter* ZIP 1997, 613 (beide zur Geheimhaltung bei due diligence zur Vorbereitung der Veräuβerung von Gesellschaftsanteilen oder des Unternehmens).

〔8〕 BGHZ 49, 30, 31; BGH GmbHR 1965, 194; WM 1976, 77; GmbHR 1977, 43; WM 1979, 1328, 1330; NJW 1986, 585, 586; BB 1989, 1637, 1639. *Armbrüster* ZIP 1997, 1269; *Röhricht* WPg 1992, 766.

同禁止股东那样,利用属于公司的商业机会。[1] 此外,应比照《股份法》第 88 条第 1 款的规定[2],以经理职务为主业的经理不得从事其他职业和工商活动。[3] 与此相反,对于同时兼任经理的单一股东而言,按照联邦最高法院的司法判例不适用竞业禁止。[4]

章程或聘用合同可对竞业禁止的适用范围进行具体规定,也可决定豁免经理的这一义务。[5] 由于这里蕴含着许多潜在的冲突,亟有必要制定相应的规则。法律没有规定任职结束以后的竞业禁止问题,因此无论如何都必须通过合同对此进行规定。[6] 如果免除经理的法定或约定的竞业禁止义务使公司成为一个附属企业,则它需接受法院的实质性审查(见下文 § 52. II. 2)。如果经理违反竞业禁止义务,公司享有损害赔偿请求权;此外,公司还获得《商法典》第 61 条和第 113 条规定的优先购买权。[7]《民法典》第 687 条第 2 款规定的因为自我交易行为而产生的返还请求权不适用于此。[8] 89

2. 法定职责界限

因经理不同于股份有限公司的董事会,不是**独立地管理**企业,因此,必须通过其承担的法律职责来界定其责任。只有在法律规定经理独自负责地从事经营管理,且不受股东指示约束时,特别是在《有限责任公司法》第43 条第3 款第3 句和第 64 条第 2 款第 3 句规定的情况下,经理才承担损害赔偿责任,而且援用股东决议并不能免除其这一责任。但是,经理的这一责任必须是清偿债权人的债务所必需的。在其他情况下,由股东确定企业利益。如果经理执行由股东确定的公司政策,即使他们认为该公司政策欠妥,也不能因为经理没有尽谨慎义务而追究其责任。[9] 但是如果经理没有采取足够的措施,促使股东注意其怀疑,则经理违反其承担的义务。如果经理执行了股东会决定的对其有约束力的指示,经理无需承担责任。[10] 这也不构成应受刑法处罚的不忠实行为。[11] 由此,在一人公司的情况下,只有在负 90

---

〔1〕 KG NZG 2001, 129; 所谓的商业机会学说也适用于有限责任公司的经理; vgl. oben § 14 Rdn. 81, ferner § 28 V。

〔2〕 S. oben § 14 Rdn. 52.

〔3〕 H. A.; vgl. *Raiser* FS Stimpel 855, 856. 这并不禁止经理对自己财产的投资和经营, BGH BB 1997, 1913。

〔4〕 BGHZ 119, 257; *Röhricht* aaO; *Goette* DStR 1998, 1139.

〔5〕 BGHZ 80, 69.

〔6〕 OLG Düsseldorf GmbHR 1999, 120; *Manger* GmbHR 2001, 89.

〔7〕 BGHZ 80, 69, 76; BGH BB 1989, 1637, 1639.

〔8〕 BGH BB 1989, 1637, 1639.

〔9〕 OLG Frankfurt GmbHR 1997, 346; *Ebenroth/Lange* GmbHR 1992, 69, 73.

〔10〕 BGHZ 31, 258, 278; BGH GmbHR 1974, 131, 132; *Fleck* GmbHR 1974, 224, 226; *Semler* FS Goerdeler 551, 556.

〔11〕 *Kohlmann* FS Werner 387; *Ulmer* FS Pfeiffer 853; Scholz/*Schneider* § 43 Rdn. 95; *Gribbohm* ZGR 1990, 1; *Fleck* ZGR 1990, 31 gegen die Rechtsprechung der Strafsenate des BGH (BGHSt 34, 379 und 35, 333).

责经营管理的单一股东违反上述**经理特殊义务**时，尤其是源自《有限责任公司法》第 43 条第 3 款和第 64 条第 2 款规定的义务时，才承担责任。[1]

91 比较困难的是**非法指示**。如果指示不是由股东会发出的，而是由个别股东或非主管的监事会或咨询委员会发出的，这些指示没有法律效力。如果指示违反由公司或经理个人承担的一般性法律义务（见上文边码 7 和边码 80 等），或违背善良风俗，指示同样无效，它们并不能减轻经理的责任。例如指示逃税或不缴纳社会保险费用，就是典型的例子。无效的指示通常也是可撤销的。经理无需执行这些指示。[2]

92 《有限责任公司法》第 43 条规定的责任为强行法。不能事先通过公司合同或聘用合同中的规定事前免除或者减轻经理的这一责任，例如，不得将上述责任仅仅限于重大过失。在违反了保证初始资本和申请破产义务的规定时，这是毫无疑问的。除此之外，由于今天企业的经营管理不再仅仅是股东的私人事项，而且还涉及雇员、债权人和社会公众，所以必须像《股份法》第 93 条一样，将《有限责任公司法》第 43 条当作一般性的强行法予以适用。[3]

3. 责任标准

93 如同《股份法》第 93 条第 1 款的规定一样，《有限责任公司法》第 43 条第 1 款不仅规定了经理责任的构成要件，而且同时规定了判定**违法和过错的标准**。经理须按照企业规模和类型及公司合同和聘用合同中规定的法律地位所要求的知识和能力去行使职责。如同《民法典》第 276 条的规定一样，这里规定的是以所承担职务的要求为依据的客观标准。经理只对自己违反义务承担责任，而无需根据《民法典》第 278 条或第 831 条的规定为其他经理或企业里的员工的错误而承担责任。如果公司有多名经理而且经理在相互之间进行了相应的分工，每位经理都必须对企业管理以及其他经理的行为进行一般性的监督（见 § 14 边码 72 等）。

94 如果因经理的行为使公司遭受损失，而经理的行为很可能是非法的，则比照《股份法》第 93 条第 2 款、《营业和经济合作社法》第 34 条第 2 款的规定，就违反义务和过错实行举证责

---

〔1〕 BGHZ 31, 258, 278; 119, 257; 122, 333, 336; 142, 92; GmbHR 1994, 459. 到目前为止，联邦最高法院没有最终确定，如果经理违反义务直接危及公司的生存，经理是否承担责任；vgl. BGH ZIP 2000, 493。

〔2〕 BGH GmbHR 1974, 131, 132; 1980, 127, 129; zu Einzelheiten siehe *Fleck* GmbHR 1974, 224; *ders*. ZHR 149 (1985), 387, 406; *Immenga* GmbHR 1973, 5, 8.

〔3〕 Sehr str.; wie hier *Lutter/Hommelhoff* § 43 Rdn. 2; Rowedder/*Koppensteiner* § 43 Rdn. 4; *Bastuck*, Enthaftung des Managements 90 ff; *Baums*, Der Geschäftsleitervertrag 213; im wesentlichen auch Hachenburg/*Mertens* § 43 Rdn. 12; a. A. Fleck GmbHR 1974, 224, 229; Baumbach/Hueck/*Zöllner* § 43 Rdn. 6; Scholz/*Schneider* § 43 Rdn. 185; *Meyer-Landrut* § 43 Rdn. 21; *Roth/Altmeppen* § 43 Rdn. 50.

任倒置。[1] 即经理须表明和证明他已按义务行事,尤其是他执行了股东指示。[2]

4. 请求赔偿的权利人

**请求损害赔偿的权利人**是公司。是否行使请求权由股东会以简单多数决定[3]（《有限责任公司法》第46条第8款）;在适用《共同决定法》的企业里则由监事会决定(《共同决定法》第25条及《股份法》第112条)。如果涉及的经理本人为股东,则该股东不得行使表决权(《有限责任公司法》第47条第4款)。这样,小股东也能有效的要求违反忠诚义务的经理——大股东赔偿公司所受的损失。如果提起司法诉讼,且涉及所有经理,则股东会须聘任一名特别诉讼代表(《民事诉讼法》第57条)。 95

与股份有限公司不同(《股份法》第93条第4、5款),有限责任公司可以**放弃损害**赔偿请求权或进行**和解**。如果免除经理的责任,则视为放弃损害赔偿请求权(见下文§33. I.3)。这同样适用于负有共同决定义务的企业,因为有关共同决定的法律并没有采纳《股份法》第93条第4款的规定。在《有限责任公司法》第43条第3款规定的情况下,而且主张损害赔偿是满足公司债务清偿要求所必需的,则公司不得放弃其请求权或进行和解(《有限责任公司法》第43条第3款第2句及第9b条)。[4] 鉴于法律的明确规定,这里排除对《股份法》规定的类推适用。**时效期限**为5年(《有限责任公司法》第43条第4款)。[5] 只有当清偿公司债权人的债务不需要经理支付的损害赔偿金时,方可通过约定缩短时效期限。[6] 96

只有符合股东诉讼的前提条件,**单个股东**方可主张公司的请求权(见上文§27. IV.)。[7] 但是与《有限责任公司法》第9a条、第31条第6款、第64条、第84条、第85条的规定不同,第43条不是《民法典》第823条第2款意义上的赋予股东自己请求权的保护性规定。[8] 对于**停止侵害之诉、消除影响之诉和强制之诉**适用与《股份法》相同的规定(见§14边码95以下)。 97

与《股份法》第93条第5款的规定不同,《有限责任公司法》第43条没有赋予债权人自己请求权。《有限责任公司法》第64条是《民法典》第823条第2款意义上的倾向于债权人的保护性规定。此外还有刑法,如《刑法典》第263条、第266条 98

---

〔1〕 Zu Beweiserleichterungen vgl. BGH GmbHR 1994, 459, generell zur Beweislastverteilung *Goette* ZGR 1995, 648; *Fleck* GmbHR 1997, 237, 239; *Gehrlein* NJW 1997, 1906; *Krieger* VGR Bd. 1, 1999; 126; *Heermann* ZIP 1998, 761, 767 mit unterschiedlichen Akzenten.

〔2〕 H. A.; vgl. BGH BB 1980, 1344; DB 1985, 2291; WM 1991, 281; zu Einzelheiten vgl. oben § 14 Rdn. 92; differenzierend *v. Gerkan* ZHR 154 (1990), 39.

〔3〕 Vgl. BGHZ 28, 355, 357 f.

〔4〕 Vgl. BGHZ 97, 382, 389; *Cahn*, Vergleichsverbote im Gesellschaftsrecht 103.

〔5〕 OLG Köln GmbHR 2001, 73; Einzelheiten bei § 14 Rdn. 94.

〔6〕 BGH GmbHR 2000, 187.

〔7〕 Vgl. *Binge*, Gesellschafterklagen in der GmbH, 1994.

〔8〕 H. M., vgl. zur AG oben § 14 Rdn. 96.

和《社会秩序法》第130条的规定。[1] 在其他情况下,债权人可扣押公司的损害赔偿请求权,将其转让给自己。[2]

## V. 对第三人的责任

参考文献: *Altmeppen*, Haftung der Geschäftsleiter einer Kapitalgesellschaft für Verletzung von Verkehrssicherungpflichten, ZIP 1995, 881; *ders.*, Probleme der Konkursverschleppungshaftung, ZIP 1997, 1173; *Altmeppen/Wilhelm*, Quotenschaden, Individualschaden und Klagebefugnis bei der Verschleppung des Insolvenzverfahrens über das Vermögen der GmbH, NJW 1999, 673; *Bork*, Haftung des GmbH-Geschäftsführers wegen verspäteten Konkursantrags, ZGR 1995, 509; *Brüggemeier*, Organisationshaftung. Deliktsrechtliche Aspekte innerorganisatorischer Funktionsdifferenzierung, AcP 191 (1991), 33; *Cahn*, Die Haftung des GmbH-Geschäftsführers für die Zahlung von Arbeitnehmerbeiträgen zur Sozialversicherung, ZGR 1998, 367; *Dauner-Lieb*, Berechnung des Quotenschadens - Besprechung des Urteils BGH ZIP 1997, 1542, ZGR 1998, 517; *Flume*, Die Haftung des GmbH-Geschäftsführers bei Geschäften nach Konkursreise der GmbH, ZIP 1994, 337; *Gross*, Deliktische Auβenhaftung des GmbH-Geschäftsführers, ZGR 1998, 551; *Geiβler*, Strittige Restanten bei der Haftung des GmbH-Geschäftsführers aus culpa in contrahendo, ZIP 1997, 2184, *Grünwald*, Die deliktische Auβenhaftung des GmbH-Geschäftsführers für Organisationsdefizite, 1999; *Haas*, Geschäftsführung und Gläubigerschutz, 1997; *ders.*, Fragen der Insolvenzverschleppungshaftung des GmbH-Geschäftsführers, NZG 1999, 373; *Jestaedt*, Neue und alte Aspekte der Haftung des GmbH-Geschäftsführers für Sozialversicherungsbeiträge, GmbHR 1998, 672; *Karollus* Weitere Präzisierungen zur Konkursverschleppungshaftung, JZ 1995, 269; *Kessler*, Die Verantwortlichkeit von Geschäftsführern einer GmbH gegenüber Dritten, GmbHR 1994, 429; *Kleindiek*, Deliktshaftung und juristische Person, 1997; *Kübler*, Die Konkursverschleppungshaftung des GmbH-Geschäftsführers nach der "Wende" des BGH, ZGR 1995, 481; *Lutter*, Haftungsrisiken des Geschäftsführers einer GmbH, GmbHR 1997, 329; *Maser/Sommer*, Persönliche Haftung des GmbH-Geschäftsführers in der Insolvenz der Gesellschaft, BB 1996, 65; *Medicus*, Zur Eigenhaftung des GmbH-Geschäftsführers aus Verschulden bei Vertragsverhandlungen, FS Steindorff 1990, 725; *ders.*, Haftung des GmbH-Geschäftsführers gegenüber Dritten aus Geschäften nach der Konkursreifen DStR 1995, 1432; *ders.*, Deliktische Auβenhaftung der Vorstandsmitglieder und Geschäftsführer, ZGR 1998, 570; *ders.*, Die interne Geschäftsverteilung und die Auβenhaftung von GmbH-Geschäftsführern, GmbHR 1998, 9; *Müller*, Geschäftsführerhaftung für Neugläubigerschäden, GmbHR 1996, 393; *ders.*, Die Haftung des GmbH-Geschäftsführers aus § 64 GmbHG bei unterlassener Konkursanfechtung, ZIP 1996, 1153; *ders.*, Neue Rechtsprechung zur Auβenhaftung von

---

[1] BGHZ 109, 297, 303; zu § 64 vgl. BGHZ 29, 100; 110, 342, 360.

[2] RG JW 1930, 2685 betr. den Liquidator.

GmbH-Geschäftsführern wegen die Nichtabführung von Sozialversicherungsbeiträgen, GmbHR 2000, 7; *Nölle*, Die Eigenhaftung des GmbH-Geschäftsführers für Organisationspflichtverletzungen, 1995; *Ransiek*, Zur deliktischen Eigenhaftung des GmbH-Geschäftsführers aus strafrechtlicher Sicht, ZGR 1992, 203; *Rowedder*, Zur Außenhaftung des GmbH-Geschäftsführers - Versuch einer Systematisierung, FS Semler 1993, 311; *K. Schmidt*, Gewschäftsführerhaftung gemäβ § 64 Abs. 2 GmbHG bei masseloser Insolvenz, GmbHR 2000, 1225; *Schulze-Osterloh*, Zahlungen nach Eintritt der Insolvenzreife, FS Bezzenberger 2000, 415; *ders.*, § 64 Abs. 1 GmbHG als Schutzgesetz im Sinn des § 823 Abs. 2 BGB, FS Lutter 2000, 707; *Stapelfeld*, Die Haftung des GmbH-Geschäftsführers für Fehlverhalten in der Gesellschaftskrise, 1990; *Westermann/Mutter*, Die deliktische Eigenhaftung des GmbH-Geschäftsführers, DZWiR 1995, 184; *Wilhelm*, Konkursantragspflicht des GmbH-Gesch? äftsführers und Quotenschaden, ZIP 1993, 1833. Vgl. ferner die Schrifttumsangaben zu § 14 VI.

1. 缔约上过失

在规定了承担对外责任的一般性法律条款中,经理都会直接对公司债权人和其他第三人**承担责任**。因此,如果除了公司以外经理还自己对债权人提供了清偿担保或承担了债务而对一个债权人承担清偿义务时,经理必须承担个人责任(见上文§14 边码 101)。实践中的主要情况是缔约上过失责任。当然通常情况下,公司作为法人,必须自己承担签订合同前的解释义务和其他谨慎义务,因为公司是合同的一方当事人。其机构成员的过错必须视为机构的过错(见上文§8 边码 8)。经理的个人责任并不仅仅由此产生;否则将违背《有限责任公司法》第 13 条第 2 款规定的有限责任原则。联邦最高法院确认:在两种情况下经理必须承担个人责任。其一,当经理在缔约谈判过程中非同寻常地利用了他人对其本人的信任,比如通过利用其本人的积极参与状态或信誉来施加影响;〔1〕其二,根据司法判例中所使用的措辞,在交易中拥有巨大的个人经济利益并从中获利。〔2〕学术界对此进行了强烈的批评。〔3〕虽然联邦最高法院依然没有放弃上述原则,但却更精确地规定了其构成要件并为此设置了更高的标准。〔4〕 99

---

〔1〕 BGHZ 87, 27, 33 im Anschluβ an die vorangegangene entsprechende Rechtsprechung zu rechtsgeschäftlichen Vertretern; BGH WM 1985, 384; 1985, 1526; 1986, 734; 1986, 854; 1987, 1431; 1991, 1548; BGH ZIP 1990, 661; 1991, 1142; BGHZ 126, 181, 189; OLG Köln GmbHR 1996, 767.

〔2〕 BGHZ 87, 27, 32 ff; BGH GmbHR 1982, 108; 1986, 43; 1988, 195; 1988, 257; 1988, 480; 1990, 31; 1991, 360; 1992, 363.

〔3〕 *Ulmer* NJW 1983, 1577; *ders.* GmbHR 1984, 256; *Wiedemann* NJW 1984, 2286; *Brandner* FS Werner 53; *Roth* GmbHR 1985, 137; *Grunewald* ZGR 1986, 580; *Steininger* BB 1986, 1045; *Kort* DB 1990, 921.

〔4〕 Zur Haftung einer Körperschaft des öffentlichen Rechts aus Verschulden bei Vertragsschlu? vgl. BGHZ 142, 51.

100 **典型案例**:根据联邦最高法院的判决(BGHZ 126,181,189),基于利用**个人特殊信任**而承担个人责任的情况有:经理在谈判过程中不仅使用了超越一般的缔约信任,而且采用"额外的、由其个人发出的行为,使人充分信任其声明的完整性和正确性",而且这使人相信是"一种相当于承诺的保证"。如果经理只是由于疏忽而没有向缔约伙伴说明公司的财务状况和经济状况,即使经理基于公司承担的说明义务并且作为公司的机构必须履行此义务,也不构成上述情况。[1] 对于因经理**自身利益**而产生的代理人责任,联邦最高法院第二民事审判庭在同一判决中几乎完全予以放弃。据此,经理同时作为(惟一)股东参与公司,经理向公司提供贷款或以其自己的财产为公司提供担保,都不足以构成经理个人责任。与此相反,如果经理在缔约时就有意不将合同标的移交给公司而是为自己的利益使用,则要承担责任。[2] 是否存在着审判庭认为的经理承担责任的其他情况,尚未确定。不过存在怎样的其他情况?这是难以想像的。审判庭明确指出,并且已通告了其他审判庭,他们不坚持现有的判决。[3]

2. 非法行为

101 (a)如同股份有限公司的董事会成员一样,有限责任公司的经理必须根据法律规定在必须履行特定义务的情况下,为此承担个人责任。这样的情况有:违反《税收条例》第34条、第69条规定的纳税义务[4]、侵犯他人无形财产权[5]以及违反工商、环保和产品责任等法律规定[6](见上文§14边码10等)。此外按照**《民法典》第823条第1款**的规定,如果他们亲自进行了非法行为,并由此给第三人造成损害,则必须承担责任。[7] 在这种情况下,只要是经理在履行其职务时行为的,那么有限责任公司就必须根据《民法典》第31条的规定以其财产承担责任。[8]

102 如果经理的行为**违反交易义务和组织义务**,则与缔约上的过失责任并没有区别,公司是这种责任的债务人。公司作为法人具有侵权行为能力,在对外关系上经

---

〔1〕 Vgl auch BGH GmbHR 1991, 411; BGH ZIP 1991, 1142; OLG Köln GmbHR 1996, 767; NZG 2000, 439, *Medicus* FS Steindorff 725; Bork ZGR 1995, 509; *Geißler* ZIP 1997, 2189.

〔2〕 BGH GmbHR 1986, 43.

〔3〕 Vgl. dazu aus der nachfolgenden Judikatur BGH ZIP 1995, 733; BGH GmbHR 1996, 125; OLG Köln GmbHR 1996, 767.

〔4〕 Vgl. dazu *Neusel* GmbHR 1997, 1129; *Haas*, Geschäftsführerhaftung 182.

〔5〕 BGH NJW 1987, 129; *Götting* GRUR 1994, 6; *Haß* GmbHR 1994, 666.

〔6〕 *Schneider* FS GmbHG 1992, 473; *H. Schmidt*, Die Umwelthaftung der Organmitglieder von Kapitalgesellschaften, 1996.

〔7〕 Beispiele: Verursachung eines Verkehrsunfalls auf einer Geschäftsreise (OLG Koblenz GmbHR 1999, 344; Vermischung fremder Gegenstände mit solchen der GmbH, so daß der Dritte sein Eigentum verliert (BGHZ 56, 73); widerrechtliche Entfernung von einem Grundpfandrecht erfaßten Zubehßrstücken von einem Gesellschaftsgrundstück (BGH VersR 1991, 232); Veräußerung eines fremden, der GmbH anvertrauten Fahrzeugs (BGH ZIP 1996, 786). Vgl. *Kleindiek* Deliktshaftung 453, *Groß* ZGR 1998, 552; *Grünwald*, Deliktische Außenhaftung 51 ff.

〔8〕 Vgl. zuletzt BGH ZIP 1996, 786.

理的过错直接归责于它，经理自己无需对债权人承担责任。[1] 只有当他们违反最基本的、自己的交易义务和监督义务时，才例外地承认他们的侵权责任，例如故意将有害健康的产品投放市场，在认识到该产品的有害性后没有将其收回[2]或明知将有直接损害雇员财产的威胁性行为却没有予以阻止。[3]

在颇有争议的建筑材料案中（BGHZ 109，297），联邦最高法院作出了另外的判决。在该案中，一建筑材料供货商对被供货的有限责任公司提起诉讼，诉因为有限责任公司违约加工其材料，使得其再也无法从公司处获得其材料，从而侵犯了他所保留的所有权。公司经理本人并没有参与此事，事件缘由是因为两个企业的部门之间缺乏沟通。因此联邦最高法院第六民事审判庭指责经理，他没有采取足够的措施，以保证供货商的所有权保留。审判庭认为，虽然原则上公司机构只是对公司负有组织义务。但当“权利所有人将法律权益托付到公司的影响范围内”，而且基于机构地位而对公司负有的义务与因保护该法律权益而产生的担保人的地位相联系时，则是另外一种情况。经理作为被告有责任采取适当的组织措施，如向直接从事该项工作的人员发布指令，以避免侵犯所有权保留。判决的正确与否一直在学术界存有争议。[4] 不过判决的理由及对相关的各要点的论述权衡过于简单。因为审判庭没有区分，所违反的组织义务是有限责任公司的义务，因而作为其机构经理必须予以履行，还是不管如何，它都可独立构成经理的个人侵权责任。 103

（b）此外，如果经理违反一个保护公司债权人的**保护性法律**，且根据法律规定经理也必须对外承担个人责任时，也可从**《民法典》第 823 条第 2 款的规定中引申出**经理的个人侵权责任。有利于公司债权人的保护性规定主要有：《有限责任公司法》第 64 条第 1 款规定的破产申请义务、[5]《刑法典》第 263 条、第 266 条规定的诈欺和不忠实[6]以及《刑法典》第 266a 条规定的向社会保险机构缴纳雇员保险费的义务[7]。而违反《社会治安法》第 130 条意义上的治安规定则并不足以构成经理的个人侵权责任。[8] 是否与新近法学家的多数观点[9]相一致，即将《有限责任公 104

[1] *Kleindiek* aaO 368 ff; s. oben § 8 Rdn. 9. Das schlieβt die Haftung des Geschäftsführers im Innenverhältnis nicht aus.

[2] Vgl. den allerdings nur strafrechtlich verfolgten Lederspray-Fall BGHSt 37, 106 = NJW 1990, 2560.

[3] Beispiel von *Lutter* ZHR 157 (1993), 678, *Lutter /Hommelhoff* § 43 Rdn. 47, zustimmend *Kleindiek* aaO 464.

[4] Vgl. *Groβ* ZGR 1998, 551, 564; *Kleindiek* aaO 466; *Lutter* GmbHR 1997, 329, 335; *Medicus* ZGR 1998, 570, 584.

[5] BGHZ 29, 100; 100, 19; 126, 181; 138, 211; *Schulze-Osterloh* FS Lutter 707; kritisch dazu *Altmeppen/ Wilhelm* NJW 1999, 673.

[6] BGHZ 142, 92.

[7] OLG Hamburg GmbHR 2000, 185.

[8] In BGHZ 125, 366, 377 offen gelassen. Wie hier *Lutter/Hommelhoff* § 34 Rdn. 47; *Roth/ Altmeppen* § 43 Rdn 31; zweifelnd *K Schmidt* ZIP 1994, 837, 842.

[9] Vgl. *K Schmidt* ZIP 1988, 1497, 1503; *Stapelfeld*, Die Haftung des GmbH-Geschäftsführers 193 ff.

司法》第 41 条规定的按规定簿记的义务看作涉及经理本人的、保护基于信任而给予公司贷款的债权人的保护性规定,联邦最高法院暂时没有确定。[1]

105 **典型案例**:(aa)在联邦最高法院审理的一起案件(BGHZ 125, 366)中,某资产管理有限责任公司不能返还委托人委托其管理的资产,行骗的公司是大股东,其妻子是公司小股东,同时也是公司的惟一的经理,委托人向该小股东兼经理提起控告。第二民事审判庭认为,虽然**被告的行为符合了《社会治安条例》第** 130 **条规定**的构成要件,因为被告人有义务督促其作为公司代理人的丈夫按照法律从事交易活动,并在不得已的情况下剥夺其代理权。但是该义务并不是针对原告的,因为该规定保护对象为公众利益,为此应该创设和维持能够应对企业风险的企业内部组织形式。虽然该条款也保护个体利益,但从整体上看,**《社会治安条例》**第 130 条规定的责任仅止于法人,而不扩至法人机构。

106 (bb)根据《有限责任公司法》**第 64 条第 1 款的规定**,当公司支付不能或资不抵债时,经理必须没有任何过失的不迟延地在出现上述情况后三周以后提出破产申请。该条款确定了一个时刻,自该时刻起一个处于危机中的公司不得继续经营下去。其目的是为了保护公司债权人的利益,其方法是通过防止没有及时进行破产而使他们遭受**额外的损失**。根据新的《破产条例》第 17 条第 2 款第 1 句的定义,**支付不能**是指债务人不能履行到期的支付义务。当债务人终止支付时,通常被认为是支付不能(《破产条例》第 17 条第 1 款第 2 句)。[2] 对于即将发生的支付不能,按照《破产条例》第 18 条第 2 款允许经理提出破产申请,但它尚不构成《有限责任公司法》第 64 条第 1 款规定的申请义务。**资不抵债**是指债务人资产不足以清偿现存债务(《破产条例》第 19 条第 2 款)。为此需要编制资产负债表。对此《破产条例》第 19 条第 2 款要求对企业未来作出预测。对此,法律规定只要企业"根据情况判断极有可能继续经营下去",评估就应以企业的继续经营为基础。[3] 如果公司陷入经济困境,谨慎义务要求经理对财务状况进行持续监督,这样,经理有可能在短时间内确认是否出现了资不抵债的情况。因为一般认为《有限责任公司法》第 64 条第 1 款规定的三周期限是指自破产的客观情况出现后,而不是指始自经理察觉破产之时。这个期限使得经理有可能在出现支付不能或资不抵债后审查是否存在成功重整的希望,从而避免破产。如果没有这一可能性,而且经理又没有及时提出破产申请,则要按照《有限责任公司法》第 64 条第 1 款及《民法典》第 823 条第 2 款的规定承担个人的损害赔偿义务。[4] 鉴于违反义务时机构成员主张举证倒置,可以推定已经存在着《民法典》第 823 条第 2 款所要求的经理过失。[5]

107 **典型案例**:在赫斯达特诉讼中(Herstatt, BGHZ 75, 96),赫斯达特是一家银行,其法律形式为股份两合公司。在该银行出现资不抵债的情况以后,承担个人责任的股东和两名监事在

---

〔1〕 BGHZ 125, 366, 373.

〔2〕 Zur genaueren Abgrenzung des Begriffs der Zahlungsunfähigkeit vgl. *Lutter/Hommelhoff* § 64 Rdn. 5 sowie das Schrifttum zu § 15 InsO.

〔3〕 由于该项规定使得联邦最高法院在联邦最高法院民事判例集第 119 卷第 201 页中确定的关于资不抵债的两级定义被超越。细节,尤其是涉及在资不抵债的资产负债表中 应对哪些价额进行估价这样困难且一直存有争议的问题,须参阅专门文献。Vgl. zur Orientierung die ausführliche Darstellung bei *Lutter/Hommelhoff* aaO Rdn. 7; OLG Köln NZG 2000, 439; OLG Koblenz GmbHR 2000, 31.

〔4〕 Vgl. *Schulze-Osterloh* FS Lutter 707.

〔5〕 BGHZ 75, 96, 111; 126, 181, 199 f; OLG Köln aaO; s. oben Rdn. 94 sowie § 14 Rdn. 92.

最初十天试图对银行进行重整,但没有成功。结果,银行为此遭受了更大的损失,而如果当时立刻申请和解就会大大减少损失的数额。联邦最高法院认为,被告的行为中不存在过失迟延,因为重整是一个适当的挽救措施。对银行进行重整,"不仅符合公司及其成员的利益,而且特别符合债权人的利益;对债权人来说,仓促进行的破产是一柄双刃剑;适当的挽救尝试也有助于保留工作岗位,符合公众经济利益"(第108页)。根据同样的观点,联邦最高法院否定了被告负有《民法典》第826条的责任和诈欺责任(《刑法典》第263条及《民法典》第823条第2款)。

根据《有限责任公司法》第64条第1款的规定,有权请求赔偿的首先是**旧债权人**,即他们的债权自经理本来应该提出破产申请时就存在。他们有权要求赔偿所谓**比例损失**,比例损失是指破产财产及旧债权人的债权份额因破产迟延而减少的部分。破产管理人可以主张该损失的请求权。[1] **新债权人**也受到法律的保护。所谓的新债权是指自应该提出破产申请之时起产生的债权。如果经理及时提出破产申请,新债权人就不会遭受损失,因为在这种情况下他们就不可能给公司贷款。根据联邦最高法院(BGHZ 126, 181, 190)作出原则性判决,不仅必须赔偿这些债权人的比例损失,而且必须赔偿他们的全部消极利益。[2] 他们可单独主张其请求,破产管理人却无此权利。[3] 108

(cc)《有限责任公司法》第64条第2款规定的**减少破产财产**构成一种特殊情况。该规定禁止经理于公司在确定支付不能后或资不抵债后,破产程序开始之前,进行支付活动。但是如果经理以一个正常商人所应有的谨慎而进行的支付,则不受上款约束。[4] 按照法律规定,如果违反该义务,公司在内部关系上对经理享有损害赔偿请求权。这一规定的目的是为了保护所有债权人能够得到平等受偿,并且保证这种公平清偿不会因为向个别债权人的单独清偿而受到影响。也正因为这一规定,所以只有破产管理人才能代表所有债权人提出清偿请求。该规定不仅涉及向单个债权人所进行的支付,而且包括所有非法减少破产财产的给付,比如将客户交付的支票转入公司的负债账户、[5]贱价抛售公司实物、订立缺乏适当对价的合同。[6] 另一方面,只要存有着比较有把握的重整希望,该规定也不阻止经理继续经管该企业。在评判时必须考虑:经理进行的给付是否符合通常商人应该遵循的谨慎义务,相关经理 109

---

〔1〕 BGHZ 29, 100; 100, 19; 126, 181, 190; zur Berechnung BGHZ 138, 211; st. Rspr.

〔2〕 OLG Hamburg NZG 2000, 606, mit Anm *Luttermann*, 583.

〔3〕 Bestätigt in BGHZ 138, 211; BGH GmbHR 1995, 126, 1995, 131; 1995, 227; ebenso öOGH ZIP 1993 1871. Kritisch dazu *Ulmer* ZIP 1993, 763; Canaris JZ 1993, 649; *G. Müller* GmbHR 1996, 393: Zustimmend *Medicus* DStR 1995, 1435; *Bork*ZGR 1995, 505; *Kübler* ZGR 1995 481; *Lutter/Hommelhoff* § 64 Rdn. 40; *Schulze-Osterloh* FS Lutter 707. Nach BGH ZIP 1999, 967 sind Sozialversicherungsträger den Neugläubigern nicht gleichzustellen. Zur Berechnung des Schadens auch OLG Naumburg GmbHR 1998, 183.

〔4〕 主观上破产情况须为经理认知,如果不认知,则由经理承担举证责任(BGHZ 143, 184)。

〔5〕 BGHZ 143, 184.

〔6〕 Vgl. OLG Düsseldorf GmbHR 1993, 159; 1996, 616; OLG Celle GmbHR 1999, 123; *Lutter/Hommelhoff* § 64 Rdn. 31. Die Abgrenzung im einzelnen ist zweifelhaft und streitig; vgl Hachenburg/*Ulmer* § 64 Rdn. 39; *Altmeppen/Wilhelm* NJW 1999, 673; *Maser/Sommer* BB 1996, 66; enger namentlich *Schulze-Osterloh* FS Bezzenberger 415.

是否存在着过错。[1] 在这些情况下,经理必须承担责任,同时还通常可以根据《破产条例》第129条的规定申请破产撤销,或者根据《撤销法》第3条等的规定在破产程序外申请撤销。不过经理不能以此为由提出反对意见,即破产管理人须首先提出撤销请求或管理人没有及时提出该请求。[2] 经理必须赔偿所有非法进行的支付。他可在破产程序中就此提出相应的请求权。[3]

110 (dd) 尽管雇主是公司,长期以来司法判例已将《刑法典》第266a条及《刑法典》第14条第1款第1项结合《社会保障法典》第4编第22条的规定当作是保护社会保险机构的保护性规定。据此,如果经理在**没有按照规定为雇员支付保险费用时**,经理必须承担个人的损害赔偿责任。[4] 如果公司聘有多位经理,虽然他们可委托其中一人负责交付保险费事项,但每个经理都负有监督义务,特别是当企业陷入经济危机时,更是如此。[5] 根据联邦最高法院第六民事审判庭所作的判决,对雇员社会保险费用的支付必须优先于其他所有公司债务,即使雇员放弃请求支付部分薪水或允许延期支付,也不得减少公司所欠的保险费金额。这一判决是有问题的。[6] 只有当公司具有支付能力,才会存在《刑法典》第266a条规定的应受刑罚处罚的不作为。根据《民法典》第823条第2款的规定,经理必须对该不作为承担损害赔偿责任。在支付不能的情况下,必须审查经理是否在此以前通过了结算其他债务违反了《刑法典》第266a条规定的义务。[7] 如果经理已经支付了部分保险费,但却没有明确说明它们是算作雇员应该交付的份额还是雇主的份额,则通常应该算作双方都支付了其中一半的费用。[8]

111 (c) **如果**经理在谈判过程中有意隐瞒企业的不良经济状况,并说服对方当事人与公司签订合同,而如果对方当事人在知晓此状况时不可能签订该合同时,司法判例将审查:经理是否因**故意违背善良风俗侵害债权人的利益而必须**承担《民法典》第826条规定的个人责任。[9] 如果有限责任公司从事期货交易,为避免损害赔偿义务,经理还必须向缺乏经验的客户全面地、清楚地、并以引人注目的书面方式说明与此相关的风险。[10] 另外,如果通过交易安排和价格计算实际让债权人单方面承担所有相关交易风险,根据联邦最高法院的判决,经理也必须承担个人责任。[11] 如果经理"尽可能延长注定要破产的公司",并不惜由此损害债权人,那么经理还必

---

[1] Generell zu den Voraussetzungen des Verschuldens vgl. BGHZ 75, 111 (zur AG); OLG Düsseldorf WM 1992, 1658, GmbHR 1993, 159, OLG Hamm GmbHR 1993, 584. 据 BGH ZIP 2001, 235 mit zust. Anm. *Altmeppen* 审查标准就是该规定的目的,即避免面临破产的企业的破产财产减少和避免对个别债权人进行优先清偿。

[2] BGH GmbHR 1996, 211; vgl. auch LG Bonn ZIP 2000, 747.

[3] BGH ZIP 2001, 235.

[4] Vgl. zuletzt BGHZ 133, 370; 134, 304; BGH ZIP 1998, 31; vgl. *Jestaedt* GmbHR 1998, 672.

[5] BGHZ 133, 370.

[6] BGHZ 134. 304, 310. Kritische dazu *Cahn* ZGR 1998, 367.

[7] BGHZ 134, 304, 310; BGH ZIP 1998, 31.

[8] BGH GmbHR 1998, 1484.

[9] BGH ZIP 1992, 1140; 1992, 694 mit weiteren Nachweisen.

[10] BGHZ 105, 108; 124, 151, 161.

[11] BGH ZIP 1992, 694.

须因为破产延迟而承担个人责任。[1] 而对一家不再具有生命力的公司进行清算，并设立一家继受公司，并不能据此而判断经理的行为违背了善良习俗。[2] 如同《民法典》第 826 条的规定一样，这里的难点在于，如何在合法地维护公司利益或经理自己利益和违背社会习俗侵害第三人利益的行为之间划定一条界限。[3]

# §33. 股东大会

## I. 股东大会的职权

参考文献：*Ahrens*, Vom Ende der Entlastungsklage des GmbH-Geschäftsführers und einem Neubeginn des BGH, ZGR 1987, 129; *Barner*, Die Entlastung als Institut des Verbandsrechts, 1990; *Beuthien/Gätsch*, Einfluβ Dritter auf die Organbesetzung und Geschäftsführung bei Vereinen, Kapitalgesellschaften und Genossenschaften, ZHR 157 (1993), 483; *Brandner*, Sonderprüfungen zur Kontrolle der Geschäftsführung im Recht der GmbH, FS Nirk, 1992, 75; *Buchner*, Die Entlastung des Geschäftsführers in der GmbH, GmbHR 1988, 9; *Immenga*, Die personalistische Kapitalgesellschaft, 1970; *Noack*, Gesellschaftervereinbarungen bei Kapitalgesellschaften, 1994; *Priester*, Stimmverbot der GmbH-Gesellschafter bei Entlastungsbeschlüssen, FS Rowedder, 1994, 369; *Reuter*, Privatrechtliche Schranken der Perpetuierung von Unternehmen, 1973; *ders.*, Stimmrechtsvereinbarungen bei treuhänderischer Abtretung eines GmbH-Anteils, ZGR 1978, 633; *K. Schmidt*, Entlastung, Entlastungsrecht und Entlastungsklage des Geschäftsführers einer GmbH, ZGR 1978, 425; *Sigle*, Die Entlastung des GmbH-Geschäftsführers und ihre Wirkung, DStR 1992, 469; *Teichmann*, Gestaltungsfreiheit in Gesellschaftsverträgen, 1970; Tellis, Die Entlastungsklage im GmbH-Recht, GmbHR 1989, 113; *ders.*, Die Rechtsnatur der gesellschaftsrechtlichen Entlastung, Diss. Hamburg, 1988; *Zöllner* Inhaltsfreiheit bei Gesellschaftsverträgen, FS 100 Jahre GmbH-Gesetz, 1992, 85.

### 1. 概述

股东大会的**职权**和**程序**主要是根据章程尤其是公司合同来自主设计的。这也是整个有限责任公司法的一个重要特征（《有限责任公司法》第 45 条）[4]，法律仅仅规定了少量的强制性规则。法律明确规定股东大会的职权有：修改章程、决定资 1

[1] BGHZ 108, 134, 141 f.

[2] BGH GmbHR 1996, 366.

[3] Vgl. Gross ZGR 1998, 551, 561.

[4] Das Auskunftsrecht (§§ 51 a, b) ist als Individualrecht der Gesellschafter, das auch auβerhalb der Gesellschafterversammlung geltend gemacht werden kann, schon oben in § 27 III behandelt.

本增加和资本减少的措施(《有限责任公司法》第 53—59 条)、追加投资(《有限责任公司法》第 26 条),负责公司解散的有关事宜和聘用及解除清算人(《有限责任公司法》第 60 条第 1 款第 2 点、第 66 条)以及讨论关于企业合并、分裂或者形式转换的决议等(《变更法》第 13、50、125、193、226 条)。在所有的程序性规定中第 50 条是强制性的(见下文边码 15)。

2 对于其他方面,《有限责任公司法》第 46—51 条只提出一个调整**模式**。该模式仅仅体现了立法者所考虑到的有限责任公司的一般类型。此外,股东对《有限责任公司法》第 46 条所列举的事项拥有决定权。决定由多数同意意见作出,而所谓的多数意见是根据股份的大小来决定的(《有限责任公司法》第 47 条 第 1 款和第 2 款)。通常应该召开全体股东大会,但这也不是始终必须的(《有限责任公司法》第 48 条)。股东大会由经理召集。但是持有 10% 以上股本的股东也可以要求召开股东大会(《有限责任公司法》第 49—51 条)。[1]

3 但是法律规定是**不完备**的。许多重大的问题,例如股东大会的过程,投票权的行使,联合投票协议的合法性以及股东决议的无效和废止等,都必须通过司法判决和学术界予以解释。在其他方面,《有限责任公司法》第 45—51 条也与《股份法》中相应的规定即第 118—147 条有着本质的不同。其不同主要反映了公众性公司和股东人数较少的封闭性公司的差异。《有限责任公司法》可以放弃《股份法》中各种不同的保护公众股东的强制性规定(见《股份法》第 121—130 条、第 135 条、第 138—146 条)。

### 2. 法定职权

4 根据《有限责任公司法》第 46 条的规定,如果公司章程没有相反的规定,股东对下列事项拥有决定权:

通过年度决算,确定净利润的分配(见下文 § 36);

要求缴纳出资(见《有限责任公司法》第 28 条第 1 款);

偿还追加的款项(见《有限责任公司法》第 28 条第 3 款);

股份的分配及收回(《有限责任公司法》第 30 条第 1 款和第 3 款);

如果不适用《共同决定法》第 31 条的规定,聘任和解聘经理,以及免除其责任(见上文 § 32. III.,解聘情况相似,见下文边码 6);

采纳检查和监督经营管理的措施,尤其可以考虑派遣特别审计员;[2]

为企业经营聘请全权代表和商务代表。经理负责公司的对外事务(《有限责任公司法》第 35 条)。如果经理行为专横的话,全权代表也同样起作用。[3]

因公司设立或者经营问题对经理或者股东提起损害赔偿之诉,以及代表公司

---

〔1〕 Das Auskunftsrecht ( § § 51 a, b) ist als Individualrecht der Gesellschafter, das auch außerhalb der Gesellschafterversammlung geltend gemacht werden kann, schon oben in § 27 III behandelt.

〔2〕 *Brandner* FS Nirk 75.

〔3〕 BGHZ 52, 168.

对经理提起司法诉讼(见 本书§§26. VII.,27. IV.,32. IV.)。

此外,股东大会对《有限责任公司法》第46条中没有列举的事项也有决定权。最重要的有: 5

对经理下达指令(《有限责任公司法》第45条 第1款,见本书 §32. I.);

可选择设立一个监事会(《股份法》第52条结合第101条)或者监察委员会(见本书§34);

同意股份的转让(《有限责任公司法》第15条5款,见本书 §30. I. 3)。

3. 免责

免责是在社团法中广为采用的一种公司法律行为。通过这一行为,社团成员们表达了对经营管理者的信任。[1]它首先是针对管理者以前的行为,表示对此没有任何不满。同时它为管理者未来的工作打下了牢固、不可动摇的基础。这种行为是很有象征性的。和《股份法》第120条第2款的规定相反[2],它在《有限责任公司法》中保留了其预防的作用。据此,它还包含放弃对经理提起损害赔偿的要求。[3]在对其进行法律评价时,必须考虑这种两面性。 6

免责要由**股东大会作出决议**。根据《有限责任公司法》第47条第4款的规定,相关的经理不可以参与表决。[4]这种禁止在一人有限责任公司中是无效的,因为在那里不存在单个股东和整体的利益对立。因此,单个股东可以自行通过免责决定。[5] 7

**放弃的效力**可以涉及所有的赔偿请求和解聘原因。在公司的经营管理中会产生这些赔偿请求或者解聘原因。但是根据联邦最高法院[6]的判决它们必须是"在认真检查所有的文件和报告后能够确认的或者为所有股东私下认可的"。其中也包括不当得利返还请求权,[7]前提条件是经理必须出示附带证明的说明报告。对于故意隐瞒而且没有被发觉的行为,不适用免责规定。另外,为了保护债权人的利益,公司不得放弃特定的要求,尤其是根据《有限责任公司法》第43条第3款规定的要求。[8]如果只要通过取消抵押品的赎回权可以达到目的,也不得通过一项股东之诉规避免责规定。但是就这方面来说,免责的法律状况与放弃已经确认的索赔损失请求不一样,因为免责存在的意义是这些请求尚不存在。 8

---

〔1〕 *Barner*, Die Entlastung als Institut des Verbandsrechts, 1990.

〔2〕 S. oben § 16 I 2 c.

〔3〕 BGHZ 94, 324, 327.

〔4〕 BGHZ 108, 21; OLG Stuttgart GmbHR 1995, 231; *Priester* FS Rowedder 369.

〔5〕 Vgl. dazu BGHZ 105, 324, 333; BGH ZIP 1992, 992, 994.

〔6〕 BGHZ 97, 382, 384; BGH GmbHR 1985, 356; ferner BGH NJW 1959, 194; NJW 1969, 131; WM 1976, 736, 737. Siehe auch OLG München GmbHR 1997, 847.

〔7〕 BGHZ 97, 382, 385.

〔8〕 BGHZ aaO 389. Zu Ersatzansprüchen aus strafbaren Handlungen (Betrug, Untreue) vgl. OLG München GmbHR 1997, 847.

9 如果公司通过多数意见决定免除某一经理的责任,而该经理显然违背了其承担的义务并由此损害公司的利益,可以根据《股份法》第243条第1款或者第2款的规定撤销该免责决议。[1]但只有在下列条件下公司决议才是违法的:即当整体考虑所有的情况后得出结论,大股东过分地适用其裁量权,只能拒绝免除经理的责任。[2]当多数股东无理拒绝免责时,**经理如何保护自己**,是一个有争议的问题。由于免责证明了股东对经理未来的信任程度,所以经常不能对此决定进行法律审查。但在明显的滥用情况下,经理可以请求提起诉讼要求免责。

10

11 与此相对,联邦最高法院在修改了原先的司法实践后[3]原则上否定了免责的法律要求。只有当因具体的违背职责行为被拒绝给予免责待遇时,根据联邦最高法院的判决,相关的经理才可以提起被动的确认之诉。然而,经理不能提起一般性的确认请求:在特定的任期内,公司没有提起损害索赔的权利。[4] 该判决得到部分学者的认同,但也有一部分学者对此持反对意见。[5]结果不会是令人信服的,因为经理是出头露面容易遭攻击的职位,免责意味着经理在这点上不必听任股东的独断和压力。

4. 章程自由的界限

12 在法律实践中最重要的问题是如何确定股东大会在章程自主权方面的界限,因为它不仅决定着更改机构职权的空间(见上文§31.2.),而且决定有限责任公司这一企业形式的灵活性以及对特殊情况的适应能力。法律对此没有规定。然而司法案例和法学界却认为,存在着一定的公司法原则,不容许多数股东对章程内容作出任意决定。[6]例如,如果决定对股东经理[7]的免责或者决定准备对一位股东提起法律诉讼时[8],就不得解除《有限责任公司法》第47条第4款规定的投票禁令。同样,在忠诚义务、平等对待、禁止滥用以及保护小股东方面,都对司法自治规定了界限,但是必须在具体的情况下对这些原则进行进一步的具体化。(见上文§28. IV.,V.和VI.以及下文)。

13 尤其困难并且还没有弄清的是人合贸易公司的问题,即**公司和股东的自决权**

[1] Baumbach/Hueck/*Zöllner* § 46 Rdn. 28; Scholz/*Schmidt* § 46 Rdn. 99.

[2] OLG Köln NZG 1999, 1228. Zur Nichtigkeit eines Entlastungsbeschlusses nach § 243 II AktG analog siehe OLG München ZIP 1997, 1965.

[3] RGZ 89, 396, 397.

[4] BGHZ 94, 324.

[5] Im Kern zustimmend *Ahrens* ZGR 1987, 129; Scholz/*Schmidt* § 46 Rdn. 101 f; *Lutter/Hommelhoff* § 46 Rdn. 15; *Meyer-Landrut* § 46 Rdn. 28; *Tellis* GmbHR 1989, 113; *Roth/Altmeppen* § 46 Rdn. 36; ablehnend Hachenburg/*Hüffer* § 46 Rdn. 68; Baumbach/Hueck/*Zöllner* § 46 Rdn. 29; *Buchner* GmbHR 1988, 9.

[6] Vgl. *Zöllner* FS 100 Jahre GmbH-Gesetz 85.

[7] BGHZ 108, 21, 26.

[8] BGHZ aaO 27.

究竟在多大程度上可以被视为现行法律必不可少的组成部分?〔1〕这一问题包含着两个方面:一方面,股东决议的有效性是否可以取决于非股东的第三者的同意? 另一方面,可否给予非股东人士以投票权? 单单从公司法角度机械地考虑,在法律技术的实践层面上应该给这些问题一个肯定的答复。〔2〕与此相对,还应该进行结构方面的考虑。〔3〕正象罗特(Reuter)〔4〕对此描述的一样,授予非股东以决定权将可能危及决定权和责任的关系。市场经济的基础是,企业作为经济主体应该享有自决权,并且自行承担其决定的法律和经济后果。法制原则上不能放弃维持这种关系。出于这些原因,司法判例禁止剥夺成员的投票权。〔5〕这自然并不排除在特定的情况下出于特别的原因也会有个别例外。〔6〕

## II. 股东大会的召集

参考文献: *Hommelhoff*, Unternehmensführung in der mitbestimmten GmbH, ZGR 1978, 126; *Lindemann*, Die Beschluβfassung in der Einmann-GmbH, 1996; Noack, Moderne Kommunikationsformen vor den Toren des Unternehmensrechts, ZGR 1998, 592; *Raiser*, Das Recht der Gesellschafterklagen, ZHR 153 (1989), 1; *Zitzmann*, Die Vorlagepflichten des GmbH-Geschäftsführers, 1991; *Zöllner*, Die Teilnehmerrechte der Aufsichtsratsmitglieder an Beschluβfassungen der Gesellschafter bei der mitbestimmten GmbH, FS Fischer 1979, 905; *Zwissler*, Gesellschafterversammlung und Internet, GmbHR 2000, 28.

### 1. 职权

股东大会由所有经理公共召集(《有限责任公司法》第 49 条 I)。由于这里并不 14
涉及对外代表公司这样的情形,也可由一位经理召集大会。〔7〕在负有共同决定义务的公司中,股东大会也可由监事会召集(《共同决定法》第 25 条第 1 款第 2 项结合《股份法》第 111 条第 3 款)。章程也可以规定,由可选择性监事会、或者顾问委员会或者某一位股东负责股东大会的召集。章程也可以取消经理的召集权。章程甚至可以规定:在特定的情况下可以通过互联网召开股东大会。但是究竟在何种条

〔1〕 Vgl. aus der Rechtsprechung die Grundentscheidung BGHZ 3, 354 (zur OHG); ferner BGHZ 20, 363; 44, 158; BGH JZ 1960, 490 m. Anm. A. *Hueck*; BGH BB 1977, 10; GmbHR 1977, 244.

〔2〕 In dieser Richtung *Wiedemann* GesR I 369 ff; *Lutter/Hommelhoff* § 47 Rdn. 2.

〔3〕 So vor allem *Teichmann*, Gestaltungsfreiheit 191; *Reuter*, Privatrechtliche Schranken 213; *ders.* ZGR 1978, 633; *Flume* Allg. Teil I/1, 220 ff, 235 ff; *Beuthien/Gätsch* ZHR 157 (1993), 483; Scholz/*Schmidt* § 47 Rdn. 20 ff; Hachenburg/*Raiser* § 14 Rdn. 32.

〔4〕 ZGR 1978, 633, 640.

〔5〕 BGHZ 43, 267; BGH ZIP 1987, 165, 166; OLG Hamburg GmbHR 1990, 42, 43; OLG Frankfurt GmbHR 1990, 79, 81 f; OLG Koblenz GmbHR 1992, 464, 465.

〔6〕 Einzelheiten s. unten IV 6 b sowie § 34 II.

〔7〕 H. M.; vgl. OLG Frankfurt GmbHR 1976, 110; BayObLG München ZIP 1999, 1597.

件下可以召集这种会议,并不完全清楚。[1]

15 如果经理拒绝召集会议,持有10%以上股本的股东可以表明目的和理由,向经理要求召集股东大会(《有限责任公司法》第50条第1款)。与《有限责任公司法》第45条第2款规定的字面意义不同,今天的法律观点认为,不得通过公司合同限制小股东的这一重要的权利。[2]在紧急情况下,少数股东也可以自行召集大会(《有限责任公司法》第50条第3款)。如果股东大会将要讨论经理的违法行为,即使股东的持股比例没有达到《有限责任公司法》第50条第1款的规定,他也有权召集股东大会。[3]

2. 召集义务

16 在法律规定的特定情况下**必须**召集股东会(《有限责任公司法》第49条第2款),也就是说,如果必须作出属于股东大会职责范围内的决定。此外,如果年度决算或者中期结算表明,公司的基本资本已经损失了一半,根据《有限责任公司法》第49条第3款的规定也必须召集大会。在这种情况下,必须将亏损立即告知股东,并采取必要的措施。如果经理延误其承担的通知义务,根据《有限责任公司法》第84条第1款第1项的规定将受到处罚。

17 如果**公司利益**需要,也必须召集股东大会(《有限责任公司法》第49条第2款)。这一条款给经理提供了一个自由裁量的空间。经理有义务(《有限责任公司法》第43条)审查是否满足这一条件,通常应根据法律或者公司合同所规定的经理和股东大会职权分工情况来确定。根据《有限责任公司法》第43条第2款的规定,在下列情况下,经理负有召集大会的义务:公司将要开展特殊的经营行为和采取改变公司结构的经营措施,而且股东很可能对此提出反对意见。[4]

3. 形式

18 股东大会应以**挂号**信的方式将大会的召集通知每位股东。[5] 包括没有表决权的股东。信中必须说明大会的地点、时间以及目的和日程安排。通知的期限至少为一周,即便已经明确地规定了召集日期。[6]最迟在大会召开的三天前,可以重新补充日程安排,并通过挂号信的方式通知每位股东(《有限责任公司法》第51条)。持

---

[1] Vgl. *Noack* ZGR 1998, 592 (595, 601 f); *Zwissler* GmbHR 2000, 28 f.

[2] überwiegende Ansicht; vgl. Scholz/*Schmidt* § 50 Rdn. 6; *Lutter/Hommelhoff* § 50 Rdn. 2; Hachenburg/*Hüffer* § 50 Rdn. 1, 31; Baumbach/Hueck/*Zöllner* § 50 Rdn. 2; teilweise a. A. OLG Stuttgart GmbHR 1974, 257, 260; *Meyer-Landrut* § 50 Rdn. 14.

[3] *Raiser* ZHR 153 (1989), 1, 31.

[4] BGH NJW 1984, 1461. Dazu näher *Hommelhoff* ZGR 1978, 126; *Zitzmann*, Vorlagepflichten 85 ff, 167.

[5] Telefax reicht nach dem gesetzlichen Leitbild nicht aus (OLG Naumburg GmbHR 1998, 90, 92). Zum dispositiven Charakter des § 51 vgl. aber *Lutter/Hommelhoff* GmbHG § 51 Rdn. 2.

[6] BGHZ 100, 264, dort auch Ausführungen zur Fristberechnung.

有10%以上股份的少数股东也可以要求补充日程安排(《有限责任公司法》第50条第2款)。

4. 召集缺陷

19 与股份法的召集规定一样,《有限责任公司法》的相关规定也是为了保护股东利益。因此只要全体股东出席了大会,违反这些规定不会影响大会的决议。否则,根据《有限责任公司法》第51条第3款规定的字面意义,股东大会不能作出决议。系统地分析这一规定,这些决议**原则上是无效的**。特别是当大会是由无召集权的人召集的,更是如此。[1] 另一些情况如议程的公告有缺陷或者没有遵守通知期限,这些情况并不十分严重,根据主流观点,可以要求撤销相关的决议。[2]

5. 全体大会

20 如果股东自发或者有计划的聚集在一起,而且所有的股东都在场或者有合法代表在场(全体大会),那么只要所有的股东明确表示放弃提出指责或者都试图通过这样的声明,所有的召集方面的缺陷以及日程告知上的不足就不影响大会的决议及其效力。[3]

6. 无股东大会的股东决议

21 尤其是在小公司中没有必要经常召集股东大会。大会通常会增加不合理的开支。因此,根据《有限责任公司法》第48条第2款的规定允许在一定条件下不召开大会而作出股东决议。根据新近的看法,这一规定也可适用于章程修改。[4]《有限责任公司法》第48条第2款区分**两种不同的情况:**

22 (a) 股东以书面方式同意决议。在此将书面形式表示同意和投票表决结合在一起。

23 (b) 股东通过书面表决方式表示同意。它可以不拘形式,但是书面表决书中必须既明确相关的要求,也明确表明其同意。[5]表决本身是书面形式的,通过多数人同意形成相应的决议。如果所有的股东都赞成,那么即使决议的形成没有遵守法定的程序,决议也是有效的。对于非正式召集的股东聚会或者通过电话形式形成的决议,这一点尤为重要。

---

〔1〕 BGHZ 87, 1.

〔2〕 BGH LM Nr. 3 zu § 51 GmbHG; BGHZ 100, 264; OLG Düsseldorf GmbHR 1996, 443, 449; Einzelheiten s. § 16 Rdn. 116 ff.

〔3〕 Vgl. dazu BGH GmbHR 1998, 287, 288; OLG München GmbHR 1995, 232, 233; OLG Stuttgart GmbHR 1994, 257.

〔4〕 Hachenburg/*Ulmer* § 53 Rdn. 40; Scholz/*Priester* § 53 Rdn. 64; a. A. noch BGHZ 15, 324, 328; Rowedder/*Zimmermann* § 53 Rdn. 33; *Meyer-Landrut* § 53 Rdn. 11; dagegen können Umwandlungsbeschlüsse nur in Gesellschafterversammlungen gefaβt werden.

〔5〕 BGHZ 28, 355, 358 f.

24 (c)从法律规定可以推导出,无论采取哪种形式,书面表决都必须征得所有股东的同意,包括那些没有表决权的股东或者根据《有限责任公司法》第47条第4款的规定不得参与表决的股东。因为他们尽管不具有表决权,但仍然有权参与股东大会的咨询讨论。[1]

7. 一人公司[2]

25 一人公司不需要股东大会。股东的决定就是决议。但是出于法律安全的原因,《有限责任公司法》第48条第3款规定,股东必须**立即书面记下其决议**并在决议上签名。但立法者没有规定,没有根据《有限责任公司法》第48条第3款规定记录的决议是无效的,因为他们担心股东可能通过引用决议的无效性逃避责任,这样显然对公司或者债权人不利。[3]这样的结果是,即使对那些没有书面记录的决议,例如聘用一位经理或者对其发出指令,只要它们在其他方面是有效的,股东就只能让他人对此决议提出异议。股东本身可以在何种程度对此予以引证是有异义的,一般情况下决议是无论如何也无法得到证明。[4]此外,在一些重要的情况下,一个股东没有必要作出股东决议,尤其当股东就是经理时,更是如此。[5]

## III. 股东大会的会程

参考文献: *Erle/Becker*, Der Gemeinderat als Gesellschafterversammlung der GmbH, NZG 1999, 58; *Fingerhut/Schröder*, Recht des GmbH-Gesellschafters auf Beiziehung eines juristischen Beraters in der Gesellschafterversammlung, BB 1999, 1230; *Hommelhoff*, Unternehmensführung in der mitbestimmten GmbH, ZGR 1978, 119; *Noack*, Moderne Kommunikationsformen vor den Toren des Unternehmensrechts, ZGR 1998, 592, *Sina*, Das Recht des Gesellschafters auf Anwesenheit eines Beraters in der Gesellschafterversammlung, GmbHR 1993, 36; *Zöllner*, Die Teilnahmerechte der Aufsichtsratsmitglieder an Beschlußfassungen der Gesellschafter bei der mitbestimmten GmbH, FS Fischer 1997, 905; *Zwissler*, Gesellschafterversammlung und Internet, GmbHR 2000, 28.

1. 程序

26 对于股东大会会议的**议程**,法律只规定:修改章程的决议必须经过公证(《有限责任公司法》第53条第2款)。[6]在其他方面法律没对形式进行规定。由于参加

[1] *Lutter/Hommelhoff* § 48 Rdn. 10.

[2] Vgl. dazu insgesamt *Lindemann*, Die Beschlußfassung in der Einmann-GmbH.

[3] Bericht des Rechtsausschusses, BT-Drucks. 8/3908, 75.

[4] Einzelheiten und Schrifttum zuletzt bei Scholz/*Schmidt* § 48 Rdn. 76 ff; Baumbach/Hueck/*Zöllner* § 48 Rdn. 28 f.

[5] Baumbach/Hueck/*Zöllner* § 48 Rdn. 30.

[6] Ebenso Umwandlungsbeschlüsse, § § 13 III 1, 125, 193 III 1 UmwG.

大会的人数有限,大会的程序可以不必像股份公司那样严格。但是出于公司内部法律安全的考虑,建议聘任一位大会主席,确认大会形成的决议(见下文边码33)并作成记录。公司合同中至少应该规定这一点。

27 可参照股份公司的相关规定确定大会主席的任务(见上文§16 边码31)。大会召开的地点和时间由经理根据情况确定。首先考虑到大会地点应该是公司地址和经营所在地,也可以在其他地方,尤其是在国外;只要外国公证员在法律生活中的工作方式和地位与德国公证员的相仿,决议也必须通过国外公证员公证,即使修改公司章程也是如此。[1] 目前还不清楚:在何种条件下可以通过互联网举行股东大会。[2]无论何种情况,都不得通过大会的时间和地点刁难股东,使他们不可能出席股东大会或者出席时存在不可预见的困难。[3]

2. 参与权

28 股东大会是**不公开**的。原则上有权参加大会的只有股东。**出席和参与决定**(听审)是最基本的成员权。根据主流的观点,这一权利是不能剥夺的,即使他们没有表决权。[4]

29 在一位股东同时自己经营一家竞争性企业时,上述问题就显得尤为重要。帝国法院认为:章程可以规定这样的股东有出席股东大会的权利或者在具体的日程上股东有权派遣第三者代表出席大会。[5]

30 只要股东依然有可能根据其意愿行使其股东权,章程中可以对其他种类的**代表制度**进行规定。[6]例如章程可以规定,几个股东,例如几个家族成员可以共同指定一位代表。[7]对于有地方政府机关参与组成的有限责任公司,章程可以要求每一位股东只能由一位主要人员代表,而不是通过多名人员代表,这些人员又在地方议会中代表着特定的党派。[8]与此相反,章程必须对每一位股东派出代表出席股东大会的事项作出规定。[9]如果股东为限制行为能力人或者法人,必须是由法定代表行使出席大会的权利。如果股东允许派遣代表,那么该代表不仅拥有表决权,而且拥

---

〔1〕 Zu Beurkundung durch einen ausländischen Notar vgl. oben § 26 II 1.

〔2〕 Vgl. *Noack* ZGR 1998, 592; *Zwissler* GmbHR 2000, 28.

〔3〕 BGH GmbHR 1985, 256 f; OLG Celle GmbHR 1997, 748 f.

〔4〕 BGH AG 1972, 220; WM 1985, 567, 568; OLG Frankfurt GmbHR 1984, 99, 100.

〔5〕 RGZ 80, 385, 388; einschränkend RGZ 88, 220; kritisch dazu Scholz/*Schmidt* § 48 Rdn. 15; Rowedder/*Koppensteiner* § 48 Rdn. 9; zustimmend Baumbach/Hueck/*Zöllner* § 48 Rdn. 3; *Lutter/Hommelhoff* § 48 Rdn. 3; *Roth/Altmeppen* § 48 Rdn. 4.

〔6〕 BGH WM 1989, 63.

〔7〕 BGHZ 46, 291, 294 (zur KG); BGH WM 1989, 63.

〔8〕 BGH WM 1989, 63; vgl. auch *Erle/Becker* NZG 1999, 58, 61.

〔9〕 OLG Stuttgart GmbHR 1994, 257.

有参与权。〔1〕

31 只有在必须设立监事会的公司中,**经理和监事**才有法定的大会参加权。〔2〕在其他情况下,公司章程可以规定他们享有这样的权力。问题是第三者是否有出席大会的权利。破产清算人、遗嘱执行人及类似的人一般拥有参加权。但是,如果情况需要,也不能阻止股东携带一名顾问或者助手出席大会。从法律规定看,股东没有携带顾问的权利。〔3〕同样,其他的第三者例如债权人、新闻界代表和公众,无权出席大会。即使在大公司里,也是如此。和股份公司不同(见上文§16.Ⅲ.3),大会主席不得不顾股东的反对允许第三者参与会议。当然章程可以对此作出另外的规定。在个别情况下,公司可以通过特别股东决议允许第三者出席会议。

## Ⅳ. 表决和股东决议

参考文献:*Armbrüster*, Zur uneinheitlichen Stimmrechtsausübung im Gesellschaftsrecht, FS Bezzenberger 2000, 3; *Baltzer*, Der Beschluβ als rechtstechnisches Mittel organschaftlicher Funktion im Privatrecht, 1965; *Blaurock*, Unterbeteiligung und Treuhand an Gesellschaftsanteilen, 1981; *Eickhoff*, Die Praxis der Gesellschafterversammlung bei GmbH und GmbH & Co. KG, 2. Aufl. 1995; *R. Fischer*, Zur Anwendung von §181 BGB im Bereich des Gesellschaftsrechts, FS Hauβ 1978, 61; *Fleck*, Stimmrechtsabspaltung in der GmbHä, FS Fischer 1979, 107; *Fock*, Stimmrechtslose Geschäftsanteile, FS Heinsius 1991, 129; *v. Gerkan*, Gesellschafterbeschlüsse, Ausübung des Stimmrechts und einstweiliger Rechtsschutz, ZGR 1985, 187; *Habersack*, Unwirksamkeit "zustandsbegründender" Durchbrechungen der GmbH-Satzung sowie darauf gerichteter schuldrechtlicher Nebenabreden, ZGR 1994, 354; *Heckelmann*, Die uneinheitliche Abstimmung bei Kapitalgesellschaften, AcP 170 (1970), 306; *Hübner*, Interessenkonflikt und Vertretungsmacht, 1977; *Hüffer*, Die Gesellschafterversammlung - Organ der GmbH oder bloβes Beschluβverfahren, FS 100 Jahre GmbH-Gesetz 1992, 521; *Kirstgen*, Zur Anwendbarkeit des §181 BGB auf Gesellschafterbeschlüsse in der GmbH, GmbHR 1989, 406; *Lawall*, Satzungsdurchbrechende Beschlüsse im GmbH-Recht, DStR 1996, 1169; *Mayer*, Die Zulässigkeit von Stimmrechtsvereinbarungen im GmbH-Recht, GmbHR 1990, 61; *Messer*, Widerruf der Stimmabgabe, FS Fleck 1988, 221; *Noack*, Gesellschaftervereinbarungen bei Kapitalgesellschaften, 1994; ders., Zur Bindung des Erwerbers eines Geschäftsanteils an Beschluälagen bei der GmbH, GmbHR 1994, 349; *Odersky*, Stimmbindungen und Pool und "Unterpool", FS Lutter 2000, 557; *Priester*, Satzungsänderung und Satzungsdurchbrechung,

---

〔1〕 OLG Stuttgart aaO.

〔2〕 §§77 I BetrVG 1952, 25 I Nr. 2 MitbestG, je iVm. 118 II AktG; vgl. *Zöllner* FS Fischer 905 f; *Hommelhoff* ZGR 1978, 119, 146.

〔3〕 OLG Düsseldorf GmbHR 1992, 610 f; OLG Stuttgart GmbHR 1994, 257; 1997, 1107; OLG Naumburg GmbHR 1996, 934, 936; Scholz/*Schmidt* §48 Rdn. 20; *Lutter/Hommelhoff* §48 Rdn. 4. Für generelle Zulässigkeit dagegen u. a. *Sina* GmbHR 1993, 136; *Fingerhut/Schröder* BB 1999, 1230, 1232.

ZHR 151 (1987), 40; *ders.*, Rechtskontrolle und Registerpublizität als Schranken satzungsgleicher Gesellschaftervereinbarungen bei der GmbHβ, FS Claussen 1997, 319; *Renkl*, Der Gesellschafterbeschluβ, 1982; *Reuter*, Stimmrechtsvereinbarung bei treuhänderischer Abtretung eines GmbH-Anteils, ZGR 1978, 642; *Schön*, Der Nieβbrauch am Gesellschaftsanteil, ZHR 158 (1994), 229; *Tieves*, Satzungsverletzende und satzungsdurchbrechende Gesellschafterbeschlüsse, ZIP 1994, 1341; *W. Vogel*, Gesellschafterbeschlüsse und Gesellschafterversammlung, 2. Aufl., 1986; *Wilhelm*, Stimmrechtsausschlu? und Verbot des Insichgeschäfts, JZ 1976, 674; *Wolany*, Rechte und Pflichten des Gesellschafters einer GmbH, 1964; *Zöllner*, Zu Schranken und Wirkung von Stimmbindungsverträgen, insbesondere bei der GmbH, ZHR 155 (1991), 168; *ders.*, Beschluβ, Beschluβergebnis und Beschluβergebnisfeststellung, FS Lutter 2000, 821; *Zutt*, Einstweiliger Rechtsschutz bei Stimmbindungen, ZHR 155 (1991), 190.

1. 前提条件

股东大会通过**决议**的方式作出决定(《有限责任公司法》第 47 条第 1 款)。由于法律对决议能力没有规定,如果章程没有其他的规定,只要一位有表决权的股东出席就够了。每位股东,包括表决权被排除的股东,都可以提出决议案。也可以提出相反的决议案。如果存在几个不同的方案,而章程没有其他的规定的话,大会主席也即大会本身可以最终决定表决顺序。法律没有规定表决的形式。但通常进行公开投票。如果有足够的理由,经过申请,人们也可以采取与股份公司中相反的做法,即同意对决议案进行无记名投票。 32

与股份有限公司不同(《股份法》第 130 条第 2 款),法律没有规定一个特殊的、可以**确定大会决议结果**的法律行为。一旦大会主席正式确定了决议的内容并正式宣布,按照现今的主流观点,所宣布的决议立即生效,即使决议的内容与真正的事实情况有差异。联邦最高法院也认同这一观点。[1] 只有通过撤销程序并由法院作出相应的判决,才能撤销决议的效力。相反,如果决议没有得到确认,那就取决于正当的法律决议所达成的结果。在有争议的情况下,可以通过《德国民事诉讼程序法》第 256 条的规定澄清这一点(见下文 VII. 4)。[2] 33

2. 多数决议

与股份公司的股东大会一样,有限责任公司股东大会的决议通常以所投决票数的简单多数作出(《有限责任公司法》第 47 条第 1 款)。投票表决用赞成或反对。 34

---

〔1〕 Der BGH hatte dies ursprünglich nur für satzungsändernde Beschlüsse anerkannt (BGHZ 14, 25, 36). Bei einfachen Gesellschafterbeschlüssen hat er hingegen der Feststellung durch den Versammlungsleiter zunächst keine konstitutive Wirkung beigemessen (BGHZ 51, 209). Auf die Kritik im Schrifttum dehnte er die Regelung jedoch auf alle Gesellschafterbeschlüsse aus (andeutungsweise zuerst in BGHZ 76, 154, 156; ferner nunmehr BGHZ 97, 28; 104, 66, 74).

〔2〕 So BGHZ 51, 209, 211; 76, 154, 156; BGH DStR 1996, 387 mit Anm. *Goette*.

按照通行的惯例弃权票不计算在内。〔1〕有限责任公司的基本特点表现在,并不是根据人头、而是以股份数额来进行投票表决的:每50欧元一股的股份获得一票的投票权(《有限责任公司法》第47条第2款)。只能统一行使一股的表决权,即便这股由几个人共同持有。〔2〕相反,如果一位股东持有多个股份,他可以分别投票。〔3〕修改章程的决议必须得到3/4以上所投票数的支持(《有限责任公司法》第53条第2款),同样,有关公司解散(《有限责任公司法》第60条第1款第2项)、合并、分立和形式改变的决议以及企业合同的签订必须由3/4以上的同意票通过(见下文 §§ 47.Ⅲ.2,48.Ⅲ.2,49.Ⅱ.6,54.Ⅱ.3)。由于和解散的情况相似,联邦最高法院要求:开除一名股东的决议也需要3/4以上的多数通过才是有效的。〔4〕

3.投票权

35 **投票权**归股东所有。即使在抵押、扣押或者失去用益权的情况下,股东仍拥有投票权。〔5〕在股份信托转让时,投票权相应地转给托管人。〔6〕在破产情况下由破产管理者,在遗嘱执行情况下由遗嘱执行人〔7〕行使投票权。无行为能力人及限制行为能力人由法定代表代理行使其投票权。

36 实践中出现这样的情况,出于税收的原因,通常会将股份转让给股东的**未成年的孩子**。这里的问题是,股东是否可以同时以本人的名义及其孩子的名义进行投票表决,而又不和《民法典》第1629条第2款第1句、第1795条第2款和**第181条的规定**产生矛盾。对这个问题长期存在激烈的争论。联邦最高法院首先作出了一个一般性规定:由于决议不是股东之间的法律行为,而是一个法人社团的意思形成行为,因而它不是为法律所禁止的内部交易。〔8〕在第二个有关两合公司的案例中,股东以同样的理由转让其表决权,但是将该权转让给有限责任公司,联邦最高法院作出判决,认为可以将《民法典》第181条适用于合同的修改决议,却不能适用于有关公司经营的决议。〔9〕在此出现了一种不再是形式上的、而是更有价值的分析方式,据此与合同的修改不同,在公司经营决议中必须将所有股东的共同利益放在首要位置。在个别情况下个别股东的特殊的利益,可以借助有关排除投票权的规定予以实现。上述观点

---

〔1〕 BGHZ 83, 36; ebenso bei der AG, s. oben § 16 V 2.

〔2〕 BGH GmbHR 1965, 32; BGHZ 104, 66, 74.

〔3〕 Scholz/*Schmidt* § 47 Rdn. 72, str.; vgl. *Armbrüster* FS Bezzenberger 3.

〔4〕 BGHZ 9, 157, 177; s. oben § 30 IV 3.

〔5〕 *Blaurock*, Unterbeteiligung 135; *Teichmann* ZGR 1972, 1, 10; *Wiedemann*, übertragung und Vererbung 413 f.

〔6〕 Vgl. *Beuthien* ZGR 1974, 26, 39 ff; BGH GmbHR 1977, 244; Blaurock aaO 186 ff. Zu Abweichungen im Gesellschaftsvertrag s. unten IV 6 b.

〔7〕 Zum Ausschluβ des Stimmrechts eines Testamentsvollstreckers, wenn es um dessen Bestellung zum Geschäftsführer geht, vgl. BGHZ 51, 209; 108, 21.

〔8〕 BGHZ 52, 316.

〔9〕 BGHZ 65, 93; zur GmbH BGH GmbHR 1988, 337.

是正确的。[1]然而,人们应该将修改章程的决议与其他的原则性决议等同起来,例如解散公司的决议就是其中之一。[2]在这些情况下,必须为未成年人指定补充监护人(《民法典》第1909条),但不需要得到监护法院的批准。[3]

37 如果**法人**或者人合贸易公司是股东,投票权的行使属于对外代表权,因而应由代表机构行使。这一点在康采恩法中有着重要的意义。因为通过这种方式,代表机构可以对关联的企业产生重大影响,而控制企业的股东大会则没有这种可能。在民法公司、共同继承人和其他的法律团体中,投票权归成员共同所有,只能由所有成员统一地行使(《有限责任公司法》第18条)。

### 4. 投票委托

38 股东不必**亲自行使投票权**,他完全可以派遣代表并由该代表行使表决权(《有限责任公司法》第47条第3款)。不过,委托不可以导致实际上剥夺股东对公司的影响力,因为这种剥夺可能侵犯了不可剥夺的成员权的核心内容。[4]因此,出于重要原因,股东可以撤销委托。这一权利是绝对不能排除的。授权委托必须采用书面形式;在修改公司合同时,需要对授权委托书进行公证(《有限责任公司法》第2条第2款)。但是这首先是一条合法性条款。当代表不能提供书面证明时,可以拒绝其行使表决权,除非所有与会者都是相关的委托人。[5]如果他仍然参与投票,股东可以根据《民法典》第180条、第184条的规定在事后批准其投票。在有限责任公司法中,所谓的身份转让即允许代表用其本人的姓名进行投票权的转让是不允许的。[6]这种转让可以重新解释投票委托。[7]如果委托其他股东进行投票,又出现了《民法典》第181条规定 的问题(边码36)。在授予委托时,通常也视为同意自行签约。

### 5. 章程的修改

39 对于**章程的修改**和其余原则的决定适用特殊的规定。修改章程的决议必须获

---

〔1〕 Ebenso *Flume* Allg. Teil I/1, 252 f; *Wilhelm* JZ 1976, 674, 676 f; Hachenburg/*Hüffer* § 47 Rdn. 109 ff; Scholz/*Schmidt* § 47 Rdn. 181; *Fischer* FS Hauβ 71 ff; Rowedder/*Koppensteiner* § 47 Rdn. 64 ff; a. A. Baumbach/Hueck/*Zöllner* § 47 Rdn. 33; *Roth* § 47 Rdn. 30; *Röll* NJW 1979, 627, welche die Anwendbarkeit des § 181 generell verneinen.

〔2〕 Entgegen BGHZ 52, 316.

〔3〕 BGHZ 38, 26.

〔4〕 BGHZ 3, 354, 359; 20, 363, 364; OLG Hamburg DB 1989, 618; zum Abspaltungsverbot s. unten Rdn. 50.

〔5〕 BGHZ 49, 183, 194.

〔6〕 Str; wie hier Scholz/*Schmidt* § 47 Rdn. 21; Baumbach/Hueck/*Zöllner* § 47 Rdn. 29; je mwN; a. A. aber RGZ 157, 52, 56; offengelassen in BGH DB 1987, 424; BayObLG GmbHR 1986, 87; OLG Hamburg GmbHR 1990, 42.

〔7〕 OLG Hamburg aaO.

得所投票数的3/4以上的同意，经过公证并记入商务注册处，该决议才具有法律效力（《有限责任公司法》第53条第2款、第54条）。即使股东持反对意见，也应该根据其承担的忠诚义务投票赞成章程的修改（见 § 28. IV.）。

40 与《股份法》第179条第1款第2句不同，即使仅仅对章程作**编辑上的修改**也必须遵守法律规定的形式要求，在这里没有例外规定。然而部分学者认为，如果修改仅仅是为了让章程的文本适应变化的情况，例如在股份被转让或者被继承情况下而修改公司商号，可以不遵守上述要求。[1] 但是不管实体法律状况如何，为了清楚明确，必须按照法律规定的程序修改章程的文本。

41 与修改章程不同的是**突破章程的规定**。这是指在个别情况下，股东的行为可以与章程的规定不一致。根据多数人的观点，这也需要特定多数人的一致意见。有争议的是：是否同样必须对这种突破进行公证并记入商务注册处。[2]从公开注册是为了保护贸易安全的角度分析，有必要对相关的决议进行公证和注册，尤其是当突破决议产生一种持久的作用时更是如此，例如尽管章程规定担任经理的前提条件是拥有德国国籍，公司却聘任了一位外国人担任经理，或者公司免除了一位股东承担的禁止竞争的合同义务。[3]在这些情况下，如果相关的决议没有登记，就不具备法律规定的形式要件，因而是无效的。[4]相反，如果决议仅仅涉及个别情事，例如在个别情况下免除了经理根据《民法典》第181条的禁令规定的义务[5]，或者不是按照章程规定由负有责任的监事会，而是由股东会根据《有限责任公司法》第15条第5款的规定，批准股东的股份转让，对于这样的决议，不能仅仅因为没有履行登记手续而被撤销。对这种决议没有进行公证，这是否可以成为撤销决议的理由，联邦最高法院暂时还没有对此作出说明。[6] 但是可以对此给予否定的回答。

42 如果股东决议涉及章程的基本组成部分，例如涉及股东的成员资格、股东和公司以及股东相互之间的关系、公司管理机构的组成部分，或者将上述条款补充写进

---

〔1〕 Vgl. Hachenburg/*Ulmer* § 53 Rdn. 27; *Lutter/Hommelhoff* § 53 Rdn. 29 mit Unterschieden im einzelnen, wie hier dagegen Scholz/*Schmidt* § 53 Rdn. 18 ff.

〔2〕 Vgl. die unterschiedlichen Ansichten bei Hachenburg/*Ulmer* § 53 Rdn. 32; Scholz/*Schmidt* § 45 Rdn. 34; Baumbach/Hueck/*Zöllner* § 53 Rdn. 23; *Lutter/Hommelhoff* § 53 Rdn. 23; Rowedder/*Zimmermann* § 53 Rdn. 31; *Priester* ZHR 151 (1987), 40, 58 und Scholz/*Priester* § 53 Rdn. 29; *Roth*/Altmeppen § 53 Rdn. 19; *Habersack* ZGR 1994, 354; *Lawall* DStR 1996, 1169; *Noack* GmbHR 1994, 349; *Tieves* ZIP 1994, 1341.

〔3〕 So vor allem *Priester* aaO und Scholz/*Priester* aaO.

〔4〕 BGHZ 123, 15 bezüglich eines Gesellschafterbeschlusses, wonach sich die Bestellung zum Aufsichtsratsmitglied jeweils um ein Jahr verlängert, sofern der Betroffene nicht abberufen wird, obwohl die Satzung eine lediglich dreijährige Amtszeit vorschrieb; ebenso OLG Köln GmbHR 1996, 291 zur Unwirksamkeit von Erweiterungen und Ergänzungen der Satzung durch stillschweigende übung.

〔5〕 OLG Hamm OLGR 1995, 247.

〔6〕 BGHZ 123, 15, 19, verneinend OLG Hamm aaO.

章程(所谓的**实体章程概念**)[1],那么就是修改公司章程的决议。属于这样的决议包括:变更公司的商号、企业的住址和企业的经营范围、增资或者减资(《有限责任公司法》第55—58条)、给特定的股东提供特殊权利(见上文§ 27. II.)、根据《有限责任公司法》第15条第5款的规定引入、修改或者取消同意保留的规定(见§ 30. I.)或者按照第34条的规定收回权限(见§ 30. III.)。此外,为股东设立禁止竞争的义务(见 § 28. V.)或者普遍地解除《民法典》第181条规定的禁令(见上文边码36、38)也包括其中。

相反,那些**不是章程基本组成部分的内容**可以写入公司合同,它们不涉及有关公司社团的基本规定(见§26. II. 4),也可以遵守《有限责任公司法》第53条和第54条的规定。这些内容可以根据相关的、通常是债务法的规定予以修改。主要例子是公司合同中有关经理报酬的规定。[2]界定两者之间的区别是困难的,因为在一些情况下,例如在聘任经理和约定额外义务的协议中,是否在章程或者在合同中对此予以债权上的规定,主要取决于股东的意愿。[3]在另一方面,股东之间签订的统一表决权的合同、或者股东间签订的其他合同[4],一般不可能纳入章程之中(债法性质的辅助协议),以及与第三者签订的协议,除了聘任为机构成员以外[5],不具有章程特点。它们法律上是毫无问题的,但不能改变章程中的有关组织结构的规定。[6] 43

**典型案例:**在联邦最高法院审理的一起案件中(BGHZ 38, 155),涉及公司合同中规定的一条有关公司和股东之间或者股东相互之间因为公司关系而产生的争议的仲裁条款,涉及的问题是该仲裁条款是否阻碍了正常的法律途径。对此进行判决时,必须根据旧版《民事诉讼程序法》第1027条第1款和第1048条的规定审查这一仲裁条款是否真正属于章程的最基本组成部分。联邦最高法院为此解释(161页):"一项仲裁协议既可以用社团法解释,也可以用个人法来解释。一项具有法规性质的仲裁协议可以对每位股东具有约束作用,除非在章程修改时被废除。至于债法性质的仲裁协议,只有在征得所有合同方同意时,才可以撤除。某些特定内容是否能成为章程的真正内容并对所有各方都产生约束力,取决于当事人意愿以及个别具体情况。" 44

---

〔1〕 BGHZ 38, 155, 161; BGH WM 1970, 246 f.

〔2〕 Vgl. BGHZ 18, 205, 208.

〔3〕 Vgl. BGHZ 38, 155; BGH NJW 1961, 507; DB 1968, 2166; WM 1970, 246; 1981, 438 f; BayObLG BB 1980, 1442; BGH GmbHR 1982, 129, 130; Hachenburg/*Ulmer* § 53 Rdn. 19 ff; Scholz/*Priester* § 53 Rdn. 8 ff; Baumbach/Hueck/*Zöllner* § 53 Rdn. 3 ff mit im einzelnen differenzierenden Formulierungen.

〔4〕 *Noack*, Gesellschaftervereinbarungen 13 ff, 32 ff; *Habersack* ZGR 1994, 354; *Priester* FS Claussen 319; vgl. auch BGHZ 32, 17, 29; 123, 15, 20; zur Anfechtbarkeit schuldrechtlicher Nebenabreden s. unten VII 1.

〔5〕 H. A.; Nachweise bei Hachenburg/*Ulmer* § 53 Rdn. 17 ff; Scholz/*Priester* § 53Rdn. 11.

〔6〕 BGHZ 123, 15.

45 (a)除了《有限责任公司法》第 53 条和第 54 条的规定,对于章程的修改还适用**关于股东决议的一般性规定**(《有限责任公司法》第 47—51 条):根据主流观点,也可以根据《有限责任公司法》第 48 条第 2 款的规定通过书面方式作出决议。[1] 这一观点是正确的。必须将投票及其结果送交公证人,由其公证人进行公证记录。在送达后,公证人还应该对章程修改进行公证。也允许**在国外**通过外国公证员进行公证,前提条件是该外国公证员的职位及其所受到的教育以及根据在公证当地适用的程序法和德国的公证具有相等价值。[2]章程可以对此规定更严格的要求,例如要求得到特定多数股东或者所有股东或某一股东的同意(《有限责任公司法》第 53 条第 2 款第 2 句)。从法律条文中可以看出,章程不可以规定比法律规定更低的要求。

46 (b)对于不属于《有限责任公司法》第 53 条管辖的**基本决议**,适用同样的规定。《变更法》规定:公司形式的任何变更都必须经过公证,得到 3/4 以上多数意见的同意并且载入商务注册处。[3]一般认为,同样的规定也应该适用于批准企业合同的决议。根据联邦最高法院的判决(BGHZ 105, 324),在控制企业中这样的决议需要得到 3/4 多数票的同意,但是不需要经过公证。在附属性企业中,需要至少得到 3/4 多数票的认同,此外还须经过公证并在商务注册处进行登记注册。主流观点认为这样的决议必须达到一致同意。联邦最高法院对此没有表态(见下文 § 54. II. 3)。

47 (c)根据公司法的普遍规定,股东没有义务增加合同中规定的出资义务(《民法典》第 707 条)。如果希望通过修改章程增加股东的出资责任,那么,该项修改必须**得到所有股东的同意**才具有法律效力(《有限责任公司法》第 53 条第 3 款)。根据《民法典》第 184 条等条款的规定,"同意"可以不拘形式,也可以事后声明。只要还未得到同意,决议就暂时没有效力。应该对这一条款作广义的解释。它不仅包含了引入新的补缴资本或者附加额外的出资义务或者提高补充出资和额外的出资义务,此外还包含其他所有缩减股东权和影响成员资格的行为。因此,不经同意不能生效的事项还包括:事后加入(《有限责任公司法》第 15 条第 5 款)、规定的限制转

---

〔1〕 Hachenburg/*Ulmer* § 53 Rdn. 40; Scholz/*Priester* § 53 Rdn. 65; Baumbach/Hueck/*Zöllner* § 53 Rdn. 26; *Lutter/Hommelhoff* § 53 Rdn 12; Roth/Altmeppen § 53 Rdn. 10 u. a.; anders aber noch die Rechtsprechung BGHZ 15, 324, 328; KG NJW 1959, 1446; OLG Hamm NJW 1974, 1057 sowie Rowedder/*Zimmermann* § 53 Rdn. 33 mwN. Etwas anderes gilt aber für alle im UmwG geregelten Grundlagenbeschlüsse, weil dort durchweg vorgeschrieben ist, daβ der Zustimmungsbeschluβ der Gesellschafter nur in einer Versammlung gefaβt werden kann (vgl. § 13 I UmwG).

〔2〕 BGHZ 80, 76, 78 für Zürich; OLG Düsseldorf GmbHR 1990, 169 für die Niederlande; a. M nach wie vor Scholz/*Priester* § 53 Rdn. 69 ff. S. schon oben § 26 II 1.

〔3〕 § § 6, 19, 50 u. a. UmwG.

让条款[1]或者收回条件(《有限责任公司法》第 34 条 第 2 款)、[2]或者竞争禁令(试比较上文 § 28. V.)或者事后希望对此采取更加严格的规定。

6. 章程自由的界限

(a)所述法规一般都**具一定的弹性**。章程既可以规定较简单的前提条件,也可以规定更严格的条件。至于章程的修改,只能规定更严格的要求(《有限责任公司法》第 53 条第 2 款第 2 句)。所以章程可以规定,某个股东享有优先权或者多重投票权,也可以发行无表决权的股份。[3]与非上市的股份有限公司一样(《股份法》第 134 条第 1 款第 2 句 ),在有限责任公司中也可以限定一个最高投票权。[4]公司章程还可以规定按照人头进行表决,或者要求必须以法律没有规定的特定多数,甚至一致同意。在选举的时候,可以考虑规定一个相对多数,就足够了。 48

此外,还可以规定某股东或者第三者享有**决定性的投票权**,例如在票数相等的情况下,经理拥有最后的决定权。[5]如果公司章程中一开始就有这样的条款,没有人会觉得不公平。如果是通过事后的修改而增加的条款,那么必须注意修改必须符合《有限责任公司法》第 53 条第 3 款的规定 ,即增加股东的责任必须首先获得相关股东的同意,然后才能作出相应的决议(见边码 47)。此外,还必须尊重股东平等原则、公司法规定的对少数股东承担的忠诚义务(见上文 § 28 IV, VI)。 49

(b) 股东自决原则是公司法的基本原则,同时也是适用章程**自治原则的界限**(见上文 I. 4)。因此,主流观点认为,不允许分裂表决权并将其私自转让,[6]即使是转让给本公司的其他股东也是如此。[7]这个原则给公司实践带来了一些实际困难,因此在一些情况下这一原则并没有被遵守。但是到目前为止,即无论是司法判例还是学术界都没有就此研究出一条明确而统一的规则。有许多理由说明,在就股 50

---

〔1〕 H. A.; abweichend aber *Wiedemann* NJW 1964, 282, 284; *Fette* GmbHR 1986, 73, 77; *Meyer-Landrut* § 53 Rdn. 18; *Lutter/Timm* NJW 1982, 409, 416; *Lutter/Hommelhoff* § 15 Rdn. 25 (gegen den Willen des Betroffenen zulässig, wenn die Vinkulierung im Interesse der Gesellschaft liegt). S. dazu oben § 30 I 3.

〔2〕 BGH GmbHR 1978, 131; BayObLG GmbHR 1978, 269, 270.

〔3〕 Vgl. RGZ 167, 65, 73; BGHZ 14, 264, 269 ff; *Fleck* FS Heinsius 129.

〔4〕 Vgl. BGHZ 70, 117 zur AG (s. § 16 Rdn. 65); Immenga/Werner GmbHR 1976, 53 f.

〔5〕 RGZ 49, 141, 146 f.

〔6〕 BGHZ 43, 261, 267; BGH NJW 1968, 397; BGH WM 1976, 1247, 1249; NJW 1987, 780; BayObLG BB 1986, 484; *Wiedemann*, übertragung und Vererbung von Mitgliedschaftsrechten, 276; ders., GesR I, 372; *Fleck* FS Fischer 107; Hachenburg/*Raiser* § 14 Rdn. 32 f; Scholz/*Schmidt* § 47 Rdn. 20; im Grundsatz h. M.

〔7〕 A. A. *Teichmann*, Gestaltungsfreiheit 225; Rowedder/*Koppensteiner* § 47 Rdn. 22.

份信托转让达成协议时应该允许信托人继续行使投票权;[1]在股份抵押和股份的用益权抵押时,抵押债权人或者用益权受益人应该享有投票权。[2]与此相反,一般不允许身份权利的转让和以物权方式委托行使表决权(试比较《股份法》第129条第3款,见上文边码38)。

51 与表决权的分裂一样,可以通过委托投票、签订基本的商务代理合同以及统一投票合同来争取实现同样的条件,这些行为仅仅具有债权法上的效果,但是与股份法的规定一样它在一定的程度上是许可的(见上文 § 16. VII.)。[3]出于这些原因,就提出这样的疑问:是否有必要突破禁止分裂投票权原则?[4] 同样不允许的还有"排挤股东、不可撤销的委托"。股东必须有可能对投票施加影响(见上文边码38)。

52 (c)章程也不能通过其规定剥夺公司的**自决权**。因此章程不得规定:只有首先征得公司的另一个机构或者一位外部第三者(例如主管行政机构)的同意,修改章程的决议和其他原则基本决议才具有法律效力(《有限责任公司法》第26条、第53条、第55条、第58条、第60条第2项)。[5]依然有争议的是:对于简单的股东决议是否适用同样的规定?[6]无论如何人们不能将这些同意保留视为直接效用,而是只能视为一个公司承担的债法义务。[7]

## V. 禁止投票

参考文献:*v. Falkenhausen*, Verfassungsrechtliche Grenzen der Mehrheitsherrschaft nach dem Recht der Kapitalgesellschaften, 1967; *Hüffer*, Der korporationsrechtliche Charakter von Rechtsgeschäften - Eine hilfreiche Kategorie bei der Begrenzung von Stimmverboten im Recht der GmbH?, FS Heinsius 1991, 337; *Immenga/Werner*, Der Stimmrechtsausschluβ eines GmbH-Gesellschafters, GmbHR 1976, 53; *Koppensteiner*, Identifizierungsprobleme im Recht der GmbH, FS Schönherr 1986, 205; *Liebs*, Stimmrechtsausschluβ im GmbH-Konzern, FS Claussen 1997, 251; *Martens*, Mehrheits- und Konzernherrschaft in der personalistischen GmbH, 1970, 1 6 3 ff ; *Michalski* , Verbot der Stimmabgabe bei Stimmverboten und nicht nach § 1 6 Abs . 1

[1] *Reuter* ZGR 1978, 642; *Blaurock*, Unterbeteiligung 186; unentschieden BGH BB 1977, 11; a. A. *Beuthien* ZGR 1974, 26, 82; Scholz/*Schmidt* § 47 Rdn. 17 f.

[2] Die Zulässigkeit ist sehr umstritten, bejahend RGZ 157, 52, 55 f. Vgl. auch *Sch? n* ZHR 158 (1994), 259, nach dem die Verwaltungsrechte beim Nieβbrauch beiden gemeinsam zustehen.

[3] *Zöllner* ZHR 155 (1991), 168; *Zutt* ZHR 155 (1991) 190; *Mayer* GmbHR 1990, 61.

[4] So vor allem Scholz/*Schmidt* § 47 Rdn. 19 f.

[5] BGHZ 43, 261, 264; OLG Düsseldorf BB 1982, 762; RGZ 169, 65, 79 ff; h. M. Die Frage spielt vor allem bei Unternehmen mit gemeinnützigen Zwecken und in Abhängigkeitsbeziehungen eine Rolle.

[6] Im wesentlichen verneinend Rowedder/*Koppensteiner* § 47 Rdn. 14.

[7] So wohl Scholz/*Schmidt* § 47 Rdn. 12. Zu Zustimmungsvorbehalten zugunsten von besonderen, im Gesellschaftsvertrag eingesetzten Organen s. unten § 34.

GmbHG legitimierten Nichtgesellschaftern mittels einstweiliger Verfügung, GmbHR 1991, 12; *Schilling*, Gesellschafterbeschluβ und Insichgeschäft, FS Ballerstedt 1975, 257; *Schneider*, Stimmverbote im GmbH-Konzern, ZHR 150 (1986), 609; *Siegmund*, Stimmverbote im GmbH-Recht, BB 1981, 1674; *Verhoeven*, GmbH-Konzern-Innenrecht, 1978; *Vogel*, Gesellschafterbeschlüsse und Gesellschafterversammlung, 2. Aufl. 1986; Wank, Der Stimmrechtsausschluβ im GmbH-Recht in der neueren Rechtsprechung des BGH, ZGR 1979, 222; *Westermann*, Anwendung des § 47 IV GmbHG im Konzern und in Gemeinschaftsunternehmen, FS Raisch 1995, 309; *Wilhelm*, Rechtsform und Haftung bei der juristischen Person, 1981, 59 ff; *ders.*, Stimmrechtsausschluβ und Verbot des Insichgeschäfts, JZ 1976, 674; *Wolany*, Rechte und Pflichten des Gesellschafters einer GmbH, 1964, 213 ff; *Zöllner*, Die Schranken mitgliedschaftlicher Stimmrechtsmacht bei privatrechtlichen Personenverbänden, 1963, 146 ff; ferner das Schrifttum zu § 16 VI.

1. 原则

根据《有限责任公司法》第 47 条第 4 款的规定,在四种**利益冲突**的情况下,相关的股东没有投票权。这一规定与《股份法》第 136 条第 1 款(见上文 § 16. VI.)的规定相似,但适用范围更广,因为与《民法典》第 34 条一样,禁止表决权的规定也同样适用于有关股东与公司之间的法律行为的表决。由于股东亲自参与企业的管理,这一禁止的适用范围也远远大于股份法中的规定。上述法律禁止的理论基础是两种互相关联的法律思想:其一是涉及股东本人的一项措施(没有人能对自己的事担任法官),其二是关于双重参与,就是公司法中规定与《民法典》第 181 条规定的禁止内部交易相类似的禁令。[1]在一人公司,投票禁止自然是多余的。[2]同样,如果相关的事项以同等程度涉及所有的股东,那禁令也没有意义。 53

2. 禁止表决的情形

股东在下列情形下没有投票权:

(a)如讨论决定该股东的**免责**(见上文 I. 3)。 54

(b)讨论**免除该股东的义务**。它包括股东和公司之间的所有义务,不论这些义务是否是基于公司关系而产生的。其中最重要的是放弃各种形式的索赔权。[3] 55

(c)如果讨论决定向该股东**提起法律诉讼或者终止**这样的法律纠纷。[4]与《股份法》第 136 条第 1 款的规定相适应,本条也包括程序的准备阶段,例如向股东提起一项权利请求、委托律师、申请发出催告信以及申请仲裁(见上文 § 16. VI. 2. c)。 56

---

[1] Dieser Grundgedanke des § 47 IV wird neuerdings vor allem von *Wilhelm*, Rechtsform und Haftung 59 ff wieder besonders herausgearbeitet.

[2] BayObLG BB 1984, 1117.

[3] Eine bloβ mittelbare Befreiungswirkung genügt dagegen nach OLG München NZG 1999, 839 nicht.

[4] BGHZ 76, 154, 158; 97, 28, 34 und dazu Lindacher ZGR 1987, 121, 124; *K. Schmidt* NJW 1986, 2018, 2019.

相反,如果仅仅准备催缴未支付股金,则不能适用《有限责任公司法》第 47 条第 4 款的规定。[1]如果准备对经理起诉,与经理一起违背了义务的股东不得行使其表决权。[2]

57 (d) 决议涉及股东和公司之间的**法律行为**。应该根据《民法典》的技术含义出发理解这一概念。它既包括单方面的法律行为,也包括双方面的法律行为,还包括由股东大会同意的法律行为,这类行为有经理和股东签订或者解除的法律行为(《民法典》第 182 条等)。典型的情况是股东和公司之间签订的供应合同和贷款合同以及为一位股东提供担保。[3]即使经理并没有得到指令而只是被授权这一行为的,只要股东决议根据当时的情形限制了经理的自主决定权,就可以适用《有限责任公司法》第 47 条第 4 款的规定。[4]在康采恩中,如果讨论附属企业和控制企业之间的法律行为,控制企业在子公司中没有表决权。[5]

58 (e) 司法判例和学术界扩大了《有限责任公司法》第 47 条第 4 款的适用范围:股东大会**出于重要原因决定对某一股东采取的所有措施**,都适用这一规定。这是十分正确的。因为在这种情况下,禁止投票的理由也是十分明显的。这种情况有:出于重要原因解除经理职务、[6]提起开除之诉、[7]对股东采取审查措施(《有限责任公司法》第 46 条第 6 款)[8]以及强制收回股份。[9]

59 如果投票决定事项牵涉多位股东,而他们是因为同一原因而受到质疑的,那么,所有这些股东都没有投票权。如果对是否免除所有管理人员或者另一个公司机构的责任进行投票表决,那么只要讨论不是涉及是否对某位机构成员提供特别的个别措施,所有相关的股东都不得参与投票。[10]

### 3. 团体意见形成

60 《有限责任公司法》第 47 条第 4 款规定的投票禁令不适用于法人意见的形成。因为仅仅由于股东的自身利益而禁止其参与表决是不合理的。[11] 在个别情况下,

---

[1] BGH GmbHR 1990, 452.

[2] BGHZ 97, 28.

[3] BGHZ 68, 107 (Fall einer Schuldmitübernahme).

[4] Vgl. BGHZ 68, 107, 112; OLG Stuttgart GmbHR 1992, 48.

[5] *Schneider* ZHR 150 (1986); 609; *Westermann* FS Raisch 316; *Liebs* FS Claussen 251.

[6] RGZ 124, 371, 380; 138, 98, 103 f; OLG Düsseldorf GmbHR 1999, 1098.

[7] BGHZ 9, 157, 178; 16, 317, 322.

[8] RGZ 146, 385, 388 ff.

[9] Nicht hingegen die auf der Satzung beruhende Einziehung bei Pfändung, Erbfall u. ä.; BGH GmbHR 1977, 81 mit Anm. *Sachs*.

[10] BGHZ 108, 21; OLG Köln NZG 1999, 1115 auch für den Fall der Einzelabstimmung.

[11] RGZ 60, 172; 64, 276; BGHZ 18, 205, 210; 48, 163, 167; BGH BB 1990, 1923; *Zöllner*, Schranken 225 ff; *Wilhelm*, Rechtsform und Haftung 79 ff, 96 ff; kritisch *Immenga/Werner* GmbHR 1976, 53, 57 f.

必须根据破坏忠诚义务和滥用投票权的规定来评判违背公司利益的行为(所谓的投票权的灵活限制,见下文 VI)。

由于很难具体**确定**一个界定概念的标准,在个别情况下对情事性质的界定就成为难以解决的难题。新近的观点认为应该根据具体的情况采用不同的界定和解决方式,因而倾向于采用司法判例的方式。[1]按照多数人的观点,下列情况不适用投票禁止原则:修改章程和解散决议、[2]聘任或者解聘经理和监事或者顾问委员会成员。但是因为重要原因而遭解聘的除外。[3]在这种情况下,相关的股东可以参与投票。聘用合同的签订或者解除也属于同样的情形,这是因为聘用合同与人员的聘用有着密切的联系。联邦最高法院就持这一看法。[4] 但是这种观点并不是完全毫无疑问的。[5]相反,如果一位第三者如遗嘱执行人为股东行使投票权,而他被聘任为经理,仍然适用《有限责任公司法》第 47 条第 4 款的规定 。[6]司法判例将公司同意根据《有限责任公司法》第 15 条第 5 款的规定而进行的股份转让视为社团行为,因此无论是出让者还是受让者都可以参与投票。[7] 61

在讨论决定公司和大股东签订**合并合同、分离合同和企业内容协议或者其他涉及公司结构的措施**时,这些大股东是否拥有投票权?对这一问题依然存在着争论。在这些情况下,《股份法》没有规定表决禁令。因为如果这样,决定权将落入小股东之手(见 § 16. VI. 4)。《变更法》对此没有规定(见《变更法》第 13 条、第 50 条等)。现行《有限责任公司法》原则上提供了两种解决方法:或者适用相对严厉的《有限责任公司法》第 47 条第 4 款,[8]或者适用有利于变更和设立康采恩的、与《股份法》规定相似的条款。[9]但是在既同时保持《股份法》和《有限责任公司法》,而《有限责任公司法》中又没有一定要求一致同意时,这种法律创造才能够 62

---

〔1〕 Vgl. neben den Kommentaren zu § 47 IV *Flume*, Allg. Teil I/2, 228 ff; *K. Schmidt*, GesR § 21 II 2, § 36 III 3 b; *Hüffer* FS Heinsius 337; ferner das Schrifttum zu § 34 BGB.

〔2〕 Vgl. BGHZ 49, 117; 76, 352, wo § 47 IV überhaupt nicht erörtert wird.

〔3〕 RGZ 74, 276, 278 f; BGHZ 18, 205, 210; st. Rspr.

〔4〕 BGHZ 18, 205, 210; 51, 209, 215 f; *Wank* ZGR 1979, 222, 243; *Kastner* FS Schönherr 200; *Baums*, Der Geschöftsleitervertrag 143.

〔5〕 Kritisch vor allem *Immenga/Werner* GmbHR 1976, 53, 58; *Flume* aaO 231.

〔6〕 BGHZ 51, 209, 216 ff mit nicht überzeugender Begründung nach § 181; vgl. *Fischer* FS Hauβ 61, 74; BGHZ 108, 21, 24.

〔7〕 BGHZ 48, 163, 166 f; BGH WM 1974, 372, 375; a. A. *Zöllner* GmbHR 1968, 177 und Baumbach/Hueck/*Zöllner* § 47 Rdn. 58; s. auch unten § 52 II 2.

〔8〕 So z. B. *Zöllner*, Die Schranken mitgliedschaftlicher Stimmrechtsmacht 250 f; *Martens*, Mehrheits- und Konzernherrschaft 163 ff; *Immenga/Werner* GmbHR 1976, 53, 58 f; Baumbach/Hueck/*Zöllner* § 47 Rdn. 58; Hachenburg/*Hüffer* § 47 Rdn. 174 ff betr. Unternehmensverträge.

〔9〕 So wohl die h. M. vgl. LG Arnsberg ZIP 1994, 536; aus dem Schrifttum statt aller *Skibbe* GmbHR 1968, 245, 246 f; Hachenburg/*Hüffer*, § 47 Rdn. 175 ff; Hachenburg/*Ulmer* § 53 Rdn. 144; Scholz/*Schmidt* § 47 Rdn. 114 f; *Kort* Abschluβ von Beherrschungsverträgen 105 ff, im Prinzip auch *Emmerich/Sonnenschein*, Konzernrecht, 412; *Lutter* UmwG § 13 Rdn. 20; *Lutter/Hommelhoff* Anh § 13 Rdn. 38; *Timm* AG 1982, 103 f; je mwN.

得出令人满意的结果(见下文§§46.Ⅲ.4,54.Ⅱ.3)。[1]《变更法》和《康采恩法》也是通过许多其他的规定来寻求对少数股东提供适当的保护的(见下文§§46.Ⅲ.,54.Ⅴ.)。法律作出这样的规定是基于以下考虑:尽管少数小股东的反对,大股东有权实施其希望的结构变化。为此,在有限责任公司里,也不应该剥夺大股东的投票权。但是对于康采恩内部的供货交易无论如何必须适用《有限责任公司法》第47条第4款规定的投票禁令。[2]

4. 扩大适用于第三者的投票禁令

63 根据《有限责任公司法》第47条第4款的规定,如果存在投票禁令,也**不可以为他人行使投票权**。根据这一条款的字面意义,这一禁令仅仅涉及同时代理他人进行投票的股东。然而根据其意义并且与《股份法》第136条第1款相一致,如果一个第三者是股东的代表或者其受托管理人,这一禁令也适用于第三者。[3]在通常情况下,受表决禁令约束的股东不得通过委托代表或者托管人进行投票来规避这一禁令。[4]如果禁令涉及一位法人股东,该法人的法定代表也不得行使表决权。同样,如果董事和经理为禁令所约束,也不能为公司行使投票权。如果一人同时是两个有限责任公司的股东和经理,那么当其中一个公司讨论决定是否因债权而对另一个公司提出诉讼时,他不可以参与投票。[5]

64 如果禁令涉及**人合公司**或者**共同继承人**,则所有的成员都不得参与投票。[6]比较困难的是:如果禁令仅仅涉及其中一个股东或者一个继承人,其他的股东或者继承人是否可以行使表决权?如果担心他们同样不会客观地投票。[7]对此,司法判决认为,如果其他股东因此而不能客观地进行投票表决,则其他股东或者继承人也受禁令的约束。人们一直尝试更加明确地界定并表述其构成要件。如果直接为禁令所涉及的人是公司的经理或者大股东、或者可以对其他股东施加决定性的影响并由此影响他们的投票行为,那么其他股东或者继承人也受禁令的约束。[8]

65 同样在康采恩中,如果受表决禁令约束的**股东或者经理**对一家公司**拥有决定**

---

[1] Der BGH läßt die Frage einstweilen offen (BGHZ 105, 324, 332 f).

[2] Hachenburg/*Hüffer* § 47 Rdn. 126; Scholz/*Schmidt* § 47 Rdn. 107; Rowedder/*Koppensteiner* Anh. § 52 Rdn. 48; *Schneider* ZHR 150 (1986), 609, 623 f; *Westermann* FS Raisch 316; *Liebs* FS Claussen 251.

[3] H. M., vgl. BGHZ 56, 53.

[4] OLG München GmbHR 1995, 231.

[5] OLG Celle NZG 1999, 1163.

[6] Vgl. BGH NJW 1973, 1039 f; h. A.; anders aber Rowedder/*Koppensteiner* § 47 Rdn. 51 ff und *Koppensteiner* FS Schönherr 205, 211 f.

[7] BGHZ 49, 183, 194; 51, 209, 219; 56, 47, 53 ff.

[8] Vgl. LG Köln GmbHR 2000, 143 zu einem den Leiter eines Konsortiums treffenden Stimmverbot.

性的影响，那么对该公司适用表决禁令就会产生同样的问题。[1]结合《股份法》第136条 第2款的规定，人们可以认为只要存在着《股份法》第17条意义中的依附关系，就必须适用投票禁令。[2]

与此相反，《有限责任公司法》第47条第4款的规定并不扩大适用至股东亲近的人，例如家属，或者在决议中有利害关系的人。[3] 66

## VI. 滥用投票权

在不适用投票禁令的情况下，如果滥用投票权，那么相关的表决就没有法律效力。原则上每位股东可以根据自己的自由裁量行使投票权。但是由于股东在公司中担负着管理任务而且股东相互之间也存在着紧密的依附关系，因此股东不可能无限制地行使其表决权，换句话说，股东只能在符合企业共同利益的范围内进行投票表决。因此，股东并不享有完全自由的表决权。相反其表决权的行使必须受到公司章程中规定的义务、忠诚义务（见上文 § 28. IV.）、平等待遇原则（见上文 § 28. VI.）以及禁止滥用投票权原则的约束（**有关投票权的灵活界限**）。[4]由于有限责任公司的特殊情况，与股份有限公司中股东的裁量权相比，股东自由裁量的界限要小得多。[5] 67

如果一项公司决议是基于一位股东的投票而通过的，而该股东试图通过行使投票权获取其他的特殊利益（《股份法》第243条第2款，见上文 § 16. IX. 7）或者违反了普遍的刁难禁止（《民法典》第226条），那么根据法律的规定，可以撤销这一决议。此外，大股东也可能滥用其投票权。如果大股东违背忠诚义务，采取了违背公司和小股东利益的措施，就是如此。[6]同样，如果一位小股东阻止公司通过一项符合公司利益或大股东利益的合理的决议，他也是滥用投票权。在私法领域，在具体情况下是否存在着滥用表决权的行为必须考虑所有的相关情况，而后才能确定。股东没有必要一开始就将自己的利益置于公司的利益之后。如今，禁止滥用仍然是为制止大股东肆无忌惮地使用多数表决权或者小股东滥用少数否决权的重要手段。 68

---

〔1〕 Vgl. RGZ 146, 385, 391 f; BGHZ 36, 296, 299; 56, 47, 53; 68, 107 mit Anm. *Immenga* GmbHR 1977, 221; BGH NJW 1973, 1039; BGH JZ 1977, 267 mit Anm. *Verhoeven.*

〔2〕 So *Wilhelm*, aaO, 125 ff, 135 ff; *Schneider* ZHR 150 (1986), 609, 619; mit Abweichungen im einzelnen h. A.

〔3〕 BGHZ 56, 47, 54; 80, 69, 71.

〔4〕 *Zöllner*, Die Schranken mitgliedschaftlicher Stimmrechtsmacht 287.

〔5〕 BGHZ 14, 25, 38.

〔6〕 Vgl. RGZ 146, 385, 394 f zum Miβbrauch der Anfechtungsbefugnis; BGHZ 8, 348, 355 f; 14, 25, 38 f; 76, 352, 355 ff; 80, 69, 74 f; BGH WM 1989, 1128; 1991, 97; BGH GmbHR 1970, 232; 1974, 110; BGH BB 1977, 465; zum Verbot der Stimmabgabe durch einstweilige Verfügung LG Mainz GmbHR 1990, 513; OLG Koblenz GmbHR 1991, 21; OLG Hamburg GmbHR 1991, 467 m. Anm. *K. Schmidt.*

69 **举例**:(a) 如果一位股东已经解除其与公司的关系、但还没有退出公司。如果该股东没有充分的原因反对其他股东提出的建议,尽管这一措施根本不会损害他的利益,他就是滥用投票权(BGHZ 80, 320)。(b)如果在作出免除经理责任的决议时,已知的事实足以证明应该向该经理提起损害赔偿之诉或者应该解聘该经理,或者经过仔细的审查就能发现上述事实,那么上述免责决议也是滥用表决(OLG Hamm GmbHR 802)。(c) 如果一位股东滥用其投票权,故意阻止公司通过决议向其催缴尚未缴纳的剩余股金,其他同意催缴的股东可以因此而向该股东提起诉讼(BGH GmbHR 1990, 452)。(d)如果一位股东投票支持一项有利于家族成员的决议,由此,该成员获得了不合理的好处,而该成员本身被禁止参与表决,那么该股东也是滥用投票权(BGHZ 第 80、69 条)。(e)如果解散公司的目的是为了通过清算独自占有企业,则同意解散决议的投票也是一种滥用投票权的行为(BGHZ 76, 352; 103, 1849 条)。

70 滥用的投票表决是无效的,同样,可以撤销据此作成的决议。如果大股东在没有考虑滥用投票表决权情况下通过了决议,就可以通过司法确认程序由法院确定决议的效力。[1]如果根据股东承担的忠诚义务,该股东有义务赞成一项具体的提案,那么可以通过判决要求他作出相应的同意声明。根据《民事诉讼程序法》第 894 条的规定这些判决是可以执行的。

## VII. 股东决议无效和撤销

参考文献: vgl. die Angaben zu § 16 IX, ferner: *Berger*, GmbH-rechtliche Beschluβmängelstreitigkeiten vor Schiedsgerichten, ZHR 164 (2000), 295; *Bork*, Zur Schiedsfähigkeit von Beschluβmängelstreitigkeiten, ZHR 160 (1996), 374; *Casper*, Die Heilung nichtiger Beschlüsse im Kapitalgesellschaftsrecht, 1998, *ders.*, Das Anfechtungsklageerfordernis im GmbH-Beschluβmängelrecht, ZHR 163 (1999), 54; *Casper/Risse*, Mediation von Beschluβmängelstreitigkeiten, ZIP 2000, 437; *Ebbing*, Schiedsvereinbarungen in Gesellschaftsverträgen, NZG 1998, 281; *Emde*, Der Angriff eines Mitgesellschafters gegen die Beschluäfeststellungsklage, ZIP 1998, 1475; *Henze*, Zur Schiedsfähigkeit von Gesellschafterbeschlüssen im GmbH-Recht, ZGR 1988, 546; *Koch*, Das Anfechtungsklageerfordernis im GmbH-Beschluβmängelrecht, 1997; *Lenz*, Schiedsklauseln in GmbH-Gesellschaftsverträgen hinsichtlich Beschluβmängelstreitigkeiten, GmbHR 2000, 552; *Lüke/Blenske*, Die Schiedsfähigkeit von Beschluβmängelstreitigkeiten, ZGR 1998, 253; *Raiser*, Nichtigkeits- und Anfechtungsklagen, FS 100 Jahre GmbH-Gesetz 1992, 587; *ders.*, Die Einrede der Anfechtbarkeit von Gesellschafterbeschlüssen in der GmbH, FS Heinsius 1991, 645; *Schick*, Schiedsfähigkeit von Gesellschafterbeschlüssen einer GmbH, 1992; *K. Schmidt*, Neues Schiedsverfahrensrecht und Gesellschaftsrechtspraxis, ZHR 162 (1998), 285; *Schröder*, Neue Konzepte zum Beschluβmängelrecht der GmbH und der Personengesellschaften, GmbHR 1994,

---

〔1〕 S. oben § 16 IX 8 f.

532；*Timm*，Vergleichs- und Schiedsfähigkeit der Anfechtungsklage im Kapitalgesellschaftsrecht，ZIP 1996，445；*Trittmann*，Die Auswirkungen des Schiedsverfahrens-Neuregelungsgesetzes auf gesellschaftsrechtliche Streitigkeiten，ZGR 1999，350；*Westermann/Menger*，Gesellschafterstreitigkeiten im GmbH-Recht，DWiR 1991，143.

《有限责任公司法》中**没有**对股东决议的无效和撤销**作出规定**。立法者规定可以参照"一般的法律原则"。[1]根据目前普遍的看法，只要有限责任公司中没有特殊情况而需要适用另外的规定，那么就可以相应地适用《股份法》第241条等条款的规定。[2]究竟在具体情况下如何适用，下文将进行进一步的论述。另外，这里也常常指本书中有关股份法的阐述（见上文§16.IX.）。 71

1. 构成要件

在**无效的实质性构成要件和撤销的实质性构成要件**方面，两者只有微小的区别。如果股东大会是由一位无召集权的人士召集的，如果一位股东没有被邀请参加大会，[3]或者拒绝一位股东出席大会，相关的股东大会决议违反《股份法》第241条第1款的规定，因而是无效的。[4]股东大会是否由一位有召集权的人士召集的（《股份法》第241条第1项），应该根据《有限责任公司法》第49条和第50条的规定来审查确定。[5]已经退职的经理是没有召集权的。[6] 如果公司没有公开召开股东大会的日期（《股份法》第121条第3款），而章程中又没有相反的规定，应该通过挂号信的方式分别通知每个股东（《有限责任公司法》第51条）。如果没有以这一方式给每个股东发出邀请，根据《股份法》第241条第1项的规定由此作出的股东决议无效。但是，如果所有的股东都出席了会议并参与了表决，则是上述规定的例外（见《有限责任公司法》第51条第3款）。如果对大会决议的公证有缺陷，根据《股份法》第241条第2项的规定，只有决议涉及章程的修改及同样性质的基本决议时，这些决议才是无效的。因为在有限责任公司中，对其他的股东决议也没有进行公证的义务。在《股份法》第241条开头部分提到的《股份法》第192条、第228条、第235条在有限责任公司中是多余的。《股份法》规定的违反第212条、第217条的无效规则在这里也不适用，取而代之的是《德 72

---

〔1〕 Begründung zum Gesetzentwurf 1892，101.

〔2〕 RGZ 166，129；BGHZ 14，25，30；14，264，268；15，382，384；36，207，210 f；51，209，210 f；76，352；80，212，216；88，320，328；97，28，30；101，113，116 ff；104，66，68 ff；108，21，23；111，224；*Immenga* GmbHR 1973，5.

〔3〕 OLG München GmbHR 2000，486.

〔4〕 Das OLG Brandenburg nahm in GmbHR 1998，1038 gleichwohl nur eine Anfechtbarkeit des Beschlusses an.

〔5〕 Vgl. OLG München aaO zum Einberufungsrecht der Gesellschafter. Einzelheiten bei Hachenburg/*Raiser* Anh. §47 Rdn. 33

〔6〕 BayObLG GmbHR 1999，985.

国有限责任公司法》第57j、n条的规定。选举一个可选择性的监事会或者顾问委员会的决议是否有效,必须根据《股份法》第250条的规定进行评判决定。前提条件是这一条款在有限责任公司中是可以适用的(见下文§ 34. I.,II.)。在《资产负债表指令法》放弃了最初的打算后,即在《有限责任公司法》中加入独立的有关年度决算无效的规定,《股份法》第256条的规定才可以完全适用于有限责任公司。[1]

73 任何违反法律中的强制性规定的行为都是与有限责任公司本质不符的(《股份法》第241条第3款)。无论如何,如果决议侵犯了股东不可侵犯的个人权利时就是如此。除此之外还包括其他哪些强制条款?这是依然一个没有完全弄清的问题。[2]与股份法一样,《有限责任公司法》也主要是通过资本筹集和维持条款来保护债权人的利益的。在有限责任公司中,无效的股东决议也可以根据《股份法》第242条的规定而恢复其效力。[3]

74 有关因违反法律而**撤销**的股东决议可以参照有关股份有限公司的论述(见上文§ 16. IX. 5)。与股份公司相比,由于有限责任公司享有更大的章程自由,因而**违反公司章程**而引起的撤销也起着更加重要的作用(《股份法》第243条第1款)。尤其是当股东决议采取的措施超出了章程规定的企业经营范围时,这种决议是应予撤销的。[4]

75 与此相反,联邦最高法院的下列判决是不可取的[5]:在判例中,即使违反股东之间达成的**辅助性债法协议**,如统一投票义务合同和联合合同,在例外情况下这种违约也可以成为撤销决议的理由。联邦最高法院用于论证的诉讼经济学的观点是站不住脚的。从法政治角度分析,没有任何理由可以不要求股东根据其签订的协议提起诉讼,却为股东们提供一条提起撤销之诉的捷径。因此应该维持基本的规则,即只有根据《股份法》第243条规定作出的公司行为,才可以予以撤销,而不是辅助性债法协议。[6]

---

〔1〕 BGHZ 83, 341; OLG Hamm GmbHR 1996, 51.

〔2〕 Vgl. Hachenburg/*Raiser* Anh. § 47 Rdn. 45 ff.

〔3〕 BGH GmbHR 1996, 49; OLG München GmbHR 2000, 486; *Casper*, Heilung nichtiger Beschlüsse 325 ff.

〔4〕 Einzelheiten bei Hachenburg/*Raiser* Anh. § 47 Rdn. 135 ff.

〔5〕 BGH NJW 1983, 1910; 1987, 1890; OLG Hamm GmbHR 2000, 673; kritisch dazu *Happ* ZGR 1984, 168; *Vomhof* GmbHR 1984, 181; *Ulmer* NJW 1987, 1849; *Winter* ZHR 154 (1990), 259.

〔6〕 Ebenso schon Hachenburg/*Raiser* Anh. § 47 Rdn. 142 ff. Dagegen wollen *Ulmer* aaO, *Winter* aaO, aber auch Scholz/*Schmidt* § 45 Rdn. 116 sowie Baumbach/Hueck/*Zöllner* § 47 Rdn. 59a die genannten Urteile des BGH als Ausnahmefälle unter verschiedenen Gesichtspunkten "retten". Nach *Noack*, Gesellschaftervereinbarungen 144 ff, 162 läβt es sich rechtfertigen, Vereinbarungen, an denen alle Gesellschafter beteiligt sind, Gesellschafterbeschlüssen insoweit gleich zu stellen, weil sie eine eher noch stärkere Bindung entfalten.

2. 提起撤销的权限

在**提起撤销的权限**方面，有限责任公司的做法与股份公司不同。这主要是因为在有限责任公司中对股东决议没有进行记录的义务，因此根本不可能根据《股份法》第 245 条第 1 项的规定要求股东对大会记录提出异议。因此根据主流观点，不论股东是否出席了股东大会，都有权提起撤销之诉，除非他在了解缺陷的情况下投同意票或者事后放弃了提起撤销诉讼的权利。[1]与此相反，《股份法》第 245 条第 4 项规定的股份有限公司董事会享有的一般性的撤销权并不适用于有限责任公司的经理，因为有限责任公司的经理不享有董事会所享有的独自管理公司的权限（《股份法》第 76 条）。由此主流观点得出结论：有限责任公司的经理、监事会成员根本无权提起撤销决议。[2]其余学者认为，在这里至少可以适用《股份法》第 245 条第 5 项的规定。[3]正确的观点是应该根据不同的撤销理由而采用不同解决方法：如果违反的仅仅是保护（少数）股东利益的法律规定，例如违反有关召开的规定，公司管理者没有撤销权。但是，如果决议违反强制性法律规定、或者违反善良风俗或者是为了努力获得《股份法》第 243 条第 2 款列举的特别利益，那么公司的管理者应该享有撤销权。[4] 如果执行决议将使经理或者监事承担刑事责任或者承担损害赔偿损失义务，或者如果决议的内容是解除他们的职务，相关的经理或者监事可以根据《股份法》第 245 条第 5 款的规定提出撤销诉讼（见 § 32. Ⅲ. 3）。 76

3. 撤销期限

《股份法》第 246 条规定的提起撤销诉讼的**期限为一个月**。一般认为这一期限太短，司法界也认同这一观点。[5] 由于有限责任公司的不同的组织结构，对法律明确性的要求不像股份有限公司那样强烈，这也大大地缩小了对拥有撤销权的小股东的保护。[6]因此，司法判例将这一期限理解为下限，即章程里规定的期限也不可 77

---

〔1〕 Hachenburg/*Raiser* aaO Rdn. 152; Scholz/*Schmidt* § 45 Rdn. 127, 139; Baumbach/Hueck/*Zöllner* Anh. § 47 Rdn. 72 f.

〔2〕 BGHZ 76, 154, 159; *Lutter/Hommelhoff* Anh. § 47 Rdn. 61, 31; *Immenga* GmbHR 1973, 5, 8; weitere Nachweise bei Hachenburg/*Raiser* aaO Rdn. 162.

〔3〕 Vgl. Rowedder/*Koppensteiner* § 47 Rdn. 118; noch groβzügiger Scholz/*Schmidt* § 45 Rdn. 134 und Baumbach/Hueck/*Zöllner* Anh. § 47 Rdn. 75 (in allen Föllen, in denen den Geschäftsführern die Ausführung eines Beschlusses obliegt).

〔4〕 So schon Hachenburg/*Raiser* Anh. § 47 Rdn. 163. Ebenso *Lutter/Hommelhoff* Anh. § 47 Rdn. 65 (anfechtungsbefugt bei solchen Beschlüssen, deren Gegenstand als Weisung die Geschäftsführer nicht binden würde).

〔5〕 Vgl. BGHZ 101, 113, 117 = JZ 1987, 1081 mit Anm. *K. Schmidt*; BGHZ 104, 66, 71; 108, 21, 29; 111, 224; BGH GmbHR 1989, 120, 122. Zur Kritik *Zöllner/Noack* ZGR 1989, 525, 529 ff; ferner *Rohleder* GmbHR 1989, 236.

〔6〕 Vgl. ausführlich Hachenburg/*Raiser*Anh. § 47 Rdn. 177 ff.

以低于一个月,[1]在其他情况下,它是一种**指导性的规定**。原告必须以尽**可能快的速度提出诉讼**,可以要求给予必要的时间,进行考虑并与其他股东进行商讨。在这里适用的是一个适当的期限。根据目前的司法实践一般的时限为2—3 个月。但是必须对具体情况进行具体分析。[2]

78 与此对应的是,正确的做法是从一开始就应该比较宽松地衡量撤销期限。如果人们认为在公司里进行的有关撤销的讨论需要 3 个月时间,那么就应该将这一期限当作通常的期限。这意味着,一位股东通常只能在这一期限内提起撤销之诉,除非他能证明由于存在着特殊的原因使他在 3 个月之内不能提起诉讼。[3]遵守期限是提起诉讼的**一个实质性前提条件**,在每一诉讼程序中都必须对此进行审查。[4]

4. 撤销之诉和确认决议之诉

79 对上述有缺陷的股东决议进行规定的前提是,与在股份有限公司中一样(《股份法》第 246 条第 1 款),只有通过提出撤销之诉或者决议确认之诉(见上文 § 16. IX. 8. f)才能主张决议的撤销。根据联邦最高法院的判决,只有已经形成正式决议时,才适用上述规定。[5]如果在相反的情况下股东就投票权或者就决议的内容无法达成一致意见,就必须根据《民事诉讼程序法》**第 256 条的规定提出确认诉讼**,或者提请法院确认申请的决议案的效力,或者提请法院确定申请的决议案不能通过。在这些情况下,不可能提起撤销之诉,因为它已经失去了撤销的对象。[6]鉴于公开进行的争论,这里也缺少已经通过的决议中所具备的信任构成要件,因此不遵守规定的诉讼期限。"及时"提起诉讼,既可防止股东失去异议的机会,也可防止股东的行为前后矛盾。[7]

---

〔1〕 BGHZ 104, 66, 71 f; 111, 224; BGH GmbHR 1992, 801; 1998, 892; OLG Brandenburg GmbHR 1998,1038; OLG Düsseldorf GmbHR 1999, 548; OLH Zweibrücken GmbHR 1999, 79.

〔2〕 Vgl. die in Fuβn. 159 angeführten Urteile; weiter etwa OLG Stuttgart NJW 1973, 2027; OLG Koblenz ZIP 1986, 1120; OLG Hamm DB 1989, 168; OLG Hamm GmbHR 1995, 736.

〔3〕 Hachenburg/*Raiser* aaO Rdn. 180; ähnlich *Lutter/Hommelhoff* Anh. § 47 Rdn. 60, die aber mehr als drei Monate stets für unangemessen halten. Dagegen wollen *Zöllner/Noack* überhaupt keine Frist angeben, sondern lediglich unter dem Gesichtspunkt der Verwirkung im Einzelfall prüfen, ob die Klage verspβtet eingereicht wurde. Dabei wird als Ausschluβfrist erst eine Dreijahresfrist in Parallele zu § 242 II AktG genannt, vgl. *Zöllner/Noack* aaO 544; Baumbach/Hueck/*Zöllner* Anh. § 47 Rdn. 79; *Noack*, Fehlerhafte Beschlüsse in Gesellschaften und Vereinen, 1989, 154; ähnlich auch Scholz/*Schmidt* § 45 Rdn. 143.

〔4〕 BGH GmbHR 1998, 892.

〔5〕 BGHZ 97, 28, 31; 104, 66, 69; BGH NZG 1999, 723. Der Feststellung durch den Versammlungsleiter kann der Fall gleich gestellt werden, daβ sich zunächst alle Gesellschafter über den Beschluβeinig waren und der Streit darüber erst später ausgebrochen ist (OLG Celle GmbHR 1997, 72; Hachenburg/*Raiser* aaO Rdn. 96).

〔6〕 BGHZ 76, 154; BGH GmbHR 1996, 47; Hachenburg/*Raiser*Anh. § 47 Rdn. 251; Scholz/*Schmidt* § 45 Rdn. 98; Baumbach/Hueck/*Zöllner* Anh. § 47 Rdn. 66; *Goette* DStR 1996, 388.

〔7〕 So BGH GmbHR 1996, 47, 49.

在这种情况下，诉讼也是针对公司提起的。为了法庭审理，必须保证没有参加决议的股东有机会参与审理，或者作为附加原告，或者作为公司方当事人。判决是否可以类比适用《股份法》第248条、第249条的规定对所有人都有效力是值得怀疑的。〔1〕 80

对只能通过提起撤销之诉对通过的股东决议提出质疑的司法实践，策尔纳（Zöllner）和诺亚克（Noack）两位学者提出了十分中肯的批评。〔2〕两位学者都强调，在股份有限公司中要求股东在较短的期限内提起诉讼，这是十分合理的，因为股份有限公司是一种公众性公司，它有着自己的特殊情况，在这里保证法律明确和法律安全的需求远比拥有撤销权的股东的个人利益更为重要。而在有限责任公司中，有关的撤销争议涉及的通常是大股东和小股东的利益冲突；应该首先让相关的各方当事人自己解决这些冲突，而不应该在每一冲突中介入司法审查。根据这一学术论点，应该有可能提起撤销之诉，但是这种诉讼不一定是必须的。到目前为止，这一学术论点没有为司法实践所接受，但是许多理由说明应该采用这一理论〔3〕。即使不通过司法判决就不可能撤销相关的决议，也更应该在一个针对其他事件的司法程序中提出撤销的原因，进行抗辩。不应该规定诉讼期限。只有具备放弃的前提条件，才可以禁止对一项可能被撤销的决议提起撤销之诉。〔4〕 81

5. 对可撤销性的抗辩

尽管原则上必须坚持对有缺陷的股东决议有提起撤销之诉的权利，但是主流观点和司法实践也承认：在特定情况下应该允许在撤销诉讼程序以外对撤销提出抗辩。〔5〕如果股东对公司拥有合法要求，不能要求该股东首先必须及时撤销相关的股东决议，然后采纳满足其对公司拥有的权利。与此相反，如果公司有权要求股东缴纳尚未支付的股金、履行追加出资或者损害赔偿义务，那么股东可以此决议撤销为由提出抗辩，驳回公司的起诉。在一项新近作出的判决中，联邦最高法院甚至走得更远，允许以一般性滥用法律为理由来对执行一项没有及时撤销的决议进行抗辩。〔6〕从整体情况看，这里还有许多没有解决的问题。 82

**举例**：如果由于忠诚义务，公司必须同意一项受到限制的股份转让。这样股东可以提起 83

〔1〕 Dafür *K. Schmidt* GmbHR 1992, 9.

〔2〕 *Zöllner/Noack* aaO 525, 532 ff; *Noack*, Fehlerhafte Beschlüsse 113 ff; vorsichtiger noch Baumbach/Hueck/*Zöllner* Anh. § 47 Rdn. 1 ff; vgl. ferner *Casper* ZHR 163 (1999), 54. Dagegen verteidigt *Henze* ZGR 1988, 542, 546 ff die Rechtsprechung.

〔3〕 Dafür *Casper* ZHR 163 (1999), 54; dagegen *Lutter/Hommelhoff* Anh. § 47 Rdn. 1; *Henze* ZHR 161 (1997), 856; *Eckardt* NZG 1999, 499.

〔4〕 Einzelheiten auβer bei *Zöllner/Noack* aaO bei Hachenburg/*Raiser* Anh. § 47 Rdn. 4 ff, 172 ff, 185, 188; *Raiser* FS Heinsius 645, 655 ff.

〔5〕 Vgl. zum folgenden vor allem Scholz/*Schmidt* § 45 Rdn. 124; *Raiser* FS Heinsius 645, 649 ff.

〔6〕 BGHZ 101, 113 = NJW 1987, 2514 = JZ 1987, 1081 mit Anm. *K. Schmidt*.

诉讼,要求公司同意这一转让,即使被拒绝的转让决议已经过了异议期限而不能提起撤销之诉。[1]对于开除股东的决议,相关的股东可以以决议缺乏重要的理由为由而要求撤销相关的决议。[2]

6. 仲裁的可能性

84 长期以来,学术界一再强调应该允许对有缺陷的股东决议进行仲裁,但联邦最高法院依然认为暂时没有这种可能性。

85 在以前的司法判决中,联邦最高法院第二民事庭提出的主要理由是:因为双方当事人在根据旧版的《民事诉讼程序法》第1025条第1款提起的撤销之诉或者无效之诉中不可能进行和解,所以在客观上缺乏进行仲裁的可能性。[3]期间,通过对《民事诉讼程序法》第1025条等条款进行修改,上述难点已经不复存在。尽管如此,法庭在1996年3月29日[4]审理一起典型案例中依然坚持其保守的否决意见。法庭这次提出的主要反对理由是:由当事人选定的仲裁法官可以作出仲裁判决,但是这种判决没有特定的法律基础,因而根据《股份法》第248条和第249条的规定对所有股东和公司机构没有法律规定的效力,因为他们没有参与仲裁程序。

86 仲裁程序法中的新规定没有对这一点提出质疑。学术界集中精力,努力为仲裁合同草拟出新的仲裁程序规则。新规定应该能够使与争议有关的所有股东和机构成员都有可能参与仲裁法官的选择和参与仲裁程序。据此,应该立即将仲裁打算通知各方当事人,告知他们将通过仲裁程序解决其纠纷。同时必须赋予每个人参与争议的权利并作为一方当事人的地位。[5]另外还应该制定一般性的、允许多人参与的仲裁程序规则。这一努力还没有结果。它究竟会取得怎样的成就,法院会如何评价这种规则,目前还无法预见。

## §34. 监事会和其他公司机构

参考文献:*Bea/Scheurer/Gutwein* Institutionalisierung der Kontrolle bei der GmbH durch einen Beirat, DB 1996, 1193; *Buth/Hermanns*, Unternehmenspolitische Erwägungen zu Beiräten der GmbH und der KG DStR 1996, 597; *Fleischer*, Die Befugnis der GmbH-Gesellschafter zur

---

[1] OLG Koblenz GmbHR 1990, 39 = EWiR 89/1003 m. Anm. *Rowedder*.

[2] Scholz/*Schmidt* aaO. Dagegen verlangt Hachenburg/Ulmer Anh. § 34 Rdn. 27 eine Widerklage.

[3] Vgl. BGH BB 1951, 683; GmbHR 1951, 145; 1966, 274.

[4] BGHZ 132, 278 gegen die Vorinstanz OLG Karlsruhe WM 1995, 666. Vgl. dazu *Lüke/Blenkse* ZGR 1988, 253; *K. Schmidt* ZHR 162 (1998), 265; *Ebbing* NZG 1998, 284; *Schlosser* JZ 1996, 1020; *Bender* DB 1998, 1900; *Lutter/Hommelhoff* Anh. § 47 Rdn. 77; *Lenz* GmbHR 2000, 552; *Berger* ZHR 164 (2000), 295.

[5] Vgl. die Vorschläge von *Lüke/Blenske* aaO sowie namentlich *Trittmann* ZGR 1999, 340, 355.

Einrichtung eines Zusatzorgans, 1984; *Gaugler/Heimburger*, Beiräte mittelständischer Unternehmen, 1985; *Groβfeld/Brondics*, Die Stellung des fakultativen Aufsichtsrates (Beirat) in der Gesellschaft mit beschränkter Haftung und in der GmbH & Co. KG, AG 1987, 293; *Hammen*, Zur Begründung von (organschaftlichen) Rechten Dritter im Gesellschaftsvertrag einer GmbH, WM 1994, 765; *Härer*, Erscheinungsformen und Kompetenzen des Beirats in der GmbH, 1991; *Hennerkes/Binz/May*, Die Steuerungsfunktion des Beirats in der Familiengesellschaft, DB 1987, 469; *Hölters*, Der Beirat der GmbH und GmbH u. Co. KG, 1979; *Hofbauer*, Die Kompetenzen des GmbH-Beirats, 1996; *Karoli*, Aufgaben und Arbeitsweise von Aufsichtsräten und Beiräten, FS O. Möhring, 1973, 115; *Klaus*, Die Rolle des Beirates bei der Führung von Mittelbetrieben, 1988; *Mertens*, Der Beirat in der GmbH - besonders der mitbestimmten -, FS Stimpel, 1985, 417; Hachenburg/*Raiser* § 52 Rdn. 297 ff; *Reuter*, Der Beirat der GmbH, FS 100 Jahre GmbHR, 1992, 631; *Richter/Freund*, Beiratstätigkeit in mittelständischen Unternehmen, 1990; *Rohleder*, Die übertragbarkeit von Kompetenzen auf GmbH-Beiräte, 1991; *U. H. Schneider*, Das Verhältnis von obligatorischem Aufsichtsrat und Beirat bei der GmbH, BB 1973, 1464; *Sigle*, Beiräte, NZG 1998, 619, *Teichmann*, Gestaltungsfreiheit in Gesellschaftsverträgen, 1970, 182 ff; *Teubner*, Der Beirat zwischen Verbandssouveränität und Mitbestimmung, ZGR 1986, 565; *Verhoeven*, Minderheitenschutz und Beirat in der GmbH, BB 1978, 335; *Voormann*, Der Beirat im Gesellschaftsrecht, 2. Aufl, 1990; *Weber*, Privatautonomie und Auβeneinfluβ im Gesellschaftsrecht, 2000, 29ff, 302ff; *Wessing/Max*, Zur Rückfallkompetenz der Gesellschafterversammlung bei Funktionsunfähigkeit des Beirats, FS Werner, 1984, 975; *Westhoff*, Bankvertreter in den Beiräten mittelständischer Unternehmen, 1984; *Wiedemann*, Verbandssouveränität und Auβeneinfluβ - Gedanken zur Errichtung eines Beirates in einer Personengesellschaft, FS Schilling, 1973, 105, *ders.* Beiratsverfassung in der GmbH, FS Lutter, 2000, 801.

## I. 任意设置的监事会

在不适用《共同决定法》的企业中,而且该公司的雇员人数又不超过500名,则无需设置监事会。但是,公司章程可规定设置监事会,而且可以自由规定其组成、权限和程序。这样的监事与股份有限公司的监事可能有着本质上的区别。只有《股份法》中有关监事会的最重要的规定才能补充适用于此(《股份法》第52条)。[1] 鉴于有限责任公司不同的结构,人们通常只能根据股份法相关条款的意义来适用相关的规定。细节见专门文献。[2] 1

只有设立了监事会,才可以适用《股份法》第52条的规定。另外设立的机构的 2

[1] S. oben § 15.

[2] Vgl. statt aller Hachenburg/*Raiser* § 52 Rdn. 16-147.

名称并不重要。关键是它们是否起到**监督**经理的作用。其监督任务至少包括监管公司的现金、簿记和会计制度。因此一个仅具有咨询功能的机构不是监事会。如果该机构同时被授予股东或经理的其他职能,则要看监督是否为该机构的主要职能。[1]

## II. 咨询委员会

### 1. 种类

3 在法律实践中,许多公司通过章程的规定在股东和经理之外设立第三个机构,它们通常被称为**咨询委员会、管理委员会、股东委员会、家族委员会**等,它们实际上取代了传统的监事会,在有义务设立监事会的企业中,则这些机构与监事会同时并存。公司还可以设立专门解决股东争议的机构——**仲裁庭**。[2] 虽然法律允许公司设置此类机构(第45条、第52条第1款),却没有对此作进一步的规定。这些机构可以拥有许多职能;在某些情况下它们仅仅作为招牌和咨询机构(所谓的"名流咨询委员会")。[3] 通常情况下,它们被授予经营管理职能、对特定交易的许可权、参与基础性和结构性决策、赋予仲裁法庭职能。在拥有众多分公司的家族企业中,可以将咨询委员会作为家族的代表机构予以聘任,以便能够在股东会上统一维持该家族的权利和确定继任人,比如当根据章程规定该家族有权要求在经理位子空缺时保留一个经理职位。[4] 在少数例外的情况下,职工代表也参加咨询委员会。这样它就成为一个自愿的共同管理机构。[5]

### 2. 设置

4 咨询委员会的设置和主要职责须由公司章程确定或通过修改章程对此作出补充规定。[6] 此外股东还可制定咨询委员会的工作守则。只有这样,才可赋予咨询委员会**组织权限**。如果咨询委员会仅仅是与经理或者个别股东达成协议设立的,则不得拥有影响股东权的组织权;由股东以简单决议设立的咨询委员会也是如此(债法性咨询委员会)。非股东成员也可以被聘任为咨询委员会成员。实践中经常会聘请一些外部的知名人士或者专家参与咨询委员会。[7] 为防止事后发生纠纷,

---

[1] *Mertens* FS Stimpel 417, 419; Hachenburg/*Raiser* § 52 Rdn. 17 ff.

[2] BGHZ 43, 261.

[3] *Wiedemann* FS Schilling 105.

[4] Vgl. BGH NJW 1985, 1900 zurPublikums-KG.

[5] Vgl. zum Ganzen die ausführliche Darstellung bei *Voormann*, Der Beirat 6 ff.

[6] RGZ 146, 145.

[7] 相反,一些学者认为,如果咨询委员会被赋予有关根本性决策和营管理的决策权,那么不允许它主要由非股东组成; vgl. *Wiedemann* FS Schilling 105, 111 ff; *ders.*, GesR I 371; *Teichmann*, Gestaltungsfreiheit 189 ff; *Voormann* aaO 110 ff; wie im Text *Teubner* ZGR 1986, 565, 567 ff; *Lutter/Hommelhoff* § 52 Rdn. 64。

公司章程必须特别谨慎地规定咨询委员会的构成、职责、程序。只要公司章程没有作出相关规定，就必须通过补充解释或有限责任公司法的一般原则确定相关的适用法律。只有在实际情况相同时，才可将《股份法》第52条、第95条至第116条作为范例予以适用。

3. 职责

由于有限责任公司拥有广泛的自由自治权，所以可以授予咨询委员会十分广泛的职权，包括那些通常情况下专属于经理和股东大会的职责和权限。**对咨询委员会的授权范围**必须以经理履行的职责为限，如对外代表公司的权限、簿记和编制年度结算的权限（《有限责任公司法》第41、42a条）、向商务注册处申请登记的权限（比如《有限责任公司法》第7、40、54、58条）等。[1] 在此之外是否还存在着其他的一般性的规则，以确定那些经理拥有的不可剥夺的权限？哪些可以委托给咨询委员会？目前依然没有定论。[2] 在适用《共同决定法》的企业中，不允许将本应属于监事会的监督权限移交给咨询委员会。因为这样就可能使共同决定成为虚假的摆设。[3] 5

另一方面，章程自由也不能突破法律规定的有关股东职权的界限，即不得将**股东享有的职权转托给咨询委员会**。这些权限包括修改章程、改变组织结构的基本决议如公司变更、合并和订立企业合同等，这些事项都必须以3/4以上的多数股东意见作出决议。[4] 其他一些情况，如使用利润决议、因重大事由而解聘经理、回收股份（《有限责任公司法》第34条）、开除股东等。它们是否属于股东大会不可剥夺的权限，是存在争议的。[5] 无论如何，每位股东享有的成员权、质询请求权（《有限责任公司法》第51a条）、股东诉讼权、股东决议撤销权以及少数股东的法定权，都是不可剥夺的股东权（比如《有限责任公司法》第50条）。 6

无论如何，必须给股东保留一定的职权，以保障他们并不完全丧失对公司的控制权。它们这些权利包括：决定解散公司的权利（《有限责任公司法》第60条第2款第2项）、通过修改章程撤销咨询委员会和解聘咨询委员会成员的权利。[6] 如果 7

---

〔1〕 Hachenburg/*Raiser* § 52 Rdn. 301, 339, 341; *Rohleder*, Die übertragbarkeit von Kompetenzen auf GmbH-Beiräte 29 ff.

〔2〕 Vgl. Hachenburg/*Raiser* § 52 Rdn. 340; Baumbach/Hueck/*Zöllner* § 37 Rdn. 9; *Rohleder* aaO 30, *Wiedemann* FS Lutter 811, je mwN.

〔3〕 Zur streitigen Abgrenzung *Mertens*FS Stimpel 417, 424; *Teubner* ZGR 1986, 565 f, 573 ff.

〔4〕 Hachenburg/*Raiser* § 52 Rdn. 317; *Voormann* aaO 103; *Rohleder* aaO 34 ff.

〔5〕 Vgl. die unterschiedlichen Ansichten von *Mertens* FS Stimpel 417, 421; *Voormann* aaO 104 ff; *Großfeld/Brondics* AG 1987, 293, 295; *Wiedemann* FS Lutter 808; betr. Gewinnverwendungsbeschlußbejaht von OLG Düsseldorf GmbHR 1983, 124 f.

〔6〕 Nachweise bei Hachenburg/*Raiser* § 52 Rdn. 321, 328 f; *Rohleder* aaO 63 ff, 143 ff.

咨询委员会无力正常运作,股东应该可以接管咨询委员会的权力。[1] 与主流观点[2]的看法不同,在上述所有情况中,特别是向咨询委员会授予经营管理权和发布指示权时,无论咨询委员会是由股东还是由非股东组成,它们之间不应该存在区别。

4. 忠诚义务

8 作为公司机构成员,所有咨询委员会成员皆负有忠诚义务。他们应为企业利益而履行其职务。如果他们违反其义务,则相应地按照《有限责任公司法》第43条、第52条及《股份法》第116条、第93条承担损害赔偿责任。对于咨询委员会的非法决议,可以适用监事会有关错误决议的规定(见上文15边码72等)。与主流观点[3]不同,不宜将咨询委员会决议根据其原管辖机构的不同而进行区分,尤其是将按照法律本应由经理或监事会负责事项的决议和其他通常由股东会决议的事项分别对待。[4]

## §35. 负有共同管理义务的有限责任公司的经营管理机构

### I. 概述

1 雇员是通过监事会参与企业共同管理的。基于这一理由,所有负共同管理义务的有限责任公司都必须适用《共同决定法》的规定,据此它们必须首先设立一个**监事会**。[5]关于该监事会的组成、职权范围和内部秩序,如果《共同决定法》对此没有规定,则可以参照《股份法》的相应规定。[6]但是这二者之间还是有着一定的区别的。所以并不是所有《股份法》的有关规定都是可以接受的;此外,在不同的《共同决定法》之间也有区别。对此,本书将在下文进行详细的论述。既然可以参照《股份法》的规定,因此这里不再重复§14 和§15中已经论述的内容。[7] 相反,下文将对那些负有共同管理义务的有限责任公司进行重点论述。其中将对1952年的《雇员代表共同管理法》和《共同决定法》分别进行论述。下文将不对《煤炭和钢铁工业职工共同决定法》进行专门介绍,因为它对有限责任公司并没有什么实质的

---

〔1〕 BGHZ 12, 337, 340, *Voormann* aaO 172 f; einschränkend *Wessing/Max* FS Werner 975.

〔2〕 *Wiedemann* FS Schilling 105; *Voormann* aaO 110 ff; *Teichmann* aaO189 ff, 217 ff; wie im Text *Teubner* ZGR 1986, 565.

〔3〕 BGHZ 43, 261, 265; *Mertens* FS Stimpel 417; kritisch *Wiedemann* FS Schilling 105, 121 f; *Voormann* aaO 176 ff; *Verhoeven* BB 1978, 335, 337.

〔4〕 Vgl. ausführlich Hachenburg/*Raiser* § 52 Rdn. 334 ff.

〔5〕 § § 77 I BetrVG 1952, 1 I, 6 I MitbestG, 1, 3 I MontanmitbestG, 1 MitbestErgG.

〔6〕 § § 77 I BetrVG 1952, 6 II, 25 I Nr. 2 MitbestG, 3 II MontanmitbestG.

〔7〕 Vgl. . meine ausführliche Kommentierung in Hachenburg/*Raiser* § 52 Rdn. 148 ff, 256 ff.

意义。

2 《共同决定法》第 33 条以及《煤炭和钢铁工业职工共同决定法》[1]要求要任命一个**雇员经理**,该雇员经理是公司经理委员会中的一个成员,与其他经理具有平等的权利。由此可以看出,适用这些法律的有限责任公司必须**至少设有两个公司经理**。详情可以见本书§ 32. I. 2 中的论述。《股份法》中有关共同决定权的规定具有法律强制性的特点。在将它们适用于有限责任公司时,也是如此。这样,章程自由的空间就很小。

## II. 1952 年《雇员代表共同管理法》规定的共同管理权

参考文献:Kommentare zu § 77 BetrVG 1952, namentlich *Dietz/Richardi*, Betriebsverfassungsgesetz, 7. Aufl., 1998; *Fitting/Auffahrt/Kaiser/Heither*, Betriebsverfassungsgesetz, 19. Aufl., 1998, jeweils im Anhang; ferner *Kittner/Köstler/Zachert*, Aufsichtsratspraxis, 5. Aufl., 1995.

3 1972 年德国颁布了新的《雇员代表共同管理法》。根据该法第 129 条规定,1952 年《雇员代表共同管理法》第 77 条的规定继续有效。该条款规定职员人数**在 500 与 2000 之间的企业**必须建立共同管理制度。因此,建立这种制度的关键通常是看企业的员工人数。[2]如果企业与其他企业签订了控制合同,那么根据 1952 年《雇员代表共同管理法》第 77a 条的规定还必须记入被控企业的员工人数。这一规定的原文是明白无误的。与《共同决定法》第 5 条的规定相反,上述规定并不适用于事实上的控制企业。此外,在有限两合公司中[3],只考虑有限责任公司的员工,而不考虑两合公司中的雇员的员工(与《共同决定法》第 4 条的规定不同,见边码 12)。根据 1952 年《雇员代表共同管理法》第 81 条的规定,倾向性企业不受参与管理规定的约束。

4 《股份法》第 95 条对**监事会的规模进行了**规定(见上文§ 15. II.)。根据企业本身规模的大小,监事会成员一般是介于 3 至 21 人之间,其中 2/3 来源于股东代表,1/3 则来源于雇员代表(1952 年《雇员代表共同管理法》第 77 条与第 76 条第 1 款)。《股份法》有关监事会的组成、职权和程序(《股份法》第 95—114 条,但不包括第 115 条)以及关于监事权利与义务的规定(《股份法》第 116 条、第 93 条)具有强制性,因而也适用于有限责任公司。监事会中股东代表,应按照《股份法》第 101 条的规定进行选举。而对监事会中的雇员代表,则应适用 1952 年《雇员代表共同管理法》第 76 条第 2、3 款、第 87 条规定的重要选举规则和就此颁布的选举规则。如果根据 1952 年《雇员代表共同管理法》第 77a 条的规定,在一个康采恩的控股公司中

---

[1] § § 13 MontanmitbestG, 13 MitbestErgG.

[2] OLG Frankfurt DB 1986, 214; LG Stuttgart DB 1984, 2551; BAG AP Nr. 1 zu § 77 BetrVG.

[3] GmbH & Co. KG 是指由有限责任公司充当无限股东的两合公司。为与普通道两合公司相区别,这里译成有限两合公司。

需要建立一个监事会,那么在整个康采恩中就职的雇员都可以参加选举(1952 年《雇员代表共同管理法》第 76 条第 4 款)。

5 在这方面与《股份法》重要区别有以下四点:

6 (a) 由于 1952 年的《雇员代表共同管理法》第 77 条并没有指引《股份法》第 84 条的规定,指定公司经理的并不是享有共决权的监事会,而是股东大会。股东大会也有权签订聘用合同,解除聘用关系和终止聘任合同(见上文 § 32. III.)。因此,共决事项不包括**人事权**。

7 (b) 虽然监事会对**年度结算报表**拥有审查权,但只有股东大会才有确认权,即使年度结算与公司经理所提交报表有所不同,股东大会可以确认其效力(1952 年《雇员代表共同管理法》第 77 条并没有采纳《股份法》第 172 条的规定)。

8 (c) 这里没有规定**董事会必须**定期向监事会提供有关计划采用的经营政策、盈利和经营过程的报告。但是,监事会可以在任何时候要求公司经理提交关于公司事务的报告(1952 年《雇员代表共同管理法》第 77 条并没有援引《股份法》第 90 条第 1 款和第 2 款的规定,而只是援引了第 3 款和第 4 款的规定)。但是,这并不意味着经理的报告义务有了实质性的减少。

9 (d)监事会的监督权以及对某些事项的同意保留权没有任何变化(《股份法》第 111 条)。但是,1952 年的《雇员代表共同管理法》第 77 条并没有取消《有限责任公司法》第 37 条第 1 款和第 45 条所规定的**股东的指示权**。因此,多数学者都主张这样的观点:与《股份法》第 111 条第 4 款第 4 句的规定相反,在有限责任公司中,股东大会可以以简单多数的决议来代替监事会的同意。[1]但如果公司经理的职位与股份有限公司董事的职位相似,例如根据公司章程规定只有基于重大事由或特定多数的决议才能解聘其职务,以及如果委托公司经理独自负责经营管理或执行某些经营管理措施,情况就不一样。因为在这种情况中,《股份法》第 111 条第 4 款规定的解决冲突的办法符合有限责任公司的结构,股东也希望这种解决方法。[2]

10 因此,从整体上来看,根据 1952 年《雇员代表共同管理法》第 77 条所规定的监事会并不十分强势。它没有人事权,在业务方面,它也不能违背股东的多数决议。所以,它并不是除股东大会和公司管理机构之外的一个拥有同等管理权的公司机构。它主要起到咨询或者代表作用。共同管理几乎不改变有限责任公司的内部结构。

11 1952 年《雇员代表共同管理法》第 77 条并没有禁止股东选举雇员代表进入监事会,甚至可以**超过法律规定的 1/3 的比例**加强共同管理。公司也可以通过章程的

〔1〕 So Ballerstedt GmbHR 1952, 179; Hensche MitbestGespr 1971, 98; Scholz/Schneider § 52 Rdn. 80; Baumbach/Hueck/Zöllner § 52 Rdn. 155; a. A. Hommelhoff ZGR 1978, 119, 153; Rowedder/Koppensteiner § 37 Rdn. 32.

〔2〕 So auch Hachenburg Raiser § 52 Rdn. 232.

规定对此加以确定。[1]

## Ⅲ. 1976 年《共同决定法》规定的共同决定

参考文献：*Bardorf*, Der Gesellschaftereinfluβ auf die GmbH-Geschäftsführung nach dem MitbestG 1976, 1980；*Baumann*, GmbH und Mitbestimmung, ZHR 142（1978）, 537；*Hoffmann/Neumann*, Die Mitbestimmung bei GmbH und GmbH & Co. KG nach dem MitbestG 1976, GmbHR 1976, 149, 183；*dies.*, Aktuelle Fragen des Mitbestimmungsgesetzes für GmbH und GmbH & Co. KG, GmbHR 1978, 56；*Hommelhoff*, Unternehmensführung in der mitbestimmten GmbH, ZGR 1978, 119；*Immenga*, Zuständigkeiten des mitbestimmten Aufsichtsrats, ZGR 1977, 249；*Köstler*, Besetzung des Personalausschusses des Aufsichtsrats ohne Arbeitnehmervertreter?, BB 1985, 554；*Krieger*, Personalentscheidungen des Aufsichtsrats, 1981, 277；*Martens*, Zum Verhältnis von Mitbestimmungs- und Gesellschaftsrecht, ZHR 148（1984）, 183；*Mertens*, Der Beirat in der GmbH, FS Stimpel 1985, 417；*Overlack*, Der Einfluβ der Gesellschafter auf die Geschäftsführung in der mitbestimmten GmbH, ZHR 141（1977）, 125；*Reuter*, Der Einfluβ der Mitbestimmung auf das Gesellschafts- und Arbeitsrecht, AcP 179（1979）, 509；*Säcker*, Die Anpassung des Gesellschaftsvertrags der GmbH an das MitbestG, DB 1977, 1845；*U. H. Schneider*, GmbH und GmbH & Co. KG in der Mitbestimmung, ZGR 1977, 335；*Semler*, Die überwachungsaufgabe des Aufsichtsrats, 2. Aufl. 1996；*Teubner*, Der Beirat zwischen Verbandssouveränität und Mitbestimmung, ZGR 1986, 565；*Theisen*, Die Aufgabenverteilung in der mitbestimmten GmbH, 1980；*ders.*, Weisungsrecht gegen Zustimmungsvorbehalt in der mitbestimmten GmbH, BB 1980, 1243；*Ulmer*, Der Einfluβ des Mitbestimmungsgesetzes auf die Struktur von AG und GmbH, 1979；*ders.*, Zur Berechnung der für die Anwendung des MitbestG auf Kapitalgesellschaften maβgeblichen Arbeitnehmerzahl, FS Heinsius, 1991, 855；*Vollmer*, Die mitbestimmte GmbH, ZGR 1979, 135；*Wank*, Der Kompetenzkonflikt zwischen Gesellschaftern und Aufsichtsrat in der mitbestimmten GmbH, GmbHR 1980, 121；*ders.*, Die Aufgabenverteilung in der mitbestimmten GmbH, GmbHR 1982, 84；*Werner*, Anstellung von GmbH-Geschäftsführern nach dem Mitbestimmungsgesetz, FS R. Fischer, 1979, 823；*Zöllner*, GmbH und GmbH & Co. KG in der Mitbestimmung, ZGR 1977, 319；*ders.*, Das Teilnahmerecht der Aufsichtsratsmitglieder an Beschluβfassungen der Gesellschafter in der mitbestimmten GmbH, FS R. Fischer, 1979, 905；ferner die Kommentare zum MitbestG von Raiser（3. Aufl. 1998）；*Hanau/Ulmer*；*Fitting/Wlotzke/Wiβmann*；*Hoffmann/Lehmann/Weimann*；*Fabricius ua.*

1. 前提条件

根据《共同决定法》第 1 条和第 6 条的规定职工人数在 **2000** 人以上的有限责任 12

〔1〕 BGH NJW 1975, 1657；OLG Bremen AG 1977, 257；Raiser ZGR 1976, 105.

公司必须设立一个监事会。[1]这里最重要的标准是企业通常的职工人数。

与1952年《雇员代表共同管理法》第77条规定的共同管理不同,在这里康采恩中从属企业的职工总是算为康采恩控制公司的职工人数(《共同决定法》第5条)。在有限两合公司中,如果同一个股东持有两个公司的多数股份,而且有限责任公司的职工人数不超过500人,则根据《共同决定法》第4条的规定还必须加上两合公司里的职工。倾向性企业不适用有关共同管理的规定(《共同决定法》第1条第4款)。

13 监事会中的一半席位属于雇员代表。他们是根据《共同决定法》第7条至第24条的规定及其相关的选举规则选举产生的(见上文 § 15. II. 2, III. 3)。监事的任职条件、任职期限、解聘和紧急选任参照《股份法》第100条至第106条的规定(《共同决定法》第6条第2款;见 § 15. III.)。根据《共同决定法》第28条的规定,如果监事会由对等的股东代表和职工代表组成,那么只有当至少一半法定成员出席会议时,它才可以作出决议。有关公司事项的决议由简单多数作出;如果赞成票与反对票相等,监事会主席一般享有决定性的投票权,监事会主席通常由股东指定(《共同决定法》第27条和第29条;见上文 § 15. IV. 3)。与1952年《雇员代表共同管理法》第77条的规定不同,根据《共同决定法》第31条的规定,监事会还有任命和解聘公司经理的权利。股东不能单独决议人事问题,它属共同决定的事项。相反,股东依然控制着对年度结算报表的确认权和指示权。这是因为《共同决定法》第25条的规定并不排除《有限责任公司法》第29条、第37条第2款、第42a条和第45条的规定;承担共同管理义务的有限责任公司并没有接受《股份法》第172条,它仅仅接受了第171条规定。

2. 法律问题

14 《共同决定法》第25条既指引了《股份法》的规定,又引用了《有限责任公司法》的条文。但是它们之间并没有进行很好的协调。这样引发了一些复杂的法律问题。除了已经论述过的股份有限公司的问题之外(见上文 § 15. IV.),这里主要讨论两类与有限责任公司相关的特别问题:

15 (a) 根据《股份法》第84条第1款第5句和第112条的规定,监事会不仅有权聘用和解聘董事会成员,而且还有权签订和终止**聘用合同**(见上文 § 14. III.)。主流的观点认为,该规定也可以移植于负有共同管理义务的有限责任公司。[2]但是,相当数量的少数学者则认为,应该由股东负责上述事项。[3]联邦最高法院十分正确地在其判决中支持了第一种意见(BGHZ 89, 48)。[4] 只要没有限制监事会享有的

---

[1] Zur Berechnung der maßgeblichen Arbeitnehmerzahl vgl. *Ulmer* FS Heinsius 855.

[2] *Raiser*, MitbestG § 31 Rdn. 23 ff; *Hanau/Ulmer* 31 MitbestG § Rdn. 38 ff, je mwN.

[3] *Werner* FS Fischer 821, 827 f; *Rittner* DB 1979, 973; OLG Hamburg DB 1983, 330.

[4] Zu den Konsequenzen des Urteils vgl. BGH WM 1986, 1411, 1412; OLG Oldenburg DB 1984, 1813.

选举自由权,股东有权确立任命公司经理的规则和聘用合同的内容。对此没有不同意见(见上文 § 14. Ⅲ. 1)。因此,股东可以确定公司经理的数目和薪水高低的基本原则,但他不能确定公司经理必须是来源于一个股东家族的。与《有限责任公司法》第 46 条第 8 项的规定不同,根据《股份法》第 112 条的规定,监事会还必须代表公司,对公司经理提起损害赔偿之诉。〔1〕

(b) 在《共同决定法》的适用范围内,**监事会的同意保留权**(《股份法》第 111 条)并没有取消股东对于公司经理的指示权。在其他方面,必须优先适用《股份法》第 111 条的规定(《共同决定法》第 25 条)。因此,主流的观点认为,根据《股份法》第 111 条第 4 款的规定,如果监事会对某一股东指示提出异议,那么股东大会不能仅仅以简单多数,而是以 3/4 的多数通过相应的指示。但是,股东大会是公司的一个管理机构,所以它不必等到经理递交有关请示报告(《股份法》第 111 条第 4 款),而可以直接作出相应的决议。〔2〕如果在监事会讨论有关事务之前,股东大会就已经对此作出了决定,那么事后还需取得监事会的同意。〔3〕 16

3. 经理的地位

在与股东的关系方面,《共同决定法》还间接地加强了公司经理的地位。〔4〕因为经理是由同等人数组成的监事会决定聘用或者解聘的,所以,经理的职位独立于股东大会。这有可能引起一些难以解决的机构冲突。例如,如果股东大会已经作出了开展某些业务的决议,而监事会拒绝同意,就是如此。反之亦然。 17

〔1〕 BGH NJW 1989, 2055.

〔2〕 A. A. *Zöllner* ZGR 1977, 319, 327 f; Baumbach/Hueck/*Zöllner* § 52 Rdn. 155; *Wank* GmbHR 1980, 121, 125; *Hoffmann/Lehmann/Weinmann* MitbestG § 25 Rdn. 92; für die personalistische GmbH auch *Reuter* AcP 179 (1979), 509, 544.

〔3〕 Ebenso *Fitting/Wlotzke/Wißmann* MitbestG § 25 Rdn. 69; *Hanau/Ulmer* MitbestG § 25 Rdn. 66; *Ballerstedt*ZGR 1977, 133, 153; *Mertens* ZGR 1977, 270, 288; *Baumann* ZHR 142 (1978), 557, 569; *Raiser*, MitbestG § 25 Rdn. 89 ff; differenzierend Scholz/*Schneider* § 52 Rdn. 81 ff.

〔4〕 Vgl.. *Ulmer*, Der Einfluβ des MitbestG auf die Struktur von AG und GmbH 40; Hachenburg/*Mertens* § 37 Rdn. 11 mwN.; *Raiser*, MitbestG § 25 Rdn. 93.

# 第四章 有限责任公司的财务制度

## §36. 账目报告与利润分配

参考文献：*Adler/Düring/Schmaltz*, Rechnungslegung und Prüfung der Unternehmen, 5. Aufl., 1987 ff; 6. Aufl. 1995 ff; *Baetge*, Bilanzen, 4. Aufl. 1996; *Baumbach/Hopt*, HGB, 29. Aufl. 1995; *Beck´scher* Bilanzkommentar, 4. Aufl. 1999; *Biener/Bernecke*, Bilanzrichtliniengesetz, 1986; *Forster*, Zum Zusammenspiel von Aufsichtsrat und Abschlußprüfer nach dem KonTraG, AG 1999, 193; *Glade*, Rechnungslegung und Prüfung nach dem Bilanzrichtliniengesetz, 2. Aufl., 1991; *Großfeld*, Bilanzrecht, Jahresabschluß, Konzernabschluß, internationale Standards, 3. Aufl. 1997; *Grünberger*, Praxis der Bilanzierung, 4. Aufl. 1996; *Heuser*, Die neue Bilanz der GmbH, ihre Prüfung und Publizität, 3. Aufl., 1986; *Hommelhoff*, Die neue Position des Abschlußprüfers im Kraftfeld der aktienrechtlichen Organisationsverfassung, BB 1998, 2567, 2525; *Hommelhoff/Priester*, Bilanzrichtliniengesetz und GmbH-Satzung, ZGR 1986, 463; *Knobbe-Keuk*, Bilanz- und Unternehmenssteuerrecht, 9. Aufl., 1993; *Küting/Weber*, Handbuch der Rechnungslegung, Kommentar zur Bilanzierung und Prüfung, Band Ia, 4. Aufl., 1995, Bd. II, 2. Aufl. 1998; *Mattheus*, Die gewandelte Rolle des Wirtschaftsprüfers als Partner des Aufsichtsrats nach dem KonTraG, ZGR 1999, 682; *Moxter*, Bilanzlehre, Bd. II, Einführung in das neue Bilanzrecht, 3. Aufl., 1986; *ders.*, Bilanzrechtsprechung, 4. Aufl. 1996; *Schulze-Osterloh*, Jahresabschluß, Abschlußprüfung und Publizität der Kapitalgesellschaften nach dem Bilanzrichtlinien-Gesetz, ZHR 150 (1986), 532; siehe ferner die Schrifttumsangaben zu § 18.

### I. 簿记与账目报告

1. 概述

1 有限责任公司的簿记与账目报告必须遵照《有限责任公司法》第41—42a条和**《商法典》第三编**的规定。[1]但是，《信息公开法》不适用于有限责任公司，该法是专门针对大型企业制定的(《信息公开法》第3条第1款第1项的修改)。《资产负债表指令法》生效以来，有关账目报告的法律已经进行了多次**修改**。第一次是通过

[1] Das im dritten Buch des HGB verankerte Recht der Rechnungslegung geht auf das Bilanzrichtliniengesetz (BiRiLiG) vom 19. 12. 1985 zurück, mit dem der Gesetzgeber die 4., 7. und 6. Richtlinie der EG umgesetzt hat.

1994 年 7 月 25 日颁布的《第二号马克资产负债表修改法》〔1〕所做的更改。其次是通过 1998 年 6 月 3 日颁布的《有关加强企业控制和透明度法律》。该法重新调整公司管理机构、监事会和决算审计师的关系,并强化了决算审计师的监督功能(见下文 I.4);此外还有 1998 年 4 月 20 日颁布的《简化融资法》〔2〕;2000 年 2 月 24 日颁布的《资本两合公司指令法》。〔3〕后者将资本两合公司也纳入了《有关账目报告的法律》的调整范围。它大大提高了判断大公司的金额标准,并对违犯《信息公开法》的规定规定了更重的罚款的规则。

2 商法规则大致可分为**通则**和对**资合公司的补充规定**(《商法典》第 264—335 条)。前者适用于所有商人。它包括调整有关簿记和账目(《商法典》第 238—241 条)、年终报表(《商法典》第 245—256 条)、会计资料的保管以及在法律诉争中举证(《商法典》第 257—263 条)的基本规定。后者则可分为:适用于所有资合公司的规定(《商法典》第 264—289 条)、有关康采恩结算与康采恩状况报告的规定(《商法典》第 290—315 条)、有关审计与公告、罚金或罚款制裁的规定(《商法典》第 316—335 条)。对补充之特别规定(《商法典》第 264 条以下)的适用又取决于公司的规模。法律规定了三种不同的规模类型。属于哪种规模类型取决于公司是否具备了两个以上的下列标准,即报表中的资产总数、销售额和职工人数是否达到一定标准(《商法典》第 267 条)。**小型资合公司**是指没有达到任何下列两个指标的公司:620 万马克总资产、134.4万马克销售额、年平均 50 名职工。**中型资合公司是**指,至少超过两个评判小型公司标准,但是同时不得超过下列任何两个指标:2689 万马克资产总额;5378 万马克的销售额和年平均 250 名职工。**大型资合公司**是那些至少同时具备评判中型资合公司两个指标的公司。

3 **《有限责任公司法》本身**仅包含了少量**补充条款**。第 41 条规定,依法簿记是经理的义务。根据第 42 条第 1 款的规定,在年终决算报表中必须将基本资本列为《商法典》第 242 条和第 246 条意义上的认购资本。第 42 条第 2 款涉及增缴资本的结算,第 3 款规定了对股东贷款、债权以及针对债务的结算。第 42a 条、第 46 条第 1 项规定,确认年终决算报表是股东的事务。

〔1〕 BGBl. I, 1682.

〔2〕 Kapitalaufnahmeerleichterungsgesetz (KapAEG) vom 20. 4. 1998 mit signifikanten Änderungen im Recht der Konzernrechnungslegung.

〔3〕 BGBl. I 2000, 154. Im Hinblick auf die mit den Gesetzesänderungen verbundenen Mehrbelastungen wurde in NRW zur Gesetzesfolgenabschätzung eine Verfahrenssimulation durchgeführt. Den hierbei aufgetretenen Bedenken wurde im Gesetzgebungsverfahren zum Teil Rechnung getragen; vgl. hierzu *J. Dieckmann* GmbHR 2000, 353.

2. 年终决算报表

4 这里不能逐一介绍《商法典》中的有关决算的法律规定,[1]而只能论述一下相关的基本规则。依照《商法典》第 242 条第 1 款和第 2 款、第 264 条第 1 款的规定,所有公司必须每年编制年终决算报表,该报表由**资产负债表**、**损益表**和**附表**等部分组成。资产负债表和损益表的编制必须遵守《商法典》第 246—256 条和第 265—283 条中规定的基本原则和分类规定。这些条款不仅包括了有关资合公司一般性法律规定,而且还包括了《有限责任公司法》第 42 条的特别规定。在附件中必须对个别计价、估价方法、选择权的使用如根据《商法典》第 264—288 条的规定标准予以阐释。另外还必须编制**公司状况报告书**。该报告书应该说明公司的营业状况、企业状况和未来的发展、研究和发展技术的举措。此外还应该说明经营年度结束后发生的重要事项。这一状况报告书相当于目前股份公司的经营报告书。

5 在许多方面,对小型企业和中型企业的规定要宽松的多,诸如资产负债表的分目(《商法典》第 266 条第 1 款第 3 句)、损益表的分目(《商法典》第 276 条)和附件中的说明(《商法典》第 288 条)等。但是大型公司的损益表不仅应该列出毛收入,而且必须单独列出销售收入(《商法典》第 275 条,试比较《商法典》第 266 条和 288 条)。此外,根据《商法典》第 316—324 条的规定,只有中型公司和大型公司的年终决算报表才必须通过独立审计师的审计,但是中型企业依然享有某些特权。在这种情况下,如果不经过审记,就不能确认年终决算报表(《商法典》第 316 条第 1 款第 2 句)。

6 在向股东提交报表之后,至迟在年终结算日之后的下一经营年度的 12 个月结束之前,公司必须立即将年终决算报表、公司状况报告书、监事会的报告书以及可能的年终利润分配特别建议书提交**商业登记处**(《商法典》第 325 条第 1 款第 1 句)。经理必须在联邦德国司法部公告上刊登公告,说明在哪个注册处进行登记的和登记档案的号码(《商法典》第 325 条第 1 款第 2 句)。这里,小型和中型公司可以适用一些简化规定(《商法典》第 326、327 条)。大型公司则不同,它们必须自己将上述文件在联邦德国司法部公告上进行公告,并且随后将公告内容提交商业登记处(《商法典》第 325 条第 1 句)。账目报告的公告是通过刑法或罚款规定予以保证的(《商法典》第 331—334 条)。按照迄今有效的法律,如果经理违反了有关编制年终决算报表、审计和公告方面的义务,注册法院可以根据公司股东、债权人或职工委员会的申请对经理处以**强制罚金**。但是,由于德国对申请权限的严格限制,而且罚金数额太低,所以德国的大多数有限责任公司并不遵守这一公告义务。为此欧盟委员会向欧盟法院提起了德国违反合同义务的诉讼。在该诉讼中,欧盟法院

---

[1] Vgl. neben dem eingangs angegebenen Schrifttum die ausführliche Kommentierung bei Baumbach/Hueck/*Schulze-Osterloh* § 42 und Meyer-Landrut/Niehus/*Scholz* § § 41, 42, § § 238—335 HGB; Scholz/*Crezelius* Anh. § 42a; ferner Baumbach/ *Hopt* HGB § § 238 ff.

判定:联邦德国没有完全履行第一号和第四号欧盟指令中的义务。[1]

2000 年 2 月 24 日颁布的《资本两合公司指令法》对《商法典》第 335 条进行了修改,并在《商法典》中增加了第 335a、b 条。根据这些条款,任何人均有权提起处罚申请。在经理没有及时编制和审计年终决算报表和审计义务时,注册法院可以裁定最高至 5000 欧元的罚金(《商法典》第 335 条第 1—5 项);并且在没有公告财务文件时,裁定最高至25,000欧元的罚金(《商法典》第 335a 条)。[2] 7

3. 权限和程序

公司必须进行依法记账。这是经理的责任。经理还必须编制年终决算报表(《商法典》第 41 条)。对此,法律规定了 3 个月的期限,对小型公司的期限则为 6 个月。期限从经营年度开始时起算(《商法典》第 264 条)。对年终决算报表的确认和对年度盈余分配方案的确认是股东的权利(《商法典》第 42a 条,第 46 条)。对那些负有共同管理义务的企业也是如此。[3] 对此法律规定的强制性最高期限为 8 个月,小型公司的期限为 11 个月(《商法典》第 42a 条第 2 句)。若公司设有监事会,则经理必须向监事会提交一份供股东大会讨论的利润分配方案(《商法典》第 52 条第 1 款,试比较《股份法》第 170 条第 2 款)。[4] 然而,如果章程没有规定,那么经理就没有义务向股东提交利润分配建议;由于股份公司和有限责任公司在组织结构上的不同,股份公司法第 170 条第 2 款在此不能类推适用,另外《商法典》第 278 条、第 325 条在此也未作任何规定。[5] 8

年终决算报表的确认的整个**程序流程**取决于公司是否设有监事会,以及年终决算报表是否必须通过审计师的审计。[6] 9

对于**未设监事会的小型公司**,经理必须向股东提交年终决算报表,若已拟定了公司状况报告书(比较《商法典》第 264 条第 1 款第 3 句),则也应一并提交;并由股东确认年终决算报表(《商法典》第 46 条第 1 项)。对于**设有监事会**的小型公司,经理必须首先向监事会提交报表(《有限责任公司法》第 52 条第 1 款,试比较《股份 10

---

〔1〕 EuGH ZIP 1998, 1716, 1721 m. Anm. *Schulze-Osterloh*; die Europäische Kommission berief sich auf Veröffentlichungen, nach denen 93 % der deutschen Kapitalgesellschaften der Verpflichtung zur Offenlegung ihres Jahresabschlusses nicht nachgekommen seien. Vgl. vorher bereits EuGH ZIP 1997, 2155, "Daihatsu" und dazu *Schulze-Osterloh* ZIP 1997, 2157; *Schön* JZ 1998, 194; *Crezelius* ZHR 1999, 252; *Hirte* NJW 1999, 36; *Nassall* WM 1999, 657.

〔2〕 Zu einer möglichen deliktischen Haftung des Geschäftsführers bei Verstoβ gegen die Pflichten zur Offenlegung des Jahresabschlusses vgl. oben § 32 # sowie *Lutter/Hommelhoff* Anh. § 42a Rdn. 38; Jansen DStR 1999, 1490, 1495 ff.

〔3〕 S. § 35 III 1.

〔4〕 Vgl. Hachenburg/*Raiser* § 52 Rdn. 222; dies gilt auch in der GmbH mit einem obligatorischen Aufsichtsrat.

〔5〕 Str.; wie hier Scholz/*Crezelius* § 42 a Rdn. 16; Baumbach/Hueck/*Schulze-Osterloh* § 42 a Rdn. 5; aA *Lutter/Hommelhoff* § 42a Rdn. 6.

〔6〕 Vgl. zur Zulässigkeit abweichender Satzungsbestimmungen Scholz/*Crezelius* § 42 a Rn. 22.

法》第170条第1款)。监事会必须审查年终决算报表,然后对此作出报告,并在一个月之内将报表连同审查结果报告书一并返还给经理(《商法典》第52条第1款,试比较《股份法》第171条第1至3款),然后经理再将它提交给股东大会(《商法典》第42a条第1款第1句)。[1]

11 对于**未设监事会的中型和大型公司**,经理必须毫不拖延地将年终决算报表和公司状况报告书提交给**决算审计师**(《商法典》第320条第1款第1句)。审计师在进行审计后将报表及其审计报告一并返还经理(《商法典》第321条第5款第1句)。然后,经理必须毫不拖延地将年终决算报表报告书、公司状况报告书和审计报告书提交股东(《商法典》第42a条第1款第2句)。对于设有监事会的中型和大型公司,必须将报表提交给监事会和审计师。决算审计师的审计报告书必须首先交给监事会,必须给予经理就此发表其意见的机会(《商法典》第321条第5款第2句)。监事会将报表连同审计报告书一并返还给经理,经理必须负责将它再次提交给股东(《商法典》第42a条第1款第2、3句)。

12 《有关加强企业控制和透明度法律》颁布以来出现一种针对中型和大型公司的新程序。该程序不仅适用于设有选择性监事会的公司,而且也适用于负有共同管理义务的公司。《共同决定法》中的相关规定并没有指引《股份法》第170条的规定。反对仅仅将相关的法律限于《有关加强企业控制和透明度法律》等有效法律的理由有:从现在起,在负有共同管理义务的公司里监事会也可委托审计师进行审计(试比较《雇员代表共同管理法》第77条第1款、《共同决定法》第25条第1款第2项和《股份法》第111条第1款第3句)。只要监事会为公司的法定代表人,那么监事会应该是理所当然的报告接受者,而不是经理(类推适用《股份法》第170条第2款)。[2]

4. 审计

13 **监事会**必须根据《股份法》第171条的规定进行审计(见上文§18.I.5)。监事会不仅要审查报告的合法性,也要审查报告的内容是否符合规定的目的(《有限责任公司法》第52条第1款、《共同决定法》第25条、1952年《雇员代表共同管理法》第77条,试比较《股份法》第171条)。根据《有关加强企业控制和透明度法律》的规定,监事会委托决算审计师审计年终决算报表(《股份法》第111条第2款第3句)。[3]

14 决算审计师审计的对象是年终决算报表和公司状况报告书包括公司的簿记

---

〔1〕 Vgl. zur Zulässigkeit abweichender Satzungsbestimungen Scholz-Crezelius § 42a Rdn22.

〔2〕 Vgl. *Altmeppen* ZGR 1999, 291, 308, auch zur weitergehenden Frage, ob den Aufsichtsratsmitgliedern analog § 170 III AktG die Vorlagen und Prüfungsberichte auszuhändigen sind; zweifelnd dagegen *Lutter/Hommelhoff* § 42 a Rdn. 2.

〔3〕 Vgl. hierzu *Mattheus* ZGR 1999, 682, 707 ff.

(《商法典》第316条第1款第1句、第317条第1款第1句)。[1]审计的内容包括,是否遵守了法律的规定以及起到补充法律规定的章程条款(《商法典》第317条第1款第2句)。审计师必须能够发现那些凭良知地履行职责时就能发觉的错误和违反规定的地方,尤其是那些能够影响到企业资产、财务和收益状况的错误和违反规定的地方(《商法典》第317条第1款第3句)。审核状况报告书时要注意:它是否与年终决算报表以及审计师的审计结果相符?它是否在总体上准确地反映了企业的状况。同时还须确定是否正确说明了公司未来发展过程中可能碰到的风险(《商法典》第317条第2款)。审计师必须以书面报告的方式明确地说明审计的方式、范围以及结果(《商法典》第321第1款第1句)。此外,决算审计师还必须对经理提交的有关企业状况进行评判做出评论(《商法典》第321条第1款第2句)。《有关加强企业控制和透明度法律》进一步扩大了审计任务和审计报告的范围。这显然强化了审计的作用。由于长期以来在这方面存在着许多重大的弊病,这种发展也是人们所期望的。[2]审计师必须在对年终决算报表的**审计结论**中总结审计的结果(《商法典》第322第1款第1句)。然而,依照《有关加强企业控制和透明度法律》的规定,审计师不必审查报告的内容是否符合规定的目的。[3]审计的对象和范围是强制性的,但是股东可以扩大审计范围。

5. 确认

根据法律规定,确认年终决算报表是**股东的任务**(《商法典》第42a条、第46条第1项)。但是在**公司章程**中可作与之不同的规定,即将此确定权委托给监事会、股东大会的或监事会的一个特别(财务)委员会,也可以将此作为特别权而授予某一股东。主流观点认为也可以将确认权委托给经理。[4]这样又产生了担忧:即可能既不对年终决算报表的合法性进行审查,也不审查其是否符合规定的目的。但是年终决算报表的确认却一定要求必须进行这种强制性审核。如果确认的报表侵犯了股东的成员权,股东可以对享有决定权的机构所做出的决议提起诉讼。[5] 15

只有在股东提出请求时,决算审计师才可以参加关于确认年终决算报表的讨论(《商法典》第42a条第3款)。股东以**简单多数**作出决议(《商法典》第47条第1款)。在进行表决时,股东和经理一样都必须遵守有关资产负债表法律的规定(《商法典》第42a条第2款第3句)。此外,股东可以采用不同的估价方法,并且修改已列出的年度盈余。与股份有限公司不同,有限责任公司中的财务决策权完全属于股东。但是如果章程另有规定者除外。在这种情况下,如果审计师已经审计了年终 16

〔1〕 Die Rechtslage ist insoweit die gleiche wie bei der Aktiengesellschaft, vgl. oben § 18 I 4.

〔2〕 Vgl. hierzu *Forster* AG 1999, 193, 194 ff.; *Mattheus* ZGR 1999, 682, 690 ff.

〔3〕 Vgl. *Mattheus* ZGR 1999, 682, 706.

〔4〕 H. M.; vgl. Scholz/*Crezelius* § 42 a Rdn. 36; Baumbach/Hueck/*Schulze-Osterloh* § 42 a Rdn. 17, 38; *Hommelhoff*/*Priester* ZGR 1986, 463, 476 f.; aA Hachenburg/*Hüffer* § 46 Rdn. 22.

〔5〕 S. unten Rdn. 19.

决算报表和公司状况报告书,就必须对此进行补充审计(《商法典》第316条第3款)和补充公告(《商法典》第325条第1款第3句)。

## Ⅱ. 年度盈余的分配

参考文献:*Ehlke*, Ergebnisverwendungsregelungen in der GmbH nach dem BiRiLiG, DB 1987, 671; *Goerdeler*, Gewinnverwendung bei der GmbH nach geltendem und künftigem Recht, FS Werner, 1984, 153; *Falkenstein*, Grenzen für die Entnahmerechte der GmbH-Gesellschafter, 1992; *Gehrlein*, Zum Gewinnbezugsrecht eines GmbH-Gesellschafters nach Einziehung seines Geschäftsanteils, DB 1998, 2355; *Hartmann*, Das neue Bilanzrecht und der Gesellschaftsvertrag der GmbH, 1986; *Hueck*, Minderheitsschutz bei der Ergebnisverwendung in der GmbH, FS Steindorff, 1990, 45; *Hommelhoff*, Die Ergebnisverwendung in der GmbH nach dem Bilanzrichtliniengesetz, ZGR 1986, 418; *ders.*, Auszahlungsanspruch und Ergebnisverwendungsbeschluβ in der GmbH, FS Rowedder, 1994, 171; *Hommelhoff/Priester*, Bilanzrichtliniengesetz und GmbH-Satzung, ZGR 1986, 463; *Joost*, Beständigkeit und Wandel im Recht der Gewinnverwendung, FS 100 Jahre GmbHG, 1992, 289; *Kallmeyer*, Recht der Gewinnverwendung in der GmbH, GmbHR 1992, 788; *Liebs*, Zur Neuregelung der Ergebnisverwendung in der GmbH durch das Bilanzrichtlinien-Gesetz, GmbHR 1986, 145; *Martens*, Grundlagen und Entwicklungen des Minderheitenschutzes in der GmbH, FS 100 Jahre GmbHG, 1992, 607; *Priester*, Änderung von Gewinnverwendungsbeschlüssen, ZIP 2000, 261; *Renkl*, Der Gewinnanspruch der Gesellschafter einer GmbH nach der Neuregelung des § 29 GmbHG, DB 1986, 1108.

### 1. 分红请求权

17 只要没有决定不分配红利,每个股东根据其出资的份额享有分红请求权(《有限责任公司法》第29条第1款和第3款)。分红请求权是成员权的基本组成部分(**分红基本权**)。这一权利逐年从成员权分离出来,成为一个法律上独立的请求权(**债权,**见上§ 27. I.)。这里需要区分为两个发展阶段。在股东作出分红决议之前,分红请求权只是一项未来的、数额不确定的债权。但是根据有关转让未来债权的法律规定,这一请求权是可以转让的、可抵押的和可典当的。[1] 只有在作出决议之后,该分红权才最终从成员权中分离出来。这时,其数额也是确定的,并是到期的债权。[2] 由于分红权已成为股东的私有财产,其他股东已不能通过取消利润分配决议的方式来消除它。惟一能够取消分红请求权的方式是与当事股东签订免除债权合同。然而如果全体股东一致同意废除分红决议,可以将其视为一项缔结免除债权合同的要约,经理可以代表公司接受该要约。[3] 如果股东决定将盈余结转或

---

〔1〕 RGZ 87, 383, 386; 98, 318.

〔2〕 Vgl. BGHZ 139, 299.

〔3〕 *Priester* ZIP 2000, 261, 263; Scholz/*Crezelius* § 42 a Rdn. 39.

留为储备金，此时的法律情况则有所不同。原则上，可以通过简单决议的方式取消此类决议。[1]

18 通常公司应该以**分配现金**的方式来满足股东的分红请求权。倘若公司章程没有规定更短的期限，该请求权的时效期限为30年（《民法典》第159条）。[2] 如果在刚刚作出利润分配决议之后，公司的经济状况就开始恶化，那么利润的支付就有可能违反有限责任公司法第30条第1款的规定（见下文§ 37边码14）。[3]

2. 计算

19 上文1中所阐述的基本规则符合有限责任公司作为资合公司的本质，但是利润请求权的问题并未包含在内。核心问题在于如何计算和确定用于分配的年度利润，这关系到股东所获利润的多寡。由于年度利润的计算和分配的决议均属股东大会的职权，而且股东大会可以简单多数的表决方法进行决议，这样便会发生冲突。例如**多数股东**认为有必要将年终利润或年终利润的一部分用于企业的发展，而不分配利润，但是**少数股东**却要求分配红利。法律规定了解决这一冲突的方式。但是新修订的、并于1986年1月1日生效的《资产负债表指令法》第29条对此作出重大修改。根据此前的法律，股东有权要求分配当年的纯利润（全部利润分配规则，第29条第1款，旧条文）。据此，只有在法律允许的情况下企业才可以提留发展资金。其实现方式是，在正常簿记的情况下通过低估资产和高估负债的方式积累秘密储备金。根据老的《决算法》，这种措施在有限责任公司里是普遍存在的。设立公开的储备金或者盈余结转会相应减少股东的法定分红请求权。主流观点认为，股东并不是绝对不可以通过这样的决议。但它需要一个特定多数的股东同意，就像修改章程一样。有时候还需要所有相关股东的一致同意。[4]

20 与此相反，现行的法律却明确限制设立自由储备金的可能性。然而，现行法律从一开始就限制了股东的分红请求权，即股东可以以多数决议的方式决议将所有利润转设为盈余储备金或者作为盈余结转，记入下一年度的账目中（《有限责任公司法》第29条第2款）。少数股东只能通过提起**撤销之诉**来维护其权利，使其免受损害（见上文§ 33. VII.）。无论是滥用权利或者是违反股东平等原则都是提起撤销之诉的法律依据。此外，股东还承担着忠诚义务，据此他们不能过分限制少数股

---

〔1〕 Vgl. *Priester* ZIP 2000, 261, 263.

〔2〕 BGHZ 80, 357 (zur GbR); Scholz/*Emmerich* § 29 Rdn. 84.

〔3〕 H. M.; vgl. Baumbach/*Hueck* § 29 Rdn. 56; *Roth/Altmeppen* § 29 Rdn. 49; Scholz/*Emmerich* § 29 Rdn. 85a; aA. *Sieker* ZGR 1995, 250, 267; *J. Wilhelm* FS Flume Bd. II, 337, 359 f.

〔4〕 Qualifizierte Mehrheit verlangten namentlich Hachenburg/*Goerdeler/Müller* § 29 Rdn. 43; dagegen stützte das Urteil BGH DB 1974, 716 die Ansicht nicht, weil es sich auf eine Satzungsregelung bezieht, die 3/4 Mehrheit vorsah. Einstimmigkeit verlangten Scholz/*Emmerich* § 29 Rdn. 82 ff; Baumbach/*Hueck* § 29 Rdn. 102; einfache Mehrheit hielt für ausreichend *Rowedder* § 29 Rdn. 40.

东的分红请求权。[1] 依然没有澄清的问题是,少数股东必须在何种限度内接受这种利润积累。《股份法》第 254 条为此提供了评判标准。据此,如果根据一个理智的商人的判断,即使为了保证在未来的一定时间内公司经济上和财务上的生存能力和抗风险能力,也没有必要设立盈余储备金或者将利润结转入下一年度,并将红利分配率降至基本资本的 4% 以下,那么就可以依照《股份法》第 254 条的规定撤销公司的利润分配决议。但是《有限责任公司法》并不考虑直接引入这一条款,尤其不会引入其中百分比的规定。立法者也不愿如此,因为他们没有在有关《资产负债表指令法》的政府草案中采纳相应的建议案。[2] 可能它也不适合与有限责任公司的形式完全不同的财务结构。因此,必须对**具体情况进行具体分析**,其中既要考虑公司的特别利益,即建立一种既稳定又符合企业健康发展的自筹资金方案,又要考虑到股东希望获取适当分红回报率,必须在二者之间进行权衡。[3] 这里起重要作用的是公司的经营状况及其财务状况。从中人们能够得出结论是否必须设立储备金。在考虑整体的前提条件下,人们还须进一步考虑公司的实际结构。[4] 特别是对一个具有资合性质的有限责任公司而言,应该考虑将《股份法》第 254 条的规定作为判断分配适当最低红利的标准。[5] 可以考虑根据《股份法》第 256 条的规定撤销确认结算的决议。

21 在计算可分配的年终利润时,必须考虑上一年度的利润结转和亏损结转情况(《有限责任公司法》第 29 条第 1 款第 1 句)。这样,一项已经存在的、但尚未弥补的亏损显然会影响到股东的利润分配请求权。如果股东决定设置比经理建议更高的储备金,就会增加公司必须支付的法人税,这样就会增加公司的额外开支(《商法典》第 278 条)[6]。作为首选的其他途径,《有限责任公司法》第 29 条第 1 款第 2 句首先指引《商法典》第 268 条的规定。据此,可以将利润结转或亏损结转记入资产负债表中的"结算利润/结算亏损"项下。这样,在确定公司的可分配金额时,就不必单独增加或减少特别款项。因此,资产负债表中结算出来的年终利润是作出分

---

〔1〕 H. A.; *Renkl* DB 1986, 1108, 1109; *Ehlke* DB 1987, 671, 677; *Lutter/Hommelhoff* § 29 Rdn. 25; Baumbach/*Hueck* § 29 Rdn. 30; Hachenburg/*Goerdeler/Müller* § 29 Rdn. 65. Restriktiver *Liebs* DB 1986, 2421, 2422; *Joost* FS GmbHG, 289, 300 ff.

〔2〕 § 42 h GmbHG RegE BiRiLiG.

〔3〕 Im einzelnen sind die Maβstäbe überaus streitig. Grundsätzlich wie hier Baumbach/*Hueck* § 29 Rdn. 31 f.; OLG Hamm GmbHR 1992, 788; *G. Hueck* FS Steindorff, 45, 55 ff.; Hachenburg/*Goerdeler/Müller* § 29 Rdn. 65 f. Siehe auch den ausdifferenzierten Vorschlag von *Hommelhoff*, ZGR 1986, 418, 424 ff. und *Lutter/Hommelhoff* § 29 Rdn. 28. Insgesamt wohl ablehnend Scholz/*Emmerich* § 29 Rdn. 71: die gesetzliche Regel des § 29 II sei zwar verfehlt, eine Abhilfe sei aber nur durch den Gesetzgeber möglich. Vgl. auch BGHZ 132, 263, 274, 276 zur KG (freilich unter der Prämisse eines Vollausschüttungsgebots).

〔4〕 So auch Baumbach/*Hueck* § 29 Rdn. 32; vgl. ferner OLG München GmbHR 1990 zur Rücklagenbildung in einer personalistischen GmbH und zu den Voraussetzungen eines Austrittsrechts wegen unzureichender Gewinnausschüttung.

〔5〕 Baumbach/*Hueck* § 29 Rdn. 31.

〔6〕 Einzelheiten bei *Schulze-Osterloh* ZHR 150 (1986), 532, 550.

红决议的基础。同样的规则也适用于储备金的解散，因为根据《商法典》第270条的规定在编制报表时就已经考虑到了这些因素。最后，《有限责任公司法》第29条第4款应防止公司将依照第1款和第3款的规定将下列资金分配给股东：依照《商法典》第280条规定的价值增补原则必须列示的资金，或者那些应当在税务结算而不是商业结算的负债方中予以列示的金额（比较《商法典》第254条、第273条、第281条）。在这些情况下，根据法律规定，经理可以在征得股东同意的情况下将这些金额结转为其他盈余储备金。〔1〕

1986年1月1日《资产负债表指令法》生效。《有限责任公司法》第29条仅仅适用于此后在商业注册处登记的公司。对于在此之前成立的公司，则依然适用1985年12月19日的《修订法》第7条第12款〔2〕中规定的**过渡性条款**。据此它们可以分配企业的全部利润。立法者的本意是不能强制公司进行转制。但是，立法者还是简化了章程的适应程序。其方式是：如果公司利用第一次机会修改公司章程，公司仅需以简单表决多数的方式通过决议。此外，立法者还规定了特别的商业登记禁止，以便对股东施加压力：只要股东没有在公司章程中同时加入新的利润使用条款，对章程进行的其他的修改就不得进行登记。这一过渡性制度给司法界和学术界带来了许多解释方面的困难，并受到了尖锐批评。因为相关的问题在这里没有重要意义，所以有关细节请查阅以前的版本或特别文献。〔3〕 22

### 3. 章程自由

《有限责任公司法》第29条不是**强制性条款**。无论是在什么条件下多数股东可以决定设立盈余储备金和结转利润，还是规定金额的分配，公司章程都可以作出另外的规定。鉴于公司享有的积累自由的权利，由此会危及少数股东的利益，所以建议无论如何应在公司章程中规定一个最低股息率。 23

股东也可以完全放弃利润的分配。特别在非盈利性的**公益性**企业以及在所谓的**无利润**公司中，通常如此。无利润公司通过仅仅为其成员提供辅助性的会计业务，并收取相应的成本支出。只有根据章程规定股东分配公司的利润和来源于公司财产的其他捐赠时，才能享受税法上的公益特权（《税收条例》第55条第1款第1项和第59条等）。 24

公司可以排除个别股东的分红请求权，但排除时不得违反相关股东的意愿（试比较《有限责任公司法》第53条第3款）。〔4〕公司对其自己持有的股份没有分红请求权（见下文§37.IV.）。另外公司章程还可以规定，将结算利润或其中的一部 25

---

〔1〕 Einzelheiten in den Kommentierungen zu §§ 273, 280, 281 HGB.

〔2〕 Gesetz zur Änderung des GmbHG und anderer handelsrechtlicher Vorschriften vom 4. 7. 1980 in der Fassung des Art. 11 II BiRiLiG vom 19. 12. 1985 (BGBl. I, 2355); abgedruckt als Textanhang beispielsweise bei *Lutter/Hommelhoff*, nach § 86.

〔3〕 Vgl. etwa Scholz/*Emmerich* § 29 Rdn. 17 ff. mwN.

〔4〕 BGHZ 14, 264, 271 ff.

分划拨给第三者。具有重要现实意义的是第三人的**隐名参股**。人们通常把它当作《股份法》第292条第2款第2句意义上的部分利润划拨合同。只要通过一项由特定多数股东意见作成的决议,该合同就具有法律效力。[1] 康采恩企业实行控制的一个常用方式是签订利润划拨合同。对此合同《有限责任公司法》没有作出规定(比较《股份法》第291条)。今天签订此类合同是没有任何问题的,但是签订这些合同必须具备哪些前提条件,其法律后果如何,这些问题尚未完全澄清。在这方面,有限责任公司法参照《股份法》中有关康采恩法的规定进一步发展和完善其规定(《股份法》293条以下和第304条以下,见下文§54. I. 2, VIII.)。此外,公司章程不根据《有限责任公司法》第29条第3款规定制定新的分配方案,例如规定按人头分配股息或者赋予个别股东以分红优先权。最后还可以比照《股份法》(《股份法》第139条以下)的规定创设**优先出资份额**,章程还可以规定:该股的持有者除了可以享有优先分红权之外还有追加出资的权利。

26　从法律上分析,公司向经理、监事和企业职工委员会的成员所分配的利润(**奖金**)不是向第三者分配的结算利润,它们属于经营支出。但是它在实际上也减少了股东的利润分配。如果某位股东对此不同意,他必须申请撤销有关确认对年终决算报表的决议。如果奖金的数额没有超出一般的范围,则撤销之诉不会有成功的希望。相反,过高的奖金会被视为隐性利润分配,由于它违反了**平等原则**,所以是违法的(见下§ 37 Rdn. 8)。同样,给**企业职工分配的利润**在会计法上也是经营支出。如果它们是由股东大会作出的决议,则只能考虑依据《股份法》第243条第1款的规定以违反忠诚义务为由而提起撤销之诉。

4. 利润预支

27　对于在经营年度中支付的**中期分红或利润预支**,法律并未作出相关规定。现今的主流观点认为,只要它们没有损害公司股本,这种分配是合法的(《有限责任公司法》第30条),[2]但是,股东大会必须首先作出相应的决议。如果需要授权经理预先支付红利时,必须制定相关的章程规定。如果经营年度终了时的利润并未达到必要数额,必须依照《民法典》第812条第1款第2句退还相关的款项。即使授权个别股东享有**挪用权**,也需要章程的授权,除非章程规定,某股东仅仅在个别情况下享有此项权利。[3]

---

[1] Siehe unten § 57 III.

[2] RGZ 85, 43, 44; 92, 77, 82; *Eder* GmbHR 1969, 285; *Priester* DB 1973, 2382; *G. Hueck* ZGR 1975, 133; Scholz/*Emmerich* § 29 Rdn. 86. Anders § 59 AktG.

[3] BGH NJW 1984, 1037; Scholz/*Emmerich* § 29 Rdn. 90. Zum Entnahmerecht bei der Einmanngesellschaft OLG Karlsruhe BB 1991, 1728.

## §37. 股本的维持

Schrifttum: *Altmeppen*, "Dritte" als Adressaten der Kapitalerhaltungs- und Kapitalersatzregeln in der GmbH, FS Kropff, 1997, 641; *Ballerstedt*, Kapital, Gewinn und Ausschüttung bei Kapitalgesellschaften, 1949, 112 ff, 170 ff; *Birkholz*, Untreuestrafbarkeit als strafrechtlicher "Preis" der beschränkten Haftung, 1998; *Brandner*, Wegfall oder Beständigkeit des Erstattungsanspruchs aus § 31 GmbHG bei anderweitiger Wiederherstellung des Stammkapitals?, FS Fleck, 1988, 23; *Butzke*, Die Bedeutung anderweitiger Auffüllung des Stammkapitals für Einlage- oder Erstattungsansprüche der GmbH gegen ihre Gesellschafter, ZHR 154 (1990), 357; *Canaris*, Die Rückgewähr von Gesellschaftereinlagen durch Zuwendungen an Dritte, FS R. Fischer, 1979, 31; *Ebenroth*, Die verdeckten Vermögenszuwendungen im transnationalen Unternehmen, 1979, 18 ff; *Fabritius*, Vermögensbindungen in AG und GmbH - tiefgreifender Unterschied oder grundsätzliche Identität?, ZHR 144 (1980), 628; *Fleck*, Mi? brauch der Vertretungsmacht oder Treubruch des mit Einverständnis aller Gesellschafter handelnden GmbH-Geschäftsführers aus zivilrechtlicher Sicht, ZGR 1990, 31; *Flume*, Der Gesellschafter und das Vermögen der Kapitalgesellschaft und die Problematik der verdeckten Gewinnausschüttung, ZHR 144 (1980), 18; *Geßler*, Zur handelsrechtlichen verdeckten Gewinnausschüttung, FS R. Fischer, 1979, 131; *Gribbohm*, Untreue zum Nachteil der GmbH, ZGR 1990, 1; *Groß/Sonnenhol*, Besicherung von Krediten an Konzernunternehmen, GmbHR 1995, 561; *Hager*, Die verdeckte Gewinnausschüttung in der GmbH, ZGR 1989, 71; *Hommelhoff*, Zum Wegfall des Erstattungsanspruchs aus § 31 GmbHG, FS Kellermann, 1991, 165; Joost, Kapitalbegriff und Reichweite der Bindung des aufgebrachten Verm? gens in der GmbH, GmbHR 1983, 285; *ders.*, Grundlagen und Rechtsfolgen der Kapitalerhaltungsregeln in der GmbH, ZHR 148 (1984), 27; *Kleffner*, Erhaltung des Stammkapitals und Haftung nach §§ 30, 31 GmbHG, 1994; *Kreutz*, Von der Einmann- zur "Keinmann"-GmbH?, FS Stimpel, 1985, 379; *Lutter*, Kapital, Sicherung der Kapitalaufbringung und Kapitalerhaltung in den Aktien- und GmbH-Rechten der EWG, 1964, 332 ff; *ders.*, Verdeckte Leistungen und Kapitalschutz, FS Stiefel, 1987, 505; *Messer*, Kreditbesicherung im Konzern, ZHR 159 (1995), 375; Mestmäcker, Verwaltung, Konzerngewalt und Rechte der Aktionäre, 1958, 224 ff; *Mülbert*, Sicherheiten einer Kapitalgesellschaft für Verbindlichkeiten ihres Gesellschafters, ZGR 1995, 578; *Röhrkasten*, Die Rückzahlung des Stammkapitals, GmbHR 1974, 36; *K. Schmidt*, Summenmäβige Begrenzung der Ausfallhaftung nach § 31 Abs. 3 GmbHG, BB 1995, 529; *Schneider*, Mittelbar verdeckte Gewinnausschüttungen im GmbH-Konzern, ZGR 1985, 279; *Schön*, Kreditbesicherung durch abhängige Kapitalgesellschaften, ZHR 159 (1995), 351; *Schulze-Osterloh*, Die verdeckte Gewinnausschüttung bei der GmbH als kompetenzrechtliches Problem, FS Stimpel, 1985, 487; *Schulze zur Wiesche*, Geschäftsführervergütung und verdeckte Gewinnausschüttung, GmbHR 1991, 113, 170; *Sonnenhol/Stützle*, Bestellung von Sicherheiten durch eine GmbH und der Grundsatz der Erhaltung des Stammkapitals (§ 30 GmbHG), DB 1979, 925; *dies.*, Auswirkungen des Verbots der Einlagenrückgewähr auf Nichtgesellschafter,

WM 1983, 2; *Sotiropoulos*, Kredite und Kreditsicherheiten der GmbH zugunsten ihrer Gesellschafter und nahestehender Dritter, 1996; *Stimpel*, Zum Auszahlungsverbot des § 30 Abs. 1 GmbHG, FS 100 Jahre GmbHG, 335; *Tries*, Verdeckte Gewinnausschüttungen im GmbH-Recht, 1991; *Ulmer*, Die neuen Vorschriften über kapitalersetzende Darlehen und eigene Geschäftsanteile der GmbH, in: Das neue GmbH-Recht in der Diskussion, 1981, 55; *ders.*, Gesellschafterpflicht zur Erhaltung des satzungsmäβigen Haftungsfonds der GmbH?, ZGR 1985, 598; *ders.*, Schutz der GmbH gegen Schädigung zugunsten ihrer Gesellschafter?, FS Pfeiffer, 1988, 853; *Wiedemann*, Gesellschaftsrecht Bd. I, 440; *Wilhelm*, Die Vermögensbindung bei der Aktiengesellschaft und der GmbH und das Problem der Unterkapitalisierung, FS Flume, Bd. II, 1978, 337; *Winter*, Verdeckte Gewinnausschüttungen im GmbH-Recht, ZHR 148 (1984), 579; *ders.*, Mitgliedschaftliche Treuebindungen im GmbH-Recht, 1988, 220 ff.

## I. 概述

1. 维持与初始资本额相等的公司资产

1 如同所有的资合公司一样,为了平衡有限责任公司的有限责任,在有限责任公司中也试图采取措施,防止事后股东抽走作为信贷基础和责任基石的公司股本,保护债权人的利益。相应的法律规定主要有:

2 (a) 股本金额必须作为注册资本在资产负债表中的负债项下予以列示(《有限责任公司法》第42条第1款,并比照《商法典》第266条第3款)。

3 (b) 不得将维持股本所必需的公司资产**支付**给股东(《有限责任公司法》第30—32条)。

4 (c) 只有在公司可以用股本以外的资产购买时,才允许公司回购自己的股份(《有限责任公司法》第33条)。

5 这些规定对债权人权利的保障只是相对的,因为这些规定虽然可以保障公司股本不会由于向股东分配盈余或利润而减少,但是并不能保障公司股本不会由于经营亏损而减少。《有限责任公司法》第30条原则上也没有涉及对第三人的支付问题。[1]

6 《有限责任公司法》第30条和第33条虽然规定了资产维持,但其适用范围却比在股份有限公司中小得多。依照《股份法》第57条、第58条第4款、第60条的规定,不仅股份有限公司的股本,而且其整个资产都受到法律的保护。在股份有限公司中,只有那些正式列示的结算利润能用于分配(见上文§ 19. I.)。相比之下,在有限责任公司中法律保护的仅仅是**与公司股本相等的金额**。[2]《股份法》第57条第1款的规定则完全与此相反,《有限责任公司法》规定只要公司是以超出股本的

〔1〕 Zu den Ausnahmen s. unten 3.

〔2〕 H. M.; vgl. Scholz/*Westermann* § 30 Rdn. 5 f.; *Lutter/Hommelhoff* § 30 Rdn. 3; aA *Wilhelm* FS Flume 337, 363.

资产支付的，公司就可以将出资返回给股东。因此在没收其股份、或在股东退出或被公司除名时，有限责任公司可以对退出公司的股东提供补偿（见§ 30. Ⅲ.，Ⅳ.）。另一方面，如果公司用禁止动用的资产对股东进行了分配，股东必须承担比股份有限公司股东更严格的责任。因为《有限责任公司法》第31条第3款规定，当接受者不能返还禁止分配的资产时，股东必须承担返回落空责任。而在《股份法》（《股份法》第62条）中却没有规定这一责任。《有限责任公司法》第33条关于公司回购自己股份的规定要比《股份法》第71条的相应规定宽松许多。

2. 具体资产的保护

尽管公司法中有关责任条款的适用范围是有限的，但是，如果经理**向某股东交付了财物**，而且这一交付未违反资本维持的规定，但却**使公司陷入危机生存的困境，根据刑法的司法实践**该经理通常会因为不诚信（《刑法典》第266条）而承担刑事责任。[1]这样的交付主要有：向股东出售公司所必需的地产、专利或贵重的机器设备，此外，还有为了该股东的利益而抽走流动资金或者向股东提供贷款——尽管公司为了其他用途需要这些资金。即使所有股东都同意了不利于公司的财产处分，也不会改变刑法对此事的评判。[2]公司法的学术界对这一判决提出了十分合理的批评，认为它与《有限责任公司法》第30条、第31条规定的纯粹账面数据上的资产保护不相符合。同时，这一批评引发了关于在保护股份价值之外还需保护具体财产标的物的讨论。 7

没有异议的是，在《有限责任公司法》第30条规定的禁止处分资产的界限外股东原则上有自由处置公司资产的权利，并能就此向经理发出指示。同时，人们也一致认为：考虑到公司自身的利益、少数股东及公司债权人的利益，股东必须在一定范围内行使上述财产处分权，即他不得危机到公司的生存基础。[3]当然，目前依然没有弄清楚的是生存保护的法律依据和前提条件。由于《有限责任公司法》第30条并未涉及保护公司的具体资产，所以类推适用这一条款的理由并不十分充分。[4]更加令人信服的理论是，这种抽走资产的行为危及公司生存，在作用方面它等同于进行秘密清算，而且这种清算又规避了有关清算或者破产的程序规则。在这一基础上，应该拟定保护具体公司资产的法律框架结构，并确定违反这一规则的法

---

〔1〕 BGHSt 34, 382; 35, 333; BGH GmbHR 1995, 655; vgl. ferner die weiteren Nachweise bei *Gribbohm* ZGR 1990, 1, 2 Fn. 6 und *Birkholz*, Untreuestrafbarkeit 50ff.

〔2〕 Allerdings kann die Zustimmung aller Gesellschafter nach BGH GmbHR 1995, 654, 655 für die Strafzumessung von Bedeutung sein.

〔3〕 Vgl. Fleck ZGR 1990, 31, 37; *ders.* FS GmbHG 391, 398f; *Lutter/Hommelhoff* § 30 Rdn. 7.

〔4〕 In diese Richtung argumentierend aber *Ulmer* FS Pfeiffer 853, 868 f, Scholz/*Westermann* § 30 Rdn. 8 u 16 u. *Kleffner* 95 ff., die in einem solchen Fall in der zur Beurteilung einer Unterbilanz aufzustellenden Bilanz Liquidations- anstatt Fortsetzungswerte in Ansatz bringen wollen, so daβ die Auszahlung regelmäβig nach § 30 I verboten sein dürfte. Vgl. auch BGH GmbHR 1999, 921, 922.

律后果。不过这尚须在司法解释和法学研究中进行进一步发展完善。[1]

## II. 禁止资本返还

1. 对股本的侵害

8 依照《有限责任公司法》第30条第1款的规定,用于维持股本所必需的公司资产**不得支付给股东**。受到法律保护的公司资产是公司章程中确定的、在商务注册处登记的股本数额相应的资产。在**亏损**时,也即公司净资产低于股本数额时,这种资产就不再存在。可以从会计报表的贷方资产中扣除所有的债务以及准备金,但不得扣除盈余储备金。为了能够确定这一事实,在有疑问的情况下必须制定一个中期财务报表。[2] 此时必须适用通用的会计规则;因为企业应该保持连续经营;所以必须结转上一年度会计报表中的账面价值;清算价值不予以计入。[3] 公司自己持有的股份应该将它视为采购价列为资产,并通过在负债方设置自由股份储备金的方式而予以中性化(《商法典》第272条第4款)。即不考虑将公司持有的股份计为公司的业绩。[4] 公司必须遵守自己的会计方法;不得为了根据《有限责任公司法》第30条规定的计算目的而解散秘密的储备金。[5] 公司的负债必须列在资产负债表中的负债项下。属于负债的具有替代自有资本性质的股东贷款。但是如果股东与公司已约定非优先清偿该贷款时,是否必须将它记入负债是有争议的。[6] 相反不必扣除盈余储备金和利润结转,因为它们并不减少净资产。[7]

9 如果资本已被消耗时,也即负债超过了资产和初始股本的数额时(计算账面上的**资不抵债**),就必须相应地适用《有限责任公司法》第30条的规定。在此情况下,

---

〔1〕 Vgl. außer den in Fußn. 5 Genannten *Gribbohm* ZGR 1990, 1, 11 *ff.*; *Falkenstein*, *Grenzen für die Entnahmerechte der GmbH-Gesellschafter*, 1992; *Nissing*, *Eigeninteresse der Gesellschaft oder Liquidation auf kaltem Wege?*, 1993; *Birkholz*, *Untreuestrafbarkeit als strafrechtlicher "Preis" der beschränkten Haftung*, 1998; *Kohlmann*, *Die Strafrechtliche Verantwortlichkeit des GmbH-Geschäftsführers*, 1990.

〔2〕 Dies heißt aber nicht, daß jede Auszahlung an einen Gesellschafter nur wirksam wäre, wenn eine solche Zwischenbilanz errichtet wurde; ebenso Baumbach/*Hueck* § 30 Rdn. 6; *Lutter/Hommelhoff* § 30 Rdn. 16; In der Tendenz anders aber BGH DB 1987, 1781, 1782; Scholz/*Westermann* § 30 Rdn. 13 m. w. N.

〔3〕 BGHZ 76, 326, 335; BGH DB 1987, 1781, 1782.

〔4〕 Vgl. *Lutter/Hommelhoff* § 30 Rdn. 16; Baumbach/*Hueck* § 30 Rdn. 5.

〔5〕 BGH GmbHR 1989, 154; OLG Brandenburg GmbHR 1999, 297, 299; Hachenburg/*Goerdeler/Müller* § 30 Rdn. 14; *Lutter/Hommelhoff* § 30 Rdn. 15; aA *Meister* WM 1980, 391, 394; *Sonnenhol/Stützle* DB 1979, 925, 927 f.

〔6〕 Nach h. M. besteht ausnahmslos eine Passivierungspflicht; vgl. Baumbach/*Hueck* § 30 Rdn. 5; Scholz/*Westermann* § 30 Rdn. 15; *Lutter/Hommelhoff* § 42 Rdn. 41; differenzierend im Hinblick auf die getroffenen Tilgungsvereinbarungen Baumbach/Hueck/*Schulze-Osterloh* § 42 Rdn. 226: keine Passivierung, wenn Verbindlichkeit das Gesellschaftsvermögen am Abschlußstichtag in keiner Weise belastet.

〔7〕 Baumbach/*Hueck* § 30 Rdn. 5; *Lutter/Hommelhoff* § 30 Rdn. 14; OLG Brandenburg GmbHR 1999, 297, 299.

尽管禁止支付也不能起到维持资本的作用,并且向股东的支付只能用尚存的他人资本来履行——正因为如此,它是以牺牲债权人的利益为代价。〔1〕而计算的关键是支付的时间。〔2〕

2. 支付禁止

10 用于维持股本所必需的资产**不得支付**给股东。这里禁止的是任何减少股本而向股东支付的款项。〔3〕必须严格遵守资本维持原则。〔4〕禁止的支付中不仅包括任何**明示的**、单方**金钱给付或实物给付**,此外还包括公司与股东之间通过交易而进行的股东没有支付对等价金的给付。〔5〕按照《有限责任公司法》第30条第1款的规定,为股东承担债务也是被禁止的支付。〔6〕

11 (a)单方面抽走公司资产的**情形**还有:返还出资、分配非法列示的利润、或者没收股份时给予补偿(《有限责任公司法》第34条第3款)。此外,还包括在出售公司股份时为购买者支付收购价〔7〕或者用公司资产为股东清偿其欠第三人的债务。〔8〕

12 (b)在实践中,**公司与股东之间进行的交易**显得特别重要。如果股东拥有的利润请求权是虚假的,而公司却对股东参与的公司拥有债权,如果公司将股东虚假的利润分配请求权与其对该公司拥有的债权相抵销,而且由于债务人没有资产,那么该项债权根本毫无价值,这也是被看作是向股东的支付,因为由于这种结算,公司在实际上无法实现其债权。〔9〕难于处理的是**隐性利润分配**。〔10〕向股东转移公司资产的常用办法有:股东对公司支付极低对价,或者公司对股东的给付则支付过高的对价。常见的**例子**是:公司向股东提供无息贷款或低于市场利息的贷款、或者公司低于市价将物品出售给股东或公司高于市价从股东处购买物品、或者公司出资为股东修建一幢房子;〔11〕此外,还包括公司向身为股东的经理支付过高的薪金;或者公司在没有收到适当对等的给付时向支配企业支付康采恩款项。〔12〕判断是否属

〔1〕 BGHZ 60, 324, 331 f; dazu *Immenga* ZGR 1975, 487; *K. Schmidt* DB 1973, 2227, 2229 f; BGHZ 67, 171, 174; 81, 252, 259; BGH WM 1986, 237, 239; GmbHR 1990, 249. Im Schrifttum ist streitig, ob eine unmittelbare oder eine analoge Anwendung vorliegt.

〔2〕 BGHZ 9, 157, 169; BGH NJW 1987, 1194, 1195; BGH DB 1987, 1781, 1782; st. Rspr.

〔3〕 BGHZ 31, 258, 276; BGH NJW 1987, 1194, 1195.

〔4〕 BGHZ 122, 333, 339.

〔5〕 RGZ 150, 28, 35 f; BGH LM Nr. 1 zu § 30 GmbHG; *Joost* ZHR 148 (1984), 27, 31.

〔6〕 Vgl. RGZ 168, 292, 297; BGH GmbHR 1987, 187; OLG Rostock GmbHR 1998, 330 (Abschluβ eines Bauvertrags); vgl. aus dem Schrifttum *Lutter/Hommelhoff* § 30 Rdn. 8.

〔7〕 RGZ 80, 148; 133, 393; 136, 260; 168, 292; BGHZ 13, 49, 54 f.

〔8〕 BGHZ 60, 324, 330 f; BGH BB 1968, 607.

〔9〕 BGHZ 122, 333, 338.

〔10〕 Vgl. zum Folgenden *Winter* ZHR 148 (1984), 579; *Schneider* ZGR 1985, 279; *Schulze-Osterloh* FS Stimpel, 487; *Hager* ZGR 1989, 71; *Lutter* FS Stiefel, 505, 523; *Tries* aaO.

〔11〕 BGH NJW 1987, 1194.

〔12〕 BGHZ 65, 15.

于隐性给付的重要标准是,公司在同等条件下不会向第三人给予同类的给付。

13 首先必须从**纳税义务**的角度去分析这些案例,因而相关的案件也是根据税法来审理的。[1]在公司法中这些情形在三个方面非常重要:(aa)《有限责任公司法》第30条第1款规定的禁止支付;(bb)不平等地对待股东,特别是损害少数股东的利益(见上文§28边码6);(cc)违反有关有限责任公司中职权分配的规定。这是指由公司经理开展上述业务,而根据《有限责任公司法》第46条第1项的规定,必须由股东决议年度盈余的分配(见上文§36边码22等)。

14 (c)属于支付禁止范围的还有:用公司资产为第三人针对股东的债权[2]或股东针对第三人的债权**提供担保**。后者可能是指出让股份以保证支付剩余的股金[3]和在康采恩财务中实行的现金中心管理制度。[4] 具有决定性意义的问题是,设定担保金本身是否已经可以视为能够引起公司的亏损的支付?主流观点在原则上否定了这一看法。因为在这一时间点还不肯定,是否会执行这一担保。[5] 因此,担保的设立并不会引起公司资产方面的影响。但是,如果执行担保非常可能,也需要设立储备金时,也可能得出相反的结论。[6]

15 针对这种观点,斯廷佩尔(Stimpel)和舍恩(Schoen)两位教授正确地提出,应该抛弃对《有限责任公司法》第30条第1款进行单纯资产负债方面的解释。[7] 仅仅为股东设定物权担保就已经减少了公司资产。因为公司既不能随意出让已设定土地抵押权的土地,也不能为了公司的利益而再设立担保。虽然在设立担保时,公司对此股东享有追索权,但此追索权仅具有债法性质,并且只能在以后才能实现债权(《民法典》第775条)。这显然与资本保护原则,特别与《有限责任公司法》第19条第2款规定禁止延迟付款的禁令不相符。此外,主流观点认为,这也不符合《有限责任公司法》第30条所追求的目的,因为公司由于缺少第三人的信息,它不能阻止第三人执行相关的担保,而且针对股东的追索权也很容易落空。基于这些原因,在设立担保时经理就必须进行审查,是否已经存在着亏损。在执行担保前,如果公

---

[1] Vgl. § 8 III 2 KStG; dazu *Schulze zur Wiesche* GmbHR 1976, 282; *Döllerer* BB 1979, 57; *Wassermeyer* BB 1989, 1382; *Buyer* BB 1990, 1809.

[2] Bürgschaft: RGZ 146, 84, 92; BGH WM 1990, 757. Belastung eines Gesellschaftsgrundstücks RGZ 168, 292, 297; dazu *Sonnenhol/Stützle* DB 1979, 925; *Meister* WM 1980, 390.

[3] OLG München GmbHR 1998, 986.

[4] Vgl. hierzu BGHZ 138, 291, 298 ff.; Scholz/*Westermann* § 30 Rdn. 31 mwN.

[5] Vgl. RGZ 146, 92, 96; OLG München GmbHR 1998, 986; Baumbach/*Hueck* § 30 Rdn. 19; Hachenburg/*Goerdeler/Müller* § 30 Rdn. 66; *Peltzer/Bell* ZIP 1993, 1757, 1760 f.; *Groß/Sonnenhol* GmbHR 1995, 561, 563; anderer Ansatz bei *Mülbert* ZGR 1995, 578, 594 ff.

[6] Vgl. zur bilanziellen Behandlung der Fallkonstellationen, insbesondere zur Aktivierung eines Rückgriffsanspruchs der Gesellschaft gegen Gesellschafter *Lutter/Hommelhoff* § 30 Rdn. 30 ff.

[7] *Stimpel* FS GmbHG 335, 351, 354 ff.; Schön ZHR 159 (1995), 351, 359 ff.; zustimmend *Roth/Altmeppen* § 30 Rdn. 59 ff.; vgl. zur KG auch BGH NJW 1976, 751.

司已经亏损,那么只有在股东知道违反禁令的条件下,公司才可以要求股东免除为第三人设定的担保。〔1〕这种主张是否会被司法界所采纳,还待于发现。〔2〕

(d)依据**利润划拨合同而进行的给付**不属于《有限责任公司法》第30条第1款调整的范围,因为比照适用《股份法》第291条第3款的规定,《有限责任公司法》中关于资本维持的条款在此不具有法律效力。法律是通过比照《股份法》第302条第1款规定的亏损补偿义务来保证公司的存续不受危险的。〔3〕 16

3. 对第三人的支付

《有限责任公司法》第30条并不禁止公司向第三人进行支付。第三人不是有关股本维持的法律规定的当事主体。但是,如果公司的给付是由**第三者代替股东收受的**,或者由于其他的理由对第三者的给付应该归入到股东名下,则这种行为会被视为一种法律规避。后者主要是指公司向与股东有紧密关系人员的给付,〔4〕特别是配偶和子女。〔5〕同样,《有限责任公司法》第30条第1款也适用于向股东的傀儡人或信托人所进行的给付。〔6〕依据这种观点,资本维持原则在实质性康采恩中也具有显著意义。向与股东相关联的企业所进行的给付也应该适用《有限责任公司法》第30条第1款的规定。联邦最高法院认为,关键问题在于接受给付的关联企业是否处于该股东的重大影响之下。〔7〕在所有这些案例中,接受给付的第三者也都在例外的情况下必须承担返还义务。〔8〕 17

《有限责任公司法》中没有与**相互参股相关**的特别规定。〔9〕通过相互参股也能够使公司资产低于其初始注册资本额。依照《有限责任公司法》第30条第1款的规定,这是不允许的。〔10〕如果某人仅作为隐名股东持有公司的股份,并据此决定着企业的命运,参与公司的资产和收益分配,接受减少股本的公司给付,那也是一种规避《有限责任公司法》第30条规定的行为。〔11〕 18

---

〔1〕 Vgl. zu den Rechtsfolgen *Schön* ZHR 150 (1995), 351, 365 ff.; *Roth/Altmeppen* § 30 Rdn. 64 ff. mwN.

〔2〕 Eingehende Auseinandersetzung mit der Konzeption bei Scholz/*Westermann* § 30 Rdn. 31a f.

〔3〕 Siehe hierzu unten § 54 I 2, VII. #.

〔4〕 Vgl. zuletzt umfassend *Altmeppen* FS Kropff 641, 647 ff.

〔5〕 H. M.; vgl. BGHZ 81, 365 (Eltern des Gesellschafters); BGH GmbHR 1991, 135; Schwierigkeiten bereitet die Frage, unter welchen Voraussetzungen eine Zurechnung in Betracht kommt, insbesondere ob mit Vermutungen operiert werden kann; zum Ganzen Scholz/*Westermann* § 30 Rdn. 29.

〔6〕 BGHZ 31, 258; 75, 334, 335 f; 95, 188, 193; 107, 7, 9 f.

〔7〕 BGHZ 81, 365, 368; BGH GmbHR 1986, 113, 114; BGH WM 1986, 789; NJW 1991, 357; *Schneider* ZGR 1985, 279; *Canaris* FS R. Fischer 31, 41 ff.

〔8〕 Siehe unten Rdn. 26 #.

〔9〕 Vgl. § 71 d AktG und dazu oben § 19 III 5, unten § 51 V.

〔10〕 Vgl. die Beispiele bei Hachenburg/*Goerdeler/Müller* § 30 Rdn. 67 ff. u. Scholz/*Westermann* § 30 Rdn. 37.

〔11〕 BGHZ 106, 7; OLG Hamburg WM 1990, 1292.

4. 追缴出资

19 如果公司需要用股东追缴的股金弥补初始资本的亏损,依照《有限责任公司法》第30条第2款第1句,公司不得将已经收缴的追加出资返还给股东。即使注册股本未受损害,为保护债权人的利益,公司也只有在公司公告返还决议的三个月后退还股东增缴的股金。

## III. 法律后果

1. 返还义务

20 如果出现《有限责任公司法》第30条第1款的情况,公司能够并且必须**拒绝这种给付**。[1] 如果公司为了其股东而必须向第三者履行给付,而且该第三者是恶意的时,也适用这一规定。[2] 类推适用《股份法》第241条第3项的规定,要求公司进行上述给付的股东决议是无效的(试比较上文§33. VII.)。

21 如果公司已经履行了一项法律禁止的给付,那么必须将相关的金额返还公司(《有限责任公司法》第31条第1款)。法律赋予了公司**在公司法上的一种独立的返还请求权**,但是民法中有关要求偿还和返回的规定不适用于这些请求权。尤其是即使不当得利已消灭,也不得抗辩。[3]这里不以过错为前提条件。返还请求权的标的是被给付的物品本身;当给付的标的物已不可能被返还时,则返回相应的价值,并根据《民法典》第280条、第325条的规定损害赔偿。[4] 无需根据《有限责任公司法》第46条第2项的规定作出相应的股东决议,这一请求权立即生效。[5]这项请求权的时效期限为5年,自履行禁止给付之时起算;若接受者是恶意的,即他明知该给付损害了公司的股本却仍然接受了这种禁止的给付,时效期限为30年(《有限责任公司法》第31条第5款并比较《民法典》第195条)。根据法律规定,不得免除这一返回请求权(《有限责任公司法》第31条第4款)。公司能够将此请求权转让于第三人,例如公司债权人;依照联邦最高法院一个令人怀疑的判决,即使公司没

---

〔1〕 BGH LM Nr. 1 zu § 30 GmbHG; *Lutter/Hommelhoff* § 30 Rdn. 38; Scholz/*Westermann* § 30 Rdn. 11.

〔2〕 Vgl. BGHZ 31, 258, 265 ff.

〔3〕 BGHZ 31, 258, 265.

〔4〕 H. M.; *Meister* WM 1980, 390, 395; Scholz/*Westermann* § 31 Rdn. 2; dagegen ist nach *Joost* ZHR 148 (1984), 27, 53 f stets, nach Flume ZHR 144 (1980), 18, 23 f und *ders.*, I/2, 291 f und *Wilhelm* FS Flume, Bd. II, 337, 387 f jedenfalls bei verdeckter Gewinnausschüttung von vornherein Wertausgleich in Geld zu leisten. Nach *Lutter/Hommelhoff* § 31 Rdn. 7 soll bei leicht wiederbeschaffbaren Gegenständen der Gesellschafter zwischen beidem wählen können.

〔5〕 BGHZ 76, 326, 328; BGH NJW 1987, 779.

有获得完全等值的对价,也可以进行上述转让。[1]公司债权人可以扣押这一请求权,但根据《股份法》第62条第2款(见上文§19.II.3的规定不同),他不能直接主张这一权利。《有限责任公司法》第30条不是《民法典》第823条第2款意义上的有利于债权人的保护条款。[2]在有限责任公司为无限股东的两合公司中,只要给付损害了两合公司的资产,两合公司就享有返还请求权。[3]

如收受者是**善意的**,则请求的数额仅限于清偿公司债权人所必需的金额(《有限责任公司法》第31条第2款)。根据主流观点和《民法典》第932条的规定,如果收受者存在故意和重大过失,则不是善意的。这里的关键是必须善意相信《有限责任公司法》第30条第1款的所有构成要件,即不是由于重大过失的缘故而不知道该项给付将会减少股本。[4] 22

如果通过解散储备金或新增利润的方法暂时消除了公司的**亏损**,如何对待这时的返回请求权,是有不同看法的。联邦最高法院首先认为:当公司进行上述给付之后通过其他方式将公司的资产比较长期地恢复到与初始资本金额相等的状态时,公司就不再拥有返还请求权。[5]主流观点认为,在这种情况下公司不再依照《有限责任公司法》第30条第1款的规定享有拒绝给付的权利;这时,股东可用其从相关交易中获得的请求权抵销公司的返还请求权。[6]这两种理论及其论证的结构总的来说都不是十分令人满意的,因为它们以不合理的方式偏离了资本维持规定。如果股东无任何法律原因抽走公司资产,抵销办法就根本没有任何作用。因为这些原因,联邦最高法院十分正确地依照布兰特纳(Brandner)[7]的理论修正了其司法判决,并判定即使在公司股本再次恢复到原来水平时依然拥有返还请求权。[8]依照股本真实缴纳的原则,股东不能用他拥有的给付请求权抵销公司的返还请求权。股东保有的权利是依照公司的内部关系对返还财产的使用以及对可能存在的义务作出决定。[9] 23

---

〔1〕 BGHZ 69, 274, 282 ff; eine andere Beurteilung ist geboten, wenn Abtretungsempfänger ein Gesellschafter ist; vgl. BGHZ 53, 71, 74.

〔2〕 BGHZ 110, 342, 359.

〔3〕 BGHZ 60, 324, 329; s. unten § 45 III 3.

〔4〕 BGH GmbHR 1987, 390.

〔5〕 BGH GmbHR 1987, 390, 391 = ZIP 1987, 1113 mit Anm. *Westermann*; vgl. auch OLG Stuttgart NZG 1998, 683, 684; zustimmend Hachenburg/*Goerdeler/Müller* § 31 Rdn. 24.

〔6〕 Baumbach/*Hueck* § 31 Rdn. 6; ferner Scholz/*Westermann* § 31 Rdn. 7; ähnlich zur Zulässigkeit der Aufrechnung *Lutter/Hommelhoff* § 31 Rdn. 12, die allerdings ein Leistungsverweigerungsrecht des Gesellschafters verneinen und eine Pflicht des Geschäftsführers annehmen, den Erstattungsanspruch durchzusetzen. Vgl. ferner *Roth/Altmeppen* § 31 Rdn. 8, die in einer mehrgliedrigen GmbH einen Kondiktionsanspruch gewähren wollen.

〔7〕 *Brandner* FS Fleck 23, 30 ff; ähnlich auch Voraufl. Rdn 14; vgl. auch *Butzke* ZHR 154 (1990), 357, 366 ff.

〔8〕 BGH ZIP 2000, 1256.

〔9〕 So die Begründung des BGH aaO.

2. 构成义务的行为和履约行为

24　在许多类似隐性分配利润的情况下,禁止性支付通常是以**公司与股东之间签订的合同为**基础的。依照司法判例和学术界大部分人的观点[1],此类合同并不根据《民法典》第134条和《有限责任公司法》第30条第1款的规定而无效。[2]当然,学术界的其他观点没有得到大家的承认。这也是正确的。联邦最高法院现在认为,即使合同双方明知返还支付禁止的规定却故意进行给付,也是如此。[3]反对合同无效的原因主要有:在签订合同时,通常还不能确定相关的支付是否会减少公司的股本;而且也不能确定当公司资产重新达到所必需的金额时,是否可能以后进行给付。基于这种原因,公司拥有《有限责任公司法》第31条规定的特别返还请求权,而不是民法上的返还请求权。

25　有关《有限责任公司法》第30条第1款规定对履约行为的影响,与上述分析相同。如果人们将返还请求权发展成为公司法上的一种独立的请求权,这就使得根本没有必要引用《民法典》第985条和第812条等条款的规定,那么依照《民法典》第134条的规定认为履约行为没有效力,这与德国民法中规定的抽象原则相违背,也没有这一必要。这样看来,如果合同双方当事人在给付及其对价之间存在着误解,《有限责任公司法》第31条第1款并没有理由不要求恢复原状,而要求对合同的内容作相应的调整,从而使公司得到完全对等的给付。但是,这也不排除,当事人可以通过协商约定:不实行恢复原状,而履行规定完全对等给付义务的合同。[4]

3. 债务人

26　公司必须对收受了禁止给付的股东行使返还请求权。如果减少股份的支付是在股东有效退出公司后进行的(见上文§ 30. III.、IV.),则也符合《有限责任公司法》第31条第1款规定的构成要件。[5]即使股东出售了其股份,他仍然负有这一返

---

〔1〕 RGZ 113, 241, 243 f; 133, 393, 395; 168, 292, 302; BGHZ 69, 274, 280; 81, 365, 367 f; 95, 188, 191 f; BGH GmbHR 1987, 390, 391; BGH GmbHR 1997, 791 f.; Scholz/*Westermann* § 30 Rdn. 11; Baumbach/*Hueck* § 30 Rdn. 21; *Lutter/Hommelhoff* § 30 Rdn. 38; *Roth/Altmeppen* § 30 Rdn. 45; *Meyer-Landrut* § 30 Rdn. 10; *Flume*, I/2, 291; *Meister* WM 1980, 390, 396 f; *Joost* ZHR 148 (1984), 27, 30 ff, je m. w. Nachw.

〔2〕 So noch Hachenburg/*Goerdeler/Müller* 7. Aufl., § 30 Rdn. 8 ff; *Canaris* FS Fischer 31, 56; *Röhrkasten* GmbHR 1974, 36, 37.

〔3〕 BGHZ 136, 125, 129 f.

〔4〕 H. M.; vgl. zum Ganzen neben den in Fn. 61 und 62 genannten Autoren *Ballerstedt*, Kapital, Gewinn und Ausschüttung 128 ff; *Geßler* FS Fischer 131, 136 ff; *Wilhelm* FS Flume Bd. II, 337, 383 ff; *Wiedemann*, GesR I, 442; *K. Schmidt*, GesR § 37 III 2 c; *Hager* ZGR 1989, 71, 89 ff mit im einzelnen sehr verschiedenen überlegungen; ferner zu den Parallelvorschriften der § § 57, 62 AktG oben § 19 II.

〔5〕 RGZ 133, 393, 395; BGHZ 13, 49, 54; 69, 274, 280; 81, 252, 258; st. Rspr.

还义务,因为返还请求权并不附属于相关的股份。[1]

值得研究的问题是:如果获得非法给付的是**第三者**,该第三者是否是这一请求权的债务人?今天,司法判决和主流观点依照《有限责任公司法》第31条第1款的字面意义在原则上对这一问题作了肯定的答复。[2]得到公认的**三种情况为**:其一,在股东仅仅是该第三人的受托人或挡箭牌时,只要款项直接付给该第三人或间接通过该股东流入该第三人之手时,该第三人必须承担返还责任。在后一种情况中,该股东还必须同时承担责任。[3]其二,如果款项支付给股东的近亲属,尤其是其配偶或未成年子女时,而且该亲属知道或应知道这种行为违反《有限责任公司法》第30条的规定,则该亲属必须和股东一起承担返回款项的义务。[4]是否这里也适用有关善意的收受者的规定,联邦最高法院对此尚未作出解释。最后,给付不是支付给股东本人,而是支付给控制该股东企业或者该股东的从属企业的。这时,该股东及其该关联企业必须一起承担返还义务。[5]在第二和第三种情况中,法律追究股东和给付收受者退还责任的理由是:在两者之间通过经济上的关联关系而建立的紧密关系,其目的是为了规避法律规定的支付禁令。 27

4. 填补返回责任

如果非法支付的收受者不能返还所获得的款项,那么就必须根据《有限责任公司法》第31条第3款的规定补充追究其他股东的填补返还责任。这是一条与《有限责任公司法》第24条相类似的规定(见上文§28.I.5)。从经济角度来讲,《有限责任公司法》第31条第3款的规定更加严厉,因为这一责任不仅涉及股东的出资金额,而且涉及所有非法支付的资产,最多为公司的所有初始资本金。**其他股东则依照他们的出资份额承担返还责任**。他们并非连带债务人,并且只是在清偿公司债权人的债务所必需时,才须承担责任。其他股东究竟应该在多大程度上承担这一责任?对此依然存在着争议,目前也没有最高司法部门的权威解释。联邦最高法院在一起案例中(BGHZ 60, 324, 331)曾表示:必须将股东的连带责任控制在可计算的范围内。根据这一思想,股东根据上述条款承担的责任不得超过公司的初始资 28

---

〔1〕 BGH WM 1984, 136, 137; *Lutter/Hommelhoff* § 31 Rdn. 6; h. M.

〔2〕 Hachenburg/*Goerdeler/Müller* § 31 Rdn. 21; Baumbach/*Hueck* § 31 Rdn. 10 ff; *Lutter/Hommelhoff* § 31 Rdn. 5; Scholz/*Westermann* § 31 Rdn. 11 ff; *Kleffner* 151 ff.; prinzipiell aA. *Canaris* FS Fischer 31, 54 f. Zum Parallelproblem bei der AG s. § 19 Rdn. 12.

〔3〕 BGHZ 31, 258, 266 f; 75, 334, 335 f; 107, 7, 9 f (*Tiefbau*); BGH NJW 1991, 357; OLG Hamburg DB 1984, 1515.

〔4〕 BGHZ 81, 365.

〔5〕 BGHZ 31, 258, 274 f; 81, 365, 368; BGH GmbHR 1986, 113, 114.

本数额。[1]尤其在公司负债累累时,更是如此。[2]

29 联邦最高法院在另一起案例中(BGHZ 93,146)对《有限责任公司法》第31条第3款的股东的填补返回责任作了一个重要的扩充性解释,认为为了保护债权人利益,**股东负有维持股本的法定义务**。据此,如果故意或过失违反这一规定(《民法典》第276条),公司就可以依照一般法律规定向股东提起损害赔偿之诉,而且其金额可以超过非法支付的数额。根据这一判决,如果股东参与作出决议,要求经理进行非法支付,就构成本条规定义务的违反。

30 由于上述考虑,联邦最高法院从事实中得出下列正确的结论:有限责任公司中对非法措施不能仅仅根据《有限责任公司法》第43条第3款的规定追究经理的责任,还必须追究那些对经理发布指示的股东的责任。然而另一方面,《有限责任公司法》第31条第3款的规定并没有走那么远,它并没有要求股东承担超出填补返回责任以外的责任。学术界在这一点上对联邦最高法院的判决提出了批评。[3] 这又使得联邦最高法院再次放弃了这一司法解释,不再主张股东的过错责任,否则《有限责任公司法》第31条第3款有关有分别的限制股东共同责任的规定就会落空。[4] 如同此判决第三句导论所确定的那样,在公司生存受到威胁时,完全可能适用另外的法律规则,不过公司须对此承担陈述和举证责任。如同当初过度扩大所有参与决议的股东的责任一样,联邦最高法院的这一转变也同样是不能令人信服。《有限责任公司法》第31条第3款仅涉及其他股东的担保责任。这一责任原则上却并不与另外的过错责任相矛盾。另一方面,如果股东仅仅因为疏于谨慎地监督经理,就必须承担责任。这样相差太远。比较正确的结论是,积极参与非法支付的股东须承担损害赔偿责任。[5]

---

〔1〕 Wie hier Baumbach/*Hueck* § 31 Rdn. 17; *Joost* GmbHR 1983, 285, 288 f; *Lutter/Hommelhoff* § 31 Rdn. 21; Nach aA Haftung nur in H? he der Stammeinlage des Primärschuldners; vgl. *K. Schmidt* BB 1995, 529, 531 f; Scholz/*Westermann* § 31 Rdn. 26. Nach einer weitergehenden, v. a. im älteren Schrifttum vertretenen Ansicht soll eine unbeschränkte Haftung bestehen; vgl. *Immenga* ZGR 1975, 487, 491; *Fabritius* ZHR 144 (1980), 628, 635; *Wilhelm*, FS Flume, Bd. II, 337, 361.

〔2〕 Der BGH hatte für den Fall, daβ die Gesellschaft überschuldet und das Stammkapital verloren ist, (die Anwendung von § 31 III zunächst abgelehnt BGHZ 60, 324), diese Ansicht später aber wieder aufgegeben, ohne zum Umfang der Haftung definitiv Stellung zu nehmen (BGH WM 1990, 502).

〔3〕 Ablehnend bzw. kritisch Scholz/*Westermann* § 31 Rdn. 31; Hachenburg/*Goerdeler/Müller* § 31 Rdn. 57; *K. Schmidt*, GesR § 37 III 3 c; Baumbach/*Hueck* § 31 Rdn. 17 a.

〔4〕 BGH GmbHR 1999, 921, 923 mit zustimmender Anm. *K. J. Müller* = ZIP 1999, 1352 mit ablehnender Anm. *Altmeppen*. Dem BGH zustimmend *Lutter/Hommelhoff* § 31 Rdn. 22 (Haftung allein nach § 826 BGB).

〔5〕 So schon die Vorauflage Rdn 20 im Anschluβan *Ulmer* ZGR 1985, 598, 605 ff.; vgl. ferner *Roth/Altmeppen* § 31 Rdn. 13 (Haftung für eine besondere "Geschäftsführungsmaβnahme"); restriktiv ebenfalls *Kleffner* 189 f.

5. 经理的损害赔偿义务

31 如果**经理**违反义务履行了禁止的支付，必须根据《有限责任公司法》第43条第4款的规定对公司承担损害赔偿责任（见上文§32. IV.）。另外，有过错的经理还要依照《有限责任公司法》第31条第6款对那些承担填补返还责任的股东承担补偿损失的责任。

6. 其他返还请求权

32 即便对某股东的给付并没有损害公司股本，只要此给付履行不正当，公司仍然可以**依据一般法律规定**，尤其是《民法典》第812条的规定享有**返还请求权**。[1] 但是，如果该给付已被列示为利润分配，而且该股东是善意的，《有限责任公司法》第32条则否定这种请求权，。

## IV. 回购自己的出资份额

1. 构成要件

33 1980年的法律修订扩大了《有限责任公司法》第33条关于公司回购自己股份的规定，但在内容上却未发生实质性的改变。《股份法》第71条允许公司仅在极其有限的、列举的情况下可以回购自己的股票，并且规定数额不得超过股本的10%。与这一规定相反，有限责任公司在原则上允许回购或者接受抵押其股份。

34 惟一**禁止**的**回购**是在**股金**尚未被**完全清缴**之前（《有限责任公司法》第33条第1款）。这种股份回购违反真实收缴资本原则，因为回购这种股份后，只能向公司自己提出缴纳股金的请求权，而实际上不可能有新的资金流入公司。同样，也不允许将尚未完全清缴股金的股份赠送给公司或因股东死亡遗赠给[2]公司。另外，在增资时公司也不得回购自己股份。[3]但是，如果公司利用其自有资金进行增资，可以进行上述回购。因为此时并没有新增资金流入公司（《有限责任公司法》第57c条）。

35 公司可以回购那些已经**缴清了所有股金的股份**。前提条件是回购不会损害公司的股本，而且能够为此而设置一笔特别的储备金（《商法典》第272条第4款），同时回购并没有减少股本或者减少根据公司合同规定而设置的、不能用于向股东支付的储备金（《有限责任公司法》第33条第2款第1句）。法律禁止通过第三人即关

---

〔1〕 Vgl. *Hager* ZGR 1989, 71, 87 ff; *Schulze-Osterloh* FS Stimpel 487, 493 f; Baumbach/*Hueck* § 29 Rdn. 76.

〔2〕 Wie hier Baumbach/*Hueck* § 33 Rdn. 3; Scholz/*Westermann* § 33 Rdn. 6; Hachenburg/*Hohner* § 33 Rdn. 5; aA *Lutter/Hommelhoff* § 33 Rdn. 4 (§ 71 I Nr. 5 AktG analog).

〔3〕 BGHZ 15, 391.

联企业进行回购,借以规避回购禁令。[1]

36 上述内容相应地适用于接受自己股份作为抵押的情况(《有限责任公司法》第33条第1款、第2款第2句),但不适用于扣押和设置用益权。

37 在公司实现有效变更(**合并、分立**和**公司形式转换**)后,公司依照《有限责任公司法》第33条第3款的规定在相对容易的条件下回购其股份。公司可以用法律保护的资产对股东进行**一次性补偿**,但是公司必须能够用不受法律或者章程约束的资产设置一个股份储备金(《商法典》第272条第4款、《有限责任公司法》第33条第3款)。[2]依照主流观点,在这种情况下公司可以回购尚未缴清股金的股份。[3]这种主张是正确的。从法政治学的角度上看,由于在公司合并中回购此类股份,就会消灭拖欠股金的催缴请求权。但是,这一问题几乎无任何实际意义。[4]

2. 法律后果

38 依照主流观点,在回购尚未缴清股金的股份时,无论是债权行为还是物权行为都**没有法律效力**。[5]出让者依然为相关股份的所有者,并必须继续履行缴纳股金的义务。如果违反《有限责任公司法》第33条第2款第1句的规定用公司股本进行回购,债权行为无效,但是物权行为仍然有效(《有限责任公司法》第33条第2款第3句)。立法者想通过这种方式保护不清楚企业资产状况的出让者。[6]公司可以在此之后将相关的股份退给股东,并要求股东返回得到的股份出让金(《民法典》第812条)。支付的价款超过了该股份的价值,就是《有限责任公司法》第30条第1款和第31条规定的情形。如果经理违反《有限责任公司法》第33条的规定回购了公司自己的股份,则经理依照《有限责任公司法》第43条第3款的规定向公司承担损害赔偿责任(见上文§ 32边码76)。

39 只要公司持有自己的股份,这些股份就不享有相关的权利,主要是表决权和利

---

〔1〕 Vgl. § 71 d AktG und zur GmbH § 33 III, V, VII RegE 1977. Diese Vorschriften sind nicht Gesetz geworden, weil der Rechtsausschuβdie Klärung den Gerichten überlassen wollte; vgl. Ausschuβbericht BT-Drucks. 8/3908, 74.

〔2〕 H. M.; Baumbach/*Hueck* § 33 Rdn. Rdn. 13 b; Scholz/*Westermann* § 33 Rdn. 45.

〔3〕 Baumbach/*Hueck* § § 33 Rdn. 13 b; *Lutter/Hommelhoff* § 33 Rdn. 13; Scholz/*Westermann* § 33 Rdn. 45. *Roth/Altmeppen* § 33 Rdn. 33 wollen einen solchen Anteilserwerb ebenfalls zulassen, sprechen sich aber im Hinblick auf die Haftung nach § § 22, 24 gegen ein Erlöschen der Einlageverbindlichkeit aus.

〔4〕 Für den Formwechsel einer AG in eine GmbH ist, wenn nicht voll eingezahlte Aktien vorhanden sind, grundsätzlich die Zustimmung aller Aktionäre erforderlich; vgl. *Veil*, Umwandlung einer AG in eine GmbH, 72 ff. Das Barabfindungsangebot ( § § 207, 209 UmwG) darf nach h. M. aber nur von Gesellschaftern angenommen werden, die gegen den Formwechsel.

〔5〕 BGHZ 15, 391, 393.

〔6〕 Begr. des RegE 1977, BT-Drucks. 8/1347, 42 f.

润分配权。〔1〕当公司转让了这些股份时，这些权利重新生效。

根据《有限责任公司法》第33条的规定，公司还可以回购其所有的股份。目前的主流观点认为，由此而产生的无人公司无论如何都可以作为一种暂时的过渡形式。〔2〕 40

## §38.替代资本的股东借贷

### I.概述

参考文献：*Eichele*, Die Reichweite des Kapitalerhaltungsgrundsatzes aus § 30 Abs. 1 GmbHG, die Finanzverantwortung des Gesellschafters und das Eigenkapitalersatzrecht in der GmbH, 1999; *Gehde*, Eigenkapitalersetzende Gesellschafterleistungen in Deutschland und den USA, 1997; *v. Gerkan*, Schwerpunkte und Entwicklungen im Recht der kapitalersetzenden Gesellschafterleistungen, GmbHR 1986, 218; *ders.*, Zum Stand der Rechtsentwicklung bei den kapitalersetzenden Gesellschafterleistungen, GmbHR 1990, 384; *ders.*, Das Recht des Eigenkapitalersatzes in der Diskussion, ZGR 1997, 177; *ders.*, Eigenkapitalersatz, Kapitalmarkt und Wettbewerbsordnung, Festschrift Lutter, 2000, 1317; *v. Gerkan/Hommelhoff*, Handbuch des Kapitalersatzrechts, 2000; *Geßler*, Zur Problematik bei kapitalersetzenden Gesellschafterdarlehen, ZIP 1981, 228; *Goette*, Einige Aspekte des Eigenkapitalersatzrechts aus richterlicher Sicht, ZHR 162 (1998), 223; *Grunewald*, Plädoyer für eine Abschaffung der Rechtsregeln für eigenkapitalersetzende Gesellschafterdarlehen, GmbHR 1997, 7; *Habersack*, Eigenkapitalersatz im Gesellschaftsrecht, ZHR 162 (1998), 201; *Häuselmann/Rümker/Westermann*, Die Finanzierung der GmbH durch ihre Gesellschafter, 1992; *Herrmann*, Quasi-Eigenkapital im Kapitalmarkt- und Unternehmensrecht, 1996; *Hommelhoff*, Das Gesellschafterdarlehen als Beispiel institutioneller Rechtsfortbildung, ZGR 1988, 460; *Klaus*, Gesellschafterfremdfinanzierung und Eigenkapitalersatzrecht bei der Aktiengesellschaft und der GmbH, 1994; *Kreis*, Finanzierungsverantwortung bei eigenkapitalersetzenden Gesellschafterdarlehen, 1997; *Lutter*, Die GmbH-Novelle und ihre Bedeutung für die GmbH, die GmbH & Co. KG und die Aktiengesellschaft, DB 1980, 1317; *Lutter/Hommelhoff*, Nachrangiges Haftkapital und Unterkapitalisierung in der GmbH, ZGR 1979, 31; *Noack*, Neues Insolvenzrecht - neues Kapitalersatzrecht?, FS Claussen, 1997, 307; *Reiner*, Der deliktische

〔1〕 Zu den Stimmrechten allg. Auffassung; vgl. RGZ 103, 64, 66; BGH GmbHR 1995, 291; Hachenburg/*Hohner* § 33 Rdn. 59; Scholz/*Westermann* § 33 Rdn. 37; umstr. ist die Behandlung des auf die eigenen Geschäftsanteile entfallenden Teils des Jahresgewinns; vgl. hierzu BGH aaO; ferner Scholz/*Westermann* § 30 Rdn. 33 mwN.

〔2〕 Vgl. *Paulick*, Die GmbH ohne Gesellschafter, 1979; Scholz/*Westermann* § 33 Rdn. 44; Baumbach/*Hueck* § 33 Rdn. 14; dagegen hält *Kreutz* FS Stimpel 379, 393 sie auch als dauerhafte Rechtsform für zulässig.

Charakter der "Finanzierungsveranwortung" des Gesellschafters: zu den Ungereimtheiten der Lehre vom Eigenkapitalersatz, FS Boujong, 1996, 415; *Rümker*, überlegungen zur gesellschafterlichen Finanzierungsverantwortung, ZGR 1988, 494; *Rümker/Westermann*, Kapitalersetzende Darlehen, 1987; *K. Schmidt*, Fortschritte und Abstimmungsprobleme im Recht der kapitalersetzenden Gesellschafterdarlehen, ZGR 1980, 567; *ders.*, § 32 a GmbHG: ein Allheilmittel gegen unerwünschten Eigenkapitalersatz?, ZIP 1990, 69; *Schummer*, Das Eigenkapitalersatzrecht, 1998; *Ulmer*, Gesellschafterdarlehen und Unterkapitalisierung bei GmbH und GmbH & Co KG, FS Duden, 1977, 661.

1. 构成要件

1 有限责任公司的最低注册资本为2万5千欧元。这对满足企业的实际财务需求通常是不够的。另一方面,这一最低注册资本对股东是有利的,因为股东可以由此限制其财产风险和节省税收(如果有的话)。所以大约70%的有限责任公司满足法定最低注册资本。[1]这些公司的经营或者靠银行贷款和其他外来资金(**实质的资本不足**),或者以股东借贷来增加公司财产,而股东借贷最有可能在企业变得困难时被重新抽回(**名义的资本不足**)。在实践中股东借贷,融资已经在很大程度上取代了法律规定的股东追加投资(见上文第28章III)。现在,在企业经营上,股东借贷原则上被认为是完全符合实际和目的的企业融资形式。[2]在法律上也原则上不反对股东借贷。为保护公司特别是公司债权人,现行法律要求股东仅仅对他们自己的决定承担责任,即股东对公司借贷或类似的财政帮助,只要在功能上起到了替代注册资本的作用,就要受资本维持要求的制约。

2 **典型案例**:(a)甲在1953年7月通过其两个替身成立了一家B航空服务公司,其目的是举办空中观光、空中广告、空中出租及类似活动。该公司注册资本为2万马克,由甲支付。在公司成立后,两个替身随即将公司投资额转让给甲。该注册资本在1953年9月已经用完。甲在1953年9月至1954年12月之间向公司提供总额约5万6千马克的贷款,其中2万5千马克已收回。1955年6月公司破产。破产管理人成功地要求甲退还已经收回的贷款,并把它纳入破产财产(BGHZ 31, 258)。

3 (b)甲是W有限两合公司的股东、是有单一公司代表权的经理和有限责任股东。鉴于公司经济上困难,甲在1973年未提取每月3千马克经理工资共计1万7千马克,但在11月份将未提工资取走。公司要求偿还,其理由是这笔钱应该用于弥补缺少的自有资本。联邦最高法院认为,只要在提取时这笔钱需要来弥补注册资本的"漏洞"(即弥补资本不足)或减少已出现的资不抵债的数额,这一请求在相应适用《有限责任公司法》第30条和第31条的情况下是有理由的(BGHZ 76, 326, 332)。

4 (c)甲作为拥有X有限责任公司50%投资额的股东对银行给公司的100万马克垫付款

[1] *Hansen* GmbHR 1989, 363.

[2] Vgl. *Drukarczyk*, Finanzierung, 7. Aufl. 1996, 414 ff; eher kritisch dagegen *Wöhe/Bilstein*, Grundzüge der Unternehmensfinanzierung, 6. Aufl. 1991, 135.

项承担了保证责任并向银行提供了地产作为担保。此外,甲将供货的 23 万马克债权贷款给公司。作为担保,公司将存货和车辆信托转让给甲并将对外债权也转让给了甲。在公司开始进入破产后,甲清偿了公司垫付款项余额,并将所清偿的金额申请登记入破产债权表。相反,破产管理人向甲要求偿还公司在进入破产前向银行支付的部分金额以及要求确认甲不能从信托转让中引出别除权。联邦最高法院确认,甲是在公司已经资不抵债时提供了保证和商品贷款,由此驳回了甲的起诉,准予了破产管理人的归还和确认请求权(BGHZ 81, 252)。

(d)作为被告的有限责任公司,注册资本 10 万马克,经营租赁业务。该有限公司发起成立一个非典型的隐名合伙,该合伙首先还需寻找出资达到 60 万马克的隐名合伙人参与,并且是以他们成为直接的合伙人的形式。原告以 5 万 5 千马克出资接受了这样的隐名入伙。当有限责任公司出现资金困难,银行不愿延长贷款时,采用了下列方法进行贷款转换,即这些隐名合伙人按他们入股的数额成为借款人并将借款交给有限责任公司支配。原告向银行偿付了由其承担责任的贷款份额并要求公司予以补偿,但没有成功(BGHZ 106, 7)。 5

(e)原告拥有 X 有限两合公司 50% 的投资额,他向公司出租了经营用房和一块仓储用地。租金每月分别是 1800 马克和 9120 马克。经营用房的租赁是无期限的,仓储用地租赁关系则始于 1983 年,至少可以租至 1990 年 12 月 31 日;但在延期支付一个月以上的租金时原告可以解除合同。1984 年两合公司陷入破产。原告要求支付开始破产后未付的租金,破产管理人以反诉的方式要求归还破产前支付的租金。联邦最高法院认为,在租赁关系中存在第 32a 条第 3 款意义上的代替资本的给付,因而驳回起诉,支持反诉(BGHZ 109, 55)。 6

(f) E 有限责任公司继续经营原先由一个两合公司经营的建筑企业。但是,所有固定资产包括经营用地和建筑机械都保留为该两合公司的所有权。该两合公司根据租赁合同将固定资产提供给有限责任公司使用。两个公司股东相同,两合公司负无限责任的股东同时是有限责任公司经理。在有限责任公司进入破产后,破产管理人解除了租赁合同并成功地抗辩了两合公司来自租赁关系的未支付租金的债权和其他赔偿请求。联邦最高法院就此阐明,两合公司自己没有入股有限责任公司的事实并不与适用《有限责任公司法》第 32a 条第 3 款相对立。相反,在营业性分立中,占有企业和经营企业在多数情况下构成一个经济统一体,这也说明由同一股东投资的占有性企业必须为它们承担正常的融资责任。出租固定资产从危机出现时起就是一个代替资本的给付,因为即使在这一时刻租赁合同也不可以解除,但在收回交由公司支配的资金条件下清算公司是可能的(BGHZ 121, 31; 试比较上文 § 29. III. 3, BGHZ 68, 312)。 7

2. 联邦最高法院的司法实践

资本不足的公司,其破产的危险远远超过一般水平。这些公司对债权人和一般业务交易来说是一个很大的风险,银行和大客户一般能够通过保证和物权上之担保来规避这样的风险,但公司员工和手工业者以及类似的人员则没有这种可能性。帝国法院试图借助根据《民法典》第 826 条对股东主张损害赔偿请求权来帮助债权人。[1]但这一做法并不使人满意,因为损害意图和违背善良风俗是很难事后证明的 8

---

〔1〕 RG JW 1938, 862; aus neuerer Zeit auch BGH BB 1979, 339; OLG Karlsruhe BB 1978, 1332; anders aber RG JW 1939, 355.

（比较第29章边码21和31）。因而联邦最高法院在其确立基本原则的判决（BGHZ 31，258）中选择了另一种做法。联邦最高法院对待股东为避免遭受困难的公司破产而给公司的借贷，如同对待承担亏损责任的自有资本，受第30条和第31条的资本维持要求制约。如果借贷被要求偿还，只要偿还贷款动用了注册资本，公司根据第31条第1款就产生了补偿请求权。在公司破产的情况下，这样的股东借贷在顺序上退到其他债权的后面，不能登记入破产债权表。随后，联邦最高法院在一系列判决中，进一步扩大和细化了将第30条和第31条第1款适用到股东借贷的前提条件和法律后果。[1]

3. 新的规定

9 立法者在1980年的修正案中将这一司法实践的实质内容变为法律（《破产条例》第32a条和第32b条旧规定及第32a条和原《废约法》第3b条）。但是，立法者没有采取类比适用《有限责任公司法》第31条和第32条的做法，而是创立了独立的构成要件，并部分地规定了另外的前提条件。根据这一规定，如果股东作为一个正派的商人在本来应该提供公司自有资本的时候没有提供资本，却提供了贷款，这种贷款便具有替代资本的性质。在公司破产时该股东不能行使偿还贷款的请求权。如果贷款在开始破产程序前的一年内被偿还，那么破产管理人可以撤销该偿还行为。在一年期限内给予债权人所有其他的担保和清偿行为也是可撤销的（原《破产条例》第32 a条）。在破产之外根据《废约法》第3条b进行撤销。

10 在破产法改革的过程中，从1999年1月1日起使上述规则适应了**新的破产法**（《破产条例》第32a条和第32b条以及第135条、第143条和《废约法》第6条）。此外，立法者通过1998年的《有关加强企业控制和透明度的法律》[2]为第32a条第1款的构成要件又添加了写有“公司的危机”的括号。此外，立法者通过引入不参与经营的**小股份的特权**（第32 a条第3款第2句）[3]和**重整特权**（第32 a条第3款第3句）[4]，限制了这些规定的有效适用范围。

11 根据第32a条第1款新规定，在有关公司破产程序中，股东只能排在其他破产债权人后主张偿还具有替代资本性质的股东借贷。这一变化与股东借贷的高估无关。因为只有当管辖法院要求进行特别登记（《破产条例》第174条第3款第1句）时，股东借贷才应该被登记，并且与其他顺序在后的债权相比处于最后的顺序（《破

---

〔1〕 BGHZ 67，171，174；69，274；75，334；76，326；81，252；81，311；81，365；90，370；106，7；107，7.

〔2〕 1998年4月27日的《企业领域监督和透明法》Gesetz zur Kontrolle und Transparenz im Unternehmensbereich。

〔3〕 1998年4月20日的《资本接受简化法》Kapitalaufnahmeerleichterungsgesetz。

〔4〕 1998年4月27日的《企业领域监督和透明法》。

产条例》第 39 条第 1 款第 5 项)。[1]

12 如果股东借贷在启动破产程序申请前一年内或在申请后被偿还,破产管理人可以撤销偿还行为(《破产条例》第 135 条第 2 项)。如果对股东替代自有资本的借贷的债权提供担保的法律行为是在撤销前十年内作出的,这些法律行为也是可以撤销的(《破产条例》第 135 条第 1 项)。撤销请求权的时效为两年,从启动破产程序时起计算(《破产条例》第 146 条第 1 款)。[2] 撤销产生股东将已偿还的贷款退回破产财产的义务(《破产条例》第 143 条)。在破产以外,撤销根据《废约法》第 6 条进行。

13 根据其含义,上述规定还适用于股东对公司提供的在经济上等同于股东借贷的其他资助(第 32 a 条第 3 款第 1 句)。这些规定也同样适用于第三人例如银行向公司提供的贷款或类似的资助。这种适用的前提条件是股东为此提供了担保物或保证。在这样一种情况下,第三人必须首先向股东主张权利。只有在第三人就保证以及担保物采取行动没有得到满足时,才能够将其债权记入破产债权登记表(第 32 a 条第 2 款、第 3 款)。在这里,不得撤销公司在破产申请前的一年内向第三人偿还的给付,因为应该承担责任将金额交由公司和公司债权人支配的不是第三人而是股东。因此,在这种情况下,第 32 b 条给予公司针对股东就其提供保证或担保物金额范围内的补偿请求权。股东可以替代支付将提供给债权人作为担保的标的物交给公司支配来清偿公司债务。

4. 法律规定和判例规则之间的关系

14 《有限责任公司法》第 32a 条和第 32b 条、《破产条例》第 135 条及《废约法》第 6 条的规定,在为公司财产和债权人担保两个关键方面与相应的适用第 30 条和第 31 条不同:破产法上的解决办法,导致允许对申请启动破产程序前的股东借贷不受限制给予偿还。已偿付的款项仅仅在《破产条例》第 135 条和第 143 条规定的特定条件下必须重新退回破产财产,准确的说仅仅是在启动程序前一年内偿付的款项。单一债权人仅仅在很少出现的撤销权前提条件下,才能对已偿还的款项采取行动。相对于这一点,《公司法》第 31 条第 1 款规定资本维持原则的约束力在任何时间都有效,与破产程序无关。另一方面,资本维持原则保护的仅仅是弥补亏损或资不抵债所需的款项(见上文第 37 章 I)。而根据《有限责任公司法》第 32 a 条的规定,整个借贷数额都受维持原则的约束,不考虑资不抵债的数额。

15 这种不一致,马上就提出了有关这两种解决方案关系的问题,对这一问题立法者没有注意到。联邦最高法院在其确立基本原则的判决(BGHZ 90, 370)中,根据

[1] *K. Schmidt* GmbHR 1999, 9, 11; *Lutter/Hommelhoff* § § 32 a/b Rdn. 7; *v. Gerkan/ Hommelhoff* Hdb. Kapitalersatzrecht Rdn. 3.137 f.; *Veil* ZGR 2000, 223, 250. Zu Besonderheiten bei Aufstellung eines Insolvenzplans vgl. *Lutter/Hommelhoff* § § 32 a/b Rdn. 9.

[2] 相反,独立于撤销请求权时效破产管理人拒绝偿还替代自有资本的贷款(《破产规则》第 146 条第 2 款)。

文献中权威性观点的要求〔1〕,从有利于公司法和破产法上的债权人保护并存的角度,解决了这一问题。联邦最高法院就此阐明的理由,即法律规则出现重大漏洞和不能假定立法者愿意从司法判例已经达到的保护债权人的程度上后退(BGH aaO 379 等),得到了广泛的认同〔2〕,尽管在说明中不乏"对法律起草人'无知'的不满"〔3〕。

5. 评价基础

16 传统理论上,依据法律实现将他人资本转换为自有资本,最初是以禁止出尔反尔行为来论证的:如果一个股东为避免公司破产而向公司提供借贷,但在克服危机前就抽回借贷,这是一种互相矛盾的行为。〔4〕在后来的判决中,联邦最高法院最初是补充性地、随后是决定性地指向股东对正常的企业融资的责任。〔5〕据此,在公司危机时股东虽然没有义务补足公司缺少的资本,但如果股东决定给予融资帮助,就意味着股东逃避了补缴资本的责任,采用其他风险较小的融资形式,借以摆脱自己的责任,并使债权人处于不利的境地。如果股东提供的借贷在功能上代替了自有资本,该股东就须对这种融资措施承担法律后果。〔6〕

17 理论界认同了上述观点,是有道理的。准确的说,融资后果责任的理念正确地理解了用替代资本法则保护债权人的目的。〔7〕这一理念同时允许细化替代资本的股东借贷的构成要件的轮廓。法律规则不是仅仅将规定的法律后果和他人资金的客观作用的变化联系起来,而是要求股东作出决定,清算公司或者向公司注入新的资金,如果公司应该被继续经营。但是,作出一个这样的符合正当的企业经营管理基本原则的决定,其前提条件是股东了解公司的危机。如果作出决定的股东有了解公司危机的可能性,就可以认为其放弃了进一步了解情况。对借贷放着不动的情况,前述观点目前已在判例和文献中得到认可。〔8〕但是,这一观点也应适用,如果

〔1〕 *Ulmer*, *Geßler* und *K. Schmidt* in: Das neue GmbH-Recht in der Diskussion, 65, 77, 79, 82; *Geßler* ZIP 1981, 228, 232 f; *Lutter* DB 1980, 1317, 1321.

〔2〕 Neben der Kommentarliteratur *Kübler* FS Stimpel 3; *v. Gerkan* GmbHR 1986, 218, 219; *Hommelhoff* ZGR 1988, 460; *K. Schmidt* FS Goerdeler 487, 508.

〔3〕 So *K. Schmidt* JZ 1984, 880, 881.

〔4〕 BGHZ 31, 258, 272; 67, 171, 175; 75, 334, 336 f.; 76, 326, 329.

〔5〕 BGHZ 90, 381, 389; 105, 168, 175 f.

〔6〕 BGHZ 127, 336, 344 f.; 142, 116, 120; BGH ZIP 1997, 1375. Vgl. zur Folgenverantwortung *Wiedemann* ZIP 1986, 1293, 1297.

〔7〕 Vgl. *Lutter/Hommelhoff* § § 32 a/b Rdn. 4 f.; Scholz/*K. Schmidt* § § 32 a, 32 b Rdn. 4; *Rowedder* § § 32 a, b Rdn. 6; *Habersack* ZHR 162 (1998), 201, 204 ff.; *v. Gerkan/Hommelhoff* Hdb. Kapitalersatzrecht Rdn. 2.22 f.; *Veil* ZGR 2000, 223, 231 ff.

〔8〕 Vgl. ausführlich BGHZ 127, 336; ferner BGH GmbHR 1995, 35; s. im einzelnen unten II 4.

借贷是在危机出现后才提供的。[1]就是在这种情况下，如果股东在履行为公司正常融资时，他至少有可能认识到危机的情况，才能在这种情况下追究股东融资决定的责任。[2]

尽管如此，不应对股东知道出现公司危机的可能性提出过高的要求，因为提供贷款的股东鉴于其对正常的企业融资的责任，负有义务经常和可靠地了解企业的经济状况。如果提供贷款的股东没有接触到所有资料，而由于股东拥有无限知情权（第51a条），他应该能够知道企业经济状况。[3]对无法知道危机的解释和证明责任也由贷款股东承担。[4]因此，相关股东以其不可能知道公司的危机为抗辩理由，只在少数例外情况下才能成功。[5] 18

## II. 法律的规则

参考文献：*Altmeppen*, Der "atypische Pfandgläubiger" - ein neuer Fall des kapitalersetzenden Darlehens?, ZIP 1993, 1677; *ders.*, "Dritte" als Adressaten der Kapitalerhaltungs- und Kapitalersatzregeln in der GmbH, FS Kropff, 1997, 641; *ders.*, Kapitalersatz und Rangrücktritt unter Geltung der InsO, ZHR 164 (2000), 349; *Brändel*, Rechtsfragen bei der Abtretung oder Pfändung von Erstattungsansprüchen wegen der verbotenen Rückgewähr "kapitalersetzender" Darlehen, FS Fleck 1988, 1; *Brandes*, Die Behandlung von Nutzungsüberlassungen im Rahmen einer Betriebsaufspaltung unter Gesichtspunkten des Kapitalersatzes und der Kapitalerhaltung, ZGR 1989, 244; *ders.*, Grundpfandrechte und Betriebsaufspaltung, in Priester/Timm (Hrsg.), Abschied von der Betriebsaufspaltung?, 1990, 43; *Büscher/Klusmann*, Die Nutzungsüberlassung durch Gesellschafter an die GmbH, ZIP 1991, 10; *Braun*, Kapitalersetzende Maβnahmen i. S. v. § 32 a Abs. 3 GmbHG durch Pachtverträge in der Betriebsaufspaltung?, ZIP 1983, 1175; *Claussen*, Kapitalersetzende Darlehen und Sanierungen durch Kreditinstitute, ZHR 147 (1983), 195; *ders.*, Zeitwende im Kapitalersatzrecht?, GmbHR 1994, 9; *Dauner-Lieb*, Die Freistellung geringfügig beteiligter Gesellschafter von der Kapitalersatzhaftung, DStR 1998, 609; *dies.*, Das Sanierungsprivileg des

---

[1] 联邦最高法院到目前为止明确未回答这一问题，比较 BGHZ 75, 334, 337 f; 76, 326, 330; 81, 311, 315; 109, 55, 60; 121, 31; 127, 336, 344. 下级法院到目前为止拒绝确认这种主观的构成要件要素 - 比较 aus jüngster Zeit KG GmbHR 1998, 938, 939; OLG Celle GmbHR 1998, 1131, ebenso die wohl noch h. L., vgl. *Roth/Altmeppen* § 32 a Rdn. 9; Hachenburg/*Ulmer* § 32 a, b Rdn. 56; wie hier dagegen *Habersack* ZHR 162 (1998), 201, 207; *Lutter/Hommelhof* § § 32 a/b Rdn. 5; *v. Gerkan/Hommelhoff* Hdb. Kapitalersatzrecht Rdn. 2.22 f.; ebenso nunmehr Scholz/*K. Schmidt* § § 32 a, 32 b Rdn. 44; Baumbach/*Hueck/Fastrich* § 32 a Rdn. 49。

[2] So die Formulierung in BGHZ 27, 336, 344.

[3] 相反，在股份有限公司股东借贷上，对缺乏了解企业危机的抗辩可以具有比较大的意义；对此见上文 § 19 IV。

[4] BGH ZIP 1998, 1352.

[5] Ebenso BGHZ 127, 336, 346 f.

§ 32 a Abs. 3 Satz 3 GmbHG, DStR 1998, 1517; *Dörrie*, Das Sanierungsprivileg des § 32 a Abs. 3 Satz 3 GmbHG, ZIP 1999, 12; *Dreher*, Kapitalersetzende Darlehen von mittelbar über eine AG an einer GmbH beteiligten Nichtgesellschaftern nach § 32 a Abs. 3 GmbHG, ZIP 1990, 79; *ders.*, Pfandrechtsgläubiger von Geschäftsanteilen als gesellschafterähnliche Dritte im Sinne von § 32 a Abs. 3 GmbHG, ZGR 1994, 144; *Drygala*, Der Gläubigerschutz bei der typischen Betriebsaufspaltung, 1991; *ders.*, Gibt es die eigenkapitalersetzende Finanzplan-Nutzungsüberlassung?, GmbHR 1996, 481; *Fabritius*, Die überlassung von Anlagevermögen an die GmbH durch Gesellschafter, 1988; *Fichtelmann*, Aktuelle Fragen der Betriebsaufspaltung, GmbHR 1984, 344, 353; *Fleck*, Das kapitalersetzende Bankdarlehen in der GmbH, FS Werner, 1984, 107; *ders.*, Das kapitalersetzende Gesellschafterdarlehen in der GmbH-Bilanz - Verbindlichkeit oder Eigenkapital?, GmbHR 1989, 313; *Fleischer*, Finanzplankredite und Eigenkapitalersatz im Gesellschaftsrecht, 1995; *ders.*, Eigenkapitalersetzende Gesellschafterdarlehen und überschuldungsstatus, ZIP 1996, 773; *Gebhard*, Kapitalersetzende Gesellschafterdarlehen: Stehenlassen als Gewähren i. S. des § 32 a GmbHG?, DB 1984, 1385; *Gehrlein*, Kollision zwischen eigenkapitalersetzender Nutzungsüberlassung und Vollstreckungszugriff durch Gesellschafter-Gläubiger, NZG 1998, 845; *v. Gerkan*, Die Rechtsfolgen der eigenkapitalersetzenden Nutzungsüberlassung - Fragen und Zweifel, ZHR 158 (1994), 668; ders., Zur Umqualifizierung stehengelassener Gesellschafterkredite zu Eigenkapitalersatz, GmbHR 1996, 400; *Geßler*, Zur Problematik bei kapitalersetzenden Gesellschafterdarlehen, ZIP 1981, 228; *Gnamm*, Eigenkapitalersetzende Nutzungsüberlassung - Nachteilige Auswirkungen für Grundpfandrechtsgläubiger?, WM 1996, 189; *Habersack*, Eigenkapitalersatz und Gesellschaftergläubiger, ZGR 1999, 427; *Hill/Schäfer*, Das Stehenlassen von GmbH-Gesellschafterdarlehen bis zum Eintritt der Krise, BB 1989, 458; *Hommelhoff*, Eigenkapital-Ersatz im Konzern und in Beteiligungsverhältnissen, WM 1984, 1105; Hueck, Die Behandlung von Nutzungsüberlassungen im Rahmen einer Betriebsaufspaltung als Gesellschafterdarlehen?, ZGR 1989, 216; *Kallmeyer*, Ungelöste Probleme des Eigenkapitalersatzrechts, GmbHR 1998, 307; *ders.*, Eigenkapitalersetzende Nutzungsüberlassung im Insolvenzverfahren, GmbHR 1999, 59; *Karollus*, Probleme der Finanzierung im Konzern: Kapitalersatz und Treuepflicht, FS Claussen, 1997, 199; *Knobbe-Keuk*, Die Verpachtung von Anlagevermögen des Gesellschafters an die GmbH und § 32 a GmbH-Gesetz, BB 1984, 1; *dies.*, *Die Verpachtung von Anlagevermögen und* § 32 a GmbHG, FS Kellermann 1991, 227; *Lauer*, Einschränkung des grundpfandrechtlichen Haftungsverbandes bei kapitalersetzender Gebrauchsüberlassung?, WM 1990, 1693; *Lutter*, Neues zum Gesellschafterdarlehen?, ZIP 1989, 477; *D. Mayer*, Kapitalersetzende Darlehen im GmbH-Recht aus handels- und konkursrechtlicher Sicht, BB 1990, 1935; *Michalski/Barth*, Kollision von kapitalersetzender Nutzungsüberlassung und Grundpfandrechten, NZG 1999, 277; *Mincke*, Kreditsicherung und kapitalersetzende Darlehen, ZGR 1987, 521; *K. Müller*, Der Tatbestand des kapitalersetzenden Gesellschafterdarlehens in § 32 a Abs. 1 GmbHG, GmbHR 1982, 33; *Noack*, Kapitalersatz bei verbundenen Unternehmen, GmbHR 1996, 153; *Pape*, Die Umqualifizierung stehengelassener Gesellschafterbürgschaften in Eigenkapitalersatz, ZIP 1996, 1409; *Pentz*, Änderungen und

Ergänzungen der Kapitalersatzregeln, GmbHR 1999, 437; *Pichler*, Unternehmenssanierung auf Grundlage des geänderten § 32 a GmbHG, WM 1999, 411; *Priester*, Eigenkapitalersetzende Landesbankkredite - Konsolidierung der Rechtsprechung und neue Aspekte, ZBB 1989, 30; *ders.*, Gebrauchsüberlassungsverträge im Kapitalersatzrecht, in Priester/Timm (Hrsg.), Abschied von der Betriebsaufspaltung?, 1990, 1; *ders.*, Sind eigenkapitalersetzende Gesellschafterdarlehen Eigenkapital?, DB 1991, 1917; Rümker, Formen kapitalersetzender Gesellschafterdarlehen in der Bankenpraxis, Festschrift Stimpel, 1985, 673; *Rümker/Denicke*, Offene Rechtsfragen des sogenannten Sanierungsprivilegs nach § 32 a Abs. 3 S. 3 GmbHG, Festschrift Lutter, 2000, 665; *K. Schmidt*, Gesellschafterdarlehen als Insolvenzrechtsproblem, ZIP 1981, 689; *ders.*, Kapitalersetzende Bankenkredite?, ZHR 147 (1983), 165; *ders.*, Eigenkapitalersatz und überschuldungsfeststellung, GmbHR 1999, 9; *ders.*, Zurechnungsprobleme um das Zwerganteilsprivileg, GmbHR 1999, 1269; *ders.*, Zwerganteile im GmbH-Kapitalersatzrecht, ZIP 1996, 1586; *ders.*, Die Rechtsfolgen der "eigenkapitalersetzenden Gesellschaftersicherheiten", ZIP 1999, 1821; *Schulze-Osterloh*, Gläubiger- und Minderheitenschutz bei der steuerlichen Betriebsaufspaltung, ZGR 1983, 123; *Serick*, überschuldete Gesellschaft und konkursabwendender Forderungsrücktritt eines Nichtgesellschafters, ZIP 1980, 9; *Steinbeck*, Obligatorische Nutzungsüberlassung als Sacheinlage und Kapitalersatz, ZGR 1996, 116; *Teller*, Rangrücktrittsvereinbarungen zur Vermeidung der überschuldung bei der GmbH, 2. Aufl., 1995; *Uhlenbruck*, Zur Kollision kapitalersetzender Gebrauchsüberlassungen (§ 32 a GmbHG) mit Grundpfandrechten und Zessionen der Kreditinstitute, FS Heinsius 1991, 841; *Ulmer*, Die neuen Vorschriften über kapitalersetzende Darlehen und eigene Geschäftsanteile der GmbH, in: Das neue GmbH-Recht in der Diskussion, 1981, 55; *ders.*, Umstrittene Fragen im Recht der Gesellschafterdarlehen (§ 32 a GmbHG), ZIP 1984, 1163; *ders.*, Gebrauchsüberlassung an die GmbH als Eigenkapitalersatz, Voraussetzungen und Rechtsfolgen nach § 32 a Abs. 3 GmbHG, FS Kellermann, 1991, 485; *Vonnemann*, Gebrauchsüberlassung als eigenkapitalersetzende Leistung, DB 1990, 261; *Wiedemann*, Gesellschaftsrechtliche Probleme der Betriebsaufspaltung, ZIP 1986, 1293; *Wiedemann/Hermanns*, Liquiditätszusagen des GmbH-Gesellschafters, ZIP 1994, 997; *Ziegler*, Kapitalersetzende Gebrauchsüberlassungsverhältnisse und Konzernhaftung bei der GmbH, 1989.

1. 借贷给予人

《有限责任公司法》第32a 条第1 款的主要构成要件,是以股东在危机中给公司提供替代自有资本的借贷为前提条件。但是,根据1998 年的新规则,如果一股东不从事经营管理,而且其拥有的股份不超过公司注册资本的10%,则不适用上述规定(第32 a条第3 款第2 句)。在确定参股数额的多少时,股东何时作出融资决定,起着关键的作用。 19

立法者以股东的共同经营责任(融资责任)来说明不参与经营的小股东的特权。股东共 20

同经营的责任，是将替代自有资本的股东借贷定性为自有资本的基本理念。[1]一个仅仅出资很少的股东一般而言不承担这样的责任，他一般不具有内部人的地位。这种考虑是非常有问题的。[2]尤其是鉴于可能的规避行为，这一被规定的例外构成要件会产生众多的法律适用问题。但立法者的决定仍然应该得到尊重。

21　第32a条第3款第2句规定作为例外构成要件，应该进行严格解释。问题是，那些持股没有超过10%的界限的股东，如果对公司拥有在章程中获得确认的影响力，是否能从法律的豁免中得到好处。只要不担任经理的股东基于章程规定有聘任和指示权利，能够对公司经营管理施加影响，[3]只要股东在企业管理中被授予加重表决权或者特别权[4]，对上述问题的回答就是否定的。因为这样的股东同从事经营管理的股东没有什么不同。多个小股东的借贷可以合并计算，特别是当一个股东和一个与其关联的企业加在一起拥有超过10%的投资额[5]，还有协调一致的借贷发放[6]或者通过投票约束合同强化的投票捆绑的时候[7]。将第32a条第3款第2句扩大适用到某些超过10%投资额的股东，如在文献中建议扩大适用到无投票权的股东，应该加以拒绝。[8]

22　资本替代法则适用的其他例外，特别是银行的特权不应该得到确认。[9]但银行贷款可以落入重整特权范围。[10]

23　一个股东已经退出公司，但是在退出前向公司提供了借贷[11]，或者在退出后还是与股东地位相关联而提供借贷[12]，则适用第32a条规定。即使在取得股东地位

---

[1] Vgl. Begr. RefE KapAEG, ZIP 1996, 1362.

[2] Das Vorhaben ist im Schrifttum fast einhellig auf Kritik gestoβen; vgl. *Altmeppen* ZIP 1996, 1455; *Dauner-Lieb* DStR 1998, 609, 612; *Goette* ZHR 162 (1998), 223, 227 f.; Pentz BB 1997, 1265; *K. Schmidt* ZIP 1996, 1586.

[3] Vgl. Scholz/*K. Schmidt* § § 32 a, 32 b Rdn. 185; *Pentz* GmbHR 1999, 437, 446.

[4] Str.; tendenziell wie hier *Pentz* GmbHR 1999, 437, 446 f; nach *Lutter/Hommelhoff* § § 32 a/b Rdn. 67 soll dies nur gelten, wenn die Rechte dem Gesellschafter eine Sperrminorität verschaffen.

[5] Scholz/*K. Schmidt* § § 32 a, 32 b Rdn. 186; ausführlich zur Zurechnung bei Unternehmensverbindungen *Pentz* GmbHR 1999, 437, 444 ff.

[6] Vgl. *v. Gerkan* GmbHR 1997, 677, 679; *Lutter/Hommelhoff* § § 32 a/b Rdn. 67; *K. Schmidt* GmbHR 1999, 1269, 1272; Scholz/*K. Schmidt* § § 32 a, 32 b Rdn. 186 f; a. A. *Dauner-Lieb* DStR 1998, 609, 612, 617.

[7] *Lutter/Hommelhoff* § § 32 a/b Rdn. 67; Scholz/*K. Schmidt* § § 32 a, 32 b Rdn. 186 f.

[8] So *Lutter/Hommelhoff* § § 32 a/b Rdn. 68; wie hier *Pentz* GmbHR 1999, 437, 447.

[9] BGHZ 105, 168; OLG München GmbHR 1993, 439; an dieser Rechtslage hat sich durch die Einfügung des § 32 a III 2 nichts geändert. Entsprechende Forderungen aus Bankkreisen (*Claussen* ZHR 147 (1983) 195, 219; *Menzel* AG 1982, 197, 203; *Rümker* ZIP 1982, 1385, 1393) hat der Gesetzgeber mit Recht nicht aufgegriffen.

[10] 见下文 II 3。

[11] BGH ZIP 1996, 538, 539; OLG Karlsruhe GmbHR 1998, 741.

[12] BGHZ 81, 252; BGH DB 1987, 159, 160.

以前,但因将要购得公司股份而给公司提供借贷,在这里也同样适用第32a条的规定。[1]

根据第3款的规定,如果第三人提供的借贷在经济上等同于股东借贷,则应将该第三人视同为股东。在近亲属即配偶或未成年子女提供借贷的情况下,只要他们是从股东的财产中获得借贷资金的或者在其他情况下是基于股东策划和承担经济责任而行事的,就应该将他们视作股东。当然,是否满足这一条件,必须在具体案件中加以审查;将它作为一般性规则,就扩大化了。[2]《股份法》第89条第3款和第115条第2款规定:如果向董事会或监事会成员的配偶或子女提供借贷,就应该将它视同股东借贷。但这一规定在这里不适用,因为当事人所起的作用正好相反。[3] 24

此外,如果为第三者提供的贷款,而且该第三者与股东在经济上有着密切的联合关系,尤其是股东的联合企业,那么可以将此视同为股东贷款。 25

有关《有限责任公司法》第32a条的政府草案[4]曾经想对这一点明确地进行如下规范:“一个与股东或公司关联的企业以及由股东或与股东关联的企业承担经济责任的第三人的债权、抵押或质押或保证,与股东自己的债权、抵押或质押或保证等同。一个企业是否在这一规定的意义上构成一个与股东相关联的企业,要根据意义相符要适用的《股份法》第15条至第19条的规定。”这一规定虽然没有成为法律,但是根据联邦最高法院在一系列案件中的判决(BGHZ 81, 311, 315),作为这一规定基础的法律理念已经“被采纳到第32a条第3款的一般条款中”。 26

对上述等同的认定,联邦最高法院要求在借贷给予人和股东之间构成一个“经济上统一体”或“实质性参股”[5],并阐明原则上多数参股就足以达到这一要求,因为这样股东就可以对给予贷款的企业施加控制性影响和通过指示实现股东会决议。[6]这一明显缺乏界定的表述,在文献中被批评为太缺乏区别性,这是有 27

---

[1] OLG Hamburg GmbHR 1996, 534, 535.

[2] BGH GmbHR 1991, 155.

[3] OLG Hamburg DB 1986, 1328, 1330; *Lutter* DB 1980, 1317, 1321; *Timm* GmbHR 1980, 286, 292.

[4] BT-Drucks. 8/1347, 10.

[5] Grundlegend BGHZ 81, 311, 315 (100%-ige Tochtergesellschaft des Kreditgebers war Gesellschafterin); BGHZ 105, 168, 176. Vgl. ferner BGH NJW 1984, 1893; ZIP 1986, 456, 458; ZIP 1990, 1593, 1595; GmbHR 1999, 916 (einfache Mehrheit von 51%); GmbHR 2001, 106. Aus der instanzgerichtlichen Rechtsprechung OLG Jena NZG 1998, 858; OLG Hamm GmbHR 1998, 834 (Stimmrecht von 50% reicht nicht); OLG Düsseldorf DB 1997, 521, 522; OLG Köln ZIP 1986, 1585, 1587.

[6] BGH GmbHR 1999, 916.

道理的;[1]特别是与政府草案的观点相对立,机械地追溯到《股份法》第15条[2]中使用的关联企业的形式概念是不符合实际的。使第32a条意义上的融资责任合理延伸到一个与股东关联的企业这样的经济上统一体,一般只能在合同康采恩或合格的事实康采恩才能谈得上。相反,在多数参股或者完全是关键性的少数参股的情况下,应该考虑到被参股企业互相并不依赖,而是追求各自的企业利益,从而没有形成经济上的统一体。因此,这里必须在个案中审查,财务联盟是否存在,与股东关联的企业是否根据股东的意见或者(至少也)考虑到了其股东的地位才作出对有限责任公司有利的融资决定。在持有多数股份的情况下,可以类比适用《股份法》第17条第2款和第18条第1款第3项规定推定:股东和借贷给予人构成经济上的统一体,除非给予借贷的企业必须提供相反的证据。[3] 在垂直结构的康采恩中,如果贷款不是来自控制的康采恩企业,而是来自其他的康采恩企业,也必须适用类似的规则。[4]

28 另一方面,如果企业和多数参股的特征根据《股份法》第15条及随后几条规定没有在所有的被参股者中得到满足,同样要考虑作为借贷被归入替代自有资本理由的经济上的统一体,因为第32a条与此无关。因此,如果一个参股有限责任公司的两合公司的无限责任股东借贷给该有限责任公司[5],或者如果给没有参股的甲有限责任公司贷款的乙有限责任公司的一人股东自己参股了甲有限责任公司[6],这一规定也是可以适用的。出于同样的理由,在营业解散分立时,占有公司给经营公司提供的借贷[7]具有资本替代的性质,即使两个公司仅仅通过参股的股东相关联(见上文案例f,边码7)。还有,通过公法规定也可以建立上述统一体,例如在联邦州和联邦州通过作为公法上机构组织的州银行参股的有限责任公司之间。[8]

29 根据联邦最高法院判例(BGHZ 106, 7),如果他"有权决定该有限责任公司的命运,而且参与该公司的财产和利润分配",至少可以将他认定作为隐名股东(见上文案例d,边码5)。在信托关系中,受托人是股东,但信托人应该被看成股东,如果贷款在经济上来自于他的财产。[9] 对质押债权人应该作同样的确认,如果"该债权

---

〔1〕 Vgl. *Lutter* ZIP 1989, 477; *Lutter/Hommelhoff* § 32 ,b Rdn. 63f, Scholz/*K. Schmidt* § § 32 a, b Rdn. 136. A. A. im Hinblick auf die Entstehungsgeschichte und den Zweck der Vorschrift Hachenburg/*Ulmer* § 32a, b Rdn. 121. Vgl. zum differenzierten Diskussionsstand ferner neben der Kommentarliteratur *Altmeppen* FS Kropff 641, 661 ff. ; *Dreher* ZIP 1990, 79; *Karollus* FS Claussen 199, 204 ff.

〔2〕 对此比较下文第51章。

〔3〕 Im wesentlichen ebenso *Lutter/Hommelhoff* aaO; Scholz/*K. Schmidt* aaO.

〔4〕 A. A. OLG Jena NZG 1998, 858 mit krit. Anm. *Michalski/de Vries.*

〔5〕 BGH GmbHR 1997, 125.

〔6〕 OLG Hamburg GmbHR 1996, 534.

〔7〕 和经济上等同价值的给付,特别是使用权(见下文5)。

〔8〕 BGHZ 105, 168, ungeachtet dessen, daβ das Bundesland auch Unternehmen im konzernrechtlichen Sinn ist, vgl. § 51 I.

〔9〕 BGHZ 31, 258, 265 ff; 75, 334, 335 f; 95, 188, 193; 105, 168, 176 f; 107, 7; BGH WM 1989, 60; *Ullrich* GmbHR 1983, 133, 144 Fuβn. 114; *Lutter* ZIP 1989, 477, 482 f.

人被给予附加的权利,使其能够如一个股东那样(共同)决定该有限责任公司的命运。”〔1〕

2. 自有资本替代

根据法律中使用的表述,涉及的贷款必须是在股东作为诚实的商人本来应该给公司提供资本的时候而没有提供,反而提供了贷款(第32a 条第1 款)。这一法律表述包含了一个不确定的法律概念,必须通过司法判决和理论文献加以细化。诚实商人融资行为的比较标准,尽管对标准的不确定性有激烈的批评,还是被规定在法律中了,因为找不到表达更为贴切的比较常用的措辞。最初的在1969 年的学者草案第47 条中包含的客观标准,该标准的主要依据是根据给予贷款时实际所需的资本,然而,该标准也被证明并不是更准确的。就适用而言,这一条款直到现在都引起很大的困难。1998 年颁布的《有关加强企业控制和透明度法律》增加了附加条款“公司的危机”,试图解决上述问题,但是也没有在根本上得到改善。得到确认的是,应该根据规范来理解这一构成要件,其中决定性的要素是公司的信用可靠性这一特征。〔2〕 30

(a) 在司法实践和理论文献中归纳出了三组类别: 31

如果提供贷款是为了消除已经出现的、非临时性的支付不能或资不抵债,也就是说是为了避免破产申请,第32a 条第1 款的条件常常是满足的。〔3〕根据《破产条例》第19 条第2 款,如果债务人的财产不再能清偿现有的债务,就是资不抵债。在评估债务人财产时,只要根据情况继续经营完全是有可能的,就应该以企业的继续经营为基础,〔4〕在程序上,仅仅通过提供年资产负债表来证明资不抵债是不够的。相反,应该制作资不抵债资产负债表,在该表中必须标明最新的交易价值或清算价。〔5〕具有替代资本性质的股东借贷应该作为负债列示。〔6〕只有股东以下述方式声明其顺序退后,即“他愿意因为所述的债权只有在所有公司债权人满足后和——在公司克服危机前——不是在其他股东前,而是与其他股东的投资返还请求权一起同时被考虑”,这时可以不作上述列示。〔7〕

---

〔1〕 Vgl. BGHZ 119, 191, 195; *Lutter/Hommelhoff* § § 32 a, b Rdn. 54; kritisch *Altmeppen* ZIP 1993, 1677, 1682.

〔2〕 Vgl. hierzu Scholz/*K. Schmidt* § § 32 a, 32 b Rdn. 38; Hachenburg/*Ulmer* § 32 a, b Rdn. 42.

〔3〕 BGHZ 31, 258; 75, 334, 338 f; 109, 55, 59; 127, 1, 5 f.; 133, 298, 302; BGH GmbHR 1997, 503; OLG Hamburg ZIP 1980, 911, 912; OLG Hamburg BB 1986, 1817; OLG Hamburg DB 1987, 1778, 1779; zur Zahlungsunfähigkeit besonders BGHZ 105, 168, 179 f; Der Begriff ist jetzt in § 17 InsO definiert.

〔4〕 Vgl. hierzu Baumbach/Hueck/*Schulze-Osterloh* § 64 Rdn. 11. Vgl. zur früheren Begriffsbestimmung BGHZ 119, 201, 213 ff.; 125, 141, 146.

〔5〕 Vgl. BGHZ 125, 141, 146; BGH ZIP 2001, 242; BGH ZIP 2001, 235.

〔6〕 So nunmehr BGH ZIP 2001, 235 mwN. zur Gegenansicht.

〔7〕 BGH ZIP 2001, 235.

32 (b) 当公司处于危机中,在破产的初期阶段用借贷代替自有资本。如果基于所有情况的整体判断公司不再有信用基础,也就是说公司从第三方或是根本得不到贷款,或是不能以市场通常条件得到贷款,就是这种代替的情况。[1]在这方面,作为重要标志要考虑的问题是,公司是否还有能力从自己的财产中提供足够的担保。此外,例如应该考虑,公司在其开户银行是否还拥有贷款额度,或者这样的额度是否已被取消,还有可能的亏损程度,公司财产的抵押或重要合同的解除。[2]

33 对判断资不抵债和无贷款信用度,借贷提供的时间是关键的。[3] 相关的情况不应溯及既往加以确定。替代自有资本的特征可以消除,如果公司的经济状况得到很大改善,以致在归还贷款前重新恢复了信用可靠性。[4] 如果在归还贷款后一年内申请启动破产程序,根据《破产规则》第 135 条规定,相应的撤销权无论如何不能以在此期间内贷款没有取代自有资本为由加以排除。[5]

34 (c) 最后,如果在公司健康时向公司提供一笔贷款,该贷款在危机时还留在公司,那么就变成了替代资本。将在下文 3 中详细论述这种情况。该组类别下的一种情况是,如果公司的注册资本与其经营范围相比在公司设立时就太低,即公司资本不足,同时股东为了弥补这一不足而向公司提供贷款,该贷款按规定在公司危机时也应该继续留在公司。[6] 原则上,公司章程或附加缔结的贷款合同中通常会包括这种目的性条款。重要的标志是约定破产情况下贷款股东为顺序在后债权人。[7]

35 对第三人的给付与给公司的借贷等同对待,如果该第三人与公司紧密关联形成经济上的统一体,以致第三人接受借贷应该认为是公司的接受。这一点特别适用于对与公司有康采恩关联的企业的给付。[8] 如贷款是由一个与股东相关的第三人提供的,应该予以同样的考虑(见上文边码 24 及随后边码)。

---

〔1〕 Vgl. *Ulmer*, in: Das neue GmbH-Recht in der Diskussion, 55, 61 ff; Hachenburg/*Ulmer* § 32 a, b Rdn. 43 ff; Scholz/*K. Schmidt* § § 32 a, 32 b Rdn. 41; Baumbach/*Hueck/Fastrich* § 32 a Rdn. 43; *Lutter/Hommelhoff* § § 32 a/b Rdn. 18 ff.

〔2〕 Vgl. BGH ZIP 1996, 273; BGH ZIP 1996, 275; BGH ZIP 1999, 1525; OLG Celle ZIP 1996, 1994; OLG Düsseldorf GmbHR 1997, 351; OLG Stuttgart NZG 1998, 310; OLG München NZG 1999, 603; vgl. ferner Scholz/*K. Schmidt* § § 32 a, 32 b Rdn. 41; *Lutter/Hommelhoff* § § 32 a/b Rdn. 19 f.

〔3〕 BGHZ 119, 201, 207; nach BGHZ 133, 298, 302 f. ist, auch wenn die Mittel später zur Verfügung gestellt werden, auf den Zeitpunkt des verbindlichen Darlehensversprehens abzustellen, weil hierdurch der Gesellschaft ermöglicht werde, den Geschäftsbetrieb aufrechtzuerhalten.

〔4〕 H. M.; Hachenburg/*Ulmer* § 32 a, b Rdn. 57; Scholz/*K. Schmidt* § § 32 a, 32 b Rdn. 54; Baumbach/*Hueck/Fastrich* § 32 a Rdn. 51; BGH DB 1990, 266, 267.

〔5〕 BGHZ 90, 370, 380 f.; *Lutter/Hommelhoff* § § 32 a/b Rdn. 21; a. A. Scholz/*K. Schmidt* § § 32 a, 32 b Rdn. 54.

〔6〕 Vgl. BGHZ 142, 116, 122.

〔7〕 BGH ZIP 1992, 616; BGHZ 142, 116, 120. 相反,自有资本法律规定不适用于仅仅作出承诺但未实际给予的所谓的融资计划贷款,也就是股东借贷。对此比较下文 IV。

〔8〕 Vgl. BGHZ 81, 365, 368; OLG Düsseldorf GmbHR 1998, 1227.

3. 留在公司的借贷

在公司经济上还是健康时给公司的股东借贷可以转变为替代资本的贷款，如果企业后来达到破产的程度或者失去了信用，但股东还是让借贷留在公司，或者如果他不针对处于危机中的公司主张根据第29条规定的利润请求权或其他的支付请求权。[1]联邦最高法院这一判决得到了广泛的认可[2]，它是正确适用第32a条的基本理念的结果，适用第32a条第3款也能得出这一结论。但对实践来说，联邦最高法院的判决带来了界定上的困难。一方面，这涉及是否股东什么都不做就足够了，或者是否还必须要求有一个意思表示或一个和公司之间存在着一个默示的约定[3]，根据该表示或约定，贷款从现在起应该用于企业融资；另一方面还涉及是否要求知道或过失不知道公司已无信用能力。[4] 36

没有争议的是股东必须有要求偿付的权利：只要借贷没有到期或者不可以解除或者公司可以被清盘[5]，公司股东就不可能是基于自己的融资决定不收回借贷的。此外，在不知道情况时单纯的不作为不能认为是放弃主张权利。相反，如果股东就自己的请求权作出了可以认定的处分，例如给予借贷展期或延期，放弃解除协议或达成借贷应该留在公司并用于企业融资的约定，同时该款项客观上需要用来克服危机和股东至少有知晓公司危机的可能性，那就足以认定股东放弃主张权利。当然，股东基于一个诚实商人对正常的企业融资的责任，必须在对请求权作出新的处分时使自己对公司状况有足够的整体了解并"从自身确保已……了解了危机可能出现的情况"。[6] 37

相关的审查和融资决定必须在一个适当的期限内进行，对此联邦最高法院提到了第64条第1款。根据该款规定，在支付不能或资不抵债时应该毫不拖延地提出破产申请。[7]但是，只要有关消除危机的谈判还在进行，并且根据客观的判断能够取得期待的成果，股东就保留了选择的可能性。[8]在谈判结束后，留在公司的贷款就具有了替代自有资本的特性，除非股东能够证明，他当时无法知道公司处于不 38

[1] 比较上文案例b，边码3，涉及股东经理人的工资请求权。

[2] BGHZ 75, 334; 76, 326, 331; 81, 311, 318; 105, 168, 185 f; 127, 336; BGH ZIP 1980, 279; NJW 1985, 2719; WM 1987, 284, 285; NJW 1996, 722; OLG Hamburg ZIP 1984, 584, 585; DB 1987, 1778.

[3] So vor allem Hachenburg/*Ulmer* § 32 a, b Rdn. 30 f., 90 ff.

[4] Vgl. aus dem sehr umfangreichen Schrifttum *Geßler* BB 1980, 1385, 1391; *Lutter* DB 1980, 1317, 1321; *Timm* GmbHR 1980, 286, 291; *Fleck* FS Werner, 107, 110; *Rümker* ZIP 1982, 1385, 1394; *K. Schmidt* ZIP 1981, 689, 692; *ders.* ZHR 147 (1983), 165, 190; *Schulze-Osterloh* ZGR 1983, 123, 139; *Ulmer* ZIP 1984, 1163, 1167; *Fischer/Lepper* ZIP 1986, 1; *v. Gerkan* GmbHR 1986, 218, 220.

[5] 见上文案例f，边码7。

[6] BGHZ 127, 336, 346 f.; es gilt ein "objektivierter, an den rechtlichen Maβstäben der § § 276 BGB, 347 HGB, § 43 GmbHG orientierter Maβstab".

[7] BGH ZIP 1998, 1352, 1353.

[8] BGH ZIP 1998, 1352, 1353.

好的经济状况,但应该陈述不知情的特别情况。[1]

4. 重整贷款

39 不是每项股东资助,都受有关替代资本股东借贷规则约束。特别要排除的是过桥性借贷。该借贷被用来弥补短期流动资金不足。[2]但是,必须存在有理由的预期,即预期公司在规定的时间内确实能够还清贷款。

40 另外,如果借贷给予人在公司危机时为克服危机目的获得的股份成为股东,替代资本的规则不应适用于已存在的或新提供的借贷(第32a条第3款第3句)。《有关加强企业控制和透明度的法律》引入了这一重组特权。根据法律规定的字面含义,借贷给予人必须是在公司已经处于危机中时才加入公司的股东。[3] 所以这一特权不适用于此前已是公司成员的股东,即使他仅仅拥有很少的股份,也是如此。[4]此外,法律还要求:获得股份的目的是为了克服危机。因而借贷给予人必须有整顿企业的意愿。有问题的是,公司是否必须在客观上有整顿的可能性,[5]利用他人资金进行重整是否是合适的。[6]因为在危机时加入公司,本身就表示股东有重整公司的意愿,此时依然要求公司客观有重整能力和提供贷款是对重整是适当的手段,这也许使重整特权的前提条件太严了。

5. 经济上的等同行为

41 根据《有限责任公司法》第32a条第3款的规定,股东或第三人向公司提供的在经济上等同于给予借贷的法律行为应该视同为借贷。立法者想借助这一概括条款使法院能够对可以比较的案件相应地作出评判,以便防止对基本构成要件的规避。[7]主要要考虑的情况是:第三人对公司借贷债权的获得,公司债权人根据《民法典》第267条在放弃追索下得到的清偿[8]和对公司的隐名入股。还有应该认定,贷款在经济上就是来自股东的财产,如果股东和一个第三人共同接受借贷,该第三人出面向有限责任公司提供借贷,但按与股东的内部约定不承担还款义务。[9]但是,

---

〔1〕 BGHZ 127, 336, 347.

〔2〕 Vgl. BGHZ 133, 298, 304; vgl. ferner BGHZ 75, 334, 337; 90, 381, 394.

〔3〕 Vgl. zur Dauer der Privilegierung v. Gerkan/Hommelhoff/*Dauner-Lieb* Rdn. 4.59-4.61.

〔4〕 Vgl. Scholz/*K. Schmidt* § § 32 a, 32 b Rdn. 195 mwN.; a. A. *Pentz* GmbHR 1999, 437, 449; *Casper/Ullrich* GmbHR 2000, 472, 478 f.

〔5〕 So vor allem *Lutter/Hommelhoff* § § 32 a, b Rdn. 84; *Dörrie* ZIP 1999, 14; *Pentz* GmbHR 1999, 449; *Pichler* WM 1999, 417.

〔6〕 *Pentz* GmbHR 1999, 437, 449 f.; *Casper/Ullrich* GmbHR 2000, 472, 475 f.

〔7〕 Vgl. Ausschuβbericht BT-Drucks. 8/3908, 74.

〔8〕 OLG Frankfurt ZIP 1984, 836; Hachenburg/*Ulmer* § 32 a, b Rdn. 95. Zur stillen Gesellschaft BGHZ 106, 7; OLG Hamburg WM 1990, 1292.

〔9〕 BGH ZIP 2000, 1489, 1490.

在所有权保留和延期支付价款下向公司提供货物〔1〕和股东在没有自己的经济利益情况下提供融资租赁标的物由公司支配〔2〕,都属于股东借贷,因为根据实际情况这里涉及的是借贷或借贷担保交易。

当股东基于租赁、用益租赁或租用合同将地产、机器或其他固定资产交给公司使用时,法院都会仔细研究第32a条的适用(见上文案例e,边码6)。〔3〕特别是在企业解散分立时上述情况起着相当大的作用(案例f,边码7)。〔4〕在这样的案件中,股东从一开始就不需要将获得上述固定资产所必须的资金交公司支配。在仓储用地案(比较上文边码6)中,联邦最高法院正确地适用了《有限责任公司法》第32a条第3款的规定:如果公司没有能力从第三人处获得相同价值的使用权或得到购买地产所必需的资金,以及如果股东以外的外部人是不会愿意让渡使用权的(公司的无让渡可信性),〔5〕那么股东至少是将使用价值作为替代资本提供给了公司支配,后果是类比适用《有限责任公司法》第30条第1款的规定,股东不能主张租赁费或用益租赁费。让渡替代自有资本的地产使用权,股东除此之外还必须承担租赁附加费用。〔6〕 42

相反,过去长期争论的问题是,破产管理人是否能将使用让渡的标的物的净值算入破产财产和变价(如果有这种情况)。〔7〕占主导地位的观点否定这种做法,其理由是第32a条第3款并没有构成一个足够的法律基础来改变标的物的物权法上的归属和阻止(破产法上的)取回权或别除权。此外,该主导观点还指出,这一规定仅仅涉及事实上的融资,而没有涉及本身被规定的融资。〔8〕代替上文做法,应该采用在资本提供不足时(见上文第29章IV)或在康采恩联合中(见第53章IV.4)适用的直接控制责任。〔9〕反对者则认为,这对股东和公司在经济 43

〔1〕 BGHZ 68, 312; OLG Karlsruhe WM 1989, 497.

〔2〕 Jetzt wohl h. M., vgl. Hachenburg/*Ulmer* aaO Rdn. 100; *Hueck* ZGR 1989, 216, 226 f; *Fabritius*, Die überlassung von Anlagevermögen 49 ff.

〔3〕 Vgl. zum folgenden grundlegend BGHZ 109, 55; 121, 31; 127, 1; 127, 17; 140, 147; aus dem Schrifttum: *Lutter/Hommelhoff* ZGR 1979, 31, 51; *Rümker/Westermann*, Kapitalersetzende Gesellschafterdarlehen, 1987, 24; *Ulmer* ZIP 1984, 1163, 1171 ff; *Schulze-Osterloh* ZGR 1983, 125, 136; *Braun* ZIP 1983, 1175, 1179; *Wiedemann* ZIP 1986, 1293; *v. Gerkan* GmbHR 1986, 218, 221; *Hueck* ZGR 1989, 216; *Brandes* ZGR 1989, 244; *Fabritius* aaO; *Vonnemann* DB 1990, 261; *Ziegler*, Kapitalersetzende Gebrauchsüberlassungsverhältnisse 59 f, 101 f; *Knobbe-Keuk* BB 1984, 1; *dies*,. FS Kellermann 227; *Ulmer*, FS Kellermann 485; Hachenburg/*Ulmer* § § 32 a, b Rdn. 105 ff; *Priester*, in *Priester/Timm* (Hrsg.), Abschied von der Betriebsaufspaltung?, 1; *K. Schmidt* ZIP 1990, 69; *Büscher/Klusmann* ZIP 1991, 10.

〔4〕 Vgl. BGHZ 68, 312, dargestellt § 29 Rdn. 25, BGHZ 121, 31 (s. oben Rdn. 7), 127, 1; *Drygala*, Der Gläubigerschutz bei der typischen Betriebsaufspaltung 45 ff.

〔5〕 Vgl. hierzu BGHZ 121, 31, 38; ferner OLG Karlsruhe ZIP 1994, 1183, 1184; OLG Düsseldorf GmbHR 1997, 353, 355.

〔6〕 BGH ZIP 2000, 1491, 1492.

〔7〕 Offen gelassen noch in BGHZ 109, 55, 65.

〔8〕 So besonders *Brandes* ZGR 1989, 244, 246; *Knobbe-Keuk* FS Kellermann 227, 229 ff.

〔9〕 *Hueck* ZGR 1989, 216, 233; *Brandes* ZGR 1989, 244, 249 ff.

上的关联是不公正的,尤其是如果当时的意图就是将动产长期交给公司支配,直到正常折旧或使用期限届满时为止,并就此省去公司所必需的融资资本。从实质上看这些资产起着替代资本的作用,所以有利于债权人的对该动产的变价不因物权法上的归属而落空。[1]但后来联邦最高法院采纳了第一种观点,拒绝将替代资本规则扩展到财产的净值。[2]

44　对此,应该对这种**使用权干预**的细节进一步说明。如果使用权存在,根据联邦最高法院的判决,破产管理人有权自己使用标的物或有偿交给第三人使用。相反,股东原则上没有义务用金钱补偿使用权的价值来替代继续让渡标的物使用。只有当继续使用不可能,因为股东违背公司或破产权利人意志出售了标的物时,或者标的物经同意出售时,当事人就使用权剩余价值的收入应该归属公司或破产财产达成一致,价值补偿请求权才能成立。[3]

45　原则上,对使用权的内容和价值来说,合同中规定的条件是关键。但是合同约定的时间界定,只有在该约定是认真做出的和不违反资本替代原则的范围有效。[4] 由此得出结论,当使用让渡性质上转化为承担亏损责任的资本时,这种转化也不构成解除原因,即使股东间作了相应的约定。[5]替代自有资本的使用让渡的时间长短没有机械的规则,相反应该根据具体情况来判断。根据联邦最高法院的判决,下述情况具有特别重要的意义:"让渡使用的标的物的种类,对规定的时间限制的具体的实际的原因和主要的问题……即一个带有约定的终止时间点和解除期限的——如果情况确实如此——同样的合同是否也能和一个局外的第三人达成"。[6]

46　将一块带有担保物权的地产以替代自有资本的方式租赁或用益租赁给公司,在公司破产时可以导致在地产担保物权权利人和公司之间的利益冲突。学术界曾讨论了不同的解决办法。[7] 联邦最高法院在其 1998 年 12 月 7 日作出的判决中采取了一个调停的立场。根据该判决,破产管理人在扣押前有权利根据上述规则使用土地或有偿让第三人使用。但是当土地为强制管理目的而抵押时,地产担保权利人享有优先的权利。管理人失去了无偿使用土地的权利,必须从扣押时起向地产担保物权权利人或土地金债务权利人支付公司和股东之间约定的使用费(比较《强制拍卖法》第 146 条及随后几条、《民法典》第 1123 条和 1124 条第 2 款)。[8]

---

〔1〕 So auch die Vorauflage Rdn. 22; vgl. zum Problemkreis ferner *Drygalav aaO* 62 *ff*; Ulmer, *FS Kellermann* 485, 498 *ff*.

〔2〕 Vgl. BGHZ 121, 31, 45; 127, 1, 8 ff.; 127, 17, 22.

〔3〕 BGHZ 127, 1, Leitsätze b) und c).

〔4〕 BGHZ 121, 31, 40; 127, 1, 10.

〔5〕 BGHZ 109, 55, 61; 127, 1, 10.

〔6〕 BGHZ 127, 1, 11.

〔7〕 Vgl. einerseits *Gnamm* WM 1996, 189 ff.; andererseits *Gehrlein* NZG 1998, 845 ff.

〔8〕 Vgl. BGHZ 140, 145; hierzu *Habersack* ZGR 1999, 426, 433; *Michalski/Barth* NZG 1999, 277, 279.

6. 法律后果

(a) 第32a条的主要法律后果是：在公司破产时，股东只能在其他债权人之后主张其偿还请求权（《破产条例》第39条第1款第5项）。股东参与破产程序，但只能在破产法院要求他登记时，股东才能申请登记其请求权。同样的程序还适用于在程序进行期间到期的利息。[1]相反，根据法律的没有歧义的文字表述，停止支付在程序启动前不适用。在保留根据《破产条例》第135条和《废约法》第6条行使撤销权的前提下，公司可以给予偿还。如果因缺乏破产财产没有启动破产程序，也不适用第32a条。这是一个比较明显的法律漏洞。联邦最高法院已经通过相应地适用第30条和第31条的规定加以弥补（见下文Ⅲ）。由此，即使在这方面对第32a条进行修正性解释的理由并不存在。 47

在原来的破产规则有效时，多数认为针对公司请求权的抵销被排除。[2]根据新的《破产条例》，股东作为破产债权人参与破产程序可能与上述观点相对立。反对的当然可以说，股东仍然仅仅是顺序在后债权人。另外，关于第30条第1款制约替代自有资本的借贷，这一点可能导致价值判断矛盾。[3] 48

(b) 如果第三人为债权提供了物之担保或者提供了保证，并不禁止股东向该第三人提出清偿要求。[4]如果根据《民法典》第401条和第774条的规定将该债权转移给了第三人，公司对该第三人拥有第32a条规定的抗辩权。比较困难的是如何评价公司提供物之担保的法律状况 。在土地抵押时，因为抵押的从属性依法律规定（《民法典》第1137条第1款）会得出如下结论：基于基础关系的抗辩权也能抗辩物权法上之权利。在非从属性担保权利时，相应的抗辩必须从根据《破产条例》第135条和《废约法》第6条的债权人的物之担保或清偿的可撤销性，或者从基础的担保合同或者从不当得利中引申出来。[5]这些抗辩阻止股东实现对作为物之担保而由其处置的标的物的取回权或别除权。此外还应认为，破产管理人可以要求股东 49

---

〔1〕 BGHZ 67, 171, 179 f; 75, 334, 339; st. Rspr.

〔2〕 H. M., vgl. BGHZ 121, 32. 对第32a条的政府草案明确规定了这一点. 这一规则出于法律文本简化的原因随后被拿走了，但从第32a条的规范目的中可以推论出这一规则。

〔3〕 Vgl. Scholz/*K. Schmidt* § § 32 a, 32 b Rdn. 59.

〔4〕 H. M.; vgl. OLG Hamm NZG 1998, 551, 552; Baumbach/*Hueck*/*Fastrich* § 32 a Rdn. 58; *Lutter*/*Hommelhoff* § § 32 a/b Rdn. 100; Scholz/*K. Schmidt* § § 32 a, 32 b Rdn. 61; aA aber BGH ZIP 1996, 538, 539 f; eine Inanspruchnahme des Bürgen sei ausgeschlossen, weil der Gesellschafter als Gläubiger andernfalls gegen den Bürgen bessere Rechte habe als gegen den Schuldner; eine andere Beurteilung soll nach dem IX Senat des BGH nur geboten sein, wenn der Bürge das Eigenkapitalersatzrisiko übernommen habe.

〔5〕 Vgl. BGHZ 133, 298, 305 f; vgl. neben den Kommentaren ferner *Beinert*/*Hennerkes*/*Binz* GmbHR 1981, 10, 12; *Feuerborn* BB 1982, 401; *K. Schmidt* ZIP 1981, 689, 695 f; *Mincke* ZGR 1987, 521, 539.

解除其对标的物的约束。[1] 如果股东在保留所有权的条件下向公司提供替代资本的标的物和提供融资租赁,应该根据同一规则处理股东的所有权返还请求权。

50 (c)一个对替代自有资本借贷的股东债权或等同债权给予清偿的法律行为是可以撤销的如果该法律行为是在破产申请前一年内或申请提出后实施的(《破产条例》第135条第2项)。除偿还贷款外,替代履行的或为了履行而进行的给付也适用上述规定。股东对清偿或给付负有偿还义务(《破产条例》第143条第1款)。最后,对替代资本提供担保的法律行为,如果该法律行为在启动破产程序申请前十年内或申请后实施的,也可撤销(《破产条例》第135条第1项)。与对该概念的广义解释相适应,这一概念应该包括诉讼保全之担保权和保全抵押权。[2]

51 此外,如果是向一个与股东非常亲近的人履行支付的,并且可以将此视为向该股东履行的支付,也应考虑撤销。[3]在破产程序之外,如果债权人没有从对公司财产强制执行中得到清偿,每一个债权人都可以提起撤销请求。

7. 第三人借贷

52 《有限责任公司法》第32a条第2款将破产法上的约束扩展到第三人给公司的借贷和相应的法律行为,只要公司股东为偿还借贷向第三人提供物之担保或保证。这一规定也像第3款一样,其目的是确定经济上与股东借贷等同价值的情况和阻止规避法律的交易。这种行为主要包括由股东担保的银行贷款,司法实践早在《有限责任公司法》修正前就类推适用《有限责任公司法》第31条和第32条将这种贷款包括在内。[4]对第2款中的担保概念应该作广义理解。它包括所有的地产担保物权[5]、动产担保物权、动产所有权信托担保转移和担保让与、提存、偿还担保、债务共同承担、保证、押金、担保给付,还有法律上承担义务的担保声明。第三人是除股东或与股东具有同等地位的人以外的任何人(见边码19等)。在此,借贷也必须具有替代自有资本的性质,对此适用与评判真实股东借贷同样的标准(见边码30等)。

53 由于由股东担保第三者贷款具有三角结构,不同于纯粹的股东借贷,其法律后果也不同。因此,第2款没有排除第三人在破产中提出返还请求的权利;而且第三人可以将其贷款全额登记入破产债权登记表。但是,法律要求第三者必须首先从担保股东那里寻求清偿。只有在清偿无果时,第三人才可以从破产财产中按比例得到清偿。

---

[1] So mit Recht Hachenburg/*Ulmer* § 32 a, b Rdn. 71.

[2] Vgl. Scholz/*K. Schmidt* § § 32 a, 32 b Rdn. 73.

[3] BGHZ 81, 365, 368 ff.

[4] BGHZ 67, 171.

[5] BGH NJW 1985, 858; OLG Hamburg ZIP 1984, 584; zur Bürgschaft BGHZ 81, 252; BGH GmbHR 1988, 58; OLG München WM 1988, 1896; OLG Hamburg WM 1986, 130.

第三人放弃主张担保,并不能对法律状况产生影响。如果公司和股东都为第三者的借贷提供了担保,对由公司提供的担保的实现,并不以先向股东主张为前提条件,因为法律并没有对物权法上的担保权利进行这样深的干预。[1]但是在相应适用第32b条时,公司针对股东有提出补偿请求的权利。然而,由股东给予贷款人、在贷款人得到清偿后解除的担保,并没有来保证公司的补偿请求权。[2] 54

如果公司在启动破产程序前的一年内偿还了贷款,那么立法者一定要为根据《破产条例》第135条针对股东借贷人,而不是针对第三人的可能的撤销确定一种补偿。根据第32b条的解决方案,公司在上述情况下对股东享有一般追索权,其追索数额不超过股东保证的或抵押和质押担保的数额。为了清偿而将担保标的物交给公司支配,股东由此可以解脱其由此而承担的义务。相反,公司对股东没有交付担保标的物的请求权。[3] 55

## III. 第30条和第31条的类推适用

参考文献:*Beinert/Hennerkes/Binz*, Kapitalersetzende Darlehen und GmbH-Novelle, GmbHR 1981, 10; *v. Gerkan*, Schwerpunkte und Entwicklungen im Recht der kapitalersetzenden Gesellschafterleistungen, GmbHR 1986, 218; *ders.*, Zum Stand der Rechtsentwicklung bei den kapitalersetzenden Gesellschafterleistungen, GmbHR 1990, 384; *Geßler*, Zur Problematik bei kapitalersetzenden Gesellschafterdarlehen, ZIP 1981, 228; *Goertzen*, Die Rechtsprechungsgrundsätze zu eigenkapitalersetzenden Gesellschafterdarlehen, DB 1988, 2445; *Hommelhoff*, Das Gesellschafterdarlehen als Beispiel institutioneller Rechtsfortbildung, ZGR 1988, 460; *Kübler*, Die Autorität der Sachnähe - Beobachtungen zum Verhältnis von Richter und Gesetz am Beispiel des kapitalersetzenden Gesellschafterdarlehens, FS Stimpel, 1985, 3; *Lutter*, Die GmbH-Novelle und ihre Bedeutung für die GmbH, die GmbH & Co. KG und die Aktiengesellschaft, DB 1980, 1317; *D. Mayer*, Kapitalersetzende Darlehen im GmbH-Recht aus handels- und konkursrechtlicher Sicht, BB 1990, 1935; *K. Schmidt*, Fortschritte und Abstimmungsprobleme im Recht der kapitalersetzenden Gesellschafterdarlehen, ZGR 1980, 567; *ders.*, § 32 a GmbHG: ein Allheilmittel gegen unerwünschten Eigenkapitalersatz?, ZIP 1990, 69.

### 1. 构成要件

根据联邦最高法院的判例[4],即使在第32a条和第32b条生效后,替代资本的股东借贷和经济上等同的法律行为,也应该继续根据资本维持的规则即第30条和 56

---

〔1〕 BGH NJW 1985, 858, 859; 1986, 429, 430; BB 1987, 2390; h. A., Hachenburg/*Ulmer* § 32 a, b Rdn. 144.

〔2〕 BGH NJW 1986, 429, 430.

〔3〕 BGH NJW 1986, 429.

〔4〕 Seit BGHZ 90, 370 st. Rspr.

第31条来评判,因为不这样的话,严重的保护漏洞仍然存在(见上文边码8、14和15)。为这一公司法的解决方案考虑的构成要件是相同的,因为立法者和有关第32a条较新的法院判决在所有关键的构成要件特征上采纳了有关第30条和第31条的在先判例并进行了深化。因此,在这一点上可以参照有关关键的股东概念(见上文Ⅱ.1)[1]、有关替代资本和公司信用(上文Ⅱ.2)以及对第32a条第2款和第3款的解释的论述(上文Ⅱ.3-5)。仅仅在一个关键问题上,第30条规定了不同要件:如果并只要偿还股东借贷可能需要动用注册资本,那么股东借贷就受到约束。[2]如同偿还出资一样,应该根据支付日的资金平衡表(资产负债表)计算并弄清,在偿还贷款时是否存在亏损或加大了亏损,或者公司是否资不抵债(见上文第37章Ⅱ)。

2. 法律后果

57 类推适用的法律后果与第30条和第31条的法律后果相同(见§37.Ⅲ)。只要亏损没有消除,公司就不允许偿还借贷,也不允许分配利息[3];而且这一规则同样适用,如果破产程序还没有出现或者缺少破产财产已被拒绝。但是,法律的约束被限制在消除亏损所需要的数额。在同样范围内实行结算禁止。[4]股东不能对公司提供的担保采取行动。[5]就替代资本的借贷对第三人提供保证并根据该保证向该第三人作出了清偿的股东,不能向公司追偿。[6]不清楚的是,在公司破产中如果贷款不是受第32a条第1款而是仅仅受第30条第1款的约束,是否可以将这类贷款登记为顺序在后的债权(《破产条例》第39条第1款第5项)。但这一问题看来几乎没有实践的相关性。[7]

58 对不合法偿还的借贷金额或利息,必须根据第31条退回给公司,相关的股东承担共同责任(第31条第3款)[8]。退回请求权的诉讼时效为五年(第31条第5款)。如果公司向第三人偿还了由该第三人提供的替代自有资本的贷款,那么公司可以如同根据第32b条一样要求对该第三人提供抵押和质押担保或保证的股东给予补偿。[9]

---

[1] 根据主导观点由立法者在第32a条第3款第2句中引入的不参与经营的小股份的特权化相应地适用于根据第30条第1款受约束的贷款;比较上文Ⅱ1。

[2] BGHZ 76, 326, 332 ff; 81, 252, 257; 81, 311, 318; 90, 370, 376; 107, 7, 12 ff.

[3] BGH GmbHR 1996, 285, 287.

[4] BGHZ 81, 311, 314; BGH NJW 1984, 1036; WM 1987, 284, 285 f.

[5] BGHZ 75, 334, 339; 81, 311, 318.

[6] BGHZ 81, 252, 258; BGH WM 1986, 447.

[7] Bejahend v. *Gerkan/Hommelhoff* Hdb. Kapitalersatzrecht Rdn. 3.139.

[8] BGH WM 1990, 502, 504.

[9] BGHZ 81, 252, 260.

## IV. 融资计划贷款

参考文献：*Altmeppen*，Zur "finanzplanmäβigen Nutzungsüberlassung" als Kapitalersatz，ZIP 1996，909；*Drygala*，Gibt es die eigenkapitalersetzende Finanzplan-Nutzungsüberlassung?，GmbHR 1996，481；*Fleischer*，Finanzplankredite und Eigenkapitalersatz im Gesellschaftsrecht，1995；*Habersack*，Der Finanzplankredit und das Recht der eigenkapitalersetzenden Gesellschafterhilfen，ZHR 161（1997），457；*ders.*，Grundfragen der freiwilligen oder erzwungenen Subordination von Gesellschafterkrediten，ZGR 2000，384；*Hommelhoff/Kleindiek*，Flexible Finanzierungsinstrumente im GmbH-Recht，FS 100 Jahre GmbHG，1992，421；*Michalski/de Vries*，Eigenkapitalersatz，Unterkapitalisierung und Finanzplankredite，NZG 1999，181；*Oppenlönder*，Die Finanzplannutzungsüberlassung - eine Herausforderung für die Beratungspraxis，GmbHR 1998，505；*K. Schmidt*，Finanzplanfinanzierung，Rangrücktritt und Eigenkapitalersatz，ZIP 1999，1241；*Teller*，Rangrücktrittsvereinbarung zur Vermeidung der überschuldung bei der GmbH，2. Aufl. 1995；*Wiedemann*，Eigenkapital und Fremdkapital - Eine gesellschaftsrechtliche Zwischenbilanz，FS Beusch，1993，893.

有关替代自有资本的股东给付的规则，构成了禁止从公司抽走所提供的资金的理由，但并不说明形成了向公司提供资金的法律规定。〔1〕如果股东仅仅是向有限责任公司承诺提供贷款或经济上等同的给付，或者在公司章程中规定股东在需要时负有义务向公司履行这种给付义务，那么根据一般民法规则，股东可以在公司出现的危机时撤回承诺（《民法典》第610条、第775条第1款第1项）。新近的词汇把这种承诺称为融资计划贷款。只要把这种融资承诺记入资金平衡表（资产负债表）中资产项下，这样的承诺就可能同时导致公司开始进行业务活动，尽管公司如没有承诺的资金帮助可能从一开始就没有生存能力，或者导致公司继续经营业务活动，而不提出在其他情况下必须提出的破产申请。这样的承诺同样具有与自有资本类似的特征，因此，在法律上同样根据替代资本规则来评判这样的承诺，是容易理解的。〔2〕当然，这种承诺的前提条件是，这些给付已事实上归入公司财产；法律限制这样的退还请求权。 59

联邦最高法院采取了另一办法：它不是引用《有限责任公司法》第30条第1款和第32a条的规定，而是类推适用了有关未履行出资义务（第19条，见上文§28. 60

〔1〕 BGHZ 127，17，23；142，116，119.

〔2〕 Vgl. *Fleischer* aaO 57 ff（zur dogmatischen Grundlegung）und 162 ff（zur Rechtsfolgenseite）；aus dem jüngeren Schrifttum ferner *Habersack* ZHR 161（1997），457，477 ff；*ders.* ZGR 2000，384，413 ff；*v. Gerkan* ZGR 1997，173，192 ff. Sehr weitgehend rezipiert von OLG Karlsruhe ZIP 1996，918，922ff.；kritisch hierzu und die Bedeutung des Finanzplankredits relativierend *Altmeppen* ZIP 1996，909，910. Vgl. auch die Rechtsprechung zur sog. "gesplittenen Kommanditeinlage" in einer Publikums-KG bzw. GmbH & Co. KG，BGHZ 69，160，170；70，61，63；93，159；104，33，38.

I.)。在1999年6月28日作出的具有指引意义的判决中[1],联邦最高法院第二民事庭首先阐明,在多大程度上股东负有向公司提供此类借贷的义务,仅仅取决于公司章程的规定或在章程基础上作出的股东的附加约定。除危机外,股东可以通过变更章程或附加约定无限制地来解除自己的义务。但是,如果企业陷入危机,股东必须履行这一"承诺,就像其履行出资义务一样,股东不能以在此期间财产状况恶化为由拒绝提供贷款"。[2]

61 **典型案例**:联邦最高法院是根据下列案情作出上述判决(BGHZ 142, 116)的:被告和另外三个股东一起成立了一个注册资本为20万马克的有限责任公司被告出资6万马克。因为早在成立时,就已经预料到相对于规定的公司经营目标而言该注册资本是不够的。为此股东通过公司章程规定,一旦需要,股东必须按比例向公司提供数额为80万马克的贷款。8个月后,被告与公司签署了贷款合同。根据该合同,被告承担义务依据其承担的股份数额分期向公司提供24万马克的贷款,并已履行了14万马克。其他股东也做出了类似的行为。一年后,股东以多数意见决议的方式决定不再继续支付贷款,因此经理必须随即申请破产程序。破产管理人要求被告支付剩余的10万马克。联邦最高法院认为,出于形式上的原因,股东不能有效地解除其提供贷款的义务,因为对此或者必须修改章程的规定,或者如果这涉及债法上的附加约定,需要所有股东的一致同意。这里应该澄清的问题是,股东是否应该根据其原来的约定履行其贷款义务,就像履行其出资义务一样。这样做的后果是股东不得引用《民法典》第610条的规定,并且即使在发生危机后股东也必须履行其承诺。此外,联邦最高法院表示,取消出资义务,撤销一个类似出资的贷款承诺在实质上等同取消贷款义务,根据《有限责任公司法》第58条的规定需要进行减资,"在任何情况下不能违背公司债权人的意志实施减资"(aaO S. 121等)。[3]

62 首先,这一判决意味着明确拒绝使融资计划贷款受替代资本法律规定的约束。[4]这是否无懈可击至少看起来是成问题的。如果联邦最高法院以在公司危机中应该根据达成的约定按出资义务处理为基础来支持这样的贷款的约束性,那么,就产生了一个与融资决定的构成要件特征相似的情况,根据最近的法院判决该要件构成的特征在替代资本法律规定中也起着关键作用。[5]然而,在单独追溯到股东间的约定的情况下,则缺乏合同规则和强制性法律后果之间的环节,因为根据第19条规定,对未履行的出资承诺的约束不是以公司章程为基础的,而是以法律和该条规定背后的注册资本筹集的基本原则为基础的,该基本原则保护的是公司债权人。

63 这样看来,联邦最高法院这一判决的好处局限于,不是根据《有限责任公司法》第30条第

---

〔1〕 BGHZ 142, 116.

〔2〕 AaO Leitsatz 2.

〔3〕 Vgl. aber auch die kritische Distanz von Röhricht VGR Bd. 2, 3, 24;这一约定不能在危机中解除和遵守减少注册资本规定的要求的看法应该仔细考虑。

〔4〕 比较 Scholz/*K. Schmidt* § § 32 a, 32 b Rdn. 42, 91 ff; *Habersack* ZGR 2000. 384, 411; 还有 *Röhricht* aaO 23:"相反,这一通过融资计划贷款的流行的缩略语更多地隐藏而不是明朗的现象在根本上是其他的即纯粹的合同性质。"

〔5〕 见上文 I.5。

1 款和第 32a 条的规定，而是通过类推适用第 19 条的规定来结清未履行的融资计划贷款，也就是说，是根据有关资本筹集的规则，而不是根据有关资本维持的规则。首先，这看起来是符合实际的，因为贷款承诺还未履行，同时也意味着安全的法律基础受到了损失。就法律后果而言，类推适用有关减资的规定是否是一个比适用第 32f 条和第 32a 条规定更好的选择，是值得怀疑的，至少从注册法院的程序方面来看是这样，但还需要继续考察。但是，主要的是在公司危机中，违背《民法典》第 610 条未履行的贷款承诺的不可撤销性不能仅仅以当事人意志为支撑，因为如出资承诺一样，替代出资的融资计划贷款在公司危机中仍有约束力，与当事人的意志相冲突。所以，必须回到强制性法律规定，其核心最终还是替代资本法律规定涉及的那些原则。[1]

## §39. 增 资

参考文献：*Brönner*, Kapitalerhöhung aus Gesellschaftsmitteln, 1960; *Ehlke*, Vorausgezahlte Stammeinlage - ein Fall fehlerhafter Kapitalaufbringung in der GmbH?, ZGR 1995, 426; *Groß*, Voraussetzungen und Grenzen der Voreinzahlung auf eine künftige Bareinlageverpflichtung, GmbHR 1995, 845; *Grothus*, Kapitalerhöhung der GmbH, GmbHR 1959, 129; *Heins*, Tilgungswirkung von Voreinzahlungen auf künftige Barkapitalerhöhung in der GmbH, GmbHR 1994, 89; *Heitsch*, Das Bezugsrecht der Gesellschafter der GmbH bei Kapitalerhöhungen, 1997; *W. Hey*, Die Kapitalerhöhung bei der GmbH unter Verwendung von Geldforderungen, 1992; *Karollus*, Die Umwandlung von Geldkrediten in Grundkapital - eine verdeckte Sacheinlage?, ZIP 1994, 589; *Lutter*, Gescheiterte Kapitalerhöhungen, FS Schilling 1973, 207; *ders.*, Verdeckte Leistungen und Kapitalschutz, FS Stiefel 1987, 505; *Mertens*, Sozialakt und Vertretung, AG 1981, 216; G. *Müller*, Zur Umwandlung von Geldkrediten in Grundkapital, ZGR 1995, 327; *Munzig*, Das gesetzliche Bezugsrecht bei der GmbH, 1995; *Pastor/Werner*, Die Erhöhung der Nennbeträge alter Geschäftsanteile bei der GmbH, DB 1968, 1935; *Priester*, Das gesetzliche Bezugsrecht bei der GmbH, DB 1980, 1925; *ders.*, Die Erhöhung des Stammkapitals mit kapitalersetzenden Gesellschafterdarlehen, FS Döllerer 1988, 475; *ders.*, Voreinzahlung auf Stammeinlagen bei sanierender Kapitalerhöhung, ZGR 1988, 231; *Schaeberle/Murmann*, Die Kapitalerhöhung bei einer GmbH, 1985; *K. Schmidt*, Die sanierende Kapitalerhöhung im Recht der Aktiengesellschaft, GmbH und Personengesellschaft, ZGR 1982, 519; *Skibbe*, Das Bezugsrecht bei Kapitalerhöhungen der GmbH, GmbHR 1963, 46; *Ulmer*, Rechtsfragen der Barkapitalerhöhung bei der GmbH, GmbHR 1993, 189; *Winter*, Mitgliedschaftliche Treuebindungen im GmbH-Recht, 1988, 267; *Zintzen/Halft*, Kapitalerhöhung aus Gesellschaftsmitteln, 1960; ferner das Schrifttum zu §§ 20, 26 III, IV sowie § 28 I.

---

[1] 此外，比较 *Habersack* ZGR 2000, 384, 415，融资计划资金在功能上等同追加资本；kritisch zum Urteil v. Gerkan/Hommelhoff/*Dauner-Lieb* Hdb. Kapitalersatzrecht Rdn. 9.8。

## I. 概述

1 与股份有限公司一样，有限责任公司增加其章程中规定的基本资本数额，是为了实现两个完全不同的经济目的：其一通过新的出资增加自由资本（**真实增资**，《有限责任公司法》第55条至第57a条）；其二是将储备金转为基本资本（**名义增资**，《有限责任公司法》第57c-o条[1]）。与股份有限公司法相反，在《有限责任公司法》中没有规定有条件增资这种机制：即为了满足股份选择权和可兑换债券、或者发行职工股（《股份法》第192条；试比较上文 § 20. III.），公司可以发行股份；也没有规定核准增资这一机制（《股份法》第202条；见 § 20. IV.）。不允许将股份法的这些规定类推适用于有限责任公司。[2]

2 增资可分成五个阶段。由于必须在章程中确定基本资本的数额（《有限责任公司法》第3条第3项），无论进行哪种类型的增资，都必须首先**修改章程**。此外，还可能需要通过一项特别的**许可决议**（《有限责任公司法》第55条第2款）。然后，还要与公司签订一个**认购合同**（《有限责任公司法》第55条第1款）。接着，认购者必须**缴纳其认购的出资**。通常通过增加原股份的面值或者发行新的股份的方式进行增资。最后，还必须将增资结果向商务注册处申请登记（《有限责任公司法》第57a条）。登记有着结构性效果（《有限责任公司法》第54条第3款）。根据《有限责任公司法》第57b条的规定还必须对增资进行公告。

## II. 真实增资

### 1. 增资决议

3 进行真实增资时，**股东大会必须通过增资决议**，并对章程进行修改。决议中必须说明所要增加的资本数额；如果认购者必须缴付溢价，也必须说明溢价的数额（《有限责任公司法》第3条第2款）。与此相反，决议不必说明新股份的数量或者面值，也不必说明认购者[3]的姓名。此外，还可以进行有条件的增资，即规定一个最高的增资数额；只要公司能够找到足够的认购者，公司就可以在上述资本数额的范围内进行增资。[4]

---

[1] Die Vorschriften wurden mit Wirkung zum 1. 1. 1995 im wesentlichen unverändert aus dem Gesetz über die Kapitalerhöhung aus Gesellschaftsmitteln in das GmbHG übernommen. Es kann daher auch auf das alte Schrifttum zurückgegriffen werden.

[2] Hachenburg/*Ulmer* § 55 Rdn. 8; Baumbach/Hueck/*Zöllner* § 55 Rdn. 1; Scholz/Priester § 55 Rdn. 11.

[3] BayObLG GmbHR 1982, 185; LG Köln GmbHR 1985, 24.

[4] RGZ 85, 205, 207; Lutter/*Hommelhoff*, § 50 Rdn. 16; Scholz/*Priester*, § 50 Rdn. 20; LG Hamburg, AC 1995, 93.

**只有**股东**才有权决定增资**(《有限责任公司法》第 53 条第 1 款)。增资决议必须3/4 以上的多数同意票通过,并必须经过公证(《有限责任公司法》第 53 条第 2 款)。章程可以对增资决议提出更高的要求,特别是可以规定一个比法定票数更高的多数票通过决议(《有限责任公司法》第 53 条第 2 款第 2 句)。决议在登记之前对股东没有约束力,因此股东也不承担新股份的义务,〔1〕所以增资决议无需全体股东的一致同意。〔2〕 4

2. 允许优先认购和优先认购权

此外,决议还应该确定:新股份是向股东还是向第三者发行的(《有限责任公司法》第 55 条第 2 款)。根据法律规定,授予股东优先认购权是一个独立的法律行为,可以通过一个单独的决议作出决定。但是,这里必须注意平等原则。任何一个股东都没有必要容忍:多数股东通过发行和认购新股的方法以牺牲其利益为代价而加强其对企业的影响,增加其个人的持股数额。〔3〕 5

此外,与股份有限公司中的股东一样,也应该承认有限责任公司的**股东拥有优先认购权**。这一权利的合法理由是股东享有的成员权。虽然《有限责任公司法》并没有承认这一优先认购权。但是,由于有限责任公司具有人合公司的特征,这里比股份有限公司更需要授予这种优先认购权,以防止削弱原有股东对公司的支配权和财产权。〔4〕因此,与大多数人的观点不同,〔5〕不论公司章程或者增资决议中是否规定了优先认购权,股东都享有新股的优先认购权。如果人们认为股东拥有这种权利,那么只有在为了外部认购者的利益,全部或者部分排除了股东优先收购权的情况下,才需要单独作出一个发行决议。但是,由于目前的法律状况并不十分明了,即使保留股东的优先认购权,在增资决议中最好还是说明新增资本的认购人。 6

如果**剥夺股东的优先认购权**而许可第三人认购新增股份,则以修改章程所需的多数票作出相应的决议。〔6〕这是一种法人意志的形成行为,所以不能剥夺受益股东的表决权(见上文 § 33. V.3)。在实体法上,剥夺股东的优先认购权是对股东资格的严重侵犯。只有这种剥夺并不违反多数股东的忠诚义务时,才是允许的。在这 7

---

〔1〕 Vgl. BGHZ 140, 258, 260.

〔2〕 Lutter/*Hommelhoff*, § 55 Rdn. 12; Scholz/*Priester*, § 55 Rdn. 22.

〔3〕 RGZ 122, 159, 163 ff; OLG Hamm GmbHR 1975, 83, 86; Hachenburg/*Ulmer* § 55 Rdn. 47.

〔4〕 Vgl. *Priester* DB 1980, 1925; Scholz/*Priester* § 55 Rdn. 52; Baumbach/Hueck/*Zöllner* § 55 Rdn. 13; *Lutter* AcP 180 (1980), 84, 123; Lutter/*Hommelhoff* § 55 Rdn. 20; *Heitsch* aaO 41ff.

〔5〕 *Skibbe* GmbHR 1963, 46, 47; Rowedder/*Zimmermann* § 55 Rdn. 30; *Meyer-Landrut* § 55 Rdn. 19; im Grundsatz ebenso noch Hachenburg/*Ulmer* § 55 Rdn. 40 ff, der aber durch die Anerkennung einer Anwartschaft auf Teilnahme an der Kapitalerhöhung zu im wesentlichen identischen Ergebnissen gelangt; ihm folgend Winter Treuebindungen 267.

〔6〕 Str.; wie hier Baumbach/Hueck/*Zöllner* § 55 Rdn. 13; a. A. Lutter/*Hommelhoff* § 55 Rdn. 22 die eine einfache Mehrheit ausreichen lassen wollen.

里,也可以适用联邦最高法院在 Kali & Salz 一案中〔1〕就剥夺股份有限公司股东优先认购权所确定的原则。据此,只有依照理智的商业判断认为:公司有十分紧迫的利益,必须剥夺股东的优先认购权,而且由此对公司带来的益处高于相关股东在股权和投票权方面所受到的损失,才可以剥夺股东的优先认购权。〔2〕此外,还必须注意股东平等原则。在具体案件中,这里比股份有限公司更需要分析个案中的具体情况,尤其要看有关股东是否愿意认购新股缴纳出资,及他们的能力如何。值得一提的典型情况是实物出资,特别是从第三者收购一个企业。相反,只在公司章程中有明确规定的情况下,股东才会承担**认购义务**。有时从公司的经营状况、股东自身在公司中地位以及股东的财产情况中看出股东应该认缴新的出资。那么,根据股东承担的忠诚义务,股东必须承担相应的认购义务。但是这完全是一种例外情况(见上文 28. IV. 2)。

3. 认购合同

8 公司应该与每一个认购者签订认购合同,而后再开始对新股的认购。这并不是一个在转让股份时签订的交换合同,而是一个具有**团体性质的合同**。〔3〕认购者必须缴付新的出资,必须履行与股份相关的追缴出资义务和其他附属交付义务。但是,在将增加进行登记之前,认购者不享有履行请求权。〔4〕如果股东在将增资决议进行登记之前又撤销了该决议,那么,认购者只能根据不当得利法原则,请求返还 9 他已缴付的出资。〔5〕联邦最高法院否定了股东针对积极利益提起的损害赔偿请求权。这是正确的。因为如果肯定了这样的请求权,就等于强制公司实行增资,而法律根本没有这种意图。〔6〕但是,如果认购者相信公司会实行增资,而且他有足够的信任的理由,法律并不排除股东可以以消极利益为界限提起损害赔偿之诉。〔7〕

认购声明必须经过公证或者认证(《有限责任公司法》第 55 条第 1 款和第 2 款第 2 句)。 10 可以在公司作出增资决议之前就发出认购声明。声明可以附解除条件或解除期限。规定期限是值得推荐的。这样既可以避免认购合同约束期限不明确,也可以避免认购者出资期限不清的状况。〔8〕如果希望放弃规定的附加条件或期限,则可以以《有限责任公司法》第 55 条第

〔1〕 BGHZ 71, 40, s. oben § 20 I 3.

〔2〕 Ebenso Scholz/*Priester* § 55 Rdn. 52; Baumbach/Hueck/*Zöllner* § 55 Rdn. 15; *Lutter* AcP 180 (1980), 84, 123; Lutter/*Hommelhoff* § 55 Rdn. 22; auch *Wiedemann* GesR I, 448; *K. Schmidt* GesR § 37 V 1 a; *Ehlke* GmbHR 1985, 284, 288. Das Bezugsrecht ausdrücklich anerkannt hat der österr. OGH GmbHR 1984, 235.

〔3〕 RGZ 98, 349, 350; BGHZ 49, 117, 119; BGH WM 1966, 1262, 1263; BGHZ 140, 258, 260; Lutter FS Schilling 207, 210 ff.

〔4〕 BGHZ 140, 258, 260.

〔5〕 Vgl. RGZ 87, 165 f.; Hachenburg/*Ulmer* § 55 Rdn. 77; BGHZ 140, 258, 261.

〔6〕 Vgl. BGHZ 140, 258, 261.

〔7〕 Vgl. Veil WuB II C. § 55 GmbHG 1.99.

〔8〕 Vgl. BGHZ 140, 258, 261; Hachenburg/*Ulmer* § 55 Rdn. 68 f.; Scholz/*Priester* § 55 Rdn 81.

1 款所规定的形式发出相应的声明。[1]

11 公司必须给认购者发行股份。如果认购者还不是股东的话，公司还要接纳他为公司股东。因此，接收声明是由作出决议所需的**多数股东**的一致意见发出的，而不是经理所**代表的**。[2] 每个认购声明的他方合同当事人是公司的其他股东。

12 然而，股东也可以**授权**几个股东、经理或者第三人比如代理人签订认购合同。根据《有限责任公司法》第 53 条第 2 款和第 55 条第 2 款的规定，授予需要股东大会以 3/4 以上的多数意见作出决议。授予决议也可直接包括在增资决议中。联邦最高法院根据《民法典》第 181 条的规定作出判决（BGHZ 49，117，120）：如果公司只有一个股东，而且该股东自己将认购新股，那么就必须对经理或者第三者进行授权。与此相反的观点认为，在这种情况中不适用《民法典》第 181 条的规定，应该更为正确，因为这里并没有利益的冲突。[3]

13 在真实增资中，公司不能认购其**自己的股份**。因为公司只能用其超出基本资本数额的公司资产缴纳其出资，所以在实质上这是一种名义增资，它必须以法律规定的方式进行。[4] 类推适用《股份法》第 56 条第 2 款的规定，公司的**附属企业也**不得认购增发的股份。[5]这里应该结合依附关系这一法律概念。[6]

14 如果在有限两合公司中，**两合公司持有有限责任公司的全部股份**的状况（即所谓的单一公司，见下文 § 44 边码 5），这种法律情况比较有问题。如果人们将这种公司看成一个经济统一体，那么，两合公司中认购新增的股份时，那么作为无限股东的有限责任公司在实际上就没有获得新的资本。[7]然而，如果人们将两合公司和承担无限责任的有限责任公司看成是不同的财产主体，这里的法律状况就不同了。如果有限责任公司没有持有两合公司的股份，这种做法无论如何是比较公正的。如果将两合公司的资产转入有限责任公司中，以帮助其实行增资，这样就侵害了公司用以承担责任的资产，这属于《商法典》第 172 条第 4 款规定的情况。在这种同一公司中，由其有限股东策动支付给有限责任公司的资产必须视为向有限股东退

---

[1] Vgl. BGHZ 140, 258, 261 f.

[2] OLG Frankfurt AG 1981, 230; dazu *Mertens* AG 1981, 216; BayObLG DB 1978, 578.

[3] So LG Berlin ZIP 1985, 1491, 1492; zustimmend Scholz/*Priester* § 55 Rdn. 75; Lutter/*Hommelhoff* § 55 Rdn. 32; Baumbach/Hueck/*Zöllner* § 55 Rdn. 21; *Meyer-Landrut* § 55 Rdn. 7.

[4] H. A.; BGHZ 15, 391 ist insofern überholt. Vgl. statt aller Scholz/*Priester* § 55 Rdn. 108 mwN.; s. oben § 37 III.

[5] H. L., vgl. Scholz/*Priester* § 55 Rdn. 108; Hachenburg/*Ulmer* § 55 Rdn. 58.

[6] Sehr str., vgl. Scholz/*Priester* § 55 Rdn. 110; Rowedder/*Zimmermann* § 55 Rdn. 29, die eine Kapitalmehrheit verlangen, Lutter/*Hommelhoff* § 55 Rdn. 30 (25 %); Baumbach/Hueck/*Zöllner* § 55 Rdn 17; Hachenburg/*Ulmer* § 55 Rdn. 58 (jede Beteiligung).

[7] LG Berlin ZIP 1986, 1564 = DNotZ 1987, 374 mit zustimmender Anm. *Winkler*; Hachenburg/*Ulmer* § 55 Rdn. 56 ff.

还的股金。[1]

4. 新的出资

15 与设立公司时一样,每一股新出资的**最低面值必须为** 100 欧元(《有限责任公司法》第 55 条与第 5 条第 1 款和第 3 款)。如果一个股东认购了一份新出资,该股东就获得了另一份**股份**。与《有限责任公司法》第 5 条第 2 款的规定不同,该份股份不能与现有股份进行合并(《有限责任公司法》第 55 条第 3 款)。这一规定的原因在于,如果股东迟延缴付这两种股份的股金,却必须分别追究其相应的法律后果(《有限责任公司法》第 21—24 条)。因此,只有在缴清所有股金的条件下,才能将两个股份进行合并。在同样的前提条件下,也可以不发放新的股份,而是提高现有股份的面值,因为第 3 款的规定并不是强制性的。[2]相反,如同设立公司一样,在增资过程中任何人都不得认购几个新股(《有限责任公司法》第 55 条第 4 款与第 5 条第 2 款)。

16 如果股东没有缴清现有股份的股金,那么就会产生一个问题,即新股东是否也得根据《有限责任公司法》第 24 条的规定对此**承担补缴责任**。为了保护债权人的利益,应当确认新股东的这一责任。[3]相反,如果新股东不能缴纳其全部出资,应否追究现有股东对此的补缴责任,是值得怀疑的。如果现有股东反对该新股东的认购,就无论如何不能追究老股东的责任。假如人们肯定了老股东的这种责任[4],那么当老股东无力承担其责任时,则至少应给予该股东退出公司的权利(见上文 § 30. IV.)。[5]在执行增资决议的同时,就可以直接发出退出声明。

5. 增资的实施

17 在实施增资过程中必须注意:公司必须**确实能够收到与增加资本相应的金额**。就像设立公司时的出资一样。由于增资与公司设立的法律问题相同,所以《有限责任公司法》第 56 至 57b 条主要指引了该法中有关公司设立的规定(《有限责任公司法》第 5 至 9b 条;见上文 § 26. III. ,V.)。在这里,立法者关注的重点也是实物出资(《有限责任公司法》第 56 条、第 56a 条;见 § 26. IV.)。但是,令人不可思议的是,

---

〔1〕 Scholz/*Priester* § 55 Rdn. 111; vgl. auch Baumbach/Hueck/*Zöllner* § 55 Rdn. 17; Rowedder/*Zimmermann* § 55 Rdn. 29.

〔2〕 BGHZ 63, 116; OLG Hamm DB 1982, 945; BayObLG DB 1986, 738; LG Berlin GmbHR 1983, 200. Das OLG Hamm aaO stellt dem den Fall gleich, in dem die Gesellschafter noch mit den Gründern identisch sind, weil auch dann eine Haftung von Rechtsvorgängern nicht in Frage kommt.

〔3〕 RGZ 132, 392; vgl. § 28 Rdn. 25.

〔4〕 RGZ 93, 251; Lutter/*Hommelhoff* § 55 Rdn. 38.

〔5〕 LG Mönchengladbach ZIP 1986, 306, 307; Scholz/*Priester* § 55 Rdn. 23; Lutter/*Hommelhoff* § 55 Rdn. 38.

立法者却没有要求公司提交实物增资报告。[1]主流观点认为,法律是通过以下规定弥补这一明显的法律缺陷的:注册法院可以根据《有限责任公司法》第9c条和第57a条的规定要求公司提交类似的说明书,如果有理由的话,还可以要求出具有关出资实物的正式评估报告。[2]

认购者必须至少要**缴纳新股的**1/4的股金。而在一人公司中,股东必须对于尚未缴付的股金提供担保(《有限责任公司法》第56a条、第7条第2款)。无论是在增资决议还是在认购声明中,都必须对实物出资进行详细地说明。只有在增资决议中作出了明确的规定,才能免除认购者的出资义务(《有限责任公司法》第56条、第9条、第19条第5款,见上文§ 28. I. 2)。如果高估了用以出资的实物的价值,那么认购者必须根据《有限责任公司法》第9条的规定承担补缴差额的责任。在向商务注册处申请登记之前,公司必须已经收到了认购者缴纳的最低现金出资数额和出资的实物(《有限责任公司法》第56a条、第7条第2和3款)。在就增资申请登记的时候,应该像设立公司时一样,提供类似的保证证明(《有限责任公司法》第57条第2款;见 § 26. Ⅲ. 2)。类推适用《有限责任公司法》第9a条第1款和第3款的规定,经理负责增资的登记(《有限责任公司法》第57条第4款),他也必须对相关的虚假陈述承担责任。注册法官负有与公司设立时同样的审查义务(《有限责任公司法》第57a条与第9c条第1款),但是《有限责任公司法》第9c条第1款中所规定的限制却不适用于增资。在审查程序结束后,必须将增资记入商务注册簿,并进行公开公告(《有限责任公司法》第54条和第57b条)。登记有着创设性的法律效果(《有限责任公司法》第54条第3款)。相反,在增资中并没有前期亏损责任(见上文§ 26. Ⅵ. 1、4)。这种责任的目的是为了在公司设立阶段保护公司债权人,以免在公司登记之前就失去了公司的所有资本。[3] 18

一个特殊的问题是,股东是否可以用他**在作出增资决议之前就已缴付**给公司的金额冲抵新的出资。[4]为了避免所面临的破产危险,必须迅速注入短期资本;而不可能在短期内完成增资程序,所以在实践中确实需要这种特别的出资方式(见§ 64. I.)。 19

联邦最高法院在早先的判决中认为:只有在进行增资登记时,已经缴付的资金依然完好 20

---

〔1〕 Eine Verweisung auf § 5 IV fehlt. Nach *Priester* ist analog § 5 IV 2 ein Sacherhöhungsbericht erforderlich, vgl. Scholz/*Priester* § 56 Rdn. 65; ebenso *Timm* GmbHR 1980, 286, 290; *Ehlke* GmbHR 1985, 284, 290.

〔2〕 OLG Stuttgart BB 1982, 397; OLG Thüringen GmbHR 1994, 710; Hachenburg/*Ulmer* § 56 Rdn. 49; Baumbach/Hueck/*Zöllner* § 56 Rdn. 11; Lutter/*Hommelhoff* § 56 Rdn. 7; *Happ* BB 1985, 1927; ablehnend Rowedder/*Zimmermann* § 56 Rdn. 22; *Meyer-Landrut* § 56 Rdn. 10.

〔3〕 BGHZ 119, 177, 187.

〔4〕 Vgl. zur entsprechenden Rechtslage bei der AG die Ausführungen oben § 20 Rdn. 8 und zum sog. Schütt aus - Hol zurück - Verfahren § 20 Rdn. 9.

无损,它们仍然为公司所支配时,股东才能免除出资的义务。[1]但在新近的判决中,联邦最高法院倾向与接受学术界的一个主流观点,即在其他一些前提条件下,尤其是在“紧急重整”情况下[2],用先前的支付的资金冲抵新的出资。增资时已经交付的资金是否没有被消耗掉,已经很少明确提及。[3]各种审级的司法判决也逐步地接受了这一观点。[4]

21 学术界的主流观点是正确的。因为作出增资决定时或者在进行增资登记时,以前缴付的资金是否依然存在,并不是一个关键的问题。如果预先支付的款项是为了帮助公司清偿到期债务、防止公司破产,那么就应该将它视作有效的出资。因此,真正必须要求的是,缴付是为了这一目的进行的,并且它与基于这一目的而计划的增资有着直接的、时间上的联系。[5]此外,司法判决还要求这种出资必须具有透明性:必须明确声明预先缴付的款项是作为事后增资中的出资而交付的;在增资决议和增资登记中也必须明确说明这一点。否则,注册法院就无法进行审查,也无法保护其他股东的利益。此外,还需要对有关预先支付款项的协议进行公证(《有限责任公司法》第55条第1款)。[6]相反,没有必要要求认购者作出声明,即在增资失败和公司破产情况下他将放弃优先受偿权。[7]

22 如果股东用其对公司拥有的债权冲抵其出资,这就是一种**实物出资**。[8]因此,只有增资决议中对这种实物出资作了明确规定(《有限责任公司法》第5条第4款、第19条第5款),并且股东拥有的债权是足值和可转让的,股东才可以以这样的方式有效地履行其出资义务。股东也可以因其提供的具有替代自有资本性质的贷款而拥有的还款请求权来冲抵其出资。但是,如果这一请求权受到《有限责任公司

---

〔1〕 BGHZ 51, 157, 159 f; BGH NJW 1967, 44.

〔2〕 Lutter/Hommelhoff/*Timm* BB 1980, 737, 745 (zur AG); Lutter/*Hommelhoff* § 56 Rdn. 20 ff.; *K. Schmidt* ZGR 1982, 519, 529; *Priester* FS Fleck 231; Scholz/*Priester* § 56a Rdn. 14; Hachenburg/*Ulmer* § 56a Rdn. 22 f.

〔3〕 Vgl. zuletzt BGHZ 118, 83, 86 ff.; BGH ZIP 1995, 28, 30; BGH GmbHR 1996, 772, wo es der BGH für ausreichend erachtet, wenn der Einlagebetrag "jedenfalls zwischen dem Antrag auf Eintragung der Kapitalerhöhung in das Handelsregister und ihrer Durchführung wertmäβig zur freien Verfügung der Gesellschafter" stand; zurückhaltend auch BGH NZG 2000, 27. Vgl. auch OLG Düsseldorf NZG 2000, 690.

〔4〕 OLG Hamm DB 1986, 2320; OLG Köln ZIP 1991, 928, 930; OLG Stuttgart ZIP 1994, 1532, 1534 f.; OLG München NZG 1999, 84.

〔5〕 Die Rechtsprechung verlangt, daβ die Kapitalerhöhung bei Voreinzahlung schon eingeleitet wurde, indem die Gesellschafterversammlung unter Beachtung der kürzest möglichen Frist einberufen worden ist; vgl. BGH ZIP 1995, 28, 30; OLG Köln ZIP 1991, 928, 929; OLG Stuttgart ZIP 1994, 1532, 1535.

〔6〕 OLG Stuttgart ZIP 1994, 1532, 1535; Lutter/*Hommelhoff* § 56 Rdn. 20; Groβ GmbHR 1995, 845, 852; differenzierend *Ehlke* ZGR 1995, 441 f.

〔7〕 Hachenburg/*Ulmer* § 56a Rdn. 23; Scholz/*Priester* § 56a Rdn. 17; nach Lutter/*Hommelhoff* § 56 Rdn. 21 soll sich der Rangrücktritt konkludent aus der Zweckvereinbarung ergeben; ihnen folgend *Groβ* GmbHR 1995, 845, 852. Richtigerweise steht einer Kondiktion der eingelegten Mittel schon § 814 BGB entgegen.

〔8〕 vgl. zum folgenden § 26 IV und § 28 I.

法》第 30 条和第 31 条约束的话(见 § 38. III.),这种出资方式就无论如何都是不合适的。如果公司没有出现资不抵债的情况,那么《有限责任公司法》第 32a、b 条就不产生约束力。只有当对公司财产进行破产清算时,该条款才产生约束力。[1]因此,在启动破产程序之前,取决于出资的价值是否充分。

在实践中人们常常进行多种多样的尝试,试图通过间接支付、抵销或者接受实物规避上述规定。但这些行为都为《有限责任公司法》第 19 条第 2 款和第 5 款所禁止,司法判决也坚决地根据这些规定来进行审理。[2]但是,也有例外的情形,即股东可以以到期的分红**请求权**作为出资。在这种情况下,出资所用的资金实际上是公司的资产,所以联邦最高法院认为[3],在这里可以适用公司法中有关利用公司自由资产进行增资的规定进行。[4] 23

## III. 利用公司资产进行增资

1. 概述

增加不必一定是给公司注入新的资产,也可以通过将**公积金转化资本**这种方式进行增资(《有限责任公司法》第 57c 条第 1 款)。即使是这种增资,也必须由股东大会以修改公司章程所需的多数意见作出相应的决议(《有限责任公司法》第 57c 条第 4 款,第 53 条第 1、2 款)。只有在作出增资决议以前的上一年度的年终决算报表确定并且就利润的用途作出决定以后,才可以决定增资。有关年终决算的决议必须以资产负债表为依据(《有限责任公司法》第 57 c 条第 2 款和第 3 款)。可以在通过年终决算的同时,决定进行真实增资。但是,不得同时进行减资。在具体情况中可以类推适用股份有限公司法的有限规则(《股份法》第 207 条等)。[5] 24

2. 转化公积金

由于在增资中没有新的资金注入公司,所以这里并不能适用有关收缴股金的规定。[6]但是,《有限责任公司法》还是采取措施,保证公司**资产确实拥有**将要增加的资本数额。为了实施这一目的,法律对公司财产的可转性进行了限制(第 57c 条第 3 款),并且要求赖以决议的资产负债表必须由年度结算审计师进行审查(第 57e、f 条)。 25

只能将明确表明的资本储备金和盈余储备金转化为资本金(《有限责任公司 26

〔1〕 *Priester* FS Döllerer 475, 480 ff; str.

〔2〕 Aus der Rechtsprechung BGH NJW 1982, 2444, 2446 (zur AG); BGHZ 110, 47; 113, 341; 125, 149 f.; BGH ZIP 1996, 20; OLG Brandenburg GmbHR 1998, 1033; LG Mainz ZIP 1986, 1323, 1325 f; OLG Koblenz WM 1988, 1013, 1014; LG Mainz ZIP 1987, 512, 514; OLG Köln GmbHR 1990, 510, 511.

〔3〕 BGHZ 135, 381 zur AG.

〔4〕 S. oben § 20 Rdn. 9.

〔5〕 S. oben § 20 IV.

〔6〕 Allg. Meinung; vgl. Lutter/*Hommelhoff* § 57c Rdn. 4.

法》第 57d 条第 1 款)。相反,不得将秘密储备金转化成基本资本。[1]在转化之前,必须首先结清资产负债表中所列示的亏损和结转亏损(第 57d 条第 2 款)。其他的盈余储备金,比如投资储备金,只有当它与规定的目的相符时,才使用它们进行增资(《有限责任公司法》第 57d 条第 3 款)。一般来说,这需要对目的进行修改。为此必须由股东作出相应的决议;必要时,还必须修改章程。[2]

27 资产负债表是作为增资决议的基础(《有限责任公司法》第 57c 条第 3 款)。它既可以是上一年的年度结算报表,也可以是一个中期的资产负债表。但是,无论哪种情况,法律都规定必须由结算审计师进行审查。就年度结算报表而言,只有当审计师的审计结果没有任何限制,并且其审计日至少在 8 个月以前时,才能将它作为增资决议的基础(《有限责任公司法》第 57e 条第 1 款)。如果用以增资决议的依据是一个中期资产负债表,那么它就必须符合有关年度结算分目和估价的规定(《有限责任公司法》第 57f 条第 1 款)。此外,在作出增资决议之前,必须由一个或多个审计员对其进行审查(《有限责任公司法》第 57f 条第 2 款)。如果没有审计员的确认,不得作出增资决议(《有限责任公司法》第 57f 条第 2 款第 3 句)。如果没有符合这些规定的资产负债表,那么,类推适用《股份法》第 241 条第 3 项的规定,增资决议无效。[3]

3. 实施

28 可以通过发放新股或者提高股份面值的方式来进行增资(《有限责任公司法》第 57h 条第 1 款)。每股的面值必须是 10 的除数,但最低不得少于 50 欧元(《有限责任公司法》第 57h 条第 2 款)。根据法律规定,股东应该根据现有的持有比例认购新股(《有限责任公司法》第 57j 条第 2 句)。与此相反的决议无效(《有限责任公司法》第 57j 条第 2 句)。即使相关股东同意了这种不平等的分配,亦是如此(《有限责任公司法》第 57 条第 2 句)。[4]如果由此而产生了部分股权,则这些股权是可以独立转让和继承的;但是却不能独立地行使其中的权利(《有限责任公司法》第 57k 条)。与公司股份相关的权利关系并没有因此而发生改变(《有限责任公司法》第 57m 条)。

## §40. 减　资

参考文献: *Felix*, Effektive Kapitalherabsetzung bei der GmbH und eigener Geschäftsanteil, GmbHR 1989, 286; *Graf Kerssenbrock*, Zur zivil- und steuerrechtlichen Behandlung der

[1] Baumbach/Hueck/*Zöllner* § 57d Rdn. 1; Lutter/*Hommelhoff* § 57d Rdn. 4.

[2] Vgl. hierzu Lutter/*Hommelhoff* § 57d Rdn. 9ff.; Scholz/*Priester* § 57d Rdn. 17; ferner Rowedder/*Zimmermann* § 57d Rdn. 12, der eine ausdrückliche Aufhebung der Zweckbindung durch das die Bilanz festellende Organ verlangt.

[3] Baumbach/Hueck/*Zöllner* § 57e Rdn. 4, Lutter/*Hommelhoff* § 57e Rdn 12.

[4] Baumbach/Hueck/*Zöllner* § 57j Rdn. 4; Lutter/*Hommelhoff* § 57j Rdn. 6; Scholz/*Priester* § 57j Rdn. 2.

Kapitalherabsetzung einer GmbH, GmbHR 1984, 306; *Heinzmann*, Die Neuordnung der Kapitalverhältnisse bei der Sanierung der GmbH, 1992; Hirte, Die vereinfachte Kapitalherabsetzung bei der GmbH, 1997; *Krieger*, Sicherheitsleistung für Versagungsrechte, FS Nirk 1992, 551; *Lutter*, Kapital, Sicherung der Kapitalaufbringung und Kapitalerhaltung in den Aktien- und GmbH-Rechten der EWG, 1964; *Maser/Sommer*, Die Neuregelung der "sanierenden Kapitalherabsetzung" bei der GmbH, GmbHR 1996, 22; *Rittner*, Die Sicherheitsleistung bei der ordentlichen Kapitalherabsetzung, FS Oppenhoff, 1985, 317; *K. Schmidt*, Die sanierende Kapitalerhöhung im Recht der Aktiengesellschaft, GmbH und Personengesellschaft, ZGR 1982, 519; *Sommer*, Die sanierende Kapitalherabsetzung bei der GmbH, 1993; *Wirth*, Vereinfachte Kapitalherabsetzung zur Unternehmenssanierung, DB 1996, 867.

1. 概述

与增资一样,减资也有两个不同的目的:其一,将部分基本资本分配给股东(**真实减资**);其二,在公司经营亏损后,减少公司的基本数额,使其与公司的实有资产相符(**名义减资**)。在公司放弃催缴尚未缴纳的股金时,可以采用真实减资方式(《有限责任公司法》第19条第3款)。同样,如果公司回收部分股份并且给退出公司的股东提供补偿时,也可以采用这一方式(见上文§30. III.,IV.)。《有限责任公司法》第58条对上述两种减资方式进行了统一的规定。减资时,必须由股东大会作出决议并对章程进行相应的修改;此外,为了将减资事项通知公司债权人,公司还必须将减资决议进行公告。为了能使减资在商务注册处获准登记,公司必须首先清偿债权人的债务或者提供清偿担保。只有在经过规定的禁止期后,才可以在商务注册处申请减资登记。一旦获准登记,减资即具有法律效力。 1

自1994年10月19日以来,《有限责任公司法》也规定了**简化减资程序**(《股份法》第58a条等)[1]。由于进行公司整顿时迫切需要一个特别的减资程序,立法者采取了这一措施。与真实减资和名义减资不同,在简化减资过程中,公司可以将其基本资本额减至法定最低资本额以下。但是进行这种减资必须符合一个前提条件,即公司必须同时进行增资,并使已经低于法定最低资本额的基本资本重新达到这一法定数额。这一减资程序基本上与真实减资相同,但是,法律通过其他方式对债权人进行了保护。 2

2. 减资程序

必须由股东大会以合格的多数票形成减资决议,并且必须对该决议进行公证(《有限责任公司法》第53条)。决议中必须说明减资后的基本资本数额、减资的目的[2]。决议也可以仅仅规定一个减资的最高数额。这时必须同时说明据以最终确 3

---

〔1〕 Die Vorschriften wurden im Zuge der Neuordnung des Insolvenzrechts geschaffen, traten aber schon vor der InsO in Kraft.

〔2〕 Zur Angabe des Zwecks BayObLG GmbHR 1979, 111; h. A.; a. A. aber Baumbach/Hueck/*Zöllner* § 58 Rdn. 14, der eine Zweckangabe nicht verlangt.

定减资数额的具体情形,例如根据即将发生的亏损数额,或者根据给退出股东提供的补偿金数额〔1〕。期间,公司必须遵守有关最低基本资本数额的规定。在真实减资中,还必须遵守有关最低出资额的规定(《有限责任公司法》第58条第2款)。如果因为个别股份的面值太低而不能进行减资,就必须进行股份合并,当然也可以对股份面值再次进行调整。〔2〕

4 此外在**真实减资**时,**每股的面值**也随着资本总额的减少而相应地减少。但是,除非减资决议另有规定,减资不会改变股东的持股比例关系。减资后多余的资金必须记入资产负债表中的盈余储备金项下。当然也可以记入该表中盈余项下并将它分配给股东,或者将它作为补偿金支付给退出公司的股东。在**名义减资**时,目前要求按比例相应减少每股面额的观点占据了上风。这一观点是正确的。〔3〕

3. 实行减资

5 《有限责任公司法》第58条第1款是有关**实行减资的条款**。这一规定的主要目的是为了防止公司将必须用于清偿债权人债务的资金分配给股东。公司经理必须在公司报刊上前后三次公告减资决议,**通知**相关的**债权人**。对于记名的债权人,公司必须分别予以通知,要求他们登记债权(《有限责任公司法》第58条第1款第1项)。如果债权人不同意减资,公司必须首先清偿其债权或者对此提供清偿担保(《有限责任公司法》第58条第1款第2项)。虽然债权人无权提出清偿要求,但是如果得不到他们的同意,就不能在商务注册处获准减资登记。

6 在最后一次公告减资决议的一年以后,相关的减资决议才可以向商务注册处申请登记(《有限责任公司法》第58条第1款第3项)。在申请登记时,公司经理必须保证,已经在公司登记的债权人或者已经同意了减资,或者公司已经清偿了他们的债务,或者已经为此提供了清偿担保。如果违反这一规定,经理必须根据《有限责任公司法》第43条的规定承担民事责任,同时必须根据该法第82条第2款第1句的规定承担刑事责任。《有限责任公司法》第58条第1款和第82条第2款第1句是保护债权人利益的条款。如果公司没有将减资事项通知债权人或者没有清偿其债务或者提供清偿担保,债权人可以根据《民法典》第823条第2款的规定向经理提出损害赔偿之诉。〔4〕

4. 简化减资

7 如果减资的目的是为减免公司的亏损,使公司的资本数额与其实有资产数额

〔1〕 H. A.; Baumbach/Hueck/*Zöllner* § 58 Rdn. 12; Lutter/*Hommelhoff* § 58 Rdn. 7; a. A. *Meyer-Landrut* § 58 Rdn. 11.

〔2〕 Einzelheiten in der Kommentarliteratur, z. B. Hachenburg/*Ulmer* § 58 Rdn. 24; Scholz/*Priester* § 58 Rdn. 16, 27.

〔3〕 Hachenburg/*Ulmer* § 58 Rdn. 17 f; Scholz/*Priester* § 58 Rdn. 22; jetzt auch Baumbach/Hueck/*Zöllner* § 58 Rdn. 8 f.

〔4〕 BayObLG BB 1974, 1362, 1363.

相符,公司可以采用简化减资(《股份法》第58 a条第1款)。这是进行**企业整顿**的一种方式,它通常与增资结合使用。由于这种减资方式的独特特性,它不能适用有关真实减资和名义减资的规定。相反,它适用一些特别条款(《有限责任公司法》第58 a条和第58 b-f条)。根据这些条款,公司债权人没有权利要求公司清偿其债务或者提供清偿担保。因此,在进行这种减资时,公司既不必通知债权人,也不必遵守有关禁止实施减资期限的规定。但是,《有限责任公司法》第58a条等条款规定,公司必须更加严格地**保护公司资产**。

8 通过解散资本储备金或者盈余储备金,公司会获得相应的资金。但是公司只能将上述资金用于平衡公司的资产贬值或者其他亏损。同样,公司通过减资而获得的资金也只能用于上述目的(《有限责任公司法》第58 b条第1款)。此外,如果由于公司估计的亏损数额过高,弥补亏损后还留有一些富余资金,公司必须将这部分资金存入资本储备金(《有限责任公司法》第58 c条)。公司在五年内不得动用根据《有限责任公司法》第58 b条第1款和58 c条存入储备金的资金(《有限责任公司法》第58b条第3款);另外,动用这些资本必须符合《有限责任公司法》第58条第3款第1—3项规定的条件。在特定的条件下,公司在减资后的五年内也可以分配盈利。其前提条件就是公司所有的资本储备金和盈余储备金总数必须达到公司资本的10%以上(《有限责任公司法》第58 d条第1款)。在进行减资后的最初两年内,分配盈利的总数不得超过减资时公司拥有的资本数额的4%(《有限责任公司法》第58d条第2款)。

# 第五章 有限责任公司的终止

## §41. 公司的解散和终止

参考文献：*Heller*, Die vermögenslose GmbH, 1989; *Hennrichs*, Fortsetzung einer mangels Masse aufgelösten GmbH, ZHR 159 (1995), 593, *Hönn*, Die konstitutive Wirkung der Löschung von Kapitalgesellschaften, ZHR 138 (1974), 50; *Hofmann*, Zur Auflösung einer GmbH, GmbHR 1975, 217; *ders.*, Zur Liquidation einer GmbH, GmbHR 1976, 229, 258; *Hüffer*, Das Ende der Rechtspersönlichkeit von Kapitalgesellschaften, Gedächtnisschrift Schultz, 1987, 99; *ders.*, Löschung und Beendigung einer GmbH, GmbHR 1988, 209; *Konow*, Die gerichtliche Auflösung der GmbH, GmbHR 1973, 217; *Lutter/Drygala*, Die übertragende Auflösung: Liquidation der Aktiengesellschaft oder Liquidation des Minderheitenschutzes? FS Kropff, 1997, 191; *K. Schmidt*, Insolvenzgründe und präventiver Gläubigerschutz, AG 1978, 334; *ders.*, Sinnwandel und Funktion des überschuldungstatbestandes, JZ 1982, 165; *ders.*, Zur Ablösung des Löschungsgesetzes, GmbHR 1994, 829; *Scholz*, Die Fortsetzung der Liquidations-GmbH, GmbHR 1982, 228; *Timm*, Der Miβbrauch des Auflösungsbeschlusses durch den Mehrheitsgesellschafter, JZ 1980, 665; *Vallender*, Auflösung und Löschung der GmbH, NZG 1998, 249.

### I. 概述

1 有限责任公司终止时,将会遇到和终止股份有限公司时所遇到的同样的问题。《有限责任公司法》主要通过第60—74条对这些问题进行了原则性的规定。当然这些规定并不是十分详尽和具体的(《有限责任公司法》第22条)。尤其是在终止有限责任公司时,法律也将之分成解散、清算和注销三个不同的阶段并予以不同的规定。解散并不是终止公司的惟一途径。与股份有限公司一样,与其他公司进行合并(《变更法》第2条、第46条等,见下文§47)和分离(《变更法》第123条和第138条等,见下文§48)也能导致公司的终止。在实践中,这也是常用的方式。在这种情况下,有限责任公司也归于消失,但是其资产可以不经清算而全部转让给后继企业。但是,形式的变更并不能导致公司的解散(《变更法》第190条和第226条等)。相关的公司在新的形式下继续存在(《变更法》第202条,见下文§49)。

## II. 解散原因和解散程序

1. 解散原因

导致解散有限责任公司的原因主要有以下几个：

(a) 根据法律规定，公司在合同规定的经营期**届满**时解散（《有限责任公司法》第 60 条第 1 款第 1 项）。如果公司本来就是为了在一定时期内实现特定的目的而设立的，就会规定公司的存续期限。根据公认的看法，如果规定公司将于某一比较确定的日期解散，如某一股东的死亡或者 70 岁生日时解散，就已经对公司的存续期限作出了明确的规定。 2

(b) 根据**股东的决议**而解散。如果公司设立合同没有作出特别的规定，解散公司的决议须以 3/4 以上的多数同意票作出（《有限责任公司法》第 60 条第 1 款第 2 项）。在某些情况下，解散公司必须首先修改章程。如公司决定在章程规定的日期之前解散，就是这种情况。这时公司的解散还必须符合其他前提条件：对股东决议进行公证并交商务注册处登记。[1] 股东决议一旦作出，立即发生效力。登记仅仅起了公告的作用。决定公司的解散是股东大会的职权。这是强制性的法律规定。股东大会不需要对其决议说明理由。但是，如果大股东滥用其表决权损害小股东的利益，小股东可以根据一般法律原则要求撤销股东大会的决议。股东大会的解散决议导致企业的解体。仅仅因为这一点，小股东还不足以提出上述要求，因为这是解散的必然结果，也是法律赋予大股东的权力。联邦最高法院在其判决中明确指出，不得对股东大会的解散决议进行内容审查。这一判决是十分正确的。[2] 即使大股东在决议时表示：他有意在清算时收购企业大部分资产。仅仅根据这一点，小股东还不能提出撤销诉讼。[3] 除此之外，还必须有其他不正当的行为，尤其是股东有计划的、不诚信的谋求企业的解散。例如，大股东在股东大会作出解散决议之前就已经设立了一家收购公司，该收购公司随即接管解散公司的业务，或者与解散公司达成了收购资产的协议。借此排挤小股东，同时自己依然可以经营企业。[4] 3

(c) 根据法院依据股东提起的**解散之诉**作出判决而解散（《有限责任公司法》第 60 条第 1 款第 3 项、第 6 条第 1 款）。如果某股东持有公司的 1/10 以上的股份，他就可以提起解散之诉。这也是小股东享有的法定权利。 4

在实质上，提起解散之诉的前提条件是：公司关系中必须存在着解散的**重要原因**。法律自己列举了这样一种情况，即公司已经不可能实现其经营目标。只有当股 5

---

〔1〕 H. M.; Hachenburg/*Ulmer* § 60 Rdn. 33; Scholz/*Schmidt* § 60 Rdn. 14; vgl. auch RGZ 65, 264, 266 f; 101, 78; OLG Karlsruhe GmbHR 1982, 276.

〔2〕 BGHZ 76, 352, 353 f; 184 (*Linotype*; s. oben § 12 Rdn. 26).

〔3〕 BGHZ 103, 184, 191 gegen *Lutter* ZGR 1981, 171, 177 ff; *Hirte*, Bezugsrechtsausschluβ und Konzernbildung, 1986, 150 ff.

〔4〕 BGHZ 76, 352, 355; 103, 184, 193; vgl. zum Ganzen *Lutter/Drygala* FS Kropff 191.

东就此发生了激烈的争论,才有可能提起解散之诉。如果大多数股东认为,公司依然能够实现其经营目标,小股东可以退出公司,或者将其开除出公司(见上文 § 30. IV.)。因此,在这种情况下,解散公司的重要原因是:由于法律规定或者某些客观情况的出现,致使企业根本无法经营。[1] 股东相互之间存在的**根深蒂固的、难以消除的**、而且直接危及企业存续的冲突就是其中一个因素。即使在这种情况下,还必须审查,是否可以通过开除一个或者几个股东来挽救企业,这样或许可以让其余的股东继续经营企业。如果开除是正当的,就应该驳回这些股东提起的解散之诉。[2] 在只有两个股东的公司中,如果只有一个股东对股东冲突负责,那么就可以将该股东排除出公司;如果两个股东对此都负有责任,则不适用上述情况。[3] 在三人公司中,如果提起解散之诉的股东对公司中的矛盾负责,反对解散的股东对此没有责任,那么,法院也应该驳回解散之诉。[4] 如果提起解散之诉的股东可以出让其持有的股份,而且这样也能够维持其利益,法院也同样不支持其提出的解散之诉[5]。

6 (d) 根据**行政法院的判决**而解散。如果公司股东大会作出了非法的决议或者股东默认了经理的非法行为,并且由此而危及公共利益,行政法院可以作出此类判决(《有限责任公司法》第 60 条第 1 款第 3 项、第 62 条)。在这种情况下,管理部门可以根据现行法律向行政法院提起解散之诉[6]。

7 (e) 根据**《协会法》第 17 条**的规定,如果一家有限责任公司违反了宪法维护的秩序或者有违公民公共意识,就必须予以禁止;如果公司的目的或行为违反了刑法规定,也是如此。州政府或者联邦内政部可以颁发禁令,命令解散公司。

8 (f) 因**启动破产程序**而解散(《有限责任公司法》第 60 条第 1 款第 4 项,见下文 IV),或者因资产不足拒绝启动破产程序而解散(《有限责任公司》第 60 条第 5 项)。在这种情况下,应该根据有关的清算规则处理公司的剩余资产。

9 (g) 因**注册法院的解散决定**而解散(《有限责任公司法》第 60 条第 1 款第 6 项)。如果公司合同中有《有关自愿管辖权事项的法律》第 144 a 条第 4 项列举的重大缺陷,注册法院可以作出解散决定(试比较上文第 26 条第 7 款第 2 句);同样,如果公司设立后所有的股份逐步集中在一个股东手中,而且在公司设立后的三年内,股东依然没有付清所有现金出资,也没有为拖欠的股金设定担保,或者没有再次出让一部分股份,注册法院可以作出此类决定(《有限责任公司法》第 19 条第 4 款,《有关自愿管辖权事项的法律》第 144b 条,试比较上文 § 26. V. 3)。

---

〔1〕 *Lutter/Hommelhoff* § 61 Rdn. 1.

〔2〕 BGHZ 80, 346.

〔3〕 BGHZ 16, 317, 323; 32, 17, 35.

〔4〕 BGHZ 80, 346, 348.

〔5〕 BGH NJW 1985, 1901 Zu den Einzelheiten ist auf § 30 IV zu verweisen.

〔6〕 Im entsprechenden Fall des § 396 AktG sind die Zivilgerichte zuständig. Die Vorschrift läßt sich angesichts des klaren Wortlauts des § 62 jedoch nicht durch Analogie in das GmbH-Recht übernehmen.

(h) 因将公司住址迁往国外而注销。[1] 10

(i) 最后,如果公司**没有资产**,注册法院也可以下令注销公司(《有限责任公司法》第60条第7项与《有关自愿管辖权事项的法律》第144a条;这一条款取代了以前的注销法的规定)。如果公司不再拥有任何有价值的财产,相关的公司就没有任何资产。[2] 11

根据《有关自愿管辖权事项的法律》第141a条规定的程序,必须由政府机构或者由商务机构的官方代表提起解散申请,然后才能启动注销程序。例如这样的机构有工业和商业行会、税务部门等。如果已经对公司资产开始了破产程序,而且没有任何证据表明公司依然拥有资产,这时就可由政府机构申请注销。注销的目的是为了清除那些没有资产的空壳公司;在形式上,它们依然是一个公司,但是如果让它们继续存在,它们就可能损害第三者的利益,而且会加重商务注册处的负担。然而,是否注销由注册法官裁量决定。由于注销将决定公司的存续,决定注销的前提条件是必须仔细地审查公司是否已经真的没有资产。[3] 在事实上,无资产的公司并不总是被注销的。在多数情况下,它们被当作空壳公司保留下来。这样,在需要时还可以重新激活这些空壳公司。如果公司已经被注销,但是事后发现该公司还拥有一些可以用以分配的资产,那么就必须进行清算(《有限责任公司法》第66条第4款)。 12

### 2. 穷尽的规定

法律规定的解散原因是穷尽的。因此股东的退出、死亡或者破产都不是解散公司的原因。同样,公司停止经营、出让或者出租企业也不会引起公司的解散。在这种情况下,公司多半以控股公司或者空壳公司的形式继续存在。当然,公司设立合同也可以对解散公司的情况作出具体规定(《有限责任公司法》第60条第2款)。如果设立合同规定,只有具备足够的理由时才可以解聘,或者规定即使没有理由也可以解聘,那么,通过解释这一条款必须弄清楚,解聘是否会使有关股东退出公司或者引起公司的解体。在意见不统一时,可以认为其他股东可以继续经营该公司,这样可以保持现有的企业。[4] 13

### 3. 公司的继续存在

在公司解散过程中,只要解散程序还没有结束,如果解散公司的原因不复存 14

[1] RGZ 88, 53, 55; 107, 94, 97; s. oben § 25 I 3.

[2] OLG Frankfurt GmbHR 1993, 299; OLG Koblenz GmbHR 1994, 483; BayObLG GmbHR 1999, 411; vgl. auch BGHZ 117, 323, 332.

[3] OLG Frankfurt GmbHR 1983, 271; OLG Hamm GmbHR 1993, 298; BayObLG GmbHR 1995, 531; GmbHR 1998, 736; OLG Düsseldorf GmbHR 1997, 131.

[4] So jetzt wohl die h. L. entgegen der älteren Judikatur RGZ 93, 326, 327; 95, 39; 113, 147, 149; OLG Karlsruhe GmbHR 1960, 24; a. A. auch Hachenburg/*Ulmer* § 60 Rdn. 68; Baumbach/Hueck/*Schulze-Osterloh* § 60 Rdn. 46.

在,股东通常可以决定**继续经营**该公司,也就是将正在解散中的公司恢复成为一个继续经营的公司。[1]比照适用《股份法》第 274 条第 1 款第 1 句的规定,继续经营公司离不开一个前提条件,即公司还没有将其资产分配给股东。因为如果这里不再适用有关维持公司资本的规定,是不能容许公司继续存续的。[2] 此外,还必须具备下列条件:公司不得构成资不抵债。[3]

15 类比适用《股份法》第 274 条第 1 款第 2 句的规定,有关公司继续存续的决议必须得到 3/4 以上多数票的支持。此外,在客观情况需要时,还需要对公司章程进行修改。例如根据《有限责任公司法》第 60 条第 1 款第 1 项的规定,如果在公司规定的存续期届满后,股东还不愿解散该公司,就必须对公司章程作出相应的修改。[4]

## III. 清算

### 1. 清算人

16 在解散公司后,主管公司的不再是经理,而是**清算人(在破产中则是破产管理人)**。然而,法定清算人就是经理本人,而且无需任何特别的聘任程序,经理就可成为清算人(《有限责任公司法》第 66 条第 1 款)。所需履行的手续是必须根据《有限责任公司法》第 67 条的规定在商务注册处登记。当然可以通过公司合同或者股东决议的规定,委托其他人担任公司清算人。如果存在着特别的理由,经由持有 10% 以上公司股份的少数股东的申请,可以由注册法院直接指定清算人(《有限责任公司法》第 66 条第 2 款)。如果现任清算人的行为不公正,小股东就可以提出上述申请。[5] 除此之外,《民法典》第 29 条还规定了紧急指定清算人的情形。由于《有限责任公司法》第 66 条第 4 款的规定并没有指引第 6 条第 2 款第 1 句的规定,清算人可以是法人。这一规定与有关经理的要求不同。如果清算人为自然人,则必须符合《有限责任公司法》第 6 条第 2 款第 2 句和第 3 句规定的前提条件,这些条件与对经理的要求相同(《股份法》第 66 条第 4 款)。

17 除了法院指定的清算人,股东可以以股东大会决议的方式在任何时候提前解

---

〔1〕 Vgl. *Hennrichs* ZHR 159 (1995), 593.

〔2〕 H. L., vgl. OLG Düsseldorf GmbHR 1979, 276, 277; *Hofmann* GmbHR 1975, 217, 226 f; *P. Scholz* GmbHR 1982, 228, 233; a. A. noch RGZ 118, 337, 340.

〔3〕 *P. Scholz* GmbHR 1982, 228, 234; Hachenburg/*Ulmer* § 60 Rdn. 86; Scholz/*Schmidt* § 63 Rdn. 75, Anh. § 60 Rdn. 24; weitergehend wurde früher verlangt, daβwenigstens das gesetzliche Mindeststammkapital noch vorhanden ist oder durch eine Kapitalerhöhung alsbald aufgebracht wird, vgl.. zuletzt LG Berlin BB 1971, 759, 760; RGZ 118, 337, 340 verlangte darüber hinaus sogar, daβdas in der Satzung festgelegte Stammkapital unversehrt ist.

〔4〕 Str.; Hachenburg/*Ulmer* § 60 Rdn. 88 ff; Scholz/*Schmidtv* *§ 60 Rdn.* 50; *Baumbach/Hueck/* Schulze-Osterloh *§ 60 Rdn.* 47; *je m. w. Nachw.*; *a. A.* (*Einstimmigkeit*) *RGZ* 118, 337, 341; (*einfache Mehrheit*) P. Scholz *GmbHR* 1982, 228, 232.

〔5〕 BayObLG GmbHR 1969, 152, 153.

聘清算人。在一定条件下，注册法院也可以解聘其指定的清算人。解聘的条件与聘任的条件相同(《有限责任公司法》第 66 条第 3 款)。如果有重要原因，每个清算人可以自动辞去其工作，并向公司宣布解除其聘任合同。

有关清算人在商务注册处的程序性规定可以比较《有限责任公司法》第 67 条规定。根据《有限责任公司法》第 71 条第 4 款的规定，公司的信笺上必须载明其清算人。这一规定与《有限责任公司法》第 35 a 条有关经理的规定相似。 18

2. 公司的法律统一性

解散并没有改变公司的内部组织结构。公司依然是一个法律统一体。惟一的不同点是公司的目的发生了变化：解散后，公司的目的是对公司资产进行清算，其原定的目的不再有效。原则上，适用于一般公司的法律规定同样适用于清算中的公司(《有限责任公司法》第 69 条第 1 款)。但是这里不适用《有限责任公司法》第 29 条的规定。这是因为分配利润和清算的性质相矛盾。在清算中，股东还可以修改设立合同。例如，为了清偿所有的债务，股东可以决定增加公司的基本资本。[1] 与公司经理一样，清算人对外拥有无限的代表权。这一权利也是不受限制的。[2] 以前有人认为清算人仅仅在清算范围内拥有代表权。这一观点既不符合《有限责任公司法》第 71 条第 4 款和第 37 条第 2 款的字面意义，也不符合机构代表权的基本原理。此外，这种观点也不符合法律交往的实际需要。如果违反这一义务，即如果清算人提前将公司资产分配给股东，清算人必须承担《有限责任公司法》第 71 条第 4 款、第 43 条、第 64 条和第 73 条第 3 款规定的法律责任。 19

3. 清算程序

法律并没有对解散注册的时间作出统一的规定。有时可以在申请登记后进行注册和公告，有时是经政府机构审核后再在商务注册处注册并且进行公示(《有限责任公司法》第 65 条第 1 款)。公司名称前必须加上清算字样，通常加上其缩写"i. L."(《有限责任公司法》第 68 条第 2 款)。清算人必须在公司报刊上对公司解散进行公告，并且要求所有债权人向公司登记债权。在清算人进行三次公告后，才开始对公司资产进行**清算**(《有限责任公司法》第 65 条第 2 款)。此外，清算人必须编制一份**清算资产负债表**和资产状况报告(《有限责任公司法》第 71 条第 1 款)。[3] 这里指的不是利润分配资产负债表，而是资产负债表。因此，如果清算过程中必须出让公司的固定资产和流动资产，必须首先对这些资产进行评估(《有限责任公司》第 71 条第 2 款)。如果公司必须接受审查(试比较《商法典》第 316 条)， 20

---

〔1〕 BGHZ 24, 279, 286 (zur AG).

〔2〕 Heute h. M.; vgl. OLG Stuttgart GmbHR 1986, 269, 270; Scholz/*Schmidt* § 70 Rdn. 3; Hachenburg/*Hohner* § 70 Rdn. 30; *K. Schmidt*. AcP 184 (1984), 529.

〔3〕 Vgl. *Förster*, Die Liquidationsbilanz 3. Aufl., 1992; *Scherrer-Heni*, Liquidations-Rechungslegung, 1990; *K. Schmidt*, Liquidationsbilanzen und Insolvenzbilanzen, 1989.

那么必须对清算报表进行审计。如果公司的情况十分透明,即使是为了保护债权人和股东的利益,也没有必要进行审计,那么注册法院就可以免除这一审计义务(《有限责任公司法》第71条第3款)。

21 如果清算周期很长,那么,还必须根据同样的规定编制清算年度报表和清算状况报告(《有限责任公司法》第71条第1款)。在清算过程中也有必要依照规定进行簿记。因此,尽管法律没有明确说明这一点,依然有必要在清算结束时提交一份**清算终结报表**。[1] 除此之外,清算人还必须终结公司正在进行的业务,履行公司的义务,收回公司的债权。[2] 为了终止尚未终结的业务,清算人可以开展新的业务。清算人可以应该将公司的资产变换成现金(《有限责任公司法》第70条)。只有在清偿债权人的债务需要现金时,才应该进行上述转换。通常情况下,清算人可以将企业作为一个整体有偿出让给他人。

22 在清偿了公司所欠的债务或者对债务提供了担保后,清算人可以将公司的剩余资产分配给股东。但是,只有在最后一次向债权人发出解散公告后的一年后,才可以进行上述分配。如果公司的设立合同没有另外的规定,应该根据股东的持股比例分配公司的剩余资产(《有限责任公司法》第72条和第73条)。最后,对公益性公司,适用特别的规定。在有限责任公司中,只有公司章程明确规定,股东没有分享公司剩余资产的权利,而且规定了有限责任公司的公益性质,注册法院才承认公司的公益性,并免除公司的纳税义务(试比较《税收条例》第51条等)。

4. 公司的终止

23 随着清算的结束,公司也告终止。清算人必须根据《商法典》第29条和第31条的规定在商务注册处注销公司。公司的消亡究竟始于无资产之时,还是在商务注册处履行了形式上的注销登记后,这依然是一个没有结论的理论问题。正确的观点应该是,只有在既履行了注销手续,又分配了所有的剩余资产后,公司才完全消失。[3]

24 公司的账簿和文档必须保存10年。无论是股东还是其继承人都有权查阅这些文件。经过法院的授权,公司债权人也可以查阅这些文件(《有限责任公司法》第74条)。在注销公司后,如果发现公司确实还有一些资产,或许还必须重新启动清算程序(所谓的**事后清算**)。[4]

---

[1] H. L.; vgl.. Scholz/*Schmidt* § 71 Rdn. 35; Baumbach/Hueck/*Schulze-Osterloh* § 71 Rdn. 27; *Lutter/Hommelhoff* § 71 Rdn. 12; a. A. Hachenburg/*Hohner* § 71 Rdn. 20; zur AG § 273 I AktG.

[2] Vgl. BGH GmbHR 1986, 226.

[3] So vor allem *K. Schmidt* GmbHR 1988, 209; *Hüffer* Gedächtnisschrift Schultz 99; BGHZ 105, 259, 260 ff. Einzelheiten s. zur AG oben § 22 I.

[4] BGHZ 48, 303, 307; 53, 264, 266; BayObLG BB 1984, 446; DB 1985, 107; OLG München ZIP 1988, 575; OLG Hamm BB 1987, 294; *K. Schmidt* GmbHR 1988, 209, 212; vgl. auch BGHZ 105, 259, 261.

## IV. 公司的破产

1. 前提条件

25 与所有贸易公司一样,对有限责任公司的资产也开展一个独立的破产程序(《破产条例》第11条第1款)。由于有限责任公司的资本数额通常比较少,股东又仅仅承担有限责任,这些都会导致公司采用极具风险性的融资方式。也因为这些原因,有限责任公司也是最容易破产的一种公司形式。[1] 破产的首要原因是无清偿能力。如果公司长期不能清偿到期债务,这就表明公司已经无清偿能力(《破产条例》第17条)。仅仅暂时缺乏流动资金,并不足以构成无清偿能力。当然,在这种情况下,也不必完全停止支付行为。如果公司已经面临着无清偿能力的危险,公司就可以根据《破产条例》第18条的规定申请启动破产程序。导致破产的另一个原因是资不抵债。如果公司的全部资产已经低于公司所欠的债务,就是这种情形(《破产条例》第19条第2款第1句)。资不抵债作为破产原因主要是为了保护债权人的利益,所以,在时间上资不抵债的情形通常先于无清偿能力发生。

26 资不抵债资产负债表与通常的年度报表是不同的,其目的不是为了确定公司有多少利润,而是为了确定公司是否还有足够的资产清偿债权人的债务。因此,基本资本已经不再列入负债项下。无论资产还是负债,都必须表明其价值,秘密储备金必须解散。另外,具有重要意义的是:在这一资产负债表中究竟是载明继续经营的价值还是仅仅载明较低的清算价值?《破产条例》第19条第2款第2句规定,这样的决定必须根据对企业存续能力的估计来决定。在估计中必须说明,在评析企业的存续能力时,"考虑综合情况后",企业是否有可能继续生存。这一条款实际上修正了联邦最高法院以前的判决。[2] 据此,资不抵债必须具备两个构成要件:其一,在确定清算价值的基础上,必须首先确定账目上是否已经是资不抵债的;其二,必须审查公司是否还有足够的融资能力,保证企业能够在相当长的时期内继续经营。[3]

2. 申请义务

27 只有经过申请,才能进行破产。公司债权人有权提出破产申请(《破产条例》第14条)。根据法律规定,经理和清算人也有提起破产申请的权利(《破产条例》第15条)。不仅如此,最迟在发现无清偿能力或者资不抵债后的三周内,经理和清算人必须提出破产申请(《有限责任公司法》第64条第1款和第71条第4款)。根据联邦最高法院最近的判决,一个人,即使不是经理,只要他确实像经理那样管理着

〔1〕 Im Jahre 1997 gingen 16746 Gesellschaften mbH in Insolvenz (davon 5533 Insolvenzverfahren eröffnet und 11191 mangels Masse abgelehnt). Das sind 58,5 % aller 28611 Insolvenzen; vgl. Stat. Jahrb. der BRD 1998, 138.

〔2〕 BGHZ 119, 201.

〔3〕 Zu Einzelheiten s. oben § 32 V 2b und ausführlich *Lutter/Hommelhoff* § 64 Rdn. 7 ff m. w. N.

公司业务,那么他也同样承担着上述申请破产的义务。〔1〕如果股东或者清算人违反了这一义务,那么他必须根据《有限责任公司法》第 64 条第 1 款的规定向公司承担损害赔偿责任。《有限责任公司法》第 64 条第 1 款也保护债权人的利益,据此,他们还可以根据《民法典》第 823 条第 2 款的规定提起独立的损害赔偿之诉。当然提起这一诉讼必须符合以下条件,即向公司支付的替代物并没有能够弥补其所受到的损失。〔2〕

28 此外,如果公司经理和清算人在应该提出破产申请后没有保管好公司资产,使得没有将它们用于破产程序或者调解程序,反而将这些资产用于支付有关款项,经理和清算人必须以其个人的资产补足这些款项。但是,如果他们已经尽到了一个正常的商人应尽的谨慎义务,例如,已有足够的对价付进了公司的账户,这样就不必承担上述补缴义务。〔3〕根据《有限责任公司法》第 84 条第 1 款第 2 项的规定,如果经理和清算人没有及时提出破产申请,还必须承担刑事责任。

3. 程序

29 启动破产程序后,公司依然是一个独立的法人,也具有法律权利能力。此外,它仍然拥有自己的机构。但是,对于破产时公司所有的资产(破产资产)(《破产条例》第 35 条),只有破产管理人才有管理权和处分权(《破产条例》第 22 条和第 80 条)。这样自然会带来许多限制。无论是股东还是经理都必须遵从这些限制。因此,只有对不属于破产资产的公司资产,股东和经理才有处置权。例如进行破产后,获得的赠与款项便不属于破产资产。〔4〕然而,即使在破产程序进行中,股东还可以决定修改公司章程,进行增资。〔5〕根据《破产条例》第 113 条的规定,破产管理人可以解聘公司的经理。但是解聘的效力仅仅涉及破产资产的范围。〔6〕如果破产程序结束时,公司已没有任何资产,公司便告消失。否则,除非股东决定继续经营,必须根据有关清算的规定对公司的剩余资产进行清算(《有限责任公司法》第 60 条第 1 款第 4 项见上文边码 21)。在其他方面必须适用破产条例的规定。

---

〔1〕 BGHZ 104, 44; dazu *Roth* ZGR 1989, 421; ferner *Stein* ZHR 148 (1984), 207; ferner schon BGH WM 1973, 1354, 1355; BGHSt 3, 32, 37 ff; 31, 118, 121; BGHZ 75, 96, 106.

〔2〕 S. oben § 32 V 2b.

〔3〕 S. oben § 32 V 2b.

〔4〕 Vgl. OLG Karlsruhe ZIP 1993, 134.

〔5〕 Str.; ebenso Scholz/*Schmidt* § 63 Rdn. 63 m. w. Nachw., in Anlehnung an BGHZ 24, 279, 286.

〔6〕 H. M. Vgl. Scholz/*Schmidt* § 63 Rdn. 64; *Lutter/Hommelhoff* Anh. § 6 Rdn. 69.

# 第五编　资本两合公司

# 本部分目录

# §42. 概念和表现形式

参考文献：*Binz*, Die GmbH & Co., 8. Aufl., 1992; *Bokelmann*, Die Rechtsprechung zum Firmenrecht der GmbH und der GmbH & Co. KG seit 1987, GmbHR 1994, 356; *Brönner/Rux/Wagner*, Die GmbH & Co. KG, 8. Aufl., 1998; *Grothe*, Die ausländische Kapitalgesellschaft & Co., 1989; *Haidinger*, Die ausländische Kapitalgesellschaft & Co. KG, 1990; *Hesselmann/Tillmann*, Handbuch der GmbH & Co., 18. Aufl., 1997; *Klauss/Birle*, Die GmbH & Co., 7. Aufl., 1988; *Knobbe-Keuk* Umzug nach Europa, ZHR 154 (1990), *Schilling*, Rechtspolitische Gedanken zur GmbH & Co., FS Kunze, 1969, 189; *Sudhoff*, Der Gesellschaftsvertrag der GmbH & Co., 8. Aufl., 1992; *Uhlenbruck*, Die GmbH & Co. KG in Krise, Konkurs und Vergleich, 2. Aufl., 1988; *H. P. Westermann*, Die GmbH & Co. KG im Lichte der Wirtschaftsverfassung, 1973; *Wiethölter*, Die GmbH & Co. KG - Chancen und Grenzen, in: Aktuelle Probleme der GmbH & Co., 3. Aufl., 1974, 11; ferner die Nachweise zu § 44 III; *Zielinksi*, Grundtypenvermischung und Handelsgesellschaft, 1925.

## I. 资本两合公司的概念

1. 公司作为资合公司

1 在当今的企业实践中，**有限两合公司**（GmbH & Co. KG）是合伙公司和家族公司的首选公司形式。它是目前资合公司和人合公司进行联合的一种最主要形式，**有限两合公司**将两种公司形式融合起来，成为一种独立的法律实体，资合公司是其中承担无限责任的股东。按照同样的原则，也可以设立"有限责任公司 & 无限公司"（GmbH & Co. OHG）以及"股份有限公司 & 无限公司"（AG & Co. OHG）或者"股份有限公司 & 两合公司"（AG & Co. KG），但是这样的公司组织形式并不多见。**有限两合公司**偶尔也会选择多重组织形式，例如，最上层是一个有限责任公司，该有限责任公司是一个两合公司的无限股东，而该两合公司又是另外一个两合公司的无限股东。[1]如果除了资合公司以外还有一个自然人作为无限股东，也不会产生特殊情况。该自然人无限股东承担个人无限责任是其特点，它给公司经营行为和信用打上深深的烙印。这种公司便是《商法典》第 105 条和第 161 条等规定的典型性公司。在此不予以描述。通常，在资合公司中，没有自然人作为无限股东。因而这种资合公司在经营上和法律上都有别于一般的人合公司。**个人责任**只是在形式上存在，事实上由于无限股东本身也仅仅承担有限责任，所以无限责任就根本**不存在**。作为资本两合公司的信用基础依然仅仅是其**责任资本**，即由两合公司的股本和无限股东的基本资本共同构成的资本。就其成员资格而言，资本参股起着主要作用。所以，在法律形式上它是**资合公司**。

---

〔1〕 Vgl. § § 130 a IV HGB, 4 I 2, 3 MitbestG; als Beispiel den Tatbestand von BGHZ 76, 127.

2　将资本两合公司视为一种独立的资合公司,这一观点还没有得到普遍的认可。一部分学者认为:应该将它视为人合公司的一种特殊形式,其理由是:设立这一公司的目的是为了获得人合公司的法律优惠待遇。大部分学者把它视为混合企业的基本形式。[1]但这一观点不再适应新的司法规定与立法,也无助于法律分类。[2]

2. 合法性

3　尽管资本两合公司的合法性在一开始就有争议,但早在1922年就已被德国帝国法院所认可。[3]尽管学术界对此一直持批评态度,但它却一直为实践界所采用。[4]所以它也一直存在到今天。但是自联邦最高法院审理的一起案件以来(BGHZ 62, 216),人们越来越认识到有必要参照《股份法》和《有限责任公司法》的规定,为资本两合公司制定特别规则。自1976年和1980年分别修改《商法典》以来,立法者听从了司法界的建议。[5]因此,从法律体系角度看,有必要将资本两合公司定性为**资合公司的独立表现形式**。[6]

3. 可适用的法律

4　如果法律没有特别规定或者司法判决也没有形成特殊的规则,那么对于**总公司**适用**人合公司法**(《商法典》第105条、第161条等),对于**两合无限公司**[7]则适用**《有限责任公司法》或者《股份法》**。在实践中,可能会在两者之间发生一些冲突,但通常可以通过签订一个详细的、充分协调了两种法律关系的章程予以解决。如果两合无限公司的职责并不局限于经营无限合伙公司或者两合公司的业务,而且它此外还经营自己的企业或者掌管着几个企业的经营权,那么还要补充适用康采恩法的规定(《股份法》第15条、第291条,见下文§51. I.)。

5　依然没有得到澄清的问题是,**外国法人**在何种程度上可以**作为无限股东**参与资本两合公司。这里首先涉及的一个根本性问题是,根据德国现行的住所地理论

[1] So zuerst *Zielinksi*, Grundtypenvermischung und Handelsgesellschaft.

[2] Ähnlich schon *Wiethölter* aaO 11.

[3] RGZ 105, 101.

[4] Vgl. *Kübler*, GesR 299 ff; *K. Schmidt* GesR § 56 I 3; Bericht der *Unternehmensrechtskommission* Rdn. 858 ff.

[5] Vgl. §§ 19 V, 125 a, 130 a, 130 b, 172 VI, 172 a, 177 a HGB, 1 II UmwG, 4 MitbestG, 19 III InsO; vgl. auch § 5 II Nr. 3 KapitalverkehrsteuerG (KVStG).

[6] Das BVerfG spricht davon, daβ die GmbH & Co. KG "wirtschaftlich einer Kapitalgesellschaft ähnelt" und "rechtlich und wirtschaftlich in die Nähe einer Kapitalgesellschaft" gerückt ist (BVerfGE 24, 174, 182); Ähnlich schreibt der BGH, "die GmbH & Co. ist zwar der Form nach eine Personengesellschaft. Sachlich handelt es sich aber um eine Gesellschaft mit beschränkter Haftung, die insoweit der GmbH oder der Aktiengesellschaft näher steht als einer normalen offenen Handelsgesellschaft oder Kommanditgesellschaft" (BGHZ 62, 216, 227).

[7] 是指在资本两合公司中承担无限责任的公司。

是否允许成立这样的混合公司。如果允许,这可能会导致两种不同的、内容并不完全相互协调的法律制度来规定公司的组织结构和责任结构〔1〕,还可能进一步导致对内国法律原则的规避。不过根据《欧洲经济共同体创立协定》第43条、第49条的规定,必须有限度地承认公司成立地法律学说,即主要取决于设立两合无限公司所在地的法律。〔2〕这样,只要两合无限公司根据德国国际私法规则是允许的,那么就不应当再对外国两合公司持怀疑态度了。〔3〕

## II. 采用资本两合公司的原因

设立资本两合公司有许多经济方面和法律方面的原因。

1. 税法方面的原因

6 设立资本两合公司最初的动因是为了享受**税收优惠**。德国于1910年开始实行税制改革,对有限责任公司及其股东进行双重征税。这致使许多有限责任公司转换成有限两合公司,以减少税收负担,同时又不必放弃有限责任的法律地位。财税法的司法判决确认了这一发展,仅仅审查是否将适当的利润列示为有限责任公司的利润并就此征税。不恰当地将利润转移给两合公司,被视为是有限责任公司所进行的、法人税法意义上的隐性分红。〔4〕直至1977年进行法人税税法改革以前,这一直是经济界偏爱有限两合公司的主要原因。但是,1977年的改革采用了折算方法,从而取消了双重税收。1994年税收改革后,有限两合公司依然享有一定的税收优惠。因为,根据税法规定,有限责任公司的股东的最高税率为53%,而两合公司的股东最高税率仅为47%。自从1997年颁布《税法》以来,与那些单纯的有限责任公司相比,有限两合公司还享有遗产税方面的优惠。〔5〕

2. 公司法方面的原因

7 除了税收因素以外,选择资本两合公司还有重要的**公司法方面的原因**。如果不希望放弃两合无限公司所享有的有限责任这一特权,而且无限公司或者两合公司比股份公司或者有限责任公司更为合适的于实现股东的目的,那么就特别推荐

〔1〕 *Ebenroth/Eyles* DB 1988, Beilage 2, 16; *Ebenroth/Auer* DNotZ 1990, 139; *Ebke* ZGR 1987, 245, 267; *Großfeld/Strotmann* IPRax 1990, 298; *Schmidt-Hermesdorf* RIW 1990, 707.

〔2〕 *Knobbe-Keuk* ZHR 154 (1990), 325; *Grothe*, Ausländische Kapitalgesellschaft & Co., 1989.

〔3〕 Ebenso Staub/*Hüffer* HGB § 19 Rdn. 79; Baumbach/*Hopt* HGB § 19 Rdn. 11; Vgl. BayObLG GmbHR 1986, 305 (betr. limited company nach englischem Recht); OLG Saarbrücken NJW 1990, 647 (betr. AG nach schweizerischem Recht); OLG Stuttgart JZ 1995, 295. Grundsätzlich EuGH - Rs 81/87 -, DB 1989, 269 (*Daily Mail*). S. auch unten § 58.

〔4〕 FG Bremen EFG 1963, 55.

〔5〕 Einzelheiten bei *Hesselmann/Tillmann* Rdn. 59 ff, 798 ff; *Brönner/Rux/Wagner* Rdn 9ff.

采用资本两合公司的组织形式。这种公司通常由两种股东组成,其中一种是有限责任公司的股东,有时他们也作为有限责任公司的经理而领导企业,另一种是那些仅仅缴纳出资而不愿承担管理风险的股东,他们就可以选择承担有限责任。另一方面,如果没有一个股东有能力或者愿意承担无限责任,企业就必须委任一位股东或者一位第三者负责企业的经营管理;而且被委托者一定是无限股东,他可以仅仅出任有限责任公司的经理。这时与两合公司相比,资本两合公司是一种更好的形式。

8 **举例:**(a) 采用上述第一种形式的情况主要是:如果有限责任公司的两个股东既想**增加公司的资本金**,同时又并不愿意交出公司的领导权,更不愿意承担个人责任。设立有限两合公司则满足了他们的要求:出资者可以成为公司的有限股东,同时为有限责任公司的股东和担任其经理。这一设想也是**公众性两合公司**的理论基础。借此,可以在资本市场上吸引更多的有限股东,为企业筹集到更多的资本金。同时无限公司的发起人仅需持有少量股份,就可以掌握企业的管理权。

9 (b) 如果一个有限责任公司需要新的资本,由于有限股东具有高度的灵活性,通过设立一个新的有限两合公司筹集资本,要比直接在有限责任公司中进行增资方便得多。

10 (c) 上述第二种情形是指借助有限两合公司的形式来调整**继承**。一个两合公司的无限股东去世以后,如果当时继承人都不愿意或者没有能力继续经管公司,为此必须委任一位可靠的高级管理职员或者第三者管理公司业务,同时不必吸纳此人为股东。他可以被聘任为为此目的而设立的承担无限责任的有限责任公司的经理。数年后,已去世的无限股东的继承者或者可以接管公司的经营。

11 (d) 另外一种情况是**必须进行整顿的两合公司**,即借助于其他公司的经济帮助而继续经营的两合公司。如果提供帮助的公司希望对两合公司施加决定性的影响,同时又不想将现有股东挤出公司,那么它自己就可成为有限两合公司的支配股东,而原有股东则根据各自的情况,或者保留其无限股东的资格,或者让他们成为有限股东。

3. 参股关系

12 资本两合公司的不同目的会对**参股关系**产生不同的影响。如果这一公司形式仅仅是为了享受税收优惠或者聘任第三者为公司经理,那么,通常是同一人以同样的比例持有总公司和两合无限公司的股份。在章程中应该保证,事后不会改变股东的参股比例。即使在**一人有限两合公司中**,也可以安排该人既是有限责任公司承担有限责任的股东、同时又是该公司的惟一股东,有时还是经理。如果有限责任公司的股东将他们所有的股份都出让给两合公司(**所谓的统一公司**),就会形成最紧密的联系。这种安排并非完全没有问题,为此也一直存在着争议,立法者也认识到了这一点。[1]相反,如果在两合公司中持有有限股份的目的仅仅为了参股,而不在于对企业经营施加影响,那么总公司和两合无限公司的持股关系就相互分离了。

---

〔1〕 § 172 VI HGB; vgl. statt aller Scholz/*Schmidt* Anh. § 45 Rdn. 58 ff mit Nachweisen.

## III. 资本两合公司作为贸易公司和企业

1. 贸易公司

并不是可以将资本两合公司用于任何目的。与任何无限公司或者两合公司一样，只有为了《商法典》第1—3条规定的从事商业活动的目的，才可以设立资本两合公司（《商法典》第105条、第161条第1款）。因此，**根据法律规定**它是贸易公司。同时，根据《股份法》第3条和《有限责任公司法》第13条第3款的规定，两合无限公司也是贸易公司。从企业法律角度来看，资本两合公司被视为统一的企业（见上文§ 4. I.）。 13

2. 商号

(a)总公司的商号[1]必须遵循普遍适用于人合公司的1998年新版的《商法典》第18条和第19条的规定。[2] 商号中必须包括无限公司或者两合公司的名称或者这一名称普通易懂的缩写（《商法典》第119条第1款）。如果没有自然人承担责任，公司名称中必须包含有标明承担**有限责任**的字样（《商法典》第19条第3款）。[3]这一规定也适用于派生的公司名称。为此根据《商法典》第19条第3款的规定，在这些情况下经常需要对名称作些修改或者增加后缀。通常采用的名称有某某有限（或者股份）两合公司（X-GmbH（bzw. AG）& Co或者X-GmbH（bzw. AG）& Co. KG）。也可以增加如下后缀GmbH & Comp. 或者GmbH & Cie. 。但是不得在中间增加实物性描述如“约翰·H有限木材制造两合公司”（“Johann H. GmbH Holzbau KG”）或者用逗号或者破折号将两者分开：如X-KG（GmbH & Co.）或者X & Co. KG - GmbH & Cie.[4]。 14

**举例**：某个商号A两合公司，其无限股东是A，此两合公司要转换成一个有限两合公司，A与其妻成立一个承担无限责任的有限责任公司，并任命自己为该公司的经理，并将自己在两合公司里的角色转换为有限股东，新的公司就可以称为A有限两合公司（A GmbH und Co. KG）。A有限责任公司－两合公司（A & Co. GmbH, KG）这一公司名称是不允许的。因为这给人一种假象，似乎在有限责任公司以外还有一个由自然人承担无限个人责任的人合公 15

---

[1] Ausführlich *Hesselmann/Tillmann* Rdn. 216 ff; ferner *Bokelmann* GmbHR 1994, 356.

[2] Siehe dazu oben § 25 I 2.

[3] Die Vorschrift legalisiert die Rechtsprechung des BGH in BGHZ 62, 216, 222; 65, 103. Den weitergehenden Vorschlag des RegE, die Bezeichnung “beschränkt haftende Personengesellschaft” vorzuschreiben, hat der Gesetzgeber nicht übernommen, weil dadurch einer sehr groβen Zahl von Unternehmen ohne zwingenden Grund eine Firmenänderung auferlegt worden wäre, vgl. Bericht des Rechtsausschusses, BT-Drucks. 8/3908, 78.

[4] Vgl. BGH NJW 1980, 2084; BayObLG Rechtspfleger 1978, 219; BGH NJW 1979, 1986. Einzelheiten bei Baumbach/*Hopt* HGB § 19 Rdn. 24ff.

司。如果仅仅在现有公司名称后加上有限两合公司的后缀,也是不够的。

16　(b)必须根据《股份法》第4条、《有限责任公司法》第4条的规定给**两合无限公司取名**(见上文 §§ 10.I.,25.I.)。按照《商法典》第30条第1款的规定,只要总公司和两合无限公司在同一地点从事经营活动,就必须对它们之间的商号加以显著的区别,仅仅加上说明法律形式的后缀是不够的。[1]为此,实践中经常增加说明公司经营范围的词汇诸如"行政管理公司"、"经营"或者"经营公司"。但是,总公司在其商号中不可以采用这种用词。因为这样会产生迷惑公众的危险(《商法典》第18条第2条)。

17　**举例**:如果在一个有限两合公司中,承担无限责任的是"X管理有限责任公司"(X-Verwaltungs-GmbH),而且该公司的业务为经营生活用品,那么,该有限两合公司中两合公司的商号不得称为"X管理有限两合公司"(X-Verwaltungs-GmbH & Co. KG)。

18　出于这一原因,司法界允许并且要求在总公司的商号中删除这些补充名称。[2]例如,在上述的例子中,虽然两合无限公司名为X管理有限责任公司,总公司的商号却必须取名为X有限两合公司("X-GmbH & Co. KG")。1998年对《商法典》进行了改革,其中对有关公司商号的规定作了进一步的自由化的改革。据此,有更多的办法规定两者之间的区别。

19　(c)如果该两合无限公司为**外国公司,其商号在**原则上并没有任何改变,那么在德国总公司的商号中必须加上说明该外国公司法律形式的后缀。

20　**举例**:一个根据英国法律设立的封闭性有限责任公司和两个德国有限责任公司在联邦德国设立一家有限两合公司,其商号应该为X ltd. & Co. KG。[3]

21　(d)如果商号不符合**规定,注册法院**必须拒绝登记。但是,只有在公司商号具有明显的误导性时,注册法院才能根据现行法律(《商法典》第18条第2款第2句)进行审查。如果公司未经授权使用商号,注册法院可以根据《商法典》第37条第1款和《有关自愿管辖权事项的法律》第140条的规定进行干预。如果缺少表明有限责任的后缀,法院也可以依职权注销此商号。[4]在这种情况下,股东和经理可能会因为虚假法律现象原则而承担个人无限责任。[5]

---

[1] BGHZ 46, 7.

[2] BGHZ 80, 353; vgl. zum Ganzen auch *Bokelmann* GmbHR 1994, 356.

[3] BayObLG NJW 1986, 3029.

[4] BGHZ 65, 103.

[5] BGHZ 62, 216, 222 ff; 64, 11, 17 f; 71, 354.

# § 43. 资本两合公司的设立

参考文献：*Brönner/Rux/Wagner*, Die GmbH & Co. KG in Recht und Praxis, 8. Aufl., 1998; *Hennerkes/Binz*, Gilt die unbeschränkte Haftung für den nicht eingetragenen Kommanditisten auch im Fall der GmbH & Co.?, GmbHR 1983, 233.

## I. 概述

### 1. 设立

1 成立资本两合公司的途径很多。如果通过设立新公司的办法创立资本两合公司，必须按照各自的相应规定分别设立总公司和两合无限公司。总公司也可以于两合无限公司在商务注册处登记之前就开始创立[1]，这样，总公司和两合无限公司就可以同时申请注册。但是两个公司的章程必须在许多具体的问题上进行相互协调。

2 **举例**：如果希望防止股份分散，股权旁落，那么这两个公司的章程必须对股份的转让、继承和退股等事项作出协调并统一的规定。尽管适用于两家公司的法律规定不尽相同，但是基于公司享有充分的合同自由，两个公司是完全可以协调章程的规定的。如果根据章程规定两个公司的股东必须一起出让他们的股份，那么该两合公司的章程就必须采用《有限责任公司法》第15条第4款规定的形式。

### 2. 无限公司或者两合公司变更为资本两合公司

3 如果一个现有的无限公司或者两合公司"变更"为资本两合公司，就必须按照《股份法》和《有限责任公司法》的规定设立两合无限公司，并将其纳入公司。现有的无限股东既可以保留其无限股东的身份，也可以退出公司，还可成为有限股东。由于通过这种"变更"，公司吸收了一个新的股东，所以必须相应地修改章程，而且原则上必须得到全体股东的一致同意。如果公司章程规定由股东的多数意见就可以通过公司的原则性决议，那么就必须根据明确性原则决定：有关将公司变更为资本两合公司的决议是否属于原则性决议。该明确性原则一般不适用于公众股份公司[2]。通常这还需要更改公司的商号（见上文 § 42. III. 2）。

### 3. 将有限责任公司变更为资本两合公司

4 相反，如果要将一个既存的有限责任公司"变更"成一个有限两合公司，则需要

[1] BGHZ 80, 129; s. unten. Rdn. 8.

[2] BGHZ 85, 350 mit Anm. *Wiedemann* JZ 1983, 559; *Hennerkes/Binz* BB 1983, 713; OLG Düsseldorf DB 1983, 383.

创立一个由这个有限责任公司作为无限股东的两合公司,而且必须由任何一个第三者作为公司的有限股东,或者是将有限责任公司的企业资产出让给两合公司。由有限责任公司变更为两合公司应该适用《变更法》第190条和第226条的规定。它总是首先设立一个承担无限责任的有限责任公司,然后将它纳入两合公司。两者总是结合在一起的。

4. 个体企业变更为资本两合公司

5 将个体企业变更成资本两合公司的情况则有些不同,因为《变更法》没有对此作出规定。如果打算设立一人有限两合公司,公司所有人必须成立一个两合无限公司。他可以根据《有限责任公司法》第1条的规定设立这一公司,然后和上述公司签订两合公司合同。如果还需要吸纳其他股东,那么其他股东可以根据各自的计划出资购买新成立的有限责任公司的股份,或者加入该两合公司。无论如何,可以在有限责任公司获准注册前就签订两合公司合同。[1] 可以将该个体企业作为股东的出资投入公司,或者将该公司转让给接受公司。

## II. 注册前的经营活动

6 如同有限责任公司那样,资本两合公司也希望能够在总公司或者两合无限公司获准注册前就开展经营。这种经营并不是不合法的,但它却会引起设立中的公司的特殊法律问题(见上文§ 26. VI.)。

1. 设立中的两合公司

7 如果**两合公司还未获准登记**,则适用《商法典》第176条第1款的规定。如果公司在注册前进行了《商法典》第1条意义上的业务,且有限股东同意了上述业务,而债权人并不知道该股东仅仅承担有限责任,那么该有限股东必须承担无限的个人责任。根据新近的司法判例,只要债权人知道业务是以有限两合公司的名义开展的,就足够了。[2]相反,对于《商法典》第2条和第105条第2款规定的情况,两合公司的有限股东只根据法律表象原则承担个人责任,但责任的范围以其出资额为限。[3]

2. 设立中的有限责任公司

8 这里的问题是:**没有登记的设立中的有限责任公司**是否可以成为一个两合公司的无限股东?在联邦法院作出判决之前(BGHZ 80, 129),人们对此存在着激烈

〔1〕 BGHZ 80, 129.

〔2〕 BGH NJW 1983, 2258; LG Ravensburg ZIP 1984, 1232; *K. Schmidt*, GesR § 55 V 1; anders noch BGH NJW 1980, 54; vgl. auch *Hennerkes/Binz* GmbHR 1983, 233, 235.

〔3〕 BGHZ 61, 59 65ff mit Anm. *Kollhosser* ZGR 1976, 231; BGHZ 69, 95, 99.

的争论。只是在废除了前期负担禁令后(见上文§ 26. VI. 1),法院才对上述问题给予了明确的回答。据此,筹建中的公司也可以作为两合公司中的无限股东在商务注册处进行登记。[1]按照《商法典》第128条的规定,筹建中的公司必须为总公司承担债务。根据联邦最高法院的司法判决,直至合法登记之前,股东对于筹建中的有限责任公司的债务根据其持股比例承担无限责任,而且通常只在公司内部关系中承担损失补偿义务(见上文§ 26. VII. 4)。此外,如果是有限责任公司的经理在登记前为两合公司开展经营活动的,他必须根据《有限责任公司法》第11条第2款的规定承担行为者责任。[2]

## § 44. 资本两合公司的组织结构

参考文献: *Britsch*, Die Rechte der Kommanditisten bei der Bestellung und Abberufung des Geschäftsführers der Komplementär-GmbH, Diss. Mainz 1976; *Bülow*, Stimmrechtsausübung bei der Komplementär-GmbH im Alleinbesitz ihrer Kommanditgesellschaft, GmbHR 1982, 121; *Esch*, Die GmbH & Co. als "Einheitsgesellschaft", BB 1991, 1128; *Fleck*, Die sog. Einheitsgesellschaft - ein funktionsfähiges Gebilde?, FS Semler 115; *Gustavus*, Vertretung von Kommanditgesellschaften in der Rechtsform der GmbH & Co., BB 1976, 58; *Herschel*, Der Geschäftsführer der GmbH & Co. KG, Gedächtnisschrift R. Schmidt, 1966, 329; *Hölters*, Der Beirat der GmbH und GmbH & Co. KG, 1979; Hopt, Zur Abberufung des GmbH-Geschäftsführers bei der GmbH & Co., insbesondere der Publikumskommanditgesellschaft, ZGR 1979, 1; *Maulbetsch*, Beirat und Treuhand in der Publikumspersonengesellschaft, 1984; *Reinfeld*, Die Haftung des Geschäftsführers der GmbH & Co., Diss. Hamburg 1970; *Winkler*, Die Haftungsverfassung der GmbH & Co. (KG), NJW 1969, 1009.

### I. 基本原则

1. 法定职权分工

1 与有限责任公司和简单的无限公司不同,资本两合公司的法律特点体现在它拥有**三个机构**,即股东大会、两合无限公司的经理和总公司的股东大会。根据法定的职权分工,有限两合公司的有限股东可以参与决定公司事项,而且决议范围可以超过公司的日常事务。但是他们不享有经营管理权,而仅仅拥有一定的监督权(《商法典》第164条和第166条)。公司的经营管理权由两合公司中承担无限责任的有限责任公司掌握,该公司再把经管权进一步分配给经理和股东大会(《有限责

---

[1] üblicherweise wird die Gesellschaft mit dem Zusatz i. G. (in Gründung) eingetragen, der mit der Eintragung der GmbH wieder zu löschen ist. Gewöhnlich wird es jedoch zur gleichzeitigen Eintragung von KG und GmbH kommen.

[2] BGHZ 80, 129; s. oben § 26 VI 5.

任公司法》第 37 条和第 45 条,见上文 § 31. I.)。

2 可以考虑设立的第四个机构是**监事会**或者**顾问委员会**。该机构既可以设立在有限责任公司内,也可以设立在两合公司内,或者在两个公司内同时设立。[1]是否设立这样的机构,赋予它多少职权,主要取决于公司的目的。其目的可以是协调两个公司的经营决策。与有限责任公司一样,可以通过公司章程规定该机构的组成和职权(见上文 § 34)。如果相关的两合无限公司是一个股份有限公司,那么它就必须根据《股份法》的规定设立监事会。此外,如果一个有限两合公司或者股份两合公司的员工总数超过 2000 人,而且,按照持股多数或者持有的表决票数量计算,大多数有限股东同时还拥有两合无限公司的多数股份,两合无限公司独自经营职工人数没有超过 500 人的,那么这个有限两合公司或股份两合公司就必须成立监事会。因为在这种情况下,企业必须适用共同决定法的规定(《共同决定法》第 4 条)。[2]

2. 合同自由

3 这些公司的管理者究竟应该拥有多少权利,法律几乎没有作出任何规定。这是适用合同自由原则的结果,有限两合公司在这方面拥有充分的自由度,可以自由规定其机构的职权。尤其是,有限股东拥有多少职权,几乎完全取决于合同的规定。而且各个公司根据其不同的目的在合同中对此又作出了不同的规定。尽管如此,司法判决还是根据《民法典》第 242 条的规定对合同自由作了一点限制。例如,在一个公众性公司里,一有限责任公司是有限两合公司中的无限股东,其经理由公司的股东担任,如果公司合同规定只能得到所有有限股东的一致同意,才可以解聘该有限责任公司的股东——经理,这样的条款就没有法律效力。对于这种解聘情况,由相关股东形成一个简单多数决议就可以了。[3]各个公司通常还成立了**有限股东大会**,但是其职权在不同的公司中差别很大。可以聘请惟一的有限股东为有限责任公司的经理。这样他就可以由此而参与企业的经营。[4]

4 公司的类型对其机构的职权有着重要影响。如果有限责任公司的股东和两合公司股东的意见是一致的,并且他们在两个公司中也持有同等数额的股份,那么,由哪个公司对重大问题进行决定,并不重要。但是,如果两个公司的股东意见不一,那么就必须在两合公司的公司合同明确界定有限责任股东大会和有限责任公司之间的职权。如果有限股东有最终的决定权,那么和公众性两合公司的情况不同,在

---

〔1〕 Vgl. *Hölters* aaO 62; *Maulbetsch* Zur Haftung von Beiratsmitgliedern BGHZ 69, 207, 209 ff; 75, 321, 327; 87, 84; BGH DB 1985, 165.

〔2〕 Zu den Problemen des § 4 MitbestG vgl. OLG Celle BB 1979, 1577; OLG Bremen GmbHR 1981, 41; *Raiser*, MitbestimmungsG, 3. Aufl. 1998 § 4.

〔3〕 BGH NJW 1988, 969.

〔4〕 Darin liegt kein Verstoβ gegen § 170 HGB, denn der Kommanditist wird nicht mit der Vertretung der KG, sondern der Komplementär-GmbH betraut.

这种公司中，有限股东不得参与企业的经营管理。

5 在**一个有限两合公司**中，如果股东聘任自己为公司经理，那么该股东就掌握了公司的所有权利。自《有限责任公司法》第35条第4款(见上文 § 32. II. 4)重新规定有限两合公司禁止进行自我签约以来，如果股东打算以两合公司的名义和本人签订合同，进行交易，就必须在章程中明确规定不受《民法典》第181条的约束，而且必须将这一条款交商务注册处登记注册。[1]仅仅以通过股东决议的方式确认这种交易是不够的。另外一种可能是进行事后批准。但必须首先修改章程，将相关的豁免条款写入公司章程。[2]**统一公司**是指两合公司是有限责任公司惟一股东的公司。两合公司在该有限责任公司中享有的股东权利只能由有限责任公司本身也即由其经理来行使。一般通过签订合同，保证由有限股东行使这一股东权这样就产生职权重叠的双重机构。[3]如果合同中没有相关的规定，可以推定有限责任公司因故不能行使表决权，那么根据法律规定，公司的表决权就由有限股东行使。[4]

## II. 两合无限公司及其经理的法律地位

参考文献：*Hopt*, Zur Abberufung des GmbH-Geschäftsführers bei der GmbH & Co., insbesondere bei der Publikums-Kommanditgesellschaft, ZGR 1979, 1; *Hüffer*, Organpflichten in der Publikums-Personengesellschaft, ZGR 1981, 348; *Konzen*, Geschäftsführung, Weisungsrecht und Verantwortlichkeit in der GmbH und der GmbH & Co. KG, NJW 1989, 2977; *Krebs*, Geschäftsführungshaftung bei der GmbH & Co. KG und das Prinzip der Haftung für sorgfaltswidrige Leitung, 1991; *Stimpel*, Die Rechtsprechung des Bundesgerichtshofs zur Innenhaftung des herrschenden Unternehmens im GmbH-Konzern, AG 1986, 117.

### 1. 间接经理

6 按照《商法典》第114条、第124条和第161条等的规定，两合无限公司管理总公司的业务并对外代表总公司。[5]但是，两合无限公司本身不具备法律上的行为能力，所以必须由其经理作为公司的行为人。这样，根据双重机构的地位，该两合无限公司就成了总公司的**间接经理**和**代理人**。所以，他可以以有限责任公司的名义同时代表两合公司的无限股东签订合同，该合同却对两合公司产生约束力，两合公司也享有该合同下的权利，并承担其义务。

7 合同的**签字**[6]**必须反映**这种双重代表。否则，相关的意思表示仅仅对有限责

[1] BayObLG ZIP 2000, 701.

[2] BGHZ 87, 59; OLG Köln GmbHR 1993, 37; Scholz/*Schneider* § 35 Rdn. 115 ff; *Lutter/Hommelhoff* § 35 Rdn. 20.

[3] Vgl. Scholz/*Schmidt* Anh. § 45 Rdn. 58 ff m. w. Nachw.

[4] *Bülow* GmbHR 1982, 121; *Esch* BB 1991, 1128; *Fleck* FS Semler 115.

[5] Zum folgenden *Konzen* NJW 1989, 2977.

[6] Dazu *Hesselmann/Tillmann* Rdn. 235.

任公司或者发出意思的经理产生效力。在单独代理中,经理必须以如下方式签署合同:

| | |
|---|---|
| X有限两合公司 | X-GmbH & Co. KG |
| X有限责任公司 | X-GmbH |
| 米勒 | Müller |

8 根据《商法典》第125 a条和第177a条的规定,在所有发送给特定收件人的商务信笺上必须注明总公司的公司形式和住址、注册法院及其注册号码和两合无限公司的商号。此外还必须包括《有限责任公司法》第35 a条、《股份法》第80条所要求注明的信息,如公司的所有经理、监事会主席;如果还要必须注明公司的基本资本,那么就必须注明公司的资本金额以及尚未缴纳的股金。

9 对于**经理在履行职责过程中的过错**,两合公司必须根据《民法典》第278条的规定承担双重责任。对于其他的索赔要求,两合公司也必须根据《民法典》第31条的规定而承担双重责任。

2. 聘任经理

10 应该根据有关两合无限公司的法律规定聘任公司经理。在有限两合公司中,只要公司章程没有就此作出明确规定,这一聘任权就属于有限责任公司的股东(见上文§ 32. Ⅲ.)。任何一位第三者都可以被聘任为经理,因此在两合公司中也可以间接设立第三者管理机构;另外,还可以聘请两合公司中承担无限责任的有限公司的股东或有限股东出任公司经理。只要公司章程没有相反的规定,聘请不必得到有限股东的同意。但是根据忠诚义务的要求,在聘任或者解聘公司经理时,必须考虑到有限股东的利益。[1]

11 应该与有限责任公司签订**聘用合同**。有限股东无权过问此事,但章程也可以授予他们参与权。经理也可以和两合公司签订聘用合同。为了特定的目的,这种安排在实践中并不少见。在这种情况下,经理向两合公司提出薪酬要求。反之,两合公司给经理发出指令,并在经理违反谨慎义务时向其直接提出赔偿损失请求。但是,公司组织结构中的法律关系仍然与有限责任公司有关。[2]

3. 总公司管理机构的法律地位

12 如果聘用合同中没有涉及两合公司,那么,这就不是一个统一公司,该两合公司也**无权对经理下达指示**。[3]但是,经理也必须间接维护两合公司及其有限股东的利益。这是因为忠诚义务不仅要求有限责任公司本身承担上述责任,其机构也同样必须承担这一责任。这里并不存在《民法典》第328条意义上的真正有利于第三

〔1〕 *Hopt* ZGR 1979, 1, 15; Schlegelberger/*Martens* § 161 HGB Rdn. 109.

〔2〕 BAG ZIP 1992, 1496; OLG Celle GmbHR 1980, 32.

〔3〕 BGHZ 75, 321, 326.

者的合同。但是,法律规定并不是仅此而已。根据《商法典》第 130 a 条第 3 款、第 177 a 条的规定,如果在公司出现无清偿能力或者过度负债时,经理没有及时提出破产请求或者没有继续履行清偿义务,则由经理对两合公司承担损害赔偿责任。除此以外,司法实践将经理的劳务关系视作**有利于两合公司的保护性合同**;如果经理违反其义务,两合公司还享有单独的损害赔偿请求权。[1]为此,经理必须对两合公司尽到一个普通商人所应尽的谨慎义务(《有限责任公司法》第 43 条第 1 款),而不是该经理照看自己事务时所应尽的谨慎义务(《民法典》第 708 条)。更加正确的观点应该是:由于经理是该有限责任公司的机构,而该有限责任公司又是该两合公司的管理机构,因而经理具有双重机构的地位,因此应该把**经理直接**视为**两合公司的机构**,并据此追究其责任。[2] 按照《民法典》第 823 条第 2 款和《刑法典》第 266 条的规定,两合公司还可以提出其他侵权之诉。[3]

一个难解的问题是,两合公司或者有限股东是否可以采取强制措施,提前**解除**一位违反忠诚义务的有限责任公司经理的职务。根据《商法典》第 117 条、第 127 条和第 140 条的规定,两合公司只能出于重大原因,才能撤销有限责任公司拥有的经营权和代表权,或者解除有限责任公司的这些权力。然而,根据《有限责任公司法》第 38 条、第 46 条第 8 款的规定,在有限责任公司中解除经理职务的权力属于公司股东。鉴于经理的双重机构特征,仅仅设想通过签订合同保护两合公司利益,并类推适用《商法典》第 130a 条第 3 款和第 177a 条的规定是不够的,还应该进一步发展这一思想,即两合公司必须能够对经理行使《商法典》第 117 条和第 127 条所规定的权力。[4] 13

### 4. 两合无限公司的义务和责任

根据《商法典》第 128 条的规定,**两合无限公司必须**以其全部资产为总公司的债务承担清偿责任。与此相关,只有在根据《股份法》或者《有限责任公司法》的规定股东和经理必须承担个人责任时,两者才承担个人的法律责任。公司获准在商务注册处登记之前,就是这种情况(见上文 § § 26. VI. 4; 29; 43. II.)。 14

根据《商法典》第 112 条规定,两合无限公司必须遵从**竞业禁止原则**。在两合公司中,如果承担无限责任的有限责任公司自己还经营着一个和两合公司经营领域相同的企业,这一禁令就具有重要的实际意义。为了能继续经营,必须获得其他股东尤其是有限股东的同意。这一禁令也适用于同时在两家公司中拥有多数股权 15

---

〔1〕 BGHZ 75, 321; 76, 326; 100, 190; BGH NJW 1980, 1524, 1527; 1982, 2869; 1995, 1357; OLG Hamm GmbHR 1993, 294; *Stimpel* AG 1986, 117; *Hüffer* ZGR 1981, 348; Scholz/*Schneider* § 43 Rdn. 286 ff.

〔2〕 Vgl. *Krebs*, Geschäftsführungshaftung 154ff, der diese Rechtsfolge mit einer Gesamtanalogie zu § § 309 II, 317 III und 323 I AktG begründet.

〔3〕 BGHZ 100, 190.

〔4〕 *Hopt* ZGR 1979, 1; BGH GmbHR 1983, 301.

的大股东,他既控制两合公司,又控制有限责任公司。除此之外,联邦最高法院也将《商法典》第112条扩展适用于下列企业,企业设立一家子公司,据此既控制两合公司,又控制有限责任公司。[1] 竞业禁止规则也适用于有限责任公司的经理(见上文§ 32. IV. 1. e)。此外,由于经理是有限责任公司的管理机构,由此它对两合公司也承担着忠诚义务,据此经理也不能与两合公司开展业务竞争。根据签订合同保护第三者和双重机构的思想,两合公司对经理拥有损害赔偿请求权(见边码12)。

16 对于机构的经营行为,两合无限公司可以根据《商法典》第110条的规定要求补偿其为此而开支的**费用**和**损失**。如果它清偿了总公司的债务,就享有追索权。但是,两合无限公司向其经理支付的工资以及管理费用,并不一定都能列为费用。只有在合同中对此有明确规定时,才可以提出补偿要求。

## III. 有限股东的法律地位

参考文献:*Grunewald*, Zum Informationsrecht in der GmbH & Co. KG, ZGR 1989. 545; *K. Schmidt*, Mehrheitsregelungen in Gesellschaftsverträgen ZHR 158 (1994), 205.

17 有限两合公司通常通过章程的规定设立**有限股东大会**。这是有限股东行使其成员权利的机构。大会的权限和程序通常会根据股东的组成情况不同而有很大的差异,尤其在封闭性公司和公众性公司之间有着重大的区别。

### 1. 股东人数固定的公司

18 在股东人数固定的企业中,还要进一步区分,两合公司和两合无限公司的**股东**是否完全**一致**,他们是否持有这两个公司同样多的股份。在第一种情况下,股东享有有限责任公司和两合公司中的所有股东权。在这里必须解决的是:明确划分有限股东和经理之间的职权。为此,最好的办法是通过协商确定两个公司有关职权划分和程序的规则。事实上可以建立一个统一的有限股东大会。[2]如果两合公司和担任无限责任的有限责任公司的股东并**不一致**或者他们的参股数额各不相同,那么公司章程中就必须首先分别界定有限责任公司股东大会的职权和有限股东大会的职权。[3]此外还必须确定,是否如《商法典》第119条所规定的那样,有限责任公司可以通过其法定代理人即经理参与有限股东大会的表决。排除有限责任公司的表决权,似乎也符合法定的目的,因为这样不仅可以避免矛盾,而且还能促进两个机构之间的职权划分。[4] 但是如果没有排除公司的投票表决权,而且相关的事项还涉及经理本人,就必须相应地适用《民法典》第181条和《有限责任公司法》第

[1] BGHZ 49, 30, 31.

[2] Vgl. Scholz/*Schmidt* Anh. § 45 Rdn. 55 ff.

[3] Vgl. *K. Schmidt* ZHR 158 (1994), 205.

[4] Vgl. BGH GmbHR 1993, 591.

47 条第 4 款规定的禁止表决原则。〔1〕

19 与《商法典》第 119 条第 1 款的规定完全不同,有限股东大会实行**多数表决原则**。章程也可以规定,通过多数股东的同意(通常为特定多数),可以对章程进行修改。在这种情况下,司法判例通常要求必须在公司章程中对由多数意见决定的事项进行明确而具体的规定,借以保护少数股东的利益(**明确性原则**)。〔2〕另外,司法判决还保障每位股东拥有的不可剥夺的**核心成员权**。〔3〕另外,可以按照忠诚义务的要求对决议的内容进行监督。

20 在两合公司中,股东是依据《商法典》第 166 条的规定享有**查询权和查阅权**,在有限责任公司里则依据《有限责任公司法》第 51 a 条 的规定(见上文 § 27. III.)。《有限责任公司法》第 51 a 条规定的信息权还涉及两合公司的事务。〔4〕根据主流观点,有限股东享有的查询权远远超出《商法典》第 166 条规定的字面意义,它包括所有保证股东能够有效行使其权利所需要的信息。〔5〕根据《民法典》第 810 条的规定,离职股东也有查询权。〔6〕股东的信息权是无条件的。

2. 公众性公司

21 对公众性两合公司适用特殊规定。这种公司具有筹集资本的功能。这也要求必须按照股份有限公司的模式制定一个严格的**公司章程**。为此,根据章程规定,有限股东的股份可以自由转让和继承。可以授权公司或者无限股东在没有征得其他股东同意的情况下吸纳新的有限股东。只有满足事先规定的条件,新股东才能成为公司的成员;对于加入公司的条件,有限股东没有任何影响力。对公司章程的修改也适用多数表决原则。只要通过多数意见作出的决议没有影响到股东的成员权,联邦最高法院就不要求适用明确性原则。〔7〕

22 **司法判决**允许通过这种法人机构来设立两合公司。〔8〕这表明司法判决也越来越明显地意识到:必须通过制定特别的规定来保护有限股东的权益。在这里只能作简要的介绍。〔9〕

---

〔1〕 Zu § 181 BGB vgl. BGHZ 58, 115.

〔2〕 RGZ 91, 166; 151, 321; 163, 385; BGHZ 8, 35; BGH GmbHR 1989, 295; st. Rspr.

〔3〕 BGHZ 20, 363. Zu den Einzelheiten ist auf das Schrifttum zum Recht der Personengesellschaften zu verweisen.

〔4〕 OLG Hamm DB 1986, 580; KG GmbHR 1988, 221; OLG Düsseldorf GmbHR 1991, 18.

〔5〕 Schlegelberger/*Martens* HGB § 166 Rdn. 17; GroβkommHGB/*Schilling* § 166 Rdn. 1; *Grunewald* ZGR 1989, 545, 551.

〔6〕 BGH WM 1989, 878; *Grunewald* aaO 545.

〔7〕 BGHZ 66, 82; 69, 160; 71, 53; 85, 350; BGH GmbHR 1985, 152; 1985, 188; vgl. auch BGH ZIP 1987, 1178.

〔8〕 Zur Veräuβerlichkeit der Kommanditanteile vgl. BGHZ 13, 179; 44, 229; zur Ermächtigung zur Aufnahme neuer Kommanditisten BGH WM 1976, 15; NJW 1978, 1000.

〔9〕 Vgl. die Judikatur- und Schrifttumsnachweise in: GroβkommHGB/*Schilling* Anh. § 161; Schlegelberger/*Martens* HGB § 161 Rdn. 128 ff; Baumbach/*Hopt* HGB Anh. § 177 a Rdn. 52 ff.

23 根据《商法典》第 242 条的规定,事先起草的公司合同必须接受法官的内容审查。如同对待公司章程一样,必须对公司合同内容进行客观分析。公司合同中必须十分明确地规定有限股东的追加出资义务和附加义务等特别义务,合同中必须同样明确地规定授予发起人的优惠和特别利益。即使事前合同对相关的事项没有作出明确的规定(丧失明确性原则),公司合同也可以作出规定,公司可以以多数意见的方式通过修改章程的决议。只要所有有限股东都享有新股优先认购权,而又没有增加股东的出资义务,公司合同可以通过多数决议的方式决定增资,而且可以不规定增资的上限。此外,公司合同可以授权公司以自身的名义吸纳新的有限股东。但是该行为的效力涉及所有股东。如果某投资者因为恶意欺诈而成为公司的股东,对该股东无需提起诉讼,就可以宣布无期限地解除他的成员资格。对于为吸引潜在投资者而散发的招股说明书,负责其制定、发行和流传的人员——也即公司的创办人必须保证该说明书内容的完整性和准确性,并承担相应的责任。但是根据缔约过失原则,参与起草说明书的律师和审计师以及商业投资中介商也必须为此承担相应的责任。如果设立了监事会或者顾问委员会,它们必须承担监督经营管理的义务,审核年度结算。如果成员有所失职,他们不是根据《民法典》第 708 条,而是根据股份法的原则承担责任。

## §45. 资本两合公司的财务制度

参考文献: *Brönner/Rux/Wagner*, Die GmbH & Co. KG in Recht und Praxis, 8. Aufl., 1998; *Eisolt/Verdenhalven*, Erläuterung des Kapitalgesellschaften und Co-Richtlinie-Gesetzes, NZG 2000, 130; *Hunscha*, Die Anwendung der §§ 30 Abs. 1, 31 GmbHG auf Zahlungen der GmbH & Co. KG an ihre Kommanditisten, GmbHR 1973, 257; 986; *Luttermann*, Das Kapitalgesellschaften-und-Co.-Richtlinie-Gesetz ZIP 2000, 517; *Priester*, Stille Reserven und offene Rücklagen bei Personengesellschaften - Die Bedeutung von § 253 Abs. 4 HGB, *Riegger/Weipert*, (Hrsg.), Münchener Handbuch des Gesellschaftsrechts, Bd. 2, 1991, §§ 18 ff; *Schulze-Osterloh*, Die Wahl der Abschlußprüfer einer Kommanditgesellschaft, BB 1980, 1402; Die Wahl der Abschlußprüfer einer Kommanditgesellschaft; *Sudhoff*, Eigenkapital oder Darlehenskapital der Gesellschafter einer GmbH & Co. KG, GmbHR 1974, 121; *Strobel*, Die Neuerungen des KapCoRiLiG für den Einzel- und Konzernabschluß, BD 2000, 53; *Ulmer*, Die Mitwirkung der Kommanditisten an der Bilanzierung der KG, FS Hefermehl, 1976, 207; *Weissenborn*, Die Mitwirkung des Kommanditisten an der Bilanzierung der KG; Gewinnverteilung bei der GmbH & Co. KG, BB 1968, 990; *ders.*, Vergütung des Geschäftsführers einer GmbH & Co. KG bei nur mittelbarer Beteiligung, GmbHR 1968, 224.

### I. 簿记和账目报告的公布

1. 法律基础

1 资合无限公司或者资本两合公司必须进行簿记,并编制决算报表。相关的法律规定是 1985 年颁布的第 4 号决算指令、1990 年颁布的所谓的欧盟有限两合公司指令[1]、德国1985年12月19日颁布的欧盟决算指令实施法和2000年2月24日颁布的资本两合公司指令实施法。公司还必须根据这些规定计算公司的盈利和亏损。[2]根据这些法律规定，上述两类公司必须首先适用《商法典》第238—263条的一般性规定进行簿记，公布账目；对于两合无限公司还必须根据其公司形式补充适用有关资合公司的规定。对总公司而言，不论其法律性质如何，根据新的规则它都必须像资合公司一样编制决算报表（《商法典》第264a条第1款）。

2. 分别簿记和编制决算报表

从形式上看，总公司和两合无限公司是不同的法律主体，为此它们必须分别进行簿记和编制决算报表。两合无限公司必须遵循《商法典》第238—261条、第264—289条和《股份法》第50—160条或者《有限责任公司法》第42条和第42 a条的规定编制年度决算报表。公司还必须编制一个附件（《商法典》第284条）和状况报告（《商法典》第289条）。原则上，这些报表和资料必须接受审核并进行公布（《商法典》第316条、第325条等）。但是，如果是《商法典》第267条第1款意义上的小公司，则适用简化分类规则、公开规定和其他简便规则（《商法典》第266条第1款、第274a条、第276条、第288条、第293条和第326条），而且它们也不必接受强制性审查（《商法典》第316条第1款）。法律还重新确定了区分小型企业和中型企业的标准，即两者之间的分界值为：672万马克资产负债额、1344万马克销售收入和150名员工。根据修订后的《商法典》第267条第1款的规定，没有达到上述两个标准的公司就是小企业。 2

根据新的法律，有关**总公司的**簿记、记账、审核和公开义务也不再仅仅适用《商法典》第238—261条的规定，而且同时适用《商法典》第264—330条的规定。只有在直接或者间接承担个人责任的股东是自然人时，这些规定才不再适用（修订后的《商法典》第264a条第1款）。法律规定的基本考虑是，只有在至少有一个自然人以其所有的个人资产为公司债务承担责任时，才可以放弃适用资合公司法有关决算和账目公开的严格规定。如果公司中没有承担个人责任的自然人，大部分公司通常是这样，那么总公司也必须根据《商法典》第284条、第289条等的规定编制**附件**和一份**状况报告**。在总公司的附件中必须表明两合无限公司的名称、所在地以及其认购资本（《商法典》第28条第15款）。 3

然而相关的具体情况首先取决于它是否为《商法典》第267条意义上的小型公 4

---

[1] Richtlinie 90/605 EWG vom 8. 11. 1990.

[2] BGBl. I, 330. Die Bundesregierung hat sich unter dem Druck der deutschen Wirtschaft lang auf den Standpunkt gestellt, bei der Kapitalgesellschaft & Co. OHG oder KG handele es sich um eine Personengesellschaft und das deutsche Recht verwirkliche ferner bereits wesentliche Elemente der Richtlinie. Sie setzte daher die GmbH & Co. - Richtlinie erst durch das oben genannte Gesetz von 24. 2. 2000 in deutsches Recht um, nachdem der EuGH in einem von der Kommission angestrengten Verfahren im Urteil vom 22. 4. 1999 (ZIP 1999, 923) eine Vertragsverletzung der Bundesrepublik festgestellt hatte.

司、中型公司或者大型公司。此外，由于它同时具有人合公司的法律性质，所以还必须适用《商法典》第 264c 条规定的特殊规则。根据《商法典》第 264b 条的规定，如果根据本条规定的具体条件必须将公司的经营情况纳入其母公司的康采恩年度决算中，该公司就可以例外地不编制自己的年度报表和状况报告。

5 编制年度报表是两合无限公司的任务，由其**代表机构**履行（见《股份法》第 91 条第 1 款、第 170 条，《有限责任公司法》第 41 条）。正如《商法典》第 264a 条第 2 款明确规定的那样，在完成这些义务时机构成员是**总公司**的**直接代理人**。与此相反，在确定年度报表时，如果公司合同中没有相反的规定，那么包括有限股东在内的所有股东都可以参与决定。[1]由此，他们可以在法律规定的框架内（《商法典》第 252—256 条、第 268 条、第 279 条等）决定公司的秘密储备金、公开储备金以及列示的盈利数额。两合无限公司的股东不参与上述讨论。有限股东还可以要求公司提供一份年度报表副本，并通过查阅账簿审核其正确性（《商法典》第 166 条）。

6 法律规定经常不能满足各方当事人的需求。为此法律允许在**公司合同**中偏离法律规定对公司事项进行具体规定。这方面，根据企业组织结构的不同，可以考虑多种解决办法。在有限两合公司中，可以委托有限责任公司的股东大会、有限股东或者监事会或顾问委员会确定公司的年度报表。在其他情况下，可由任意性监事会行使《股份法》第 111 条第 2 款和第 172 条规定的监督权。在大公司中，也可以根据《商法典》第 316 条等条款规定对两合无限公司的年终决算进行审核。适用《公开法》的企业，必须根据该法的规定公开其会计账目。如果有限两合公司是一个康采恩的总公司，对此还要适用有关康采恩年终报表的规定（《商法典》第 290—315 条）。同样，如果两合无限公司除了经营该两合公司外还自己经营一家企业，并由此成为康采恩的母公司，也适用有关康采恩报表的规定（《商法典》第 264b 条；见下文 § 51. I. 4）。[2]

### 3. 相互交织的财务关系

7 尽管总公司及其两合无限公司必须分别进行决算，但是，它们在财务上依然紧密交织在一起。两合无限公司的股份以及有限责任股东的出资列示在总公司资产负债表中负债方的自由资本项下。这与股份有限公司和有限责任公司的规定相同（《商法典》第 264c 条第 2 款）。两合无限公司通常可以完全放弃资本投资，根据《民法典》第 706 条第 3 款的规定出资的数额仅限于公司经营的需要。在有限责任公司中，应将其持有的两合公司股份价值列在资产项下；只要盈利已经列示，也同样也必须记在有限责任公司中资产负债表中的资产项下。亏损的股份必须记入负债项下。如果两合公司的负债过多，就必须扣除股份的价值。由于《商法典》第 128

[1] BGHZ 76, 338, 342; 80, 358; *Ulmer* FS Hefermehl 207; *Schulze-Osterloh* BB 1980, 1402; Baumbach/*Hopt* § 164 Rdn. 3; *Priester* FS Quack 373, 380.

[2] *Lutter/Hommelhoff* Vor § 41 Rdn. 26 ff; *Rowedder/Wiedmann* Vor § 41 Rdn. 21.

条规定的责任，在有限责任公司中也有必要设立准备金。这也可能导致公司负债累累。在这种情况下，两个公司都必须申请破产。

## II. 盈利使用

根据**法律规定**（《商法典》第 168 条第 1 款结合第 121 条第 1 款和第 2 款），两合公司必须用其年度盈利向每股支付面值 4% 的优先股息。剩余的盈利必须视情况根据适当的比例在两合无限公司和有限股东中进行分配（《商法典》第 121 条和第 168 条第 2 款）。同样，公司亏损也按适当比例由各方分摊。但是有限股东分摊亏损的最高份额为其承担的出资数额及其尚未缴纳的股金（《商法典》第 167 条第 3 款、第 168 条第 2 款）。必须将盈利记入资本账户上。然而，只有在有限股东全部交清所有股金后，才可以对此进行分配，而且必须扣除公司的亏损（《商法典》第 120 条第 2 款和第 167 条第 2 款）。两合无限股东有权根据《商法典》第 122 条的规定挪用公司资产。而有限股东只能要求分配年度盈利，而且，有限股东行使这一权限的基础是公司资本在抵补亏损后不低于所有股东的出资总额（《商法典》第 169 条第 1 款）。 8

这些法律规定是不全面的，部分规定也没有实际效果。为了弥补这一缺点，几乎所有的公司都在**公司合同**中制定了详尽的、与上述规定不尽一致的规则。[1] 在实践中，盈利通常并不记入资本账户中，而是转记入股东特别的私人或者贷款账户。这样的好处在于，盈利支付和提款更容易操作，而股份资本的数额可以保持不变。如果两个公司的股东是一致的，两合无限公司通常既无权参与盈利分配，也不分担公司的亏损；它只能要求补偿其开支的花费，并要求对其工作支付相应的报酬。在公众性公司中，也经常可以排除股东分担亏损的义务。然而，有限股东分担公司的亏损，却经常超过《商法典》第 167 条第 3 款规定的界限。在公司经营过程中，还可能会产生债务性资本，但是，债务性资本可以通过盈利而得到平衡。[2] 此外，合同条款还可以就资本账户的利息、设立储备金和经理的报酬等事项作出规定。 9

## III. 责任资本的维持

1. 自有资本

在**资本无限公司**（Kapitalgesellschaft & Co. OHG）中，其自有责任资本的最低额 10

---

〔1〕 Vgl. die Beispiele bei *Hesselmann/Tillmann* Rdn. 97 und Anh. S. 749.

〔2〕 Steuerlich wird der Gewinnausschluβ bei der GmbH nicht ohne weiteres anerkannt, vielmehr hat sie einen angemessenen Gewinn zu versteuern, vgl. *Brönner/Rux/Wagner* Rdn. 476 ff. Die Möglichkeit, bei der KG ein negatives Kapitalkonto zu bilden, war bis zum Erlaβ des § 15 a EStG der Hauptanreiz für die sog. Abschreibungsgesellschaften. Diese sind steuerrechtlich weitgehend uninteressant geworden, weil einem Kommanditisten Verluste danach nur noch bis zur Höhe seiner Einlage zugerechnet werden können.

由股东的**基本资本也即初始资本**构成，在资本两合公司中，则由两合无限公司的基本资本或初始资本和有限资本构成。有限资本是指由承担**有限责任的股东的出资**构成的资本。在这里，两种出资替代无限责任，起到了保护债权人，确立公司信用基础的作用。正因为此，如同在所有的资合公司一样，在这里也必须适用有关保证股金收缴和股本维持的法律规定，以保证公司能够维持与其股份资本相等的资产。

11 至于适用的法律，法律再次根据总公司和两合无限公司的不同作了不同的规定。对于承担无限责任的有限责任公司，适用《有限责任公司法》中有关**责任条款**，对于无限公司则适用《商法典》第128—130条的规定，对于两合公司的有限股东则适用《商法典》第171—176条的规定。它们之间的主要区别在于，有限责任公司的股东通常只对有限责任公司承担相应的法律义务，缴纳拖欠的股金，退还公司支付的减少初始资本金的款项，而对有限股东而言，如果他们没有缴纳出资或者公司用其资产退还了他们的出资，他们就必须以责任金额为限直接对债权人承担责任。

2. 有限股东的责任

12 这里既不论述无限公司的责任结构，也不能详细说明有限股东的责任。[1]这里只能介绍可以完全了解这一责任的**基本原则**：责任的大小是根据商务注册处登记的责任金额确定的。登记后，这一金额既可以增加，也可以减少(《商法典》第172条第1款和第2款、第173条和第174条)。只要有限股东没有缴纳其出资，他就必须直接对公司的债权人承担责任(《商法典》第171条)。如果为实物出资，则必须首先确定该实物的实际价值；如果实物的价值低于其承担的出资额，股东还必须缴纳其差额，补缴差额的责任是不能免除的。[2]根据《有限责任公司法》第19条第2款的规定不存在禁止抵销的禁令。因此股东可以以其对公司拥有的债权抵销其出资义务。[3]如果公司退还了已交付的股金，这种做法对于债权人来说视同没有交付。在这种情况下，有限股东必须对公司债权人承担有限的个人责任(《商法典》第172条第4款)。但与《有限责任公司法》第30条和第31条的规定不同，其承担责任的数额以责任金额为限。[4] 任何从公司资产中直接或者间接地支付给有限股东的款项，它们减少了公司的资产，并使之低于公司的股本数额，都将被视为公司向股东退还股金的行为。属于这种退款行为的有：利润分配和挪用公司款项，即使公司的股本是由于亏损而降至出资金额之下的(《商法典》第172条第4款)；此外，在股东退出公司时或者将股东开除出公司时而向股东支付的补偿金也是一种退还股金的行为。如果股东交清所有的股金后，又有偿出让其股份，那么就没有用公司资产进行支付。在这种情况下，只要购买者在商务注册处作了登记，出让者就不再承

[1] Insoweit ist auf das Schrifttum zu den Personengesellschaften zu verweisen.

[2] BGHZ 39, 319, 330; 61, 59, 71.

[3] Zu Einzelheiten vgl. BGHZ 39, 319, 328; 42, 192; 51, 391; 58, 72; 61, 59, 71; 63, 338, 341.

[4] BGHZ 60, 324.

担个人责任。[1]根据《商法典》第160条的规定,退出公司的有限股东的责任于五年后终止,即使为长期债务关系,也是如此。而且根据《商法典》第159条[2]的规定,有限股东的上述责任最迟从这一时刻开始受时效约束。但是,如果原来的无限股东在公司变更成有限两合公司后成为有限股东,他却依然作为承担无限责任的有限责任公司的经理管理这企业,对他就不适用有关责任限制的规定。[3]

如果公司通过承担无限责任的有限责任公司向股东退还其出资款项,或者公司抵销有限股东的个人债务,就属于**间接退付**。[4] 13

在**统一公司**中还有一种特殊的减少公司股本的情况。一个有限股东,它同时为承担无限责任的有限责任公司的股东,如果他将其股份出让给两合公司,并以此作为其出资,这样,该股份金额看上去既属于有限责任公司的注册资本,又属于有限资本。1980年对《有限责任公司法》进行了补充修改,由此也在《商法典》中增加了第172条第6款。根据这一条款,在这种情况下该有限股东被视为没有缴纳其在有限资本中的出资。 14

3.《有限责任公司法》第30条和第31条的相应适用

由于两个公司在经济上有着密切的联系,向有限股东退还股款还会**间接影响承担无限责任的有限责任公司的初始资本**。由于两合公司资产的减少,有限责任公司根据《商法典》第128条的规定承担的个人责任也会相应地减少,为此必须在有限责任公司中扣除债务,或者为两合公司设置准备金,而这些措施都会减少公司资产,并使之低于公司的股份金额,这样也就间接地影响了有限责任公司的资产。联邦最高法院曾对此作出了具有立法意义的判决。据此,法院可以不顾《商法典》第172条第4款的规定,类推适用《有限责任公司法》第30条第1款和第31条第1款、第2款和第4款的规定(见上文§37.II.)。两合公司可以根据《有限责任公司法》第31条第1款的规定对有限股东提出赔偿请求,而且这一请求权不受责任金额数量的限制。[5]按照联邦最高法院的判决(BGHZ 110, 342),即使有限股东不同时是有限责任公司的股东,也同样适用上述原则。在承担无限责任的股东为股份有限公司的情况下,则必须相应适用《股份法》第57条、第58条第5款、第62条的规定(见上文§19.I.)。 15

**典型案例:** X和其母亲共同成立一个有限两合公司。X将其以前独自经营的一家企业作为其出资交给了两合公司。两合公司中,有限责任公司的注册资本为20,000马克。此外,X还是两合公司的有限股东,其出资额为5000马克。在对两合公司的资产启动破产程序后, 16

---

[1] BGHZ 81, 82.

[2] BGHZ 87, 291.

[3] BGH BB 1990, 802.

[4] BGHZ 47, 149.

[5] BGHZ 60, 324; 69, 274, 279; 110, 342.

破产管理人要求X支付114,000马克,理由是两合公司为X支付了公司开业所欠的税款,数额为114,000马克。在扣除欠税后,企业的价值低于公司的股本金额,所以必须将扣缴税款视同为《商法典》第172条第4款意义上的退还股金行为。然而,根据这一观点,破产管理人最高只能要求退还5000马克的出资数额。由于扣缴税款的原因,有限责任公司在两合公司中拥有的股份价值已经远远低于20,000马克,而且有限责任公司也没有其他资产。联邦最高法院除了授予《商法典》第172条第4款规定的请求权外,类推适用《有限责任公司法》第31条第1款的规定,允许破产管理人以公司为X缴纳的税款数额为限要求X承担偿还责任(BGHZ 60, 324)。

## IV. 股东贷款

17 像在有限责任公司中一样,在有限两合公司中也可以通过提供贷款为企业增加责任资本。如果股东以向公司提供贷款代替出资,债权人就会面临与有限责任公司中同样的不利情况。正因为此,首先在司法判决中,然后又在1980年修改《有限责任公司法》规定时决定取消股东的退还贷款请求权(《有限责任公司法》第32 a条和第32 b条,见上文§ 38)。司法判决十分正确的决定:如果有限股东和有限责任公司的股东向两合公司提供了具有替代自由资本性质的贷款,而归还他们的贷款将会影响公司的初始资本额,那么在对两合公司进行的破产清算中,他们不得要求退还贷款。[1]《商法典》第129 a条、第172 a条的规定采纳了上述司法判决。在这种情况下,根据法律的本意还可以分别适用《有限责任公司法》第32 a条和第32b条、《破产条例》第135条和《撤销法》第6 条的规定 。两合无限公司的成员和有限股东代替了有限责任公司的股东。此外,可以继续类推适用《有限责任公司法》第30条和第31 条的规定(见上文§ 38. III.)。根据联邦最高法院的判决(BGHZ 110, 342, 346)在这种情况下,双重参与——即既作为有限股东,又作为有限责任公司的股东——并不是追究责任的前提条件。细节问题可以见上文§ 38中有关有限责任公司法的论述。

---

〔1〕 BGHZ 67, 171; 69, 274; 76, 326; BGH GmbHR 1986, 226; 1990, 251.

# 第六编　变　更　法

# 本部分目录

# §46. 概　述

参考文献：*Dehmer*, Kommentar zum Umwandlungsrecht und Umwandlungssteuerrecht, 2. Aufl. 1995；*Engelmeyer*, Die Spaltung von Aktiengesellschaften nach dem neuen Umwandlungsrecht, 1995；Ganske, Umwandlungsrecht, 2. Aufl. 1995；*Goutier/Knopf/Tulloch*, Kommentar zum Umwandlungsrecht, Umwandlungsgesetz - Umwandlungssteuergesetz, 1996；*Hennrichs*, Formwechsel und Gesamtrechtsnachfolge bei Umwandlungen, 1995；*Kallmeyer*, Kommentar zum UmwG, 1997；*Kiem*, Unternehmensumwandlung - Mustertexte zur Verschmelzung, Spaltung, Formwechsel, 2000；Lutter, Kölner Umwandlungsrechtstage, 1995；*ders.*, Kommentar zum UmwG, 2. Aufl. 2000；*K. Mertens*, Umwandlung und Universalsukzession, 1993；*Lenz*, Gesellschafter- und Gläubigerschutz bei dem Formwechsel einer OHG in eine GmbH, 2000；*Neye*, Umwandlungsgesetz und Umwandlungssteuergesetz, 2. Aufl. 1995；*Neye/Limmer/Frenz/Harnacke*, Handbuch der Unternehmensumwandlung, 1996；*Rose/Glorius-Rose*, Unternehmensformen und -verbindungen, 2. Aufl. 1995；*Sagasser/Bula/Brünger*, Umwandlungen - Verschmelzung, Spaltung, Formwechsel, Vermögensübertragung, 2. Aufl. 2000；*K. Schmidt*, Gesellschaftsrecht, 3. Aufl. 1997, §§ 12, 13；*Schöne*, Die Spaltung unter Beteiligung von GmbH gem. §§ 123 ff. UmwG, 1998；*Schwarz*, Umwandlung mittelständischer Unternehmen im Handels- und Steuerrecht, 1995；*Schwedhelm*, Die Unternehmensumwandlung, 3. Aufl. 1999；*Veil*, Umwandlung einer Aktiengesellschaft in eine GmbH, 1996；*Voigt*, Umwandlung und Schuldverhältnis, 1997；*Widmann/Mayer*, Umwandlungsrecht - Kommentar zur Umwandlung von Unternehmungen nach neuestem Handels- und Steuerrecht, 1996 ff., Loseblatt；*Zürbig*, Der Formwechsel einer Personengesellschaft in eine Kapitalgesellschaft, 1999.

## I. 变更法的对象和任务

### 1. 公司变更的动机

《变更法》于1994年10月28日生效。该法调整经济性企业主体结构性变更的四种形态，即合并、分立、财产转让和法律形式变换。变更，是概括这四种形态的总称(《变更法》第1条)。《变更法》被理解为是对包括所有作为企业主体的各种形式的公司的变更的法典性编纂(比较《变更法》第3条)。企业变更的原因是多种多样的。企业内部结构的变化或者外部经济条件的变化都可以引起(公司)法律形式的转换。 1

**举例**：(a)当企业经济上的成功要求增加资本而股东没有能力增加投资，这样股东必须求助资本市场(走向公众化)。这时，公司形式可以变更为股份有限公司。另一方面，当公司上市希望无法实现时，一个股份有限公司可以变更为有限责任公司或(以有限责任公司为无限责任股东)的两合公司(走向私有化)。(b)两合公司惟一的无限责任股东死亡，如果没有找 2

到新的无限责任股东,企业只能变更为资合公司,才能继续经营。(c)员工人数超过2000人的有限责任公司变更为两合公司,以便避免适用1976年的《员工参与决定法》的规定。

3　与此相对,合并是指让两个或两个以上的企业组成为统一体。这些企业在合并前在法律上独立的,在康采恩法允许的范围内,根据统一领导原则将它们从经济上和组织上统一起来。企业联合体的某些组成部分在合并之前是独立的,但是在合并后,它变成某一个企业的非独立的营业机构,或者在进一步的内部重组后甚至失去这一特征(康采恩合并)。如果走向合并能保证战略上的好处,那么互不依赖和互相竞争的企业也能够进行合并。

4　**举例**:蒂森股份有限公司、弗里德里希・克虏伯股份有限公司和赫斯特・克虏伯合并成蒂森・克虏伯股份有限公司(s. OLG Düsseldorf ZIP 1999, 793; OLG Hamm ZIP 1999, 798),其理由是设备制造和钢铁工业的全球化,要求公司直接进入重要的市场地域,以便满足地域性的客户的不同需求。

5　集中的目的也可通过**分立**实现。企业的解散性分立和将企业的某一部分转给一个现有权利主体的分立,都是和合并相类似的过程。而将财产分立给一个新成立的权利主体,则起相反的效果。

6　**举例**:(a)通过解散分立,可以创立比较小的、在市场上独立出现的单位。大多数基于税务动机的解散分立,普遍表现为分立成一个(不动产)占有公司和一个经营公司,这种分立也是为了降低责任风险(比较:Typenhaus-Fall BGHZ 68, 312;见上文§29边码25:被诉企业以有限责任公司形式成立了100%的子公司,将此前由自己承担的标准房建造项目交给子公司,而自己专门从事房屋销售业务)。(b)当一个公司想集中从事核心业务,但股东愿意继续参与被分离出去的公司的业务时,就可以采取企业部分分立方式;此外,为了与竞争者进行合作而成立合资公司,或者转让一个迄今非独立的业务领域,或者将公司上市时,也可以采取企业部分分离方式。(c)企业分立的不同可能性,也可以被用来解决敌意的股东群体或家族成员之间的矛盾。

7　企业子公司式的分立是一种组成康采恩的措施,它与解散分立和部分分立不同。

8　**举例**:企业的不同部分被分立为一个和多个子公司,以便从组织上分开不同风险的业务领域是很有意义的。这一过程导致形成一个垂直结构的康采恩,并产生了股东保护的问题。在霍尔茨米勒一案中(BGHZ 83, 122; s. 见上文§12边码25, 12),被诉的股份有限公司原先经营木材贸易,同时经营港口业务。在企业改组过程中,它首先成立了一家100%的有限责任子公司,然后以该有限责任公司作为无限责任股东成立股份两合公司,在该股份两合公司中还有其他三个有限责任股东。接着,该被诉的股份有限公司将港口业务——其财产中比较有价值的部分——剥离给股份两合公司。

2. 法律基础

企业变更的法律基础是1995年1月1日生效的《变更法》。[1]在此之前,有关合并和法律形式变更的规定包括在五部法律中。尽管所涉的部分利益完全一致,这些法规还是对合并和法律形式转换程序进行了不同的规定。法律没有对分立进行规定,这在实践中被认为是令人痛苦的漏洞。 9

联邦司法部1988年提出了讨论草案[2],1992年专家又提出了立法草案。这些都是立法的前期工作[3]。该草案在考虑了学术界和实践的批评意见的情况下[4]修改成为政府草案。[5]在立法协调委员会就暂时保留变更企业中员工参与决定制度达成妥协后(比较《变更法》第325条),《变更法》在1994年10月18日公布。有关合并和分立的规定部分地涉及了欧盟法。德国立法者早在1982年已将欧盟第3号公司法指令(合并指令)[6]纳入《股份有限公司法》[7],以便尽可能地接受该法的规则。相反,在此之前第六个指令(分立指令)[8]仅仅通过"托管机构管理的企业分立法"而被引入德国法[9]。 10

3. 调整目的

该法的目的首先是为不同的变更形式提供适当的程序。虽然变更没有专门的规则也能进行。为法律形式转换目的,股东可以根据一般民法和公司法成立一个新公司,将旧公司的财产转移给新公司,然后终结旧公司。但这样的法律程序既复杂又费钱。因为根据物权特定化原则,每一个财产客体都必须根据有效的法律规 11

[1] Gesetz zur Bereinigung des Umwandlungsrechts (UmwBerG) vom 28. 10. 1994, BGBl. I 1994, 3210.

[2] Diskussionsentwurf für ein Gesetz zur Bereinigung des Umwandlungsrechts vom 3. 8. 1998, Beilage Nr. 214a zum Bundesanzeiger vom 15. 11. 1998.

[3] Referentenwurf für ein Gesetz zur Bereinigung des Umwandlungsrechts, Text mit Begründung hrsg. von *Ganske*, Beilage zum Bundesanzeiger Nr. 112a vom 20. 6. 1992.

[4] 比较 zum DiskE UmwG die Beiträge von *Lutter*, *Priester*, *Hommelhoff*, *Hoffmann-Becking*, *Wiesen*, *Krieger*, *Hanau*, *Widmann* und *K. Schmidt* in ZGR 1990, 392 ff.; zum RefE UmwG die Beiträge von *Zöllner*, *Bork*, *K. Schmidt*, *Teichmann*, *Schulze-Osterloh* und *Hommelhoff* in ZGR 1993, 321 ff.; ferner IDW (Hrsg.), Reform des Umwandlungsrechts, 1993 mit Beiträgen von *Ganske*, *K. Schmidt*, *Willemsen*, *Küller*, *Treptow*, *Hense*, *Priester*, *Krebs* und *Raupach*。

[5] 比较 BT-Drucks. 12/6699 vom 1. 2. 1994。

[6] Richtlinie vom 9. Okt. 1978, ABl. EG Nr. L 295, 36; abgedruckt bei *Lutter*, Europäisches Unternehmensrecht, 4. Aufl. 1996 128.

[7] Gesetz zur Durchführung der Dritten Richtlinie des Rates der Europäischen Gemeinschaften zur Koordingierung des Gesellschaftsrechts vom 25. 10. 1982, BGBl. I 1982, 1425.

[8] Sechste gesellschaftsrechtliche Richtlinie vom 17. Dez. 1982, ABl. EG Nr. L 378, 47; abgedruckt bei *Lutter*, Europäisches Unternehmensrecht, 4. Aufl. 1996, 199; dazu *Teichmann* AG 1980, 85 f.

[9] Gesetz über die Spaltung der von der Treuhandanstalt verwalteten Unternehmen vom 5. April 1991, BGBl. I, 854.

定进行转让。新公司必须承担债务,而根据《民法典》第414条等条款的规定承担这些债务原则上以债权人同意为前提条件。同时必须根据《商法典》第25条考虑新公司的责任。从资产负债表技术上,为了解散未列入表内的隐蔽公积金(储备金),必须进行单个转让。这样就产生了需要纳税的转让收益,这一收益的可观数额可以产生事实上禁止公司变更的作用。基于同样的程序,即使没有专门的法律规定,也能通过以下方式进行合并:将一个公司财产和债务转让给另一家公司,接着进行解散、清算和注销。但这种交易安排费用昂贵、税负很重,因而难以实施。即使一个企业解散分立为两个未来法律上独立的公司,根据一般民法和公司法规定,也要求成立一个新公司和进行财产分配,并将归属新公司的具体资产分别转让给新公司。到目前为止,解散分立在德国企业实践中并没有起到十分重要的作用。[1]

12 《变更法》使简化的、费用较少的解散成为可能,从而避免了前面描述的麻烦程序和不恰当的法律后果。对待法律形式转换,该法的出发点是,选择最合适的企业形式原则上是当事人的事情,因此法律必须允许法律形式的转换不造成公司的同一性产生问题。公司"继续在变更决议规定的法律形式下"存在(《变更法》第202条第1款第1项)。在合并和分立时,该法确认一个公司对另一个公司财产的全部继受。全部继受的作用在于,进行转让的权利主体的包括债务在内的财产或者财产被分立的部分根据法律转给受让的权利主体(《变更法》第20条第1款第1项和第131条第1款第1项)。在任何情况下,合并如同其他集中事项受制于合并监管(《反竞争限制法》第35条及以下条款以及《欧盟合并监管条例》)。卡特尔局可以禁止达到规定的最低规模的企业进行合并,如果通过合并产生或强化市场支配地位(《反竞争限制法》第36 I条)。

13 通过为不同的变更情况提供合适的组织结构规定,《变更法》遵循公司法的基本目标,即关注对公司小股东和债权人的保护。根据《变更法》的规定,必须给股东提供足够的信息,使股东能够了解公司变更事宜。根据《变更法》的规定,一般的公司法上的权利救济措施也适用于公司变更的特殊情况。此外,《变更法》借助同意权和一次性补偿权保护公司股东,使其法律地位免受过分的损害。有关提供担保的规则、责任规则和进行变更的公司机构成员违反义务时必须承担的损害赔偿规则,都是为了保护债权人的利益。

#### 4. 变更法的结构

14 《变更法》分为四编。第一编仅有一条,列举了变更的种类,即合并、分立(解散分立、部分分立和子公司式分立)、财产转让和法律形式转换(《变更法》第1条I. 1—4项)。该条还补充说明,该法原则上被理解为有关《变更法》的完整编纂(《变更法》第1条II, III款)。此外,立法者放弃了起草《变更法》的总则,而是让第二编中关于合并的规定同时起到总则的作用。

---

[1] Einzelheiten bei *Kottmann*, Die Spaltung einer Aktiengesellschaft, 1986.

第三编涉及公司的分立,第四编规定了财产的转让,第五编则规定了形式的转换。每一编一开始各包含有关合并、分立和形式转换能力的权利主体(《变更法》第3条、第124条结合第3条、第191条)以及要重视的基本的程序法方面的一般规定和保护股东及债权人的规定。在这些规定中,《变更法》区分了进入一个现有企业的合并或分立以及新设企业的合并或分立。在每一编的特别规定部分中,有区别地考虑了根据公司形式的各种不同的变更情况。这种复杂的法律结构考虑了下述情况,即人合公司或资合公司参与下的变更程序要求有不同的规则。第六编规定了审查因变更而支付给退出的股东的补偿的司法程序。第七编包括刑事规定和处以罚款的可能性。第八编是过渡规定和附则。这里规定了关于个人和集体劳动法的特别规则,对实践非常重要。 15

这一法律结构是以完善的法律指引技术为前提条件。合并被看作(是变更的)基本模式;第二编中的规定不仅被指引适用于分立和财产转让,而且被指引适用于形式转换。由此产生了过分依赖于合并规定的积木式系统。这一体系是复杂的,而且不是一目了然的。尤其是将合并规定相应地适用于形式转换,有时是值得怀疑的,因为形式转换并没有发生财产转移。另外,可能使人看不清保护股东和债权人所采用的不同手段的作用和紧密联系。 16

正是基于这些理由,对《变更法》的系统论述不必按照《变更法》的结构进行。相反,在总则部分突出论述《变更法》的基础,是比较正确的。接下来,应该论述《变更法》的**结构原则**(II.)和**股东保护的共同方面**(III.)。此外,要论述在哪些条件下对变更决议进行**法院监督**(IV.)和通过什么方式《变更法》**保证了债权人**的利益(V.)。最后,应该论述劳动法方面的问题(VI.)。在论述合并时将对资本市场法上的要求进行概略性介绍〔1〕。同时,放弃论述公司变更涉及的卡特尔法和税法方面的内容。〔2〕 17

## II. 变更法的结构原则

参考文献:*Heidenhain*, Die Sonderrechtsnachfolge bei der Spaltung, ZIP 1995, 801; *Hennrichs*, Formwechsel und Gesamrechtsnachfolge bei Umwandlungen, 1995; *ders.*, Zum Formwechsel und zur Spaltung nach dem neuen Umwandlungsgesetz, ZIP 1995, 794; *K. Mertens*, Umwandlung und Universalsukzession, 1993; *ders.*, Zur Universalsukzession in einem neuen Umwandlungsrecht, AG 1994, 66; *Raiser*, Gesamthand und juristische Person im Licht des neuen Umwandlungsrechts, AcP 194 (1994), 495; *ders.*, Gesamthandsgesellschaft oder

---

〔1〕 Siehe § 48 边码 13 f。

〔2〕 比较 zum Umwandlungssteuerrecht die Kommentierungen bei Dehmer zum UmwStG und Lutter/Schaumburg, UmwG Einl. 边码 49 ff. und Anh. § 122. Zu den kartellrechtlichen Problemen außer der Kommentarliteratur Sagasser/Bula/Brünge aaO 90 ff. Zu grenzüberschreitenden Umwandlungen s. unten § 58 II 2e sowie ausführlich Lutter UmwG § 1 边码 6 ff., 9 ff. mwN。

juristische Person - Eine Geschichte ohne Ende?, FS Zöllner, Band I, 469; *ders.*, Der Begriff der juristischen Person - Eine Neubesinnung, AcP 199 (1999), 104; *Reinhardt*, Die Umwandlung, ein Gegenstand zum Nachdenken, FS Bartholomeyczik, 1973, 307; *Rieble*, Verschmelzung und Spaltung von Unternehmen und ihre Folgen für Schuldverhältnisse mit Dritten, ZIP 1997, 301; *K. Schmidt*, Gesetzliche Gestaltung und dogmatisches Konzept eines neuen Umwandlungsgesetzes - überlegungen zur legislatorischen Praxis und Theorie, ZGR 1990, 580; ders., Universalsukzession kraft Rechtsgeschäfts - Bewährungsproben eines zivilrechtsdogmatischen Rechtsinstituts im Unternehmensrecht, AcP 191 (1991), 495; *ders.*, Zum Analogieverbot des § 1 Abs. 2 UmwG - Denkanstäße gegen ein gesetzliches Denkverbot, FS Kropff, 1997, 259; *ders.*, Einschränkung der umwandlungsrechtlichen Eintragungswirkungen durch den umwandlungsrechtlichen numerus clausus?, ZIP 1998, 181; *Teichmann*, Die Spaltung von Rechtsträgern als Akt der Vermögensübertragung, ZGR 1993, 396; *Ulmer*, Die Gesamthandsgesellschaft - ein noch immer unbekanntes Wesen?, AcP 198 (1998), 113; *Voigt*, Umwandlung und Schuldverhältnis, 1997; *Wiedemann*, Identität beim Rechtsformwechsel, ZGR 1999, 568; *Zöllner*, Bemerkungen zu allgemeinen Fragen des Referentenentwurfs eines Umwandlungsgesetzes, ZGR 1993, 334; *ders.*, Grundsatzüberlegungen zur umfassenden Umstrukturierbarkeit der Gesellschaftsformen nach dem Umwandlungsgesetz, FS Claussen, 1997, 423.

1. 合同、股东同意和登记

18 合并、分立和形式转换都是结构性措施,这些措施由法定代表机构进行准备,但关于变更的决定必须由股东做出。《变更法》强制性地要求具有股东大会或股东会议决议(《变更法》第13条、第125条结合第13条、第193条),该决议包括所要求的每一股东的同意表示(如果有这样情况)应该进行公证(《变更法》第13条第3款第1项、第125条结合第13条第3款第1项、第193条第3款)。[1]

19 进行形式转换的前提条件必须有相应的变更决议(《变更法》第193条),该决议必须包括《变更法》第194条规定的内容和新的公司章程(《变更法》第218条第1款第1项、第243条第1款第1项结合第218条第1款第1项)。由代表机构通过变更报告就决议进行准备(《变更法》第92条)。与形式转换不同,在合并或分立时,其决议的基础是董事会或经理提出**合并合同**或者**分立合同**和**接收合同**(第5条、第126条)。在分立新设情况下,分立方案取代分立合同和接收合同(第136条)。在上述合同中应该规定交易的细节。尤其是应该约定:财产作为整体转移,其对价是受让公司的股份(《变更法》第5条第1款、第126条第1款)。应该确定换股的比例(《变更法》第5条第1款、第126条第1款)。[2]在通常情况下,合同在股东大会或股东会议决定前已经签署,但该合同效力是不确定的。只有获得股东同意,该合

〔1〕 决议的多数性和个别同意的要求,见边码46等。

〔2〕 Siehe zu den weiteren Einzelheiten § 48 II 边码 17 ff., § 49 II 边码 19 ff.。

同才具有对外的效力：与公司法的一般规定不同，领导机构在这一点上的代表权是有限的。[1]

最后，变更必须在商业注册处获准登记。登记后，合并、分立和形式转换发生效力（《变更法》第20条第1款、第131条第1款和第202条第1款）。 20

2. 保持形式转换中的同一性

形式转换作为变更最单纯的形式，其规则是建立在法律形式的变化不影响企业同一性的理念基础上的。形式转换不需要财产转移，这一点最明确地体现在第202条第1款第1项的表述中。根据该项规定，"新的法律形式在注册簿上登记，产生进行形式转换的权利主体以变更决议确定的法律形式继续存在的效力"。《变更法》符合逻辑地仅仅要求股东大会或股东会议决议。 21

即使根据旧法，法人之间也可能进行形式转换，而同时保持企业的同一性。[2]不同的是，立法者和主导理论都认为，不可能从个体企业和共同共有公司变更为资合公司或相反方向变更时保持企业的同一性。因为个体商、共同共有公司和作为法人的资合公司的法律性质不同。基于此，变更决议导致成立一个新的公司。无论如何，新公司对旧公司财产整体权利的继受在过去已得到确认。《变更法》有理由地放弃了这种只有空洞教条、没有实在内容的结构。[3] 22

从保持同一性原则中人们可以得出结论，形式转换，一方面以企业延续性表现出来，该延续性体现为权利归属没有变化，另一方面又和企业法律结构的非延续性相关联。《变更法》第202条第1款第2项规定了延续性的最重要内容："形式转换的权利主体的股份所有人，如果根据本编该所有人的参与未被取消，根据对新的法律形式有效的规定参与到新的权利主体中。第三人对形式转换权利主体的股份或成员资格的权利，继续存在于新的法律形式权利主体中相应替代原来股份或成员资格的股份或成员资格之上"。此外，对资合公司的形式转换，第247条规定注册资本的数额保持不变。 23

与上述规定不同，立法者仅在下列条件下规定了监事会职权的延续性，即新法律形式权利主体，将采用与形式转换权利主体相同的方式设立和组成监事会。形式转换权利主体的股东甚至可以在变更决议中规定终止监事会成员职务（《变更法》第203条）。有疑问的是，董事会或经理机关成员是否保留职位。这一问题不能仅仅用保持同一性的理念来回答，而是必须根据客观标准对形式转换的各种情 24

---

〔1〕 Zur Möglichkeit, den Umwandlungsvertrag erst nach einem Beschluβder Haupt- bzw. Gesellschafterversammlung zu schlieβen，比较 § 4 II。

〔2〕 比较 § § 362 ff. sowie § § 384-393 AktG a. F.。

〔3〕 比较 *Raiser* AcP 194（1994），495。

况作出决定。[1]

3. 合并和分立中整体权利继受

25 据财产转让而言,合并合同和分立合同的重要内容是约定将财产作为一个整体转移给受让权利主体。整体权利继受的财产让渡,是合并和分立具有的鲜明的结构原则。虽然只有在注册簿上登记,资产和负债的转让才发生效力。但是,变更合同是资产和负债让渡的法律基础,因此有理由说,与民法典第1922条规定的继承情况相反,这里是借助法律行为实施的整体继受。[2]

26 整体权利继受的技术,与将企业并入受让公司或者以实物资本和分别完成实物转让来设立新公司不可避免的程序相比,带来了很大的简化。在合并时,转让的关键时间是受让者何时在注册簿上登记(《变更法》第20条第1款第1项);在分立时,则是转让的权利主体在注册簿上的登记时间(第131条第1款第1项)。

27 在合并时,进行转让的公司的所有财产及其债务全部转让给受让公司,进行转让的公司归于消灭。对此不需要进行专门的注销(《变更法》第20条第1款第2项)。进行转让的公司的股东无条件地成为受让公司的股东。[3]第三人对转让的权利主体的股份或成员资格的权利,继续存在于受让公司中相应替代原来股份或成员资格的股份或成员资格之上(《变更法》第20条第1款第3项)。

28 分立与合并的区别,分立是部分权利的整体继受。在合并时,"转让的权利主体的财产作为整体,在部分分立和子公司式的分立时,财产中被剥离的一部分或几部分包括债务……根据在分立合同和受让合同中规定的分配(分割)分别作为整体让渡给受让的权利主体"(《变更法》第131条第1款第1项)。在这一过程中,准确标明转让客体无论如何是必要的(试比较《变更法》第126条第2款)。也就是说,这一程序并没有背离物权法的特定原则。这一程序实际的优点主要体现在下述情况,即债务和合同关系无需债权人和合同相对方同意让渡给另一公司。但是,这种让渡不是无限制的,因为根据一般规定不能让渡的客体,在分立时仍留在原来的公司(《变更法》第132条)。[4]

29 在解散分立时,转让的公司消灭,不需要一个专门的注销(《变更法》第123条第1款、第131条第1款第2项等)。与解散分立不同,在部分分立时,进行转让的公司继续存在(《变更法》第123条第2款)。在上述两种情况下,进行转让的公司

---

〔1〕 Siehe § 47 III 边码26。

〔2〕 Str., wie hier *K. Schmidt* AcP 191 (1991), 495; *Hennrichs* ZIP 1995, 94; a. A. dasältere Schrifttum; 比较 KölnKomm/*Kraft* § 346 边码18; *Werner/Kindermann* ZGR 1981, 17, 48。

〔3〕 只要受让权利主体或者一个以自己的名义但以该权利主体承担责任而行事的第三人是转让权利主体的股份所有人,或者转让的权利主体拥有自己的股份或以自己的名义但以该权利主体承担责任而行事的第三人是该权利主体的股份所有人,则不适用这一规则(《变更法》第20条第1款第3项第1句)。

〔4〕 Ausführlich hierzu § 49 II 边码27 ff., siehe ferner § 131 III zur Behandlung "vergessener" Gegenstände bei einer Aufspaltung; dazu § 49 II 边码23。

的股东成为受让公司的股东。在子公司式的分立情况下,进行转让的公司同样继续存在,但是,不是转让公司的股东而是转让公司自己获得受让公司的股份(《变更法》第123条第3款)。第三人对转让的权利主体的股份或成员资格的权利,继续存在于受让公司中相应替代原来股份或成员资格的股份或成员资格之上(《变更法》第131条第1款第3项第2句)。

4. 类推禁止和创设自由的界限

对创设实践和通过司法和法学造法的可能性有重要意义的,是在第1条第2款中规定的类推禁止。根据类推禁止,除了《变更法》规定的情况,只有在其他联邦法律或州法律有明确规定时才有可能进行合并、分立、财产转让和形式转换。由此得出,不是《变更法》规定的其他权利主体既不能利用(部分)整体权利继受的程序,也不能在保持其同一性的情况下采用另一种法律形式。 30

同时,在两个人合公司之间或一个个体商和一个人合公司之间的法律形式转换仍然没有因此被排除。因为如果法定的概念特征得到满足,法律形式转换依法发生。一个两合公司无条件成为无限公司,如果最后一个有限责任股东离开并只剩下两个无限责任股东;如果仅剩下一个无限责任股东,两合公司就变为个体企业。从事经营的公司不能是民法上的合伙;一个其他的既不经营也不在商业注册簿上登记的组织(试比较《商法典》第2条),依法是民法上的合伙。法定的形式转换在上述情况下是实际状况的结果(减少资本变为非商人的营业)或者是有意识的法律行为的结果(接受一个有限责任股东进入无限责任公司)。但是,法律基础不是《变更法》,而是《民法典》和《商法典》。 31

《变更法》第1条第2款并不排除企业通过个别继受的方式进行重组,因为根据主导的观点,类推禁止没有这么大的适用范围。[1]通过实物投资的方式进行企业合并或设立子公司,甚至可能比根据《变更法》进行的变更更加有利可图。但是,值得审查的是,《变更法》的保护性规定(例如,征得股东大会绝对多数同意和通过变更报告让股东知情等)是否应该类推适用。这一问题尤其在通过个别转让将关键的财产部分用以设立子公司时显得尤为重要。[2] 32

最后,《变更法》根据股份法的法律严格规定的先例(《股份法》第23条第5款,见上文§ 9.Ⅱ.2)确定了《变更法》上的创设自由的严格界限。只有在明确规定的情况下,才能偏离《变更法》的规定。在合同、章程和规章或意思表示中进行补充规定是允许的,但《变更法》规定的不能补充的规则除外(《变更法》第1条第3款)。《变更法》意图通过这种方式对债权人和少数人提供切实的保护。实践上,有关对决议所需法定人数的规定具有意义。就资合公司而言,不允许通过公司章程中规定一个比法律规定更低的决议多数比例。但是,合同或者章程可以规定更高的决 33

---

〔1〕 比较 *Lutter*, UmwG, Einl. 边码 42 und § 1 边码 24 mwN。

〔2〕 Siehe § 49 I 边码 14 f。

议要求。只有在有限的范围才可能在其他方面偏离法律规定,因为仅仅只能在没有小股东或小股东同意这些偏离时,企业才能采用一些简化程序。[1]

## III. 股东保护

参考文献: *Bork*, Beschluβverfahren und Beschluβkontrolle nach dem Referentenentwurf eines Gesetzes zur Bereinigung des Umwandlungsrechts, ZGR 1993, 321; *Engelmayer*, Die Spaltung von Aktiengesellschaften, 1995; *Grunewald*, Austrittsrechte als Folge von Mischverschmelzungen und Verfügungsbeschränkungen, FS Boujong, 1996, 175; *Grunewald/Winter*, Die Verschmelzung von Kapitalgesellschaften, in Lutter (Hrsg.), Kölner Umwandlungsrechtstage, 1995, 19; *Halm*, "Squeeze-Out" heute und morgen: Eine Bestandsaufnahme nach dem künftigen übernahmerecht, NZG 2000, 1162, *Hoffmann-Becking*, Der materielle Gesellschafterschutz: Abfindung und Spruchverfahren, ZGR 1990, 482; *Hommelhoff*, Minderheitenschutz bei Umstrukturierungen, ZGR 1993, 452; *Keil*, Der Verschmelzungsbericht nach § 340 a AktG, 1990; *Lenz*, Gesellschafter- und Gläubigerschutz bei dem Formwechsel einer OHG in eine GmbH, 2000; *H. J. Mertens*, Die Gestaltung von Verschmelzungs- und Verschmelzungsprüfungsbericht, AG 1990, 20; *Quack*, Die Offenlegung des Prüfberichts nach § § 208, 30 UmwG, FS Bezzenberger, 2000, S. 321; *Reichert*, Folgen der Anteilsvinkulierung für Umstrukturierungen von Gesellschaften mit beschränkter Haftung und Aktiengesellschaften nach dem UmwG 1995, GmbHR 1995, 176; *H. Schmidt*, Die Verschmelzung von Personengesellschaften, in Lutter (Hrsg.), Kölner Umwandlungsrechtstage, 1995, 59; *ders.*, Mehrheitsklauseln für Umwandlungsbeschlüsse in Gesellschaftsverträgen von Personenhandelsgesellschaften nach neuem Umwandlungsrecht, FS Brandner, 1996, S. 133; *Schmitz-Riol*, Der Formwechsel der eingetragenen Genossenschaft in die Kapitalgesellschaft, 1998; *Schöne*, Das Aktienrecht als Maβaller Dinge im neuen Umwandlungsrecht?, GmbHR 1995, 325; *ders.*, Die Spaltung unter Beteiligung von GmbH, 1998; *Streck/Mack/Schwedhelm*, Verschmelzung und Formwechsel nach dem neuen Umwandlungsgesetz, GmbHR 1995, 161; *Veil*, Umwandlung einer AG in eine GmbH, 1996; *Zimmermann*, Verschmelzungsprüfung bei der GmbH-Verschmelzung, Festschrift Brandner, 1996, 167; *Zürbig*, Der Formwechsel einer Personengesellschaft in eine Kapitalgesellschaft, 1999.

### 1. 概述

34 任何形式的变更都可能极大地损害股东的利益。变更会产生干涉公司成员资格的作用,成员资格根据《宪法》第 14 条也享有宪法上的所有权保护。[2]《变更法》没有规定公司可以开除少数股东。由此,《变更法》的一个重要目标是为留下的股

---

〔1〕 比较 § § 5 II, 8 III, 9 II, 40 II, 192 III, 215。

〔2〕 比较 BVerfGE 14, 263 (*Feldmühle*), s. oben § 9 I 4。

东或自愿退出公司的股东提供足够的法律保护。[1] 设立法律救济机制,必须一方面考虑对他们给予专门保护的需要,另一方面又不能给变更造成不必要的困难。

在费尔德米勒(Feldmühle)一案中,根据旧的《变更法》第15条规定,进行转让的公司根据多数决议进行资合公司合并,造成小股东依法离开公司的可能性是允许的。联邦宪法法院必须对这种允许的可能性是否违背《宪法》第14条规定作出裁决。联邦宪法法院考虑到宪法也保护大股东的企业主的地位,公司股份依其性质具有置于多数决定之下的弱点以及被排挤出去的股东获得全额价值补偿,对上述问题作了肯定的回答。这一裁决仍然存在争议。在争议的作用下,1965年的《股份法》将多数决定所要求的法定人数从75%提高到90%。[2]与此相比,新的《变更法》虽然不再确认在变更时排除少数股东的可能性,但排除少数股东的问题已重新成为立法改革努力的对象。[3] 35

在合并的情况下,转让公司的股东变成了另一个企业的成员。由此,该另一企业的股东人数增加。这样不仅导致转让公司的股东参股比例下降,而且导致受让公司的股东参股比例下降。这样就降低了一些小股东的影响力,这些小股东以前根据原有的持股数额能够行使小股东的权利。此外,所有股东都面临资本稀释的风险。如果合并建立在不恰当的换股比例基础上,就会出现资本稀释。如果权利受让主体低估了他们的股份的价值,补偿给转让企业股东的股份就不是价值等同的对价,这些股东就受到了财产上的损失。对权利受让主体的股东来说,如果转让公司的价值被高估,过多的股份给予转让公司的股东,合并就是不利的。这些后果可以明显发生在混合合并中。 36

类似的问题同样出现在不同形式的分立中。采用子公司式的分立时,会形成或扩大垂直型康采恩。随着部分财产转移到新成立的或者已经存在的子公司,母公司的股东失去了对涉及被剥离业务范围的重要的经营决定的共同作用权利。还有,如果将利润留在子公司或让第三人参与利润分配,结果其母公司的股份就会因此而缩水。 37

即使形式转换,在某些情况下也会对公司股东的法律地位产生不利影响。如果股东的权利、义务和施加影响的可能性在新的法律形式下少于原来的公司,或者股份的交易能力变差,就是如此。但是,这只能通过对个案中在两种法律形式下的成员权利进行比较,才能作出判断。基于这一背景,主要是股份有限公司转换为有限责任公司存在问题。相反,从有限责任公司过渡到股份有限公司,一般来说,对股东是比较有利的。 38

2. 告知义务

尽管对成员权有不同程度的干预,有效保护股东利益离不开一个前提条件:即 39

---

〔1〕 比较 Allg. Begr. UmwG, *Ganske* 13。

〔2〕 So § 15 UmwG a. F. und § 369 III AktG a. F. zum Formwechsel einer AG in eine GmbH.

〔3〕 比较 *Halm* NZG 2000, 1162。

必须向股东提供有关变更的全面信息。在股东会议就变更进行表决时,只有股东了解变更的目的,了解意欲处理的细节,了解其成员权的后果和换股比例关系及换股比例的计算,股东才能有效行使投票权。对此,一般公司法规定股东的知情请求权是不够的。

40 《变更法》有必要对此作出规定,所有参与变更的企业的代表机关必须提供详细的书面报告,作为股东了解初步信息的基本手段(《变更法》第 88 条、第 127 条、第 192 条)。无论如何,通过允许所有的代表机构共同编制书面报告,这就大大简化了操作程序(《变更法》第 8 条第 1 款)。但是,只有没有必要提供这些信息时,尤其是当转让公司的 100% 的股份都转让给受让公司(100% 康采恩合并)时,或当参与权利主体的所有股东都放弃要求提供上述报告时,才不必提供上述报告。放弃的表示必须经过公证(《变更法》第 8 条第 3 款)。

41 在合并的情况下,代表机构必须在报告中,根据《变更法》的表述,对合并、合并合同或合同草案,特别是换股比例、关于受让公司成员资格的陈述以及可能规定的现金补偿数额分别进行解释和说明理由。在报告中,必须特别说明评估相关企业价值的特殊困难和股东入股的后果(《变更法》第 8 条第 1 款第 1 句和第 2 句)。只要一个关联企业参与合并,必须陈述说明其他关联企业的情况(《变更法》第 8 条第 1 款第 3 句)。但是如果报告中包括不必公开的事实,公开它就会给一个参与的权利主体或一个关联企业造成重大不利。在这种情况下,就必须说明不能写入报告的理由(《变更法》第 8 条第 2 款)。这一规定同样适用于分立报告(§ 127)。在形式转换时,报告应该特别涉及股东对权利主体未来入股的情况(《变更法》第 192 条第 1 款第 1 句)。另外,在报告中要附上财产清单,在财产清单中要列明形式转换主体拥有的物之客体和承担的债务以及它们的真实价值(《变更法》第 192 条第 2 款)。[1]

42 当然,通过对变更报告必要内容的一般规定,《变更法》仅仅为符合规定的报告制作基本框架。就执行方面而言,在实践中出现了很大问题。在细节上哪些陈述是需要的,首先必须取决于报告的目的,即股东能够从经济上和法律上理解变更。这并不要求可能对报告的整个细节进行详细审查。相反,如果股东能够由此查出管理层作出的承诺的**可信**度就足够了。[2]只要报告必须对约定的换股比例作出表态,那么,说明企业评估适用的方法[3]和采用不同评估方法(如果采用)的理由[4],是

---

〔1〕 在资合公司形式转换时财产清单是不需要的;见第 47 章 II 边码 13。

〔2〕 OLG Hamm ZIP 1999, 798, 801; Kallmeyer/*Marsch-Barner* § 8 边码 6; *Keil* aaO 76; *Lutter* § 8 边码 5; aus derälteren Rspr. OLG Karlsruhe WM 1989, 1134, 1138; LG Frankenthal WM 1989, 1854, 1857。

〔3〕 比较 BGHZ 107, 296, 302; Kallmeyer/*Marsch-Barner* § 8 边码 11; *Lutter* § 8 边码 21。

〔4〕 比较 *Keil* aaO 64 f.; *Lutter* §8 边码 21。

理所当然不能规避的。还有，必须公告方案中重要的数据。[1] 此外，此期间司法实践和法学界已经十分具体地确定了对报告内容的各种要求，明确了报告的内容要点。这些给了实践活动一定的法律安全保障。[2]

43 当然，将来仍旧不能完全避免，某些股东把变更报告作为勒索工具，以报告有瑕疵为借口，提起撤销股东会议变更决议的诉讼，导致产生"潜在的勒索"。但是，相关企业可以在所谓的确认程序中进行抗辩（试比较 § 16. III.，见下文 IV. 5）。[3]

3. 变更审查和审查报告

44 为保护股东，《变更法》还规定，变更合同或变更方案必须由一个或多个专业的审查人进行审查（《变更法》第 9 条、第 125 条、第 176 条等）。专家介入，首先是为了保证换股比例恰当。[4] 如果受让公司必须发出补偿要约，这种审查经常是需要的（《变更法》第 30 条第 2 款、第 125 条、第 176 条和第 208 条）。在所有其他的情况下，立法者认为对子公司式的分立和形式转换，这种审查是没有必要的（《变更法》第 125 条第 2 句、第 208 条）。在一个人合公司或有限责任公司作为转让企业参与变更时，审查仅仅根据当事人的申请进行（试比较《变更法》第 44 条、第 48 条）。如果股份有限公司或股份两合公司参与变更，股东可以放弃审查（《变更法》第 9 条第 3 款结合第 8 条第 3 款）。

45 审查的客体是变更合同。审查人必须检查合同是否完整和正确。审查注意的主要是约定的换股比例。换股比例对股东有重要意义。一般而言，审查人无须独立地评估参与变更的企业，他可以根据企业聘请专家所作的意见书进行评估鉴定。但是，审查人必须谨慎分析意见书中包含的数据，并对企业的基本价值是否正确作出判定。

46 审查人必须以书面报告方式汇报审查结果。该报告必须包括如下内容：建议的换股比例是否恰当，现金补偿的数额（如果必须支付的话）是否恰当以及权利受让主体的成员资格作为对价是否恰当。在报告中还要陈述，建议的换股比例是根据哪些方法确定的，出于什么原因适用这些方法是适当的，如果适用多种方法，每种方法得出什么换股比例或者对价；另外，在确定建议的换股比例或对价，以及以这些方法为基础的价值时，不同的方法起到了什么作用，在评估时出现了什么特别的困难（《变更法》第 12 条第 2 款）。

---

〔1〕 比较 OLG Hamm ZIP 1999, 798; OLG Düsseldorf ZIP 1999, 793; OLG Karlsruhe WM 1989, 1134; BGH WM 1990, 2073。

〔2〕 比较 die Nachweise in Fuβn. 33 sowie KG AG 1999, 268; 比较 ferner neben der Kommentarliteratur *Keil* aaO; zum Spaltungsbericht *Schöne* aaO 303 ff.; siehe ferner unten § 47 II 边码 10, § 48 II 边码 25 f. und § 49 II 边码 31。

〔3〕 比较 OLG Hamm ZIP 1999, 798 und OLG Düsseldorf ZIP 1999, 793 zur Verschmelzung Thyssen/Krupp。

〔4〕 BGHZ 107, 296, 303.

4. 作出决议和多数通过

47 (a)企业变更中最关键的法律行动,是进行转让的企业的股东大会或股东会议形成的决议。通过这一决议,转让企业接受了变更合同或变更方案(§§ 13, 125, 176, 193)。在通过接收进行合并和分立时,由受让企业作出相应的决议也是需要的。[1]

48 所有的决议都需要所投票数的3/4以上多数或者形成决议时到会股份代表的3/4以上注册资本的同意票作出。但是,章程也可以规定更高的资本多数和进一步的要求(《变更法》第50条第1款、第65条第1款、第125条以及第240条第1款)。尤其在人合性质的公司中,这种强化性章程规定是适当的,也是常见的。如果章程对章程的修改提出了附加的要求,那么就必须通过解释弄清楚,这一规定是否也针对变更。这一点通常给以肯定的回答,因为各类企业变更都是结构性措施。[2]

49 根据《变更法》,人合公司变更还需要所有出席和未出席的股东一致同意(一致性)(§§ 43. I., 45. d. I., 125, 217. I. 1)。对人合公司的形式转换也有类似规定(§ 233. I)。在上述情况下要求全体股东的一致同意,其合理性在于变更导致成员资格发生实质变动和个人责任的承担。

50 但是,公司章程可以规定,一个多数决定必须至少由所有股东的3/4以上的同意票作出(《变更法》第43条第2款第1句和第2句、第45 d条第2款、第217条第1款第2句和第3句)。这样,《变更法》考虑了人合公司中的资合结构。在这样的人合公司中,完全一致的表决要求既不适当也不符合实际。无论如何,有必要加强对承担个人责任的股东的保护。如果转让公司中承担无限责任的股东反对合并或分立,那么受让的人合公司(两合公司)应该给他有限股东的地位(《变更法》第43条第2款第3句和第125条)。另一方面,如果受让公司中的无限股东反对合并或分立,他也可以要求给予有限股东的地位(《变更法》第43条第2款第4句和第125条)。

51 (b)如果通过变更某一股东群的成员权受到特别损害,那么就进一步需要这一股东群作出一个同意的特别决议。这方面最经常和最重要的例子,是发行不同种类股票的股份有限公司,不同种类股票对利润和公司财产分配给予不同的权利(试比较《股份有限公司法》第11条和上文§ 9. I.)。根据股份法第179条第3款,股东大会的决议改变了不同种类股票的比例并导致对某一类股票不利,该决议需要承受不利的股东的同意,这些股东应该就此作出一个绝对多数同意的特别决议。

---

〔1〕 一个决议是不重要的,如果至少一个进行转让的资合公司的注册资本十分之九已经在接收的股份有限公司手里(见《变更法》第62条第1款)。

〔2〕 比较 Kallmeyer/*Zimmermann* § 65 边码 7; zum Teil aA. Lutter/*Grunewald* § 65 边码 6 für Klauseln, die für die Satzungsänderungen zusätzliche Erfordernisse aufstellen. Doch ist der Einwand, die Verschmelzung sei keine Satzungsänderung, nicht stichhaltig, weil eine formaljuristische Einordnung nicht entscheidend sein kann。

但是,与股份法的规定不同,《变更法》要求有投票权的所有种类的股票的股东特别决议(《变更法》第 65 条第 2 款第 3 句、第 125 条、第 233 条第 2 款)。

52 根据这些规定的字面意义,它们并不适用无投票权的优先股(《股份法》第 12 条第 1 款、第 139 条)。但是在文献中也有一种意见认为,如果变更取消了优先权,这是一种需要作出特别决议的例外情况。〔1〕但也有人对此持不同意见,认为必须给受让公司的优先股股东提供同样权利(试比较第 23 条),这样他们才受到了足够的保护。〔2〕

53 即使在将股份有限公司转换为有限责任公司时,各种不同类别股份所形成的特别决议究竟起什么作用,依然是有争论的。因为与合并和分立不同,应该在有限责任公司的公司章程中对不同股份种类的优先权予以规定,这样就没有必要对它们提供特别的保护。只有当出于形式变换影响到它们的优先权时,才必须由相关的股东作出特别决议〔3〕。当一个有限责任公司变更为股份有限公司,其法律状况更加困难,因为有限责任公司章程中规定的优先股的优先权,并不能理所当然地写入股份有限公司章程。〔4〕如果不能写入章程,而且不是所有的股东都同意这种做法,那么就有必要由所涉及的股东通过一个特别决议,以保护这些股东利益。〔5〕

54 (c) 基于绝对多数作出的变更决议,使典型的、作为变更后果的成员资格的改变合法化。相反,当变更和涉及每一股东受特别保护的法律地位相关联,多数决定并不能构成合法基础。因此,在不同情况下,即当特别的权利基于合并而丧失或受到损害时,《变更法》要求有当事股东的个别同意。从这些不同的要求得到同意的规定中,首先可以得出一般化的法律理念,即特别权利在变更时尽可能地不受影响保留并转移给受让的公司。如果延续这一法律地位不可能或不愿意,变更只有在权利被减小的股东同意时才能实施。下文论述最重要的相关情况,就能足够说明。

55 如果股份转让取决于个别股东的批准,变更决议还需首先征得他的同意才能生效(《变更法》第 13 条第 2 款第 3 句、第 125 条、第 193 条第 2 款)。如果根据公司章程的规定,股份的转让受到限制,这一要求同意的保留尤其对有限责任公司有意义(试比较《有限责任公司法》第 15 条第 5 款)。如果公司应该表示同意,那么股东的同意保留就无论如何不能认为是有理由的。因为在这样的情况下,根据章程的不同规定,由经理机关、股东大会或监事会对此负责,而不是每一个股东。

56 此外,如果在有限责任公司的公司章程中,规定个别股东在经营管理或经理聘用方面享有小股东权或股东特别权(《变更法》第50条第2款、第125条、第241条

---

〔1〕 比较 *Kiem* ZIP 1997, 1627, 1629。

〔2〕 Wie hier Lutter/*Grunewald* § 65 边码 8。

〔3〕 比较 *Veil* aaO 95 ff.; aA Lutter/*Happ* § 240 边码 8。

〔4〕 根据第 23 条优先股股东保护的方案就是这样;基于股份法的法律严格性,类别优先权仅仅在严格限定的界限内才能有效存在。

〔5〕 Tendenziell wie hier Lutter/*Happ* § 240 边码 10, der allerdings generell unabhängig vom Betroffensein der Anteilsgattungen eine Sonderbeschlußfassung für erforderlich hält。

第2款),而这些权利基于公司变更而被取消了或受到了损害时,股东的同意保留有着重要意义。在这些情况下,只有当相关的股东在受让的公司被给予了等同的权利时,股东的个别同意才是不重要的。[1] 而在合并成一个股份公司或者进行形式转换时,由于股份法的严格规定,是不可能剥夺个别股东的同意权的。

57 《变更法》还规定了在某些情况下股东也享有个别同意保留权:如果变更后,确定的新权利主体的股份名义价值与股份原定的名义价值不同。可以存在许多冠冕堂皇的理由支持这种面值的不同。但如果新确定的名义价值很高,以致在换股时出现很多无法考虑的余额,而又根本不可能将它们转换成小额股份,这样做法显然损害了股东的权利。为了防止出现这样的花招,《变更法》规定,如果股东因为价值确定问题无法以他的全部股份参与变更,那么面值的重新确定就必须征得每一位股东的同意(《变更法》第51条第2款、第46条第1款、第241条第1款和第242条)。

58 最后,如果义务的增加和变更相关联,个别的同意可能是必要的。这符合一般社团法上的原则,即不允许对股东的给付义务事后未经其同意而增加(试比较《民法典》第707条和《有限责任公司法》第53条第3款、《股份有限公司法》第180条第1款)。作为这一负担禁止的明显表示,合并或者分立到一个公司根据《变更法》必须经过相关人的同意才能进行,如果在该公司中转让权利主体的股东要承担责任风险。首先要提到的情况是,实施变更到一个有限责任公司,而该有限责任公司的出资额没有被全额支付,新的股东根据《有限责任公司法》第24条规定,也受到出资填补责任的威胁。这样,转让权利主体的变更决议需要所有形成决议时在场的股东同意,如果转让权利主体是人合公司或有限责任公司,还须得到未出席股东的同意(《变更法》第50条第1款)。出于同样的原因,如果在一个有限责任公司的出资额并没有被全额缴纳,当该有限责任公司和另一个有限责任公司合并时,适用同样的规则(《变更法》第51条第1款第3句)。

59 在公司进行形式转换时,法律仅仅规定,只有在公司转换为股份两合公司时,才需征得所有将在股份两合公司承担无限责任的股东的同意(《变更法》第240条第2款第1句、第3款)。在一个股份有限公司转换为有限责任公司时,如果股份没有全部缴纳,是否股东同意是必要的法律并没有规定。但是,在这一点上人们不能认为法律已经做了全面的规定。也与只有在有限责任公司登记后才会出现股东的资本补偿责任的规定无关。因此,在上述情况下由于增加了责任风险,形式转换必须得到所有股东的同意。[2]

---

〔1〕 H. M.; 比较 Lutter/*M. Winter* § 50 边码 21 mwN。

〔2〕 比较 *Veil* aaO 72 ff。这一同意要求可以避免,如果在变更前迟延出资的股东已被排除。此外,一个适当的措施是正常的注册资本减少(股份法第222条第1款卖底66条第3款)。主要是,如果仅仅很小数额未缴纳,那么也应该考虑一个对变更有兴趣的股东结清他人债务或者提供担保。

5. 财产保护

60 保护股东财产的法律工具是：额外支付现金请求权（《变更法》第 15 条）、以现金补偿为对价退出公司的权利（《变更法》第 29 条）和尽管有有限的处分权但依然可以转让所持股份（《变更法》第 33 条）。此外，如果管理机关没有履行《变更法》规定的义务，股东可以针对管理机主张损害赔偿。

61 (a) **根据**《变更法》的规定，进行转让的公司的股东不享有一般公司法规定的股东所应享有的权利，即他们不能因不适当的换股比例而对变更决议提起无效之诉或撤销之诉。法律这样规定的目的是为了防止因为费时而漫长的诉讼程序影响变更的效力（《变更法》第 14 条第 2 款、第 125 条和第 195 条第 2 款）。尽管没有这一权利，但是股东可以如签订控制合同（《股份法》第 304 条，见下文 § 54. V. ）那样，要求受让公司附加支付现金给予补偿（《变更法》第 15 条第 1 款第 1 项选择、第 196 条）。此外，如果受让公司的成员资格并不构成足够的对价，法律规定了支付额外的现金补偿金（《变更法》第 15 条第 1 款第 2 项选择、第 196 条）。与《股份法》第 71 条第 1 款第 8 项规定不同，支付的额外现金补偿金可以超过每股所代表的注册资本数额的 10%（《变更法》第 15 条第 1 款）。股东是否对变更决议提出了异议，不是提出额外现金补偿金的前提条件。在异议程序中，这一请求权应该根据异议程序法的规定来主张。

62 (b) 此外，股东出于企业变更的原因退出公司的权利具有重要意义。《变更法》规定，受让公司对所有就变更协议提出了异议的股东[1]负有义务，以支付合理的补偿金为对价收购他们的股份。在变更合同中必须规定公司将提供适当的补偿金。原则上补偿金应该用现金支付，在特定情况下应该以受让公司的股份来支付（ § § 29, 125, 207）。补偿金的合理性必须由变更审查人审查决定（ § § 30 II, 125, 208 iVm 9 等）。补偿要约必须在变更登记公告后两个月内承诺（ § § 31, 125, 209）。在异议程序中，可以根据异议程序法对要求补偿的数额进行审查。与此不同，与提起补偿请求一样，股东不能以没有按规定提供补偿要约或要约太低了为依据对变更决议的有效性提起诉讼（ § § 32, 125, 210）。

63 (c) 除退出权外，股东还有权转让其股份，即使股东的处分权受到了限制（ § § 33, 125, 211）。这一规定解除了对限制转让的股份或记名股份的转让限制。行使这一权利的前提条件，是股东必须针对变更决议提出异议，而且该异议已被记录在案。[2]

64 (d) 最后，通过规定管理成员的赔偿义务补充规定了小股东的个别救济，这一义务是针对变更的特殊性设立的。代表机构和监事机构的成员根据第 25 条第 1 款第 1 项、第 125 条或 205 条第 1 款作为共同债务人负有义务，对在变更中违反义务

---

〔1〕 就异议的非重要性，比较第 29 章 II。

〔2〕 比较 Lutter/*Grunewald* § 33 边码 5；Kallmeyer/*Marsch-Barner* § 33 边码 5；Veil aaO 140。

造成股东受到损害的,承担损害赔偿责任。根据《变更法》,与责任相关的义务尤其存在于对所有参与变更的公司的财产进行审查的情况,固然在审查时一个公司管理机构原则上仅仅只能对伙伴公司提供的数据可信性进行审查。〔1〕另外,股东的损害还可以基于在变更合同中约定不合理的换股比例而产生,只要差额没有根据第15条、第125条或第196条得到补偿(见上文边码61)。损害赔偿责任以过错为前提,但《变更法》如同根据《股份法》第93条和《有限责任公司法》第93条的一般责任性规定,规定了举证责任倒置(§ 25. I. 2)。损害赔偿请求权必须由一个独立的代理人来主张(§ 26)。

## IV. 决议的监督

参考文献：*Bayer*, Kein Abschied vom Minderheitenschutz durch Information, ZGR 1995, 613; *Bork*, Beschluβverfahren und Beschluβkontrolle nach dem Referentenentwurf eines Gesetzes zur Bereinigung des Umwandlungsrechts, ZGR 1993, 343; ders., Das Unbedenklichkeitsverfahren nach § 16 Abs. 3 UmwG, in Lutter (Hrsg.), Kölner Umwandlungsrechtstage, 1995, 261; *Decher*, Die überwindung der Registersperre nach § 16 Abs. 3 UmwG, AG 1997, 388; *Heermann*, Auswirkungen einer Behebbarkeit oder nachträglichen Korrektur von gerügten Verfahrensmängeln auf das Unbedenklichkeitsverfahren nach § 16 Abs. 3 UmwG, ZIP 1999, S. 1861; Hirte, Die Behandlung unbegründeter oder miβbräuchlicher Gesellschafterklagen im Referentenentwurf eines Umwandlungsgesetzes, DB 1993, 77; *Hoffmann-Becking*, Der materielle Gesellschafterschutz: Abfindung und Spruchverfahren, ZGR 1990, 482; *Hommelhoff*, Zur Kontrolle strukturändernder Gesellschafterbeschlüsse, ZGR 1990, 447; *ders.*, Minderheitenschutz bei Umstrukturierungen, ZGR 1993, 452; Kiem, Die Eintragung der angefochtenen Verschmelzung, 1991; *ders.*, Das neue Umwandlungsrecht und die Vermeidung "räuberischer" Anfechtungsklagen, AG 1992, 430; *Köhler*, Rückabwicklung fehlerhafter Unternehmenszusammenschlüsse, ZGR 1985, 307; *Kort*, Bestandsschutz fehlerhafter Strukturänderungen im Kapitalgesellschaftsrecht, 1998; *Kreuznacht*, Wirkungen der Eintragungen fehlerhafter Verschmelzungen von Aktiengesellschaften und Gesellschaften mit beschr? nkter Haftung nach § 20 Abs. 2 UmwG, 1998; *Krieger*, Fehlerhafte Satzungsänderungen: Fallgruppen und Bestandskraft, ZHR 158 (1994), 35; *Lenz*, Gesellschafter- und Gläubigerschutz bei dem Formwechsel einer OHG in eine GmbH, 2000; *Martens*, Kontinuität und Diskontinuität im Verschmelzungsrecht der Aktiengesellschaften, AG 1986, 57; *Noack*, Das Freigabeverfahren bei Umwandlungsbeschlüssen, Bewährung und Modell, ZHR 164 (2000), 274; *Paschke*, Die fehlerhafte Korporation, ZHR 155 (1991), 1; Rettmann, Die Rechtmäβigkeitskontrolle von Verschmelzungsbeschlüssen, 1998; *Riegger/Schockenhoff*, Das Unbedenklichkeitsverfahren zur Eintragung der Umwandlung in das Handelsregister, ZIP

〔1〕 但是,在一个康采恩合并时出发点应该是,母公司知道子公司的财产情况,或者可以自己得到这些信息。

1997，2105；*Schmid*，Das umwandlungsrechtliche Unbedenklichkeitsverfahren und die Reversibilität registrierter Verschmelzungsbeschlüsse，ZGR 1997，493；*Schmid*，Einstweiliger Rechtsschutz von Kapitalgesellschaften gegen die Blockade von Strukturentscheidungen durch Anfechtungsklagen，ZIP 1998，S. 1057；*K. Schmidt*，Die fehlerhafte Verschmelzung nach dem Aktiengesetz，AG 1991，131；*ders.*，Zur gesetzlichen Befristung der Nichtigkeitsklage gegen Verschmelzungs- und Umwandlungsbeschlüsse，DB 1995，1849；*ders.*，Haftungsrisiken bei "steckengebliebenen" Verschmelzungen，DB 1996，1859；*Schöne*，Die Klagefrist des § 14 Abs. 1 UmwG：Teils Rechtsfortschritt，teils "Aufforderung" zu sanktionslosen Geheimbeschlüssen?，DB 1995，1317；*Timm*（Hrsg.），Miβbräuchliches Aktionärsverhalten，1990；*ders.*，Einige Zweifelsfragen zum neuen Umwandlungsrecht，ZGR 1996，247；*Timm/Schick*，Zwingende "Verschmelzungssperre" nach § 345 Abs. 2 Satz 1 AktG bei anhängigen Anfechtungsverfahren?，DB 1990，1221；Veil，Umwandlung einer AG in eine GmbH，1996；*ders.*，Die Registersperre bei der Umwandlung einer AG in eine GmbH，ZIP 1996，1065；*Zätzsch*，Zur Heilung von Verschmelzungsmängeln - dargestellt an einem kuriosen Fall des OLG Hamm，FS Bezzenberger，2000，S. 473.

1. 概述

65 保护小股东利益的一个重要支柱，是股东有权通过诉讼主张变更决议违反法律规定。在资合公司，最主要的诉讼种类是撤销之诉和无效之诉（《股份法》第 241 条，见上文 § § 16. IX.，33. VII.）。在人合公司中则与此相反，根据司法判决股东可以依据《民事诉讼法》第 256 条的规定提起普通的**无效确认之诉**。[1]

66 诉讼有禁止登记的作用。这样就能阻止变更产生法律效力（试比较 § § 20，125，202）。为了确保这一法律后果，在代表机构向商务注册处就变更申请登记时，必须声明无人对转让决议有效性提起或按期限提起的诉讼，或者这样的诉讼依法被驳回或已撤回（§ § 16. II. 1，125，198. III.）。不提供这一声明，不得对变更进行登记（§ 16. II. 2）。相反，如果变更获准登记，变更就生效并取得永久的法律效力。从登记之时起不能再主张法律上之瑕疵（§ § 20. II.；131. II.，202. III.）。[2]

67 为了防止个别股东通过提起不正当的诉讼，故意造成对所有公司难以承受的变更拖延，《变更法》第 16 条第 3 款、第 125 条和第 198 条第 3 款规定：尽管有正在进行的诉讼，公司依然有可能使其申请获准注册。立法者为此创立了确认程序。因为"过分要求被诉权利主体在合并实施前，首先等待对合并决议有效性法律争议（根据经验这是花费时间很长的过程）的最终解决"，"从经济上讲不能认为是有理由的"；"否则的话，在没有表明一些场合下这种拖延是有理的情况下，合并的经济

〔1〕 比较 BGHZ 81，264。

〔2〕 Zu möglichen Ausnahmen s. sogleich 边码 67。

效果会经常被拖延，甚至完全消失。"[1]基于同样的理由，在分立和形式转换的过程中适用确认程序也是正确的。如果后来证明诉讼确实是有理由的，变更同样维持有效。进行在先登记的公司仅仅负有义务，赔偿反对登记申请的人因变更有效而遭受的损害(《变更法》第16条第3款第6句)。据此，《变更法》对迅速实现变更的企业和对变更决议施行有效权利监督的单个股东之间的不同利益相互平衡的方式和方法，来自登记于商业注册簿后变更的存续效力、诉讼权利和确认程序之间的复杂的相互作用。

2. 存续保护

68 保护登记的变更决议的有效性的法律基础，是《变更法》第20条第2款、第131条第2款和第202条第3款的规定。据此变更的瑕疵不影响登记的效果。制定这些规则的基本考虑是：即尽可能地维持公司法上的组织行为。因为如果变更已经完成，恢复原状几乎是不可能的。[2]由此占主导地位的观点认为，一个有瑕疵的、但已登记的变更享有绝对的存续保护。[3]除恢复原状在事实上有困难外，该观点指出，在一个有理由的，但基于已登记决议的存续效力而不能胜诉的诉讼中，根据第16条第3款第6项的明确规定，损害赔偿请求权不能指向恢复原状。但是相反的观点认为，上述规定仅仅涉及法律对瑕疵公司的确认。根据这一条款，有瑕疵的变更的登记虽然意味着对既往事实应该予以存续保护，但并不具备完全排除恢复原状的作用。[4]不过，根据这种观点，恢复原状也完全是个例外。

69 联邦最高法院的一系列判决使上述相反的观点受到鼓舞。在这些案例中，法院在审理原民主德国农业生产合作社的变更时，根据农业经济适应法第34条的并列规定排除了严重瑕疵的变更所享有的存续保护。但对《变更法》并没有一个最高法院的澄清解释。

70 如果仅仅考虑以后撤销变更恢复原状的困难，是可能针对不同的情况而采取不同的解决方案的。一个通过受让的合并和分立，一般认为应该是不可逆转的。但是，在为了新设而进行的子公司式的分立和形式转换时，情况就不同了：撤销并不会产生类似的问题。因此，在上述情况下，如果出现特别严重的违反公司法确定的结构原则的瑕疵，应拒绝给予存续保护。当然，为此人们必须决定对用词相同的规

---

〔1〕 Begründung zu § 16 bei *Ganske* aaO 68.

〔2〕 比较 BegrRegE § 20 UmwG, *Ganske*, 75; ebenso BegrRegE § 202 III, *Ganske* 228 mit Hinweis auf die Probleme, die mit der Rückführung neu erlangter Strukturelemte verbunden sind。

〔3〕 BayOblG AG 2000, 130; *Bork* ZGR 1993, 343, 355; Kallmeyer/*Marsch-Barner* § 20 边码 33; *Kort* aaO 264 ff.; *Krieger* ZHR 158 (1994), 35, 44 ff.; Lutter/*Grunewald* § 20 边码 69 ff。

〔4〕 比较 mit im einzelnen unterschiedlichen Einschränkungen *Kreuznacht* aaO 48 ff., 90 ff.; *Lenz* aaO, 167 ff.; *K. Schmidt*, DB 1996, 1859, 1860; *Schmid*, ZGR 1997, 493, 510 ff.; *Veil* aaO 163 f.; wohl auch Lutter/*Teichmann* § 131 边码 12 f. bei Mißachtung der Grundvoraussetzungen einer Umwandlung. Zum alten Recht *Kiem* aaO 149 ff.; *Martens* AG 1986, 57, 63 ff.; *K. Schmidt*, AG 1991, 131 ff。

定给予不同的解释。

3. 无效和撤销的理由

在资合公司中，人们可以根据《股份法》第 241 条、第 243 条和第 250 条等条款规定的一般无效和撤销的原因，对变更决议提起诉讼（见上文 § § 16. IX.，33. VII.）。首先，基于违反法律或章程可以提起撤销之诉。当合并或分立决议、关于形式转换的决议或者变更报告没有包括法律规定的内容时，这些决议或报告存在着形式瑕疵。 71

只有在具体的个案中才能从内容上判断，一个变更决议是否违反了法律或违反了章程的规定。在企业变更时，如果决议让某些股东获得特别好处（《股份法》第 243 条 II）或者违背成员忠诚义务，是可以撤销的。[1] 相反，不合理地确定换股比例或确定退出股东的补偿，根据第 14 条第 2 款、第 32 条、第 195 条第 2 款和第 201 条不能作为撤销的原因。但是，有越来越多的声音要求在合并和分立时，不合理的换股比例在例外时应该是撤销决议的原因。[2] 72

没有完全澄清的问题是，是否需要对变更决议的内容进行详细的审查。立法者有意识地没有对这个问题作出规定。[3] 对此只能通过仔细分析各种变更的可能性及其具体作用来加以判断。主流观点拒绝对资合公司的合并决议进行实体审查，理由是从法律机制看合并必然导致投票能力的降低和资本的稀释，并且立法者有意识地容忍这一点。[4]原则上应该赞同这一观点，因为《变更法》是通过不同的方式保护小股东的利益的。这些方式有：通过信息权、同意保留以及很宽的扇型财产保护制度。[5]但是，如果合并导致一个企业失去独立性或者故意修改受让公司的章程损害小股东的利益，完全可以有一种其他的观点。当然这只是一种例外。[6]在形式转换时，法律状况有一些不同，即不存在资本稀释的危险。但是，当个别股东失去了原有的小股东权时，就特别涉及这些股东的权益。然而，由变更带来的权益结构的变化，不能被一般地评价为是对法律上受保护的小股东利益的损害，对这种损害进行内容监督是有理由的。因为法律允许股东以合理的补偿为对价退出公司。一般情况下，基于适当性对形式转换决议的内容进行审查是多余的。[7]在具体案例中，如大股东推动形式转换，其目的是为了损害小股东的权利，这自然是违反忠诚 73

---

〔1〕 比较：aber OLG Hamm ZIP 1999, 798, das aus § 14 II ableitet, in diesem Zusammenhang könne nicht darauf abgestellt werden, daβdas Umtauschverhältnis unangemessen sei。

〔2〕 So OLG Düsseldorf ZIP 1999, 793 f. bei vorsätzlichem Zusammenwirken der Vertretungsorgane; weitergehend noch *Schöne* aaO 133 ff.; aA die wohl hM.; 比较 Lutter/Bork § 14 边码 15。

〔3〕 Begr. § 13, § 193, *Ganske* 61, 216; dazu *Hommelhoff* ZGR 1990, 447, 461; ders. ZGR 1993, 452, 458; *Lutter* ZGR 1990, 393, 414.

〔4〕 比较 *Lutter* § 13 边码 33 ff.; Kallmeyer/*Zimmermann* § 13 边码 12。

〔5〕 见上边码 38 ff., 43 ff., 46 ff., 59 ff。

〔6〕 Siehe hierzu *Schöne* aaO 245 ff.

〔7〕 比较 für den Formwechsel einer AG in eine GmbH *Veil* aaO 195 ff。

义务的。

4. 确认程序

74 针对变更决议有效性的诉讼,形成变更登记被禁止的后果,这一方面使法院为股东利益对变更决议的正当(合法)性监督成为可能;另一方面又导致这样的后果,即企业利益所要求的重组措施被一个不确定的时间所阻止,所谓"掠夺性的股东"常常利用这种办法,让别人向自己购买诉讼的纠缠价值。在一个体现法官造法的判决中,联邦最高法院已经对这一冲突作出反应,允许登记法院在撤销程序终局结束前将变更登记在商业注册簿上,只要诉讼明显是不允许的,没有道理的或滥用权利的,因而也是毫无疑问没有胜诉前景的。[1]

75 在《变更法》中,立法者在创设根据第16条第3款、第125条和第198条第3款规定的确认程序中考虑了这一司法实践。据此,不再是注册法院,而且审理无效或撤销之诉的诉讼法院可以根据被诉公司的申请**通过裁定确认提起诉讼不影响登记**。根据法律的规定,只有在下列情况下才能作出这样的裁定:起诉"是不允许的或明显没有道理的",或者法院在考虑当事人的陈述后得出结论:与原告提起的违法行为相比,推迟变更会对参与各方的利益及其股东会造成更严重的损害,因而必须优先让变更立即生效(《变更法》第16条第3款第1句和第2句)。这里涉及的是一种由法律予以特别规定的假处分情况,但考虑到通过登记发生效力的存续保证(见上文2),这种假处分基于法律的效力体现为最终的权利保护。为此,只要作为申请理由的事实是可信的就足够了,在紧急情况下可以不经过开庭审理发布裁定(《变更法》第16条第3款第3句、第4句)。

76 法院可以依据三个不同的考虑作出决定。诉讼的不被允许性在实践中至今未起作用。对诉讼具有明显无理性的具体要求,还没有形成明确的认识。一些法院适用的空洞公式对此也没有什么帮助:无理性必须一眼就看出或者无理性必须从诉状中一眼看出。[2] 当要求事实和法律状况必须清楚时,在实践中从趋势上看,对无理性宁愿作限制性理解的观点占了主导地位。[3] 但是,这种观点并不符合解除约束程序的意义和目的,即给予企业有效的权利保护。相反,法院在确认程序中也不应担心对法律问题作出决定。尽管法院认为,这些法律问题是困难的,因为没有联邦最高法院的判决。[4]

77 最后,确认裁决可以以登记利益优先为依据。即使法院在审查胜诉前景时得

[1] 比较 BGHZ 112, 9, 23 ff。

[2] LG Hanau ZIP 1995, 1820, 1821.

[3] OLG Frankfurt/Main ZIP 1997, 1291; OLG Düsseldorf ZIP 1999, 793; LG Wiesbaden AG 1997, 274; LG Freiburg AG 1998, 536, 537; Lutter/Bork § 16 边码 19 a; *Rettmann* aaO 114 f.; in der Tendenz auch Kallmeyer/*Marsch-Barner* § 16 边码 41。

[4] OLG Hamm ZIP 1999, 798, 799; OLG Frankfurt/Main NJW-RR 1999, 334, 335; *Bayer* EWiR 1998, 665, 666; *Dehmer* § 16 边码 52; *Timm* ZGR 1996, 247, 259; *Veil* ZIP 1996, 1065, 1070。

出起诉可能是有理由的结论,也可作出登记利益优先的裁定。[1] 对此,必须对公司和多数股股东希望变更尽快生效的利益和起诉人试图阻止变更可能违法的利益进行斟酌权衡。公司决议是否事实上违法无须进行审查,起诉胜诉的前景不在斟酌权衡之列。首先,所称的瑕疵的严重程度是重要的。如果瑕疵可以在事后消除或弥补,瑕疵就没有大的意义。[2] 另一方面,在弄清公司实施(变更)的利益时,应该审查变更会带来哪些合理化或协同作用。还需考虑,一个已经完成的变更在一般情况下是不可再撤销的,因而应该对实施(变更)的利益提出高的要求。

## V. 债权人的保护

参考文献: *Engelmayer*, Die Spaltung von Aktiengesellschaften nach dem neuen Umwandlungsrecht, 1995; *Hennrichs*, Formwechsel und Gesamtrechtsnachfolge bei Umwandlungen, 1995; *Hüffer*, Der Schutz besonderer Rechte in der Verschmelzung, FS Lutter 2000, 1227; Ihrig, Gläubigerschutz durch Kapitalaufbringung bei Verschmelzung und Spaltung nach neuem Umwandlungsrecht, GmbHR 1995, 622; *ders.*, Zum Inhalt der Haftung bei der Spaltung, in Habersack/Koch/Winter (Hrsg.), Die Spaltung im neuen Umwandlungsrecht und ihre Rechtsfolgen, ZHR Beiheft 68, 80; *Jaeger*, Sicherheitsleistung für Ansprüche aus Dauerschuldverhältnissen bei Kapitalherabsetzung, Verschmelzung und Beendigung eines Unternehmensvertrags, DB 1996, 1069; *Jung*, Die stille Gesellschaft in der Spaltung, ZIP 1996, 1734; *Kiem*, Die Stellung der Vorzugsaktionäre bei Umwandlungsmaβnahmen, ZIP 1997, 1627; *Kleindiek*, Vertragsfreiheit und Gläubigerschutz im künftigen Spaltungsrecht nach dem Referentenentwurf UmwG, ZGR 1992, 513; *Krieger*, Sicherheitsleistung für Versorgungsrechte?, FS Nirk, 1992, 551; *Lenz*, Gesellschafter- und Gläubigerschutz bei dem Formwechsel einer OHG in eine GmbH, 2000; *Lutter*, Zur Reform von Umwandlung und Fusion, ZGR 1990, 392; *K. Schmidt*, Gläubigerschutz bei Umstrukturierungen, ZGR 1993, 366; *Schröer*, Sicherheitsleistung für Ansprüche aus Dauerschuldverhältnissen bei Unternehmensumwandlungen, DB 1999, 317; *Veil*, Umwandlung einer Aktiengesellschaft in eine GmbH, 1996

### 1. 概述

债权人对公司变更不能施加影响。但是,变更可以对债权人产生不利影响。在 78
合并时,债权人面对新的债务人;而分立则会减少公司资产,以及进行解散分立或子公司式的分立的公司原则上可以自由决定如何分配资产和债务的情况。[3]在形式转换的情况下,根据新的法律制度对资本招募和资本维持实行较宽松的规则,债

---

〔1〕 比较 Lutter/*Bork* § 16 边码 19 b; *Schmid*, ZGR 1997, 493, 498; aA *Rettmann* aaO 146 f. ; *Riegger/Schockenhoff* ZIP 1997, 2105, 2109; für "erwägenswert" hält dies *Decher* AG 1997, 388, 391。

〔2〕 比较 OLG Stuttgart ZIP 1997, 75, 77。

〔3〕 S 对界限见第 49 章 II 边码 25 ff。

权人可能首先因此而受到损害。

79 只要《变更法》允许变更,就必须保证对债权人提供必要保护。因而,如果通过合并和分立设立新的公司,只有受让公司有效地遵守了所有的设立规定,新的设立才能得以实现。这一点同样适用于形式转换,如果存在规避设立规则的危险(《变更法》第197条第1句)。[1]此外,保护债权人包括提供担保义务,保护无投票权股份、可转换公司债券持有人、固定利息加分红利息公司债券持有人和特惠股票持有人利益的特别规定,以及针对违反职责行为的领导成员提起的损害赔偿请求权。

2. 担保提供

80 根据《变更法》第22条第1款第1项、第125条和第204条的规定,如果债权人在变更登记后的6个月内以书面方式登记其拥有的债权数额并具体说明了清偿理由,并且相关公司不能满足其清偿要求,公司必须向参与变更公司的债权人提供担保。在变更公告中必须向债权人指明这一权利(《变更法》第22条第1款第3句)。债权人必须提出令人信服的证据,证明其债权会因变更而受到损害(《变更法》第22条第2款)。在合并和分立的情况下,如果承接债务的受让公司被认为是危险的,或者该公司从事的业务有很大的经营风险,就可以认为是这种情况。在具体案件中应该综合情况,特别是公司出现赤字具有重要意义。

81 合并和分立时要求的提供担保的证明,即债权人在违背其意愿的情况下有了新的债务人的证明,在形式转换的情况下是不恰当的。相反,债权人地位的改善也可以和形式转换相关联。有限责任公司变更为股份有限公司会给债权人带来好处,因为资本维持适用《股份法》更加严格的规定。反过来,由股份有限公司形式转换为有限责任公司,对债权人会产生不利的影响,因而毫无疑问有必要规定特别的担保。在这种情况下,债权人可以以新的资本维持制度为由,令人信服地证明形式转换对债权人请求权的清偿带来的危险。[2]如果公司资产低于注册资本数额,这一点具有重要意义。[3]

82 在破产时,如果担保的破产财产优先满足债权人的清偿要求,而这种优先是根据法律规定设立的并得到国家的监管(《变更法》第22条第2款),这些债权人就不再享有要求提供担保的权利,因为在这一情况下债权人已经通过其他方式获得了足够的保障。例如,养老金请求权的所有人和不可剥夺的养老金期待权的所有人属于这样的债权人。[4]此外,如果债权人拥有民法典第232条规定的担保,不能再要求提供担保。

---

〔1〕 对资本保护的详细内容见 § 47 II 边码 16 ff。

〔2〕 比较 *Veil* aaO 242 f。

〔3〕 被亏损的情况下一个股份有限公司形式转换为一个有限责任公司是允许的。比较: § 245 IV, 下文第47章II 边码 16 f。

〔4〕 比较 hierzu Lutter/*Grunewald* § 22 边码 23 mwN。

3. 对无投票权股东和其收益权的保护

在进行转让的公司拥有没有投票权的权利的所有人,尤其是无投票权股份、可转换公司债券、固定利息加分红利息公司债券和享益权所有人应该在受让公司被给予同样价值的权利(《变更法》第23条、第125条和第204条)。这一规定的目的是保护债权人的权益不会缩水。[1] 83

4. 损害赔偿请求权

债权人保护主要表现为享有提供担保请求权。管理成员因审查财产状况和缔结变更合同时违背其职责应承担损害赔偿义务,这一规定使得债权人保护得到进一步的保障(《变更法》第25条、第125条和第205条第1款)。由此引出的损害赔偿请求权,公司债权人也可以主张。根据主导观点,在合并和分立的情况下,只有当受让公司的财产状况被错误地、受让公司对过分有利地加以确认时,以致他们的请求权实现受到危胁时,转让公司的债权人才有自己的赔偿请求权。另外,如果变更在进行符合规定的审查时本来也可以实现时,损害赔偿责任因缺乏因果关系被排除。[2] 84

## VI. 员工保护和共同决定

参考文献: *Bachner*, Das übergangsmandat des Betriebsrats bei Unternehmensumstrukturierungen, DB 1995, 2068; *Bachner*, Individualarbeits- und kollektivrechtliche Auswirkungen des neuen Umwandlungsgesetzes, NJW 1995, 2881; *Bauer/Lingemann*, Das neue Umwandlungsrecht und seine arbeitsrechtlichen Auswirkungen, NZA 1994, 1057; *Boecken*, Der übergang von Arbeitsverhältnissen bei Spaltung nach dem neuen Umwandlungsecht, ZIP 1994, 1087; *ders.*, Unternehmensumwandlungen und Arbeitsrecht, 1996; *Brinkmann*, Die Spaltung von Rechtsträgern nach dem neuen Umwandlungsrecht, 1999; *Däubler*, Das Arbeitsrecht im neuen Umwandlungsgesetz, RdA 1995, 136; *Düwell*, Umwandlung von Unternehmen und arbeitsrechtliche Folgen, NZA 1996, 393; *B. Gaul*, Das Schicksal von Tarifverträgen und Betriebsvereinbarungen bei der Umwandlung von Unternehmen, NZA 1995, 717; *Gentges*, Die Zuordnung von Arbeitserhältnissen beim Betriebsübergang, RdA 1996, 265; *Gussen/Dauck*, Die Weitergeltung von Betriebsvereinbarungen und Tarifverträgen bei Betriebsübergang und Umwandlung, 2. Aufl. 1997; *Hartmann*, Die privatautonome Zuordnung von Arbeitsverhältnissen nach Umwandlungsrecht, ZfA 1997, 21; *Heinze*, Arbeitsrechtliche Fragen bei der übertragung und Umwandlung von Unternehmen, ZfA 1997, 1; *ders.*, Arbeitsrechtliche Probleme bei der Umstrukturierung von Unternehmen, DB 1998, 1861; *Hennrichs*, Formwechsel

〔1〕 Einzelheiten bei *Hüffer* FS Lutter 1227.

〔2〕 比较 Lutter/*Grunewald* § 25 边码16; aA Widmann/Mayer/*Vossius* § 25 边码24。

und Gesamtrechtsnachfolge bei Umwandlungen, 1995; Joost, Die Bildung des Aufsichtsrats beim Formwechsel einer Personenhandelsgesellschaft in eine Kapitalgesellschaft, FS Claussen, 1997, 187; *Kallmeyer*, Das neue Umwandlungsgesetz, ZIP 1994, 1746; *ders.*, Spaltung nach neuem Umwandlungsgesetz: Anwendung des § 133 UmwG auf Arbeitnehmeransprüche?, ZIP 1995, 550; *Mengel*, Umwandlungen im Arbeitsrecht, 1997; *Th. Müller*, Umwandlung des Unternehmensträgers und Betriebsvereinbarung, RdA 1996, 287; *Rödder/Haußmann*, Die Geltung von Gesamtbetriebsvereinbarungen nach einer Umwandlung, DB 1999, 1754; *Schneider*, Die vertragsrechtliche Zuordnung der Arbeitnehmer im Gemeinschaftsbetrieb unter Berücksichtigung der Unternehmensspaltung, 1997; *Willemsen*, Arbeitsrechtliche Aspekte der Reform des Umwandlungsrechts, RdA 1993, 133; *ders.*, Arbeitsrecht im Umwandlungsgesetz - zehn Fragen aus der Sicht der Praxis, NZA 1996, 791; ders., Die Beteiligung des Betriebsrats im Umwandlungsverfahren, RdA 1998, 23; *Windbichler*, Arbeitsrecht im Konzern, 1989; *Wlotzke*, Arbeitsrechtliche Aspekte des neuen Umwandlungsrechts, DB 1995, 40; *Zöllner*, Veränderung und Angleichung tarifvertraglich geregelter Arbeitsbedingungen nach Betriebsübergang, DB 1995, 1401.

1. 员工对变更的知情权和参与权

85 公司变更不依赖于员工或员工代表的同意。但是,法律保证员工对公司变更有全面的了解。法律规定,在变更合同中应该说明变更对员工和员工代表的后果并规定就此采取的措施(《变更法》第5条第1款第9项、第126条第1款第11项和第194条第1款第7项)。这一条款是有问题的。例如,它要求变更合同有下列说明内容:关于劳动关系转移到新的权利主体的过渡,关于根据《变更法》第324条等条款和根据《民法典》第613a条规定的解雇保护(见边码85),关于行业工资合同、企业协议继续有效性问题和关于变更对监事会中的共同决定权的影响等(见边码90)。[1]变更合同或变更合同草案在对变更作出决议的股东大会召开前一个月提交给(由雇员组成的)相关的企业委员会。在变更登记申请时应该及时提交相应证明(《变更法》第17条第1款)。除了《变更法》的规定外,企业劳资法规定的信息权和共同决定权也可以作为这方面的根据(试比较《雇员代表共同管理法》第80条第2款、第106条、第111条等)。

2. 劳动关系

86 (a)因为形式转换不影响企业的同一性,所以劳动关系没有发生变化,在转型后继续存在。相反,在合并、分立和财产转让的情况下,财产转移通过整体继受的方式进行,这种整体继受合乎逻辑地包括在企业中或在被转移的企业部分中建立的劳动关系。与劳动法有关的问题是,《民法典》第613a条关于当一个营业或营业的部分通过法律行为转移时,受让方进入原有劳动关系的规定是否同时适用。在《变

[1] Muster der Angaben bei *Lutter* UmwG § 5 边码 61。

更法》之前，也许是主导的但没有使人信服的观点认为，在合并和分立时不是基于法律行为而是法定的营业转移，对此不适用《民法典》第613a条。[1]《变更法》通过第312条规定，有理由对这一争议问题作出不同决定："《民法典》第613a条第1款和第4款不受合并、分立或财产转让登记作用的影响"。[2]由此可以说，在变更的情况下，营业或营业的部分转移经常是根据《民法典》第613a的规定完成的。[3]

《民法典》第613a条第1款主要对分立有意义。分立权的出发点是，分立和接收合同的当事人在分配具体的积极财产和消极财产时是自由的（《变更法》第126条第1款第9项）。但是，这种处分自由受到《民法典》第613a条第1款强制性规则的限制，即营业或营业的部分转移到一个其他的所有者时，该所有者享有来自劳动关系的权利。[4] 劳动关系归属的可能性在此受到了很大限制。 87

在变更时，员工对劳动关系转移是否有异议权，讨论中是有争议的。但是，主导观点依据立法理由正确地认为，基于变更的营业转移应该与普通的营业转让同样处理。[5]因而，员工可以对劳动关系转移提出异议，并在分立时继续留在进行转让的权利主体处工作。在合并时，异议导致劳动关系消灭。[6] 88

（b）从《民法典》第613a条第4款的可适用性得出结论，现有雇主和新的所有者基于营业转移单方面解除劳动合同是无效的。但是，企业根据其自身状况而拥有的解雇权利并不受影响（《民法典》第613a条第4款第3句）。[7] 89

在分立和部分转让时，第323条第1款给予了员工进一步的解雇保护。根据这一规定，在分立和部分转让的情况下，员工在解雇法上的地位于两年之内不受不利影响，如果员工在变更之前与转让企业存在劳动关系。如果受让企业不受制于《解雇保护法》，这一规定是重要的（比较《解雇保护法》第23条第1款第2项）。[8]最后，对在根据《企业劳资法》第112条利益平衡中的劳动关系的归属，《变更法》规定了一个特别规则。在合并、分立或财产转让时，只要形成利益平衡，变更后归属于某一特定营业或营业部分的员工被明确指明，劳动法院只能对重大瑕疵进行审查。[9] 90

---

[1] 比较 BAG AP Nr. 24 zu § 613 a BGB；Staudinger/*Richardi* § 613 a 边码 81 ff. 190 ff. mwN。

[2] 比较 Empfehlung und Bericht des Rechtsausschusses zu § 324，*Ganske* aaO 318。

[3] *Boecken* aaO 边码 56 ff.；*Däubler* RdA 1995，136，139；*Hennrichs* aaO 129；Lutter/*Joost* § 324 边码 3；Mengel aaO 75 ff.；*Willemsen* NZA 1996，791，798 f。

[4] H. M.；比较 *Bachner* NJW 1995，2881，2884；*Boecken* aaO 边码 64 f.；*Heidenhain* NJW 1995，2873，2879；*Willemsen* NZA 1996，791，799。

[5] *Boecken* aaO 边码 80；Lutter/*Joost* § 324 边码 34；Kallmeyer/*Willemsen* § 324 边码 5；Mengel aaO 157 ff.，164 ff.；a. A. *Hennrichs* aaO 130 ff.；*Heinze* ZfA 1997，1，5 f。

[6] Str.；wie hier die h. M.，Lutter/*Joost* § 324 边码 36 mwN；nach a. A. soll dagegen ein Widerspruchsrecht nicht bestehen；比较 *Hennrichs* ZIP 1995，794，799；Kallmeyer/*Willemsen* § 324 边码 9。

[7] Zu Einzelheiten 比较 die einschlägige arbeitsrechtliche Literatur。

[8] 比较 zu weiteren Aspekten des Kündigungsschutzes Lutter/*Joost* § 323 边码 9 ff。

[9] 该法追求使法院监督变得困难的目标。当然这一规定的意义是值得怀疑的，因为根据主导观点，即使是在利益平衡中也不能违背民法典第613a条第1款第1项规定来决定劳动关系归属；比较：*Boecken* aaO 边码 125；*Bachner* NJW 1995，2881，2884；Lutter/*Joost* § 323 边码 36。

3. 集体劳动法对变更的影响

91 一个变更可以导致取消职工享有的共同决定权，例如在合并或股份有限公司形式转换为人合公司时，就是如此。为了防止对共同决定权的侵蚀，《变更法》第325条规定，在因进行转让的公司的部分分立和子公司式的分立而导致共同决定的法定条件消失时，仍应该在5年之内保留共同决定权。但是，如果共同决定权以（法律规定的）员工的最低人数为基础，同时基于部分分立和子公司式的分立导致员工人数下降至不足法定最低人数的1/4时，不适用上述规定。

92 企业劳资法上有重要意义的是，在分立或部分转让时，被转移的营业中的企业委员会可以在过渡时期继续留任并继续从事原来的事务（《变更法》第321条第1款第1项）。只要在这些营业的部分中选举了新的企业委员会，但最晚在分立或部分转让生效后六个月，过渡委任结束（《变更法》第321条第1款第3项）。企业委员会必须不拖延地委任选举机构（《变更法》第321条第1款第2句）。

## §47. 形 式 转 换

参考文献：*Bärwaltd/Schabacker*, Der Formwechsel als modifizierte Sachgründung, ZIP 1998, 1293；*Bayer*, 1000 Tage neues Umwandlungsrecht - eine Zwischenbilanz, ZIP 1997, 1613；*Busch*, Die Deckung des Kapitals bei Formwechsel einer GmbH in eine Aktiengesellschaft, AG 1995, 555；*Decher*, Formwechsel- Allgemeine Vorschriften, in：Lutter（Hrsg.）, Kölner Umwandlungsrechtstage, 1995, 201；*M. Fischer*, Formwechsel zwischen GmbH und GmbH & Co. KG, BB 1995, 2173；*Happ*, Formwechsel von Kapitalgesellschaften, in：Lutter（Hrsg.）, Kölner Umwandlungsrechtstage, 1995, 223；*Hennrichs*, Formwechsel und Gesamtrechtsnachfolge bei Umwandlungen, 1995；*Joost*, Die Bildung des Aufsichtsrats beim Formwechsel einer Pesonenhandelsgesellschaft in eine Kapitalgesellschaft, FS Claussen, 1997, 187；*Kallmeyer*, Der Formwechsel der GmbH oder GmbH & Co. in die AG oder KGaA zur Vorbereitung des Going Public, GmbHR 1995, 888；*ders.*, Der Ein- und Austritt der Komplementär-GmbH einer GmbH in eine GmbH & Co. KG bei Verschmelzung, Spaltung und Formwechsel nach dem UmwG 1995, GmbHR 1996, 80；*Kiem*, Die Stellung der Vorzugsaktionäre bei Umwandlungsmaβnahmen, ZIP 1997, 1627；*Lenz*, Gesellschafter- und Gläubigerschutz bei dem Formwechsel einer OHG in eine GmbH, 2000；*Lutter*, Die Reform von Umwandlung und Fusion, ZGR 1990, 392；*Martens*, Nachgründungskontrolle beim Formwechsel einer GmbH in eine AG, ZGR 1999, 548；*H. J. Mertens*, Die formwechselnde Umwandlung einer GmbH in eine Aktiengesellschaft mit Kapitalerhöhung und die Gründungsvorschriften, AG 1995, 561；*K. Mertens*, Die stille Beteiligung an der GmbH und ihre überleitung bei Umwandlungen in die AG, AG 2000, 32；*Meyer-Landrut/Kiem*, Der Formwechsel einer Publikumsaktiengesellschaft - Erste Erfahrungen aus der Praxis, Teil I：WM 1997, 1361；Teil II：WM 1997, 1413；*von der Osten*, Die Umwandlung einer GmbH in eine GmbH & Co., GmbHR 1995, 438；*Priester*, Strukturveränderungen - Beschluβvorbereitung und Beschluβfassung, ZGR

1990, 420; *ders.*, Kapitalgrundlage beim Formwechsel, DB 1995, 911; *ders.*, Mitgliederwechsel im Umwandlungszeitpunkt - Die Identität des Gesellschafterkreises - ein zwingender Grundsatz?, DB 1997, 560; *ders.*, Gründungsrecht contra Identitätsprinzip, FS Zöllner, Band I, 1999, 449; *Reichert*, Folgen der Anteilsvinkulierung für Umstrukturierungen von Gesellschaften mit beschränkter Haftung und Aktiengesellschaften nach dem Umwandlungsgesetz 1995, GmbHR 1995, 176; *Reinhardt*, Die Umwandlung, ein Gegenstand zum Nachdenken, FS Bartholomeyczik, 1973, 307; *Röder/Lingemann*, Schicksal von Vorstand und Geschäftsführer bei Unternehmensumwandlungen und Unternehmensveräuβerungen, DB 1993, 1341; *Schmalz-Brüggemann*, Die Auswirkung der Umwandlung von Kapitalgesellschaften auf die Rechtsverhältnisse zwischen der Gesellschaft und den Gesellschaftsorganen, 1993; *K. Schmidt*, Gesellschaftsrecht, 3. Aufl. 1997, § § 12; 13; *ders.*, Volleinzahlungsgebot beim Formwechsel in die AG oder GmbH, ZIP 1995, 1385; *ders.*, Formwechsel zwischen GmbH und GmbH & Co. KG, GmbHR 1995, 693; *Streck/Mack/Schwedhelm*, Verschmelzung und Formwechsel nach dem neuen Umwandlungsgesetz, GmbHR 1995, 161; *Schmitz-Riol*, Der Formwechsel der eingetragenen Genossenschaft in die Kapitalgesellschaft, 1998; *Schöne*, Das Aktienrecht als "Maβaller Dinge" im neuen Umwandlungsrecht, GmbHR 1995, 325; *Veil*, Umwandlung einer Aktiengesellschaft in eine GmbH, 1996; *ders.*, Der nicht-verhältniswahrende Formwechsel von Kapitalgesellschaften - Eröffnet das neue Umwandlungsesetz den partiellen Ausschluβ von Anteilsinhabern?, DB 1996, 2529; *Wiedemann*, Identität beim Rechtsformwechsel, ZGR 1999, 568; *Zeidler*, Pflicht zur Berichterstattung der Barabfindung im Umwandlungsbericht, NZG 1999, 510; *Zöllner*, Grundsatzüberlegungen zur umfassenden Umstrukturierbarkeit der Gesellschaftsformen nach dem Umwandlungsgesetz, FS Claussen, 1997, 423; *Zürbig*, Der Formwechsel einer Personengesellschaft in eine Kapitalgesellschaft, 1999.

## I. 形式转换的可能性

根据《变更法》第 191 条第 1 款的规定,形式转换适用于人合贸易公司、自由职业合伙公司、人合公司、资合公司、注册合作社、有权利能力的社团、互助保险协会和公法上之法人团体和机构。民法上的合伙不在此列,因为立法者认为没有必要[1]对此进行调整。但就以民法的合伙形式出现的营利性合伙而言,立法者的看法并不令人信服。[2]作为新的法律形式的权利主体,包括了民法之合伙、人合贸易公司、自由职业合伙公司、资合公司和注册合作社(《变更法》第 191 条第 2 款)。据此,不能将形式转换成社团、互助保险协会和公法上之法人团体和机构。尽管《变更法》第 1 条第 2 款规定类推禁止,在无限公司(或两合公司)和有限责任公司之间的形式转换仍可以在《变更法》之外通过下列方式实现:股东将其持有的无限公司的股份作为实物投资投入新设立的有限责任公司;该无限公司归于消灭,因为只有有限 1

〔1〕 *Ganske*, Reform des Umwandlungsrechts, Beil. z. Bundesanz. Nr. 112a vom 20. 6. 92, 235.

〔2〕 Lutter/*Decher* § 191 Rdn. 6 mwN.

责任公司这一股东。同样,通过增加有限责任公司注册资本,并且有限两合公司的所有有限责任股东将他们在公司的股份作为实物投资投入有限责任公司,这样就可以将一家有限两合公司"变更"为有限责任公司。[1]

2 就已经解散的公司而言,只有当这些公司还有财产,而且还能够决定以现有法律形式继续存在时,形式转换才是可能的(《变更法》第191条第3款)。这一规定是为了保护债权人。根据这一规定,当形式转换后不再存在可供债权人支配的破产财产时,就不得进行形式转换。在启动破产程序后不能进行形式转换。只有当破产程序终止后,才有可能进行形式转换(《股份法》第274条第2款第1项、《破产法》第213条和258条)。

## II. 形式转换的准备

### 1. 变更决议的内容

3 变更决议需要由股东作出相应的决议,该决议只能在股东会议上做出。根据《变更法》第194条第1款的规定,该决议至少应该包括下列说明:

(1) 权利主体通过形式转换应该获得的法律形式;

(2) 新的法律形式的权利主体的名称或商号;[2]

(3) 转换后现有股东根据适用于新的法律形式的规定对权利主体的参股,只要他们参股的权利根据本编规定没有取消;

(4) 基于形式转换,股东应该获得的股份数额、种类和范围或者成员资格,或者一个承担个人责任的股东所可以获得的股份数额、种类和范围或者成员资格;

(5) 在权利主体中,授予每一股东的权利或特别权,如无投票权之股份、优先股、多数投票权股、无记名债券和用益权,或者为这些人而规定的措施;[3]

(6) 只要变更决议的生效无需得到所有股东的同意或者只有一个人成为形式转换权利主体的股东,根据《变更法》第207条提出的补偿要约;

(7) 形式转换对员工和员工代表的影响以及规定的相应措施。

4 在资合公司进行形式转换以及人合贸易公司形式转换为资合公司时,变更决议还必须包括新权利主体的章程(《变更法》第218条第1款和第243条第1款第1句)。

---

〔1〕 Allg. Meinung; 比较 Lutter/*Decher* § 190 Rdn. 17 ff.; 关于个体商、民法上之合伙和人合贸易公司之间依法形式转换,见上文第46章第2节4边码30。

〔2〕 关于保留商号的可能性,见第200条。

〔3〕 如果不给予这样的权利,建议在变更报告中予以说明。

上述(3)和(4)要求的说明具有特别重要的意义。[1]参股比例、股份的数额、种类和范围不能任意决定。相反,原来的**注册资本数额**必须和新法律形式所要求的资本数额**相一致**(《变更法》第247条)。如果不一致的话,必须进行资本的增加或减少(《变更法》第243条第2款)。[2]但可以重新确定新股份的票面值(《变更法》第243条第3款第1句)。在股份有限公司转换为有限责任公司时,确定票面值时应该注意,票面价值必须至少为50欧元(《变更法》第243条第3款)。此外,如果采用的新的票面划分单位使每一个股东都不能将其全部股份转换成新股时,则新票面划分单位只有经股东同意才被允许(《变更法》第241条、第242条)。 5

法律规定的出发点是,股东的参股比例在新公司形式中保持不变(《变更法》第202条第1款第1项)。仅仅在股份两合公司转换为股份有限公司时,承担个人责任的股东必须依法退出公司(《变更法》第247条第3款)。[3]但是,任何一个反对变更决议的股东都有权退出公司并要求合理的现金补偿(《变更法》第207条)。[4]任何其他的变化与股东同一性原则相违背。因此,根据主导的和值得赞同的观点,一个没有维持现有参股比例关系的形式转换是允许的,前提是如果所有涉及的股东都对此表示同意。[5]还没有完全澄清的是,在这个前提条件下是否允许新股东加入公司。这一问题主要在将一家资合公司转换成一家有限两合公司时具有重要意义。[6]对这一问题的回答应该是肯定的,因为股东的连续性不是强制性的形式转换的结构原则。[7] 6

尤其是在将形式转换为股份有限公司时,要考虑对**未来参股方式的规定**。在此要详加说明的是,股东是否获得普通股或优先股,记名股或不记名股,股份有无票面价值。 7

**补偿要约的说明**,应该给所有股东提供必要的信息,以便他们作出下列决定:是否行使《变更法》第207条规定的权利,是否因变更退出公司并要求补偿。在变 8

---

〔1〕 代替对此在变更报告中详细说明,也可以指明参阅所附的公司章程,在公司章程中本来就必须包括相应的表述。

〔2〕 比较:zur Verbindung von Kapitalerhöhung und Umwandlung *Mertens* AG 1995, 561。一个注册资本增加可以是必要的,如果一个有2万5千欧元注册资本的有限责任公司变更为股份有限公司。比较:关于简化的资本减少有溯及力的准许,第247条第2款。

〔3〕 比较:此外在互助保险社团形式转换时的特别情况,第294条第1款第2项。

〔4〕 就细节比较法律文本,此外见第46章第3节,边码59及随后几个边码。

〔5〕 *Bayer* ZIP 1997, 1613, 1617; Kallmeyer/*Meister/Klöcker* § 194 Rdn. 34; Lutter/*Decher* § 202 Rdn. 21; *Priester* DB 1997, 560, 566; *Veil* DB 1996, 2529, 2531; LG Bonn MittRhNotK 1998, 288. 因此,在一般情况下整个过程都要求所有股东同意。

〔6〕 比较 zu alternativen Gestaltungsvarianten *von der Osten*, GmbHR 1995, 438, 439; *Priester* DB 1997, 560, 561; *K. Schmidt*, GmbHR 1995, 693, 695; zur Zulässigkeit des Beitritts einer GmbH nach Beschlußfassung, aber noch vor Eintragung der neuen Rechtsform im Handelsregister BayOblG ZIP 2000, 230。

〔7〕 比较 *Kallmeyer* GmbHR 1996, 80, 82; *Priester* DB 1997, 560, 566; *K. Schmidt*, GmbHR 1995, 693, 695; *Veil* DB 1996, 2529, 2530; *Wiedemann* ZGR 1999, 568, 578 f.; aA Lutter/*Decher* § 202 Rdn. 15; *Bärwaldt/Schabacker*, ZIP 1998, 1293, 1294。

更决议中，要约必须明确补偿的数额。〔1〕如果变更原本就必须得到所有股东同意，就没有必要发出要约（见下文边码23）。

9　有关变更对员工影响的说明。这里主要应该评估，形式转换是否会导致取消企业共同决定权。这一点应该在决议中给予说明。与此不同，其他的在集体劳动法上的影响和个体劳动法上的后果通常与形式转换没有关系。〔2〕一般而言，如果指出将维持劳动合同连续性并说明预计在行业工资合同和企业共同管理方面没有消极影响，这就足够了。有争议的是，如果不存在企业委员会，是否必须进行这样的说明。〔3〕为防备万一，在这种情况下应该在决议中写明对员工的后果。

2. 变更报告

10　根据《变更法》第192条第1款的规定，代表机关必须为准备变更决议制作一个**详细报告**。在该报告中，必须对形式转换特别是股东未来的参股从法律上和经济上进行解释并说明理由。另外，报告中必须包含变更决议草案。报告的内容必须根据立法者所追求的目标来确定，即给股东提供一个了解形式转换内容并作出同意与否决定的基础。应该使股东能够比较可信地对转换的过程进行监督审查。〔4〕

11　由此，必须主要说明进行**形式转换的理由**。法律的和经济的考虑在大多数情况下互相交织在一起。在人合贸易公司和资合公司进行形式转换时，税收上的理由可能是决定性的。对正确理解形式转换十分重要的是：应该概括叙述各种选择的优点和缺点。另外，还要说明形式转换的**法律和经济后果**。未来参股的性质具有核心的意义，因此必须详细说明有关成员权利和义务的实质改变。报告的目的是保证股东掌握全面的信息，不利之处必须特别明确地强调出来。

12　尽管法律条文没有要求，但是也应该说明要约的现金补偿理由。这一义务来自于下述情况，即补偿要约属于变更决议的内容（《变更法》第194条第1款第6项），变更决议必须对此进行说明。〔5〕

3. 财产清单

13　最后，财产清单应该作为变更报告的附件。在清单中应该列出报告完成日公司的实物和债务的真实价值（《变更法》第192条第2款）。编制财产清单的意义和目的，是使股东了解企业的价值，以便股东可以理解补偿要约。但是，这也迫使愿意

---

〔1〕 Str.; wie hier Lutter/*Decher* § 194 Rdn. 20; *Veil* aaO 111 ff.

〔2〕 Siehe § 46 VI Rdn. 84.

〔3〕 Bejahend Kallmeyer/*Willemsen* § 194 Rdn. 59; a. A. Lutter/*Decher* § 194 Rdn. 31.

〔4〕 Siehe § 46 III Rdn. 41.

〔5〕 比较 KG AG 1999, 126, 128; LG Heidelberg DB 1996, 1769, 1770; *Bayer* ZIP 1997, 1613, 1622; *Meyer-Landrut/Kiem* WM 1997, 1413, 1416。

变更的公司必须公开其秘密公积金,[1]因而在立法过程中引起激烈的争论。迫于来自实践的压力,立法者后来也认为,资合公司之间的形式转换可以放弃公布财产清单(《变更法》第238条第2句)。[2]

4. 变更审查

14 法律并没有规定,形式转换必须由独立的、专业的审查人进行审查。但是,对要约中提供现金补偿数额是否适当的问题,必须由变更审查人进行审查(《变更法》第208条结合第30条第2款)。审查人由公司管理机构聘任,或者经公司申请由法院聘任(《变更法》第208条、第30条第2款、第10条第1款第1句)。立法者认为这样的审查是必要的,因为现金补偿对有权退出公司的股东有重要意义,这种退出是一个特别重大的事情。[3] 审查的客体,是作为现金补偿基础确定的企业的价值。审查人必须说明,在考虑公认的企业评估原则的情况下作出的评估是否是合理的。审查人必须书面报告其审查的结果(《变更法》第208条、第30条第2款第1句、第12条第1款第1句)。

15 对现金补偿要约进行审查,主要在股份有限公司形式转换时具有实际意义,因为股东一般不是很清楚企业的财产和收益状况。在这一背景下,股东是否有权利查看审查报告还是存在问题的。法律并没有规定这样的公开义务。[4]这一义务也不能以类推适用合并法上的规定或以保护小股东这种一般性的考虑为理由。[5]相反,通过在变更报告中对现金补偿适当性的详细论述和在股东大会中的解答,已经考虑到了股东对信息的需求(《股份法》第131条,见上文§ 16. IV.)。[6]但值得建议的是,将审查人的报告纳入变更报告,这样就可以更透明地进行形式转换。

5. 遵守设立规定

16 (a)尽管《变更法》是把形式转换当作一种不改变公司同一性的过程来设计的,但为了保护债权人的利益,人们实际上是把它作为一种实物设立来处理的:只要《变更法》这一特别法中没有专门的规定,对新的法律形式有效的设立规定必须适用到形式转换(《变更法》第197条第1句)。这一规定的目的是,在新的法律形式

---

〔1〕 比较 Begr § 192, *Ganske* 215: Buchwerte unter Hinzurechnung der stillen Rücklagen und der stillen Lasten。

〔2〕 Bezüglich des notwendigen Inhalts der Vermögensaufstellung wird auf die Spezialliteratur verwiesen, vgl, Kallmeyer/*Meister/Klöcker* § 192 Rdn. 20 ff.; Lutter/*Decher* § 192 Rdn. 55 ff.; *Schulze-Osterloh* ZGR 1993, 420.

〔3〕 比较 Begr. § 208 und § 30, *Ganske* 233, 85。

〔4〕 Anders ist die Rechtslage bei der Verschmelzung einer AG; 比较 § 63 I Nr. 5。

〔5〕 Wie hier LG Berlin ZIP 1997, 1065, 1066; Lutter/*Decher* § 208 Rdn. 29; *Veil* EWiR § 207 UmwG 1/96, 901 f.; a. A. *Bayer* ZIP 1997, 1613, 1622; *Zeidler* NZG 1999, 510, 511. Nach Kallmeyer/*Meister/Klöcker* § 207 Rdn. 21 ist der wesentliche Inhalt in der Einladung zur Hauptversammlung anzugeben.

〔6〕 Anders LG Berlin aaO sowie OLG Karlsruhe AG 1999, 470.

对注册资本的筹措提出了更严格的要求情况下，防止出现**规避资本筹措规定**的情况。由此，在股份有限公司形式转换为有限责任公司或人合贸易公司时，没有必要适用这一规定。

17 (b)在人合贸易公司形式转换为有限责任公司、股份有限公司或股份两合公司时，注册资本的名义金额不允许超过进行形式转换公司所有的扣除债务后剩余的财产(**资本一致原则**;《变更法》第220条第1款)。因此，公司不能在经营亏空尤其是资不抵债时进行变更。[1]依然有问题还没有完全弄清的是:在资合公司进行形式转换时是否必须保证净资产一致。根据法律的字面意思，除了将股份有限公司或股份两合公司转换为有限责任公司以外，《变更法》第220条都可以适用(《变更法》第245条第1款第2项、第2款第2项、第3款第2项)。另一方面，立法者很明显也有这样的想法，即如同根据原来的法律规定的那样，即使在经营亏空的情况下资合公司的形式转换也是允许的。[2] 在文献中存在这样一种观点，即在规定这一指引规范时存在着编辑性失误。[3]但是，这一观点未能获得认可，是有理由的。[4]合理的出发点应该是，只有在股份有限公司及股份两合公司转换为有限责任公司时，如果最低的注册资本额达到2万5千欧元，经营亏空才不会产生不利的后果(比较《变更法》第245条第4款)。

18 (c)形式转换公司的章程中规定的**特别利益、设立费用、实物投资和实物接收**，必须纳入新法律形式的公司章程中(《变更法》第243条第1款第2句)。转换成另一种法律形式和遵守有关公司设立的法律规定，并不解除公司受上述章程规定约束的义务。[5]相反，应该保证，未来的股东和债权人也清楚地了解公司设立时达成的约定。从登记起5年后，才可以对新章程中的上述规定进行修改(《变更法》第243条第1款第3句结合《股份法》第26条第4款和第5款)。

19 (d)此外，发起人(股东)必须制作一份**实物设立报告**(《变更法》第197条第1句结合《有限责任公司法》第5条第4款第2句或《股份法》第32条)。在股份有限公司或股份两合公司转换为有限责任公司时，该报告并非是必不可少的(《变更法》第245条第4款)。报告必须包括《股份法》和《有限责任公司法》所要求的说明，尤其必须说明到目前为止的经营过程和公司的状况(《变更法》第220条第2款、第245条第1至2款结合第220条)。主要必须详细说明，注册资本的数额没有超过扣除债务后公司的剩余财产。[6]

---

[1] 比较 Lutter/*Joost* § 220 Rdn. 11; umfassend *Lenz* aaO 202 ff。

[2] 比较 Begr. zu § 246, *Ganske* 262。

[3] 比较 Lutter/*Happ* § 245 Rdn. 13, der sich allerdings von seiner in der Vorauflage vertretenen Auffassung ersichtlich distanziert。

[4] 比较 mit Unterschieden im Einzelnen *Busch* AG 1995, 555, 557 ff.; *Priester* DB 1995, 911; *K. Schmidt* ZIP 1995, 1385, 1386。

[5] 比较 Begr. § 243, *Ganske* 260。

[6] 比较 Lutter/*Happ* § 245 Rdn. 40。

（e）在形式转换为股份有限公司或股份两合公司时，在任何情况下都必须进行**设立审查**（《变更法》第 220 条第 3 款第 1 句、第 245 条第 1—3 款结合第 220 条第 2 款）。不论董事会或者是监事会成员，还是法院聘任的审查人，都必须提交设立审查的书面报告（比较《股份法》第 33 条、第 34 条）。要关注的主要是：是否需遵守法律所要求的净资产一致原则（《变更法》第 220 条第 1 款）。 20

（f）适用设立规定的目的是为了保护债权人的利益。《有限责任公司法》第 9a 条和《股份法》第 46 条规定的**设立责任**则进一步强化了这种保护。在通过多数意见决定转让时，所有同意变更的股东都应该被视作为发起人；在转换为股份两合公司时，后加入的承担无限责任的股东应该被认为是发起人（《变更法》第 219 条第 2 句）。在股份有限公司或股份两合公司转换为有限责任公司时，因为不适用有限责任公司法有关实物设立的规定，所以不可能产生这样的责任。[1]仍然没有完全解释的是：**差额补足责任**（《有限责任公司法》第 9 条）是否是有理由的。[2]在形式转换为股份有限公司或股份两合公司时，必须遵守关于**补偿设立**的规定（《股份法》第 52 条、第 53 条）。[3]

## III. 形式转换的实施

### 1. 股东的知情权

最晚在召集股东大会时，代表机关必须书面通知所有股东，大会的议程是形式变更。在有限责任公司中，应将变更报告寄给所有股东；在股份有限公司或股份两合公司中，则应将变更报告陈列在公司营业场所供股东查阅。此外，根据股东的要求，公司应该将变更报告的副本毫不拖延和免费寄交给股份有限公司的任何股东和股份两合公司中不参与经营管理的承担无限责任的股东（《变更法》第 238 条第 1 句结合第 230 条）。 21

在就形式转换作出决议的股东大会上，也应该陈列变更报告。对股份有限公司或股份两合公司变更决议的草案，代表机关应该在会议开始时进行口头解释（《变更法》第 238 条第 1 句结合第 232 条）。根据《股份法》第 131 条或《有限责任公司法》第 51a 条规定，股东享有一般的询问权。 22

---

〔1〕 H. M.；比较 Lutter/*Decher* § 197 Rdn. 35；Lutter/*Happ* § 245 Rdn. 24。

〔2〕 对人合贸易公司形式转换为资合公司，主导观点赞同这样的责任；比较 Lutter/*Joost* § 219 Rdn. 4；Kallmeyer/Meister/*Klöcker* § 197 Rdn. 26. 相反，对一个资合公司形式转换为其他法律形式的资合公司来说，这一的问题是有争论的；ablehnend Lutter/*Decher* § 197 Rdn. 39；*Busch* AG 1995，555，559；a. A.，aber ohne Begr. Kallmeyer/*Meister/Klöcker* § 197 Rdn. 44. 在股份有限公司或股份两合公司形式转换为有限责任公司时，根据主导观点，因为缺乏资本一致的必要性，差额补足责任应该排除；比较 Lutter/Decher § 197 Rdn. 40；*Busch* AG 1995，555，559。

〔3〕 比较 Lutter/*Decher* § 197 Rdn. 42 ff。

2. 形式转换的决议

23 两个资合公司之间进行的形式转换,至少需要代表3/4 **以上的资本或者** 3/4 **以上所投票数**的同意(《变更法》第240条第1款)。在个案情况下,可能还另外需要不同的特定股东群体的特别决议或者每一股东的个别同意。[1]相反,对人合贸易公司的形式转换或者形式转换为人合贸易公司,法律原则上要求必须得到**所有股东的同意**(《变更法》第217条、第233条等)。如果一家资合公司变更为两合公司,则无需得到全体股东的同意,只要得到特定多数的同意就够了(《变更法》第233条第2款)。

24 做出形式转换决议的同时,必须**确定新的章程**。还不清楚的是:如果公司章程与新的法律形式的法定模式有重大偏离,绝对多数股东的同意是否能使该章程合法化。正确评判的出发点是:大股东不能利用变更机会任意扩大其在公司中的法律地位。最后,只能在个案中基于谨慎的审查来决定,大股东是否必须接受公司章程中有关削弱其法律地位的新规定。[2]

3. 管理机构聘任

25 在进行形式转换时,虽然必须保持企业同一性,但并不是必须保持所有的法律关系的延续性。从法律规定中仅仅只能推导出,股东的范围必须保持不变(《变更法》第202条第1款);如果在新的法律形式下必须以同样的方式组成监事会,那么**监事会**的组成也必须保持不变(《变更法》第203条)。只有在受《共同决定法》制约的资合公司进行形式转换时,才会涉及**监事会职位的延续性**问题。[3]如果股东没有在变更决议中决定结束监事会成员的职务,那么监事会成员的职务可以延续到任期结束(《变更法》第203条第2句)。如果形式转换的结果改变了监事会的形成和组成,那么就应该采用《股份法》第97条等规定的法定程序。

26 对**法定代表机关职位的延续性**,法律没有规定。因为与监事会不同,无论在公司方面还是在董事会成员或经理方面都不存在类似的延续利益。随着新的法律形式在商务注册处登记,法定代表机关的职位就随之消灭。[4]所以在登记前,股东必须聘任新的代表机关成员。

27 与此不同,结束代表机关职位并不一定导致解除公司与机关成员之间的具有

---

〔1〕 Siehe § 46 III 4 Rdn. 50 ff.

〔2〕 比较 zur Gestaltungsfreiheit mit im einzelnen unterschiedlichen Erwägungen und Grenzziehungen Lutter/*Decher* § 195 Rdn. 21; Lutter/*Happ* § 234 Rdn. 40; *Veil* aaO 22 ff.; *Zöllner* FS Claussen 423, 438 f。

〔3〕 比较 zu weiteren Fällen Lutter/*Decher* § 203 Rdn. 4。

〔4〕 比较 BGH ZIP 1997, 1106 ff; Lutter/*Decher* § 202 Rdn. 39; Kallmeyer/*Meister*/*Klöcker* § 202 Rdn. 24; *Veil* aaO 210 ff。

债法性质的聘任关系,因为解除聘任关系并不属于机关成员的职责范围。[1] 聘任关系是否公司方面或者机关成员可以非正常终止,只能在个案中考虑所有情况做出决定。形式转换原则上与公司的组织结构和企业管理者职权的重大改变紧密联系在一起。在这一点上,对公司机关成员来说,可以是他们有权非正常解除合同的有一个重要理由。[2] 相反,只有当新的职位和过去的类似,并且尽管现有的机关成员可以继续他们的工作而拒绝接受时,公司才有权非正常地解除聘任合同。[3]

4. 形式转换的登记

必须向公司注册的商业注册处提出申请,将新的法律形式进行登记(《变更法》第198条第1款)。[4]在申请登记时代表机关必须说明,没有人提起或在规定的期限内对变更决议提起有效诉讼,或者这样的诉讼已经被驳回并具有法律效力或已经被撤回(《变更法》第198条第3款结合第16条第2款第1句)。[5] 登记的内容为新的法律形式和公司章程。在有限责任公司或股份有限公司或股份两合公司申请登记时,必须将代表机关的新成员进行登记。[6]此外,必须附上在第198条所规定的附件。 28

5. 形式转换的作用

随着新的法律形式在商务注册处登记,形式转换正式生效。公司以决议中规定的法律形式继续存在(《变更法》第202条第1款第1项)。进行形式转换的有限责任公司的原有注册资本变为股份有限公司的注册资本,股份有限公司或股份两合公司原有注册资本变为有限责任公司的注册资本(《变更法》第247条第1款)。股东参股根据在变更决议中作出的规定执行(《变更法》第202条第1款第2项、第194条第1款第3和4项)。[7]第三人的权利在新的股份上继续存在(《变更法》第202条第1款第2项)。转换的形式瑕疵得以消除(《变更法》第202条第1款第3项)。 29

---

〔1〕 比较 BGH ZIP 1997, 1106 ff; *Röder/Lingemann* DB 1993, 1341, 1344。关于债法上的聘任关系独立于社团法上的机关组织关系,见上文第14章 III und 第32章 III。

〔2〕 比较 Lutter/*Decher* § 202 Rdn. 39; *Röder/Lingemann* DB 1993, 1341, 1346; *Schmalz-Brüggemann* aaO 74; *Veil* aaO 222。

〔3〕 比较 *Röder/Lingemann* DB 1993, 1341, 1346 f.; *Schmalz-Brüggemann* aaO 153 ff; *Veil* aaO 224 ff.; 比较 aus der älteren Rspr. BGH DB 1966, 1306; DB 1978, 878。

〔4〕 Zur Zuständigkeit des Registergerichts bei Rechtsträgern ohne Voreintragung, Neueintragunung in ein anderes Register und Registerwechsel durch Sitzverlegung s. § 198 II.

〔5〕 如果没有提供说明,新的权利主体不允许登记,见关于登记阻止,第46章 IV 边码64及随后几个边码。

〔6〕 比较 dazu und zu den erforderlichen Erklärungen Kallmeyer/*Zimmermann* § 198 Rdn. 13f。

〔7〕 见上文边码6。

6. 公告和股份交换

30 有管辖权的注册法院必须通过联邦公报和至少一种其他报刊公告新登记的法律形式及其登记的全部内容。随着最后一份含有公告内容的报刊发行之日的结束,公告完成(《变更法》第201条)。从这一时刻起,公司现金补偿要约可以在两个月内被承诺(《变更法》第209条第1款)。[1]要求现金附加支付的请求权和决定合理的现金支付的申请同样只能在公告后两个月内主张或提出(《变更法》第305条)。股份交换根据《股份法》第73条及第226条规定进行(《变更法》第248条)。

## §48. 合 并

参考文献:*Angermayer*, Die Prüfung von Sacheinlagen im neuen Umwandlungsrecht, WPg 1995, 681; *Baumann*, Kapitalerhöhung zur Durchführung der Verschmelzung von Schwestergesellschaften mbH im Konzern?, BB 1998, 2311; *Baums*, Die Auswirkung der Verschmelzung von Kapitalgesellschaften auf die Anstellungsverhältnisse der Geschäftsleiter, ZHR (1992), 156 (1992), 248; *A. Drygala*, Die Reichweite der arbeitsrechtlichen Angaben im Verschmelzungsvertrag, ZIP 1996, S. 1365; *Grunewald/Winter*, Die Verschmelzung von Kapitalgesellschaften, in Lutter (Hrsg.), Kölner Umwandlungsrechtstage, 1995, 19; *Hadding/Hennrichs*, Zur Verschmelzung unter Beteiligung rechtsfähiger Vereine nach dem neuen Umwandlungsgesetz, FS Boujong, 1996, 203; *Happ/Semler*, Ad-hoc-Publizität im Spannungsfeld von Gesellschaftsrecht und Anlegerschutz, ZGR 1998, 116; *Heckschen*, Verschmelzung von Kapitalgesellschaften, 1989; *ders.*, Fusion von Kapitalgesellschaften im Spiegel der Rechtsprechung, WM 1990, 377; *ders.*, Die Verschmelzung auf den Alleingesellschafter - eine mißglückte gesetzliche Regelung, ZIP 1996, S. 450; *Henze*, Die "zweistufige" Konzernverschmelzung, AG 1993, 341; *Hockemeier*, Die Auswirkung der Verschmelzung von Kapitalgesellschaften auf die Anstellungsverhältnisse der Geschäftsleiter, 1990; *Hoffmann-Becking*, Das neue Verschmelzungsrecht in der Praxis, FS Fleck, 1988, 105; *Hopt*, Grundsatz- und Praxisprobleme nach dem Wertpapierhandelsgesetz, ZHR 159 (1995), 135; *Hüffer*, Der Schutz besonderer Rechte in der Verschmelzung, FS Lutter, 2000, 1227; *Hügel*, Verschmelzung und Einbringung, 1993; *Ihrig*, Gläubigerschutz durch Kapitalaufbringung bei Verschmelzung und Spaltung nach neuem Umwandlungsrecht, GmbHR 1995, 622; *ders.*, Verschmelzung und Spaltung ohne Gewährung neuer Anteile?, ZHR 160 (1996), 317; *Keil*, Der Verschmelzungsbericht nach § 340 a AktG, 1990; *Köhler*, Rückabwicklung fehlerhafter Unternehmenszusammenschlüsse, ZGR 1985, 307; *Kowalski*, Kapitalerhöhung bei horizontaler Verschelzung, GmbHR 1996, 158; *Krieger*, Der Konzern in Fusion und Umwandlung, ZGR 1990, 517; *Kümpel*, Aktuelle Fragen der Ad-hoc-Publizität, AG 1997, 96; *Lutter*, Zur Reform von Umwandlung und Fusion, ZGR 1990, 392; *Martens*,

---

[1] 如果现金补偿的申请通过法院提出,承诺期延长(第209条第2句)。

Kontinuität und Diskontinuität im Verschmelzungsrecht der Aktiengesellschaft, AG 1986, 57; *Mayer*, Anteilsgewährung bei der Verschmelzung mehrerer übertragender Rechtsträger, *DB* 1998, 913; *Mertens*, Die Gestaltung von Verschmelzungs-und Verschmelzungsprüfungsbericht, AG 1990, 20; *Messer*, Die Kausalität von Mängeln des Verschmelzungsberichts als Voraussetzung für die Anfechtbarkeit des Verschmelzungsbeschlusses, FS Quack, 1990, 321; *Möller*, Der aktienrechtliche Verschmelzungsbeschluβ, 1991; *Nonnenmacher*, Das Umtauschverhältnis bei der Verschmelzung von Kapitalgesellschaften, AG 1982, 153; *Ossadnik*, Zur Angemessenheit des Umtauschverhältnisses bei der Verschmelzung von Aktiengesellschaften, DB 1985, 1953; *Priester*, Notwendige Kapitalerhöhung bei der Verschmelzung von Schwestergesellschaften?, BB 1985, 363; *Seetzen*, Die Bestimmung des Verschmelzungswertverhältnisses im Spruchstellenverfahren, WM 1994, 45; *H. Schmidt*, Verschmelzung von Personengesellschaften, in Lutter (Hrsg.), Kölner Umwandlungsrechtstage, 1995, 59; *K. Schmidt*, Fehlerhafte Verschmelzung und allgemeines Verbandsrecht, ZGR 1991, 373; *Schöne*, Das Aktienrecht als "Maβaller Dinge" im neuen Umwandlungsrecht?, GmbHR 1995, 325; *Schwark*, Ad hoc-Publizität und Insiderrecht bei mehrstufigen Unternehmensentscheidungen, FS Bezzenberger, 2000, 771; *Streck/Mack/Schwedhelm*, Verschmelzung und Formwechsel nach dem neuen Umwandlungsgesetz, GmbHR 1995, 161; *Timm*, Zur Bedeutung des "Hoesch"-Urteils für die Fortentwicklung des Konzern- und Verschmelzungsrechts, JZ 1982, 403; *Winter*, Die Anteilsgewährung - zwingendes Prinzip des Verschmelzungsrechts? FS Lutter, 2000, 1279; *Zimmermann*, Verschmelzungsprüfung bei der GmbH-Verschmelzung, FS Brandner, 1996, 167.

## I. 概述

1. 合并的种类

合并可以通过多种形式实施,这些形式大多数是可以选择的。在**受让合并**(《变更法》第2条第1项和第4项等)中,出让公司的资产通过整体继受全部转让给了受让公司,出让公司即告消灭。作为出让的对价,出让公司的股东获得受让公司的股份。如果受让公司占有优势地位,就选择采用这种形式。与此相对,在采用**新设合并**时(《变更法》第2条第2项、第36条等结合第4条),将根据相关的法律规定成立一家新公司,所有达成协议的公司都将其财产转让到新公司。当两个或多个地位大致相同的公司同时存在,而且任何一个公司都不愿意进入其他的公司时,新设合并是比较好的选择。此外,新设合并还可以被用于降低合并被撤销的风险。因为在采用受让合并时,虽然出让公司的股东不能提起撤销之诉,但受让公司的股东完全可能以换股比例不当为由提起撤销变更决议的诉讼(比较 § 14. II.)。如果不采用受让合并,而采用新设合并,所有相关公司的股东都不得在撤销程序中主张评估的瑕疵。 1

2. 合并的可能性

2 进行转让的、受让的或新设的权利主体可以是人合贸易公司、资合公司、注册合作社、注册社团、合作社的审计协会和互助保险协会(《变更法》第3条第1款)。此外,经济性协会也是一种可以进行合并的权利主体。自然人可以作为资合公司的惟一股东受让公司的财产(《变更法》第3条第2款)。在人合公司和资合公司之间,既可以采用受让合并,也可以采用新设合并,对此没有限制。

3 原则上,各种法律形式不同的公司可以参与合并(**混合合并**,《变更法》第3条第4款)。合并也可以在**两个以上企业**间进行。当然,这样的过程会出现重大的实际困难,因为程序法上的措施必须准确的互相协调一致。由此提出了法律适用的问题,而这些问题至今依然还没有很好地解决。[1]

4 **被解散的公司**可以作为出让权利主体参与合并,前提条件是已经作出延续该公司的决定(《变更法》第3条第3款)。无论在股份有限公司还是在有限责任公司中,只有公司的剩余财产还没有分配给股东,才可以通过股东大会作出这样的存续决议(《股份法》第274条 第1款)。启动破产程序后,不得再进行合并(比较《股份法》第274条 II),尤其是当公司资不抵债时,更是如此。[2] 最后,就已经被解散的人合公司而言,如果股东已经根据《商法典》第145条约定了不同于清算或合并的财产分配方式,该公司不得作为出让权利主体参与合并(《变更法》第39条);如果人合公司的股东们约定由一个股东受让企业的业务或者对资产进行实际分配,就是这种情况。[3]与此相反,如果解散的是受让公司,原则上就不会产生这一问题。一般而言,可以对合并的决议进行下列解释:已经解散的受让公司的所有股东都同意继续延续公司。[4]

3. 康采恩中的合并

5 在实践中,合并大多发生在康采恩之间。子公司与母公司之间进行合并、母公司与子公司进行合并以及两个子公司之间进行合并,是很普通的事。《变更法》的讨论稿原想对小股东提供特别保护来调整规范康采恩内部的合并。[5]但是立法者没有考虑学术界提出的批评意见,[6]因为他们认为司法界和学术界对此还没有形成最终的一致看法。[7]当然,法律规定了一些**简化措施**,以便企业联合中的各种合

[1] Vgl. zur Anteilsgewährungspflicht mehrerer Schwestergesellschaften OLG Frankfurt/Main, WM 1992, 322 = DB 1998, 917; kritisch hierzu *Mayer* DB 1998, 913.

[2] Vgl. BayOblG DB 1998, 715 = ZIP 1998, 739.

[3] Vgl. *H. Schmidt*, Kölner Umwandlungsrechtstage 59, 69.

[4] H. M.; vgl. Kallmeyer/*Marsch-Barner* § 3 Rdn. 22; H. *Schmidt* aaO 69; zu formalistisch dagegen OLG Naumburg GmbHR 1997, 1152; AG Erfurt, GmbHR 1996, 373.

[5] § § 385-389 DiskE UmwG.

[6] Vgl. *Krieger* ZGR 1990, 517.

[7] Vgl. Allg. Begründung UmwG, *Ganske* aaO 20.

并无须花费不必要的费用就可以进行。

在**全资子公司合并到母公司**时,合并合同中可以不必说明《变更法》第5条第1款第2—5项规定的内容(《变更法》第5条第2款)。合并报告和合并审查也不是必须的(《变更法》第8条第3款、第9条第2款)。这里也没有进行换股,因为换股会导致母公司将成为自己股份的持有者(试比较《变更法》第20条第1款第3项)。基于这一原因,在合并合同中也不必规定换股比例(《变更法》第5条第2款)。最后,在一个资合公司并入一个至少其持有90%股份的股份有限公司时,在受让的股份有限公司的股东大会上可以放弃对合并的赞同决议(《变更法》第62条)。但是,应该向股东通报合并的情况(《变更法》第62条第3款),持有5%以上股份的股东可以要求召集股东大会,在股东大会对合并事宜做出决议(《变更法》第62条第2款第1句)。 6

还没有完全弄清的问题是,占控制地位的股份有限公司是否在启动合并程序时必须拥有90%的股份。这一问题在所谓的两阶段康采恩合并时具有重要意义,因为受让公司可能在排除认购权的条件下将其参股扩大到90%。[1] 7

将母公司并入子公司,过去企业采取这一方法的目的是为了"受让"子公司的亏损。在《有关变更企业形式的计税措施法》允许子公司将其亏损转移给母公司后,[2]这种合并对子公司而言或者不再具有现实意义,特别是对这种合并不适用程序法上的简化措施。只有在受让公司所有的股东以公证的形式表示放弃时,才可不必准备变更报告,也不必进行合并审查(《变更法》第8条第3款、第9条第3款)。 8

对子公司相互之间的合并,法律没有规定简化措施。即使两个子公司的股份100%为母公司所有,受让的子公司也必须增加注册资本。这样在交换将要消灭的子公司的股份时可以给予母公司自己的股份。根据原来的《变更法》,司法实践也持这一观点,即提供这样的股份是必要的,它有利于保护债权人的利益。[3] 相反,根据近来文献和若干审级法院审判实践中代表的观点,没有必要增加注册资本,因为法律作出这种规定的目的仅仅为了满足股东的需要,而不是为了保护债权人。[4] 但是,立法者正是出于对债权人保护的原因没有放弃增加注册资本的要求,从而否 9

---

〔1〕 Karlsruhe 高等法院要求,在转让公司批准时至少90%的股份占有,WM 1991, 1759, 1761(zu § 352 AktG a. F.); Lutter/*Grunewald* § 62 Rdn. 6; *Sagasser/Bula/Brünger* aaO 194; wohl auch *Dehmer* § 62 Rdn. 7; dagegen *Henze* AG 1993, 341, 343 ff.; Kallmeyer/*Marsch-Barner* § 62 Rdn. 7。

〔2〕 Vgl. *Dehmer* § 12 UmwStG Rdn. 3; vgl. zu möglichen steuerrechtlichen Gründen für einen down-stream-merger *Dreissig* DB 1997, 1301 ff.

〔3〕 Vgl. OLG Hamm ZIP 1988, 1338; BayOblGZ 1989, 158.

〔4〕 Vgl. LG München BB 1998, 2331 f.; Lutter/*M. Winter* § 54 Rdn. 18; *Ihrig*, ZHR 160 (1996), 317, 326 ff; *Baumann* BB 1998, 2321, 2323 ff; *Winter* FS Lutter 1279.

定了上述观点。因为如果注册资本不提高,例如在一个注册资本较高的有限责任公司合并到一个注册资本较低的有限责任公司时,偿还资本禁止原则(《有限责任公司法》第30条第1款)仅仅涉及较低的资本数额,这样就会减少保护债权人利益的责任资本,显然造成了债权人不利。[1] 虽然可以给债权人提供清偿担保(《变更法》第22条),但是仅仅这一点仍不足以打消人们的疑虑。但人们可以考虑,在两个100%子公司进行合并时仍然放弃增加注册资本,但是应该考虑通过防止规避资本维持的法律规定的不同情况保护债权人的利益。但是,讨论还没有进展到这样的程度,目前还是有足够的把握来处理相关的案件。因此,对康采恩所属子公司的合并,暂时依然必须要求受让子公司应该进行增资。[2]

## II. 合并的准备

1. 企业之间的谈判

10 合并程序的要点是:**缔结合并合同**,代表机关编制**合并报告**并向股东进行汇报,由**独立专家**对合并进行**审查**并提出审查报告,以绝对多数**股东同意**方式形成决议批准合并方案和在商务注册处进行登记。此外,在资合公司参与下的合并时,通常需要进行**增资**。

11 这五个步骤并没有包括合并的整个程序。由于根据《反竞争限制法》第35条等和欧盟《合并监督条例》的规定,合并是属审查监督事项,首先必须经过**卡特尔法上的审查**。如果需要,相关企业的董事会应该向主管的卡特尔局报告其合并计划或向该局提出合并申请。只有当合并不存在违反竞争法的重大嫌疑时,再就合并事项进行最终的合并合同谈判才是有意义的。在合并合同中,相关公司的董事会必须就**换股比例**达成一致。在实践中,主要在上市公司合并的过程中,要委托独立的审计师对换股关系进行核算。

12 《变更法》并没有规定上述五个步骤的合并准备阶段。《变更法》要求合并双方揭示对经营状况和对企业的评估关键的内部情况,并且非常谨慎地对这些情况进行的审查。其中出现的法律问题与其他企业转让交易准备阶段的法律问题完全相同并同样棘手。最后只能在个案中作出判断:董事会是否应该相互之间交换信息,在多大程度上交换信息,是否或者在多大程度上向共同委托的外部审计师提供必要的信息,而又不违反他们承担的保密义务,或者不会因违反机关成员承担的其他谨慎和忠诚义务而冒承担责任的危险。[3]

---

〔1〕 Vgl. Begr. § 54, *Ganske* aaO 103.

〔2〕 Der Gesetzesbegründung folgen *Lutter* § 5 Rdn. 9; *Kallmeyer* § 54 Rdn. 10. Nach OLG Frankfurt/Main ZIP 1998, 1191 und KG GmbHR 1998, 1230 hat eine Anteilsgewährung zwingend stattfinden, daher müsse auch das Kapital erhöht werden. Doch haben sich weder das OLG Frankfurt noch das KG mit der Problematik auseinander gesetzt. ; BayOblGZ 1989, 158.

〔3〕 Vgl. hierzu insbesondere das umfangreiche Schrifttum zur "due dilligence".

在上市公司中还要注意,合并对公司的财产状况和财务状况会产生影响,并可能进而严重影响公司股票的市场价格。因此,根据《证券交易法》第 15 条规定企业可能必须立即将合并计划通知社会公众。[1]不过,鉴于合并程序有多个不同的阶段,因而企业必须首先发出一个有关合并的**临时公告**。有争议的是公司应该在何时发出这样的临时公告。[2]法律要求,应该在"(企业)的经营领域出现""一个事实",根据主导观点,出现这样一个事实的前提条件,是对采取具有公告义务的措施做出有约束力的决定。[3]在合并时,这也许是股东大会决议。但到这时公开也许已经不再有实际意义了。根据另一种观点,标准不是取决于召集股东大会决议的时间,而是取决于所说的事实是否已经获得了足以能够实现的程度,[4]在合并的情况下,如果董事会签署了合并合同或者就合并草案达成了一致意见,就达到了足以能够实现的程度。[5] 13

正确解答这一问题,要求资本市场法上的和公司法上的评估互相协调一致。一方面,应该从股民公众信息需求的角度来解释《证券交易法》第 15 条的规定,[6]另一方面应该考虑股份法上的法律管辖制度。[7]在这一背景下,一个公告义务不能认为董事会作出进行合并谈判的决定时就存在。另一方面,如果在股东大会同意合并后或者甚至在进行合并登记后才进行公告,这也明显太晚了。因此,比较适合的时间是,在谈判结束后并且在监事会对合同草案表态后(如果需要的话),这时可以认为已经具备了实施合同的条件。[8] 14

2. 合并合同

无论是受让合并还是新设合并,相关企业必须进行合并谈判,并最终签订合并合同或者至少签订书面合同草案(《变更法》第 4 条)。必须对合并合同进行公证(《变更法》第 6 条)。但也可以等参与的公司的股东大会批准合并合同后,再进行公证。[9] 15

---

[1] Vgl. Assmann/Schneider/*Kümpel* § 15 WpHG Rdn. 72.

[2] Vgl. hierzu allgemein *Burgard* ZHR 162 (1998), 51, 54 ff.; *Happ/Semler* ZGR 1998, 116, 122 ff.; *Schäfer/Geibel*, WpHG § 15 Rdn. 33 ff., 73 ff.

[3] Vgl. *Hopt* ZHR 159 (1995), 135, 152.

[4] Vgl. *Kümpel* AG 1997, 66, 68 f.; Schäfer/*Geibel* § 15 Rdn. 62 f.

[5] *Meyer-Landrut/Kiem* WM 1997, 1413 (zum Formwechsel); *Schäfer/Geibel* § 15 Rdn. 79.

[6] Vgl. hierzu *Schwark* FS Bezzenberger 771, 782 f.

[7] Hierauf hat die Deutsche Börse AG schon in den 1994 veröffentlichten Erläuterungen und Empfehlungen zur Behandlung kursbeeinflussener Tatsachen hingewiesen.

[8] *Happ/Semler*ZGR 1998, 116, 138 f.; vgl. auch *Handelsrechtsausschuß* DAV, NZG 1998, 136, 142.

[9] Vgl. § 4 II; *Lutter* § 6 Rdn. 4; zum alten Recht (§ 361 AktG aF.) schon BGHZ 82, 188, 194 = NJW 1982, 933, 935.

16 合并合同是**合并的法律基础**。[1] 它规定了合并过程的细节,也就是说,规定了参股比例关系和成员资格。随着合并合同生效,出让公司归于解散。因此,合并合同具有组织合同的特征。[2]但是,合并合同也包括债法上的要素,因为出让公司有义务出让其资产,有权得到的对价是受让公司提供的股份或成员资格。[3]

17 根据《变更法》第5条第1款,合并合同或草案必须**至少包括以下内容**:

(1)名称或商号和参与合并的权利主体的注册地;

(2)关于以给予受让公司的股份或成员资格为对价整体转让公司财产的约定;

(3)换股比例关系和可能支付的现金补偿或者关于受让权利主体成员资格的说明;

(4)受让权利主体在股份转让或获得成员资格方面的细节;

(5)根据持有的股份或成员资格提起分红要求的时间以及该请求权的特别之处;

(6)出让权利主体的行为可以被视作为受让权利主体行为的时间(合并基准日);

(7)受让权利主体给予个别股东或者所有股东提供的权利或者特别权,以及给无表决权股份、优先股、多数表决权股、债券和用益权持有者提供的权利,或者为这些权利所规定的措施;

(8)给予参与合并权利主体之代表机关或监事会成员、担任经理人的股东、合伙人、年终审计人或合并审计人提供的任何特别利益;

(9)合并对员工及其代表机构的影响以及为此采取的措施。

18 此外在新设合并时,必须在合并合同中包括或者确定新公司的章程(《变更法》第37条)。进行出让的公司的各自章程中规定特别利益、设立费用、实物投资和实物接受的规定,应该在章程中加以采纳(《变更法》第57条、第74条)。

19 《变更法》第5条第1款第1—3项规定的说明,是最重要的。也就是说,通过整体继受转移财产的约定是合并的突出的结构特征。这一约定排除了不转移公司个别财产客体的可能性。[4] 如果在合同中缺少任何一个这样的规定,合并合同无效。[5]此外,如果说明不全面或没有包括在合同中,就要考虑撤销同意的决议。有争议的是,违反在合同中说明合并对员工的影响的义务(《变更法》第5条第1款第9项),是否构成撤销的理由?主导观点拒绝认可这是撤销的理由,因为这些陈述仅仅具有报告的特征,主要是为了保护员工的利益。[6]

---

〔1〕 Siehe oben § 46 II 1 Rdn. 18.

〔2〕 Vgl. *Dehmer* § 4 Rdn. 7; Kallmeyer/*Marsch-Barner* § 4 Rdn. 2; *Lutter* § 4 Rdn. 4.

〔3〕 Vgl. *Dehmer* § 4 Rdn. 9; *Lutter* § 4 Rdn. 5.

〔4〕 Vgl. Kallmeyer/*Marsch-Barner* § 5 Rdn. 4; *Lutter* § 5 Rdn. 8.

〔5〕 Vgl. *Lutter* § 5 Rdn. 92; zustimmend OLG Frankfurt/Main WM 1999, 322; KG WM 1999, 323.

〔6〕 Vgl. *Lutter* § 5 Rdn. 92; Kallmeyer/*Marsch-Barner* § 5 Rdn. 57. Nach a. A. soll ein Anfechtungsrecht bestehen; vgl. *A. Drygalla* ZIP 1996, 1365, 1366 ff.; *Engelmeyer* DB 1996, 2542, 2544. In jedem Fall ist ein Anfechtungsrecht der Arbeitnehmervertretungen (Betriebsrat) abzulehnen, zutr. OLG Naumburg DB 1997, 466, 467. Vgl. auch OLG Düsseldorf ZIP 1998, 1190, das die Eintragung einer Verschmelzung bei Fehlen von Angaben zu den arbeitsrechtlichen Folgen abgelehnt hat.

作为转让公司财产的对价,受让公司给予转让公司的股东受让公司的股份。应该根据企业的价值确定交换股份的比例。如何**正确计算换股比例关系**,是合并中的**主要经济和法律问题**。应该从换股比例必须具有同等价值的基本原则出发[1],因为公司合并不应该给股东造成损失。[2]如果确定的换股比例过高,受让公司的股东就会承受不利的后果,因为受让公司会付出较多的资产。当换股过低时,出让企业的股东就会承受不利的后果。因此,换股关系不是通过自由谈判确定的。董事会更应该注意平等对待的原则。如果需要,应该对那些不足兑换一股股份的余额支付补偿金,但补偿金的数额不得超过相应股份价值的10%(《变更法》第5条第1款第3项、第54条第4款、第68条第3款和第78条)。此外,如果涉及的两个公司的法律形式不同,受让公司必须在合并合同中向出让公司的股东**发出补偿要约**,因为即使换股比例是适当的,也不能强制要求股东继续拥有因合并而改变的法律地位(《变更法》第29条)[3]。 20

为了确定换股比例关系和补偿要约的数额,必须对所涉企业的价值进行比较和评估。比较评估原则上应该适用相同的方法进行,并查清其真实价值。只有当受让公司已经拥有出让公司的所有股份时,才不必说明换股比例关系(《变更法》第5条第2款)。 21

**举例**:如果受让公司的注册资本是1000万欧元,分成10万股,每股100欧元,并以每股200欧元的市场价格交易;转让公司的注册资本是100万欧元,分成1000股,每股以120欧元的市场价格交易,那么,只要以交易所价格为基础,应该给予转让公司的股东每两股转让公司的股票换一股受让公司的股票。另外还有2 × 20 = 40欧元的余额,应该以支付现金的方式予以补偿。如果一个股东拥有5股,可获得接受公司3个股份。 22

鉴于换股比例关系有突出的重要性,**股东的法律保护**集中于股东的适当对价的利益。提供信息义务和多数同意的要求,其目的就是要确保这一点。[4]如果批准协议有瑕疵时,原则上每个股东都可以提起无效诉讼和撤销诉讼。[5]但是,《变更法》把换股比例的法院审查从撤销诉讼中分开,目的是为了防止不必要地因为争议而延长合并、加重合并的负担,同时创立确认程序取代撤销程序(第15条第1款第2句)。当然,法律在这一点上并不是真心诚意的,因为仅仅在转让公司中,不能以 23

---

〔1〕 比较第12条第2款第1句:审查报告必须带有如下说明而完成,该……换股比例……作为对价是否合理。

〔2〕 H. M.; vgl. OLG Karslruhe AG 1992, 31, 32; *Lutter* § 5 Rdn. 18; *Sagasser/Bula/Brünger* aaO 133; *Streck/Mack/Schwedhelm* GmbHR 1995, 161, 163.

〔3〕 见上文第46章III,边码38及随后若干边码,边码46及随后若干边码。

〔4〕 见第46章III 2、4。

〔5〕 对此比较上文第16章IX、第33章VII。但是,如果合并已经在商业注册簿上登记,合并的瑕疵不在影响有效性(见上文第46章IV 2,边码67及随后若干边码)。

换股比例太低为由对变更决议提起诉讼(《变更法》第14条第2款)。[1]受让公司依然拥有相应的诉权。

24 合并合同或合并合同草案,最晚必须在对合并进行讨论的股东大会召开前一个月递交给企业委员会。如果没有证明及时递交了合同,合并就不能在商务注册处获准注册(《变更法》第17条第1款)。[2]

3. 合并报告

25 每个参与合并的企业董事会或经理必须在提交合并合同时提交"一份详细的书面报告"(**合并报告**)。在报告中必须从法律上和经济上对合并、合并合同或合同草案的细节,特别是换股比例或受让权利主体成员资格、以及提供现金补偿的金额进行解释并论证(《变更法》第8条第1款第1句)。可以由各方共同编制这一报告。

26 应该根据报告的目的来确定其内容:即让股东全面掌握合并的情况,以便股东能够在了解所有情况的条件下对合并进行投票表决,尤其是能够形成自己对换股比例是否适当的看法。[3]为此,对评估方法的抽象表述是不够的;相反,应该提供评估以及估算的各项具体数字。[4] 应该说明在对相关企业进行评估时遇到的特别困难以及对股东参与可能带来的影响(《变更法》第8条第1款第1句)。此外,报告中还应说明有关关联企业的对合并十分重要的事情(《变更法》第8条第1款第3句)。还可以报告不同公司章程的情况:或者由于合并而依法失去效力,或者必须适应变化了的新情况。[5]

4. 合并审查

27 对于合并合同或合同草案,应该由董事会或经理或经他们申请由法院聘任的独立专家进行审查(《变更法》第9条第1款)。也可以由多个或所有参与合并的公司共同聘任审查人进行审查(《变更法》第10条第1款)。审查涉及合并合同的全面性和正确性,但主要是约定的换股比例和向股东提出的补偿要约。通过对上述内容的审查以监督合并的可信度。[6] 审查人必须以**书面形式报告**其审查结果(《变更法》第12条第1款第1句),并就以下问题作出结论:所建议的换股比例、现金补偿的数额(如果有的话)或者在受让权利主体的成员资格是否是一个适当的对价(《变更法》第12条第2款)。在个别情况下可能有必要在报告中列举一些具体

---

〔1〕 对股东保护的细节见第46章III、IV。

〔2〕 Vgl. zur Zulässigkeit eines Verzichts des Betriebsrats auf Einhaltung der Frist LG Stuttgart GmbHR 2000, 622.

〔3〕 见第46章III,边码39及随后若干边码,包括进一步的细节。

〔4〕 BGHZ 107, 296, 302 (*Kochs-Adler*).

〔5〕 Vgl. hierzu Kallmeyer/*Marsch-Barner* § 8 Rdn. 27.

〔6〕 见第46章III,边码41。

事实和数字并就此进行解释。[1]

没有审查报告,是**撤销**合并决议的一个理由。还没有完全澄清的是,如果审查人得出结论换股比例不适当,会发生什么样的法律后果?这一结论不会对合并过程产生直接影响。但是,受让公司的股东可以以此为由提出撤销诉讼。一些人认为,应该将这种情况作为《变更法》第 14 条第 2 款规定的例外,因此也应该赋予出让公司的股东提起撤销诉讼的权利。[2] 28

5. 遵守设立规定

在**新设合并**时,原则上应该适用有关设立新公司的法律规定(《变更法》第 37 条第 2 款)。但是,"如果或者只要受让公司通过资本筹集和资本维持方面的措施已经给债权人提供了足够的保护",那么就可以大大简化设立程序。[3]只要转让权利主体是资合公司,其既不必提交(实物)设立报告(《股份法》第 32 条等、《有限责任公司法》第 5 条第 4 款第 2 项),也不用进行新设审查(《股份法》第 33 条第 2 款,《变更法》第 58 条第 2 款、第 75 条第 2 款)。[4]最后,仅仅在人合公司进行合并时,才应该注意《有限责任公司法》或《股份法》的成立规定。此外,在实物设立报告或设立报告中还应说明转让公司的营业情况和整体状况(《变更法》第 58 条第 1 款、第 75 条第 1 款)。 29

## III. 合并的实施

1. 股东的知情权

为对合并作出最终的决定,董事会或经理必须**召集股东大会**。对此,除了遵守《有限责任公司法》或《股份法》规定的方式外,还必须遵守《变更法》中规定的程序。在一个有限责任公司进行合并时,经理必须公告作为决议对象的合并事宜(《变更法》第 49 条第 1 款)。在一个股份有限公司进行合并时,必须在召集股东大会之前将合并合同或合同草案送交商务注册处。这样,注册法院就能够在公司公告中公开提示,该合同或合同草案已经存放在商业登记处(《变更法》第 6 条第 1 款第 1 句)。 30

此外在有限责任公司中,最晚应在公司向股东发出大会召集通知时,将合并合同或合同草案以及合并报告一起送达股东(《变更法》第 47 条)。在股份有限公司中,应将相关公司的过去三年的资料、年度决算报表、中期状况报表和审查报告陈 31

---

〔1〕 见第 46 章 III,边码 44 和 45。

〔2〕 对问题见上文边码 20 和第 46 章 IV ,边码 71。Eine entsprechende teleologische Reduktion schlägt *Schöne* aaO 133 für die Auf- und Abspaltung vor。

〔3〕 Begr. § 58, *Ganske* aaO, 105.

〔4〕 Kritisch zur Entbehrlichkeit der Gründungsprüfung Lutter/*Grunewald* § 75 Rdn. 3.

列在公司营业场所供股东查阅(《变更法》第 63 条第 1 款)。[1]如果有股东提出要求,公司必须不拖延地和免费地将所有文件副本分发给相关股东(《变更法》§ 63 第 3 款)。

32 股东享有**一般的知情权**(《有限责任公司法》第 51a 条、《股份法》第 131 条)。此外,股份有限公司的董事会在股东大会召开时,有限责任公司的经理必须在任何时候,解答或者报告所有有助于了解参与合并的其他公司情况的重要事件(《变更法》第 49 条第 3 款、第 64 条第 2 款)。此外,当一个股份有限公司进行变更时,必须在股东大会上对合并合同进行解释(《变更法》第 64 条第 1 款第 2 句)。违反告知义务是构成**撤销**合并决议的一个理由(见上文 § § 16. IX., 33. VII.)。[2]

2. 关于合并的决议

33 只有所有参与合并公司的股东表示同意,合并才能生效 (《变更法》第 13 条第 1 款、第 36 条)。只有受让公司在特殊情况下可以不必作出上述同意决议。前提条件是它已经拥有了 9/10 以上的转让公司的注册资本(《变更法》第 62 条第 1 款;康采恩合并)。[3]对人合公司而言,只要公司章程没有规定多数意见的决议方式,就必须根据《变更法》的规定由所有股东的一致同意作出相应的决议(《变更法》第 43 条);在资合公司中,相关的决议必须由投票时代表 3/4 以上的股本(《变更法》第 65 条第 1 款)或所投票中 3/4 以上的同意票(《变更法》第 50 条第 1 款)的支持。对每一家其他公司来说,不存在根据《股份法》第 136 条第 1 款和《有限责任公司法》第 47 条第 4 款的规定对其拥有的股份的投票禁止,因为这里涉及的是法人社团意志形成行为。[4]从《变更法》第 13 条第 2 款、第 50 条第 2 款以及第 40 条第 2 款和第 51 条的规定中可以得出对每一股东有利的结论:允许个别股东拥有同意保留权。[5]

3. 资本的增加

34 在大多数情况下,只有当受让公司为了合并目的增加其注册资本,以便在排除受让公司股东认购权的条件下,借助新增的股份来补偿转让公司的股东时,合并才能实施。只有在借助一家参与公司拥有的,并已完全支付的股份可以给予出让公司的股东以足够的补偿时,才不必进行增资(《变更法》第 54 条第 1 款第 2 句第 1—

〔1〕 UU. kann es erforderlich sein, eine Zwischenbilanz zu erstellen ( § 63 I Ziff. 3); siehe hierzu § 63 II.

〔2〕 BGHZ 107, 296, 306 ff; BGH AG 1990, 259, 262; AG 1991, 102; *Messer* FS Quack 321.

〔3〕 Siehe oben Rdn. 6.

〔4〕 Lutter/*Grunewald* § 13 Rdn. 20; *Grunewald/Winter* in Lutter, Kölner Umwandlungsrechtstage 19, 38 f.; *Timm* AG 1982, 93, 103 f; vgl. auch Begr. § 50 *Ganske* aaO 100; " § § 47 Abs. 4 GmbHG gilt für den Verschmelzungsbeschlußnicht." S. ferner oben § 33 V.

〔5〕 Siehe hierzu § 46 III Rdn. 53 ff.

2 项、第 68 条第 1 款第 2 句第 1—2 项)。增资必须根据相应的法律规定进行。股份公司可以采用有条件增资的方式或者基于授权资本来进行增资(试比较《股份法》第 192 条第 2 款第 2 项)。《变更法》规定了某些简化程序 (《变更法》第 55 条、第 69 条)。

只要受让公司拥有转让公司的股份,增加注册资本是不允许的;此外,只要转让公司拥有自己的未完全支付的股份或受让公司的未完全支付的股份,增加注册资本也是不允许的(《变更法》第 54 条第 1 款第 1 句第 1—3 项、第 68 条第 1 款第 1 句第 1—3 项)。否则在上述情况下,合并后注册资本数额将无法得到完全满足。 35

4. 确定管理机关

如采用受让合并,出让公司的管理人员和监事人员自动终止其职务。但是,相关的聘任合同原则上不受合并的影响。聘任合同随着合并登记转移到受让公司,因而原则上存在着继续支付约定的报酬的义务。在新设合并时至少涉及两个转让权利主体。在这种情况下,代表机关和(如果有的话)监事机关的成员也必须重新聘任。第一任监事会聘任应该根据《股份法》第 30 条的规定决定。 36

5. 申请注册

最后,双方公司都必须向商务注册处就合并申请注册(《变更法》第 16 条第 1 款)。在申请登记时,必须附上《变更法》第 17 条所列举的文件,如是转让公司还须提交终结决算表(《变更法》第 17 条第 2 款)。董事会或经理还应该声明,没有人就合同决议提起或在规定的期限提起有效的诉讼,或者这样的诉讼已被驳回并且该驳回已生效或诉讼已被撤回。即使在提出申请后,董事会或经理还必须就上述事宜通知注册法院。如果没有这样的声明,合并不允许被登记,除非有权提起诉讼的股东采用公证形式声明放弃诉讼 (《变更法》第 16 条第 2 款)。立法者想借助这一规定,阻止在最终弄清合并决议的有效性前,通过实施合并造成合并已完成的事实。但是,可以在所谓的确认程序中取消上述注册禁止,前提条件是有管辖权的诉讼法院必须根据公司的申请确认:提起诉讼并不影响合并登记 (《变更法》第 16 条第 3 款第 1 句)。[1] 37

出让公司必须首先进行合并登记。同时必须注明,只有在受让公司也进行合并登记后,合并才生效(《变更法》第 19 条第 1 款)。之后,注册法院必须将登记告知受让公司的法院并通知:只有在对增资进行登记后,才允许对合并进行登记(《变更法》第 53 条、第 66 条)。最后,受让公司的法院将登记日通知转让公司的法院,该法院将这一登记日载入转让公司的注册簿,同时将留存证书和其他书面文件寄给受让公司的法院(《变更法》第 19 条第 2 款)。 38

---

〔1〕 对此见第 46 章 IV 4,边码 73 及随后若干边码。

6. 登记的效力

39 对于受让公司而言,登记具有决定性的效力:在法律上财产有效地转移给了受让公司,出让公司归于消灭,出让公司的股东变为受让公司的股东(《变更法》第20条第1款第1—3项)。此外,合并合同的有关公证的瑕疵、个别股东可能的同意请求或放弃声明等缺陷,都得以消除(《变更法》第20条第1款第4项)。即使存在着其他合并瑕疵,也不影响登记的效力(《变更法》第20条第2款)。[1]

40 财产转移应依法(整体)进行,无须进行单个转让。即使是债务和合同关系也必须同时转移。公开的商业登记必须予以修改。两个合并公司相互之间的债务关系通过合并而归于消灭。如果两个公司都对第三人负有义务,而这些义务是相互冲突的,例如与两个不同的第三人都签订有排他性的约束协议[2],那么,应该根据《变更法》第21条规定的公平原则进行调整。

7. 公告

41 最后,必须对登记进行公告。随着最后一份含有公告内容的刊物发行日之终结,公司即完成了公告任务(《变更法》第19条第3款)。从这一时刻起,可以在两个月内承诺已经发出补偿要约(如果有的话)(《变更法》第31条)。在这一期限内,也可以启动确认程序,以便法院确认有关现金补偿的请求(《变更法》第15条)和作出支付适当的现金(《变更法》第34条)的裁决。

8. 股份交换

42 如果受让公司是股份有限公司,必须借助于信托人对转让公司股东发放新股和支付现金补偿金,应该为每一个出让公司指定一名信托人(《变更法》第71条等)。

## §49. 分立和财产转移

参考文献:*Aha*, Einzel- oder Gesamtrechtsnachfolge bei der Ausgliederung?, AG 1997, 345; *Bayer/Wirth*, Eintragung der Spaltung und Eintragung der neuen Rechtsträger - oder: Pfadsuche im Verweisungsdschungel des neuen Umwandlungsrechts, ZIP 1996, 817; *Duden/Schilling*, Die Spaltung von Gesellschaften, AG 1974, 202; *Duvinage*, Die Spaltung von Personengesellschaften, 1984; *Engelmayer*, Die Spaltung von Aktiengesellschaften nach dem neuen Umwandlungsrecht, 1995; *dies.*, Das Spaltungsverfahren bei der Spaltung von Aktiengesellschaften, AG 1996, 193; *dies.*, Ausgliederung durch partielle

[1] 对此见第46章IV 2,边码67及随后若干边码。

[2] Vgl. Lutter/*Grunewald* § 21 Rdn. 5.

Gesamtrechtsnachfolge und Einzelrechtsnachfolge - ein Vergleich, AG 1999, 263; *Feddersen/Kiem*, Die Ausgliederung zwischen "Holzmüller" und neuem Umwandlungsrecht, ZIP 1994, 1078; *Fuhrmann/Simon*, Praktische Probleme der umwandlungsrechtlichen Ausgliederung, AG 2000, 49; *Gäbelein*, Die Unternehmensspaltung, BB 1989, 1420; *Habersack*, Grundfragen der Spaltungshaftung nach § 133 Abs. 1 S. 1 UmwG, FS Bezzenberger, 2000, 93; *Heermann*, Die Ausgliederung von Vereinen auf Kapitalgesellschaften, ZIP 1998, 1249; *Hennrichs*, Formwechsel und Gesamtrechtsnachfolge bei Umwandlungen, 1995; *Heidenhain*, Fehlerhafte Umsetzung der Spaltungs-Richtlinie, EuZW 1995, 327; *ders.*, Entstehung vermögens- und subjektloser Kapitalgesellschaften - Bemerkungen zu § § 130, 131, 135 UmwG, GmbHR 1995, 801; *ders.*, Sonderrechtsnachfolge bei der Spaltung, ZIP 1995, 801; *ders.*, Spaltungsvertrag und Spaltungsplan, NJW 1995, 2873; Hennrichs, Zum Formwechsel und zur Spaltung nach dem neuen Umwandlungsgesetz, ZIP 1995, 794; *Hommelhoff/Priester/Teichmann*, Spaltung, in Lutter (Hrsg.), Kölner Umwandlungsrechtstage, 89; *Ihrig*, Verschmelzung und Spaltung ohne Gewährung neuer Anteile?, ZHR 160 (1996), 317; *ders.*, Zum Inhalt der Haftung bei der Spaltung, in Habersack/Koch/Winter (Hrsg.), Die Spaltung im neuen Umwandlungsrecht und ihre Rechtsfolgen, ZHR Beiheft 68, 1999, 80; *Jesch*, Höchstpersönliche Rechte und Abspaltung, in Habersack/Koch/Winter (Hrsg.), Die Spaltung im neuen Umwandlungsrecht und ihre Rechtsfolgen, ZHR Beiheft 68, 1999, 148; *Jung*, Die stille Gesellschaf in der Spaltung, ZIP 1996, 1734; *Joost*, "Holzmüller 2000" vor dem Hintergrund des Umwandlungsgesetzes, ZHR 163 (1999), 164; *Kallmeyer*, Spaltung: Wie man mit § 132 UmwG 1995 leben kann, GmbHR 1996, 242; *Karollus*, Ausgliederung, in Lutter (Hrsg.), Kölner Umwandlungsrechtstage, 157; *Köster/Prinz*, Verlustverwertung durch Spaltung von Kapitalgesellschaften, GmbHR 1997, 336; *Koppensteiner*, Ausgliederung und Spaltungsgesetz, FS Zöllner, 1998, 295; *Kottmann*, Die Spaltung einer Aktiengesellschaft, 1986; *Lutter*, Teilfusionen im Gesellschaftsrecht, FS Barz, 1974, 199; *ders.*, Die Rechte der Gesellschafter beim Abschluβ fusionsähnlicher Unternehmensverbindungen, 1974; *Lutter/Drygala*, Die übertragende Auflösung: Liquidation der Aktiengesellschaft oder Liquidation des Minderheitenschutzes?, FS Kropff, 1997, 191; *Lutter/Leinekugel*, Planmäβige Unterschiede im umwandlungsrechtlichen Minderheitenschutz?, ZIP 1999, 261; *Mayer*, Spaltungsbremse? Ein Vorschlag zur sachgerechten Auslegung des § 132 UmwG, GmbHR 1996, 403; *H. J. Mertens*, Die übertragung des ganzen Vermögens ist die übertragung des (so gut wie) ganzen Vermögens, FS Zöllner, 1998, 385; *K. Mertens*, Zur Universalsukzession in einem neuen Umwandlungsrecht, AG 1994, 66; *Mutter*, Teilbarkeit von Grundstücksmietverträgen in der Unternehmensspaltung?, ZIP 1997, 139; *Priester*, Die klassische Ausgliederung - ein Opfer des Umwandlungsgesetzes 1994?, ZHR 163 (1999), 187; *v. Rechenberg*, Holzmüller-Auslaufmodell oder Grundpfeiler der Kompetenzverteilung in der AG?, FS Bezzenberger, 2000, 359; *Reichert*, Ausstrahlungswirkungen der Ausgliederungsvoraussetzungen nach UmwG auf andere Strukturveränderungen, in Habersack/Koch/Winter (Hrsg.), Die Spaltung im neuen Umwandlungsrecht und ihre Rechtsfolgen, ZHR Beiheft 68, 1999, 25; *Rieble*, Verschmelzung und Spaltung von Unternehmen und ihre Folgen für Schuldverhältnisse mit Dritten, ZIP 1997, 301; *von Riegen*, Gesellschafterschutz bei

Ausgliederungen durch Einzelrechtsnachfolge, 1999; *Ruski*, Die Gründungsphase der Aktiengesellschaft bei der Spaltung zur Neugründung, AG 1997, 17; *C. Schäfer*, Höchstpersönliche Rechte (Gegenstände) in der Aufspaltung, in Habersack/Koch/Winter (Hrsg.), Die Spaltung im neuen Umwandlungsrecht und ihre Rechtsfolgen, ZHR Beiheft 68, 1999, 114; *H. Schmidt*, Die Ausgliederung als Unterfall der Spaltung nach neuem Umwandlungsrecht, in Habersack/Koch/Winter (Hrsg.), Die Spaltung im neuen Umwandlungsrecht und ihre Rechtsfolgen, ZHR Beiheft 68, 1999, 10; *K. Schmidt*, Wider eine "lex Holzmüller", FS Heinsius, 1991, 715; *ders.*, Gläubigerschutz bei Umstrukturierungen, ZGR 1993, 366; *Schöne*, Die Spaltung unter Beteiligung von GmbH, 1998; *Teichmann*, Die Spaltung von Rechtsträgern als Akt der Vermögensübertragung, ZGR 1993, 396; *Tries*, Gesamtschuldnerische Haftung und Bilanzausweis, in Habersack/Koch/Winter (Hrsg.), Die Spaltung im neuen Umwandlungsrecht und ihre Rechtsfolgen, ZHR Beiheft 68, 1999, 96; *Veil*, Aktuelle Probleme im Ausgliederungsrecht, ZIP 1998, 361; *Wiesner*, Dauerschuldverhältnisse in der Aufspaltung, in Habersack/Koch/Winter (Hrsg.), Die Spaltung im neuen Umwandlungsrecht und ihre Rechtsfolgen, ZHR Beiheft 68, 1999, 168; siehe ferner die Angaben im Schrifttumsverzeichnis vor § 46.

## I. 基础

1. 分立的种类

1 一个企业可以**解散分立**成为两个或更多的法律上独立的公司,这是一种与合并相反的法律行为。在《变更法》实施以前,只有在公司实践中遇到严重困难时,才采用这种分立方式。现在,一个公司可以在不进行清算的情况下进行解散并分立,将财产分给两个或更多的已存在公司的或为此目的设立的新公司。公司的资产通过整体继受出让给新公司,新公司给出让公司的股东发行股份,作为资产转移的对价(《变更法》第 123 条第 1 款)。

2 与解散分立不同的是**部分分立**,两者的区别在于:在部分分立时,企业只将其部分资产分离出去,并转让给一个已存在的或新设的公司(《变更法》第 123 条第 2 款)。进行转让的企业继续存在;作为补偿,其股东获得受让公司的股份。部分分立,在《变更法》实施以前没有法律基础。

3 与上述分立不同,对企业的不同部分进行**子公司分立**(《变更法》第 123 条第 3 款)时,转让公司的股东,对其拥有的股份的价值损失,不能以获得受让公司的股份或现金支付方式得到直接补偿。相反,受让公司支付的对价变成了转让公司自己的财产。这种情况经常发生。更确切地说,当一个企业设立子公司并将其部分财产转让给子公司时,就是**子公司式分立**。这种子公司分立在以前也没有出现上述类似的法律技术上的困难。但在资产转移时,必须分别根据有关实物出资和股金收缴的规定进行资产的转让。根据《变更法》的规定,公司间可以约定通过整体继受的方式转移财产。

2. 财产转让

作为企业重组的另一种情况,《变更法》在第 174 条至第 189 条规定了财产转让。当然,以整体继受方式全部或部分转让的可能性是受到限制的,因为第 175 条规定了有限的能够参与财产转让的权利主体。只有资合公司向政府机构出让资产(《变更法》第 175 条第 1 项)或在两个保险企业相互之间进行转让 (《变更法》第 175 条第 2a—c 项)时,才能采取这一办法。这些规定到目前为止并没有什么实际意义,因而不在此赘述。 4

比较重要的,是《股份法》**第 179a 条的一般性规范**。所有股份有限公司或股份两合公司负有义务向第三者转让全部财产的情况,只要它们不适用《变更法》的规定,就适用上述一般性规范。但是,这一规范不允许通过整体继受的方式进行财产转移,因而所有财产标的物必须根据相应的法律规定进行个别转让。根据该规范的规定,即使财产转让没有改变企业的经营范围,股东依然对合同内容享有**知情权**,并且必须以**股东大会的绝对多数通过决议**批准合同(《股份法》第 179a 条第 1 款和第 2 款)。[1] 对《股份法》来说,这样的规定已经足够了。也就是说,这里涉及的是有利于股东的保护性规定。如果应该转让的仅仅是企业财产的一部分,则不适用《股份法》第 179a 规定。[2]是否转让了主要财产就可以认为是转让全部财产,取决于公司利用留下的财产是否能够实现公司章程规定的经营客体。[3] 5

如果公司应该被解散,必须另外作出解散决议。在这种情况下,申请解散时必须附上合同正式文本或公证过的副本(《股份法》第 179a 条第 3 款)。 6

在《企业变更清理法》对这一条款进行修改后,依然存在着争议。存在的问题,主要是大股东决定解散公司,以便以清算的方式获得该企业(**所谓的转让解散**)的情况。这样不仅存在会将小股东排挤出公司的危险,而且会因为清算时收购价格太低使他们不能获得与其股份真实价值相符的对价的危险。在这种情况下,是否应该适用《股份法》和《变更法》中保护小股东的规定(《股份法》第 304 条、第 305 条、第 306 条以及《变更法》第 15 条、第 29 条和第 305 条)以及确认程序,还没有最终得以澄清。[4]到目前为止,民事审判实践采取拒绝的态度。[5] 但是,联邦宪法法 7

---

〔1〕 在 *Hoesch-Hoogovens* 一案中,见联邦最高法院民事判例第 82 册,第 188 页 BGHZ 82, 188,联邦最高法院已经确认,股东大会同意和法律所要求的信息必须扩大到所有与财产转让相关联的债法上的约定。

〔2〕 BGHZ 83, 122, 128 (*Holzmüller*).

〔3〕 比较 BGHZ 83, 122, 128; OLG München AG 1995, 232; *Hüffer* § 179 a Rdn. 5; aA vMertens *FS Zöllner* 385, 386 *ff*。

〔4〕 赞成的:Bejahend *Lutter/Drygala* FS Kropff 191, 195 ff, 213 f; 反对的:ablehnend *Hüffer* § 179 a Rdn. 6, 12 a。

〔5〕 OLG Stuttgart ZIP 1995, 1515 und ZIP 1997, 362 (*Moto Meter I und II*), BayOblG NZG 1998, 1002 (*Magna Media*).

院基于针对斯图加特高等法院的 Moto Meter 判决[1]的宪法申诉,从有利于加强小股东保护的角度表明了态度。[2]

8 联邦宪法法院虽然肯定了《股份法》第179a条符合宪法并且承认了转让解散。但宪法法院就此进行了详细的论述:《宪法》第14条规定的所有权保障要求“小股东……在经济上得到‘全额’补偿”。因而必须“保证,一个被强制退出公司的股东得到与其持有股份价值相当的补偿。”法院应该采取怎样的监督方式,宪法法院并没有明确表态。相反,宪法法院一开始引用了法学界的代表性观点,即应该类推适用确认程序的规则,并就此解释说,“不一定确定绝对不能适用《股份法》第306条的规定”;但另一方面,“从宪法上看并没有必要采取类推适用《股份法》第306条的方法”。“法院监督应该(可以)……在撤销诉讼的范围内进行。如果法院觉得出于股份法上的原因不能对大股东支付的买价进行价值审查,应该通过撤销诉讼禁止‘转让解散’,因为如果不这样的话,应该予以保护的小股东的所有权利益就没有得到足够的保障。”[3]

9 在没有确认民事法院做法的情况下,宪法法院的决定指明了两种能够保证实现宪法对小股东保护的方法。只要没有确认可以类推适用有关确认程序的规定,民事法院以后在针对解散决议的撤销诉讼范围内,就不能忽视对约定的买价是否等值进行审查。但是,正如宪法法院所正确认识的,并没有令人信服的理由来排除《股份法》第304条、第305条和确认程序的类比适用。但是根据法律规定还是有可能排除审查收购价格的撤销之诉,并将类比适用《变更法》第14条第2款、第15条的规定局限于确认程序上。

3. 分立的可能性

10 分立可以通过转让财产给其他现存的权利主体(**受让分立**)或通过转让财产给新设立的权利主体(**新设分立**)来实现。两种选择不仅适用于解散分立和部分分立,而且适用于子公司式的分立。如果多个企业应该受让财产,两种分立方法也可以结合使用(《变更法》第123条第4款)。

11 无论是人合贸易公司、资合公司,还是协会和注册合作社、合作社审计协会以及互助保险协会,都可以作为转让权利主体、受让权利主体或者作为新设权利主体参与解散分立、部分分立或子公司式分立(《变更法》第124条、第3条第1款)。进行转让的主体还可以是经济性协会,在子公司式分立时进行转让的主体还可以是个体商人、基金会以及地域性公法人社区组织和社区组织的联合组织(《变更法》第124条)。当然,一个注册不满两年的股份有限公司或股份两合公司不能分立(《变更法》第141条)。《变更法》试图通过这一方式防止规避有关补偿设立的规定(《股

[1] 脚注5。
[2] 联邦宪法法院 BVerfG NZG 2000, 1117。
[3] 联邦宪法法院,同上 BVerfG aaO 1117, 1119。

份法》第52条)。

12 《变更法》并没有规定**多个企业同时分立**的情况。相反,基于(法律)条文的明确表述,可以认为,在任何程序中每次只有一个权利主体可以解散分立、部分分立或设立子公司来分立其财产(《变更法》第123条第1款、第2款、第3款)。在部分分立或子公司分立中,也只能有一家公司作为受让主体。不同的是,《变更法》允许一个权利主体**解散分立为两个或两个以上的独立企业**。《变更法》并没有确认仅仅解散分立成一个公司,这是正确的。因为这样的过程并不是解散分立,而是合并。

13 分立既可以在具有相同法律形式的不同的权利主体参与下实现,也可以在具有不同法律形式的几个权利主体同时参与下实现(《变更法》第124条、第3条第4款,**混合分立**)。遵循合并法上的有关规定,被解散的公司也可以作为转让权利主体或受让权利主体参与分立(《变更法》第124条、第3条第3款)。[1]

4. 个别继受与子公司式分立

14 在《变更法》生效前,只能通过个别转让企业的所有资产和负债才有可能将该企业的特定部分分立成为子公司。在股份有限公司中,根据过去的法定职权分工,董事会对此拥有决定权,如果需要,根据《股份法》第111条第5款还需征得监事会的同意,但是股东大会并不是必须介入的。联邦最高法院1982年在审理的著名的、体现法官造法的霍尔茨米勒一案中作出了有利于股东大会决定权限的判决,纠正了上述法律状况:如果子公司式的分立不仅仅涉及企业的从属部分,而且引起公司发生了结构性的变化,其影响并不亚于合并,那么就必须征得股东大会的同意。[2]通过个别继受进行子公司分立,即使在允许通过整体继受进行子公司分立后,也还是允许的。但是,有问题的是:**《变更法》关于股东保护的规定**是否应该相应地适用通过个别转让进行子公司分立。这样的类推意味着必须制作子公司分立报告(第127条)和股东大会决议需要绝对多数股东同意。

15 在新近的文献中[3],对这一问题有不同的回答。但是,判断的关键在于,从小股东的角度看,整体继受进行子公司式分立和个别继受进行子公司式分立都会改变企业的结构,因而它们之间并没有区别。即使采用个别继受方式进行子公司式分立,只要分立涉及企业的关键部分,类推适用《变更法》第127条的规定,要求必须提交一份书面报告[4]和3/4以上多数同意通过股东大会决议就是合理的。如果

〔1〕 见第48章I,边码4。

〔2〕 联邦最高法院 BGHZ 83, 122 (*Holzmüller*);见上文第16章I 5。

〔3〕 比较 mit zum Teil unterschiedlichen Erwägungen und Grenzziehungen *Joost* ZHR 163 (1999), 164, 181 f.; *Lutter* Einl. UmwG Rdn. 44 f.; *Lutter/Leinekugel* ZIP 1998, 805, 806; *Reichert* aaO 25, 44 ff.; *von Riegen* aaO 56 ff.; *Veil* ZIP 1998, 361, 365; deutlich reservierter *H. Schmidt* aaO 10, 15 ff., i. E. ablehnend *Priester* ZHR 163 (1999), 187, 197 ff. Grundsätzlich aA. *Aha* AG 1997, 345, 356; *Bungert* NZG 1998, 367, 368; *Kallmeyer* § 1 Rdn. 24。

〔4〕 比较 LG Karlsruhe ZIP 1998, 385, 388; *Lutter* Einl. Rdn. 45; *Reichert*aaO 25, 60 f.; *von Riegen* aaO 130 ff.; aA *Priester* ZHR 163 (1999), 187, 200。

不是根据《变更法》而是根据其他法律,股东大会决议不具有对外效力的法律基础,由董事会通过个别转让实施的子公司分立是有效的,即使股东大会没有作过决议或没有同意。[1]

## II. 分立程序

### 1. 有关合并的法律的相应适用

16 所有三种方式的分立,主要是根据有关合并的规定进行的。因此,只要有关分立法的专门条款中没有其他的规定,就可以适用包括《变更法》第125条和第135条列举的例外情况在内的所有合并规则。除此之外,在新设分立情况下,原则上必须遵守适用于新设立公司法律形式的相关法律规定(《变更法》第135条第2款第1句)。

17 由于有很多相同的地方,所以这里仅仅概要性地介绍相关的重要程序。准确的说,这里不需要特别详细讨论股东保护问题,因为基本上是根据合并法上的规则对股东进行保护的(《变更法》第29—34条结合第125条)。[2]这里也不必特别论述独资企业进行子公司式分立时的特殊情况。[3]相反,应该重点介绍分立合同和受让合同,它们具有与合并合同同样的重要性。最后,也应该阐述通过特别继受权转让分离的资产时必须遵循的界限。

### 2. 分立合同的内容

18 受让分立的基础是由法定代表机关缔结的分立合同和受让合同。在新设分立时必须制作分立方案(《变更法》第136条)。分立合同或分立方案或相应的草案必须经过公证(《变更法》第125条结合第6条)。

19 合同或草案必须至少包括下列内容:[4]

20 (1)参与分立的权利主体的名称或商号和注册地址;

(2)关于转让权利主体的财产的整体转让给受让权利主体、受让权利主体提供相应的股份或成员资格作为对价的协议;

(3)换股比例和支付现金补偿金的数额(如果有的话)或关于受让权利主体成员资格的说明;

(4)关于转让受让权利主体的股份或获得其成员资格的细节;

(5)这些股份或成员资格可以提起分红请求权的时间,以及有关这一请求权的特别

---

[1] 比较 *Joost* ZHR 163(1999),164,184;*H. Schmidt* aaO 10,23 f。

[2] 对此见第46章III,边码33及随后几个边码。

[3] 见上文第26章V4。

[4] 比较 das Vertragsmuster bei *Neye/Limmer/Frez/Harnacke*, Handbuch der Unternehmensumwandlung, Rdn. 1208。

之处；

(6) 应该将转让权利主体的行为视作为受让权利主体的行为的时间(分立基准日)；

(7) 受让权利主体给予每一股东的权利或者特别权如无表决权股、优先股、多数表决权股、债券和用益权，或者为这些人规定的措施；

(8) 给予参与分立的权利主体之代表机关或监事机关的成员、担任经理的股东、合伙人、年终报表审计师或分立审计人支付的特别的利益；

(9) 详细并分别标明转让给每一受让权利主体的具体资产和具体负债，以及说明转移的营业和部分营业是为哪个受让权利主体所接收的；

(10)每一个受让权利主体向转让权利主体的股东进行股份分配或授予成员资格以及分配或者授予的标准；

(11)分立对员工和其代表机构的影响以及对此采取的措施。

在子公司式分立时，可以不作《变更法》第126条第1款第3项、第4项和第10项规定的情况说明，因为作为转让财产的对价，公司获得了受让公司的股份。此外，在新设公司的分立方案中必须包括或者确定了其公司章程(《变更法》第135条、第37条)。如果一个有限责任公司受让了分离部分的财产，还必须规定该有限责任公司作为补偿给予每一股东的股份的名义价值。只要为此进行了增资，并且不同股份拥有不同权利和义务，就必须在合并合同中明确规定这些不同(《变更法》第125条结合第46条第1—2款)。[1] 21

在实践中特别重要的是：必须在分立合同和受让合同中**详细标明**应该转移的**具体资产**和**具体债务**。对每一具体标的物和每一义务都必须明确确定，它们归属于哪一个公司(《变更法》第126条第1款第9项)。这里虽然公司可以通过整体继受方式转让其财产，但这不能免除参与公司必须遵守物权法上的特定性原则的义务。如果某些财产是通过个别继受方式进行转让的，转让时必须根据一般法律规定明确标明具体的实物，也必须遵守特定性原则(《变更法》第126条第2款第1句)。这一规定主要对地产这一标的物有意义，对此必须标明地产登记簿所在区和具体簿页。[2]当然，《变更法》也做了一些简化：如果借助财产清册、资产负债表或类似的文件能够确认这些标的物，也可以直接引用相关的文件。[3]这些文书必须作为附件附在分立合同和受让合同后面(《变更法》第126条第2款第3句)。[4] 22

如果因为遗忘或故意没有提及，没有在合同中明确哪个受让公司拥有某一具体的财产标的物或债务，那么在部分分立和子公司式分立时，该标的物或债务仍留在转让公司。但是，在解散分立时必须对该标的物和债务的命运作出明确决定。首 23

〔1〕 比较 ferner zur Bezeichnung unbekannter Aktionäre die in §§ 125, 35 getroffene Regelung。

〔2〕 Nach § 126 II2 ist § 28 GBO zu beachten.

〔3〕 比较 zu Einzelheiten Lutter/*Priester* § 126 Rdn. 38 ff。

〔4〕 比较 das Formulierungsmuster für die Bezeichnung der zu übertragenden Gegenstände und Verbindlichkeiten bei *Kallmeyer* § 126 Rdn. 40。

先,必须通过解释分立合同,确定标的物是否可以归入一个公司。[1]如果不行,就**资产的标的物**而言,根据《变更法》第131条第3款规定,它应转移给所有的公司,并且是按合同对终止决算表中财产多于负债的余额规定的比例分配。也就是说,受让公司按份额对被遗忘的资产享有权利,具体份额根据受让公司受让的净资产的比例确定。[2]如果对许多公司来说不可能进行这样的分配,则应该以规定的比例来分配对价。这一规定不适用**被遗忘的债务**。立法者认为没有必须专门为这种债务规定一个特别的规则,因为根据《变更法》第133条第1款的规定,所有受让公司应该作为共同债务人承担责任。[3]但是,尽管如此,在内部关系中还是要审查能否通过解释分立合同来确认债务的归属。为了避免这些问题,在合同中应该引入"一般条款",规定哪一个公司获得分立合同中没有提交的标的物和债务。该条款必须和补偿条款结合使用。[4]

24 在分立时,企业之间约定的**换股比例关系**具有重要的意义。作为对价,给予的股份必须等同于转让的财产部分的价值。这里适用与合并时同样的原则,因而可以相应参阅有关合并的论述。[5]与此不同的一个的问题是,转让公司的所有股东是否必须以其在转让公司中现有参股比例拥有受让公司的股份。根据《变更法》的规定,只要转让公司所有股东同意,没有保持(同样)比例关系的分立也是允许的。否则,没有保持(同样)比例关系的分立合同和受让合同是无效的(《变更法》第128条)。

3. 转让自由的限制

25 约定通过不完全整体继受转让财产,是一个充分体现分立特征的结构性原则。[6]这一原则主要对债务和合同关系有着重要意义,因为债务和合同关系是在未经债权人同意的情况下转移的。当然,参与的公司不顾债权人意愿将债务分配到不同的企业的自由,受到一定的限制。

26 首先,限制在于:在转让一个营业时可以适用《民法典》第613a条,根据该条规定,即使分立合同有不同的规定,在该营业中既存的劳动关系也转移给受让该营业的公司。[7]另外,在**新设分立**时必须遵守有关新公司的设立规则,因此,不允许仅仅将债务转让给在分立中新设立的资合公司。[8]还不清楚的是,转让公司的处分自由

---

〔1〕 比较 hierzu Lutter/*Teichmann* § 131 Rdn. 16。

〔2〕 比较 Lutter/*Teichmann* § 131 Rdn. 18。

〔3〕 Begr § 131 *Ganske* aaO 162. Hierzu Lutter/*Hommelhoff* § 133 Rdn. Rdn. 37, der eine Enthaftung nach § 133 III ablehnt; zustimmend *Schöne* aaO 79.

〔4〕 比较 Kallmeyer/*Müller* § 131 Rdn. 18; Lutter/*Teichmann* § 131 Rdn. 22。

〔5〕 见§ 48 II, 边码 20 以随后几个边码。比较 ferner zur Spaltung *Schöne* aaO 133 ff。

〔6〕 见第46章 II 3,边码24及随后几个边码。

〔7〕 见第46章 VI 2,边码86。

〔8〕 比较 Lutter/*Priester* § 126 Rdn. 53。

能否扩展到**合同关系的分解**。[1]对此,存在一种值得肯定的实际需要,例如可以将长期供应合同的标的物分配到分立后的不同企业。与政府草案[2]说明的理由相反,只要合同另一方当事人同意,分解(合同关系)无论如何是允许的。[3]

在实践中同样重要的问题是,根据《变更法》第132条规定,**排除**特定标的物的**可转让性**、或者将转让与确定的前提条件相结合、或者要求特定标的物的转让需要国家批准的一般性规定,**不受整体继受的影响而继续适用**。但《变更法》对此作了有限的补充规定:《民法典》第399条的规定与解散分立不冲突。根据第399条规定,如果不改变原债权之内容就不可能向原始债权人以外的其他人履行给付,或者如果债权人和债务人约定不得进行这种转让时,债权或其他权利(《民法典》第413条)的转让就会被排除。这一规定初衷是防止在解散分立时不能转让的债权和其他权利的落空。[4]但除此之外,该规定也很清楚地表明,就是根据立法者的观点,不能转让的权利作为整体继受的普遍例外,无法合乎逻辑地坚持下去。 27

《变更法》第132条规定,是一个可以进行深入讨论的对象。因为当人们忠实于条款的文字进行解释时,那么就会得出结论:根据《民法典》第414条等的规定,任何债务的转让都必须获得债权人的同意。根据《变更法》债务转移不可能是这样的含义,因为这样解释使得借助整体继受追求分立简化的目的变成一句空话。因此,目前已正确地形成了对这一规定应该严格解释的一致观点。但是,下文的各种声音并没有得到认可,这是正确的:这些声音从有目的地减少规避有关个别转移的相关规定的情况的角度极力想证实,只有当通过分立从总体上看只有一个惟一的资产标的物应该被转让或惟一的债务应该被转移时,第132条才能适用。[5] 此外,将"标的物"限制性解释为仅指积极的财产,而不指向债务和合同关系,被证明是不太成功的。[6]虽然这样的解释也许与立法者的一般看法相一致,即分立和合并一样,债务转让的可能性不依赖于债权人的意志。但是,这种解释没有正确理解《变更法》第132条规定和在该规定中立法者所表达的真实意愿。由此,必须对众多的完全不同的情况进行**不同的分析判断**,并**客观地权衡**分立合同各方当事人的不同利益和相关权利的债权人或债务人的不同利益。虽然至今还没有一个完全彻底的解释,但至少出现了正确解决这一问题的初步轮廓。 28

根据一般性法律规定,可转移性被排除或与特定的先决条件相联系,如**债权法** 29

---

〔1〕 比较 zum Diskussionsstand *Engelmayer* aaO 49 ff.; Lutter/*Priester* § 126 Rdn. 47 f.; *Rieble* ZIP 1997, 301; *Teichmann* ZGR 1993, 396, 413 f.; Lutter/*Teichmann* § 132 Rdn. 33, 39 f。

〔2〕 *Ganske* 137.

〔3〕 Ebenso Lutter/*Priester* aaO; *Heidenhain* NJW 1995, 2873; Widmann/*Mayer* § 126, 228.

〔4〕 Begr. § 132, *Ganske* aaO 164.

〔5〕 In diesem Sinne v. a. *Hennrichs* aaO 151 ff.; eine restriktive Interpretation im Hinblick auf die Spaltungsrichtlinie befürwortet *Heidenhain*, ZIP 1995, 801, 803.

〔6〕 So mit unterschiedlichen Erwägungen *Dehmer* § 132 Rdn. 12; *Heidenhain*, ZIP 1995, 801, 804; *Hennrichs* aaO 152; *Mayer*, GmbHR 1996, 403, 407; dagegen Lutter/*Teichmann* § 132 Rdn. 4; *Kallmeyerv* § 132 Rdn. 2.

**上的和物权法上的先买权**以及对不改变其内容无法向原始债权人之外的其他人提供的**个人劳务的请求权**(《民法典》原第 399 条第 1 款)。[1] 受制于**绝对转让禁止**的标的物也不能通过整体转让的方法进行转移[2],不可转让的**社团成员资格**也是如此(《民法典》第 38 条)。[3] 有限责任公司**限制转让的股票**(见上文第 30 章 I 3),只有在获得所要求的批准后才可以转让[4];**人合公司的股份**,只有在章程中允许股份转让或所有其他的股东都同意时才可以转让。[5] 成问题的是在**用益**和**限制人役**方面的法律基础,这些权利原则上是不可转让的(《民法典》第 1059 条、第 1092 条)。如果一家资合公司进行分立,《民法典》第 1059 条第 1 款、第 1192 条第 2 款还是有用的。因为根据该条款的规定,如果该转让以整体继受的方式进行,或者被转让的是一个企业或企业部分并且被转让的权利也适合于服务企业的经营目的,就允许例外地向法人进行这种转让。[6] 相关的更具体的情况可以查阅专门的文献。[7]

30 除此之外,根据《变更法》第 132 条,必须遵守**有关标的物**转让需要国家批准的规定。适用的情况主要是**地产交易**。[8]

4. 分立报告和分立审查

31 每一个参与分立的公司的代表机关必须制作一份详细的书面报告,在报告中必须对分立合同或合同草案的细节,特别是必须从法律上和经济上对换股比例关系或者关于受让公司的成员资格、它们的分配的标准以及提供的现金补偿进行解释并说明理由(**分立报告**,《变更法》第 127 条第 1 句)。独资企业进行子公司式分立时,不必编制这一报告(《变更法》第 153 条、第 158 条)。可以共同编制和提交分立报告。鉴于在评估方面,在股东参股的后果方面和在对关联企业的表述方面的特殊困难,必须相应地适用合并法上的有关规定(《变更法》第 127 条第 2 句)。有关的详细陈述可以参阅本书有关合并报告的论述。[9]

32 解散分立和部分分立为一家资合公司,必须通过**独立专家**的审查。在确定审

---

〔1〕 但在解散分立时不必遵守《民法典》第 399 条规定,第 132 条第 2 句。

〔2〕 Lutter/*Teichmann* § 132 Rdn. 6.

〔3〕 *Mayerv GmbHR* 1996, 403, 408; Rieble, *ZIP* 1997, 301, 307; ; *aA Lutter*/Teichmann § 132 *Rdn.* 49.

〔4〕 *Heidenhain* ZIP 1995, 801, 802; *Kallmeyer* § 132 Rdn. 9; *Rieble* ZIP 1997, 301, 308; Lutter/*Teichmann* § 132 Rdn. 51.

〔5〕 Lutter/*Teichmann* § 132 Rdn. 50.

〔6〕 比较 mit Unterschieden im einzelnen *Bungert* BB 1997, 897; *Engelmayer* aaO 338; *Kallmeyer* § 132 Rdn. 6; *Rieble* ZIP 1997, 301, 306; enger Lutter/*Teichmann* § 132 Rdn. 27 ff。

〔7〕 Nachweise bei Lutter/*Teichmann* aaO Rdn. 22 ff.

〔8〕 Zu Einzelheiten 比较 *Kallmeyer* § 132 Rdn. 11; Lutter/*Teichmann* § 132 Rdn. 9; *Mayer* DB 1995, 865; *Schwedhelm* GmbHR 1995, 10。

〔9〕 见第48 章 II 3, 边码 25 和 26 以及第 46 章 III 2, 边码 41 和 42.; 比较 speziell zum Spaltungsbericht bei Beteiligung einer GmbH *Schöne* aaO 303 ff。

查的范围时,必须遵守《变更法》第9条至第12条规定的要求。[1]如果受让公司拥有转让公司的全部股份,分立审查也是必须的,在此不适用《变更法》第9条第2款的规定(《变更法》第125条)。在子公司式分立时,《变更法》放弃了审查要求(《变更法》第125条第2句)。

### 5. 遵守设立公司的法律规定

在新设分立时,适用有关设立新公司的规定(《变更法》第135条第2款)。如果成立一个股份有限公司或有限责任公司,通常必须编制一份设立报告(《股份法》第32条)以及实物设立报告(《有限责任公司法》第51条第4款、《变更法》第138条)。对股份有限公司,还需要进行设立审查(《变更法》第144条结合《股份法》第33条第2款)。 33

### 6. 股东同意

所有参与分立的公司都必须作出有关分立的**决议**(《变更法》第125条、第13条)。该决议在资合公司中需由至少代表的注册资本或所投票数的3/4多数同意通过(《变更法》第125条、第50条第1款、第65条第1款)。对**不保持原有股份比例关系的解散分立和部分分立,**《变更法》第128条还规定,必须得到转让公司所有股东的同意。一个不保持原有股份比例关系的子公司式分立是无法想像的,因为转让的权利主体只能是一家公司,该公司应该拥有所有股份。即使分立的财产转让给了第三人——股东的公司,也不必征求股东的个别同意。[2] 34

### 7. 登记注册

分立时,必须向商务注册处提交注册申请。申请注册时,董事会或经理必须声明,没有针对分立决议的有效性提起诉讼,或者没有在规定的期限内提起诉讼,或者这样的诉讼被驳回或被撤回并已生效(《变更法》第16条第2款)。[3]在申请时必须附上《变更法》第17条所列举的文件。 35

在《变更法》第3编中为分立登记规定了特别程序。因为在分立时,只有一个权利主体转让其财产,一般说来至少有两个权利主体受让财产。根据《变更法》第130条的规定,只有分立已经在每一个受让公司注册簿上登记后,分立才可以在转让公司的注册簿上登记。受让公司的登记必须加上附注,即只有分立在转让公司注册簿上登记后,分立才具有法律效力。因此,转让公司的注册法院必须将上述分立的注册日期分别通知每一受让公司的注册法院。同时,需要附上一张商业注册摘要和经过公证的公司章程的副本。在通知到达后,每一受让公司的注册法院必 36

---

〔1〕 见第48章II 4,边码27和28以及第46章46 III 3,边码43及随后几个边码。

〔2〕 比较 *Veil*ZIP 1998, 361, 363 f。

〔3〕 此外,见第140条、146条对有限责任公司和股份有限公司及股份两合公司参与下的分立登记申请的规定。

须依职权在注册簿上注明转让公司登记分立的日期(《变更法》第130条第2款)。

37 此外,**在新设分立**时,每一个新的权利主体必须申请登记(《变更法》第137条第1款)。只有相应的注册法院通知新公司已经注册时,分立才能被登记(《变更法》第137条第3款)。

38 分立登记引起分立合同和受让合同中或分立方案中列举的财产发生转移。在解散分立时,转让权利主体可以不经过注销而消灭。转让公司的股东根据在合同中规定的分配方案成为受让公司的股东(《变更法》第131条第1款第1—3项)。

## III. 债权人保护

### 1. 概述

39 一般变更法律制度通过下列规定保护参与分立企业的债权人:制作分立报告,在新设分立时适用有关公司设立的法律规定,受让公司决定增加注册资本时必须适用增加注册资本的法律规定,未到期债权的债权人可以根据《变更法》第22条结合第125条规定要求提供担保。[1]此外,如《变更法》第133条第1款所确定的,在转移一个企业时必须适用《商法典》第25条、第27条和第28条规定的保护债权人利益的条款。但是,立法者并不认为:有这些规定对分立进行规范,就足够了,而是在《变更法》第133条第1款和第2款中补充规定:对现有企业在分立前存在的债务,所有参与分立的企业必须**承担共同债务人责任**。[2]作出这一规定的原因在于,与合并时一样,不仅债权人必须接受债务人变更的事实。而且,转让企业原则上可以自由决定如何分配其资产和债务(见上文边码25),因而它完全可以单方面将债务划分给一个并不拥有与债务等值财产的参与企业。但是,没有分给债务的企业承担责任的期限为五年(《变更法》第133条第3款)。即使提供担保,也只是那些被分得债务的公司的义务(《变更法》第133条第1款第2句)。针对将一个企业分立成为一个占有性企业和一个经营性企业的情况,《变更法》第134条特别进一步强化了保护员工利益的责任条款 。

### 2. 分立责任

40 对于**转让公司**在分立生效前所欠的**债务,参与分立的公司**必须根据《变更法》第133条第1款规定作为**共同债务人**承担清偿责任。然而,只有在分立合同和受让合同中明确规定承担债务的公司,才承担无限的清偿责任(主债务人)。与此相反,仅仅负连带责任的公司的责任,如同一个从无限公司退出的股东根据《商法典》第160条规定承担的补救责任,限制在分立后五年内到期并得到书面确认或被诉讼的

---

〔1〕 见上文Ⅱ4和5以及第46章Ⅲ2,3及V。

〔2〕 在从独资企业财产进行子公司分立时适用第156条和157条特别规定。

债务(《变更法》第 133 条第 3 款、第 5 款)。[1]

41 必须注意的是,参与分立的公司必须对转让公司的**所有债务**承担清偿责任,即使这些债务依然留在转让公司,也是如此。在此情况下,转让公司是主债务人,所有受让公司是共同债务人。此外,这种清偿责任还扩及到分立登记前已经存在的所有债务。这对于长期债务关系尤其具有重要意义,因为缔结一个这样的合同就为由此产生的债务建立了法律基础。[2]这种共同清偿责任并不涉及受让公司的债权人,对这些债权人没有必要提供同样的保护。

42 **举例:**(a)如果甲公司将其部分财产分立并转让给乙公司和丙公司,同时将贷款债务仅仅分配给乙公司,乙公司是主债务人。此外,如果在分立后的五年内就此贷款提出偿付请求,甲公司和丙公司必须作为共同债务人承担责任。(b)如果贷款债务留在甲公司,甲公司是主债务人,但乙公司和丙公司必须根据《变更法》第 133 条第 1 款和第 3 款的规定对此承担连带清偿责任。(c)如果在部分分立或子公司式分立时,将租赁合同转移给丙公司,出租人仍可以在分立登记后的五年内向甲公司和乙公司主张到期的租赁费。

43 因为所有的公司作为共同债务人承担责任,所以必须根据《民法典》第 426 条第 1 款第 1 句确定相关的清偿补偿。在有争议时,应该认为,在共同债务人的内部关系中,**主债务人承担全部责任**。[3]为防止争议,分立合同中应该对追索权的性质和范围作出明确规定。同时也应该确定,如果主债务人不能清偿债务时,如何分担风险。

### 3. 对特别权利人的责任

44 根据第 133 条第 2 款,参与分立的企业作为共同债务人,对满足无表决权成员权利的所有人的请求权,可转换和收益债券的所有人的请求权以及享益权的所有人的请求权承担责任(《变更法》第 125 条、第 23 条)。[4]就这一点而言,《变更法》没有规定免除责任,而是规定上述请求权的时效为五年(《变更法》第 133 条第 6 款)。

### 4. 营业解散分立与保护员工

45 在根据《变更法》进行营业解散分立的这种特殊情况下,对于在分立生效后五年内职工根据《雇员代表共同管理法》第 111 条等的规定而享有的**社会福利请求权、补偿金请求权**,以及此前享有的企业**养老金请求权**(《变更法》第 134 条),经营公司和投资公司必须承担共同的清偿责任。这一规定的目的是,在企业进行对员

---

〔1〕 比较 zum Fristbeginn die in § 133 IV1 getroffene Regelung。

〔2〕 比较 *Kallmeyer* § 133 Rdn. 9; Lutter/*Hommelhoff* § 133 Rdn. 29。

〔3〕 *Heidenhain* NJW 1995, 2873, 2879; *Kallmeyer* § 133 Rdn. 12; *K. Schmidt* ZGR 1993, 389.

〔4〕 比较第 46 章 V,边码 82。

工特别危险的营业解散分立时对职工提供额外的保护。前提条件是,经营一个营业所需的主要财产被分立到一个或多个公司,同时又交给转让公司使用(《变更法》第134条第1款第1项)。[1]此外,《变更法》还要求:基本上是同样的股东持有投资公司和经营公司的股份。《变更法》第134条第3款将在上述情况下补救责任期限延长到十年。有争议的是,这一规定是否也适用于公司解散分立和子公司式分立。[2]对此应该给予肯定的回答,因为不这样的话,法律的保护目的就有可能被规避。

---

〔1〕 但如果财产的部分流在转让公司,责任同样存在,第134条第1款第2句。

〔2〕 In diesem Sinne Kallmeyer/*Willemsen* § 134 Rdn. 4; Lutter/*Hommerhoff* § 134 Rdn. 45 ff.; a. A. *Boecken* aaO Rdn. 247; *Dehmer* § 134 Rdn. 15.

# 第七编　康采恩法

# 本部分目录

# § 50. 康采恩法的调整对象和任务

参考文献：*Bälz*, Einheit und Vielheit im Konzern, FS L. Raiser, 1974, 287; *ders.*, Verbundene Unternehmen, AG 1992, 277; *Biehler*, Personen- und Kapitalverflechtung zwischen Unternehmen, 1982; *Binder*, Beteiligungsstrategien in der Konzernpraxis - eine empirische Untersuchung der Beteiligungshöhe in deutschen Konzernen, AG 1994, 391; *Bühner*, Erfolg von Unternehmenszusammenschlüssen in der Bundesrepublik Deutschland, 1990; *Bork*, Zurechnung im Konzern ZGR 1994, 237; *Dettling*, Die Entstehungsgeschichte des Konzernrechts im Aktiengesetz von 1965, 1997; *Drexl*, Wissenszurechnung im Konzern, ZHR 161 (1997), 491; *Ehricke*, Gedanken zu einem allgemeinen Konzernorganisationsrecht zwischen Markt und Regulierung, ZGR 1996, 300; *Emmerich/Sonnenschein*, Konzernrecht, 6. Aufl., 1997; *Fleck*, Die Rechtsprechung des Bundesgerichtshofs zum Recht der verbundenen Unternehmen, WM 1986, 1205; *Hommelhoff*, Die Konzernleitungspflicht, 1982; *ders.*, Konzernmodelle und ihre Realisierung im Recht, in Druey (Hrsg.), Das St. Galler Konzernrechtsgespräch, 1988, 107; *Horn/Kocka* (Hrsg.), Recht und Entwicklung der Großunternehmen im 19. und frühen 20. Jahrhundert, 1979; *Kirchner*, ökonomische Überlegungen zum Konzernrecht, ZGR 1985, 214; *Joost*, Grundlagen des Konzernrechts, in Küting/Weber (Hrsg.), Handbuch der Konzernrechnungslegung, 1989, 245; *Kallfass*, ökonomische Analyse der Konzernbildung, in Mestmäcker/Behrens (Hrsg.), Das Gesellschaftsrecht der Konzerne im internationalen Vergleich, 1991; 19; *Kropff*, Grundzüge des Konzernrechts, in Lutter/Semler (Hrsg.), Rechtsgrundlagen freiheitlicher Unternehmenswirtschaft, 1991, 71; *ders.*, Der Konzernabschluß - eine Randerscheinung im Gesellschaftsrecht? FS Claussen, 1997, 659; *Kübler/R. Schmidt*, Gesellschaftsrecht und Konzentration, 1988, 16 ff; *Lutter*, Organzuständigkeiten im Konzern, FS Stimpel, 1985, 825; *ders.*; 100 Bände BGHZ: Konzernrecht, ZHR 151 (1987), 444; *ders.*, Das System des deutschen GmbH-Konzernrechts, in Hommelhoff u. a. (Hrsg.), Entwicklungen im GmbH-Konzernrecht, 1986, 192; *ders.*, Zur Aufgabe eines Konzernrechts: Schutz vor Mißbrauch oder Organisationsrecht?, in Druey aaO, 225; *Mülbert*, Aktiengesellschaft, Unternehmensgruppe und Kapitalmarkt, 1995; *Nörr* (Hrsg.), 40 Jahre Bundesrepublik - 40 Jahre Rechtsentwicklung, 1989; *Ordelheide*, Der Konzern als Gegenstand betriebswirtschaftlicher Forschung, BFuP 1986, 392; *L. Raiser*, Die Konzernbildung als Gegenstand rechts-und wirtschaftswissenschaftlicher Untersuchung, in Raiser/Sauermann/Schneider (Hrsg.), Das Verhältnis der Wirtschaftswissenschaft zur Rechtswissenschaft, Soziologie und Statistik, 1964, 51; *Th. Raiser*, Das Unternehmen als Organisation, 1969; *ders.*, Mitbestimmung im Betrieb und im Unternehmen, FS Duden, 1977, 423; *Rehbinder*, Konzernaußenrecht und allgemeines Privatrecht, 1969; *Schilling*, Gesellschaftstreue und Konzernrecht, Freundesgabe Hengeler, 1972, 226; *K. Schmidt*, Konzernunternehmen, Unternehmensgruppe und Konzern-Rechtsverhältnis, FS Lutter, 2000, 1167; *U. H. Schneider*, Der Konzern als Rechtsform für Unternehmen, in Mestmäcker/Behrens (Hrsg.), Das Gesellschaftsrecht der Konzerne im internationalen Vergleich, 1991, 563; *Schubert/Küting*, Unternehmenszusammenschlüsse, 1981; *Spindler*, Recht und Konzern, 1993; *Teubner*, Die "Politik des Gesetzes" im Recht der Konzernhaftung, FS Steindorff,

1990, 261; *ders.*, Unitas Multiplex, ZGR 1991, 189; *Theisen*, Der Konzern. Betriebswirtschaftliche und rechtliche Grundlagen der Konzernunternehmung, 1991; *Bericht der Unternehmensrechtskommission*, 1980, 647 ff; *Wiedemann*, Die Unternehmensgruppe im Privatrecht, 1988; *Zöllner*, Betrieb, Unternehmen, Konzern, FS Tomandl, 1998, 407; aus dem älteren Schrifttum *Friedländer*, Konzernrecht, 1927; *Kronstein*, Die abhängige juristische Person, 1931; *Mestmäcker*, Verwaltung, Konzerngewalt und Rechte der Aktionäre, 1958.

## I. 关联企业、企业集团、康采恩

1 根据《股份法》第 18 条规定,当两个或两个以上具有独立法律地位的企业联合起来接受统一管理时,便产生了康采恩。所以,作为经济统一体的**企业集团**,康采恩是一个"由若干独立社团性质的企业联合组成的企业",[1]其成员企业具有独立法律地位这一特征使康采恩区别于一般的企业。一个通常意义上的企业也可以被划分为部门、车间[2]和分支机构等组织形式,从而在一定意义上实行分散化管理。但这些部门、车间和分支机构都没有独立的法律地位,因而在康采恩法中不具有重要意义。现在,不仅是大企业,而且大多数中型企业都采用了康采恩这种组织形式。

2 与此相反,《股份法》的有关法律规定并没有首先和"康采恩"概念相联系,而是提出了具有决定性意义的**"关联企业"**概念(《股份法》第 15 条、第 291 条等)。"关联企业"概念也包含了这样一些具有独立法律地位的企业,它们通过对其他企业的多数参股或通过相互参股、债法性企业合同(《股份法》第 292 条)等形式与其他企业实行联合,但它们不具备康采恩对企业进行统一管理的特征(《股份法》第 15 条)。这样,以关联企业法,或者更大众化一点,以企业集团法的称谓代替康采恩法,就整个法律体系而言更为准确。本书仍然坚持使用康采恩法的概念,一方面是因为这个概念在非法学用语中已被广泛采纳,而且也被使用在很多法学著作[3]中,另一方面,更为重要的是因为大多数关联企业同时具备狭义康采恩的特征,而且法律也通过《股份法》第 17、18 条中的推定康采恩将关联企业和康采恩这两个概念紧密联系在一起(见本书 §51. III. 6,IV.)。当然必须明确,这种广义理解的康采恩法包括了那些不符合股份法中狭义康采恩特征的企业联合(见本书 §51. V., 53. I., 57)。

3 **统一管理**这一构成要件在企业集团和狭义康采恩之间建立起了经济上和法律上的联系。基本理念是,虽然企业集团成员各自具有法律上的独立性,但它们形成了一个新的统一体,在经济竞争中以统一体的形式出现和经营,在法律上也产生了

---

[1] Dieser Begriff findet sich zuerst bei *Bälz* FS L. Raiser 287, 320; *ders.* AG 1992, 277.

[2] Zum Begriff des Betriebs vgl. *Raiser*, Das Unternehmen als Organisation 123 ff; *ders.* FS Duden 423, 425 ff; *Zöllner* FS Tomandl 407.

[3] Vgl. statt aller *Emmerich/Sonnenschein*, Konzernrecht, 2 f.

对该经济整体进行统一调整的可能和必要。所以必须从这个角度来确定是否存在统一管理(见本书§51. Ⅳ. 2)。统一性和多元性之间的对立统一关系是康采恩法的重要特征。〔1〕

## II. 康采恩的表现形式

4 《股份法》第18条将康采恩区分为隶属型康采恩和平行型康采恩。其中隶属型康采恩比较常见(《股份法》第18条第1款),即控制企业对至少一个从属企业行使领导职权。**隶属性康采恩**的产生通常是由于控制企业拥有从属企业的多数股份(《股份法》第16条、第17条；见本书§51. II.)。与此相反,典型的**平行型康采恩的成员企业**之间不发生公司法意义上的相互参与(《股份法》第18条第2款、第291条第2款)。对成员企业实行统一管理必须借助于企业间协议和各企业领导机关人员间的相互融合和联系。作为法律上的合作方式可以选择在成员企业间建立合伙关系(见本书§56. I.)。

5 隶属型康采恩又被进一步划分为事实康采恩、协议康采恩和加入式康采恩三种形式。**事实康采恩**中控制企业的领导权仅以该公司对其他公司的多数参股为依据,在此基础上还可以通过订立债法性企业合同(《股份法》第292条;见本书§57)和促进成员企业领导机关人员融合,使统一管理得以加强。与此相反,**协议康采恩**中,企业控制权的产生不是依据控制企业对从属企业的多数参股,而是基于控制企业和从属企业之间订立的**控制合同**。从属企业将其领导权正式转移给控制企业是这类合同的主要内容(《股份法》第291条第1款、第308条；见本书§54)。除控制合同以外,作为控制合同的替代形式出现的常常是**利润转移合同**,根据该合同,一个企业有义务将其全部盈利上缴给另一个企业,或者该企业负有义务,为另一个企业的利益经营本企业(旧《股份法》第291条第1款第2句)。利润转移合同和控制合同具有同样的法律后果(见本书§54)。**加入式康采恩**导致在两个成员企业间建立起更为深入的联系,因为在这种康采恩形式下,主公司除享有领导权之外,必须为加入公司的债务直接向其债权人承担责任(《股份法》第322条及以下；见本书§55)。

6 对法律体系进行整体分析可以得出结论,仅仅相互参股本身并不构成康采恩。法律仅规定了相互参股公司的通知义务(《股份法》第20条及以下),并对其股东权的行使进行限制(《股份法》第328条；见本书§51. V.)。

7 在1965年的新《股份法》中,康采恩概念(《股份法》第18条)和康采恩法律体系显示出更为重要的意义,德国成为世界范围内康采恩法的立法先驱。在随后的时间里,这些规定并

---

〔1〕 *L. Raiser* in：Raiser/Sauermann/Schneider aaO 51, 54 ff; *Bälz* FS L. Raiser 287; *Hommelhoff*, Konzernleitungspflicht 214 ff; *Wiedemann*, Unternehmensgruppe 11 ff.

未得到贯彻实施。早在1980年修订有限责任公司法时，立法者就拒绝接受股份法中的相关概念，这也正是为什么在《有限责任公司法》中没有对企业联合进行规定，而必须从一般公司法原理、即从诚信义务中发展出有关规则来调整有限责任公司组建的企业联合的原因所在（见本书V）。**康采恩财务会计法**（《商法典》第271条第2款，第290条及以下）建立在从欧盟法中移植来的、更为开放的概念，即一个企业对另一个企业的参与和控制的概念之上，而**康采恩税法**则建立在税收机构立法的概念之上（《法人所得税法》第14条及以下条款）。在欧洲和欧洲以外的其他国家既没有在一般公司法之外制定独立康采恩法的做法，对事实康采恩和协议康采恩的区分也没有得到认同，这也正是统一欧盟各成员国康采恩法的所有努力至今毫无结果的原因（见本书V）。**欧洲康采恩法论坛**作为建立在私人动议之上的、由学者组成的合作团体，〔1〕最近所作的努力是否会引起更多的共鸣，目前我们仍需拭目以待。

## III. 组建康采恩的经济过程

### 1. 组建康采恩的益处

8 自19世纪提倡营业自由以来，在所有实行市场经济的工业化国家中，组建康采恩都是一个引人瞩目的过程。〔2〕特别是二战结束以后，康采恩在极其广阔的范围内得以发展，从而被认定为经济发展的特质性标志。据估计，约80%的企业与康采恩有紧密联系。〔3〕大企业在国内外建立起由子公司和孙公司组成的庞大帝国。〔4〕

9 这种企业联合带来的组织上和法律上的**益处**是巨大的、多方面的。〔5〕在内部它**使分散化**成为可能，当然这种分散化根据经济状况和需要、以及根据"企业哲学"尺度可以有不同程度的表现，而不影响实质上的集中控制。每一个成员企业都保留自己记账和制作资产负债表的义务。而且基于成员企业法律上的独立性，它们都必须拥有自己的公司机关，尽管实行统一的康采恩领导，各成员的公司机构应履行自己的**机构义务**，它们对各自企业运营效果所应承担的责任虽然有所减弱，但无论在法律上还是在经济上都没有解除这种责任（见本书§§53 II,54 III）。各国法律常常要求企业在国外应当按照当地的法律来组建子公司，这至少使公司适应当地的法律和社会秩序成为可能。法律上的独立性也使成员企业转让企业的一部分资本或增加公司资本更为便利和可行，而不必一定有整个企业集团的参与（有关界限参考本书§52. IV.）。关于康采恩的责任（见本书§§53. III. 5，IV. 4,54. IV.

---

〔1〕 Vgl. *Forum Europaeum Konzernrecht*, Konzernrecht für Europa, ZGR 1998, 672.

〔2〕 Vgl. *Horn* in Horn/Kocka aaO 123, 166 ff; *Emmerich/Sonnenschein* 3 ff.

〔3〕 So schon *Ordelheide* BFuP 1986, 293, 294 f mit näheren Angaben.

〔4〕 So sind z. B. im Geschäftsbericht der *Siemens* AG für 1999 über 110 Konzerngesellschaften aufgeführt.

〔5〕 Vgl. zum folgenden statt aller *Lutter* FS Stimpel 825; *Kirchner* ZGR 1985, 214, 224 ff; *Kallfass*, ökonomische Analyse der Konzernbildung 19; aus betriebswirtschaftlicher Perspektive *Schubert/Küting*, Unternehmenszusammenschlüsse, 1981; *Ordelheide* BFuP 1986, 293; ferner die Stellungnahmen von *Bühner*, *Busse von Colbe*, *Pausenberger* und *Sahner* in BFuP 1986, 358 ff und die Untersuchung von *Bühner*, Erfolg von Unternehmenszusammenschlüssen 205 ff.

2)，还有很多问题未得到明确阐述，本书仅限于讨论单个康采恩成员企业的责任风险。

10 此外，在很多情况下康采恩**组织形式**是经济**高增长**的基础。为了获得对其他企业的控制，通常要求取得该企业50%以上的股份，这在财政上较购买取得该企业或通过合并方式取得该企业所支出的费用低的多。如果依靠中间公司的帮助重复该过程的话，要求控制企业至少获得被控制企业1/4以上的股份，即中间公司拥有孙公司51%的股份，控制企业也拥有该中间公司51%的股份（所谓的**金字塔效应**）。康采恩带来的经济高增长在诸多方面都得到论证，主要表现在各企业协同效应的发挥上，生产产量的提高带来成本优势，而强大的财力使企业有能力自己开展科研，促进技术进步，并且企业联合也使其面对世界市场上其他大企业时具有更强的国际竞争力。

2. 组建康采恩的弊端

11 与组建康采恩带来的上述优越性相对立的是由此引起的弊端和风险。[1] 从经济政策角度分析，企业集中的结果使市场上参与竞争的企业数目减少。长此以往，会产生**寡头控制**或**垄断的市场结构**，危害市场经济秩序。经验表明，不断扩大的经济规模并不必然带来最高的生产率和盈利率，反而常常会降低管理和控制力度，形成低效率的组织形式，从而削弱企业盈利目标和经济效益的实现。对在传统营业范围以外从事新型经营活动的企业实行统一管理（多元化，组建**混合康采恩**），使企业联合的风险突显出来，因为在新的营业领域中经理层的管理能力及其对市场的了解都非常有限。因此，企业联合的主要动力不是对经济效益的追求，而是企业领导者对权力的向往。

12 康采恩企业内部相对独立的成员企业的存在和相互关系，引起了公司**内部机关结构和功能的混合**，比如母公司的管理机关在子公司行使股东权，而股东权在一个普通企业中是应当由股东大会行使的。支配企业的指令也损害了子公司的权力结构。同时还产生了**归责问题**[2]以及规避适用一般企业法律规定的可能性，而后者正是必须通过适当的归责性规范予以防止的现象。[3] 子公司和孙公司在财务上也会受到有益于母公司的盘剥，从而损害其生存能力，尤其是危害其**债权人**的利益。康采恩企业**少数股东**的利益也遭受多方面的威胁，因为他们对企业没有决定性的影响，特别是他们没有能力对康采恩首脑利用其管理权力作出的、有利于整个康采恩利益、但在多数情况下违背单个康采恩成员企业利益的决定提出反对意见。

---

〔1〕 *Bölz* in Nörr aaO 186 ff; *Kropff*, Grundzüge des Konzernrechts 73; *Emmerich/Sonnenschein* 14 ff; *Kübler/R. Schmidt*, Gesellschaftsrecht und Konzentration 16 ff.

〔2〕 Vgl. *Bork*, Zurechnung im Konzern ZGR 1994, 237; *Drexl* ZHR 161 (1997), 491.

〔3〕 Vgl. statt aller § § 16 IV, 56 II 71a AktG.

## IV. 康采恩法的目标和调整对象

13 康采恩法的目的不是阻止康采恩的组建或限制康采恩的活动,这样的目的不符合经济需要从而是无法实现的。如果出于维护竞争秩序的考虑必须限制康采恩的组建,这属于竞争法的调整范畴。《欧共体条约》第 81 条规定的企业合并控制、《欧盟企业合并控制条例》和德国《反限制竞争法》第 35 条及以下条款都对取得其他企业股份的情形从企业合并控制角度进行调整。一个企业取得其他企业股份的比例还远低于多数参股的标准时,德国和欧盟的竞争法规则就已适用。与此相反,在体系上归入公司法的康采恩法设定了可以建立和运营康采恩的法律框架。康采恩法属于组织法。就实体法而言,它和普通公司法调整的内容是一致的:调整康采恩的内部秩序,决定为康采恩工作的成员企业机关的权限,康采恩不同层次成员企业的股东所享有的权利和义务,对财务制度进行规定,对支配企业和从属企业的少数股东以及债权人提供必要保护。〔1〕除了狭义的康采恩法之外,还有**康采恩资产负债法**(《商法典》第 290 至 315 条)〔2〕,**康采恩劳动法**〔3〕和**康采恩税法**〔4〕,它们的调整对象涉及多方面的特殊问题,比如康采恩中的劳动者保护问题。这些法律分支领域也是以一个适当的、与股份法中的康采恩定义不同的康采恩概念为基础的。对跨国康采恩而言,外国的公司法和康采恩法规定也具有重大意义,甚至进一步涉及**国际康采恩法**规则(见本书 § 58. IV.)。

## V. 法律基础

14 《股份法》第 15 至 19 条对康采恩法的基本概念进行了定义。有关规定被理解为一般康采恩法,适用于由各种法律形式的企业组成企业集团或康采恩的情形(见本书 § 51. I. 2)。而《股份法》第三编中关联企业项下的规定仅适用于股份有限公司或股份两合公司为从属企业的企业联合情形。这些股份法上的规定成为最早的康采恩法律规则,但随着时间的推移,这些法律规范在有些问题上也表现出不完善,必须进行相应的修订。除《股份法》外,至今还没有其他调整康采恩的法律依据。所以,要求判例和学说以股份公司康采恩法的概念和体系为依据,创设适当的规则作为对法律规范的发展。除了参照《股份法》的相关规定外,公司法上的诚信

〔1〕 Vgl. *K. Schmidt* FS Lutter 1167 ff.

〔2〕 *Adler/Dürig/Schmaltz*, Rechnungslegung und Prüfung der Unternehmen, 1996; Baumbach/Hueck/*Zöllner* Schlußanh. I Rdn. 6; *Kropff* FS Claussen 659.

〔3〕 *Konzen* ZHR 151 (1987), 566; *Wiedemann*, Unternehmensgruppe 91 ff; *Windbichler*, Arbeitsrecht im Konzern, 1989; *Zöllner* FS Tomandl 407.

〔4〕 *Knobbe-Keuk*, Bilanz-und Unternehmenssteuerrecht, 1993, 696 ff; *Emmerich/Sonnenschein* 18 ff, 156 ff; *Schaumburg*, Grundzüge des Konzernsteuerrechts, in: Kölner Konzernrechtstage 1998, 1.

义务也是重要的法学基础。在这方面,现行法建立在联邦最高法院的一系列主导性判例之上,〔1〕这些判例形成了越来越完备的制度网络。它们以《股份法》为蓝本,但绝不是一味照抄。

欧盟在1983年颁布了《康采恩资产负债指令》,该指令被纳入德国《商法典》第271条第 15
1款第1句和第290条等。除此之外,欧盟法至今没有对康采恩作出任何统一规定。1974年形成了一个受德国法很大影响的《共同体康采恩指令(草案)》,1984年又再次修订,但一直没有获得通过,因为大多数欧盟成员国并不准备接受德国法的理念和设想(见本书§7. II. 2)。1975年共同体委员会关于制定欧洲股份有限公司章程的最初建议中也包含有康采恩法规则,〔2〕但因为同样的原因,除个别规定外,这些规则又从1989年修订的《股份有限公司条例(草案)》中被删去(见《草案》第114条)。〔3〕1988年12月12日颁布的《关于购买和出让上市公司一定量股份信息公开的指令》间接影响了康采恩的组建。〔4〕该《指令》规定,获得上市公司股份超过股份总额5%、10%、25%、50%和75%的,都必须公示。该《指令》通过《有价证券交易法》第21条转化为德国国内法(见本书§9. II. 5和§52. I.)。此外,企业资产、债务的承受应当公开进行的规定也对组建康采恩的前提条件产生了巨大影响(见本书§9. II. 8)。

## § 51. 康采恩法的基本概念

参考文献:*Bälz*, Verbundene Unternehmen, AG 1992, 277; *Barz*, Der Abhängigkeitsausschluβvertrag bei der Aktiengesellschaft, FS Bärmann 1957, 185; *Bezzenberger/Schuster*, Die öffentliche Anstalt als abhängiges Konzernunternehmen, ZGR 1996, 481; *Dielmann*, Die Beteiligung der öffentlichen Hand an Kapitalgesellschaften und die Anwendbarkeit des Rechts der verbundenen Unternehmen, 1977; *Dierdorf*, Herrschaft und Abhängigkeit einer Aktiengesellschaft auf schuldvertraglicher und tatsächlicher Grundlage, 1978; *Engelhardt*, Die Einfluβnahme der Kommunen auf ihre Kapitalgesellschaften, 1995; *Geβler*, Das "Unternehmen" im Aktiengesetz, FS Knur, 1972, 145; Götz, Der Entherrschungsvertrag im Aktienrecht, 1991; *Gromann*, Die Gleichordnungskonzerne im Konzern-und Wettbewerbsrecht, 1979; *Hefermehl*, Der Aktionär als "Unternehmen" im Sinne des Konzernrechts, FS Geβler, 1971, 203; *Hentzen*, Der Entherrschungsvertrag im Aktienrecht, ZHR 157 (1993), 65; *Hohrmann*, Der Staat als Konzernunternehmer, 1983; *von Hoyningen-Huene*, Der Konzern im Konzern, ZGR 1978, 515; *Hüttemann*, Der Entherrschungsvertrag im Aktienrecht ZHR 156 (1992), 314; *Jaeger*, Der Entherrschungsvertrag, DStR 1995, 1113; *Koppensteiner*, Zur Anwend-

〔1〕 BGHZ 62, 193 (*Seitz*); 65, 15 (*ITT*); 69, 334 (*VEBA/Gelsenberg*); BGH LM Nr. 46 zu § 105 HGB (*Gervais-Danone*); BGHZ 80, 69 (*Süssen*); 83, 122 (*Holzmüller*); 89, 162 (*Heumann-Ogilvy*); 90, 381 (*BuM/WestLB*); 95, 330 (*Autokran*); 103, 1 (*Familienheim*); 105, 324 (*Supermarkt*); 107, 7 (*Tiefbau*); 115, 187 (*Video*); 122, 123 (*TBB*); 135, 107 (*Volkswagen*) u. a.

〔2〕 Art. 223 ff., *Lutter*, Europäisches Gesellschaftsrecht 2. Aufl., 1984, 363, 414 ff.

〔3〕 Abgedr. in *Lutter* aaO 3. Aufl., 1991, 561 ff, 584.

〔4〕 Abgedr. in *Lutter* aaO 377 ff; dazu *ders.* ebd. 84 ff.

ung konzerngesellschaftlicher Normen auf die Bundesrepublik, ZGR 1979, 91; *ders.*, über wirtschaftliche Abhängigkeit, FS Stimpel, 1985, 811; *Krieger*, Vorwirkende Abhängigkeit, FS Semler 1993, 503; *Kropff*, Zur Anwendung des Rechts der verbundenen Unternehmen auf den Bund, ZHR 144 (1980), 74; *Kulka*, Der Freiberufler-Konzern, ZIP 1994, 45; *Künnemann*, Die Stiftung im System des Unterordnungs-Konzerns, 1995; *Lutter*, Zur Herrschaft mehrerer Unternehmen über eine Aktiengesellschaft, NJW 1973, 113; *Martens*, Die existenzielle Wirtschaftsabhängigkeit, 1979; *Maul*, Aktienrechtliches Konzernrecht und Gemeinschaftsunternehmen, NZG 2000, 470; *Mestmäcker*, Gemeinschaftsunternehmen im deutschen und europäischen Konzern-und Kartellrecht, in Mestmäcker/Blaise/Donaldson, Gemeinschaftsunternehmen im Konzern-und Kartellrecht, 1979, 9, 21 ff; *Miegel*, Der Unternehmensbegriff des Aktiengesetzes 1965, 1970; *Möhring*, Vertraglicher Ausschluβ von Abhängigkeit und Konzernvermutung, FS Westermann, 1974, 427; *Mülbert*, Aktiengesellschaft, Unternehmensgruppe und Kapitalmarkt, 2. Aufl. 1996, *ders.*, Unternehmensbegriff und Konzernorganisationsrcht, ZHR 163 (1999), 1; *Nordmeyer*, Der Unternehmensbegriff im Konzernrecht, 1970; *ders.*, Möglichkeit mehrfacher Abhängigkeit bzw. Konzernzugehörigkeit im Sinne der §§ 17, 18 AktG, BB 1971, 70; *Paschke*, Die kommunalen Unternehmen im Licht des GmbH-Konzernrechts, ZHR 152 (1988), 263; *Prühs*, Die tatsächliche Abhängigkeit aus aktienrechtlicher Sicht, DB 1972, 2001; *Raiser*, Konzernverflechtungen unter Einschluβ öffentlicher Unternehmen, ZGR 1996, 458; *Reul*, Das Konzernrecht der Genossenschaften, 1997; *Schießl*, Die beherrschte Personengesellschaft, 1985; *Karsten Schmidt*, "Unternehmen" und "Abhängigkeit": Begriffseinheit und Begiffsvielfalt im Kartell-und Konzernrecht, ZGR 1980, 277; *ders.*, Die wundersame Karriere des Unternehmensbegriffes im Reich der Konzernhaftung, AG 1994, 189; *M. Schneider*, Die Gebietskörperschaft als Konzernspitze, 1985; *Schön*, Der Einfluβ öffentlich-rechtlicher Zielsetzungen auf das Statut privatrechtlicher Eigengesellschaften der öffentlichen Hand: - gesellschaftsrechtliche Analyse -, ZGR 1996, 429; *Schwintowski*, Die Stiftung als Konzernspitze? NJW 1991, 2736; *Siegels*, Die Privatperson als Konzernspitze, 1997; *Ulmer*, Aktienrechtliche Beherrschung durch Leistungsaustauschbeziehungen?, ZGR 1978, 457; *Vedder* Zum Begriff "für Rechnung" im AktG und im WpHG, 1999; *M. Weber*, Vormitgliedschaftliche Abhängigkeitsbegründung, ZIP 1994, 678; H. *Werner*, Der aktienrechtliche Abhängigkeitstatbestand, 1979; *Wiedemann/Martens*, Die Unternehmensqualifikation von Gebietskörperschaften im Recht der verbundenen Unternehmen, AG 1976, 197, 232; *Würdinger*, Der Begriff Unternehmen im Aktiengesetz, FS Kunze 1969, 177; *Zöllner*, Zum Unternehmensbegriff der §§ 15 ff AktG, ZGR 1976, 1; *ders.*, Zur aktienrechtlichen Unternehmenseigenschaft der Bundesrepublik Deutschland, AG 1978, 40.

## I. 关联企业

### 1. 概述

1 《股份法》第15条将康采恩法体系中所有重要的企业联合形式都归纳到关联企业这一基本的上位概念中。其结果就像立法者设想的那样,1965年《股份法》中的规定被理解为康采恩法的一般性规范。然而,这一广义的关联企业概念只发挥了较小的作用,其重要性主要体现在,报告义务、通知义务和审查义务被扩展到关联企业组建过程中(见《股份法》第90条、第131条、第145条第4款、第312条、第313条及以下条款,《有限责任公司法》第51a条)〔1〕。康采恩法中的企业相反却是具有核心意义的概念,因为就像商人的概念是界定商法典适用与否的标准一样,企业概念决定了能否适用康采恩法的问题。公司股东是非康采恩法意义上的企业("私人股东")时,股东的权利义务不是由康采恩法而是由一般公司法进行调整。

2. 企业概念

法律没有对康采恩法中具有重要意义的企业概念进行详尽的描述或界定,而 2
是鉴于"较大的实际困难"明确地回避这样的做法。〔2〕从法律用语和立法素材中可以确定,并不是商事公司的每一个股东都应当是企业。在公司法颁布后的最初几年里,学界就企业概念的解释形成了相互对立的两种理论。被称为制度主义的理论将企业概念和《商法典》中的商人概念联系在一起,该观点被证明过于狭窄。〔3〕功能主义理论则认为,每一个为公司从事企业活动,即从事有计划、有组织的经营活动的主体都应当被认定为企业。〔4〕但这一观点也有其不充分的地方,因为它要求必须具有对公司充分施加经营性影响的可能性。所以,现在普遍接受的、比较适当的观点是对企业**概念进行的目的性解释**。它以康采恩法的目标为依据,并考虑建立统一管理的企业集团可能引发的特殊风险。这样的企业概念应当作广义理解,包括所有可能产生这类风险的相关情形。〔5〕目的性解释理论在方法论上主张,对康采恩法中的企业概念必须进行单独界定。这里的企业概念无需和其他法律,比如《商法典》第290条及以下规定,《共同决定法》第5条或《反对限制竞争法》第1条、第19条、第35条及以下条款中的企业概念保持一致,即使这些条款又指向《股份法》第15条及以下条款。〔6〕现在人们普遍认为,即使在康采恩法中,企业概念也应当根据有关规定的精神和目的作不同定义和理解。比如在隶属型康采恩中,控制企业作为一方,从属企业作为另一方应当对它们进行不同的界定。

---

〔1〕 Vgl. ferner § § 71 I, 71a I, 89 IV, 115 III, 192 II und die Zusammenstellung in Groβkomm. AktG/*Windbichler* 3 15 Rdn. 4.

〔2〕 *Kropff*, Begründung zum RegE, 27.

〔3〕 *Schäfer* BB 1966, 229, 231; *Janberg/Schlaus* AG 1967, 33, 37 f; *Bolsenkötter* DB 1967, 1098, 1101; *Miegel*, Unternehmensbegriff 113 ff; KölnKomm/*Koppensteiner* § 15 Rdn. 19.

〔4〕 *Kropff* BB 1965, 1281, 1285; *Brauksiepe* BB 1966, 869, 871; *Möhring* NJW 1967, 1; Nachw. des älteren Schrifttums bei *Koppensteiner* aaO Rdn. 17.

〔5〕 H. M.; vgl. statt aller MünchKomm. AktG/Bayer § 15 Rdn 9; *Hüffer* AktG § 15 Rdn 7; *Emmerich/Habersack* Konzernrecht 9 ff.

〔6〕 *Geßler/Hefermehl* § 15 Rdn. 9; KölnKomm/*Koppensteiner* Vorb. § 15 Rdn. 31 m. w. Nachw.; *Miegel* aaO 59 ff; zum GWB *K. Schmidt* ZGR 1980, 277; zum BiRiLiG *Ulmer* FS Goerdeler 623, 636 ff; LG Mainz AG 1991, 30, 31; *Kropff* DB 1986, 364; zum MitbestG *Raiser*, MitbestG § 5 Rdn. 5.

3. 从属企业的法律形式

3 从属企业可以是所有能够界定的从事经济活动的广义的权利承担者。企业以何种法律形式出现并不重要,只要存在“法律意义上独特的财产体”〔1〕就足够了。〔2〕州银行这样的公法机构也可归入从属企业。〔3〕但《股份法》第291条及以下条款仅直接适用于从属企业是股份有限公司或股份两合公司的情形。

4. 支配企业的法律形式

4 就控制企业而言,必须具备这样的企业特征,即该法律主体能够同时对两个或更多的企业施加影响。因为只有这样,控制企业对从属企业的影响才能不仅局限于符合从属企业利益的控制,而且可以使该从属企业以其他成员企业或整个企业集团的利益为追求目标。所以,衡量控制企业存在的重要标准是,“产生足够强大的公司外经济利益的约束,使(从属)企业产生切实的忧虑,即公司股东将会根据其意愿而施加不利于公司的影响。”〔4〕

5 **典型案例:**在联邦最高法院审理素森(Suessen)案(BGHZ 80, 69)中,被告有限责任公司的一个股东自己拥有公司25%的出资,他和他的家庭一共占有被告75%的股份,他与他的家庭成员行使这些股份的表决权,通过股东会决议,免除了公司章程中规定的竞业禁止义务,从而违背了原告少数股东的意愿。之后,该股东又入股同行业另一家有限责任公司,拥有该公司60%的股本。由于他同时握有两家公司具有决定性影响的股份,该股东被认定为是康采恩法意义上的企业。

6 由此得出结论,在这个案件中企业的法律形式也是无关大局的。**个体商人**和**人合商事公司**根据法律经营企业。〔5〕即便自由职业者也可以成为康采恩法意义上的企业。〔6〕如果单个股东对另外一个企业施加如此多的影响,使康采恩中特有的利益冲突显现出来,该单个股东就成为康采恩法上的企业。正如素森(Suessen)案所表明的那样,这里,对另外一个企业不是完全不重要的少数参股就已足够了。相

---

〔1〕 So die Formulierung von *Hüffer* § 15 Rdn. 14.

〔2〕 Ebenso KölnKomm/*Koppensteiner* § 15 Rdn. 53; *Emmerich/Sonnenschein* 28; *Geßler/Hefermehl* § 15 Rdn. 59; allg. M.

〔3〕 *Bezzenbereger/Schuster* ZGR 1996, 481; *Raiser* ZGR 1996, 458. Davon zu unterscheiden ist die verfassungsrechtliche Frage, ob eine solche Anstalt sich in die konzernrechtliche Abhängigkeit begeben darf. Vgl. dazu die umfangreiche öffentlich-rechtliche Literatur.

〔4〕 BGHZ 69, 334, 337 (*VEBA/Gelsenberg*); 74, 359, 365 (*WAZ*); 80, 69, 72 (*Süssen*); 95, 330, 337 (*Autokran*); 135, 107, 113 (*VW*); BAG AG 1996, 369; BSG AG 1995, 282; st. Rspr. und h. L.

〔5〕 Zum Einzelkaufmann BGHZ 115, 187, 191 (*Video*).

〔6〕 BGH ZIP 1994, 1690; K. Schmidt ZIP 1994, 1741; Groβkomm. AktG/*Windbichler* § 15 Rdn. 23; str.

反,与学术界具有很强代表性的观点[1]不同,**一个资合公司**,比如一个有限责任公司,并不能仅仅因为其法律形式就被视为康采恩法上的企业,更必须考察是否出现康采恩利益冲突。主流观点认为,有限两合公司中承担无限责任的股东(往往是有限责任公司)如果仅限于对两合公司的运营承担责任,他就不是康采恩法上的企业。即使按照有限责任公司组建的表决权团体或者一个平行型康采恩的管理机关也不是企业。[2] 没有自己独立经营活动的控股公司的企业性质是有争议的。但当它作为多家公司的控股公司,积极管理公司并对参与公司施加影响时,或者当它虽然只入股一家公司,但该公司有若干子公司时,便无法否认控股公司具有康采恩法上的企业地位。[3] 与此相反,在这些情形下,只有当控股公司的股东自己可以对孙公司的经营管理直接施加影响时,他本人才由此成为康采恩法上的企业。[4]

**民法公司、协会、基金会**[5]、**合作社**和其他私法法人是否具备康采恩法上的企业性质也都依据同样的标准来加以评判。[6] 工会也是其广泛入股公司的控制企业。[7] 自然人只有当他持有至少两个企业的决定性股份时,他才成为康采恩意义上的企业;对成员企业的实际影响不是必需的,因为潜在影响已经构成康采恩冲突产生的根源。[8] 但仅仅是股份有限公司有影响力的少数股东的参股却不足以构成这种潜在的影响。[9] 7

公法性主体和机构,比如联邦、州、地区和其他地方性公法主体,同样可以成为企业,如果它们将数家经济企业的股份聚集到自己手中,并且根据经济原则管理这 8

〔1〕 Vgl. *Hefermehl* FS Geβler 203, 216; Hachenburg/*Barz*, GmbHG 7. Aufl. § 13 Anh. II Rdn. 4; *Miegel* Unternehmensbegriff 116; weitere Nachw. bei *Zöllner* ZGR 1976, 1, 4 (Fn. 2).

〔2〕 *Miegel* aaO 141; *Hüffer* AktG § 15 Rdn. 10; a. A. *Gromann*, Gleichordnungskonzerne 45 ff.

〔3〕 Lutter FS Steindorff 129 f; Emmerich/Sonnenschein 31.

〔4〕 So auch *Emmerich/Habersack* 16; *Hüffer* aaO Rdn. 10; GroβKomm. AktG/*Windbichler* § 15 Rdn. 20, 31, 46; je m. weiteren Nachw.; weiter *Lutter* FS Steindorff 125, 129 f; a. A. OLG Saarbrücken AG 1980, 26, 27 f; BGH AG 1980, 342.

〔5〕 Vgl. *Künnemann*, Die Siftung im System des Unterordnungs-Konzerns 99 ff; *Schwintowski* NJW 1991, 2736.

〔6〕 BGHZ 69, 334, 338 (*VEBA/Gelsenberg*); vgl. zur GbR BGHZ 114, 203, 210; KG AG 1980, 78; zum Verein BGHZ 85, 84, 90 (*ADAC*); zur eG Beuthien AG 1996, 349; Reul, Konzernrecht der Genossenschaften 48.

〔7〕 *H. Werner* ZGR 1976, 447, 474 f; *Hüffer* aaO Rdn. 13.

〔8〕 Vgl. BGHZ 80, 69, 72 (*Süssen*); 95, 330, 337 (*Autokran*); 122, 123, 126 f (*TBB*); OLG Köln DB 1990, 1399; OLG Karlsruhe NZG 1999, 953; *Lutter/Timm*BB 1978, 836, 837; *Siegels*, Die Privatperson als Konzernspitze 71 ff; enger die ältere Meinung (leitende Einfluβnahme auf eine oder alle Beteiligungsgesellschaften erforderlich) *Zöllner* ZGR 1976, 1, 13 ff; *Geβler* FS Knur 145, 151 f; *Hefermehl* FS Geβler 203, 213; *Wiedemann/Martens* AG 1976, 197, 201; ebenso für das GmbH-Konzernrecht *Priester* ZIP 1986, 137, 141 f (dagegen insbes. *Ulmer* NJW 1986, 1579, 1581).

〔9〕 A. A. KölnKomm/*Koppensteiner* § 15 Rdn. 27 unter Hinweis auf § 20 I AktG.

些企业的话。[1] 此外,地方性公法主体仅仅控制一家经济企业的事实,就被联邦最高法院认定为存在康采恩法上的(控制)企业特征,因为在该案中,经济企业的利益和公法主体自身的政治利益间的矛盾也要求适用康采恩法中的保护性规定。[2]

9 **典型案例**:(a)在联邦最高法院审理的一起案件中(BGHZ 69, 334 中)盖尔森拜格股份有限公司依据《股份法》第320条的规定加入韦巴股份有限公司。盖尔森拜格股份有限公司的外部股东可以获得韦巴股份有限公司的股份作为补偿。原告股东认为,联邦政府拥有韦巴股份有限公司的43.7%的股份,是该公司的控制企业,因此,根据《股份法》第320条第5款第3句的规定,公司还必须向被合并企业股东提供现金补偿。联邦最高法院确认联邦政府的企业性质,因而对其适用康采恩法规定。最高法院的结论是,各级公法主体的公法性使命及其受制于社会共同繁荣要求的事实并不排除其从事私法活动,两者是可以相互重叠或交叉的。公法主体进入私法性经济领域,以谋取它们或许非常多样化的利益的事实,在法律政策上构成了要求其承担康采恩法律责任的必要性。这并不违反联邦和各州预算法。事实上,联邦政府也利用其持有的股份,对公司机关的组成施加影响,并根据其自身对经济的判断作出企业决策和投入经济要素。

10 (b)在判例 BGHZ 135, 107 中,联邦最高法院必须判定,大众汽车股份有限公司是否应当依据《股份法》第312条递交从属性报告,因为下萨克森州拥有该公司20%的股份从而被视为其控制企业。第二民事审判庭的结论是:"就公法主体而言,康采恩法上的企业概念必须有所变通。只要某一公法主体控制了一家按私法规范组建的企业,它就应当被视为康采恩法意义上的企业。公法主体从事私法领域的经济活动要求对企业概念作此扩展性解释,以防政府为单方面促进公共政策和政治目的的实现,给少数股东增加负担。与私人股东不同,对公法主体的认识通常认为,它们在对被控制的股份有限公司施加影响的时候,不仅受普通的股东利益的驱使,而且往往还会考虑其他利益,比如由其公法性使命导致的利益。这些不同利益间的冲突和康采恩法调整的冲突是同类问题。对从属公司小股东来说,公法主体控制性参股和其他形式的多数参股所蕴含的风险也是一样的。"审判庭因此得出结论,下萨克森州虽然只是少数参股,但五年来它占有了股东大会的多数,从而奠定了大众汽车公司从属性的基础。[3]

## II. 多数参股

11 根据《股份法》第17条、18条的规定,多数参股是从属性推定和康采恩推定的

---

[1] Betr. Bund BGHZ 69, 334, 338 ff (*VEBA/Gelsenberg*); OLG Köln AG 1978, 171, 172; LG Köln AG 1985, 252, 255 (*JVG*); betr. Stadt Hamburg BGH WM 1988, 1525, 1528; OLG Hamburg AG 1980, 163, 164; AG 1988, 22, 23 (*HSW*); grds. Dielmann, Beteiligung der öffentlichen Hand an Kapitalgesellschaften 144 ff, 219 ff; *Hohrmann*, Der Staat als Konzernunternehmer 13 ff; *M. Schneider*, Die Gebietskörperschaft als Konzernspitze 88 ff; Paschke ZHR 152 (1988), 263, 266 ff.

[2] BGHZ 135, 107 (*VW*); *Raiser* ZGR 1996, 458; OLG Celle ZIP 2000, 1981.

[3] Ebenso OLG Braunschweig als Vorinstanz, aus dessen Urteil hervorgeht, daβ die durchschnittliche Hauptversammlungspräsenz bei VW 37% betrug (ZIP 1996, 875).

依据,在相关规范体系中扮演着核心角色。而只有在《股份法》第56条第1款、第71d条第2句 规定的情形下多数参股才具有独立的作用。《股份法》第16条规定的计算规则主要有助于明确多数参股关系。由此得出结论,多数参股要么指多数股份,要么指多数表决权。两者都可能受到一定的阻碍,如果公司发行无表决权的优先权股,或者以章程规定表决权的最高数额,就会影响到股东的控制关系(《股份法》第12条、第134条第1款第2句)。此外,多数参股计算的依据还可以是缴纳的资本数额,股份的数量或表决权的总数。原则上,这些规定也适用于人合公司、隐名公司和组织。前提是,根据法律或公司合同适用多数决定原则。同时必须明确,如何计算多数。在其他情形下则不适用这些规则。〔1〕

12 实践中,《股份法》第16条最重大的意义在于该条第2款、第3款和第4款中关于多数参股的计算规定。根据规定,公司自有股份及其表决权不作为计算时考虑的因素,因为它们不是真正意义上的、以出资完成的参与。形式上属于某一股东,实际上该股东却是从公司取得获取这些股份所必需的投资,这样的股份在计算多数参股时也不予考虑。上述规定遏制了规避法律的行为。

13 《股份法》第16条第4款规定,在计算多数参股时应进一步考虑,虽然不属于多数参股企业自己,但属于该企业的从属企业,或属于为该企业利益而经营的第三人,或属于该第三人的从属企业的股份,都视为多数参股企业拥有的股份。〔2〕这一规则是基于下列经验而形成的,即股东对被参与企业的影响往往并不仅仅以其自己占有的股份为基础,而是还常常依靠其从属企业或其他受其操纵的"稻草人企业"拥有的被参与企业的股份。该款规定同样也是为了防止相关企业规避法律。

14 根据《股份法》第16条第4款的定义,在计算多数参股企业拥有的另一企业的股份时,并不以该企业自己占有股份为前提;只要该企业的从属企业或稻草人企业持有被参与企业多数股份,即可视该企业为多数参股企业。〔3〕如果从属企业的股份或表决权已不再存在,则在计算多数参股时也就不能被考虑在内。〔4〕由此得出结论,法律考虑到了多重从属性的情形:如果一个企业被另一个企业多数占有,而另一个企业又被第三方企业多数占有,则第一个企业同时从属于后两个企业。〔5〕根据《股份法》第16条第4款,企业股份被单个商人占有时,属于该商人私人财产和企业财产的股份应该合并计算。

〔1〕具体见 MünchKomm. AktG/*Bayer* § 16 Rdn. 13; Groβkomm. AktG/*Windbichler* § 16 Rdn. 16 ff。

〔2〕LG Berlin AG 1998, 195; *Hüffer* AktG § 16 Rdn. 13.

〔3〕OLG Hamm AG 1998, 588; h. M.

〔4〕LG Berlin AG 1998, 195; *Hüffer* AktG § 16 Rdn. 13.

〔5〕*Rehbinder* ZGR 1977, 581, 587 f m. w. Nachw.; h. A.; anders noch GroβkommAktG/-*Würdinger* § 16 Anm. 5.

## III. 从属性

1. 概念

15 如果一个企业直接或间接地受另一个企业的控制性影响，根据《股份法》第 17 条第 1 款，它就是从属企业。从属性是康采恩法中具有核心意义的概念，因为一方面它是依据《股份法》第 18 条第 1 款第 3 句的规定进行康采恩推定的基础；另一方面，有关事实康采恩的重要规定（《股份法》第 311 条至第 318 条）在形式上首先是和从属性要件而非康采恩要件相联系（见本书 § 53. I.）。[1] 法律没有对从属性概念的理解进行详细、深入的阐述，导致法学领域中长期存在严重的意见分歧。现在，虽然不是对所有细节问题都有解释，但有关问题基本上都已有明确答案。对从属性概念的解释必须以《股份法》第 17 条第 1 款规定中包含的观点和要求为依据。据此，控制企业能够施加控制性影响足以证明被控制企业的从属性。这里只要求存在产生控制性影响的持久的、结构性的可能性，而并不要求提供实际施加影响的证据。[2] 所以，这里涉及的是一个抽象的危害构成要件。

16 怎样的影响才是"控制性"的？《股份法》第 17 条第 2 款规定的从属性推定提供了解决这一问题的重要依据。该条款表明，立法者以公司法上的影响为标准。[3] 结论是，从属性通常开始于在物权法意义上获得股份的那一时刻，仅仅对股份享有债法上的请求权往往还不足以产生从属性。[4] 立法者以一般股份有限公司多数股东可能对公司施加影响的典型强度为依据，判断个案中拥有他人股份的企业是否对另一企业具有足够的影响力。由于股东大会仅拥有有限的管辖权，由董事会对企业进行独立管理并对此独立负责，并且监事会享有独特的监督权（《股份法》第 76 条、第 111 条和第 119 条），所以，多数股东对企业的影响受到很大限制。换言之，多数股东不能自己直接决定公司经营政策，也不能采取狭义的公司管理措施。他也不能单独对股东大会管辖范围内的基本问题做出决定，因为所有重大问题的决议都必须由 3/4 多数股东同意方可作出。他的影响主要是更多地体现在**人事权**上，即他可以基于其多数表决权，让代表其利益的人占据监事会中属于投资者的位置，并

---

〔1〕 Ebenso § § 16 IV, 56 II, 71 d, 89 II u. a.

〔2〕 BGHZ 62, 193, 201 (*Seitz*); 125, 366, 369, allg. M. Diese aus dem Gesetzeswortlaut abgeleitete Fassung steht im Gegensatz zur Interpretation des vorausgegangenen § 15 AktG 1937 durch das RG (RGZ 167, 40, *Thega*), wonach es darauf ankommen sollte, ob das herrschende Unternehmen "über Mittel verfügt, die es ihm ermöglichen, das abhängige Unternehmen seinem Willen zu unterwerfen und diesen bei ihm durchzusetzen" (RG aaO S. 49).

〔3〕 BGHZ 90, 381, 395 ff (*BuM*); seitdem h. M.; vgl. näher unten 5.

〔4〕 OLG Düsseldorf AG 1994, 36, 38; zu möglichen Vorauswirkungen *Krieger* FS Semler 503; *Weber* ZIP 1994, 678; MünchKomm. AktG/Bayer § 17 Rdn. 53.

由此保证,监事会任命他(多数股东)所期望的人进入董事会。[1] 如此产生的影响具有组织上的保障,即这些监事会和董事会成员为其自己利益考虑,将遵循多数股东意愿,否则的话,他们将面临不被继续选任的危险。

2. 少数参股

关于少数参股,我们将要提及的是另外一些值得注意的情形。首先,少数参股也足以产生从属性,如果少数参股和其他因素结合起来,可以对企业产生与多数参股同样的影响。因此在韦巴诉盖尔森拜格(*VEBA/Gelsenberg*)案中,虽然联邦政府仅拥有韦巴公司的(*VEBA*)43.7%的股份,联邦最高法院仍合理确认了韦巴从属于联邦的特性,前提是,结合参与股东大会的其他主体的情形,拥有43.7%的股份已足以控制多数表决了。[2] 甚至在大众汽车工厂案中,持有20%的股份就已决定了企业从属于下萨克森州的特性。[3] 如果相关的章程规定或少数股东拥有的特殊权利使少数参股的影响得以加强,或者如果存在禁止其他股东行使表决权的情形,那么,少数参股就足以说明有限责任公司的从属性。[4] 如果其他股东依据《商法典》第117条、第127条的规定被排除在经营管理公司和代表公司的范围之外,人合公司的少数股东也可以对公司施加控制性影响。[5] 17

相反,股份有限公司有影响力的少数股东对股份的持有本身并不足以说明其对公司的控制性影响,因为,虽然有影响力的少数股东有可能控制某些决定,但他无法对企业施加操纵性影响。[6] 基于某种特殊的、但缺乏组织保障的股东大会构成,使某个股东的个人建议得以贯彻的情形,也不足以说明该股东对公司具备控制性影响力。所以,银行由于行使其代客户保管之股票的表决权而拥有多数表决权的事实,并不能使银行成为控制企业,原因在于,银行在行使代客户保管之股票的表决权时必须受制于授权人的指令;何况这种委托在任何时候都可能被解除(见本书§16. VIII.)。[7] 18

**典型案例**:在素森(见本章边码5)案中,一个自己拥有企业25%股份,和其家庭一起拥 19

---

〔1〕 *Dierdorf*, Herrschaft und Abhängigkeit 43 ff; *Geßler/Hefermehl* § 17 Rdn. 25 ff; *Emmerich/Sonnenschein* 50 f; a. A. *Werner*, Abhängigkeitstatbestand 30 ff.

〔2〕 BGHZ 69, 334, 347, s. oben Rdn. 9.

〔3〕 BGHZ 135, 107, 114; oben Rdn. 10.

〔4〕 Vgl. OLG München AG 1995, 383.

〔5〕 *Schneider* ZGR 1975, 253, 276 f; *Schießl*, Die beherrschte Personengesellschaft 8 ff; *Emmerich* FS Stimpel 743.

〔6〕 Heute h. M.; vgl. statt aller MünchKomm. AktG/*Bayer* § 17 Rdn. 42ff; Großkomm. AktG/*Windbichler* § 17 Rdn. 20; *Hüffer* AktG § 17 Rdn 10.

〔7〕 Str.; wie hier *Geßler/Hefermehl* § 17 Rdn. 49 f; MünchHdb. AG/*Krieger* § 68 Rdn. 43; *Emmerich/Habersack* Aktienkonzernrecht 22; *Hüffer* aaO; a. A. KölnKomm/*Koppensteiner* § 17 Rdn. 42; *Bayer* aaO Rdn. 45 ff.

有企业75%股份的股东被认定对具有从属性的企业具有控制性影响。联邦最高法院对此所作的说明是,由家庭这个集合体本身并不能判定,进行共同表决从一开始就得到保障并将持续下去,因为没有经验表明,所有家庭成员会永远追求相同的利益。但如果过去该家庭一直是以封闭的统一整体出现的,特别是一直都行使内容一致的表决权,并因此给予了家庭代言人形成经营决策所必需的支持,则可以认为具备了家庭共同控制的条件。因此界定的关键是,家庭是否"在一个稳固的利益同盟中形成了整体"(BGHZ 80, 69, 73)。

### 3. 间接从属性

20 依据《股份法》第16条第1款的字面意义,法律还涉及间接从属性问题。当控制企业自身又从属于另一个第三方企业时,后者可以**对两个层次的企业**施加影响,这样就产生了间接从属问题。在这类案件中,下属公司双重从属于两个控制企业(见本章边码6,13)。它们相互间的联系是建立多层次康采恩的基础。

### 4. 多个母公司的多重控制

21 对**合营企业**应当作不同的评价。如果两个或两个以上的企业为了实现比如共同买卖或共同研究的目标,决定经营一个共同的子公司,则康采恩法上的评价取决于子公司和若干母公司的关系。[1] 如果只有一个母公司发挥控制性影响力,那么子公司仅从属于该母公司。如果两个上位公司各拥有子公司一半股份,并且各自独立行使股东权,它们的影响将相互冲抵,所以子公司不从属于其中任何一方。当然,若干母公司通常会组合其影响,共同领导子公司。作为联合的工具可以有多种组织形式。母公司们可以合并组成一个以领导合营企业为经营目标的民法公司或有限责任公司。或者母公司们也可以组成一个平行型康采恩,通过签订银团内部关系合同和统一表决合同,或者通过领导机关的人员互通等方式实现联合。在所有这些情形下都产生一个问题,即是否存在合营企业对**所有母公司的从属性**。在母公司对子公司的共同控制得到长期保障的情况下,新的司法判例和理论界都恰当地肯定了多重控制的存在。[2] 甚至所有母公司都被相同的人,比如被同一个家庭的成员所控制的事实,就足以说明多重控制的存在。[3]

---

[1] Eine Parallelproblematik wirft § 36 II 2 GWB betr. die Fusionskontrolle auf; vgl. zum alten § 23 I 2 GWB BGHZ 74, 359, 367 (*WAZ*) und *Säcker* NJW 1980, 801; *Steindorff* NJW 1980, 1921.

[2] BGHZ 62, 193 (*Seitz*); 74, 359, 363 ff (*WAZ*); 80, 69, 73 (*Süssen*); 95, 330, 349 (*Autokran*); 99, 1, 3 f; BGH ZIP 1994, 1690, 1692; OLG Hamm AG 1998, 588; BAG AG 1988, 106; BAG NJW 1996, 1691; BFH GmbHR 1981, 202; *Lutter* NJW 1973, 113, 116 ff; *Emmerich/Gansweid* JuS 1975, 294, 296 f; *Eder* GmbHR 1974, 130, 131; *Geßler* ZGR 1974, 476, 477 ff; *Säcker* NJW 1980, 801, 802 ff; *K. Schmidt* ZGR 1980, 277, 285 ff; *Werner*, Der aktienrechtliche Abhängigkeitstatbestand 183 ff; *Maul* NZG 2000, 470.

[3] BGHZ 62, 193, 199 ff (*Seitz*); 74, 359, 363 ff (*WAZ*).

**典型案例:**在 Seitz(BGHZ 62, 193)案中,被告股份有限公司25%的股本由 S 有限责任公司拥有,另有 25%属于 S 两合公司,5%属于 S-An 有限责任公司。两个家族企业 T. S. 和 G. S. 以同等程度参股持有被告股份有限公司的这三家公司,在家族内部,各成员拥有各公司的股份额则是不同的。联邦最高法院肯定了股份有限公司对所有三企业的从属性,要求股份有限公司按照《股份法》第 312 条 如实汇报它与三家企业的关系。在判决理由中,联邦最高法院指出,是否存在从属关系,首先应该从从属企业的角度进行判断。只要控制企业的意愿对外具有一致性,对从属公司而言,它是遵循一个企业的意愿还是遵循若干个企业形成的共同意愿,并没有区别。在个案判断中的关键问题是,是否存在进行共同控制的足够的保障性基础。为此,不仅要求有相关的合同上的或组织上的约束,而且还要有其他形式的法律上和事实上的条件。如果几个企业一起拥有对某企业的多数股份,它们自己都是同属于一个股东的一人公司的话,这些企业对从属企业进行共同控制是不言自明的。而在本案中,两个家族企业利益上的相似性,也为这种统一影响提供了结构性保障。这里看不到可以排除共同控制可能性的特殊情形的存在(BGHZ 62, 196—204)。 22

5. 经济从属性

以上讨论没有涉及,从属性是否还可以基于公司法意义上公司参与以外的其他约定而产生,比如,长期供货关系或长期信贷关系是形成供货商或信贷机构经济从属性的基础,是否也符合康采恩法上从属性概念的特征呢?立法者对此显然是持肯定态度的,[1]与此相协调,这个问题在《股份法》生效后的最初阶段也得到了学界主流观点的支持。在之后的卜母(*BuM*)案判例(BGHZ 90, 381, 395)中,联邦最高法院却采纳了相反观点,主张从属性始终都必须以可能产生公司法上的影响为基础。[2] 联邦最高法院的主张是合理的,因为康采恩法总体上是以公司法影响为要件的,而保护当事人免遭交换关系中自私自利之权利行使所导致的损害,属于一般民法、竞争法和一般交易条件法的任务。[3] 23

由此可以得出结论,仅仅公司法方面的影响是不够的,只有与公司法外部的约束力量结合起来,才能加强影响。两者一起可以证明存在从属关系。 24

首先引起注意的情形是,依据前面(边码 14 及以下)提到的标准,通过合同约束加强或稳固公司法上的影响。在这方面,《股份法》第 291 条中规定的企业合同的影响也应当受到肯定。只要两个企业间签订了一个控制合同,就产生了《股份法》第 17 条、第 18 条第 1 款第 2 句、第 308 条意义上的从属性。这并不违背将非公司法意义上的从属性排除在从属性概念之外的做法,因为控制合同必须在两个公司都获得股东大会 3/4 表决权的同意(《股份法》第 293 条),所以很难想象,没有公司法上具有决定意义的参与,一个公司对另一个公司实行控 25

〔1〕 Begründung zu § 17, *Kropff* 31.

〔2〕 *Koppensteiner* FS Stimpel 811, 813 ff m. w. Nachw.; *Ulmer* ZGR 1978, 457, 465 ff; *H. P. Westermann* ZIP 1982, 379, 382 ff; *Martens*, Existenzielle Wirtschaftsabhängigkeit 54 ff; a. A. noch *Dierdorf*, Herrschaft und Abhängigkeit 152 ff; *Werner*, Abhängigkeitstatbestand 140 ff.

〔3〕 Vgl. bereits oben § 50 IV.

制的控制合同会得以成立。单独的盈余转让合同,或者《股份法》第 292 条(见本书 § 57. I.)规定的债法性企业合同,并不能说明存在康采恩法意义上的从属性。

6. 从属性推定

26 根据《股份法》第 17 条第 2 款的规定,股份被其他企业多数持有的企业将被**推定为**从属于该多数参股企业。这里提出的问题是,在什么条件下,**推定是不合理的**。答案必须通过系统分析而得出。因为多数参股中的从属性主要建立在人事权的行使上(本章边码 15),如果有特别规定限制多数股东控制公司机关中的人员任命,则并不能从多数参股的事实推导出从属性。**股份有限公司**的多数股东因为表决权限制或与其他股东订立统一表决协议,而在股东大会上不能贯彻自己的意愿,即属于这类情形。在**有限责任公司**中,也可以以公司章程的规定或者其他股东的特别权利为依据驳斥从属性推定。在**人合公司**中,只要股东会采用与《商法典》第 119 条规定相同的所有股东一致通过原则,多数投资就不能对公司施加控制性影响。当然,所有这些结论存在的前提是,股东也不能以其他方式来保障其控制性影响。[1]

27 相反,根据当前的定论,雇员在监事会中的**参与决定**不足以驳斥从属性推定。[2] 当雇员仅占有监事会 1/3 席位时,这是不言自明的。在受《共同决定法》调整的企业中,虽然各方占有差不多的监事会席位,但建立在《共同决定法》第 27 条、第 29 条、第 31 条规定的基础上的、股份方面的微弱多数(见本书 § 15 边码 66),就足以保障大股东的重大影响。只有对《煤炭和钢铁工业职工共同决定法》调整的企业才可能得出其他的结论,因为监事会里中立的第 11 个、第 15 个或第 21 个成员未必和股东代表保持一致意见,从而影响了股东代表行使多数表决权。[3]

7. 反控制合同

28 在企业实践中,与公司订立的反控制合同首先是为了达到驳斥从属性推定的目的。合同内容是,阻止多数参股企业行使多数股东的权力。订立不仅具有债法意义而且具有组织性影响的反控制合同现在已被普遍接受,虽然这类合同在法律中找不到依据,而且鉴于股份法上的强制性表决权限,这种合同属于颇有疑问的造法行为。[4] 主张这类合同通常只服务于削弱从属性推定的目的这一观点,不足以构成反对这类合同的理由。但在此等情形中必须特别仔细地审查,该合同是不是《民

---

〔1〕 Vgl. BVerfG NZG 1998, 942, 944; *Hüffer* AktG § 15 Rdn. 19.

〔2〕 H. M.; vgl. *Hanau/Ulmer*, MitbestG § 5 Rdn. 19; *Raiser*, MitbestG § 5 Rdn. 11 mwN.

〔3〕 Str.; wie hier KölnKomm/*Koppensteiner* § 17 Rdn. 98; *Klinkhammer*, Mitbestimmung in Gemeinschaftsunternehmen, 1977, 72; a. A. BAG AG 1970, 268, 270; *Hanau/Ulmer* aaO Rdn. 19.

〔4〕 *Barz* FS Bärmann 185; *Hommelhoff*, Konzernleitungspflicht 82 ff; *H. Werner*, Abhängigkeitstatbestand 175 ff; LG Mainz AG 1991, 30, 32 (*Massa*); OLG Köln AG 1993, 86 (*Winterthur/Nordstern*); *Götz*, Entherrschungsvertrag 4 ff; *Hentzen* ZHR 157 (1993), 65; *Jaeger* DStR 1995, 1113; *zweifelnd Hüttemann* ZHR 156 (1992), 314; Großkomm. AktG/*Windbichler* § 17 Rdn. 80.

法典》第117条意义上无效的虚假合同。[1] 如果监事会或经理阶层事实上被多数股东任命的人所占据，并且这些人也听从多数股东的经营指令，那么这些情形就会削弱非控制合同的严肃性。此外，理论界的合理要求是，订立的反控制合同必须至少在五年内不得撤销，否则的话，有鉴于监事会和董事会成员有限的任职期，短期有效的反控制合同仍然不能有效地排除多数股东对公司管理机关的构成施加重大影响。[2]

此外，由于缺乏相关的司法实践，如何对待反控制合同还不甚清楚。必须肯定的是，在比照适用《股份法》第293条时，要求反控制合同应当是书面的，[3]至少从控制企业方面来讲，只有在公司章程明确允许对投资财产只能进行资本管理而不能进行运营管理的情形下，反控制合同才有效。如果没有这样的条款，则需要对章程进行修改。[4] 这样，只有在股东会以3/4多数同意的情况下，反控制合同才能生效。[5] 29

## IV. 康采恩

### 1. 含义

根据《股份法》第18条第1款第1句的法律定义，康采恩的重要特征是，由至少两个法律上独立的企业**在统一管理下**形成的**企业联合**。法律并没有以从属关系为前提。如果一个或若干个企业从属于一个控制性企业，则存在一个从属型康采恩，否则的话，就是平行型康采恩（《股份法》第18条第2款，见本书 § 56）。康采恩概念在股份法中只发挥着有限的作用。比如依据《股份法》第100条第2款的规定，康采恩中控制企业的法定代表人，可不受限制地在多个关联公司中充当监事会成员（见本书 § 15. III. 1）。[6] 30

根据《商法典》第290条的规定，康采恩的控制企业必须提供康采恩年度财务报表。但是，在界定负有康采恩会计义务的企业时，《商法典》第290条第2款、第3款和第291条严重背离了《股份法》上的康采恩概念。[7] 在《共同决定法》方面，可以依据**《雇员代表共同管理法》第54条**在康采恩中设立康采恩委员会 。从属型康采恩中从属企业的雇员依据**《共同决定法》第5条、1952年《雇员代表共同管理法》** 31

[1] *Möhring* FS Westermann 427, 432 ff; LG Mainz aaO.

[2] OLG Köln aaO; *Barz* aaO 196 f; *Möhring* aaO, 433; KölnKomm/*Koppensteiner* § 17 Rdn. 90; MünchHdb. AG/*Krieger* § 68 Rdn. 58; vgl. auch LG Mainz aaO.

[3] H. M.; *Möhring* aaO 435 f; *Koppensteiner* aaO Rdn. 95 mwN.

[4] *Hommelhoff* aaO 84; *Koppensteiner* aaO Rdn. 93 mwN.

[5] So im Erg. *Hommelhoff* aaO 85 ff; MünchHdb. AG/*Krieger* § 68 Rdn. 59; weitergehend *Möhring*, aaO 435 f; a. A *Koppensteiner* aaO Rdn. 94; *Barz* aaO 194 f; LG Mainz aaO (einfache Mehrheit ausreichend).

[6] Vgl. im übrigen die Aufzählung der Fälle in Groβkomm. AktG/*Windbichler* § 18 Rdn. 8 ff.

[7] *Adler/Düring/Schmaltz* § 290 HGB Rdn. 27 ff; Ulmer FS Goerdeler 623, 640 ff; *Kropff* DB 1986, 364.

**第76条**享有选举控制企业监事会中雇员代表的权利。但在这些情况下,司法和理论界在具体问题上并不固守《股份法》第18条的规定,而是对康采恩概念作出符合《共同决定法》目的的理解。[1]

32 在法律规则之外,康采恩概念在立法策略的讨论中扮演着核心角色。涉及的主要问题是,虽然成员企业在法律上保持独立性,但康采恩仍然被理解为经济统一体,甚至法律统一体,即一个更高位阶的企业,为此形成了相应的、概括性的组织法。[2]

2. 统一管理

33 对康采恩具有建设性意义的法律概念"统一管理"**在法律中并没有规定**。就像企业、从属性等其他一些康采恩法律体系中的重要概念一样,立法者故意回避对它们作出界定。所以对统一管理的解释也必须依据法律条文自身提供的线索作出,并参考与康采恩概念相联系的各项规定之目的作出目的性解释。如果若干参与企业是一项控制协议的当事人,或者一个参与企业加入另一个参与企业(《股份法》第291、319条),根据《股份法》第18条第1款第2句的规定,这些参与企业发生了统一管理之下的合并。主流观点视此为**不可驳斥的推定**[3],依据法律,在这些情形下存在着康采恩。根据《股份法》第18条第1款第3句可以进一步从从属企业(可驳斥地)推定,它与控制企业组成一个康采恩。再以《股份法》第17条第2款的规定为例,依据两项法定推定规则可以从一个被多数持股的企业推导出它与多数参股企业一起构成了一个康采恩。所以,和从属性一样,统一管理建立在公司法意义的参与之上。从规定中可以进一步得出结论,法律也考虑到了多层次康采恩(母公司、子公司、孙公司等)的情形。

34 司法判例至今仍没有说明,什么前提下一个企业对另一个企业实行的控制性影响足以满足**统一管理的构成要件**。这个问题实际上并不重要。突出的事实一方面是《股份法》第18条第1款第3句中规定的康采恩推定,即只要从属性被得以肯定,在所有情况下都必须得出康采恩成立的结论。

35 很难找到反驳性**证据**证明,虽然存在对某公司的控制性影响但**不对公司实行管理**,特别是不能令人信服地证明,这种实际存在着的控制性影响在将来也不会被用来对公司实行管理。迄今为止,只有在涉及康采恩的参与决定法方面的特殊问题时,出现过上述反驳性证明的尝试在司法实践中得以成功的先例。[4]

36 另一方面更为突出的是统一管理这个概念的**规范性意义比较狭窄**。与之相关

〔1〕 *Raiser* MitbestG § 5 Rdn. 5; Groβkomm. AktG/*Oetker* § 5 MitbestG Rdn. 20.

〔2〕 Vgl. statt aller *Emmerich/Sonnenschein* 56 ff; Ehricke ZGR 1996, 300; *Mülbert* ZHR 163 (1999), 1, 24 ff; Groβkomm. AktG/*Assmann* Einl. Rdn. 244; Groβkomm. AktG/*Windbichler* Vor § 15 Rdn. 9, 41.

〔3〕 KölnKomm/*Koppensteiner* § 18 Rdn. 30 ff; *Emmerich/Sonnenschein* 70, je m. w. Nachw.

〔4〕 S. unten Rdn. 39. Positiver Nachweis der einheitlichen Leitung bei einer arbeitnehmerlosen Holding mit Minderheitsbeteiligung: OLG Stuttgart WM 1989, 1650, 1652 (*Mahle*).

联的法律规定实际上只起着较小的作用,而在实践中具有重要意义的规定建立在其他的构成要件基础之上。比如,根据《股份法》第 17 条,有关控制企业责任的规定以及编制从属性报告的义务(《股份法》第 311 条等)都以从属性为充分要件。原先法律规定的、在股份法的康采恩概念基础上建立起来的康采恩会计制度(《股份法》原第 329 条等),后来因为欧盟颁布《康采恩会计报告指令》也被以更宽泛的康采恩概念为基础的《商法典》第 290 条及以下所替代。[1] 特定的企业是否归属于某一康采恩的问题在实践中也取决于该企业是否被纳入康采恩协议中,而不是看对它是否实施集团的统一管理。即使是密切依据股份法上的康采恩概念为基础的参与决定法(特别是其中的《雇员代表共同管理法》第 54 条、《共同参与法》第 5 条和 1952 年《雇员代表共同管理法》第 76 条第 4 款),考虑其自身的功能性结构关系也必须对此康采恩概念加以修正。[2]

37 值得注意的是,与此相反,**法学著作**对统一管理的概念进行了异常深入的探讨,而且只有在下列背景下才可能对此有所理解,即统一管理不关乎股份法中特别条款的适用,而是更多涉及将康采恩法视为独立法律领域的基本理念。所以可以找到很多关于统一管理的阐释和表述,但却没有一种观点得到普遍认可。[3]

38 困难存在于企业集团控制结构模式的多样性。从成员企业没有自己经营活动空间而仅充当纯粹的命令接受者的严格的集中领导模式,到仅在少数个别方面进行松散型合作的模式。不仅仅是为了对这种多样性进行描述、分析性的概括,更是为了对多样性进行规范,法学理论多次借助一些工具和手段,帮助微观经济学区别不同的企业调控方式并评价其有效性。[4]

39 核心问题在于,企业集团统一管理的重要特征是成员企业经济活动的**集中计划和相互间的合作**,其结果是集团因此可以被理解为组织上的统一体。[5]相反,个别过程的执行和控制方式并不重要;即统一管理是借助于指示还是通过建议、谈判、互派人员或是其他方式完成,这无关紧要。[6]

40 统一管理的特质是,在企业集团中实行**财务集中管理**,将康采恩企业获得的盈

---

[1] Vgl. Statt aller *Adler/Düring/Schmaltz*, HGB § 290 Rdn. 29 ff; *Ulmer* FS Goerdeler 623; Baumbach/*Hopt* HGB § 290 Rdn. 4.

[2] S. oben Rdn. 31.

[3] Gebräuchlich ist die Unterscheidung zwischen einem engen und einem weiten Begriff der einheitlichen Leitung, der aber seinerseits nur deskriptiven Charakter hat. Vgl. die Nachweise zuletzt bei Groβkomm. AktG/*Windbichler* § 18 Rdn. 17 ff; MünchKomm. AktG/*Bayer* § 17 Rdn. 23 ff, *Hüffer* AktG § 18 Rdn. 8 ff.

[4] Vgl. dazu statt aller *Theisen*, Der Konzern. Betriebswirtschaftliche und rechtliche Grundlagen der Konzernunternehmung, 1991.

[5] Vgl. zuletzt *Hüffer* § 18 Rdn. 12: "Entwicklung einer auf das Gesamtinteresse der verbundenen Unternehmen ausgerichteten Zielkonzeption sowie ihre Durchführung und Kontrolle".

[6] *Everling* DB 1981, 2549; *Scheffler* DB 1985, 2005; *ders.* FS Goerdeler 469, 473 ff.

利集中起来,然后再按照适用于整个康采恩的财务和投资计划重新分配[1]。存在统一管理的一个强有力的佐证是根据《商法典》第290条及以下条款制作的康采恩年度报表和康采恩财产报告,但由于《商法典》第290条、《股份法》第18条规定的构成要件不同,统一管理并不仅仅取决于此。若干通过相互参股而形成的关联企业中**领导层人员的融合或统一**,使企业决策保持一致性成为可能,也被视为存在统一管理的证据。相反,尚不明确并且仍有争议的是,是否以及在什么条件下企业在比如生产、销售、人事或数据处理等其他领域中的有限合作足以证明统一管理的存在。[2] 最终人们只能根据整体印象来确定,若干企业是否已经构成一个经济上统一的组织,还是仅仅是部分合作,而在其他方面各企业仍然各自独立进行决策和管理。

3. 多重康采恩属性

41 是否存在**多重**康采恩属性的问题呈现出较多的疑问。在**股权合营企业**中多重康采恩属性和多重从属性(见边码18)存在的前提是一样的。由此得出结论,在多重康采恩情形下,每一个母公司都必须编制康采恩年度结算报表,并且在所有母公司监事会的选举中都应考虑合营企业的雇员代表。此外,在参与决定法中,司法界和理论界针对多层次康采恩中孙公司既受直接控制其的子公司的统一管理又受母公司统一领导的情形,提出了**康采恩中的康采恩**概念。[3] 界定这个概念的前提是,统一管理被分成若干部分,且未造成逻辑上的困惑。事实上则要求,子公司在此获得部分领域内的经营决策及运营管理权,而不是仅仅充当母公司指示传递者的角色。如果出现依据《股份法》第100条第2款的规定计算担任孙公司监事会成员最高人数的上限,也应当遵循同样原则来解决。相反,什么时候编制康采恩年度结算报告的问题则允许其根据《商法典》第290条第2款、第3款和第291条来完成。

## V. 相互参股

参考文献:*Adams*, Die Usurpation von Aktionärsbefugnissen mittels Ringverflechtung in der "Deutschland AG", AG 1994, 148; *Cahn/Farrenkopf*, Abschied von der qualifizierten wechselseitigen Beteiligung?, AG 1984, 178; *Emmerich*, Zur Problematik der wechselseitigen Beteiligungen, namentlich im geltenden und im zukünftigen GmbH-Recht, FS Westermann, 1974, 55; *ders.*,

---

[1] So vor allem KölnKomm/*Koppensteiner* § 18 Rdn. 19 ff; Groβkomm. AktG/*Windbichler* § 18 Rdn. 25, je mit Nachw.

[2] *Geβler* BB 1977, 1313, 1315 ff; *Semler* DB 1977, 805, 808; MünchHdb. AG/*Krieger* § 68 Rdn. 68; *Emmerich/Sonnenschein* 58 ff; bejahend LG Köln AG 1985, 252, 253 (JVG).

[3] BAG AG 1981, 227 f; OLG Düsseldorf AG 1979, 318, 319; OLG Zweibrücken AG 1984, 80, 81 f; LG Frankfurt/OLG Frankfurt AG 1987, 53, 54 f; LG Nürnberg-Fürth WM 1984, 263, 264; Schrifttumsnachweise bei *Raiser*, MitbestG § 5 Rdn. 22; KölnKomm/*Koppensteiner* § 18 Rdn. 22; Groβkomm. AktG/*Oetker* § 5 MitbestG Rdn. 25.

Wechselseitige Beteiligungen bei AG und GmbH, NZG 1998, 622; *Klix*, Wechselseitige Beteiligungen, 1981; *Mestmäcker*, Verwaltung, Konzerngewalt und Rechte der Aktionäre, 1958, 114 ff; *Kerstin Schmidt*, Wechselseitige Beteiligungen im Gesellschafts-und Kartellrecht, 1995; *Wastl/Wagner*, Wechselseitige Beteiligungen im Aktienrecht, AG 1997, 241; *Winter*, Die wechselseitige Beteiligung von Aktiengesellschaften, 1960.

1. 构成要件

如果双方企业都持有对方超过 1/4 的股份,这样的相互参股企业也被《股份法》第 19 条第 1 款视为关联企业。根据《股份法》第 19 条第 1 款第 2 句和第 16 条第 4 款的规定,计算一个企业的股份应包括其从属企业持有的股份,但不包括该企业的自有股份。《股份法》第 19 条第 1 款第 1 句进一步将《股份法》的适用范围限定为住所在国内的资合公司之间的相互参股情形。但相互参股的构成要件以及与此相联系的危险性也会在其他企业联合形式中呈现出来,对此法律却没有规定。[1]《股份法》第 19 条第 2 款、第 3 款对特定的相互参股形式进行了特别规定。第 2 款规定相互参股的前提是,一个企业拥有另一个企业的多数股份,或者基于其他原因对另一个企业施加控制性影响。更为深入的企业关系间的相互交织表现为,第 3 款调整的双方企业都拥有对方的多数股份或从属于对方的情形。但法律没有涉及三方互相参股或循环参股的情况,虽然这些情形在法律实践中越来越多并且也同样产生了不少问题,但不在第 19 条的计算规则之下。[2] 42

只有当人们设想和考虑到与相互参股联系在一起的**危险性**时,才能理解法律所规定的相互参股的法律后果。这种危险性首先涉及公司资本的筹集和维持。如果企业甲以另一个企业乙向自己投资而获得的财产来履行自己对企业乙的出资义务,就会产生出资的回转,从而造成甲企业反向出资的虚设。因为双方公司的股本在相互参股的额度内其实只有一方是实缴的。 43

**典型案例**:(a)X 成立了两个一人有限责任公司 A 和 B,每个公司的股本为 100,000 德国马克。X 承担两个公司股本总额各一半的出资任务,分别投入两公司 50,000 德国马克。其余一半股本,A 公司的由 B 公司负责出资,B 公司的由 A 公司负责出资。这意味着,在公司还没有盈利之前,A、B 两公司必须用 X 投入公司的资产来完成自己的出资义务,其结果是,形成了两个有 100,000 德国马克注册资本的公司,但实际出资一共只投入 100,000 德国马克。根据《股份有限责任公司法》第 5 条、第 7 条,这样组建的公司不能在商事注册处得以注册登记。但如果首先由另一个股东 Y 负责两公司其余 1/2 的股本出资,在公司登记后再将出资有偿转让给 A、B 两公司,上述问题就被回避了。(b)如果 A 以后决定增资,B 必须从公司财产 44

---

〔1〕 Eine analoge Anwendung der aktienrechtliche Vorschirften wird wegen des eindeutigen Wortlauts für unzulässig gehalten, vgl. BGHZ 119, 346, 355; str., vgl die unterschiedlichen Ansichten von *Emmerich* NZG 1998, 622; MünchKomm. AktG/*Bayer* § 19 Rdn. 23 ff.

〔2〕 Vgl. *Adams* AG 1994, 148; *Baums* ZBB 1994, 86, 99 ff; Groβkomm. AktG/*Windbichler* § 19 Rdn. 36.

中支付新增加的出资额。这就发生了向公司股东返还出资的现象,根据《股份法》第57条第1款第1句和第58条第5款,这对股份有限公司而言是全面禁止的(见本书 § 19. II.),就有限责任公司而言,如果返还出资对公司股本造成侵蚀,则无论如何是不允许的(《有限责任公司法》第30、31条; 见本书 § 37. II.)。而A首先可能将新获得的股本用来为紧接而来的B公司增资提供资金。其结果是,两个公司的股本在没有实际财产支付的情况下被任意鼓吹膨胀。

45 加重多数参股(2/3或3/4)还会使公司机关间的制衡关系失控,从而使董事会成员或公司管理者拥有一个不受监控的行为空间。

46 **典型案例**:有限责任公司A的经理G代表A在有限责任公司B的股东会中行使其股东权,G还可以基于公司A对B的多数参股而成为公司B的经理。现在G以此特殊身份,借多数股东的名义出现在A公司并稳固其在那里的管理者地位。这样,相对于A公司及B公司的其他股东来说,G的地位是不可动摇的。只要没有特定多数通过的要求,G还可以在没有其他投资者参与的情形下独自对两个公司股东会上的讨论事项作出决定。

### 2. 法律后果

47 现行法并不禁止简单的互相参股。根据《股份法》第160条第1款第7项规定,互相参股应当在年度结算的附录中载明。禁止返还出资的规定也适用于此。此外,《股份法》第328条第1款第1句规定,知悉存在相互参股的企业一方如果拥有另一企业的股份超过该企业全部股份的25%,则它不得对超出部分的股份行使由股份产生的权利。该禁止规定涉及所有的成员权,包括表决权、盈利分配权、公司增资时的新股认购权,但在以公司经营性增值为基础的增资的情况下要求获得新股的权利不在禁止之列(《股份法》第328条第1款第2句)。其结果是,高比例的参股在经济上变得不再有吸引力,因此企业会放弃较高程度的相互参股或者及时地把已存在的超额股份脱手。

48 具体而言,《股份法》第20条、第21条规定的通知义务和第328条规定的适用于上市公司的特殊规定是较为复杂的。如果一个非上市公司拥有了另一个公司1/4以上的股份,根据《股份法》第20条第3款或第21条第1款的规定,它必须通知该企业。有通知义务的公司未履行通知义务前,暂时不享有成员权(《股份法》第20条第7款或第21条第4款)。反之,如果该公司依法履行了通知义务,另一个公司无需再限制其股东成员权。现在假设另一个公司同样也拥有该公司1/4以上的股份,则另一个公司就超出1/4额度以外的股份不得行使成员权。这同样适用于第二个公司在从其他途径得知第一个公司对其的参股情况之后获得第一个公司超过法定门槛的股份之情形。相反,如果第二个公司在取得关键性股份时是善意的,即它既没有因第一个公司的通知又没有通过其他途径了解到存在相当高比例的相互参股的情况下,则是另样的法律状况。如果在此第二个公司依据《股份法》第20条第3款或第21条第1款规定向第一个公司作出了通知,它就可以就全部股份行使成员权,而第一个公司只能就法律允许的1/4股份行使成员权(《股份法》第328条第2款)。根据由1998年的《有关加强企业控制和透明度的法律》引进的《股份法》第328条第2款的规定,在上市公司的股东大会上,一个知悉相互参股的企业不得行使其选举对方企业监事会成员的表决权。

3. 适格的相互多数参股

**根据《股份法》第19条第2款至第4款的规定**，所有关于控制企业和从属企业的规定都适用于相互多数参股情形。所以《股份法》第311条等以及第18条第1款第3句规定的康采恩推定都对其适用。涉及相互参股企业之间的关系时首先是《股份法》第56条第2款、第71条及以下的限制性规定。根据《股份法》第71d条第4句、第71b条，从属企业在控制企业中尽管参股却不享有成员权。根据《股份法》第56条第2款，第71条第1款1—5、第2款，第71d条第2句，从属企业只在例外情形下可以继续取得控制企业的股份。此外也适用由欧共体1974年的《资本指令》引入的《股份法》第71d条第2句、第4句，第71c条之规定，即从属企业有义务在1年内将其拥有的控制企业的股份降至股本的10%。[1] 49

## § 52. 对康采恩形成的控制

### I. 通知义务

参考文献：*Burgard*, Die Offenlegung von Beteiligungen, Abhängigkeits- und Konzernlagen bei der Aktiengesellschaft, 1990; *ders.*, Die Offenlegung von Beteiligungen bei der Aktiengesellschaft, AG 1992, 41; *Emmerich*, Konzernbildungskontrolle, AG 1991, 303; *Geßler*, Verlust oder nur Ruhen der Aktionärsrechte nach § 20 Abs. 7 AktG?, BB 1980, 217; *Hägele*, Praxisrelevante Probleme der Mitteilungspflichten nach §§ 20, 21 AktG, NZG 2000, 726; *Happ*, Zum Regierungsentwurf eines Wertpapierhandelsgesetzes, JZ 1994, 240; *Heinsius*, Rechtsfolgen einer Verletzung der Mitteilungspflichten nach § 20 AktG, FS Fischer, 1979, 215; *Hüffer*, Verlust oder Ruhen von Aktionärsrechten bei Verletzung aktienrechtlicher Meldepflichten, FS Boujong 1996, 277; *Koppensteiner*, Einige Fragen zu § 20 AktG, FS Rowedder 1994, 213; *Maul*, Mitteilungspflichten über qualifizierte Beteiligungsverhältnisse, BB 1985, 897; *H. P. Müller*, Endgültiger Dividendenverlust bei unterlassener Mitteilung nach § 20 Abs. 7 AktG? AG 1996, 396; *Neye*, Harmonisierung der Mitteilungspflichten zum Beteiligungsbesitz von börsennotierten Aktiengesellschaften, ZIP 1996, 1853; *Pentz*, Mitteilungspflichten gemäß §§ 20, 21 AktG gegenüber einer mehrstufig verbundenen Aktiengesellschaft, AG 1992, 55; *Priester*, Die Beteiligungspublizität, gemäß §§ 20, 160 III Nr. 11 AktG bei Gründung der Gesellschaft, AG 1974, 212; *Quack*, Die Meldepflichten des § 20 AktG und ihr Einfluß auf das Verhalten der Organe der Mitteilungsadressaten. FS Semler 1993, 581; *Vonnemann*, Mitteilungspflichten gemäß §§ 20 Abs. 1, 21 Abs. 1 AktG, AG 1991, 352; *Witt*, Vorschlag für eine Zusammenfügung der §§ 21 ff WpHG und des §

---

[1] H. M.; Geßler/Hefermehl/*Bungeroth* § 71 d Rdn. 49 ff; KölnKomm/*Koppensteiner* § 19 Rdn. 7; KölnKomm/*Lutter* § 71 d Rdn. 43; *Klix*, Wechselseitige Beteiligungen 36 ff; MünchHdb. AG/*Krieger* § 68 Rdn. 107; *Emmerich/Sonnenschein* 95; anders mit eingehender Begründung *Cahn/Farrenkopf* AG 1984, 178.

20 AktG zu einem einzigen Regelungskomplex, AG 1998, 171; *ders.*, Die Änderung der Mitteilungs-und Veröffentlichungspflichten nach § § 21ff WpHG und § § 20f AktG durch das 3. Finanzmarktförderungsgesetz und das "KonTraG", WM 1998, 1153; *Wolframm*, Mitteilungspflichten familiär verbundener Aktionäre nach § 20 AktG, 1998.

1. 概述

1 《股份法》第20条、第21条规定了一系列通知义务。其核心内容是,持有一个企业25%以上股份而获得**否决性少数股权**的情形、或者**多数参股**的情形、以及这些情形不再存在的事实,应当予以披露。《股份法》第160条第1款第8项规定,有关的情况应在公司年度财务报告的附录中注明。根据《股份法》第328条第3款,在相互参股情形下,还要对参股额的每一次变化进行报告。这些规定的首要目的是,使参股情况透明化,也就是说,"使股东、债权人和公众等利益相关者了解计划中的和事实存在的康采恩联合,并使那些即便公司管理者自己也不知道的公司中的真实权力关系清楚地显示出来"。[1] 而且知道多数参股的存在也是适用《股份法》第16条至第18条及以其为基础的康采恩法规定的前提。

2 作为**《股份法》第20条**的构成要件,指向的是股份有限公司的股份属于另一个企业的情形,而第21条正好相反,是调整以股份有限公司或股份两合公司拥有另一个资合公司(股份有限公司、股份两合公司或有限责任公司)股份的情形。所以两条规定是互相补充的。如果一个股份有限公司拥有另一个股份有限公司全部股份的25%以上,就同时满足了这两条规定的前提条件。第20条在适用中变化更多。[2] 在母公司只是通过子公司间接参与孙公司的多重从属的企业联合中,母公司和子公司都有通知义务。[3]

3 还有很多重要的情形没有被包含在规范之中:《股份法》第20条没有包含私人大股东和其他主体参股情形。第21条既没有涵盖股份有限公司参与人合公司的情形,也没有包括参与资合公司以外的其他企业的情况。而参股和被参股双方都不是股份有限公司的情形则完全排除在法律调整范围之外。法律对相互参与所作的上述限制无法从这些规定自身的目的,即确保参与关系透明度中得到合理解释。[4] 但《商法典》第107条、第143条第2款、第162条第1款和第175条考虑了人合公司应具备的一定程度的公开性,因为依据这些规定,公司股东的变动以及两合公司中有限责任股东的出资额都必须在商业登记簿中予以记载。自从1998年《商法改革法》对《有限责任公司法》第40条进行修订以来,有限责任公司也应当及时在商业登记簿中对每一次公司股东变化情况进行登记,内容除了股东的姓名、出生日期和住所外,也包括其持有的股本数额。

---

〔1〕 *Kropff*, Begründung zum RegE 38.

〔2〕 KG AG 2000, 227.

〔3〕 BGH NZG 2000, 1220 mit Anm. *Hägele*.

〔4〕 Vgl. Groβkomm. AktG/*Windbichler* § 20 Rd. 6 ff.

4 对**上市公司**适用《有价证券交易法》第21条及以下规定的、可以追溯到欧共体《透明度指令》的规则，[1]这些规则通过1998年3月24日的第三部《金融市场促进法》变得**更加严格**。根据这些规定，企业和私人股东都负有法定的通告义务，并且对各个超过或低于全部股份5%、10%、50%和75%等门槛额的情形都应予以通报。[2] 所以，《股份法》第20条第8款和第21条第5款的新规定将上市公司排除在股份法上的通告义务适用范围之外是合乎逻辑的。虽然规则之间仍然存在着不少分歧，尚不尽人意，从法律决策上来看，放弃对上市公司的通告义务进行双重规定还是应当受到肯定的。[3]

2. 构成要件

5 《股份法》第20、21条区分了**4项构成要件**：

(a)根据《股份法》第20条第1款、第21条第1款第1句的规定，只要一个企业拥有另一个在国内有住所的股份有限公司全部股份的1/4以上，或者一个股份有限公司拥有另一个在国内有住所的资合公司1/4以上的股份，它就负有通知义务。

在此，像通常的参股计算方式那样，属于一个企业的从属企业的股份，或者由致力于该企业利益的第三方持有的股份，应当计算在该企业的股份之中（《股份法》第20条第1款第2句、第21条第1款第2句和第16条第4款）。《股份法》第20条第2款进一步将该企业、其从属企业或为该企业利益的第三人有权请求转让的股份和有义务领取的股份纳入法律调整范围。[4] 构成要件的这一扩展可以避免规避法律中通知义务的情形。根据这个精神，企业享有优先认购权的股份也应当在法律调整之列。[5]

6 (b) 根据《股份法》第20条第3款的规定，如果企业拥有的第2款所指股份以外的其他股份已超过股份有限公司全部股份的1/4，该企业应重新履行通知义务。理解这个规定应当同时考虑《股份法》第19条：在相互参股的情况下，不予考虑《股份法》第20条第2款的扩展性适用。在《股份法》第21条下，拥有另一家资合公司股份的股份有限公司没有这种扩展性的通知义务。

7 (c) 根据《股份法》第20条第4款、第21条第2款，当企业获得另一个企业的

---

〔1〕 Richtlinie 88/627/EWG vom 17. 12. 1988, abgedruckt bei *Lutter*, Europäisches Unternehmensrecht, 4. Aufl. 589.

〔2〕 Zu Einzelheiten ist auf die Kommentierungen von *Hüffer* AktG Anh. § 22 und MünchKomm. AktG/*Bayer* Anh. § 22 sowie auf die Kommentare zum WpHG zu verweisen, z. B Assmann/*Schneider* WpHG § 21; s. ferner oben § 9 II 5.

〔3〕 Vgl. *Happ* JZ 1994, 240; *Neye* ZIP 1996, 1853; *Witt* AG 1998, 158.

〔4〕 Vgl. zur streitigen Anwendbarkeit von § 20 II AktG auf den Sonderfall vinkulierter Namensaktien zustimmend KG AG 1990, 500 (Springer/Taurus).

〔5〕 H. M.; vgl. KölnKomm/*Koppensteiner* § 20 Rdn. 11; Groβkomm. AktG/*Windbichler* § 20 Rdn. 30.

**多数股份**时,也应当予以通知。虽然这里没有指向《股份法》第 16 条第 4 款,但根据法律精神,企业的从属企业或为企业利益的第三者拥有的另一个企业的股份也应当计算在企业拥有的股份中。〔1〕 多数参股中的间接股东也负有通知义务。〔2〕

8 (d) 最后,一项负有通知义务的参与的结束也应当进行通知,因为这种情况也意味着康采恩法构成要件的**不复存在**。

9 《股份法》第 20 条、第 21 条规定的通知必须**及时**作出,并要求以**书面形式**作出。〔3〕 即使参股情形已为众人知悉,通知也是必需的。〔4〕 通知内容必须使公众不会对参股的类型及股权的所属产生疑问。〔5〕在《股份法》第 20 条规定的情形下,公司必须及时地在公司公报上公开参股的情况(《股份法》第 20 条第 4 款)。在第 20 条及第 21 条规定的情形下,被参与企业都有权要求向其证明参股的存在(《股份法》第 22 条)。

3. 制裁

10 对《股份法》第 20 条和第 21 条中通知义务的贯彻实施具有决定性意义的是对违反该义务的行为进行制裁。法律规定,在《股份法》第 20 条第 1 款、第 4 款,第 21 条第 1 款和第 2 款情形下,参股企业在未履行其通知义务期间,对其拥有的股份不享有**权利**。但其享有的对股息(《股份法》第 58 条第 4 款)和对清算财产(《股份法》第 271 条)的请求权是例外。这两项权利只有在企业故意违反通知义务时才丧失。相反,在企业无过错或仅因过失违反义务的情况下,这两项权利仅仅是暂停行使,并且,如果事后补行通知,企业可以溯及性地行使此两项权利(《股份法》第 20 条第 7 款、第 21 条第 4 款)。

11 通过这项 1998 年被立法所采纳的、与《有价证券交易法》第 28 条相一致的规定,先前争论〔6〕的问题变得清晰了,即参股企业未履行通知义务期间的成员权原则上就**消灭了**,即使在其补行了通知义务之后,它也不能再追溯主张当时的权利。这适用于参股企业在股东会议上的知情权、表决权、公司增资股份的认购权以及撤销股东大会决议的权利。〔7〕 在未履行通知义务的股东参与决定的情形下,其他股东可以撤销相关决议。〔8〕 相反,《股份法》第 20 条第 7 款、第 21 条第 4 款不适用于名义增资的情况(《股份法》第 212 条第 1 款)。

---

〔1〕 KG AG 2000, 227; KölnKomm/*Koppensteiner* § 20 Rdn. 13; MünchHdb. AG/*Krieger* § 68 Rdn. 118; Emmerich/*Sonnenschein* 106.

〔2〕 KG AG 2000, 227.

〔3〕 Zum notwendigen Inhalt vgl. BGHZ 114, 203, 215; LG Hamburg AG 1996, 233

〔4〕 BGHZ 114, 203, 213; LG Berlin AG 1979, 109; KG WM 1990, 1546, 1548.

〔5〕 BGH NJW 1991, 2765, 2767; KG AG 2000, 227.

〔6〕 Vgl. BGHZ 114, 203, 218; Vorauflage Rdn. 8; *Heinsius* FS Fischer 215, 219 ff.

〔7〕 Vgl. KG AG 1990, 500; LG Hannover AG 1993, 187.

〔8〕 KG AG 2000, 227.

只有当参股企业直至公司股东大会(会议)作出盈余使用决定时仍然故意怠于通知的,该企业才**丧失股息分配请求权**。不当支付出去的股息必须依据《股份法》第62条第1款第2句 或《商法典》第812条第1款第1项的规定予以返还。颇有疑问的是,本当属于通知义务人的股息是继续作为盈余结转而存在,还是分配给其他的股东。第二种方式是符合逻辑的,但却很难说明其理由。[1] 在**普通增资**情形下颇有争议的是,其他股东的股份认购比率是否相应提高[2],还是由董事会处置新增股份中原本属于未履行通知义务的参股企业股东的那一部分。[3] 12

## II. 防止从属性的产生

参考文献:*Bälz*, Verbundene Unternehmen - Konzernrecht als Speerspitze eines fortschrittlichen Gesellschaftsrechts?, in Nörr (Hrsg.), 40 Jahre Bundesrepublik-40 Jahre Rechtsentwicklung, 1989, 177, 205 ff, 220 ff; *Beuthien*, Konzernbildung und Konzernleitung kraft Satzung, ZIP 1993, 1589; *Binnewies*, Die Konzerneingangskontrolle in der abhängigen Gesellschaft, 1996; *Decher*, Personelle Verflechtungen im Aktienkonzern, 1990; *Deilmann*, Die Entstehung des qualifizierten faktischen Konzerns, 1990; *Ebenroth*, Konzernbildungs- und Konzernleitungskontrolle, 1987, 24 ff; *Emmerich*, Konzernbildungskontrolle, AG 1991, 303; *Geiger*, Wettbewerbsverbote im Konzernrecht, 1996; *Grauer*, Konzernbildungskontrolle im GmbH-Recht, 1991; *Hirte*, Bezugsrechtsausschluβ und Konzernbildung, 1986, 43 ff, 189 ff; *Hommelhoff*, Die Konzernleitungspflicht, 1982; *ders.*, Konzernmodelle und ihre Realisierung im Recht, in Druey (Hrsg.), Das St. Galler Konzernrechtsgespräch, 1988, 107, 115 f; *Jansen*, Konzernbildungskontrolle im faktischen GmbH-Konzern, 1993; *Kropff*, Konzerneingangskontrolle bei der qualifiziert konzerngebundenen Aktiengesellschaft, FS Goerdeler, 1987, 259; *Liebscher*, Konzernbildungskontrolle, 1995; *Löffler*, Die abhängige Personengesellschaft, 1988; *Lutter*, 100 Bände BGHZ: Konzernrecht, ZHR 151 (1987), 444, 447 f, 455 f; *ders.*, Treuepflichten und ihre Anwendungsprobleme, ZHR 162 (1998), 164; *Lutter/Timm*, Konzernrechtlicher Präventivschutz im GmbH-Recht, NJW 1982, 409; *Martens*, Der Ausschluβ des Bezugsrechts: BGHZ 33, 175, FS Fischer, 1979, 437, 448 ff; ders., Die GmbH und der Minderheitsschutz, GmbHR 1984, 265, 269 f; *Mülbert*, Aktiengesellschaft, Unternehmensgruppe und Kapitalmarkt, 2. Aufl. 1996; *Raiser*, Die Treuepflichten im GmbH-Re-

---

〔1〕 Ebenso KölnKomm/*Koppensteiner* § 20 Rdn 49; Emmerich/*Sonnenschein* 110; anders *Geßler* aaO 219; *Krieger* aaO Rdn. 142; *Hüffer* FS Boujong 291; MünchKomm. AktG/*Bayer* § 20 Rdn. 74.

〔2〕 Ebenso KölnKomm/*Koppensteiner* § 20 Rdn 49; Emmerich/*Sonnenschein* 110; anders *Geßler* aaO 219; *Krieger* aaO Rdn. 142; *Hüffer* FS Boujong 291; MünchKomm. AktG/*Bayer* § 20 Rdn. 74.

〔3〕 *Krieger* aaO Rdn. 146; *Heinsius* FS Fischer 232 ff; *Quack* FS Semler 590; *Hüffer* aaO 293; in BGHZ 114, 203, 218 offen gelassen.

cht als Beispiel der Rechtsfortbildung, ZHR 151 (1987), 422, 442; *ders.*, Wettbewerbsverbote als Mittel des konzernrechtlichen Präventivschutzes, FS Stimpel, 1985, 855; *Reuter*, Ansätze eines Konzernrechts der Personengesellschaft in der höchstrichterlichen Rechtsprechung, AG 1986, 130; *Salfeld*, Wettbewerbsverbote im Gesellschaftsrecht, 1987; *Schießl*, Die beherrschte Personengesellschaft, 1985; *K. Schmidt*, Konzernrecht, Minderheitenschutz und GmbH-Innenrecht, GmbHR 1979, 121; *Schneider*, Konzernbildung, Konzernleitung und Verlustausgleich im Konzernrecht der Personengesellschaften, ZGR 1980, 511; *ders.*, Die Gründung von faktischen GmbH-Konzernen, in Hommelhoff u. a. (Hrsg.), Entwicklungen im GmbH-Konzernrecht, 1986, 121; *Seydel*, Konzernbildungskontrolle bei der AG, 1995; *Sonntag*, Konzernbildungs-und Konzernleitungskontrolle bei der GmbH, 1990, 334 ff; *Timm*, Zur Sachkontrolle von Mehrheitsentscheidungen im Kapitalgesellschaftsrecht, ZGR 1987, 403, 421 ff; *ders.*, Grundfragen des "qualifizierten" faktischen Konzerns im Aktienrecht, NJW 1987, 977, 978 ff; *Wiedemann*, Die Unternehmensgruppe im Privatrecht, 1988, 40 ff; *Winter*, Mitgliedschaftliche Treuebindungen im GmbH-Recht, 1988; *Wolf*, Konzerneingangsschutz bei übernahmeangeboten, AG 1998, 212.

1. 概述

13 现行法只涉及从属性产生之后或康采恩已经确立之后对被控制企业及其债权人和其他股东的保护。然而,法律中没有考虑到的问题在实践中却扮演着极其重要的角色,比如现行法在多大程度上提供了**预防性保护**,防止一个股东成为控制性企业或一个公司被纳入康采恩中。这些情形常常是可以通过许多途径得以实现的:比如某公司被吸收为从属性的子公司;一个原先仅是少数参股的企业通过取得额外的股份而成为控制企业;[1]一个"私人"多数股东获得了他人在其他公司的股份,从而成为康采恩法意义上的企业;[2]权利在公司合同中受到限制的多数股东在所受限制解除之后;公司接纳一个企业成为新的多数股东等。

14 问题的重要性是很明显的,因为如果一个公司的独立性得以保障的话,康采恩法上的结构问题和保护问题就根本不会发生。假如一个股东不能违背少数股东的意愿获得多数股份或者使公司成为从属企业,少数股东就有能力通过适当的协议防止控制企业滥用其控制权损害少数股东的利益。迄今为止,司法判例就此类问题首先在有限责任公司背景下进行讨论并形成了若干联邦最高法院的指导性判

[1] Einen Sonderfall bildet der Erwerb aufgrund eines öffentlichen übernahmeangebots, vgl. *Wolf* AG 1998, 212.

[2] Vgl. BGHZ 80, 69.

决,[1]这些判决得到了理论界的极大肯定[2],从根本上形成了稳定有效的司法实践惯例。根据司法判例,康采恩法的任务不是全面阻止或阻扰从属性关系或康采恩的产生(见本书 § 50. IV.),而是对康采恩的形成进行控制,**为少数股东提供足够的保护**,防止少数股东因未经其同意形成康采恩而遭受特殊风险。

2. 有限责任公司和人合公司

(a) 就**有限责任公司**和**人合公司**而言,可以通过适当的**章程规定**实现有效的预防性保护。主要是阻止多数参股的产生,阻止多数股东在公司外从事企业经营活动从而成为康采恩法意义上的企业(见本书 § 51. I. 2),或者赋予公司外部股东以必要的权利保护。如果公司合同对所有决定的作出都要求股东**一致同意**,就像人合公司法(《商法典》第 119 条)和成立有限责任公司的法律规定那样,则可以为所有股东提供足够的保护,因为每个股东都可以拒绝同意或者要求在自身利益得到适当保障的情况下才同意决议。尤其是可以通过**限制公司股份的转让**(见《有限责任公司法》第 15 条第 5 款),以及在出让和继承股份的情形下设定**优先购买权、取得权或者除外条款**,对消极性多数参股的产生进行控制(见本书 § 30. I. 3, II.)。如果对上述问题的决定是以简单多数或特定多数作出的,公司合同禁止因决议而获得股份者行使表决权也是合适的,因为根据通说,《有限责任公司法》第 47 条第 4 款的法定表决权禁止不适用于公司意志的形成(见本书 § 33. V. 3)。但这类条款并不能提供绝对的保护,因为只能在诚信义务设定的框架内行使这类条款赋予的权利,按照诚信标准主张表决权的禁止。这类条款也无法阻止若干股东签订共同实行多数控制的表决权拘束合同和形成表决权垄断。 15

有限责任公司章程中规定的**股东最高表决权**提供了另一项自由的、不受限制的保护。在已经存在多数参股的情况下,一项广泛的**竞业禁止**规定可以禁止多数股东从事其他类型的、可能引起康采恩冲突的企业活动。[3] 在这种情况下,**反控制合同**(见本书 § 51. III. 7)也能够阻止从属性的形成。最后,在增资时应当考虑避免通过将**股份认购权**单方面给予某一特定股东而改变公司中表决权结构(见本书 § 39. II.)。 16

---

[1] BGHZ 80, 69 (Süssen); 89, 162 (Heumann-Ogilvy); ferner OLG Hamm NJW 1987, 1030 (Banning); LG Mannheim AG 1991, 29 (SEN), OLG Stuttgart AG 2000, 229 (Breuninger).

[2] Zu BGHZ 80, 69 Lutter/*Timm* NJW 1982, 409; *Timm* ZGR 1987, 403, 421 ff; zu BGHZ 89, 162 *Raiser* FS Stimpel, 855; Wiedemann/*Hirte* ZGR 1986, 163; *Immenga* JZ 1984, 578; *Reuter* JZ 1986, 16, 20 f; vgl. ferner zu den Personengesellschaften *ders.* AG 1986, 130; *Schießl*, Die beherrschte Personengesellschaft 27 ff; *Löffler*, Die abhängige Personengesellschaft 61 ff; zur GmbH *Martens* GmbHR 1984, 265, 268 ff; *K. Schmidt* GmbHR 1979, 121, 123 ff; *Deilmann*, Entstehung des qualifizierten faktischen Konzerns 138 ff; *Grauer* Konzernbildungskontrolle 72 ff; Rowedder/*Koppensteiner* Anh. § 52 Rdn. 2 ff; Baumbach/Hueck/*Zöllner* Anh. Konzernrecht Rdn. 70 ff; Lutter/*Hommelhoff* Anh. § 13 Rdn. 9 ff; Hachenburg/*Ulmer* Anh. § 77 Rdn. 57 ff; *Wiedemann*, Unternehmensgruppe 59 ff.

[3] Vgl. BGHZ 80, 69.

17 如果在**章程**中规定了上述限制,就应当进一步确保不需通过简单多数表决达成**豁免**决议。在法律上,这类豁免涉及章程变更或突破,只有以 3/4 多数才能作出决议(见本书 § 33. IV. 5)。

18 最后,股东相互间所负的**诚信义务**也构成了调整多数股东和少数股东冲突的实体规范(见本书 § 28. IV.)。根据诚信原则可以要求多数股东放弃建立康采恩的努力,相反,如果康采恩在客观上符合公司利益时,也可以要求反对康采恩的少数股东同意建立康采恩。在发生争议时,诚信义务将会导致对作为从属性产生依据的股东决议内容进行司法审查,所有重要的情形和细节都将在个案中被予以分析和权衡。[1]

19 在任何情况下,股东都可以依据《商法典》第 118 条《有限责任公司法》第 51a 条要求对所有情节进行**全面了解**。此外,获得公司多数股份或者在公司外从事经营活动的每个股东依据诚信义务都必须将有关情况告知其他股东。股东甚至可能有义务采取预防措施,防止发生多数参股的情形,进而防止成为康采恩法意义上的控制企业。[2]

20 (b)更加困难的情形是,公司**章程没有规定**足够的**预防性措施**防止公司从属性产生。在这种情况下,主流观点恰当地认为,不应考虑公司的法律形态,一律以公司的人合性或资合性为基本特征分别对待。[3] **纯粹资本参与的投资股东**不需要特别的康采恩设立保护,法律通过确保其在企业成为从属性公司后的股份收益不低于公司独立时的收益,足以充分保护这类股东的利益。相反,在**业主共同体**和**家庭公司**中(见本书 § 4. III. 2, 3),原先不存在多数参股,公司的独立性是股东获得成员权和共同管理公司的重要基础,据以产生多数参股和从属性的股东决议被视为涉及公司治理结构变更的决议,必须至少以变更章程所要求的**特定多数**作出表决。[4] 人合公司的公司合同中没有允许多数表决通过的事项即要求一致同意才能通过。[5]

---

〔1〕 Vgl. BGH aaO 74; *Binnewies*, Konzerneingangskontrolle 224 ff, *Grauel*, Konzernbildungskontrolle 76, 82 ff, *Liebscher*, Konzernbildungskontrolle 283 ff; Scholz/*Emmerich* Anh. Konzernrecht Rdn. 52; kritisch dagegen Roth/*Altmeppen* Konzernrecht Rdn. 95; s. gleich unten Rdn. 20.

〔2〕 Baumbach/Hueck/*Zöllner* Anh. Konzernrecht Rdn. 72; *Raiser* ZHR 151 (1987), 422, 442; GroβkommHGB/*Ulmer* Anh. § 105 Rdn. 49 f; Hachenburg/*Ulmer* Anh. § 77 Rdn. 65.

〔3〕 Lutter/*Timm* NJW 1982, 409, 418 ff; *Raiser* FS Stimpel 855, 864 f; *Wiedemann*, Unternehmensgruppe 64 ff; 205 ff; Hachenburg/*Ulmer* Anh. § 77 Rdn. 62; *Binnewies* aaO 192 ff; Scholz/*Emmerich* Anh. Konzernrecht Rdn. 57; einschr. *Winter*, Mitgliedschaftliche Treuebindungen 246 ff; kritisch *Immenga* JZ 1984, 578, 579, Roth/*Altmeppen* aaO Rdn. 98.

〔4〕 *Martens* GmbHR 1984, 265, 267; *K. Schmidt* GmbHR 1979, 121, 130; *Wiedemann* aaO 64.

〔5〕 GroβkommHGB/*Ulmer* Anh. § 105 Rdn. 44; *Löffler*, Abhängige Personengesellschaft 76 f; *Reuter* ZHR 146 (1982), 1, 15; *Schieβl* Die beherrschte Personengesellschaft 35 ff; *U. H. Schneider* ZGR 1980, 511, 525.

为了确保少数股东的权利，只有在多数股东控制符合公司利益的例外情况下，鉴于多数股东和少数股东间互负的**诚信义务**，才要求少数股东容忍有关决议。在此，多数股东有义务说明和证明，公司的从属性符合公司利益。这一在联邦最高法院划时代的素森（Süssen）案〔1〕中针对竞业禁止的豁免问题发展出来的、原则上适用于所有相关情况的理论，确立了对涉及公司从属性的股东决议内容依据其与企业利益的关联和比例原则**进行司法审查**的做法（见本书 § 16 边码 153）。〔2〕应当根据这一标准审查股东决议是否威胁到在通常情况下可以实现的少数股东的利益。由此得出结论，不允许对少数股东的对立意见视而不见，而必须通过适当保障其权益继而获得少数股东的支持。〔3〕 21

同样的原则也适用于已经存在的多数参股，但不适用多数股东通过在公司之外从事经营活动事后成为康采恩法意义上的控制企业的情形。 22

在这类确定公司从属性的过程不以股东决议为前提的情况下，少数股东无法通过撤销之诉救济自己的固有权利，但他们可以提起**股东的不作为之诉**。〔4〕还可进一步考虑提起对相关股东的除权之诉或者剥夺相关人员管理公司和代表公司之资格的诉讼（《商法典》第 117 条、第 127 条、第 140 条，《有限责任公司法》第 38 条）。 23

**典型案例**：在霍曼－奥基尔维（Heumann-Ogilvy，BGHZ 89，162）案中，原告有限责任公司参与投资一家有限两合公司的有限责任股本，并作为两合公司无限责任股东出资，共拥有该公司 20% 的股份，而被告拥有两合公司 80% 的股份。被告后又设立了一家有限责任公司，从事与两合公司有竞争关系的商事活动。原告通过股东诉讼要求被告停止竞业、交出从事竞争性经营活动取得的盈利并将其拥有的竞争性公司的股份有偿转让给两合公司。联邦最高法院肯定了以《商法典》第 112 条和诚信义务为依据的多数股东的法定竞业禁止规定，并得出结论，鉴于公司的控制股东在公司以外从事经营活动对公司经济效益和竞争力以及对企业生存带来的特殊危险，有必要将《商法典》第 112 条规定的竞业禁止扩展适用于控制公司但自己并不承担责任的股东（BGHZ 89，162）。就像素森（Süssen，BGHZ 80，69）一样，该判例也没有说明，如果多数股东参与的不是与原公司有竞争性的经营活动，少数股东是否还享有要求停止 24

〔1〕 BGHZ 80，69.

〔2〕 Vgl. grundlegend Lutter/*Timm* NJW 1982，409，418；ausführlich Hachenburg/*Raiser* Anh. § 47 Rdn. 123 ff；OLG Stuttgart AG 2000，229（Breuninger）.

〔3〕 Ausgenommen werden können Beschlüsse wie z. B. die Veräuβerung einer Mehrheitsbeteiligung an ein branchenfremdes Unternehmen，mit denen keine erhebliche Gefährdung der Vermögensinteressen der auβenstehenden Gesellschafter einhergeht oder kein Eingriff in die bisherigen Herrschaftsverhältnisse verbunden ist；vgl. *Binnewies* aaO 232 ff.

〔4〕 BGHZ 89，162；Hachenburg/*Raiser* § 14 Rdn. 61，66；Hachenburg/*Ulmer* aaO Rdn. 65；*Binnewies* aaO 209 ff.

公司外经营活动的请求权。[1]

3. 股份有限公司

25 鉴于股份法上法律规定的严厉性(《股份法》第 23 条第 5 款;见本书 § 9. II. 2),对股份有限公司来说,**章程规定**在阻止形成多数参股方面所起的作用仅仅是非常有限的。这里值得一提的主要有通过**限制记名股票的转让(《股份法》第 68 条第 2 款,见本书 § 12. VII. 3)**、**设定最高表决权**对少数股东所作的有限保护。而后者也仅适用于非上市公司(《股份法》第 134 条第 1 款第 2 句,见本书 § 16. V. 4)。即便是对公司增资时**排除股份认购权**的司法控制[2]也仅适用于有限的情形(见本书 § 20. I. 3)。

26 除此之外没有保护**公众性公司**少数股东免受公司从属性损害的规定,因为通过对从属公司股东的保护规定以及协议康采恩中(《股份法》第 311 至 318 条;第 304 至 306 条)[3]的权利保护规定,投资股东和投机股东的利益已得到充分保护。[4] 此外,有关的股东还可以通过在交易所转让其股份而脱离公司。通过公开的企业收购要约获得多数股份的情况下,收购法还对少数股东另行给予保护。[5] 根据现行法,不得通过下列规定阻止多数控制的形成,即不得规定由股东确定的监事会成员中至少有一人不能代表多数股东的利益,而且必须中立。[6] 如此深入地干涉多数股东选举权正是行为人所希望的,但它已超出了法官造法的可能的合理上限。

27 但是对以股份有限公司为法律形态的**业主共同体**和**家庭公司**必须另行分析和评价,它们的股票不在交易所进行交易。这里的少数股东保护要求和**人合公司**、**有限责任公司**中保护少数股东相类似的法律规定。法律原则上承认非上市公司拥有较宽松的待遇(见本书 § 2, 9),因此应当这样来解释《股份法》第 23 条,即该条款

[1] S. dazu Fuβnote 32.

[2] BGHZ 71, 40. Umgekehrt ist in diesem Zusammenhang das Urteil Minimax II (BGHZ 33, 175) zu erwähnen, in dem ein Bezugsrechtsausschluβ für zulässig erklärt wurde, der dazu diente, die wirtschaftliche Selbständigkeit des Unternehmens zu erhalten und Fremdeinfluβ abzuwehren.

[3] S. unten § § 53 III, 54 V.

[4] Vgl. LG Mannheim AG 1991, 29, 30 (SEN); dazu *Decher* DB 1990, 2005, 2006 f und *Timm* NJW 1987, 977, 978 f; *Wiedemann*, Unternehmensgruppe 66; *U. H. Schneider* AG 1990, 56, 61.

[5] S. oben § 9 II 8.

[6] So aber das OLG Hamm im Banning-Beschluβ NJW 1987, 1030; kritisch dazu *Mertens* AG 1987, 40; Timm NJW 1987, 977; KölnKomm/*Koppensteiner* Vorb. § 311 Rdn. 27; Kropff FS Goerdeler 259, 266 ff; *Deilmann*, Entstehung des qualifizierten faktischen Konzerns 100 ff; *Decher*, Personelle Verflechtungen im Aktienkonzern 97 f, 106 f, 159 ff.

并不排除股份有限公司在章程中规定竞业禁止或者从属性禁止。[1] 此外,股东之间的诚信义务(见本书 § 12. V., 16. IX. 5. b)允许对股份有限公司多数股东[2]的行为和股东大会决议进行和人合公司法以及有限责任公司法上相类似的监督。

## III. 阻止康采恩的产生

28 一个企业成为另一个企业的从属公司之后产生的问题是,另一个企业实际行使管理权是不是合并带来的下一步影响,也就是说,从从属性向康采恩的过渡再一次受法律的调整,并且需要得到少数股东的同意。就股份有限公司而言,只有当公司显现出人合公司的结构特性时,才产生边码 25 项下阻止从属性产生的措施的实施可能。但如果在确认股份有限公司从属性的过程中遵守了有利于公司外部股东的保护性规定,就基本可以排除适用阻止从属性产生的措施。[3] 由于必须始终考虑到,股东一旦取得公司的控制权后就会去行使它,所以对多数参股和从属性的产生进行的法律监督也应扩展至对康采恩形成的监督。对康采恩的形成另外设立特别的监督形式是不必要的。事实上这也是不可能得以实施的,因为从统一管理的可能性向统一管理权的实际实施的转变过程是很难界定和区分的。法律上也没有对康采恩形成进行特别监管的理由,因为《股份法》第 311 条至第 318 条规定的法律后果是与从属性要件联系在一起的,而不是以康采恩的形成为适用前提。文献中要求的[4]、由控制企业发出一项特别的"康采恩化说明",并没有充分的法律基础。[5]

29 在向**实质性事实康采恩转变**过程中,法律却赋予了全新的体制内容。因为实质性的事实康采恩是康采恩联合的新的形式和阶段,在这种情形下,少数股东利益受到比以往更大的威胁。在股份有限公司和股份两合公司中只有以修改章程所需的绝对多数表决权所达成的协议才能实现向实质性事实康采恩的过渡,而在有限责任公司中必须以一致同意表决通过(见本书 § 53. IV. 3)。[6] 在人合公司中

---

[1] Die h. L. hält in der Satzung begründete Wettbewerbsverbote zu Lasten der Aktionäre mit § 23 V AktG unvereinbar, vgl. *Seydel*, Konzernbildungskontrolle 171 ff; a. A betr. personalistische Gesellschaften mit guten Gründen *Liebscher*, Konzernbildungskontrolle 386 f; *Binnewies* aaO 315 ff; *Geiger*, Wettbewerbsverbote 147.

[2] Für ein gesetzliches Verbot der Begründung qualifizierter Abhängigkeit *Binnewies* aaO 345 ff.

[3] OLG Stuttgart AG 2000, 229; KölnKomm/*Koppensteiner* Vorb. § 311 Rdn. 29; MünchHdb. AG/*Krieger* § 69 Rdn. 13. A. A. *Martens* GmbHR 1984, 265, 268 f; *Binnewies* aaO 247 ff.

[4] *Hommelhoff*, Konzernleitungspflicht 408 ff.

[5] H. L.; *Kropff* ZGR 1984, 112, 120 ff, 125 ff; *Koppensteiner* AG 1983, 230, 232; *Rittner* AcP 183 (1983), 295, 301 ff; *Rehbinder* ZHR 147 (1983), 464, 469 ff; *Westermann* ZGR 1984, 352, 354.

[6] OLG Stuttgart AG 2000, 229.

也要求股东以一致同意表决通过，但它所建立的始终只能是协议康采恩。[1]

## IV. 控制企业中对形成康采恩的审核

参考文献：*Ebenroth*, Konzernbildungs- und Konzernleitungskontrolle, 1987, 28 ff; *ders.*, Die Kompetenzen des Vorstands und der Aktionärsschutz in der Konzernobergesellschaft, AG 1988, 1; *Emmerich*, Konzernbildungskontrolle, AG 1991, 303, 307 ff; *Geßler*, Einberufung und ungeschriebene Hauptversammlungszuständigkeiten, FS Stimpel, 1985, 771, 779 ff; *Götz*, Die Sicherung der Rechte der Aktionäre der Konzernobergesellschaft bei Konzernbildung und Konzernleitung, AG 1984, 85; *Heinsius*, Organzuständigkeit bei Bildung, Erweiterung und Umorganisation des Konzerns, ZGR 1984, 383; *Hirte*, Bezugsrechtsausschluß und Konzernbildung, 1986, 155 ff; *Hübner*, Die Ausgliederung von Unternehmensteilen in aktien- und aufsichtsrechtlicher Sicht, FS Stimpel, 1985, 791; *Joost*, "Holzmüller 2000" vor dem Hintergrund des Umwandlungsgesetzes, ZHR 163 (1999), 164; *Liebscher*, Konzernbildungskontrolle, 1995; Lutter, Zur Binnenstruktur des Konzerns, FS Westermann, 1974, 347; *ders.*, Die Rechte der Gesellschafter beim Abschluß fusionsähnlicher Unternehmensverbindungen, DB 1974, Beilage 21; ders., Teilfusionen im Gesellschaftsrecht, FS Barz, 1974, 199; *ders.*, Organzuständigkeiten im Konzern, FS Stimpel, 1985, 825; *Lutter/Leinekugel*, Kompetenzen der Hauptversammlung und Gesellschafterversammlung beim Verkauf von Unternehmensteilen, ZIP 1998, 225; *Martens*, Die Entscheidungsautonomie des Vorstands und die "Basisdemokratie" in der Aktiengesellschaft, ZHR 147 (1983), 377; *Mecke*, Konzernstruktur und Aktionärsentscheid, 1992; *Mülbert*, Aktiengesellschaft, Unternehmensgruppe und Kapitalmarkt, 2. Aufl. 1996; *Priester*, Die klassische Ausgliederung - ein Opfer des Umwandlungsgesetzes, ZHR 169 (1999), 187; *v. Rechenberg*, Die Hauptversammlung als oberstes Organ der Aktiengesellschaft, 1986, 134; *Rehbinder*, Ausgründung und Erwerb von Tochtergesellschaften und Rechte der Aktionäre, FS Coing, Bd. II, 1982, 423; *ders.*, Zum konzernrechtlichen Schutz der Aktionäre einer Obergesellschaft, ZGR 1983, 92; *Schneider*, Die Personengesellschaft als herrschendes Unternehmen im Konzern, ZHR 143 (1979), 485; *ders.*, Konzernleitung als Rechtsproblem, BB 1981, 249; *Semler*, Einschränkung der Verwaltungsbefugnisse in einer Aktiengesellschaft, BB 1983, 1566, 1570; *Seydel*, Konzernbildungskontrolle bei der AG, 1995; *Sonntag*, Konzernbildungs- und Konzernleitungskontrolle bei der GmbH, 1990, 196 ff; *Timm*, Die Aktiengesellschaft als Konzernspitze, 1980; *Wahlers*, Konzernbildungskontrolle durch die Hauptversammlung der Obergesellschaft, 1995; *Werner*, Zuständigkeitsverlagerungen in der Aktiengesellschaft durch Richterrecht, ZHR 147 (1983), 429; *H. P. Westermann*, Organzuständigkeiten bei Bildung, Erweiterung und Umorganisation des Konzerns, ZGR 1984, 352; *ders.*, Grundfragen der Rechtsfortbildung im Aktienkonzernrecht, FS Pleyer, 1986, 421; *Wiedemann*, Die Unternehmensgruppe im Privatrecht, 1988, 50.

---

[1] *Reuter* ZHR 146 (1982), 1, 15; *Baumgartl*, Konzernbeherrschte Personengesellschaft 73 ff; GroßkommHGB/*Ulmer* Anh. § 105 Rdn. 36, 59 f.

1. 联邦法院的霍尔茨米勒(Holzmüller)判例

按照通常的权力划分规则,取得其他企业的股份、建立子公司等与母公司的资产移转联系在一起的对外代表公司的活动,由公司**代表机关管辖**。即使公司通过这类活动获得《股份法》第17条意义上的控制地位并产生了组建康采恩的可能性,情形也还是一样。子公司股权的行使和由此产生的康采恩管理权都掌握在母公司代表机关手里。如果至少在公司内部关系中,股东没有将有关的重要事项决议权由自己掌握行使,股东就会被排除在组建康采恩的活动之外。即使是由母公司作出的最基本的决议,比如子公司章程修改、企业经营范围的变更、增资、吸纳新股东和任命企业的机关成员等有关的决议,母公司的股东也无法介入。另一方面,母公司股东却要因为组建康采恩而额外承担很大的风险。康采恩管理者会致力于将利润尽可能地留在子公司而不是母公司,以降低母公司股东的受益。而由康采恩管理引起的母公司对子公司的亏损补偿义务,甚至是子公司债权人向母公司提出的责任承担请求权,会给母公司带来严重的经营风险。 30

1965年《股份法》的立法者还没有认识到上述风险所引起的对控制企业的股东进行保护的必要性,因而还没有相关的规定。但自20世纪70年代以来,上述问题首先在《股份法》中引起了法学理论界的关注,并在联邦最高法院著名的霍尔茨米勒案[1]中形成了相关的司法判例。根据该判决,公司机关就**结构性决定**,在该案中表现为就企业的重要部分分立出去成立子公司作出的决议,必须以章程中的授权为依据。董事会必须将这类事项递交**股东大会**决议。如果董事会怠于履行该义务,每一个股东都可以提起要求停止公司结构变更的不作为之诉。[2] 31

2. 后果

在霍尔茨米勒判例中确定的规则形成了今天对**控制企业组建康采恩进行普遍调整的法律基础**。这一规则经过最初的激烈批评之后,现在已原则上得到承认。[3]但具体到规则的适用范围问题上仍然存在争议。总体来看,呈现出以下法律机制的诸多情形: 32

(a) 获得另一个企业多数股份或者将本企业的重要部分分立出去成立子公司,这都不属于企业日常经营范围内的事务,故而必须有**章程的授权**作为依据。只有子公司和控制企业从事同行业经营时,才适用上述规则,因为对股份的管理原则上 33

---

[1] BGHZ 83, 122; s. oben § 16 Rdn. 12 ff.

[2] Zur Aktionärsklage vgl. oben § 12 III.

[3] LG Stuttgart AG 1992, 236; LG Frankfurt AG 1993, 287; LG Frankfurt ZIP 1997, 1698; *Wiedemann*, Unternehmensgruppe 53; KölnKomm/*Koppensteiner* Vorb. § 291 Rdn. 17 ff; MünchHdb. AG/*Krieger* § 69 Rdn. 6; Emmerich/*Sonnenschein* 86 ff; *Mülbert*, Aktiengesellschaft 360 ff; *Liebscher*, Konzernbildungskontrolle 73 ff; *Wahlers*, Konzernbildungskontrolle 166, *Seydel*, Konzernbildungskontrolle 403 ff; *Mecke*, Konzernstruktur und Aktionärsentscheid 178 ff.

还是不同于对企业的直接经营。参股条款必须足够清晰地指出被参股企业的营业范围。紧急情况下控制企业必须修改章程。如果控制企业对从属企业的管理超出控制企业章程所允许的范围,这是违法的,将引起针对控制企业股东的不作为之诉和损害赔偿之诉。但基本上在企业管理框架内、也未涉及公司股权结构变动的轻微案件是例外。

34 实践中相当普遍的做法是,在指明被控制企业经营范围的情况下,将这类参股条款和康采恩条款纳入股东协议和章程,据此授权公司原则上可以决定建立子公司和获得其他企业的股份。这样,康采恩的组建一般不再受到阻挠。

35 (b) 即使存在章程授权,一个**具体**的公司分立或获得他人股份的**过程**是否仍然必须特别**向股东会议提出**,这是有疑问的。联邦最高法院在其霍尔茨米勒判决中肯定了股份有限公司机关负有这项义务,要求这类事项必须以股东会简单多数表决通过。这一判决最初受到猛烈批评,当然也有一些赞同的声音,[1]现在则已被作为通用判例法来对待。立法者也间接确认了司法判例发展出来的规则,《变更法》第125条和第13条现在明确要求,联邦最高法院判决涉及的这类公司分立事项必须由股东大会作出相应的决议。事实上这也得到了普遍赞同,因为每一个具体的康采恩组建案都会产生对成员权的严重侵害,必须得到股东的同意方可进行。因为这里涉及公司结构的改变,必须以《变更法》第125条、第50条和第65条规定为依据,在资合公司组建康采恩的情况下必须要求得到章程修改所需的特定多数的同意。[2]

36 同样,股东的诚信义务也要求必须**审查**下列**内容**,即多数股东的决定是否服务于公司的利益并且没有过分限制少数股东的利益(见上文边码20)。就人合公司而言,只要没有相反规定,必须经股东协议一致同意通过,公司机关方可采取超越公司通常营业范围以外的措施。(《商法典》第116条第1条、第119条,《变更法》第125条、第43条)。

37 但是这里也必须给予在公司管理框架内的、不影响公司结构的**轻微案件**和附带行为以**例外**处理。但很难确定一个固定的界限,特别是难以确定质和量的标准,这也是该问题至今未被司法判例所阐明并且在理论界一直存在高度争议的原因(见本书 § 16 边码14)。

---

〔1〕 Kritisch *Heinsius* ZGR 1984, 383, 389 ff; *Kropff* ZGR 1984, 112, 123; *Martens* ZHR 147 (1983), 377, 380 ff; *Sünner* AG 1983, 169 f; *Werner* ZHR 147 (1983), 429, 438 ff; *Westermann* ZGR 1984, 352, 363 ff; *Beusch*, FS Werner, 1; *Semler* BB 1983, 1566, 1570 ff; *Ebenroth*, Konzernbildungs-und Konzernleitungskontrolle, 1987, 24 ff; zustimmend *Lutter*, FS Fleck, 169; *ders.*, FS Stimpel, 825, 840 ff; *Geßler*, FS Stimpel, 771; *Hübner*, FS Stimpel, 791; *Hirte*, Bezugsrechtsausschluß und Konzernbildung, 1986, 162 ff; *Rehbinder* ZGR 1983, 92, 98 f; *Wiedemann*, aaO, 50 ff; MünchHdb. AG/*Krieger* § 69 Rdn. 6.

〔2〕 So *Lutter* FS Fleck, 169, 181 ff; wohl auch MünchHdb. AG/*Krieger* § 69 Rdn. 8.

# § 53. 事实康采恩

参考文献(部分): *Altmeppen*, Zur Vermögensbindung in der faktisch abhängigen AG, ZIP 1996, 693; *Bälz*, Verbundene Unternehmen - Konzernrecht als Speerspitze eines fortschrittlichen Gesellschaftsrechts?, in Nörr (Hrsg.), 40 Jahre Bundesrepublik - 40 Jahre Rechtsentwicklung, 1989, 177; *Baumgartl*, Die konzernbeherrschte Personengesellschaft, 1986; *Burbach*, Recht der konzernabhängigen Personengesellschaft, 1989; *Cahn*, Kapitalerhaltung im Konzern, 1996; *Decher*, Personelle Verflechtungen im Aktienkonzern, 1990; *Druey* (Hrsg.), Das St. Galler Konzernrechtsgespräch, 1988; *Geßler*, Leitungsmacht und Verantwortlichkeit im faktischen Konzern, FS H. Westermann 1974, 145; *ders.*, überlegungen zum faktischen Konzern, FS Flume Bd. II 1978, 55; *Götz*, Rücklagenbildung in der Unternehmensgruppe; FS Moxter 1994, 573; *Henze*, Die Treupflicht im Aktienrecht, BB 1996, 489; *Hommelhoff*, Die Konzernleitungspflicht, 1982; *ders.* (Hrsg.), Entwicklungen im GmbH-Konzernrecht, 1986; *Ibenroth*, Konzernbildungs-und Konzernleitungskontrolle, 1987; *Ihde*, Der faktische GmbH-Konzern, 1974; *Kropff*, Außenseiterschutz in der faktisch abhängigen "kleinen AG", ZGR 1988, 558; *Lutter*, Die Haftung des herrschenden Unternehmens im GmbH- Konzern, ZIP 1985, 1425; *ders.*, Organzuständigkeiten im Konzern, FS Stimpel 1985, 825; *ders.*, Rücklagenbildung im Konzern, FS Goerdeler 1987, 327; *ders.*, Das Vor-Erwerbsrecht/Bezugsrecht der Aktionäre beim Verkauf von Tochtergesellschaften über die Börse, AG 2000, 342; *ders.*, Das System des deutschen Konzernrechts, in Hommelhoff u. a. (Hrsg.), Entwicklungen im GmbH-Konzernrecht, 1986, 192; *Matthießen*, Stimmrecht und Interessenkollision im Aufsichtsrat, 1989; *Mecke*, Konzernstruktur und Aktionärsentscheid, 1992; *Mülbert*, Aktiengesellschaft, Unternehmensgruppe und Kapitalmarkt, 2. Aufl. 1996; *ders.*, Unternehmensbegriff und Konzernorganisationsrecht, ZHR 163 (1999), 1; *Rowedder*, Bestandsschutz im faktischen GmbH-Konzern, in Hommelhoff aaO 20; *Säcker*, Zur Problematik von Mehrfachfunktionen im Konzern, ZHR 151 (1987), 59; *Schießl*, Die beherrschte Personengesellschaft, 1985; *Semler*, die überwachungsaufgabe des Aufsichtsrats, 2. Aufl. 1996; *ders.*, Doppelmandats-Verbund im Konzern, FS Stiefel 1987, 719; *Schlieper*, Leitungsintensität und Mehrfachfunktion im faktischen Aktienkonzern, 1996; *Stein*, Konzernherrschaft durch EDV, ZGR 1988, 163, 178 ff; *Stimpel*, Bestandsschutz im faktischen Konzern, in Hommelhoff aaO, 39; *Strohn*, Die Verfassung der Aktiengesellschaft im faktischen Konzern, 1977; *Timm*, Die Aktiengesellschaft als Konzernspitze, 1980; *Ulmer*, Der Gläubigerschutz im faktischen GmbH-Konzern beim Fehlen von Minderheitsgesellschaftern, ZHR 148 (1984), 391; *ders.*, Der Gläubigerschutz im faktischen GmbH-Konzern beim Fehlen von Minderheitsgesellschaftern, ZHR 148 (1984), 391; *Wiedemann*, Die Unternehmensgruppe im Privatrecht, 1988; *Wilhelm*, Rechtsform und Haftung bei der juristischen Person, 1981; aus betriebswirtschaftlicher Sicht *Küting*, Unternehmenspolitische Aspekte bei der Wahl zwischen einem faktischen und einem Vertragskonzern, DBW 1980, 375.

## I. 概述

1.《股份法》第 311 条及以下规定中存在的问题

1 在企业实践中,由多数参股带来的影响是大不相同的:既可能基本上不会影响企业集团中成员公司的自主性和独立企业责任,即是一种松散型合作,也可能导致所有决定权限集中于康采恩领导层,并形成严格的等级制,使得康采恩成员企业没有任何经济活动的自主空间。与此多种组织形式相适应,《股份法》中规定了三种模式,即协议康采恩(控制合同与盈利缴纳合同,《股份法》第 291 条、第 304 条及以下、第 308 条及以下)、加入式康采恩(《股份法》第 319 条及以下)以及所谓的事实康采恩(即缺乏控制合同时的责任问题,《股份法》第 311 至 318 条),并且认可了不同度的康采恩管理权强度。在**加入式康采恩及协议康采恩**中,控制企业拥有对从属企业的合法管理权。在控制企业行使其管理权的范围内,《股份法》第 308 条、第 323 条第 1 款应取代那些确保企业机关自主承担责任的条款,尤其是《股份法》第 76 条和第 111 条第 4 款。为了康采恩的利益,《股份法》上的财产约束也被取消了(《股份法》第 291 条第 3 款、第 323 条第 2 款),控制企业可以违反《股份法》第 117 条、第 243 条第 2 款的规定行事,即使这样做与从属企业的利益相矛盾并会导致其遭受损失。

2 与加入式康采恩及协议康采恩相比,对**事实康采恩**的规制则完全不同,它建立在这样的理念之上,即从属企业的自主性基本上不应受侵害。《股份法》第 311 条至第 318 条与从属性的构成要件相联系,但并不以管理权的实施为前提。这些条款也适用于建立在多数参股基础上的管理权的实际行使,即适用于虽然没有签订控制合同或盈利缴纳合同,也没有一个企业归属于另一企业,却存在《股份法》第 18 条意义上康采恩的情形。根据《股份法》第 311 条第 1 款,控制企业在这种情况下不得以损害从属企业的方式行使领导权。换言之,控制企业只能采取(至少也)有利于子公司的企业领导措施。否则控制企业和从属企业的所有董事会成员及从属企业的监事会成员应承担损害赔偿责任(《股份法》第 317 条第 3 款、第 318 条第 1 款、第 2 款;见下文 III. 5)。为了确保康采恩企业正直行事,《股份法》要求董事会就与关联企业间的关系编制年度报告,并在其中报告所有的康采恩内部法律行为和相关措施(《股份法》第 312 条,从属性报告)同时分析其益处与弊端。此报告需监事会及决算审查人的定期检查(《股份法》第 313、314 条;见下文 III. 4)。

3 但《股份法》又**淡化**了上述原本十分严格的规定,即只要以后能够弥补有害法律行为和措施所造成的损失,这种法律行为和措施就是允许的(《股份法》第 311 条第 1 款、第 2 款)。这一规定是立法过程中的妥协,因为原来规定的发出有害指令的严格责任难以实施[1]。但这一规定的问题在于,它动摇了《股份法》第311条及以下条款所依据的原则。这一结果引起了学术界广泛的争议:事实康采恩是否合法。但这一争论往往流于所罗门王式的套话而没有任何法律上的结论。《股份法》没有将事实康采恩合法化,却容忍了它[2]。确定无疑的是,《股份法》第311条等体现的理念和内部构想并不统一,这一点在进行法律解释时应予注意。

2. 实质性事实康采恩

4 关于《股份法》结构体系方面的实践经验表明,在此期间问题已经发生了变化。今天更为重要的是,《股份法》第311至318条设置的规则体系**在什么前提条件下能发挥功效**。对利益损害进行补偿的前提在于,行使康采恩管理权的措施引起的利益损害可以确定并可对其财产价值进行充分计算。这需要从采取措施之时起就对此作出即时评估。但支配企业的措施大多不是一开始就有不利影响的,而是在随后的进程中体现出其利弊。此外,源于控制企业影响的利益损害只有在下列情况下才可得到确定,即引起这种利益损害的因素仅限于少数情形,而没有控制企业影响以外的其他因素损害从属企业的经济独立性。所以这些规定充其量只适用于那些进行分散型松散管理的康采恩。

5 与之相反,一个企业被纳入康采恩的典型情况将导致从属企业内部结构及其经营范围发生大的转变。从属企业的生产计划、进货渠道和销售渠道都会以康采恩的需要为依据而转变;其盈利将上缴给母公司,并由母公司根据整个康采恩及其成员企业的需要进行新的分配;数据的存储与加工[3]、以及相关的信息渠道、财务和人员的规划、乃至整个企业的发展战略和经营策略都服务于超越于单个成员企业之上的整个康采恩的利益。人们习惯于将这种情形称为**实质性事实康采恩**,并将之视为与简单康采恩相区别的一种形式,其法律特征在于,《股份法》第311至318条的规定不适用于它。可以说,只要立法者不表态,这里就存在着必须通过学术上和司法上的法律发展来填补的**法律漏洞**。[4]

6 这些观点及其依据在此期间已得到承认。联邦最高法院自起重机(Autokran)一案[5]以来也在其一贯的判例中接受了实质性事实康采恩的概念并形成了相关的、虽然仅针对有限责任公司的特殊规则(见下文IV)。与此相反,对股份有限公司形成的实质性事实康采恩缺少相应的最高法院的判决[6],学术界对这方面的问题

---

[1] 见1958年专家意见稿第284条,立法过程详见 KölnKomm/*Koppensteiner* Vorb. 第311条 Rdn. 9。

[2] Nachweise bei *Koppensteiner* aaO Rdn. 5 ff; Geβler/Hefermehl/*Kropff* 第311条 Rdn. 7 ff; Emmerich/*Habersack* Aktienkonzernrecht Vor 第311条 Rdn. 6, *Mülbert* ZHR 163 (1999), 1, 23。

[3] *Stein* ZGR 1988, 163, 178 ff。

[4] A. A. *Koppensteiner* aaO Rdn. 23 ff 中试图借助对《股份法》作扩张性解释来解决问题。

[5] BGHZ 95, 330.

[6] *Banning*-Beschluβdes OLG Hamm NJW 1987, 1030 (相关信息见上文 § 52 Rdn. 25) 以及 LG Mannheim AG 1991, 29, 30 (SEN); *Decher* DB 1990, 2005, 2006 ff。

也还没有定论。因此,这一领域的法律状况可以说是空白(见下文IV. 4. b)。

3. 有限责任公司与人合公司

7 《股份法》第311条及以下条款存在的漏洞促使司法界和学术界在其直接的应用范围之外,一开始就坚决地避开《股份法》的调整模式而寻求其他的解决方法。《股份法》第311条及以下条款不能直接或类推适用于加入事实康采恩的**有限责任公司和人合公司**[1]。由于缺乏法律规定,相关的规则比如在康采恩形成保护方面的规则(见上文§52. II.)都是从康采恩法的一般原则发展而来的。其中主要以公司法的一般条款,尤其是诚信义务作为形式上的连结点。大量最高法院判决的产生使已生效的法官法的轮廓比在股份康采恩法中的规定更为清晰了(见下文III. 6,IV. 34)。

## II. 康采恩的管理

1. 康采恩管理的范围

8 (a) 根据《股份法》第311条第1款的规定,控制企业原则上不得在从属关系及一般性事实康采恩中对**从属股份有限公司**施加影响而给其带来不利,从属企业的企业利益比康采恩利益更重要。与存在控制合同和加入式康采恩(《股份法》第308条第1款第1句、第323条第1款第1句)的情况不同,控制企业对从属企业管理机构没有发出指示的权利。控制企业只能借助于其在股东会中的多数表决权和与之相关的人事任免权(见上文§51. III. 1)来实施其控制职能。对控制企业行为的其他限制直接源于《股份法》第311条,对控制企业的所有举措都必须判断其是否对从属企业有不利影响,但这是以能够界定其影响为前提的。因此,只有那些能够界定其影响的行为才在考虑之列,例如接受某种特定产品,签订特定的康采恩内部供货合同,或是母公司在没有获得合理对价的情形下提供服务[2]。如果控制企业的管理措施给从属企业带来了利益损害,那么这些利益损害必须是可以量化确定的,控制企业必须能够也愿意按照《股份法》第311条补偿这些利益损害。如果控制企业给从属企业造成了比一般可补偿的利益损害更严重的损害,控制企业应根据《股份法》第317条承担损害赔偿义务[3]。这种情况下,如果控制企业持续行使其康采恩管理权,可以推定,该损害源于违法的管理措施(见下文边码29)。[4] 整体看来,法律只允许控制企业在较低程度上对从属企业施加控制性影响。

---

〔1〕 有关有限责任公司的情况自 BGHZ 95, 330, 340 (*Autokran* 案)以来存在争议;有关从属人合公司见 *Baumgartl*, Konzernbeherrschte Personengesellschaft 61 ff; *Schießl*, Beherrschte Personengesellschaft 61, Baumbach/*Hopt*, HGB § 105 Rdn. 103。

〔2〕 BGHZ 65, 15 (*ITT*).

〔3〕 有关不利益的概念见下文III。

〔4〕 BGHZ 141, 79, 83.

(b)《股份法》第76条第1款仍适用于从属的股份有限公司的**董事会**。《股份法》第311条第1款所作的修正仅限于,如果从属股份有限公司遭受的利益损害在该营业年度结束后的一年内及时得到补偿的话,允许从属公司董事会对控制企业采取的不利措施作出让步[1]。因此从属企业的董事会负有维护本企业利益的义务,但没有义务听从控制企业的指使。董事会必须经常审查,控制企业是否并以何种方式对从属企业施加影响,是否因此对从属企业产生了不利影响以及如何能够补偿这些利益损害。为了做到这一点,董事会可以采取人事上和组织上的适当防护措施。董事会行为和责任的惟一标准是从属企业的利益[2]。但根据《商法典》第294条第3款,董事会有义务将制定康采恩年度结算和企业情况报告所必需的**信息**和证明材料提交给控制企业。如董事会超出《股份法》第131条规定的范围向控制企业提供信息,就必须依据《股份法》第93条第1款第2句(见上文§§14. I. 2,15. VII. 3)规定的保密义务来决定其可提供信息的界限。 9

上述法律情况导致了实践中的严重**利益冲突**,当从属企业董事会成员在监事会和股东会中面对努力贯彻康采恩利益的控制企业的代表时,这种利益冲突就已经出现。这种冲突在下列已经成为普遍现象的情形中显得更为突出,即在康采恩组织结构中将从属企业的董事会成员特别是董事会主席同时任命为控制企业董事会成员[3]。如果控制企业将其董事会成员同时委派到从属企业的董事会和监事会中,那么控制企业的影响将得到进一步加强。现行法并不禁止这种双重身份的结合,而且它还被证明是一种有效的康采恩控制方式[4]。但这种方式却很容易被利用来超越《股份法》第311条规定的界限对从属企业施加影响,导致实质性事实康采恩的产生(见下文IV)。然而这也不是无法避免的[5]。在一般性事实康采恩中,主流学说试图通过区分一定界限来规制这种**双重委任**:董事会成员为从属企业工作时,就有义务维护从属企业的利益;与之相反,他在控制企业中就应遵循整个康采恩的利益。如果冲突无法通过这种办法解决,就必须通过表决禁止的方法,或在万不得已时撤销其中一种委任来解决问题[6]。这种解决方法在实践中几乎行不 10

---

[1] Geßler/Hefermehl/*Kropff* 第311条 Rdn. 59 f; KölnKomm/*Koppensteiner* 第311条 Rdn. 106; *Strohn*, Die Verfassung der AG im faktischen Konzern 30 ff; je m. w. Nachw。

[2] MünchHdb. AG/*Krieger* § 69 Rdn. 31.

[3] *Hoffmann-Becking* ZHR 150 (1986), 570, 574 ff; *Decher*, Personelle Verflechtungen im Aktienkonzern 127 ff; *Martens* FS Heinsius 523.

[4] *Hoffmann-Becking* aaO 573; *Semler* FS Stiefel 719, 732 ff; *Hommelhoff* St. Galler Konzernrechtsgespräch 107, 124.

[5] So vor allem *Semler* aaO 754 f; *Decher* aaO, 64 ff; *ders.* DB 1989, 965, 971 (m. w. Nachw.); *Lindermann* AG 1987, 225, 231 ff; *Lutter* AG 1990, 179, 183; *Hoffmann-Becking* in Probleme des Konzernrechts 68, 82 f; a. A. Säcker ZHR 151 (1987), 59, 65 ff.

[6] *Hoffmann-Becking* aaO 579 ff; *Semler* aaO 756 ff; kritisch *Decher* aaO 132 ff; KölnKomm/*Mertens* § 77 Rdn. 31; Emmerich/*Habersack*, Aktienkonzernrecht 第311条 Rdn. 17。

通,因为这种委任正是为了使企业联合更为容易并确保康采恩政策的贯彻而设置的[1]。因此,即使没有实质性康采恩存在,人们也可以推测,控制企业通过董事会之间人事上的联系,对从属企业的企业决策施加了影响,并且该企业因此应根据《股份法》第 317 条第 1 款对产生的利益损害负责。除非一个明确自己义务又认真负责的从属企业的董事会也作出了与控制企业同样的决定,控制企业才可以免责(《股份法》第 317 条第 2 款;见下文边码 34)[2]。

11 (c) 从属企业**监事会的监督职能**没有变化,它只能为维护从属企业的利益行使监督权而不得将范围扩展到整个康采恩。监事会审查从属性报告的义务是特别规定的(《股份法》第 314 条;见边码 31)。此外,监事会必须时刻注意,母公司行使管理权的行为是否有促成实质性事实康采恩的倾向[3]。如果监事会成员违反上述义务,则负有《股份法》第 116 条、第 93 条规定的损害赔偿义务。在此情况下,控制企业根据《股份法》第 317 条第 1 款也负有责任。

12 如果控制企业通过它在从属企业股东会中的多数表决权将自己的董事会成员、领导层人员或心腹选为监事会成员,并指使他们贯彻康采恩利益的话,特别容易产生**利益冲突**。对这种情形,主流学说也仅满足于通过区分监事会成员在双重委任中的不同义务来约束和禁止表决权,以及在最坏情况下通过免去委任来消除矛盾[4]。但就像对从属企业董事会成员的双重委任进行的规制那样(见边码 10),这种办法在实践中也行不通。按照现行法,由哈姆州高等法院在班宁(Banning)决议中提出的至少一名监事会成员不得由控制企业委任的要求也是行不通的,因为《股份法》第 133 条第 1 款毫无疑义地规定了纯粹的多数选举[5]。此外还需审查,监事会行使监控职能的方式是否没有为实质性事实康采恩奠定基础。现行法也没有解决监事会在法律上对从属企业的义务和事实上与康采恩利益的联系之间的矛盾问题[6]。

13 从属企业为有限责任公司的,只有当控制企业能够借助它在从属企业股东会的多数表决权长期地、随时地对企业管理作出决定,并对从属企业管理人员发出指示的情况下,有关的法律规定才有所不同,但存在表决权禁止的情况除外(《有限责任公司法》第 47 条第 4 款)。然而监事会仍负有**诚信义务**,就像在股份有限公司里一样,诚信义务要求对从属企业的管理必须符合从属企业的利益,特别是不能有损于其经济的稳定性、盈利能力和发展机会。如果违反上述义务,外部股东可以在股

---

〔1〕 Ausführlich dazu *Decher*, aaO, 135 ff.

〔2〕 *Decher* aaO 170 ff m. w. Nachw.; *Semler* aaO 760.

〔3〕 MünchHdb. AG/*Krieger* § 69 Rdn. 31; OLG Hamm NJW 1987, 1030, 1031 (*Banning*).

〔4〕 Vgl. BGHZ 36, 296, 306 ff; BGH NJW 1980, 1629, 1630 (*Schaffgotsch*); *Ulmer* NJW 1980, 1603, 1605 ff; *Semler* FS Stiefel 719, 744 ff, 753 f, 756 ff; kritisch *Matthießen*, Stimmrecht und Interessenkollision im Aufsichtsrat 194 ff.

〔5〕 OLG Hamm NJW 1987, 1030; Nachweise der Besprechungen s. § 52 Fn. 39; für eine solche Lösung de lege ferenda *Hommelhoff*, in St. Galler Konzernrechtsgespräch 107, 123.

〔6〕 *Decher* aaO 164 ff, 196.

东之诉中提出损害赔偿的要求（见下文边码 37 及见上文 § § 27. IV.,28. IV.）。只有在一人有限公司中,司法界[1]和主流学说[2]不承认公司的独立利益,因为他们受股东的影响极大。这对于**人合公司**同样适用,如果股东会不是按照《商法典》第 119 条第 1 款以一致同意作出决定而是根据公司合同以多数决议作出决定的话。

2. 控制企业中的职权划分

14 按现在的观点,如果控制企业是一个股份有限公司,它的**董事会**在如边码 8 及以下部分所讲的《股份法》第 311 条允许的狭窄范围内,对其子公司**负有义务**[3],以《股份法》第 76 条和第 93 条所要求的谨慎态度行使其**管理权**。如果它超越了上述范围,比如没有对从属企业的利益损害给予补偿,将不仅仅引起《股份法》第 317 条第 3 款规定的责任（见边码 33 等）;根据《股份法》第 93 条第 2 款第 1 句的规定,它更多地还对控制企业负有损害赔偿责任。相应地,控制企业的董事会就其康采恩管理还受到监督。控制企业的**监事会**也必须对康采恩管理进行监督,并依据《股份法》第 116 条对此负责。按照《共同决定法》,控制企业与从属企业都有参与决策的义务,所以依照《共同决定法》第 32 条的特别规定,董事会在作出人员和企业结构上的决定时就需要监事会的同意,监事会就此需要监事会的股东成员参与投票决定。

15 联邦最高法院在霍尔茨米勒一案[4]后,有一个问题变得重要起来,即哪些康采恩管理行为需要由控制企业的**股东会**来决定,特定情形下还需要以特定多数通过。联邦最高法院主张,如果股东会事先没有以变更章程所需的特定多数同意将企业最有价值的部分转让给子公司的话,全资子公司的增资行为需要由控制企业股东会作出决定。总之,母公司的股东可以要求"在子公司的重要的、基础性的、可能持续其自身法律地位的决策中,以如同在母公司进行相应决策时所需的方式和同比例的多数,参与这些决定的作出"。这一规则直到现在仍有争议[5],但在实务中必须被视为是有效的法官法。只要法律规范在这方面还没找到其他措施,对母公司

---

[1] BGHZ 119, 257, 282; 122, 236; BGH ZIP 1999, 1352.

[2] *Lutter* ZIP 1985, 1428; Winter ZGR 1994, 593, differenzierend *Ulmer* ZHR 148 (1984), 1418.

[3] *Hommelhoff* Konzernleitungspflicht 43 ff; *Semler*, überwachungsaufgabe 107 ff; *Martens* ZGR 1984, 417, 425; *Rittner* AcP 183 (1983), 295, 301 f; *U. H. Schneider* BB 1981, 249, 253; *Timm* NJW 1987, 977, 980; kritisch im Einzelnen *Geßler* ZIP 1982, 1381, 1383; *Rehbinder* ZHR 147 (1983), 464, 467; KölnKomm/*Koppensteiner* Vorb. § 291 Rdn. 30.

[4] BGHZ 83, 122; vgl. § § 16 I 5, 52 IV.

[5] Grundsätzlich zustimmend *Lutter* FS Stimpel 825, 851; *Rehbinder* ZGR 1983, 92, 99 ff; *H. P. Westermann* ZGR 1984, 352, 371 ff; Hirte, Bezugsrechtsausschluβ und Konzernbildung 176 ff; *Timm*, AG als Konzernspitze 135 ff; einschränkend *Martens* ZHR 147 (1983), 377, 404 ff; *Mülbert* Aktiengesellschaft 369 ff, 401, ablehnend *Heinsius* ZGR 1984, 383, 397 ff; *Werner* ZHR 147 (1983), 429, 450 ff; *Wiedemann*, Unternehmensgruppe 72 ff; kritisch auch KölnKomm/*Koppensteiner* Vorb. § 291 Rdn. 37 m. w. Nachw.; MünchHdb. AG/*Krieger* § 69 Rdn. 33 ff.

股东进行保护就不能放弃这一做法。

16 因此,法律适用中很重要的问题是,股东大会**在哪些情况下**有管辖权。由于缺少相应判决,这一领域仍是空白。联系霍尔茨米勒一案可知,并不是所有的章程变更和结构改变都需股东大会的参与,比如说全资子公司住所的迁移[1]、商号的改变[2]或是源于公司积累资金的增资[3]都无此必要。但股东大会的赞同在下列情况下又是必需的,如解散子公司[4]、将子公司财产的重要组成部分转让给第三人[5](参照《股份法》第179 a条)或是与第三者签订联合契约。如果子公司是康采恩的重要组成部分时[6],股东大会的管辖更是必要的。只要肯定了从属性的存在[7],那么是否存在全资子公司,或者母公司股东大会是否已经同意了公司的分立,都并不重要[8]。这一规则导致在多层级的康采恩中,母公司的股东大会对孙公司的重要问题也要作出决定[9]。

17 根据《股份法》第131条第1款第2句和《有限责任公司法》第51 a条的规定,母公司股东的**知情权**也涉及母公司与从属企业关系方面的内容(见上文§§16. IV., 27. III.)。[10]

3. 储备金的设立

18 如果从属企业储备金的提取缩减了向母公司股东分发的盈利,该储备金的提取就成了一个棘手而难以理清的问题。根据《股份法》第58条第2款、第3款的规定,董事会和监事会最高可以把企业年度盈余的一半提取为盈余储备金;另一半盈余的处分由股东会,在从属企业的股份有限公司中即由母公司的董事会来决定。

---

[1] BGHZ 83, 122, 140.

[2] BGH aaO. Der BGH läßt ausdrücklich offen, wie die Bindung des Vorstands an die Zustimmung des Aufsichtsrats bei gewissen Geschäften nach § 111 IV 2 AktG zu behandeln ist (BGH aaO S. 140 f).

[3] *Lutter*, FS Stimpel, 825, 851.

[4] BGHZ 83, 122, 140; *Götz* AG 1984, 85, 88 f; MünchHdb. AG/*Krieger* § 69 Rdn. 38; a. A. *Westermann* ZGR 1984, 352, 373.

[5] BGH aaO; *Martens* ZHR 147 (1983), 377, 424 f; *Götz* aaO 88; *Westermann* aaO 371; *Krieger* aaO.

[6] *Lutter*, aaO, 851; *Krieger* aaO; im übrigen Schrifttum werden die Voraussetzungen dagegen z. T. enger formuliert, vgl. *Götz* aaO 88; *Westermann* aaO 373; KölnKomm/*Koppensteiner* Vorb. § 291 Rdn. 47. Als nicht zustimmungspflichtig gelten überwiegend Fusionen und Unternehmensverträge zwischen Konzernunternehmen, vgl. LG Köln AG 1992, 238 und OLG Köln AG 1993, 86 (*Winterthur/Nordstern*); ferner *Krieger* aaO Rdn. 37. Für ein Bezugsrecht der Aktionäre der Obergesellschaft bei Verkauf von Tochtergesellschaften über die Börse *Lutter* AG 2000, 342.

[7] Str.; vgl. *Koppensteiner* aaO Rdn. 38; *Krieger*.

[8] *Koppensteiner* aaO; *Heinsius* ZGR 1984, 383, 402; *Martens* ZHR 147 (1983), 377, 420 f.

[9] *Lutter* aaO 849 f.

[10] OLG Köln GmbHR 1985, 358; OLG Hamm DB 1986, 580; LG Bielefeld BB 1985, 1687; OLG Düsseldorf GmbHR 1988, 221; Kort ZGR 1987, 46; *Lutter* AG 1985, 117; *ders.* in St. Galler Konzernrechtsgespräch 225, 231 f.

如果母公司董事会决定,将子公司的全部年度盈余都留在子公司,那母公司的年度盈余就减少了。相应地,股东分得的利润也变少。如果从属企业是有限责任公司,那么根据《有限责任公司法》第 29 条产生类似结果。如今毫无疑义的是,原则上**不允许**通过**康采恩企业中的利润留成**导致母公司股东“饿死”。有争议的是法律适用问题,文献中有三种代表性意见。第一种观点拒绝适用《股份法》第 58 条的规定于康采恩,因为实践中并没有产生滥用储备金提取权的例子,而且法律也没有发现规制上的漏洞[1]。相反的观点则认为存在隐藏的规制上的漏洞,并主张通过《股份法》第 58 条第 2 款的适用,即禁止董事会和监事会将超过整个康采恩年度盈余的 50% 的数额提取为储备金来弥补这一漏洞[2]。第三种观点主张,只需规定母公司的领导机关负有义务,使子公司提取的储备金与母公司的储备金成合适比例[3]。在实践中,至少在公众公司中,上述储备金提取问题经常被掩盖了,因为分发给股东的并非真正的企业盈利,而是市场化的股利。结果是毫无疑问的,如果不是将公司作为康采恩而是作为单一企业来经营的话,母公司股东应得的全部金额实际上就是年度盈余。认清了这一点可以得出结论,企业领导机关负有编制资产负债表的义务。《股份法》第 131 条和《有限责任公司法》第 51 a 条规定的知情权则确保了这一义务的履行。不符合这一原则的年度财务报表,根据《股份法》第 256 条第 1 款第 4 项(见上文 §16. IX. 3)的规定是无效的。但鉴于许多具体的情况,还有必要继续积累经验。

## III. 损害的补偿(《股份法》第 311—318 条)

参考文献: *Bode*, Abhängigkeitsbericht und Kostenlast im einstufigen faktischen Konzern, AG 1995, 261; *Haesen*, Der Abhängigkeitsbericht im faktischen Konzern, 1970; *Hommelhoff*, Praktische Erfahrungen mit dem Abhängigkeitsbericht, ZHR 156 (1992), 295; *IdW*, Zur Aufstellung und Prüfung des Berichts über Beziehungen zu verbundenen Unternehmen (Abhängigkeitsbericht nach § 312 AktG), WPg 1992, 91; *Pöppl*, Aktienrechtlicher Minderheitenschutz durch den “Abhängigkeitsbericht”, 1972; *Richardt*, Der aktienrechtliche Abhängigkeitsbericht unter ökonomischen Aspekten, 1974; *Uecker*, Der Vorteils-Nachteils-Ausgleich beim Abhängigkeitsbericht, 1972; *Zöllner*, Schutz der Aktionärsminderheit bei einfacher Konzernierung, FS Kropff 1997, 333; vgl.

---

[1] *Adler/Düring/Schmaltz*, Rechnungslegung und Prüfung 6. Aufl., § 58 AktG Rdn. 84 ff; *Beusch* FS Goerdeler 25, 30 ff; *Ebenroth*, Konzernbildungs- und Konzernleitungskontrolle 42 ff; *Goerdeler* WPg 1986, 229; *Thomas* ZGR 1985, 365, 373 ff; *Werner* FS Stimpel 935, 940 ff; *ders.* AG 1990, 1, 10 ff; *H. P. Westermann* FS Pleyer 421, 437 ff; *Hüffer* AktG § 58 Rdn. 17.

[2] *Geßler* AG 1985, 257; *ders.* FS Meilicke 18, 25 ff; *Götz* AG 1984, 85 ff, 93 f; *ders.* FS Moxter 573, 576 ff, 587 ff, 596f (sofern quantitativ wesentlich).

[3] Geßler/Hefermehl/*Bungeroth* § 58 Rdn. 8; *Hübner* FS Stimpel 791, 798 f; *Lutter* FS H. Westermann 347, 363 f; *ders.* FS Goerdeler 327, 338 ff; KölnKomm/*Lutter* § 58 Rdn. 38 ff, 41; ähnliche Ansätze bei *Adler/Düring/Schmaltz* aaO; *Goerdeler* aaO 235 f.

aus betriebswirtschaftlicher Sicht *Schubert*, in Küting/Weber (Hrsg.), Handbuch der Konzernrechnungslegung, 1989, § § 311—318 AktG Rdn. 64 ff. Ferner die Schrifttumsangaben zu I.

1. 损害的概念

19 根据《股份法》第311条I,控制企业可以暂时性地对从属企业施加不利影响,只要这种损害将来可以得到补偿。《股份法》第311条由此**放松了**独立的股份有限公司按照《股份法》第57条、第60条和第62条所受的严格的**财产约束**[1]。如果一个公司的财产状况或是盈利前景恶化,那么就产生了损害。并不要求这种损害是马上可以量化的;任命一名无能的董事会成员或安插一名从属企业的董事会成员进入控制企业[2]都可能造成损害。此外,判断损害发生的时间也很重要;还必须注意的是,如果开始有不利影响的行为在补偿期内逐渐显现为有利影响,那么补偿义务就不存在了[3]。与此不同,如果控制企业的行为开始是无害或有益的,之后才显现出是会带来亏损的行为,它不受《股份法》第311条第1款I的规制。因为与《股份法》第302条的规定相反,《股份法》第311条第1款并没有规定母公司有义务确保子公司的经营活动成功,或补偿其经营上的损失,企业经营的风险更多地还是由子公司承担的[4]。但这正是事实康采恩的补偿法律制度中最大的弱点之一。

20 法律所说的有不利影响的法律行为和措施,应表现为单个的、可界定的经营管理行为。对**这些法律行为**进行界定、评估的标准可以是市场价格,或是可比交易中给付与对待给付的比例,必要时可以通过成本加合理利润来计算出比较的标准[5]。在评估隐蔽的利润分配时,可能会运用公司法和税法上的原则(见上文 § 19. II. 1)。长期恶化的企业结构与市场状况的法律行为,如企业重要组成部分的转让或与某市场伙伴的长期联系,都不适用《股份法》第311条第1款I,因为这些行为无法量化并进行补偿。

21 某项**措施**如果有很大风险,却没有带来相应的机遇的话,那它就是有不利影响的。比如放弃某种特别成功的产品,或是生产某种肯定会造成亏损的产品。要做出正确的判断,需要企业经营上的预测。如果某项措施按一般规则看来对企业的经

---

〔1〕 H. M.; vgl. OLG Stuttgart AG 1994, 411; LG Düsseldorf AG 1979, 290; OLG Frankurt AG 1996, 324; OLG Hamm AG 1995, 512, *Henze* BB 1996, 489, 498; a. A. *Altmeppen* ZIP 1996, 693.

〔2〕 OLG Stuttgart AG 1979, 200.

〔3〕 MünchHdb. AG/*Krieger* § 69 Rdn. 69; das gilt daher nicht, wenn die Vorteile erst nach dem Ende des Geschäftsjahres auftreten, h. M.; vgl. Geβler/Hefermehl/*Kropff* 第311条 Rdn. 110, 133; KölnKomm/*Koppensteiner* 第311条 Rdn. 23, 74。

〔4〕 Vgl. *Geβler* FS Flume Bd. II, 55, 60; *Lutter* ZGR 1987, 324, 351; *Hoffmann-Becking*, in Probleme des Konzernrechts 68, 80 f; *Decher*, Personelle Verflechtungen 138 ff; demgegenüber erklären andere Autoren langfristige Maβnahmen mit unkalkulierbarem Risiko generell für nachteilig und daher nach 第311条 AktG unzulässig; vgl. *Strohn*, Verfassung der AG 76; *Luchterhandt* ZHR 133 (1970), 1, 27, 33 f; vgl. auch *Koppensteiner* aaO Rdn. 31, 43 f。

〔5〕 Einzelheiten bei *Koppensteiner* aaO Rdn. 37; *Krieger* aaO Rdn. 71.

营管理是适当的,且可能带来成功的,是一个独立企业的领导层也会采取的措施,那么从属企业就应独立于康采恩承担风险。反之,此项措施就是《股份法》第311条意义上的有不利影响的行为,控制企业应当承担相应风险。根据《股份法》第317条,控制企业还要负损害赔偿责任,并应审查,控制企业是否没有超越实质性事实康采恩的界限(见下文IV)。

**典型案例:**(a)在著名的ITT一案中(BGHZ 65,15),主要涉及有限责任公司,是基于诚信义务进行的判决。此案中由控制企业ITT公司命令交付的分摊款项没有提供相应的合适对价,因而被视为违法的不利影响行为,少数股东格伦迪希(Grundig)提出的补偿子公司损失的要求成立。如果在《股份法》中,则属于《股份法》第311条和第317条规定的情况。 22

(b)在联邦最高法院审理的(BGHZ 141)一案中,被告和与被告同属一个康采恩的原告之间存在一个营业税意义上的机构(《营业税税法》第2条第2款第2句结合《法人税税法》第14条)。原告应被告的要求缴纳了一笔营业税税款,该税款的数额不是按照机构统领下各企业实际应分摊的税额来确定,而是按照拟制的、不存在营业税意义上的机构的情形下被告的纳税义务来分配的(即所谓的负担方式或独立存在方式)。此案当事人没有预先规定,在被控告的母公司的应纳税额减少或消除时,对从属企业进行补偿。因为母公司出现了亏损,它缴纳的税款被退回,而该母公司没有相应地按照预先规定的计算方法,将退还的税款按比例交付给作为原告的从属企业。联邦最高法院认为此案中存在按《股份法》第311条应补偿的损害[1]。 23

(c)将全部的数据处理转移给另一个康采恩企业,导致董事会难以独立自主地管理公司,这是否属于《股份法》第311条意义上的损害?在Opel案(BGHZ106,54)中,由于起诉的监事会成员缺乏诉权,法院无法对此进行判决。达姆施塔特州法院作为一审法院,根据审查对这个问题作出了否定性回答(AG1987,218)。 24

### 2. 因果关系

只有当控制企业的影响与其行为措施及由此产生的损害有因果关系时,才产生补偿义务。控制企业必须**引发了**该行为,即它表达了行动的愿望,制定了相应的政策方针。如果从属企业的董事会能够自由决定其经营行为,那纯粹的倡导和建议并不构成上述要件。如果从属企业中一名认真的业务执行人,在没有控制企业干预的情况下,也会这样行为,那么就不存在补偿义务(比较《股份法》第317条第2款)。到底是控制企业的哪一个人促使了该行为发生并不重要,尤其是在这种影响源自控制企业的监事会、领导人员或是股东大会的多数决议时[2]。董事会成员在受控制企业与从属企业的双重委任的情况下,或是母公司领导层人员被委派到子公司股东会时,可以**推定** 25

---

[1] Vgl. dazu *Wiedemann/Fleischer* JZ 2000, 159, *Simon* DStR 2000, 559; *Kleindiek* DStR 2000, 559; *Feddersen* ZGR 2000, 523; *Kiethe* WM 2000, 1182.

[2] *Geßler/Hefermehl/Kropff* 第311条 Rdn. 92 ff; KölnKomm/*Koppensteiner* 第311条 Rdn. 10 ff。

存在这种因果关系。母公司想要避免承担损害赔偿责任,就必须提出反证[1]。仅仅是子公司董事会成员与控制企业签订雇用合同,尚不能构成推论因果关系的基础。同样的,仅仅是监事会中的人员交叉和联系也不足以推导出因果关系,因为这并不能排除子公司董事会遵守其义务维护子公司利益的情况[2]。

3. 损害补偿

26 根据《股份法》第311条第2款第1句的规定,由控制企业的不利影响措施所导致的损害应在当年的营业年度期间得到补偿。如果这一点不能做到,则最迟必须在附属公司遭受损害的营业年度终了时确定何时以及通过何种利益方式补偿该损害。对于用于补偿的利益,应给予附属公司**法定请求权**(《股份法》第311条第2款第2句)。这种利益可以是金钱,也可以是其他方式,如以更便宜的价格或是无偿地供给货物。但这种补偿必须是可以量化和估算的。为了对不利措施进行补偿,仅仅提供结构重建上的帮助是不够的[3]。不能量化的损害往往难以补偿,从而一般是不被允许的,往往还会引起实质性事实康采恩的后果(见下文Ⅳ)。只有在一些例外情况下,比如签订了个别的、有可预见的大风险的长期合同时,控制企业只要承担弥补将来因合同产生的风险的义务就可以了[4]。

4. 从属关系报告[5]

27 (a) 法律为保证《股份法》第311条补偿条款规定的实施,要求附属公司的董事会应在新营业年度的最初3个月内,编制**关于公司与控制企业以及其他关联企业关系的报告**(《股份法》第312条,从属性报告)。根据《股份法》第312条第1款第2—4句的规定,在报告中应列明,公司在上一年度与控制企业或其他关联企业之间发生的法律行为,或受这些企业的指示、或为这些企业的利益所实施的一切法律行为和其他措施[6]。原则上,各个法律行为和措施都应单独列出,只有那些细微和重复进行的事项可以作总结性的报告。

28 对哪些事项进行报告及报告什么,应遵循报告的目标来确定,即**全面审查**控制企业或一个关联企业是否以及在哪些情况下对附属公司有不利影响,因此产生了附属公

---

[1] *Koppensteiner* aaO Rdn. 18; *Semler* FS Stiefel 719, 760; *Ulmer* FS Stimpel 705, 712; allgemeiner MünchHdb AG/*Krieger* § 69 Rdn. 66; a. A. Emmerich/*Habersack* 第311条 Rdn. 21。

[2] *Decher* aaO 196 f.

[3] *Hommelhoff* Konzernleitungspflicht 127; *Krieger* aaO Rdn. 70, 76; a. A. *Koppensteiner* aaO Rdn. 86.

[4] *Krieger* aaO Rdn. 76.

[5] Vgl. *Hommelhoff* ZHR 156 (1992), 295; *Bode* AG 1995, 261.

[6] 相关详细情况比较 *Haesen*; *Pöppl*, Aktienrechtlicher Minderheitenschutz durch den "Abhängigkeitsbericht", 1972; *Richardt*, Der aktienrechtliche Abhängigkeitsbericht; *Strohn*, Die Verfassung der AG im faktischen Konzern 142 ff; *Uecker*, Der Vorteils-Nachteils-Ausgleich beim Abhängigkeitsbericht, 1972; *Adler/Düring/Schmaltz*, Rechnungslegung und Prüfung der Aktiengesellschaft § 312 AktG。

司的哪些损害,这些损害又是否完全得到了补偿。对于可以量化的措施,应注明其对公司的利益和损害;对于法律行为,应注明给付和对等给付,具体还应说明对进行经济评价至关重要的情况和背景(比较《股份法》第312条第1款第3和4句)。只要是因控制企业指示或为其利益需要实施的行为和措施,即使从属企业不作为的情况下,对这些行为也有报告义务。至于从属企业是否有作为的义务,在此并不重要。在报告的末尾,董事会应对每一事项总结性地说明附属公司是否因之遭受损害。公司遭受损害的,还应说明此种损害是否已经得到补偿(《股份法》第312条第3款第1句)。如果没有需报告的事项,则必须作出无报告事项的报告[1]。

(b) 这种从属性报告仅仅是为审计人及监事会对年度结算进行审查而制定的,因此**并不对**股东和**公众公开**。但并不因为监事会确认了年度结算报告就免去了董事会制作从属性报告的义务。否则,董事会和监事会就很容易摆脱编制与关联企业关系报告的义务[2]。根据《股份法》第131条的规定,股东应被告知有知情权。上述报告的末尾说明部分应列入财务状况变动表(比较《股份法》第132条第3款第3句),并且与年度结算报告一起放入商业登记簿,接受股东的审阅(《商法典》第325条和《股份法》第175条第2款第1句)。 29

(c) 大中型公司的从属性报告应与年度结算报告一同受**结算审计人**的审查(《股份法》第313条,《商法典》第267条第2款和第3款、第316条第1款第1句)。结算审计人应根据《股份法》§ 313. I.的规定审查报告的正确性与完整性。对于法律行为,应审查其给付与对等给付是否合理;对其他措施,应审查其损害及其补偿。如果没有提交关于与关联企业关系的报告,结算审计人也必须弄清楚,是否存在编制该报告的义务。如结算审计人与董事会之间对此有争议,则在必要时,应通过诉讼程序解决。审查的结果应确认在结算审计人的审计报告中,如果结算审计人对从属性报告有异议,则在审计报告中保留作出审计结论或拒绝作出审计结论(《股份法》第313条第3—5款),该审计报告也应列入对年度结算的审计报告中(《股份法》第313条第5款第2句)。此外,结算审计人的义务和责任由**一般会计法**规定(《商法典》第323条、第332条和第333条)。 30

(d) 董事会还应将从属性报告以及可能存在的审计报告和年度结算一起递交给监事会(《股份法》第314条第1款第1句)。监事会的审查应涉及报告所有内容的完整性与正确性。任何一名监事会的成员均享有知悉这些报告的权利。以监事会未作出其他决议为限,经请求,也应向任何一名监事会的成员交付这些报告(《股份法》第314条第1款第2句和第3句)。监事会应在其审查报告中向股东大会报告其审查的结果(《股份法》第171条第2款)。在报告的末尾,监事会应说明对董 31

---

〔1〕 Zur Möglichkeit, eine Sonderprüfung zu verlangen vgl. § 315 AktG und dazu OLG Köln AG 1999, 519.

〔2〕 BGHZ 135, 107 (*Volkswagen*).

事会从属性报告是否有异议(《股份法》第 314 条第 3 款)[1]。如果监事会提出异议,则任一股东都可以要求进行**特别审查**(《股份法》第 315 条第 1 款第 2 项)。在下列情况下,股东都有权要求进行特别审查:结算审计人对从属性报告保留作出审计结论或拒绝作出审计结论的;董事会自己声明公司已因某些法律行为或措施而遭受损害,而这些损害并未得到补偿(《股份法》第 315 条第 1 款第 1 项和第 3 项)。

32 (e) 如果董事会**疏忽**其**报告义务**,按照《股份法》第 407 条的规定,可以通过对其处以**罚款**督促其遵守规定[2]。因此,先前作出的免责决定是可以撤销的[3]。此外,按照《股份法》第 93 条规定,董事会还负有损害赔偿义务(见上文 § 14. IV. 1)。《股份法》第 318 条第 1 款规定的特别条款对此进行了补充。相应的,监事会成员的责任由《股份法》第 116 条和第 318 条第 2 款规定(见本书 § 15. VII. 1)[4]。

5. 控制性企业的责任

33 为确保《股份法》第 311 至 316 条的规定得到遵守,不仅由《股份法》第 93 条、第 116 条、第 318 条规定了附属公司机关的责任,更重要的是《股份法》第 317 条规定了控制性企业及其机关成员的责任。如果把《股份法》第 311 条理解为对附属公司及其外部股东和债权人的保护条款的话,按照一般的法律规定,可以以《股份法》第 117 条(见上文 § 12. V. 2)、《民法典》(侵犯企业权利)或《民法典》第 823 条第 2 款作为上述责任的承担依据。如果存在不合理的盈利分配,附属公司根据《股份法》第 56 条、第 58 条、第 60 条、第 62 条有权要求返还(见本书 § 19. II.)。在所有责任条款之外,法律对于事实康采恩又设置了**《股份法》第 317 条的特别规定**。按照学界通说,这一特别规定不但没有排斥反而补充了一般规定[5]。

34 根据《股份法》第 317 条第 1 款第 1 句的规定,如果控制性企业迫使附属公司实施一项对该附属公司不利的法律行为,或采取一项对该附属公司不利的措施,并且没有及时地补偿由此产生的损害,就对附属公司负有**损害赔偿**义务。此规定与《股份法》第 311 条第 1 款相联系,以该条款规定的构成要件为前提。通说由此得出结论,承担

---

[1] Billigt der Aufsichtsrat den Jahresabschluβ und den Abhängigkeitsbericht in einem Beschluβ, so kann, wenn der Jahresabschluβ nach § 256 AktG nichtig ist, gemäβ § 139 BGB auch der Abhängigkeitsbericht nichtig sein, BGHZ 124, 111, 121f.

[2] Vgl. dazu BGHZ 135, 107, 111.

[3] BGHZ 62, 193.

[4] Die Vorschrift ist überflüssig, da ihr Tatbestand bereits durch § § 93, 116 AktG abgedeckt wird. Eine Erweiterung bringt lediglich die entsprechende Anwendung des § 309 III - V AktG gem. § 318 IV AktG; vgl. Geβler/Hefermehl/*Kropff* § 318 Rdn. 2 ff; KölnKomm/*Koppensteiner* § 318 Rdn. 9 ff.

[5] Zum Verhältnis zu § 117 AktG *Mathern* AG 1966, 380 f; *Geβler* DB 1965, 1729 f; *Beuthien* DB 1969, 1781, 1784; *Brüggemeier* AG 1988, 93, 101 f; zu § 62 AktG *Canaris* FS Fischer 31, 42 f; *Verhoeven/Heck* AG 1977, 232 f; *Strohn*, Verfassung der AG im faktischen Konzern 152 ff; *Michalski* AG 1980, 261, 264; KölnKomm/*Koppensteiner* § 317 Rdn. 39 ff.

这种损害赔偿责任的法律基础是行为的消极影响,而不是行为人疏于补偿。只有依据《股份法》第311条第1款损害可能得以补偿时,才会阻碍这种损害赔偿请求权的实现[1],控制性企业是否有怠于补偿的过错并不是前提条件。根据《股份法》第317条第2款的规定,即使是独立公司的一名明确自身义务且认真仔细的业务执行人也会实施同样的法律行为、也会采取或不采取同样措施,控制性企业就可以免予承担损害赔偿责任[2]。根据主流观点,如果一项法律行为或措施被证明对从属企业有不利影响,那么可以推定,它是在控制性企业敦促下发生的[3],控制性企业如果要求免责,必须证明存在上述免责事由。这一安排是合理的,因为无法推定从属企业的管理层会从自身经营需要出发主动采取不利于自己企业的措施。

35 所有因采取于从属企业的不利措施所产生的损害,特别是不利益本身[4]应得到补偿。首先是附属公司**拥有请求权**,公司的赔偿请求权也可以如《股份法》第93条规定的那样由任何一名股东主张,但股东只能请求向附属公司给付。此外,赔偿请求权可以由公司的债权人主张,但以公司的债权人不能从公司取得清偿为限(《股份法》第317条第4款和第309条第4款)。附属公司股东利益受到损害的,控制性企业也对股东负有赔偿损害的义务,但因损害公司利益而给股东造成的间接损害不在此限(《股份法》第317条第1款第2句)。如果控制性企业的机关成员或其他人员作为它的代表行事,则根据《民法典》第31条,控制性企业作为**债务人**应对由此产生的债务负责。另外,促使公司实施此项法律行为或采取此项措施的董事会成员,作为连带债务人承担责任(《股份法》第317条第3款)。

36 虽然《股份法》第317条包含着完善的法律技术,但它的**调整范围**却很小,在实践中这条规定所起的作用也不大[5]。问题在于,由于附属公司的董事会会尽量避免这条规定的适用,附属公司在破产之前都不会根据这条规定提起诉讼。而对单个外部股东而言,诉讼风险往往过高。更为重要的是另一个法律制度上的原因:《股份法》第311条、第317条要求自始就考虑到,只有那些从一开始就可以判定对从属企业有不利影响的措施才是法律禁止的。而事实上对大多数源自控制性企业指示的措施都无法作此判断;这些措施长期看来可能有经营的风险,但往往同时也具备成功的可能性。在这样的情况下,《股份法》第317条难以阻止管理权与责任的分离。因为经营管理的决策来自控制性企业,之后产生的损失却由附属公司、它的外

---

〔1〕 KölnKomm/*Koppensteiner* § 317 Rdn. 8 mit Nachw; a. A. Geβler/Hefermehl/*Kropff* § 317 Rdn. 10 ff; *Brüggemeier* AG 1988, 93, 100.

〔2〕 BGHZ 141, 79.

〔3〕 KölnKomm/*Koppensteiner* 第311条 Rdn. 6。

〔4〕 KölnKomm/*Koppensteiner* § 317 Rdn. 15 ff; str. für den Fall, daβ sich eine zunächst nachteilige Einfluβnahme später als vorteilhaft erweist (vgl. oben III 1).

〔5〕 Die einschlägige Literatur zitiert nur eine einzige Entscheidung, in welcher der Tatbestand des § 317 AktG mangels Pflichtwidrigkeit der Einfluβnahme dann aber verneint wurde. Es ging um die Frage, ob das herrschende Unternehmen veranlaβt hat, daβ zu spät Konkursantrag gestellt wurde (OLG Köln AG 1978, 17, 24, *Herstatt*). Der BGH (BGHZ 75, 96) kam in dem Fall auf § 317 AktG nicht zurück.

部股东和债权人来承担。根据现行法,只能通过对"损害"作宽泛解释,使之包括不确定的企业经营风险,才能克服这一规定的弱点。理论界有关这方面的表述已明晰了上述发展方向(见上文边码4),但司法界却很难跨出这一步。现在还不明确,未来的法律是否将继续维持较弱的制裁[1]。但这种仅针对狭义的损害进行的制裁至少是将实质性事实康采恩排除在负亏损补偿义务之外的原因之一(见上文IV)。

6. 有限责任公司和人合公司

37 (a) 如果从属企业是一个**有限责任公司或人合公司**,那么《股份法》第311—318条既不能直接适用也不能类推适用(见边码7)。因此,只能借助一般公司法的规定来保护一般性事实康采恩的少数股东和债权人。其法律基础为每一个股东对公司和其他股东的**诚信义务**。这一诚信义务,要求股东利用对公司有利的商业机会,不与公司进行竞争(见《商法典》第112条),不对公司造成损害,且不违背少数股东的意愿对公司进行改造,以致恶化公司的经济前景(见上文 § 28. IV.)[2]。即使控制性企业按照《股份法》第311条第1款对产生的损害进行了补偿,也不能抵销对上述义务的违反[3]。一项康采恩政策,只要违背了任一股东的意愿,将公司利益置于康采恩利益之后,都是违法的。除非章程中规定并容忍了形成康采恩的条件,或者公司与少数股东就此达成了合同上的约定。

38 (b) 少数股东可通过多种途径来对抗非法的康采恩管理权的行使,对股东会违反诚信义务的多数决议,可以提起撤销之诉(见本书 § 33. VII.)[4]。如果多数股东在股东会之外施加影响,少数股东可以根据《有限责任公司法》第50条要求召集股东会,并将此事项列入议事日程,对此进行表决。如果该事项涉及与多数股东

---

〔1〕 Vgl. die extensive Auslegung des § 317 AktG von *Koppensteiner* in Probleme des Konzernrechts 87, 98 ff und ferner den Vorschlag von *Decher* (Personelle Verflechtungen im Aktienkonzern 174 ff), bei Doppelmandat im Vorstand der herrschenden und der abhängigen Gesellschaft eine Erfolgshaftung vorzusehen, selbst wenn kein qualifiziert faktischer Konzern vorliegt.

〔2〕 BGHZ 65, 15, 18 ff (*ITT*, s. Rdn. 22); 95, 330, 340 (*Autokran*); BGH NJW 1980, 231 (*Gervais*); h. L. Demgegenüber sollten andere dogmatische Ansätze wieder aufgegeben werden, welche eine Organhaftung herrschender Gesellschafter entsprechend § 43 GmbHG annehmen (*Wilhelm*, Rechtsform und Haftung bei der juristischen Person 285 ff, 336 ff, 345 ff, 349 ff, 352 ff; *Schulze-Osterloh* ZGR 1983, 123, 158 f) oder eine spezielle Konzernverschuldenshaftung entwickeln (*Lutter* ZGR 1982, 244, 265 ff; *ders.* ZIP 1985, 1425; *ders.* ZGR 1987, 324, 362 ff; *U. H. Schneider* ZGR 1980, 511, 532; vgl. auch *Rehbinder* AG 1986, 85, 95 f). Vgl. zum Ganzen auch Scholz/*Emmerich* Anh. Konzernrecht Rdn. 71; Rowedder/*Koppensteiner* Anh. § 52 Rdn. 49; Baumbach/Hueck/*Zöllner* Anh. Konzernrecht Rdn. 56; *Lutter/Hommelhoff* Anh. § 13 Rdn. 16; Hachenburg/*Ulmer* Anh. § 77 Rdn. 76ff; *Martens* GmbHR 1984, 265, 267 f; *Raiser* ZHR 151 (1987), 422, 429 f; *Ulmer* ZHR 148 (1984), 391, 416 ff; *ders.*, in Probleme des Konzernrechts 26, 33, wo ausgeführt wird, daβ bei Personengesellschaften stets ein Vertragskonzern vorliege. Zur Personengesellschaft besonders *Baumgartl*, Konzernbeherrschte Personengesellschaft 134 ff; *Schieβl*, Beherrschte Personengesellschaft 78 f; *Burbach*, Recht der konzernabhängigen Personenhandelsgesellschaft 353 ff; GroβkommHGB/*Ulmer* Anh. § 105 Rdn. 45 ff.

〔3〕 H. L.; vgl. Rowedder/*Koppensteiner* aaO Rdn. 49.

〔4〕 Vgl. Hachenburg/*Raiser* Anh. § 47 Rdn. 121 ff.

之间发生的法律行为，或者该事项涉及减轻多数股东负担或是放松对他的约束，那么根据《有限责任公司法》第 47 条第 4 款，多数股东对此不享有表决权（见本书 § 33. V.）。

39 如果多数股东同时又是经理人，或者其他经理人在多数股东影响下作出不利于公司的行为，那么他负有《有限责任公司法》第 43 条规定的损害赔偿义务（见本书 § 2. IV.）。同时可以对他提起**停止侵害之诉**。如果一项经营政策与康采恩利益相符，却与公司利益相左，这也构成罢免该经理人和解除委任合同的重要理由（见本书 § 32. III. 3,4）。根据《有限责任公司法》第 47 条第 4 款的规定，对此事项进行《有限责任公司法》第 46 条第 5 款要求的股东决议过程中，多数股东通常无权就此投票表决。

40 此外，基于对诚信义务的违反，公司可以对控制性企业主张损害赔偿请求权，股东也可以通过股东之诉主张上述权利[1]。原则上，应通过撤销对公司不利的措施来弥补损害[2]。只有当这样不可行时，才适用金钱赔偿。有争议的是，是否应像《有限责任公司法》第 43 条关于董事责任的规定那样，对影响措施与损失之间的因果关系及有关过错实行举证责任倒置。主流学派认为，在企业股东对公司中的企业决策实施整体性影响的情况下，鉴于两者构成要件的相似性，应该肯定举证责任倒置的做法[3]。如果公司因经营决策遭受损失，那么可以推定这是由控制性企业造成的，并应由它负责。控制性企业要想免除赔偿责任，则应举出反证。

41 （c）如果公司财产的损失基于诚信义务得到补偿，那么上述保护措施间接对公司债权人有利，另外再设定债权人的请求权也就没有必要了。这一机制在一人公司里却行不通，因为一人公司中不存在可能主张违反诚信义务的少数股东，或者说少数股东不会违反诚信义务。在此，除了满足直索责任构成条件的以外，对债权人的保护仅限于赋予它可根据《有限责任公司法》第 31 条的规定对禁止以公司注册资本付还的款项主张归还请求权（见本书 § 29. III.）。

42 是否有必要为一人公司债权人提供另外的康采恩法上的保护，又如何对此进行法律上的论证，对这个问题学术界仍有争议[4]。这个问题应当和实质性事实康采恩中的责任问题一样得到肯定（见下文 IV. 4），因为康采恩的矛盾冲突会导致债

---

〔1〕 BGHZ 65, 15, 21 (*ITT*), zur Gesellschafterklage s. oben § 27 IV.

〔2〕 H. L.; vgl. Scholz/*Emmerich* Anh. Konzernrecht Rdn. 86; Baumbach/Hueck/*Zöllner* Anh. Konzernrecht Rdn. 55.

〔3〕 Bejahend *Ulmer* ZHR 148 (1984), 391, 420 f.

〔4〕 Vgl. *Ulmer* aaO 416 ff; *ders.*, AG 1986, 123; *ders.* NJW 1986, 1579; Hachenburg/*Ulmer* Anh. § 77 Rdn. 83 ff; *Rehbinder* AG 1986, 85, 92 ff; *Emmerich* AG 1987, 1, 4 f; *ders.* GmbHR 1987, 213, 219 f; *Semler* FS Goerdeler 551, 571 ff; *Stimpel* AG 1986, 117; *Fleck* ZHR 149 (1985), 387, 417 f.

权人财产风险增大[1]。与之相反,主张一人公司的股东可以不顾及债权人操纵公司,一定情况下还可以解散公司来逃避追究,这种观点说服力不够[2]。从结构上看来,如果接受下列观点,此问题可以得到最好解决,即如果股东不通过正常秩序解散清算公司,就不得危及公司的生存能力,基于诚信义务,在此范围内禁止股东对公司本身的损害;同时,如果公司的债权人不能从公司取得清偿,也可以类推适用《股份法》第 309 条第 4 款第 3 句、第 317 条第 4 款的规定直接主张因此产生的损害赔偿请求权[3]。有关谨慎的标准、因果关系和过错的推定以及时效,都可以类推适用上述规定以及关于机关责任的一般规定(《股份法》第 93 条、《有限责任公司法》第 43 条)。

## IV. 实质性事实康采恩

参考文献:*Altmeppen*, Abschied vom "qualifiziert faktischen" Konzern, 1991; *Gäbelein*, Definition eines qualifiziert faktischen Konzerns, AG 1990, 185; *Hoffmann-Becking*, Der qualifizierte faktische Konzern, in Ulmer aaO 68; *Hommelhoff*, Die Konzernleitungspflicht, 1982, 109 ff, 245 ff, 364 ff; *Koppensteiner*, über die Verlustausgleichspflicht im qualifizierten AG-Konzern, in Ulmer aaO 87; *Limmer*, Die Haftung im qualifizierten faktischen Personengesellschaftskonzern, GmbHR 1992, 265; *Lutter*, Das System des deutschen Konzernrechts, in Hommelhoff u. a. (Hrsg.), Entwicklungen im GmbH-Konzernrecht, 1986, 192, 201 ff; *ders.*, Der qualifizierte faktische Konzern, AG 1990, 179; *Mankowski*, Cash-Management in Unternehmensgruppen, 2000; *Schießl*, Die Ersatzpflicht des herrschenden Unternehmens im qualifizierten faktischen Konzern, AG 1985, 184; *Schramm*, Konzernverantwortung und Haftungsdurchgriff im qualifizierten faktischen GmbH-Konzern, 1991; *Timm*, Grundfragen des "qualifizierten" faktischen Konzerns im Aktienrecht, NJW 1987, 977; *Ulmer*, Der Gläubigerschutz im faktischen GmbH Konzern beim Fehlen von Minderheitogesellschaftern, ZHR 148 (1984), 391; *ders.* (Hrsg), Probleme des Konzernrechts, 1989; *Versteegen*, Konzernverantwortlichkeit und Haftungsprivileg, 1993; *Werner*, Probleme der Anwendung des § 303 AktG im qualifiziert faktischen GmbH-Konzern, FS Goerdeler, 1987, 677; aus betriebswirtschaftlicher Sicht *Küting*, Unternehmenspolitische Aspekte bei der Wahl zwischen einem faktischen und einem Vertragskonzern, DBW 1980, 375; *Scheffler*, Der qualifizierte faktische Konzern, AG 1990, 173; vgl. ferner die Stellungnahmen zu den grundlegenden BGH-Entscheidungen BGHZ 95, 330 (*Autokran*): *Assmann*, Gläubigerschutz im faktischen GmbH-Konzern durch

---

[1] Der BGH hat die Verlustausgleichspflicht des Alleingesellschafters im *Video*-Urteil (BGHZ 115, 187) im Hinblick auf den qualifizierten GmbH-Konzern anerkannt. Im einfachen Konzern stellt sich die Frage nach einer Schadensersatzpflicht aber entsprechend; wenn der Alleingesellschafter die Gesellschaft schuldhaft in einer Weise beeinflußt hat, daß sie ihre Gläubiger nicht befriedigen kann.

[2] Vgl. auch die Parallele den Erwägungen, einen gegenständlichen Vermögensschutz der Gesellschaft zugunsten der Gläubiger anzuerkennen, die den Gesellschafter verpflichtet, der Gesellschaft keine Vermögensgegenstände zu entziehen, wenn dadurch ihre Existenzfähigkeit gefährdet wird; s. oben § 37 I 2.

[3] *Ulmer* ZHR 148 (1984), 391, 418 ff; Hachenburg/*Ulmer* Anh. § 77 Rdn. 135.

richterliche Rechtsfortbildung, JZ 1986, 881, 928; *Emmerich*, Nachlese zum Autokran-Urteil des BGH zum GmbH-Konzernrecht, GmbHR 1987, 213; *Kübler*, Haftungstrennung und Gläubigerschutz im Recht der Kapitalgesellschaften - Zur Kritik der "Autokran" - Doktrin des Bundesgerichtshofs -, FS Heinsius, 1991, 397; *Rehbinder*, Minderheiten- und Gläubigerschutz im faktischen GmbH-Konzern, AG 1986, 85; *Ulmer*, Gläubigerschutz im "qualifizierten" faktischen GmbH-Konzern, NJW 1985, 1579; vWiedemann, vSpätlese zu Autokran, ZGR 1986, 656; (vgl. weiter die Nachw. in Fn. 83, 84); BGHZ 107, 7 (*Tiefbau*): *Basten*, Beschränkung der Verlustausgleichspflicht im qualifiziert faktischen GmbH-Konzern, GmbHR 1990, 442; *Decher*, Neues zum qualifiziert faktischen GmbH-Konzern, DB 1989, 965; *K. Schmidt*, Verlustausgleichspflicht und Konzernleitungshaftung im qualifiziert faktischen GmbH-Konzern, ZIP 1989, 545; *Stimpel*, Haftung im qualifiziert faktischen GmbH-Konzern, ZGR 1991, 144; *Vonnemann*, Die Haftung im qualifiziert faktischen GmbH-Konzern, BB 1990, 217; *Ziegler*, Verlustausgleich und Haftungsdurchgriff beim qualifiziert faktischen GmbH-Konzern, WM 1989, 1041, 1077 BGHZ 115, 187 (*Video*): *Altmeppen*, Grenzenlose Vermutung im Recht der GmbH, DB 1991, 2225; *Boujong*, Zur Auslegung und Fortbildung des GmbH-Rechts in der neueren Judikatur des BGH, GmbHR 1992, 207; *Drygala*, Konzernhaftung und Einmann-Richtlinie, ZIP 1992, 1528; *Flume*, Das Video-Urteil und das GmbH-Recht, DB 1992, 25; *ders.*, Das Video-Urteil als eine Entscheidung des 2. Senats des BGH aus dessen Selbstverständnis der Innehabung gesetzgeberischer Gewalt. ZIP 1992, 817, *Hommelhoff*, Konzernpraxis nach "Video" - zugleich Erwiderung auf eine Urteilsschelte DB 1992, 309; *Kindler*, Gemeinschaftrechtliche Grenzen der Konzernhaftung in der Einmann-GmbH, ZHR 157 (1993), 1; *Kleindiek*, Strukturkonzepte für den qualifizierten faktischen GmbH-Konzern, ZIP 1991, 1330; *Knobbe-Keuk*, Zum Erdbeben "Video", DB 1992, 1461; *Neye*, Die Video-Rechtsprechung und das EG-Recht, DwiR 1992, 452; *Priester* Uneingeschränkter Verlustausgleich - zwingende Folge qualifizierter Konzernherrschaft, FS Semler 561; *K. Schmidt*, Zum Stand des Konzernhaftungsrechts bei der GmbH, ZIP 1991, 1325, *Sonnenschein/Holdorf*, Unbegrenzte Haftung eines GmbH-Gesellschafters im Konzern, JZ 1992, 715; *Stodolkowitz*, Die Haftung im qualifiziert faktischen GmbH-Konzerns nach der Rechtsprechung des Bundesgerichtshofs, ZIP 1992, 1517; *Timm*, Das Recht der faltischen Unternehmensverbindungen im Umbruch, NJW 1992, 2185; *H. P. Westermann* Weichenstellung im, Recht des "qualifizierten faktischen GmbH-Konzerns", DWiR 1992, 197; *Wiedemann*, Entwicklungen im Kapitalsgesellschaftsrecht, DB 1993, 141; und BGHZ 122, 123 (*TBB*) *Burgard*, Die Tatbestandsvoraussetzungen des qualifiziert faktischen GmbH-Konzerns und ihre Konkretisierung nach "TBB", WM 1993, 925; *Ebenroth/Wilken.*, Beweislast und Gesellschafterhaftung im qualifiziert faktischen GmbH-Konzern, ZIP 1993, 558; *Goette* Haftungsvoraussetzungen im qualifiziert faktischen Konzern, DStR 1993, 568; *Hommelhoff*, Die qualifiziert faktische Unternehmensverbindung: Ihre Tatbestandsvoraussetzungen nach dem TBB-Urteil und deren rechtsdogmatisches Fundament, ZGR 1994, 395; *Kohl*, Die "TBB"-Entscheidung - Entwarnung im faktischen GmbH-Konzern, MDR 1993, 715; *Kleindiek*, Kurskorrektur im GmbH-Konzernrecht, DZWiR 1993, 177; *Krieger*, Kann die Praxis mit TBB leben?, ZGR 1994, 375; *Kropff*, Das TBB-Urteil und das Aktienkonzernrecht, AG 1993, 485; Kübler, Anmerkungen zu BGH, Urt. v. 29. 3. 1993 - II ZR 265/ 91 , NJW 1993, 1204; *Lutter*, Gefahren einer persönlichen Haftung für Gesellschafter und Geschäftsführer einer GmbH, DB 1994, 129; Raiser, Konzernhaftung und Unterkapitalisierungshaftung, ZGR 1995, 156; *K. Schmidt*, "Konzernhaftung" nach dem TBB-Urteil - Versuch einer Orientierung, ZIP 1993, 549; *U. H. Schneider*, Neues vom qualifiziert faktischen GmbH-Konzern: Das TBB-Urteil, WM 1993, 782; *Schulze-Osterloh*, Vermeidung der Konzernhaftung nach dem TBB-Urteil, ZIP 1993, 1828; *Versteegen*, Das TBB-Urteil als Wegbereiter einer allgemeinen Intransparenzhaftung in der GmbH?, DB 1993, 1225; *H. P. Westermann*, Das TBB-Urteil - ein Neuansatz bei der Haftung wegen qualifiziert faktischer Konzernierung, ZIP 1993, 554.

1. 概述

43 《股份法》第311至318条规定的补偿体系不适用于下列情况,即如果行使康采恩支配权的措施开始是中性的措施,并非不利于公司;或行使控制权措施带来的损害难以量化时;或者控制性企业的影响不仅限于单个的可界定的措施,而是根据康采恩的需要对附属公司进行广泛的控制(见边码4)。通说称这种情形为**实质性事实康采恩**。基本观点是,不存在控制合同情况下的这种深入影响原则上是**不允许**的,是**违法**的[1],但法律实践中却很难阻止这种情形的出现。所以至少要得到外部股东的同意,在股份有限公司中依据《股份法》第293条第1款要有3/4的多数同意,而在有限责任公司与人合公司里必须一致通过(见下文3)。不管是否获得外部股东同意,《股份法》本身有关这方面的法律规定存在着漏洞。因此有必要在司法上和科学研究上来发展相关的法律制度,制定出适用于实质性事实康采恩的**独立规则**。对于参照适用《股份法》第302条的规定追究控制性企业的亏损补偿义务,基本上不再存在着不同的看法。期间,通过一系列有争议的判决已经解决了有限责任公司的基本原则问题。[2] 除此之外,许多问题尚在发展之中,因而尚无定论。

2. 构成要件

44 在确定实质性事实康采恩**构成要件**方面,就已经存在尚未澄清的、实际上的和法律上的难题[3]。学术界关于该构成要件已经形成了一定的表述,即是否"附属公司的自身利益长期地受到不利影响"或者附属公司是否"像一个企业部门那样受到

[1] *Flume* Allgemeiner Teil I/2, 122 f; *Hommelhoff*, Konzernleitungspflicht 129 f; K. *Schmidt*, GesR § 31 IV 4; OLG Hamm NJW 1987, 1030 (*Banning*); a. A. KölnKomm/*Koppensteiner* 第311条 Rdn. 104; *Timm* NJW 1987, 977, 979 f; LG Mannheim DB 1990, 2011 und dazu *Decher* DB 1990, 2005, 2006 f; differenzierend *Kropff* FS Goerdeler 259, 265 f; vgl. auch *Stimpel* AG 1986, 117, 122; *Fleck* WM 1986, 1205, 1212。

[2] BGHZ 95, 330 (*Autokran*); 107, 7 (*Tiefbau*); BGHZ 115, 187 (*Video*); 123, 122 (*TBB*).

[3] Dazu zuletzt *Hoffmann-Becking* in Probleme des Konzernrechts 68, 73 ff; *Lutter* AG 1990, 179, 182 f; *Stimpel* ZGR 1991, 144, 160 f.

管理”[1]。联邦最高法院要求在实质性事实康采恩中,控制公司必须对从属企业的经营进行了“持续而全面”的管理[2]。但这种表达极不清楚且过于抽象,以至于在个案中难以进行确切的归纳[3]。

要界定实质性事实康采恩的构成要件,首先必须确定什么时候《股份法》第311条及以后的规则体系不再适用。如果由于实际原因,难以对各个康采恩管理措施进行**单独的观察和评估**,即控制性企业的影响已非常深入,或是导致了公司的改造和企业政策导向的改变,此时就存在实质性事实康采恩了[4]。 45

单个案件是否符合上述情况,必须在对所有事项进行**全面评估**的基础上才能确定[5]。可作为间接证据进行考察的因素是康采恩政策的推行程度,集中的现金管理[6],对公司自有资本和借贷资本的投资与接受进行的统一管理[7],将对一个独立企业至关重要的功能如采购与销售从企业分离出去的情况,以及人事上紧密结合的程度[8]。某些特定的构成要件,尤其是从属有限责任公司的全部经营管理长期地移转至控制性企业的情况,可以被认定为实质性事实康采恩存在的强有力的证据,以至于它可以等同于[9]只有在特定情况下才可以推翻的、无需以其他论据加以论证的推定。对实质性事实康采恩的认定应该提出多高的要求,这归根到底还是一个法律政策问题。如果将构成要件理解得太狭窄,那么会出现一个不仅《股份法》第311条至第318条无法规制,而且关于实质性事实康采恩的特别规定也无法适用的空白,就又有必要通过新的法律发展为之设定合适的法律后果[10]。所以,对构成要件有必要作宽泛理解[11],有疑问时应肯定实质性事实康采恩的存在。 46

---

〔1〕 Vgl. zur ersten Formel: *Arbeitskreis GmbH-Reform*, Thesen und Vorschläge zur GmbH-Reform, Bd. 2, 1972, 59 f, 67 f; Timm NJW 1987, 977, 981 f; dagegen *Geßler* DB 1973, 48, 51; *Scheffler* AG 1990, 173, 178. Zur zweiten Formel: *K. Schmidt*, GesR § § 31 IV 4, 39 III 3 a; *Priester* ZIP 1986, 137, 142.

〔2〕 BGHZ 95, 330, 344; 107, 7, 17; 115, 187, 193; 122, 123.

〔3〕 *Hoffmann-Becking* aaO 73 ff; Rowedder/*Koppensteiner* Anh. § 52 Rdn. 16.

〔4〕 H. L., *Hommelhoff*, Konzernleitungspflicht 136 ff; *Kropf*, FS Goerdeler 259, 264 f; *Stein* ZGR 1988, 163, 189; *Hoffmann-Becking* aaO 75 f; MünchHdb. AG/Krieger § 69 Rdn. 113 f; Hachenburg/*Ulmer* Anh. § 77 Rdn. 126; Rowedder/*Koppensteiner* Anh. § 52 Rdn. 16 m. w. N.; Zur betriebswirtschaftlichen Analyse *Scheffler* AG 1990, 173.

〔5〕 *Hoffmann-Becking* 同上 77 f; vgl. auch *Lutter* AG 1990, 179, 182 f; *Scheffler* AG 1990, 173, 177 f; *Gäbelein* AG 1990, 185; *Ebenroth* AG 1990, 188, 189 f; *Decher* DB 1990, 2005, 2009 f; *Stimpel* ZGR 1991, 144, 160 f。

〔6〕 *Mankowski*, Cash-Management 64 ff.

〔7〕 Vgl. BGHZ 107, 7, 19 (vollständige Leitung im finanziellen Bereich); dazu *Decher* DB 1989, 965, 970 f.

〔8〕 *Decher*, Personelle Verflechtungen im Aktienkonzern 64 ff.

〔9〕 Vgl. die Formulierung "tatsächliche Vermutung" betr. einen unternehmerischen Alleingesellschafter-Geschäftsführer in BGHZ 95, 330, 344. Nach BGHZ 122, 123 begründet dies aber noch nicht die Vermutung eines Mißbrauchs der Leitungsmacht.

〔10〕 Vgl. zum Fall der personellen Verflechtung *Decher* aaO 174 ff.

〔11〕 A. A. *Hoffmann-Becking* aaO 83; *Lutter/Hommelhoff* Anh. § 13 Rdn. 26.

47 **典型案例**:联邦最高法院在**起重机案**(BGHZ 95,330,338)中认定这里存在实质性事实康采恩,作为经济意义上的惟一股东和所有参与企业及分立出去的"管理公司"形式上委任的或事实上的经理,控制性企业在它的所有附属公司中不加限制地、全面地行使管理权。此外,所有附属公司的财务会计都被集中在控制性企业手中,各公司的业务没有严格分开,企业计划与代收事务也是统一进行的。在地下工程一案(BGHZ 107,7)中,联邦最高法院审判庭的解释是,仅仅凭该控制性企业的心腹被任命为附属公司的经理,还不足以认定实质性事实康采恩。但因为控制公司掌握了全部的财务管理权,就可以认定存在实质性事实康采恩。在班宁一案中,作为控制性企业的股份有限公司掌握了从属的股份有限公司的特定多数股权;两者的生产计划互相关联且相互补充;仅有的两名董事会成员中有一名就是来自控制公司的管理层。控制公司所有四名监事会成员都是附属公司的股东。州高等法院认为,存在实质性事实康采恩。根据电视唱片(Video)一案(BGHZ115,187,195)的判决,只要多数股东同时又是公司的惟一经理人,就可以认定实质性事实康采恩的存在,因为这是一种"不可能更为深入"的"管理权的行使"。

48 这种仅着眼于管理结构的表达在学术界与实践中被过于广泛地应用之后,联邦最高法院在 TBB 一案(BGHZ 122,123,130)中对其进行了修正,要求"附属公司受到某种方式的对待",即存在"控制股东地位的客观滥用"。根据判决,如果控制性企业"行使康采恩管理权时,没有合理照顾到附属公司的自身利益,且公司因此遭受的一切不利后果未得到逐一平衡",那么就满足了实质性事实康采恩的构成要件。审判庭就一人公司的情况进行补充:"如果公司由于受康采恩利益施加的影响无法履行公司债务,那么就没有合理地照顾到附属公司之自身利益"(BGHZ 122,123,130)。联邦最高法院就多个股东的情况,也要看"从属企业之自身利益是否受到了不可平衡的不利影响"(BGH AG 1996,221)。与之相反,只要从属企业的自身利益得到保障,即使从属企业被命令在康采恩中仅执行某单一职能,且因此几乎没有生存能力,也不能认为满足了实质性事实康采恩的构成要件(BGH AG 1995,35)。

### 3. 股东的权利

49 (a)根据权威观点,从一般性事实康采恩到实质性事实康采恩的转变,需要从**属企业股东会或股东大会的同意**。根据《股份法》第 293 条第 1 款,在股份有限公司里需要 3/4 的多数通过,而根据有限责任公司法需要一致通过,因为此处的合同变更从实质上恶化了少数股东的股东权利(见《有限责任公司法》第 53 条第 3 款)[1]。在人合公司中,如果存在与实质性事实康采恩相符的康采恩管理权的深入,也必须进行公司合同的变更,此变更同样需要股东一致通过。但是这样产生的是协议康采恩,而非实质性事实康采恩(见上文 § 52. III.,下文 § 54. I. 4)。为了确保外部股东的权利得到保障,如果控制性企业所施加的深入影响使《股份法》第

---

〔1〕 Der *BGH* hat die Parallelfrage beim Abschluβ eines Beherrschungsvertrags ausdrücklich noch offen gelassen (BGHZ 105, 324, 332, *Supermarkt*). Beide Fragen können nur gleich entschieden werden (vgl. § 54 Rdn. 96.

311 条及以下规定的补偿制度无法有效实施[1],要求结算审查人在审查从属性企业报告及财务状况变动表时必须指明这种情形。

(b) 在有限责任公司中,实质性事实康采恩如果违反股东意愿,每一个股东都可以以违反诚信义务为由,对控制性企业提起**停止侵害**与恢复原状之诉[2]。与之相反,在股份有限公司中,这种将控制性企业视为多数股东**提起诉讼**的做法,至今还没有得到承认[3]。但在莱诺铸排机(Linotype)一案[4]中,股份有限公司股东之间的诚信义务得到了承认(见上文§ 12. V.)。以霍尔茨米勒一案[5]为范例,如果在缺乏必需的股东会多数决议的情况下附属公司的董事长超越权限接受实质性事实康采恩的话,针对附属公司本身的停止侵害之诉更易成立。 50

(c) 在股份有限公司中,对从属企业董事会与监事会的**损害赔偿请求权**由《股份法》第 93 条、第 116 条规定,而在有限责任公司中,相应的损害赔偿请求权规定在《有限责任公司法》第 43 条、第 52 条中,因为接受实质性康采恩化是一种对义务的违反。此外,也可以考虑适用《股份法》第 318 条(见边码 32),没有必要再适用《股份法》第 310 条。在股份有限公司中,可以根据《股份法》第 317 条第 1 款要求控制性企业进行损害赔偿。此损害赔偿请求权形式上属于附属公司,但可由该公司任何一个股东主张(《股份法》第 317 条第 4 款、第 309 条第 4 款)。是否除此之外在股份有限公司中还存在因违反诚信义务而产生的损害赔偿请求权,这一问题和是否有停止侵害请求权一样,尚无定论。而在有限责任公司中,任一股东都可以对其他股东主张因违反诚信义务而产生的损害赔偿请求权[6]。 51

(d) 最后,在向实质性事实康采恩的转变中,少数股东应有权**退出**公司并要求一次给付补偿。这在有限责任公司和人合公司中,按一般公司法就可以做到,因为已经存在了股东退出公司的重要理由(见上文§ 30. IV. 1)。据此,一次给付补偿请求权是针对附属公司本身的。除此以外,还可以考虑类推适用《股份法》第 305 条,对控制性企业主张一次给付补偿[7]。如果从属企业为股份有限公司,则除类推适用《股份法》第 302 条、第 303 条外,还可类推适用《股份法》第 305 条(见本书 § 52

---

[1] *Kropff* FS Goerdeler 259, 270 ff; MünchHdb. AG/Krieger § 69 Rdn. 129.

[2] Scholz/*Emmerich* Anh. Konzernrecht 132; Baumbach/Hueck/*Zöllner* Anh. Konzernrecht Rdn. 61; Hachenburg/*Ulmer* Anh. § 77 Rdn. 166; *Lutter/Hommelhoff* Anh. § 13 Rdn. 19, 38.

[3] *Hoffmann-Becking* aaO 84; vgl. auch *Krieger* aaO Rdn. 128; *Stein* ZGR 1988, 163, 186 ff.

[4] BGHZ 103, 184.

[5] BGHZ 83, 122; § § 16 I 5, 52 IV.

[6] BGHZ 65, 15, 21 (*ITT*).

[7] H. M.; Scholz/*Emmerich* aaO Rdn. 133; Hachenburg/*Ulmer* aaO 167; *Rehbinder* AG 1986, 85, 91 f; *K. Schmidt* ZGR 1981, 455, 473; *ders.*, GesR § 39 III 3 d; *Wiedemann*, Unternehmensgruppe 66 ff; anders OLG Saarbrücken AG 1980, 26, 28 mit abl. Anm. Ruwe AG 1980, 21, 24 f. Nach dem Abrücken des BGH von der Figur des qualifizierten faktischen Konzerns dürfte ein Abfindungsanspruch gegen einen herrschenden Gesellschafter analog § 305 AktG nicht mehr in Betracht kommen. Vgl. BGHZ 150, 61, 68; *Lutter/Banerjea* ZRP 2003, 435.

54. V.)[1]。此外,类推适用《股份法》第304条获得合理补偿则不要求附属公司必须为股份有限公司[2]。

4. 债权人的保护

53 (a)由于实质性事实康采恩严重危及附属公司的财产,以至于一般性保护措施已不足以保障债权人利益(见上文边码41、46等)。因此,长期以来人们就确认:如果从属企业本身已经没有资产,对它也根本不可以进行强制执行措施,可以类推适用《股份法》第302条的规定,要求控制性企业必须对从属企业的**亏损承担弥补义务**。这实际上是一种法律规定的新发展,即从《股份法》第303条中引申出债权人对控制性企业拥有**直索请求权**。联邦最高法院第二民事庭首先在著名的起重机案中[3]将《股份法》第303条类推适用于一人有限责任公司,确认了控制性企业必须承担附属企业灭失责任。这是一个突破性判决。在随后的地下工程案[4]中,联邦最高法院又承认在多人有限责任公司中控制性企业也必须承担亏损弥补的义务;而在电视唱片案[5]中又承认了一人有限责任公司的亏损弥补义务。在这一个判决中,法庭首先认为在一人公司中惟一的股东必须对"他的"公司和公司债权人承担诚信义务,这是难以成立的,但是法庭最后逾越了这一所有权方面的难题,确认了这一责任。[6] 联邦最高法院的一系列司法实践越来越明显地将责任仅仅与实质性事实康采恩的构成要件相联系,并且拒绝了学术界要求对承担责任进行限制的意见,即只有在控制性企业长期损害附属公司并危及其生存时,控制性企业才必须承担责任[7]。最初,联邦最高法院的审判庭还拒绝引进过错因素,即使控制性企业能证明自己如同一个独立公司的合法业务执行人那样管理着公司的业务,也不能免除其责任[8]。

54 这一司法实践长期受到很多人的批评,这也体现在一项提起的违宪审查案

---

[1] MünchHdb. AG/*Krieger* § 69, 126; Emmerich/*Habersack* Vor 第311条 Rdn. 44,; *Lutter* AG 1990, 179, 181; *Decher* DB 1990, 2005, 2007; je m. w. Nachw。

[2] Str.; vgl. zur GmbH befürwortend Scholz/*Emmerich* Anh. Konzernrecht Rdn. 134; *K. Schmidt* GmbHR 1979, 121, 129 f; *Säcker* ZHR 151 (1987), 59, 64; *Geuting* BB 1994, 371; wie hier Hachenburg/*Ulmer* aaO Rdn. 168; Roth/*Altmeppen* Anh. § 13 Rdn. 190; Rowedder/*Koppensteiner* Anh. § 52 Rdn. 60; *Kort*, Abschluβ von Beherrschungs- und Gewinnabführungsverträgen im GmbH-Recht 35 ff.

[3] BGHZ 95, 330; vgl. die Wiedergabe der im folgenden genannten Leiturteile bei Rdn. 47f und die Schrifttumsangaben dazu vor Rdn. 53.

[4] BGHZ 107, 7.

[5] BGHZ 115, 187.

[6] BGHZ 107, 7, 16.

[7] Vgl. statt aller *Lutter* ZIP 1985, 1425, 1433 f; *Rehbinder* AG 1986, 85, 95 f; *K. Schmidt* ZIP 1986, 146, 148; *Timm* NJW 1987, 977, 982.

[8] BGHZ 115, 187 (*Video*).

中,[1]但是联邦宪法法院并没有受理这一案件。面对批评之声,联邦最高法院在TBB一案中改变了它一贯的严厉态度[2]。根据此案,如果控制性企业"在行使康采恩管理权时,没有合理地照顾到附属公司自身的利益,且附属公司因此遭受的一切不利后果未得到逐一补偿"[3],则在合格的有限责任公司康采恩中,控制性企业必须参照《股份法》第302条的规定承担补偿责任。在附属公司已经丧失全部资产时,控制性企业也必须参照《股份法》第303条承担直接的灭失责任。

这一表述说明,联邦最高法院不再把责任仅与康采恩**结构**相联系,**而是**还要求存在控制性企业在行使其管理权时有一特定的、由于没有合理顾及附属公司利益而被认为**违法的行为**。即使存在着持续而全面的管理权行使,也不能**推定**有这种违法行为,而必须逐一证明。这一过程中,联邦最高法院在一定程度上减轻了原告的举证责任。但是这一减轻离不开下列前提条件:"与原告相比,控制性企业掌握了决定性的事实,要求其说明案件事实并不过分。"[4]自此以后,联邦最高法院坚持这一判决。[5]联邦劳动法院[6]、联邦社会法院[7]、各级法院[8]以及法学界[9]都支持这一判决。这一构成要件上的改变,明显限制了参照《股份法》第302条、第303条确立的实质性事实康采恩中控制性企业的亏损弥补义务和灭失补偿责任,并使债权人权利的主张更为困难。 55

(b)在承认《股份法》第302条、第303条类推适用于有限责任公司参与的实质性事实康采恩后,对于控制性企业是**股份有限公司或股份两合公司**的情况也只能作同样地规制,因为实质性的前提条件和利益态势是一样的[10]。 56

(c)鉴于亏损弥补义务的**具体情况**,可以参阅有关合同康采恩的论述(见下文§54. IV. 3)。但是依然没有确定的是:在有限责任公司中是否应该将补偿责任限 57

---

[1] Vgl. die Stellungnahme der Bundesregierung dazu ZIP 1992, 1664 und den Beschluβ des BVerfG ZIP 1993, 1306.

[2] BGHZ 122, 123.

[3] BGH aaO Leitsatz 1.

[4] BGH aaO Leitsatz 2.

[5] BGH NJW, 1994, 446 (*EDV-Peripherie*); NJW 1994, 3288 (*Freiberufler-KonzernI*); NJW 1995, 1544 (*Freiberufler-Konzern II*); NJW 1996, 1283; NJW 1997, 943; GmbHR 1998, 87.

[6] BAGE 76, 79; BAG AG 1992, 382; ZIP 1995, 491; ZIP 1996, 333.

[7] BSG ZIP 1994, 1944, ZIP 1996, 1134.

[8] Vgl. beispielsweise OLG Hamm, EWiR 1997, 437; OLG Dresden AG 1997, 330, OLG Rostock, AG 1999, 279; OLG Celle AG 1999, 572; OLG München AG 1995, 99; NZG 1999, 2000; OLG Köln AG 1999, 92; AG 1997, 379; OLG Düsseldorf, AG 1999, 276.

[9] Vgl. die oben vor Rdn. 43 zitierten Nachweise.

[10] 持此观点的有 LG Mannheim DB 1990, 2011 mit Anm. *Decher*, DB 1990, 2005; aus dem Schrifttum *Emmerich* FS Stimpel 743, 753; *Kropff* FS Goerdeler 259, 273; *Lutter* ZGR 1982, 244, 262 ff; *Säcker* ZHR 151 (1987), 59, 64 f; *Stimpel* AG 1986, 117, 121 f; *Wiedemann* ZGR 1986, 656, 668 ff; MünchHdb. AG/*Krieger* § 69 Rdn. 113 ff m. w. Nachw.; *K. Schmidt* GesR § 31 IV 4; 持不同观点的可能只有 KölnKomm/*Koppensteiner* Vorb. 第311条 Rdn. 24 ff, 其中赞成对《股份法》§ 317 作扩张解释。

制在资不抵债的范围内,即仅仅补偿低于**公司基本资本**部分的数额?〔1〕在一人有限责任公司中,这种限制无论如何是正当的。因为在这种公司中,亏损弥补仅仅是为了保护债权人的利益。有限责任公司法中保护公司资本条款的目的也在于此。在有多个成员的有限责任公司中,则还必须考虑到外部股东的利益。如果允许大股东——公司中的控制性企业使用秘密储备金来弥补公司的亏损,那么就会影响外部股东的利益。〔2〕

58 (d) 根据**《股份法》第 303 条**规定的字面意义,如果控制性企业终止其与附属企业之间的企业控制合同,并相应地终止合格的康采恩关系的话,控制性企业必须为其附属企业的债务**提供担保**。联邦最高法院从立法目的方面进一步解释这一规定,并且结合《股份法》第 322 条第 2 款和第 3 款的规定确定:在这种情况下,由于有限责任公司自身已经没有资产,因此它不可能清偿自己的债权,附属公司的债权人享有**直接向控制性企业提起清偿请求的权利**,破产资产管理人可以在破产程序中行使这一请求权。〔3〕与此相反,联邦最高法院已经不再承认康采恩法上的对控制性企业的直接责任(比较上文 § 29. III. 2)。由于公司内部对损失承担补偿责任,这种直接责任也没有存在的必要。〔4〕

## § 54. 协议康采恩

参考文献:*Bache*, Der internationale Unternehmensvertrag nach deutschem Kollisionsrecht, 1969; *Bachmann/Veil*, Grenzen atypischer stiller Beteiligung an einer Aktiengesellschaft, ZIP 1999, 348; *Bälz*, Verbundene Unternehmen - Konzernrecht als Speerspitze eines fortschrittlichen Gesellschaftsrechts ?, in Nörr (Hrsg.), 40 Jahre Bundesrepublik Deutschland - 40 Jahre Rechtsentwicklung, 1989, 177, 195 ff; *W. F. Bayer*, Mehrstufige Unternehmensverträge, FS Ballerstedt 1975, 157; *W. Bayer*, Der grenzüberschreitende Beherrschungsvertrag, 1988; *Baumgartl*, Die konzernbeherrschte Personengesellschaft, 1986; *Blaurock*, Die stille Beteiligung an einer Kapitalgesellschaft als Unternehmensvertrag, FS Groβfeld 1999, 83; *Burbach*, Das Recht der konzernabhängigen Personengesellschaft, 1989; *Canaris*, Hauptversammlungsbeschlüsse und Haftung der Verwaltungsmitglieder im Vertragskonzern, ZGR 1978, 207; *Ebenroth/Parche*, Konzernrechtliche Beschränkungen der Umstrukturierung des Vertragskonzerns, BB 1989, 637; *Emmerich*, Bestandsschutz im GmbH-Vertragskonzern, in Hommelhoff u. a. (Hrsg.), Entwicklungen im Gm-

〔1〕 Der BGH hat die Frage in BGHZ 107, 7, 16 und 115, 187, 198 ausdrücklich offen gelassen.

〔2〕 Ebenso *Stimpel* ZGR 1991, 144, 158; Hachenburg/*Ulmer* aaO Rdn. 163 f; Baumbach/Hueck/*Zöllner* Anh. Konzernrecht Rdn. 90.

〔3〕 Auch dieser Anspruch wurde erstmals im *Autokran*-Urteil BGHZ 95, 330 für den Fall des qualifizierten faktischen GmbH-Konzerns entwickelt.

〔4〕 Zugunsten einer Fortentwicklung der Durchgriffslehre aber *Teubner* FS Steindorff 261; vgl. auch *Schramm*, Konzernverantwortung 131 ff; ferner die grundsätzliche Kritik von *Altmeppen*, Abschied vom "qualifiziert faktischen" Konzern, 1991.

bH-Konzernrecht, 1986, 64; *Exner*, Beherrschungsvertrag und Vertragsfreiheit, 1984; *Geßler*, Abgrenzungs- und Umgehungsprobleme bei Unternehmensverträgen, FS Ballerstedt, 1975, 219; ders., Atypische Beherrschungsverträge, FS Beitzke 1979, 923; *Kort*, Der Abschluβ von Beherrschungs- und Gewinnabführungsverträgen im GmbH-Recht, 1986; *ders.*, Zur Vertragsfreiheit bei Unternehmensverträgen, BB 1988, 79; *Löffler*, Die abhängige Personengesellschaft, 1988; *Pentz*, Die Rechtsstellung der Enkel-AG in einer mehrstufigen Unternehmensverbindung, 1994; *Priester*, Bildung und Auflösung des GmbH-Vertragskonzerns, in Hommelhoff u. a. (Hrsg.), Entwicklungen im GmbH-Konzernrecht, 1986, 15 *Raiser*, Beherrschungsvertrag im Recht der Personengesellschaften, ZGR 1980, 558; *Reuter*, Die Personengesellschaft als abhängiges Unternehmen, ZHR 146 (1982), I; *ders.*, Ansätze eines Konzernrechts der Personengesellschaft in der höchstrichterlichen Rechtsprechung, AG 1986, 130: *U. H. Schneider* (Hrsg.), Beherrschungs- und Gewinnabführungsverträge in der Praxis der GmbH, 1989; *Sonnenschein*, Der aktienrechtliche Vertragskonzern im Unternehmensrecht, ZGR 1981, 429; *Stimpel*, Rückblick auf das Gervais-Urteil, in Ulmer (s. unten) 11; *Timm*, Unternehmensverträge im GmbH- Recht, GmbHR 1989, II; *Ulmer* (Hrsg.), Probleme des Konzernrechts, 1989; *Wanner*, Konzernrechtliche Probleme mehrstufiger Unternehmensverbindungen, 1998.

## I. 概述

### 1. 控制合同

协议康采恩的基础是控制合同，根据该合同，一个公司将接受另一个企业的管理(《股份法》第 291 条第 2 款)。控制合同授权控制企业向从属企业**董事会**就企业管理发出**指示**，包括不利于从属企业但有利于实现控制企业或康采恩的更高层次的利益的指示(《股份法》第 308 条第 1 款)。[1] 在实践中，这一授权发布指示的制度足以引发企业管理总体上服务于康采恩利益的倾向和后果。控制合同由此改变了从属企业的目标设置和经济运行，排除了从属企业董事会为企业管理自我负责的制度，改变了从属企业的内部权利结构，《股份法》上的**财产约束制度也不再适用于从属企业**(《股份法》第 291 条第 3 款)。 1

通过合同转移给控制企业的**管理**的概念与《股份法》第 18 条意义上的管理概念是一致的(见上文 § 51. IV. 2)。[2] 控制合同并不要求对从属企业的所有管理发出指示，在特定领域中的有限的管理就已符合这里的管理概念，只要控制企业通过这种管理，有能力形成有利于企业集团整体利益的目标并足以要求被控制公司的董事会贯彻实施该项目标。[3] 上述情形是否存在，必须在个案中考虑所有的具体情况进行确定。所以，例如在企业租赁合同和企业经营管理合同中可以赋予租 2

[1] Einzelheiten s. unten III 1.

[2] H. M., vgl. Hüffer § 291 Rdn. 10, *Emmerich*/Habersack § 291 Rdn. 13; MünchHdb. AG/*Krieger* §70 Rdn. 4.

[3] So die Formulierung von *Hüffer* aaO.

赁人和经营管理人足够的管理目标企业的权利,将会使合同具有隐蔽的控制合同的性质(见下文 § 57 边码 22)。同样的情况也发生在非典型的隐名合伙中。[1] 理论界将隐名合伙视为部分控制合同,是具有误导性的;因为这种合同并不是区别于控制合同的其他合同形式,而是满足了控制合同的所有特征的合同,因为有限管理权的授予在此已经足以使控制合同得以成立。[2]

3 如果承认局限于特定的重要领域中的管理足以导致控制合同的成立,那么就可能同时存在两个据以产生控制权的合同,它们的内容相互协调。这样,在**企业经营分离情形下,**如果目标公司行使针对经营公司的管理权,可能同时存在经营公司和目标公司间的控制合同以及这两个公司和它们的行使管理权的股东之间订立的控制合同。在目标公司和经营公司间存在一个平行型康采恩协议也是可以想象的。同样的情形还可发生在一个隶属型康采恩中的**几个子公司之中**。

4 法律没有规定可以向企业监事会和股东大会发出指示。因此,不能指示**监事会**必须将特定的人委任为董事或者必须作出某种特定的分工。依据《股份法》第 111 条第 4 款 2 句的规定,特定的行为只有得到从属企业监事会同意方可实施,但《股份法》第 308 条的规定使从属企业董事会越过监事会的反对意见实施这类行为成为可能。董事会应将监事会不同意实施该行为的情况通知控制企业。控制企业在得到其自身监事会同意的前提下可以再一次发出指示,该指示的实施无须得到从属公司监事会的同意。

5 在从属企业**股东大会**上通常要求控制企业基于其多数表决权来贯彻自己的意愿。因此如果康采恩管理不想遇到重大阻碍的话,控制合同就必须建立在多数表决基础上。另一方面,表决权多数也使投资方可以通过委任适当人员进入从属企业监事会来保障监事会不会发出反对康采恩管理的异议,相反,监事会通过行使职权使适当的人选进入董事会,甚至起到有助于康采恩控制的作用。

6 这种可能性也存在于受《共同决定法》调整的企业,因为在这些企业中虽然监事会由劳资双方各派相同人数组成,但监事会会长拥有两项表决权的制度使投资方代表通常能够在监事会中推行自己的意愿(见上文 § 15. IV.)。相反,控制企业只有在掌握股东大会特定多数表决权的情况下才能修改章程或作出其他与之相当的改变结构的决议。

7 受保障的、合法化的控制企业的影响要求足够广泛的法律措施来保护从属企业及其债权人和少数股东的利益。最关键的要点是控制企业补偿亏损的义务(《股

---

[1] OLG Celle AG 2000, 280; *Bachmann/Veil* ZIP 1999, 348; *Blaurock* FS Großfeld 83 ff; vgl. auch KG NZG 2000, 1223 zu einem Vertrag mit Betriebsüberlassung.

[2] *Krieger* aaO Rdn. 5; *Emmerich* aaO Rdn. 16. Als heuristischer Begriff mag der Begriff des Teilbeherrschungsvertrags nützlich sein, wenn klar ist, daβes sich rechtlich um einen Beherrschungsvertrag handelt, der uneingeschränkt als solcher zu behandeln ist.

份法》第302条)、外部股东的补偿和一次性给付补偿请求权(《股份法》第304条和第305条)。[1]

8 在康采恩法上,依据股份公司的控制合同产生一项不可驳斥的推定,即存在一个从属公司和一个康采恩(《股份法》第18条第1款第2项)。[2] 在竞争法上,依据《反限制竞争法》第37条第1款第2b项和《合并控制条例》第3条第1款和第3款,这类合同受合并控制规范的调整。

9 立法者将控制合同视为合法行使康采恩管理权的重要法律依据。[3] 实践中,控制合同通常仅限于规定最必须的事项,因此很少有合同超过2到3页的。[4] 当然无论如何,合同应规定给予外部股东补偿和一次性给付补偿(《股份法》第304条和第305条)。控制合同的核心不在于其规定的债法性义务,而在于它授权控制企业可以直接改变公司内部的结构,在此不再适用修订章程的有关规定(《股份法》第293条第1款第4句)。所以控制合同具有在实体法意义上修订章程的性质。更新的理论将它理解为团体法上的组织合同,即将它视为一种独立合同类型的主要表现形式,这种合同区别于债权合同和物权合同,在一定程度上对其适用特别的规则。[5] 但这并不排除外部股东依据合同享有要求补偿和一次性给付补偿的请求权。

### 2. 利润转移合同

10 实践中控制合同通常和一个盈余缴纳合同相结合,据此,公司有义务将它的全部盈利上交给控制企业或其他康采恩企业(旧《股份法》第291条第1款第2项)。将《股份法》上两种不同的合同类型结合成所谓的**组织关系合同**首先具有税法上的意义,因为根据《法人所得税法》第14条的规定,企业享受机构税收优惠以盈余缴纳合同为前提。当然也有控制合同和盈余缴纳合同分别独立存在的情形,对后者适用的法律规定在所有重要方面都与适用于前者的规定相一致或两种规定并行不悖。所以下文在介绍控制合同时会考虑盈余缴纳条款。而独立的盈余缴纳合同将在下文VIII中讨论。

### 3. 有限责任公司

11 如果被控制企业是一个有限责任公司,则对它缺乏相应的法律规范,因为《股份法》的规定不适用于这种情形。在控制企业拥有有限责任公司股东会多数表决

[1] Einzelheiten dazu unten IV, V.

[2] S. oben § 51 III 6, IV 2.

[3] Vgl. die Begründung zum Regierungsentwurf des AktG, *Kropff* 374.

[4] Muster bei *Hoffmann-Becking*, Münchener Vertragshandbuch Bd 1, Gesellschaftsrecht, Formulare IX 1 und 2.

[5] Vgl. BGHZ 103, 1, 4; 105, 324, 331; 116, 37, 43; aus dem Schrifttum statt aller Emmerich/Habersack § 291 Rdn. 22 f. Zu Einzelheiten s. unten Rdn. 18 ff, 31 ff, 96 ff.

权的情况下,由于控制企业作为该公司的多数股东依据普通公司法已经掌握了公司经营管理的所有事项并可向公司经理发布指示(见上文 § 32. I.),所以将该公司纳入康采恩并不要求另外订立控制合同或者盈余缴纳合同。控制合同因此在实践中被视为无存在意义,代替它的是实质性事实康采恩(见上文 § 53. IV.)。盈余缴纳合同甚至组织关系合同通常仅仅是为了获得公司所得税法上的机构优惠而制定的(《法人所得税法》第14条)。但是签订这两类合同的合法性以及它们的组织合同性质即便在有限责任公司法中现在也已毫无疑义。〔1〕控制合同的意义在于使控制公司获得本属于从属企业股东会的权能,从而采取有利于控制公司的经营管理措施并由此获得从属企业的管理权,在股份公司中则是由董事会保留该经营权。司法界〔2〕和法学界〔3〕广泛参考股份法上的相关规定,同时也考虑有限责任公司的特殊性,发展出了适用于有限责任公司的规则(见下文18,23,28)。

4. 人合公司

12 被控制企业为人合公司时,法律状况更为复杂困难。理论界的主流观点认为,不允许订立以无限责任公司或两合公司为被控制企业的控制合同,因为这种经济上的自我限制经济行为能力的行为与公司机关自治以及个人责任原则是不相符的。〔4〕所以作为两合公司无限责任股东的自然人在自己公司内部都未被免除承担个人责任的话,他不应该受康采恩中上层公司的管理。否则,合同违背善良风俗便是无效的(《民法典》第138条)〔5〕。此外,经验表明,从属的人合公司或者加入式康采恩中加入公司为人合公司的现象并非少数。在法律上否认这类从属公司的存在或者不为它提供比一般公司法上更强的康采恩法上的保护是不合理的。〔6〕

13 然而,一个独立的、存在于人合公司合同以外的控制合同通常并不是确保康采恩管理权并使之合法化所必需的。**公司合同**本身就可以授予股东对企业经营管理施加重大影响并排除其他人的干涉。如果根据公司合同,该控制股东是康采恩法

〔1〕 BGHZ 103, 1, 4f (*Familienheim*); 105, 324, 331 (*Supermarkt*); 116, 37 (*Stromlieferung*); Baumbach/Hueck/*Zöllner* Anh. Konzernrecht Rdn. 36; Hachenburg/*Ulmer* Anh. § 77 Rdn. 182 ff; *Scholz/Emmerich* Konzernrecht Rdn. 136.

〔2〕 S. vorige Fuβnote, ferner BGH GmbHR 1992, 254 (*Siemens*).

〔3〕 Vgl. neben den Kommentaren zum GmbHG *Kort*, Beherrschungs- und Gewinnabführungsverträge 43 ff; *U. H. Schneider* (Hrsg.), Beherrschungs- und Gewinnabführungsverträge in der Praxis der GmbH, mit Beiträgen von *Schneider*, *Priester*, *Stützle*, *Krieger*; *Timm* GmbHR 1989, 11.

〔4〕 *Flume*, Allg. Teil 1/1, 255 f; vgl. auch *Reuter* ZHR 146 (1982), 1, 15 ff; *ders.* AG 1986, 130, der statt dessen einen schuldrechtlichen Beherrschungsvertrag annimmt. Ausführliche Darstellung des Meinungsstands bei GroβkommHGB/*Ulmer* Anh. § 105 Rdn. 12 mwN.

〔5〕 *Burbach*, Konzernabhängige Personenhandelsgesellschaft 247 ff; *Schieβl*, Beherrschte Personengesellschaft 49 ff; *Stimpel* in Ulmer (Hrsg.), Probleme des Konzernrechts 11, 18 ff; *Ulmer* ebd. 26, 52 f.

〔6〕 So die jetzt wohl h. L., vgl. BGH NJW 1980, 231 (*Gervais*); *Raiser* ZGR 1980, 558, 563; *Baumgartl*, Konzernbeherrschte Personengesellschaft 43 ff; *Schieβl* aaO 43 ff; *Stimpel* aaO 16f; *Ulmer* aaO 48f; eingeschränkt auch *Löffler*, Abhängige Personengesellschaft 40 ff; *Reuter* AG 1986, 130, 133 f.

意义上的一个企业,即还存在该企业以外的利益,并且在得到其他股东同意时控制股东应为实现企业以外利益而经营管理,该合同就具有了控制合同的性质(见上文§51. I.)。由此可以得出结论,在此情形下协议康采恩的典型特征不是控制企业的指示权,而是由合同所保障的股东为康采恩利益管理自身的从属公司的可能性。

具体而言应当对三种表现形式加以区分:[1](a)控制企业是无限责任公司或两合公司中承担个人责任的股东;(b)控制企业是两合公司中承担有限责任的股东,人合公司合同授权它经营管理和/或对无限责任股东发出指示;(c)有限责任公司作为有限两合公司无限责任股东时,有限责任公司中举足轻重的股东也间接控制着两合公司。[2]在最后一种情况下,在控制企业和两合公司之间订立的控制合同可以产生公司法上的控制权。上述区分在法律上是很重要的,因为在三种情形中债权人保护和少数股东保护的问题表现得各不相同,解决方法也必然不同。 14

### 5. 控制性企业的法律形式

康采恩法上企业概念的特征并不涉及控制企业的法律形态问题(见上文§51. I. 2, 4)。也可以和**外国控制企业**签订控制合同和盈余缴纳合同。[3] 德国法中所有有利于从属公司及其少数股东和债权人的保护性规范都适用于此等情形。[4] 15

### 6. 多层次企业联合

在多层次企业联合中在所有层次上都有可能订立控制合同。[5] 对康采恩中的上层公司来说,无论和其子公司还是和其孙公司订立控制合同都可能是为了在总体上排除《股份法》第311条及其以下条款的适用。出于同样的原因也可能在子公司和孙公司之间订立一项控制合同。当然在这种情形下必须要求杜绝各个指示间的相互矛盾。依据《股份法》第304条、第305条的规定,在各个合同中要求的补偿和一次性给付补偿相互间也必须协调一致。理论上则还要求对所有问题作进一步 16

---

[1] Bericht der *Unternehmensrechtskommission* Rdn. 1709—1711; *Ulmer* aaO 31 f; GroβkommHGB/*Ulmer* Anh. § 105, Rdn. 8 ff.

[2] Vgl. hierzu BGH NJW 1980, 231 (*Gervais*); ferner auch BGHZ 89, 162 (*Heumann- Ogilvy*).

[3] H. M.; *W. Bayer*, Grenzüberschreitender Beherrschungsvertrag 78 ff; *Feddersen*, in Schneider (Hrsg.), Beherrschungs- und Gewinnabführungsverträge 127, 138 ff; MünchKomm/*Ebenroth* Nach Art. 10 EGBGB Rdn. 412 ff.

[4] *Bache*, Der internationale Unternehmensvertrag 35f, 109f; *W. Bayer* aaO 20; *Feddersen* aaO 134.

[5] H. M., vgl. *Emmerich/Sonnenschein* § 8 VI; *Hüffer* § 291 Rdn. 15; MünchHdb. AG/*Krieger* § 70 Rdn. 10; *Wanner*, Mehrstufige Unternehmensverbindungen 116. Dagegen hält *Pentz*, (Stellung der Enkel-AG 172ff) parallele Beherrschungsverträge einer Mutter- und einer Tochtergesellschaft mit der Enkelgesellschaft für unzulässig. Vgl. auch LG Frankfurt DB 1990, 624.

的说明。[1]

7. 合营企业

17 如果母公司之间的合作关系是确定而稳固的,合营企业可以和**每个母公司订立控制合同**。法律后果则由所有参与企业承担。反之,母公司组成的发挥康采恩领导职能的合伙不是控制合同的当事人,因为它不是康采恩法意义上的企业,除非它作为控股人获得了独立的决定权(见上文 § 51. I. 4, III. 4)。相反在税法上必须和民事合伙订立组织关系合同(1995 年《法人所得税法》第 52 节第 VI 款第 2 句)。实践中则是通过将康采恩领导者和母公司都称为公司当事人来解决上述问题的。[2]

## II. 合同的签订

参考文献: *Altmeppen*, Zum richtigen Verständnis der neuen § § 293a—293g AktG zu Bericht und Prüfung beim Unternehmensvertrag, ZIP 1998, 1853; *Bungert*, Unternehmensvertragsbericht und Unternehmensvertragsprüfung gemäβ § § 293a ff AktG, DB 1995, 1384; *Burbach*, Konzernabhängige Personenhandelsgesellschaft, 1989; *Ebenroth/Müller*, Kündigung, Heilung und Mitwirkungspflichten bei fehlerhaften Organschaftsverh? ltnissen im GmbH-Konzernrecht, BB 1991, 358; *Emmerich*, Der Konzern der Personengesellschaften, FS Stimpel 1985, 743; *Grunewald*, Rückverlagerung von Entscheidungskompetenzen der Hauptversammlung auf den Vorstand, AG 1990, 133; *Hoffmann-Becking*, Gelöste und ungelöste Fragen des Unternehmensvertrages einer GmbH, WiB 1994, 57; *Humbeck*, Die überprüfung der Unternehmensverträge nach neuem Recht, BB 1995, 1893; *Kleindiek*, Fehlerhafte Unternehmensverträge im GmbH-Recht, ZlP 1988, 613; *Kort*, Der Abschluβ von Beherrschungs- und Gewinnabführungsvertr? gen im GmbH-Recht, 1986; *Krieger*, Fehlerhafte Satzungsänderungen, Fallgruppen und Bestandskraft, ZHR 158 (1994), 35; *Löffler*, Die abhängige Personengesellschaft, 1988; *Rehbinder*, Die Abwicklung fehlerhafter Unternehmensverträge beim GmbH-Konzern, FS Fleck 1988, 253; *Schieβl*, Die beherrschte Personengesellschaft 1985; *Stolzenberge-Wolters*, Fehlerhafte Unternehmensverträge im GmbH-Recht, 1990; *Timm*, Unternehmensverträge im GmbH-Recht, GmbHR 1989, 11; *Ulmer*, Fehlerhafte Unternehmensverträge im GmbH-Recht, BB 1989, 11; *Vetter*, Die Geltung von § 293 Abs. 2 AktG beim Unternehmensvertrag zwischen herrschender AG und abhängiger GmbH, AG 1993, 168; *Windbichler*, Unternehmensverträge und Zusammenschluβkotrolle, 1977; *Zöllner*, Die formellen Anforderungen an Beherrschungs- und Gewinnabführungsverträge bei der GmbH, DB 1989, 913.

[1] Vgl. *W. F. Bayer* FS Ballerstedt 157; *Rehbinder* ZGR 1977, 581, 601; *Sonnenschein* BB 1975, 1088, 1092; *ders.* AG 1976, 147; *Paschke* AG 1988, 196, 201; *Timm*, Die Aktiengesellschaft als Konzernspitze 170.

[2] Vgl. *Rottnauer* DB 1991, 27 und die Muster bei *Hoffmann-Becking*, in Münchener Vertragshandbuch Bd 1, Gesellschaftsrecht Teil IX Muster 4; *Luther/Happ* Formular-Kommentar, Bd 2, Formular 2. 107.

1. 合同形式和订立期限

企业合同的订立对双方当事人而言都是一个**多幕剧**。合同由股份公司的董事会、有限责任公司的经理这些公司代表机关准备和订立。但只有获得从属公司和控制公司的股东大会或股东会同意并在商业登记簿中经过登记,合同才生效(见下文II. 3,4)。在此不适用代表机关依据《股份法》第78条和《有限责任公司法》第37条第2款享有的不受限制的代表权,因为这里涉及改变公司结构的合同。根据《股份法》第293条第3款的规定,如果从属公司是一个股份公司或股份两合公司的话,该合同要求采取书面形式。缺乏书面形式或者重要组成部分没有纳入合同文本的,根据《民法典》第125条的规定,合同无效。那就适用一般《公司法》规定。如果从属公司是一个有限责任公司,合同采取书面形式足够了,当然,从属企业的同意决定鉴于其具有修订章程的性质,联邦最高法院要求类推适用《有限责任公司法》第53条第2款第1句的规定,同意决议必须经过公证。[1] 18

合同可以**附期限或附延缓条件**。后者主要发生在例如存在有利于监事会或单个股东的同意保留的情况下,或者当必须对合同在卡特尔法上的有效性问题进行审查时(《反限制竞争法》第35条第2款)。这里,只有当合同所附条件成立时方可登记于商业登记簿。是否可以在合同中约定解除条件是有争议的。[2] 持肯定意见的理由是,这样保留了解约的可能性。不得约定具有溯及力的合同撤销,因为控制合同自营业年度开始起就归于无效是违背合同性质的。[3] 19

2. 关于企业合同和审查的报告

法律通过由1994年《变更法》引进的很多规定使公司股东在股东大会表决前就对合同内容有充分了解。依据《股份法》第293a条,所有参与订立合同的股份公司的董事会都必须制作**详细的书面报告**,报告同时也要对依据《股份法》第304、305条所作的补偿和一次性给付补偿的方式和数额从法律上和经济上进行阐述。正如法律明确规定的那样,报告也必须指出对订立合同的企业进行评估的困难以及股东参与的后果。除非所有参与企业的全体股份持有者都在经过公证的声明中放弃这项报告,才可不予考虑其中的内容(《股份法》第293a条第3款)。该条款在内容上主要参考《变更法》第8条关于兼并报告的规定,在用词上也特别多地采取了上述规定的表达方式。[4] 所以这里可以参考与执行该条规定有关的内容(见上文 20

[1] BGHZ 105, 324, 342.

[2] Bejahend *Windbichler*, Unternehmenssverträge 58 f; *Emmerich*/Habersack § 293 Rdn. 18; MünchHdb AG/*Krieger* § 70 Rdn. 16 mwN.

[3] OLG Hamburg AG 1991, 21, 22; AG 1991, 23; OLG Karlsruhe AG 1994, 283.

[4] Zur rechtspolitischen Kritik vgl. *Hüffer* § 293a Rdn. 3.

§ § 46. III. 2, 48. II. 3)。[1]

21 此外,依据《股份法》第293b—e条的规定,每一个公司订立的关联企业合同都必须由合同审查人进行审查,审查人必须作出包含有规定内容的审查报告。[2] 订约企业前三年的合同、董事会报告、审查报告以及年度结算报告和财产状况报告都必须在对关联企业合同在作出决议的股东大会召开前得以陈列;并应任何一名股东的要求而将上述材料送达给他;在股东大会开始时,董事会应对上述材料进行口头说明(《股份法》第293 f, g条)。

22 最后,《股份法》第293 g条第3款像以前的《股份法》第293条第4款一样,扩展了股东知情权,据此股东可以要求了解对合同订立至关重要的合同他方当事人的所有情况。董事会在这方面必须是内行的,当然这已包含在签订控制合同时应尽的一般注意义务中。[3]《股份法》第131条第3款第1项规定的拒绝告知的理由是否适用于扩展了的知情权,还没定论,需要继续探索。[4] 但在此处所作的必要的利益衡量中通常应优先考虑股东的知情利益。[5] 在紧急情况下可以通过罚款使上述规定得以执行(《股份法》第407条第1款)。

23 《股份法》第293a条及以下条款不直接适用于**有限责任公司和人合公司**。这里,知情权产生于《有限责任公司法》第51a条和《商法典》第118条、第166条,在公司为被控制企业的情况下,知情权产生于每个股东的参与权(见下文边码26)。[6] 如果控制企业是一个有限责任公司或一个人合公司,常规的知情权由于不包括对另一个企业情况的了解,可以比照适用《股份法》第293a条及以下条款。[7]

3. 股东会同意

24 根据《股份法》第293条第1款和第2款的规定,康采恩协议的生效以**从属企业和控制企业**股东大会的**同意**为前提。如果合同当事人是有限责任公司的话,根据联邦最高法院在超市案中的判决[8],合同生效同样要求从属企业和控制企业股东会的同意。该决议使司法界的立场在这一问题上得到了恰当地发展,在此之前,理论界经过长期讨论,下级法院的决定意见也分歧较大。所以,上述规则也适用于人合公司。

---

〔1〕 Vgl. auch *Altmeppen* ZIP 1998, 1853; *Bungert* BD 1995, 1384, Einzelheiten auch bei *Hüffer* § 293a ff, *Emmerich*/Habersack § 293a ff.

〔2〕 *Humbeck* BB 1995, 1893.

〔3〕 Zu Einzelheiten vgl. BayObLG AG 1974, 224; WM 1975, 1016.

〔4〕 BayObLG AG 1974, 224; Nachw. zum Meinungsstand bei KölnKomm/*Koppensteiner* § 293 Rdn. 26, 29; in BGHZ 119, 1, 16 offengelassen.

〔5〕 Ebenso *Hüffer* § 293g Rdn. 4.

〔6〕 Groβkomm HGB/*Ulmer* Anh. § 105 Rdn. 49 f, 78; Hachenburg/*Ulmer* Anh. § 77 Rdn. 199, Baumbach/Hueck/*Zöllner* Anh. Konzernrecht Rdn. 43; a. A. *Humbeck* BB 1995, 1893.

〔7〕 Scholz/*Emmerich* Anh. Konzernrecht Rdn. 142.

〔8〕 BGHZ 105, 324; ferner BGHZ 116, 37, 43, st. Rspr.

在**股份公司**和**股份两合公司**中需要控制企业和从属企业双方的多数即至少达到参与表决的全部资本的3/4 同意才可作出上述决议(《股份法》第 293 条第 1 款第 2 项、第 2 款第 2 项)。这里适用的是《股份法》第 133 条要求的多数。主流观点认为,多数股东并不因为其通常充当协议一方当事人而被排除在表决权之外,因为这是一个公司法上的行为(见上文 § 33. V. 3)[1]。然而公司章程可以提出决议得以通过的更高要求,比如规定一个更高的表决权比例、要求获得特定数量的少数股东的同意或者至少要求有一定数量的少数股东参与股东大会(《股份法》第 293 条第 1 款第 2 句、第 2 款第 2 句)。从法律条文的表述中可以得出结论,降低要求是不允许的。只有当存在《股份法》第 111 条第 4 款第 2 句意义上的同意保留时,才要求得到监事会的同意。 25

如果**控制企业是一个有限责任公司**,则同样也要求至少 3/4 多数同意。[2] 如果从属企业是一个有限责任公司,则学术界甚至要求一致同意通过。[3] 联邦最高法院在其超市案的判决中对此没有表态。实际上根据《有限责任公司法》第 53 条第 3 款的立法思想,控制合同要求所有股东的同意方能生效,因为将公司置于他人管理之下并服从于康采恩利益的合同改变了股东成员性质的核心,所以不能违背哪怕一个股东的意愿而恣意订立这样的协议。确实,诚信义务也要求这样的一致同意(见上文 §28. IV.)。 26

在**人合公司中**情况也是一样。控制权通常以被控制公司的公司协议为基础,该协议的订立和修改都要求公司股东一致通过。即使在其他情况下允许以特定多数修改公司协议,对康采恩协议仍然适用上述规则。[4] 27

在**合营企业**中则要求得到所有母公司的股东大会或股东会的同意。[5] 困难主要存在于**多层次企业联合中**。如果子公司和一个孙公司订立控制合同,根据《股份法》第 293 条第 2 款必须得到母公司董事会的同意。但联邦法院在其霍尔茨米勒案判决[6]中认为,根据《股份法》第 293 条第 2 款,这种合同需要得到母公司股东大会的同意。[7] 通说认为《股份法》第 28

---

〔1〕 In BGHZ 105, 324, 332 f offengelassen; KölnKomm/*Koppensteiner* § 293 Rdn. 31 mit weiteren Nachweisen, auch zur rechtspolitischen Kritik.

〔2〕 BGHZ 105, 324, 336.

〔3〕 Baumbach/Hueck/*Zöllner* Anh. Konzernrecht Rdn. 39; Scholz/*Emmerich* Anh. Konzernrecht Rdn. 155; *Ulmer* BB 1989, 10, 14 ff; je mwN.; a. A. *Lutter/Hommelhoff* Anh. § 13 Rdn. 64; Rowedder/*Koppensteiner* Anh. § 52 Rdn. 43; *Kort*, Beherrschungs- und Gewinnabführungsverträge 109 ff; je mwN.

〔4〕 H. M, vgl. *Emmerich* FS Stimpel 743, 754; *Löffler*, Abhängige Personengesellschaft 76; *Burbach*, Konzernabhängige Personenhandelsgesellschaft 403 ff; *Schießl*, Beherrschte Personengesellschaft 33 f, 40; GroβkommHGB/*Ulmer* Anh. § 105 Rdn. 60.

〔5〕 KölnKomm/*Koppensteiner* § 293 Rdn. 41 mwN.

〔6〕 BGHZ 83, 122, 140; 8. S. oben § 16 I 4.

〔7〕 *Emmerich/Sonnenschein* 205 f, 207 mwN.; a. A *Hüffer* § 293 Rdn. 20, MünchHdb. AG/*Krieger* § 70 Rdn. 23.

293 条第 2 款不适用于外国母公司,因为它们不受德国司法管辖。[1]

29 **一般**在对控制合同的所有细节经过谈判并由代表机关的参与谈判者作出具有约束性的缔约说明之后,才由股东大会**事后**表示同意。所以,参与谈判者有义务就所有的必要事项进行谈判以便于合同得到股东会的"批准"。当然股东会也可以**事先作出决定**,但必须以一项内容完整的合同草案为依据。[2] 因为股东会决议必须覆盖所有的合同内容。[3] 在事先已作出决议的情况下,没有可能再进行事后的修改,也不能授权谈判的代表机关就先前没有确定的事项自行作出补充。根据《股份法》第 83 条第 1 款第 2 句的规定,股东大会可以要求缔结经其决议通过的合同。

### 4. 商务注册

30 最后,从属企业订立的康采恩协议及有关的同意决议都必须记载于商事登记簿。只有在从属企业所属的商事登记机关就合同的存在、法律性质和另一方当事人的名称进行登记之后,合同才生效(《股份法》第 130 条第 5 款、第 294 条)。如果从属企业是有限责任公司,联邦最高法院认为应比照适用《有限责任公司法》第 53 条和第 54 条,从属公司有将同意决议及合同主要事项登记在册的义务。[4] 法院是这样来弥补该条款的不足的,即认为这些是"应当条款",据此从商事登记簿中人们必须可以了解企业合同的订立、订立时间、合同类型以及股东会同意的情况,鉴于合同内容的广泛性,参与企业的合同和企业同意决议也包含在这里的"合同"之中,应当进行登记。

### 5. 有瑕疵的控制合同

31 控制合同的有效性适用《民法典》第 154 条、155 条、134 条、138 条、139 条、119 条、123 条、125 条的**一般合同法规定**。此外导致合同无效的特别原因还有《股份法》第 304 条第 3 款所指的情形,即合同没有包含任何给予外部股东适当补偿的内容。这条规定也类推适用于从属企业为有限责任公司的情况。而且那些没有满足前面提到的康采恩法上的特殊生效要件的合同也将不发生效力或者无效。对于股东大会或股东会就控制合同作出的同意决议,适用《股份法》第 241 条及以下条款规定的关于股东会决议无效和撤销的一般规则(见上文 § 16. IX.)。据此,同意决议可以因为例如董事会未充分履行其《股份法》第 293 条第 1 款意义上的报告义务

---

〔1〕 KölnKomm/*Koppensteiner* § 293 Rdn. 38 mwN.

〔2〕 Vgl. BGHZ 82, 188, 197 zu § 361 AktG aF.

〔3〕 Vgl. zum ganzen Problemkreis *Grunewald* AG 1990, 133, 135 f.

〔4〕 BGHZ 105, 324, 338 ff (*Supermarkt*); BGH AG 1992, 192 (*Siemens*).

而被撤销。〔1〕也有可能出现《民法典》138 条意义上的部分无效情形。〔2〕相反，必须反对通过对同意决议的内容进行控制（见上文 § 16 边码 162）来取得从属企业对控制合同的同意，因为法律已经通过《股份法》第 304 条、第 305 条中的补偿请求权及确定性司法程序（《股份法》第 306 条，见下文 V. 6）充分考虑了对外部股东的利益保护。〔3〕

一个已经登记并已履行的控制合同因为上文提到的某些原因而在事后被认定为不发生效力或无效的，通常也已不可能再恢复到原先的法律和事实状态。这种情形和**有瑕疵的公司**是类似的。因此司法判例适时地发展出了解决这一问题的方案。〔4〕判例肯定了《股份法》第 302 条规定的亏损弥补义务同样也适用于这种情况。至于合同中规定的从属企业向控制企业缴纳盈余的义务或者控制企业向从属企业弥补亏损和补偿损失的义务（见下文 IV）是否也应视为有效的问题，则仍无定论且在理论界还颇有争议。〔5〕参与者一方主张合同无效的，合同效力自合同被确认为无效时起丧失。可以以立即解约的方式来主张合同的撤销。〔6〕 32

## III. 控制性企业的管理权和责任

参考文献：*Altmeppen*, Zur Delegation des Weisungsrechts im mehrstufigen Konzern, FS Lutter, 2000, 975; *Ballerstedt*, Schranken der Weisungsbefugnis aufgrund eines Beherrschungsvertrags, ZHR 137 (1973), 388; *Clemm*, Die Grenzen der Weisungsfolgepflicht des Vorstands der beherrschten AG bei bestehenden Beherrschungsvertrag, ZHR 141 (1977), 197; *Emmerich*, Bestandsschutz im GmbH-Vertragskonzern, in Hommelhoff u. a. (Hrsg.), Entwicklungen im GmbH-Konzernrecht, 1986; *Exner*, Beherrschungsvertrag und Vertragsfreiheit, 1984, 83 ff; *Geßler*, Bestandsschutz der beherrschten Gesellschaft im Vertragskonzern?, ZHR 140 (1976), 433; *Glaser*, Grenzen des Weisungsrechts im Vertragskonzern 82; *Hommelhoff*; Die Konzernleitungspflicht,

---

〔1〕 LG Frankfurt WM 1989, 683; vgl. auch LG Ingolstadt AG 1991, 24; OLG München AG 1996, 327.

〔2〕 OLG Hamburg AG 1991, 21; 1991, 23; dazu *Timm* ZIP 1990, 361, 363.

〔3〕 Ebenso *Hüffer* § 293 Rdn. 7; MünchHdb. AG/*Krieger* § 70 Rdn. 45; *Kort* BB 1988, 79, 81 f, 84; *Lutter/Hommelhoff* Anh. § 13 Rdn. 64; differenzierend *Timm* ZGR 1987, 403, 429 ff; offener Rowedder/*Koppensteiner* Anh. § 52 Rdn. 44 aE. mwN.

〔4〕 Grundlegend BGHZ 103, 1, 4 ff (*Familienheim*); ferner BGHZ 105, 168, 182 f (*HSW*); 116, 37 (*Stromlieferung*); BGH NJW 1996, 659; OLG Hamburg WM 1987, 1163, 1169; OLG München AG 1991, 358; OLG Koblenz ZIP 1991, 308; vgl. auch LG Bochum GmbHR 1987, 24, 25; aus dem Schrifttum vgl. *Rehbinder* FS Fleck 253, 261 ff; *Stolzenberger-Wolters*, Fehlerhafte Unternehmensverträge 86 ff; *Timm*GmbHR 1987, 8; *ders.* GmbHR 1989, 11, 19; *Ulmer* BB 1989, 11, 19; kritisch im einzelnen *Kleindiek* ZIP 1988, 613, 621 ff; KölnKomm/*Koppensteiner* § 297 Rdn. 35 ff; Baumbach/Hueck/*Zöllner* Anh. Konzernrecht Rdn. 44; *Krieger* ZHR 158 (1994), 35.

〔5〕 H. M., vgl. *Rehbinder* aaO 265 ff; *Ulmer* BB 1989, 10, 15; *Timm* GmbHR 1989, 11, 17.

〔6〕 Vgl. näher *Ebenroth/Müller* BB 1991, 358, 360 ff; *Kleindiek* aaO 624 f; *Ulmer* aaO 16.

1982; *Immenga*, Bestandsschutz der beherrschten Gesellschaft im Konzern?, ZHR 140 (1976), 301; *Jula/Breitbarth* Liquiditätsausgleich im Konzern, AG 1997, 256; *Kantzas*, Das Weisungsrecht im Vertragskonzern, 1988; *Kort*, Der Abschuβ von Beherrschungs- und Gewinnabführungsverträgen im GmbH-Recht, 1986; *Kropff*, Der konzernrechtliche Ersatzanspruch - ein zahnloser Tiger?, FS Bezzenberger, 2000, 233; *v. Schwabe*, Abgrenzung der weisungsfesten Regelungsbereiche im Vertragskonzern, 1986; Sina, Grenzen des Konzernweisungsrechts nach § 308 AktG, AG 1991, 1; *Zöllner*, Inhalt und Wirkung von Beherrschungsverträgen bei der GmbH, ZGR 1992, 182.

1. *发布指示权*

33 根据《股份法》第308条第1款,控制性企业董事会基于控制合同可以向从属企业董事会职责范围内的所有措施的作出发出指示。所以,指示内容可以涉及具体经营行为的作出、年度会计报表项目的确定、股东大会的召集、授权资本基础上的新股发行等。法律还明确规定可以发出对从属企业不利的指示(《股份法》第308条第1款第2句),只要这是服务于康采恩利益的。由此,控制性企业的指示权通过例如要求从属企业向控制性企业缴纳流动资金[1]或缴纳固定资产和流动资产而涵盖了对从属公司财产的干涉。如果要实现从总体上汲取从属公司盈利的目的则必须订立一个盈余缴纳合同。

34 主流观点认为,在发布不利指示时必须考虑**比例原则**:一项措施给从属企业造成的不利与其给康采恩带来的利益相比不能失衡。[2] 即不允许发出危及从属企业生存的指示。不应当使从属公司处于破产状态或者向其发出过度的调整和安排的指示使它在控制合同结束后不再有生存能力。[3] 这里的合理界限在哪里,在司法判例中还没有阐明。理论界认为应当以"**正常的康采恩事务领导的原则**"作为设定界限的标准。[4] 如果从属企业是一个有限责任公司的话,还必须遵守资本维持原则(《有限责任公司法》第30条、第31条和第32 a条),因为《股份法》第291条第3款不能类推适用于它。

35 指示的概念应当作广义解释,包括以命令、指示或有约束力的建议等非法律行为形式造成的影响。也应当考虑董事会双重委任的情形。指示权的界限首先是法律中的强制性规定。不得向从属企业发出违反税法、竞争法、环境法等法律规定的指示。违背公司法强制性规范的指示,例如违背关于自由股取得的规定或者关于

---

[1] *Jula/Breitbarth* AG 1997, 256.

[2] *Glaser*, Grenzen des Weisungsrechts 77 ff, 117 ff; *Hommelhoff*; Konzernleitungspflicht 148 f; *Sina* AG 1991, 1, 7; KölnKomm/*Koppensteiner* § 308 Rdn. 30; *Hüffer* § 308 Rdn. 17.

[3] OLG Düsseldorf AG 1990, 490; *Immenga* ZHR 140 (1976), 301; *Geβler* ZHR 140 (1976), 433; *Clemm* ZHR 141 (1977), 197, 204 ff; *Kantzas*, Weisungsrecht 109 ff; einschränkend *von Schwabe*, Weisungsfeste Regelungsbereiche 124 ff; KölnKomm/*Koppensteiner* § 308 Rdn. 32 ff; *Krieger* aaO Rdn. 134; je mwN.

[4] Vgl. BGHZ 95, 330, 344 (*Autokran*); *Emmerich*, Bestandsschutz im GmbH-Vertragskonzern 64, 71; *Sina* AG 1991, 1, 7.

剥夺新股认购权的规定的指示也是不允许的。要求从属企业不得根据《股份法》第302条的规定主张亏损弥补的指示是不允许的。依据法律的明文规定(《股份法》第299条),也不得基于控制合同发出修改、维持或终止合同的指示。尚有争议的问题是,董事会在多大程度上可以发出指示,要求从属公司交纳公积金,以减少其向控制性企业缴纳盈余并降低控制性企业的年度净利。[1]

此外,指示权不得干涉从属企业的**章程规定**。所以,改变企业经营范围或要求从事章程规定以外的经营活动的指示是无效的,[2]同样的,停止从事章程规定的某项事务或某个事务领域的指示也是无效的。控制性企业只能依赖其在从属企业股东大会或股东会中占有的多数股权,通过修改章程才能实现这类性质的干涉。 36

在多大程度上可以对指示权进行**限制性约定**,还未有最终定论。法律允许通过合同排除不利指示的发布(《股份法》第308条第1款第2句)。一般认为将指示权限定在一定的企业功能范围内,例如限制在财务或人事政策方面的约定是有效的(所谓的部分控制合同,见上文边码2)。[3] 是否可以在合同中完全排除指示权则是有争议的。[4] 反对派的理由似乎更充分,因为指示权属于控制合同本身属性的一部分,失去了这部分,就无法将控制合同和其他合同例如顾问合同相区分了。 37

由控制性企业自己来经营从属企业的合意或指示不能成为控制合同的标的。根据《股份法》第308条也不得约定控制性企业对从属企业享有广泛的代表权。[5] 但可以通过额外地签订有利于控制性企业的企业经营合同和企业租赁合同实现上述目的(见上文§57. IV.)。 38

2. 指示权权利人和指示的接受者

控制性企业是指示权的**权利人**。[6] 这项权利具体由企业董事会或经理行使。在多大范围内权利的行使必须有监事会或股东会的同意,这取决于控制性企业的内部状况。权利行使也可交给控制性企业的领导层职员或其他授权代理人。合营企业中由若干母公司共同行使指示权,将权利交付给他们中的一个公司行使的除外。在多层次康采恩中存在的问题是,子公司是否可以把它基于和孙公司之间的控制合同所享有的指示权转让给母公司。如果在母公司和子公司之间也存在一个控制合同的话,这种转让应当是允许的。[7] 39

---

[1] Vgl. § 58 II AktG und dazu oben § 53 Rdn. 17.

[2] OLG Nürnberg AG 2000, 228.

[3] Vgl *Geßler*/Hefermehl § 291 Rdn. 53; *Exner* aaO 109 ff, MünchHdb. AG/*Krieger* § 70 Rdn. 135.

[4] Bejahend *Geßler*/Hefermehl aaO Rdn. 53; verneinend *Koppensteiner* aaO Rdn. 13.

[5] BGH AG 1990, 459; OLG München AG 1980, 272; *Koppensteiner* aaO Rdn. 15, *Hüffer* § 308 Rdn. 9.

[6] Dasgilt aber nur, soweit dieses selbst Vertragspartner ist. Es gibt also kein Weisungsrecht der Muttergesellschaft, wenn der Beherrschungsvertrag zwischen Tochter und Enkelin geschlossen wurde (BGH AG 1990, 459).

[7] Einzelheiten bei *Altmeppen* FS Lutter 975.

40 法律将从属公司的管理机关规定为指示的**接受者**。不允许向从属公司的监事会或股东会发出指示。但在征得管理机关同意的情况下也可以直接向从属企业中较低层次的组织机构发出指示。[1] 从属企业为有限责任公司时,如果不涉及根据法律或章程专属于股东会权能范围内的事项,则从属企业股东会可以将其指示权能转让给控制性企业。[2] 即使是针对非常少见的经营措施例如企业重要部分的转让发布指示也是如此。[3]

3. 责任

41 从属企业机关成员承担的责任必然会因为其受指示的约束而有所改变。如果他们是执行合法的指示,就不适用《股份法》第 76 条、第 93 条以及《有限责任公司法》第 43 条。当然机关成员有义务独立**审查指示的合法性**。该义务也包括了对不利指示是否服务于控制性企业利益这类问题的审查。但是依据《股份法》第 308 条第 2 款第 2 句,从属企业董事会只能拒绝遵守那些明显违背康采恩利益的指示。如果控制性企业没有发出指示,从属企业的机关成员必须依据有利于自身利益的一般规则(《股份法》第 76 条)来管理企业。

42 《股份法》第 111 条第 4 款规定的**从属企业监事会的同意保留则不受影响**。如果从属企业监事会拒绝同意实施一项行为并因此和控制性企业的指示之间发生冲突,依据《股份法》第 308 条第 3 款,应将此事项提交控制性企业的监事会。控制性企业监事会同意的效力高于下级公司监事会的拒绝决议。

43 对指示的合法性没有进行充分审查或者发出违法指示的机关成员有义务依据《股份法》第 310 条第 2 款承担损害赔偿责任。此外,根据《股份法》第 309 条第 2 款第 1 句的规定,如果控制性企业董事会成员在行使管理权的时候没有尽到应尽的注意,也应承担损害赔偿义务。在把指示权交由第三人行使的情况下,公司机关成员必须依据《民法典》第 278 条对第三人违反注意义务的行为承担责任。除了机关成员以外,控制性企业自身也应承担责任,因为依据《民法典》第 31 条、第 278 条的规定,作为控制合同当事人的控制性企业必须为其机关成员的违反义务行为承担责任。

44 在有限责任公司的情况下,从属企业经理的损害赔偿义务产生于《有限责任公司法》第 43 条,公司的责任同样也以《民法典》第 31 条、第 278 条为依据。而仍存有疑问的是,《股份法》第 309 条是否比照适用于有限责任公司,即在发布违反义务的

---

[1] Str. ; wie hier im Ergebnis *Exner* aaO 131 ff; *Geßler*/Hefermehl § 308 Rdn. 26 ff mwN. ; *Ballerstedt* ZHR 137 (1973), 388, 399 ff (zu arbeitsrechtlichen Problemen).

[2] OLG Stuttgart NZG 1998, 601 (*Dornier*); *Zöllner* ZGR 1992, 182, Hachenburg/*Ulmer* Anh. § 77 Rdn. 216; Scholz/*Emmerich* Anh. Konzernrecht Rdn. 179.

[3] OLG Stuttgart aaO.

指示的情形下,是否控制性企业的经理个人也应当承担责任。[1]

《股份法》第30条第3款、第4款,第310条第4款中关于责任的**细节规定**和《股份法》第93条中的一般规定在总体上是相对应的(见上文§14. V. 2)。对少数股东的保护加强了:只有外部股东通过特别决议同意的情况下,从属公司才可放弃其损害赔偿请求权(《股份法》第309条第3款第1句)。任何一个外部股东都可以通过股东诉讼主张损害赔偿请求权,要求债务人向公司给付(《股份法》第309条第4款第1句和第2句)。 45

## IV. 公司及其债权人利益的保护

参考文献:*Brandes*, Grundsätze der Kapitalerhaltung im Vertragskonzern, FS Kellermann, 1991, 25; *Druey*, Konzernvertrauen, FS Lutter, 2000, 1069; *Emmerich*, Bestandsschutz im GmbH-Vertragskonzern, in Hommelhoff u. a. (Hrsg.), Entwicklungen im GmbH-Konzernrecht, 1986, 64; *Fleischer*, Gegenwartsprobleme der Patronatserklärung, WM 1999, 666; *ders.*, Konzernrechtliche Vertrauenshaftung, ZHR 163 (1999), 461; *Gerth*, Organschaftserklärungen als Kreditsicherheit, AG 1984, 94; *Hommelhoff*, Der Verlustausgleich im Mehrmütter-Vertragskonzern, FS Goerdeler, 1987, 221; *Lutter*, Die zivilrechtliche Haftung in der Unternehmensgruppe, ZGR 1982, 244; *ders.*, Haftung aus Konzernvertrauen? Gedächtnisschrift Knobbe-Keuk, 1997, 229, *Michalski*, Die Patronatserklärung, WM 1994, 1229; *Meister*, Der Ausgleichsanspruch nach §302 Absatz 1 AktG bei Beherrschungs- und Gewinnabführungsverträgen als Kreditsicherheit, WM 1976, 1182; *K. Müller*, Die Haftung der Muttergesellschaft für die Verbindlichkeiten der Tochtergesellschaft im Aktienrecht, ZGR 1977, 1; *Peltzer*, Die Haftung der Konzernmutter für die Schulden ihrer Tochter, mit der sie durch Ergebnisabführungs- und/oder Beherrschungsvertrag verbunden ist, insbesondere im Falle der Insolvenz der Tochter, AG 1975, 309; *Priester*, Liquiditätsausstattung der abhängigen Gesellschaft und unterjährige Verlustdeckung bei Unternehmensverträgen, ZIP 1989, 1301; *C. Schäfer*, Die harte Patronatserklärung, WM 1999, 153, *K. Schmidt*, Die konzernrechtliche Verlustübernahmepflicht als gesetzliches Dauerschuldverhältnis, ZGR 1983, 513; *ders.*, Die isolierte Verlustdeckungszusage unter verbundenen Unternehmen als Insolvenzabwendungsinstrument, FS Werner, 1984, 777; *ders.*, Zwingend gesamtschuldnerischer Verlustausgleich bei der Mehrmütter-Organschaft?, DB 1984, 1181; *Stützle*, Zur Finanzierung, Haftung und Verlustausgleichspflicht der GmbH bei Bestehen eines Beherrschungs- und Gewinnabführungsvertrags, in U. H. Schneider (Hrsg.), Beherrschungs- und Gewinnabführungsverträge in der Praxis der GmbH, 1989, 81; *Ulmer*, Verlustübernahmepflicht des herrschenden Unternehmens als konzernspezifischer Kapitalerhaltungsschutz, AG 1986, 123; *van Venrooy*, Probleme der Gläubigersicherung nach §303 AktG, BB 1981, 1003; *Wiedemann*, Die Unternehmensgruppe im Privatrecht, 1988.

---

[1] Bejahend Rowedder/*Koppensteiner* Anh. §52 Rdn. 79; verneinend Kort, Beherrschungs- und Gewinnabführungsverträge 143, Hachenburg/*Ulmer* Anh. §77 Rdn. 220.

1. 提高储备金

46 被控制性企业为康采恩利益服务并且不再受财产约束制度拘束，这会危及企业的财产并间接威胁企业债权人的利益。《股份法》通过一系列规定来遏制这种威胁。首先，《股份法》第300条第3款要求**加快法定储备金的提取**。根据《股份法》第150条第2款，一般的独立公司每年将年盈利的5%提取为储备金，直至法定储备金达到股本的10%或章程规定的较高比例。相反，《股份法》第300条第3款与第1款规定则要求提取的储备金在5年内必须达到上述比例要求。在为捐赠的情况下则应当每年提取法定储备金的20%，或者在章程规定有更高提取比例的情形下提取章程中规定的更高数额作为捐赠的准备。捐赠的前提是有足够的年盈余。〔1〕在一年内未能提取足够储备金的，在未来的年份里应相应提高缴纳数额。如果不能在5年内足额提取法定储备金的话，则将来年度的盈余必须全部用来缴纳储备金直到法定储备金被足额提取为止。〔2〕在任何情况下，都必须严格遵守《股份法》第150条第2款规定的储备金额度。

47 《股份法》第300条的规定不适用于**有限责任公司**，因为至今为止对有限责任公司没有提取法定储备金的要求，对公司财产的保护主要局限于对注册资本的保护。〔3〕

48 如果控制合同是在某一营业年度期间生效的，是否在该年度就必须开始提取相应的、较高比例的储备金，是有争议的。对此所作的肯定性回答应当是更具说服力的。〔4〕如果在控制合同有效存续期间公司增资的，应相应提高储备金提取比例。

2. 控制性企业的外部责任

49 对从属企业的债权人而言，比对法定储备金的保障更为重要的问题是，债权人是否可以从控制公司得到补偿。加入式康采恩制度中规定的对控制性企业的直接责任（《股份法》第322条第1款）在控制合同法律规范中不存在，司法界和学界也

〔1〕 Nach a. A. ist die Rücklagenbildung in jedem Fall durchzuführen, mit der Folge, daβ ein dadurch entstehender Jahresfehlbetrag vom herrschenden Unternehmen auszugleichen ist, vgl. *Geßler*/Hefermehl, § 300 Rdn. 22; *Hüffer* § 300 Rdn. 13; *Adler/Düring/Schmaltz* § 300. Rdn. 53.

〔2〕 KölnKomm/*Koppensteiner* § 300 Rdn. 10; *Emmerich*/Habersack § 300 Rdn. 13; MünchenerHdb. AG/*Krieger* § 70 Rdn. 52.

〔3〕 H. A., Scholz/*Emmerich* Anh. § 40 Rdn. 267; Baumbach/Hueck/*Zöllner* Anh. Konzernrecht Rdn. 77; *Ulmer* AG 1986, 123, 129; *Priester*, in Hommelho ff, Entwicklungen im GmbH-Konzernrecht 151, 180.

〔4〕 *Emmerich*/Habersack § 300 Rdn. 14; a. A. KölnKomm/*Koppensteiner* § 300 Rdn. 33; *Geßler/Hefermehl* § 300 Rdn. 13; *Krieger* aaO § 70 Rdn 52.

都拒绝在此适用直接责任。[1] 因此,首先只能依据合同上的义务,例如担保申明、保证、债务承担等才能要求控制性企业对从属企业债权人直接承担责任。其次,**庇护宣言**[2]也可以成为这类责任的产生依据。控制性企业是否因为做出这种意思表示而应当承担严格责任,则必须从意思表示的内容出发,通过意思表示解释来确定。最后,直接责任请求权也可以产生于缔约过失责任法或侵权法。[3]

对债权人的间接保护则取决于从属企业自己对控制性企业请求权的实现,债权人可以通过设定质权、转账或进入破产债权人行列而从中受益。从属企业为有限责任公司时,如果控制性企业获得给付导致从属企业股本的减少,或者从属企业通过贷款而非直接投资获得资金的,首先适用**资本维持规定**(《有限责任公司法》第30条、第32a条;上文§37,38)。[4] 这些规则的适用不排除控制合同。股份有限公司多数股东以贷款替代出资来减弱赔偿强度和等次的做法也已被司法判例认可。[5] 50

3. 亏损弥补义务

所有这些一般公司法中规定的保障措施仍不足以保护协议康采恩中债权人的利益。所以《股份法》第302条第1款规定了控制性企业对从属企业**亏损**进行**弥补**的一般义务,这对债权人利益保护起到了关键性作用。通常认为,该规定也类推适用于从属企业为有限责任公司或人合公司的情形。[6] 51

根据《股份法》第302条的规定,对于从属公司在**合同期间发生的任何年度亏损**,只要不能通过在合同期间提取的盈余储备金得以补偿的,控制性企业都应补偿。这项规定的基本考虑有两方面:一方面可以看作是与控制性企业对从属企业的广泛干涉权相关联的,另一方面是对协议康采恩突破资本约束的补偿。至于亏损产生的原因则在所不问。即控制性企业不能以即使从属企业独立运营亏损也不可避免为由拒绝承担补偿义务,例如不得以亏损是由主要交易伙伴破产或重要营业市场的崩溃引起的为由拒绝补偿。这里涉及的是一项承受交易风险的无限制的 52

---

〔1〕 BGHZ 81, 311, 317 (*Sonnenring*); BGH NJW 1979, 1823, 1828 (*Herstatt*); über die Ausnahme nach § 303 AktG s. unten Rdn. 124 f; vgl. ferner § 29 III 3.

〔2〕 OLG Karlsruhe AG 1993, 89; *K. Müller* ZGR 1977, 1, 28 ff; *Peltzer* AG 1975, 309; *Lutter* ZGR 1982, 244, 254 ff; *Michalski* WM 1994, 1229; *Schäfer* WM 1999, 153, *Fleischer* WM 1999, 666.

〔3〕 Zur Haftung der Muttergesellschaft wegen Verletzung von Vetrauenstatbeständen vgl. *Lutter* Gedächtnisschrift Knobbe-Keuk 229; *Fleischer* ZHR 163 (1999), 461; *Druey* FS Lutter 1069.

〔4〕 *Brandes* FS Kellermann 25, 32 f.

〔5〕 BGHZ 90, 381, 384 ff (*BuM*); s. § 19 IV.

〔6〕 BGHZ 103, 1, 4 ff (*Familienheim*); BGH NJW 1980, 231 (*Gervais*); Rowedder/ *Koppensteiner* Anh. § 52 Rdn. 67 mwN. des Schrifttums; zur Personengesellschaft GroβkommHGB/*Ulmer* Anh. § 105 Rdn. 71 ff; *Wiedemann*, Unternehmensgruppe 81 ff.

法律义务。〔1〕

53　补偿的数额是依据旧《商法典》第 266 条第 3 款，现行《商法典》第 275 条第 2 款第 20 项、第 3 款第 19 项记载在年度结算中的年度亏损额。〔2〕其数额确定不是依据年度资产负债表中包含的数值，而是依据结算日确定的年度亏损额。〔3〕该数额确定后将作为收益记载于从属企业损益表(《商法典》第 277 条第 3 款第 2 项)，以和负债相冲抵。

54　**补偿期限**自合同生效之年起。在年度结算日计算亏损，主流观点认为产生于同一营业年度中但合同签订前的亏损不在补偿之列。〔4〕如果控制合同在某一营业年度期间终止，则应当以合同结束当日作为结算日制作期中资产负债表。在此之前的亏损将得到补偿。〔5〕

55　没有确定的是，由于从属企业解散或破产而引起的清算亏损额在多大程度上应当予以补偿。由于法律没有规定控制性企业的合同后亏损补偿义务，只有在合同终止结算日制作的资产负债表中已经记载的亏损才由控制性企业负责补偿。〔6〕

56　如果亏损通过从属企业在合同期间形成的**盈余储备金**就可得到弥补，则无须再由控制性企业来补偿(《商法典》第 266 条第 3 款第 4 项)。用来弥补亏损的除了法定储备金和资本储备金外还包括盈余结转。如果章程要求提取比法定数额更高的储备金的，则根据章程自由原则，高出部分也应用来弥补亏损，除非章程有相反规定。〔7〕盈余储备金是否用于弥补亏损，由从属公司的董事会和监事会在确定年度结算报告时决定。但同时必须按照《股份法》第 308 条的标准遵从控制性企业的指示。〔8〕

57　亏损补偿请求权指向**金钱赔偿**。在此金钱上可以设定质押和扣押。〔9〕债权转让只有在对等有偿的情况下才是允许的。债务人是控制性企业。若干个控制性企业作为共同债务人承担责任。〔10〕从属企业的董事会有权、原则上也有义务主张亏

---

〔1〕 Zur Verlustausgleichspflicht im Mehrmütter-Vertragskonzern vgl. *Hommelhoff* FS Goerdeler, 221; *Paschke* AG 1988, 196, 199 ff.

〔2〕 Zum Problem, ob das herrschende Unternehmen über § 302 AktG hinaus auch verpflichtet sein kann, die abhängige Gesellschaft während des Gesch? ftsjahres mit Liquidität auszustatten vgl. *Priester* ZIP 1989, 1301.

〔3〕 BGHZ 142, 382.

〔4〕 Vgl. *Meister* WM 1976, 1182, 1183; zweifelnd *K. Schmidt* ZGR 1983, 513, 523 f.

〔5〕 BGHZ 103, 1, 9 f (*Familienheim*); 105, 168, 182 (*HSW*); h. M.

〔6〕 Vgl. *Emmerich*/Habersack § 302 Rdn. 39 mit weiteren Nachw.

〔7〕 MünchenerHdb. AG/*Krieger* § 70 Rdn. 58.

〔8〕 KölnKomm/*Koppensteiner* § 302 Rdn. 29; *Krieger* aaO; a. A. *Geßler/Hefermehl* § 302 Rdn. 24.

〔9〕 Vgl. BGHZ 95, 330, 347 (*Autokran*).

〔10〕 A. A. *K. Schmidt* DB 1984, 1181; *ders.*, GesR § 31 III 2 d (Haftung pro rata).

损弥补请求权。债权人必须基于对从属公司的执行名义在请求权上设定质权或要求给付。单个股东是否可以比照适用《股份法》第309条第4款第1句的规定主张赔偿请求权提起诉讼,则是有疑问的。[1]

补偿请求权产生于**年度资产负债结算日**并从这一天起就已届清偿期。否则的话,控制性企业就有可能通过拖延资产负债结算对补偿请求权的产生施加影响。 58

根据《股份法》第302条第3款,通常只有在三年之后才可对补偿请求权作出放弃或和解。两者都需要得到外部股东特别决议的同意,如果有10%的少数股东不同意的话,就不得放弃或和解。根据《民法典》第195条,这项请求权的诉讼时效期为30年。 59

## V. 外部股东的保护

参考文献:*v. Aerssen*, Die Antragsbefugnis im Spruchstellenverfahren, AG 1999, 249; *Aha*, Aktuelle Aspekte der Unternehmensbewertung im Spruchstellenverfahren, AG 1997, 26, *Bachelin*, Der konzernrechtliche Minderheitenschutz, 1969; *Baumgartl*, Die konzernbeherrschte Personengesellschaft, 1986; *W. F. Bayer*, Mehrstufige Unternehmensverträge, FS Ballerstedt 1975, 157; *Bodewig*, Zur Sicherung der Minderheitsrechte auβenstehender Aktionäre durch die Vorschriften der § § 304, 305, 306 AktG, 1974; *Busse v. Colbe*, Der Vernunft eine Gasse: Abfindung von Minderheitsaktionären nicht unter dem Börsenkurs ihrer Aktien, FS Lutter, 2000, 1053; *Exner*, Beherrschungsvertrag und Vertragsfreiheit, 1984, 173; *Eschenbruch*, Konzernhaftung, 1996; *Fleischer*, Die Barabfindung auβenstehender Aktionäre, ZGR 1997, 368; *Flume*, Abfindung der sog. auβenstehenden Aktionäre bei Abschluβ eines Beherrschungsvertrages, DB 1969, 1047; *Forster*, Zur angemessenen Barbafindung ( § 305 AktG), FS Claussen, 1997, 91; *Gansweid*, Zur gerichtlichen überprüfung der angemessenen Barabfindung nach § 305 AktG, AG 1977, 334; *Haase*, Das Recht des aktienrechtlichen Abfindungsergänzungsanspruchs, AG 1995, 7; *G. Hartmann/A. Hartmann*, Zur Frage eines "Null-Ausgleichs" nach § 304 AktG, FS Pleyer 1986, 287; *Hecker/Wenger*, Der Schutz von Minderheiten im Vertragskonzern, ZBB 1995, 321; *Henze*, Die Berücksichtigung des Börsenkurses bei der Bemessung von Abfindung und variablem Ausgleich im Unternehmensvertragsrecht, FS Lutter, 2000, 1101; *Hüchting*, Abfindung und Ausgleich im aktienrechtlichen Beherrschungsvertrag, 1972; *Kamprad*, Ausgleichszahlungen nach § 304 AktG in einem mehrstufigen Konzern, AG 1986, 321; *Kley*, Die Rechtsstellung der auβenstehenden Aktionäre bei der vorzeitigen Beendigung von Unternehmensvertr? gen, 1986; *Kübler*, Gerichtliche Entscheidungen als Spielsteine der Konzernstrategie?, FS Goerdeler 1987, 279; *Löffler*, Die abhängige Personengesellschaft, 1988; *Lutter/Drygala*, Wie fest ist der feste Ausgleichä AG 1995, 49; *Lutter/Bezzenberger*, Für eine Reform des Spruchverfahrens im Aktien- und Umwandlungsrecht,

---

〔1〕 Zur ersten Meinung vgl. LG Bochum GmbHR 1987, 24, 26 (bei feststehendem Verlust); *Emmerich*/Habersack aaO Rdn. 44; zur zweiten Ansicht OLG Schleswig ZIP 1987, 1448, 1450; *Koppensteiner* aaO Rdn. 27; *Geβler* aaO Rdn. 42; *Krieger* aaO Rdn. 36.

AG 2000, 433; *Maier-Reimer*, Verbesserung des Umtauschverhältnisses im Spruchverfahren, ZHR 164 (2000), 563; *W. Müller*, Die Unternehmensbewertung in der Rechtsprechung. Zustandsbeschreibung und Ausblick, FS Bezzenberger, 2000, 705; *Pentz*, Die Rechtsstellung der Enkel-AG in der mehrstufigen Unternehmensverbindung, 1994; *ders.* Die verbundene AG als außenstehender Aktionär, AG 1996, 97; *ders.*, Schutz der AG und der außenstehenden Aktionäre in mehrstufigen faktischen und unternehmensvertraglichen Unternehmensverbindungen, NZG 2000, 1103; *Rehbinder*, Gesellschaftsrechtliche Probleme mehrstufiger Unternehmensverbindungen, ZGR 1977, 581; *Säcker*, Die Rechte der Aktionäre bei konzerninternen Umstrukturierungen gemäß § § 304 f AktG, DB 1988, 271; *J. Schmidt*, Das Recht der außenstehenden Aktionäre, 1979; *Seisler*, Der Anspruch des Minderheitsaktionärs auf angemessene Abfindung im Verfahren nach § § 306 AktG, 30 ff UmwG, 1983; *Stimpel*, Zum Verhältnis von Ausgleichs- und Barabfindungsansprüchen nach § § 304, 305 AktG, AG 1998, 259; *Timm/Schöne*, Abfindung in Aktien, Das Gebot der Gattungsgleichheit, FS Kropff, 1997. 315; *Vetter*, Zum Ausgleich von Spitzenbeträgen bei der Abfindung in Aktien, AG 1997, 6; *Wanner*, Konzernrechtliche Probleme mehrstufiger Unternehmensverbindungen nach Aktienrecht, 1998; *Werner*, Die Behandlung von Verbundeffekten bei Abfindungen nach den § § 305 und 320 AktG, FS Steindorff 1990, 303.

1. 概述

60 控制合同不仅损害从属企业少数股东的管理权而且损害其财产权。必须考虑到,随着从属企业被纳入康采恩,它可能只会得到比以往少得多的盈余或者甚至根本没有盈余。如果签订盈余缴纳合同,则从属企业总体上不再能处分本来它可以分配的盈余。显然,仅依据《基本法》第 14 条第 1 款[1]对所有权的保障就必须对股东所受损害予以赔偿。为此《股份法》对希望继续持有股份的股东规定了**补偿**(《股份法》第 304 条),并规定了反对**盈余缴纳**的股东退出公司的权利(《股份法》第 305 条)。控制合同因此成为真正意义上的**为第三人利益的合同**。[2]

61 **补偿请求权的数额**根据至今为止公司的收益以及假设公司继续独立经营的情形下将来可能的收益前景来确定。如果控制性企业是一个股份有限公司或股份两合公司的话,也可根据在适当的换算关系下确定的控制性企业的股利来计算。(《股份法》第 304 条第 2 款第 2 句)。在退股情况下,通常根据价值关系确定以控制性企业的股票予以补偿,或者在不可能以股票补偿的情况下也可以给予一次给付的现金补偿(《股份法》第 305 条第 2 款)。

62 必须在控制合同中对补偿和一次给付补偿予以规定。**缺乏补偿规定**的控制合同无效(《股份法》第 304 条第 3 款第 1 句)。如果控制合同中对一次给付补偿没有规定,就按照法律规定计算一次给付补偿。只有当控制公司掌握从属公司 100% 股份的情况下才可放弃对补偿进行规定。在此等情形下,《股份法》第 307 条规定,控

[1] Vgl. BVer fGE 14, 263; 100, 289.

[2] BGHZ 135, 374, 380; OLG Düsseldorf AG 1998, 39.

制合同于再次出现外部股东时失效。

原则上补偿和一次给付补偿必须给予因为控制合同而产生的股份或股份受益的价值损失以**完全赔偿**。[1] 根据《股份法》第 243 条第 1 款的一般性规定,股东大会的决议可以因违背法律而被撤销。法律规定的难点在于这里所必需的评估,即在补偿情形中对未来收益的预测,和在一次给付中对控制性企业股份价值和从属企业股份价值间换算关系的确定。评估必须依据企业经济学方法进行,故而通常要求提供专家鉴定意见,然而尽管企业经济学在这方面有长足的发展,评估仍然有许多不确定性。实践中则由此引起鉴定意见的不同,以及外部股东和企业间的争议。为了避免合同因此而失效,立法者在《股份法》第 306 条规定了一项特别程序,外部股东原则上可以为审查补偿或一次给付补偿的适当性在法院提起一项无偿的、自愿的程序(称为**裁决确定程序(Spruchstellenverfahren)**)。由此得出结论,不得基于合同没有规定而撤销给予适当的补偿或一次给付补偿(《股份法》第 304 条第 3 款第 2 句、第 305 条第 5 款第 1 句)。 63

**有限责任公司**少数股东的利益原则上可以得到充分保护,因为控制合同的订立以股东一致同意为前提(见上文边码 26)。股东在订立合同时必须考虑利益是否得到足够的保障。只有当一项具有充分代表性的意见被认为足以构成一项多数决议时,才可以为了少数股东的利益类推适用《股份法》第 304 条、第 305 条的规定。[2] 此外,在一般性规范中就已规定了针对一次给付补偿的退股权(见上文 § 30. IV. 2)。在**人合公司**中由于康采恩决议必须获得所有股东的同意,因此也没有比照适用《股份法》第 304 至 306 条的必要(见 § 52. II. 2)。[3] 64

2. 享有请求权的股东

以股份法术语表述,**外部股东**享有请求权。[4] 外部股东这一在法律中没有作进一步定义的概念必须与那些和控制协议对方当事人,即和控制性企业形成《股份法》第 15 条意义上的联合的股东相区别。多数观点主张,与控制性企业订立控制合同或盈余缴纳合同的股东、所有股份由控制性企业掌握的股东或者握有控制性企业全部股份的股东都不属于外部股东。[5] 此外,少数参与者也不是外部股东。有异议的是由控制公司拥有 100% 以下多数股份的股东(见简图 a),或者反过来拥 65

---

[1] BVerfGE 100, 289; BGHZ 135, 374.

[2] Baumbach/Hueck/*Zöllner* Anh. Konzernrecht Rdn. 47; Hachenburg/Ulmer Anh. § 77 Rdn. 211; *Lutter/Hommelhoff* Anh. § 13 Rdn. 44.

[3] *Löffler*, Abhängige Personengesellschaft 116 ff; GroβkommHGB/*Ulmer* Anh. § 105 Rdn. 77; a. A. *Baumgartl*, Konzernbeherrschte Personengesellschaft 120 ff.

[4] Zum für den Aktienbesitz maβgeblichen Zeitpunkt s. unten Rdn. 73.

[5] OLG Nürnberg AG 1996, 228; *Hüffer* § 304 Rdn. 3; MünchHdb. AG/*Krieger* § 70 Rdn. 64; A. A. *Kley*, Rechtsstellung der auβenstehenden Aktionäre 34 a ff, 38 f; *Pentz* AG 1996, 97; *Emmerich*/Habersack § 304 Rdn. 18 (auch in diesen Fällen kein Ausschluβ).

有控制公司多数股份的企业的法律状态(见简图 b)。[1] 这个问题应当考虑下列情形予以回答,是否控制协议的益处至少间接地归于某股东,从而使其作为从属企业股东所受的损害在一定程度上得以弥补。出于实用性原因必须采用图解说明来解释康采恩联合。简图 a 中在控制性企业的管理权之下的股东不是外部股东;[2] 简图 b 中对控制性企业行使康采恩管理权的股东也不是外部股东。

66 此外,被从属企业控制的股东也不是外部股东,因为根据《股份法》第 71d 条第 4 款和第 71b 条,该股东对从属企业不享有盈余请求权。[3]

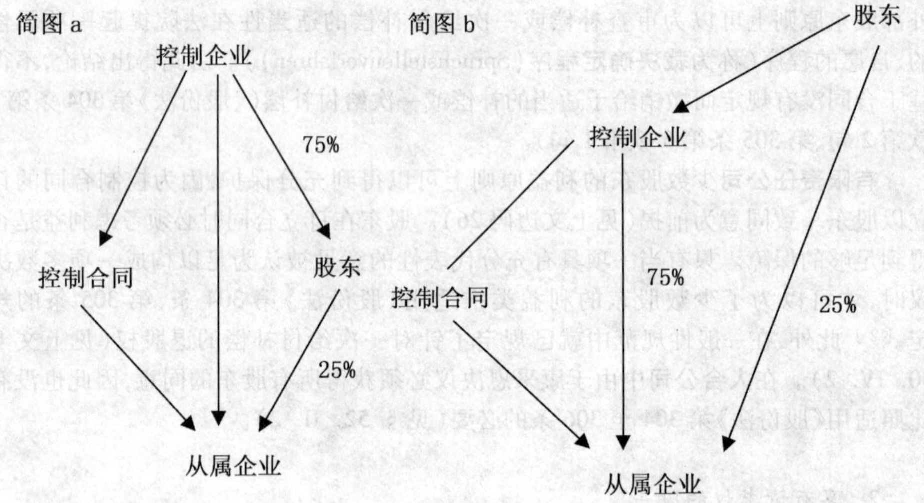


67 控制性企业是**债务人**。对此《股份法》第 305 条作了直接规定(第 1 款),而在补偿情况下则根据《股份法》第 304 条的表述可以得出结论,法律禁止将从属企业作为惟一的补偿债务人。[4] 这并不排除由从属企业以控制性企业交给它支配的财产或者以自己的财产通过给付现金来进行补偿或一次给付补偿。存在多个控制性企业的情况下,就如亏损弥补(见边码 57)情形下一样,所有的控制性企业作为共同债务人承担责任。

---

〔1〕 Vgl. die im einzelnen divergierenden Ansichten von KölnKomm/*Koppensteiner* § 295 Rdn. 19 f; GroβkommAktG/*Würdinger* § 304 Anm. 3; *Geβler/Hefermehl* § 304 Rdn. 17 f; MünchHdb. AG/*Krieger* § 70 Rdn. 64; *Rehbinder* ZGR 1977, 581, 622 ff; *Hüchting*, Abfindung und Ausgleich 107 ff; *W. F. Bayer* FS Ballerstedt, 157, 170 ff.

〔2〕 Ebenso *Geβler* aaO Rdn. 18.

〔3〕 *Krieger* aaO; *Koppensteiner* aaO Rdn. 21.

〔4〕 H. A., OLG Düsseldorf AG 1990, 490; 1992, 2000; 1998, 35; LG Mannheim AG 1995, 89, LG Karlsruhe AG 1995, 85, *Emmerich* aaO Rdn. 20; *Koppensteiner* aaO Rdn. 15; *Krieger* aaO Rdn. 65; *Exner*, Beherrschungsvertrag 173 ff; *Hüchting* aaO 8 ff.

3. 补偿

如果外部股东要求适当补偿的话,《股份法》第304条提供了两种可能性。他可以请求**给付固定的补偿**,其数额按照至今为止公司的收益情况及其将来的收益前景来确定(《股份法》第304条第1款)。而结算日是基于从属公司股东大会的同意而使合同生效的当日。[1] 在计算时可以考虑适当的折旧和价值更正,但不考虑其他的盈余储备金。[2] 计算的基础首先是在过去3到5年间提取的收益而不是分发的盈利。[3] 由于法律规定是以仅为自己利益进行经营的独立公司为出发点计算收益的,应当对先前已经从属于他人的公司的数据进行相应的调整。[4] 在此基础上应当就假设公司独立存在的情形下可以获得的收益前景进行评估。 68

如今通常使用的是**收益值方法**(见下文边码82)。同时应当考虑股份的**交易价格**。[5] 根据所谓的原因理论应当同时考虑在结算日已经发生的积极的和消极的收益。对于在结算日之后[6]发生的积极或消极因素则不再计算在内。[7] 如果收益前景是消极的,就不存在补偿的问题。法律中没有规定必须保障最低股利的获得。[8] 如果呈现出不同的盈利阶段,则可以相应地将补偿区分等级。 69

如果控制性企业是股份有限公司或股份两合公司的话,除了固定补偿之外,外部股东也可要求**可变的补偿**。这里,应当在考虑适当的换算关系情况下,支付归属于控制公司同等股份的股利(《股份法》第304条第2款第2句)。在确定换算关系时应当从企业的真实价值出发,同时应当对两个企业进行评估(见下文边码80及以下)。主流观点认为补偿请求权应当按照控制性企业实际分发的股利为基础进行确认。[9] 70

这使通过盈余积累降低补偿请求权数额成为可能。理论界因此提出了各种方式来保护 71

---

[1] BGHZ 138, 136, 139.

[2] Vgl. LG Frankfurt AG 1985, 310, 311.

[3] Vgl. OLG Celle AG 1981, 234; LG Dortmund AG 1981, 236, 238.

[4] OLG Frankfurt AG 1989, 444; OLG Düsseldorf AG 1991, 106.

[5] BVerfGE 100, 289. Mit diesem Urteil hat das BVerfG die Praxis der Zivilgerichte für verfassungswidrig erklärt, welche den Börsenkurs nicht berücksichtigte (s. unten Rdn. 83).

[6] BayObLG AG 1995, 509; OLG Düsseldorf WM 1998, 2058.

[7] OLG Karlsruhe AG 1989, 288, OLG Stuttgart AG 1994, 564.

[8] *G. Hartmann/A. Hartmann* FS Pleyer 287, 294 f; *Hüchting*, Abfindung und Ausgleich 70 f; *Krieger* aaO Rdn. 72; *Hüffer* aaO Rdn. 12; *Lutter/Drygala* AG 1995, 49; a. A. *Geßler/Hefermehl* § 304 Rdn. 86; KölnKomm/*Koppensteiner* § 304 Rdn. 35 mwN.

[9] OLG Düsseldorf AG 1978, 238, 239 f; AG 1984, 216, 219; LG Frankfurt AG 1987, 315, 317 f; OLG Frankfurt AG 1989, 442; LG Dortmund AG 1981, 236, 239 f.

享有请求权的股东免受此等政策的不利影响。[1] 但也有观点主张,控制性企业必须有权自由决定其股利分配政策;选择可变补偿的股东必须容忍这一点。[2] 看起来更为恰当的是将《股份法》第304条第2款第2句解释为,作为补偿支付的不是分发的股利,而是未提取盈余储备金前年度盈余中的份额。[3]

72 在控制协议中应针对**整个合同存续期间**确定补偿义务。依据法律规定的理念,之后的修改只要根据原因理论没有影响对未来收益前景的估算即可允许。如果收益在合同签订后持续变化特别是不断增加的话,是否以及在多大程度上应当贯彻立法者的上述严格态度,在理论界是有争议的。[4]

73 鉴于股东间互负的诚信义务,应当考虑在例外情形下发生的持续调整义务。由于重要原因(《股份法》第297条第1款,见下文边码113)或者交易基础丧失而解除合同使协议提前终止的情形也应当予以考虑。协调的必要性首先存在于控制性企业或从属企业增资或减资的情况下。这时必须比照适用《股份法》第216条第3款弥补由此引起的消极影响。[5]

74 没有最终得到解决的难题也来自于**多重康采恩**。[6] 如果康采恩协议是在母公司和孙公司之间订立的,子公司原则上也不能被视为外部股东,因为协议的益处将间接地归于子公司。[7] 但通常认为有必要将子公司的外部股东纳入《股份法》第304条、第305条的保护之下,如果它们在这种情形下通过《股份法》第311条及以下条款无法得到充分保护的话。[8] 如果只在子公司和孙公司之间存在控制协议的话,则子公司的外部股东只能依据《股份法》第311条和第317条向母公司主张权利。如果先在母公司和子公司之间存在控制合同,后又在子公司和孙公司之间订立控制合同的,排除有利于孙公司外部股东的可变补偿,因为这种情况下不存在子公司不可减少的盈余。可以考虑的是,授权孙公司外部股东针对母公司提起一项

---

[1] Vgl. *Exner*, Beherrschungsvertrag 183 ff; KölnKomm/*Koppensteiner* § 304 Rdn. 42 ff; *Bachelin*, Der konzernrechtliche Minderheitenschutz 38 ff; *Hüchting* aaO 55 ff.

[2] MünchHdb. AG/*Krieger* § 70 Rdn. 78; *Hüffer* aaO Rdn. 15.

[3] *Emmerich/Sonnenschein* § 17 V 3, *Emmerich*/Habersack § 304 Rdn. 46; Nach BVerfG AG 2000, 40 (*Hartmann & Braun/Mannesmann*) darf der Gewinnanteil nicht generell mit der tatsächlich gezahlten Dividende der Obergesellschaft gleichgesetzt werden. Vielmehr müssen die Aktionäre "gegen Miβbräuche ... effektiv geschützt" werden.

[4] Vgl. zum Meinungsstand *Koppensteiner* aaO Rdn. 30; *Krieger* aaO Rdn. 86, je mwN.; OLG Frankfurt AG 1989, 442.

[5] Zu Einzelheiten s. *Krieger* aaO Rdn. 84 ff; *Emmerich* aaO Rdn. 63 ff; KölnKomm/*Koppensteiner* § 304 Rdn. 46 ff; *Exner* aaO 207 ff, *Hüffer* aaO Rdn. 19.

[6] Vgl. *Pentz* NZG 2000, 1103.

[7] *Emmerich* aaO Rdn. 56 ff, *Wanner* 131; a. A. *Krieger* aaO Rdn. 82, *Pentz* 66 f.

[8] So *Emmerich* aaO; *Bayer* FS Ballerstedt 157, 169 ff.

可变的补偿请求权。[1] 如果母公司和子公司之间的控制协议产生于子公司和孙公司之间的协议之后，则先前得以执行的孙公司外部股东的可变补偿请求权的基础，事后发生了改变。只有当人们接受子公司和孙公司之间的协议可类推适用《股份法》第 307 条归于终止时，这一冲突才能解决。[2]

4．一次给付补偿

75 根据《股份法》第 305 条第 1 款，作为补偿的替代，外部股东也可要求退出公司并请求一次给付补偿。立法者希望通过这一规定充分考虑下列情形，即由于评估的不确定性以及补偿不可能就将来可能获得的更多收益进行调整，由控制协议带来的成员地位的恶化无法通过补偿得以完全的弥补。[3] 股东因此可以**选择**请求补偿或一次给付补偿。只要没有决定选择一次给付补偿，股东就保有补偿请求权。如果之后股东选择一次给付补偿的，已经支付的补偿应当从一次给付补偿中扣除。[4]

76 可以在控制协议中确定行使选择权的期限，但该期限不得短于控制协议登记于商业登记簿后的两个月（《股份法》第 305 条第 4 款第 1 句、第 2 句）。如果已经依据《股份法》第 306 条就补偿或一次给付补偿在法院提起司法裁判程序的，上述期限最早结束于就最后提出的申请作出的裁判公告于《联邦法律公报》之日起两个月后（《股份法》第 305 条第 4 款第 3 句）。[5]

77 一次性补偿必须以**三种不同方式**作出。如果控制性企业是住所在国内的、非他人多数参与的、独立的股份有限公司或股份两合公司，一次给付补偿请求权可通过给予控制性企业股份来实现。在此法律指向了适用于企业兼并法的价值比例关系（《股份法》第 305 条第 2 款第 1 项、第 3 款第 1 句）。要求控制性企业股份的给付必须完全涵盖从属企业股份的全部价值。最高额可以以现金补偿。如果控制性企业从属于一个住所在国内的股份有限公司或股份两合公司或为后者多数参与，则给予上位公司即股份有限公司或股份两合公司的股份或现金作为一次给付补偿（《股份法》第 305 条第 2 款第 2 项）。在所有其他情形下，即当控制性企业为其他法律形态或其住所在国外时，则给予一次给付的现金补偿（《股份法》第 305 条第 2 款第 3 项）。

78 控制性企业是**债务人**（见边码 67）。控制性企业必须通过《股份法》第 71 条第 1 款第 3 项允许的、在资本市场上获得股份的方式，或通过正常增资、附条件增资或

---

〔1〕 *Exner* Beherrschungsvertrag 195 ff; *Kamprad* AG 1986, 321, 323 ff; *Rehbinder* ZGR 1977, 581, 605; *Krieger* aaO Rdn. 81; *Emmerich* aaO Rdn. 59.

〔2〕 *Geßler/Hefermehl* § 304 Rdn. 96; *Koppensteiner* aaO Rdn. 25; a. A. *Exner* aaO 203.

〔3〕 BGHZ 135. 374.

〔4〕 BayObLG AG 1996, 127; AG 1996, 176, 180; OLG München AG 1998, 239; *Stimpel* AG 1998, 259; *Meilicke*, AG 1999, 103.

〔5〕 Das gilt auch, wenn das Verfahren durch Vergleich beendet wird, BGHZ 112, 382.

排除股东认购权的前提下对授权资本的利用，来获得必要的股份。在《股份法》第305条第2款第2项规定情况下，控制性企业必须取得为履行补偿义务所必需的康采恩上位公司的股份。具体执行可以转交给从属公司进行。

79 一旦股东行使其选择权并且获得了作为交换的特定的股份，补偿请求权即告**期限届满**。〔1〕从控制合同生效之日起，应按高出德意志联邦银行当时贴现率2%的年利率就未给付的补偿支付利息（《股份法》第305条第3款第3句）。〔2〕

80 一次给付补偿中的主要问题是**确定**从属企业和控制性企业股份间的**价值比例关系**和一次给付现金补偿的数额。在两种情况下都有必要确定从属企业的资产价值并从中得出每一股的价值。〔3〕在一次给付补偿中也必须确定控制性企业的股份价值。其他许多一次给付补偿情形也面临同样的任务（例如《股份法》第320条、《变更法》第29条、《民法典》第738条、《商法典》第140条），因此《股份法》第305条可以被视作一个一般性公司法问题的表现形式。基于《基本法》第14条保护所有权的要求，必须足额补偿**股份的全部价值**。〔4〕

81 在此涉及对企业股价的基本法律问题的认识，就某些具体事宜则必须参考专门的文献。〔5〕应当使用企业经济学上的估价方法。而这些方法的适当使用则是一个**法律问题**，由法院依据《股份法》第304条、第305条规定的目的来进行审查。〔6〕

82 在对一个仍在经营的企业进行评估时如今普遍使用**收益价值方法**。〔7〕仅依据再生产价值或依据再生产价值和收益价值的混合体进行企业评估（所谓的斯图加特程序），被主流观点和司法界认为是不充分的，除非个别案件中的特殊情形表明

---

〔1〕 H. M.; LG Stuttgart AG 1998, 103; MünchHdb. AG/*Krieger* § 70 Rdn. 93.

〔2〕 Durch diese 1994 eingeführte Vorschrift ist die früher streitige Frage der Verzinsungspflicht entschieden. Zur Berücksichtigung zuvor geleisteter Ausgleichszahlungen gemäß § 304 AktG bei der Berechnung des Zinses vgl. OLG München AG 1998, 239; OLG Düsseldorf AG 1999, 89; OLG Celle AG 1999, 128; *Hüffer* § 305 Rdn. 26b mit Schrifttumsnachweisen.

〔3〕 Zur Möglichkeit einer Schätzung nach § 287 ZPO BayObLG ZIP 2000, 885.

〔4〕 Vgl. BVerfGE 14, 263, 283 f (*Feldmühle*); 100, 289; BGHZ 71, 40, 51 (*Kali & Salz*); BGHZ 135, 374.

〔5〕 *Busse v. Colbe* ZGR 1994, 595; *Drukarczyk*, Unternehmensbewertung, 1996; *Fleischer* ZGR 1997, 368, *Großfeld*, Unternehmens- und Anteilsbewertung im Gesellschaftsrecht, 3. Aufl., 1994; *Hackmann*, Unternehmensbewertung und Rechtsprechung, 1987; *Hecker/Wenger* ZBB 1995, 321; *Moxter*, Grundsätze ordnungsgemäßer Unternehmensbewertung, 2. Aufl., 1983; *Piltz*, Die Unternehmensbewertung in der Rechtsprechung, 3. Aufl. 1994; *Ränsch* AG 1984, 202; *Seetzen* WM 1994, 45.

〔6〕 Vgl. BGHZ 70, 224, 225 f; 71, 40, 51 f; BGH NJW 1973, 509 f; NJW 1977, 378; st. Rspr. auch der Instanzgerichte. Dabei kommt gemäß § 287 ZPO auch eine Schätzung in Betracht, BayObLG ZIP 2000, 885.

〔7〕 BayObLG AG 1996, 127; AG 1996, 176; OLG Düsseldorf AG 1984, 216; AG 1988, 275; AG 1990, 397; OLG Celle AG 1999, 128; OLG Hamburg AG 1980, 163, 164; OLG Karlsruhe AG 1998, 96; OLG Stuttgart NZG 2000, 744; LG Berlin AG 1983, 135; LG Frankfurt AG 1983, 136; AG 1985, 310; AG 1987, 315 f; LG Düsseldorf AG 1987, 50; LG Dortmund AG 1982, 257; AG 1998, 142; LG München AG 1990, 404; LG Berlin AG 2000, 284; *W. Müller* FS Bezzenberger 705.

使用这些评估方法更为适合。〔1〕只有那些非企业经营所必需的财产才被分离出来按照再生产价值进行评估。〔2〕此外,也应当考虑从属企业股份的**交易所价格**。〔3〕

考虑交易所价格是由联邦宪法法院在其 1999 年 4 月 27 日的决议中针对此前相反的民事司法判例〔4〕,依据《基本法》第 14 条保护所有权的规定而提出的。特别是当交易所价格高于根据收益价值方法确定的企业价值时,上述做法具有重要的实践意义。如果收益价值计算高于交易所价格时,交易所价格是否构成应当补偿的价格还是仅为应补偿的最低限度,这是仍未阐明的问题。考虑到交易所价格的投机性,必须认定其仅构成补偿的最低限。当然也可以通过下列方法来解决由资本市场的不确定性引起的问题,即不单以评估当日的交易所价格而是以企业协议签订前的平均交易所价格为依据来确定企业的股份价值。〔5〕然而,补偿很难不超过可实现的交易所价格,否则的话,股东得不到充分的一次给付补偿。 83

根据联邦宪法法院的观点,并不要求在根据《股份法》第 304 条第 2 款第 2 句计算可变补偿或一次给付补偿的最高限额时也要考虑**控制性企业股份的交易所价格**。这一与上述要求不一致的观点是不具有说服力的。虽然这一交易价格对从属企业资产评估没有影响,但涉及控制性企业为购买从属企业股份应支付的价格。否则的话,所谓的"一揽子出价",即控制性企业为取得从属企业多数股份而向后者支付的价格,并不反映公司的内在价值,由此从属企业外部股东不能获得应有的益处。〔6〕 84

**评估的日期**是从属企业股东大会同意控制协议的当日(《股份法》第 305 条第 3 款第 2 句),〔7〕也可是其后的某一时间,如果价值在之后的确定性司法程序中得以确定的话。源于评估日但在其后才被识别的价值发展也应当得到重视(即"**原因理论**"),但评估日后产生的因素,即使引起对企业评估完全不同的结论,也无须加以考虑。〔8〕比照适用《股份法》第 304 条第 2 款第 1 句,应当以至今为止的收益状况和在此基础上对未来收益前景的预测为评估的出发点。〔9〕在此也必须考虑将来的规 85

---

〔1〕 BGH NJW 1985, 192; OLG Düsseldorf DB 1988, 1109; OLG Düsseldorf WM 1984, 732 (*Thyssen/Rheinstahl*); *Großfeld* aaO 33; KölnKomm/*Koppensteiner* § 305 Rdn. 35, 37, 45; *Hüffer* § 305 Rdn. 20; MünchHdb. AG/*Krieger* § 70 Rdn. 109 mit zahlr. weiteren Nachweisen.

〔2〕 Vgl. BayObLG AG 1996, 127, 128; BayObLG AG 1996, 176, 178; OLG Düsseldorf AG 1990, 397, 401; AG 1999, 321.

〔3〕 BVerfGE 100, 289 = JZ 1999, 945 mit Anm. *Luttermann* (*DAT/Altana*); BVerfG AG 2000, 40 (*Hartmann & Braun/Mannesmann*); AG 2000, 178 (*Eurag Holding AG*); BayObLG AG 1999, 43; OLG Düsseldorf ZIP 2000, 1525; *Steinhauer* AG 1999, 299; *Busse v. Colbe* FS Lutter 1053; *Henze* FS Lutter 1101.

〔4〕 Vgl. BayObLG AG 1999, 43.

〔5〕 MünchHdB AG/*Krieger*, § 70, Rdn 106.

〔6〕 OLG Düsseldorf, AG 1998, 236, 237; AG 1995, 85, 86 f; KölnKomm/*Koppensteiner*, § 305 Rdn. 37; *Hüffer* § 305 Rdn. 21.

〔7〕 BGH AG 1998, 286, 287 (*Asea/BBC II*); BayObLG AG 1995, 309.

〔8〕 BGH AG 1998, 286, 287 (*Asea/BBC II*); OLG Stuttgart AG 1994, 564; OLG Düsseldorf AG 1977, 168, 170; AG 1988, 275, 276; AG 2000, 323 (zu § 304 AktG).

〔9〕 Zur Bewertung bei dauernder Ertragslosigkeit vgl. OLG Düsseldorf AG 1999, 89.

划。原则上必须以所有的收益分发为基础，仅允许排除必要的折旧。为了确定一次给付补偿数额，必须按有固定利率的长期有价证券的利率计算应当除去的**资本利息**。〔1〕

86 是否应当考虑**基于控制协议**可以期待的**将来的利益**，例如由合理化因素或合作因素带来的利益，是有争议的。司法判例及法学理论以处于独立状态的参与企业作为考察的出发点，从而完全排除对与康采恩协议相联系的因素进行考虑。〔2〕然而鉴于企业经济学〔3〕上的理解，越来越多的观点主张在计算补偿时应当将加入康采恩可能带来的利益考虑在内，并将确定的利益数额在参与企业之间进行分摊。〔4〕这一主张值得提倡，因为通过加入康采恩获得利益和机会是下位公司内在的目标，在转让公司时也会形成价值构成因素。

87 审计机构的目的是，将来将所谓的**折扣现金流法**作为可能的企业评估程序方式。〔5〕这种程序也涉及从未来的企业运营结果中得出企业价值的方法，但这里不是和将来的企业盈利而是和未来的现金流相联系。〔6〕至今为止折扣现金流法还未在确定补偿和一次给付补偿时使用过，但它被视为是允许采用的方法。〔7〕

5. 补充请求权

88 如果有股东通过提起《股份法》第 306 条规定的司法裁判程序而获得比其他接受公司补偿标准的股东更高的补偿或一次给付补偿的话，后者是否有权提起**补充性请求权**。这个问题的答案是肯定的。法院根据《股份法》第 305 条第 5 款第 2 句确定合同中应给予的一次给付补偿，依据《股份法》第 306 条第 2 款和第 99 条第 5 款第 2 句，上述法院的裁决适用于所有外部股东。因为从中可以得出结论，无论是否提起确定性司法程序，所有的外部股东都对作为协议内容而受拘束的确定的一次给付补偿享有请求权。〔8〕作为补偿请求权的补充性请求权当然也不例外。〔9〕

---

〔1〕 OLG Düsseldorf AG 1999, 321; LG Frankfurt AG 1990, 403; LG München I AG 1990, 404, 405.

〔2〕 BGH AG 1998, 286, (*Asea/BBC II*); OLG Köln AG 1998, 37, 38; BayObLG AG 1996, 176, 178; OLG Düsseldorf AG 2000, 323; *Hüffer* § 305 Rdn. 22; KölnKomm/*Koppensteiner* § 305 Rdn. 34; *Forster* FS Claussen 45; *Emmerich*/Habersack § 305 Rdn. 51; *Seetzen* WM 1994, 45, 49.

〔3〕 *Drucarczyk* AG 1973, 357, 360 f; *Krag* BFuP 1978, 255, 256; *Küting* BFuP 1981, 175, 189; weitere Nachweise bei *Fleischer*ZGR 1997, 368/373.

〔4〕 *Fleischer* ZGR 1997, 368; *Hüttemann* ZHR 162 (1998), 563, 586ff; *Lutter* ZGR 1979, 401, 418; *Großfeld* aaO 118 f, MünchHdb. AG/*Krieger* § 70 Rdn. 107.

〔5〕 Vgl. Entwurf IDW-Standard, WPg 1999, 200, 211 ff.

〔6〕 Vgl. zu diesem Verfahren *Heurung* DB 1997, 888; *Aha* AG 1997, 26.

〔7〕 MünchHdb. AG/Krieger § 70 Rdn. 109.

〔8〕 OLG Celle AG 1979, 230, 233; OLG Düsseldorf AG 1990, 397, 401; BayObLG AG 1996, 127; 1996, 177; *Hüffer* § 305 Rdn. 32; *Emmerich*/Habersack § 305 Rdn. 66; MünchHdb. AG/*Krieger* § 70 Rdn. 130; a. A. *Hüchting*, Abfindung und Ausgleich 85 ff; *Koppensteiner* BB 1978, 769; *Haase*, AG 1995, 7.

〔9〕 OLG Düsseldorf AG 1990, 397, 402.

6. 裁决确定程序

89 如果企业协议中没有规定一次给付补偿，或者确定的补偿或一次给付补偿数额不适当，每一个外部股东都可以就此向法院提起申诉并请求法院决定债务人依据合同所应支付的补偿和/或一次给付补偿（《股份法》第304条第3款第3句、第305条第5款第2句）。[1] 外部股东所在公司住所地法院中负责商事事务的法庭享有管辖权。当然也可由州法院集中行使管辖权，事实上一些州已经如此做了。

90 与撤销之诉不同，确定性司法程序或称裁决确定程序并不以股东在股东大会上反对控制协议或反对有关的议定书为前提。但根据旧时的股东大会学说只有在程序提起之前不间断地作为公司股东的人才有权提起这项司法程序。与此相反，新观点主张，只要是在《股份法》第306条规定的申请期届满前获得公司股份的人都可以成为司法程序的申请人。[2] 之后如果发生股份转让的，则由股份获得者参加该程序。如果一个股东接受了控制性企业的一次给付补偿要约，他就失去了成员资格及提起确定性司法程序的权利。

91 根据《股份法》第304条第4款第2句、第305条第5款第4句，**申请期间**为股东大会同意决议公告后两个月内。申请提出后，州法院将在从属企业的公司公报中公告（《股份法》第306条第3款第1句）。其他外部股东可以在接下来的两个月内提出申请加入该程序（《股份法》第306条第3款第2句）。[3]

92 该程序的进行依据《有关自愿管辖事项的法律》（《股份法》第306条第2款及第99条第1款）。这里适用官方确定基本原则（《有关自愿管辖事项的法律》第12条）。[4] 控制协议各方当事人将被听证（《股份法》第306条第4款第1句）。此外，法院为没有提起申请的股东选任一名共同代表以保护其利益，对于确定适当补偿和适当一次给付补偿的特殊申请，则为每一项申请确定一个特别代表（《股份法》第306条第4项第2句）。[5] 这些外部股东的利益已经以其他方式得以维护的，则可不选任共同代表（《股份法》第306条第4款第4句）。

93 在作出**裁定**时，州法院受外部股东提出的补偿申请或一次给付补偿申请的约束，除非申请内容是法律不允许的。[6] 法院只能作出比协议中确定的给付更有利于股东的补偿裁决而

〔1〕 Vgl. *v. Aerssen* AG 1999, 249.

〔2〕 OLG Düsseldorf ZIP 1989, 642; OLG Frankfurt BB 1990, 166.

〔3〕 OLG Düsseldorf WM 1989, 1605; DB 1989, 1131; AG 1990, 396; OLG Frankfurt AG 1990, 393, 394; zur Fristverlängerung nach § 306 IV 3 AktG s. BGHZ 112, 382.

〔4〕 Zur Anhörung von Sachverständigen vgl. BVerfG AG 1998, 334.

〔5〕 Dazu *Rowedder* FS Rittner 509. Nach BVerfG DB 1991, 2027 braucht sich ein Aktionär auf den gemeinsamen Vertreter nicht einzulassen. Zur Vergütung BayObLG AG 1991, 239; 1991, 241.

〔6〕 LG Dortmund AG 1977, 234, 235.

不能作出不利于股东的裁决。[1] 针对法院裁决当事人可以立即向州高等法院提起上诉(《股份法》第306条第2款及第99条第3款第2句),上诉人可以是外部股东的代表[2]也可以是控制协议的各方当事人。公司因与其他企业合并而消失的,在控制协议订立时将股份出售给控制性企业的股东可以继续有利于它的未审结的确定性司法程序。[3]

94 如果补偿数额被提高,控制性企业必须就过去已经作出的给付进行**补充性支付**。[4] 在司法裁定作出后2个月内控制性企业可以不遵守终止期间提前解除合同(《股份法》第304条第5款、第305条第5款第4句)。在法院确定的补偿给付特别高的情况下,该条款曾被适用过。[5] 合同解除只对将来发生效力。原则上由企业合同当事人承担司法程序的费用,但出于公平原因也可由司法程序的另一方参与者承担全部或部分费用(《股份法》第306条第7款第8句、第9句)。

95 1965年《股份法》中的确定性司法程序的规定曾是一个重大进步,因为这一规定把通常发生的对补偿数额或一次给付补偿数额的争议与作为其基础的股东大会决议的撤销分离开来了,而后者将使企业协议的生效推迟至法院判决作出之时。因此该项规定被恰当地吸收进《变更法》(《变更法》第305条及以下,见上文§46. III. 5)。然而该程序逐渐地也呈现出它自己的问题,首先是,法院不能自己进行必要的企业评估而是必须由专家提供鉴定意见,这些鉴定意见的采纳本身又常常会引起争议。这会导致令人无法承受的程序拖延。[6] 所以亟待改革。[7]

## VI. 控制协议的变更

参考文献: *Bungert*, Unternehmensvertragsbericht und Unternehmensvertragsprüfung, DB 1995, 1392 und 1449; *Ebenroth/Parche*, Konzernrechtliche Beschränkungen der Umstrukturierung des Vertragskonzerns, BB 1989, 637; *Hommelhoff*, Der Beitritt zum Beherrschungsvertrag, FS Claussen 1997, 129; *Kley*, Die Rechtsstellung der auβenstehenden Aktionäre bei der vorzeitigen Beendigung von Unternehmensverträgen, 1986; *Pentz*, Mitwirkungsrechte und Sicherung auβenstehender Aktionäre im Falle der Änderung eines Unternehmensvertrags durch Beitritt eines weiteren Unternehmens, FS Kropff 1997, 225 ff; *Priester*, Herrschaftswechsel beim Unterneh-

[1] *Maier-Reimer* FS Lutter 563.

[2] Str.; wie hier BayObLG WM 1973, 1030, 1031; *Seisler*, Der Anspruch des Minderheitsaktionärs 190 ff mwN.; a. A. KG WM 1974, 1121; OLG Celle AG 1979, 230, 231; OLG Hamburg AG 1980, 163; BayObLG AG 1991, 356.

[3] BVerfG ZIP 1999, 532 (*SEN*).

[4] OLG Düsseldorf AG 1990, 397, 402.

[5] Kritisch dazu *Kübler* FS Goerdeler 279.

[6] Vgl. den Beschluβ des BVerfG in Sachen *SNI/Siemens*, wonach eine siebenjährige Dauer des Verfahrens angesichts der schwierigen Materie verfassungsrechtlich noch tragbar ist (AG 1999, 370).

[7] Vgl. die Reformvorschläge von *Lutter/Bezzenberger* AG 2000, 433.

mensvertrag, ZIP 1992, 293; *Röhricht*, Die Rechtsstellung der auβenstehenden Aktionäre beim Beitritt zum Beherrschungsvertrag, ZHR 162 (1998), 159; *Schwarz*, änderung und Beendigung von Unternehmensverträgen - insbes. in handelsregisterlicher Sicht, Mitteilungen der Rheinländischen Notarkammer 1994, 49; *Timm*, Rechtsfragen der Änderung und Beendigung von Unternehmensverträgen, FS Kellermann 1991, 461.

1. 原则

依据《股份法》第295条的规定,对控制协议的**事后变更**必须和协议签订一样遵守有关同意和形式方面的规定(见上文II)。合同变更应当由参与企业的代表机关进行谈判和决议,并应采用书面形式。《股份法》第293a条及以下条款中关于合同报告、合同审查和股东大会准备的规定也同样需要遵守(《股份法》第295条第1款第2句)。[1] 如果从属企业的股东大会以及作为控制性企业的股份有限公司或股份两合公司的股东大会以参加决议的股份的3/4多数通过合同变更的话,变更就生效。变更必须记载于商业登记簿。在**有限责任公司**中将比照适用联邦最高法院在超市案判决中发展起来的规则。[2] 据此,变更合同需要由控制性企业股东会以绝对多数同意通过,而从属企业则须一致同意通过。从属企业为人合公司时,合同变更也需要股东的一致同意通过(见上文边码12及以下)。规定的目的在于避免由于把企业合同的事后变更完全交予代表机关而使合同订立时的法律要求落空。 96

2. 外部股东的特别决议

如果合同变更涉及原协议中关于对外部股东的补偿和一次给付补偿的规定,根据《股份法》第295条第2款,还要求得到外部股东3/4多数同意的特别决议,而无论变更是重大的还是非重大的,或者变更使外部股东的法律状态恶化了还是改善了。[3] 决议可以在股东大会或特别集会上作出。 97

作为上述规定的基础,《股份法》第295条第2款第3句赋予每个外部股东比照适用《股份法》第293条享有一项特别的知情请求权(见上文边码26)。外部股东是指所有可以依据《股份法》第304条、第305条主张请求权的人(见边码65及以下)。即使就一次给付补偿提起的确定性司法程序仍未审结,已经依据《股份法》第305条接受了一次给付补偿的股东不再属于外部股东。[4] 98

**规定的目的**是明显的:应当保护外部股东免于承受由事后的合同变更导致的 99

---

[1] Einschränkend *Bungert* DB 1995, 1449 f.

[2] BGHZ 105, 324; s. Rdn. 24, 26.

[3] *Emmerich*/Habersack § 295 Rdn. 24; MünchHdb. AG/*Krieger* § 70 Rdn. 158; *Hüffer* § 295 Rdn. 10; *Priester* ZIP 1992, 293, 296.

[4] KölnKomm/*Koppensteiner* § 295 Rdn. 26 *Emmerich*/Habersack § 295 Rdn 28; a. A. *Geßler/Hefermehl* § 295 Rdn. 24.

不利于补偿和一次给付补偿请求权实现的后果。但规定实际达到的效果并不理想,因为控制性企业虽然无权单方面更改合同,但有权单方解除合同,外部股东对此无权提起异议(《股份法》第297条;见下文VII. 3,4)。由于和合同解除相联系的企业协议的重新签订无需外部股东的特别同意,《股份法》第295条的规定很容易被规避。

3. 合同变更的概念

100 这一逻辑关系还影响到对何时存在合同变更问题的解释。根据司法判例的立场,同时提出订立新合同之要约的**合同变更通知**不属于合同的变更。[1] 一个附期限或附解除条件的合同的延长是否属于合同变更是有争议的。压倒多数的观点主张,这里涉及一个无需外部股东特别决议的新合同的订立,但应当按照《股份法》第304条、第305条的规定重新确定补偿和一次给付补偿。[2] 一般认为允许通过条款约定,使合同在期限届满后如无人主张的话可自动存续下去。如果合同有效期在合同订立后被**缩短**或被重新确定期限的,比照适用《股份法》第296条的规定。[3]

101 **当事人变动**通常被定性为合同变更。首先发生于**控制性企业转让合同**的情形中。[4] 依据《股份法》第295条第1款的规定,无论是否已经存在补偿规定,这都要求下位公司股东大会决议同意,同时依据《股份法》第295条第2款的规定,还要求由外部股东就此作出特别决议。此外,康采恩控制权变更还要求向外部股东发出新的一次给付补偿要约。

102 这里的问题是,是重新起用原先的一次给付补偿要约,还是以对下位公司企业价值的实时评估为依据重新确定一次给付补偿标准。特别是涉及有利于康采恩利益而削弱从属企业的营业政策时,重新起用原先的一次给付规定更符合协议康采恩法预期的少数股东利益保护。[5] 确实,这一观点总体看来更具有合理性。[6]

103 新的控制性企业**加入控制协议**的法律状态比较复杂。毫无疑问,为此要求新老控制性企业和从属企业的同意决议。如果事先约定了固定的补偿,则无需外部

---

[1] BGH AG 1979, 289; OLG Celle AG 1978, 318; LG Hildesheim AG 1978, 27, 28; *Kley*, Rechtsstellung der auβenstehenden Aktionäre 93; *Ebenroth/Parche* BB 1989, 637, 641; differenzierend *Emmerich*/Habersack, § 295, Rdn. 6.

[2] *Geβler* aaO Rdn. 9; *Koppensteiner* aaO Rdn. 4; *Krieger* aaO Rdn. 154; *Säcker* DB 1988, 271, 272; a. A. *Emmerich*/Habersack, § 295 Rdn 8.

[3] *Krieger* aaO Rdn. 154; *Emmerich*/Habersack aaO.

[4] KölnKomm/*Koppensteiner* § 291 Rdn. 52; *Hüffer* § 295 Rdn. 5; *Emmerich*/Habersack § 295 Rdn. 11; *Pentz* FS Kropff, 225 ff; *Röhricht* ZHR 162 (1998), 249.

[5] Vgl. insbesondere Röhricht ZHR 162 (1998) 249, 250 f.

[6] OLG Karlsruhe AG 1997, 270, 271 f; *Hüffer* § 305 Rdn. 2; *Hommelhoff* FS Claussen 129, 136 ff.

股东的特别决议，因为新加入的控制性企业现在将作为共同债务人对外部股东的补偿请求权承担责任。〔1〕也基本不需要对固定补偿进行变更或调整。相反，如果约定了可变的补偿或者可以以股份给予一次给付补偿，则要求外部股东作出特别决议。〔2〕在这些情形下，外部股东的请求权受到影响，因为可变的补偿或一次给付补偿请求权必须与新加入的控制性企业的股份相联系并进行调整。此外，在合同康采恩加入情况下也要求新控制性企业承担原先的一次给付补偿义务。如果当初的补偿标准仍能被接受的话，就没有必要提出新的补偿建议了。〔3〕

在控制性企业和其他企业**兼并**的情况下也适用相同的规则。 104

控制合同转变为**另一合同类型**，例如转变为企业租赁合同，并不属于合同变更，而是被视为控制合同的终止和另一类合同的新订立。〔4〕 105

## VII. 合同的终止

参考文献：*Acher*, Vertragskonzern und Insolvenz, 1987; *Ehlke* Aufhebung von Beherrschungsverträgen - eine schlichte Geschäftsführungsmaßnahme?, ZIP 1995, 355; *Gerth*, Die Beendigung des Gewinnabführungs- und Beherrschungsvertrages, BB 1978, 1497; *Hattstein*, Gläubigersicherung durch das ehemals herrschende Unternehmen, 1995; *Heesing*, Bestandsschutz des Beherrschungs- und Gewinnabführungsvertrages in der Unternehmenskrise und im Konkurs, 1988; *Hengeler/Hoffmann-Becking*, Insolvenz im Vertragskonzern, FS Hefermehl 1976, 283; *Kley*, Die Rechtsstellung der außenstehenden Aktionäre bei der vorzeitigen Beendigung von Unternehmensverträgen, 1986; *Kort*, Die konzerngebundene GmbH in der Insolvenz, ZIP 1988, 681; *ders.*, Ausgleichs- und Abfindungsrechte beim Beitritt eines herrschenden Unternehmens zu einem Beherrschungsvertrag, ZGR 1999, 402; *Krieger*, Änderung und Beendigung von Beherrschungs- und Gewinnabführungsverträgen, in U. H. Schneider (Hrsg.), Beherrschungs- und Gewinnabführungsverträge in der Praxis der GmbH, 1989, 99, 105 ff; *Laule*, Die Beendigung eines Beherrschungsvertrages aus wichtigem Grund (§ 297 Abs. 1 AktG) und korrespondierende Handlungspflichten der Verwaltung einer beherrschten AG, AG 1990, 145; *Mertens*, Empfiehlt sich die Einführung eines konzernbezogenen Reorganisationsverfahrens?, ZGR 1984, 542; *Priester*, Bildung und Auflösung des GmbH-Vertragskonzerns, in Hommelhoff u. a. (Hrsg.), Entwicklungen im GmbH-Konzernrecht, 1986, 151, 182 ff; *ders.*, Aufhebung eines Unternehmensvertrags, ZGR 1996, 189; *Samer*, Beherrschungs- und Gewinnabführungsverträge gemäß § 297 Abs. 1 AktG in Konkurs und Vergleich der Untergesellschaft, 1990; *Schubert* Verschmelzung: Ausgleichs- und Abfindungsansprüche außenstehender

---

〔1〕 BGHZ 119, 1, 7 ff (*Asea/BBC I*) mit Bespr. *Bayer* ZGR 1993, 599; BGHZ 138, 136 (*Asea/BBC II*) mit Bespr. *Kort* ZGR 1999, 402; *Goette* DStR 1998, 898, *Pentz* NZG 1998, 379; *Hommelhoff* FS Claussen 129.

〔2〕 *Röhricht* aaO 250 ff, *Pentz* FS Krop ff 237, MüHdb. AG/*Krieger* § 70 Rdn. 163.

〔3〕 BGHZ 138, 136.

〔4〕 H. A.; *Geßler/Hefermehl* § 295 Rdn. 4; *Emmerich*/Habersack § 295 Rdn. 10; a. A. *Koppensteiner* aaO Rdn. 4.

Aktionäre bei vorhergehendem Unternehmensvertrag, DB 1998, 761; *Sonnenschein*, Der aktienrechtliche Vertragskonzern im Unternehmensrecht, ZGR 1981, 429, Timm, Geklärte und offene Fragen im Vertragskonzernrecht der GmbH, GmbHR 1987, 8; *ders.*, Rechtsfragen der Änderung und Beendigung von Unternehmensverträgen, FS Kellermann 1991, 461; *Timm/Geuting*, Gesellschafterbeteiligung bei der Aufhebung von Beherrschungs- und Gewinnabführungsverträgen im "einheitlichen" GmbH-Konzern, GmbHR 1995, 229; *Vetter*, Zur Aufhebung eines Beherrschungs- und Gewinnabführungsvertrags im GmbH-Recht, ZIP 1995, 345; *Wilhelm*, Die Beendigung des Beherrschungs- und Gewinnabführungsvertrags, 1976; *Wirth*, Beendigung von Beherrschungs- und Gewinnabführungsverträgen bei der Veräuβerung der abhängigen GmbH, DB 1990, 2105.

1. 概述

106 依据《股份法》第296条,控制合同因合同各方**协商一致而终止**,依据《股份法》第297条则因一方**解除**而终止。至今为止的全资子公司获得外部股东的情况下还适用《股份法》第307条的特别规定(见上文边码60)。法律没有提及其他的终止原因。但从一般性考虑中可以了解到可能的其他终止原因。例如控制合同因为一个参与企业的解散或破产,因为合同当事人与其他企业兼并或因为从属公司加入控制性企业而归于终止(见下文4)。

107 从属企业的董事会应当在宣布合同终止之时向**商业登记机关申报**(《股份法》第298条)。根据《商法典》第10条该登记将被公告。但登记仅有宣告性意义。[1] 依据《股份法》第299条,不得以控制合同发布终止或不得终止合同的指示。

2. 撤销合同

108 依据《股份法》第296条,**协商一致撤销**合同无论如何都是允许的。合同双方当事人的代表机关达成一致意见就可终止合同。不需要得到任何一方股东大会的同意,因为立法者的出发点是,撤销控制协议符合股东的独立利益。相反,它必须得到外部股东的特别决议同意,因为不能违背其意愿剥夺外部股东依据《股份法》第304条、第305条的规定而享有的权利(《股份法》第296条第2款)。[2] 特别决议也可以事后作出,但不得迟于营业年度结束之时。[3] 在特别决议未作出之前,合同的撤销没有最终的法律效力。具体而言,这里适用合同变更情形下有关特别决议的相同规则(见边码97)。

109 撤销合同的协议需要以**书面形式**作出(《股份法》第296条第1款第3项)。只能在营业年度结束之时或合同规定的结算期届满之时有效撤销合同。合同的撤销不具有溯及力,因为

---

〔1〕 H. L.; vgl. MünchHdb. AG/*Krieger* § 70 Rdn. 184; *Emmerich*/Habersack § 298 Rdn. 7.

〔2〕 BGH ZIP 1997, 786.

〔3〕 *Krieger* aaO Rdn. 166; a. A. KölnKomm/*Koppensteiner* § 296 Rdn. 12.

不应溯及地排除有利于债权人的保护性措施和外部股东(《股份法》第302—305条)的权利(《股份法》第296条第1款第2句)。

110 如果一个**有限责任公司是控制合同**的一方当事人,提起撤销合同的要求就有不同的看法。一种观点主张比照适用《股份法》第296条,双方经理协商一致就可终止合同。[1] 而相反观点则主张,撤销合同是与合同订立相违背的行为,应当比照适用联邦最高法院[2]在超市案判决中所确定的规则。[3]

3. 合同的解除

111 法律没有规定控制合同的**正常解除**。但可以在合同中进行约定。[4] 如果合同中没有相应约定,根据虽有争议但代表多数派的观点,不允许解除控制合同。[5] 总之,人们必须通过对未规定期限的合同进行补充性解释来确定,解除权是否不符合合同当事人的意愿。

112 如果正常解除是允许的,则适用《股份法》第297条第2款和第3款:由代表机关宣布解除合同。解除需要以书面形式作出,但无须得到股东大会的同意。与合同变更和终止情形一样,如果由从属企业宣布解除合同,必须由外部股东特别决议同意通过(《股份法》第297条第2款,见边码97)。相反,如果由控制性企业解除合同,依据《股份法》第297条中颇有疑问的法律政策性规定,外部股东的特别决议是多余的。[6] 如果合同没有相反规定,则无须遵守解除期限。只能在营业年度结束时才允许终止合同的《股份法》第296条规定在此不适用。[7]

113 根据《股份法》第297条第1款,允许基于重大事由突破终止期间的约定终止企业合同。作为重大事由法律提到了预计控制性企业将无能力履行其控制合同下义务的情形(《股份法》第297条第1款第2句);这里所指的是弥补亏损的义务、保护债权人的义务和对外部股东提供补偿和一次给付补偿的义务(《股份法》第302—305条)。另一重大事由规定在《股份法》第304条第5款、第305条第5款第4句中:如果在确定性司法程序中确定的补偿或一次给付补偿与合同中约定的不同,控

---

〔1〕 OLG Frankfurt ZIP 1993, 1790; OLG Karlsruhe AG 1995, 38; *Vetter* ZIP 1995, 345; *Krieger* aaO § 70 Rdn. 165, differenzierend *Timm/Geuting* GmbHR 1996, 230.

〔2〕 BGHZ 105, 324.

〔3〕 LG Konstanz ZIP 1992, 1736, *Priester* ZGR 1996, 189; Scholz/*Emmerich* Anh. Konzernrecht Rdn. 202, *Lutter/Hommelhoff* Anh. § 13 Rdn. 83, *Ehlke* ZIP 1995, 355.

〔4〕 Einhellige Meinung; vgl. BGH AG 1979, 289.

〔5〕 Nachweise bei KölnKomm/*Koppensteiner* § 297 Rdn. 6; *Krieger* aaO Rdn. 167.

〔6〕 BGHZ 122, 211, 233 (*SSI*); zur Kritik an dieser Regelung, die zur Folge hat, daβ in der Praxis stets das herrschende Unternehmen die Kündigung erklären wird; vgl. *Emmerich/* Habersack § 297 Rdn. 9; KölnKomm/*Koppensteiner* § 297 Rdn. 2; *Hüffer* § 297, Rdn. 18.

〔7〕 BGHZ 122, 211, 228 (*SSI*); *Hüffer* § 297 Rdn. 16; *Hoffmann-Becking* WiB 1994, 57, 63; *Hirte* ZGR 1994, 644, 654; MünchHdb. AG/*Krieger* § 70 Rdn. 167.

制性企业可以不遵守终止期间解除合同（见上文边码 93）。如果合同订立中存在意思表示瑕疵，从而根据一般民法规定对方当事人有权撤销的话，则也存在重大的解除事由（见上文边码 31）。

114　在其他情形下根据一般解释规则审查，合同存续对于主张解除合同一方当事人是否可以期待，来认定存在可以解除合同的重大事由。[1] 例如经济关系的持续变更可认定属于这种情况。[2] 但压倒多数的观点认为，控制性企业将其对从属企业的参股转让出去并不导致非正常解约权的产生。[3] 然而如果约定的解除或正常解除是可能或可期待的，则可以肯定存在解约的重大事由。[4]

115　《股份法》第 297 条是**强制法**。[5] 但该条规定并不排除可以通过合同约定当事人有权解除合同的重要事由。[6] 然而如果在合同中约定了不能使非正常解约合理化的理由，则应适用包括《股份法》第 295 条第 2 款规定的特别决议在内的适用于正常解约的规定。[7]

116　非正常解约需要使用**书面形式**（《股份法》第 297 条第 3 款），由公司代表机关作出，无需股东大会的同意。法律也放弃了对外部股东特别决议的要求。这一后果在法律政策上毫无疑问，它引起的后果是，如果康采恩协议参与企业的董事会发现存在使它有权从协议的约束中解脱出来的重大事由，就可以通过有关合同变更、终止和正常解除决议，使该规定所追求的保护性目标在实践中得以实现。[8]

4. 终止合同的其他原因

117　此外合同因**期限届满**而终止。当然允许规定延长合同期限的条款（见边码 100）。但主流观点认为不允许约定康采恩解散的**条件**；[9]但这类条件很可能转而以正常的解约权形式出现。控制性企业在订立合同时拥有从属企业的全部股份，按照《股份法》**第 307 条的规定**只要有一名外部股东参与进来，控制合同就归于终止，因为这时为了保护该外部股东的利益必须以新合同约定补偿和一次给付补偿。当控制性企业为其他法律形态的公司时，可比照适用这些规定。从属企业**加入**控

[1] Dazu eingehend *Laule* AG 1990, 145, 150 ff.

[2] BGHZ 103, 1, 8 (*Familienheim*): Eröffnung eines außergerichtlichen Vergleichsverfahrens.

[3] OLG Düsseldorf AG 1995, 137; LG Duisburg AG 1994, 379; LG Dortmund AG 1994, 85; *Hüffer* § 297 Rdn. 7; *Emmerich*/Habersack § 297 Rdn. 24; *Timm/Geuting* GmbHR 1996, 229, 236; a. A. LG Bochum GmbHR 1987, 24, 25; MünchHdb. AG/*Krieger* § 70 Rdn. 169 mwN.

[4] So auch OLG Düsseldorf aaO.

[5] LG Ingolstadt AG 1991, 24, 25, OLG München DB 1991, 1970.

[6] BGHZ 122, 211, 227 (SSI).

[7] BGHZ 122, 211, 232 (SSI).

[8] Vgl. *Emmerich*/Habersack § 297 Rdn. 9; KölnKomm/*Koppensteiner* § 297 Rdn. 2.

[9] *Emmerich*/Habersack § 297 Rdn. 29.

制性企业也会导致控制合同的终止。[1] 从属企业加入其他公司结果也一样,除非由此建立起多重母公司控制关系。相反,控制性企业加入另一个更上位的康采恩企业并不导致控制合同的终止。

118 控制性企业与另一个企业**兼并**不是控制合同终止的原因。[2] 如果控制性企业因此消失,兼并它的公司将依法代替它成为权利义务的继受者。如果从属企业与另一第三企业兼并并因此消失,原控制合同则必须终止,因为有利于该从属企业的债权人和外部股东的保护性规定不再适用于此。[3] 但如果从属企业是兼并其他企业的权利承担者,原控制合同可继续存在。如果控制协议当事人都与他人兼并,控制合同关系将变得含混不清而归于终止。[4]

119 最后,从属企业或控制性企业解散或陷入破产将导致控制合同终止。[5] 解散和破产将引起企业目标的变更,即不再从事经济事务而是为清算目的而存在。这与控制性企业通过康采恩管理要实现的目标或者从属企业为康采恩利益而继续存在的目标都不相符。[6]

5. 法律后果

120 (a) 控制合同终止的法律后果首先是《股份法》第 308 条第 1 款第 1 句规定的控制性企业的**指示权**归于消灭。控制性企业已经带来的影响继续适用《股份法》第 311 至 318 条的规定,除非从属企业加入了控制性企业。已经发布的指示可以继续执行,如果该指示没有不利益或不利益已被补偿的话。《股份法》第 302 条第 1 款规定的控制性企业的**弥补亏损**的义务也归于终止。[7]《股份法》第 305 条意义上对外部股东的补偿只需支付到合同终止时。如果控制合同在某一营业年度期间终止,只需补偿在合同存续期间外部股东所拥有的股份。

121 《股份法》第 305 条规定的一次给付补偿义务也因控制合同的终止而结束。但

〔1〕 BGH WM 1974, 713, 715; OLG Celle WM 1972, 1004, 1011.

〔2〕 Vgl. zum folgenden *Emmerich*/Habersack § 297 Rdn. 36 ff; MünchHdb. AG/*Krieger* § 70 Rdn. 173 ff; je mwN.

〔3〕 Ein bereits anhängiges Spruchstellenverfahren zugunsten der Aktionäre, welche ihre Aktien dem herrschenden Unternehmen schon vorher angedient hatten, muβ wegen Art. 14 GG aber zu Ende geführt werden, BVerfG ZIP 1999, 532 (*SEN*).

〔4〕 OLG Düsseldorf DB 1990, 1394.

〔5〕 Zur Insolvenz BGHZ 103, 1, 6 f (*Familienheim*); OLG Schleswig ZIP 1987, 1448, 1451 ff; vgl. zum Ganzen *Hengeler/Hoffmann-Becking* FS Hefermehl 283; *Acher*, Vertragskonzern und Insolvenz, 1987; *Heesing*, Bestandsschutz des Beherrschungs- und Gewinnabführungsvertrages, 1988; *Kort* ZIP 1988, 681, 682 ff; *Samer*, Beherrschungs- und Gewinnabführungsverträge, 1990.

〔6〕 H. M.; BayObLG AG 1999, 43; *Hengeler/Hoffmann-Becking* aaO 284 ff, 302 ff; *Mertens* ZGR 1984, 542, 550 ff; zur Insolvenz der Untergesellschaft eingehend *Samer* aaO 141 ff mwN.; a. A. *Acher* aaO 98 ff; KölnKomm/*Koppensteiner* § 297 Rdn. 29; je mwN.

〔7〕 OLG Schleswig AG 1988, 382, 383 ff.

如果《股份法》第 305 条第 4 款第 2 句、第 306 条第 2 款第 2 句规定的期限还未届满，一次给付补偿义务则不终止。合同终止也不影响正在审理的确定补偿或一次给付补偿的司法程序。[1] 如果法院确定的补偿数额高于合同中的有关约定，则控制性企业必须补足。即使合同因为加入、兼并或分离而归于终止，上述规则仍然适用。[2]

122 (b) 根据《股份法》第 303 条第 1 款，控制性企业必须为从属企业债权人的利益提供**担保**或为其债权提供保证。[3] 这里的法律状况总体上与减资时的法律状况相当(《股份法》第 225 条；见上文 § 21,3)。依据法律规定，以合同终止登记于商事登记簿并公告之日作为确定受保护权利的分界线。所以在合同终止后登记公告之前产生的债权应当包含在应提供担保的范围内，同样合同订立前已经产生的债权也包括在内，而无论债权人是否知道此项权利。债权人申报债权的期限为合同终止登记公告之日起 6 个月内。在公告中应当向债权人指明该项权利(《股份法》第 303 条第 1 款第 2 句)。

123 《股份法》第 303 条也适用于**有限责任公司康采恩**，不仅适用于签订有控制合同的情形，而且也适用于实质性事实康采恩(见上文 § 53. IV)。[4] 在实质性事实康采恩中因缺乏在商业登记簿上登记，故在确定受担保的权利范围时适用导致权利丧失的一般规则。[5] 在破产情形下享有优先受偿权的债权人不享有请求提供担保的权利(《股份法》第 303 条第 2 款)。

124 (c) 如果**从属公司没有财产**或者它惟一的财产是针对控制性企业的亏损补偿请求权，则仅为其债务提供担保是无意义的。司法判例确认，在这种情况下债权人享有要求控制性企业支付补偿的**直索请求权**。[6] 这一先前受到理论界激烈抨击，后来又渐渐被接受的造法性司法判例的依据和理由是，依据《民法典》第 242 条，债权人直接向其提起请求权的控制性企业不得主张，债权人应当先向从属企业主张权利，通过对补偿请求权的质权设定迂回寻求债权的清偿。此外，联邦最高法院确认还应当同时适用《股份法》第 322 条意义上加入式康采恩中的法定直接责任。类推适用《商法典》第 129 条，第 322 条第 2 款、第 3 款，控制性企业针对上述请求权可以主张属于从属企业和它自己的抗辩权。在持续性债务关系中也应当考虑类推适用《商法典》第 160 条意义上的对后期责任的界定。[7]

---

〔1〕 BVerfG AG 1999, 217; BGHZ 135, 374, 377 ff (*Guano*), BayObLG AG 1999, 43.

〔2〕 BVerfG AG 1999, 218; daβ diese Vorgänge u. U. die Eröffnung eines eigenen Spruchstellenverfahrens erlauben, kann hieran nichts ändern; vgl. MünchHdb. AG/*Krieger* § 70 Rdn. 187; *Schubert* DB 1998, 761.

〔3〕 Vgl. dazu *Hattstein*, Gläubigersicherung durch das ehemals herrschende Unternehmen, 1995.

〔4〕 BGHZ 95, 330, 346 (*Autokran*).

〔5〕 BGHZ 95, 330, 347 (*Autokran*).

〔6〕 BGHZ 95, 330, 347(*Autokran*); BGHZ 115, 187, 200 (*Video*); BGHZ 116, 37, 42 (*Stromlieferung*).

〔7〕 OLG Frankfurt NZG 2000, 933.

（d）虽然在控制合同终止时的处境比较困难公司和**外部股东**，因为控制协议的后续影响会继续给他们带来不利和损害，从而影响公司的生存能力，但现行法没有规定对他们合并给予特别保护。 125

理论界对此问题提出了各种不同的法律救济方法，但至今还没有实际得以贯彻的解决方案。〔1〕值得注意的是重新适用《股份法》第305条赋予债权人合同后补偿请求权和损害赔偿权，或者规定控制性企业负有采取一切必要措施使从属企业获得生存能力的合同后义务。服务于同一目的的还有被广泛接受的观点，《股份法》第308条第1款意义上的指示权的行使从一开始就以不危及从属公司的生存能力为界限（见上文边码33）。相关问题还需要司法界和学术界的进一步说明。〔2〕 126

## VIII. 利润转移合同

参考文献：*Forster*, überlegungen zur Bildung von Rückstellungen für drohende Verluste aus Gewinnabführungsverträgen, FS Stimpel 1985, 759; *Kort*, Zur Vertragsfreiheit bei Unternehmensverträgen, BB 1988, 79; *H.-P. Müller*, Zur Gewinn- und Verlustermittlung bei aktienrechtlichen Gewinnabführungsverträgen, FS Goerdeler 1987, 375; *Sonnenschein*, Der Gewinnabführungsvertrag zugunsten Dritter im Gesellschaftsrecht und im Steuerrecht, AG 1976, 147; *van Venrooy*, Weisungen im Rahmen von Geschäftsführungs- und Gewinnabführungsverträgen, DB 1981, 675; *ders.*, Isolierte Unternehmensverträge nach § 291 AktG?, BB 1986, 612.

1. 利润转移合同的概念

**利润转移合同**使一个企业负有义务将其**全部结算盈余**（《股份法》第158条第1款第1句）缴纳给合同另一方当事人（《股份法》第291条第1款第1句）。如果不是上交所有盈余，即存在一项《股份法》第292条第1款第2项意义上的部分；利润转移合同（见下文§57. III）。同样的情形发生在**事务管理合同**中，这种合同使得一个企业有义务为合同对方当事人的利益经营企业（《股份法》第291条第1款第2项）。但这类合同在实践中没有什么意义。〔3〕 127

实践中出于税法上的原因，利润转移合同通常和控制合同相结合（见上文边码10）。因此利润转移合同完全受适用于控制合同的法律规定的调整，在此意义上可以指向上文I至 128

---

〔1〕 überblick zuletzt bei *Krieger* aaO Rdn. 193.

〔2〕 Einzelheiten bei *Wilhelm*, Beendigung des Beherrschungs- und Gewinnabführungsvertrags 109 ff; *Kley*, Rechtsstellung der auβenstehenden Aktionäre 108 ff; *Hommelhoff*, Konzernleitungspflicht 310; *Sonnenschein* ZGR 1981, 429, 438; *Studienkommission des Deutschen Juristentags*, Untersuchungen zur Reform des Konzernrechts, 1967, Rdn. 140 f; Bericht über die Verhandlungen der *Unternehmensrechtskommission* Rdn. 1314.

〔3〕 MünchHdb. AG/*Krieger* § 71 Rdn. 1.

VII 的内容。当然在有限责任公司康采恩法中也存在独立的利润转移合同,因为在此康采恩管理权的行使只需要公司股东会的多数同意,公司所得税法上的机构优惠并不以控制合同为前提(《法人所得税法》第 14 条、第 17 条)。股份有限公司康采恩法上很少有独立的利润转移合同存在。但鉴于《股份法》第 316 条,没有理由对允许其存在的可能性进行怀疑。如果这种独立的利润转移合同和《股份法》第 311 条、第 317 条、第 318 条不相符,则应将《股份法》第 291 条第 1 款第 1 句理解为排除性的特殊规定。[1]

129 如果当事人之间事先不存在从属关系,是否可能成立利润转移合同,是一个有争议的问题。[2] 这个问题只有很小的现实意义,因为订立《股份法》第 293 条第 1 款第 1 句、第 2 句意义上的合同要求合同双方当事人的股东大会以3/4多数同意通过(见上文边码 25 及以下)。相反,订立有利于第三人——即有利于对方康采恩企业——的利润转移合同被认为是允许的。[3] 在卡特尔法上,利润转移合同或者事务管理合同依据《反限制竞争法》第 37 条第 1 款第 2 项、《企业合并控制条例》第 3 条属于企业合并控制对象。

2. 利润的计算

130 应缴纳盈利的计算应遵照资产负债表编制规定。针对关联企业的债务数额被作为负债记载于资产负债表上(《商法典》第 266 条第 3 款 C6),又被作为费用记载于损益表上(《商法典》第 275 条第 2 款第 13 项、第 277 条第 3 款第 2 句)。为了保障从属公司的利益,《股份法》第 300 条第 1 项要求企业提取比一般独立企业更高数额的法定储备金(见上文边码 46)。除此之外,《股份法》第 301 条限制了可移转盈余的数额。据此最多可以移转减除上一年度亏损结转和应提取的法定储备金后的年度盈余(第 1 句)。在合同期间形成的盈余储备金允许移转,相反,因解除而获得法定储备金、资本储备金或合同签订前提取的盈余储备金不得移转。[4] 此外,董事会和监事会在制作年度结算报告时不受限制。所以他们可以通过解除秘密储备金和适当行使资产负债表编制权和评估选择权,尽可能多地转移盈余并相应地削弱公司的基础。在利润转移合同中可以约定,董事会和监事会可以在多大程度上利用这些可能性(《股份法》第 301 条第 1 句)。合同中也可确定应当从移转的盈余中除去的盈余储备金或盈余结转。

---

[1] H. A., *Geßler/Hefermehl* § 291 Rdn. 71 f; *H.-P. Müller* FS Goerdeler 375, 377 Fn. 2; *Krieger* aaO Rdn. 1; a. A. für die AG *Sonnenschein*, Organschaft und Konzerngesellschaftsrecht, 1976, 379 f; *ders.* AG 1976, 147.

[2] Vgl. einerseits *Kort*, Abschluβ von Beherrschungs- und Gewinnabführungsverträgen 83 ff; *ders.* BB 1988, 79; anderseits *van Venrooy* BB 1986, 612.

[3] Str.; bejahend *Krieger* aaO Rdn. 4; differenzierend KölnKomm/*Koppensteiner* § 291 Rdn. 70; ablehnend *Geßler* aaO Rdn. 80; *Hüffer* § 291 Rdn. 55; *Emmerich*/Habersack § 291 Rdn. 47, *Rehbinder* ZGR 1977, 581, 628.

[4] H. A.; vgl. *Krieger* aaO Rdn. 19 mwN.

3. 利润转移合同的订立、变更和撤销

利润转移合同的订立、变更和撤销依据《股份法》第 293 至 299 条的规定（见边码 18 及以下、96 及以下、106 及以下）。在合同当事人为有限责任公司的情况下，合同的订立需要变更章程，根据《有限责任公司法》第 53 条第 2 款，章程变更须以参与投票数的 3/4 多数决议同意通过，决议必须作成公证书。争议较大的问题是，是否必须以参与投票数一致同意通过方可签订利润转移合同。〔1〕根据《法人所得税法》第 17 条第 2 款第 2 项，3/4 多数同意即可签订这类合同。但这一规定无民法意义上的拘束力。由于全部盈余的缴纳意味着公司目的的变更（《民法典》第 33 条第 1 款第 2 句），撇开《股份法》第 304 条、第 305 条规定的补偿和一次给付补偿请求权（见上文边码 60），外部股东获得盈利的前景受到致命的损害，因此签订这类合同要求获得全体股东的同意（《有限责任公司法》第 53 条第 3 款；见上文 33. Ⅳ. 5）。主流观点认为合同的订立具有溯及到营业年度开始之时的效力是恰当的。〔2〕如果要主张税法上的机构优惠，合同的期限至少必须达到 5 年，并且在此期间合同得以执行（《法人所得税法》第 14 条第 4 项第 1 句）。 131

4. 法律后果

利润转移合同的对方当事人**没有发布指示权**（《股份法》第 308 条在此不适用）。利润转移企业的董事会和经理层因此保留独立管理公司的义务（《股份法》第 76 条、《有限责任公司法》第 43 条）。利润转移合同也不构成《股份法》第 17 条、第 18 条意义上的从属性推定或康采恩推定。但合同另一方当事人的多数参与通常仍会使从属性构成要件得以满足。单纯的盈余缴纳合同的强制性法律后果是《股份法》第 302 条规定的另一方当事人的**亏损弥补义务**，《股份法》第 303 条规定的**提供担保义务**和《股份法》第 304 条、第 305 条规定的外部股东的**补偿请求权和一次给付补偿请求权**（见上文边码 60 及以下）。在有限责任公司负有盈余转移义务的情形下类推适用这些规定。〔3〕如果合同订立要求得到股东一致同意通过的话，即使不考虑《股份法》第 304 条、第 305 条的规定，少数股东也有能力通过要求公司作出必要的承诺来充分保护自己的利益。〔4〕在利润转移合同中，《股份法》第 304 条意义上的补偿不能仅以股利保障的形式存在，而是必须以独立的补偿支付作为对外部 132

---

〔1〕 Vgl. bereits oben Rdn. 27.

〔2〕 BGHZ 122, 211, 223; OLG Düsseldorf AG 1996, 473, 474; OLG Karlsruhe AG 1994, 283, KölnKomm/*Koppensteiner* § 294 Rdn. 22.

〔3〕 Zu § 302, 303 AktG h. L., vgl. BGHZ 95, 330, 346 f (*Autokran*); BGHZ 103, 1, 4 ff (*Familienheim*); BGHZ 107, 7, 15 ff (*Tiefbau*); betreffend § § 304, 305 AktG *Scholz/Emmerich* Anh. § 40 Rdn. 299; *Lutter/Hommelhoff* Anh. § 13 Rdn. 44; *Kort* aaO 149 ff, 157 ff; abweichend wohl Rowedder/*Koppensteiner* Anh. § 52 Rdn. 80, der § § 311, 317 AktG analog anwenden wollen.

〔4〕 Baumbach/Hueck/*Zöllner* Anh. Konzernrecht Rdn. 39; *Emmerich/Sonnenschein* § 25 V 1.

股东的适当补偿(《股份法》第 304 条第 1 款第 1 句)。

## § 55. 加入式康采恩

参考文献：*Geßler*, Die Haftung der Hauptgesellschaft bei der Eingliederung (§ 322 AktG), ZGR 1978, 251; *Hommelhoff*, Die Konzernleitungspflicht, 1982, 345 ff; *Kamprad/Römer*, Die Abfindung der außenstehenden Aktionäre bei der Eingliederung durch Mehrheitsbeschluß nach § 325 AktG, AG 1990, 486; *Kley/Lehmann*, Probleme der Eingliederungshaftung, DB 1972, 1421; *Martens*, Die rechtliche Behandlung von Options- und Wandelanleihen anläßlich der Eingliederung der verpflichteten Gesellschaft, AG 1992, 209; *Prael*, Eingliederung und Beherrschungsvertrag als körperschaftliche Rechtsgeschäfte, 1978; *Rehbinder*, Gesellschaftsrechtliche Probleme mehrstufiger Unternehmensverbindungen, ZGR 1977, 581; *Sonnenschein*, Die Eingliederung im mehrstufigen Konzern, BB 1975, 1088; *Veit*, Unternehmensverträge und Eingliederung als aktienrechtliche Instrumente der Unternehmensverbindung, 1974.

### I. 概述

1 加入式康采恩是两个企业以最紧密的联合形式组建的康采恩,在这个意义上可以将其理解为兼并的前奏。与协议康采恩的区别在于,加入式康采恩中母公司的指示发布权不受限制(《股份法》第 323 条第 1 款),对加入公司财产的保障较弱(与适用于协议康采恩的《股份法》第 300 条、第 301 条相区别,这里适用《股份法》第 324 条)。加入公司也不再有其他的股东,因为随着加入式康采恩被记载于商事登记簿中,加入公司的所有股份都转移给了母公司(《股份法》第 320a 条)。作为补偿,法律除了规定母公司有义务补偿加入公司的亏损(《股份法》第 324 条第 3 款)并为加入公司债权人的债权实现提供担保外(《股份法》第 321 条),还在《股份法》第 322 条中规定了母公司对加入公司债权人承担直接连带责任,这和《商法典》第 128 至 130 条规定的无限公司的股东责任是相适应的。与企业兼并中的情况不同,加入企业在法律上继续保持独立。加入式康采恩的优点是,例如可以继续保留加入公司的名称,也可以为加入公司任命专门的公司机关成员。加入式康采恩还具有税收上的优惠,表现为不必公开秘密公积金,获得全资子公司的土地也不必支付土地税。[1] 最后,终止加入式康采恩也较容易(《股份法》第 327 条)。

2 加入式康采恩仅允许发生**在两个住所在国内的股份有限公司之间**。即便是股份两合公司也被立法者排除在外(《股份法》第 319 条第 1 款)。至今为止没有显现

[1] MünchHdb. AG/*Krieger* § 73 Rdn. 1.

出将加入式康采恩扩展适用于股份有限公司以外的其他公司形式的必要。[1] 即使在股份法中这种康采恩形式也很少被适用。在竞争法中,根据《反限制竞争法》第35条第1款第2项和第4项,加入式康采恩受企业合并控制制度的调整。

## II. 加入的实施

### 1. 全资子公司的子公司

3 《股份法》第319条和第320条将加入式康采恩区分为全资子公司的加入和通过多数决议发生的加入。如果一个公司的**所有股份已经掌握在未来母公司的手中**,该公司的加入要求其股东大会一致同意方可,而且还要求母公司股东大会以3/4多数通过决议(《股份法》第319条第2款)。为了使公司股东了解情况,要求事先陈列加入决议草案以及加入公司和母公司前两年的年度财务报告和经营报告;应股东要求应当分发有关材料的副本。母公司的董事会还必须完成并陈列详细的书面报告,对加入式康采恩进行法律上和经济上的论证(《股份法》第319条第3款)。这一由1994年《变更法》引入的**加入报告**,与兼并报告(《变更法》第8条)以及关于企业合同的报告(《股份法》第293a条)具有同样的目标,这是为什么加入报告的内容和它的法律地位都被指向后两项报告之实施的原因。[2] 最后,母公司股东也可要求公司告知一切与加入式康采恩有关的加入公司的重要事实情况,比如加入公司的财产状况、收益状况和清算状况(《股份法》第319条第3款第4句)。加入式康采恩从被记载于母公司的商业登记簿时起生效(《股份法》第319条第7款)。

4 与所有的企业改组情况一样,自1994年以来的新规定要求,在商务注册处注册时,董事会必须声明,不存在针对企业改组决议的未决诉讼。如果董事会不能作出这项说明,就会产生**登记障碍**,只有通过在受诉法院提起的**无异义程序**(Unbedenklichkeitsverfahren)才能克服该障碍(《股份法》第319条第4款至第6款)。该规定在文字表述上和《变更法》第16条规定一致,因而也可以追溯到这一条的实施(见上文§47)。

### 2. 多数加入式康采恩

5 根据《股份法》第320条第1款第1句,如果一个公司95%**的股份已经掌握在未来母公司的手中**,允许通过多数决议建立加入式康采恩。这里所要求的法定比例是在联邦宪法法院审理的费尔特米勒(Feldmühle)案中被确定的。宪法法院称,与多数改组相适应,在这一案件中将外部股东排除出公司是符合《基本法》第14条

---

〔1〕 Vgl. aber das Plädoyer für die Zulässigkeit der Eingliederung einer AG in eine KGaA bei Emmerich/*Habersack* § 319 Rdn. 5.

〔2〕 S. oben § § 46 Rdn. 40, 47 Rdn 10, 48, Rdn 25, 49 Rdn 17, 54 Rdn 20 ff.

规定的。[1] 在计算母公司掌握的加入公司股份比例时应将加入公司自有股份以及属于第三人但由公司承担风险的股份从公司股本中除去，但与《股份法》第 16 条第 4 款相反，加入公司的从属企业拥有的股份不必从股本中减去（《股份法》第 320 条第 1 款第 2 句）。这里的股份必须是从属企业自己在加入发生前获得的。原则上，多数加入和全资的子公司加入遵循同样的规则。

6 但是，必须对加入公司的**外部股东**提供必要的**保护**（《股份法》第 320b 条第 1 款），必须向他们提供**一次性给付补偿**。这必须载入股东会的议事日程并以此方式公告之（《股份法》第 320 条第 2 款第 1 句第 2 项）。未来的母公司也应当将同意加入的决定公告于股东议事日程中（《股份法》第 320 条第 2 款第 2 句）。在加入报告中也应当从法律上和经济上说明一次给付补偿的方式和数额，并指出对此进行评估的困难和股东参股的后果（《股份法》第 320 条第 4 款第 2 句）。与母公司方面的情形一样，加入公司股东的知情权超出《股份法》第 131 条规定的范围扩展至所有与加入有关的母公司的重要事项（《股份法》第 320 条第 3 款）。此外，自 1994 年新规定以来，加入式康采恩也受**加入审查人**的审查（《股份法》第 320 条第 3 款）。

7 一次给付补偿请求权首先指向**母公司股份**，余额则通过现金支付来弥补。[2] 相反不存在对现金一次性给付补偿的优先请求权。[3] 只有在母公司从属于一个康采恩控制公司时，少数股东才能依据《股份法》第 320b 条第 1 款第 2 句选择，以现金给付代替以母公司自有股份给付。如果一个孙公司加入子公司，子公司先前已经加入了母公司，便不再产生子公司的一次性给付补偿。在这种情况下，联邦法院确认，退出孙公司的股东有权选择以母公司股份或现金作为一次性给付补偿之来源。[4]

8 应当按照企业兼并过程中财产移转的规则来确定加入过程中发生的价值关系，并根据控制合同来确定一次性给付补偿。这里必须考虑公司的财产和收益状况（《股份法》第 320b 条第 1 款及第 305 条、《变更法》第 15 条）。[5]

9 如果加入公司股东大会决定公司加入的决议不是合法形成的，可以根据《股份法》第 243 条撤销它。但是如果原告仅仅是质疑一次性给付补偿的适当性，则根据《变更法》（第 14 条第 2 款、第 15 条）**不得行使撤销权**，而应当提起第 306 条中规定的特定的司法裁判程序（《股份法》第 320b 条第 2 款第 1、2 句）来解决。[6] 相反，可以针对母公司一次性给付补偿不适当而撤销其加入决议。但是，如果以此为由

---

〔1〕 BVerfGE 14, 263, s. oben § 9 Rdn. 14.

〔2〕 Von der eingegliederten Gesellschaft begebene und noch nicht eingelöste Aktienoptionsrechte sind durch entsprechende Rechte zu ersetzen, vgl. BGH ZIP 1998, 560 (*Siemens/Nixdorf*); OLG München ZIP 1993, 1001; *Martens* AG 1992, 209.

〔3〕 H. M., vgl OLG AG 1993, 93, Emmerich/*Habersack* § 320b Rdn. 5.

〔4〕 BGHZ 138, 224; h. M.

〔5〕 S. oben § § 54 Rdn 75 ff.

〔6〕 S. oben § § 54 Rdn 89 ff.

的撤销之诉未在撤销期间内提出或已被撤回或被确定驳回的,法律还是给当事人提供了提起裁判程序的法律救济途径(《股份法》第320b条第2款第3句)。

根据法律,自加入式康采恩登记于商业登记簿之时起,外部股东的**股份移转给母公司**。有股票证书的,股票证书必须移转。在股票证书交付于母公司以前,证书的功能只限于确认其享有一次性给付补偿的请求权(《股份法》第320a条)。对于现金一次性给付补偿和加付的现金款项,应自加入式康采恩登记时起按高出德意志联邦银行当时贴现率2%的年利率支付利息(《股份法》第320b条第1款第6句)。 10

## III. 法律后果

### 1. 控制企业的指示

加入式康采恩中,母公司有权向加入公司的董事会就企业管理事项发出指示(《股份法》第323条第1款第1句)。与《股份法》第308条第1款、第2款不同,这里的**指示权没有限制**,因而也包含不利于企业生存的指示。仅有一条原则性的限定,即指示不得违法。至于是否有别于协议康采恩,母公司同时也被赋予不受限制的代理权,可以对外代表加入公司的问题,则是有疑问的。[1] 母公司董事会没有对加入公司实施康采恩管理的义务,但董事会在对母公司履行通常的机关义务框架内对加入公司产生影响。[2] 涉及监事会的同意问题适用协议康采恩的相关条款(《股份法》第323条第1款第2句及第308条第3款)。在没有指示的情况下,根据《股份法》第76条、第93条确定从属公司董事会的责任。在存在指示的情况下则适用《股份法》第310条,而母公司董事会的责任适用《股份法》第309条。[3]法律明确排除《股份法》第311条至第318条的适用(《股份法》第323条第1款第3句)。 11

### 2. 取消保护公司资产的限制性规定

和协议康采恩一样,《股份法》第57、58和60条下的财产约束制度也不适用于加入公司和母公司的关系(《股份法》第323条第2款)。此外,加入公司不需要建立**法定公积金**。如果已经存在法定公积金,加入公司可以随时取消或者根据需要使用(《股份法》第324条第1款)。已存在于加入公司和母公司之间的盈利缴纳合同将不会因为加入式康采恩的成立而失效。加入公司和母公司还可以签订新的盈 12

---

〔1〕 Bejahend GroβkommAktG/*Würdinger* § 323 Anm. 2; KölnKomm/*Koppensteiner* § 323 Rdn. 11; *Krieger* aaO Rdn. 49; verneinend Geβler/Hefermehl/*Semler/Grunewald* § 323 Rdn. 7; Emmerich/*Habersack* § 323 Rdn. 5; *Hüffer* § 323 Rdn. 2.

〔2〕 *Hommelhoff* Konzernleitungspflicht 352 ff; *Koppensteiner* aaO Rdn. 12; a. A. *Geβler/Hefermehl/Semler/Grunewald* § 323 Rdn. 10. S. oben § 53 II 2.

〔3〕 S. oben § 54 III 3.

利缴纳合同。除了《股份法》第297条解约规定以外,关于企业合同的订立、修改和终止的一般规定都不适用于加入式康采恩。合同的变更和终止都必须采用书面方式(《股份法》323条第2款第1句、第2句)。

13 **保障公司和债权人利益**的规定(《股份法》第300至303条)也进行了修订。现在盈余缴纳的最高数额是不移转盈余时产生的结算盈余(《股份法》324条第2款第3句)。《股份法》第321条、第324条第3款代替《股份法》第302条、第303条对债权人保护和加入公司亏损移转的具体问题作出了不同于协议康采恩的规定:根据第321条,由加入公司自己承担提供担保的义务。但根据第322条,母公司应对此承担连带责任。与第303条第3款不同,单纯母公司的保证不足以提供法律所要求的担保。[1] 根据第324条第3款规定,母公司有义务补偿加入公司的所有结算亏损;为此,它甚至可以使用加入式康采恩发生前积累的盈余公积金和资本公积金。

### 3. 母公司的责任

14 加入式康采恩与协议康采恩最大的区别在于,依据《股份法》第322条的规定,母公司对加入公司的债权人承担**直接的无限责任**。该规定是有意与《商法典》第128条接轨的。[2] 母公司不仅对加入公司在加入期间产生的债务,而且对其原先的老债务承担责任。该项责任不得以协议排除(《股份法》第322条第1款)。与无限公司股东一样,母公司不仅可以主张源于它自己的抗辩权,而且也可以主张加入公司的抗辩权来对抗债权人的请求权。只要加入公司撤销了作为债务产生依据的法律行为,或者债权人可以通过抵销加入公司的到期债权而得到清偿的,母公司可以拒绝向债权人清偿。对母公司实施强制执行以存在直接指向它的可执行债务为前提(《股份法》第322条第2至4款)。加入式康采恩终止之后,母公司对此前产生的加入公司债务继续承担责任。但与《商法典》第159条规定一样,该责任最长5年后诉讼时效届满(《股份法》327条第4款)。相应地,持续之债务类推适用《商法典》第160条规定,母公司在加入式康采恩终止之后的5年内仍要承担责任。

## IV. 终止

### 1. 终止缘由

15 加入式康采恩基于强制性法律规定而终止。《股份法》第327条第1款列举了四种终止原由:(a) 加入公司董事会决议终止。但这必须得到控制企业的同意。(b) 母公司采用了股份公司以外的其他法律形态或者放弃其国内住所。同样,加

[1] § 303 III AktG ist in § 321 AktG nicht übernommen.

[2] Vgl. *Kropff* 426; *Geßler* ZGR 1978, 251.

入公司法律形态的转变也会导致加入式康采恩终止,因为根据《股份法》第 319 条,只有股份有限公司才能成为加入式康采恩的参与者[1]。(c) 如果加入公司的股份不再完全掌握在母公司手中,加入式康采恩也归于终止。即使是加入公司的一股被转让出去,也足以造成加入式康采恩的终止,因为在此情形下必须考虑外部股东的利益保护。但为成立加入式康采恩而对外部股东一次性给付补偿之后,对外部股东的保护问题在加入式康采恩法律制度中已丧失了应有的价值。(d) 最后,母公司解散将引起加入式康采恩终止,因为一个清算公司按其目的不能再管理加入公司,也不能为其债权人提供充分的保护。相反,母公司合并入另一个股份有限公司并不导致加入式康采恩终止,而只是产生母公司地位移转于另一个股份有限公司的后果。[2]

2. 法律后果

加入式康采恩终止后,加入公司董事会必须将加入式康采恩的终止、终止的原由和时间记载于商业登记簿(《股份法》第 327 条第 3 款)。为了执行亏损弥补义务,应当编制到规定日为止的期中资产负债表。不再考虑继续给予加入公司以公司整顿的帮助,因为这里没有债权人的值得保护的利益,外部股东也不再存在。如果公司不再具有生命力,就必须解散。 16

## §56. 平行型康采恩

参考文献:*Cahn*, Kapitalerhaltung im Konzern, 1998; *Drygala*, Der Gläubigerschutz bei der typischen Betriebsaufspaltung, 1991, 112 ff; *Ehlke*, Konzerninduzierter Haftungsdurchgriff auf den GmbH-Gesellschafter?, DB 1986, 523; *Fikentscher*, Die Interessengemeinschaft, 1966; *Gromann*, Die Gleichordnungskonzerne im Konzern- und Wettbewerbsrecht, 1979; *Henssler*, Die Betriebsaufspaltung - Konzernrechtliche Durchgriffshaftung im Gleichordnungskonzern?, ZGR 2000, 479; *Hommelhoff*, Die Konzernleitungspflicht, 1982, 388 ff; *Lutter*, Die Rechte der Gesellschafter beim Abschluβ fusionsähnlicher Unternehmensverbindungen, 1974; *ders.*, 100 Bämde BGHZ: Konzernrecht, ZHR 151 (1987), 444, 461 *Lutter/Drygala*, Grenzen der Personalverflechtung und Haftung im Gleichordnungskonzern, ZGR 1995, 557; *Milde*, Der Gleichordnungskonzern im Gesellschaftsrecht, 1996; *K. Schmidt*, Gleichordnung im Konzern, ZHR 155 (1991), 417; *U. H, Schneider*, Mitbestimmung im Gleichordnungskonzern, FS Groβfeld, 1999, 1045; *Timm*, Die Aktiengesellschaft als Konzernspitze, 1980, 147 ff; *ders.*, Gebrauchsüberlassung und Konzernhaftung, in Priester/Timm (Hrsg.), Abschied von der Betriebsaufspaltung?, 1991, 27, 39 f; *Wellkamp*, Der Gleichordnungskonzern - ein Konzern ohne Abhängigkeit?. DB 1993, 2517.

---

[1] Krieger *aaO Rdn.* 61; *vSemler/Grunewald* aaO § 327 Rdn. 12; Emmerich/*Habersack* § 327 Rdn. 8.

[2] So jetzt wohl h. M., vgl. Emmerich/*Habersack* aaO Rdn. 7, *Hüffer* aaO Rdn. 4.

1. 构成要件

1 两个及两个以上具有独立法律地位的企业共同处于统一管理之下,相互之间不存在从属关系,根据《股份法》第 18 条第 2 款,这两个企业构成平行型康采恩。因为法律在此没有设定推定康采恩的情形,平行型康采恩中的统一管理必须是得到广泛和切实证明的。平行型康采恩的消极构成要件形成了它与隶属型康采恩的另一个区别,即平行型康采恩的参与企业之间不存在相互从属关系。所以,在多数参与中,只有根据《股份法》第 17 条第 2 款事先驳回了从属性推定,才能确定存在一个平行型康采恩。通过订立一个所谓的**平行关系合同**可以成立平行型康采恩,该合同一般具有《民法典》第 705 条以下条款所规定的公司合同的法律性质。[1] 作为平行关系合同法律依据的是《股份法》第 291 条规定,以若干个相互独立的企业共同接受统一管理为内容的合同不是控制合同。当然,它也不仅仅是一个债法上的合同,而是一个**组织性合同**,因为它改变了参与公司的管理组织。[2]

2 此外还有**事实性平行型康采恩**。两个企业掌握在同一人手中,但股东不行使自己的管理权力,两企业相互间的合作更多的是通过人员融合、共同机关或两企业负责管理人之间有计划的、经常性的协商,而不是通过签订平等合作合同得以实现。[3]

3 平行型康采恩产生的多寡和表现形式至今尚不清楚。通常是通过资本融合,并且常常伴随着人员融合作为补充,来实现建立平行型康采恩的目的。《股份法》第 292 条第 1 款第 1 项意义上的**共同分配盈余合同**具有通过合同在企业管理方面进行合作的性能(见本书 § 57. II)。就此而言,它的结构类似于控制合同和盈利缴纳合同的混合形式。如果企业的统一管理集中于一个具有独立法律地位的持股公司或者中心公司,这个公司就具备了康采恩法上企业概念[4]的特征和功能,成为控制企业,从而产生了隶属型康采恩。

---

〔1〕 Es ist zweifelhaft und umstritten, ob dafür noch andere Vertragstypen in Betracht kommen, verneinend z. B. *Emmerich/Sonnenschein* § 4 III 2a; wohl auch KölnKomm/*Koppensteiner* § 18 Rdn. 7. Die Frage kann beim gegenwärtigen Kenntnisstand schwerlich definitiv entschieden werden, vgl. ferner GroβkommAktG/*Windbichler* § 18 Rdn. 50; *Hüffer* § 18 Rdn. 20.

〔2〕 So zutreffend *K. Schmidt*, Gesellschaftsrecht § 17 I 5; *Emmerich*/Habersack § 18 Rdn. 24; 291 Rdn. 61; a. A. die wohl h. L. , vgl statt aller *Koppensteiner* aaO § 291 Rdn. 78.

〔3〕 *Geβler/Hefermehl* § 18 Rdn. 14, 74; GroβkommAktG/*Windbichler* § 18 aaO; *Gromann*, Gleichordnungskonzerne 4; MünchHdb. AG/*Krieger* § 68 Rdn. 82; *Hüffer* aaO Rdn. 21, zurückhaltend KölnKomm/*Koppensteiner* § 18 Rdn. 6, vgl. BGHZ 121, 137; BGH AG 1999, 181.

〔4〕 S. oben § 51 I 4.

2. 与隶属型康采恩的区别

在有些情况下区分平行型康采恩和隶属型康采恩是困难的。[1] 如果对两个企业的统一管理都集中于其中一个企业手中,那么这里只存在隶属型康采恩。如果两个同位阶的企业签订统一管理合同约定,对从属于各自的子公司行使康采恩管理权时进行统一管理,这样就产生了平行型康采恩和隶属型康采恩的混合形式。与此不同的是受若干个母公司共同领导的隶属型康采恩(见本书 § 51. III. 4)。从形式上看,两者的区别在于,具有多个母公司的隶属型康采恩中,仅涉及对共同的子公司进行共同管理,而在平行型康采恩中,多个母公司自己也处于被统一管理之下。[2] 4

通论认为,应当禁止在隶属型康采恩内部的姊妹公司之间同时建立一个平行型康采恩。[3]相反,卡斯特·施密特(K. Schmidt)[4]提出异议认为,《股份法》第18条第2款仅禁止平行型康采恩的参与企业相互之间存在从属关系,并不排除参与企业共同从属于第三人企业的情形。这一观点虽然可以以法律文书为依据,但却不能得以贯彻实施。 5

与新近理论界发展出来的观点[5]不同,通论一般也不同意将**经营权分离**出来归入平行型康采恩中。因为如果占有公司和经营公司的股份掌握在一个股东或一个股东集团手中,根据功能型企业概念,这些公司就属于康采恩法意义上的企业,从而形成一个隶属型康采恩。只有在下列情况下可能有所不同,即如果不是由股东对占有公司和经营公司进行共同管理,而是根据两企业领导者之间的协议和合作实行统一管理的情况下,可以驳回根据《股份法》第17条第2款所作的从属性推定。持相反观点者试图使占有公司承担严格责任以保护经营公司债权人利益的目的只能通过其他途径实现了(见下文边码13及本书 § 54 边码3)。[6] 6

3. 法律调整

对平行型康采恩的法律规定局限于《股份法》第18条第2款、第291条第2款的概念性规定。从中可以得出结论,股份法中关于**关联企业**和康采恩的**规定**也适 7

[1] Vgl. zum folgenden namentlich *Milde*, Gleichordnungskonzern 70ff; *K. Schmidt* ZHR 155 (1991), 417, *Krieger* aaO Rdn. 83; *Windbichler* aaO Rdn. 59 ff.

[2] *Krieger* aaO.

[3] *Koppensteiner* aaO, *Windbichler* aaO Rdn. 63.

[4] *K. Schmidt*ZHR 155 (1991), 417, 421ff; *ders.* GesR § 39 IV; vgl. auch *Wellkamp* BD 1993, 2517.

[5] Vgl. die Hinweise bei *Ehlke* DB 1986, 523 f; *Lutter* ZHR 151 (1987), 444, 461 und ausführlich *Drygala*, Betriebsaufspaltung 112 ff, 129 ff; *Timm*, Gebrauchsüberlassung und Konzernhaftung, in Priester/Timm (Hrsg.), Abschied von der Betriebsaufspaltung?, 1991, 27, 34 ff, 39 f. Ohne nähere Begründung auch BAG ZIP 1999, 723.

[6] Vgl. *Henssler* ZGR 2000, 479, der den Durchgriff befürwortet, wenn das herrschende Unternehmen mittellos ist, und ihn rechtlich auf § 242 BGB stützt.

用于平行型康采恩。[1] 但必须通过法律解释确定,是否有些规则只适用于隶属型康采恩。关于**康采恩企业委员会**(《雇员代表共同管理法》第 54 条)组成以及**康采恩共同决定**(《共同决定法》第 5 条)的规定根据其条文表述只适用于隶属型康采恩。绝大多数人认为,平行型康采恩也不负有《商法典》第 290 条、《年度结算及营业报告公开法》第 11 条规定的**编制和公告康采恩年度结算报表及财务状况变动表**的义务。[2] 当然,其实这些规定的构成要件在平行型康采恩中只在例外情况下才能成立。[3] 在司法判例中,至今为止平行型康采恩只在**竞争法**中具有一定意义,因为它可能会成为禁止卡特尔制度的调整对象,或者在一定条件下成为受企业合并控制制度调整的对象。[4]

8 对平行型康采恩的**公司法调整**在司法实践中还是完全没有定论的,因而很多问题还没有得到进一步的说明,对相当多的问题存在争议甚至还没有涉及。

9 多数观点认为,参与企业的代表机关可以订立**建立平行型康采恩合同**(又称平行关系合同——译者注),而不需要股东大会或股东会议以及外部股东的同意。其依据是,《股份法》第 291 条第 2 款的概念界定使《股份法》第 293 至 299 条不适用于平行型康采恩,而且立法文献显示,立法者是有意把平行型康采恩排除在外的。[5] 从整体上看,此观点很难具有说服力,因为这里企业管理者和另一个企业订立的协议将持续影响股东的利益。即使承认上述法律解释作为基础和出发点,仍然可以从其他原因中得出结论,建立平行型康采恩的合同应当得到公司股东大会或者股东会的同意。其他原因可以是比如平行型康采恩合同和共同分配盈余合同或者转让经营权合同结合在一起的情形(见《股份法》第 292 条第 1 款第 1 项、第 3 项),或者平行型康采恩合同使公司负有一项《股份法》第 179a 条规定的财产转移义务。[6]

10 如果平行型康采恩的参与公司中有一个是**有限责任公司**或者**人合公司**,《股份法》第 291 条第 2 款、第 293 条不适用于它。在此情形下,公司领导层必须得到股东会的一致同意方可订立平行型康采恩合同。因为该合同产生的把企业管理由公司内部的决议过程转变为公司外康采恩管理者的决策行为的后果,对参与公司内部结构和参与者在康采恩中的成员性质的改变并不亚于隶属型康采恩。[7] 但自《股份法》颁布以来形成的观点认为,即使在涉及股份有限公司的案例中,立法者也没

---

〔1〕 Vgl. z. B. § § 90 I2, III, 97 I, 131 I 2, III, 134 I 4, 145 III AktG.

〔2〕 *Koppensteiner* aaO § 18 Rdn. 10; *Krieger* aaO Rdn. 88; *Heymann/Niehus/Scholz* § 290 HGB Rdn. 3; *Hüffer* aaO Rdn. 22; *Milde* Gleichordnungskonzern 223; *Emmerich/Sonnenschein*, 273; a. A. *Gromann*, aaO, 75 ff.

〔3〕 Vgl. *Adler/Düring/Schmaltz* § 290 HGB Rdn. 85 ff; Baumbach/*Hopt* HGB § 290 Rdn. 5.

〔4〕 Vgl. BGHZ 121, 137; BGH AG 1999, 181; KG AG 1992, 159, BKartA AG 1996, 477.

〔5〕 *Geßler/Hefermehl* § 291 Rdn. 69; KölnKomm/*Koppensteiner* § 291 Rdn. 6; *Hommelhoff*, Konzernleitungspflicht 389; *Hüffer* AktG § 91 Rdn. 35; *Krieger* aaO Rdn. 84 f; *Gromann* aaO 33 ff; a. A. *K. Schmidt* ZHR 155 (1991), 417, 426 f.

〔6〕 Vgl. BGHZ 82, 188.

〔7〕 *Gromann* aaO 35 f; *Emmerich/Sonnenschein* § 4 III 3.

有认识到采取改变公司结构的措施时应对股东权益进行保护的问题。联邦法院在霍尔茨米勒判例[1]中就此作出的司法性法律发展确认了订立平行型康采恩合同必须得到股东大会特定多数同意这一原则。[2]

平行型康采恩中的统一管理如何与各个成员企业**公司机关的义务**相协调,也是一个还没有定论的问题,因为公司机关职责仅仅是为各自的企业利益负责。许多人都试图这样来克服上述矛盾,他们认为,允许事实性平行型康采恩的成员公司发出中立指示,但是不得发出有害于参与者的指示,在中立指示范围内,企业的自我管理自我负责制应当作出妥协。企业管理者采取对成员企业产生不利影响的措施是违法的,对此他们负有赔偿损害的义务。[3] 相反,科鼓施泰因(Koppensteiner)将《股份法》第291条第2款理解为可对抗第76条而适用于平行型康采恩的特殊规定,即允许为他人利益对成员企业进行康采恩管理。[4] 只要立法者对此问题不作出规定,我们就只能通过司法判例发展相应规则,使相关法律状况清晰化。 11

但是当人们将独立成员公司的责任标准作出有利于实施统一康采恩管理的调整之后,人们就必须同时加强对债权人和外部股东的保护。这样就描绘出了与隶属型康采恩中同样的格局和情形。康采恩管理越是集中,平行型康采恩中的法律后果与实质性事实康采恩及协议康采恩中的法律后果问题就越是接近。[5] 所以必须对这些领域中的问题进行相同的法律调整。至今为止在文献中都没有得到解释的一些问题必须在此基础上加以阐明,例如在多大范围和程度上《股份法》第304条、第305条规定的外部股东的亏损弥补请求权和一次性给付补偿请求权必须适用于平行型康采恩。[6] 12

理论界恰当地肯定了公司之间的亏损弥补义务和《股份法》第302条、第303条规定的一个公司对另一个公司债权人的连带责任适用于平行型康采恩,前提是在平行型康采恩中的统一管理力度足够大,从而符合了(违法的)实质性事实康采恩 13

---

〔1〕 BGHZ 83, 122; s. oben § 52 IV.

〔2〕 Vgl. *Timm*, Aktiengesellschaft als Konzernspitze 151 ff; *Emmerich/Sonnenschein* aaO, *K. Schmidt* aaO 427 und Gesellschaftsrecht § 17 I 5.

〔3〕 *Hommelhoff* aaO 388 f; *Gromann* aaO 58 ff; *Milde* aaO 157; *Krieger* aaO § 68 Rdn. 86; *Lutter/Drygala* ZGR 1995, 557, 566; *K. Schmidt* aaO 428. Für eine analoge Anwendung der § 311 ff AktG besteht keine gesetzliche Grundlage; a. A. *Emmerich/Sonnenschein* 65.

〔4〕 Demgegenüber hält die wohl h. M. nachteilige Weisungen auch dann für unzulässig, wenn ein Gleichordnungsvertrag geschlossen wurde. Dies ist jedoch die Konsequenz der Auffassung, daβein solcher Vertrag nicht der Zustimmung der Haupt- bzw. Gesellschafterversammlung bedarf.

〔5〕 Demgegenüber hält die wohl h. M. nachteilige Weisungen auch dann für unzulässig, wenn ein Gleichordnungsvertrag geschlossen wurde. Dies ist jedoch die Konsequenz der Auffassung, daβein solcher Vertrag nicht der Zustimmung der Haupt- bzw. Gesellschafterversammlung bedarf.

〔6〕 Nach *Milde* aaO 212 ff ist § 305 AktG in keinem Fall anwendbar. Doch kommt ein Austrittsrecht aus wichtigem Grund in Betracht.

的要件(见本书 § 53. IV)。[1]

## § 57. 其他企业合同

参考文献：*Bachmann/Veil*, Grenzen atypischer stiller Beteiligung, ZIP 1999, 348; *Birk*, Betriebsaufspaltung und Änderung der Konzernorganisation im Arbeitsrecht, ZGR 1984, 23; *Damm*, Die aktienrechtliche Zulässigkeit von Betriebsführungsverträgen, BB 1976, 294; *Dierdorf*, Herrschaft und Abhängigkeit einer Aktiengesellschaft auf schuldvertraglicher und tatsächlicher Grundlage, 1978; *Eyber*, Die Abgrenzung zwischen Genuβrecht und Teilgewinnabführungsvertrag im Recht der AG, 1997, *Fikentscher*, Die Interessengemeinschaft, 1966; *Geβler*, Der Betriebsführungsvertrag im Licht der aktienrechtlichen Zuständigkeitsordnung, Festschrift Hefermehl, 1976, 263; *Hirte*, Genuβrecht oder verbotener Gewinnabführungsvertrag, ZBB 1992, 50; *Hommelhoff*, Die Konzernleitungspflicht, 1982, 275 ff; *Huber*, Betriebsführungsverträge zwischen selbständigen Unternehmen, ZHR 152 (1988), 1; *ders.*, Betriebsführungsverträge zwischen konzernverbundenen Unternehmen, ZHR 152 (1988), 123; *Joachim* Der Managementvertrag, DWiR 1992, 397, 455; *Jebens*, Die stille Beteiligung an einer Kapitalgesellschaft, BB 1996, 701; *Knepper*, Bedeutung, Anwendungsformen und steuerliche Wirkungen von Unternehmensverträgen, BB 1982, 2061; *Löffler*, Betriebsführungsverträge mit Personengesellschaften, NJW 1983, 2920; *Lutter*, Teilfusionen im Gesellschaftsrecht, FS Barz 199; *Martens*, Die existenzielle Wirtschaftsabhängigkeit, 1978, 24 ff; *Maser*, Betriebspacht- und Betriebsüberlassungsverhältnisse in Konzernen, 1985; *Oesterreich*, Die Betriebsüberlassung zwischen Vertragskonzern und faktischem Konzern, 1979; *Raupach*, Schuldvertragliche Verpflichtungen anstelle beteiligungsgestützter Beherrschung, FS Bezzenberger, 2000, 327; *K. Schmidt*, Die isolierte Verlustdeckungszusage unter verbundenen Unternehmen, als Insolvenzabwendungsinstrument, FS Werner 777; *ders.*, Konzernrechtliche Wirksamkeitsvoraussetzungen für typische stille Beteiligungen an Kapitalgesellschaften?, ZGR 1984, 295; *U. H. Schneider*, Vertragsrechtliche, gesellschaftsrechtliche und arbeitsrechtliche Probleme von Betriebspachtverträgen, Betriebsüberlassungsverträgen und Betriebsführungsverträgen, Jahrbuch der Fachanwälte für Steuerrecht 1982/83, 387; *Schubert/Küting*, Pacht- und überlassungsverträge, DB 1976, Beilage 7; *Schulze-Osterloh*, Das Recht der Unternehmensverträge und die stille Beteiligung an einer Aktiengesellschaft, ZGR 1974, 427; *Veelken*, Der Betriebsführungsvertrag im deutschen und amerikanischen Aktien- und Konzernrecht, 1975; *Windbichler*, Betriebsführungsverträge zur Bindung kleiner Unternehmen an groβe Ketten, ZIP 1987, 825; *Zöllner*, Betriebs- und unternehmensverfassungsrechtliche Fragen bei konzernrechtlichen Betriebsführungsverträgen, ZfA 1983, 93.

---

[1] *Ehlke* DB 1986, 523; *K. Schmidt* aaO 429, 442; *Wellkamp* DB 1993, 2517; *Lutter/Drygala* ZGR 1995, 563, mit im einzelnen abweichenden Formulierungen; BAG ZIP 1999, 723 mit Bespr. *Henssler* ZGR 2000, 479; ablehnend *Milde* aaO 207.

## I. 基础

### 1. 债法性企业合同

1 立法者在《股份法》第292条第1款中将四种合同类型归纳在总称“其他企业合同”之下。它们是(a) **共同利润分配**,参与企业有义务将它们的盈利或者盈利的一部分集合起来,然后再按照共同决定的方案重新分配;(b) **部分利润转移合同**,一个企业有义务将其盈利的一部分缴纳给另一个企业;(c) **企业租赁合同**,它将为一个企业设定义务,将企业有偿交给另一个企业使用;(d) **企业委托经营合同**,基于此合同一个企业将被交给另一个企业,由后者以前者的名义为自己的利益继续经营。

2 立法者的出发点是,这些都是**债法性合同**,具体而言,在共同利润中涉及的是合伙,而其他三种合同都属于交换合同,合同对方当事人应当支付适当的对价。〔1〕可以看到,这些合同具有共同的特征,以区别于被理解为组织合同的控制合同和利润转移合同。《股份法》第292条规定的、作为与控制合同和利润转移合同并列的其他企业协议,主要是为《股份法》第293至299条中关于合同订立、更改和取消规定的适用提供了依据。〔2〕相反,其他企业协议并不是确定从属性或康采恩的依据。当然,通过第292条规定的合同类型中的一种可以稳固或加强已经存在的从属关系或协议康采恩(见边码6)。此外,法律零散地对个别合同类型规定了特定的债权人保护条款,与协议康采恩中的有关规定比较接近。例如《股份法》第302条第2款下的亏损承担义务可以扩展适用于从属公司将其企业租赁给控制企业或者以其他方式转交给后者经营,约定的相对给付低于适当对价(见边码26)。

3 根据《股份法》第292条第1款,在共同利润中至少一个参与企业是股份公司或者股份两合公司,其他合同形式中至少**转让方**是股份公司或股份两合公司,才能适用股份法。至于**合同其他当事人**,在共同利润中必须是康采恩法意义上的企业,在其他合同类型中则可以是私人。如果转让方是一个有限责任公司或人合公司,因为缺乏相关的法律规定,合同的生效要件和法律后果不应该有别于隶属型康采恩和平行型康采恩中由公司法和康采恩法上的基本原则,即诚信原则引伸出来的要件和结果。卡特尔法上则必须对所有的合同进行审查,确定在多大范围内该合同受企业合并控制法(《反限制竞争法》第37条,《企业合并条例》第3条第1款、第3款)调整。

### 2. 对其他合同类型的类推适用

4 《股份法》第292条第1款的列举式规定确实可以被理解为,这是一项封闭性

〔1〕 *Kropff*, Begr. zum RegE 378.

〔2〕 Zu den Einzelheiten hierzu kann daher auf oben § 54 II, VI und VII verwiesen werden.

规定。但另一方面却无法假设,立法者已经对所有应当被考虑到的合同类型作了完整的概括,从而为现行的列举式规定提供合理性依据。因此,通论认为,并不排除《股份法》第 292 条第 1 款以及第 293 条至第 299 条规定的**类推适用**。[1] 他们把法律没有提及的经营管理合同归入债法性企业合同中。通过这一合同,合同一方当事人承担以另一方的名义(**真正的经营管理合同**)或者以自己的名义(非真正意义上的经营管理合同,见边码 17)为另一方利益经营企业的义务。相反,平行关系合同(见上文 § 56. I)、反控制合同(见上文 § 51. III. 7)和单独的亏损承担合同不归入《股份法》第 292 条项下,虽然第 293 条至第 299 条很明显也适用于这些合同。[2]

3. 法律规则

5 《股份法》第 292 条意义上的企业合同是否是在一个已经存在的从属关系中或者康采恩中缔结的,这对法律适用有重大区别性影响。如果合同一方当事人不从属于其他当事人,债法性合同的拘束不能改变成员公司机关仅服务于各自企业利益的义务,也不能改变公司法上的资本约束制度。由此得出结论,合同中的**给付和给付的对价应当相当**。订立不公平合同的公司机关成员违背了《股份法》第 93 条、《有限责任公司法》第 43 条规定的谨慎义务和诚信义务,就股份有限公司而言,还违背《股份法》第 57 条、第 58 条、第 60 条的资本约束制度。如《股份法》第 292 条第 3 款确认的那样,企业租赁合同或者企业委托经营合同和股东大会的同意决定虽然不是当然无效,但如果存在违反《股份法》第 57 条、第 58 条、第 60 条的秘密盈利分配,依据《股份法》第 243 条第 1 款或第 2 款,该合同可以被撤销。[3]

6 相反,如果一个债法性合同趋于具有控制合同性质,就可以执行适用于**协议康采恩**的规定。股份法上的财产约束被取消(《股份法》第 291 条第 3 款),只要有利于康采恩的利益,控制企业也可以发出不利于成员企业的指示(《股份法》第 308 条第 1 款)。债权人保护依据《股份法》第 300 条至第 303 条,外部股东和一般股东的保护依据《股份法》第 304、305 条。如果在从属关系或者一般**事实康采恩**中又订立了一个《股份法》第 929 条第 1 款意义上的合同,将产生一个实质性事实康采恩。应当根据相关情形通过个案判断来决定,是适用《股份法》第 311 至 318 条还是适用在司法判例和理论中发展出来的针对实质性事实康采恩的严格规定(见上文 § 53. IV)。

---

〔1〕 KölnKomm/*Koppensteiner* Vorb. § 291 Rdn. 72 m. w. Nachw.; MünchHdb. AG/*Krieger* § 72 Rdn. 4; *Emmerich*/Habersack § 292 Rdn. 45; *Martens*, Die existenzielle Wirtschaftsabhängigkeit 26 Fuβn. 33; a. A. *Geβler/Hefermehl* § 291 Rdn. 15.

〔2〕 *Bachmayr* BB 1967, 135, 137; *K. Schmidt* FS Werner 777, 788 f.

〔3〕 Vgl. auch § 243 II AktG, wonach die Anfechtung wegen des Strebens nach Sondervorteilen ausgeschlossen ist, wenn der Hauptversammlungsbeschluβ den anderen Aktionären einen angemessenen Ausgleich gewährt.

## II. 共同利润分配

### 1. 构成要件

根据《股份法》第 292 条第 1 款第 1 项,如果若干企业互负义务,将其盈利或者其某一项经营的盈利全部或者部分地为共同分配盈利的目的而聚集起来,那么这就是共同利润。此概念的重要特征是,先将企业盈利扔进一个碗中,然后再进行重新分配,每个参与企业按照约定的内容参与分配。该合同与利润转移合同(见上文 § 54. VIII)和部分利润转移合同(见下文边码 10)不同,后两者中,缴纳盈利的企业只有缴纳义务,不再重新取得任何缴纳出去的盈利部分。同时,共同利润可以但不是必须和共同承担企业亏损一起实施。在法律上,共同利润是合伙,所以《民法典》第 705 条及以下规定可以补充适用于此。[1] 和其他利益分配法律行为不同,共同利润并不仅仅局限于对个别营业收益分配进行协调,而通常是定期、有规律地对盈利进行共同分配的协议。 7

与以前不同,现在共同利润出现得**很少**。[2] 原因一方面在于,它并不足以产生《法人所得税法》第 14 条规定的公司机关优先权;另一方面,共同利润一般并不停留于对盈利的共同分配层面上,而是也要求参与企业在经营活动中进行合作以获得盈利。这样,如果当事人不选用合资经营企业形式的话,实际上就产生了一个平行型康采恩(见上文 § 56)。 8

### 2. 盈利分配

合同中必须确定应当如何计算聚集起来的盈利,一般可以以年度结果或者结算盈余为基础。确定**盈利分配方案**是共同利润的首要任务。如果不是对盈利进行分配,而是旨在追求另一个目标,就不存在共同利润,而是一般的合伙。但是部分学者主张对此比照适用《股份法》第 293 条及以下规定。[3] 法律设定,每个参与企业将重新分得适当份额的盈利。当然对盈利分配中受损企业的法律保护是困难的。如果共同利润涉及一个股份有限公司或股份两合公司,此外只有一个其他企业作为合同他方当事人,即应适用《股份法》第 57 条、第 58 条、第 60 条,有关关联企业的特殊规定并不排除上述条款的适用。在所有其他情形下需要审查,是否不存在隐蔽的利润转移合同或者部分利润转移合同以及控制合同。[4] 9

---

〔1〕 Vgl. BGHZ 24, 279, 293 ff; OLG Frankfurt AG 1987, 43, 45; AG 1988, 267, 269 f (zu §§ 723, 726 BGB). Die Urteile beziehen sich auf die nach dem Krieg aufgelöste IG. Farben.

〔2〕 1973 waren ausweislich einer Untersuchung des statistischen Bundesamtes nur 5 Gewinngemeinschaften bekannt, vgl. KölnKomm/*Koppensteiner* § 292 Rdn. 46.

〔3〕 *Koppensteiner* aaO Rdn. 33; *Emmerich*/Habersack § 292 Rdn. 9; a. A. *Geßler* aaO § 292 Rdn. 16; GroβkommAktG/*Würdinger* § 292 Anm. 3; *Hüffer* § 292 Rdn. 9.

〔4〕 Einzelheiten bei *Koppensteiner* aaO Rdn. 47.

## III. 部分利润转移合同

1. 构成要件

10 如果企业依合同有义务将其盈利的一部分或者将其个别经营的全部或部分盈利上交给另一个企业,根据《股份法》第 292 条第 1 款第 2 项的规定,存在一个部分利润转移合同。根据法律条文的表述,这种合同的当事人并不要求必须是企业。在个案中界定部分利润转移合同的存在是困难的,特别是对此部分利润转移合同的规定比《股份法》第 291 条关于利润转移合同的规定要求低,是缺乏说服力的。依据通论,仅仅上交个别经营活动所得利润不足以构成这类合同,而是必须与定期的盈利计算联系在一起。[1] 当然与营业收入、总收入等其他和盈利相关的计算值相联系也是可以的。原则上盈利缴纳并不以有偿性为前提,但必须作出适当的对等给付(见边码 12)。

11 《股份法》第 292 条第 2 款明确将若干表现形式排除在外,不允许对其适用第 293 条规定的有利于股东大会的形式强制和同意保留。这些合同涉及由公司董事和监事或者个别劳动者参与盈利分配的合同、许可合同以及将进行业务往来和参与盈利分配相结合的合同。目前,部分利润转移合同的实际意义首先在于使股份有限公司为合伙人的**隐名合伙**归入该合同类型之下。[2] **用益权**通常也赋予有盈利缴纳义务的企业方对盈利份额的请求权。根据通说,对用益权适用《股份法》第 221 条第 3 项、第 292 条,其后果是用益权不必记载于商业登记簿中。[3]

2. 法律后果

12 部分利润转移合同中**对公司及其债权人的法律保护很弱**。根据《股份法》第 300 条第 2 项的规定,部分利润转移合同当事方应当按照《股份法》第 150 条第 2 款规定的没有盈利缴纳情形下应提取的公积金数额来提取法定公积金。有关盈利计算的《股份法》第 301 条规定也适用于此。[4] 此外,如果盈利缴纳方是股份有限公司或者股份两合公司,合同对方是其股东,则还适用《股份法》第 57、58、59 条,法律没有取消这些条款的适用。由此得出结论,合同必须规定一个相当的对等给付,否

---

[1] *Geßler* aaO Rdn. 35; *Würdinger* aaO Anm. 12; *Koppensteiner* aaO Rdn. 49; *Krieger* aaO Rdn. 15; *Hüffer* aaO Rdn. 13; a. A. *Schulze-Osterloh* ZGR 1974, 427, 440; *Emmerich*/Habersack aao Rdn. 18f; offengelassen von *K. Schmidt* ZGR 1984, 295, 300 f.

[2] H. L., vgl. OLG Celle AG 1996, 370; OLG Düsseldorf AG 1996, 473; OLG Celle AG 2000, 280; *Schulze-Osterloh* ZGR 1974, 427, 440 ff; *K. Schmidt* ZGR 1984, 295, 297 ff; *Jebens* BB 1996, 701; *Bachmann/Veil* ZIP 1999, 351; *Koppensteiner* aaO Rdn. 53 ff; *Krieger* aaO Rdn. 14, 17.

[3] Vgl. BGHZ 120, 141, wo die Eintragung nicht verlangt wird; ferner *Eyber* Abgrenzung 69, 163ff, *Koppensteiner* aaO Rdn. 52; a. A. *Emmerich* aaO Rdn. 23.

[4] Vgl. dazu oben § 54 VIII 2.

则的话,依据《民法典》第134条合同无效。[1] 基于不适当的合同向某股东作出给付的董事,依据《股份法》第93条以及《刑法典》第266条和《民法典》第823条第2款应当承担损害赔偿义务。如果存在从属关系,还可同时适用《股份法》第311、317条(见上文 § 53. III. 1, 5)。与理论界某些主张[2]相反,《股份法》第304条意义上的适当弥补损失的给付并不构成对等给付。[3]

如果缴纳盈利的企业是一个**有限责任公司**,部分利润转移合同的法律状况依然还不清楚。这里涉及的还是一个对股东盈余收入权的介入问题。所以要求以修改章程所需的特定多数作出股东决议。[4] 类推适用《股份法》第293条第1款规定,还应当赋予该决议以外部效力。[5] 此外,对股东成员权的介入也使《有限责任公司法》第53条第3款的适用成为可能,根据该条款,涉及成员的问题必须取得全部股东的同意,但前提是存在从属性。[6] 从法律政策上看,除非决定类推适用《股份法》第304、305条,一般只能通过上述途径才能保障外部股东得到必要保护。因为在这里,只有少数股东获得了足额的对等给付或者在合同中规定给予他们适当的损失弥补和一次性给付补偿,他们才会同意订立合同。 13

## IV. 企业租赁合同、企业委托经营合同和企业经营管理合同

### 1. 概述

根据《股份法》第292条第1款第3项,其他企业合同还有企业租赁合同和企业委托经营合同。这一规定的直接意义仅限于,如果出租人或者委托经营人是股份有限公司或者股份两合公司的话,将适用《股份法》第293至299条关于合同订立、变更和终止的规定。[7] 此外,这两类合同仍然保留着它们的**债法性质**,从而适用《民法典》第581条及以下条款的规定。[8] 这两类合同的实践意义是巨大的。 14

(a)如果出租人将其企业的使用权转让给承租人,由承租人以自己的名义经营企业,自负盈亏,即存在一个**企业租赁经营合同**。[9] 作为对价,承租人必须支付租 15

---

[1] OLG Düsseldorf AG 1996, 473.

[2] *Geßler* aaO Rdn. 46.

[3] *Koppensteiner* aaO Rdn. 61; *Krieger* aaO Rdn. 22.

[4] Lutter, *FS Barz* 199, 216; Huber *ZHR* 152 (1988), 1, 35 *für den Betriebsführungsvertrag*; *Scholz/* Emmerich *Anh. Konzernrecht Rdn.* 218; *Rowedder/* Koppensteiner *Anh. § 52 Rdn.* 44; *a. A.* (*Dreiviertelmehrheit*) *Hachenburg*/Ulmer *Anh. § 77 Rdn.* 203*a*.

[5] Str.; vgl. einerseits Scholz/*Emmerich* aaO; Hachenburg/*Ulmer* aaO; *Timm* BB 1981, 1491, 1493; andererseits die Gegenargumente bei *Koppensteiner* aaO.

[6] Scholz/*Emmerich* aaO Rdn. 218; a. A. Hachenburg/*Ulmer* aaO.

[7] Wegen der Einzelheiten kann insoweit auf oben § 54 II, VI und VII verwiesen werden.

[8] Vgl. BGH ZIP 1982, 578 mit Anm. *Löffler* NJW 1983, 2920; OLG München AG 1987, 380, 381 zu einem Betriebsführungsvertrag (*Holiday Inn*).

[9] *Maser*, Betriebspacht- und Betriebsüberlassungsverhältnisse 5; *Schubert/Küting* DB 1976, Beilage 7; *U. H. Schneider* JbFfSt 1982/83, 387.

金(《民法典》第581条第1款)。出租公司因租赁关系的成立放弃自己经营企业,成为仅需管理和分配租金收入的"退休公司"。通论[1]认为,《股份法》第292条第1款第3项不适用于仅仅出租一部分营业或仅出租企业一部分的情况。所以该条所指的合同必须是真正的企业租赁合同。承租人有义务按规定经营企业。由此得出结论,承租人无权改组企业并且在企业政策的基本问题上必须得到所有人公司的同意。[2]

16 (b)狭义的**企业委托经营合同**与企业租赁合同的区别在于,受托经营者虽然也是自担风险但却是以所有人公司的名义经营公司。[3] 所以第三人从外部并不了解委托经营的存在,它是一种"内部租赁",《民法典》第581条及以下条款也适用于它。受托人只有在获得广泛授权的情况下才可以履行合同。[4] 它必须免除所有人公司的所有债务,并对所有人公司经营企业期间产生的所有财产收益享有返还请求权。

17 (c)《股份法》第292条第1款第3项笼统规定适用于以股份有限公司或者股份两合公司将其企业转交给"他人"经营为内容的合同。一般认为,除了狭义的企业委托经营合同以外,该条款也适用于**企业经营合同**或者管理合同,在此,经营者管理企业,而由所有人公司承担风险。[5] 在真正的经营管理合同中经营者以所有人公司的名义出现,而在非真正意义上的经营管理合同中经营者以自己的名义出现。合同标的也必须是所有人公司的全部经营活动,合同才受《股份法》第292条第1款第3项规定调整。[6] 在法律上,企业经营合同是一个带有劳务性质的事务管理合同,[7]在无偿情况下则属于一个委托合同。原则上经营管理者服从于所有人公司的指令(《民法典》第665条);它的职权范围必须在合同中予以确认。当然也可以约定它不受指令约束,但所有人公司必须至少有可能决定企业政策的基本权力,因为企业经营风险由其承担。[8] 不能订立有效期超过20年的不可撤销的经

---

[1] *Geßler/Hefermehl* § 292 Rdn. 58; KölnKomm/*Koppensteiner* § 292 Rdn. 64; MünchHdb. AG/*Krieger* § 72 Rdn. 26; *Hüffer* § 292 Rdn. 18.

[2] Einzelheiten bei *Hommelhoff*, Konzernleitungspflicht 276 f; *Dierdorf*, Herrschaft und Abhängigkeit 120 f; *U. H. Schneider* aaO 399.

[3] Zu Einzelheiten vgl. *Oesterreich*, Betriebsüberlassung.

[4] Vgl. die Generalvollmacht nach § 54 HGB. Zum Problem der Widerruflichkeit der Vollmacht s. unten Rdn. 17.

[5] *Geßler*FS Hefermehl 263; *Huber* ZHR 152 (1988), 1, 123; *Veelken*, Betriebsführungsvertrag 15 ff; *Joachim* DWiR 1992, 397.

[6] H. L., w. Nachweise bei *Krieger* aaO Rdn. 45.

[7] BGH ZIP 1982, 578; OLG München AG 1987, 380, 382 (*Holiday Inn*); *Huber* aaO 31 f; *Löffler* NJW 1983, 2920, 2921; *U. H. Schneider* aaO 401.

[8] Die Einzelheiten sind str.; vgl. *Hommelhoff*, Konzernleitungspflicht 284 f; *Veelken* aaO 117 ff, 265; *Damm* BB 1976, 294, 296 f; *Huber* ZHR 152 (1988), 1, 33 ff; U. H. *Schneider* JbFfSt 1982/83, 447; KölnKomm/*Koppensteiner* § 291 Rdn. 25; *Geßler* FS Hefermehl 263, 272 ff; *Emmerich*/Habersack § 292 Rdn. 42.

营管理合同,[1]也不得授予经营管理者不可撤回的代理权。[2] 经营者必须将经营企业所得交给所有人公司(《民法典》第 667 条)。经营者也对所有人公司负有广泛告知义务(《民法典》第 666 条)。

18 (d) 相反,以所有人公司自己的名义进行经营,但由合同对方当事人承担风险的**企业经营管理合同**不属于《股份法》第 292 条调整范围。这种合同在经济上相当于利润转移合同,所以法律上也将其与后者同样对待(《股份法》第 291 条; 见本书 § 54. VIII)。

19 **一 览 表**

| | 所有人公司 | | | 合同对方当事人 | | |
|---|---|---|---|---|---|---|
| 合同类型 | 经营 | 以其名义 | 承担风险 | 经营 | 以其名义 | 承担风险 |
| 企业租赁经营合同 | | | | × | × | × |
| 企业委托经营合同 | | × | | × | | × |
| 真正的企业经营管理合同 | | × | × | × | | |
| 非真正意义的企业经营管理合同 | | | × | × | × | |
| 事务管理合同 | × | × | | | | × |

### 2. 合同订立

20 在**股份有限公司**或者**股份两合公司**为出租人或者委托人的情况下,合同应依据《股份法》第 293 条及以下条款订立(见上文 § 54. II)。合同订立要求股东大会以特定多数同意,合同应采取书面形式并登记于商业登记簿。如果承租人或者经营者也是股份有限公司或者股份两合公司,则合同也必须得到该公司股东大会 3/4 多数的同意(《股份法》第 293 条第 2 款)。《股份法》第 295 条至第 299 条代替债法性规定适用于这里的合同变更、终止和解除 (见上文 § 54. VI, VII)。如果出租人或者委托方是一个有限责任公司或者人合公司,合同的订立意味着公司目标的改变,只能通过变更公司合同才能决定,这在人合公司中必须得到一致同意,而在有限责任公司中根据《有限责任公司法》第 53 条也要求以特定多数才能通过。[3]

### 3. 表现形式

21 在对合同进行康采恩法意义上的评价时应当区分三种具有不同法律后果的表

---

[1] BGH ZIP 1982, 578, 584; *Windbichler* ZIP 1987, 825, 826.

[2] Str., wie im Text *Huber* aaO 16 ff, 24 ff.

[3] *Huber* aaO 35; *Löffler* NJW 1983, 2920, 2922; Rowedder/*Koppensteiner* Anh. § 52 Rdn. 44; Hachenburg/*Ulmer* Anh. § 77 Rdn. 205.

现形式。[1]

22 (a) 原先**没有关联关系的企业**间订立的合同。[2] 订立目的是将企业交给可靠的主体管理而不转让企业的财产。其原因是各不相同的,例如所有者出于年龄原因而引退,企业并入连锁集团,企业整顿的需要等。通过订立合同,当事人彼此成为关联企业(《股份法》第15条)。此外合同本身并没有康采恩法上的重要性。合同不是从属关系或者康采恩产生的依据。但如果合同中的承租人或者经营者被授予广泛的权利,导致企业的控制和管理都实际转让给了它,便存在一个**隐蔽的控制合同**。两者的界限必须通过对合同整体进行诠释才能确定,且通常存在较大困难。[3] 作为控制合同,只有当它满足控制合同的构成要件时才生效(见上文 § 54. II),否则它是无效的。[4] 这里适用有关控制合同的法律规定。

23 (b)如果原先已经存在**从属关系或者康采恩**,合同的订立有助于完善或者保障控制企业的管理权。[5] 企业租赁合同或者企业经营管理合同的订立可以使一个事实康采恩成为实质性事实康采恩(见上文 § 53. IV)。[6] 此外,控制合同或者利润转移合同可以通过订立企业租赁合同或者经营管理合同得以补充。[7] 前者导致康采恩管理不再仅仅依据《股份法》第308条由被控制企业按照控制企业的指示进行,更多的是完全由控制企业自己来管理。这种做法是否允许是有争议的。[8] 无论如何应当适用的是和控制企业合同或者利润转移合同联系在一起的有利于从属公司及其债权人和外部股东的保护性规定。

24 (c)相反在事实康采恩中,企业租赁合同和经营管理合同可以被用来将**企业管理权移转给从属公司**。这首先在企业管理和管理分立中值得推荐。[9] 当康采恩领导机构将康采恩企业的管理移交给一个经营管理公司后,该管理公司将产生与康采恩领导机构相当的影响。[10] 在这种情况下,康采恩法是根据在经营管理公司领导下的每个康采恩企业与康采恩领导机构的关系来确定企业归属的。

---

〔1〕 Vgl. *Huber* aaO 10; *Martens*, Existenzielle Wirtschaftsabhängigkeit 31 ff.

〔2〕 Wichtigstes Beispiel ist der Fall *Holiday Inn* (BGH ZIP 1982, 578; OLG München AG 1987, 381); weitere Beispiele bei *Veelken* aaO 30 ff; *U. H. Schneider* aaO 393 f; *Huber* aaO 31 ff.

〔3〕 Zu Einzelheiten *Veelken* aaO 260 f; *Dierdorf*, Herrschaft und Abhängigkeit 107 ff; *Oesterreich* aaO 142 f; *Martens*, aaO 14 ff; *Huber* aaO 31 ff; KölnKomm/*Koppensteiner* § 291 Rdn. 18 ff; MünchHdb. AG/*Krieger* § 72 Rdn. 34 ff.

〔4〕 *Krieger* aaO Rdn. 36.

〔5〕 *Huber* aaO 126 ff; *Veelken* aaO 35 f; *Maser*, Betriebspacht- und Betriebsüberlassung 268 ff.

〔6〕 A. A. *Krieger* aaO Rdn. 52; wohl auch *Huber* aaO 27 ff, 140 ff.

〔7〕 *Huber* aaO, 128 ff, 135 ff.

〔8〕 Verneinend *Veelken*, aaO, 199 ff; KölnKomm/*Koppensteiner* § 308 Rdn. 15; bejahend *Huber* aaO 128 ff m. w. Nachw.

〔9〕 *Huber* aaO 149 ff.

〔10〕 *Huber* aaO 154 f; Beispiel BGHZ 95, 330 (*Autokran*).

4. 股东及债权人保护

上述各类型合同对所有人公司及其股东和债权人的特殊危险在于,合同对方当事人**不提供完全的对等给付**。如果合同双方当事人是彼此独立的,该问题的解决首先适用民法的一般规定。如果经营管理人或者承租人是所有人公司的股东,则存在着违反股份法上资本约束制度的不适当合同,故而引起《股份法》第57、58、60、62条规定的偿付请求权。在有限责任公司中适用《有限责任公司法》第30条、第31条;也可能存在违反平等待遇要求的行为(见上文 § 37. I. 2)。订立不平等合同的董事和管理者违反了《股份法》第93条、《有限责任公司法》第43条要求的谨慎和诚信义务。他们甚至可能被依据《刑法》第266条以不忠诚为名受到刑事处罚。此外,根据《股份法》第292条第3款,股东大会依据《股份法》第243条第1款或第2款订立的合同及作出的决议可以被撤销。在有限责任公司法中,该行为会因为违反诚信义务而产生相应的撤销问题。 25

如果合同是在**事实康采恩**或者**协议康采恩**框架内订立的,上述保护性规定通过康采恩法的规定得到补充或者排挤,在协议康采恩中适用《股份法》第291条第3款、第302条第1款、第303至305条代替《股份法》第292条第3款。在事实康采恩中则适用《股份法》第311条至第318条,也许还会适用针对实质性事实康采恩的严格规定。此外《股份法》第302条第2款还为这种情况规定了违法者**特殊的亏损弥补义务**,以补足约定的对价和合同期间产生的年度亏损之间的差额。 26

如果承租人或者经营管理人不是所有人公司股东,就必须依据普通的**合同法上的保护性规定**来保障公司及其股东和债权人的利益。格式合同适用《一般交易条件法》第9条及以下条款的规定。此外,根据《民法典》第138条,给付和对待给予严重失衡的合同是无效合同。[1] 27

---

〔1〕 BGH ZIP 1982, 578, 584 f; OLG München AG 1987, 380, 381 f (*Holiday Inn*); dazu *Windbichler* ZIP 1987, 825, 826 f.

# 第八编　国际公司法

# 本部分目录

# §58. 国际资合公司法

参考文献:*Assmann*, Groβkommentar zum AktG, 4. Aufl. 1992, Einleitung Rdn. 517 ff.; *v. Bar*, Internationales Privatrecht, Bd. 2, 1991, § 5 II; *Behrens* (Hrsg.), Die Gesellschaft mit beschränkter Haftung im internationalen und europäischen Recht, 2. Aufl. 1997; *ders.*, ZGR 1994 1; *Hachenburg/Behrens*, Allgemeine Einleitung B, Rdn. 106 ff.; Bungert, Das Recht ausländischer Kapitalgesellschaften auf Gleichbehandlung im deutschen und US-amerikanischen Recht, 1994; *Grasmann*, System des internationalen Gesellschaftsrechts, 1970; Münchener KommentarBGB/Kindler, Internationales Handels- und Gesellschaftsrecht, 3. Aufl. 1999; *Scholz/Westermann*, GmbH-Gesetz, 9. Aufl. 2000, Einleitung Rdn. 78 ff.; *Staudinger/Groβfeld*, Internationales Gesellschaftsrecht, 14. Aufl. 1998; *ders.*, Internationales und europäisches Unternehmenrecht, 2. Aufl. 1995; *Wiedemann*, Gesellschaftsrecht Bd. 1, 1980, §§ 14, 15; *Zimmer*, Internationales Gesellschaftsrecht 1996.

## I. 概述

1. 内国对外国资合公司的承认

对于依照其本国法律规定成立的、在其本国享有权利能力的外国资合公司, 1
德国的国际私法**原则上**也承认其**在德国国内具有权利能力**。在此,主流观点认为,对于一切公司法律关系应适用统一的法律。外国公司可以同德国企业一样享有权利(尤其是对不动产的所有权)、承担义务、从事交易活动、成为行政行为的受领人以及在法院起诉和应诉。其内部章程、股东和领导机构间的法律关系统一适用其本国法。正如联邦最高法院所说,外国法决定"在何种条件下,该法人产生、存续和消亡"。[1]《基本法》第19条第3款仅仅对外国公司的基本权利能力作了保留。[2]

按照司法判决[3]和学术界[4]令人信服的主流观点,上述问题并不需要正式的 2
官方承认;在外国取得的权利能力甚至可以当然地被接受。只有当特定的外国法律的适用会导致对德国法中强制性规定的规避,或者"与德国法的根本原则明显不

[1] BGHZ 25, 134, 144. Vgl. ferner BGHZ 51, 27; 53, 181, 183; 78, 134, 144; 97, 269, 272; 118, 151, 1267; 134, 116, 118.

[2] Gleichwohl können sich ausländische juristische Personen nach der Rechtsprechung des BVerfG auf die Verfahrens- und Prozeβgrundrechte nach Art. 17, 19 IV, 101 I, 103 I GG berufen, ferner auf die in den Grundrechten zum Ausdruck gelangte objektive Werteordnung und auf das rechtsstaatliche Willkürverbot. Vgl. BVerfGE 12, 6, 8; 18, 441, 447; 21, 362, 373; 64, 1, 11, zur objektiven Werteordnung BVerfGE 7, 198, 205; 35, 79, 114; 39, 1, 41.

[3] BGHZ 78, 134, 144.

[4] Nachweise bei MünchKomm. BGB/*Kindler* IntGesR Rdn. 228.

相符”,即与国际法上的公共秩序(《德国民法典施行法》第6条)相抵触时,[1]该原则才不予适用。承认外国公司在内国具有权利能力也不排除对外国公司适用特别的涉外法律规定,比如限制外国人在内国从事营业的规定。[2] 当然,根据《欧洲共同体条约》第43条、第48条中设立企业自由的规定,来自欧盟的公司,不受此种限制。

2. 属人法

3 下文这个问题是其他法律上考察的出发点,即何时存在的是一个内国公司,何时存在的是一个外国公司。这是关于属人法的冲突法问题,其在作为**德国国际私法**的《德国民法典施行法》中**并未规定**。[3] 不过,德国就此与许多国家间订有双边和多边的**国际协定**,它们是在保留国家限制、特别是公共秩序保留的前提下建立在互惠原则之上的协定。[4] 在此值得一提的是联邦德国与美国在1954年订立的《友好通商航海条约》(所谓的通商条约),该条约第25条第5款规定,“按照条约一方的法律和其他规定在其领域内建立的公司为该条约方的公司”,“其在条约另一方领域内的法律地位得到承认”。[5] 欧共体1968年2月29日的《关于相互承认公司和法人的协定》[6]由于未得到荷兰的批准而未能生效。

4 在欧盟法院2002年11月5日作出一项判决之前,[7]德国在这些协定范围之外一直适用自19世纪发展起来的**法官法**。像许多欧洲大陆国家一样,德国的法官法支持**住所说**,据此,连结点取决于公司实际上的重心,即公司总部设在何处。[8] 如果公司总部设在德国,即便公司是按照外国法成立的,且其章程遵照的是外国法,对该公司也应适用德国法。公司只有符合了德国法中的设立规定并在商事登记簿中作了登记,才被承认在德国也具有权利能力。对于是否将一个公司作为外国公司看待,对其应适用什么法,同样也不取决于其设立地以及设立时所依据的法律,而取决于其公司总部所在的国家。长期以来,与住所说相对立的是**设立说**,该说尤其在盎格鲁—撒克逊国家较为普遍,按此说,属人法只能是公司设立所依国家的法律。住所说与设立说之间的矛盾导致了许多困难,这在下文Ⅱ中再论述。在上文所引的判决中,欧盟法院认为,在对权利能力以及相应的诉讼资格的承认这一重要方面,将实际的公司住所作为连结点违背了《欧共体条约》第43条和第48条规定的公司的设立自由。对于依照欧盟以外国家的法律设立的公司,德国法院是否也

---

[1] Vgl. als Beispiel BGHZ 78, 318.

[2] Einzelheiten zum Fremdenrecht ausländischer Gesellschaften bei*Kindler* aaO Rdn. 751 ff.

[3] Der frühere, 1964 aufgehobene Art. 10 EGBGB aF. betraf nur Vereine.

[4] Nachweise bei*Kindler* aaO Rdn. 238 ff.

[5] BGBl. II/1956, 487. Vgl. dazu BGH NZG 2003, 531.

[6] Abgedruckt bei*Lutter*(Hrsg.), Europäisches Unternehmensrecht 4. Aufl. 1996, 695.

[7] NJW 2002, 3614 = NZG 2002, 1164 (überseering) und schon vorher EuGH in EuGHE 1999, 1484 = NJW 1999, 2027 = NZG 1999, 298 (Centros).

[8] Vgl. die Nachweise in Fuβn. 1.

会像许多人所要求的那样放弃住所说,至今仍未可知。

3. 属人法的适用范围

如果公司的属人法为外国法,那么其适用范围仍需在具体情况下个别审查。这取决于争议的法律关系的**性质**,即它是否或者在多大程度上应归属于公司法律关系。假如一个外国公司的代理人在德国出公差时对某人造成了人身伤害,那么按照主流观点,确定公司的损害赔偿义务(见德国《民法典》第30、31条)应适用德国法,因为此处涉及的是公司的侵权责任能力,按照德国的国际私法并不适用属人法,而应将行为地作为连结点(《德国民法典施行法》第40条)。不过,对于代理人在该外国公司中是否拥有民法典第30、31条意义上的机构地位,还应按照对该公司适用的公司法进行评价。[1] 5

此外,由于作为公司属人法的外国法的**反致**,也会导致适用德国法。最后,当事人**故意**通过选择外国属人法以规避德国法、外国法与德国法的根本原则不相符(《德国民法典施行法》第6条,见上文边码2)或者出于保护交易安全的理由(见《德国民法典施行法》第12条第1款)均会导致必须适用德国法(见下文 Ⅲ)。 6

## II. 设立说与住所说

参考文献:*Bungert*, Entwicklungen im internationalen Gesellschaftsrecht Deutschlands, AG 1995, 489; *Ebenroth/Hopp*, Die ausländische Kapitalgesellschaften-KG, JZ 1989, 883; *Ebenroth/Offenloch*, Kollisionsrechtliche Untersuchung grenzüberschreitender Ausgliederungen, RIW 1997, 1; *Ebke*, Die ausländische Kapitalgesellschaft & Co. KG und das europäische Gemeinschaftsrecht, ZGR 1987, 245; *ders.*, Das Schicksal der Sitztheorie nach dem Centros-Urteil des EuGH, JZ 1999, 656; *Ebke/Neumann*, Anmerkung zu BGH - Urteil v. 28.02.1980, III ZR 165/78 - JZ 1980, 652; *Eidenmüller/Rehm*, Gesellschafts- und zivilrechtliche Folgeprobleme der Sitztheorie, ZGR 1997, 89; *Großfeld*, Internationales Umwandlungsrecht, AG 1996, 302; *Grothe*, Die ausländische Kapitalgesellschaft & Co. 1989; *Horn*, Verträge über internationale Unternehmenszusammenschlüsse, FS Lutter, 2000, 1113; *Kallmeyer*, Grenzüberschreitende Verschmelzungen und Spaltungenä, ZIP 1996, 535; *Kieninger*, Niederlassungsfreiheit als Rechtswahlfreiheit, ZGR 1999, 724; *Kindler*, Das Centros-Urteil des Europäischen Gerichtshofs - Eine Analyse aus dem Blickwinkel des Europäischen Gemeinschaftsrechts, des Gesellschaftsrechts und des internationalen Privatrechts, in: Gesellschaftsrechtliche Vereinigung (Hrsg.), Gesellschaftsrecht in der Diskussion 1999, Band 2, 87 ff.; *ders.*, Niederlassungsfreiheit für Scheinauslandsgesellschaftenä, NJW 1999, 1993; *Kreuzer*, Grenzüberschreitende Restrukturierung von Gesellschaften im Gemeinsamen Markt, EuZW 1994, 73; *Kronke*, Deutsches Gesellschaftsrecht

[1] Großkomm. AktG/*Assmann* Einl. Rdn. 590, Hachenburg/*Behrens* Einl Rdn. 141, Staudinger/*Großfeld*, IntGesR Rdn. 314, MünchKomm. BGB/*Kindler*, IntGesR Rdn. 501.

und grenzüberschreitende Strukturänderungen, ZGR 1994, 26; *Lutter*, Umstrukturierung von Unternehmen über die Grenze: Versuch eines Resümees, ZGR 1994, 87; *ders.*, BB 2003, 7; *Müller*, Haftung bei ausländischen Kapitalgesellschaften mit Inlandssitz, ZIP 1997, 1049; *Neye*, ZIP 1994, 1917; *G. Roth*, Gründungstheorie: Ist der Damm gebrochenä, ZIP 1999, 861; *H. W. Roth*, "Centros": Viel Lärm um nichtsä, ZGR 2000, 311; *Schaumburg*, Grenzüberschreitende Umwandlungen, GmbHR 1996, 501 (585); *Werner*, Die Briefkastengesellschaft als GmbH-Gesellschafterin, NZG 1999, 387; *Zimmer* BB 2003, 1..

1. 理论争议

7 支持设立说的理由首先是,通过适用这一由公司设立人所选择的法律,比较容易确定标准。从实质上看,这也反映出将当事人的意志优先于公司主营业地所在国法律调整需求的自由主义态度。同时,设立说也使跨国的住所变换更为容易,从而增强了不同国家法律秩序间的竞争。

8 另一方面,正如设立说的支持者所承认的那样,出于同样的理由设立说不能毫无限制的予以适用,因为公司的领导层及其活动主要在其活动重心所在地产生影响。法律的任务是保护与该公司关系最密切的少数股东、雇员、公司客户、外部第三人、国库和公司周围公众的利益。如果各国的法律规定对其保护宽严不一,设立说将会促进将公司住所迁移至要求最低国家的趋势。这样,德国法规定的雇员在监事会中的参与决定权和康采恩法中严格的责任规定将被规避。遵守德国法严格规定的内国公司将因此受到歧视并在竞争中处于不利地位。

9 为了避免这些不良的后果,有必要从公共秩序和交易安全的视角,在众多个案中对设立说的后果作出有利于德国法的限制,但这又会减损或丧失由法律的明确性和自由态度所带来的利益。设立说是基于这样的考虑,即各国的法律秩序是"等值"的,不会出现不利于公司主要活动所在国的单方面的负担。按照欧盟法院的观点,目前欧盟内部在公司法的保护性规定上已达到了足够的"等值性"。对于欧盟之外的国家,将来也会毫无困难地实现这一目标。

10 相反,如果依据**住所说**,属人法为公司活动重心所在国的法律,那么就会避免所谓的保护不足问题。该理论的弱点首先在于,以公司总部的住所为标志的活动重心并不总是容易确定。不过这只是出现在一些不典型的情况下,因此这一争辩不足为重。住所说的问题在于其在超越国界的开放市场上和经济全球化时代所产生的后果。因为它妨碍了公司将住所从一国迁往另一国,或者由于德国法的广泛阻止使这种迁移变得困难。

11 正如欧盟《关于在欧盟内部迁移住所的第 14 号公司法指令》的初步草案所表明的那样,上述障碍也许可以克服。〔1〕按照这一草案,只要公司经过迁出国确认符合了当地必须遵守的形式和保护性要求,并满足了接受国所要求的前提条件,那么该公司就可以跨国迁移住所

〔1〕 S. oben § 7 Rdn. 28.

且不丧失主体身份。因此,法律上作出恰当规定的困难并不在于住所说,而在于使迁出国和接受国的相关规定更加宽松并相互协调,到目前为止这尚未实现,即使通过《第14号指令》也无法达到这一目标。

2. 住所说的法律后果

(a)根据住所说,公司的属人法为其活动重心所在国的法律。这一重心通常表现为实际领导企业的地点(**公司总部所在地**)。[1] 从属企业应以其自身领导机构所在地为准,而非康采恩的领导机构所在地。[2] 如果在个案中确定实际住所有疑问,应该依照德国的司法程序按德国法决定。有关的证明行为,在登记程序中应适用《非诉讼程序法》的规定,在民事诉讼中应适用《民事诉讼法》中提交文件和举证的规则。[3] 12

从结果上看,住所说正确地防止了一个外国公司,比如一个瑞士的有限责任公司或者一个英国的有限责任公司,作为承担无限责任的股东组建资本两合公司的过程中产生的类型混合。[4] 如果该无限责任股东仅限于领导内国的两合公司,那么它的管理机构所在地是在内国,适用内国法,它不具有权利能力。相反,如果其管理机构所在地在外国,就应当认为,由其所领导的两合公司的重心也转移到了那里。反对这种安排的现实原因是,属于不同法律秩序的两个公司联系如此紧密,使法律上的状况很不明晰。假如德国的无限责任股东按照《共同决定法》第4条有保证雇员参与决定的义务,那么选择外国公司作为无限责任股东还可以用来规避德国法。尽管有上述担忧,德国法院还是以很难令人信服的理由承认了这种安排。[5] 13

(b)如果公司在国外依据外国法设立,而其**实际的管理机构在德国**,那么它在德国会被认为不具有权利能力。该公司只是**名义外国公司**。由于按照《民事诉讼法》第50条,诉讼能力的有无以权利能力的有无为依据,该公司也不能成为原告;由其提起的诉讼会被认为不合法而被驳回。[6] 如果公司在内国从事交易活动,则它是在别国的法律下行为。不能简单地认为该公司创设的法律关系在内国无相应法律规定,应依据**替代**的思想,比照在结构上与该公司相同的德国公司形式考虑对其适用内国实体法。不过,由于没有在商事登记簿中登记,不能将该外国公司作为股份有限公司或者有限责任公司对待,因此,判决和学说主张对其适用合伙法,如 14

---

〔1〕 BGHZ 97, 269, 272; BayObLG RIW 1986, 295; OLG München NJW 1986, 2197; NJW RR 1995, 703; OLG Hamm NJW RR 1995 469; RIW 1997, 236.

〔2〕 BGH WM 1979, 692.

〔3〕 Einzelheiten und Rechtsprechungsnachweise bei Kindler aaO Rdn. 327 ff.

〔4〕 Sehr str.; wie im Text*Ebenroth/Hopp*JZ 1989, 883; *Ebke* ZGR 1987, 245; Staudinger/*Großfeld* Rdn. 536 ff; *Kindler* aaO Rdn. 439; a. A. Scholz/*Westermann*Rdn. 118, Hachenburg/*Behrens* Einl. B Rdn. 139; *Grothe*, Ausl. Kapitalgesellschaft & Co. 211 ff.

〔5〕 BayObLG NJW 1986, 3029; OLG Saarbrücken NJW 1990, 647; OLG Stuttgart WM 1995, 928.

〔6〕 BGHZ 53, 181; 97, 269; BGH AG 2000, 473.

果从事的是商业，则适用商法中的无限责任公司法。〔1〕据此，成员对于公司的债务类推适用《商法典》第128条承担无限个人责任。此外，对行为人的个人责任也可以类推适用德国《民法典》第54条第2款，《德国股份法》第41条第1款第2句和德国《有限责任公司法》第11条第2款。〔2〕最后还可以考虑按照法律表象原则承担责任。〔3〕在澄清此类法律关系及责任的诉讼中，可以类推适用《民事诉讼法》第50条第2款，认定不具有权利能力的公司具有消极的诉讼能力。〔4〕不过，联邦最高法院认为，对在内国无权利能力的公司不能适用善意取得制度。〔5〕

15 (c)如果某个公司依据外国法有权利能力，且其管理机构所在地在其设立地国家，那么它在内国也不受限制地享有权利能力，除非依据公共秩序原则存在强制性的、针对外国主体不可放弃适用的德国法原则。此外，对于机构和信托企业权利能力的承认可能会有疑问，联邦最高法院对此持承认的态度。〔6〕如果按德国法设立的公司实际住所在外国，那么对它的承认从形式上看取决于住所地国是持住所说还是设立说。在第一种情况下，该公司通常不能取得外国的权利能力，因此在内国也不具有权利能力。相反，如果住所地国支持设立说，就会反致到德国法。假如公司(因错误)在德国的商事登记簿中进行了登记，那么将其视为具有权利能力从结果上看是合适的。然而，依据德国的冲突法，该公司不能在此情形下为了获得权利能力而要求登记。反致也不能走得太远而逾越这一界限。〔7〕

16 如果企业按照外国法组建，其**管理机构所在地在第三国**，也应当进行类似判断。假如两个国家都采用设立说，那么在公共秩序保留的前提下，该企业在德国也被视为有效设立。假如管理机构所在地国家持住所说，那么企业按这一观点并未有效设立。主流观点认为其在德国也不能获得权利能力的承认。〔8〕

17 (d)住所说使**跨越国界的住所转移**变得困难。在此，应当区分从德国迁出和迁入德国的不同情况，以及仅仅是管理机构所在地的迁移和章程所在地也同时迁移的不同情况。公司将其**管理机构所在地迁往外国**，按照德国的冲突法则丧失权

〔1〕 So noch der für das Gesellschaftsrecht zuständige Senat des BGH im Urteil vom 1. Juli 2002, BGHZ 151, 204.

〔2〕 OLG Hamburg NJW 1986, 2199; KG NJW 1989, 3100; OLG Oldenburg NJW 1990, 1422; OLG Düsseldorf WM 1995, 808.

〔3〕 BGH IPRspr. 1960/61, 588, 590; OLG Nürnberg IPRax 1985, 342 mit Bespr. *Rehbinder*324. Vgl. zum Ganzen auch*Zimmer*Intern. Gesellschaftsrecht 296 ff; *Eidenmüller/Rehm*ZGR 1997, 89; *Müller*ZIP 1997, 1049; *Werner* NZG 1999, 387.

〔4〕 BGHZ 97, 269; OLG Nürnberg aaO. Im Urteil BGHZ 151, 204 wird dann auch die aktive Parteifähigkeit anerkannt.

〔5〕 BGHZ 53, 181.

〔6〕 BGH NJW 1977,1637; WM 1980, 740 mit Anm. *Ebke/Neumann* JZ 1980, 652.

〔7〕 Einzelheiten bei*Kindler* aaO Rdn. 385.

〔8〕 Vgl. Staudinger/*Großfeld* aaO Rdn. 98 ff.

利能力。主流观点认为这构成公司解散和清算的强制性原因。〔1〕如果迁入国支持住所说,那么由于公司未满足设立的形式要求同样不会被承认具有权利能力,而必须按照迁入国的法律重新进行设立。只有当迁入国支持设立说并因此反致到德国法,才会考虑其依德国法而继续存在,这会导致公司在德国的章程所在地和在外国的管理机构所在地同时并存的情形。

不过,住所说并不必然导致公司在迁出国必须解散、清算以及在接受国必须重新设立。更存在着这样的可能,即当事国允许公司在**维持其主体身份的情况下迁出和迁入**,且只对迁移中为保护当事人(尤其是债权人和少数股东)所必须满足的前提条件作出规定。瑞士《国际私法法》(IPRG)第 163 条就是一例,按照这条规定,如果瑞士公司满足了瑞士法规定的前提条件、按照外国法将继续存在且在表明变更公司章程情况下公开要求其债权人登记既存债权,瑞士公司可以不经清算和重新设立而归属于外国法。欧盟《关于跨国迁移住所的第 14 号公司法指令》草案也采纳了这一方案。〔2〕这表明,其实并非住所说,而是与迁移住所相联系的实体问题和政策决定使跨国住所转移变得困难。在德国,对于放宽向外国迁移住所的规定首先存在着这样的担心,即一些公司会利用住所迁移来逃避参与决定的义务。 18

如果不仅仅是**管理机构所在地**,而且**章程所在地也迁往外国**,公司将服从另一个属人法,也就不存在冲突法的问题。问题仅仅在于,两个当事国的实体法是否允许不进行解散、清算和重新设立而迁移住所。这同样适用于将**住所从外国迁入内国**。如果章程所在地和管理机构所在地都发生迁移,那么按照现行法必须在一国进行解散和清算并在另一国重新设立公司。如果仅仅是管理机构所在地迁至德国,首先得看迁出国是否将此规定为解散的原因。然而按照住所说,公司的属人法应为德国法。由于按照德国法取得权利能力的条件并未满足,应适用关于名义外国公司的规则(见上文边码 15)。〔3〕在这两种情况下都有可能找到一条令人满意的途径,使得公司在维持主体身份的前提下归入新法。〔4〕 19

(e) **跨国公司的兼并**和**分立**并非理论争议的问题。在兼并情况下,被吸收公司消失,也就不存在其属人法的问题。吸收公司保留其兼并前的属人法。这同样适用于分立的情形。在分出和分立时,继续存在的公司和吸收公司均保留其属人法。 20

---

〔1〕 RGZ 107, 94; BayObLG NJW RR 1993, 43; OLG Hamm ZIP 1997, 1696; *Kindler*aaO Rdn. 393 mit Schrifttumsnachweisen.

〔2〕 S. oben § 7 Rdn. 28.

〔3〕 BGHZ 97, 269.

〔4〕 Vgl. Art. 161 Schweizer IPRG: "Eine ausländische Gesellschaft kann sich ohne Liquidation und Neugründung dem schweizerischen Recht unterstellen, wenn das ausländische Recht es gestattet, die Gesellschaft die Voraussetzungen des ausländischen Rechts erfüllt und die Anpassung an eine schweizerische Rechtsform möglich ist". Art. 162 I "Eine Gesellschaft, die nach schweizerischem Recht eintragungspflichtig ist, untersteht schweizerischem Recht, sobald sie nachweist, daβ sie den Mittelpunkt der Geschäftstätigkeit in die Schweiz verlegt und sich dem schweizerischen Recht angepaβt hat".

21 是否允许兼并和分立毋宁说只是一个实体法问题。在德国,《变更法》第1条第1款将所有改制可能仅限于在内国有住所的公司。主流学说由此得出结论,跨国的兼并无论是内国公司在外国被兼并,还是外国公司在内国被兼并都是不合法的。[1]很明显,这顺应了立法者的意图,尤其是考虑到在外国被兼并将会导致参与决定权的丧失。由于计划中的关于跨国兼并的指令目前为止尚未形成(见上文§7边码33),上述观点对于欧盟内部的兼并同样适用。

22 从法政治角度看,德国立法者的观点是很有疑问的。[2]在欧盟法院作出于贝泽林(überseering)判决[3]后,该观点在欧盟范围内不知是否还能站得住脚。不过,如果从原则上允许跨国的兼并和分立,就会产生明显的实体法和法律技术上的问题。[4]必须按照适用于各个分立公司和吸收公司的不同属人法判断分立和兼并的合法性及其前提条件,这在结果上会导致要求的累积,从而适用最严格的法律。这同样适用于程序问题。因此,如果一个德国公司在国外被兼并的话,就必须遵守《变更法》第4条以下关于兼并合同、兼并报告、兼并审查和兼并决议的规定。相反,兼并的效力应首先适用吸收公司的属人法。同时还必须确保,被吸收公司的雇员、债权人和退出股东不会遭受不利。

### 3. 设立说的适用

23 按照欧盟法院新的判决,对于住所在欧盟不同成员国的公司,应适用设立说。欧盟法院相关的司法实践自1988年以来经历了显著的变化。

24 **典型案例**:早在1988年9月27日有关从英国向荷兰迁移住所的合法性的判决中,欧盟法院在每日电信(Daily Mail)[5]一案中指出,与自然人相反,公司是基于一种法律秩序而设立的,依当时的欧共体法是基于一国的法律秩序。在调整公司设立和存续的一国法律秩序之外,公司并无其现实性。《欧共体条约》第58条和第220条(旧文本,现在是《欧共体条约》第48条和第293条)在区分享有设立自由的公司时,将公司的章程所在地,主要管理机构所在地和主要存在地都作为连结点,将与确定属人法和跨国的住所迁移相连的问题留给将来的立

---

* 德国公司法中公司分立具体可分为新设分立、分出式分立、参与式分立三种类型。新设分立中原公司分立为若干新企业,原公司消之;分出式分立中,原公司继续存在,从中分离出来若干新公司,参与式分立中,原公司继续存在,原公司部分财产分离出来转让给其他公司或成立新公司,原公司持有其股份。——译者注。

〔1〕 Vgl. *Lutter* ZGR 1994, 87; *Neye* ZIP 1994, 917; *Kreuzer* EuZW 1994, 73; *Großfeld*AG 1996, 302; *Schaumburg* GmbHR 1996, 501; *Kindler* aaO Rdn. 681; a. A. *Kronke* ZGR 1994, 26, 35; *Bungert*AG 1995, 489, 502; *Kallmeyer* ZIP 1996, 535.

〔2〕 Zu den komplizierten Frage, wie eine transnationale Verschmelzung gleichwohl bewerkstelligt werden kann (Fälle*Hoechst/Rhone-Poulenc*, *Vodafone/Mannesmann*und*Daimler/Chrysler*) vgl. *Horn* FS Lutter 1113.

〔3〕 S. Fußnote.

〔4〕 Vgl. zum folgenden die ausführlichen Darstellungen bei Staudinger/*Großfeld*IntGesR Rdn. 681 ff; *Kindler* aaO Rdn. 643 ff; ferner*Behrens* ZGR 1994, 1; *Ebenroth/Wilken* ZVglRWiss. 90 (1991), 235.

〔5〕 EuGHE 1988, 5483 = NJW 1989, 2186.

法或者条约协议解决。由于尚未找到此种规定,《欧共体条约》(旧文本)第 52 条和第 58 条目前并未赋予按某一成员国法律设立的公司将领导机构所在地迁往另一成员国的权利。欧盟法院的上述论述较早确认了住所说的可适用性。

相反,在 1999 年 9 月 3 日作出的森特罗斯(Centros)判决〔1〕中,丹麦行政机关拒绝了一家在英国按当地法律设立的公司的分公司在商事登记簿中登记的请求,虽然该公司只在丹麦从事活动,在英国设立也只是为了规避丹麦严格的设立规定,欧盟法院认为这违反了《欧共体条约》(新文本)第 43、48 条规定的设立自由。不过,法院对此补充道,对《欧共体条约》的这一解释并不排除:相关成员国的行政机关"采取一切适当措施以防止或调查欺诈行为"。这"既适用于公司本身,也适用于那些想通过设立公司免除其对于内国私法或者公法上债权人义务的公司股东"。〔2〕这些表述听上去像是依据公共政策的要求而有所限制的设立说。只要公司的管理机构所在地国提出的承认公司的前提条件没有超过"防止或者调查欺诈行为"所必要的限度,上述表述也可以和住所说相协调。然而是否应将该判决视作对每日电信判决中所承认的住所说的背离,这一问题曾在德国学术界引起激烈讨论。〔3〕基于联邦最高法院根据《欧共体条约》(新文本)第 234 条〔4〕向欧盟法院提起的先行裁决要求,该问题在于贝泽林判决中得到了澄清。 25

2002 年 11 月 5 日的于贝泽林判决〔5〕表述如下:"如果依成员国的法律设立并在该国领土上有其章程规定的住所的公司在另一成员国主张其设立自由,那么依照《欧共体条约》第 43 和 48 条该另一成员国有义务尊重该公司依其设立地国的法律享有的权利能力及诉讼能力。"于贝泽林判决原告是家荷兰的有限责任公司。该公司在德国取得了土地,并交给被告一家德国公司进行翻修。现在该公司因为翻修中的瑕疵主张损害赔偿。在此期间,两个在德国居住的德国人取得了该公司的所有股份,并在未改变公司的荷兰章程的情况下在杜塞尔多夫继续经营该公司。德国的下级法院认为这已经构成了公司实际住所迁移至德国,因而依据住所说缺乏德国法上的权利能力,从而该公司提起的诉讼因不合法而被驳回。欧盟法院判决此观点违反了《欧共体条约》第 43 和 48 条所规定的公司设立自由。该判决的另一个理由是原告在其作为被告的另一个诉讼中被认为有消极的诉讼能力。欧盟法院限制性地对此补充道,对设立自由的限制可能通过公益的强制性理由成为合法。对此欧盟法院列举了对债权人、少数股东、雇员以及国库的保护,但并未详细阐述。对于权利能力及诉讼能力的拒绝承认却无论如何不会藉此成为合法。从结果上看,联邦最高法院在关于该案的最终判决中〔6〕正确地 26

〔1〕 EuGHE 1999, 1484 = AG 1999, 226 = NJW 1999, 2027.

〔2〕 Leitsatz des Urteils.

〔3〕 Nach überwiegender Meinung in der deutschen Judikatur und Literatur verdrängt Art. 48 EGV nF. die Anwendbarkeit der Sitztheorie nicht (vgl. die Nachweise bei*Kindler* aaO Rdn. 358 und 368; zum *Centros*-Urteil des EuGH vgl. *Kindler* NJW 1999, 1993; *Ebke* JZ 1999, 656; *G. Roth* ZIP 1999, 862; *Kieninger*ZGR 1999, 724; *W. H. Roth* ZGR 2000, 311; Scholz/*Westermann*, GmbHG Einl. Rdn. 85 ff, je mit weiteren Nachw.

〔4〕 BGH Beschluβ vom 30. 3. 2000, AG 2000, 473. Vgl. auch die Abkehr desösterr. OHG von der Sitztheorie im Urteil vom 15. 7. 1999, AG 2000, 333.

〔5〕 NZG 2002, 1164 mit Anm. *Heidenhain*S. 1141. Vgl. dazu ferner*Lutter* BB 2003, 7; *Eidenmüller* ZIP 2002, 2233; *Zimmer* BB 2003, 1; *Geyrhalter/Gänβler* NZG 2003, 403.

〔6〕 Urteil vom 13. 3. 2003, NZG 2003, 431.

承认了原告的权利能力和诉讼能力。

27 这两个判决在德国学术界[1]被绝大多数人认为是对住所说作出的符合需要的、合乎时代潮流的背离。尚难预见它会产生怎样的长期影响。目前尤其不清楚的是,在什么情况下,债权人、少数股东、雇员或者国库的利益如此重要,从而使对设立自由的限制成为合法。不清楚的问题还有,在欧盟法规定的影响下,德国法院是否会在与非欧盟成员国的关系上放弃住所说,以及它在此种情形下怎样划分设立自由和将住所迁至德国却不改变属人法这两者间的界限。然而可以肯定的是,欧盟法院开启了一个进程,对此德国的立法者和法院并不会心甘情愿地表示同意。

## III. 属人法的适用范围

参考文献:*Brödermann*, Der ausländische GmbH-Gerichtsstand, ZIP 1996, 491; *Bungert*, Der internationale Anwendungsbereich von § 15 Abs. 3 und 4 GmbHG, DZWiR 1993, 494; *Möller*, Gesellschaftsformen innerhalb der EU-Länder und ihre Vergleichbarkeit mit deutschen Handelsgesellschaften, GmbHR 1994, R 18; *dies.*, Gesellschaftsformen innerhalb der erweiterten EU-Länder und der Ostblockstaaten im Vergleich, GmbHR 1998, R 87; *dies.*, Neues zum europäischen Firmenrecht im Vergleich, EWS 1997, 340; *Schücking*, Kapitalersetzende Gesellschafterdarlehen im internationalen Privatrecht, ZIP 1994, 1156.

28 公司的属人法原则上**统一地**适用于与该公司法律地位和法律关系有关的一切事宜。[2] 主张区分内部和外部关系的学说理所当然无法得到贯彻,因为它会导致在区分上的疑惑并因此有损法律的稳定性。[3] 但属人法的适用并非不受限制,因为对外国公司在德国活动的承认会受到公共政策原则,保护交易安全原则以及禁止规避德国法规定原则的限制(见上文边码6)。困难还在于确认一种法律关系是否应归属于公司法的问题上(上文边码5)。出于这些原因,对于属人法的适用范围必须个别地进行详细探讨。

29 (a) **公司的设立**及其细节、前提条件、在为其规定的登记簿中进行登记的程序和设立中公司的法律关系应适用关于待设立公司的法律。[4] 这尤其适用于最低资本数额、公司股份的认购、实物投资的合法性及其处理以及发起人的责任等。相反,对于发起人和股东的民事行为能力应适用关于行为能力的法律(《德国民法典施行法》第7条),通常认为尚未创设自身组织机关的设立预约应适用合同准据法。[5]

---

[1] Vgl. statt vieler*Geyrhalter/Gänßler* NZG 2003, 409.

[2] RGZ 83, 367, 153, 200; BGHZ 25, 134, 144, h. L.

[3] Vgl. die Nachweise bei*Kindler* aaO Rdn. 412; Staudinger/*Großfeld* aaO Rdn. 34; Hachenburg/*Behrens* Einl. B Rdn. 129 f.

[4] BGH IPRspr. 1966/67, 45; BGH RIW 1991, 158; BayObLGZ 1965, 294, 299.

[5] BGH WM 1975, 387.

（b）属人法还决定公司的权利能力和行为能力以及机构代理权的范围。如果外国的公司法对权利能力加以限制，比如依据英美法中的越权原则（ultra-vires）理论限制公司权利能力，或者对代表公司行为的人的代理权范围作了限制，那么这些限制原则上在德国应被接受。[1] 但是，根据对**《德国民法典施行法》第12条第1款**的类推适用，仍应遵循**保护交易安全**的要求。据此，只要公司按照合同订立地国的法律具有权利能力，即可被有效代理，那么该公司针对公司代理人和合同相对人在合同订立地国订立的合同就不能主张自己按照属人法不具有权利能力或者代理行为无效。[2] 权利能力也包括汇票和支票能力（《汇票法》第91条、《支票法》第60条）。民事诉讼中的**当事人能力**和**诉讼能力**也应当依据属人法进行判断。[3] 在内国不具有权利能力的公司的消极的当事人能力和诉讼能力也可以出于保护交易安全的理由类推适用《民事诉讼法》第50条第2款而得到承认。[4] 30

（c）按照替代原则，如果外国公司与德国资合公司**结构相当**，那么在德国依据《商法典》第6条第1款规定的法律形态应当将其视作商事公司。[5] 对于欧盟成员国可以适用《公众公司指令》[6]，该指令在定义其适用范围时列举了与德国的股份公司、股份两合公司和有限责任公司相应的外国公司形态。不过，从中尚不能得出结论，一切适用于商人的法律规定即商法典具有普遍适用性。由于这些规定有着非常不同的宗旨和保护目的，仅仅以属人法为准据法也许并不符合其内在含义。相反，应考虑不同的资格要件。比如对于商事代理的有效性应以关于代理权的准据法为准，对于与某外国公司订立合同是否是商事行为应适用合同的准据法。商号的组建依据其属人法，但在内国不能违反商号真实性和可区分性的要求（《商法典》第18条、第37条）。[7] 对于记账和报账也应以公司住所地的法律为准。 31

对于外国资合公司在德国的分支机构适用特别的法律规定。它们必须按照源于欧盟《分支机构指令》[8]的《商法典》第13条d—f到分支机构所在地主管商事的登记处申报登记，同时必须提交法律所要求的与外国主要机构之间法律关系的证 32

---

〔1〕 BGHZ 25, 134, 144; 53, 181 (zur Rechtsfähigkeit); 32, 256, 258 (zur Vertretungsmacht); 128, 41, 44 (zu Rechtsfähigkeit und Vertretungsmacht); BGH ZIP 1991, 1582; BGH NJW 1998, 2452.

〔2〕 *Großfeld* aaO Rdn. 268, 281; *Kindler* aaO Rdn. 429, 445, str.; in BGH NJW 1998, 2452 offengelassen.

〔3〕 BGHZ 51, 27; 97, 269 (zur Parteifähigkeit); BGH NJW 1965, 666; OLG Frankfurt NJW 1990, 2204.

〔4〕 BGHZ 97, 269; s. oben Rdn. 15.

〔5〕 RGZ 117, 215 (corporation nach dem Recht von Delaware entspricht AG); OLG Saarbrücken NJW-RR 1989, 828 (société anonyme = AG); KG IPRspr 1966/67, 618, 623 (limited corporation = GmbH); vgl. ferner OLG Düsseldorf NJW-RR 1995, 1184; BayObLG NJW 1999, 654; tabellarische Übersicht bei *Möller* GmbHR 1994, R 18; *dies.* GmbHR 1998 R 87; *dies.* EWS 1997, 340.

〔6〕 Erste gesellschaftsrechtliche Richtlinie der EU vom 9. 3. 1968, s. oben § 7 Rdn. 18.

〔7〕 RGZ 117, 215; BGHZ 75, 172; BGH NJW 1971, 1522; BayObLG NJW 1986, 3029; a. A. *Kindler* aaO Rdn. 148 mit weiteren Nachw.: Ort der Niederlassung.

〔8〕 Elfte gesellschaftsrechtliche Richtlinie vom 22. 12. 1989; s. oben § 7 Rdn. 24.

明。由于涉及的是法律上非独立的企业部分,对于实体法的适用原则应以主要机构适用的法律为准。如果某外国企业的内国分支机构在内国订立了一个合同,则按《德国民法典施行法》第12条第1款适用保护交易安全原则。

33 (d)公司所有的**内部事务**应依照其公司章程。这首先适用于**成员资格**的**取得**和**丧失**[1]、与成员资格相连的**权利**和**义务**、**实物出资**[2]的合法性和有效性以及对于股东以贷抵资的处理。[3] 对于股东间债法上的从属约定及仲裁协议,应考虑股东的法律选择而非公司章程。[4] 股东以及公司机关的责任原则上也依照其属人法。[5] 如果公司住所地国对股东的直接责任限定得较狭窄,那么可能会有必要也适用控制股东的属人法。[6] 对于德国公司提起的诉讼,包括针对其外国成员的诉讼,《民事诉讼法》第22条确立公司住所地为通常的法院管辖地,《股份法》第246条第3款、《有限责任公司法》第61条第3款以及《欧共体条约》第16条第2项对于针对公司的撤销和解散之诉也作了同样的规定。[7]

34 (e)对公司的所有**领导机构**也应适用属人法。特别是包括筹集资本和维持资本[8]的规则,公司机关的组成和职权,其成员的任命和免职,执行公司事务的规则[9],决议程序,改变章程包括增减注册资本[10],购买权的排除以及公司的解散、清算和终止[11]。如果某个公司在外国已经解散,但在内国仍有财产,其清算之前在内国仍应视为具有权利能力、当事人能力和诉讼能力。[12]

35 最后,监事会中雇员对企业的参与决定只适用于德国公司,如果公司应适用德国法,那么其属人法还包括监事会中雇员**对企业的参与决定**。[13] 按照正确的主流观点,在计算关键性的雇员数目时,在外国子公司工作的雇员不应计算在内;他们也不享有选举权。[14] 如果外国雇员是在外国非独立的分支机构或企业中工作,就应当按照所谓的扩散理论来决定是否能将他们计算在内。[15] 一个外国康采恩的德

---

[1] Vgl. BGH NJW 1981, 522 und 1994, 939 betreffend die Rechtsnatur der Urkunde, in der die Mitgliedschaft verbrieft ist. Einzelheiten bei *Merkt* ZIP 1994, 1417; *Bungert* DZWiR 1993, 494.

[2] BGH NJW 1991, 1414.

[3] BFH RIW 1990, 848 f; OLG Bremen EWiR 1998, 125.

[4] Vgl. BGH NJW 1996, 54; ZIP 1986, 838.

[5] BGHZ 25, 127; 78, 318, 334; BGH NJW 1993, 2683; OLG Düsseldorf AG 1997, 231.

[6] *Kindler* aaO Rdn. 493; str.

[7] Vgl. OLG Hamburg WM 1992, 1941, 1943; OLG Karlsruhe ZIP 1998, 1005; OLG Jena ZIP 1998, 1496; *Brödermann* ZIP 1996, 491.

[8] BGHZ NJW 1991, 1414; *Schücking* ZIP 1994, 1156.

[9] RGZ 73, 366; OLG Düsseldorf AG 1997, 231.

[10] RGZ 73, 366.

[11] RGZ 153, 200, 205; BGHZ 51, 27; OLG Stuttgart IPRspr. 1974, 24, 25.

[12] BGHZ 53, 383.

[13] BGH NJW 1982, 933; LG Düsseldorf AG 1980, 83; LG Stuttgart RIW 1993, 848.

[14] Vgl. LG Düsseldorf AG 1980, 83; *Raiser* MitbestG § 5 Rdn. 28 mit w. Nachw.

[15] Vgl. LG Frankfurt DB 1882, 1312; *Raiser* aaO § 1 Rdn. 19; sehr str.

国子公司如果本身满足了德国《共同决定法》第1条、1952年的《企业组织法》或者《煤炭和钢铁工业职工共同决定法》第76条以下的规定,或者该子公司与自身的子公司按照《共同决定法》第5条第3款共同满足了康采恩的前提条件,那么该德国子公司就必须遵守参与决定的义务。[1]

## IV. 国际康采恩法

参考文献:*Bärwaldt/Schabacker*, Wirksamkeitserfordernisse grenzüberschreitender Unternehmensverträge i. S. d. § 291 AktG, AG 1998, 182; *Bayer*, Horizontal groups and joint ventures in Europe, FS Zweigert 1981, 363; *W. Bayer*, Der grenzüberschreitende Beherrschungsvertrag, 1988; *ders.*, Herrschaftsveränderungen im Vertragskonzern, ZGR 1993, 599; *Beitzke*, Zur Entwicklung des internationalen Konzernrechts, ZHR 138 (1974), 533; *Däubler*, RabelsZ 39 (1975), 444; *Ebenroth/Sura*, Transnationale Unternehmen und deutsches Mitbestimmungsgesetz, ZHR 144 (1980), 610; *Einsele*, Kollisionsrechtliche Behandlung des Rechts verbundener Unternehmen, ZGR 1996, 40; *Epe*, Abschied vom einheitlichen Konzernstatut im IPR, FS Rothoeft, 1994, 41; *Keck*, Nationale und internationale Gleichordnungskonzerne im deutschen Konzern- und Kollisionsrecht, 1998; *Kindl*, Der Erwerb eigener Aktien nach europäischem Gemeinschaftsrecht, ZEuP 1994, 77; *Kindler*, Hauptfragen des Konzernrechts in der internationalen Diskussion, ZGR 1997, 449; *Klocke*, Deutsches Konzernkollisionsrecht und seine Substitutionsprobleme, 1974; *Koppensteiner*, Internationale Unternehmen im deutschen Gesellschaftsrecht, 1971; *Luchterhandt*, Deutsches Konzernrecht bei grenzüberschreitenden Konzernverbindungen, 1971; *Maul*, AG 1998, 401; *Meilicke*, Korporative Versklavung deutscher Aktiengesellschaften durch Beherrschungs- und Gewinnabführungsverträge gegenüber in- und ausländischen Unternehmen, FS Hirsch 1968, 99; *Rohr*, Der Konzern im IPR unter besonderer Berücksichtigung des Schutzes der Minderheitsaktionäre und der Gläubiger, 1983; *Rundshagen*, Zivilrechtliche und steuerliche Konsequenzen grenzüberschreitender Beherrschungsverträge, RIW 1995, 664; *Wiedemann*, Internationales Gesellschaftsrecht, FS Kegel 1977, 187; *Zimmer*, Internationales Gesellschaftsrecht, 1996.

### 1. 原则

许多《股份法》第15条意义上相互关联的企业在法律上仍是独立的公司(见上文第51节Ⅰ)。即便除了内国企业外还有外国企业参与该企业联合,也不会改变上述结论。从国际私法上看,对其中的**每个企业**应适用其**自身的属人法**。但这一出发点并未说明,对他们之间的关系应适用何法。按照目前确定的观点[2],在从属关 36

[1] Vgl. *Raiser* aaO § 5 Rdn. 35.

[2] Zur Begründung dieser auch im Ausland ganz überwiegend anerkannten Lehre gibt es verschieden Theorien; vgl. *Koppensteiner*, Internat. Unternehmen 92 ff; *Wiedemann* FS Kegel 187; *ders.*, GesR I § 14 III 1; *Luchterhandt* Grenzüberschreitende Konzernverbindungen 59 ff; *Klocke*, Konzernkollisionsrecht 62 ff; *Einsele* ZGR 1996, 40 ff sowie die zusammenfassende Darstellung bei MünchKomm. BGB/*Kindler* IntGesR Rdn. 555 ff.

系和隶属型康采恩中应适用**从属公司的属人法**,因为从属性正是基于对该公司的参与且康采恩法正是服务于对该公司及其少数股东和债权人的保护。如果从属企业的住所在德国,那么就应当适用德国法;如果住所在外国,就应适用外国法。据此,与内国从属公司所订的控制合同和盈利缴纳合同尤其应按德国法来判断。作为团体法意义上的管理协议,控制企业无权选择适用于它的法律。[1]

37 只有在控制企业的决议过程只涉及其自身时,比如说企业协议的订立(见《股份法》第293条第2款)或者特定的康采恩措施是否必须得到监事会(见《股份法》第111条第4款、第308条第3款)或者股东大会的同意以及必要时以怎样的多数同意才能使决定得以通过的问题,才应当适用**控制企业的属人法**。[2]

38 对于**平行型康采恩**的冲突法问题取决于其组织结构。如果对康采恩企业的共同管理是基于在参与公司章程中确定的领导机关的人员同一性,应适用各参与公司的属人法。但当一个德国公司应遵守参与决定的规定,由于这一原因使章程中规定的监事会成员联盟无法实现时,就会产生许多困难。[3] 相反,如果为了领导康采恩而确立了一个自身有领导职能的核心公司,就应适用该公司住所地的法律。[4]

2. 协议康采恩

39 德国司法判决承认与一家德国的子公司订立**跨国的控制合同和盈利缴纳合同的合法性**,[5]但这在学术界并非没有争议。对该合法性的反驳理由,一是德国康采恩法的保护性规定针对外国的母公司无法适用,二是与不必遵守参与决定的外国母公司订立控制合同将使德国的参与决定规定落空。[6] 然而,这两个理由并不令人信服,外国法院不适用德国实体法的危险并不妨碍德国法的效力。《共同决定法》本身也考虑到了德国子公司隶属于不受参与决定约束的外国康采恩领导机关的情况,对此该法第5条第3款对与康采恩领导机关关系最为紧密的德国康采恩企业规定了替代性的参与决定。因此,主流观点[7]认为应当承认其合法性。

40 如果一家**德国的股份公司是从属企业**,那么其与外国母公司订立的控制合同或者盈利缴纳合同只有在满足了**《股份法》第293条第1款、第293条a—g、第294**

---

[1] *Bayer* ZGR 1993, 599, 612; die Urteile BGHZ 119, 1 und 138, 136 setzen dies stillschweigend voraus.

[2] Eine Zustimmungsrecht der Hauptversammlung kommt bei der AG auch nach der *Holzmüller*-Doktrin des BGH in Betracht; vgl. oben § 16 I 4.

[3] Vgl. den Fall VFW-GmbH/Vokker N. V. LG Düsseldorf AG 1980, 83 und dazu *Ebenroth/Sura* ZHR 144 (1980), 610, 625.

[4] Vgl. *Bayer* FS Zweigert 363; *Keck*, Gleichordnungskonzerne 251; *Kindler* aaO Rdn. 587 ff.

[5] BGHZ 119, 1, 138, 136; BayObLG RIW 1997, 596.

[6] Vgl. *Meilicke* FS Hirsch 118 f; *Däubler* RabelsZ 39 (1975), 444, 466.

[7] *Bayer* aaO 612; *Koppensteiner* aaO 245; *Bärwaldt/Schabacker* AG 1998, 182; Staudinger/*Großfeld* IntGesR Rdn. 571; *Hüffer* AktG § 291 Rdn. 8; *Emmerich/Sonnenschein* Konzernrecht § 8 IV 4; *Kindler* aaO Rdn. 576.

**条和第304条第3款第1句**规定的前提条件时才是有效的。该合同应采取书面形式;必须向外部股东提供补偿;还要制作一份关于企业合同的报告,该报告必须由独立的会计师进行审查。此外,从属企业的股东大会必须以代表股本总额3/4的多数同意该合同。合同在经主管从属公司的商事登记处登记后生效。[1] 相反,控制企业的股东大会的同意只有在其属人法要求时才为必需。如果德国的有限责任公司或者人合公司为从属企业,则应适用德国康采恩法方面具有决定性意义的判例规则(见上文§54. Ⅱ.3)。

法律后果同样应依照德国的康采恩法。外国的康采恩领导机关可以向德国子公司的董事会发出不利的、有损其股本总额的指示(《股份法》第291条第3款、第308条),但在满足《股份法》第302、303条的条件时应负有损失补偿和提供担保的义务。此外,它还应按照《股份法》第304、305条向外部股东提供补偿和清偿。如果子公司没有财产,对于子公司的债权人也应由控制企业承担直接的债务清偿责任(见上文§54. Ⅲ—Ⅴ)。按照学术界普遍的观点,[2]只有当控制企业负有义务接受涉及企业合同下请求权的外国判决的强制执行时,从属公司的董事会才应履行不利的指示。这一观点合法性的基础在于公共秩序保护政策,在此特别要考虑对从属企业的债权人和少数股东的特殊保护。 41

3. 控制合同发生错误时的冲突法

如果不存在控制合同,那么只要**从属股份公司**适用德国法,则应适用**《股份法》第311—318条**。控制企业不能作出对从属企业不利的影响;对于已经产生的不利后果应作出补偿;还应作出一份从属性报告,该报告要按照《股份法》第313至315条进行审查;控制企业及其董事会成员以及从属企业的董事会成员对遵守《股份法》第317、318条的规定负责,必要时承担损害赔偿责任(见上文§53. Ⅱ、Ⅲ《股份法》)。在实质性事实康采恩中也应类推适用司法判决中对于控制企业弥补亏损和在从属公司无财产时承担债务清偿责任的规则(见上文§53. Ⅳ)。如果从属公司具备有限责任公司或者人合公司的法律形式,则适用相应的司法判决规则。相反,如果控制企业,而非从属企业的属人法为德国法,对企业合同就不应适用德国的康采恩法。 42

4. 关于企业联合的其他规定

《股份法》关于企业联合的其他许多规定也与国际私法的连结点学说相联系: 43

(a)按照《股份法》第20条,如果一个企业取得了住所在内国的股份公司的1/4或者又一次取得达到一半的股份时,必须以书面方式向该公司进行通知(见上文§ 52. Ⅰ)。因为该规定涉及的是源于成员身份的对被参与公司的通知义务,其对 44

---

〔1〕 Vgl. zum ganzen oben § 54 II.

〔2〕 Nachweise bei *Großfeld* aaO Rdn. 577, *Kindler* aaO Rdn. 578; *Maul* AG 1998, 404, 411.

于外国的受让方公司也适用。相反,德国法上的通知义务对于取得外国公司股份的德国企业并不适用。《股份法》第21条的规定依其字面也不适用于此种情况。[1]

45 (b)根据《股份法》第56条、第71条d第2句,从属企业不能认购或者取得控制企业的股份(见§§11.Ⅱ.2,19.Ⅲ《股份法》)。这些规定旨在保护控制企业的资本充足和资本维持。因此,从该意义上它也适用于外国子公司的股份取得。相反,这些规定并不适用于外国企业的内国子公司进行的股份取得。[2]

46 (c)根据**《股份法》第100条第2款第1项**,已经在10个依法应设置监事会的公司中担任监事会成员的人不能再成为其他公司监事会的成员。通常认为,担任外国公司中的监事会成员并不计算在内。[3]

47 此外,公司的一个从属企业的法定代理人也不能担任公司监事会成员(**《股份法》第100条第2款第2项**)。

48 对于跨国的企业联合,该规定按其意义只有在控制公司适用德国法时才适用,因为机构的组成应适用公司属人法。[4]

49 (d)《商法典》第290条、第294条对于住所在内国的康采恩母公司规定了制作康采恩年度结算报告和康采恩财务状况变动表的义务,其中应包括所有外国子公司的情况,而无论它们的住所在哪国。在多层次康采恩中,一个处于第二层次的企业如果其本身满足了《商法典》第290条第2款的构成要件,就可以被视为母公司。如果其住所在德国,据此就应当提交一份**部分康采恩年度结算报告**。

---

〔1〕 Die Auslegung entspricht der h. M.; vgl. die Nachweise zuletzt bei*Kindler* aaO Rdn. 595.

〔2〕 H. M.; vgl. *Kindl* ZEuP 1994, 77, 97 f; *Einsele* ZGR 1996, 40, 45: Da §§ 56, 71d AktG auf die Kapitalrichtlinie der EU zurückgehen (s. oben § 7 Rdn. 18), ist ein ausländisches Unternehmen, das seinen Sitz in der EU hat, den Parallelvorschriften des Sitzstaates unterworfen.

〔3〕 *Hüffer*aaO § 100 Rdn. 3.

〔4〕 *Hüffer* aaO Rdn. 5.

# 关键词中德文对照表

| | | |
|---|---|---|
| Abfindungsanspruch | m. | 清偿权 |
| Abklären | n. | 澄清,弄明白,过滤 |
| Abschluβprüfer | m. | 决算审计员 |
| Abschluβprüfung | f. | 决算审计 |
| Abschrift | f. | 副本、复印件 |
| Abspaltungsverbot | n. | 禁止分离原则 |
| Abstandssumme | f. | 赔偿金额、违约赔偿金额 |
| Ad-hoc-Publizität | f. | 临时公开义务 |
| Agio | n. | 溢价,升水 |
| Akklamationsgremium | f. | 鼓掌委员会,橡皮图章委员会 |
| Akkord | m. | 计件工资,和解,妥协,协议 |
| Akkordlohn | m. | 计件工资 |
| Akkordlohnsatz | m. | 计件工资率 |
| Akkordsatz | m. | 计件工资率 |
| Aktie | f. | 股份(股份有限公司) |
| Aktienbuch | n. | 股票登记册,股东名册 |
| Aktiengesellschaft | f. | 股份有限公司 |
| Aktienpakete | f. | 股份包,打包出售的股份 |
| Aktienregister | n. | 股票登记处 |
| Aktienurkunde | f. | 股份证书,股票 |
| anfechtbar | a. | 理由不充分的,可撤销的 |
| Anfechtbarkeit | f. | 废止可能性,可撤销性 |
| Anfechtung | f. | 废止,撤销,反驳,异议 |
| Anfechtungsrecht | n. | 撤销权,反驳权,异议权,抗辩权 |
| Angelpunkt | m. | 核心,关键 |
| Angleichung | f. | 使相适应,使相称 |
| Anlageaktionär | f. | 投资股东 |
| Anschluβkonkurs | m. | 随后的破产程序 |
| Anstalt | f. | 机构 |
| Apparat | m. | 设备,管理机构 |
| Arbeitsdirektor | m. | 职工董事 |
| Arbeitskampf | m. | 劳工斗争 |

| | | |
|---|---|---|
| Arbeitskampfsystem | n. | 劳工斗争制度 |
| Arglist | f. | 诡计,欺诈,奸诈 |
| Arglistiger Täuschung | f. | 恶意欺诈 |
| Articles of Association (England) | | 内部细则(英国用法) |
| Aufgeld | n. | 贴水,加价,额外的酬金 |
| Aufklärungspflicht | f. | 解释义务,说明情况义务 |
| Auflösung | f. | 解散 |
| Aufsichtsrat | m. | 监事会 |
| Ausfallhaftung | f. | 意外损失责任 |
| Auskunftei | f. | 问讯处,情报处,侦查处 |
| Auslage | f. | 垫款,开支,陈列物品 |
| Ausschluβrecht | n. | 开除权 |
| Ausschluβurteil | n. | 开除判决 |
| Auβenhaftung | f. | 外部责任 |
| Austauschvertrag | m. | 交换合同 |
| Austrittsrecht | n. | 退出权 |
| authorized capital (England) | | 授权资本、认购资本(英国用法) |
| Baurechts | n. | 建筑权,建筑法 |
| Baurechtsamt | n. | 建筑监管局,建筑监管厅,建筑监管机构 |
| Bausparkasse | f. | 建筑储蓄银行 |
| Beherrschungsvertrag | m. | 控制合同 |
| Bereicherungsrecht | n. | 物款清退法,不当得利法 |
| Beschränkungen | f. | 限制 |
| Beschwerde | f. | 异议,申诉 |
| Besitzdiener | m. | 占有协助者 |
| Besitzmittler | m. | 资产管理委托人 |
| Beteiligungsgesellschaft | f. | 参股公司 |
| Betriebsänderung | f. | 企业经营目标的改变,经营方式的改变 |
| Betriebsführungsvertrag | m. | 企业经营管理合同 |
| Betriebsrat | m. | 职工委员会 |
| Betriebsverfassung | f. | 企业劳资法 |
| Betriebsverfassungsgesetz | n. | 雇员代表共同管理法 |
| Bezeichnung | f. | 标记,名称,说明 |
| Bezug | m. | 报酬,薪水,购买,引进 |
| Bilanzrecht | n. | 决算法 |
| Bilanzrichtliniengesetz | n. | 关于执行欧盟年度决算指令的法律 |
| Bilanzverlust | m. | 决算亏损 |
| Blankoindossament | n. | 空白背书 |

| | | |
|---|---|---|
| Börsenaufsichtsbehörde | f. | 证券市场监管机构 |
| Börsenordnung | f. | 交易所规则 |
| Börsenprospekt | m. | 招股说明书,招股章程,股票价目表 |
| Börsensachverständigenkommission | f. | 证券市场专家委员会 |
| Bösgläubigkeit | f. | 恶意,敌意 |
| Bundesanzeiger | m. | 联邦德国司法部公告 |
| Bundesaufsichtsamt für den Wertpapierhandel | | 联邦政府有价证券交易监管局 |
| Bundesgericht | n. | 联邦法院 |
| Bundesgerichtshof | m. | 德国联邦最高法院 |
| Bundesverfassungsgericht | n. | 联邦宪法法院 |
| By-Laws（USA） | | 内部细则(美国用法) |
| Certificate of Incorporation（USA） | | 章程(美国用法) |
| close corporation（USA） | | 封闭性公司(美国用法) |
| Corporation（USA） | | 公司(美国用法) |
| culpa in contrahendo（USA） | | 缔约过失责任(美国用法) |
| Statut | n. | 法规,法令,规章,规则,章程 |
| Das Wertpapier-Verkaufsprospekt-Gesetz | | 招股说明书法 |
| Datenschutzrecht | n. | 数据保护法 |
| Dauerrecht | n. | 永久性权利 |
| Delikt | n. | 犯罪行为,不法行为 |
| deliktsfähig | a. | 侵权责任能力 |
| Demarkationsvertrag | n. | (供应地区)分界协议 |
| Depotbank | f. | 证券保管银行 |
| Deutscher Gewerkschaftsverband(DGB) | | 德国工会联合会 |
| Die Gesellschaft bürgerlichen Rechts | | 民法公司 |
| Die Kommanditgesellschaft auf Aktien | | 股份两合公司 |
| Differenzhaftung | f. | 差额责任 |
| dispositiv | a. | 可以变化的,可以处理的 |
| dispositivnorm | f. | 非强制性规范 |
| Dividendenschein | m. | 息票 |
| Drittbeziehung | f. | 第三者关系 |
| Durchgriffshaftung | f. | 直接责任 |
| EG-Richtlinie | f. | 欧共体指令 |
| Einheitsgründung | f. | 发起设立 |
| Einkommenssteuerrecht | n. | 所得税法 |
| Einlagepflicht | f. | 出资义务 |
| Einpersonengesellschaft | f. | 一人公司 |
| Einzelkaufmann | m. | 个体商人 |
| Emissionskonsortium | f. | 股票承销银团 |

| | | |
|---|---|---|
| Emittenten | m. | 发行者 |
| Entlastung | f. | 免责,免罪 |
| Entlastungsbeweis | m. | 免责证明 |
| Erbe | f. | 继承人,后代 |
| Erbengemeinschaft | f. | 共同继承人 |
| Erbgang | m. | 遗产继承顺序 |
| Erblassenschaft | f. | 遗产 |
| Erblasser | m. | 留下遗产者 |
| Erbteilung | f. | 遗产分配 |
| Erfinderrecht | n. | 发明者权利 |
| Ermächtigung | f. | 授权 |
| Erwerbswirtschaftliche Unternehmen | n. | 盈利性企业 |
| Europäischen Aktiengesellschaft (Societas Europaea) | | 欧洲股份有限公司 |
| Europäischen Wirtschaftlichen Interessenvereinigung (EWIV) | | 欧洲经济利益联盟 |
| Fahrlässigkeit | f. | 疏忽大意,过失,失职 |
| Feststellungsklage | f. | 确认之诉 |
| Filialleiter | m. | 分支机构负责人 |
| Finanzberater | m. | 财务顾问 |
| Finanzhoheit | f. | 金融主权 |
| Finanzmarktförderungsgesetz | n. | 资本市场促进法 |
| Firma | f. | 商号,公司,公司企业的名称 |
| Formwechselrecht | n. | 变更法 |
| Freiheitsstrafe | f. | 监禁、拘留 |
| Freiverkehr | m. | 未经核准上市之证券交易,核准上市证券的场外交易 |
| fuer fremde Rechnung | f. | 代理买卖 |
| Führerprinzip | n. | 领袖原则 |
| Fungibilität | f. | 替换性,互换性 |
| für eigene Rechnung | | 为自己买卖 |
| Garanten | m. | 担保人,保证人 |
| Garantenpflichten | f. | 但保人义务 |
| Garantie | f. | 担保,保证 |
| Garantiekapital | n. | 资本 |
| Gebietsherrschaft | f. | 领土主权 |
| Gebietskörperschaft | f. | 地方政府机构 |
| Gegengewicht | n. | 平衡力量,均势 |
| Gegenstand einer Gesellschaft | | 公司经营范围 |

| | | |
|---|---|---|
| gegenstandslos | a. | 没有内部的,空洞的,抽象的,多余的,不必要的 |
| Gegenstandsloskeit | f. | 没有内部,空洞,抽象,多余,不必要 |
| Gemeinde | f. | 乡镇,乡镇居民 |
| gemeinnützige Unternehmen | | 公益性企业 |
| Gemeinschaftsunternehmen | | 合作企业 |
| General Accepted Accounting Principles (GAAP) | | 会计通则 |
| Generalanwalt | m. | 首席监察官 |
| Generalklausel | f. | 总条款,基本条款 |
| Genossenschaft | f. | 合作社 |
| genossenschaftliche Unternehmen | | 合作社企业 |
| Genossenschaftsgesetz(GenG) | n. | 合作社法 |
| Gerichtsstand | m. | 法院地点 |
| Geschaeftsfaehigkeit | f. | 签约能力,行为能力 |
| Geschäftsanteil | m. | 股份(有限责任公司) |
| Geschäftsbesorgungsvertrag | m. | 商务代理合同 |
| Geschäftsbrief | m. | 商业信函,商务函件 |
| Geschäftsordnung | f. | 议事守则 |
| Gesellschaft | f. | 团体 |
| Gesellschaften des bürgerlichen Rechts | | 民法社团 |
| Gesellschaften mit beschränkter Haftung | | 有限责任公司 |
| Gesellschafterbeschlüsse | pl. | 股东大会决议 |
| Gesellschaftsblätter | f. | 公司刊物 |
| Gesellschaftsvertrag | m. | 公司合同、章程 |
| Gewahrsam | m. | 保管,保护,管辖权,支配权,拘押,监禁 |
| Gewahrsamsinhaber | m. | 保管人,监管人 |
| Gewahrsamsmacht | f. | 保管权,拘留权,扣押权 |
| gewerberechtlichen | a. | 工商法的 |
| Gewinnabführung | f. | 利润转移 |
| Gewinnabführungsvertrag | m. | 利润转移合同 |
| Gewinnanspruch | m. | 分红权 |
| Gewinnanteil | m. | 红利份额,分红比例 |
| Gewinnanteilschein | m. | 分红股票 |
| Gleichbehandlungsgrundsatz | m. | 同等待遇原则,同等对待原则 |
| Gleichheitsgrundsatz | m. | 平等原则 |
| Gleichordnungskonzerns | m. | 平等康采恩 |
| Gliedunternehmen | pl. | 成员企业 |
| Grenzfall | m. | 边际情况 |

| | | |
|---|---|---|
| Gröβenaufgliederung | f. | 以规模为标准而进行的分类 |
| Grundkapital | n. | 基本资本(股份有限公司) |
| Grundrechtsträger | m. | 基本权利的享有者 |
| Gründungsaufwand | m. | 设立费用 |
| Gründungsbericht | m. | 设立报告 |
| Gründungsgesellschaft | f. | 设立中的公司 |
| Gründungshaftung | f. | 设立责任 |
| Gründungsmängel | m. | 设立缺陷,设立错误 |
| Gründungsurkunde | f. | 公司设立证书 |
| Gutschrift | f. | 贷方项,贷方凭证 |
| Haftungsausschluβ | m. | 责任排除,责任免除 |
| Haftungsstock | m. | 责任保险金 |
| Handelndenhaftung | f. | 行为者责任 |
| Handelsbücher | pl. | 账册 |
| Handelsgesellschaft | f. | 贸易公司 |
| Handelsgewerbe | n. | 商业,经商,商业企业 |
| Handlungsbevollmächtigter | m. | 特派代表 |
| Herausgabeanspruch | m. | 退还请求权 |
| Herrschaftsrecht | n. | 控制权,统治权 |
| Hinterlegungsstelle | f. | 存放处,保管处 |
| Honoratiorenversammlung | f. | 绅士委员会,绅士大会 |
| Hypothekenbank | f. | 抵押银行 |
| Indossament | n. | 背书 |
| Industrieobligation | f. | 工业债券 |
| Inhaberaktie | f. | 不记名股 |
| Inkompatibilität | f. | 不一致,不协调,相互矛盾 |
| Inkompatibilitätsregel | f. | 禁止冲突条款 |
| Innengesellschaften | pl. | 封闭性公司 |
| Insider | m. | 内部人 |
| Insiderhandel | m. | 内部交易 |
| Insiderhandelsrichtlinie | f. | 禁止内部交易指令 |
| Insiderpapiere | f. | 内部证券 |
| Insidertatsache | f. | 内容信息 |
| Insolvenz | f. | 破产 |
| Instanz | f. | 主管机构,法院,审级 |
| Instanzgericht | n. | 主管法院 |
| issued capital(England) | | 发行资本(英国用法) |
| Juristentag | m. | 法学家年会 |
| kaduzieren | vt. | 宣布…无效 |

| | | |
|---|---|---|
| Kaduzierung von Aktien | | 宣布股票无效 |
| Kaduzierung | f. | 宣布…无效 |
| Kapitalanlagegesellschaft | f. | 资本投资公司 |
| Kapitaldeckung | f. | 资本抵偿,资本补偿,与资本数相符 |
| Kapitalgesellschaft | f. | 资合公司 |
| Kapitalgesellschaften & Co. | f. | 资本两合公司 |
| Kaufmann | m. | 商人 |
| Klageerzwingungsverfahren | n. | 公诉程序,强制诉讼程序 |
| Kollegialorgan | n. | 集体机构 |
| Kommanditgesellschaften auf Aktien | | 股份两合公司 |
| Kommission | f. | 委员会 |
| Konjunkturpolitik | f. | 经济政策 |
| Konkursverschleppung | f. | 拖延破产 |
| Konsumentenschutz | m. | 消费者保护 |
| Konzern | m. | 康采恩 |
| Konzernobergesellschaften | pl. | 康采恩总公司 |
| Konzernrechts | pl. | 康采恩法 |
| Konzernunternehmen | pl. | 康采恩企业 |
| Konzessionsvertrag | n. | 包租协议、许可协议 |
| Körperschaften | pl. | 法人,社团 |
| Körperschaftsteuer | f. | 公司税 |
| Kupon | m. | 息票,票证,副券 |
| Kuponbögen | m. | 息票 |
| Lagebericht | m. | 形势报告,情况报告 |
| Landratsamt | n. | 县长、镇长 |
| Legitimation | f. | 证明,见证,身份证 |
| Legitimationsaktionaer | m. | 代理股东 |
| Legitimationsübertragung | f. | 投票权的转让 |
| Legitimationswirkung | f. | 认证效力 |
| Legitimationszession | f. | 代理出让,代理转让 |
| Leistungsstörung | f. | 履行合同的障碍,违约 |
| Leitsatz | m. | 指导原则,原理 |
| Liegenschaft | f. | 不动产,地产 |
| Liegenschaftsamt | n. | 不动产管理局,不动产管理机构 |
| Liegenschaftsrecht | n. | 不动产法 |
| Liquidation | f. | 清算 |
| Liquidationserlös | m. | 剩余资产 |
| Löschung | f. | 注销登记,解除注册 |
| Machenschaften | pf. | 阴谋诡计 |

| | | |
|---|---|---|
| management-buyout (England) | | 管理层收购(英国用法) |
| Manipulation | f. | 阴谋诡计,操纵, |
| Mehrheitsbeteiligung | f. | 多数股权 |
| Mehrstimmrechtsaktie | f. | 拥有多个表决权的股份 |
| Memorandum of Association (England) | | 章程(英国用法) |
| Minderheitsrecht | n. | 少数股东的权利,少数人的权利 |
| Mindesteigenkapital | f. | 最低资本 |
| Ministerrat | m. | 部长级理事会 |
| Mitgliedschaft | f. | 成员资格 |
| Mittelstandspolitik | f. | 中小型企业政策 |
| Mittelstandsrichtlinie | f. | 中型企业指令 |
| Mitunternehmergemeinschaft | f. | 合伙人共同体 |
| Montan-Mitbestimmungsgesetz von 1951 | | 1951 年煤钢共同决定法 |
| Nachfrist | f. | 优惠期、宽限期 |
| Nachgründung | f. | 补充设立 |
| Nachlaβ | m. | 遗产、遗物 |
| Nachlaβpfleger | m. | 遗产管理人 |
| Nachschuβpflicht | f. | 追加缴纳股金的义务 |
| Namensaktie | f. | 记名股 |
| Namensaktiengesetz | n. | 记名股法 |
| Nebenpflicht | f. | 附属义务 |
| Nennwert | m. | 面值,面额 |
| Nennwertaktie | f. | 面值股 |
| Neuen Markt | m. | 新市场 |
| Nichtigkeitsklage | f. | 撤销之诉,无效之诉 |
| Niederlassen | v. | 设立,安家,开业,住下 |
| Niederlassung | f. | 分行,办事处,分公司 |
| Niederlassungsfreiheit | f. | 设立企业或者分支机构的自由 |
| Nutzungspfandrecht | n. | 使用抵押权 |
| offenen Handelsgesellschaften | pl. | 无限合伙 |
| Ordnungswidrigkeit | f. | 违反规章制度,违反治安条例 |
| Ordnungswidrigkeitenrecht | n. | 治安处罚条例 |
| ordre public | | 强制性公法,共同利益 |
| Organisationspflichten | f. | 组织义务 |
| paid-up capital (England) | | 实收资本(英国用法) |
| Partnerschaftsgesellschaften | pl. | 合伙企业 |
| partnership | | 伙伴关系 |
| Patentlizenz | f. | 专利许可证 |
| Personalstatut | n. | 国籍法 |

| | | |
|---|---|---|
| Personengesellschaften | pl. | 人合公司 |
| Personenverband | m. | 人的联合体 |
| Pfaendung | f. | 典当品,抵押品,押金 |
| pfänden | vt. | 扣押 |
| Pfandgläubiger | m. | 抵押债权人 |
| Pfandrecht | n. | 抵押权 |
| Pflichtangebot | m. | 义务出价 |
| Prämie | f. | 奖金,保险费,贴水 |
| Prämiensätzen | f. | 保险费率,股票交易中的贴水率 |
| Prestige | n. | 威信,名声,威望 |
| Primär-Insider, | m. | 直接内部人 |
| Prinzip der Verhältnismäβigkeit | | 比较原则,适当原则 |
| Prinzip des Selbstorganschaft | | 自我管理机关原则 |
| private company（England） | | 私人公司(英国用法) |
| ProdhaftG | | 产品责任法 |
| Prokurist | m. | 全权代表 |
| Publikumsgesellschaft im Streubesitz | | 分散持股的公众性股份公司 |
| Publikumsgesellschaft | f. | 公众公司 |
| Publizitätsgesetz | n. | 公开法 |
| Publizitätspflichten | pl. | 公开义务 |
| Quotenaktie | f. | 比例股 |
| Rat | m. | (欧盟)理事会 |
| Rechnungslegung | f. | 财务公布 |
| Rechtfertigungsgrund | m. | 正当理由 |
| Rechtsfähigkeit | f. | 权利能力 |
| Rechtsklarheit | f. | 法律的明确性 |
| Rechtsprechung | f. | 司法判例 |
| Reedereien | pl. | 海运公司 |
| Registergericht | n. | 登记注册法院 |
| Regreβ | m. | 补偿,赔偿,追索,请求偿还权 |
| Regreβnehmner | m. | 请求偿还者 |
| regulativ | adj. | 当作规章的,有调解作用的 |
| Regulativ | n. | 规则,条例;平衡因素,调节因素 |
| Rentnergesellschaft | f. | 退休者公司 |
| Sachangaben | f. | 实物名称 |
| Sacheinlage | f. | 实物出资 |
| Sachfirma | f. | 以经营商品命名的公司 |
| Sachübernahme | f. | 取得实物 |
| Sammelbestand | m. | 所有拥有的股份 |

| | | |
|---|---|---|
| Sammelurkunde | f. | 集体股份证书,集体股票 |
| Sanierung | f. | 整顿,改组,治理 |
| Sanktion | f. | 制裁,处罚,认可 |
| Satzung | f. | 章程 |
| Scherzartikel | pl. | 寻开心的小玩意 |
| Schiedsstelle | f. | 仲裁处 |
| Schuldbeitritt | m. | 共同的债务承担 |
| Schuldbeitritt | m. | 承担债务,参与承担债务 |
| Schuldfähigkeit | f. | 责任能力 |
| schuldhaft | adj. | 有责任的,有过错的 |
| Schuldverschreibung | f. | 债券 |
| Schutzgesetz | n. | 保护法 |
| Sekundär-Insider | m. | 间接内部人 |
| Selbstbezichtigung | f. | 自咎,自罪,罪责 |
| Sicherheit | f. | 担保,抵押,抵押品,保证金 |
| Sicherungsübereignung | f. | 担保物品所有权的转移 |
| Sitz | m. | 住址,所在地 |
| Sitztheorie | f. | 注册地理论,注册地说 |
| Sitzverlegung | f. | 住址迁移 |
| Societas | f. | 社团 |
| Sorgfaltspflicht | f. | 谨慎义务 |
| sozialen Fürsorge | | 社会救济 |
| Sozialleistung | f. | 社会福利 |
| Sozialplan | m. | 社会计划 |
| Sozialrecht | n. | 社会福利法 |
| Sozialversicherungsträger | m. | 承保人,承保的保险公司 |
| Spaltung | f. | 分立 |
| Spekulationsaktionär | f. | 投机股东 |
| Sperrminorität | f. | 阻止表决少数股 |
| Stammeinlage | f. | 股份(有限责任公司) |
| Stammkapital | n. | 初始资本(有限责任公司) |
| Steuerberatung | f. | 税收顾问 |
| Steuerberatungsgesellschaften | f. | 税务咨询公司 |
| Steuerrecht | n. | 税法 |
| stillen Gesellschaft | | 隐名公司 |
| Stimmrechtsvollmacht | m. | 投票代理权 |
| Straffähigkeit | f. | 受罚能力 |
| Straftat | f. | 犯罪事实,罪行,违法行为 |
| Strukturpolitik | f. | 产业结构政策 |

| | | |
|---|---|---|
| Stückaktie | f. | 比例股 |
| Stufengründung | f. | 公开募集设立 |
| subjektives Recht | | 主体权 |
| Substanz | f. | 物质,实质,资产,财产,资本 |
| Surrogat | n. | 代用品,替代品,代偿品 |
| Tarifvertrag | m. | 行业劳资合同 |
| Tatsacheninstanz | f. | 一审法庭,审查事实的法庭 |
| Tendenzunternehmen | pl. | 倾向性企业 |
| Testamentsvollstrecker | m. | 遗嘱执行人 |
| Treuepflicht | f. | 忠诚义务 |
| Treugeber | m. | 信托人,信托受益人 |
| Treuhand | f. | 信托 |
| Treuhandanstalt | f. | 信托机构 |
| Treuhänder | m. | 受托管理人,医嘱执行人 |
| Turnus | m. | 轮流,交替,周期 |
| überfremdung | f. | 过多的外来影响 |
| übernahmeangebot | n. | 收购要约 |
| überpariemission | f. | 溢价发行 |
| ultra-vires-Lehre | | 越权理论 |
| Umweltschutz | m. | 环境保护 |
| unentgeltliche Zuwendungen | | 无偿捐赠 |
| Universitas | | 整体 |
| Unterlassungsanspruch | m. | 停止作为请求权,不作为请求权 |
| Unterlassungsklage | f. | 停止侵权行为之诉 |
| Unternehmen der öffentlichen Hand | | 国有企业,公共企业 |
| Unternehmensgröβe | f. | 企业规模 |
| Unternehmensgründung | f. | 企业设立 |
| Unternehmensrat | m. | 企业委员会,企业理事会 |
| Unternehmensträger | m. | 企业所有者 |
| Unternehmensverfassung | f. | 企业管理机制 |
| Unternehmensvertrag | m. | 企业的内部管理协议 |
| Unternehmeraktionär | m. | 企业家股东 |
| Unterpariemmission | f. | 低价发行 |
| Unterschlagung | f. | 侵吞,贪污 |
| Urheber | m. | 作者,创作者,发起者 |
| Urheberrecht | n. | 著作权,版权 |
| Verbandsperson | f. | 联合体人 |
| Vereinen | pl. | 协会 |
| Verfassungsbeschwerde | f. | 宪法诉讼 |

| | | |
|---|---|---|
| vergleichen | vt. | 比较,调解,和解 |
| Vergleichsverfahren | n. | 调解程序 |
| Verhältniswahl | f. | 比例选举 |
| Verjährung | f. | 时效 |
| Verjährungsfrist | f. | 时效期限 |
| Verjährungsvorschriften | pl. | 时效条款,时效规则 |
| Verkaufsprospekt | m. | 推销广告,发股说明书 |
| Verkehrspflichten | f. | 法律交往义务 |
| Vermächtnis | n. | 遗赠,遗嘱,遗物,遗产 |
| Vermächtnisgeber | m. | 遗赠人,立遗嘱人 |
| Vermächtnisnehmer | m. | 遗赠收受人 |
| Verordnungen | pl. | 条例、法令、法规 |
| verpfänden | vt. | 典当,抵押 |
| Verpflichtungsanspruch | m. | 履行义务请求权 |
| Verpflichtungsklage | f. | 义务责任之诉 |
| Verrechnungsscheck | n. | 清算支票,汇划支票 |
| Verschmelzung | f. | 合并 |
| Verschulden | n. | 负债,罪责和过失责任,过失 |
| Verschulden | n. | 过错,负债,对负有责任 |
| verschuldensfähig | adj | 能承担责任的 |
| Versicherer | m. | 承保人 |
| Versicherter | m. | 投保人 |
| Versicherungsvereinen auf Gegenseitigkeit | | 互助保险协会 |
| Vertragskonzern | m. | 合同康采恩 |
| Vertragsstrafe | f. | 违约罚款 |
| Vertretener | m. | 被代理人 |
| Vertretungsbefugnis | f. | 代理权 |
| Verwaltungsverfahren | n. | 行政诉讼,行政程序,行政手续 |
| verwerten | vt. | 利用,使用 |
| Verzollung | f. | 缴纳关税 |
| Verzollungsbescheinigung | f. | 缴纳关税证明 |
| Verzollungsstelle | f. | 关税征收处 |
| Verzollungsvorschrift | f. | 关税条例 |
| vinkulieren | vt. | 限制转让 |
| vinkulierten Namensaktien | | 限制转让的记名股 |
| Vinkulierung | f. | 限制转让 |
| Volksaktie | f. | 大众股份 |
| Vollmacht | f. | 代理权 |
| Vorabentscheidung | f. | 中期裁决 |

| | | |
|---|---|---|
| Vorentwurf | m. | 草案 |
| Vorgesellschaft | f. | 前公司 |
| Vorratsaktien | pl. | 储备股份 |
| Warenzeichen | n. | 商标 |
| Wechselgesetz | n. | 汇票法 |
| Wertpapierhandelsgesetz | n. | 有价证券交易法 |
| Wertpapiersammelbank | f. | 有价证券储蓄银行 |
| Wettbewerbsrecht | n. | 竞争法 |
| Willensbildung | f. | 意思形成 |
| Willensmängel | m. | 缺乏意志 |
| Wirtschaftsprüfer | m. | 注册会计师、审计师 |
| Wirtschaftsprüferverbänden | pl. | 经济审计员联合会 |
| Wirtschaftsprüfung | f. | 经济审计 |
| Wirtschaftsprüfungsgesellschaften | f. | 经济审计公司 |
| Wirtschaftssteuerung | f. | 经济调控 |
| Wissenszurechnung | f. | 知情归属 |
| Wohnsitz | m. | 居住地,住处 |
| Wohnungsbauunternehmen | n. | 住宅建筑公司 |
| Zession | f. | 转让,出让 |
| Zollfahndung | f. | 海关侦查 |
| Zollfahndungsamt | n. | 海关侦查局 |
| Zulassungsstelle | f. | 许可证发放处 |
| Zur Regelung der Anerkennung ausländischer Gesellschaften sowie der grenzüberschreitenden Sitzverlegung und Verschmelzung völkerrechtliche übereinkommen | | 《有关承认外国公司、公司住址的跨国界迁移以及跨国界公司合并的国际公约》。 |
| Zurückbehaltungsrecht | n. | 留置权,保留权 |
| Zweckverband | m. | 为特定目的而设立的协会 |
| Zweigniederlassung | f. | 分公司,办事处,分支机构 |
| Zwischenbericht | m. | 中期报告 |
| Zwischenschein (Interimsschein) | m. | 临时股票 |

# 缩略词索引

| 德语缩写 | 德语全称 | 中文释义 |
|---|---|---|
| | Bilanzrecht | 决算法 |
| | Finanzmarktförderungsgesetz | 资本市场促进法 |
| | das Gesetz für kleine Aktiengesellschaften und zur Deregulierung des Aktienrechts von 1994 | 1994小股份有限公司和简化股份法的法律 |
| ADHGB | Allgemeines Deutsches Handelsbuch | 德意志商法通则 |
| aF | alte Fassung | 旧条文 |
| AktG | Aktiengesetz | 股份法 |
| AnfG | Anfechtungsgesetz | 废约法 |
| AO | Abgabenordnung | 税收条例 |
| ArbGG | Arbeitsgerichtsgesetz | 劳工法院法 |
| BAG | Bundesarbeitsgericht | 联邦劳动法院 |
| BetrAVG | Betriebalterversorgungsgesetz | 职工退休金法 |
| BetrVG | Betriebsverfassung | 雇员代表共同管理法 |
| BiRiLiG | Bilanzrichtlinie-gesetz | 资产负债表指令法 |
| BörsG | Börsengesetz | 证券交易法 |
| BörsZulVO | Börsenzulassungsverordnung | 上市许可条例 |
| BverfGE | Entscheidung des Bundesverfassungsgerichts | 联邦宪法法院判决 |
| BverfGG | Bundesverfassungsgerichtsgesetz | 联邦宪法法院法 |
| DAG | Deutscher Angestelltengewerkschaft | 德国职员工会 |
| DepotG | Depotgesetz | 有价证券保管法 |
| DGB | Deutscher Gewerkschaftsbund | 德国工会联盟 |

续表

| 德语缩写 | 德语全称 | 中文释义 |
|---|---|---|
| EGAktG | Einfuehrungsgesetz zum Aktiengesetz | 股份有限公司法欧元施行法 |
| EGV | Vertrag zur Gruendung d. Europaeischen Gemeinschaft | 欧共体条约 |
| EuGH | Gerichtshof des Eurpaeschen Gemeinschaften | 欧盟法院 |
| EWGV | Vertrag zur Gründung d. Europaeischen Wirtschaftgemeinschaft | 有关建立欧洲经济同盟的协定 |
| EWIV | Europäischen Wirtschaftlichen Interessenvereinigung | 关于建立欧洲经济利益联盟的条例 |
| FGG | Gesetz über die Angelegenheit der freiwilligen Gerichtsbarkeit | 有关自愿管辖权事项的法律 |
| GewStG | Gewerbestreugesetz | 营业税税法 |
| GG | Grundgesetz | 宪法 |
| GWB | Gesetz gegen Wettbewerbsbeschränkungen | 反限制竞争法 |
| HaftpflG | Haftpflichtgesetz | 责任义务法 |
| HGB | Handelsgestzbuch | 商法典 |
| i. V. m. | in Verbindung mit | 结合 |
| IAS | International Accounting Standards | 国家会计标准 |
| InsO | Insovenzordnung | 破产条例 |
| IPR | internationales Privatrecht | 国际私法 |
| KAGG | Gesetz über Kapitalanlagengesellschaften | 资本投资公司法 |
| KapAEG | Kapitalaufnahmeerleichtungsgesetz | 简化融资法 |
| KapAEG | Gesetz zur Verbesserung der Wettbewerbsfähigkeit deutscher Konzerne an Kapitalmärkten und zur Erleichterung der Aufnahme von Gesellschafterdarlehen | 有关提高德国康采恩竞争力和方便吸纳股东贷款的法律 |
| KapCoRiLiG | Kapitalgesellschaften-u. Co-Richtliniegesetz | 资本两合公司指令法 |
| KG | Kommanditgesellschaften | 两合公司 |
| KonTraG | Gesetz zur Kontrolle und Transparenz im Unternehmensbereicht | 有关加强企业控制和透明度法律 |
| KSchG | Kündigungschutzgesetz | 不当解雇保护法 |

续表

| 德语缩写 | 德语全称 | 中文释义 |
|---|---|---|
| KStG | Köperschaftsteuergesetz | 法人所得税法 |
| KStG | Umsatzstreuergesetz | 销售税法 |
| KWG | Kreditwesengesetz | 信贷法 |
| MitbestErgG | Mitbestimmungsergänzungsgesetz 1956 | 共同决定补充法 |
| MitbestG | Mitbestimmungsgesetz | 共同决定法 |
| MontanmitbestG | Montan-Mitbestimmungsgesetz | 煤炭和钢铁工业职工共同决定法 |
| NaStraG | Namenaktiengesetz | 记名股股份法 |
| nF | neue Fassung | 新条文 |
| OHG | offene Handelsgesellschaften | 无限公司 |
| OLG | Oberlandsgericht | 州高等法院 |
| OWiG | Gesetz über Ordnungswidrigkeiten | 治安处罚条例 |
| PublizitätsG | Publizitätsgesetz | 信息公开法 |
| RegE | Regierungsentwurf | 政府立法草案 |
| RGZ | Entscheidung des Reichsgerichts in Zivilsachen | 帝国法院民事判例集 |
| RrG | Reichsgericht | 帝国法院 |
| ScheckG | Scheckgesetz | 支票法 |
| SEC | Securities and Exchange Commission | 证券交易委员会 |
| SGB | Sozialgesetzbuch | 社会保障法典 |
| StBerG | Steuerberatungsgesetz | 税务咨询法 |
| StGB | Strafgesetzbuch | 刑法典 |
| StVG | Straβenverkehrgesetz | 交通法 |
| UmwBerG | Umwandlungsbereinigungsgesetz | 变更清理法 |
| UmweltHG | Umwelthaftungsgesetz | 环境责任法 |
| UmwG | Umwandlungsgesetz | 变更法 |
| UmwStG | Gesetz über steuerliche Massnahmen bei Änderungen der Unternehmensform | 有关变更企业形式的计税措施法 |
| UrhG | Urheberrecht | 著作权法 |
| UWG | Gesetz gegen den unlauteren Wettbewerb | 反不正当竞争法 |

续表

| 德语缩写 | 德语全称 | 中文释义 |
|---|---|---|
| VAG | VErsicherungsaufsichtsgesetz | 保险监督法 |
| VereinsG | Vereinsgesetz | 协会法 |
| VerkaufsprospektG | Verkaufsprospektgesetz | 招股说明书法 |
| VO | Verordnung | 条例 |
| VvaG | Versicherungsverein auf Gegenseitigkeit | 保险业互助联合会 |
| VVG | Gesetz über den Versicherungsgesetz | 保险合同法 |
| VwGO | Verwaltungsgerichtsordnung | 行政法院工作条例 |
| VwVerfG | Verwaltungsverfahrensgesetz | 行政诉讼程序法 |
| WG | Wechselgesetz | 汇票法 |
| WGGDV | VO zur Durchführung des Wohnungsgemeinnützigkeitsgesetzes | 有关建造非盈利性住房法律的实施条例 |
| WHG | Wasserhaushaltsgesetz | 水预算法 |
| WpHG | Wertpapierhandelsgesetz | 有价证券交易法 |
| WPO | Wirtschaftsprüfungsordnung | 经济审计条例 |
| ZGB | | 瑞士公司法 |
| ZPO | Zivilprozessordnung | 民事诉讼程序法 |
| ZulassungsVO | Zulassungsverordnung | 上市许可条例 |

**图书在版编目(CIP)数据**

德国资合公司法/(美)莱塞尔(Raiser,T.)著;李连捷 . 译—北京:法律出版社,2004.10 (2007.2 重印)
(同济中德法学文库)
ISBN 978-7-5036-5148-9

Ⅰ.德… Ⅱ.①莱…②李… Ⅲ.合资企业-公司法-德国
Ⅵ.D951.622.9

中国版本图书馆 CIP 数据核字(2007)第 012130 号

《德国资合公司法》(Recht der Kapitalgesellschaften),托马斯·莱塞尔(Thomas Raiser)与吕迪格·法伊尔(Rüdiger Veil)著,由德国 Verlag Vahlen 出版社独家授权中国法律出版社出版。

著作权登记号:1-2004-6860

**责任编辑**/高如华 **装帧设计**/孙 杨

**出版**/法律出版社 **编辑统筹**/对外合作出版分社
**总发行**/中国法律图书有限公司 **经销**/新华书店
**印刷**/北京中科印刷有限公司 **责任印制**/沙 磊

**开本**/787×1092 毫米 1/16 **印张**/60.25 **字数**/1147 千
**版本**/2005 年 1 月第 1 版 **印次**/2007 年 2 月第 3 次印刷

**法律出版社**/北京市丰台区莲花池西里 7 号(100073)
**电子邮件**/info@lawpress.com.cn **销售热线**/010-63939792/9779
**网址**/www.lawpress.com.cn **咨询电话**/010-63939796

**中国法律图书有限公司**/北京市丰台区莲花池西里 7 号(100073)
**全国各地中法图分、子公司电话:**
**第一法律书店**/010-63939781/9782 **西安分公司**/029-85388843 **重庆公司**/023-65382816/2908
**上海公司**/021-62071010/1636 **北京分公司**/010-62534456
**深圳公司**/0755-83072995 **苏州公司**/0512-65193110

**书号:**ISBN 978-7-5036-5148-9 **定价:**88.00 元

(如有缺页或倒装,中国法律图书有限公司负责退换)